家族法学の現在と未来

家族法学の
現在と未来

潮見佳男先生追悼論文集
〔家族法〕刊行委員会 編

信山社

謹んで

潮見佳男先生に捧げます

一　同

執筆者紹介 (掲載順)

大村　敦志（おおむら あつし）	学習院大学教授／東京大学名誉教授	
森山　浩江（もりやま ひろえ）	大阪公立大学教授	
大杉　麻美（おおすぎ まみ）	日本大学教授	
松久　和彦（まつひさ かずひこ）	近畿大学教授	
羽生　香織（はぶ かおり）	上智大学教授	
渡邉　泰彦（わたなべ やすひこ）	京都産業大学教授	
床谷　文雄（とこたに ふみお）	大阪大学名誉教授	
金　　敏圭（きむ みんきゅ）	韓国東亜大学校名誉教授	
白須真理子（しらす まりこ）	関西大学教授	
手嶋　　豊（てじま ゆたか）	神戸大学教授	
石綿はる美（いしわた はるみ）	一橋大学准教授	
二宮　周平（にのみや しゅうへい）	立命館大学名誉教授	
原田　綾子（はらだ あやこ）	名古屋大学教授	
吉永　一行（よしなが かずゆき）	東北大学教授	
鈴木　博人（すずき ひろひと）	中央大学教授	
松川　正毅（まつかわ ただき）	大阪学院大学教授／大阪大学名誉教授	
神谷　　遊（かみたに ゆう）	同志社大学教授／広島大学名誉教授	
朴　　仁煥（ぼく いんふぁん）	韓国仁荷大学校教授	
冷水登紀代（しみず ときよ）	中央大学教授	
水野　紀子（みずの のりこ）	白鷗大学教授／東北大学名誉教授	
常岡　史子（つねおか ふみこ）	横浜国立大学理事／武蔵野大学客員教授	
中込　一洋（なかごみ かずひろ）	弁護士	
棚村　政行（たなむら まさゆき）	早稲田大学名誉教授	
吉田　克己（よしだ かつみ）	北海道大学名誉教授	
木村　敦子（きむら あつこ）	京都大学教授	
増田　勝久（ますだ かつひさ）	弁護士	
宮本　誠子（みやもと さきこ）	金沢大学教授	
青竹　美佳（あおたけ みか）	大阪大学教授	
山本　敬三（やまもと けいぞう）	京都大学教授	
石田　　剛（いしだ たけし）	一橋大学教授	
白石　　大（しらいし だい）	早稲田大学教授	
川　　淳一（かわ じゅんいち）	成城大学教授	
松尾　知子（まつお ともこ）	関西大学教授	
沖野　眞已（おきの まさみ）	東京大学教授	
前田　陽一（まえだ よういち）	前立教大学教授	
早川眞一郎（はやかわ しんいちろう）	専修大学教授／東京大学名誉教授／東北大学名誉教授	
松原　正明（まつばら まさゆき）	弁護士	
山本　和彦（やまもと かずひこ）	一橋大学教授	

目　　次

第1部　親　族　法

第1章　総　　論

1　日本における最近の家族法改正
　　――比較によって考える……………………………………………〔大村敦志〕…5

　　Ⅰ　はじめに――4年前・24年前と比較する（5）
　　Ⅱ　民法典から見た家族法改正（6）
　　Ⅲ　民法学から見た家族法改正（10）
　　Ⅳ　おわりに――1カ月前・10年前を想起する（15）

第2章　婚姻・離婚・パートナーシップ

2　貞操義務に関する一考察
　　――devoir de fidélité と法・非法の関係をめぐって…………〔森山浩江〕…19

　　Ⅰ　はじめに（19）
　　Ⅱ　日本の貞操義務に関する概況（22）
　　Ⅲ　フランス民法における貞実義務の概観（27）
　　Ⅳ　婚姻外関係における貞実義務に関するフランスの議論（31）
　　Ⅴ　結びに代えて（42）

3　婚姻関係破綻時における夫婦間扶養・再考………〔大杉麻美〕…45

　　Ⅰ　はじめに（45）
　　Ⅱ　夫婦間における「扶助」と「扶養」（48）
　　Ⅲ　婚姻関係破綻時における扶養（55）
　　Ⅳ　おわりに――婚姻の効果としての「破綻」概念（65）

4　ドイツにおける婚姻財産制の立法論的検討
　　――男女平等報告書から……………………………………………〔松久和彦〕…67

　　Ⅰ　はじめに（67）
　　Ⅱ　婚姻財産制の類型（68）
　　Ⅲ　剰余共同制改正の経緯・議論（69）
　　Ⅳ　男女平等報告書（74）
　　Ⅴ　おわりに（87）

5　財産分与における離婚後の扶養…………………………〔羽生香織〕…89

　　Ⅰ　はじめに（89）
　　Ⅱ　離婚給付に関する規定の不存在（90）
　　Ⅲ　財産分与制度の創設（95）
　　Ⅳ　離婚後の扶養の法的根拠（98）
　　Ⅴ　おわりに（104）

vii

6 日本における同性登録パートナーシップ制度の要否 〔渡邉泰彦〕…105

I　はじめに（105）
II　5つの判決における言及（107）
III　登録パートナーシップの基本構造（108）
IV　時代背景（110）
V　登録パートナーシップ（113）
VI　日本における婚姻と差異のある登録パートナーシップの可能性（117）
VII　段階移行論の問題点（121）
VIII　潜在的な生殖可能性に基づく区別（123）
IX　おわりに（130）

第3章　親子・親権・未成年後見・里親

7 日本における内密出産制度の意義と課題（再論）〔床谷文雄〕…135

I　はじめに（135）
II　ドイツの内密出産制度の概要（137）
III　日本における内密出産制度（143）
IV　おわりに（153）

8 非婚同居者間の人工授精と出生子の身分帰属 〔金　敏圭〕…155

I　はじめに（155）
II　韓国のケース（162）
III　アメリカ・バージニア州のケース（166）
IV　韓国とアメリカ・バージニア州のケースの比較と課題（173）
V　結びに（179）

9 フランス家族法におけるparentalité概念と親権 〔白須真理子〕…181

I　序（181）
II　parentalité概念の多義性（183）
III　parentalité概念と親権（189）
IV　結び（195）

10 性分化疾患をめぐる家族法上の課題
　　——親権者の治療同意をめぐって 〔手嶋　豊〕…197

I　はじめに（197）
II　性分化疾患について——多様な原因・多様な「治療」（198）
III　性分化疾患に関する日本の審判例（200）
IV　アメリカにおける性分化疾患に対する手術治療への親権者の同意についての批判（205）
V　検　討（210）

11 親権の共同行使の場面における未成年者の医療行為への同意についての検討序説——大津地判令和4・11・16を契機として 〔石綿はる美〕…215

I　はじめに——大津地裁判決と問題の所在（215）
II　医療行為への同意を共同で行うか，単独で行い得るか（221）
III　父母間に意見対立がある場合の事前の調整方法（231）
IV　一方親権者の同意のみで医療行為を行った場合の事後の調整（233）
V　おわりに（236）

12 子のための面会交流と離婚後の選択的共同親権制
　　──共同養育への展望……………………………………〔二宮周平〕…239

　　Ⅰ　はじめに（239）
　　Ⅱ　現行制度における面会交流の実情（240）
　　Ⅲ　現行離婚法制の問題点（242）
　　Ⅳ　離婚後の面会交流を支える行為規範（243）
　　Ⅴ　面会交流の合意形成と実効性の確保（246）
　　Ⅵ　おわりに（258）

13 カリフォルニア州における子どもの監護の決定プロセス
　　──州法とその運用………………………………………〔原田綾子〕…261

　　Ⅰ　はじめに（261）
　　Ⅱ　離婚と財産分与・子の監護・養育費（262）
　　Ⅲ　子どもの監護に関する州法の規定と養育計画（267）
　　Ⅳ　子どもの監護の決定プロセス（273）
　　Ⅴ　おわりに（285）

14 未成年後見人の代理権濫用
　　──最判平成4・12・10民集46巻9号2727頁の再読……〔吉永一行〕…287

　　Ⅰ　序（287）
　　Ⅱ　最判平成4年の概要（287）
　　Ⅲ　後見人による代理権の濫用（290）
　　Ⅳ　最判平成4年の再検討（297）

15 里親の養育権に関する比較法的考察……………………〔鈴木博人〕…303

　　Ⅰ　問題の所在と整理（303）
　　Ⅱ　ドイツ法の里親養育（養育家庭）・養育人の法的地位（308）
　　Ⅲ　日本法の検討（318）
　　Ⅳ　結　語（320）

第4章　成年後見・扶養

16 意思決定支援と意思尊重
　　──後見，保佐，補助，任意後見の未来に向けて…………〔松川正毅〕…325

　　序（325）
　　Ⅰ　後見，保佐および補助の民法上の位置付けと実務の現状（326）
　　Ⅱ　任意後見契約の民法上の位置付けと実務の現状（329）
　　Ⅲ　後見などにおける意思尊重と意思決定支援（336）
　　むすび（341）

17 ドイツ世話法の新たな展開………………………………〔神谷　遊〕…343

　　Ⅰ　はじめに（343）
　　Ⅱ　ドイツ世話法の概要（344）
　　Ⅲ　2021年改正法（348）
　　Ⅳ　改正理念の立法化（351）
　　Ⅴ　結びに代えて（362）

18 国連障害者権利条約と意思決定支援の制度化
　　——ドイツ「法的世話法」の改革からの示唆を得て ………〔朴　仁煥〕…365

　　Ⅰ　序　　言（365）
　　Ⅱ　条約第12条と韓・日の成年後見制度の評価（368）
　　Ⅲ　ドイツの法的世話法（rechtliche Betreuung）の改革（377）
　　Ⅳ　結論に代えて，意思決定支援のための保護措置の再構成（391）

19 ドイツにおける家族の多様化・流動化と扶養制度の意義
　　………………………………………………〔冷水登紀代〕…397

　　Ⅰ　はじめに——問題の所在（397）
　　Ⅱ　ドイツ法における扶養当事者の関係（402）
　　Ⅲ　流動化・多様化する家族への対応——扶養権利者の順位（411）
　　Ⅳ　私的扶養の意義と社会法との関係（415）
　　Ⅴ　おわりに——日本法への示唆と課題（418）

第 2 部　相　続　法

第 1 章　総　論

20 日本相続法の構造をめぐる一考察 ……………〔水野紀子〕…427

　　Ⅰ　はじめに——相続法理論の困難性（427）
　　Ⅱ　日本相続法の構造的欠陥（430）
　　Ⅲ　最高裁判例による対応（432）
　　Ⅳ　おわりに（443）

21 統一電子エステイト・プランニング文書法と遺産承継のデジタル化 ……………………………………〔常岡史子〕…445

　　Ⅰ　はじめに（445）
　　Ⅱ　統一電子エステイト・プランニング文書法（447）
　　Ⅲ　おわりに（459）

第 2 章　相　続　人

22 法定相続における「配偶者」の解釈 ……………〔中込一洋〕…463

　　Ⅰ　問題の所在（463）
　　Ⅱ　明治民法における配偶者相続権（464）
　　Ⅲ　現行民法における配偶者別格の原則（471）
　　Ⅳ　内縁と外縁（事実上の離婚）（476）
　　Ⅴ　結　語（483）

23 相続欠格と少年保護処分 〔棚村政行〕…485

- Ⅰ　はじめに（485）
- Ⅱ　相続欠格制度の沿革と歴史（487）
- Ⅲ　相続欠格制度の性格・本質（488）
- Ⅳ　生命侵害を理由とする相続欠格事由（民法891条1号）の学説・判例の検討（491）
- Ⅴ　少年法の保護処分と相続欠格との関係（496）
- Ⅵ　外国法の動向（503）
- Ⅶ　おわりに（514）

第3章　遺産承継・遺産共有・遺産分割

24 遺産共有の二元的構造と相続分の譲渡 〔吉田克己〕…519

- Ⅰ　はじめに（519）
- Ⅱ　相続分譲渡の法律関係（521）
- Ⅲ　相続分譲渡の効果（534）
- Ⅳ　おわりに（540）

25 遺産分割前の財産の処分に関する検討
—— 民法906条の2の新設を踏まえて 〔木村敦子〕…541

- Ⅰ　はじめに（541）
- Ⅱ　民法906条の2に基づく処分財産の相続財産性に関する検討（542）
- Ⅲ　遺産共有の二重性（549）
- Ⅳ　若干の考察（557）

26 民法906条の2に関する一考察
—— 相続預貯金の引出しを題材に 〔増田勝久〕…559

- Ⅰ　はじめに（559）
- Ⅱ　設　例（560）
- Ⅲ　遺産分割による解決とその問題点（560）
- Ⅳ　不法行為又は不当利得による解決とその問題点（569）
- Ⅴ　解決方法の比較（573）
- Ⅵ　結　び（573）

27 近時の民法改正及び最高裁判決にみる，相続財産の管理と遺産分割 〔宮本誠子〕…575

- Ⅰ　はじめに（575）
- Ⅱ　近時の民法改正にみる，相続財産の管理と遺産分割（576）
- Ⅲ　近時の最高裁判決にみる，相続財産の管理と遺産分割（579）
- Ⅳ　むすび（583）

28 遺産分割協議と詐害行為取消し 〔青竹美佳〕…585

- Ⅰ　序（585）
- Ⅱ　遺産分割協議の法的性質と詐害行為取消権（586）
- Ⅲ　取り消しうる遺産分割協議とは何か（597）
- Ⅳ　遺産分割前の共有持分の内容（601）
- Ⅴ　結　語（603）

目次

第4章　相続における対抗問題

29　相続・遺言による不動産物権の承継とその対抗
——民法177条からみた相続法改正の意義とその正当化…〔山本敬三〕…607

- I　はじめに（607）
- II　不動産物権の変動とその対抗に関する制度における民法177条の意義とその正当化（609）
- III　相続・遺言による不動産物権の承継とその対抗——民法177条からみた相続法改正の意義とその正当化（639）
- IV　おわりに（669）

30　共同相続における法定相続分の取得と不動産登記
……………………………………………………〔石田　剛〕…673

- I　はじめに（673）
- II　民法177条の対抗要件主義と不動産取引における公示・公信（674）
- III　民法899条の2第1項（681）
- IV　法定相続分の取得に基づく遺産共有関係（686）
- V　おわりに（690）

31　相続による債権の承継の対抗要件
——民法899条の2の債権への適用……………………〔白石　大〕…693

- I　はじめに（693）
- II　相続による債権の承継の諸相と対抗要件（695）
- III　対抗要件の理論的検討（708）
- IV　おわりに（713）

第5章　相続の承認・放棄，特別縁故者

32　民法923条および937条の解釈
——潮見『詳解相続法』（第2版）と高木『口述相続法』における記述に関する覚書………………〔川　淳一〕…717

- I　本稿の目的（717）
- II　本稿の構成（718）
- III　潮見『詳解』における記述（719）
- IV　高木『口述』における記述（725）
- V　まとめ（733）

33　特別縁故者に対する相続財産分与のあり方
——近時の裁判例の傾向を踏まえて……………………〔松尾知子〕…735

- I　はじめに（735）
- II　近時の全部分与の事例（738）
- III　全部分与以外の事例にみられる傾向（741）
- IV　特別縁故者性と相当性（746）
- V　おわりに（752）

第6章　遺言・遺贈・遺留分

34　死因贈与の方式・能力・撤回
　　——遺贈に関する規定の死因贈与への準用・各論 ……………〔沖野眞已〕…757

　　　I　問題意識——制度の役割・機能へ　　III　能　　力（774）
　　　　　の着目（757）　　　　　　　　　　IV　撤　　回（782）
　　　II　方　　式（762）　　　　　　　　　V　補足と総括（793）

35　遺留分侵害額請求権と債権者代位権の再検討 ………〔前田陽一〕…801

　　　I　はじめに（801）　　　　　　　　　IV　最判平成13・11・22とその検討
　　　II　明治民法起草まで（802）　　　　　　　（814）
　　　III　今日までの学説・裁判例等の概観　　V　遺留分制度の改正と最判平成13・
　　　　　（807）　　　　　　　　　　　　　　　11・22（817）

═══════ 第3部　そ　の　他 ═══════

36　ハーグ子奪取条約における常居所の認定をめぐって
　　——乳児の常居所を中心に ……………………………〔早川眞一郎〕…823

　　　I　はじめに（823）　　　　　　　　　III　若干の検討（834）
　　　II　これまでの議論（824）　　　　　　IV　おわりに（838）

37　調停に代わる審判と合意に相当する審判の誕生 …〔松原正明〕…841

　　　I　はじめに（841）　　　　　　　　　V　調停に代わる審判の意義と問題点
　　　II　調停に代わる審判の趣旨（842）　　　（850）
　　　III　合意に相当する審判の趣旨（843）　VI　合意に相当する審判の意義と問題
　　　IV　両制度の沿革（843）　　　　　　　　点（854）

38　差押前の原因に基づき生じた債権を自働債権とする相殺
　　——自働債権と受働債権の牽連性の問題を中心として ……〔山本和彦〕…859

　　　I　はじめに（859）　　　　　　　　　IV　倒産法における議論の状況（868）
　　　II　立案担当者の説明（860）　　　　　V　若干の検討（873）
　　　III　民法学説の状況（861）　　　　　　VI　おわりに（878）

あ と が き（881）

第1部
親 族 法

第1章
総　論

1 日本における最近の家族法改正
―― 比較によって考える

大 村 敦 志

Ⅰ　はじめに――4年前・24年前と比較する
Ⅱ　民法典から見た家族法改正
Ⅲ　民法学から見た家族法改正
Ⅳ　おわりに――1カ月前・10年前を想起する

Ⅰ　はじめに―― 4 年前・24 年前と比較する

　前回，ソウルに滞在したのは 2018 年 3 月のことだった。韓国には 2006 年以来ほぼ毎年のように来ており，〔本稿に基づく講演会[1]が〕行われた 2022 年 9 月までの〕4 年間の空白は私にとっては異例のことであった。この空白が covid-19 のパンデミックによることは言うまでもない。

　日本の民法の状況は 4 年前と現在とではかなり変わっている。4 年前には①債権法改正（2017 年成立／2020 年施行）が終わって②成年年齢の引き下げ（2018 年成立／2022 年施行）と③相続法改正（2018 年成立／2020 年完全施行）が行われようとしていたが，その後，④養子法改正（2019 年成立／2020 年施行），⑤所有者不明土地関連の物権法・相続法改正（2021 年成立）が行われ，この秋には⑥実親子法の改正が予定されており〔2022 年成立〕，さらに⑦親権法〔離婚後養育関連〕の改正作業〔2024 年成立〕と⑧非典型担保法の改正作業が行われている。これら一連の改正によって民法典の姿はかなり大きく変わりつつある。この状況を私は，日本の元号を使って「平成民法の出現」と呼んでいる[2]。こ

---
[1]　本稿は，2022 年 9 月 14 日に，ソウルにおいて行った講演（韓国民事法学会・家族法学会共催）の原稿に最小限の加除修正を加え，注などの体裁を整えるとともに，後記を付したものである（講演の性質上，日本の読者にとっては当然の説明も含むが，行論の必要上削除していない）。潮見佳男教授の逝去の報に接して間のない時期の講演であり，講演末尾で同教授への言及を行っているため，本稿をもって本書への寄稿論文に代えさせていただくこととした。
[2]　大村『平成民法の出現――続・民法改正を考える〔仮題〕』（岩波新書，近刊），内田＝大村編『民法典Ⅰ～Ⅲ』（岩波文庫，近刊）のⅡ解題を参照。

の八つの改正は法制審議会で原案作成が行われたものであるが，私は委員幹事として①②に参加したほか，実際に作業を行う部会の部会長として③④⑥⑦に参加してきた。

この4年間，私は，自分の時間の相当部分をこれら（③④⑥⑦）の立案作業に，すなわち，一連の家族法改正に費やすと同時に，『新・家族法』[3]という新著の執筆のために費やしてきた。この本は近刊予定であるが，24年前に書いた『家族法』[4]の改訂版ではなく，この24年間の多少の研究成果と法改正への関与の経験をふまえて，新たに書き下ろしたものである。

本日は韓国の同僚の皆さまに久しぶりにお話する機会を得たが，前半では，この4年間の改正および改正作業を中心に最近の家族法改正の状況（Ⅰ）を，後半では，一連の家族法改正の特徴（Ⅱ）を，それぞれお話ししたい。

本論に入る前に，「比較によって考える」という副題に触れておく。法学の領域で「比較」と言えば直ちに「比較法」が想起されるが，ここでの「比較」は外国法との比較とは別の比較を指している。具体的には，前半では，a／実現した改正と実現していない改正，b／法制審の関与した改正と関与しない改正という比較，後半では，c／平成の家族法改正とその他の民法改正，d／立法のための民法学とその他の民法学という比較を念頭に置きつつ，話を進める。「比較」という方法には「比較は理由にならない la comparaison n'est pas raison」という批判があるが，私自身は「比較にはいくつかの理由がある la comparaison a ses raisons」と考えている。時間が許せば，この点を含めて，最後に日本民法学の将来に関する私の見通しについても，少しだけ触れたい。

Ⅱ 民法典から見た家族法改正

すでに一言したように，この4年間に実現した，あるいは現在進行中の家族法改正はかなりの数になる（1）。他方で，なお実現していない（あるいは近い将来に問題になる）改正もある（2）。

1 実現した家族法改正

(1) 法制審議会の関与した改正

実現した改正・進行中の改正のうち，狭義の家族法に関するものとしては，婚姻適齢（2018年，②とあわせて），特別養子（2019年，④），懲戒権（進行中

---

[3] 有斐閣，近刊。
[4] 有斐閣，第3版，2010年（初版，1999年）。

〔2022年〕，⑤とあわせて），嫡出推定・認知（2022，⑤），離婚後養育・養子・財産分与（2024年，⑥）がある。

具体的には，第1に，2018年の改正によって，成年年齢が20歳から18歳に引き下げられたのとあわせて，婚姻適齢が男子18歳・女子16歳から男女ともに18歳に引き上げられた（新732条）。これによって，1996年の婚姻法改正案（改正要綱）以来の懸案であった男女平等の実現のうち婚姻適齢に関する問題は解決された。あわせて，未成年の子に対する父母の婚姻同意権に関する規定（旧737条）や，婚姻による成年擬制に関する規定（旧753条）は削除された。

第2に，2019年の改正によって，特別養子の上限年齢が原則6歳から原則15歳に引き上げられた（新817条の5の第1項）。あわせて，手続面での改良のために家事事件手続法も改正されたが，これについては省略する。いずれも虐待を受けた児童の保護のために特別養子制度を活用したいという希望に応じたものであるが，上限年齢を15歳とすること，特に例外的に15歳を越えることも認めること（新817条の5の第2項）に対しては，法制審部会では学者委員を中心に反対も強かった。

第3に，2019年に始まった法制審議会民法（親子法制）部会は，2022年1月に要綱案をとりまとめた。その後，2月の総会で承認を得て大臣に対する答申がなされ，現在は，今秋の臨時国会に向けて法務省内で法案作成作業が行われている〔2022年12月に成立〕。改正案は大きく2つに分けられる。1つは懲戒権規定（822条）を削除し，代わりに子の人格の尊重や体罰の禁止を掲げる新規定（新821条）を設けるものであり，もう1つは実親子関係につき，嫡出推定＋否認という制度を改めるものである。前者はやはり虐待対応の一環としてなされたものであるが，2011年改正で先送りにされた問題を解決するものであった。後者は2000年代後半から問題になっているいわゆる「無戸籍児問題」（離婚後300日以内に生まれた子につき，嫡出推定の結果として前夫が父として戸籍に記載されるのを避けるため，出生届がなされずに子が無戸籍になってしまうという問題）への対応をはかるとともに，DNA鑑定や生殖補助医療の発展を考慮に入れつつ実親子法の見直しを図ろうというものであった。

後者は，ア）実務上「推定されない嫡出子」という扱い（嫡出子として届け出ることはできるが，嫡出否認の訴えによらなくても親子関係を覆すことができる）をされてきた婚姻後200日までに生まれた子を嫡出子に含める，イ）前婚の嫡出推定と後婚の嫡出推定が重複する場合には，後婚を優先させる。結果として，2つの婚姻の推定が重なることに伴う問題点が解消されるので，再婚禁止期間

（733条）は廃止する（これによって，やはり1996年以来の懸案であった男女平等にかかわるもう1つの問題が解決される），ウ）父のみに認められてきた嫡出否認の訴えを子や母にも認めるとともに，期間制限を出生を知ったときから1年から3年に改める〔起算点は場合により異なる〕，エ）成年に達した子につき，固有の否認権行使を例外的な場合に限って認める〔条文の書き方はやや異なる〕，オ）認知についても認知無効の訴えに期間制限を設ける，ことなどを内容とする。

第四に，2021年に始まった法制審議会家族法制部会は，2022年8月に中間試案をとりまとめる予定であったが，諸般の事情によってとりまとめは延期されている〔その後，中間試案が公表され，2024年5月に改正が実現〕。中間試案の原案の中には，共同親権・監護の導入につき現行法の完全な単独親権を維持する案から婚姻継続中と同じ完全な共同親権を導入する案まで複数の案が併記されているが，現状が示すように，この問題に関しては賛否両論が激しく対立するという状況になっている。なお，中間試案においては離婚時の合意の促進や養育費の履行確保に関する方策なども提案されているほか，関連する問題として，普通養子法の見直し（2019年の養子法改正の積み残し課題）と財産分与に関するいわゆる「二分の一ルール」（婚姻後の財産形成への寄与の割合は等しいものと推定する）の明文化（1996年の改正案に含まれていた提案のひとつ）なども盛り込まれている。

(2) **法制審議会の関与しない改正**

以上とは別に，法制審議会の関与を経ていない家族法改正もなされている。第1は，嫡出子と非嫡出子の相続分平等化（2013年），第2は，再婚禁止期間の短縮（2016年），第3は，成年後見の再改正（2016年），第四は，生殖補助医療にかかわる親子関係（2020年）にかかわるものである。このうち，第1と第2は，それぞれ非嫡出子の相続分を嫡出子の相続分の半分と定める規定（民旧900条4号ただし書き前段），再婚禁止期間を定める規定（民旧733条）を違憲とした最高裁判例（最大決平25〔2013〕・9・4民集67巻6号1320頁，百選Ⅲ57事件，最大判平27〔2015〕・12・16民集69巻8号2427頁，百選Ⅲ5事件）に対応するものであった。第三は厚生労働省管轄の成年後見事務円滑化法に，第四は議員立法による生殖補助医療特例法に盛り込まれたものであるが，前者は1999年に改正された成年後見制度に微修正を加えるにとどまり，後者は2003年に法制審生殖補助医療関連親子法部会がとりまとめた中間試案の一部を立法化したものである（なお，この部会はいくつかの理由によって要綱案のとりまとめには至ら

ず中断したままになっている）。

2　実現していない家族法改正
(1)　法制審議会が関与した改正
　法制審議会が関与した改正案のうち実現に至らなかったものとして，1996年の婚姻法改正案（改正要綱）と2003年の生殖補助医療関連の親子法改正案（中間試案）があった。もっとも，この二つの改正案に含まれていた改正提案のほとんどがその後の改正によって実現したか実現しつつある。その中で，ただ一つ実現していないのが，選択的夫婦別氏制度の導入である。そもそも1996年改正が当時実現しなかったのは，選択的夫婦別氏制度に対して与党内の保守派からの強い反対があったためであった。この問題については，最高裁大法廷の合憲判断が示されているが（最大判平27〔2015〕・12・16民集69巻8号2586頁，百選Ⅲ6事件，最大決令3〔2021〕・6・23判時2501号3頁），反対意見（前者については1名，後者については4名）が増えていることにも注意しなければならない。

(2)　法制審議会が関与しない改正？
　欧米諸国で同性婚が認められつつあるのに伴い，日本でも同性カップルの法的処遇が問題になっている。内縁法理の準用可能性や（同性カップル間での）養子縁組の効力に関しては下級審裁判例もいくつか現れている。とりわけ注目されるのが，同性カップルの婚姻届の不受理処分に関する国賠訴訟において違憲判断を下す裁判例が現れたことである[5]。この問題は夫婦別氏の問題とあわせて昨年の自民党総裁選の争点の1つにもなったが，保守派の議員に反対が強いためだろうか，法制審に部会が設置される見通しは立っていない[6]。

3　小括——奇妙な付合？
　現在進行中の二つの改正作業（⑤⑥〔前述のとおり，いずれも実現〕）が実現すれば，家族法改正は一段落する。結果として，改正は婚姻法（②③などにより改正は一部実現）を除く〔後見，相続を含まない狭義の〕家族法全般に及ぶ。すなわち，離婚法（⑥），実親子法（⑤），養子法（④⑥），親権法（⑤⑥）の改正が不十分ながら実現することになる。この経緯は1960〜70年代のフランス

---

[5] 札幌地判令3〔2021〕・3・17判時2487-3。ただし，これと異なる判断を示す大阪地判令4〔2022〕・6・20裁判所ウェブサイトも現れている。

[6] 窪田・小粥両教授と相談して研究会を組織して，ジュリスト2022年11月号・12月号に将来の立法の基礎作業として「同性カップルの法的処遇——論点整理のために」と題する特集を組むことにした。

で進行した継続的な家族法改正[7]を想起させる。カルボニエ改革においては，夫婦財産法（1965年），被保護成年者法（1968年），親権法（1970年），実親子法（1972年），離婚法（1975年）の改正が順次行われ，この間に別に養子法改正（1966年）が行われた。その結果，婚姻法を除く家族法の改正が実現した。

当時のフランスにおいて婚姻法が改正の対象とならなかったのは，この部分が家族法の根幹をなす部分であり変化に乏しい部分だからであると評されたが[8]，現代日本においては，婚姻法はもっとも家族観が対立する部分であるために改正案がまとまりにくいというのが実情である。

Ⅲ 民法学から見た家族法改正

最近の家族法改正を昭和の家族法改正・平成の債権法改正と比較して，その特徴を指摘した上で（1），四半世紀にわたり立法に参画した（とりわけ2014年以来四つの改正のために座長・部会長を務めた）経験をふまえて，私自身が家族法改正（さらには民法改正）について考えていることを述べたい（2）。

1 遠くから見た家族法改正——比較の中の家族法改正

(1) 昭和の家族法改正との比較

ここで昭和の家族法改正と呼んでいるのは，大正改正要綱を出発点とする臨時民法改正委員会における人事法案の立案過程（α）と戦後に法制審議会民法部会が設定されてから同部会が廃止されるまでの立案過程（β[9]）を指している。αとβの違いについては，我妻栄が貴重な見方を残している[10]。我妻は，戦前の方式は一人の原案作成者（親族編＝穂積重遠，相続編＝池田寅次郎）が一貫した原案を作っていた点，全体的に何度も審議を繰り返す点に大きな特徴がある。これと戦後の方式を比べると一長一短があるが，戦後のやり方は「いささか散漫に失しはしないか」。家族思想の転換期にあって「速かに第一草案を作ることは，困難なばかりでなく，賢明でもない，という批評がでるかもしれない」が，「それにしても，何とか考え直さねばならないようにも思われる」としている。つまり，戦前戦後を比べると，戦前の方が一貫性・速度の点において優れている点があったのではないか，という問題提起がされている。

---

[7] いわゆるカルボニエ改革。大村『法源・解釈・民法学——フランス民法総論研究』（有斐閣，1995年）の第2部第1章を参照。
[8] 稲本洋之助『フランスの家族法』（東京大学出版会，1985年）。
[9] ただし，平成期に入ると立法システムが変容するので昭和期に限る。
[10] 我妻「臨時民法改正委員会」ジュリ187号（1959年）36頁。

我妻の見方をふまえつつ平成期における家族法改正の特徴を述べるならば，一方で一貫性を求めることはますます困難になっている。法制審の民法部会は2001年の審議会改革以前には常設部会であり，かつ，その審議は「民法に改正を加える必要があるとすれば，その要綱を示されたい」(1954年・諮問10号) という包括諮問に基づいて行われたため，部会自らが検討の対象や方法を決めることができた。確かに原案起草者は一人ではなかったものの，我妻部会長・身分法小委員長 (その後は加藤一郎部会長・身分法小委員長) が長くその任に留まったことによって，ある種の一貫性が保持されていた。他方で審議は戦後はもちろん戦前とも比べものにならないぐらい迅速になっている。というよりも個別諮問によって課題を設定されスケジュールにも暗黙の縛りがかけられて，急ピッチでの審議を迫られている。一言で言えば，現在の法制審部会の自律性は，かつてに比べると相対的に低くなっている。

(2) 平成の債権法改正との比較

　この傾向は，同時代において行われた債権法改正 (γ) と比べてみても，変わらず指摘することができる。債権法改正もまた審議会改革以後の個別諮問に基づく改正ではあった。しかしながら，部会設置に先だって広い範囲での検討が研究者グループに事実上委ねられたことにより[11]，必要性の高い問題だけを抽出して改正すればよいという意見があったにもかかわらず，改正対象を広く画することが可能になった。最終的には多くの提案が実現しなかったとしても，実質的な意味での契約法が全体として見直されたことの意義は大きい。また債権法改正においては，学説vs実務という対立図式が現れたが，少なくとも学説は改正作業のアジェンダをセットし，あるべき契約法を提案するという役割を果たした。結果は「連戦連敗」であったとしても，1990年代の契約法理論はその存在感を示した。

　これと比べてみると，最近の家族法改正においては，改正課題は政治的文脈の中で形成され (児童虐待，無戸籍児やひとり親など)，学説はイニシアチブをとるどころか，議論の理路を探るという観点からも必ずしも十分に機能していない。さらに，昭和の法制審とは大きく異なり，関係団体の利益代表が委員に加わるようになったことの影響も無視しがたい。そのため，部会審議は時に政治的な影響を被らざるを得なくなっている。財産法関係の部会にもそうした面がないとは言えないが，家族法関係の部会が自律性を保つことは一層困難に

---

(11) その成果は民法 (債権法) 改正委員会編『債権法改正の基本方針Ⅰ～Ⅴ』(商事法務，2009-2010年) にまとめられている。

なっている。

2　近くから見た家族法改正——私の中の家族法改正

2014年の年頭に相続法改正に向けての研究会が発足しその座長を引き受けてから，立法に関する私の活動はほぼすべて（広義の）家族法改正に向けられることとなった。1つの部会審議が始まったとたんに次の部会設置に向けて研究会が始まるというタイトなスケジュールで審議は進んでいる。その中で私が現在感じていることをまとめると次の4点になる。

(1) 法解釈学の多層性を認識する

まず，家族法は一つではないという認識に立つ必要があること。単数複数のあるヨーロッパの言語を用いると，家族法は単数形で，たとえばDroit de la familleと表現される。しかしながら複数の家族法，sの付くDroits de la familleが存在するというのが私の実感である。

もちろん，契約法においても裁判規範としての契約法と実務慣行としての契約法の間には落差があることは，以前から指摘されてきた。ところが，家族法の場合は話はより込み入ってくる。家族法学は外国法摂取に熱心であるが，民法典の来歴を必ずしも重視していない（つまり，家族法学の家族法と民法典の家族法は同じではない），また家族法においては最高裁判例が相対的に少ないこともあり，判例法としての家族法の輪郭は曖昧である一方で，独特の実務（家裁実務・戸籍実務）が形成されている。

さらに国民の家族法に対する意識は，年齢・性別・思想・ライフステージや現在の家族生活の状況などによって，かなり大きく異なっている。これに，家族に関する諸学問・イデオロギーの家族像が加わる。これらは厳密な意味での法解釈学・法理論とは言えないが，独自の考え方に立脚する家族法観であり，その存在を無視することはできない。

無理にこれらをまとめて1つの像を構成するのではなく，異なる家族法が存在するということを認識することが議論を混迷から救い出す第一歩となる。

(2) 立法論の多様性を集約する

次に，複数の家族法解釈論を含めて，様々な立場から異なる観点に立って主張される立法論の多様性を集約するための仕組みが必要であること。家族法改正を巡る議論はしばしば拡散し錯綜するが，それらを繋ぎ止めるためには，民法典のテクスト（及びこれをめぐる議論）を中心に据えることが有益である。あるいは，議論を集約するための方法はこれしかないというのが私の実感であ

る。

　このやり方は，一見すると保守的に見えるかもしれない。また，妥協的だとも言える。しかしながら，カルボニエが述べているように立法とは妥協にほかならない。様々な提案を現行法との距離を図りつつ位置づけながら，○○主義か××主義か（たとえば，懐胎主義か出産主義か，共同親権か単独親権か）という原理の対決を避け，具体的な問題に還元して同意できる問題から順次処理しながら，難問を振れ幅の少ない形に成形して妥協点を探る。民主主義的な立案過程を法学的に制御しようとしたら，それ以外の方法を採るのは難しい。

　部会での審議にあたっては，こうしたやり方につきメタ合意を調達することが何よりも重要になる。

(3)　立法学の分業を促進する

　他方，民法学（家族法学）に期待されるのは，立法を念頭に置いた研究（立法学）にも力を割くことであるが，その場合のアプローチの仕方は一つではないということ。端的に言って，外国法の動向を紹介し立法論的な示唆をする，というだけでは立法には直結しないというのが私の実感である。

　だからと言って，外国法研究を行う特に若い世代の研究者たちに，役に立つ立法論を展開せよ，と求めているわけではない。基礎研究はどこかで何かに役立てばよいのであり，目前の解釈論・立法論と直結することが必須なわけではない。求められるのは，（自分自身のものも含めて）様々な外国法研究から立法にとって意味のあるものを取り出すという二次的な作業である。いま何が必要かを把握することは，現に立案に関与していない研究者にとっては容易なことではないが，立案過程に直接間接に参与する研究者には，基礎研究や立法論的な研究を真に立法に結びつけるための工夫が求められる（この点は実務の側にも求められる）。

　あわせて強調しておきたいのは，将来の立法に向けての研究とともに，すでになされた立法を位置づけて理解する研究の重要性である。すでに触れたように，今日の民法改正，特に家族法改正には先を急いでやや前のめりになっているところがある。当面の課題への対応のために導入した新しい規律がどのような含意を持つのかという問題を，立法後に考えることは，新法の細かな解釈論の展開とともに（ある意味ではそれ以上に）重要な課題となる。

(4)　法典の統合性を維持する

　最後に，（実践的な）家族法学ではなく（理論的な）民法学の立場に立って家族法改正を見ると，法典の統合性を維持するということが重要な意味を持つと

いうこと。この役割を曲がりなりにも果たすことができないと，家族法改正において学説には固有の意味が乏しくなるというのが私の実感である。

その際に大きな役割を演ずるのが，「比較」である，と思う。私は家族法の専門家ではないが民法の専門家ではある。実務は知らないし，あれこれの家族法学説も知らない。私が知っているのは，（昭和民法から明治民法・旧民法へと遡る）現行法の来歴であり[12]，（フランス法や東アジア諸法に関する）わずかな比較法的知識である[13]。そして，これまでの立法関与の経験をふまえた長中期的な展望の必要性である[14]。

立法者は現行法を変えることができるが，過去を振り返り・他所を見渡すならば，容易に行いうることとそうではないことの区別があることがわかる。実は，このことを明らかにする役割を，戦前戦後の家族法改正を担ってきた人々は果たしてきた。そのことによって，時々の政治的要請から生じた改正への圧力をより中長期的な改正に転轍してきた。その役割を果たすことは困難になりつつあるが，これを放棄することは民法学が社会的責任を放棄することに繋がる。

3 小括——「連戦連敗」か？

2014年に債権法改正案が中間試案から大幅に後退するのを見やりながら，私は中国で「『Unbuilt』の民法学——債権法改正『連戦連敗』の後で」と題する学会報告[15]を行った。では，家族法改正はどうだろうか。ある人々はやはり「連戦連敗」であると評するかもしれない。しかし，学説の果たした役割に限って言うならば，家族法改正において学説は連戦連敗以前の状況にあるのではないか。2010年前後から家族法改正への機運は高まり，学説は様々な改正案を提案してきた。もちろん，それらは相次ぐ法改正に影響を与えていないわけではない。しかし，学説の存在感はあまり大きいとは言えない。少なくとも改正の主たる原動力ではなく，従たる参照要素にとどまっているように感じられる。また，Unbuilt（実現しなかった構想・プラン）が遺産として十分に活用

---

(12) 大村『民法読解親族編』（有斐閣，2014年）。
(13) 大村『フランス民法』（信山社，2010年），同『家族と法——比較家族法への招待』（左右社，2014年）。
(14) こうした観点から検討のアジェンダを示すものとして，大村ほか編『比較家族法研究——離婚・親子・親権を中心に』（商事法務，2012年）に付した「家族法研究会において取り上げるべき論点について」を参照。
(15) 中日民商法研究14号（2015年）（大村『性法・大学・民法学——ポスト司法改革制度の民法学』〔有斐閣，2019年〕所収）。

されているとも言いにくい。

IV　おわりに——1カ月前・10年前を想起する

　最後に一言，友人と恩師の死に言及させていただき，結びに代えたい。

　1カ月前の8月19日に，京都大学の潮見佳男さんが急逝された。潮見さんと私は同じ学年で，30年以上にわたり同世代の民法研究者としてともに歩んできた。民法（債権法）改正委員会では森田修さんとともに3人で第1準備会を構成して立案を進めたほか，法制審の民法（債権関係）部会，民法（相続関係）部会にともに参加した。また，民法判例百選の編集も一緒に行ってきた。潮見さんで思い出されるのは，1995年ごろに展開された森田＝潮見論争である。論争は歴史研究の位置づけをめぐるものであったが，本論でも述べたように，歴史は一定の結論を導くものではない（「歴史は理由にならない」）としても，（横の比較とともに縦の比較とも言うべき）歴史が1つの拠り所になることもまた確かであろう。潮見さんもこのこと自体を否定してはいなかった。

　10年前の9月27日に，学士院会員だった星野英一先生は，韓国学術院との会合の席上で倒れられて，やはり急逝された。星野先生からは多くのことを学んだが，ここでは1987年に発表された「法と法律 droit et loi」に関する論文に触れておきたい。先生は一方で「民法典からの出発」を説いて民法典の条文を大事にされたが，同時に，法律と法とを区別し，法律ではなく法を重視する姿勢を示された。一見すると，法典の重視と法の重視とは両立しがいようにも見える。しかし，民法典は法の変化を反映して変化すると考える——新自然法論ならぬ新民法典論に立脚する——ならば，民法典を拠り所としつつ，大きな時代の流れに対応することが可能になる。私の家族法立法学論・民法学論もまたこうした考え方に立脚している。

　【後記】
　　ソウルでの講演会では，4人の研究者から7つの質問が出され，通訳もあわせて1時間半ほどの質疑応答が行われた。日本の家族法改正は隣国からはどのように見えるのかという観点から，記録にとどめることに意義があろうかと考え，以下にその概要を掲げる[16][17]。

(16)　ほかに，報告原告に対して小粥太郎教授からいただいたコメントもあり，大変有益な内容を含んでいるが，別の機会に応答を試みることにして，ここでは謝意を表しておくにとどめる〔その後，コメントの趣旨は部分的には「新・民法学を語る・その4——沖野眞已先生・水野紀子先生をお招きして」書斎の窓691号・692号（2024年）で披露されている〕。

第1部　第1章　総　　論

　質問は，日韓の家族法史の対比について（Q1），最近の家族法改正におけるフェミニズムの役割について（Q2），家族法の変化につき裁判所が果たす役割について（Q3），学説の主張が実務に受け入れられる条件について（Q4），共同親権か単独親権かという問題とフェミズムは無関係ではないか，委員会に子どもの利益を擁護する専門家が入っていれば対立は生じないのではないか（Q5），同性・異性双方が使えるPACSのような結合形態，多様な家族のあり方に対して日本ではどう考えられているか（Q6），夫婦別氏と同性婚とはどちらが先に実現しそうか，韓国から見ると夫婦別氏は当然ではないかという感じがする（Q7）というものであった[18]。

　以上に対する私の応答は，4点にまとめられる。第1は，現在の韓国においてフェミニズム法学が支配的であるように，日本では戦後30年以上にわたって啓蒙の家族法学が支配的であった。今日では状況はそう単純ではなく，もちろんフェミニズムの影響は認められるが，反対の動きも生じているということ。第2は，部会には様々な専門家が参加しており，当初は様々な意見が出されたが，部会内では長い時間をかけて，原理原則に執着せずプラクティカルに議論を行うという共通の前提が徐々に整いつつあるので，これが危殆に瀕するような事態は極力回避したいということ。このような合意形成のデファクト・スタンダードを形成することを通じて，最も難しい夫婦別氏・同性婚についても，協調的な（妥協的な）議論が可能になるのではないか，と考えてきたが，現状を考えると婚姻の相対化はなかなか難しく，同性婚にせよ夫婦別氏にせよ，婚姻の価値を強調するならばPACSのようなものの導入よりも（仮に，それが婚姻の相対化を標榜するタイプの議論に基づいて主張されるのであれば），もしかすると実現可能性は大きいのかもしれないこと。

　第3に，日本でも最高裁の違憲判断は立法に大きな影響をもたらしているが，同時に，下級審裁判例の役割も重要であること（たとえば，同性婚に関する複数の下級審裁判例の登場は学説を刺激している）。もっとも，下級審裁判例が学説を賑わわせているとしても，それは立法に直結するわけではないこと。個人的には，立法との関係では，現代日本の家族法学説に一層の努力を望んでいること。第4に，しかしながら，学説が高い志を持って理想を説くこと自体は悪いことではないこと。私が使った「連戦連敗」という言葉は十分に理解されていないが，学説の「連戦連敗」は恥ずべきことではないこと。あわせてここで，私の民法学説と私の立法に対する姿勢とは見かけ上は異なるように見えるかもしれないが，私の中では必ずしも不整合ではないこと。

(17)　2023年9月にリヨン高等師範学校東アジア研究所主催の講演会において，大村「家族法改正の現況——離婚後養育と関連問題について」をベースにした講演を行った際にも，様々な質問・意見が寄せられた。2つの講演会の主催団体（特に，成均館大学の権澈さんとリヨン高等師範学校のベアトリス・ジャリュゾさん）および講演会に参加された韓国・フランスの方々にも謝意を表する。
(18)　講演会終了後に，女子の婚姻年齢の引き上げは婚姻の自由を制約することにならないか（Q8）という質問もあった。

第 2 章
婚姻・離婚・パートナーシップ

2 貞操義務に関する一考察
——devoir de fidélité と法・非法の関係をめぐって

森 山 浩 江

Ⅰ　はじめに
Ⅱ　日本の貞操義務に関する概況
Ⅲ　フランス民法における貞実義務の概観
Ⅳ　婚姻外関係における貞実義務に関するフランスの議論
Ⅴ　結びに代えて

Ⅰ　はじめに

　日本の民法典には，配偶者間の貞操義務を定める条文は存在しない。しかし，民法770条1項1号が不貞行為を裁判離婚原因と定めていることから，あるいは，婚姻制度がある以上いわば当然のものとして，配偶者間には貞操義務があると一般に考えられている[1]。また，おそらくその存在を前提として，判例は，配偶者の一方が，他方配偶者の不貞行為の相手方に対してなす損害賠償請求を一般に認めている[2]。この判例は学説から批判されてはいるものの，学説は必ずしも貞操義務自体の存在を疑問視して批判を展開してきたわけではない[3]。

---

(1) 二宮周平編『新注釈民法(17)親族(1)』（有斐閣，2017年）202-203頁〔神谷遊〕，我妻栄『親族法』（有斐閣，1961年）98頁（夫婦関係の本質をなすものとする），青山道夫『全訂・家族法入門』（法律文化社，1989年）50-51頁，中川淳『親族相続法〔改訂版〕』（有斐閣，1988年）70-71頁（婚姻の本質からいって当然のこととする），鈴木禄弥『親族法講義』（創文社，1988年）32頁，久貴忠彦『親族法』（日本評論社，1984年）77-78頁，星野英一『家族法』（放送大学教育振興会，1994年）64頁，有地亨『新版家族法概論〔補訂版〕』（法律文化社，2005年）92頁，深谷松男『現代家族法4版』（青林書院，2001年）51頁（婚姻生活共同体維持に性関係維持の義務が含まれるとする），泉久雄『家族法〔新版〕』24頁，大村敦志『家族法〔第3版〕』（有斐閣，2010年）41頁，前田陽一＝本山敦＝浦野由紀子『民法Ⅵ〔第7版〕』（有斐閣，2024年）62頁〔前田陽一〕。
(2) 最判昭和54年3月30日民集33巻2号303頁。
(3) もっとも，近年は，不貞行為の相手方との関係のみならず，貞操義務自体の「非法化」を明らかに説く見解も存在する。近年の動向も含め，松本克美「貞操義務の非法化」二宮周平集代表・犬伏由子編『現代家族法講座第2巻・離婚と婚姻』（日本評論社，

もっとも，もう一歩踏み込んで貞操義務というものを見定めようとしても，その輪郭は明確にはならない。後述するように，明治期より今日に至るまで，貞操義務の定義が示されることは稀であったし，そもそも民法典の起草者も，貞操義務につき明文規定を置くことには消極的であった。他国の制度に目を向けても，その点には大きな違いがない。配偶者に devoir de fidélité があることを明文で定めるフランス民法についても[4]，その定義は――条文のみならずその解釈においても――明確に示されてはこなかったし，ドイツ民法典のように，日本と同様，貞操義務を明文で定めない国も存在する[5]。このような貞操義務（あるいはこれに類する義務）の扱いは，この義務の法的な位置づけが極めて微妙なものであることの証左ともいえよう。

しかし日本においては，貞操義務に関する主要な議論が，配偶者の一方による他方配偶者の不貞行為の相手方に対する損害賠償請求についてなされてきたせいか，その前提である貞操義務自体については，それほど論じられてこなかった[6]。一部の概説書は近時，この点について疑問を提示しているが[7]，議論はそこまでにとどまっているようにも思える。

本稿は，貞操義務のすべての問題を扱いうるものではもちろんないが，明文規定を擁するフランス法の議論を参照し，貞操義務について，ひいてはこの概

2020 年）133 頁以下に詳しい。
(4) フランス民法典 212 条。詳細は本文中で後述する。
(5) フランスの他には，スイス民法典，フランス民法典の影響を受けたイタリア民法典およびカナダのケベック民法典にも貞操義務を定める明文の規定があるが（スイス民法典 159 条 3 項，イタリア民法典 143 条 2 項，ケベック民法典 392 条 2 項），ドイツ民法典には同様の規定はなく，貞操義務自体を明文の規定により定める立法例が必ずしも一般的というわけではないようである。青山道夫＝有地亨編『新版注釈民法(21)親族(1)』（有斐閣，1989 年）345 頁〔黒木三郎〕参照。なお，ドイツでは，通説・判例ともに，婚姻に基づく人格的義務については義務違反があっても損害賠償を認めないことについて，前掲注(1)『新注釈民法(17)親族(1)』206-207 頁〔神谷〕。
(6) 戦前に貞操義務に関する議論が最も活発だったのは，夫も妻に対し貞操義務を負うと述べた大判大正 15 年 7 月 20 日刑集 5 巻 318 頁を契機とする論争であり（戦後，一連の議論を法解釈学の視点から追ったものとして，利谷信義「男子貞操義務論争」（加藤一郎編『民法学の歴史と課題』（東京大学出版会，1982 年）所収），姦通罪における両性の不平等について議論が集中したものと思われる。その分，貞操義務が課されること自体に向けられる理論的関心は希薄であったのかもしれない。貞操義務の存否を扱ったものとして，明山和夫「貞操義務論――貞操義務否認説をめぐって」（高梨公之教授還暦祝賀論文集刊行発起人会編『婚姻法の研究(下)』（有斐閣，1976 年））があるが，性解放論に対する批判的検討を行うものである。諸研究は，それぞれの時代背景を色濃く反映している。
(7) 窪田充見『家族法〔第 4 版〕』（有斐閣，2019 年）63 頁は，「そもそも，（相手方に対する）貞操義務はあるのだろうか？」と疑問を掲げる。

念が映し出す婚姻制度自体について，検討のための一視点を得ることを試みる。

　貞操義務は定義しがたいものではあるが，一般に不貞行為がその違反の典型であることが示すように，少なくとも，配偶者以外の者と性的関係を持たないという内容が含まれることは確かであろう。しかしそうであれば，このように極めて私的な領域の内容の義務が，法的な義務として課され，他方で明文の根拠規定もなければその定義も明らかではないという事態は，私的自治あるいは意思自律を重要な一原理と認める近代法の制度においては，ある意味では不思議なことでもある。この領域において，法はどこまでを規律すべきなのか，あるいは，敢えて踏み込まずにおくべきであるのか。すなわち，いわゆる法と非法の関係をどのように捉えるべきかという観点からは[8]，このような義務を法的な義務であると解するべきなのか，そうだとして，それはどのような意味において（すなわち，どのような法的サンクションを伴うものとして）であるのかについて検討することは，意味のないことではないだろう。

　一応の説明としてはもちろん，このような義務が法的義務でありうるのは，婚姻が一種の公序を為すものであり，婚姻を国家の制度として置く以上は当然の帰結であるからだ，とはいえるであろう。もっとも今日においては，一方では婚姻制度自体の否定という観点から[9]，また他方においては婚姻による男女の結合を基礎とする伝統的な家族の概念自体への批判的視点から[10]，もはや婚姻という制度自体が，かつてのような明確な輪郭を——あるいは正当性そのものを——当然のものとして有してはいない。とりわけ，同性婚容認への流れは，一対の男女に限定された従前の婚姻概念自体を否定すると同時に，どのような価値を婚姻という制度に盛り込むことができ，あるいはそもそもできないのか，という根本的な問いを投げかけてもいる[11]。

---

(8)　法と非法につき，北村一郎「《非法》（non-droit）の仮説をめぐって」中川良延ほか編『日本民法学の形成と課題：星野英一先生古稀祝賀』（有斐閣，1996年）所収3頁以下．

(9)　安念潤司「家族形成と自己決定」『岩波講座現代の法14・自己決定権と法』（岩波書店，1998年）129頁以下，同「「人間の尊厳」と家族のあり方——「契約的家族観」再論」ジュリスト1222号（2002年）21頁以下．

(10)　同性婚を求める現在の潮流は周知のとおりであるが，たとえば近時の札幌高等裁判所令和6年3月14日判決（LEXDB25598384）は，同性婚を許容しない民法等の規定は，「異性間の婚姻のみを定め，同性間の婚姻を許さず，これに代わる措置についても一切規定していないことから，個人の尊厳に立脚し，性的指向と同性間の婚姻の自由を保障するものと解される憲法24条の規定に照らして，合理性を欠く制度」であると判示する．

(11)　山田八千子編『法律婚って変じゃない？——結婚の法と哲学』（信山社，2024年）．リベラリズムからの「反婚」に関する議論につき，松田和樹「同性婚か？あるいは婚姻

このような状況下においては，貞操義務の概念自体を婚姻制度自体から演繹的にのみ考察することは困難であり，また不十分であろう。むしろ，近時の動向の中で貞操義務がどのようなものとして捉えられてきたのか，ということの考察が，逆に，婚姻制度とは何であり，そして，今後どのように捉えていくべきであるかを考える契機ともなるのではないか。本稿の目的を，貞操義務についてのみならず，ひいては婚姻制度自体についての視点の整理と上に述べたのは，このような理由による。

また，このような視点から，フランスの議論を参照することの意味は，フランス民法典が明文の規定を有することに加え，フランス法が近年，PACSという合意に基づくパートナーシップ制度を置き，さらに同性婚の容認に至るという変化を遂げてきたという点にも，見出されることになる。フランスはもともと，婚姻と内縁との区別が明確にあり，自由結合 union libre とも称される内縁の配偶者には devoir de fidélité を含め義務が課されないと考えられてきた。そして，制度化された PACS についても，当初は内縁と同様に考えられ，その後 PACS の婚姻化ともいわれる現象を経るものの，devoir de fidélité は依然として，PACS 当事者間には存在せず，合意によっても設定しえないと考えられている。その背後にはどのような視点が存するのか，また，婚姻とそれ以外の関係にはどのような違いがあると考えられているのか。この点に関する議論を追って，上記のような本稿の問題関心を検討するための一助としたい。

以下では，まず前提として日本における貞操義務を本稿の問題関心との関係において概観し，次いでフランスの議論を見ていくことにしたい。

II　日本の貞操義務に関する概況

1　貞操義務の性質について

日本では上記のように，主に民法770条1項1号の定める離婚原因を間接的な根拠として，法律婚の夫婦間には相互に貞操義務が存在すると解されてきた。婚姻制度に本質的なものとして説明されることもある[12]。

　　制度廃止か？——正義と承認をめぐるアポリア」国家学会雑誌131巻5＝6号369頁以下（2018年）の第一章および第二章を参照。
(12)　前掲注(5)『新版注釈民法(21)親族(1)』344頁〔黒木〕は，「夫婦間に貞操を守る義務を課するのは近代婚姻法にとってはむしろ必然の要請」とする。林信雄「夫婦の同居協力義務」中川善之助教授還暦記念家族法大系刊行委員会編『家族法大系II（婚姻）』（有斐閣，1959年）177頁は，「夫婦共同生活の本質に関連して考えれば，そこには，夫婦が相互に貞操を守るという義務が内在している」とし，「一夫一婦制と男女平等の原

配偶者以外の者と性的な関係を持たないという配偶者間の義務は，道徳的な義務として存在することは否めないとしても，法的な義務として認めることには疑問も示されてきた[13]。民法典起草時には，明確な意図をもって明文化が避けられている[14]。近時は，民法学者以外からの強い異論も存在する[15]。少なくとも，この義務の履行の強制は，間接的なものであれ，性質上認めるべきでないことには異論がなさそうである。しかしそもそも，この義務は法的なものでありこれに対応する「権利」が存在すると考えるべきであるのかは，それほど明白ではない。

　他方で，不貞行為が離婚原因であることには明文の規定があり，また，父性推定についても，貞操義務の存在はその根拠の一環をなしている[16]。民法が重

　　則にかんがみ，夫婦が互に貞操を重んじこれを守ることを義務づけることは，けだし，信義則の要請として，当然のことであろう」とする（ただし，ここでは戦後の改正で男女平等となったことが考慮の中心にあるようである）。
(13)　窪田・前掲注(7)63頁。上野雅和「夫婦間の不法行為」奥田昌道ほか編『民法学7《親族・相続の重要問題》』（有斐閣，1976年）は，一夫一婦制をとる婚姻法の建前から夫婦は相互に貞節の義務を負い，一方に義務違反があれば，他方は法的救済を受けるとするが（89頁），他方で，この義務は，「夫婦相互の自発的意思により遵守さるべきものであり，その違反もできるだけ夫婦間の問題として処理するのが望ましい」としていた（91-92頁）。
(14)　民法典起草時に，明文の規定とすることが避けられたことについて，法典調査会において梅謙次郎の以下のような説明が存する。「是等ハ何ウモ法律上ノ規定トシテハ如何ニモ面白クナイ」「独逸民法草案ニハ詰ル所財産上ノ効力ノ外ハ丁度本案ニ採ツタ位ノ事柄シカ規定ニナツテ居リマセヌ私共ノ見マスル所テハ之カ穏当テアル」「外ノ事柄ハ孰レモ徳義上ノ問題テアツテ道徳ノ教ヘトシテ孰レモ尤モナ事柄許リテアリマスケレトモ民法ニ掲ケル性質ノモノテナク」「直接ニ其義務ヲ履行セシムルト云フコトハ実際出来ル話テモナシ何ウモ民法ノ規定トシテハ穏カテナイヤウニ考ヘマシタカラソレテ夫レ等ハ法文ニ掲ケスコトニ致シマシタ」（法典調査会民法議事速記録（学振版）四八巻六八丁表裏）。
(15)　実務家（弁護士）からは，たとえば，角田由紀子『性の法律学』（有斐閣，1991年）127-128頁は，「不貞」行為を「不法」行為にするのは「法が道徳に介入し，支配することになる」とし，不貞行為が離婚の理由となることが，配偶者に対して性を基礎にした愛情関係は自分以外の異性と持ってはならない，と法的に要求する権利の根拠になるのか，と疑問を呈し，これを正当化するには，「婚姻をすれば，相手の心を含めて全人格的な支配権を持つことを認めねばなるまい。しかもそれは，道徳的なレベルを超えて国家が法によって保護する権利であることをも認めなければならない」と述べて，個人の独立と尊厳を何よりも大切な価値と考えることとの矛盾を説いている。福島瑞穂『裁判の女性学』（有斐閣，1997年）38頁は，貞操義務について，「そもそも性的自己決定権を夫婦間の義務ということで縛れるか」「また法律で縛ったからといって守れるだろうか」と疑問を呈する。
(16)　令和4年の親子法改正において，婚姻中に懐胎した子を夫の子と推定する規律（改正前772条1項）が維持されたことについても（現行772条1項前段），夫婦の同居義務や貞操義務に基づき，妻が婚姻中に懐胎した子は夫の子である蓋然性があることが，

婚を禁じ，一夫一婦制を採る以上[17]，貞操義務はこのような婚姻制度の本質に深く関わる義務であるともいえそうである。判例が，不貞行為の相手方に対してまでも損害賠償義務を負わせる等，貞操義務の存在を前提として広く不法行為に関する条文を適用してきたことに対しては批判が強いが，不法行為の成否はさしあたり脇に措くとしても，現在の婚姻制度を前提とするかぎりにおいては，貞操義務が法的なレベルで何ら意味を持たないものとみることは，困難であるように思われる[18]。

2　貞操義務違反への法的サンクションについて

　貞操義務がなんらかの法的な意味を有することを否定できないとしても，そのことは当然ながら，貞操義務違反に対するあらゆる法的サンクションを正当化するものではない[19]。裏を返せば，貞操義務の観念的な存否自体よりも，その違反にどのような法的サンクションを認めうるかということのほうが，実質的に問われるべき問題であるともいえる。

　戦前の日本では，貞操義務違反には刑事罰（姦通罪）が課されていた。姦通罪による制裁の対象は女性が中心であり，日本国憲法の定める法の下の平等（同14条）および両性の平等（同24条）に反する内容であったことから，戦後，姦通罪は廃止される[20]。敗戦に伴うラディカルな改正により，他国に比して

　　理由の中に挙げられている（法制審議会民法（親子法制）部会資料25-2（民法改正要綱案（案）補足説明）・5頁以下）。父性推定と貞操義務の関係については，前掲注(1)大村『家族法〔第3版〕』235頁以下を参照。
(17)　前田ほか・前掲注(1)『民法Ⅵ〔第7版〕』62頁。
(18)　これを「義務」の名のもとに示すからといって，一般的な「義務」（反面において「権利」）の概念と直ちに同視されるとはかぎらない。梅謙次郎は上記のように，貞操義務を含む夫婦間の義務について，「是等ハ何ウモ法律上ノ規定トシテハ如何ニモ面白クナイ」（前掲注(14)）とし，貞操義務につき明文規定を置かない方針を説明する一方で，貞操義務違反については，刑事上の制裁・民事上の制裁が生ずると述べ，「是ニ因リ夫ノ為メニ損害ヲ生シタルトキハ妻ニ於テ之ヲ賠償スルノ義務ヲ負フハ固ヨリナリ」と，かなり強力な義務違反の効果を認めていた（梅謙次郎『民法要義巻之四』（和仏法律学校，1899年）143頁）。効果の内容に関しては現代の視点と乖離してはいるが，法による介入に対する関係では，義務として明文で規定することには控えめな考え方が示される一方で，法的な効果が存しないと考えられていたわけではまったくないという，この「義務」の微妙な性格が表れた一面とみることもできよう。
(19)　大村敦志『民法読解　親族編』（有斐閣，2015年）63頁以下。同書109頁では，個別の侵害行為につき損害賠償を認めうるとしても，「夫婦間の不貞行為が（離婚原因となるのとは別に）不法行為になるか否かについては，ただちに以上と同様に考えることはできない」とする。窪田・前掲注(7)63頁参照。
(20)　戦前の刑法183条は，

早々に姦通罪は廃止される結果となったが[21]，それから年月を経た現在，貞操義務が法的なものであるからといって国家がその違反に刑事罰を課すとすれば，おそらく過剰な介入と受け止められるであろう。

法的なサンクションはもちろん，刑事罰に限られない。民法の領域で，条文上明らかに存在するのは，貞操義務違反によって，離婚に同意しなくても裁判離婚により離婚が強制されうることである（民法770条1項1号）。

この点以外では，判例により認められ，最も議論されてきたのは，不貞行為の相手方に対する損害賠償請求である[22]。しかしこれは，貞操義務に違反した義務者本人へのサンクションではない[23]。本人に対しても，債務不履行責任または不法行為責任に基づく他方配偶者からの請求はありうるが，この問題に関する議論は乏しい[24]。判例が不貞行為の相手方にも損害賠償を認め，またかつ

「有夫ノ婦姦通シタルトキハ二年以下ノ懲役ニ処ス其相姦シタル者亦同シ
　前項ノ罪ハ本夫ノ告訴ヲ待テ之ヲ論ス但本夫姦通ヲ縦容シタルトキハ告訴ノ効ナシ」と定めていたが，刑法の一部を改正する法律昭和22年10月26日第124号により廃止された。この規定とその廃止につき，樫見由美子「夫婦の一方と不貞行為を行った第三者の他方配偶者に対する不法行為責任について——その果たした機能と今日的必要性の観点から」金沢法学41巻2号（1999年）160頁以下。

(21) フランスでは1975年7月11日の法律により姦通罪が廃止されるに至る。Philippe Malaurie et Hugues Fulchiron, *Droit de la famille*, LGDJ, 8e éd., 2023, n° 1219. なお，姦通罪は，韓国では2015年まで，台湾では2020年まで維持されていた。前者につき崔鍾植「姦通罪の違憲決定からみた韓国における性意識の変化」神戸学院法学45巻1号（2015年）159頁，後者につき加藤徳人「台湾大法官解釈で起こる婚姻制度の『揺らぎ』」愛知県立大学大学院国際文化研究科論集22号（2021年）17頁以下。

(22) 近時この点について，法と非法の観点から検討するものとして，松本・前掲注(3)参照。

(23) もっとも，これを貞操義務違反の問題と捉えるかぎりにおいては，貞操義務の法的なサンクションが及ぶ射程の問題とみることも可能ではある。しかし，これを貞操義務違反の問題とみることは，不貞行為をその相手方による「貞操権」侵害とみることであり，相手方配偶者に対する性的な支配権ではないという根本的な批判が加えられることになる。

(24) 窪田・前掲注(7)『家族法〔第4版〕』63頁は，不貞行為を行った相手方配偶者に対して損害賠償を求めることができるのか，ということについて，「実は，この部分がよくわからない」と疑問を示し，損害賠償請求権の有無は「あまりはっきりしていない」と述べる。上記（注5）で示したように，ドイツにおいては，判例・通説ともに，そもそも婚姻に基づく人格的義務については婚姻当事者間での損害賠償請求を認めていない。松本・前掲注(3)論文，二宮周平＝原田直子「貞操概念と不貞の相手方の不法行為責任」ジェンダーと法10号（2013年）90頁以下は，夫婦間でも貞操義務を「非法化」し，賠償請求を認めない見解を提示する。離婚法の根本的改革を伴わないかぎり，という留保付ではあるが，これに反対する見解として水野紀子「不貞行為の相手方への慰謝料請求——最判平成31年2月19日民集73巻2号187頁の評価」法学84巻3＝4合併号（2020年）534頁。

ては学説もこれを批判していなかったことから[25]、その前提として配偶者に対する請求は当然視されてきたのかもしれない。

3　貞操義務が生じうる場合とその限界

以上は法的サンクションの内容の問題であるが、フランスの議論との比較において、どのようなカップルに貞操義務が存在するか、という点に言及しておきたい。すなわち、貞操義務は婚姻制度に固有のものか否か、という問題である。後に詳しくみるように、フランスにおいては、内縁（concubinage）のみならず、PACSのカップルにも貞操義務を否定する見解が多数である。また、当事者が合意により義務を設定することに対しても同様である。

これに対して日本では、内縁配偶者間の貞操義務の存否を問う形で議論がされることは少ないが、もともとそれ自体を否定する見解は稀であり[26]、内縁配偶者間の貞操義務を否定する裁判例も、少なくとも戦後にはおそらく存しない。日本においては、内縁の不当破棄から内縁配偶者を保護する議論が根強く、その核となってきた内縁準婚理論からすれば、貞操義務の存在は当然の帰結ということになり、他方、内縁準婚理論を否定する見解からは内縁当事者間の貞操義務も否定されることになる。

また、当事者の合意による義務の設定に関しては、貞操義務自体の設定が日本で議論されることは稀とはいえ、性的な関係を含む排他的な関係の合意による形成に関しては、婚姻外の男女関係の一方的破棄の責任が問題となった最高裁平成16年11月18日判決（判時1881号83頁）に関する議論が関わりうる。

本判決は、共同生活には入らずに16年間関係を継続してきた男女の関係につき、婚姻に準ずるものと同様の存続の保障を認める余地がないとしたうえで、関係の存続に関し、当事者間に法的な権利義務関係の存在を否定し、関係の離

---

(25) 不貞行為の相手方への損害賠償を否定する見解が存在していなかった時期について、水野・前掲注(24)534頁（「おわりに」）参照。
(26) 内縁にも貞操義務を認める学説や裁判例について、我妻・前掲注(1)201頁、内田貴『民法Ⅳ〔補訂版〕』（東京大学出版会、2004年）153頁は、内縁にも貞操義務は「ほぼ異論なく認められる」とし、前掲注(5)『新版注釈民法(21)親族(1)』262頁〔二宮孝富〕は、実質的に夫婦共同生活関係にある当事者間には当然認められるものとする。この他、二宮周平『家族法〔第5版〕』（新世社、2019年）154頁、久貴・前掲注(1)153頁。これを明示的に認める最高裁判決は存在しないが、下級審裁判例では、貞操義務を前提に、内縁の妻とその情交関係の相手方を共同不法行為者として、損害賠償責任を肯定した東京地判昭和33年12月25日家月11巻4号107頁、内縁の夫が貞操義務に違反し、かつ内縁関係の破綻を生ぜしめたとして損害賠償請求を認めた大阪地判昭和44年12月1日判時588号88頁を参照。

脱を「慰謝料請求権の発生を肯認し得る不法行為と評価することはできない」とした。その判断の際，本判決は，当事者間において，「その一方が相手方に無断で相手方以外の者と婚姻をするなどして上記の関係から離脱してはならない旨の関係存続に関する合意がされた形跡はない」という事実を認定し，この事実を考慮に入れている。この表現は，仮にそのような合意が存在していれば，関係の離脱につき慰謝料請求が認められる可能性を前提とするようにも読める。

しかし，このような合意については，私的な人間関係からの離脱の自由を制約する合意であり公序良俗違反により無効となる可能性を指摘する見解が存する。一方，本判決に対しては，法律婚の枠に収まらない多様なカップルの存在を前提に，それぞれの関係に即した柔軟な判断により，慰謝料請求権を認める可能性を積極的に認める見解も多く，このような見解によればおそらく，当事者間に関係存続につき合意があれば，その有効性を前提として，関係破棄の責任の判断において合意の存在を考慮に入れることを当然に認めるものと考えられる[27]。このように，婚姻外の関係において，関係の継続自体を合意で定めることについては，見解は分かれるものの，日本では一般に強い反発が見られるわけではないといえる。

Ⅲ　フランス民法における貞実義務の概観

1　貞実義務の一般的な説明

フランス民法典212条は，「夫婦は，相互に，尊重（respect），貞実（fidélité），扶助（secours）及び協力（assistance）の義務を負う。」とし，明文をもって貞実義務（devoir de fidélité）[28]を定める。

---

[27]　合意の反公序性を指摘するものとして，水野紀子「婚姻外の男女関係の一方的解消による不法行為の成否」ジュリ臨増1291号（2005年）79頁。これに対して，合意の有効性を前提とする諸見解につき，山下純司「判批」（前掲最判平成16年11月18日解説）大村敦志＝沖野眞已編『民法判例百選Ⅲ〔第3版〕』（有斐閣，2023年）57頁の整理を参照。

[28]　fidélité は「貞操」「貞節」，devoir de fidélité または obligation de fidélité については，「貞操義務」等と訳すのが一般的であるが，本稿においては，fidélité を「貞実」，devoir de fidélité を「貞実義務」と訳することにする。これは，日本語の「貞操」「貞節」が性的な関係における純潔さを中心とする意味合いを持つのに対し，フランス語の fidélité は，一義的には性的な意味よりも一般的な忠実さ，誠実さを示す意味であって，配偶者間における devoir de fidélité はもちろん性的な意味合いが中心であるとはいえ，それにとどまらない意味の広がりを持ちうることを示そうとしたためである。そのような意味の広がりを持つことについては，本文中で後述するように，fidélité が契約上の一般的な誠実義務における loyauté との類似性を有するものとして議論されていることからも看取でき，この点で「貞操」・「貞節」とはニュアンスが異なる。

フランス民法の定める婚姻の効果は，人格に関する効果（effets personnels）および財産上の効果（effets patrimoniaux）に分類して捉えられる。人格に関する効果の主なものは，同212条が定める義務のうち，尊重義務，貞実義務，および協力義務，そして同215条第1項の定める生活協同の義務（devoir de communauté de vie）がこれに加わる。貞実義務は，婚姻から生じるこれらの人格的義務の1つとして位置づけられる。

devoir de fidélité の定義は，条文では示されていない。fidélité という言葉は，一般的には「誠実」「忠実」を意味する。212条の定める配偶者間の devoir de fidélité は性的な意味合いにおける貞操義務として重要な意味を持つが，一方で，婚姻が与えられた信頼を守るという約束であることとも関連付けて示されており，性的な意味合いのみに限定されているわけではない[29]（そのこともふまえ，本稿では fidélité の訳語としては「貞操」ではなく「貞実」の語を用いている[30]）。実際，貞実義務違反は，肉体的に他者と性的な関係になったことには限られない[31]。不貞（infidélité）には精神的なものが含まれ，infidélité の最も明らかな形が姦通（adultère）であるとも説明される[32]。

2　貞実義務の法的効果とその性質
(1)　貞実義務違反のサンクション

フランスでも，かつては不貞行為に刑事罰が科されていたが，1975年に廃止された[33]。民事の領域におけるサンクションは，不法行為（délit）を構成しうること，および離婚原因をなすフォートとなりうることとされる[34]。なお，ここでの不法行為とは婚姻当事者間における不法行為であって，貞実義務違反

---

[29]　Malaurie et Fulchiron, *op. cit.*, n° 1218 ; Alain Bénabent, *Le droit de la famille*, 6ᵉ éd., LGDJ, 2022, n° 150. なお，devoir de fidélité は，広義においては，配偶者と性的な関係を持つという積極的側面も含められているが，この意味における義務としての実質的な意味は今日は失われている。Marie Lamarche,《Les rapports personnels》, in *Le statut juridique du couple marié et du couple non marié en droit belge et français*（sous la direction de Jean Hauser et Jean-Louis Renchon）, Larcier, 2012, Vol.1, n°ˢ 926 et s.
[30]　前掲注(28)参照。
[31]　Cass. 1ʳᵉ civ., 30 avril 2014, n° 13-16649.
[32]　Bénabent, *op. cit.*, n° 150.
[33]　1975年7月11日の法律によりフランス旧刑法典336-339条が廃止された。
[34]　不貞行為は，かつては絶対的離婚原因（cause péremptoire）であったが，1975年7月11日の法律による改正後は，不貞行為が離婚原因となるフォートをなすか否かは裁判官の評価に服するものとなっている。Yves Mayaud,《L'adultère, cause de divorce, depuis la loi du 11 juillet 1975》, RTDciv 1980, pp. 494 et s.

の責任を不貞行為の相手方に対して追及することはできない[35]。

(2) 貞実義務の根拠・性質に関する議論

貞実義務は明文で規定されているが，疑問も提示されており[36]，かつてより効果が弱まったとの評価も存する[37]。しかし，それでもなお婚姻の本質的義務の１つと位置づける見解が通説といえる[38]。

概説書においては，貞実義務は婚姻自体から生じるものであり，モノガミー（二者間にのみ成り立つ婚姻制度）の裏面として存在する。合意により免除できない公序としての性質を有するとも説明されている[39]。婚姻は，自由に同意された義務負担の約束（engagement）であり，排他性をもって身を捧げ合う約束である，というふうに，婚姻自体の性格から，貞実義務が導かれている[40]。このような説明からも，devoir de fidélité は性的な関係の排他性のみにとどまるものではなく，カップルを１対１の関係として枠付け，相手方のみを自身のパートナーとするという約束における相互の誠実さの義務づけとして重要な意味を見出されていることが看取できよう。

このような貞実義務に対する疑問としては，別居中の貞実義務の存在に対する疑問や，不貞行為があっても必ずしも離婚が認められてはいないこと等が指摘される。しかし，婚姻が継続するかぎり，貞実義務も存続することが原則とされている。別居中または離婚訴訟中について，その間の不貞行為を離婚原因たるフォートと評価しない裁判例も確かに存するが[41]，これに対しては，裁判官はフォートか否かの評価権限を有するのであって，貞実義務の存在が問題

---

(35) Malaurie et Fulchiron, *op. cit.*, n° 1219. Cass. civ. 2e, 4 mai 2000, RTDciv 2000. 810, JCP 2000. II. 10356 ; Cass. civ. 2e, 5 juill. 2001, RTDciv 2001. 856, obs. Jean Hauser, D. 2002. 1318. この点に関する最近の状況も含め，白石友行『民事責任法と家族』（信山社，2022年）116頁以下を参照。なお，本文中ですでに述べたように，本稿においては，貞操義務を負う本人に対する法的サンクションに関して検討を行うものであり，不貞行為の相手方に対する損害賠償請求は検討の対象とはしない。
(36) Sonia Ben Hadj Yahia, *La fidélité et le droit*, LGDJ 2013, n° 677 においてそのような状況が示されている。
(37) 白石・前掲注(35)特に294頁以下では，義務の弱化・後退の傾向があると評価されている。
(38) Malaurie et Fulchiron, *op. cit.*, n° 1220, Bénabent, *op. cit.*, n°s 150 et s.
(39) Malaurie et Fulchiron, *op. cit.*, n° 1221, Bénabent, *op. cit.*, n° 151. 前者がこの点に関して非難の対象としているリール大審裁判所の判決（TGI Lille, 26 nov. 1999, D. 2000, 254, note X. Labbée）については，後に改めて言及する。
(40) Malaurie et Fulchiron, *op. cit.*, n° 1220 においては，「貞実義務が婚姻から生じることは，自明の事柄であるようにみえる」とされている。
(41) この状況につき，白石・前掲注(35)295頁以下参照。

とされているのではない，との説明も付される[42]。

3 貞実義務が生じうる場合とその限界

以上はフランスにおける貞実義務の概説をたどったものにすぎないが，貞実義務が生じうる場合とその限界付けに関しては，前述のとおり日本とは異なる点が存する。フランスでは，貞実義務を婚姻固有のものとし，婚姻外の関係については，内縁のみならず制度化されたPACSについてであっても，貞実義務は存在しないとされている[43]。さらに，当事者間で合意により義務を設定することも認めないのが多数である。

日本においてはもともと，内縁における貞操義務を観念すること自体への抵抗が薄く[44]，前掲最判平成16年11月18日に関する議論においても，婚姻外の関係の継続に関する合意——フランスでは，性的な内容にとどまらない devoir de fidélité を婚姻外の関係に認めうるか否かという問題と連続性を持ちうる——と公序との関係を論じる視点は，フランスに比べればはるかに乏しい[45]。人格に関する義務の合意による設定や免除に関して，日本の議論は往々にして寛容，あるいは無頓着であるともいえる。

以上のような違いをどのように考えるべきであろうか。この問題を考察するにあたり，以下では，フランスでの関連する議論について，貞実義務が婚姻に固有のものか否かという論点に関してフランスでしばしば引用される裁判例とその評価を中心に，より具体的にみていくことにする。

---

(42) Malaurie et Fulchiron, *op. cit.*, n° 1221 参照。白石・前掲注(35)297頁は，これとは異なる見方を示す。

(43) 内縁に関する学説について，Ben Hadj Yahia, *op. cit.*, n° 716 et n° 718. 内縁に関する判例の状況としては，Sonia Ben Hadj Yahia,《Le concubinage et le juge》, in *Le concubinage : entre droit et non-droit* (sous la direction de Sonia Ben Hadj Yahia et Guillaume Kessler, Lexis-Nexis, 2021), pp. 105 et s. を参照。フランスにおける婚姻・パクス・内縁の比較について，大島梨沙「「法律上の婚姻」とは何か(4)」北大法学論集64巻2号（2013年）501頁以下。パクスについては当初，婚姻と異なり人格的義務自体が存在しないものとされていた。しかし，2006年6月23日の法律による改正後，フランス民法典515-4条1項により，人格的義務が一定の範囲で課されることとなった。白石・前掲注(35)312頁以下の説明も参照。

(44) 前掲注(26)参照。これに対し，内縁準婚理論を批判する考え方からは，内縁における貞操義務の存在はもちろん否定されよう。水野紀子「内縁準婚理論と事実婚の保護」林信夫＝佐藤岩夫編『法の生成と民法の体系』（創文社，2006年）633頁注(8)参照。

(45) 前掲・最判平成16年11月18日は上記のように，「相手方に無断で相手方以外の者と婚姻をするなどして上記の関係から離脱してはならない旨の関係存続に関する合意がされた形跡はない」ということを，責任を否定する判断において参照する。

Ⅳ 婚姻外関係における貞実義務に関するフランスの議論

1 内縁における貞実義務

内縁（concubinage）は，PACS とは異なり，事実上，カップルとして安定的で継続的な共同生活をする異性または同性の二者の関係である。もともと法の外の存在とされていたが，判例等により一定の効果が認められていたところ，PACS の制度の創設と同時に，内縁についても民法典に定義規定が新設され（民法典 515-8 条），同性間・異性間を問わず内縁と捉えることが明文により定められた。

もっとも，民法典が定めるのは定義のみであり，効果を定める規定は存しない。本来，内縁は自由結合（union libre）とも称されるように，法制度から自由な存在であって[46]，貞実義務が認められないことにほとんど異論はみられない[47]。

2 PACS における貞実義務

PACS は，法的な制度としてのパートナーシップ契約であり，当事者間でPACSの合意をしたうえ，これを公的に登録し公示する必要がある[48]。立法当時は，人格に関する義務は PACS に存在せず，財産的効果のみが付与される制度と考えられていた[49]。しかしその後，2006 年の改正（2006 年 6 月 23 日の法律）により，PACS 当事者間にも，共同生活（vie commune）の義務，物質的

---

(46) たとえば，Aline Vignon-Barrault,《Rupture du concubinage et responsabilité civile》, in *Le concubinage : entre droit et non-droit, op. cit.*, pp. 137 et s. において，内縁の発展は，「生き方の選択としてであれ，婚姻あるいはパクスの前段階としてであれ，将来に向けてのあらゆる拘束的な紐帯から解放されるというカップルの意思を示している」という言葉にも表れる。

(47) Malaurie et Fulchiron, *op. cit.*, nº 277. 白石・前掲注(35)318 頁以下参照。前掲書 *La fidélité et le droit* (Ben Hadj Yahia) は，貞実義務の意義・効用を説くが（特に同書 nᵒˢ 677 et s.），同著者は《Le concubinage et le juge》*op. cit.*, pp. 105 et s. においては，内縁当事者は裁判官の力に頼ることをためらわないが，「しかし裁判官には，自由結合について判決を下す資格や権限があるのだろうか？」，「原則として，統治者のみが，家庭や夫婦の輪郭を描き作ることが可能である」（nº 3），「人の法の局面については，内縁配偶者は貞実義務には服しない」（nº 19）と述べる。

(48) フランス民法典 515-3 条。

(49) Françoise Dekeuwer-Défossez,《PACS et famille, Retour sur l'analyse juridique d'un contrat controversé》, RTDciv 2001. 529.「……生活協同，貞実義務および協力，この 3 つの局面のいずれも，PACS には見出されず，それは立法者の意識的な選択の結果によるものである」。

援助（aide）の義務，協力義務（assistance）がある旨の明文規定が新設され（515-4条1項），PACSにも人格に関する義務が生じることとなった。もっとも，貞実義務は記されず，共同生活の義務にも貞実義務は含まれないと考えられている。新たに明記された他の義務についても，婚姻と同じ意味のものではないとも説明される[50]。

3 裁判例に関する議論

以上のように，一般的には，内縁にもPACSにも，貞実義務はないと考えられている。しかしPACSに関しては，当事者の一方の意思で関係の解消が可能である点は婚姻と大きく異なるとはいえ，人格に関する義務も条文で認められ，婚姻にかなり近づいてくる。裁判所の判断にも，PACSパートナーに貞実義務があるように扱うものも現れる等，議論の契機となってきた。

以下では，この問題についてしばしば言及されるいくつかの事例をとりあげ，それらに関してどのような議論がなされてきたのかをみることにする。

(1) リール大審裁判所2002年6月5日の命令に関する議論

PACS当事者間の貞実義務に肯定的な裁判所の判断として引用されるのは，リール大審裁判所2002年6月5日の同裁判所所長による命令である。この命令は，裁判の前段階において用いられる，不貞の証拠を取得するための手続において下されたものである。

(a) 事案および命令の要旨

A（男性）とPACSを締結していたX（男性）が，Aが自分のもとを離れ他の男性Bと性的関係を保持していることについて，パートナー間の契約による貞実義務（fidélité）に反する関係を確認する目的で，AとBの不貞行為の証拠として事実確認調書（constat）[51]の作成を執行官に命じるよう，リール大審裁

---

(50) 改正につき後掲注(53)参照。婚姻上の義務との違いにつき，白石・前掲注(35)313頁は，2006年の改正により人格に関する義務がPACSに課されるようになったからといって，「パクスの当事者に対して婚姻の場合と同じ強度の人格的義務が課されているとの理解を導くことはできない」ことに注意を促す。

(51) 事実確認調書（constat）は，執行吏（huissier de justice, 現在の職名はcommissaire de justice）が，私人の申出または裁判所の命令により，事実状態を確認して作成するもので，事実状態を証明する文書として，民事訴訟において証拠として用いられる。1945年11月2日のオルドナンスがこれを規定する。フォートに基づく離婚を求める訴訟の場合は，フォートとなりうる相手方配偶者の不貞行為を証明する手段の1つとして用いられる（constat d'adultère）。司法研修所『フランスにおける民事訴訟の運営』（法曹会，1993年）15頁，118頁以下，山本和彦『フランスの司法』（有斐閣，1995年）414-415頁参照。constat d'adultèreにつき，Malaurie et Fulchiron, *op. cit.*, nº 569, Bénabent,

判所所長に求めた。同裁判所所長はこれを認め、執行吏を指名して事実確認調書作成を命じた。この判断の理由は、次のように示された。

「民法典 515-1 条に基づき、PACS のパートナー間には共同生活の義務（obligation de vie commune）が生じ、この義務は誠実に（loyalement）履行されなければならない。生活協同の義務（devoir de communauté de vie）を誠実に履行しなければならない義務は、パートナー間のあらゆる形の不貞に制裁を与えることを要請する。共同生活の義務の不履行は、フォートあるパートナーの落ち度を理由として PACS の解約（résiliation）を求める訴訟を正当化する。」

(b) 本命令に対する学説の反応

本命令は、PACS の貞実義務を定める条文の不存在には特に言及することなく、PACS の合意により約束された義務の不履行に基づく解約の問題として、不貞行為の証拠のために必要な事実確認調書作成の手続を可とした。

本件は、当事者間の訴訟における判決ではなく、大審裁判所の1つが下した命令に過ぎないが、この問題に関する論稿において本命令は必ずといってよいほど言及され、概説書にも引用される。PACS に存在しないと説明されていた貞実義務を、契約理論における忠実義務（obligation de loyauté）を介して認めたこと、また、PACS に貞実義務を認める裁判所の判断が他にないことから、特異な存在として知られているのであろう。

本命令は当時新聞で取り上げられ、PACS は裁判官の介入なく関係を解消できる制度であり、また、不貞行為は法律婚の離婚においてすらかつてほど問題とされなくなっているにもかかわらず、本命令が下されたことが、驚きをもって受け止められたことがうかがえる[52]（なお、当時は、PACS の立法から間もなく、他方で、同性婚の容認（2013年）にはなお程遠い時期であり、PACS 当事者に人格に関する義務を課す法改正（2006年）[53]にも 4 年ほど先立つ時期である）。

本命令につき共通して指摘されるのは、婚姻においては貞実義務が弱められ

---

op. cit., n° 326。後者は、プライバシー侵害の観点からこの制度の問題点を指摘する。

(52) Le Monde 紙のウェブサイト上アーカイブ（https://www.lemonde.fr/archives/article/2003/02/21/un-juge-impose-l-obligation-de-fidelite-aux-pacses_310157_1819218.html#）、Le Parisien 紙のウェブサイト上のアーカイブ（https://www.leparisien.fr/societe/pacs-un-juge-ordonne-un-constat-d-adultere-21-02-2003-2003840425.php）に、2003年2月21日の紙面の内容が掲載されている。

(53) PACS に共同生活の義務および協力義務があるとする等、PACS 当事者にも PACS による法的な身分（statut）があるとされ、当初は PACS には存在しないとされていた人格に関する義務についても、共同生活の義務および協力義務が民法典 515-4 条に明記されるに至っている。

る傾向にあるのに対して（姦通罪の廃止，離婚原因としての扱いの変化，判例の傾向等）[54]，貞実義務がないとされていたPACSにおいてそれが認められたという，「逆説（paradoxe）」と称される現象である。

　この点は，本命令に対する評価の如何を問わず，しばしば言及される現象である。特に，Antonini-Colinのコメントは，まさに「貞実義務のパラドクス（Le paradoxe de fidélité）」とのタイトルのもと，婚姻における貞実義務の弱化およびPACSにおける貞実義務の出現を説明する。前者については婚姻における契約化の動向[55]および不貞のサンクションの衰退を，後者については本命令を取り上げて説明する。もっとも，PACSに貞実義務を認める判断としては，本命令が唯一のものであり，特殊な射程を持つとの留保を付している[56]。

　本命令に肯定的な注釈を付したLabbéeも，これを「奇妙なパラドクス（un curieux paradoxe）」として叙述する一方[57]，カップルに関する法の根拠を契約法から導く方向性を示し，そこから人格に関する義務を排除することはできないとして，契約の一般原則を根拠として不貞への制裁をPACSにも承認する本命令に賛意を示すようである。

　Beignierによるコメントも[58]，本命令に対して肯定的である。PACSの合意が一方的に破棄できることと，合意から生じる責任の問題は区別されねばならず，本件は後者の問題として，本命令に批判的な見解はこれらを混同していると批判する。そして，本命令が援用する1999年11月9日の憲法院の判断

---

(54)　概要を示すものとして，Laetitia Antonini-Colin,《Le paradoxe de fidélité》, D. 2005, chron. pp. 24-25.

(55)　契約化の動向については，大村敦志「「家族法における契約化」をめぐる一考察——社会的に承認された契約類型としての婚姻」水野紀子編『家族——ジェンダーと自由と法』（東北大学出版会，2006年）367頁以下，Stéphanie Moracchini-Zeidenberg,《La contractualisation du droit de la famille》, RTDciv 2016. 773. 白石・前掲注(35)310頁以下は，この傾向について，「実定法は，婚姻制度や夫婦であることに由来する人格的義務の強度を一定の場面で弱める一方，個人間における一般的な誠実または尊重の観点を夫婦関係の中で具体化させたかのような義務を強化する傾向にある。」と表現し，変化の背景について，「緩やかな形での婚姻の脱制度化または契約化ないし意思支配化，更に，夫婦という制度的なユニットよりも個人を重視する，カップルに関わる法の基本的な動向」があることを指摘する。

(56)　Antonini-Colin, *op. cit.*, pp. 23 et s.

(57)　Xavier Labbée, D. 2003. 515. なお，著者の肩書はリール第2大学教授であるが，前掲注(52)のフランスの新聞報道によれば，本件におけるXの弁護人を務めていたようである。

(58)　Bernard Beignier, Dr. famille 2003, comm. 57.

は[59]，共同生活という概念は単なる同居にとどまらず，カップルとしての生活を前提としていると述べたこと等に言及しながら，PACSは契約であり，他のあらゆる契約と同様，信義（bonne foi）と当事者間の忠誠（loyauté）に拘束されると述べ，契約の一般法理に則る本命令の考え方に共感を示すようである[60]。

これに対してHauserのコメントは[61]，本命令の判断は信頼に足る根拠に基づくものではないと評し，明確に批判的な態度を示す。合意に忠実義務があるとしても，その内容を精確に示す必要があり，PACSに存する排他性は，第一の婚姻の解消まで他の婚姻はできないということと同じ意味での排他性のみであるとする。そして，この排他性とは区別される，性的関係自体の排他性については，PACSの契約においてそのような条項を定めることを否定する。理由として，性的関係の自由は，通常の契約によっては譲渡をなしえない基本的な自由に属し，法律だけがその譲渡を認めることができると述べて，裁判官によるその創出を否定する。そして，「ある裁判官たちは，民法典第5条〔一般的な例規を示す方法で裁判の言渡しをすることを裁判官に禁じる規定〕を読み直すことが必要なのだろうか」と強烈な皮肉をもって稿を閉じている。

その後も，様々な場面において本命令に対する言及がなされるが，本命令はフランスの裁判所がPACS当事者間の貞実義務を認める「孤立した」存在であるとされ，後述するように，批判的な評価が一般的である。

これに対し，PACS当事者間の貞実義務を否定する裁判例としてしばしば言及されるのが，以下に掲げる2件の控訴院の判決である。

(2) モンペリエ控訴院2011年1月4日判決[62]に関する議論

(a) 事案および判決の要旨

X（女性）とY（男性）は2000年12月にPACSを締結したが，Yは2008年3月，PACSを一方的に破棄した。XはYに対し，PACSの破棄から生じる

---

(59) 1999年11月9日のフランス憲法院の判断（Décision n° 99-419, DC du 9 novembre 1999）を参照。PACSを創設する1999年11月15日の法律について下されたものである。

(60) Beignier自身がすでに，《Le droit des personnes à l'épreuve de Pacs》, in *Regards civilistes sur la loi du 15 novembre 1999 relative au concubinage et au pacte civil de solidarité (Actes des Journées d'Études des 4 et 5 mai 2000)*, LGDJ, pp. 65 et s. において，貞実義務を追い払っても，他の衣をまとったもの，すなわち契約上の信義 bonne foi contractuelle が再び現れる旨を述べており，Beignierは特にこの部分（69頁）を，本命令のコメントにおいて自ら引用する。

(61) Jean Hauser, RTDciv 2003. 270.

(62) CA Monpellier, 4, janvier 2011, Dr. famille 2011, comm. 89, obs. Virginie Larribau-Terneyre ; D. 2012, 983, chr. Jean-Jacques Lemouland et Daniel Vigneau.

損害の賠償を不法行為に基づいて請求し（民法典 1382 条（現在の 1240 条）），Y のフォートの有無が問題となった。

本判決はまず，「PACS は，これに拘束される各当事者がいつでも終わらせることのできる合意（convention）であるから，この合意の破棄（rupture）は，損害賠償の権利を生じさせえない。ただし，破棄の状況が，破棄した者のフォートを証明する性質のものである場合はこのかぎりでなく，フォートある破棄とは，必然的に急激な（brutale）破棄を含むものである。」と判示する。

重病にもかかわらず Y から遺棄されたという X の主張は，第 1 審も本判決もこれを認めなかった。PACS の破棄の態様について，本判決は，破棄は Y の方から 2008 年 3 月 7 日になされたが，Y は 2008 年 2 月 18 日に X のもとを離れており，また，過渡期において Y が子ども達をバカンスに連れて行ったこと等を挙げ，フォートある破棄とは認めなかった。病気に関しては，PACS の当事者間には協力義務は存在しないことから，病気に罹患した X の遺棄は，他の（考慮されるべき）状況が何ら存在しないため，フォートを構成しないとする[63]。

Y の不貞について，判決文は具体的に言及しないが，「Y に責任のある不貞行為は，両当事者が婚姻の紐帯により義務づけられていなかった以上，そして，Y がその趣旨の約束（une promesse en ce sens）をしていたことが立証されない以上は，これを取り上げることはできない」と判示して，Y のフォートを認めなかった。

(b) 本判決に対する学説の反応

本判決は，PACS における貞実義務の存在を否定して婚姻との違いを明確にし，不法行為におけるフォートの有無を問題とした。PACS の単なる破棄にサンクションが認められないのはもちろんであるが，不貞行為についても，PACS においてはフォートの根拠とならないことを認める。他方で，貞実の約束（promesse）がなされていた場合にはその効力を考慮しうるように読める表現を用いている。

本判決に対し，Larribau-Terneyre のコメントは[64]，この判決を，PACS を婚姻と同一視することにつき明確な拒絶を示すものと捉える。本判決は，PACS に協力義務および貞実義務を否定し[65]，損害賠償請求を基礎づける

---

[63]　なお，Y は，X の病気の治療等で最も困難な時期にあった頃（2006 年）には長期の休暇の申請等をしていたこと，PACS の破棄の時期には X の病気は小康状態にあったこと等が認定されている。

[64]　Larribau-Terneyre, *loc. cit.*

[65]　2006 年の改正は PACS にも相互の協力義務を定めたが（民法典 515-4 第 1 項），本

フォートを，PACS 上の義務の不履行ではなく不法行為のフォートとしたことが指摘される。コメントはこの点を肯定的に評価するものと思われる。

他方，本判決が，PACS 当事者が貞実につき約束をしていた場合は，その効力を考慮に入れる可能性を排除していないことも取り上げる。本コメントは，この promesse という言葉が用いられたことから，これが PACS という契約上の義務を問題とするものではない可能性を指摘する。そして，法律が定めた義務以外，自由に合意された人格的義務は，いかなるものも PACS に含めることはできない，そうでなければ，PACS は PACS ではなくなり，「第二の婚姻」になってしまうと述べる。

そして，PACS の契約内容に貞実義務を含めえないもう一つの理由として，契約の一般法上，法律により定められていないことについては，当事者は契約自由の範囲でのみ処分することを挙げる。個人の自由の原則の尊重という観点から，人格の民事的自由を契約により譲渡する可能性は排除されるとし，契約により貞実義務に拘束されることもまた排除されるとする。裁判官が信義と衡平の原則の名のもとに（民法典 1134 条・1135 条（現在では同 1103 条・1194 条）），契約責任によりサンクションを課しうる義務として，貞実義務は除かれるが，協力義務についてはその可能性を認めるようである。

Lemouland および Vigneau によるコメントは[66]，PACS において promesse による貞実義務の設定を認めるかのような部分には疑問を呈しつつ，関係の破棄の態様がフォートを示す性質のものでないかぎり，損害賠償が認められないとする本判決の結論を肯定的にとらえているように思われる。

(3) レンヌ控訴院 2015 年 5 月 5 日判決[67]に関する議論

(a) 事案および判決の要旨

X（女性）と Y（男性）は 2006 年から共に暮らし始め，2008 年 1 月に PACS を締結したが，2010 年 3 月 25 日に別離に至った。

本判決は，関係の解消に伴う共有財産等に関する給付を双方に命じる内容がその大半を占めるが，これに加えて，Y が X に対してなした，不法行為責任（民法典 1382 条（現 1240 条））に基づく 1 万ユーロの損害賠償請求につい

件における PACS の締結は 2000 年であったためか，本判決は PACS 当事者間に協力義務が存在しないと述べている。

(66) Lemouland et Vigneau, loc. cit.
(67) CA. Rennes, 5 mai 2015, RTDciv 2015. 855, chr. Jean Hauser ; Dr. famille, 2015, com. 140, obs. Jean-René Binet ; D. 2016. 1343, chr. Jean-Jacques Lemouland et Daniel Vigneau.

て判示する。Yは，関係破棄につき，急激でありかつ自尊心を害する状況 (circonstances brutales et vexatoires) があり（同僚の一人とのXの不貞行為を指している），それがYを深刻な心理的困窮に陥らせたと主張した。

本判決は次のように判示し，賠償請求を斥けた。

「内縁の状態は，PACSの締結により形式を備えている場合であっても，婚姻に固有のものである貞実義務につき，いかなる義務も生じさせることはない。

控訴人（Y）が援用する，関係破棄の急激さかつ自尊心を害する状況は，十分にその性質が示されていない。内縁は本来，仮の状態（situation précaire）であって，Yの事後的反応としての心理的困窮状態に関して提出された証拠は，Xのフォートを立証するには不十分である。」

(b) 本判決に対する学説の反応

本件においても前掲(2)と同様，PACSの解消に際し，一方から他方に対し不法行為に基づく損害賠償が請求されている。本判決も，PACSにおける貞実義務の存在を否定し，貞実義務が婚姻に固有のものであることを明言する。そのうえで，不法行為責任の根拠となるフォートについて，立証不十分として存在を認めなかった。

本判決は，本件がPACSの事案であるにもかかわらず，また，民法典はすでに内縁を安定性および継続性のある結合として定義していた時期であるにもかかわらず（515-8条），理由において内縁が仮の状態であることを述べており，本判決のコメントにもこの点を指摘するものがある[68]。しかし，コメントの中心はやはり，貞実義務は婚姻に固有のものであることを明示したことへの評価である。

Binetによるコメントは，前掲(1)命令があるものの，最新の判例は貞実義務の存在を否定したとして前掲(2)判決を挙げ，本判決をこの流れの中に位置づける。そして，本判決はさらに，貞実義務は婚姻に固有のものであると明示したことを挙げ，「実際，貞実義務が婚姻の本質であることは明らかである」と述べる。

LemoulandおよびVigneauのコメントも，前掲(1)命令を挙げてこれを批判し，本判決において展開されたように，状況によりフォートあるものとなりうるPACSの破棄は，契約としての性質にかかわらず，破棄の自由が原則であることを述べる。そして，そもそも婚姻において貞実義務の役割が衰退してい

---

(68) Binet, *loc. cit.*

る傾向を考慮すれば，PACSにおいて貞実義務を見出そうとしてみても，それが何の役に立つのであろうかと疑問を述べる。

Hauserのコメントは，本判決に関しては，PACSの法律上の内容はもはや明確であるとしたうえで，PACSの制度において貞実義務が存在しないことを前提とし，その先にある一般的な論点を示そうとする（一般的な議論にかかるコメントに関しては，後に言及するとおりである)[69]。

4　学説の分析

以上のように，一般的には，内縁にもPACSにも，貞実義務はないと考えられている。婚姻外の関係にこれを否定する考え方は，どのように説明されるのか，また，そこから何が導かれうるのか。裁判例の評釈以外の見解も取り上げながら，以下にまとめて取り上げることにする。

(1) 貞実義務を婚姻に固有のものとする視点

内縁はもともと，義務を生じさせない自由な結合であると考えられてきたことから，貞実義務が内縁において認められないことについては，それほど議論がなされない。上記のように，フランスにおける内縁は，1999年のPACS制度の創設と同時に，内縁の定義を定める民法典515-8条の新設という変化を経ているが，そのことは，内縁に人格に関する義務を生じさせないこと自体には変化をもたらしていない。この点は，貞実義務のみならず，日常生活の費用の負担や，配偶者間の連帯債務についても同様である[70]。

他方，上記のように，PACSに関しては2006年の法改正によって，人格に関する義務である共同生活の義務，物質的援助の義務，協力義務が明文で認められるに至っている。ここには貞実義務は含まれないが，共同生活の義務および契約における誠実義務との関係で，貞実義務の存在を肯定する見解も見られるようになる。しかしそれでもなお，PACSにおける貞実義務を否定する見解が多数である状況は変わっていない。

その理由として度々挙げられるのは，性的関係の自由が契約により譲渡・処分をなしえない基本的な性質の自由であって，法律のみがそれを認めうるものであることである。リール大審裁判所2002年の命令に関するHauserのコメントがこれを挙げ，モンペリエ控訴院2011年判決についてはLarribau-Terneyre

---

(69) Hauser, *op. cit.*, p. 856. ここでは，なお議論は開かれていることにつき，Ben Hadj Yahiaによる前掲注(36) *La fidélité et le droit* が引用されている。

(70) Ben Hadj Yahia,《Concubinage et le juge》, *op. cit.*, pp. 115-116.

も，法律により定められていないものについて，当事者が契約自由の範囲を越えて処分することはできないとし，個人の自由の原則の尊重という観点を挙げている。

　この点については，以上の他にも，たとえば次のような見解が示されている。Françoise Dekeuwer-Défossez は，内縁に関して，「性的関係を保つ権利は，内縁の契約が内縁配偶者に貞操義務を課すこととは対立しうる」と述べていた[71]。Emmanuel Gili はテーズにおいて，夫婦間における，決して離婚しないという合意や不貞の制裁の合意の可否について，このような合意は人の身分（état des personnes）の不可処分性の原則に反する，と述べる[72]。同旨のものとして，ベルギーとフランスの比較においてフランスの状況を説明する中で，Marie Lamarche が次のように述べている。婚姻においても，「貞実義務は，個人の自由への同意された侵害」であり，PACS に関しては，条文によって明示的に定められた貞実義務が存在しない状態で，パートナー達をそのような義務に服せしめることができると認めるのは困難である[73]。また，R.W.Richard Ouedraogo のテーズは，リール大審裁判所の上記命令に関して，性的関係の自由が，人が通常の契約では譲渡することができない基本的自由の一部であることを述べ，PACS において性的関係についての排他性条項を定めることは，パートナー達の基本的自由の侵害に当たるとする[74]。

　これらの叙述から読み取れるのは，貞実義務を婚姻に固有のものとする考え方，あるいは性的な自由に制約を加えるような合意は法律がそれを認めていないかぎりは効力がないという考え方である。性的な自由の不可処分性の原則の存在と言い換えることもできよう。また，ここには，このような私的な自由に関わる領域を法の領域において扱うことに対する慎重な態度を看取することができるように思われる。婚姻においても，貞実義務を「個人の自由への同意さ

---

[71]　Dekeuwer-Défossez, *op. cit.*, p. 529. なお，性的関係の権利に関して，ヨーロッパ人権裁判所 2005 年 2 月 17 日判決（CEDH, 17 fév. 2005, n° 42758/98 および n° 45558/99, K.A. et A.D. c/Belgique）は，「性的関係を保つ権利は，自身の身体の処分の権利から生じるものであり，人格的自律の概念の構成要素である（Le droit d'entretenir des relations sexuelles découle du droit de disposer de son corps, partie intégrante de la notion d'autonomie personnelle.）」と述べる。

[72]　Emmanuel GILI, *Le ministère public et le couple conjugal*, PUAM, 2012, n° 323.

[73]　Marie Lamarche, 《Les effet pendant le temps du statut》, in *Le statut juridique du couple marié et du couple non marié en droit belge et français, op. cit.*, n° 926.

[74]　R.W. Richard Ouedraogo, *La notion de devoir en droit de la famille*, Bruylant, 2014, n°s 408 et s.

れた侵害」とする上記の表現は，意思があってもなお貞実義務を課すことは自由の「侵害」であって，法が認める限られた場合にのみこれを法的な拘束として扱うことができるという考え方があってこそのものであるように思われる。

(2) 合意上の義務違反と不法行為責任との関係

リール大審裁判所の命令に好意的なコメントを寄せた Beignier は，PACSの合意は一方的な破棄が可能であることと，合意から生じる責任の問題を区別すべきとする。これに対し Hauser は，PACS の当事者間にある排他性の意味を明確に示すことで反論したものの，レンヌ控訴院判決へのコメントにおいては，PACS に貞実義務が存しないことは前提としたうえで，改めて Beignierの示した疑問に言及するようにも見える。すなわち，PACS において明示的な条項により貞実義務を定めることができるか否かについて，不法行為責任との関係に言及し，レンヌ控訴院判決は貞実義務を否定する一方，責任に関する一般法の適用に関しては証拠不十分として斥けていることを挙げ，関係破棄から切り離されうるフォートという捉え方を示し，PACS の契約に貞実義務を定める条項がありうることについて——それを責任法において考慮するという可能性について，であると考えられる——議論はなお開かれているとする[75]。すなわち，当事者の意思により貞実義務を課すことはできないが，不法行為責任におけるフォートの存否において考慮する可能性については，別の問題として捉えていることになる。

確かに，上記のモンペリエ控訴院判決も，レンヌ控訴院判決も，不貞行為あるいは合意の破棄自体が損害賠償責任を生じさせることを否定しているが，そのことから直ちに損害賠償請求自体を否定してはおらず，不法行為におけるフォートの存否を検討する。モンペリエ控訴院判決は，合意の破棄の状況が，急激な破棄を含むものである場合にフォートある破棄となりうることを前提に，破棄の態様の検討を行っている。また，レンヌ控訴院判決は，関係の破棄が急激でありかつ自尊心を害する状況があったかどうかについての検討を行い，立証が十分ではないことを挙げている。そして，いずれの判決も不法行為におけるフォートの検討を行っている。

以上から，次のように考えることができそうである。すなわち，貞実義務あるいは関係継続の義務が存在しないということは，不貞行為あるいは関係の破棄のみによって，損害賠償責任を生じさせることは認められないということ，

---

[75] Hauser, *op. cit.*, RTDciv 2015. 856.

他方で，それとは別の理由で不法行為が成立しうることまでも妨げるとは限らない，ということである[76]。しかしもちろん，実質的に不貞行為や関係の破棄自体による損害の賠償を認めるのと変わらないようでは，貞実義務あるいは関係継続の義務を課すことと同じことになるため，それとは明確に区別されうるだけの状況があることが前提となろう[77]。

V 結びに代えて

本稿では，貞操義務——より広くは貞実義務——について，フランスでは婚姻外の関係にこれを認め得ないとされている理由を検討することによって，貞実義務あるいは婚姻そのものについてのフランス法の考え方を探ってきた。その基礎には，貞実義務という人格に関わる義務について，法律で認めている場合にそのような義務を課すことが初めて認められ，合意のみにより法的な義務とすることはできないという考え方があるように見受けられる[78]。そこには，そのような法的義務を課すことが個人の性的な自由[79]という基本的な自由を害しうるものであるという前提がある。婚姻制度はその本質に関わるがゆえに貞実義務を課すことを必要とし，その範囲においてのみ法律がそれを義務と定めるが，それ以外においては，法はその領域に入らないようにして——これは，合意による法的な義務の設定を否定することも意味する——，個人の極めて私的な領域における基本的自由と，国家が法により義務を設定することとの緊張関係を保っているといえるだろう。

他方で，冒頭に述べたように，婚姻制度自体が変化を経つつある今日においては，貞実義務を本質とする婚姻という制度とは，いったいどのようなものなのか，という視点からの問いも投げかけられうる。

すでに見てきたとおり，婚姻とそれ以外の関係との明確な違いは，関係解消の自由の有無および貞実義務の有無に現れていた。貞実義務は，性的関係に限

---

(76) この点につき，後掲注(84)を参照。
(77) そのような前提がどのような概念で把握されうるのかにつき，後掲注(84)参照。
(78) このような視点が日本では理解されがたいことについては，日仏法学共同研究集会後の総括座談会「家族の観念と制度」における発言「法律婚だから法的な根拠があるので，その根拠に基づいてはじめて国家権力が当事者に効果を強制できるのだという考え方の筋道の重要性が，日本人にはよくのみこめていない」（水野紀子）にもよく表れている。日仏法学会編『日本とフランスの家族観』（有斐閣，2003 年）278 頁。
(79) フランスにおいて，これが性的「自由」の問題とされ，性的「自己決定」という用語がほとんど用いられていないことについては，Muriel Fabre-Magnan,《Le sadisme n'est pas un droit de l'homme》, D. 2005. 2973（特に 2974-2975 頁）を参照。

らず当事者間に相手方への「誠実」を求める点において，その有無は関係解消の自由の有無に通底する。婚姻とそれ以外の関係は，「裏切ることが許されない関係」であるか，「裏切ることが許される関係」であるか[80]，と言い換えることも可能であるのかもしれない。婚姻制度を置くということは，法的に「裏切ることが許されない関係」を設定できる制度を置くことであり，他方で上にみてきたように，制度の外では，「裏切ること」の当否は非法の領域に留め置かれることになる。

　このような制度を設定する意義に関しては，婚姻外の関係はカップル間の関係のみに関わるものであるのに対し，婚姻は家族を基礎付けるものであると説明されている[81]。このように安定的な関係への設定を義務づける婚姻の性質は，当然，子の養育という目的に深く関わる[82]。もっとも，子の有無を措くとしても，「裏切ることが許されない関係」が婚姻制度として法的なものとなることによって，相手方との生活共同体は，長きにわたる安定した関係を築くことへの義務づけという一定の――もちろん完全な安定への義務づけは認められない――制度的な担保を得る。これにより，カップルの生活共同体は，当事者間のみならず社会との関係においても，安定したものとして基礎付けられうるものとなろう[83]。婚姻が認められない関係にある者（たとえば日本では同性カップル）の中には，ただ平等性を求めるのみでなく，婚姻にそのような側面を見出しそれを望むがゆえに，婚姻制度の対象に加えられることを望む者もいるであろう。婚姻が仮に，自由に「裏切ることが許される関係」となれば，もはや婚姻制度としての意味は失われる。そのような意味において，貞実義務は，婚姻制度というものがある以上――それをどう評価するかは措くとして――その本質的な要素とはいえるであろう。そして，フランス法の検討は，「裏切ることが許されない関係」を制度として設定しておくことには，その制度の外にあるものを非法の領域に残しておくことを可能にする意味があることをも，示して

---

(80)　用いられる文脈は異なるが，山下・前掲注(27)57頁が用いる表現である。
(81)　この点につき，大島・前掲注(43)482頁，Virginie Larribau-Terneyre, Juris Classeur Civil Code, Art. 212 à 215, §§ 8 et 14, 2021.
(82)　婚姻のみにより夫婦の子を養育する義務を「共に（ensemble）」負うべきことを定める民法典203条を参照。また，親子関係の設定に関しても，貞操義務を婚姻のみに認められる嫡出推定との関係で説明する見解も存在する。Lamarche, *op. cit.*, n° 926 ; Gili, *op. cit.*, p. 260 ; Larribau-Terneyre, Juris Classeur Civil Code, Art. 212 à 215, § 14.
(83)　民法典206条は婚姻の効果として義父母に対する扶養義務を定めており，これも婚姻に固有の規定である。カップルは婚姻により，その当事者間にとどまらない関係を形成し，姻族関係（alliance）を含む広義の famille の中に入るともいえる。

第1部　第2章　婚姻・離婚・パートナーシップ

いるように思われる。

　フランス法に関する以上のような見方が可能であるとして，これと相当に異なる日本法の状況をどのようにみるべきであろうか。関係維持の義務に関して，日本における内縁保護理論や，状況に応じた当事者の保護が重視される状況においては，法が介入して弱い当事者を保護することが重視される一方で，国家による義務の設定により個人の自由が害されるという視点は，必ずしも多数により共有されるところではなかった。確かに，パートナーの一方当事者に他方に対する責任が認められるべき場合は，フランスでも日本でもありうる事態であるが，それを直ちに貞操義務や人的関係の継続の義務から導く必要はない[84]。国がどこまでそこに入り込むべきか，ということとの関係で，国家法による後ろ盾を伴う法的義務の範囲が画されなければならないのではないか[85]。少なくとも婚姻外の関係においては，パートナー以外の者との恋愛関係または肉体関係そのものが，あるいは，パートナーとの従前の関係に終止符を打つことそのものが，国家法をもって責任を生じさせるということに，問題はないのか。人格的な義務の問題と常に交錯点を有する家族の領域において，法の領域をどこまでとみるべきであるのかは，日本においても，常に深い考察を要する事柄であるように思われる。

---

(84)　このような視点から，不貞行為による不法行為に関し，被侵害利益等の捉え直しの観点が散見されることは興味深い。不貞行為による損害ではなく，自己決定権の侵害としての損害と捉える大島梨沙「判批」（最判平成31年2月19日民集73巻2号187頁）新・判例解説 Watch 25号（2019年）126頁，白石・前掲注(35)316頁以下（PACSに貞操義務が否定されるとしても，各当事者が他方から自己の人格を尊重されることについて権利または利益を持つと理解することは否定されず，その意味での誠実義務の違反を理由とする損害賠償請求の可能性に言及する）。

(85)　このような意味においては，仮に婚姻制度を廃してすべてを当事者の合意に委ねたとしても，国家及び国家法の存在を前提とするかぎりにおいては，どのような合意にどのような法的効果を与えるべきかという形で，結局は同じ問題が生じるであろう。

3 婚姻関係破綻時における夫婦間扶養・再考

大 杉 麻 美

Ⅰ　はじめに
Ⅱ　夫婦間における「扶助」と「扶養」
Ⅲ　婚姻関係破綻時における扶養
Ⅳ　おわりに——婚姻の効果としての「破綻」概念

Ⅰ　はじめに

　民法752条は「夫婦は同居し，互いに協力し扶助しなければならない」と規定するところ，現行法で夫婦間での「扶養」は明文条存在せず，「扶養」は民法877条以下に規定されている。「扶養」の文言は明治民法790条において「夫婦ハ互ニ扶養ヲ為ス義務ヲ負フ」とされていたが，旧法下において存在した「扶養」の文言が「扶助」に置き換わることについては，より広い意味で捉えることとした等と説明されており，「婚姻費用分担も扶養の論理を内包」するとも評されている[1]。旧法下においては，「婚姻の効力として……然るべき所である。而して民法は扶養については親族編の最後に一括して規定して居り，夫婦間の扶養も其規定に従ふ」として，夫婦間と親族間の扶養は同一の根拠規定によるとされていた[2]。

　民法752条の扶助義務が経済的側面において顕在化するのは，民法760条に規定する婚姻費用分担義務および民法761条に規定する日常家事債務の連帯責任であるが，いずれにおいても，「762条は強行規定であるので……扶助義務はなくならない」としても[3]，婚姻関係が破綻している場合には，夫婦関係破綻の状況が負担額を決定するに当り考慮されている。

　この点私はすでに，婚姻破綻時における婚姻費用分担義務につき，拙稿「婚

---

(1)　二宮周平『家族法〔第3版〕』（新世社，2009年）66頁。
(2)　穂積重遠『親族法』（岩波書店，1933年）323頁。
(3)　大村敦志『家族法〔第2版補訂版〕』（有斐閣，2004年）63頁。

姻破綻時における婚姻費用と扶助に関する覚書」において，民法760条は，明治民法において夫婦間には扶養の関係があるとされていたところを「扶助」の概念を導入することで，「『家』存続のための家族間扶養の概念とは異なり，夫婦とその子からなる法制度上の婚姻関係を維持形成するための基準」として機能することとなったこと[4]，婚姻費用の算定に当たっては，「扶助」としてその範囲を広く求める一方，「婚姻関係の変化による婚姻費用分担額については『破綻』を指標とし，分担額を決定することが求められるもののその程度については『扶養』とするもの，『扶助』とするもの，『中間的な扶養義務』とするもの等の見解がみられた」ことを指摘した[5]。また婚姻関係破綻時の婚姻費用分担につき「第1に婚姻関係の回復可能性に判断基準を求めるもの，第2に婚姻関係破綻に関しての当事者の有責性に判断基準を求めるもの，第3に破綻について段階的理論をとるもの」に分類するとともに[6]，夫婦関係の破綻に伴う婚姻費用分担請求は，婚姻関係の独立性を重視するのであれば夫婦各自の生活実態を考慮し，分担を決定すればよいこととなり，婚姻関係の団体性を重視するのであれば団体性を崩壊させたことの「有責性」が問われることとなり，婚姻扶養分担請求に当たり考慮される「破綻」は，離婚原因時に問われる「破綻」とはその性質が異なるのではないかと指摘した[7]。

また拙稿「婚姻破綻時における日常家事に関する一考察」においては，「夫婦関係が安定している場合には，財産関係につき夫婦間で話し合いが行われるのに対し，夫婦関係が不和の状態にある場合には婚姻費用の分担がなく，また，一方配偶者が他方配偶者の承諾なしに財産を処分することにより，他方配偶者によって不利益な状態を発生させることが想定される」との問題意識の[8]もと，判断指標ともなる「破綻」につき，「婚姻の解消に向けて考慮される『破綻』とは異なる視点も必要となると考えられ，例えば，家庭内別居の場合についても詳細な検討が必要とされるであろう」としたうえで，生活関係や夫婦生活の維持に対する寄与度等を判断することが適切なのではないかと提言した[9]。

---

(4) 拙稿「婚姻破綻時における婚姻費用と扶助に関する覚書」日本法学88巻4号（2023年）9頁。
(5) 拙稿・前掲注(4)15頁。冷水登紀代「判批」民商法雑誌132巻4・5号700頁。
(6) 拙稿・前掲注(4)16頁。
(7) 拙稿・前掲注(4)23頁。
(8) 拙稿「婚姻破綻時における日常家事に関する一考察」日本法学84巻4号（2019年）278頁。
(9) 拙稿・前掲注(8)296頁。

婚姻破綻時における日常家事債務については，旧法下においては日常家事は「家団」の事務であり，妻についても「家」維持のため夫の代理人として日常家事を執行し，その効果は家団に帰属するものとされていた。しかしながら当時より，穂積博士は「此制度の実行的価値を疑う。斯う云う制度が夫婦間に法律的に働くのは，夫婦間が円満でない場合……殊に離婚に至る様な場合であるのに，民法はむしろ夫婦仲の円満を前提として制度を立てて居るので，実際上時に甚だ不公正な，殊に妻に不利益な結果を呈する」と述べられているところであった[10]。戦後，夫婦別産制となり，夫婦は平等な立場において家政にかかわることが規定されたが，婚姻破綻時における日常家事債務については，家事の範囲は縮小するという学説や[11]，「夫の不在の場合や困窮の際にはいわゆる『鍵の権限』が拡張する，と解すべきかどうかにあるように思われる」とする学説等があり，当初想定されていなかった，夫婦関係の破綻を理由とする日常家事の範囲についてはあくまでも学説・判例の解釈に委ねられることとなったのである[12]。

　民法 770 条 1 項 5 号の規定する婚姻関係の破綻は，夫婦関係が回復不可能な程に崩壊しているかという点について総合考慮し判断される。判断にあたっては，最高裁昭和 62 年 9 月 2 日判決民集 41 巻 6 号 1423 頁で示された三要件や婚姻期間中の夫婦の変化，別居に至った経緯，回復可能性等が考慮される。これは長期間にわたる別居により夫婦の心理的距離が離れ，回復不可能な状態となり，主観的要件が結果として備わるようになったと理解されているように推測される。この点鍛冶教授は，「事情変更の理論」により，客観的事実が主観的要件を補うことを主張されていた。しかしながら，婚姻費用の分担や日常家事債務の分担は，生活事実の不均衡を発生させている原因としての夫婦関係の破綻であり，離婚原因としての「破綻」とはその概念は異なることになりはしないだろうか。したがって厳密にいえば，「破綻」ではなく婚姻関係の維持に非協力的である，ということであり，これは「有責性」や「寄与割合」という概念ではかられるものであるように思われる。

　また，婚姻破綻時における「婚姻費用分担義務」「日常家事債務」の内容についても，「扶助」とするのか「扶養」と考えるのかその内容は判然としない。

---

(10) 穂積・前掲注(2)339 頁。
(11) 三島宗彦「日常家事債務の連帯責任」『家族法大系 II 婚姻』（有斐閣，1959 年）244 頁。
(12) 鍛冶良堅「日常家事債務に関する理論構成」『民法論集』（啓文社，1976 年）198 頁。

昨年拙稿において，婚姻費用分担における「扶助」概念と「扶養」との関係，婚姻費用分担における「破綻」概念について歴史的経緯を含めて検討を試みたが，文献整理にとどまり，婚姻費用分担における夫婦関係の「破綻」，や当事者の一方の有責性についての検討が不十分なままとなっていた。本稿においては，夫婦間の「扶養」について再検討するとともに，婚姻費用分担における「破綻」の評価や，「有責性」の考慮の態様について再検討を試みる。

民法 760 条における扶助義務が生活保持義務であることについての法的性質や，夫婦の扶助義務における扶養的性質についてはこれまでも多くの論稿があり，改めて本稿において検討する余地があるのか，という疑問もあるところである。しかしながら，私が関心を持っている婚姻成立時から婚姻終了時の一連の夫婦の歴史の中で考えられる「破綻」概念は，婚姻継続中と婚姻終了時においてその性質が異なるのではないかという問題について少しでも歩みを進めるために，本稿では，これまでの研究を可能な限り再整理し，その現代意義を探るものである。

Ⅱ　夫婦間における「扶助」と「扶養」

夫婦間扶養については民法 752 条において「扶助義務」が規定されているところ，本条の適用対象は婚姻期間中の夫婦であり，婚姻期間中の「夫婦の状況変化」については規定されていない。婚姻関係の状況が変化し，破綻とされる状況になった場合の婚姻費用分担の程度については，「破綻」概念が流動的な個別具体的な判断により行われていることもあり，或る程度の判断基準の明確化が必要であるようにも思われる。本章ではまず，夫婦間における「扶助」の理解のために，扶助についての法的性質に関する論文を整理する。

民法 752 条における夫婦間の扶助義務につき中川善之助教授は，「……婚姻法上所謂扶養の義務は，そうした生温かいものではない。それは実に婚姻關係の核心的事実とも云ふべきものである。」とされ，夫婦間扶養の義務は，夫婦間における同居の等の義務と同一であり，婚姻はこれらの義務を包含するものであるとする。旧法民法 790 条は「『夫婦ハ互ニ扶養ヲ為ス義務ヲ負フ』と云つて居るに止まるけれども，若し之が履行されなかつたら，その時には婚姻の実質は既に亡んで居るとさへ言つても宜い」と述べられ，婚姻は「生活協同体」であるとする。そして，婚姻にはさまざまな形態があり，すべての事象を備えることは困難であることはありうることを前提としつつも，「一般人の普通の婚姻を標準として考へるならば，相互に生活を保障し合ふことが婚姻関係

結局の地盤だと云はなければならない。」とされた[13]。

　婚姻生活とは，生活を共にするということであり，「生活協同義務」は夫婦であるに基づく特別な義務であると定義づける。この意味において，「夫は妻を『扶け養ふ』のではなくて，妻と生活を協同するが故に彼は夫なのである」と指摘されている[14]。婚姻は現実に共同生活を営む義務を負うものであり，それは「扶け養ふ」のではなく，婚姻し夫婦という立場であるものの「核心的事実」であるとした。

　扶養の程度については生活保持義務であるとされ，中川善之助『新訂　親族法』(1965年) では「生活保持とは，相手方の生活を自分自身の生活として保持する意味であ」り，「夫婦が互いに扶養し，またはその親が未成熟の子を扶養するのは，夫婦関係・親子関係の本質であり，従って必然のことに属し，養わない夫婦とか，子を育てない親ということは語としても矛盾である」と述べられた[15]。すなわち「生活保持の扶養が断絶すれば，それは直ちに共同体の破綻を意味する。夫婦共同体にこのことがあれば，離婚によって婚姻は解消させられ」るとし[16]，そのバランスは夫婦各自の収入によって左右されるとする。夫婦ともに収入がある場合には，夫婦財産契約が締結されている場合をのぞき，夫婦別産制の理念により夫婦各自が収入に応じて婚姻費用を分担することとなるとする。この場合の婚姻費用分担義務の考え方は「両人のどちらについても，半分は顕在し，半分は潜在する」こととされ，「資産収入のバランスが崩れるに従って，保持義務は，一方について顕在化が増し，他方については潜在化が多くなる。しかもその顕在する保持義務は，己れの生活を除けた余分で相手を養うのではなく，どんなに切りつめてでも——『一つのたとえばなし』にはちがいないが，それこそ一片の肉を分けてでも——二人の生活を保持することである」とされ，婚姻生活の経済的側面が維持できないとすれば，婚姻関係は崩壊すると指摘される[17]。

　これに対し，鈴木禄弥教授は，生活保持義務と生活扶助義務につき，「……二つの扶養義務は，判然と対立していて，両者の区別されるべきことは，一見，疑いの余地がないようである。しかし，その差異点の一つ一つを仔細に検討す

---

(13)　中川善之助「親族的扶養義務の本質(一)——改正案の一批評」法學新報38巻6号 (1928年) 11頁。
(14)　中川・前掲注(13)13頁。
(15)　中川善之助『新訂　親族法』(青林書院新社，1965年) 229頁。
(16)　中川・前掲注(15)237頁。
(17)　中川・前掲注(15)252頁。

ると，そのいずれもが，一見したほどはっきりしたものではないのではないか，という疑問が簇生する。」と指摘している[18]。扶養義務が「はっきりしたものではないのではないか」という点については，扶養義務の程度・順位は，夫婦間によるものと親族間によるものがあるのだから「具体的事情に応じて，無限のニュアンスを持った多様な扶養義務が存在する，といえるであろう」とされ，扶養の程度を決するための最も重要な要因は親族関係の距離であるのだから，その区別において扶養に強弱をつけることは「大局的にはあやまってはいない」し，またその意味で『保持義務』『扶助義務』という区別は，少なくとも法技術的概念としては重要性がない，ということになるのではあるまいか」と指摘する[19]。

夫婦間の扶養義務については，他には婚姻費用分担との関連で，共同体維持のための婚姻費用は扶養とは質が異なるとする見解や，夫婦財産制の視点からアプローチをする見解をあげることができる。

前者のアプローチは，「……婚姻生活協同関係の独立性と，その協同関係の緊密化を強く押し出すならば，婚姻生活協同関係は共同体としての形を整え，その費用は共同体を維持するためのファンドとしての性格を明確にすることになるのである。そして，婚姻費用分担責任が，以上のような共同体の維持費の分担責任ということになれば，これは扶養とは質的に異なる論理にたつものといわなければならないであろう」とする[20]。婚姻費用は，夫婦生活を営むための必要経費である一方，「扶助の要求は，直接自己の生存維持のための要求」であるから，夫婦間の扶助と婚姻費用の請求は理論上両立しないと主張する[21]。

夫婦の協働性に着目する見解としては，「民法760条の『婚姻費用』という集合的概念を足がかりとして，752条にいう扶助は，婚姻家族の経済的維持，

---

(18) 鈴木禄弥『親族法・相続法の研究』（創文社，1989年）163頁。伊藤司「『生活保持義務』と『生活扶助義務』についての一考察――親の未成熟子に対する扶養義務を中心に」『民事法学への挑戦と新たな構築』（創文社，2008年）687頁以下。
(19) 鈴木・前掲注(18)169・170頁。
(20) 鍛冶良堅「婚姻費用分担請求権の性質――イデオロギーとしての生活保持論をめぐって」法律論叢39巻4・5・6号（1966年）280頁。鍛冶教授は「婚姻費用によって婚姻共同体の維持をはかろうとする構成をとっている限りにおいて，相当強い団体性を構想している」とも指摘し，財産法の理論をもとに「消費生活共同体としての婚姻共同体を，外部関係はともかく，内部的には組合類似の関係としてとらえるのが，有益なように思われる。」とする。
(21) 鍛冶・前掲注(20)284頁。

したがって子の養育の経済的側面にも及ぶものと解し，それにつき夫婦は相互に義務を負うていると解釈すべき」として，752条の扶助と760条の婚姻費用は「ほぼ同じ」であるとする見解がある[22]。

この点，「……近代法の自己責任の原則の下では，個人の生活は自分自身の責任において維持されるべきであり，扶養は，これがなし得ない場合の，生活困窮に陥った者に対する経済的援助」であるから，「夫婦の協力による婚姻生活の維持の法的構成としては，760条の婚姻費用の分担義務と捉えるのが適当と思われる．」と指摘する見解がある[23]。夫婦は対等な立場において夫婦生活の維持に協力する立場にあり，協力関係がある以上，夫婦関係が破綻するといったような状態が発生しない限り，夫婦間の扶養は発生しないはずである。

したがって，婚姻関係が破綻し回復不可能な状態になったとき，夫婦間における扶助義務は消滅し，「752条が登場して，夫婦間の相互的扶助が開始するということになろう」とされる[24]。

扶養関係への「転化」については，他には夫婦関係が「必然的な共同生活関係に立つものであるという本質から導き出されるものであることを不当に看過してはならない……かような緊密な生活協同が失われたときには，おのれと同質的な生活の保障という高度の扶養性は逐次に褐色して生活扶助の扶養に近接して行く」とされているとする見解もある[25]。

いずれの見解においても，婚姻関係の実体が失われていくにしたがい，婚姻費用分担の様相が変化していくということをあらわしている。

これに対し，婚姻費用分担や日常家事債務の規定は夫婦財産制の章において規定されていることから，「……夫婦の同程度の生活維持がその協力義務の内容として要請されるかぎり，婚姻費用の負担は，すべての財産を原則として夫婦に各別に帰属せしめる完全別産制の例外もしくは制約として位置づけられるとともに，それゆえに，第760条がたんに婚姻費用の負担方法を定めたにとどまらず，この方法にもとづく費用の支出を夫婦の相互に義務づけるものと観念

---

(22) 深谷松男「夫婦扶養の法的構造——扶養法研究序説」金沢大学法文学部論集　法経篇13号（1966年）101・102・104頁。
(23) 犬伏由子「夫婦間の生活保障の法的構成について」山形大学紀要15巻1号（1984年）17・18頁。
(24) 有地亨「婚姻費用分担の請求（一）」判評89号（1966年）5頁。
(25) 深谷・前掲注(22)137頁。同頁によれば，夫婦関係が破綻し，一方当事者が生活に困窮するような場合，他方当事者には，『破綻別居の度合（分離の程度）に応じて生活保持義務性は変質し薄くなる」とする。

するのである。」とする見解がある[26]。

　また民法760条が第二款法定財産制の一条文であることから「むしろ，その規定形式から，法定夫婦財産制の一部としての位置づけをとおして，その本質を明らかにする必要があろう」として，「夫婦の一方によって生活保持義務の履行としてなされた扶養が他方にとって不当利得とはならないという効果をもつにすぎなから，婚姻が円満に継続している間は，かような規定は無意味となり，婚姻の破綻後には，これを扶養の問題に還元して処理すればたりる」とする見解がある[27]。この見解によれば，民法760条は「極端なまでに個人法的に構成されているわが法定財産制のなかで，とくに経済的側面における夫婦協力の実質を担保するために，夫婦の一体的な生活を保持せしむべき機能を果たすのが第760条である」とする[28]。婚姻関係については「婚姻費用の負担義務は，夫婦が共同生活を営むうえで要請される協力義務を背景に，そこに一体的な生活維持をはかるべき義務……一般に，夫婦共同生活の実質がそこなわれ，婚姻が破綻するにいたったときには，婚姻費用の負担義務はその姿を消し，扶養義務のみが残ると解せないこともない」とする[29]。

　民法752条の機能につき，「その扶養を義務づけるのは実は完全な夫婦共同体回復を企図することの一半であって，他の一半は同居・協力であり，752条はこれを併せて義務づけ，これに相応じて，家事審判法でも，これらをまとめて審判申立をなしうる道を開いた」と評し，760条については「夫婦間における財産の帰属・管理・処分に関する規定（夫婦財産制）の一つとして，762条の原則としての別産制の下における婚姻共同生活の費用の負担者やその分担方法を定めたもの」とする[30]。

　他には，夫婦の同居義務を中心にする見解では，夫婦関係の扶助義務については「彼等の共同生活における同居ということもまた扶養ということも，協力に俟つことなくしては，決してそれぞれの内実を充足させることはできない」としたうえで，「扶養と扶助とは，もとより表現を異にしているのであるが，わたくしは，すでに明らかにしたごとく夫婦の共同生活というものの本質から，これらを同義に考えるべきものであるという立場に立つ」とする見解があ

---

(26)　坂本圭右『夫婦の財産的独立と平等』（成文堂，1990年）192頁。
(27)　坂本圭右「婚姻費用の分担と夫婦扶養」中京法学7巻3・4合併号（1973年）10頁・12頁。
(28)　坂本・前掲注(26)12頁。
(29)　坂本・前掲注(26)17頁。
(30)　深谷・前掲注(22)102頁。

る[31]。この見解は「夫婦の共同生活が必然的に同居・協力・扶助の義務を要請するものであり、しかもそれらの義務のうち協力義務はその基底的・根源的義務であることを明示するという本質的な理由からであって、単にこのことに対するわれわれの法意識を注意的に喚起するという補足的な理由からでは決してない」としている[32]。

この点、婚姻費用分担義務を扶養と解することについて否定的な見解の中には、夫婦の収入や協力の形態に応じて扶養を考えるべきとの見解もあり、たとえば、夫婦が同等に収入を得ている場合や、あるいは家事労働の評価の視点から「夫婦の一方が家族の生活費用を全額負担し、無資力な他方配偶者が家事労働に専念している場合に、夫婦間の合意に基づいて協力義務が平等に履行されているものと観念されるにもかかわらず、婚姻費用の負担者が配偶者を一方的に扶養しているものと解することは、家事労働を正当に評価しないことに帰着する」とする見解がある[33]。すなわち「夫婦がともに最低限度の水準の生活すら確保できない事態に立ち至ったときは、夫婦各人の資力にして自己の生計の維持に不足すると考えられる部分につき、夫婦各人に対して、はじめて扶養が開始する」と指摘する[34]。

女性の労働市場は現在においても厳しい現実が存在し、その意味においては「女性（妻）の社会経済的地位の弱さ」、夫婦であることの重み（自己責任）、事実上の新たな家族があり「程度の高い扶養義務」を課すことが難しい場合もあること、有責性の問題から、「生活保持義務理論に大幅な修正を加えつつも、評価」する見解もあることを指摘しておきたい[35]。

民法760条の想定する婚姻費用は、夫婦の共同生活の実態を重視する見解や、夫婦の団体性に着目する見解、夫婦財産制の効果の一つとしてとらえる見解等がある。夫婦を個人のつながりと考える場合と夫婦を団体としてとらえる場合の考え方の違いについては拙稿においてすでに述べたところでもあるが、この点、婚姻費用の主体である配偶者が規定される民法725条の制定経緯をみると、

---

(31) 今中武夫「夫婦の協力・扶助の義務の性格について」滋大紀要11号（1961年）5・6頁。
(32) 今中・前掲注(31)6頁。
(33) 増原啓司「民法第752条および第760条の法的意識」中京法学30巻2号（1995年）19頁。
(34) 増原・前掲注(33)20頁。
(35) 山脇貞司「扶養義務の性質」静岡大学法経研究23巻2・3・4号（1975年）142・143頁。

第1部　第2章　婚姻・離婚・パートナーシップ

親族概念は,「『家』の關係から解放されたところの,個人と個人との關係に基くもの」であり,本条は,「起草者は,『親族』の概念を規定するにあたって,慣習の上で『親族』として妥当しているところのものを法文の上に書き現そうという意図をもっていたことは先に述べたとおりである。もちろん,右にのべたように民法の『親族』概念は法律上の概念として立てられているのではあるが,『成ルヘクハ慣習ニ従ヒタイ考ヘ』であった。民法が旧民法のように血族のみを『親族』とする立法主義をすてて,配偶者及び姻族をも含むものとして『親族』概念を立てたのも,伝統的な慣習になるべく近づこうとしたからであったのである」ことからすれば「民法の『親族』概念は,すでに妥協から出発していた」と分析されている[36]。そして他方,「現実の生活における『親族』は,一定範囲の社会団体であって,起草委員が考えたような抽象的な『関係』概念ではない。民法の起草委員らが近代的法技術的概念として『親族』概念を立てようとしたにもかかわらず,自らすでに伝統的なこの『親族』団体概念に引きずられ,また法典調査会において『親族』概念がより一そう団体概念の色を濃くしたことは,まさにそのゆえであったのである。推測するに,起草委員らはこれらすべてのことを見とおしていたであろう。民法起草という仕事は,『民法出テテ忠孝亡フ』と非難された旧民法人事編の『親族』概念を,忠孝亡びざる方向に作りかえるということに限界づけられていたのであり,だから,彼らは,伝統的な一定の団体を指すところの『親族』の概念を,純粋に形式的技術的な伝係概念にすりかえようとしたのであったと推測される」と指摘する[37]。

婚姻関係を団体ととらえるか,個人間の紐帯であるかを論じることの実益については,当時の議論においても批判的な分析もあるが,社会の進展に伴い家族は個人の結びつきの色を強め,団体性の性質はその色を薄くしていることはあるだろうか。婚姻から生じる夫婦生活関係の効果は,その実態を反映して考慮されるところ,これまで多くの論考でも指摘されているように,夫婦関係が破綻している場合の評価方法については,抽象的な議論のみならず,より具体的な議論が求められるとことである。以下では,婚姻費用分担という視点から破綻の評価方法について具体的に検討をする。

---

(36)　川島武宜『イデオロギーとしての家族制度』(岩波書店,1975年) 133・135・136 頁。
(37)　川島・前掲注(36)139 頁。

III 婚姻関係破綻時における扶養

1 婚姻費用算定における「破綻」

夫婦間における婚姻費用分担の争いは、夫婦関係が破綻している状況にある場合に最も問題とされるところ、この点については「夫婦財産法の保護の尽きたところから夫婦扶養法が発動するといえる。……この『保護の尽きたところ』（とき）とは、夫婦の対立・不和によって、婚姻費用分担のとりきめも、対等者間の規律という形式をとる夫婦財産法の救済も、弱者保護に限界をおぼえるときということである」とも指摘されるところである[38]。

ところで、夫婦関係の状況変化につき、民法760条は夫婦関係が円満である場合を想定し、夫婦関係が悪化している場合は想定されていないようにみえる。夫婦関係が悪化する場合、離婚に向かい夫婦関係が徐々に悪化する場合と、単に夫婦関係調整のため別居をしている場合が想定される。このような事例につき共通することは、夫婦が同居していないという事実を想定しているということである。

夫婦が同居していないという事実は、寝食を別にする、という意味で考えられているのであろうか。たとえば家庭内別居や、合意による別居も考えられ、家庭内別居の場合には、客観的には別居していないため、婚姻費用分担表の対象外となるのであろうか。　婚姻により財産上の結びつきを得た夫婦は、離婚にいたるまで財産上の結びつきの中で生活を送ることとなる。

婚姻関係破綻に際しての婚姻費用分担の程度については「生活保持義務は、扶養権利者と義務者の間に一体的な共同生活関係があることを前提にしている

---

(38) 深谷松男「夫婦の協力と夫婦財産関係」金沢法学12巻1・2合併号（1966年）217頁。辻朗「イギリス国会制定法における夫婦扶養」京都教育大学紀要49号（1976年）163頁は「核家族化の進行に伴い、夫婦扶養法がそのまま家族扶養法につながるということは、夫婦扶養法が必然的に子供に対する扶養をも包含することを意味する。……夫婦扶養法は夫婦財産制と大きくかかわっている」と指摘されている。辻朗「婚姻費用分担義務に関する一考察」『21世紀の家族と法』（法学書院、2007年）201頁。佐藤義彦「婚姻財産の帰属・利用・分配についての一考察」同志社法学21巻3号（1969年）2頁においても「別居している夫婦間にあっては、婚姻財産の帰属・利用の問題よりも、婚姻費用の支払の問題がより重要性を帯びる」と指摘される。夫婦間の扶助義務と婚姻費用分担義務の関係に関する判例では、大阪高決昭和42年4月14日家月19巻9号47頁において「民法752条の定める夫婦間の扶助義務と同法第760条の婚姻費用の負担義務とは、観念的にはこれを区別して考えることができるけれども、ここにいう婚姻から生ずる費用とは夫婦間における共同生活維持のために必要な費用をいうのであって、現実にこれを負担することがすなわち扶助義務の履行になるのであるから、両者は結局において同じことになるわけである」と判示していた。

から，別居により共同生活関係がなくなり，その回復が困難である場合には，保持義務の程度の扶養を課すことはできない」として，別居により婚姻関係回復の見込みがない場合を破綻として，この場合には扶助の程度で婚姻費用を分担すると説明される[39]。これは「婚姻費用の分担は元来夫婦が円満な婚姻共同生活を営んでいることを前提にするものである」とすることによる[40]。

しかしながら，婚姻費用の裁判例は「別居するに至った事情，破綻の原因，回復への努力など，その有責性の度合，資産，収入，職業能力その他諸般の事情を総合し，生活保持と生活扶助の中間をめどに決定されている」とする見解もある[41]。

この点について，「……婚姻結合関係の故に，その義務違反が婚姻関係の解消（離婚）にみちびくという段階に至らない以上，なお婚姻共同体回復の方向で問題を処理するを要し，そのためには，相手方配偶者も共同体回復に必要な最低線を確保すべく義務づけられている……実際問題としても夫婦のどちらかに別居責任があるかを明確にすることは，通例困難である。」とされる[42]。

婚姻破綻の状況については「法的に共同生活を期待しがたい段階におちいった夫婦間においては，その扶養義務も変質するものと考えざるを得ないであろう。すなわち生活共同体たることに基づく生活保持義務を要求することはもはや法に許されるところではなく（道徳としてならともかく），その扶養義務の性質は規範的生活共同体を前提とせざる生活扶助義務に近づくと解釈すべき……夫婦関係破綻の度合に応じてその扶養義務内容が変化するものとし，最低限度いわゆる生活扶助義務に至るとする段階的思考態度である」とする見解もある[43]。

婚姻費用算定にあたって考慮される破綻については，まず当事者の心情を考慮すべきとして「……婚姻破綻をひきおこす要素のうち当事者の主観的内面要素が重要な役割を担っているので，扶養の要件・程度の問題も純客観的な問題ではなく，当事者の主観的要素を顧慮しなければならない」とする見解がある。この見解は「破綻の本体は精神的分離にあり，それがその進行に応じて他の三

---

(39) 二宮・前掲注(1)66頁。
(40) 有地亨「婚姻費用分担の請求(二・完)」判評90号（1966年）99頁。
(41) 上野雅和「判批」家族法判例百選［第6版］（2002年）13頁。
(42) 深谷・前掲注(22)146・147頁。
(43) 深谷・前掲注(22)134頁。同論文140・141頁では「『事実』『素材』の変化（婚姻の破綻的別居）に応じてその法的扶養義務も変質する，即ち生活扶助義務に近づくと解釈できる」とする。

つ（性的，居住的，経済的共同体：筆者追加）の分離をひきおこすのである。そこでこの精神的離間の度合をある程度客観的に把握することと，心理的感情的葛藤をひきおこした，また現にひきおこしていることに対する評価とは，扶養義務の存否や程度の判断につき重要な意味をもつ。」とする[44]。そして次に客観的要件である別居について，「別居は単なる終局ではなく，終局（離婚）に至りうる一段階であると同時に，……さらに高次の婚姻共同体回復のための一つのクッションでもありうると理解し，破綻責任による扶助額の下限についても，このことを充分考慮に入れなければならない。」とする。夫婦が別居している場合であっても，婚姻費用の算定については，夫婦間の修復が可能な場合を前提として算定すべきであり，離婚を前提とする算定とは異なると指摘する[45]。

つぎに，夫婦の一方より提起される「同居要求の強弱」について言及される。すなわち「破綻別居の夫婦扶養義務は生活扶助義務に近づくが，潜在的には生活保持義務であって，婚姻共同体回復の可能性が大であれば，その扶養義務も生活保持義務に近づく。この可能性予測のメルクマールとして，同居要求の強度があげられる。もちろんこれは客観的に測定されるを要する。その意味ではこれは，破綻の度合いの認定の一項である」とする[46]。

前節までの検討によれば，民法752条は条文において夫婦の状況的変化は想定されておらず，夫婦関係の状況変化に伴う婚姻費用の程度については，学説や判例において個別具体的に判断されているような状況である。この点「現行法は夫婦間の協力関係を安定的に維持し，あるいは，評価する規定が不足している」と指摘する見解もある[47]。

夫婦関係が破綻した場合の婚姻費用分担義務に当たり，婚姻関係の「破綻」をどのように理解するかについては，婚姻関係が破綻した場合の扶養義務については，「婚姻関係が破綻し，婚姻共同生活の実体がないか，もしくはその回復の可能性が失われるに至った場合には，もはや生活保持義務を負わず，一般親族間の扶養に準じた生活扶助の義務を負うに止まる」「同居義務の違反ないし破綻についての有責性の有無及びその程度に応じ，その分担額が軽減される

---

(44) 深谷・前掲注(22)143頁。
(45) 深谷・前掲注(22)144頁。
(46) 深谷・前掲注(22)144頁。
(47) 犬伏由子「第1部 シンポジウムの概要及び夫婦財産関係法の検討課題」家族法改正研究会第6回シンポジウム「夫婦財産関係法の検討 Part 1——夫婦財産制（755条〜759条，762条）の見直しを中心に」戸籍時報709号（2014年）5頁。

との見解」「夫婦間の生活保持義務は，婚姻の本質から要請される不可欠の義務であるから，法律上夫婦である以上，これを免れることは許されないとの見解」を紹介したうえで，別居中の夫婦間の扶養義務を検討するに際し，3類型に分類し，婚姻関係破綻について有責性が認められる場合につき「別居中の妻も，自己責任の原則に照らし，自己の資産又は労力によって自らの生活を支えなければならないものというべきであるから，妻が故意又は重大な過失によってその責を果たさなかった場合，これが斟酌され，その限度において分担額が軽減されることはありうる」と指摘する見解がある[48]。

婚姻費用算定の基礎とされる「別居」については，「夫婦の双方がすでに婚姻生活を継続する意思を失い，事実上婚姻関係が破綻し，離婚を望んで別居している場合であっても，法律上夫婦であるかぎり，相互の扶助義務はなくならない」（大阪高決昭和42年7月10日家月20巻1号84頁）としたところであった。この点名古屋家岡崎支判平成23年10月27日判タ1372号190頁は，確定した婚姻費用分担申立事件の審判の解除条件である「当事者の離婚又は別居状態の解消」につき，婚姻費用分担額を算定するのに用いる算定表は「同居はしているものの，家庭内別居の状態で，権利者が生活費を十分に受け取っていないという場合には，算定表をそのまま適用することはできないし，そのような場合の婚姻費用分担義務の終期としては，『生計を一にする日』などとされる」としたうえで「『当事者の別居状態の解消』というのは，夫婦の協力扶助義務が履行される状態になったというのではなく，単に別々の場所で居住するという状態が解消されることを意味すると解すべき」とした。令和2年12月10日福岡高宮崎支決LLI/DBL07520533では，別居の外形的な事実のみに基づいて婚姻費用分担額を決した原審について「同居義務違反が問題となる場合には，別居の原因がいずれにあるかを検討する必要性があり，配偶者が一方的に住居から出ていったとの外形的な事実だけでは，正当な理由がなく有責であるとの評価はできないはずである」としたうえで「有責性が明確に判断できるもので

---

(48) 栗原平八郎「別居中の夫婦間の同居，扶助義務」家庭裁判月報26巻11号（1974年）35・36・38頁。この点鍛冶・前掲注(20)281・282頁は「……別居が正当視される場合の婚姻費用の分担ないし扶助責任を認める立法例は多いし，判例もこのことを認めている。しかし，これを裏がえせば，別居が正当視されない場合は，免責ないし軽減されるということを意味する」として「一面において夫婦間の協力扶助義務を互に対価的ないし同時履行の関係としてとらえる思想につながり，夫婦関係の本質的理解に反すると考えられると同時に，つきつめれば同居義務の間接強制と考えられなくともない」と指摘されていた。

ない限り，双方の有責性の程度はほぼ等しいものとして推定し分担額を算定する」（梶村太市「婚姻費用の分担」岡垣學＝野田愛子編『講座・実務家事審判法2』（日本評論社，1988年）54頁）を引用し，抗告人が婚姻費用分担調停を申立てた令和元年8月からの未払分を含む婚姻費用分担を認めた[49]。横浜家審令和4年6月17日判時2567号44頁は，令和2年8月に婚姻し入籍後も週末に会う程度で同居しないまま，同年10月に申立人から同居を拒否し，以後は合わなくなったため，申立人が婚姻費用の分担請求をした事案につき「申立人と相手方が夫婦としての共同生活を始めることは，水と油のように元々無理なことであって，互いに相手の性格傾向や基本的な夫婦観，人生観を理解するのに十分な交流を踏まえていれば，そもそも当事者間で婚姻が成立することもなかったと推認することができる」としたうえで「当事者間で婚姻が成立しているとはいえ，通常の夫婦同居生活開始後の事案のような生活保持義務を認めるべき事情にはない」として婚姻費用分担を認めなかった。他方，東京高決令和4年10月13日判時2567号41頁は，「婚姻費用分担義務は……婚姻という法律関係から生じるものであって，夫婦の同居や協力関係の存在という事実状態から生じるものではないから，婚姻の届出後同居することもないままに婚姻関係を継続し，その後，仮に抗告人と相手方の婚姻関係が既に破綻していると評価されるような事実状態に至ったとしても，……扶助義務が消滅するということはできない」とする。

2　婚姻費用算定の始期

婚姻費用の始期について実務では，過去の婚姻費用分担請求について，「要扶養状態発生時，要扶養状態を知り得た時期，別居時，分担請求時」申立時とする[50]。そして，判例の多数は「裁判所がその合理的な裁量によって決することができるとの前提で，これを請求時以降とするものが多数である」とする。請求時説が採用される背景としては，請求時以前までに遡って請求が可能であ

---

[49]　「夫婦の一方が他方に対して同居中と同様の婚姻費用の分担を請求しうるためには，権利者自らが夫婦関係の破綻ないし別居につき責任を有せずもしくは義務者の責任と同等以下の責任しか有していないことを要すると解すべきであり，権利者が義務者よりも有責性が高い場合は，自ら夫婦間の同居協力の義務を果たし得ない状況を作り出した以上，その有責性の度合いに応じて義務者の婚姻費用負担額が減額されてもやむを得ないという点にある」と述べている（大阪家審昭和54年11月5日家月32巻6号38頁）。

[50]　松本哲泓「婚姻費用分担事件の審理——手続と裁判例の検討」家庭裁判月報62巻11号（2010年）37頁。

るとすると，義務者の負担が過大になること，その多くは離婚時の財産分与において清算が可能であること等があげられているところ，請求時説を採用することが義務者にとって著しく公平を欠くような場合には，請求時以前に遡って請求が可能であるとして，「無職の妻が別居して，そのわずか後に婚姻費用を請求した場合など，義務者が権利者の要扶養状態を認識しているであろうから，別居時を始期としても，義務者に過酷とはいえない」としているようである[51]。

　他の判例として，宇都宮家審令和2年11月30日家法36号129頁は，平成30年に婚姻し長男をもうけた夫婦につき，夫婦は令和元年7月頃から別居し妻が実家において長男を監護教育しているところ，令和元年8月21日付内容証明郵便により，月額8万円の婚姻費用を請求した事案につき，「婚姻費用分担義務が生活保持義務に基づくものであるという性質及び当事者の公平の観点に照らし，婚姻費用分担の始期については，請求時を基準とするのが相当である」として，内容証明郵便により請求した令和元年8月であると判断した。また大阪地判令和3年8月31日 LLI/DB L07650866 は，平成27年1月に婚姻し，平成30年4月に別居を開始した夫婦につき，当事者が合意した平成30年12月が婚姻費用の始期であるとした。

　また福岡高宮崎支決昭和62年1月12日家月39巻10号86頁は，昭和55年3月以降別居している夫婦につき，婚姻関係の破綻については認めたものの，「婚姻費用の分担義務と夫婦間の扶助義務を具体的に截然と区別することはむつかしく，実質的な後者の義務の履行を手続上前者の義務の履行として求め両者が重複することも妨げないところであるし，更に実質が扶助義務であるとしても，夫婦間の扶助義務である以上，その一方に相当の余裕がある場合まで他方が最低生活を維持することもできない場合に限り扶助の義務が生ずるとみるのは狭きに失し，その場合には，両者が円満に同居していた場合と同一の生活程度を維持するに必要なものであることは要しないとしても，他方においてなお単独で通常の社会人として生活するのに必要な程度は余裕ある相手方においても分担すべきものと解する」とした。

　具体的な婚姻費用の算定にどのように「破綻」概念を解釈するかについては「妻の生活費の基準は，妻は潜在的稼働能力をもつから，生活保護水準を最低限度として，破綻の程度で段階的に区別する」として，「……別居期間が長く

---

(51)　松本・前掲注(50)38・39頁。

なればなるほど夫婦協力の余後効が弱まる……，①当事者間の紛争または別居後１年前後の段階，②離婚調停経過または別居後２年前後の段階，③離婚訴訟経過又は別居後３年前後以上の段階」に分け，それぞれの段階で一定の基準を設けることとし，「有責性は諸事情を考慮するなかで減額することでよい」とする見解がある[52]。

婚姻破綻の基準とされる別居５年については「1996年（平成８年）の民法改正要綱は一般的破綻原因として，『夫婦が５年以上継続して婚姻の本旨に反する別居をしているとき』を要件として掲げており，この５年という時の経過が夫婦協力関係の余後効遁減の範囲を示しているのではないだろうか」と指摘する見解がある[53]。夫婦関係がどの程度破綻していれば扶養の程度はいかほどかという点については，個別具体的事例に於ける審判官の裁量にゆだねるしかないわけである。前述の有地説は，事実上破綻した婚姻家族の回復可能性の有無により，扶養の程度を生活保持義務と生活扶助義務に区別する。したがって，事実上破綻した婚姻家族の回復可能性のメルクマールは何かということが問題になる。有地説では，「裁判所には円満な夫婦関係の回復の可能性の存否を認定する役割が担わされており，かかる判断は後見的，倫理的裁量権を行使する余地にも多分に含みうる事実的判断」とする[54]。

他には，「夫婦の関係でみれば戦前の男尊女卑の時代においては，夫が妻を扶養するという固定観念が行われていたにしても，現代社会において，仮に経済的力をいずれが握っていたとしても，一方が他方を扶養するという定式を選んでいるとは考えられない」として，「夫婦はそこにある一杯の飯をともに分けあうことこそに意味があるというべきである」とする見解がある。この見解によれば，夫婦間に扶養に関する権利義務の関係は発生せず，共同体としてある一定の目的に向かい「共助・共存」することとなると述べている[55]。

婚姻費用算定に当たっての始期の判断については主観的要件と客観的要件を備える必要があり，①主観的要件としては夫婦の一方に同居の意思がないこと（夫婦関係回復可能性を要否については判断しない），②客観的要件は別居とし，家庭内別居，同居しているにもかかわらず生活費が支払われない場合は，①に

---

(52) 有地亨・松嶋道夫「婚姻費用の算定」『家事審判事件の研究(1)』（一粒社，1988年）52頁，平田厚『第３版　ロースクール家族法』（日本加除出版，2009年）33頁。
(53) 平田・前掲注(52)33頁。
(54) 有地・前掲注(40)1頁。
(55) 渡辺隆之「『夫婦間の扶養』という考え方への疑問（消極）」高千穂論叢52巻２号（2017年）14・15頁。

おける「同居」の意味を実質的な夫婦関係の存否と解し，判断することを提案する。離婚原因を判断するに当たっての破綻と婚姻費用分担を判断するに当たっての破綻は，そもそも法的性質が異なり，婚姻費用の破綻はおもに金銭的協力の面で破綻状態になっている考えるべきであろう。

　生活実態の把握が重要であり，婚姻費用算定における破綻は夫婦の生活実態を把握するための論理であると考えられる。破綻の期間が長期にわたるにつれ，夫婦関係が変化し婚姻関係回復の可能性が薄まってくる。このような考え方は破綻を段階的にとらえる考え方に通ずるものと思われるが，「事情変更の原則」とはかつて勝本博士が「事情変更の原則とは，主として債権関係を発生せしむる法律行為が為されたる際に，其法律行為の環境たりし事情が，法律行為の後，其効果完了以前に当事者の責に帰すべからざる事由により，予見し得ざる程度に変更し，其結果当初の意義に於ける法律効果を発生せしめ，又は之を存続せしむることが，信義衡平の原則上，不当と認めらる＞場合に於て，其法律効果を信義衡平に基づきて変更せしむることを云ふ」とのべられた理論による[56]。本理論については，「具体的適用にさいして，その範囲が比較法的に見て異常に広いことが注目されなければならない……一般理論としては勝本説にそのまま拠りながら，具体的な適用にさいして，より制限的であるのは賢明といえよう」との指摘もあるが[57]，客観的指標は必要とされ，たとえば，年数を経るごとに（例えば1年に20％等）減額することを原則とし，変更の場合には特別の事情を必要とするなどが必要とすることが考えられる。特別の事情の判断には，当事者の有責性や就労などが考慮されることになろうか。今日，女性男性問わず，当事者の就労状況，就労能力，就労可能性等を総合考慮し，当事者間の経済上の不均衡を図りつつ，負担額を決定する。そして負担額は定期的に検討され（例：3カ月に1回など），検討する必要があるだろうか。婚姻関係破綻時の婚姻費用分担は，原則としては独立した2つの生活を維持するための問題であるところ，年数を重ねるごとに離婚の可能性も高くなり，準備期間としての色も濃くなることから，徐々に負担額をへらしていく，ということだろうか。

　なお，婚姻関係の破綻を理由として婚姻費用を減額することに批判的な見解もあり，婚姻関係が破綻している場合であっても婚姻費用分担義務は認めるものの，「破綻したとしても，婚姻は維持されるのであるから，維持する上で必

---

(56)　勝本正晃『民法に於ける事情変更の原則』（有斐閣，2000年）567頁。
(57)　五十嵐清『契約と事情変更』（有斐閣，1982年）149頁。

要な費用は減じないのではないか……現実的な解決としても，破綻というだけで婚姻費用分担義務を軽減することは，妥当な結果を得られないように思われる」としつつも「破綻を理由に婚姻費用の額が減額されるとすれば，妻は，離婚に応じないときは，相当期間経過後まで，不十分な婚姻費用の分担しか得られないことになる」と指摘する見解がある[58]。

　確かに夫婦関係が破綻の状態にあっても婚姻費用は発生することからすれば，必要な経費について減額することは権利者にとって苛酷な事態を発生させることが当然想定される。他方，義務者にとってみれば，すでに破綻している婚姻関係についての負担が過大となる場合もあり，そうであるとすれば，婚姻関係の状況変化において婚姻費用分担額が変化することは当然想定されるところとなるであろう。

3　「特別の事情」としての有責性

　これまでの検討によれば，婚姻費用算定にあたり，夫婦の「有責性」については考慮せざるを得ないが，他方，婚姻関係破綻の理念については，その意味を消極的にとらえるか積極的にとらえるかにより有責性の入り込む余地はありそうに思えるが，破綻概念を制限的に解釈すれば「有責性」の理念が入り込む余地はなく，他方，婚姻費用算定に当たり有責性の概念を排除することは，かえって婚姻費用分担の公平性を阻害するおそれがある。この点「当事者の有責性とは無関係に夫婦間の扶助義務が喪失する徹底的な婚姻共同生活体の崩壊が認められる場合はどのように判断されていくのであろうか」として疑問が呈されているところである[59]。

　有責性を「特別の事情」の一事由に含ませること，婚姻関係を破綻させた者の「有責性」の判断基準について実務では「権利者に有責性について疑惑があるという程度では，分担業務を減免できない……ただ，原則は，心証がとれなければ，有責性は認められないということになる。結果的に，婚姻費用分担額

---

(58)　松本・前掲注(50)21・22頁。なお同論文22・23頁では「……時間の経過そのものは，法律関係に影響を及ぼすことはない。夫婦関係の希薄化が進むといわれることもあるが，婚姻関係自体は既に破綻しているわけだから，希薄化そのものが婚姻費用の分担に影響を与えるとすることは論理的な根拠がない……婚姻関係が継続されることに対して疑問がある場合の解決は，婚姻費用を減額することで解決するのではなく，婚姻関係を解消することによって解決すべきものである」とする。
(59)　辻朗・前掲注(38)203・204頁。同論文204頁では，平成8年2月26日の民法改正要綱が別居期間5年を離婚原因としていることと婚姻費用分担における破綻との関連性についても疑問を提起されている。

第1部　第2章　婚姻・離婚・パートナーシップ

が減免される事案は，有責性が明らかな事案に限られ，あまり多くない」とされる[60]。

　判例においても令和2年12月10日LLI/DB L07520533によれば，原審が同居義務違反を判断し婚姻費用の減額を認めた事案につき，「実務上も，外形的な別居の事実のみでは婚姻費用の減額又は免除事由とならないことに争いはないことから，このような場合に婚姻費用分担事件において同居義務違反に関する審理・判断がなされるケースはほぼ皆無に等しい」と判断している。

　婚姻費用の算定については「破綻の責任という困難な審理対象を婚姻費用分担に持ち込む事は……慎重でなければならない」（梶村太市「婚姻費用の分担——その性質及び分担額の算定」『講座・実務家事審判法2』53頁（日本評論社，1988年）ともされている[61]。

　婚姻破綻時における婚姻費用算定について，「標準算定方式に婚姻破綻に基づく減額のメカニズムを組込み，事実的婚姻観が生き残る道を開くことであろう」と指摘する見解もある。この見解によれば，「一定の婚姻観の下で有責性や破綻の程度といった要素に左右されざるをえないことに根本的な問題があるといえないだろうか」と指摘する[62]。このような判断基準のうち有責性については客観的事実により判断することが可能であるとしても，破綻については別居がその指標とされているが，破綻を推定させる別居期間や別居の態様についての明確な基準がなく，裁判ごとに破綻の有無が判断されている。この点，「その責任がいずれにあるにせよ，その婚姻共同体の維持費としての婚姻費用の性格には変更を生じないと考えるべきであって，『喪失又は放棄』というような特段の事情が認められない限り分担義務の存否に影響を及ぼさせるべきではない…ただ責任の程度等によっては，ある程度の影響をうけることは，妥当性の点からいってもやむをえないのではなかろうか」とする見解がある[63]。

---

(60)　松本・前掲注(50)37頁。
(61)　東京高決平成31年1月31日家法29号120頁は，相手方の暴力行為による別居の開始を契機として婚姻関係が悪化し，別居の継続に伴って不和が深刻化していることから，必ずしも相手方が抗告人に対して直接に婚姻関係を損ねるような行為に及んだものではない面があるが，別居と婚姻関係の深刻な悪化については，相手方の責任によるところが極めて大きいとして相手方が抗告人に対して婚姻費用の分担を請求することは信義に反し又は権利の濫用として許されないというべきであると判示している（他に婚姻を破綻させたことについての有責性が判断されたものとして，大阪高決平成28年3月17日判時2321号36頁。
(62)　成澤寛「夫婦間の婚姻費用分担事件における婚姻観の標準化——標準算定方式とその影響」岡山商大法学論叢18号（2010年）55頁。
(63)　鍛冶良堅「夫婦関係が事実上破綻している場合の婚姻費用の分担」東京家庭裁判所

64

婚姻費用分担における「扶養」と離婚後「扶養」については，共通する概念があるとして，婚姻費用分担の程度につき有責性が考慮されるのは「相手方が有責である場合には，申立人に対する慰謝の意味を含ましめて手厚くすることが，当事者の感情にも一般人の衡平感にも適合することに配慮したもの」であり，離婚後に「扶養ないし補償」とすることは「当事者の感情や一般人の衡平感からして，破綻責任の所在や程度について，一定の限度で配慮せざるを得ないのが現実である」とする見解がある[64]。

Ⅳ　おわりに──婚姻の効果としての「破綻」概念

　婚姻費用や日常家事債務といった，婚姻関係を維持するための経済的側面については，夫婦の生活状況によりその程度が左右されるところであり，この点上野教授は「婚姻の実体といっても，内的，精神的側面，外的，経済的側面等の総体であり，同居請求，契約取消，扶養請求のそれぞれにおいて要求される婚姻の実体は，裁判側からみるとき，同質，同程度のものとはいえない」として「裁判所は，有効に成立した婚姻に対して，画一的にあらゆる効果が賦与されるとするのではなく，それぞれの婚姻の効果について，それぞれ異った要件を考えているとみることができる」と指摘される[65]。

　婚姻効果の基礎となる夫婦の生活実態は多岐にわたり，破綻と一口に言っても，その態様も多岐にわたる。婚姻費用分担や日常家事債務について拙稿では「家族法において考慮される『破綻』『有責性』の概念は，婚姻共同体を維持するために構成員である夫や妻はどの程度の寄与をするか／しないかの問題でもあり，婚姻形態のあり方そのものが問われることとなる」と指摘した[66]。

　この点「婚姻は契約によって成立し，その内容は法律の枠組の中で当事者である夫婦によって決定される私法関係であると認識するのが正しいように思われる」とする見解がある[67]。この見解によれば，婚姻費用の分担は「当事者の自由な意思決定にもとづいて夫婦生活が営まれるべきもの」であり，「それが扶養に関するものである場合には，さらに，弱者保護の原理から，契約自由の原理は大きな制約をうける」こととなる[68]。この場合の論理を貫けば，婚姻関

　　　　身分法研究会編『家事事件の研究(2)』（有斐閣，1973 年）39 頁。
(64)　本澤巳代子『離婚給付の研究』（一粒社，1998 年）264・265 頁。
(65)　上野雅和「婚姻の破綻と婚姻の効果」松山商大論集 12 巻 2 号（1961 年）31 頁。
(66)　拙稿・前掲(4)24 頁。
(67)　泉久雄『家族法論集』（有斐閣，1989 年）7 頁。
(68)　泉・前掲注(67)30・31 頁。

係破綻の場合に弱者とされる一方配偶者は，相当の保護をうけることとなり，扶助の限度を超えた場合であっても必要とされる金銭については負担をすることとなる。

なお有責性の概念については，ドイツにおける別居期間中の夫婦間扶養義務について分析し「離婚後の扶養も，たとえ，離婚原因に破綻主義が導入されようとも，有責主義の考え方の影響から完全に抜け出せるわけではなく，有責主義の考え方に基づく調整から無縁とはなれなかった」と指摘しつつ，別居中の夫婦間扶養義務と離婚後の扶養義務との関連性についてを指摘する見解もある[69]。

婚姻費用分担にあたっての「有責性」考慮については，「別居有責の配偶者がこれを認められても，決して，自己の過誤を利用して利益を得るということにはならない。……この問題は有責配偶者の離婚請求問題とパラレルにとらえられるべきものではないであろう。また，実際問題としても別居の責任がいずれの配偶者に存するか判定するのは困難な場合が多いであろうから，扶養請求を完全に封ずることは妥当を欠くように思われる」と指摘する見解もある[70]。

本稿においては，婚姻関係の状況における「破綻」につき，これまで発表した論文をもとに，さらに，いくつかの文献をもとに，日常家事債務の連帯責任や婚姻費用の分担といった，私生活の具体的側面に焦点をあてるとともに，破綻時の扶養概念についても検証しようと試みた。このような問題は，夫婦財産のあり方にも通ずることとなると思われる。今後は，夫婦関係の変化が，夫婦の財産関係に及ぼす影響につき，さらに検討を深めていきたい。

---

(69)　伊藤司「夫婦の扶助義務に関する一考察(1)——別居中の夫婦の取扱いを中心に」富大経済論集 43 巻 3 号（1998 年）3 頁。
(70)　石原善幸「別居中の夫婦間の扶養義務——判例を中心として」松山商大論集 24 巻 6 号（1974 年）43 頁。

4 ドイツにおける婚姻財産制の立法論的検討
―― 男女平等報告書から

松 久 和 彦

Ⅰ　は じ め に
Ⅱ　婚姻財産制の類型
Ⅲ　剰余共同制改正の経緯・議論
Ⅳ　男女平等報告書
Ⅴ　お わ り に

Ⅰ　は じ め に

　本稿は，ドイツでの婚姻財産制[1]に関する立法論の動向を概観し，議論の背景や立法的課題を明らかにすることを目的とする。ドイツでは，2007年に，「扶養法の改正に関する法律」[2]が制定され，離婚後扶養の在り方が大きく変化した。2009年には，「剰余清算及び後見法の改正に関する法律」[3]が公布され，法定財産制である剰余共同制（Zugewinngemeinschaft）が改正された。これらの改正によって，新たな議論が生じている。とりわけ，婚姻財産制については，上記改正で不十分であった問題への対応や，ヨーロッパにおける実体法の統一の視点から立法的解決の必要性を説く見解が多くみられる。

　他方，連邦政府は，ジェンダー平等の推進に向けた取組みをしており，その1つに「男女平等報告書」（Gleichbestellungsbericht der Bundesregierung）が挙げられる。そこでは，社会保障や税法に関する指摘の他に婚姻財産制の抜本的

---

(1)　日本では，「夫婦財産制」と表記するのが一般的であるが，同性婚を導入したドイツの状況から「婚姻財産制」とした。
(2)　Gesetz zur Änderung des Unterhaltsrechts vom 21.12.2007, BGBl. 2007. I, Nr.69, 28.12.2007, S.3189. 改正の経緯等について，三宅利昌「ドイツにおける扶養法の改正について」創価法学36巻2号（2006年）171頁以下，冷水登紀代「ドイツ法における別居と夫婦間の扶養義務」棚村政行＝小川富之編『家族法の理論と実務』（日本加除出版，2011年）107頁以下参照。
(3)　Gesetz zur Änderung des Zugewinnausgleichs- und Vormundschaftsrechts vom 6.7.2009, BGBl. 2009. I, Nr.39, 10.7.2009, S.1696. 改正の経緯等について，拙稿「ドイツにおける夫婦財産制改正の背景と概要」立命館法学327・328号（2009年）832頁以下参照。

な改正の必要性が指摘されている。剰余共同制は，別産制を基礎とする財産制であり，婚姻中に各婚姻当事者が取得した財産は，原則として，取得した当事者に帰属する。法定財産制として別産制（民762条）を採用する日本においては，財産分与（民768条）と関連して解釈することで，剰余共同制を1つの理想形として議論されてきた。婚姻財産制について，従来から問題とされてきた点に加え，ジェンダー平等の視点からはどのような問題点が指摘されているのかを明らかにしたい。

本稿では，まず婚姻財産制の類型を確認し（Ⅱ），ドイツにおける剰余共同制改正の経緯とその後の議論状況について概観し（Ⅲ），改正後に残された問題について確認する。次に，連邦政府の男女平等報告書の内容から法定財産制を中心とした婚姻財産制の立法的解決の必要性の背景を検討する（Ⅳ）。最後に，ドイツの議論状況から，日本の婚姻財産制に対してどのような示唆を得ることができるか論ずることとしたい（Ⅴ）。

Ⅱ 婚姻財産制の類型

個々の婚姻当事者に関して財産の帰属・管理・清算を規律する体系的規定は「（狭義の）婚姻財産制」[4]とよばれ，ヨーロッパの国々で採用されている婚姻財産制を比較すると，婚姻により当事者間に「共通財産」を構成する共有制と，婚姻が各当事者の財産関係に直接影響を与えない別産制の2つに大別することができる。共有制は，婚姻により一定の範囲において婚姻当事者の共通財産の存在を認め，婚姻解消の際に，この財産を分割することを清算の基本とする。共有制を基本とする国のほとんどが「所得共通制（Errungenschaftsgemeinschaft）」を採用している。所得共通制では，婚姻前から有する財産および婚姻中に無償で取得した財産を，各婚姻当事者の固有財産とし，共通財産は婚姻中に取得した財産に限られる。共通財産は婚姻当事者双方が共同で管理し，原則として共通財産が清算の対象となる。

他方，別産制は，原則として各婚姻当事者が自己の財産を所有し管理を行う。別産制を基調とする婚姻財産制でも，婚姻中は各婚姻当事者が自己の財産を所有し管理するが，婚姻解消の際に，連帯（Solidarität）・共同的要素を重視して，当事者の一方が婚姻中に取得した財産の分配・清算を実現する国が多い。多くの国々では，各国はそれぞれの歴史的伝統と社会的条件によりながら，互いに

---

(4) 二宮周平編『新注釈民法(17)』（有斐閣，2017年）〔犬伏由子〕215頁。

共通のゴールに向かって進みつつある[5]といえる。すなわち、別産制を採用する国でも、それを維持しながらも、婚姻当事者間の実質的な平等を保障するために、離婚時の財産の清算あるいは分配を実現している。他方、共通制を原則とする国では、財産管理等において婚姻当事者の平等と独立性、財産処分の自由を拡張する傾向にある。

Ⅲ　剰余共同制改正の経緯・議論

1　2007年扶養法改正

　婚姻当事者の財産関係に直接関連するものではないが、婚姻財産制の議論に影響を与えたものとして、2007年の離婚後扶養の改正があげられる。改正によって、離婚後の「自己責任の強化」が図られた結果、離婚後扶養は制限されることとなった。このような改正が行われた背景として、子どもの福祉の要請がある。離婚した婚姻当事者の一方が、離婚後扶養と再婚のために必要な扶養、あるいは婚姻していない男女間で生まれた子どもを含めた未成熟子への扶養が、一人の扶養義務者に集中し、その者があらゆる需要を満たすだけの収入を有していないことが少なくなかった。そこで、このような場合にまずどの扶養を優先させるのか、という視点から扶養法の見直しが進められた[6]。扶養法改正の背景には、今日の婚姻及び家族をめぐる社会状況の変化がある。具体的には、離婚の増加や婚姻期間が比較的短期間であること、また共稼ぎ婚の増加によって、婚姻における当事者間の役割分担が変化し、共稼ぎをしている婚姻当事者間でも、子どもの養育のために稼得活動を中断したとしてもその後稼得活動を再開していること、子どもを有しない婚姻当事者の増加していること等の事情が強調されている[7]。

2　2009年剰余共同制改正

　剰余共同制は、1957年の男女同権法により導入されたものであり、2009年の改正まで、大幅な変更を伴う改正は行われてこなかった。剰余共同制における婚姻中に婚姻当事者が取得する財産（以下、「婚姻財産」という）の清算は、婚姻当事者それぞれが婚姻時に有する財産（当初財産）と婚姻解消時に有する

---

[5]　五十嵐清「夫婦財産制」中川善之助教授還暦記念家族法大系刊行委員会編『家族法大系Ⅱ（婚姻）』（有斐閣、1959年）217頁。
[6]　冷水・前掲注(2)117頁。
[7]　三宅・前掲注(2)177-178頁、冷水・前掲注(2)117-118頁。

財産（終局財産）を算定し，その差額を剰余として，婚姻当事者間で2分の1で清算する方法で行われる。これは，婚姻財産は，等価値である稼得活動（Erwerbstätigkeit）と家政執行（Haushaltsführung）によって取得されたものと評価し，その結果，婚姻中の役割分担や財産の名義にかかわらず，婚姻財産を平等に分配するべきとの理念に基づいている。剰余共同制が導入されたときには，民法上婚姻当事者の役割分担として「主婦婚」（Hausfrauehe）が規定されていたが，1976年の「第一婚姻法改正法」（Erstes Gesetz zur Reform des Ehe- und Familienrechts）により，この婚姻像を廃止し，婚姻当事者は稼得活動に従事する権利を有し，家政執行については当事者間で協議して決めることとした（BGB1356条）[8]。

しかし，本来主婦婚を念頭に規定された剰余共同制は，改正されることなく維持されることとなった。その理由として挙げられたのは，婚姻当事者間の役割分担が具体的にどのようなものであっても，稼得活動と家政執行が等価値のものであるという剰余共同制の基本理念は通用しうるというものであった[9]。2009年の改正においても，剰余共同制の基本理念は「一般的な法意識に根拠づけられて」いるとして，剰余共同制における清算のシステムは，原則として，公平で，実務に適した清算を可能にするものであるとしている[10]。

このような状況の中で，離婚後に財産権を保障することの問題が明らかになった。すなわち，2007年扶養法改正による自己責任の強化は，（元）婚姻当事者間の離婚後の連帯（Solidarität）が弱くなることを意味する。自ら稼得活動を始めようとしても，その原資がなく，結果的に生活に困窮することが生ずる。確かに婚姻当事者の双方が稼得活動に就くカップルが増加しているが，同時に，パートタイム労働に就く女性の数も増加している。経済的により弱い婚姻当事者，多くの場合は女性であり，このようなパートナーを保護することは依然として中心的な課題となる[11]。この課題に対応することや，ヨーロッパに

---

[8] 第一婚姻法改正法では，婚姻当事者双方の了解があれば従来の「主婦婚」を採用することも可能となる。この点，「主婦婚」に代えて，家計管理の共同義務と平等の就業権を原則とする「共稼ぎ婚」を法律上の婚姻モデルとすることは注意深く避けられたと評価されている（広渡清吾『統一ドイツの法変動——統一のもうひとつの決算』（有信堂高文社，1996年）267頁）。

[9] 本沢巳代子『離婚給付の研究』（一粒社，1998年）123頁。

[10] BT-Drucks.16/10798（https://dserver.bundestag.de/btd/16/107/1610798.pdf. 最終閲覧2023年12月4日），S.11.

[11] フォルカー・リップ（野沢紀雅訳）「ドイツ扶養法の根拠」フォルカー・リップ・新井誠編訳『人間とその権利』（日本評論社，2020年）41-42頁。

おける実体法の統一の議論から，婚姻当事者が協力して取得した財産に対して，婚姻中から直接権限を有し，婚姻当事者内の連帯性・共同性を強調した婚姻財産制の必要性がみられるようになる。

3 剰余共同制の基本構造と社会状況の変化への対応

剰余共同制については，現在の社会状況の変化に対応していないことを指摘する学説が多くみられる[12]。とりわけ，アンネ・レーテル（Anne Röthel）教授[13]は，別産制を基調とする剰余共同制は，旧法である管理共通制によって犠牲とされた，女性の財産的独立を回復するために個人主義的側面を意図的に強調したものと評価する。その上で，立法当時は，管理共通制を克服するために別産制を基調とすることが求められたが，今日では，婚姻当事者間の自治の下で，財産の移動の自由を拡大し，清算対象となる財産を操作し，隠匿しようとする婚姻当事者の一方から経済的に弱い他方（多くの場合女性）を保護するという，別産制とは逆の議論に焦点が当てられる傾向にあると指摘する[14]。今日の婚姻財産制の議論は，婚姻財産に対する実体法上の共同権限を認めることによって，特に婚姻住居を保護し[15]，また清算基準日前の浪費等を回避することを通じて，婚姻解消に伴う婚姻財産の分配・清算の機能を強化することにある。このような議論状況からも，剰余共同制の議論が変化しており，個人主義的側面を強調した別産制による弊害をいかに解決するかが今日の議論の中心となっていると指摘する。

また，剰余共同制の立法説明には，第二次世界大戦後の時代精神が表れていると指摘する。すなわち，立法時の議論では，婚姻当事者に婚姻財産に対する実体法上の共同権限を認めることで，婚姻当事者に帰属する財産が「不融通物（res extra commercium）」となり，市場での取引ができなくなるという問題が

---

(12) Robert Battes, Echte Wertsteigerungen im Anfangsvermogen-immer Zugewinn? Ein neuer Vorschlag zur Reform des gesetzlichen Güterrechts, FamRZ 2009, 261 ff.; Nina Dethloff,Unterhalt, Zugewinn,Versorgungsausgleich - Sind unsere familienrechtlichen Ausgleichssysteme noch zeitgemäß?, Gutachten A für den 67. DJT, 2008, A 115; Rainer Hoppenz, Reformbedarf und Reformbestrebungen im Zugewinnausgleich, FamRZ 2008, 1892, 1894.; Diter Schwab, Der Zugewinnausgleich in der Krise, in: FS für Alfred Söllner, 2002, S.1079, 1084f.

(13) Anne Röthel, Kritisches zur Zugewinnemeinschaft, in: FS für Olaf Werner, 2009, S.486; ders, Plädoyer für eine echte Zugewinngemeinschaft, FPR 2009, S.273.

(14) Hoppenz, a.a.O（Fn.12）S.1889, 1894.

(15) Schwab, a.a.O（Fn.12）, S.1079, 1081. Dethloff, a.a.O（Fn.12）A.112ff.

懸念されていた。そのため，市場性を確保するために別産制を基調とする婚姻財産制とすることとなったと指摘する(16)。そして，婚姻財産を当事者自身が所有する財産とすることで，清算の簡潔さ等の実用性が認められることになったと評価する。しかし，このような実用性の重視は，婚姻財産の正確な把握や事案公正な解決を犠牲にしてきたと批判する。さらに，共有制を基調とする婚姻財産制を採用する国々をみると，別産制を基調とする婚姻財産制のみが市場性を確保するものとはいえないことは明らかであり，この点においても，剰余共同制が時代に適合していないと評価する。また，剰余共同制が施行された1950年代は，離婚は少数であり，婚姻期間が長期に及ぶ，もしくは生涯に及ぶことが前提にされていた点を強調する。

　さらに，レーテル教授は，そもそも剰余共同制における財産帰属関係が基本法の保障する，婚姻の貢献（Ehebeträge）の平等を実現していないのではないかという疑問を呈する。基本法6条1項，3条11項は，婚姻を対等なパートナーシップとして保護し，婚姻中の家庭生活において婚姻当事者は平等な権利と責任を有する(17)。連邦憲法裁判所，婚姻当事者が合意に基づいて提供する具体的な活動が等価値のものであることを当然の前提としており，このことから，婚姻当事者が協力して取得した財産への平等な関与を認めている(18)。このような理解が，基本法における婚姻保護の要請の要素であるならば，婚姻財産制において，婚姻当事者の具体的な活動が等価値のものであることを実現するためには，稼得活動を行う婚姻当事者の一方が取得した財産に対して，ケア労働（Sorgearbeit）を行う他方が，法的・経済的に平等に参加することが求められ，婚姻中においても平等に婚姻財産に対する実体法上の権限を認めることが求められる。しかし，剰余共同制は婚姻解消後に初めてその貢献が認められる。婚姻中には婚姻財産の経済的格差（物的格差，dingliche Gefälle）が生じ，このような格差は，婚姻中の具体的な活動の等価値を前提とし，婚姻財産に平等に関与するという前提と矛盾し，結局のところ，ケア労働を行う婚姻当事者の一方は，他方の所有する婚姻財産に対して潜在的な権利を有するに過ぎないと指摘する。

　法定財産制は婚姻当事者が互いにパートナーシップ関係として合意して扱っ

---

(16)　同様の指摘をするものに，Schwab, a.a.O (Fn.12), S.1079, 1081.
(17)　BVerfG NJW 2002, 1185 unter Hinweis auf st. Rspr. des BVcrfG, etwa BVcrfGE 53, 257,196; 79, 106, 126; siehe auch BVcrfG NJW 2003, 28 19, 2820; NJW 2001, 957,959.
(18)　BVerfG NJW 2002, 11 85, 1186.

ていない場合や，とりわけ婚姻当事者の一方のみが稼得活動を担う場合のように，当事者間で経済的な不均衡が生じた場合に効力を発揮しなければならない。共稼ぎ婚であるならば，剰余共同制よりも別産制の方が理想的であるが，ドイツではそこまで普及しておらず，多くのカップルは，当事者の一方のみが稼得活動を担う，もしくはケア活動を担う他方がパートタイムで働くという生活スタイルであり，ここに婚姻財産制による保護のニーズがあるとする。そして，婚姻当事者の財産帰属関係を別産制とするか，連帯性・共同性を強化した形を採るのか再考する時期にきているとする[19]。

　レーテル教授に代表される剰余共同制に批判的な見解は，以下のように整理することができる。

　第1に，剰余共同制は，主婦婚から共稼ぎ婚の増加という社会状況の変化に対応していないと評価する。剰余共同制の基本理念である稼得活動とケア労働の等価値性は，婚姻当事者がどのような役割分担を行ったとしても通用し，これに基づく清算方法も改正する必要はないとされた。しかし，批判的な見解は，剰余共同制が導入された1950年代は，離婚は少数であり，婚姻期間が長期に及ぶもしくは生涯続くことが前提とされていた点を強調する。また，立法時の議論等から剰余共同制を継続することの妥当性を問うものとなっている。

　第2に，別産制の理解の変化がある。婚姻当事者の財産的独立を実現するために，婚姻財産の帰属について，別産制が採用されたこと等を指摘する。今日，共有制を基調とする婚姻財産制を採用する国々でも，共同管理等については別産制の要素を取り入れた改正を行っており，別産制もしくは別産制を基調とする婚姻財産制でなくても，財産的独立は可能であり，むしろこれらの国々が採用する所得共通制を採用することで，別産制によって生ずる問題を解決することができる点を強調する。

　第3に，剰余共同制では，稼得活動とケア労働の等価値性の実現が不十分である点を指摘する。剰余共同制では，婚姻解消後に婚姻当事者の一方に清算債権が帰属し，これを行使することで婚姻財産の清算が実現する。しかし，この清算債権を保障する制度が十分でなく，そもそも専業主婦を保護するためのものであるとされながら，実効性のある保護を実現してこなかった点を指摘する。

---

[19]　レーテル教授は，離婚の際の問題を前提とした問題を議論するが，婚姻当事者の一方の死亡による婚姻解消の際の清算方法（BGB1371条）についても改正すべきであると指摘する。

Ⅳ 男女平等報告書

　男女平等報告書は，2005年に，アンゲラ・メルケル（Angela Dorothea Merkel）がドイツ首相に就任するときの公約の１つであった[20]。ドイツ連邦議会（Deutscher Bundestag）において統一会派を構成するドイツキリスト教民主同盟（CDU）／バイエルン・キリスト教社会同盟（CSU）は，保守系政党であり，家族に関する法政策も，専業主婦と稼働する男性という，伝統的な家族モデルを重視する傾向にあり，性別役割分業を解消する政策には批判的であった[21]。他方，CDUの幹事長の立場にあったメルケルや後に連邦家族・高齢者・女性・青少年大臣（Bundesminister für Familie, Senioren, Frauen und Jugend）を務めるウルズラ・フォン・デア・ライエン（Ursula von der Leyen）を中心に，女性の就労に親和的なアイデアの検討がなされ，2005年のドイツ連邦議会総選挙にあたっては，「婚姻・家族の保護」といった伝統的な価値観を基本に置きつつ，「家族と仕事の調和を強く支援する」ことを政策構想に盛り込み，従来の方針を転換させた[22]。

　これまで男女平等報告書は，第一次（2011年），第二次（2017年），第三次（2021年）が公表されている。これらの報告書を経て，2020年７月に，連邦家族・高齢者・女性・青少年省は，ドイツ初の男女平等戦略（Gleichstellungsstrategie der Bundesregierung）[23]を公表している。また，男女平等報告書は，「ライフコースの視点（Lebensverlaufsperspektive）」を導入した点に大きな特徴がある。個人化とライフコース，すなわち，個人の人生の道筋の脱標準化・多様化が進む社会において，いかに男女平等を追及するかを各専門家委員会で議論し，そのために必要な施策を提言するものである[24]。本稿との関連では，特に，第一次及び第二次男女平等報告書の内容・提言が重要となる。

１　第一次男女平等報告書

第一次男女平等報告書（以下「第一次報告書」という）のタイトルは「新しい

---

[20]　佐野敦子『デジタル化時代のジェンダー平等』（春風社，2023年）39頁参照。
[21]　須田俊孝「ドイツの家族政策の動向」海外社会保障研究155号（2006年）42頁。
[22]　辻由希「第二次安倍内閣における女性活躍推進政策」季刊家計経済研究107号（2015年）18頁，近藤正基『ドイツキリスト教民主同盟の軌跡——国民政党と戦後政治1945〜2009』（ミネルヴァ書房，2013年）314頁以下。
[23]　https://www.bmfsfj.de/resource/blob/158356/b500f2b30b7bac2fc1446d223d0a3e19/gleichstellungsstrategie-der-bundesregierung-data.pdf（最終閲覧2023年12月4日）。
[24]　佐野・前掲注[20]14頁。

道——平等なチャンス ライフコースにおける男女平等（Neue Wege: Gleich Chancen Gleichstellung von Frauen und Männern im Lebensverlauf)」[25]であり，主な内容は，教育と稼得活動であるが，それと併せて，社会における役割分業と法が果たした役割を検証している[26]。第一次報告書の内容は多岐にわたるが，本稿では，性別役割分業が定着することに対して法制度，とりわけ家族法が果たしてきた役割について明らかにする「第3章ロールモデルと法（Rollenbilder und Recht)」から，婚姻財産制に関する部分を検討する[27]。

（1）性別役割分業と法律によるライフコースの制度化[28]

個人の人生設計において，パートナーと生活共同体を形成すること，親となること，当事者間で稼得活動とケア労働（Sorgearbeit）をどちらが担うかといった事項は，特に重要である。社会規範は，その役割を担う者への社会的な期待が含まれるとともに，他方では個人の内的な行動パターンとを形成するものとなる。そして，性別役割分業が固定化されている場合には，固定化された分業形態があたかもパートナーシップや共同生活における典型モデル（Leitbild）のような思い込みが生じ，ひいては規範的な意味を有することになる。第一次報告書は，社会規範として作り出されたものが，男性が唯一の稼ぎ手であり，女性が専業主婦と母親の役割を担う主婦婚であり，そこにあるのは，ケア労働を担う女性は家庭にとどまるべきという意識であったと指摘する。一方で，法律によって定められた，または法律が支援する役割分業モデルは，様々な局面での意思決定に影響を与える。「ライフコースの視点」からは，人生のある時点での選択の前提となる状況は，その後も永続することなく，流動的なものとなる。人生のある時点での選択が，その後の人生にリスクを生じさせ，またそのような結果が一方の性別に優位に働く場合には，これを是正する政策・法制度の改正が必要となる。

第一次報告書は，このような役割分業モデルを反映し形成してきた法分野として，家族法，税法，労働法を挙げている。これらの法分野では，婚姻家族，性別に基づく稼得活動とケア労働の分担に基づく家族を典型モデルとして格上げし，他の形態よりも優遇してきたと指摘する。そして，このようなモデルを

---

(25) https://www.bmfsfj.de/resource/blob/93682/516981ae0ea6450bf4cef0e8685eecda/erster-gleichstellungsbericht-neue-wege-gleiche-chancen-data.pdf.（BT-Drs. 17/6240)（最終閲覧2023年12月4日）。以下，Erster Gleichstellungsbericht とする。
(26) 佐野・前掲注(20)64頁。
(27) Erster Gleichstellungsbericht, S.53-84.
(28) Erster Gleichstellungsbericht, S.53-56.

(2) 性別役割分業と婚姻財産制[29]

　第一次報告書は，剰余共同制は，主婦婚という非対称的な役割分業の下で生活する婚姻当事者にのみ適合しているものであると評価する。さらに，1976年の第一婚姻法改正法によって，離婚原因は有責主義から破綻主義へと改正されたものの，離婚後扶養は依然として「妻の離婚後の経済的保障」という考え方に基づいていたと指摘する。第一婚姻法改正法は，主婦婚を廃止し，婚姻当事者間での役割分担の自由を可能にしたものの，女性がケア労働を担うという前提が立法者にあったのであり，離婚後も経済的に保障されること明らかにすることで，女性がケア労働を担うインセンティブを与えようとしたと評価する。剰余共同制が改正されなかったのも，このような立法者の認識が影響していたとする。

(3) 剰余共同制の問題点と所得共通制[30]

　2007年扶養法改正の目的は，共働きの増加という社会状況の変化によって生じた家族関係，婚姻当事者間での役割分担の変化に対応することであった。このような変化は，婚姻財産制にも新たな問題を提起しているが，立法者はまだこれに対処していない。子どもの出生を機に，婚姻中に当事者の一方が家族の世話をするために稼得活動を制限した場合，剰余共同制は別産制を基調にしているため，婚姻財産は，婚姻当事者間で共同所有関係にならず，当事者の一方に帰属することになる。別産制であることから，ケア労働を担う当事者には，法的には，婚姻中の財産の使用に関して「弱い交渉権」しか認められないことになる。共稼ぎ婚が増え，女性が稼得活動を制限することが多く，このような婚姻中における役割分担の取決めは，男性よりも女性の方が，結婚後の生活や労働生活への参加を確保する上で大きなリスクを負うことになる。多くの場合，女性が行う，婚姻中にケア労働を担うとする決断は，その後の人生の過程で経済的自立を失い，労働市場におけるリスクをもたらすことになる。第一次報告書は，共稼ぎ婚が増加しているものの，女性がケア労働を担っていることは依然として社会的事実であり，ジェンダー政策にとっては特別な課題であると指摘する。そして，婚姻当事者双方に平等な権利と義務を割当て，ケア労働を担う婚姻当事者の一方にも，婚姻中に取得した財産について公平な分配を実現し，財産への関与を保障することが求められるとする。

---

(29)　Erster Gleichstellungsbericht, S.57-58.
(30)　Erster Gleichstellungsbericht, S.65-68.

(4) 法改正の方向性[31]

「ライフコースの視点」から，人生のある時点での選択が，その後の人生におけるリスクを生み，あるいは否定的な結果をもたらし，さらにその結果が男女のどちらか一方に優位に立つことも示されれば，ジェンダー平等の視点に基づく施策の必要性は高まる。他方で，婚姻は，一定の役割分業が継続するというイメージがあるが，このイメージは，家事や介護といったケア労働を担う女性が，離婚後も経済的な援助を得ることができることを前提としている。しかし，この前提は，2007年扶養法改正にもみられるように，もはや法的にも，社会的にも現実を反映していない。第一次報告書は，「ライフコースの視点」からは，法制度は，稼得活動かケア労働かといった競合する生き方の「選択の自由」を保障するのではなく，人生の「設計の自由」を促進することに置き換えられるべきであるとする。ライフコースが柔軟で，パートナーシップの地位や形態が変化しやすく，仕事，介護，その他の期間の多様な組み合わせを選択できる女性や男性のイメージは，現行法では限られた範囲でしか利用できない。ライフスタイルの柔軟性に対応し，人生における役割の移行やパートナーシップの設計に必要な交渉プロセスをできる限り妨げない法制度が求められる。特に，婚姻においては，当事者の生き方や家庭内の役割分担の交渉において，意思決定の自由が保障されなければならない。

このような法制度を実現する上で，第一次報告書は，婚姻財産制について，①婚姻財産を共通財産となる，所得共通制を法定財産制として導入すること，②法定財産制への移行を前提として，所得共通制を約定財産制として導入すること，③婚姻財産制に関する情報提供を改善することを提言する[32]。

4 2012年シンポジウム

第一次報告書では，所得共通制の導入や婚姻財産制に関する情報提供の必要性が提言されたが，これらに対する専門家の反応はどのようなものであったか。第一次報告書の公表後に開始されたシンポジウムでの議論を検討したい。連邦家族・高齢者・女性・青少年省は，第一次報告書公表後，婚姻財産制に関するシンポジウム[33]を開催し，約定財産制として所得共通制を導入することにつ

---

(31) Erster Gleichstellungsbericht, S.79-82.
(32) Erster Gleichstellungsbericht, S.240.
(33) シンポジウムの詳細は，Gerd Brudermüller, Stephan Meder, Barbara Dauner-Lieb (Hg.), Wer hat Angst vor der Errungenschaftsgemeinschaft? Auf dem Weg zu einem partnerschaftlichen Güterrecht – Schlussfolgerungen aus dem 1. Gleichstellungs-

いて議論する。
(1) 現行制度の問題点の整理
　シュテファン・メーダー（Stephan Meder）教授[34]は，現行の婚姻財産制の問題点を以下のように指摘する。剰余共同制は，今日では時代遅れと言わざるを得ないと評価する。メーダー教授によれば，「Nebengüterrecht（付随婚姻財産法）」という一連の判例法が生み出されており，その目的は，経済的に弱い婚姻当事者（通常は女性）を，剰余共同制が基調とする別産制によって生ずる過度の不利益から守ることであるとする[35]。法制度である剰余共同制と現実との間には隔たりがあり，法改正の必要があると指摘する。
　また，「剰余共同制」という名称の問題を指摘する。学説では，「剰余共同制」という用語は何度も批判されており，「共同制」という用語は，婚姻中は財産が各当事者の単独所有のままであるという事実を隠していると指摘する。
　さらに，現行の婚姻財産制では，法定財産制である剰余共同制，約定財産制である別産制と選択的剰余共同制（Wahl-Zugewinngemeinschaft）[36]と，別産制を基調とする婚姻財産制が3つ用意されている。他方，共有制を基調とする財産制として財産共同制（Gütergemeinschaft）が用意されているものの，ほとんど利用されていない状況にある。後述の調査結果から明らかなように，婚姻財産に対するイメージからも，国民のニーズをより考慮すれば，財産共同制ではなく，所得共通制を導入する必要があるのではないかとする。

(2) 立法時の議論
　メーダー教授は，剰余共同制を導入する際の議論において，剰余共同制と所得共通制の違いが認識されていた点を指摘する。すなわち，剰余共同制と所得共通制の違いは，婚姻財産について実体法上の共同権限が生ずるか生じないかの点にあり，両制度ともに，婚姻当事者が婚姻財産の取得について，対等に寄与していると評価し，清算対象財産を婚姻に由来するもの（ehebedingheit）に限るものである。このような共通する機能から，剰余共同制を法定財産制として導入した場合には，約定財産制として所得共通制を設ける必要はないと立法

---

　　bericht, 2013に収められている。
(34)　Stephan Meder, Das geltende Ehegüterrecht- ein kritischer Aufriss, in: Brudermüller/ Meder/Dauner-Lieb・前掲注(33) S.13-22.
(35)　Nebengüterrecht（付随婚姻財産法）については別稿での検討を予定している。
(36)　選択的剰余共同制については，拙稿「ヨーロッパにおける家族法の調和の試み：ドイツとフランスの夫婦財産制に関する条約の紹介」香川法学34巻（2014年）1号1頁以下参照。

者は判断をした。しかし，両制度は，財産の帰属については，まったく異なるものであり，立法者はこのような両制度の違いを過小評価していたと指摘する。

(3) 所得共通制の導入[37]

メーダー教授は，主婦婚から共稼ぎ婚が増加し，多くの場合女性がケア労働のために稼得活動を制限することが多くみられるようになると，剰余共同制では不都合が生ずる。剰余共同制は「清算請求権を伴う別産制」であり，この構造は，他方に稼得活動を主に行うことを可能にし，婚姻中他方の得た収入に対して何ら権利を有しないケア労働を担った当事者の一方を不利にするものと批判する。そして，婚姻中の当事者間の経済的格差は，婚姻中の稼得活動とケア労働を等価値のものとする認識に違反する[38]。そこで，ケア労働を担う当事者の一方が，婚姻中に稼得活動を行う他方の財産に対して実体法上の共同権限を認めることを提案する。そして，ケア労働を担う生活が，個人にとって「人生の一過性の段階」となり，婚姻当事者の一方（多くは女性）にとって，「親になる」ことは，稼得活動の中断という非常に不利な事態につながる。まさに，男女共同参画政策の視点から法制度が現在特に注意を払わなければならない，ライフコースにおける「結節点」と「移行点」である。ケア労働を担う婚姻当事者の一方は離婚時に初めて他方の財産に関与するのではなく，婚姻中から稼得活動を担う他方の財産へ関与することを認め，法定財産制への移行を前提として，約定財産制として所得共通制を導入することを主張する。

(4) 調査結果の分析

カルステン・ヴィパーマン（Carsten Wippermann）教授は，20代から60代のドイツ国民のうち，2000人を無作為に抽出し，アンケート調査を行った。調査結果の分析結果から，婚姻財産制の議論を進める。

女性も男性も婚姻をすることで，経済的・法的な関係，場合によっては，人間関係の変化をももたらすものだと考え，特に若年層・男性には，婚姻によってパートナーシップに安定性と信頼性をもたらすものと考える傾向にある[39]。しかし，具体的に何がどのように変化するのか十分に理解していないとする。例えば，調査では，「法定財産制」「配偶者控除」といった法的概念について，若年層の婚姻当事者では，ほとんどの人が理解しておらず，婚姻する若年層の

---

(37) Meder・前掲注(34) S.19-20.
(38) Anne Röthel, Plädoyer für eine echte Zugewinngemeinschaft, FPR 2009, S.275.
(39) Carsten Wippermann, Partnerschaft und Ehe im Lebensverlauf - Die Rechtsfolgen von Heirat und Scheidung in der empirischen Sozialforschung in: Brudermüller/Meder/Dauner-Lieb・前掲注(33) S.30

大多数が，婚姻の法的枠組みや婚姻による法的効果について十分理解していないことが示されている[40]。さらに，婚姻財産制に関する知識についても調査すると，新婚の若い世代の法的知識の欠如が顕著であることが示されている。

ヴィパーマン教授は，このような状況の原因の1つとして，法制度とは異なる誤った知識が定着していることを指摘する。婚姻財産制に関する「誤解」について，以下のような調査結果を明らかにしている。

① 女性93％，男性87％が，婚姻財産はすべて平等に婚姻当事者に帰属すると考えている。

② 女性69％，男性62％が，婚姻財産はすべて婚姻当事者双方の共有となると考えている。

こうした誤解（ひいては法定財産制への期待）は，多くの女性に定着しており，年齢の上昇と結婚期間が長くなるにつれて，これらの誤解が引き継がれていくことが示されている。

③ 婚姻から20年以上経過している女性の98％が，婚姻財産はすべて婚姻当事者双方に平等に帰属すると考えている。このように理解する女性のほとんどが，伝統的な性別役割分業の下で生活している。

④ 婚姻から10年以上経つ婚姻当事者の77％が，婚姻財産はすべて婚姻当事者双方に帰属すると考えている。

これらの結果から，剰余共同制の下で生活する婚姻当事者の大多数の認識は，法制度でいえば財産共同制の下で生活していると考えていることになる。

ヴィパーマン教授は，調査結果から以下のような結論を述べている。人々は「婚姻制度」に大きな期待を寄せているが，婚姻によって自分たちの経済的・法的状況がどのように変化するのかを知らないのが普通である。婚姻財産制に関する基本的な用語は，国民の大部分にはまったく知られておらず，ほとんどの人は，法律上の婚姻財産とは，すべての財産が何らかの形で「二人の共同所有」になることだと思い込んでいる。このような認識に合致させるためにも，所得共通制の導入が必要であると主張する。

(5) 専門家の見解

ゲルト・ブルーダーミュラー（Gerd Brudermüller）裁判官は，先のヴィパーマン教授の実証的研究から，所得共通制の導入について賛同する。婚姻生活においては，婚姻当事者間の連帯感とお互いに責任を取るという意志は間違いな

---

[40] Carsten・前掲注(39)S.30-31.

く高い。しかし破綻後は，たとえば元パートナーがパートナーシップの間にさまざまな点で犠牲を払ったからという理由で，元パートナーに対して一定の責任を負うという意欲は非常に低くなることがヴィパーマン教授の調査から示されている。この明確な経験的知見から，より婚姻中の共同性を強調する婚姻財産制のモデルを設けるべきではないかとする[41]。基本法及び判例は，婚姻中における稼得活動とケア労働が等価値であることを前提に，婚姻当事者の一方が取得した財産への他方の平等の寄与・貢献を認めている。この理解を婚姻中においても実現することは，経済的に弱く，離婚後困窮する可能性がある他の一方を保護する視点から公正なバランスを確保することになるとする[42]。

また別産制の明らかな欠点のひとつは，ケア労働によって自己の財産の増加がまったく期待できないか，あるいはわずかしか期待できない当事者から，不適切な収奪が行われる可能性があることである。すなわち，婚姻中に他方が取得した財産への関与がないために，家事労働や子どもの世話や養育といったケア労働の価値は完全に無視され，最終的には無視される点にある[43]。このような別産制の深刻なリスクは，剰余共同制においても明らかであり，所得共通制を設ける必要があると主張する。そして，所得共通制は，長期間ケア労働を担う場合や主婦婚といった婚姻当事者の一方が稼得活動を担う場合に公平な結果をもたらす財産制であり，ドイツにおいて必要な法改正であることを指摘する。

バーバラ・ダウナー－リープ（Barbara Dauner-Lieb）教授[44]も約定財産制として所得共通制を導入することに賛同する。ダウナー－リープ教授は，剰余共同制が，これまで十分に認識されていなかった，ケア労働を担う婚姻当事者の一方を犠牲とする経済的格差をもたらすこと，所得共通制は，法技術的見地からもドイツにおいて「実現可能」であることを指摘する[45]。また所得共通制の基本理念として，①稼得活動とケア労働の平等，②清算対象となる財産の判断基準としての婚姻由来性（ehebedingtheit），③ケア労働を担う婚姻当事者の一方の債権者の不利益の回避を挙げている。稼得活動とケア労働の平等な価値，

---

(41) Gerd Brudermüller, Schlussfolgerungen für Änderungen im Güterrecht, in: Brudermüller/ Meder/Dauner-Lieb・前掲注(33) S.41, S.42-43.
(42) Brudermüller・前掲注(41) S.43
(43) Brudermüller・前掲注(41) S.42-43.
(44) Barbara Dauner-Lieb, Anforderungen an ein Konzept für einen Güterstand der Errungenschaftsgemeinschaft in Deutschland - Thesen und offene Fragen- in: Brudermüller/ Meder/Dauner-Lieb・前掲注(33) S.47-66.
(45) Dauner-Lieb・前掲注(44) S.48

家庭内における役割分担に関する当事者の選択の自由といった課題に真剣に向き合うべき時だとする(46)。

　トーマス・マイヤー（Thomas Meyer）(47)は，連邦司法省の立場から，所得共通制の導入に反対する。マイヤーによれば，所得共通制は，現行法においても，婚姻当事者が婚姻財産契約を締結することによって実現可能であること，また共通財産の「共同管理（gemeinsame Verwaltung）」は現実的には非常に困難であること，婚姻中の債務に対する婚姻財産の責任，婚姻財産とそれ以外の財産の区別など複雑であり，これらの点にデメリットがあると指摘する。また，近年所得共通制を導入したイタリアにおいても，婚姻中の当事者間の経済的格差を解消するに至っておらず，剰余共同制を導入する際にも，この不均衡を解消することはできないと認識されていたとする(48)。

　また，終局財産と当初財産の比較をもって清算をする剰余共同制と比較して，いずれの財産が清算対象となるのか，裁判所が判断することとなり，裁判所の負担が増加することになることを指摘する。結局のところ，婚姻財産制が問題となるのは，離婚などの婚姻解消時に対象となる財産が存在する場合であり，当初財産と終局財産の比較によって清算を実現する剰余共同制は，問題解決を容易にし，当事者の離別をできるだけ簡単なものにしていると述べる(49)。

　カタリナ・ボーレ－ヴォエルキ（Katharina Boele-Woelki）教授(50)は，比較法の視点から，欧州家族法委員会（CEFL）の「欧州家族法原則」において，欧州の婚姻財産制を近似化するためのモデルとして所得共通制を提唱しており，欧州における実体法の調和に貢献することになると指摘し，所得共通制の導入について賛同する(51)。約定財産制として所得共通制を導入する際には選択しやすくすることが重要であり，約定財産制として導入したのちに，選択するカップルが多い場合には，法定財産制とすることも可能ではないかと指摘する。

---

(46)　Dauner-Lieb・前掲注(44) S.62.
(47)　Thomas Meyer, Statement aus Sicht des Bundesministeriums der Justiz in: Brudermüller/ Meder/Dauner-Lieb・前掲注(33), S.79-82.
(48)　Meyer・前掲注(47) S.80
(49)　Meyer・前掲注(47) S.81。同様の指摘をするものに，Reinhardt Wever,Zugewinn 1977 bis 2017-ein gerechtes Modell? in:Isabell Götz/Klaus Schnitzler (Hg), 40 Jahre Familienrechtsreform, 2017, S.202,203.
(50)　Katharina Boele-Woelki, Statement aus europäischer Sicht in: Brudermüller/ Meder/Dauner-Lieb・前掲注(33) S.83-86.
(51)　CEFLについて，拙稿「ヨーロッパにおける夫婦財産制の新展開」私法79号（2017年）130頁以下参照。

ソンカ・ゲルデス（Sonka Gerdes）教授[52]は，家族政策，男女平等政策の視点から，所得共通制の導入に賛同する。ヨーロッパでは，婚姻当事者の役割分担については，古典的な主婦婚モデルや共稼ぎ婚モデルなど様々な形が並存している。人生の過程では，ある時期に選択したモデルのまま生涯を終えることは少なく，いくつかのモデルを経て生きることになる。法律は，そのモデルに応じた選択肢を提供するなどして，役割分業の多様性を正当に評価しなければならず，婚姻財産制も同様に，多様化に対応することが求められていると指摘する[53]。約定財産制として所得共通制を導入することで，剰余共同制の代替手段が設けられ，役割分担の異なるカップルに選択肢を提示することが可能になるとする。

トビアス・ヘルムズ（Tobias Helms）教授[54]は，法律学の視点から，所得共通制の導入を支持する。稼得活動とケア労働の同等性という前提は，婚姻財産制の基本原則のひとつであり，歴史的にも立法者が婚姻財産制の発展の基礎とした決定的な指導原理であるとする。しかし，この原則を背景として，剰余共同制をみるならば，ケア労働を担う婚姻当事者の一方がケア労働のために不利益を被ることを正当化することはできないとする。また，女性の就業率の上昇は，パートタイム労働の増加によるところが大きく，また現在でも，家族のために自分のキャリアを制限するのは女性が多いことからも，婚姻中の連帯を強化するのに十分な理由がある。さらに，剰余共同制の立法時の議論についても言及する。剰余共同制を採用した事実は過大評価するべきではなく，所得共通制を導入する可能性も十分にあったこと，立法当時は，法的・社会的にも夫が優位であり，婚姻中の財産領域を婚姻当事者間で明確に分離することが，女性の財産的独立を保障する最善の方法であると考えられていたことを指摘する。

アンジェリカ・ネイク（Angelika Nake）弁護士[55]は，ドイツ女性法律家協会（Deutschen Juristinnenbund）を代表して，所得共通制の導入に賛同する。ネイクも，剰余共同制が主婦婚を前提とし，かつ，生涯にわたり婚姻が続くことを前提としたものであったが，今日では稼得活動の中断がなく，かつ，子ど

---

(52) Sonka Gerdes, Statement aus gleichstellungspolitischer Sicht in: Brudermüller/Meder/Dauner-Lieb・前掲注(33) S.87-88.
(53) Gerdes・前掲注(52) S.88
(54) Tobias Helms, Statement aus rechtswissenschaftlicher Sicht in: Brudermüller/Meder/Dauner-Lieb・前掲注(33) S.89-92.
(55) Angelika Nake, Statement aus Sicht des Deutschen Juristinnenbundes in: Brudermüller/Meder/Dauner-Lieb・前掲注(33) S.93-98

ものいない共稼ぎ婚（DINKs: double income no kids）に適応していると指摘する[56]。また，法定財産制として所得共通制を採用している国々が多いことからも，所得共通制を導入することが困難であるという反論は説得力を持たないとする。

シンポジウムでは，専門家の多くが，所得共通制を約定財産制として導入することに賛同する。剰余共同制が，ケア労働のために稼得活動を中断する場合に適合していないこと，また選択可能性を保障する観点も所得共通制の必要性が説かれている。他方で，婚姻財産については，婚姻中よりも婚姻解消時に対応すればよく，清算対象の財産及び清算方法を簡潔にすることで，問題に十分に対応しているとする連邦司法省の見解は，今後の立法の議論にも影響を及ぼすことが予想される。

5 第二次男女平等報告書

第二次報告書は，2017年6月21日に公表され，第二次男女平等報告書（以下「第二次報告書」という。）のタイトルは「稼得活動とケア労働をともに新たに形成する（Erwerbs- und Sorgearbeit gemeinsam neu gestalten）」[57]であり，雇用とケア労働の平等に関する問題を中心に扱っている。第二次報告書の特徴として，①ライフコースの視点の重視，②デジタル化の影響の考慮，③稼得活動とケア労働の平等な構築が挙げられる[58]。本稿の関係では，①・③が密接に関連する。

(1) ライフコースにおける家族の重要性

今日においても「家族」という結びつきは重要なものであり，ライフコースの視点からすれば，人生の過渡期ともいえる時点で，どのような決断をし，そしてその局面での決断は，社会的，経済的，個人的，家族的といった様々なレベルでの条件に左右される。例えば，子どもが生まれた場合には，この時点で，家庭内のケア労働が大幅に増加し，当事者間で家庭内の役割分担を再交渉しなければならなくなる。社会的なジェンダーの固定観念と役割分担の結果，今日，不利益を被っているのは，家庭でケア労働の主な責任を担う婚姻当事者である。家庭を持つ前は，女性と男性の労働時間はほとんど変わらない。しかし，家庭

---

(56) Nake・前掲注(55) S.97

(57) https://www.bmfsfj.de/resource/blob/119794/b69d114cfbe2b6c1d4e510da2d74fd8d/zweiter-gleichstellungsbericht-der-bundesregierung-bt-drucksache-data.pdf.（BT-Drs. 18/12840）（最終閲覧2023年12月4日）。 以下，Zweiter Gleichstellungsbericht とする。

(58) 佐野・前掲注(20)107頁。

を持ち，育児休暇が終了した後は様相が異なり，旧西ドイツ地域では，婚姻当事者の一方が稼得活動を担い，他方がケア労働と併せてパート内務等の労働を行う婚姻形態が主流である。子どものいない若い夫婦は，依然として平等主義的な分業モデルを志向しているが，子どもが生まれると，女性がケア労働を担うという「(再) 伝統化」が起こる[59]。

役割分担の決定は，複雑な交渉過程の結果であり，婚姻当事者は，時には明示的に，時には暗黙的に交渉する。婚姻当事者における稼得活動とケア労働の組み合わせに関する決定は，基本的に当事者間の自由である[60]。しかし，役割分担を決定する上で，雇用主が作り出す枠組みは非常に重要な条件である。企業がファミリー・フレンドリーとして定める規則が伝統的な性別役割モデルに基づいており，その利用が職業上のキャリアにとって不利になる場合，女性がケア労働を担うことになり，「伝統化の罠」として作用することになる。第二次報告書では，ワークライフバランスに関する提案の他にも，ケア労働の組織化，税法・社会保障法上の阻害要因の撤廃，婚姻財産制の公正化に関する提言に焦点を当てている。

(2) 婚姻財産制の改正提言[61]

第二次報告書は，第一次報告書の提案をさらに進め，①所得共通制を法定財産制として導入すること，②剰余共同制の名称変更及び婚姻財産制に関する早期の情報提供，金融リテラシーを促進するためのプログラムに婚姻法と家族法の問題を含めること，③婚姻財産契約の実務[62]と清算合意前の協議義務の検討，を提言する。

第二次報告書は，ライフコースの多様化・個人化を考慮すると，今日の婚姻当事者に必要なのは，変化するライフスタイルや様々な役割分担モデルを通して，婚姻当事者間の生活様式に関する共同責任を促進し，婚姻当事者の決定を支援するモデルであるとする。剰余共同制は，婚姻当事者間に経済的格差が生じ，経済的・社会的に強い立場にある婚姻当事者の一方に，生活様式の決定や

---

(59) Zweiter Gleichstellungsbericht, S.96.
(60) Zweiter Gleichstellungsbericht, S.98.
(61) 第二次報告書の作成にあたり，婚姻財産制に関する専門家委員会が開催され，そこでの議論内容が第二次報告書にも反映されている。具体的な内容については，https://www.bmfsfj.de/resource/blob/227370/5cfdec909746c847876da0abdfc6a5c9/stellungnahmen-zum-fachgespraech-ehegueterrecht-data.pdf.（最終閲覧2023年12月4日）。
(62) 婚姻財産契約については，拙稿「ドイツにおける夫婦財産契約の自由とその制限」立命館法学320号 (2008年) 989頁以下。

財産処分に関する決定の主導権を強化する可能性が指摘されている[63]。紛争状態にない婚姻当事者間では，パートナーシップ関係に基づいて共同で意思決定が行われているため，剰余共同制も所得共通制の差はないが，紛争状態にある場合に，剰余共同制では力の不均衡が生じ，これによって，当事者間の交渉力に影響をもたらす[64]。今後の婚姻財産制の役割は，婚姻当事者間の経済的・社会的不均衡が，彼らの意思決定プロセスに可能な限り影響を与えないよう当事者の意思決定を支援することにあるとする[65]。

また，第二次報告書は，第一次報告書が「さしあたり」約定財産制として導入することを提言した所得共通制を，即座に法定財産制として導入することを提言し，約定財産制を，①別産制，②剰余共同制から名称を変更した「剰余清算を伴う別産制（Gütertrennung mit Ausgleich des Zugewinns）」，③財産共同制とすることを提言する[66]。この点，専門家委員会は，婚姻をする大多数の人が，婚姻締結の際に意識的に婚姻財産制を決定しておらず，剰余共同制が施行されて60年が経ち，多くの問題が解決に至っていないことを理由とする。さらに，別産制を基調とすることによって，婚姻当事者，特に女性の財産的独立を保障する点については，今日では，婚姻をしていなくても，相互に経済的依存しない家族を形成することが可能であり，また社会的にも承認されていることから，女性の経済的独立のみを強調する必要はないとする[67]。

所得共通制の必要性と実用性は，付随婚姻財産法に関する判例にも示されている。付随婚姻財産法は，所得共通制の基本的な考え方にほぼ対応した，財産の保護と分割に関するルールを定めている。法定財産制として導入することは，判例法である付随婚姻財産法の弱点（不十分な体系性，透明性の低さ，法的不確実性）を回避するものであるとしている[68]。第二次報告書は，所得共通制の詳細な設計に関して，さらなる法的・社会科学的研究を推奨している[69]。

---

(63) Zweiter Gleichstellungsbericht, S.186.
(64) Zweiter Gleichstellungsbericht, S.188.
(65) Zweiter Gleichstellungsbericht, S.187.
(66) Zweiter Gleichstellungsbericht, S.187.
(67) Zweiter Gleichstellungsbericht, S.187.
(68) Zweiter Gleichstellungsbericht, S.188.
(69) 例えば，上記シンポジウムにおいても，クリストフ－エリック・メッケ（Christoph-Eric Mecke）教授は，ドイツの所得共通制の基盤となる12の命題を示すとともに，ドイツにおける所得共通制の具体的な提案がみられる（Christoph-Eric Mecke, Zwölf Thesen zu einem künftigen Güterrecht in Deutschland in: Brudermüller/ Meder/ Dauner-Lieb・前掲注(33)S.110-185.）。

V おわりに

ドイツにおけるジェンダー平等の視点からの議論を踏まえて，最後に日本の議論状況の考察を試みたい。ドイツの議論を整理すると，婚姻財産制を検討する上で考慮されているのは，①主婦婚から共稼ぎ婚の増加，②別産制の理解の変化，③稼得活動とケア労働の等価値性の実現，④ライフコースの多様化，⑤婚姻財産制の役割の変化，⑥国際的な情勢といった要素であった。

まず，①については，日本では，婚姻中の財産帰属については別産制（民762条）と解され，立法経緯等から財産分与（民768条）・配偶者相続権（民890条）と関連づけることで財産の清算を実現してきた[70]。その前提となっていたのは，終生連れ添う婚姻当事者と子どもという家族像であった。しかし，ドイツの議論が指摘するように，主婦婚から共稼ぎ婚，とりわけ女性のパートタイム労働に従事し，ケア労働を担う場合や出産を機に稼得活動を中断する場合には，婚姻中に当事者に経済的不均衡が生ずる。そして，その不均衡を再び稼得活動を開始したとしても是正する可能性は保障されていない。ドイツは，2009年扶養法改正によって，離婚後扶養が後退し，自己責任が強調されることで，上記のような場合の保護の必要性が生じた。

他方，日本では，離婚後扶養は，財産分与の法的性質の１つとされ，判断基準や考慮要素等は条文上明らかになっていない。2024年5月24日に公布された「民法等の一部を改正する法律」（法律第33号）は，財産分与については，民法768条3項を「前項の場合には，家庭裁判所は，離婚後の当事者間の財産上の衡平を図るため当事者双方がその婚姻中に取得し，又は維持した財産の額及びその取得又は維持についての各当事者の寄与の程度，婚姻の期間，婚姻中の生活水準，婚姻中の協力及び扶助の状況，各当事者の年齢，心身の状況，職業及び収入その他一切の事情を考慮して，分与をさせるべきかどうか並びに分与の額及び方法を定める。この場合において，婚姻中の財産の取得又は維持についての各当事者の寄与の程度は，その程度が異なることが明らかでないときは，相等しいものとする。」と改正した。財産分与から清算的要素を切り離し，清算対象となる財産を明確化することが提案されてきたが[71]，このような方向

---

(70) 拙稿「夫婦財産制と夫婦間の平等」二宮周平編代『現代家族法講座 第2巻 婚姻と離婚』（日本評論社，2020年）105頁以下。

(71) 中田裕康編『家族法改正』（有斐閣，2010年）33頁〔大村敦志〕，犬伏由子「婚姻財産制」家族〈社会と法〉33号（2017年）124頁。

での改正ではない。清算対象財産の認定をめぐる主張・立証の困難さ、財産分与の長期化が問題とされてきたが、判断基準や考慮要素を列挙する今次改正がどの程度実務に影響を与えるのか、注意する必要がある。また、日本の婚姻財産制を考える上で、離婚後扶養をどう理解するかといった事項も関わっていることを念頭に置く必要がある。

②については、ドイツの議論からは、女性の財産的独立は既に保障されており、所得共通制を導入することによって、ケア労働や専業主婦の保護がより強化されるとする。③にも関連するが、専業主婦の財産権の保護を目的としながら、婚姻中は別産制であり、婚姻解消後に是正する方法が果たして専業主婦の保護、ケア労働を担う者の保護といえるのか、日本においても、所得共通制の導入を検討すべきかどうか考える必要があろう。

④については、長年連れ添った婚姻当事者と子どもという家族像がモデルではなく、様々な家族形態が生ずることが考えられる。さらに、ドイツの議論では、1つの家族が生活する中で、婚姻当事者の役割が変化し、かつての形態に適合した婚姻財産制が、次の生活スタイルに適合しないことも考えられる。⑤に関連するが、このような生活スタイルの移行の際に婚姻当事者の意思決定を支える役割が求められる。次の生活スタイルへの移行のためにも、経済的な不均衡を極力なくし、当事者間の合意を下支えするモデルが、今後の婚姻財産制に求められるものである。この点、ドイツでは、婚姻財産契約登録簿が廃止された[72]。日本においてもこのような改正が可能なのか、制度的な工夫が求められる。

⑥については、ヨーロッパの実体法の統一に向けたCEFLの活動の影響を受けていることが明らかである。所得共通制も具体的な内容は各国の法制度は異なる。今後ドイツの議論は、所得共通制の具体的な検討を含めた、法定財産制の検討に進むことになろう。社会の現実の変化をどのように把握し、それを法がどのように汲み上げるのか、ドイツの試みは、日本での次の立法に備える課題を示している。

【付記】本稿は、科研費・基盤研究(C)（課題番号：20K01384）による研究成果の一部である。

---

(72) Gesetz zur Abschaffung des Güterrechtsregisters und zur Änderung des COVID-19-Insolvenzaussetzungsgesetzes, BGBl I 2022, Nr. 41, S.1966-1969.

5　財産分与における離婚後の扶養

羽 生 香 織

　Ⅰ　はじめに
　Ⅱ　離婚給付に関する規定の
　　　不存在
　Ⅲ　財産分与制度の創設
　Ⅳ　離婚後の扶養の法的根拠
　Ⅴ　おわりに

Ⅰ　はじめに

　離婚に際して，当事者の一方から他方に対してなされる金銭給付を離婚給付という。離婚給付の根拠条文である民法768条は，協議上の離婚をした者の一方に他方に対する財産分与請求権を認めるものであり，裁判上の離婚についても準用される（民771条）。
　しかし，民法768条は，離婚の効果として財産分与請求権を定めるのみで，その目的や法的性質，分与の判断基準やその内容について条文上明らかでない。そのため，これらは解釈論に委ねられてきた。学説や判例は，財産分与の法的性質として，夫婦が婚姻中に有していた実質上共同の財産の清算分配（以下，「清算的要素」という。），離婚後における一方の当事者の生計の維持（以下，「扶養的要素」という。），離婚に伴う慰謝料（「相手方の有責な行為によって離婚をやむなくされ精神的苦痛を被ったことに対する慰藉料」。以下，「慰謝料的要素」という。）を含むと解する[1]。しかし，財産分与制度は，実務上の多くの問題を抱えながら，解釈の一致を見るには至らない現状にある。
　財産分与制度の改善を図るため，1996（平成8）年2月に法制審議会が公表した「民法の一部を改正する法律案要綱」では，財産分与の理念（目的）を明確化し，その考慮事項をより具体的に列挙する等の改正案を示した。実現には至らなかったものの，財産分与制度について検討する必要性があるとの認識は共有されていた。2021（令和3）年3月，法務大臣から離婚およびこれに関連する

---

(1)　最判昭和46・7・23民集25巻5号805頁。

家族法制の見直しについて諮問がされ，法制審議会家族法制部会[2]が設置された。同部会では，「子の利益の確保等の観点から，父母の離婚に伴う子の養育の在り方や，これに関係を有する問題である未成年養子制度，財産分与制度など，離婚及びこれに関連する制度について，幅広い検討を行う必要がある」[3]として，財産分与制度の見直しを行った。同部会は，2022（令和4）年11月15日に「家族法制の見直しに関する中間試案」を，2024（令和6）年1月30日に「家族法制の見直しに関する要綱案」を取りまとめた。

審議の過程では，財産分与の目的および考慮要素，財産分与請求権の期間制限，財産に関する情報の開示義務について議論された。このうち，財産分与の目的および考慮要素に関する議論の1つとして，扶養的要素の位置付けの明確化があった。

学説・判例における財産分与に関する議論の中心は，清算的要素として，財産分与の対象財産，分与の判断基準，いわゆる「2分の1ルール」の導入，および慰謝料的要素として，離婚に伴う慰謝料の性質，財産分与との関係にある。他方，扶養的要素については，立法の経緯から財産分与に含まれることに異論がないが，親族関係にない元配偶者に対する離婚後の扶養がなぜ認められるのか，その根拠は明らかでない。

II　離婚給付に関する規定の不存在

離婚給付の根拠条文である民法768条は，戦後の民法改正（昭和22年法律第222号）で新設されたものであり，明治民法（明治31年法律第9号）には，離婚給付に関する規定がなかった。とはいえ，立法当初より離婚後の扶養の必要性は認識されており，明治政府による民法典編纂の過程では，離婚給付に関する規定が提案されていた[4]。ただし，明治民法の家制度において，妻は無能力とされ，婚家の戸主の支配下に入り，婚姻中に形成された財産は家産となり，離婚すれば実家の戸主の庇護下に入ることになっていたことから，共同財産の

---

(2)　本稿では，各回の部会資料について「部会資料○」と引用する。
(3)　部会資料1・1頁。
(4)　明治民法典編纂の過程について，高野耕一『財産分与・家事調停の道』（日本評論社，1989年）3頁以下に拠るところが大きい。その他，松川正毅＝窪田充見編『新基本法コンメンタール』（日本評論社，2019年）88頁以下〔許末恵〕。二宮周平編『新注釈民法(17)』（有斐閣，2017年）395頁以下〔犬伏由子〕，本沢巳代子『離婚給付の研究』（一粒社，1998年），大津千明『離婚給付に関する実証的研究』（日本評論社，1990年）を参照した。

清算あるいは離婚後の扶養は実際上考慮する必要はなく，有責配偶者に対する損害賠償さえ認めれば足りるとする考え方が一般的には支配的であったとの指摘もある[5]。

1 民法編纂過程において現れた諸草案

民法編纂過程において現れた諸草案として，1872(明治5)年に司法省明法寮が作成した改刪未定本民法および皇国民法仮法規則では，離婚給付に関する規定として2か条が提案されていた。フランス民法を参照しつつも日本の現状に適応するよう大幅な修正を加えた規定であり[6]，改刪未定本民法は，離婚訴訟中に生計を維持できない妻に対して，夫が扶養料を給付する旨を定めた。これと同内容の規定が皇国民法仮法規則にもみられた。また，1873(明治6)年に左院が作成した婚姻法草案（左院草案全5編のうちの1編）は，「離縁ヨリ生スル諸件」として，裁判離婚の効果として，妻（婚姻法草案では「婦」と表記）は特有財産を保持することができ，また，帰属不明の財産全体の3分の1を受けることができる旨を定めた。この規定は，妻の離婚に伴う不利益救済という役割を果たすものであり，離婚給付に関する規定であると評価することができる[7]。もっとも，これらは民法の一部分を規定する草案にとどまるものであり，1878(明治11)年に司法省が作成した明治11年民法草案が日本初の民法草案である。この明治11年民法草案はフランス民法の直訳であったため廃案となったが，フランス民法301条を模倣した離婚給付に関する規定を定めた。明治11年民法草案は，《pension alimentaire（「離婚にともなう扶養定期金」）》に「養料」との訳語を当て[8]，裁判離婚の効果として，有責配偶者（「訟護者タル其配偶者」）は無責配偶者（明治11年民法草案では「訟求者タル夫又ハ婦」）に対して扶養料を給付する旨を定めた。

---

(5) 大津・前掲注(4)10頁。
(6) 髙野・前掲注(4)6頁。
(7) 髙野・前掲注(4)6頁。
(8) フランス民法第301条の《pension alimentaire》の本質について，夫婦間の扶養義務ではなく，一般の不法行為法に基づく損害賠償義務に根拠を求める説が判例・学説であり，当時のフランス民法に通じていた明治11年民法草案の立案者たちが《pension alimentaire》とは損害賠償の要素を包含するものであることを知っていたであろうと考えられる。したがって，「養料」という語にも損害賠償の要素をも含めて使用したものと考えるのが相当である。しかし，もともと「養料」という語には，改刪未定本民法以来，夫婦親子その他一定の親族間の扶養義務に対応する手当を意味するものとして使用されてきたことから，果たして損害賠償を含む離婚給付を表現するにふさわしいものであるかは問題であるとの指摘がある（髙野・前掲注(4)12頁）。

その後，旧民法の制定に向けた民法編纂が行われた過程において，1888（明治21）年の人事編第一草案147条は，裁判離婚の効果として，有責配偶者（人事編第一草案では「曲者タル一方」と表記）は無責配偶者（「他ノ一方」）に対して「離婚前ノ地位ヲ保有スル」べき扶養料を給付する義務があり，この曲者の養料支払義務は当事者の一方の死亡または扶養権利者の再婚により消滅する旨を定めた。第一草案の立法理由によると，「本条〔第一四七条〕ハ，離婚ノ宣告ヲ受ケタル曲者ハ其配偶者ニ養料ヲ給付スベキ義務ヲ規定ス。此規則ハ，自己ノ所為ニ由リ離婚ニ至リタル者ヲ罰シ，其無罪ノ配偶者ヲ保護スルノ目的ナリトス。」とする。そして，法律上，損害賠償ではなく，とりわけ「養料」と称することには理由があり，「損害賠償ハ，本人ノ需用如何ニ拘ラズ之ヲ弁済スルノ義務ナリト雖モ，養料ハ，其人窮ラ生活スル能ハザル場合ニ非ザレバ其義務ヲ生ゼザルモノナリ。……其損害賠償ニ非ザルハ雙方ノ需用ト資力トニ応ズルモノナリ。損害賠償ニシテ，権利者ノ需用又ハ義務者ノ資力ニ従ヒ，之ヲ給スルノ理アランヤ。」とする。ただし，給付義務者を「曲者」という表現を用いて定めていることや，立法理由から明らかなとおり，この曲者の養料支払義務が単なる離婚後の扶養を目的とするものではなく，制裁としての損害賠償の目的をも有していると理解することができる[9]。この点は，明治11年民法草案と異なり，日本の風俗習慣を斟酌した上での立案であることからも，離婚給付（財産分与）の性質を考察する上で非常に重要な事項である[10]。この規定は，法律取調委員会の民法再調査案を経て，元老院提出案第116条に引き継がれた。

しかし，元老院の審議において曲者の養料支払義務の規定は削除され，1890（明治23）年に制定された旧民法（明治23年法律第98号）には離婚給付に関する規定は存在しないこととなった。削除された経緯は明らかでないが，「離婚ノ後ハ全ク一個ノ他人タルベシ。養料ハ法律上ノ義務ニシテ，親族間ノ為メニ設ケタルモノニシテ，他人ノ為メニ設ケタルモノニ非ズ」という意識[11]が規定の削除に強く作用したものと推測されている[12]。

2　明治民法原案

明治民法（明治31年法律第9号）にも離婚給付に関する規定は存在しなかっ

---

(9)　髙野・前掲注(4)8頁。
(10)　髙野・前掲注(4)8頁。
(11)　髙野・前掲注(4)9頁。
(12)　犬伏・前掲注(4)395頁。

た。しかし，法典調査会に提出された原案（829条，後の818条）には以下の離婚給付に関する規定が含まれていた。

「第829条　夫婦ノ一方ノ過失ニ因リテ離婚ノ判決アリタルトキハ其一方ハ他ノ一方カ自活スルコト能ハサル場合ニ於テ之ヲ扶養スル義務ヲ負フ

　第823条第6号ノ場合ニ於テハ離婚ノ訴ヲ提起シタル者ヨリ其配偶者ヲ扶養スルコトヲ要ス

　前二項ニ定メタル義務ハ夫婦ノ一方カ死亡シ又ハ扶養ヲ受クル権利ヲ有スル者カ再婚シタルトキハ消滅ス」

起草委員である富井政章は，本条の立法理由として，外国の立法の多くには離婚給付に関する規定が存在することから，日本法にもなくてはならない規定であること，また，我が国の離婚の実情について，法定の離婚原因が存在し，毎日酷い目にあっている場合でも，離婚後に自活できないために，離婚の訴えを提起することができないという「不都合」な事態があり，「然ウ云フ場合ニハ元ト過チノアル者ノ方カラ養ハナケレバナラヌ。」[13]と説明し，離婚後生計を維持できない者を扶養する必要性を挙げている。しかし，扶養の順位における離婚後扶養と親族扶養との関係性をめぐって，起草委員である梅謙次郎，穂積陳重，富井政章の間には見解の相違が存在した[14]。富井委員は，先の説明と同様に，我が国の離婚の実情を解消する必要性（離婚を契機とする不利益救済）に応えるべく，新たな扶養義務の一種として，有責配偶者に対して離婚後の扶養義務を課すことにある[15]と理解した。これに対し，穂積委員は親族扶養に劣後する義務（「人情ヲ基礎トシテ立テラレシマシタモノ」[16]）であると理解した。梅委員は，扶養の問題ではなく，不法行為（相手方の責任で離婚に至ったことにより夫婦間の将来の扶養期待権を喪失せしめられたこと[17]）に基づく損害賠償義務の一種[18]（したがって，扶養順位の問題は生じない[19]）であると理解した[20]。このような見解の相違による論争の結果，1897（明治30）年に離婚給付に関する規定

---

(13)　高野・前掲注(4)14頁。
(14)　高野・前掲注(4)14頁。
(15)　高野・前掲注(4)21頁。
(16)　高野・前掲注(4)16頁。
(17)　高野・前掲注(4)19頁。
(18)　高野・前掲注(4)19頁。
(19)　高野・前掲注(4)20頁。
(20)　梅謙次郎『民法要議巻之四親族編』（有斐閣，復刻版，1984年）210頁。

(829条，後の818条）は削除された[21][22]。

しかしながら，削除案を可決した起草委員たちは，相手方の過失により離婚するのやむなきに至った者の救済の必要性がないと考えたのではなく，有責配偶者に対して離婚後の扶養義務を課す規定に代わるべき機能を営む法制度の存在を考慮に入れていたであろうとの指摘がある。すなわち，梅委員が示唆するところの損害賠償請求権は，有責配偶者に対して離婚後の扶養義務を課す規定がなくても，権利行使が認められる（離婚給付の機能を果たすことができる）ものの，その根拠や損害の内容（「離婚原因たる個々の行為による損害賠償」と「離婚による損害賠償」）は明らかではない[23]。さらに，有責配偶者に対して離婚後の扶養義務を課す規定が削除されずに存置されたとしても，当該規定とは別に不法行為に基づく損害賠償請求が認められるかは明らかではない。つまり，起草委員たちの思考の根底には，「離婚給付に関して不法行為の規定が妥当するものは，もともと離婚法自体が持つべき本来の離婚給付規定が欠けたために代用としてである，ということに帰着する」のであり，そうであるとすれば，「そのような本来の離婚給付規定が登場した際には，その代用機能は当然停止されねばならない」との指摘がある[24]。

3　判例による救済

明治民法には離婚給付に関する規定がなかったが，判例によって相手方の過失により離婚するのやむなきに至った者の救済がなされた。すなわち，判例は，夫による虐待・侮辱（原審において，普段から妻を罵詈侮辱した事実，夜中に寝室から妻を引っ張り出して蹴ったり踏んだり戸外に押し出したりした事実などが認定されている）を原因として離婚した事案で，「虐待侮辱ヲ受ケタル者ニ於テ其虐待侮辱ヲ原因トシテ離婚ノ請求ヲ為スノ外之カ為メ精神上ニ蒙リタル苦痛アル場合ニハ之カ慰藉料ヲ請求スルヲ得ヘキ」（大判明治41年3月26日民録14輯340頁）として，離婚原因たる夫の虐待・侮辱により生じた精神的苦痛の賠償

---

(21) 離婚給付に関する規定の原案がいつどのような経緯で削除されたのかということは，戦前戦後を通じてながく不明とされていたが，これを初めて明らかにしたのは来栖三郎『日本の養子法』（比較法研究20号（1960年）7頁）である（髙野・前掲注(4)29頁）。
(22) 離婚後の扶養に関する規定と同時に，離縁後の扶養に関する規定も削除された（髙野・前掲注(4)29頁）。
(23) 梅委員が示唆するところの損害賠償請求権について，当時，判例学説上一般には明言されなかった（髙野・前掲注(4)32頁）。
(24) 髙野・前掲注(4)22〜25頁。

を請求し得ることを認めた。

　判例が，有責配偶者の不法行為に基づく損害賠償責任を認めたことで，民法709条が，事実上離婚給付の根拠条文とされた。ただし，離婚給付の内容は損害の賠償に尽きるものではないことから，判例は，慰謝料の算定に当たり，有責行為による精神的損害だけでなく，夫や妻の社会的地位・年齢・再婚可能性を斟酌し，離婚そのものによる精神的苦痛も考慮するようになり，更には，妻の協力の程度や離婚後の生活状態まで考慮されるようになった[25]。

　他方，判例（前掲・大判明治41年3月26日）は，不法行為説を採るものと前提とした上で，離婚原因である虐待侮辱そのものが不法行為を構成することは疑いがないが，離婚そのものによる損害賠償請求を不法行為説によって理論構成することは，一般的には認めがたいとする批判もなされた。すなわち，仮に不法行為説に依るときは，一時の金銭賠償ということになり，救済方法として実際上適切ではないのであり，離婚による損害賠償の認否というよりもむしろ，民法上の適当な規定を欠くことが問題であると指摘された[26]。

III　財産分与制度の創設

　我が国では，民法典編纂の当初から，離婚給付に関する規定，特に離婚後の扶養に関する規定を設けることが提案されていたが，実現には至らなかった。戦後の民法改正（昭和22年法律第222号）により，離婚給付として，財産分与制度（768条）が創設された。これにより，離婚に伴い，当事者の一方から他方に対して財産的給付の請求ができることが認められた。

1　人事法案

　臨時法制審議会[27]は，1925（大正14）年に「民法親族編中改正ノ要綱」全34項目および1927（昭和2）年に「民法親族編中改正ノ要綱」全17項目を決議した（以下，あわせて「大正要綱」という）。その第17条（原案は第16条）に，離婚給付の項目が含まれていた。

　「第17　離婚ニ因ル扶養義務
　　離婚ノ場合ニ於テ配偶者ノ一方カ将来生計ニ窮スルモノト認ムヘキトキハ

---

(25)　大津・前掲注(4)8頁。
(26)　髙野・前掲注(4)32頁。
(27)　当時，梅謙次郎は既に他界しており，穂積陳重と富井政章が臨時法制審議会における改正要綱の作成に参画していた（髙野・前掲注(4)31頁）。

相手方ハ原則トシテ扶養ヲ為スコトヲ要スルモノトシ扶養ノ方法及ヒ金額ニ関シ当事者ノ協議調ハサルトキハ家事審判所ノ決スル所ニ依ルモノトスルコト」

審査会委員である松本烝治は，原案の趣旨説明として，外国法を参照して，「離婚ニ依リマシテ相手方ガ直チニ路頭ニ迷フガ如キ場合」には，「原則として」扶養する義務があることを認め，離婚後生計を維持できない者（男女を問わない）を救済する必要性を説いた[28]。この「原則として」とは，扶養請求者の無責を本則としつつも，離婚後経済的に困窮するものと認められるならば，離婚原因についての有責無責を問わず，扶養の権利を是認することを意味する。つまり，ここでいう「扶養」は，離婚に伴う不利益救済の観点から構築された離婚給付であるだけでなく，損害賠償的要素を含む包括的な概念であり，離婚に伴う財産的紛争を一回的に解決することを意図するものであるとの指摘がある[29]。

民法改正調査委員会は，1943（昭和18）年に大正要綱に基づいて「人事法案（仮称）親族編」を起草した。その第94条に，離婚給付の項目が含まれていたが，大正要綱とは大きく相違する。

「第94条　離婚シタル者ノ一方ハ相手方ニ対シ相当ノ生計ヲ維持スルニ足ルベキ財産ノ分与ヲ請求スルコトヲ得

前項ノ規定ニ依ル財産ノ分与ニ付テハ家事審判所ハ当事者ノ請求ニ依リ雙方ノ資力其ノ他一切ノ事情ヲ斟酌シテ分与ヲ為サシムベキヤ否ヤ並ニ分与ノ額及方法ヲ定ム」

ここで注目すべきは，民法改正調査委員会の審議において，従前に用いられていた「扶養」が「財産ノ分与」に代わったこと，大正要綱で用いられた「将来生計ニ窮スルモノト認ムヘキトキ」が削除されたこと，分与されるべき財産は「相当ノ生計ヲ維持スルニ足ルベキ」財産との限定が付されたこと，請求者を本位とする構造に建て直されたことである。これらの改訂の理由は明らかではないが，従前に用いられていた「扶養」の文言は，夫婦親子を含めた純粋な親族扶養とは異質の離婚後の扶養を意味し，更には損害賠償的要素を含む概念であることから，新たな表現が模索されたのではないかとの指摘がある[30]。

しかし，太平洋戦争により，人事法案は公表されることはなかった。

---

(28)　高野・前掲注(4)32頁。
(29)　高野・前掲注(4)37頁。
(30)　高野・前掲注(4)47頁。

2　民法改正法案

　戦後の民法改正の過程において，1946（昭和 21）年に「憲法の改正に伴い婚姻に関する規定にして改正を要すべきもの」として示された原案は，人事法案第 94 条を承継するものであった。そして，この原案は，「民法改正要綱案」第 14 条（後の第 17 条）と受け継がれた。

　「第 8　離婚に因る扶養義務

　　離婚したる者の一方は相手方に対し相当の生計を維持するに足るべき財産の分与を請求し，此の財産の分与に付ては裁判所は当事者双方の資力其の他一切の事情を斟酌して分与を為さしむべきや否や並びに分与の額及び方法を定むることとすること。」

　しかし，その後の委員会審議において，ここでの「財産の分与」は，離婚後の扶養の性格から夫婦財産の清算の性格へと変容した。変容の要因となった一つが，婦人議員から，夫婦が婚姻中取得した財産を共有にすべきとの要望があったことにある。夫婦財産を共有制とすることは不便でありその必要もないが，離婚の際の財産分与請求には夫婦財産を共有と考慮して，要望を実現することとした。具体的には，離婚後の扶養として，分与請求をし得る財産を「相当の生計を維持するに足るべき財産」と限定することなく，相当の生計を維持し得るときであっても請求可とすることでその範囲を拡大する方向が検討された。もう一つは，GHQ との折衝において，GHQ 側は，財産分与は婚姻中に取得した財産の清算の規定であると捉えていたことから，夫婦が協力して得た財産の「半分（2 分の 1）」という標準を示すことを強く求められたことにある。

　しかしながら，当時の日本は，夫婦関係を夫の支配と妻の奉仕とみなし，妻は夫に扶養されるものと考えられていた時代であり，離婚の際の夫婦財産の清算という発想はなかった[31]。日本側（司法省）としては，日本の実情（夫婦のみならず親子や兄弟が同居）から，婚姻中に取得した財産といっても，夫婦が協力して得た財産とその他の財産とを額の上でも分別することはできず，条文に 2 分の 1 という標準を示すと実際の運用が困難となることから，他の要素をも包括する概括的規定にしておくのが適当である」と反論した。審議の結果，除斥期間の追加や内容の修正を経た最終的な案は次の通りであった。

　「第 768 条　協議上の離婚をした者の一方は，相手方に対して財産の分与を請求することができる。

---

(31)　我妻栄『親族法　法律学全集 23』（有斐閣，1961 年）155 頁。

前項の規定による財産の分与について，当事者間に協議が調わないとき，又は協議することができないときは，当事者は，家事審判所に対して協議に代わる処分を請求することができる。ただし，離婚の時から二年を経過したときは，この限りではない。
　前項の場合には，家事審判所は，当事者双方がその協力によって得た財産の額その他一切の事情を考慮して，分与をさせるべきかどうか並びに分与の額及び方法を定める。」
　条文に2分の1という標準を明記することはなかったが，「当事者双方の資力」という文言を「当事者双方がその協力によって得た財産の額」に改めた点が極めて重要である。このことは，条文上の「財産の分与」に夫婦財産の清算という要素を単に取り込んだものと評価すべきではなく，「財産の分与」の中心が離婚後の扶養から夫婦財産の清算へと置き換わったこと，そして，離婚後の扶養という要素は「財産の分与」に包括される諸要素の一つに位置付けられたものと評価すべきであるとの指摘がある[32]。
　上記の指摘は，その後の国会での民法改正法案の審議から明らかである。第768条の立法趣旨として，「協議上の離婚をした場合に，……財産分与の請求権を認めたわけであります。これは要するに夫婦の財産というものは，夫婦の協力によって得たものであるから，夫婦別れをする場合には，その財産を分割するという思想と，それからやはり扶養料の請求を認めるべきであるという議論，或いは又離婚の原因を与えた方に制裁的といいますか，慰藉の意味でそういうものを請求せしむることを認めていいといういろいろな意味を含めまして，財産分与の請求権を認めることになったのであります。」と説かれていることから，「財産の分与」とは，夫婦の協力によって得た財産の分割（清算的要素），離婚された者の生計の保証（扶養的要素），離婚に伴う慰謝料（慰謝料的要素）の諸要素を包括的に含む概念であることがわかる。そして，離婚の場合の「財産の分与」においては，「夫婦の財産は夫婦の協力によって築かれたものであるということ」を大前提としていると説かれることから，清算的要素が「財産の分与」の中心であることがわかる。

Ⅳ　離婚後の扶養の法的根拠

　民法768条の沿革から，財産分与の目的として当初は扶養的要素が強調され

---

(32)　髙野・前掲注(4)58〜68頁。

ていたものの，戦後の民法改正の議論において，最終的に清算的要素を中心に据えた制度が構築された。このことは，財産分与から扶養的要素を排除するという趣旨ではなく[33]，扶養的要素を含めた諸要素を考慮することを示している。

1 離婚後の扶養の正当化

財産分与に扶養的要素を含むとしても，離婚により婚姻関係は終了するのであるから，離婚後に婚姻の効果としての夫婦間の扶養の権利・義務が生じる余地はない。すなわち，親族関係にない元配偶者に対する離婚後の扶養義務とは，婚姻の効果としての夫婦間の扶養義務（752条，760条）あるいは親族間の扶養義務（730条，877条）とは異なる。このことは，これまでの離婚給付に関する規定の創設へ向けた議論において繰り返し指摘されているものの，明らかでない。また，判例も，離婚における財産分与制度には，「離婚後における一方の当事者の生計の維持をはかることを目的とするもの」が含まれるとする（前掲・最判昭和46・7・23）が，その法的根拠については示していない。

明治民法の原案（離婚後の扶養を目的とする離婚給付の規定の創設）の趣旨説明を行った富井政章は，離婚給付の必要性もしくはその機能が重要なのであり，それが既存のいかなる権利義務もしくは法律関係から理論付けられるかということは問題ではないと考えていたようである[34]。富井委員の見解は「感情の問題」[35]と一蹴されてしまったのも首肯ける。同様に，大正要綱の原案の趣旨説明を行った松本烝治の問題意識も，弱者たる離婚婦の保護救済という人道的もしくは社会政策的顧慮にあり[36]，「扶養ハ元来道徳観念デアル」と批判された[37]。婚姻関係を終了した当事者間に扶養の権利・義務を認める法的根拠を説明することは容易ではない[38]。

かつての通説は，「婚姻は精神的・肉体的共同体であるだけでなく，経済的にも共同体である。人は婚姻によって終生の生活の安定と向上を図る。それが破綻したときは，経済的に余裕のある一方は，生活に困窮する他方に対して相

---

(33) 窪田充見『家族法〔第4版〕』（有斐閣，2019年）116頁。
(34) 髙野・前掲注(4)20頁。
(35) 髙野・前掲注(4)18頁。
(36) 髙野・前掲注(4)36頁。
(37) 髙野・前掲注(4)42頁。
(38) 学説の分類は，松本哲泓『離婚に伴う財産分与――裁判官の視点にみる分与の実務』（新日本法規，2019年）167頁，二宮周平『家族法〔第5版〕』（新世社，2019年）97頁，松川＝窪田編・前掲注(4)91頁〔許〕，二宮編・前掲注(4)418頁〔犬伏〕を参照した。

当の扶養をすることは，人道上の責務といわねばなるまい」として，いわゆる婚姻の事後的効果であると解した[39]。そして，「夫婦財産の清算と損害賠償を認めてもなおかつ一方の配偶者が離婚の後の生活に困る場合には，他方の配偶者は，自分の財産状態の許す限りにおいて，扶養をする義務がある」[40]のであり，清算的財産分与や離婚慰謝料により生計を維持するに足りる財産を取得することができれば，扶養的財産分与は必要がないとして，扶養的財産分与の補充性を説く[41]。他に，「離婚配偶者の生活保障は，本質的には，婚姻関係の連続性あるいは余後的効力とみとむるべきではなく，むしろ，積極的に，社会保障をとおして，保持せらるべきものと考えるべき」であり，「扶養的性質が，財産分与にとって，本質的なものでなく，社会保障制度との関係からみとめられる，いわば暫定的なものである」と政策的に解するもの[42]，離婚後の自立の困難は婚姻中の性別役割分業の結果であるから，離婚時に妻に生じた所得能力の差を生活保障の形で清算するのが公平であるとし，清算的要素として解するもの[43]，それまで婚姻共同体を形成していた一方が離婚後独立して生活することができるように，他方は，離婚後の過渡的期間について生活を援助する責任であると解するもの[44]があった。

　近時の有力な学説は，離婚の際の妻の不利益の原因は，婚姻中の「夫婦の役割分担（夫が職業労働を・妻が家事労働を行う，または，夫が職業労働を・妻が職業労働と家事労働とを行う，性別による分業）」に求めることができるから，これに起因し離婚により顕在化する妻の経済的不利益（職業労働を担当する夫の財産および所得能力の増加に対して，家事労働を担当する妻の財産は増加せず，妻の所得能力は低下すること）の補塡（婚姻中に夫婦の協力により蓄積された資力の公平な清算および婚姻中に家事により減少した配偶者の所得能力を回復する扶養）であるとし[45]，扶養の要素を清算的要素と並ぶ独立したものとして分けて捉える。このような「補塡」ないし「補償」[46]という新たな概念により扶養的要素を再

---

(39)　我妻・前掲注(31)155頁。
(40)　我妻・前掲注(31)155頁。
(41)　大津・前掲注(4)158頁。
(42)　中川淳「財産分与制度の性質」『家族法大系Ⅲ（離婚）』（有斐閣，1959年）45頁。
(43)　山本笑子「判例財産分与法（二・完）」民商35巻4号（1958年）38-39頁）。
(44)　鍛冶良堅「財産分与」判タ250号（1970年）196頁。
(45)　鈴木眞次『離婚給付の決定基準』（弘文堂，1992年）242頁，同「離婚給付の性格とその決定基準」川井健ほか編『講座・現代家族法第2巻』（日本評論社，1991年）249〜250頁。
(46)　離婚給付に関係して「補償」という語句を最初に用いたのは水野紀子教授である。

構成する見解は，多くの家族法研究者によって支持されただけでなく，1996（平成8）年の「民法改正案要綱」においても，離婚後扶養に代わる概念として用いられ，財産分与の目的は「離婚に伴う当事者間の財産上の衡平」にあるとして，その内容の一つとして「離婚後の扶養ないし補償」が挙げられている[47]。

「補償」概念は，未だ必ずしも定着したとはいえない[48]。また，離婚後扶養に完全にとって代わることのできるものであるかは検討の余地があるが，離婚によって夫婦の婚姻関係が消滅した後も，一方が他方を扶養する法的根拠に乏しいことは指摘されているとおりであり，むしろ，離婚に際して当事者の経済的均衡を図ることを目的とする「補償」概念の方が，当事者の有責性や性別などに左右されない中立なものとして合理的であるとの指摘がある[49]。

2　実務における扶養的要素の考慮

実務では，財産分与の対象財産を評価した上で，分与額を算定し，これにより具体的な分与の内容を定める。原則として，金銭の給付により行う。

財産分与において扶養的要素を考慮するに際しては，夫婦財産の清算と損害賠償を認めてもなお，一方の配偶者が離婚によって経済的に困窮する場合に，他方の配偶者は，自分の財産状態の許す限りにおいて，扶養をする義務があると解して[50]，実務では，扶養的要素は補充的に認められるにすぎない[51]。一般的には，扶養を求める側（権利者）の要扶養性，相手方（義務者）の扶養能力が要求されることから，双方の特有財産を含めた資産状況，収入，将来の所得の見込み，扶養義務を負う他の親族の存在等が考慮される[52]。したがって，実務では，清算的要素，慰謝料的要素の判断を先行し，離婚時を判断の基準時として，清算的要素および慰謝料的要素に基づく分与額がある程度の額に達する

もっとも，離婚後扶養に代わる概念として「補償」を用いたのではなく，フランス法の補償給付の概念を援用して，日本法における財産分与を清算的要素や扶養的要素に分ける通説の立場を批判し，財産分与を一体的なものとして把握し，「離婚そのものによって生ずる不利益を救済するための特別の制度」として位置付けたものである（本沢・前掲注(4)267頁）。

(47)　法務省民事局参事官室「婚姻制度等に関する民法改正要綱試案」ジュリスト1050号（1994年）248頁。
(48)　二宮編・前掲注(4)400頁〔犬伏〕。
(49)　本沢・前掲注(4)271-272頁。
(50)　我妻・前掲注(31)155頁（前掲注(40)）。
(51)　松本・前掲注(38)168頁。
(52)　松本・前掲注(38)170頁。

場合には，扶養的要素は認められないことが多い[53]。扶養的要素を考慮して財産分与がなされることは現実的に少ない[54]。分与額について明確な基準はないが，元配偶者の離婚後の生計を維持できる程度としては，いわゆる扶助義務の程度で足りるとし，最低生活費や標準生計費を基準とする説や婚姻中と同程度の生活保持を基準とする説などがある[55]が，現在の実務では，婚姻生活を営んでいた場合の婚姻費用相当額が基準とされることが多い[56]。

他方，婚姻中の夫婦の役割分担に起因し離婚によって生ずる経済的不利益の「補償」と解するならば，離婚後の経済的不均衡の是正，所得能力の回復，経済的自立が目指されるのであるから，扶養的要素が補充的である必要はないし，また，額も生活扶助義務の程度に止める必要もない[57]。具体的には，離婚後の経済的不均衡の是正，所得能力の回復，経済的自立に必要な教育訓練費と生活費，子どもが小さくて就労できない場合には，就労できるまでの生活費，高齢で所得能力を回復することが不可能な場合は，再婚または死亡までの生活費であり，有責性は一切考慮しないことになる[58]。

3　法改正の動向

1996（平成8）年2月に法制審議会が取りまとめた「民法改正案要綱」は，民法798条の財産分与において，「離婚後の当事者間の財産上の衡平を図る」という目的を明記し[59]，考慮要素の具体的な列挙に関する改正案を示した[60]が，実現には至らなかった。

2024（令和6）年1月に法制審議会家族法制部会は「家族法制の見直しに関する要綱案」を取りまとめた。「家族法制の見直しに関する要綱案」では，「民法第768条第3項の規律を次のように改めるものとする」として，財産分与に関

---

(53) 松本・前掲注(38)172頁，大津・前掲注(4)162頁。
(54) 二宮・前掲注(38)106頁。
(55) 松本・前掲注(38)164頁，大津・前掲注(4)177頁。
(56) 秋武憲一『離婚調停〔第3版〕』（日本加除出版，2018年）351頁。
(57) 松本・前掲注(38)164頁。
(58) 二宮・前掲注(38)106頁。
(59) 1996年の「民法改正案要綱」では，離婚後の扶養について，清算的要素と並ぶ独立したものとして，「補償」の概念を導入する考え方もあり，補償的要素の給付を明示的に規定する案も示されたが，この案に対しては様々な意見が示されたことから，補償の本来の意味するところを明文化する規律を設ける方向として，財産分与の目的を「離婚後の当事者間の財産上の衡平を図る」とする要綱がまとめられた経緯がある（部会資料「家族法制の見直しに関する中間試案の補足説明」90頁）。
(60) 「民法の一部を改正する法律案要綱案」ジュリ1084号（1996年）126頁。

する処分の審判における考慮要素を明確化することが提案されている[61]。

「民法第768条第2項の場合（財産分与について、当事者が家庭裁判所に対して協議に代わる処分を請求した場合）には、家庭裁判所は、離婚後の当事者間の財産上の衡平を図るため、当事者双方がその婚姻中に取得し、又は維持した財産の額及びその取得又は維持についての各当事者の寄与の程度、婚姻の期間、婚姻中の生活水準、婚姻中の協力及び扶助の状況、各当事者の年齢、心身の状況、職業及び収入その他一切の事情を考慮して、分与をさせるべきかどうか並びに分与の額及び方法を定める。この場合において、婚姻中の財産の取得又は維持についての各当事者の寄与の程度は、その程度が異なることが明らかでないときは、相等しいものとする。」

同部会の議論においては、「財産分与には、①婚姻中に形成された夫婦財産関係の清算の要素（清算的要素）、②離婚によって経済的に困窮する夫婦の一方に対する扶養の要素（扶養的要素）、③離婚に伴う損害賠償（慰謝料）の要素の3つの性質が含まれる」と解した上で、現行民法768条は清算的要素の一部のみを例示するにとどまっており、財産分与の法的性質の中心が清算的要素であることについては異論がないところであるが、「現行法上、財産分与の目的や法的性質が明確に規定されていないことから、財産分与の一要素である離婚後の扶養の要素が軽視されがちであり、そのために財産分与が少額にとどまるなどの弊害が生じているとの指摘がある」とする。そこで、「家族法制の見直しに関する要綱案」は、財産分与について「当事者間の財産上の衡平を図るため」としてその目的を示すとともに、具体的な考慮要素を示すことを通じて財産分与の中に清算的要素と扶養的要素とがあることを明らかにするという考え方を提示するものである[62]。これにより、夫婦間の協議や家事調停に際しても、当事者の指針としての機能を果たし、財産分与の取り決めを促進することが期待される[63]。

なお、扶養的要素ないしは補償的要素の考慮事情として、「婚姻の期間、婚姻中の生活水準、婚姻中の協力及び扶助の状況、各当事者の年齢、心身の状況、職業及び収入」を明示する[64]。「稼働能力」、「経済的不利益の調整」および「離婚後の居住環境」については、財産分与の審理の複雑化・長期化を招くおそれ

---

(61) 部会資料35-1・9-8頁。
(62) 部会資料24・33-34頁。
(63) 部会資料「家族法制の見直しに関する中間試案の補足説明」91頁。
(64) 部会資料「家族法制の見直しに関する中間試案の補足説明」91頁。

があることや個別具体的な事案において考慮されるべき事項であることから明示されなかった[65]。

V おわりに

　離婚後の扶養の必要性は立法当初から認識されていたし、現在においてもなお、離婚慰謝料のうちいわゆる離婚自体慰謝料の実質は扶養が中心であるとの指摘[66]もあるように、経済的弱者の保護を重視する見地に立っている。「家族法制の見直しに関する要綱案」は、財産分与における扶養的要素を「補償」の概念で捉えた。このことは、離婚後扶養を、立法当初の経済的な生活保障ではなく、当事者間の財産上の衡平を図るものと理解するものであり、従来の解釈である一方配偶者が要扶養状態にあることを前提とする民法上の扶養義務とは異なる解釈を採るものである[67]。高齢、子の監護・養育、病気療養など個別具体的な事案に鑑みて、「補償」の概念の適用範囲を広く捉えることができるであろう。ただし、補償の範囲や程度、期間については明らかでなく、また、従来の解釈に基づいた裁判例を踏襲すべきかを含めて、今後の裁判例の蓄積が待たれるところである。

---

(65)　「稼働能力」や「経済的不利益」については、事案に応じて「婚姻中の生活水準」や「職業及び収入」として考慮することも可能である（部会資料24・34-37頁）。
(66)　大津千明「離婚給付を巡る最近の裁判例について」家族と法5号（1989年）19頁。
(67)　部会資料「家族法制の見直しに関する中間試案の補足説明」90頁。

6 日本における同性登録パートナーシップ制度の要否

渡邉泰彦

Ⅰ　はじめに
Ⅱ　5つの判決における言及
Ⅲ　登録パートナーシップの基本構造
Ⅳ　時代背景
Ⅴ　登録パートナーシップ
Ⅵ　日本における婚姻と差異のある登録パートナーシップの可能性
Ⅶ　段階移行論の問題点
Ⅷ　潜在的な生殖可能性に基づく区別
Ⅸ　おわりに

Ⅰ　はじめに

　同性カップルが婚姻締結を求めている「結婚の自由をすべての人に」訴訟では，札幌地判令和3・3・17判時2487号3頁から，大阪地判令和4・6・20判時2537号40頁，東京地判令和4・11・30判時2547号45頁，名古屋地裁令和5・5・30裁判所ウェブサイト，福岡地判令和5・6・8裁判所ウェブサイトと，5つの地裁で判断が下された。

　5つの判決とも，一方では憲法24条1項が異性婚について定めているという点で，他方では憲法24条1項が，同性間の婚姻を禁止しているのではないという点で一致していた。合憲判断を下した大阪地判ですら「憲法24条1項が異性間の婚姻のみを定めているからといって，同性間の婚姻又はこれに準ずる制度を構築することを禁止する趣旨であるとまで解するべきではない。」と述べている。

　もっとも，同性カップルによる婚姻を認めるよう直接に命じた判決はない。次にみるように，各判決とも国会に立法を委ねるとともに，婚姻以外の選択肢が取り得ることも認めている（後記Ⅱ）。しかし，原告は婚姻以外の制度を求めて訴えを提起したのではない。それにもかかわらず婚姻以外の立法の可能性

が示されることに意味があるのかが本稿のテーマである[1][2]。

　登録パートナーシップ制度が同性カップルの法的保護のための選択肢として意味を持つか否かを考える場合，比較法からの世界的，一般的観点と日本法の特徴から生じる日本独自の観点の2つから見ていかねばならない。さらに，同性登録パートナーシップを採用する際には，なぜ同性カップルに婚姻が認められないのかに答えることが大前提として必要である。もし，憲法が国に対し同性カップルについても婚姻の保護を及ぼすことを義務づけているのであれば，あえて同性登録パートナーシップ制度を導入する場合には積極的な理由を必要とするはずである。以下では，日本において登録パートナーシップを導入することで生じる問題点を，次の複数の観点から検討する。

　最初に，登録パートナーシップ制度の登録，当事者の性別の組合せ，効果という基本構造を確認する（後記Ⅲ）。

　第2に，世界的，一般的観点として諸外国における登録パートナーシップと婚姻の関係についてヨーロッパのいくつか国の状況をみていく。1つ目は，登録パートナーシップ制度という婚姻とは異なる新しい制度が誕生した時代的背景である（後記Ⅳ）。2つ目に，婚姻と差異のある同性登録パートナーシップ制度を設けた場合に生じるデメリットについて，ドイツを例に検討する（後記Ⅴ）。

　第3に，現時点の日本では，婚姻と同じ効果を有しながらあえて別個の制度とするパートナーシップ制度には合理性がなく憲法上も許容されないであろうことを前提に，日本独自の観点から生じる問題として，日本で婚姻と差異のある登録パートナーシップを導入する場合にそれがどのような内容となるのかを検討する（後記Ⅵ）。

　第4に，パートナーシップ制度導入の前提となる，登録パートナーシップから婚姻へ段階的に移行する考え方（段階移行論）の問題点を，差別固定化の危

---

[1] 本稿は「結婚の自由をすべての人に」訴訟の控訴審のために提出した意見書（2023年10月24日）をもとに執筆したものである。同意見書の作成にあたっては，中川重徳弁護士をはじめ原告代理人の方々からいただいた意見から内容を充実させることができた。中川弁護士をはじめ皆様に，この場を借りて，お礼を申しあげる。なお，原告代理人の方々からのご指摘に基づいて意見書に加筆した部分については，筆者の単著とする本稿においては割愛している。

[2] 5つの判決が同性カップルによる婚姻を憲法の観点からどのように評価しているのかを検討することは中心的なテーマであるが本稿では扱わない。5つの判決を概観するものとして，白水隆「同性婚訴訟一審判決の比較検討」ジュリ1588号（2023年）66頁，札幌，大阪，東京地裁の判決を分析するものとして，春山習「同性婚訴訟の分析－札幌，大阪，東京地裁判決を素材に」亜細亜法学58巻1号（2023年）182頁などがある。5つの判決それぞれについて憲法の観点から検討する評釈は数多く公表されている。

険，当事者の負担，配慮すべき既存利益の不存在，社会的軋轢の継続という点から指摘する（後記Ⅶ）。

最後に，同性カップルに婚姻を認めない主な理由として潜在的生殖可能性の有無があげられることから，生殖可能性と婚姻，登録パートナーシップの関係について，比較法と日本法の観点から検討する（後記Ⅷ）。

Ⅱ 5つの判決における言及

国会が同性カップルが法律上の家族となるための制度について立法するにあたり，5つの判決は，以下のように，婚姻だけではなく，婚姻を認めないまま登録パートナーシップを導入することも選択肢に入るとする。

札幌地判令和3・3・17判時2487号3頁（以下，札幌判決とする）は，「同性愛者のカップルに対し，婚姻によって生じる法的効果を付与する法的手段は，多種多様に考えられるところであり，一義的に制度内容が明確であるとはいい難く，どのような制度を採用するかは，……国会に与えられた合理的な立法裁量に委ねられている。」と述べ，同性カップルについて婚姻以外の制度を立法できる可能性を示唆した。それでも，同判決は，「同性間の婚姻や家族に関する制度は，その内容が一義的ではなく，同性間であるがゆえに必然的に異性間の婚姻や家族に関する制度と全く同じ制度とはならない（全く同じ制度にはできない）」としており，同性間の婚姻を基本としていたと思われる。

その後の判決では，同性間の婚姻を排除しないものの，以下のようにパートナーシップ制度を中心とした立法の選択肢を示している。

大阪地判令和4・6・20判時2537号40頁（以下，大阪判決とする）は，「同性カップルについて公認に係る利益を実現する方法は，現行の婚姻制度の対象に同性カップルを含める方法（……憲法24条1項も同性間の婚姻を禁止までするものではない。）に限るものではなく，これとは別の新たな婚姻類似の法的承認の制度（これは，「登録パートナーシップ制度」と名付けることもできれば，「同性婚」と名付けることもできるものである。）を創設するなどの方法によっても可能である。」と述べた。

「パートナーと家族になるための法制度」が設けられていない点から憲法24条2項に違反する状態にあるとした東京地判令和4・11・30判時2547号45頁（以下，東京第一次判決とする）は，「同性間において，パートナーと家族になるための法制度をどのように構築するかという点については，原告らが主張するように現行の婚姻制度に同性間の婚姻も含める方法のほか，諸外国で導入され

ている制度（前記認定事実(3)ア）のように，現行の婚姻制度とは別に同性間でも利用可能な婚姻に類する制度を構築し，そのパートナーには婚姻における配偶者と同様の法的保護を与えることも考えられる。」と述べた。

名古屋地判令和5・5・30裁判所ウェブサイト（以下，名古屋判決とする）は，「現行の法律婚制度と発生させる効果を完全に一致させるのか，特別の規律を設けて発生させる効果ごとに吟味し差異を許容するのか，何らかの差異を許容した場合の制度にいかなる呼称を与えるのか（婚姻と呼ぶのかその他の呼称とするのか）など，なお検討されてよい課題が存在するはずである」と述べる。もっとも，国民全体の意識の変化から「一旦成立した法律を唯一絶対のものと見る必然はなく，不断の検証を経るべきものであって，将来的な改正も視野に入れて検討されてよいはずである。」とも述べている。

福岡地判令和5・6・8裁判所ウェブサイト（以下，福岡判決とする）は，「上記①〜④の婚姻の特徴を満たす法的制度としては，婚姻制度を適用する以外にも，前記1(3)アのとおり，諸外国で制度化されてきた同性間の人的結合に関する制度が複数あり，婚姻とほとんど同じ法的効果を同性カップルに与える登録パートナーシップ制度は，同性間の人的結合に法的権利義務や公証の利益を与えるものとして，その内容次第では婚姻制度の代替となり得るものであり，同性婚についてこのような婚姻制度と異なる制度を設けるか否かについても立法府における議論に委ねることが相当である。」と述べる。

Ⅲ　登録パートナーシップの基本構造

本稿における登録パートナーシップは，次の内容を基本とする。

1　登　録

登録パートナーシップとは，2人のカップルの身分関係を公的な登録簿に記載する制度である（日本で導入する場合の登録簿については，後記Ⅵ2）。開始と終了は，登録によって客観的に定まる。また，登録の証明書により，カップルの存在を公的文書によって証明することができる。

2　当事者の性別

登録パートナーシップは2人の当事者により成立するが，その性別の組合せは同性に限られない。同性カップル，異性カップルの双方が利用可能な登録パートナーシップ制度も存在する（オランダなど）。このように，異性カップル

には婚姻，同性カップルには登録パートナーシップという区別は，絶対的なものではなく，立法における選択肢の1つである。

以下では，同性カップルのみを対象とする制度の場合には，「同性登録パートナーシップ」とする。

3　登録パートナーシップの効果の上限（婚姻との対比）

効果については，婚姻と同等の効果を有する登録パートナーシップから，婚姻の一部の効果のみ，または婚姻とは異なる効果を有する登録パートナーシップまで，様々な制度がありえる。

だが，登録パートナーシップの効果が，当事者にとって婚姻よりも有利となることはない。日本国憲法が婚姻保護の条項[3]を明記していないとはいえ，婚姻が登録パートナーシップに劣後することはない。

むしろ，異性間の婚姻より幅広い効果・保護を同性登録パートナーシップに認める制度を導入すれば，異性カップルに対する差別となる。この場合には，婚姻とは別の，異性カップルと同性カップルのための登録パートナーシップ制度を導入するのかという異なる問題を検討せねばならない。

4　登録パートナーシップ効果の下限（内縁との対比）

登録パートナーシップの効果の下限としては，内縁との関係が問題となる。

その際に，下級審裁判例では，不当破棄の事案において同性カップルに準婚理論から内縁と同等の効果を認める判決（東京高判令和2・3・4判時2473号47頁，家判34号69頁）と，犯給法5条1項1号について「婚姻の届出をしていないが，事実上婚姻関係と同様の事情にあった者を含む。」とは「婚姻の届出ができる関係であることが前提となっている」とする判決（名古屋高判令和4・8・26判タ1506号48頁），給与条例や共済組合法において「『事実上婚姻関係と同様の事情にある者』には，民法上婚姻の届出をすること自体が想定されていない同性間の関係は含まれないと解することは，現行民法の定める婚姻法秩序と整合する一般的な解釈ということができる」とする判決（札幌地判令和5・9・11裁判所ウェブサイト）がある[4]。否定的な判決では「事実上婚姻関係と同

---

(3)　例えばドイツでは，基本法6条1項が「婚姻と家族は国家秩序の特別の保護を受ける」と婚姻の憲法上の保護を明文で定めている。そのため，婚姻の効果が登録パートナーシップの効果に劣後するならば憲法違反と評価される。

(4)　札幌地判令和5年9月11日は，内縁関係にある者と事実上の婚姻関係と同様の事情にある者を区別し，後者の問題としている。事実上の婚姻関係と同様の事情にある者の

様の事情にあった者」の解釈を対象として，意図的に同性間の婚姻（以下，「同性婚」と略して記すことがある）の可否と関連させている。

　内縁に認められる諸々の効果は，異性カップルに法律婚が認められているという理由に基づいて認められるものではない。法律婚をしていないカップルにその事実上の共同生活関係に基づいて認められるべき法的効果を集約したものが，内縁の効果であると捉えるべきである。そのため，内縁に認められる法的効果は，事実上の共同生活の存在と実質に基づいて，異性カップルか同性カップルかに関わりなく認めることができる。

　異性カップルの内縁に認められる一定の効果が同性カップルに認められなければ，婚姻外という共通の場における異性カップルと同性カップルの間の差別の問題である。同性カップルによる内縁が認められるか否かという問題でもなければ，婚姻と対比される登録パートナーシップの導入によって初めて解決されるものでもない[5]。

　したがって，内縁に認められる効果の問題は，非婚姻・非登録カップルにおける平等の問題と位置づけられる。さらに登録パートナーシップなどの制度を導入するならば，内縁を超える効果を与えることを意味する。

　前記とは反対に，もし効果の面で内縁に劣る登録パートナーシップであれば，公示の点でのみ有用な制度に過ぎない。それどころか，登録により内縁の効果の一部を放棄することをカップルに強いる制度となりうる。

　結果，日本における登録パートナーシップ制度は，内縁以上，婚姻以下の効果という限定がある。

Ⅳ　時代背景

　登録パートナーシップから同性間の婚姻へという過程は必要なものであろうか。1990年代から2010年代にかけての欧米の動きはそのように見えるかもしれない。しかし，この動きを理解するには，1990年代と2000年代において「なぜ登録パートナーシップを導入したのか」という時代背景から考える必要がある[6]。

　　解釈について，「婚姻制度や同性間の関係に対する権利保障の在り方等について様々な議論がされている状況であることや，一部の地方公共団体において，本件各規定と同様の規定ぶりであっても同性間の関係を含み得るとして，柔軟な解釈や運用を試みる例があること」も指摘している。
(5)　参照，渡邉泰彦「判批」新・判例解説Watch　民法（家族法）No. 149（2023年）。
(6)　外国における登録パートナーシップ制度を紹介するものとして，棚村政行・中川重

1　1990年代

　まず，1980年代までは，同性カップルを事実婚として保護できるのかが，オランダなどでは模索されていた。1980年代から1990年代のヨーロッパ人権裁判所の判例は，同性間の婚姻を認めないことがヨーロッパ人権条約12条に違反しないと判断していた[7]。また，その流れを受けて，オランダ最高裁（Hoge Raad）1990年10月19日判決も，同性間の婚姻の保障が認められないと判断していた。ドイツでも，連邦憲法裁判所1993年10月4日決定[8]は同性カップルによる婚姻締結の保障の主張を認めなかった。このように，1990年代は，同性間の婚姻が憲法上保障されているのか見通しがつかないという当時の状況において，同性カップルの法的保護を認めていくしかなかった。それぞれの国が互いの動きを意識しながら，一歩ずつ慎重に進んでいた時代といえる。

　具体的な例を示すと，まず同性カップルの法的保護のための法律の先がけとなったスウェーデン1987年「内縁夫婦の財産関係に関する法律」[9]では，同性カップルの登録には踏み込まず，内縁（同棲）関係にある同性カップルを異性の内縁カップルと同様に扱うという慎重な立場から出発した。デンマークはそれを一歩進めて1989年に「同性登録パートナーシップ」を導入し，以降，同様の制度が欧州諸国に広がっていった。オランダでは，1997年に異性カップルも利用可能な登録パートナーシップ法を制定し（1998年施行）[10]，同時期には政府の委託を受けた委員会が同性婚の導入を提案していた[11]。1999年にはフランスでPACSという登録パートナーシップとは別の形の制度が導入された[12]。

　　徳編『登録パートナーシップ制度』（日本加除出版，2016年），本山敦ほか「ミニ・シンポジウム　同性婚」比較法研究no.74（2012年）257頁がある。
(7)　Rees v. United Kingdom 事件などについて，谷口洋幸『性的マイノリティと国際人権法』（日本加除出版，2022年）198頁以下に紹介されている。
(8)　NJW 1993, 3058 = FamRZ 1993, 1419.
　　同決定については，富田哲「なぜ婚姻は男と女でなければならないか——ドイツにおける最近の判例から」行政社会論集8巻4号（1996年）228頁以下に紹介されている。
(9)　同法の成立過程については，菱木昭八朗「スウェーデン同性婚法」ジュリスト1056号137頁以下（1994年）を，「内縁夫婦の財産関係に関する法律」については，同「スウェーデンにおける内縁夫婦の財産関係に関する法律について」家庭裁判月報40巻6号1頁以下（1988年）を参照。
(10)　オランダの登録パートナーシップについては，棚村・中川・前掲(6)85頁（石嶋舞執筆）で紹介されている。
(11)　Commissie inzake openstelling van het burgerliik huweliik voor personen van hetzelfde geslacht, Rapport"（Den Haag 1997）. 委員会の名称は「同性の人のための民事婚の開放に関する委員会」である。
(12)　フランス法については，大島梨沙「フランスにおける同性カップルの法的処遇」

III

オランダが同性婚の導入を検討する際には、1国だけが同性婚を導入した場合に他国において承認されない状況も検討されたことがうかがえる[13]。

また、ドイツのように、同性間の性行為を犯罪とする刑法規定（刑法旧175条）が、適用範囲を男性未成年者との行為に限定していたとしても、1994年まで存続していた国もある[14]。宗教的倫理感からの同性愛者に対する差別的感情は根深いものがあり、同性間の性行為を連想させる同性婚の導入への拒否感は日本よりも強かったと推測される。

このように、1990年代において同性間に婚姻を認めている国はなく、立法において、同性婚も法論理的には選択肢の一つとなりえても、いわば非現実的な、あるいは実現可能性が低い選択であったといえる。婚姻以外のパートナーシップ制度の導入が同性カップルの法的保護のための現実的な手段であった。そのため、結果的に、パートナーシップ制度から同性婚へという過程を経ることとなった。

2 2000年代

2001年にオランダで同性婚が導入されることで、たしかに立法の選択肢は登録パートナーシップのみではなくなった。しかし、2000年代においても、同性婚は必ずしも一般的なものとはいえず、2005年までに同性婚を導入した国はオランダ、ベルギー、カナダ、スペイン、アメリカ合衆国マサチューセッツ州にすぎなかった。この状況で、同性カップルのための制度を導入していた国にとってすら、まだ数カ国しか採用していない同性婚の導入へと踏み込むには大きな決断が必要であったといえる。

そのなかでも、敬虔なカトリックの国でありながら、国レベルでの登録パートナーシップを採用することなく同性婚を導入したスペインは注目に値する。

他方で、オランダが同性婚を導入した年である2001年に登録パートナーシップを設けた国としてドイツがある。ドイツでは、この時点では同性間の婚姻の導入どころか、登録パートナーシップ制度が基本法6条1項の「婚姻と家族は国家秩序の特別の保護を受ける」との定めに反しないかが議論されていた段階であった。

ジュリ1577号（2022年）85頁および同論文の注に掲載されている文献を参照。
(13) See Kst (Kamerstukken) 26672 Nr. 3, p. 4, Kst 26672 Nr. 4, pp 8.
(14) ドイツにおける同性愛処罰規定については、渡邉泰彦「同性愛と法——ドイツにおける変遷について」陶久利彦編『性風俗と法秩序』（尚学社、2017年）242頁を参照。

3 小　括

　1990年代において，同性カップルに婚姻が認められないという前提のもとで，先進的な国々の間では，先に導入した国の動向を他国が窺いつつ，世界的にみて新しい制度の導入が一歩ずつ進められた。この時点で，登録パートナーシップから同性婚へという段階的な移行が計画されていたと評価することはできない。

　2000年代においても，同性婚が世界的に広がるのかという予測は不透明であり，同性婚の導入への前段階であると位置づけて登録パートナーシップを導入したとはいえない。むしろ，各国において，1990年代と同様に，同性婚は認められないという前提のもとで，登録パートナーシップ制度の導入を進めていたと評価できる。

V　登録パートナーシップ

　登録パートナーシップは，その効果の面から，婚姻と同一の効果を有する登録パートナーシップと，婚姻と効果で差異のある登録パートナーシップに分類できる。この2種類の登録パートナーシップは，現在において，それぞれが，同性カップルにとって不利益をもたらす制度となる欠点を有している。

1　婚姻と同一の効果を有する登録パートナーシップ

　婚姻と同一の効果を有する登録パートナーシップでは，その効果について「婚姻と同様とする」という規定が設けられる。1989年にデンマーク，1993年にノルウェー，1994年にスウェーデンで導入された登録パートナーシップがこれにあたる。これらの国々で登録パートナーシップが導入された時点で同性婚を認める国はなく，事実上，登録パートナーシップが唯一の選択肢であった（前記Ⅳ1）。同性間の婚姻が認められると，婚姻に吸収されるかのように廃止された。

　1990年代とは異なり同性婚を導入する国が30カ国を超える現在において，婚姻と登録パートナーシップの違いを当事者の性別の組合せのみとする場合には，同性カップルにあえて婚姻を認めない理由が必要となる。

　かつては，子が産まれる可能性がある異性カップルに対して，同性カップルの場合は当事者どうしの自然生殖が困難であるから当事者のみの関係が問題となるという考えから，「嫡出推定と結びついた婚姻」と「嫡出推定と結びつかない登録パートナーシップ」という区別が想定された。現在では，前記区別の

基礎にあった「同性カップルは生殖や養育をしない」という考えは過去のものとなっている[15]。現在では，このような点だけで婚姻と登録パートーナーシップを区別する考え方は当然ではない（後記Ⅷ2）。そのため，特段の理由もなく婚姻から同性カップルを排除するならば，差別を含意していると捉えられ，憲法の平等原則等への適合性が問題となる。

また，名称の違う制度を並置するだけであれば，婚姻に統一した方が，戸籍事務が煩雑とならずにすむ。婚姻とは異なる登録簿を導入する場合，または同じ登録簿であっても記載される名称が婚姻と異なる場合には，同性カップルを二級市民または異質な存在と評価する印象がより強くなる。

2　婚姻と差異のある登録パートナーシップ

婚姻との間の差異を設けることにより登録パートナーシップ制度の存在意義を与えるのであれば，その差異は同性カップルにとっての不利益を意味する。なぜなら，同性カップルにとって有利な差異は，婚姻を不利に扱うことを意味し，認められない（前記Ⅲ3）からである。しかし，婚姻と比較して不利益を許容した制度は新たな問題を発生させる。その例として，婚姻に比べて制限された効果のみを有する同性登録パートナーシップを導入していたドイツをあげる[16]。

ドイツの同性登録パートナーシップ（生活パートナーシップ（Lebenspartnerschaft））は，導入当時は，「婚姻と家族は，国家秩序の特別の保護の下にある」と定める基本法（ドイツ憲法）6条1項との関係が問題となった。婚姻と同等の効果を与えることが婚姻の特別の保護に違反しないかという懸念があったためである。

(1)　立法の複雑さ

婚姻と差異のある登録パートナーシップは，登録パートナーシップ法の制定だけではなく，諸法の改正を必要とする。その際に，何を婚姻・夫婦と同じにするのか選択しなければならない。選択した効果を登録パートナーシップの当事者に与えるためには，対象となる法律において，「婚姻」とある文言を「婚姻又は登録パートナーシップ」に，「夫婦」とある文言を「夫婦又は登録当事

---

(15)　渡邉泰彦「判批」新・判例解説 Watch Vol. 29（2021年）103頁。
(16)　渡邉泰彦「ドイツでの同性婚まで25年？　16年？　4日？」ジェンダー法政策研究所編『同性婚のこれから』（花伝社，2024年）において，本稿と同様の視点から同性婚導入までの状況を紹介している。

者」という文言に置き換える法改正が必要である。改正されなかった法律に基づく効果は、登録パートナーシップには与えられないことになる。

　どのような効果を登録パートナーシップに与えるのかという選択は、どのような効果を与えないのかという選択と表裏の関係にあり、それぞれについて理由（合理的根拠）の説明が求められる。もし、ミスにより改正の有無を検討する対象から漏れると、婚姻との差異が意図せずに生じる危険もある。

　さらに、婚姻との差異を最小限度に抑える制度を目標としても、政治的状況からこの目標を維持できないことも考えられる。ドイツでは、2000年から2001年にかけて登録パートナーシップ法（生活パートナーシップ法）を国会で審議した際に、与党が連邦参議院で過半数を押さえられなかった。そのため、連邦政府は、予定していた身分登録法（身分登録所の管轄）、行政法、税法（所得税、贈与・相続税など）、社会保障法、移民法などにおける婚姻と同等の扱いを、改正に必要な連邦参議院の同意を得られないという理由から、断念せざるを得なかった[17]。

　このように、婚姻と差異のある登録パートナーシップでは、当初に予定されていた差異だけなく、そもそも想定されていなかった差異（不利益）が法案審議過程において付け加わる危険がある。婚姻との差異が同性カップルにとっての不利益を意味することから、実際に導入された登録パートナーシップにおいて不利益・不平等がより拡大することが生じうる。

(2) 差異と平等原則

　婚姻と差異のある登録パートナーシップ制度を民主的な立法過程において制定したとしても、それが平等原則に適うものかは別問題である。

　ドイツにおいて、初期の判例は、基本法3条1項の一般的平等原則に対して同6条1項の「婚姻と家族の特別の保護」が優先するとの考えに立っていた。そのため、婚姻と登録パートナーシップ制度の効果における差異は、基本法6条1項によって一般的平等原則（基本法3条1項）の例外とすることが正当化されるとして、差異を合憲と判断していた。しかし、ドイツ基本法6条1項の婚姻保護に相当する規定は日本国憲法にはなく、むしろ、日本国憲法24条2項は、婚姻はじめ家族制度に関する事項に関する法律全体が「個人の尊厳と両

---

(17) 基本法が指定する州の組織、財政に関係する法案については、連邦議会で可決しても、連邦参議院の同意を必要とする。ドイツ生活パートナーシップ法成立の概略については、渡邉泰彦「ドイツにおける同性カップルの法的処遇」ジュリスト1577号（2022年）77頁を参照。

性の本質的平等」に立脚して制定されることを求めており，そのような差異を否定する役割を果たしうる。

　ドイツでも，その後，ヨーロッパ司法裁判所 2008 年 4 月 1 日判決（マルコ事件)[18]が，遺族年金に関する婚姻と登録パートナーシップ制度との差異の問題に，性的指向による差別を禁止する一般雇用均等指令（EU 指令 2000/78）が適用されると判断した。そして，ドイツ連邦憲法裁判所 2009 年 7 月 7 日判決[19]は，基本法 3 条 1 項の一般的平等原則と 6 条 1 項の婚姻の特別の保護の関係について，「性的指向に基づく区別には，性別に基づく場合と同様に，特に重大な理由を正当化として必要とする」と判例を変更した[20]。この判例変更後，連邦憲法裁判所は，相続税・贈与税，公務員の家族手当，土地取得税の免税，所得税法の合算課税方式の適用について，婚姻と生活パートナーシップの差異が一般平等原則に反して違憲という判断を下した。この判決の後に，婚姻と登録パートナーシップ制度との間での区別を正当化する重大な理由を認めた連邦憲法裁判所判例はない。そして，ドイツ連邦政府は，2015 年に民法，行政手続法ほか行政法令，民事訴訟法，身分登録法，生活パートナーシップ法など合わせて 32 の法令において生活パートナーシップを婚姻と同様に扱う改正を行う「生活パートナーの権利の解決法（Gesetz zur Bereinigung des Rechts der Lebenspartner）」を制定するに至った。

　ドイツの状況は，日本国憲法のもとで婚姻と同性登録パートナーシップの間で効果の差異を設けても，その差異を個々に異性カップルと同性カップルの平等扱いの観点から検討していくと憲法 14 条 1 項及び 24 条 2 項違反となり，区別を維持できないことを示している。

3　小　　括

　登録パートナーシップ制度など婚姻以外の制度を採用した場合に，同性カップルにとって十分な保護，法的利益が与えられる保証はない。賛否の対立が激しくなれば，一定の不利益と引き換えに法案成立を優先させる選択をせざるを得ない場面も考えられる。

　例えば日本において，いわゆる LGBT 理解増進法は，2021 年に相互に譲歩

---

(18)　C‐267／06, Maruko [2008] European Court reports I-01757.
(19)　BVerfGE 124, 199.
(20)　マルコ事件前後のドイツの判例の変化については，渡邉泰彦「ドイツ同性登録パートナーシップをめぐる裁判例――退職年金と相続税について」産大法学 45 巻 3・4 号（2012 年）111 頁で紹介している。

して合意した超党派議員連盟案から，さらに性的マイノリティにとって不利となりうる変更が行われて2023年に成立した。

名古屋判決は「特別の規律を設けて発生させる効果ごとに吟味し差異を許容するのか」を検討されてよい課題としてあげている。しかし，前記のドイツの状況は，効果ごとに吟味するほど差異が平等原則と憲法24条2項に反することが明らかになることを示す。

Ⅵ 日本における婚姻と差異のある登録パートナーシップの可能性

1 日本における登録パートナーシップの内容とは

もし，婚姻と差異のある登録パートナーシップを日本において導入するとして，その内容はどのようになるのであろうか[21]。日本においては準婚理論による内縁保護があることから，登録を要するパートナーシップ関係が内縁よりも劣る効果を有することは，共同生活の実体が同様にある以上，平等原則との関係で別異取扱いに合理的根拠があるとはいえず認められない（前記Ⅲ4）。

まず，登録方法は，婚姻の届出の方式より簡素にはできないだろう。婚姻障碍に相当する登録障碍を婚姻よりも増やすこともありうるが，新たに加えるべきものは思い浮かばない[22]。たとえ新たな登録障碍を設けても，同性カップルを対象とするものが憲法に適合しているかは疑わしい。

次に，氏の扱いで効果を区別するならば，登録パートナーシップには同氏は認められず，別氏のみとなる。別氏であっても戸籍に記載できることになれば（後記3(2)），現行法が婚姻では同氏に限定する（750条）理由は問い直される。同居，協力及び扶助の義務（752条）は，法的保護に値するパートナー関係の最低限の要素を示している。夫婦財産制に相応する制度について，民法の定める夫婦別産制（762条）よりも独立性の高い財産制はないだろう。また，当事者間の経済的協力について規律する婚姻費用分担（760条），第三者保護規定である日常家事の連帯責任の規定（761条）を欠くことはできない。

---

(21) 形式的な問題として，登録パートナーシップを民法典に定めるのか，特別法で定めるのかという問題がある。同性カップルのみを対象とする登録パートナーシップ制度の場合には特別法において，異性カップルと同性カップルの双方を対象とする制度では民法典に規定する（オランダ，フランス）ということがヨーロッパの諸国ではみられた。

(22) むしろ，同性カップルが婚姻の代わりに縁組をする現状を考えると，養親子間では離縁後であっても婚姻できないという婚姻と同様の要件（民法736条）を同性登録パートナーシップにも設けると，親密な同性カップルほど登録パートナーシップを利用できないという矛盾が生じる。

親族関係について，配偶者とは別の名称であっても，当事者間で親族関係は発生する。姻族関係について，これを認めない，または範囲を制限する理由は見いだしがたい[23]。姻族関係発生の可否は，婚姻と登録パートナーシップを区別する重要な（唯一の）基準となるほどの効果ではない。

生前解消についても，届出による協議離婚より簡素にはできないだろう。財産分与（768条）も解消における財産の清算という観点から欠くことはできない。

相続について，重要な効果である法定相続権，遺留分権を同性カップルに与えるために登録パートナーシップという選択肢が提示されている。法定相続権を認めたうえでの差異として，法定相続分を配偶者と異なる割合としても，嫡出でない子の法定相続分の区別（民法旧900条1項4号ただし書き）と同様に[24]，差異は正当化されないだろう。嫡出推定については，別に述べる（後記Ⅷ）。

民法以外の法律に定められた，例えば社会保障についても，婚姻している同性カップルを排除する理由はないと考えられる。むしろ，現在でも，内縁・事実婚の状態にある同性カップルの当事者には「事実上婚姻関係と同様の事情にあった者」として認められるべきである（前記Ⅲ 4 参照）。

2　公認に係る利益

大阪判決は，「当該人的結合関係が公的承認を受け，公証されることにより，社会の中でカップルとして公に認知されて共同生活を営むことができることについての利益（以下「公認に係る利益」という。）」をあげている。名古屋判決も，「国による統一された制度によって公証されることが，正当な関係として社会的承認を得たといえるための有力な手段になっている」と指摘する。公認・公証によって得られる効果が登録パートナーシップに含まれることに異論はないと思われる。

公認されるために，(1)戸籍以外の独自の登録簿への登録と(2)戸籍への登録の2つの選択肢がある。

---

[23]　台湾の司法院釈字第748号解釈施行法（同性婚法）は民法にある姻族関係の規定を準用していない。この点は，公的機関や企業において混乱を生じさせているとのことである。参照，鈴木賢『台湾同性婚法の誕生――アジアLGBTQ+燈台への歴程』（日本評論社，2022年）278頁。
　　台湾で「どのようにして」同性婚が導入されたのかは日本への示唆を示しているが，「どのような」同性婚が導入されたのかまでそのまま受け入れる必要はない。鈴木・前掲259頁以下が示すように，どのようにして婚姻との差異を解消しようとするかが重要である。

[24]　最大決平成25・9・4民集67巻6号1320頁。

なお，多くの地方公共団体で導入されているパートナーシップ宣誓証明，ファミリーシップの多くは，当事者が宣誓したことに対する証明書の交付であって，本稿で扱う登録とは全く別のものである。

(1) 戸籍以外の独自の登録簿への登録

婚姻とは異なる同性登録パートナーシップに独自の登録簿を設けることが考えられる。そのパートナーシップ登録簿に登録し，その謄本，抄本が交付される。しかし，公認されたカップルであるにもかかわらず，なぜ戸籍に記載されないのかという問題が生じる。戸籍への記載から排除された同性カップルが差別と感じるとともに，社会においても婚姻に比べて劣後する制度という印象を与えることになる。

また，別の登録簿を導入するならば，そのシステム構築のために多くの費用を要することになる。女性カップルの一方が出産し子をもうけた場合には，親のカップルの登録と，母子関係の登録（従来は戸籍）の間の関係をどのように記載するのかという問題が生じる。

なお，ヨーロッパ諸国において，婚姻登録簿と別のパートナーシップ登録簿を設けていたのは，日本とは身分登録の制度が違うからである。例えばドイツでは，婚姻登録簿，出生登録簿，生活パートナーシップ登録簿，死亡登録簿は個別の登録簿であり，オンラインで身分登録簿（Personalstandsregister）として管理されている（ドイツ身分登録法（PStG）3条）。日本には存在しない婚姻登録簿（das Eheregister）に対応するものとして，パートナーシップ登録簿（das Lebenspartnerschaftsregister）が存在する（同17条）。婚姻と親子関係の登録を構成部分とする唯一の登録簿を備える日本の戸籍制度とは大きく異なる。このように婚姻登録簿などが存在せず，戸籍のみが公証の制度として長く用いられ定着している日本において戸籍とは別に登録パートナーシップ登録簿を導入するならば，戸籍に記載されている多数派の家族から同性カップルを分離・排除することがヨーロッパ諸国よりも強調されることを意味する。

そのため，仮に同性登録パートナーシップを日本に導入した場合であっても，婚姻届と異なる登録パートナーシップ届を提出するが，届出を記載する登録簿は，独立した婚姻登録簿がない婚姻と同じく戸籍とするべきである[25]。

---

(25) 二宮周平「同性婚訴訟5つの地裁判決の意義と課題——婚姻の自由の保障へ向けて」戸籍時報842号（2023年）9頁は，「パートナーシップの公証のために，戸籍以外の登録公証制度を新たに設けることは，法的な家族関係を登録し公証する唯一の制度としての戸籍が法的家族を統一的に把握できないという事態を招く。」と指摘し，「逆説的だが，戸籍制度を維持するには，パートナーシップ制度より同性婚の方が適合的なのである。」

第1部　第2章　婚姻・離婚・パートナーシップ

(2)　戸籍への登録

　前記(1)とは異なり，同性間の登録パートナーシップを婚姻と同様に戸籍に記載するのであれば，異性間の婚姻との間の差異は小さくなる。しかし，登録パートナーシップを戸籍に記載できることと，登録パートナーシップを導入するべきかは別の問題であり，後者が肯定された後に，初めて前者の問題が生じる。戸籍への登録の可能性が，婚姻からの排除はそのままで登録パートナーシップ制度を導入すべきことの理由となるのではない。日本の同性カップルにとって公認に係る利益が重要であるとしても（大阪判決），戸籍への登録によりこの利益を満たすことで，すべての問題が解決するのではない。そもそも同性カップルを婚姻から排除することがわが国の憲法上許容されるのかがまず問われねばならない。

　また，「登録パートナーシップ」として公認されることは，婚姻できない同性カップルという差別的な印象を与える危険を有している。とりわけ，婚姻と同一の効果を有する登録パートナーシップを導入した場合には，このような差別的な印象しか与えない。

3　異性カップルの利用可能性

　婚姻と差異のある登録パートナーシップを設けるとすれば，それは異性カップルも同性カップルも対象とする制度となる。婚姻とは別の制度，例えば別氏を達成できる制度を同性カップルのみが利用可能であるならば，別氏での婚姻が認められない異性カップルへの差別と評価されるからである。この場合には，婚姻できる異性カップルも利用する価値のある別の制度として，婚姻と差異のある登録パートナーシップ制度を，異性カップルの観点から正当化することはできる。しかし，異性カップルのみ婚姻と登録パートナーシップの選択が可能な状況は，同性カップルの観点からすると，登録パートナーシップのみが利用でき，婚姻を締結できない差別を生じさせる。そのため，異性カップルも利用可能な登録パートナーシップ制度を設けるとしても，そもそも，同性カップルを婚姻から排除することがわが国の憲法上許容されるのかという同性婚導入の要否の問題は解決しない。

　と述べる。

Ⅶ　段階移行論の問題点

　社会的に受け入れやすくするため等の観点から，同性間の婚姻の前に同性登録パートナーシップを導入する方がよいという論調が，5つの地裁判決からうかがえる。とりわけ，名古屋判決は，「一旦成立した法律を唯一絶対のものと見る必然はなく，不断の検証を経るべきものであって，将来的な改正も視野に入れて検討されてよいはずである。」と述べている。東京第一次判決も，「同性間の婚姻の制度を導入した国においても，その導入に先行して，まずは登録パートナーシップ制度を導入した国も多く（略），その導入過程は様々である」として，同性カップルが家族となるための法制度に関しては立法府の裁量に委ねられるとの解釈を正当化する。

1　差別の固定化の危険

　同性間の婚姻を導入する前に婚姻とは効果において差異のある登録パートナーシップ制度を導入した場合に，同性カップルは，一定期間は効果の面で制限された制度のみを利用することになる。同性登録パートナーシップ法の制定によっても同性婚の導入が確約されてはおらず，登録パートナーシップのままともなりうる。

　段階的にまずは登録パートナーシップを導入するという方法は，導入段階においては同性カップルに一定の利益を保障するものとして歓迎される。だが，その後は婚姻との間の差異，同性カップルに対する差別を固定化する危険を有している。

2　当事者の負担

　登録パートナーシップを導入したうえで将来への改正を視野に入れて不断の検証を行うとしても，その検証の担い手は，当事者である同性カップルとならざるを得ない。すぐに法改正により不利益が是正されるとは限らない。婚姻との間の正当化理由のない差異をなくしていくために，同性カップルが個別の訴訟をとおして平等を実現しなければならないことをドイツの状況は示している（前記Ⅴ2(2)）。訴訟をとおしての改善は，同性カップルにとって，多くの費用と時間を要するものである。

　婚姻との差異を設けるためには立法での煩雑な作業を必要とするが（前記Ⅴ2(1)），そのような制度を作っても婚姻と同性登録パートナーシップの間の差

異が不当とされ許容されないであろうことは，不断の検証を経る前から明らかである（例えばドイツについて，前記Ⅴ3⑵）。とすれば，同性カップルが訴訟を通して差異をなくしていくこと，同性カップルが訴訟のための費用と時間をかけることを強いるだけという結果になる。

3　既存利益の配慮の不必要性

新たな制度の導入は既存の利益を配慮して段階的，漸進的に進めるべきという主張もあり得る。たしかに，ある制度の導入によって既存の利益に一定の制約が及ぶような場合には，既存の利益に配慮して段階的に導入する合理性がある。しかし，同性婚の導入により害される既存の利益はなく，このような漸進論を基礎付ける論拠はない。

4　社会の軋轢

同性婚導入をする時点での社会的軋轢の大きさを理由に，段階移行論を支持する立場もある。しかし，導入前後の社会的軋轢は記事や話題になりやすいが，より長い目で見るならば，瞬間風速的なもので，深刻な社会的分断に導いてはいない。これまで同性婚を導入した国々において，同性婚に反対する主張が大きな勢力となり廃止された，または廃止が検討されたという例はほぼない[26]。

例えば，フランスにおいては，2013年には同性婚導入前に「婚姻をすべての人に」に対抗して反対派が「デモをすべての人に（La manif pour tous）」を全国的に展開し，世界的にニュースとなった。しかし，現在，フランスにおいて同性婚の賛否（廃止）をめぐり激しい議論が生じている形跡はない。その他に，ドイツでは，導入に反対していた保守政党キリスト教民主同盟（CDU），キリスト教社会同盟（CSU）も，導入後は同性婚の存在に疑問を唱えていない。

登録パートナーシップを導入する段階でも，同性愛者を差別する層は，その導入に反対する。その後に，登録パートナーシップから同性婚へと移行する段階でも，やはり反対する。例えば，スイス，ドイツにおいて登録パートナーシップから同性婚への移行において，段階的進行により同性婚への反対が抑えられたとはいえない。登録パートナーシップに反対した保守層は，同性婚への移行でも反対の立場をとり続けていた。つまり，段階移行論は，社会の軋轢を2回に増やす働きをする。

---

(26) 同性婚導入を認めた判決を立法により否定したイギリス海外領バミューダ諸島が唯一の例とされる。

結局，段階的移行に合理性があり憲法上も許容されるのは，当該制度導入によって制約される既存利益があってその影響を無視できない場合か，当該制度については内外に前例が無く不測の事態を回避する必要性が高いような場合だけであろう。しかし，同性婚の導入について既存利益の考慮は必要ない（参照，前記3）。また，同性婚について内外に前例がない状況は1990年代の状況を指し（参照，前記Ⅳ），世界30カ国以上で導入されている現在において妥当しない。つまり，段階移行論は現在において，同性婚の社会的受容のために有効な方法とまではいえない。

Ⅷ 潜在的な生殖可能性に基づく区別

1 結婚の自由をすべての人に訴訟第一審判決

例えば，子を養育する同性カップルの存在を前提として「パートナーと家族となるための法制度」の必要性を示す東京第一次判決は，「同性愛者においても，親密な人的結合関係を築き，パートナーと共同生活を送り，場合によっては子供を養育するなどして，社会の一員として生活しており，その実態は，男女の夫婦と変わるところがないのであって，パートナーと法的に家族となることは，その人格的生存にとって極めて重要な意義を有するものということができる。」と述べる。さらに「（なお，この点は，女性の同性カップルであっても生殖補助医療を受けることなどにより出産することが可能であることや同性カップルが子を養育することが可能であることを否定するものではなく，……）」とも述べ，女性カップルが子を望み，その一方が出産した子を含む家族を形成することも排除していない。

しかしながら，潜在的な生殖可能性の有無という観点から，東京第一次判決を含めた5つの地裁は，同性カップルに婚姻を認めることに慎重な態度を明確に示している。

「生殖を前提とした規定（民法733条以下）や実子に関する規定（同法772条以下）など，本件規定を前提とすると，同性婚の場合には，異性婚の場合とは異なる身分関係や法的地位を生じさせることを検討する必要がある部分もあると考えられ」（札幌判決），「同性間の婚姻を導入した国においても，嫡出推定規定の適用の有無，養子縁組の可否，生殖補助医療利用の可否等について議論がされていることが認められ，我が国においても，これらの点について，子の福祉や生命倫理の観点からの検討，他の制度との整合性の検討等を行うことが不可避であり」（東京第一次判決），「依然として婚姻制度と自然生殖の可能性が

完全に切り離されたと見るのは困難である。」（名古屋判決），「嫡出推定の有無，養子縁組の可否，生殖補助医療の可否については，現行の婚姻制度と異なるものとする余地があり」（福岡判決）というように，同性婚における実親子関係の問題（嫡出推定規定に相当する規定を適用しうるか否か）から地裁判決は同性登録パートナーシップという選択肢を示していると考えられる。

だが，潜在的であれ生殖可能性のあるカップルには婚姻を，生殖可能性がないカップルにはパートナーシップ制度をというように，当事者の（潜在的）生殖能力の有無によって法律上家族となるための制度を区別する必要があるとの考えについては再考が必要である[27]。

2 比 較 法

当事者に潜在的な生殖能力が有るか否かを理由に婚姻と登録パートナーシップが区別されることは必然ではないことを示す例として，女性カップルにおける実親子関係の規定を，同性婚導入の後に定めたオランダ，同性婚導入の前に定めたオーストリア，同性婚と同時に定めたスイスをあげる。

(1) オランダ

オランダでは1998年に登録パートナーシップ制度が導入され，同性カップルだけではなく，異性カップルも利用できる。導入当初においては，異性どうしの場合を含め，登録パートナーの間で子が生まれた場合に父性推定の規定は適用されなかった。そのため，母の男性パートナーは，法律上の父子関係を設定するために子を認知する必要があった。父性推定の適用の可否は，婚姻と登録パートナーシップを分ける大きな差異であった。

2001年に同性婚が導入されたときには，同性カップル，とりわけ女性カップルの一方が子を出産した場合であっても，母の女性配偶者に父性推定の規定は類推適用されなかった。そのため，母の配偶者は子との間で縁組をする必要があった[28]。

---

(27) 2011年の時点で，婚姻とパートナーシップ制度の関係で①パートナー間の規律モデルと②交差点モデルの2つのモデルを示し，②において婚姻をパートナー間の規律と親子の規律の交差点として位置づける考え方がありうることを示した（渡邉泰彦「同性パートナーシップの法的課題と立法モデル」家族〈社会と法〉27号（2011年）34頁）。しかし，現在では，同性カップルと親子関係をめぐる状況は変化している。

(28) オランダの縁組手続は，裁判所での手続が必要で，試験監護期間があるなど，日本の特別養子縁組に類似した厳格な要件のもとで認められる。2009年には，女性カップルが人工生殖提供者情報法の定める提供精子を用いた生殖補助医療により子を出産したなどの要件のもとで，縁組の手続を簡素化した。

2014年に施行された民法改正により，女性カップルにおいて母の女性パートナーも母（デュオマザー）とする規定が導入され，女性間の婚姻では法により実親子関係が設定される。登録パートナーシップで生まれた子についても父性推定，母性推定（デュオマザー）が認められている[29]。

このように，オランダでは，かつては，「父性推定のある婚姻，その適用が無い登録パートナーシップ」という制度上の区別，同性間の婚姻は父性推定の類推適用が無いという区別があったが，この2つの区別は現在では撤廃されている。

(2) オーストリア

オーストリアでは，2010年に登録パートナーシップ法が制定されるのに伴い，生殖補助医療の利用が異性の者の婚姻または婚姻類似の生活共同体に限定されることが2条1項に明記された。しかし，オーストリア憲法裁判所（Verfassungsgerichtshof）2013年12月10日判決は，異性カップルに限定する生殖補助医療法の規定が平等原則に反し違憲であると判断した。オーストリア一般民法典は改正され，母が生殖補助医療により子を出産した場合に母の女性登録パートナーを親の一方とする規定が設けられた（民法144条2項1号）[30]。

これにより，オーストリアでは同性登録パートナーシップにおいても親子関係の規定が適用され，親子関係推定の規定の適用の可否による婚姻と登録パートナーシップの区別はなくなった。

さらに，憲法裁判所2017年12月4日判決により同性婚を認めない民法の規定が違憲であると判断され2018年12月30日までに法改正が必要となった。2017年12月8日の連邦内閣の通知（Kundmachung）により民法44条から「異性の」という文言が削除された結果，婚姻の定義の規定である民法44条は次のようになっている。

　家族関係は，婚姻契約によって設定される。婚姻契約において，二人の者は，親密な共同体において生活し，子をもうけ，その子を養育し，互いに扶助するというその意思を法に従って表示する。

同性間の婚姻も含めて，子をもうける（Kinder zu zeugen）ことがあることが婚姻の定義に含まれている。憲法裁判所判決を受けた法改正を最低限度の文

---

[29] 渡邉泰彦「子と母の女性パートナーとの母子関係の成立――オランダにおける子とデュオマザーの親子関係」産大法学50巻3・4号（2017年）211頁。
[30] 渡邉泰彦「同性の両親と子――ドイツ，オーストリア，スイスの状況（その5）」産大法学51巻2号（2017年）63頁。

言修正に留めたことから生じた意図せざる結果としても，潜在的な生殖可能性を理由として同性婚が排除されるとは限らないことを示している。

(3) スイス

前記オランダ，オーストリアは，大陸法系の国において女性カップルにおける実親子関係の設定を認めた最初期の国々であった。そこでは，同性婚，登録パートナーシップを認める段階から，同性カップルによる両親という段階への移行を模索する段階であった。

2020年12月に同性婚を認める法案を可決し，2022年7月7日から施行したスイスは，次の世代に属する。2019年2月14日に試案（Vorentwurf）[31]を公表した段階で，女性カップルが提供精子を用いて子をもうけた場合に，母の女性配偶者を「親の他の一方（der andere Elternteil）」とする規定を提案した。その試案259a条1項の規定は，「母が子の出生時に女と婚姻しているときは，この女を親の他の一方とみなす。」としていた。その後の議会での審議において文言は変更され，現在のスイス民法255a条1項「母が出生時に女と婚姻しており，かつ，子が1998年12月18日生殖医療法の規定により提供精子を用いて懐胎されていたときは，母の妻は，親の他の一方とみなす。」となった。母の女性配偶者と子の間の実親子関係（コマザー関係）を認める対象が，婚姻中の母の出産から，生殖補助医療の場合に限定された。

オランダで2001年に同性婚が，2014年にコマザー関係が導入されてから時代が進み，両者は立法において考慮されるべきいわば立法技術的要素となっている。実親子関係の推定のない同性婚の段階からコマザー関係を認める婚姻へという段階を踏む必要がないことをスイスの立法は示している。

3 日 本 法

(1) 同性間の婚姻に民法772条を類推適用する場合

民法772条は，母の夫を子の父と推定する。生殖補助医療民法特例法10条は，提供精子を用いた生殖補助医療に夫が同意している場合に，嫡出否認の訴えを提訴権者が提起することはできないとする。日本産科婦人科学会の「提供精子を用いた人工授精に関する見解」では，被実施者を法的に婚姻している夫婦に限定する。

同性婚と実親子関係の問題を考える際には，次の2つの問いに分けて考える

---

[31] 13.468 Parlamentarische Initiative Ehe für alle, Vorentwurf und erläuternder Bericht der Kommission für Rechtsfragen des Nationalrates vom 14. Februar 2019.

必要がある。
　1　同性婚に民法772条を（類推）適用し，実親子関係を設定できるのか。
　2　民法772条が適用されない関係を法律婚といえるのか。
(a)　同性の両親
　実際に子を養育する同性カップルが存在しており，同性カップルによる子の養育が異性カップルに劣るものではないという実証的研究の結果が外国では多数示されている。それでも，法的に両性の両親を認めることが日本で問題視されることがある。
　現行法においても，同性カップルの一方の子と他方が縁組することにより，実親と養親が同性となる両親（二親）は可能である。共同親権者となることはできないのは，婚姻が認められないとされているからである。
　したがって，同性カップル双方が子の法的親となることは，現行法の下でも否定されていない。
(b)　女性カップルと男性カップルの違い
　女性カップルでは提供精子を用いた人工授精により子をもうけることができ，これは日本において，医療機関における生殖補助医療によらず，個人で行う者もある。これに対して，男性カップルが子をもうけるためには，第三者である女性が子を出産することが必要となり，代理懐胎は日本では認められていない。また，出産した女性と子の間の母子関係を解消する規定は日本民法にはなく，男性カップルのみが実親となることは法的に不可能である。
　このような女性カップルと男性カップルの間の違いから，女性カップルにのみ実親子関係を設定する可能性を認めるのは男性カップルに対する差別であり，同性カップルにおいて実親子関係の設定を認めるべきではないという意見もありうる。
　ここで，どのような生殖補助医療を認めるのかという行為規制の問題と，生殖補助医療による親子関係の設定（生殖補助医療によって産まれた子について，誰との間に法的親子関係が生じるのか）という民法の問題を混同してはならない。代理懐胎が認められないのは行為規制のレベルでの問題であり，異性カップルにも同じく認められていない。現行の行為規制を前提として，以下では，生殖補助医療による親子関係の設定という民法の問題について，女性カップルを対象に検討する[32]。

---

　(32)　男性カップルについては，異性カップルにも代理懐胎が認められた場合に，同じように扱うことになる。

(c) 民法772条の類推適用

女性カップルの一方が提供精子を用いて子を出産した場合に他方と子の間に実親子関係を設定することが肯定されれば、同性婚を認めない立場は、「同性カップルは生殖や養育をしない」という重要な論拠を失う。

提供精子を用いた人工授精において（医療施設における生殖補助医療に限らず、提供精子を自らで注入する場合も含む）母のパートナーと子の間に血縁関係が存在しない点は、異性カップル、同性カップルとも同じである。異性カップル、同性カップルともに婚姻当事者双方が提供精子を用いて子をもうけることを望んでいるのであれば、その点でも違いはない。また、婚姻当事者の一方と精子提供者の間の子ではなく、婚姻当事者間の子となり、養育することを望んでいる点でも同じである。

諸外国の例（前記2）が示すように、提供精子を用いた人工授精において、婚姻当事者が異性であるか、同性であるのかを区別する意義は乏しい。民法772条は、嫡出推定を提供精子を用いた「生殖補助医療」に限定しない[33]。民法772条が広く適用されることを前提にして、生殖補助医療民法特例法は、そのうち配偶者の同意を得た生殖補助医療の場合に「嫡出否認」を制限する。夫がトランスジェンダー男性である夫婦についてではあるが最三決平成25・12・10民集67巻9号1847頁は、「妻との性的関係によって子をもうけることはおよそ想定できない」としつつも、民法772条の嫡出推定の適用を認めている。ここでは、当事者の生物学的性別（すなわち、自然生殖の可能性）と分離した、婚姻を媒介とする法的な実親子関係の設定を認めていると評価できる。提供精子を用いた人工授精により生まれた子の親（父）を民法772条により配偶者と推定するのであれば、同性どうしが婚姻している場合も同様に考えることができる。

民法772条は母の「夫」と定めるため、女性どうしの婚姻には直接適用できないという考えもありうる。その場合には、同条を類推適用することになる。父が男性の親を指すのであれば、出産していない女性には別の名称、例えば「親の一方（他方）」という名称を考えることができる。あるいは、女性の親を母として、出産した女性と子の母子関係と、出産していない女性と子の母子関係という2種類の母子関係を考えることもできる。

日本産科婦人科学会の「提供精子を用いた人工授精に関する見解」において、

---

(33) 生殖補助医療民法特例法10条は、民法772条が広く適用されることを前提に、配偶者の同意を得た生殖補助医療の場合に「嫡出否認」を制限する。

女性間の婚姻の当事者に提供精子を用いた生殖補助医療を認めることになれば，生殖補助医療民法特例法10条が適用され，嫡出否認について異性間の夫婦との違いはない。

学会の見解について，現在では婚姻が異性間に限定されているという前提のものであり，同性婚が認められれば変更されるであろうことが予測できる。

ところが，同性カップルの場合には，法律上同性であるというだけで医療施設における生殖補助医療から現在は閉め出され，例えばSNSをとおして提供精子を入手し，自らで人工授精を行っている。このような精子提供における精子の安全性，提供者とのトラブルが現在でも問題として指摘されている。同性婚に民法772条が（類推）適用されることきっかけとして，同性カップルに生殖補助医療が認められると，このような問題を回避することができる。

(2) 同性間の婚姻に772条を適用しない場合

もし，前記の立場をとらずに，同性カップルの婚姻には民法772条が類推適用されないという立場を取ったとしても，それは同性婚を否定する論拠とはならない。

オランダのように，ヨーロッパにおいて同性婚が導入された当初は，父性推定の規定を，同性婚には適用しなかった（前記2(1)）。このような同性間の婚姻であっても，法律婚として異性間の婚姻と区別されていなかった。これらの国々でも父性推定（親子関係の推定）は婚姻から生じる重要な効果であり，それにもかかわらず親子関係の推定という効果を伴わない婚姻を同性カップルに認めていた。

しかし，現在においては，女性どうしの婚姻において，婚姻当事者の一方が提供精子を用いて子を出産した場合に他方を子の親とすることを認める国が増えてきている[34]。父性推定をともなう異性間の婚姻と，親子関係の推定をともなわない異性間の婚姻という区別は維持できないものとなっている。

日本民法772条は，現在でも，自然生殖によるか，生殖補助医療によるかを区別せずに父子関係を推定している。前記(1)で述べたように，提供精子を用い

---

(34) アメリカ，イギリスでは，同性間の婚姻を認める前から，同性の両親を認めている。イギリスについて，田巻帝子「イギリスにおける同性カップルの法的処遇」ジュリスト1577号（2022年）81頁以下，および注に掲載されている文献を参照。

ドイツでは，女性どうしの婚姻において出産していない女性と子の間の親子関係を2023年現在ではまだ認めていないが，民法の改正に向けて立法が進められている。渡邉泰彦「ドイツ実子法改正の動向：ワーキンググループ実子法から討議部分草案まで」産大法学54巻2号（2020年）325頁。

た人工授精においては，母のパートナー（配偶者）と子が自然血縁関係を有しない点をはじめ，カップルが異性どうしであるか，同性どうしであるかに違いはない。それにもかかわらず，同性間の婚姻について，自然生殖の潜在的可能性がないことを強調して，嫡出推定をともなわない婚姻について議論する意義は乏しい。

提供精子を用いた人工授精により生まれた子からすると，婚姻の当事者が異性どうしであれば両親（父母）との実親子関係が認められるのに対して，同性どうしであれば出産した女性との間の母子関係しか認められないという区別が生じる。そのため，婚姻の当事者が女性同士の場合には，出産していない女性と子の間で法律上の親子関係を生じさせるために養子縁組（場合によっては認知）をしなければならない。とりわけ子どもは自らの選択ないし修正する余地のない事柄を理由に不利ないし不安定な状態に置かれることとなる。提供精子を用いた生殖補助医療（人工授精）によって生まれる子の間に生じるこのような区別を，自然生殖の潜在的可能性の有無に基づいて正当化することはできない。同性間の子についてのみ嫡出推定を適用しない立法は，憲法14条1項（平等原則）及び憲法24条2項（個人の尊厳と両性の本質的平等）に反する。

Ⅸ　おわりに

これまでの検討から，現在の日本で，同性カップルについて婚姻ではなく登録パートナーシップ制度を導入することについて，以下のようにまとめることができる。

① 日本における登録パートナーシップ制度は，婚姻以下の効果，内縁以上の効果という狭い選択肢しかない。
② 婚姻との個別の差異は，平等原則違反となり，維持できない。
　　a．差異の制度化により，差別が固定化される危険が生じる。
　　b．婚姻との不平等な差異を訴訟により取り除くために，当事者に時間と費用の負担を生じさせる。
③ 登録パートナーシップから婚姻への段階的移行は，同性カップルに対する差別を固定化させる危険を有している。
④ 潜在的な生殖能力を理由に婚姻と登録パートナーシップが区別されるのではない。
　　a．登録パートナーシップは実親子関係の設定と切断されてはいない。
　　b．女性カップルの婚姻に嫡出推定の規定を（類推）適用すべきである。

以上のことから，同性カップルに対する婚姻以外の制度は，具体的成果が乏しく，当事者に過大な不利益を与えうるものといえる。

※本研究はJSPS科研費23K01220の支援を受けたものである。

【追記】
　脱稿後に東京地判令和6年3月14日，札幌高判令和6年3月14日に接したが，本稿において扱うことができなかった。とりわけ，札幌高判令和6年は憲法24条1項を「人と人との結びつき」と理解した重要な判決である。これにより，同性カップルに登録パートナーシップのみを認めることがより困難になったと考えられる。
　その他，同性カップルの当事者に犯給法の適用を認めた最判令和6年3月26日（裁判所ウェブサイト）も，Ⅲ4において触れていない。

第 3 章
親子・親権・未成年後見・里親

7 日本における内密出産制度の意義と課題（再論）

床 谷 文 雄

Ⅰ　はじめに
Ⅱ　ドイツの内密出産制度の概要
Ⅲ　日本における内密出産制度
Ⅳ　おわりに

Ⅰ　はじめに

　熊本県熊本市西区に所在する医療法人聖粒会慈恵病院（以下『慈恵病院』という）が2007（平成19）年5月10日から，思いがけない妊娠・出産のために苦境にある母と生まれた子どもの保護のために，赤ちゃんを匿名で受け入れる「こうのとりのゆりかご」事業（社会的には「赤ちゃんポスト」と呼ばれることが多いが，ここでは「ゆりかご」と略称する）を開始してから16年以上が経過した。この間に，170人以上の嬰児・乳幼児がゆりかごに預け入れられ保護されている。ゆりかご開設初日に預け入れられた宮津航一氏（当時，3歳）は，大学入学を機に自らの実名と生い立ちを公表して，ゆりかご当事者として，ゆりかごの社会的意義，「子どもの出自を知る権利」，「真実告知」等の問題について講演活動等を行い，社会への問題提起を続けている。

　慈恵病院はドイツのハンブルク市に在る社会福祉団体（シュテルニ・パルク）が2000年に始めたいわゆるベビークラッペ（Babyklappe）をモデルとしてゆりかごを開設したが，ドイツでは，捨子の受け皿ともなり得るベビークラッペに対する社会的・倫理的・法的批判も強く，特に預け入れられた子どもには「自己の出自を知る権利」が制度的に保証されていないことが問題視され，匿名での赤ちゃん預け入れ制度のあり方が種々に議論された。その議論の成果として，2014年5月に施行された改正妊娠葛藤法に基づき，出産の秘密を守りたい妊婦が医療機関で内密に子を出産することができる手続（Vertrauliche

Geburt）が制度化された（以下「内密出産」という）[1]。このドイツの内密出産は，妊婦が認可された妊娠相談所の特定の相談員だけに身元を明かしたうえで，医療機関では仮名で出産し，生まれた子の出生登録をする際も，母（および父）の氏名を記載しないが，他方で，妊産婦の残した身元情報は国の特定の機関が管理し，将来，子どもが自己の出自を知ることを希望するときには，母が残した身元情報を入手することができる仕組みを備えるシステムとなっている。

慈恵病院は，このドイツの法制化を参考にして日本版「内密出産」の取扱いを開始し，2021（令和3）年12月から2023（令和5）年12月までに21の出産例があったことが公表されている[2]。この慈恵病院における内密出産の取組に対して，2022年9月30日に法務省および厚生労働省から連名で，関係諸機関に対して，「妊婦がその身元情報を医療機関の一部の者のみに明らかにして出産したときの取扱いについて」という通知（以下「内密出産ガイドライン」という）が発出され，内密出産を希望する妊産婦の出産を受け入れるに際しての対処のあり方，そして生まれた子の処遇などに関して，医療機関・都道府県等・児童相談所・市区町村が留意すべき事項が明らかにされた。

内密出産は，妊婦が自己の身元を極力秘匿したまま医療機関で安全に出産することができることを保証する制度として，ゆりかごと併存して運用されている。母に完全な匿名での出産を認めることは，生まれる子が，将来，自己の血縁上の親を知ることができず，アイデンティティの確立に苦しむ原因にもなる。ゆりかごの場合は，実際には預け入れた者の身元の判明率が高いことが知られているが，不明となることを覚悟の上での受け入れである。内密出産は，ゆりかごとともに母子の生命を守る最後の拠り所となるものとして，母親の出産の秘密保持（プライバシーの権利）と子どもの出自を知る権利とのギリギリの調整をめざす取組である。

筆者はかねてドイツのベビークラッペおよび内密出産の制度について検討し，その法的課題について論じてきたが[3]，国の姿勢が内密出産ガイドラインの発

---

(1) 匿名（anonymous）や秘密（secret）ではなく，信頼に基づく出産を意味する。
(2) 熊本日日新聞2023年12月21日。2023年春の時点では9件が公表されていたので，件数は増加傾向にあるといえよう。
(3) 床谷文雄「ドイツにおける内密出産制度導入の意義と課題（一）」阪大法学68巻1号（2018年）1頁，同「ドイツにおける内密出産制度導入の意義と課題（二・完）」阪大法学68巻6号（2019年）1109頁，床谷文雄「日本における内密出産制度の展望」法セミ2023年4月号52頁ほか。本稿は，上記論文で試みた検討を，その後のドイツおよび日本の状況の変化を踏まえて，再検討し論ずるものであるが，内容的に重複する記述も少なくないことをお断りしておきたい。

出というかたちで公に示され、また、慈恵病院に続く赤ちゃんの匿名での預け入れと内密出産の取扱いの開始をめざす動き[4]が顕在化してきたことから、わが国における内密出産導入の意義と法的課題についてさらに検討を深めたい。

II　ドイツの内密出産制度の概要

1　内密出産の制度化と安定化

　慈恵病院がモデルにしたドイツで2014年5月1日から施行されている内密出産については、制度の開始から10年が経過しようとする現在では、学術的にも社会的にも余り議論されるテーマではなくなっているようである。それでも、施行当初に内密出産で生まれた子どもがまもなく10歳になり、6年後の2030年には16歳に達するそれらの子どもの「出自を知る権利」が具体的にどのようになるのか、問題の発生が現実味を帯びてきたことから、内密出産の法的規律に関する関心が全く失われたわけではない[5]。

　ドイツの内密出産制度は、妊婦が妊娠相談所の特定の専門相談員だけに自己の身元を明らかにしたうえで、当該妊娠相談所と連携をとる医療機関（助産師の介助による自宅出産を含む）において仮名で出産するものである（例外的には、先に医療機関を受診し、医療機関から連絡を受けた妊娠相談所が、内密出産の希望に対応することもある）。2014年5月の制度発足から2023年12月末までに1142件の内密出産が行われたとされる[6]。制度発足当初から平均して一月あた

---

[4]　東京都江東区の医療法人社団「モルゲンロート」および墨田区の社会福祉法人「賛育会」は2024年度中の内密出産導入をめざしていると報道されている（2023年9月28日日経電子版ほか）。また、札幌市のベビーボックス設置に関しては、医療機関との連携の面での問題があるとして批判的な報道がなされている。

[5]　実務者からも研究者からも、特に注目されているのは、Franziska Pabst, Die Regelung der vertraulichen Geburt, Nomos, 2022 である。同書は、内密出産の関係者の権利につき、母・子だけでなく、父についても検討を深めている。その批判点としては、内密出産についての周知がいまだに十分ではないこと、手続が事務的・行政官僚的でわかりにくいこと、出産した子についての養子縁組が成立するまでのおよそ1年間は、母は内密出産を撤回して子を取り戻すことが可能であること、法的父または生物学上の父の権利が十分に考慮されていないこと、子の出自を知る権利の基本権としての保障も十分ではないこと、などを指摘している。ドイツ医事法の権威で、特に医療と法の倫理に関わる委員会等で重要な役割を果たしているヨッヘン・タウピッツ教授（マンハイム大学）は、同書につき、法学の博士論文としてはめずらしく、家庭裁判所と児童相談所に対するアンケート調査から、立法者にも実務者にも有益な結果を導いていると高く評価している（Jochen Taupitz, Rezensionen, Gesundheitsrecht, 2023, 611f.）。

[6]　トビアス・バウアー教授（熊本大学）がドイツ家族省から得た数である。このうち、事後的に内密性を放棄したもの（内密出産の撤回）は80件あったとされる。ドイツの事情につき、詳細は、トビアス・バウアー編『「出自を知る権利」資料集（科研19H01186・

り9件ないし10件程度と安定的に利用される制度になっている。ドイツ連邦家族省では、2017年に「妊婦支援の拡大と内密出産の規律のための法律」に基づいて実施した全ての取組と支援の効果に関する評価調査の結果をまとめた報告書[7]を公表し、制度の導入は概ね成功したと自己評価しているが、当初の立法目的を達成できたかにつき懐疑的な意見もある[8]。ドイツ連邦家族省は、2024年に内密出産に関する新たな実情調査を予定しているようである。

2　内密出産の手続の法的構造

　ドイツの内密出産の手続の流れの概要は、次のようなものである[9]。
　(a)　妊娠相談所での専門的相談と出自証明書の作成
　匿名での出産を希望する妊婦は、ドイツ全土に数多く存在する国の認可を受けた妊娠相談所[10]において、一般的な妊娠相談と内密出産の相談を区分して段階的に相談し、匿名でない通常の出産の場合の支援の可能性について、次いで内密出産の関係者（子どもだけでなく父親も含む）の権利義務について必要な情報を与えられる。相談後も内密出産を希望する者は、専門の妊娠相談員に対して身元を証明するもの（身分証明書）[11]を提示して、自己の氏名・生年月日・

　　　匿名による子どもの委託と生殖補助医療における出自を知る権利に関する日独比較研究）』（2024年）参照。
(7)　その一部は、バウアー編・前掲注(6)137頁以下で和訳紹介されている。
(8)　内密出産制度が子の殺害・遺棄を減少させたかどうかについては実証しうる材料がないことから、これに否定的な意見がある。また、妊娠による危機的な状況にある女性が相手の男性や家族に秘匿して出産するという想定された利用者像についても、実際には、パートナー等と同伴して相談に来るなど、危機的状況にあるとは必ずしもいえない女性が利用しているケースもあると言われている。バウアー編・前掲注(6)98頁以下のドイツの専門家・実務者との対話を参照。
(9)　詳しくは、床谷・前掲注(3)阪大法学論文およびバウアー編・前掲注(6)88頁以下を参照されたい。
(10)　ドイツ連邦家族省によれば1600か所以上ある。約1800か所とする文献もある。「妊娠相談所」は原語のSchwangerschaftsberatungsstellenを直訳したものである。内密出産の相談所として「妊娠葛藤相談所」という訳語で紹介する文献もあるが、ドイツ法の文脈では、刑法の堕胎罪との関係で人工妊娠中絶の違法性を阻却するために求められる事前相談をSchwangerschaftskonfliktberatungと呼んでおり、これが直訳すると「妊娠葛藤相談」となる。
(11)　ドイツでは、16歳以上の者は、自分の身元を証明する身分証明書（IDカード）を申請して所持している。これの表面には、氏名・生年月日・出生地・国籍・有効期限が記載され、写真付。裏面には現住所・身長・目の色・洗礼名・芸名・発行官庁・発行日が記載されている。チップには指紋が登録される（生体認証を利用できるのは、警察・税関等の国家機関に限定される）。これは旅券の代わりにもなる。妊婦が16歳未満の場合は、官庁の公的身分証明書を持たないので、身元を証明するのが困難になる場合も考

住所・外国人の場合は国籍を記載した出自証明書を作成する。その際，内密出産の手続で用いる妊婦の仮名および妊婦が希望する子どもの名があれば，男児名と女児名を定める。出自証明書を封入した封筒の表面には，出自証明書在中の旨と母の仮名を書く。この出自証明書を入れた封筒は，子どもが生まれた後，その生年月日・出生地，医療機関等の名前・住所，妊娠相談所の名前・住所を記入して，妊娠相談所から国の機関（ケルンにある連邦家族市民社会問題庁。以下ではBAFzAという略称を使う）に送付されて，公的責任の下で保管される。

(b) 医療機関での対応

医療機関では，妊婦の仮名での出産を受け入れ，出産後の産婦と産児の心身のケアを行う。出産にかかる費用は，すべて国が負担する。出産後，医療機関から妊娠相談所に出産の日時等が通知され，妊娠相談所から，さらに養子縁組あっせん所に通知がされる。子の出生の届出は，医療機関の長（病院長）等から管轄の身分登録所（Standesamt）に対してすることができる。

(c) 内密出産により生まれた子の出生登録

内密出産による子の出生の届出を受けた身分登録所は，子の名（氏名は棄児と同じく行政官庁が定める）と母親の仮名をBAFzAに通知する。そして，BAFzAは，妊娠相談所から送付されてきている出自証明書の封筒の表面に，身分登録所から通知された子の氏名を記載して，内密出産の母子のデータを連結させることになっている[12]。ただし，身分登録所で行う子の出生登録（出生登録レジスター）[13]では，出産した母の氏名（仮名）は記録されない。

えられる。15歳以下で旅券を所持する者もあるが，青少年の旅券の有効期間は6年なので，低年齢で取得した旅券では，本人との照合が難しい。自動車運転免許証は17歳からで，原付バイクでも16歳からになる。出産までに時間的余裕がある妊娠相談の際には，学生証など官庁が発行したものではないものも含めて，本人特定をすることもできようが，駆け込み出産で意思表示ができないなど，事前に自分の身元を証明できないことも考えられる。16歳以上の場合でも，2010年11月から電子身分証明書（eID）への切り替えが促進されており，スマートフォンのアプリに身分証明書を入れることもできる。旧来の身分証明書カードであれば，所持品から見つかることもあるであろうが，若年層のオンライン証明の利用が進めば，そうした事実上の証明も困難になる。

(12) 出自証明書およびそれを封入した封筒の表面の記載については，バウアー編・前掲注(6)89頁に邦訳を付して示されているので参照されたい。

(13) ドイツの身分登録は出生登録，婚姻登録，死亡登録として，それぞれの事実が登録され，父母の氏名，宗教等の関連する事項が追記・付記される方式である。かつては帳簿方式であったが，データ記録によるレジスター方式になっている。日本の戸籍は基本的に親子登録であり，誰の子として出生したか，血縁関係を明確にすることを編製原理としている。

(d)　内密出産により生まれた子に対する親の配慮権の停止と養子縁組

　ドイツ法上，分娩した女性は，当然に子の母となるものと定められている（ドイツ民法 1591 条）。内密出産の場合でも，出産した女性は，母として子を保護し扶養する義務を負うべきところ，内密出産では，この母の法的責任を問わないものとされている。そして，内密出産で生まれた子については，母および父の配慮権が停止することが定められ（ドイツ民法 1674a 条）[14]，要保護児童の援助を任務とする少年局（Jugendamt）が官庁として法定後見人となる[15]。

　少年局では養子縁組をあっせんする機関を設置しており，養子縁組を希望する者のリストを作成し[16]，内密出産で生まれた子その他さまざまな事情を抱える子どもの養子縁組を支援する活動をしている。内密出産の子どもについては，養子縁組を促進するため，民法上，母は永続的に（dauernd）所在が不明であるものとみなされ，親の同意を得ることなしに（ドイツ民法 1747 条 4 項），家庭裁判所は，養子縁組を成立させることができる。もっとも，家庭裁判所の養子縁組の可否の判断の前提となる養親となるべき者による試験養育に入った後，家庭裁判所の養子決定が出るまでに 1 年程度を要するとされることから，この間に内密出産した母が内密出産の意思を撤回して[17]，家庭裁判所が母子関係の存在を認定すれば[18]，母の配慮権が復活することになり（ドイツ民法 1674a

---

(14)　立法当初は，母の配慮権の停止のみを定めていたが，2021 年 5 月 4 日の後見・世話法改正法により，民法 1674a 条の文言が修正され，親の配慮権が停止されるとの規律になった（2023 年 1 月 1 日施行）。母のみの配慮権の停止を定める旧規定については，父からの父子関係承認の訴えや子の引渡し請求に対応していないことが批判されていた。

(15)　立法当初は，母の配慮権が停止されていることを原因として，家庭裁判所が少年局を官庁後見人に選任する手続を入れていたが，出産後直ちに医療的措置に対する同意が必要な場合など，子の保護において問題が生じうるとして批判されていた。2021 年後見・世話法改正法により，未成年者の後見に関する規定の見直しがされ，その一環として，内密出産の子については，法律上，子の出生地を管轄する少年局が後見人になることが新たに規定された（ドイツ民法 1787 条）。

(16)　ポツダム市の少年局が周辺自治体と共同で設置する養子縁組あっせん機関が養子縁組を希望する者を受け付ける際の質問票では，養子の属性（年齢・性別・外国出身・親の犯罪歴・父不明・匿名の出生〔棄児・匿名出産・ベビークラッペ・内密出産〕・障がい・親のアルコール等依存症・特別な妊娠事情〔売春・近親相姦・性犯罪〕など），養子に対する出自の告知（どのように，いつ）および養子の実親との交流・情報交換などについての考え方を問うている。

(17)　母が内密出産の意思を撤回した場合，妊娠相談所から連絡して，BAFzA から出自証明書が妊娠相談所に返却される。母が返却された出自証明書を受け取り，母子関係の証拠の 1 つとすることもあり得る。

(18)　家庭裁判所は，母子関係の認定に当たっては，DNA テスト，養子縁組あっせん記録，内密出産関係者（担当医師，相談所の専門相談担当者）の陳述などを証拠とするものと考えられる。これについては，Pabst（前掲注(5)）378 頁以下に家庭裁判所に対するア

条2文），母が子の引き取りを求めたときには養子縁組が成立しないリスクがあることが問題とされている。

3　内密出産における出自を知る権利の保障

　子は，養子が自己の縁組の記録を閲覧することが可能とされている年齢と同じく，16歳になれば，連邦庁が保管する母の出自証明書の閲覧（写しの取得）を請求することができる[19]。16歳は，成年年齢よりも2歳早いが，親子の身分に関する事項につき判断するに足りる精神的な発達の見込める年齢であると考えられている[20]。憲法上の人格権として位置づけられている「自己の出自を知る権利」に対して，母に，出産の秘密（プライバシー）を完全に保持する権利（自己情報に関する自己決定権）が法的に保証されているものではない。法律上，母と子の利害の調整は，出生後の時の経過の中で慎重に計られることになっている。すなわち，母は，子が15歳になった時点においても，なお自分の身元を子に知られたくないと考えるときは，予防措置として，妊娠相談所に対して[21]，子が16歳になっても出自証明書を閲覧することを拒絶する意思を届け出ておくことができる。母の拒絶の意思につき妊娠相談所から通知を受けた連邦庁は，出自証明書を収めた封筒の表面の拒絶の意思欄にチェックを入れておき，後に子からの閲覧申請があったときは，閲覧は母によって拒絶されている旨の回答をする。

　　ンケート結果を踏まえた分析があり，関係者の聴取には批判的である。返却された出自証明書も，証拠の一部となる。その他，医療機関が妊娠の経過等を記録し管理するために妊婦に交付する母手帳（Mutterpass），医師の証明書などが証拠となりうる。
(19)　2018年7月1日から施行されている精子提供者登録法においても，子は16歳から，精子提供者に関する情報を請求することができるものとされている。
(20)　ドイツの内密出産にかかわる専門家には，子どもの心理的発達という観点からすると16歳では遅すぎるとして，これに反対する意見がある。思春期になれば，事実を知りたいと思う者は少なくないので，その前からでも，8歳ないし10歳でも認めて良いという。内密出産の子はほとんどが養子になっていると考えられるので，養親とともに請求するのであれば，10歳から認めることが適切ではないかという意見が述べられている（ミュンヘン応用科学大学のイェルク・ラインハルト教授〔バウアー編・前掲注(6)104頁〕）。他方で，養子縁組における経験からすると，16歳でも早すぎる，十分な専門的な支援が必要であるという養子縁組あっせんの現場の声もある。ちなみに，ドイツ青少年保護法では，16歳からアルコール度数の低いビール，ワイン，発泡ワインを飲むことが許され，配慮権者（親権者）と同伴であれば14歳から許される。未成年者の喫煙は禁止されている（2007年までは16歳からの喫煙が許されていた）。
(21)　出産当時に相談した妊娠相談所に相談することが想定されるが，それに限定されるものではない。子の出生日や出生地，出産時の仮名を示して，自分が内密出産をしたことを明らかにする必要がある。

閲覧を拒絶された子は，家庭裁判所に対し，出自証明書の閲覧を求める申立てをすることができる。家庭裁判所は，その時点での母の利益[22]と子の利益[23]を比較衡量して，この閲覧の申立ての認否を決定する。家庭裁判所により閲覧の申立てが却下された場合は，子は，3年後以降に再度の申立てをすることができる。内密出産制度の創設時の議論では，出産から15年が経過する間には母の事情が変化しているであろうから，内密出産の事実を子が知ることを母が拒絶することは多くはないであろうと推測されていた。施行から10年の経験を踏まえて，現在の内密出産にかかわる実務者からは，5年も経てば（遅くても10年の内には）事情は変わるのではないか，母が内密出産の事情を知られたくないのは，母の出産当時の家族に対してであって，子に対してではないから，子からの閲覧請求があった場合にこれを拒否することは少ないのではないかという意見がある。

妊娠相談所が相談の中で妊娠・出産に関連するさまざまな情報[24]を妊婦（母親）から聴き取っていた場合は，それらの情報は，出生した子どもが養子縁組のために託された養子縁組あっせん機関に関係書類として移管され，そこで保管されることになる。養子が16歳に達した後は（16歳未満の場合は養親の同意を得て），それらの情報を養子縁組あっせん機関から入手することができる。

---

(22) 15年経過しても，母の家庭環境に変化がなく，15年前に出産したこと，その子を内密出産の方法で手放し隠していたことを知られることが心情的に苦しいだけでなく，家庭環境に不安感をもたらすおそれがあるような場合，子が出自証明書を閲覧する（それを想起する）ことにより，母の健康，身体に悪い結果をもたらすおそれがある。人格の自由を侵害し，生命の尊重に反する事態も考えられる。その他，保護に値する女性の利益は，幅広く考えられる。

(23) 子の出自を知る権利をかなえることによる子の心身への影響を慎重に考える必要がある。出自を知る権利を保障することは，子が希望さえすれば，知りたい情報を全て与えるということを意味するものではないであろう。子の心身の発達の程度や，知る情報による子への影響を具体的に考える必要がある。出自証明書の閲覧を求めることは，実母が誰かを特定したいという意欲がある場合であるが，真にその必要性があるのか，閲覧請求に当たっての養子縁組あっせん所の子への支援とは別の立場で，家庭裁判所は判断しなければならないであろう。

(24) ポツダム市の少年局が周辺自治体と共同で設置している養子縁組あっせん機関が作成し妊娠相談所に提供している内密出産希望者に対する質問票では，妊娠・出産の経過（子の身長・体重・健康状態等），子の兄弟姉妹，母および父の年齢，身体的特徴（身長・体格・毛髪の色・目の色），学歴，職業，趣味，性格，本人および家族の疾病，子どもの委託先についての希望，養子縁組を希望する理由などの項目が挙がっている。これについては，バウアー編・前掲注(6)91頁・114頁以下に紹介されている。

III　日本における内密出産制度

1　慈恵病院での取組の進展

　慈恵病院での内密出産の受け入れは，法的に不安定な中で出発した。熊本市は，内密出産は日本では違法性を払拭できないことから実施を見合わせるように慈恵病院に要請していたが，2021（令和3）年12月に最初の内密出産が行われた。その後，これまでに公表された21の内密出産の事例には，駆込み出産に近いケースや帝王切開手術となったケースなど，妊婦の生命に危険が及ぶ可能性があった場合もあり，妊婦の家族に連絡しないままの緊急対応には，医師としても不安がある中での内密出産であったであろうと推察される。

　慈恵病院の実施する内密出産では，妊婦は，病院内のスタッフである新生児相談室長にのみ身元を明かすことになっている。慈恵病院がモデルとしたドイツのように，独立した妊娠相談所の専門相談員に相談し，その仲介のもとで，出産は医療機関で行うという機能分離がされていない。このことは，内密性の保持に不安を残すが，全国妊娠SOSネットワークのような相談機関との連携が未だ十分に発達していないことから，やむを得ないところであり，整備を検討すべき重要課題の1つである。

　ドイツ法との比較において現実的に切実な問題となるのは，出産費用はすべて慈恵病院が負担することである。これについては，出産自体に対する社会保障政策の進展も関わるが，たとえ出産に対する公的給付があっても，身元を明らかにしない内密出産では，妊婦が被保険者（被扶養者）となっている健康保険の給付の適用を受けることができない。これを医療機関がカバーする実情では，財政的負担が大きすぎ，他の医療機関への内密出産の拡がりが難しい理由の1つとなっている。さらに，万が一にも出産時に妊産婦・胎児の死亡等の事故が発生したときは，医療機関としては訴訟となるリスクを抱えることにもなる。内密出産制度による母と子の保護を社会的に定着させるためには，公的な経済的保障により，医療機関の負担を軽減させ，多くの医療機関がこれに算入する意思を持ちうる態勢を作る必要がある。

2　内密出産ガイドライン

(a)　内密出産ガイドラインの概要

　熊本市は，慈恵病院に対して内密出産の取扱いの見合わせを要請するなど慎重な姿勢を示す一方で，国に対して，同病院が内密出産を受け入れることの是

非についてどのように考えているのか照会をしていた。これに対して，国の姿勢はなかなか明確にはされなかったが，2022（令和4）年9月30日に至り，ようやく内密出産ガイドラインが発出された。その内容は，従前に熊本市から出されていた照会等に対して個別に回答した事項や現行制度下における対応方針等を改めて整理したものと位置づけられており，内密出産を推奨するものではないと明記している。内密出産ガイドラインは，関係諸機関・自治体が対応すべき事項について，おおむね次のようにまとめている。

① 医療機関における対応について

医療機関は，妊婦に対し，身元を明らかにして出産するように説得しても，妊婦がこれに応じずにあくまで内密出産を希望する場合，そのような妊婦がいることにつき都道府県等に事前に情報提供を行い，また妊婦に生命の危険が生じた場合等においての転院先となる医療機関との連携体制を構築することが求められる。

医療機関は，内密出産を希望する妊婦の身元情報を保存・管理するための規程を明文化し，情報を確認・管理する者等を定めなければならない。この母親の身元情報の保管は永年とすべきものとされている。妊婦について仮名で診療録を作成し，妊婦とのやり取り，子どもに対する身元情報の開示および開示時期に関する同意内容等を記録し，身元情報以外の関連情報を得ることができたときは，それも記録する。

内密出産で生まれた子どもは要保護児童として取り扱われることとなるので，医療機関は，その出生につき児童相談所に対し通告し，出生児の戸籍を作成するために必要な情報（子どもの出生地，出生日および性別）を提供する。また，医療機関には，母子に対する支援に関しても，児童相談所と密接に連携することが求められている。

② 都道府県等における対応について

都道府県等（政令指定都市または保健所設置市区を含む）は，医療機関から内密出産が行われることについて事前の情報提供があったときは，市区町村や児童相談所等の関係機関と情報を共有する。また，医療関係法令に照らして，医療機関での内密出産の対応に違法性がないか確認する。医療機関で作成した妊婦の身元情報の管理に関する規程を確認することも含まれる。

都道府県等は，医療機関において要保護児童発見者として義務づけられている児童相談所等への通告（児福25条1項），妊婦の身元情報を管理するための規程の明文化および規程に基づく身元情報の管理，他の医療機関への引き継ぎ

等が適切に行われるよう周知・指導する。身元情報の管理に関する規程につき都道府県等の確認がされなければ実施することはできないであろうが、規程の内容について都道府県等が不適切と判断することがあるとして、その場合に是正の勧告をすることも、ここでいう指導に含まれると考えられる。

③　児童相談所における対応について

児童相談所は、医療機関から受けた内密出産で出生した子の戸籍を作成するために必要な情報（出生地、出生日、性別）を市区町村に提供する。出生児は要保護児童として、一時保護（児童相談所長による親権の行使）や特別養子縁組等の活用により、その子の最善の利益が図られるよう適切に実施しなければならない。

そして、児童相談所は、子が将来、自己の出自を知るための手続がとれるように、子が入所している施設や養親等に対し、出自を知る権利およびこの権利に基づく身元情報の開示方法・時期等を説明しなければならない。

その他、子どもに対する適切な支援のために、児童相談所は、市区町村と連携して対応することが求められている。

④　市区町村における対応について

市区町村は、児童相談所からの情報提供に基づき、母の欄を空欄とした子の戸籍を職権で作成する。これにより、かねて懸案であった出生した子に係る単独戸籍を、違法性が疑われていた医療機関からの出生届に基づいてではなく、職権で編製することができることが明確にされた。このことは、内密出産に取り組む医療機関にとって、１つのおおきなハードルを越えたことになる。内密出産の撤回はいつでも可能であるから、職権による戸籍の作成後に母から氏名を明確に記載して子の出生届が出されたときは、職権で作成した戸籍を消除し、出生届に基づく戸籍を作成することになる。

内密出産を希望する妊婦が妊娠中に母子健康手帳の交付を受けていないときは、市区町村は、母子健康手帳を交付する。母子健康手帳は、妊娠中および出産後の母子の健康情報を記録するものとして重要であり、出生時の母子のつながりを明らかにするものともなる。母が母子健康手帳を交付されているが、養親等の新たに子を養育する者が母からそれを譲り受けることができないときは、新しい母子健康手帳を交付することになっている。

また、市区町村は、医療機関等および母に対し、母が利用可能なサービス等について情報提供をし、母子の支援につき児童相談所との連携を図るものとされている。

(b) 内密出産ガイドラインの意義
① 内密出産の取扱いの明確化に限定

　法務省・厚労省は，内密出産ガイドラインは従前の熊本市からの照会に対する回答等を改めてまとめて公表したに過ぎないものと位置づけている。したがって，このガイドラインにおいて妊婦の身元情報（すなわち子の出自に関する情報）の国家機関による管理や引受医療機関に対する財政的支援，内密出産希望者の相談・カウンセリングに当たる専門相談所および専門相談員の養成ならびに資格認定等の体制整備など，新しい公的措置を提示するものではないことは当然のことである。

　これに対して，内密出産の関係者，あるいはこれに関心を持つ者からは，強い不満の声が出ている[25]。とはいえ，妊婦が自己の身元を医療機関の一部の者のみに明らかにして出産することを「内密出産」と定義して，こうした出産方法も受け入れざるを得ない差し迫った事情があるケースの存在を法務省・厚労省が公的に明らかにしたことだけでも，このガイドラインが発出されたことの社会的な意義はある。これによって，慈恵病院に続く医療機関が類似の取組に手を挙げやすくなったことは間違いない。

　内密出産の制度としての安定化を図るならば，この内密出産ガイドラインを足がかりとして，議論をさらに具体的に進めて行くことが重要である。

② 母の身元情報・子の出自に関する情報の収集・管理のルール化

　内密出産ガイドラインは，内密出産を受け入れる医療機関に，妊婦からの身元情報の聴取の方法や得た情報をどのように管理するかなどに関する出自情報管理規程を設けることを求めている。こうした規程を設けるに当たっては，誰が，何を，どこまで，どういうかたちで聴取するか，そして得られた情報をどのように保管するのかを具体的に検討しなければならない。

　得られた母の身元情報・出生関連情報に関して，どの時点で，どのような内容をどういう手続で，誰に開示するのかなどについても難しい判断が求められるが，その決定も，受入医療機関にまかされている。慈恵病院では，2023年5月に，熊本市と連携して，「緊急下の妊婦から生まれた子どもの出自を知る権利の保障等に関する検討会」を設置して出自情報に関する規程の作成に向けて作業を進めている。

---

[25] 2023（令和5）年2月4日に熊本日日新聞社主催で開催されたシンポジウム「いのちの場所　ゆりかご15年」では，内密出産ガイドラインに関して，その不十分さを指摘する意見が強く出された。

身元を隠したい妊婦が自己に関する一切の情報を明かさないときについても，医療機関としては妊婦を受け入れることとして，対応を決めておかなければならない。内密出産ガイドラインでは，妊婦が完全な匿名での出産（匿名出産）を希望する場合についても内密出産に準じて取り扱うこととされているが，細部は医療機関の判断にまかされている。

③　職権による子の戸籍の編製

　内密出産ガイドラインで，懸案の一つであった子の出生届の取扱いと戸籍編製の問題が，医療機関からの出生届ではなく，職権記載の方法によるものと決定され，一応の解決を見たことは重要である。しかしながら，職権記載という戸籍技術的方法ではなく，内密出産の子についての出生届を医療機関から，または児童相談所長からすることを認め，子の単独での戸籍編製を可能とするように戸籍法の改正を考えるべきであろう。職権記載では子の名等は，棄児の取扱いに準ずるものと思われるが（市長等が氏名をつけ本籍を定める。戸籍法57条2項），内密出産では，医療機関（身元を明かされる者）が母親から子の名づけについての想い・希望があるときはそれを聴き取り，児童相談所への情報提供を通じて市区町村長に伝えることが考えられる。現行法上，市区町村長は，この母の名づけに拘束されることはないが，おそらくはそれを受け入れて決定するのではなかろうか。母親は子の名についての希望を持つ者もあれば，それを望まない者もある。少なくとも，名づけの希望が実現されれば，将来，子が出自を知ろうとするときに，母子関係の回復に有利に作用するであろう。

3　子の出自を知る権利の具体化

　内密出産ガイドラインでは，児童の権利に関する条約における「できる限りその父母を知りかつその父母によって養育される権利」（7条1項）を引用し，児童福祉法の総則でも同条約の精神に則った理念が規定されていることを挙げて，子どもの出自を知る権利の重要性を強調している。しかし，日本では，子の出自を知る権利がいまだ明確に実定法化されていない。出自を知る権利は，これまで主に養子縁組，非配偶者間生殖補助医療（第三者からの精子提供等）で問題とされてきた[26]。内密出産の場合がこれに加わるが[27]，それぞれに問題状

---

(26)　出自を知る権利に関する最近の研究として，梅澤彩「出自を知る権利に関する一考察」二宮周平編集代表・野沢紀雅編『現代家族法講座第3巻　親子』（日本評論社，2021年）141頁以下，同「出自を知る権利の保障と親子の交流」比較家族史研究37号（2023年）76頁以下がある。

(27)　ドイツの内密出産制度導入後における出自を知る権利の保障については，トビア

況が異なるので，検討すべき課題にも共通のものもあれば，別異のものもある。特に出自を知ることと法的親子関係の成否に関しては，提供型生殖補助医療の場合は明確に分離されているのに対して，養子縁組と内密出産の場合は，明確に分離されていないことを考慮する必要がある。もっとも，内密出産で生まれた子は，養子縁組（特別養子縁組）によって新たな親のもとで養育されることが多いため，養子縁組された子の出自を知る権利とは共通の問題が多い。

(a) 妊婦の身元情報等の収集

内密出産では，妊婦が特定の人にのみ自己の身元を明らかにすることを求めている。慈恵病院でのこれまでの事例では駆込みに近い緊急の状況のものも目立つが，内密出産を制度化することができれば，出産までに時間的余裕のある時期の妊婦を受け入れることも想定される。したがって，受け入れの段階で十分に事情を聴いた上で，内密出産をあくまで希望するのか意思を確認し，出自を知る権利を担保するための必要な情報を収集しなければならない。

氏名・住所・生年月日等の身元を特定する情報（身元情報）は，妊婦（母）の基本情報として子の出自の根幹をなすものなので，原則として出産前に必ず聴き取る必要がある。それ以外の妊娠・出産に関わるさまざまな情報，例えば妊娠の経緯，内密出産を望む理由，母の健康状態（病歴を含む），母の家族関係等の関連事情，子の父親のこと，子の兄弟姉妹のこと，子に対する命名の意思の有無，その理由，子への想いなど子の出自に関連する情報についても，母が問いかけに任意に応じる限り収集しておくことが望ましい。もっとも，これらは妊婦にとって明らかにしたくない事実関係も含むため，状況によっては，出産した後に可能な範囲で聴き取るということでも良いであろう。

(b) 母と子の情報の管理

出産前（緊急の場合は出産後）に聴取した母の身元情報は，出生児を特定するための情報[28]と紐付けて管理することが必要である。ドイツの内密出産制度では，前述の通り出自証明書を封入した封筒の表面に母の仮名，子の氏名・生年月日・出生地等を記載して紐付けているが[29]，これと同様に各医療機関等

ス・バウアー「ベビークラッペから内密出産へ——ドイツにおける出自を知る権利の議論を中心に」比較家族史研究37号（2023年）45頁以下があり，本稿は，このバウアー教授の研究に負うところが大きい。

(28) 内密出産ガイドラインでは，子の生年月日・性別・出産を担当した医師等の名前等を「特定情報」と称して，医療機関から児童相談所に，児童相談所から子の入所施設・里親等に伝達することを求めている。

(29) 前掲注(12)参照。

において母の身元情報と子の特定情報に付番して連結させ，封筒あるいはバインダーないしファイルを用いた紙媒体での保管と電子データによる並行保管を行うものとすべきである。この基本的な出自情報は，内密出産ガイドラインでは，医療機関等が永年保管すべきものとしているが，情報の安定的保管のためには，年度毎にまとめて，子の出生地の児童相談所で一括管理するのが適当である。

　内密出産で生まれた子どもの出生時の身体的データ（血液型等の生理学的情報を含む），健康情報は，一般の出産の場合と同様に，診療録に記録し，母子手帳に記載することで足り，特別の保管方法をとる必要はないと考えられる。ただし，それが別個に保管される母の身元情報と紐付いていることを示す記載の工夫が必要である。

　内密出産ガイドラインでは，子どもへの手紙，おもちゃ，物品その他子どもに託す物についても，医療機関等で管理することができる旨を説明して，母から提供された物を適切に管理し，子どもに引き継がれるようにすることを求めている。しかし，これらは医療機関等ではなく，母の身元情報，出産前後に聴取した子どもの出自に関連する情報とともに，児童相談所が保管すべきであろう。

(c)　子に対する情報開示の手続

　内密出産制度は，出産時に得た母の身元情報（＝子の出自情報）および子の出生に関連するその他の事実・事情（出自関連情報）を，子の出生後一定の時期がくれば，子どもの意思に基づいて知ることができる手続ないし方法が用意されていることがその根幹をなしている。内密出産ガイドラインでは，医療機関等が明文化する規程において，子どもが母の身元情報につき開示請求を行った場合の開示の方法について定めるべきものとされているが，出自管理の規程を設けるに当たり具体的に検討すべきことは少なくない。たとえば，請求することができる子どもの年齢，未成年者に認める場合に親権を行う者等の同意の要否，児童心理や子ども家庭福祉の専門家によるカウンセリングその他の支援者の助力を前提とすべきか，請求する情報の内容に応じて手続に違いを設けるのか，母の同意を情報開示の要件とするのか，その母の同意は出産時の同意で足りるのか，請求時に同意を（改めて）取るのか，請求時に母が死亡しているとき，または意思を表示することができないときはどうするのか，などを決めておく必要があろう。

① 母の身元情報を請求することができる年齢

内密出産で生まれた子ども自身の出生当時の様子を示す診療記録を含む診療情報（例えば診療録に記録されている身体上の特徴，出生時の写真，看護記録など）[30]は，自己の情報であるから，子ども本人が希望する場合，親権を行う者の同意を得て請求することができるものと考えられる。他方，母の身元情報はもちろんのこと，出生時前後の母の様子を示す情報（出生時の母の写真，母と子が一緒に写っている写真など），母の家族関係，内密出産した理由に関する陳述，子どもの兄弟姉妹の存否などの子どもの出自に関連する情報については，母の情報でもあるので，より慎重に取り扱わなければならない。

前述の通り，ドイツでは16歳から母が残した出自証明書の閲覧を請求できるものとされているが，わが国における年齢区分では，民法上で単独での身分行為ができる年齢となる15歳，民法上の行為能力が備わる成年年齢である18歳，あるいは秘匿されている母の身元情報に接することの精神的影響の強さを考慮して，法的に少年としての配慮を脱する20歳，のいずれかが基準年齢として考えられる。出自を知る権利を人格権の一部と捉えるならば，成年年齢にこだわる必要はないと思われるが，子どもの人格を尊重するとともに，その年齢・発達の程度に配慮し，子どもの心身の健全な発達に有害な影響を及ぼさないという現行未成年者法の基本的立場（民法821条参照）からは，未成年の間は単独での請求は認めず，親権者から，あるいは親権者の同意を得て請求することができるものとし，18歳からは単独で請求することができるものとするのが適当である。ただし，養親・児童相談所長ら親権を行った者または未成年後見人であった者の助言を得ることを必要とし，児童相談所が子どもと医療機関等および母との間での調整者の役割を果たすべきである。

② 母の同意の要否

子どもからの情報開示請求に対して，その時点で母が請求に応じる意思があるかどうかを確認すべきであろうか。母の身元情報以外の子の出産に関連する情報（出自関連情報）のうち，出産時に母の同意を得て収集しているものは，子どもからの情報開示請求があった場合に改めて母の同意を取る必要はないであろう。第三者の撮った母子の写真等で，母の容貌が写っていても，母の身元

---

(30) 診療情報とは，診療の過程で患者の身体状況，病状，治療等について医療従事者が知り得た情報をいう。診療記録は，診療録（いわゆるカルテ），看護記録など医療に関する診療経過記録を指し，医師法24条2項により，原則として5年間の保存が義務づけられている。

特定につながらないものについては，同様に同意は必要ないものとすべきである。

これに対して，母の身元情報については，原則として，請求時現在の母の同意を必要とすることになるであろう。内密出産ガイドラインでは，医療機関等から妊婦に説明して，子どもへの開示および開示時期について同意を得ておくべきものとされ，さらに開示の時期は母の意向に左右されることを認めている[31]。ただし，出産時に開示について母の同意を得ることができなかった場合でも，子どもから母の身元情報開示の請求を受けた医療機関等（あるいは児童相談所等の公的機関）は，母に対して，現在も開示の意思がないのか確認し，子どもにとっての情報開示の意義を説明し，開示に向けた調整をすべきである。母の身元情報の開示を請求する動機が，内密出産で生まれた子の婚姻（またはパートナー関係）の相手方との血縁関係の存否を確認することにある場合は，医療機関等がそれを確認することができるようにする。請求時に母が死亡しているとき，または意思を表示することができないときは，母に代わる親族の同意を得るまでの必要はないであろう。

母と子が出自情報をめぐって対立するときに，ドイツ法では家庭裁判所での利害調整を用意しているが，日本の家庭裁判所の現状ではそのような司法関与の導入は直ちには困難である。養子縁組に関する情報開示の経験を持たないわが国では，母の知られない利益と子どもの知る利益との衡量を如何に行うか，その判断基準の形成は容易ではなかろう。したがって，実務上は，児童相談所の精神心理学および子ども福祉の観点からのケースワークで対応することになろう。しかし，子どもの出自を知る権利を実体的な権利として確立させるためには，いずれは司法（家庭裁判所）の関与を必要とする時期が来るであろう。

4 内密出産と親子関係

(a) 実親子関係

思いがけない妊娠によって危機的状況に陥り内密出産を希望する女性は，必ずしも未婚の女性とは限らない。慈恵病院の「ゆりかご」の事例では，未婚の母親が最も多いが，婚姻中の母親も件数的にはかなり多く，子どもの実父（こ

---

[31] 内密出産ガイドラインの「子どもの出自を知る権利について」の項目のなかで，「医療機関における母の身元情報の保存期間について，当該身元情報の開示のタイミングは当該母が身元情報の開示をその子どもが何歳に達した時点で認めるかに左右されることを考慮し，永年で保存することが望ましい」と記している。

こでは法的な実父の意味ではなく生理上の父）についても，恋人等が最も多いが，夫・内縁の夫も少なくないし，「実父に別の妻子あり」の件数には母親に夫がいるかどうかは不明であるが，その可能性はある[32]。「ゆりかご」に子どもを預け入れた母親と内密出産を希望した母親とで，子どもの実父との関係にどの程度の違いがあるかはわからない。内密出産を希望する母親は，自身の父母その他の家族あるいは子の実父に頼ることができない孤立状態での妊娠・出産の場合がより多く，未婚者の可能性が高いと推測はできるが，既婚者であることも当然考えられる。

　母親が未婚の場合，実父との法律上の親子関係は成立していないが，母親の内縁の夫あるいは恋人が母親の内密での出産を疑って，医療機関・児童相談所等に問い合わせをする可能性がないわけではない。しかし，この場合は親権者である母親が子どもの養育を医療機関等に委ねているので，実父に対して情報を提供する必要はない。子どもは将来的にも実父に対する認知請求をすることができない状況にもなり得るが，これは内密でない出産の場合でもありうることである。

　母親が既婚の場合，出産時の母の夫が子の法律上の父であると推定されているので（民法772条），仮に夫から医療機関等に対して妻の妊娠・出産および子どもについての問い合わせ，あるいはその存在を前提とする子どもの返還請求がなされたときは，どうなるか。内密出産の場合，出産した女性の身元情報を持つのは特定の者だけであり，医療機関等としてこのような問い合わせ等に応ずることはできない。法的には母の夫は子どもの共同親権者であるが，出産時に事実上監護することのできる立場にあった母親の意思に基づいて，子どもの監護が医療機関等に委託されているので，医療機関等による子どもの処遇は正当である。なお，母親に対する聴き取りの際に，その婚姻状況，子どもの実父についての情報を得ている場合，これも子どもの出自情報として，保管および将来の開示請求の対象となる。

(b)　養子縁組

　内密出産で生まれた子どもは，医療的処置が必要でない健康体であれば，親権を行う親のいない要保護児童として児童相談所による一時保護から施設入所

---

[32]　熊本市のこうのとりのゆりかご第5期検証報告書によれば，第5期までの合計155件の預け入れに係る母親の婚姻状況は，既婚（婚姻中）42（27.1%），離婚26（16.8%），死別（第3期以降）1（0.6%），未婚51（32.9%），不明35（22.6%）となっている。子どもの実父は，夫27（17.4%），内縁の夫7（4.5%），その他（恋人等）40（25.8%），その他（詳細不明）24（15.5%），別の妻子あり20（12.9%），不明37（23.9%）である。

（乳児院）あるいは里親に養育委託され，そして永続的な支援ないし家庭での養育のために特別養子縁組の手続に進むことが想定される。内密出産ガイドラインにおいても，許可を受けた養子縁組あっせん事業者の一覧を添付して，特別養子縁組制度の活用を推奨している。そして具体的な縁組手続に関して，内密出産の子の場合は，事実上，母の同意を確認することができないことから，特別養子縁組の要件である養子となるべき者の父母の同意を要しない事由（民法817条の6ただし書）に該当するとの一応の解釈が示されている。

特別養子縁組の二段階手続の第一段階である特別養子適格の確認の審判事件（家事164条の2）においては，児童相談所長は，審判の申立てをすることができ（児福33条の6の2），また養親となるべき者の申立てによる審判事件の手続に参加することができる（児福33条の6の3）。児童相談所長は医療機関等から養子となるべき者が内密出産で生まれたことの通知を受けていることから，父母が意思を表示することができないことを理由として，父母の同意を要しないことを根拠づけることができよう。ただし，内密出産ガイドラインが示した解釈は確定的なものではなく，各事件において家庭裁判所により個別に審理・認定されなければならない。前述の通り，ドイツ法では民法上に明文があり，内密出産の子どもの養子縁組については，親の同意は必要がないものとされている。わが国でも同様に内密出産制度を立法化する際には，内密出産をした母親および存在しうる法的父の同意を不要とする旨の明文規定を置くことが必要である。

特別養子縁組のあっせん手続において，養親となるべき者は，児童相談所または養子縁組あっせん所から，養子となるべき者が内密出産で生まれたことにつき知らされることになるであろう。養子となる者が将来，自分の出自を知りたいと考えたときに，それに対応することができるように，養親となるべき者は，関与した児童相談所または養子縁組あっせん所と相互に連絡を保ち，取得することができた出生に関わる情報を整理・保持して，子どもの出自を知る権利に応える準備をしておくことが望まれる（努力義務とする）。

Ⅳ おわりに

ドイツでは，子どもの匿名での預け入れ設備（ベビークラッペ）が社会的・法的に問題とされ，その立法的対応として2014年5月から施行された内密出産制度が一定の利用度をもって安定的に運用されている（ただし，ベビークラッペの廃止にはつながっていない）。このドイツ法を参考として熊本市の慈恵病院

が始めた内密出産制度については，法務省・厚生労働省から内密出産ガイドラインが発出されて，一応の取扱いの原則が示されたが，日本でのこうした制度の活用には消極的な姿勢が窺われる。

そこで本稿では，日本での内密出産制度の今後の進展を見据えて，制度運用上の課題を再検討し，身元秘匿を希望する妊産婦の安全な出産および子どもの利益の保護のために，危機に瀕した妊婦に対する妊娠相談制度を充実させること，医療機関が匿名での出産に負担なく対応できるようにすること，母不明な子としての出生届により子の戸籍を編製すること，母の身元情報その他の出産に関連する情報の適切な管理と子どもに対する情報開示の方法を確立すること，医療機関，児童相談所，養子縁組あっせん所等の関連機関の連係強化がさらに必要であること，それらを実現するための立法措置が必要であることなどを論じてきた。

折しも韓国では，同じくドイツ法を参考にして2018年から秘密出産の法制化が検討されてきたが，2023年10月に保護出産制度として法制化が実現したことが伝えられている[33]。この韓国法の実践がどのような成果をもたらすのか，今後の動きを注視しつつ，日本における内密出産制度の法制化に向けて，さらなる議論を重ねたい。

（付記）本稿は，科学研究費（基盤研究Ｂ）「匿名による子どもの委託と生殖補助医療における出自を知る権利に関する日独比較研究」（課題番号 19H01186）（研究代表者：トビアス・バウアー熊本大学教授）の研究成果の一部である。

---

[33] 「危機的妊娠及び保護出産支援並びに子の保護に関する特別法」により導入される保護出産では，妊婦が身元を秘したまま安全に医療機関で出産することができる（2024年7月19日施行）。相談機関が聴き取った母親の名前・遺伝的疾患等の情報は密封され，児童権利保障院が永久保存する。子どもからの情報請求は19歳（成年）から認められるが（未成年者は法定代理人の同意を要する），身元開示には母の同意が必要とされる。出生の届出（家族関係登録簿に記録）は自治体の長の職権による。出産に関する費用は国と地方自治体負担とされる。以上は，2023年12月10日付け朝日新聞デジタル版での姜恩和教授の説明による。保護出産制度の全体概要および背景事情としての医療機関での出産の場合の出生通知制（保護出産制と同時施行）については，中村穂佳「【韓国】内密出産等に関する法律の制定」外国の立法298-1（2024年）16頁以下，同「韓国：医療機関による出生通知制の導入」外国の立法298（2023年）85頁以下を参照。

8 非婚同居者間の人工授精と出生子の身分帰属

金　敏圭（キム・ミンギュ）*

Ⅰ　はじめに
Ⅱ　韓国のケース
Ⅲ　アメリカ・バージニア州のケース
Ⅳ　韓国とアメリカ・バージニア州のケースの比較と課題
Ⅴ　結びに

Ⅰ　はじめに

1　人間生活スタイルの多様化と生殖補助医療[(1)]

(1)　ヒトというものは子孫繁殖の本能を有しており，この生殖という機能は，捕食と並んでヒトが生物として保存され続けるための生理的な作用である。民法が想定している生殖は，本来，自然生殖によるものであるが，多くのカップルがその過程で「難妊」[(2)]の苦しみに苛まれてきた中，近年の生殖補助医療の発展は，そのような「難妊夫婦」にとっては，有益な文明の恵沢であるといえる。ところが，近年，結婚というヒトの生活スタイルが選択肢の一つとなって

＊韓国東亜大学校・名誉教授
(1)　日本では"生殖補助医療"という表現を一般に使っているようであるが，韓国では通常"補助生殖医療"また"補助生殖術"という表現を使っている。韓国の「母子保健法」第2条第12号は，「補助生殖術」とは'妊娠を目的にして自然的な生殖過程に人為的に介入する医療行為としてヒトの精子と卵子の採取など保健福祉部令から定める施術をいう'と定義している。ところが，本稿においては，主に日本の表現方式にしたがって，"生殖補助医療"という言葉を使うこととする。
(2)　韓国では，「妊娠しにくいこと，またはそのような状態」を意味する用語として使用されている。生殖補助医療に関する根拠規定が設けられている「生命倫理及び安全に関する法律」（以下，「生命倫理法」とする）においても，その制定時は「不妊」という用語が使用されていたが，「不妊家庭」に対する社会的偏見を助長するおそれを考慮し，2013年からは，同法においても「難妊」という用語が使用されている。この点については，五十川直行・大塚芳典・金敏圭（代表編集）「韓国実事法研究――日韓比較民事法研究(5)」岡山商科大学法学論叢30号（2022年）58頁も参照されたい。

第1部　第3章　親子・親権・未成年後見・里親

非婚者[3]が増える傾向，また男女が結婚はせず同居を好む傾向，さらに女性の中には，結婚はせずとも子供を望む傾向など様々な態様が現れ，それに対応するための法整備が追いついていない状況である。我々はこれまで難妊夫婦に対する生殖補助医療の許容範囲をめぐる「医療法制」と生殖補助医療を通じて生まれた子とその父母との関係をめぐる「親子法制」を中心に議論してきた。

　(2)　生殖補助医療の類型[4]の多様化が見られる中，それに関する「医療法制」（行為規制ルール）と「親子法制」（親子関係ルール）の規範が社会的合意に達するには至らなかった。

　日本においては，2020年12月11日「生殖補助医療の提供等及びこれにより出生した子の親子関係に関する民法の特例に関する法律」（以下，「生殖補助医療法」という）が制定され，2021年3月11日から施行された[5]。本法において注目すべき点は，「他人の卵子を用いた生殖医療により出生した子の母は出産した女性をその子の母とする」という規定（第9条）と，「他人の精子を用いた生殖補助医療に同意をした夫による嫡出の否認の禁止」を定めた規定（第10条）である。以上は従来から守ってきた「分娩者＝母」というルールと妻が夫の同意を得て第三者の精子を受け体外授精を通じて出産した場合に「夫の嫡出否認を禁止」するという解釈論を明文化したことであって，これは生殖補助医療によって生まれた子と父母の「親子法制」に当たる日本民法第744条に対する特例であり，2022年12月に成立した「民法等の一部を改正する法律」によって第10条の嫡出否認の訴えの否認権者を，夫のみならず，子や母，前夫に拡大した。

　これに比して，韓国においては，2000年代に入って以降，非配偶者間の人工授精（以下，「AID」という）をめぐる「医療法制」と「親子法制」につき，その許容範囲，またAID子と依頼者並びに精子または卵子の提供者との親子関係の法的帰属をめぐって数多くの研究成果[6]が蓄積されている。他方，新し

---

[3]　"非婚"という用語について，現在は非婚の意思を持っていても将来には結婚したい意思を持ちうるという理由から，本稿においては辞典的意味に縛られず，"未婚"の意味まで含めて統一的に現在結婚状態ではなく配偶者がいない状況を包括して"非婚"という言葉を使うこととする。

[4]　様々な類型については，まず西希代子「代理懐胎の是非」ジュリスト1359号（2008年）43頁参照。

[5]　日本の「生殖補助医療法」の制定経緯については，丸山英二「生殖補助医療法（生殖補助医療の提供等及びこれにより出生した子の親子関係に関する民法の特例に関する法律）」参照。生殖補助医療法概要（kobe-u.ac.jp）（2024年1月8日閲覧）。

[6]　詳しくは，金敏圭「生殖補助医療に対する最近の議論とその課題」東亜法学第46号

い法案が国会に提案されるという動きも活発に見られたが，国会会期の満了によって廃棄された[7]。しかしながら，現在もなお数件の法案が国会に提案されている状況である[8]。

（3） 韓国「母子保健法」第 2 条第 12 号は，"補助生殖術"の概念について定義しており[9]，また「生命倫理法」（「生命倫理及び安全に関する法律」）第 23 条第 1 項は「誰でも妊娠以外の目的で胚を生成することはできない」と定め，さらに同条第 3 項は「誰でも金銭，財産上の利益またはそれ以外の反対給付を条件にして胚・卵子・精子を提供・利用するかまたはこれを誘引・斡旋することはできない」と定めている。これらは最小限の生殖補助医療に関する「医療法制」，すなわち行為規制ルールであるといえる。ところが，「母子保健法」と「生命倫理法」上では補助生殖術の施術対象者に関する制限，すなわち法律上の夫婦のみに制限するか，あるいは事実婚カップルまで許容するのか，また，非婚女性の AID 子出産を許容するか否かに関する規定はない。さらに「生命倫理法」第 24 条第 1 項は「胚の生成医療機関は胚を生成するために卵子または精子を採取するときは……卵子寄贈者，精子寄贈者，体外授精の施術対象者及び当該寄贈者・施術対象者の配偶者がいる場合には，その配偶者の書面同意を受けなければならない」と定めている。したがって，韓国の「生命倫理法」からは AID を禁止する明文の規定はなく，また，体外受精の対象者に配偶者がいることを必ずしも要求している訳ではない[10]。

(2010) 227 面以下，同「生殖補助医療と私的生活上の自己決定権」法学研究（釜山大学・法学研究所）第 51 巻第 1 号（2010）525 面以下，李姃玟「補助生殖医療の法制化のための提言——子の法的地位を中心に」法曹第 656 号（2011・5）115 面以下，金恩愛「補助生殖術関連法政策発展の意義と今後の課題」韓国医療倫理学会誌第 13 巻第 3 号（2010）205 面注 2）など参照。

(7) 各議員法案の資料については，上掲注論文参照。また，五十川直行・大塚芳典・金敏圭（代表編集）・前掲注(2)58 頁以下も参照。

(8) 韓国の第 21 代国会（2020 年 5 月 30 日～2024 年 5 月 29 日）に生殖補助医療と関連する議員法律案として提案されたことは，韓国の「生命倫理および安全に関する法律」第 27 条から定める卵子寄贈者の保護などに付き加え精子寄贈者も保護しようとする「生命倫理法」改正案などを上げることができる（申賢栄議員代表発議）。これは生殖補助医療に関する「医療法制」と「親子法制」に関連する核心的な課題ではない。それ以外にも数件が提案されているが，同様である。したがって，韓国において生殖補助医療に関する立法作業は休眠状態であるといえる。

(9) 前掲注(1)参照。

(10) ただし，「生命倫理法」第 23 条第 2 項から「特定の性を選択する目的で卵子と精子を選別して受精させる行為」（第 1 号），「死亡した人の卵子または精子をもって受精する行為」（第 2 号），「未成年者の卵子または精子をもって受精する行為。但し，婚姻した未成年者がその子供を得るために受精する場合には除外する」（第 3 号）と定めてい

そうすると，上述の韓国「生命倫理法」から以下のような2つの点に疑問が生じる。第1は，AIDの施術対象者を法律上の夫婦に限定していない点から事実婚カップルもAID子を産むことが可能であるか。第2は，非婚同居者（an unmarried couple）間にもAID施術が可能であるか，という点である。ここでまず言及しておきたいのは，「生命倫理法」においては，AID施術の対象者を法律上の夫婦に限定する規定を定めていないが，「大韓産婦人科学会補助生殖術倫理指針」（以下，「倫理指針」という）では，従来「非配偶者間の人工授精施術は原則的に法的婚姻関係にある夫婦のみを対象にして施行する」と定めていたのが，2021年1月1日，当該「倫理指針（Version 9.0）」からは「精子供与施術（AIDを意味する——筆者注）は原則的に夫婦（事実上の婚姻関係にある場合を含む）のみを対象にして施行する」と改められたという点である[11]。当該「倫理指針」は韓国の産婦人科学会の基準であるから，その法的行為規範としての役割についてはともかく，医療実務界においては法律上の夫婦のみならず事実婚カップルにもAID施術を認容している。するとさらに，非婚同居者間においては，それをどのように考えるべきかという問題が浮上してくる。これと関連して，韓国においては，2020年と2021年，「配偶者のない女性の出産」をめぐって，大韓産婦人科学会の「倫理指針」では，原則的に婚姻または事実婚関係にある「夫婦」に限定してAID施術を許容していることにつき，これは差別であるという陳情（苦情）が国家人権委員会に寄せられた。これについて，

る点を示しておきたい。

(11) 「大韓産婦人科学会補助生殖術倫理指針」（2021. 1. 1. Version 9.0）が本文のように改められた背景には，以下のような経緯があった。韓国にて活躍している非婚女性である日本人放送人A（当時41歳）が，韓国では非婚女性がAIDによって子供を懐胎・出産することが不法で不可能であったので，日本で施術を受けたかったにもかかわらず，日本でも精子銀行がなかったため外国の精子銀行を通じて寄贈を受けて日本で出産したという報道があった（2020. 11. 17. 朝鮮日報参照——Aはこの新聞社とのインタビューを通じて，「非婚女性の出産の権利を許容せよ」と話題を投げた。https://www.chosun.com/culture-life/2020/11/17/WZGTNAG7QRDUJL5P46JXPBTNGY/（2024. 1. 5. 閲覧）。この報道を契機にして，「大韓産婦人科学会補助生殖術委員会」は，従来の「倫理指針」を改正して事実上婚姻関係にいる夫婦にもAIDを行えるように改めた。これに基づいて，保健福祉部の『2023 母子保健事業案内』97面では，難妊夫婦の施術費支援事業の申請資格条件として「難妊を経験しており，法的婚姻状態にいるか申請日基準1年以上事実上婚姻関係を維持していると管轄保健所より確認された難妊夫婦として，夫婦中最小限一人は住民登録されている大韓民国国籍所有者でありながら夫婦両方健康保険加入および保険料告知の有無が確認される人でなければならない」と案内している。この保健福祉部の『2023 母子保健事業案内』について詳しくは，Choi, Insun・Yoo, Sujung（兪受政）「国内非婚単独出産の法・制度的考察：補助生殖術を通じて生まれた出生児の権利保護を中心に」生命，倫理と政策第7巻第1号（2023. 4.）116〜119面参照。

2022年4月12日，国家人権委員会は，大韓産婦人科学会長に当該「倫理指針」を改正するよう決定・勧告したが（同年5月30日勧告）[12]，大韓産婦人科学会長は現行の「倫理指針」を維持するという趣旨から，これを受容しない立場を示した[13]。このような流れから，韓国においては当該「倫理指針」より非婚の女性を施術対象者とするAID施術は許されていない。しかし，非婚の女性でAID施術を切望する者もおり，ヒトの生活スタイルが多様化する現状に鑑みて，将来この問題をも肯定的に捉え，前向きに考えていく必要もあるとする見解[14]もあり，非婚女性に対するAID施術の可否に関する研究課題も依然と

---

[12] 国家人権委員会「差別是正委員会決定，事件番号20陳情0915500・21陳情0190000（併合） https://case.humanrights.go.kr/dici/diciSearchView.do（2024年1月7日閲覧）。

[13] 国家人権委員会報道資料（https://www.humanrights.go.kr/base/board/read?boardManagementNo=24&boardNo=7608373&searchCategory=&page=1&searchType=total&searchWord=%EB%8C%80%ED%95%9C%EC%82%B0%EB%B6%80%EC%9D%B8%EA%B3%BC%ED%95%99%ED%9A%8C%EC%9E%A5&menuLevel=3&menuNo=91 2024年1月7日閲覧）。大韓産婦人科学会長は，「第3者の生殖能力を利用して補助生殖術によって出産することは精子寄贈者と出生児の権利保護を含めて議論すべき重大な問題であるので，これに対する社会的合意と関連法律の改正が優先されるべきである」とし，また「独身者に対する補助生殖術を許容する国家は同姓カップルに対する補助生殖術も許容しているので，独身者のみならず同姓カップルに対する補助生殖術の許容に対する社会的合意も先行されるべきである」という点を根拠として，「倫理指針」を現行のように維持するという立場を明かした。これについて，国家人権委員会は，2022年9月13日，大韓産婦人科学会が当委員会の勧告を受容しなかったことは遺憾であると判断・報道した。ちなみに，韓国の国家人権委員会法第43条は，当事者が合意し調停が成立した場合と決定書が送達された日から14日以内に異議を申請しなかった場合には，裁判上の和解と同様の効力を生ずる。しかし，人権委員会の勧告の決定は，被陳情機関長が履行しないときには同法第25条第4項によりその理由を当委員会に通知しなければならない。この点だけは理解のためにここで付き加えておきたい。

[14] Choi, Insun・Yoo, Sujung（兪受政）・前掲注(11)118面以下参照。但し，この論文においては，'非婚単独出産' という用語を使っているが，'非婚女性のAID出産' という方が望ましいと思う。ちなみに，アメリカではAIDと代理母などの生殖補助医療によって生れた子と提供者および被提供者間の法的地位をめぐる議論が活発に行われる状況の下で，早くも「親は必ず二人であるべきか」という疑問点を投げ，補助生殖術の発達より二人以上の母，すなわち生物学的な母（the genetic mother），懐胎母（the gestational mother），そして母になる意思をもつ母（the intended mother）がありうると共に，二人の父つまり，精子を提供した父（the sperm donor）と父になる意思をもつ父（the intended father）が存在する可能性があると主張したこともあって注目される（Melanie B. Jacobs「Why just two? Disaggregating traditional parental rights and responsibilities to recognize multiple parents.」9 *J.L. & Fam. Stud.* 309（2007）。また，核家族（the nuclear family）様相の変化に伴い父または母に対して法と社会が認識する単純な数的増加を意味するのではなく，子への貢献度や潜在的貢献度による類型の多様化が要請されるという主張が早くも出された（Alison H. Young「Reconceiving the Family: Challenging the Paradigm of the Exclusive Family」6 *Am.U.J. Gender & Law* 505(1998)，516）。かような見解によれば，法律上の父母として母しかいない「非婚女性

して残されているといえる。

2 非婚同居者間の人工授精によって出生した子の身分帰属

(1) ヒトの生活スタイルの多様化に伴い AID によって生まれた AID 子をめぐって提供者並びに依頼者との間に如何に親子関係を認めるべきかという課題は、親子法上、決して軽視し得ない問題である。なぜならば、この問題は「子供が欲しい」と願うヒトの希望も重視しなければならない問題であるが、反面、多様化している生殖補助医療類型によって生まれてくる子の福祉の問題も看過してはならない問題であるからである。また、親子関係を規律する現行の民法は根本的に血縁関係の存在を前提に制定されているのはまず否定し得ないので、配偶者間の人工授精（AIH）は除き、AID の場合には、民法上の親子法との葛藤が生じるからである。

上述の結果から一応いえるのは、日本の場合には「生殖補助医療法」の制定によって卵子または精子の提供が法的に可能ではあるものの、体外授精の施術対象者が法律上の夫婦であるべきか、それとも事実婚カップルでも可能であるかという問題について、何らかの基準が定められている訳ではない。また、非婚女性の AID 子出産の可否についても明確な基準が定められていない[15]。ところが韓国の場合には、大韓産婦人科学会「倫理指針」からすれば、法律上の夫婦のみならず、事実婚カップルまでも AID の施術が可能であるが、非婚女性の AID 子出産は許容してないことが分かる。そこで、非婚同居者間にも人工授精が可能であるかという問題について、韓国の「倫理指針」からは許容の

の AID 子の出産」も多様な類型の1つになるであろう。

(15) 前掲注(12)の韓国国家人権委員会「差別是正委員会決定」が紹介している海外事例において、日本は「……産科婦人科学会は施術対象を夫婦に制限する指針を定めているが、病院の自律性を認めているので実際にその指針を守る病院は極少数しかなく（日本全域で12カ所、2021年4月基準）、それも減少する傾向であるとする。それで、個人間精子寄贈が可能であるので、これを通じて非婚女性が補助生殖術を利用して妊娠することができる」という（5面）。これは、日本の産科婦人科学会から2008年7月10日制定された「精子又は卵子の提供による体外受精に関する JISART ガイドライン」を基本にして2021年9月4日に最終改正された「精子又は卵子の提供による非配偶者間体外受精に関する JISART ガイドライン」（以下、「JISART ガイドライン」という）を参考にしたと思われる。「JISART ガイドライン」には、現在も「被提供者については戸籍（日本戸籍を有しない者については同等の公的書類）により法律上の夫婦であることが確認されなくてはならない」と定めている（第2章2-1(3)参照）。また、「提供者は原則として匿名の第三者でなくてはならない」とし、倫理委員会の審査を受け一定の要件を満たす場合には例外として「……親族、友人などの知られた提供者から提供された精子又は卵子を利用する……」と定められている（第2章2-2(4)参照）。

余地がないのは明らかだが，日本の「生殖補助医療法」においては，その可否につき判断しがたい。

(2) 以上のような韓国と日本の AID 子出産をめぐる生殖補助医療関連規範状況を土台にして，本稿においては，非婚同居者間において，体外授精を通して子をもうけた場合，精子提供者と子の間に民法上の親子関係を認めるのか，それともその子は依然として非婚女性の AID 子としての身分に帰属するのかについて考察することとする。

韓国「生命倫理法」第44条第2項は，「人体由来物銀行が……人体由来物などの提供を受けるときには匿名化すべきである」と定めている。それゆえ，非婚同居者である男性が，同居女性に精子を提供し生殖補助術を通じて非婚女性が子をもうけた場合には，その精子の提供者が匿名化されていないので，その子は精子提供者の婚外子となる。すると，現行の韓国民法第855条第1項より認知することができるか，またその子は同法第863条に基づいて精子提供者を相手に認知請求の訴えを提起することができるか，という問題が生じる。日本の場合にも，産科婦人科学会が定めている「JISART ガイドライン」（「精子又は卵子の提供による非配偶者間体外受精に関する JISART ガイドライン」2021年9月4日に最終改正）第2章2-2(4)より，原則的に提供者は匿名化された第三者でなければならないが，例外的に，親族，友人など「知られた提供者」から提供された精子または卵子を利用することもできるので(16)，非婚同居者間の人工授精による AID 子と「知られた提供者」間の認知関連問題は韓国の場合と同様の問題が生じうる（日本民法第779条と第787条)(17)。

(3) 上記のような問題を検討するために，以下では，（ほぼ同じ時期の事例である）韓国とアメリカのケース各1事例ずつの分析を通して，非婚同居者間の「知られた精子提供者」と子との間の親子関係につき，考察してみることとする。

そのために，本稿は生殖補助医療関連行為規範として，一般に提供者を匿名

---

(16) 上掲注参照。
(17) 日本の場合には，「生殖補助医療法」第9条から卵子提供の場合には「分娩者＝母」ルールを明文化しているので「知られた卵子提供者」は認知できないと思われるが，精子提供の場合には匿名化された精子提供者や「知られた精子提供者」の認知関連の規定はない。但し，日本の法務省法制審議会生殖補助医療関連親子法制部会『精子・卵子・胚の提供等による生殖補助医療により出生した子の親子関係に関する民法の特例に関する要綱中間試案』（第3「生殖補助医療のため精子を用いられた男性の法的地位」）では精子提供者の AID 子に対する認知と AID 子の精子提供者に対する認知の訴えの提起はできないと定めていたが，これが「生殖補助医療法」には反映されていないようである。

161

化すべきであるというのが原則的な行為規制ルールであり，また精子・卵子・胚の提供者はAID子に対して認知することもできず，AID子も精子・卵子・胚の提供者を相手に認知請求の訴えを提起することができないという親子関係ルールを設け，または受け止めている点に焦点を合わせて論じることとする。それゆえ，本稿においては，非婚同居者間の人工授精によって生まれた子をめぐる親子関係に焦点を合わせて論を展開するが，必要に応じて非婚女性のAID子出産とも関連づけて論じる場合もありうる点をあらかじめお断りしておく。

Ⅱ　韓国のケース[18]

1　事実関係

(1)　大学生であったA（男性・被告）は2001年7月頃，オンラインチャットを通じて，歯科病院の室長として勤めていたB（女性・原告）と知り合うようになり，同年9月頃から交際を始め，Aのワンルームマンションの部屋で性的関係をもった。同年12月頃からは，Bは，Aが居住していたワンルームマンションの近くに引越して生活するようになった。Bは，Aとの性的関係により妊娠し，2002年2月頃，妊娠中絶手術を受けるに至り，さらに，同年上半期の間で二回の自然流産を経験した。

(2)　Aは2002年9月頃からニュージーランドへ6カ月間の語学研修に行き，2003年2月に帰国した後，2008年12月初め頃までBと同居した。その間にAは大学を卒業し，さらに大学院に進学したが，Bは歯科病院で勤め続けていた。2007年4月頃，Bは体調が良くなかったため，Bの故郷に帰郷していたが，その間にもAは，Bに「会いたい」とのメッセージを数多く送ったりしていた。また，2007年5月頃には，Aは，Bと共に，Bの故郷（木浦）へ行き，Bの父母に挨拶し，さらに同年6月には，Bの父親の古希祝いに参加し，家族と共に写真を撮ったり，2008年春頃からは，ウエディング博覧会，結婚式場見学などにも出向いたりしていた。

(3)　ところが，Aは，2008年3月頃，またもやオンラインチャットを通じて，大学1年生Cと出会い，2008年夏頃から性的関係を伴った関係となり，そのまま交際を続けた。Cは，AにBとは別れるよう迫り，また，Bには，Aと自分が結婚する予定であると話した。その後も，CがAに接近し続けたので，B

---

(18)　ソウル家庭法院2011年6月22日宣告2009드합13538判決（認知など）。

はAをたしなめたところ，AはBに「心配しないでくれ」といいBを安心させた。その後，AはBに，自分の両親が結婚を反対しているので，Bにしばらく故郷の木浦へ行くよう促した。また，AはBの実家へ行ってBの母に自己の父母の反対のため結婚できないと話した後，Aはそれまで同居したBのワンルームマンションから退去し，その後連絡が途切れた。

(4) 2009年1月頃，BはAと会った際，子宮の状態がよくないので，人工授精で子をもうけたい旨，また，子を授かれば，結婚を反対するAの両親にも喜んでもらえるのでは，との思いをAに伝え，Aも肯定的に答えた。同年1月21日，Bは，Aから公証認証手続きのために弁護士事務所に来てほしいとの連絡を受けて出向いたが，Aはあらかじめ自ら作成してきた覚書の草案をBに見せながら，Bにそのまま書き取るよう促した。その覚書の草案には「別れる」という内容があったため，承服できないと拒否したが，Aが，覚書の作成を拒むなら精子提供をしない旨の意思を伝えたので，やむを得ず，以下のような覚書を作成し，公証認証に応じた。

Bは，2009年1月23日江南区○○○○を通じてAから精子の贈与を受ける（但し，精子提供は3回までとする）。Aが精子を提供したにもかかわらず人工授精に成功しなければ，再度要求することができ，Aはそれに応じなければならない。BはAから精子の贈与を受けた後，次のような事項を守ることを約束する。
- 一 Bとその親戚および知人は，Aとその親戚および知人に対し，一切の連絡と接触をしない。
- 一 Aは精子の贈与以降の事件（妊娠，出産，育児，養育）については，如何なる責任も負わず，Bとその親戚および知人は，Aとその親戚および知人に如何なる責任も問わない。

これに違反したときには，BはAが提起する如何なる処罰も受ける。

---

(5) Aは上記の覚書に記載された2009年1月23日および同月30日，同年2月16日に病院でBと会って精子を提供した。ところが，CはBの休職中に，Bの勤務先である病院に何度も訪ねてBの勤務状況等について執拗に尋ねるなどしたこともあって，結局Bは，歯科病院より退職勧告を受けて退職した。

(6) 2009年3月頃，BはAから提供された精子をもって体外授精に成功したが，四胎妊娠であり，選択流産しなければならず，配偶者の同意が必要であった。Aは，それに同意し，また同年7月頃，Bの要請によって羊水検査同意書も作成した。結局，Bは2009年12月1日に双生児を出産した。

2 ソウル家庭法院の判決

(1) 本件において争点になったのは，(a)Bは同居者であったAを相手に，事実婚の不当破棄に基づく損害賠償を請求することができるか，(b)Bは子（事件本人）の法定代理人として認知請求の訴えを提起することができるか，(c)BはAを相手に，子の親権および養育者指定と養育費の請求が可能であるか，という点であった。これらについてソウル家庭法院は，以下のような判決を下した。

(2) まず，非婚同居者であったAとBに「事実婚関係」が成立するかという争点について，事実婚は主観的には婚姻の意思があり，また客観的には社会通念上の家族秩序の面で夫婦共同生活を認めるほどの実体がある場合に成立する[19]ところ，Aが2003年2月頃から2008年12月頃まで約6年間Bと同居しながら何度も婚姻の意思を表示した点，Bの父の古希の祝いに参席し家族写真を撮るなど婿のように行動し，Bの父母をはじめ親戚にまもなく結婚式を挙げると言及した点，実際にBとAが結婚式場などを物色するなど結婚式を準備していた点，Bは妊娠すればAの父母の反対を克服しうると考え，Aに精子提供の要請を行ったと思われる点，AもBの要請に応じて精子を提供したという点などを考慮すれば，BとAは主観的に婚姻の意思と客観的に夫婦共同生活を認められるほどの婚姻生活の実体があったとみるのが相当である（下線は筆者：以下においても同じ）とし，事実婚関係の成立を認めた。

ところが，BとAが2008年12月から別居しており，現在両者共に事実婚関係の破綻を認めている点などの事情を参酌して，破綻の主な責任はAに存するといい，3,500万ウォンの慰謝料の支払いを命じたが，共同生活費用の損害賠償請求については，当事者の一方が負担した生活費が，事実婚の不当破棄による損害とはいえないとした。結局当法院は，Bの請求を一部認容した。

(3) (a) Aは，子の法定代理人であるBが「子供の妊娠，出産，育児，養育についてAに如何なる責任も問わない」と覚書を作成し公証認証を受けたので，子の認知請求は許されないと抗弁した。当家庭法院は，認知請求権（韓国民法第863条）は本人の一身専属的な身分関係上の権利であって放棄することはできず，放棄したとしてもその効力は発生しないため[20]，Aの主張は本人さえも放棄できない一身専属的な認知請求権の行使が他人によって不当に制限されることは許されないとし，子の認知請求の訴えを肯認した。

---

(19) 大法院1998年12月8日宣告98ㅁ961判決など参考。
(20) 大法院1987年1月20日宣告85ㅁ70判決，大法院1999年10月8日宣告98ㅁ1698判決など参照。

(b) さらに，AID によって生まれた AID 子の認知請求権の許容可否をめぐる議論と関連して，当家庭法院は事実婚夫婦間に AIH による出生子がいる場合にはその出生子は母の婚姻外の子となるが（その後，夫婦が婚姻申告を済むならば，韓国民法第855条第2項——準正——より婚姻中の子になる），AID の場合には夫が人工授精に同意したときに限って AID 子は親生推定を受け婚姻中の出生者となり，夫の親生否認権は認められないとする一方で，反面 <u>AID 子は精子提供者が不特定多数人であって彼らが精液を提供した後，精液の行方を具体的に知らないことを前提に，その後受精に至った精子の提供者を探し当て認知請求することはできないという一般論</u>を基に，本件の判断に入った。

すなわち，当家庭法院は，BとAは事実婚関係にあるのが認められ，精子提供者もAであると特定されている点，Aが配偶者として選択流産および羊水検査にも同意した点，もしBがAと婚姻申告すれば子供は準正によって婚姻中の子となる法律上の地位にあるにもかかわらず，Aに子の父になる意思がなかった理由のみをもって子供の認知請求を許容しなければ，これは父の一方的意思に基づいて事前に子の身分的利益を剥奪することとなるのは勿論，子の人格の独立性を侵害することとなるから許されないという前提を設けた。その上で，<u>AがBに精子を提供しながら本件覚書を取り交わした事実のみをもってAを不特定多数のために精子を精子銀行に寄贈する者と同様に取り扱うことは不相当である。それゆえ，精子提供当時Aには父になる意思がなかったとの理由のみをもって，本件において非配偶者である不特定の第三者の精液を通じて子供を出産した AID の場合と同様であるという前提に立ったAの主張は理由がない</u>と判断した。

(c) 当家庭法院は，上述のようにAには父としての責任をもって子供を保護・教養することを期待し得ないとの理由から子の親権者と養育者としてBを指定した。また，子の養育費について，過去の養育費は訴状副本送達の翌日である2010年1月8日から本件弁論終結日である2011年5月25日まで約16カ月間1人当たり50万ウォンとし合計1,600万ウォンを，そして将来の養育費として本件弁論終結翌日である2011年5月26日から子が成年になる前日まで1人当たり50万ウォンを毎月末に支給するよう，韓国民法第864条の2に基づいて職権により判決を下した。

第1部　第3章　親子・親権・未成年後見・里親

Ⅲ　アメリカ・バージニア州のケース[21]

1　事 実 関 係[22]

（1）　*William D. Breit*（男性・原告：以下，'Breit' という）と *Beverley Mason*（女性・被告：以下 'Mason' という）は，数年間互いに愛し合い，非婚同居者（an unmarried couple）として共に生活した。Mason は子供を産みたいと思い，その方法として自然な性的関係を選択することに Breit と合意した。このような方法で子をもうけるために努力したものの成功しなかったため，2008 年 4 月頃 Mason と Breit は生殖補助医療専門医である *Dr. Jill T. Flood*（以下 'Flood' という）と相談して，体外授精の方法で子をもうけることを決めた。Flood は *in vitro fertilization*（IVF）を実施するために Breit から血液と精子を標本として採取した。Flood は同年 6 月頃 Breit の精子と Mason の卵子を体外で受精させ受精卵を採取して Mason の子宮に注入したが着床に失敗し，同年 10 月頃，Breit の立会のもとで 2 回目の注入・着床を試みたところ，妊娠に成功した。その後，Mason が妊娠している間にも Mason と Breit は同居生活を続けた。

（2）　Mason と Breit は，2009 年 6 月 8 日，子を出産する前に後見と面接に対する書面合意書（a written custody and visitation agreement）を作成し，同年 7 月 13 日 Mason は L.F.（女）を出産した。出産翌日である同月 14 日 Mason と Breit は，子（L.F.）に対する生物学的・法律的な父が Breit であることを確認する父性確認書（Acknowledgement of Paternity）を作成し，L.F. の姓は Mason と Breit の姓をハイフンで連結して使用することに同意した。また，L.F. の出生証明書に母は Mason，父は Breit を記載した。Breit は保険にも L.F. の名を記載し，L.F. をケアすると同時に父子関係を形成してきた。

2　精子提供者の子に対する後見権と面接権をめぐる事実審裁判所の判決

（1）　L.F. が 1 歳を超えた 2010 年 8 月頃，Mason は，Breit に L.F. とすべての接触を中断するよう一方的に通告した。それで，Breit は同月 24 日バージニアビーチ青少年および家庭地方裁判所（Virginia Beach Juvenile and Domestic Relations District Court: JDR district court）に後見権と面接権行使のための請求

---

(21)　Breit v. Mason and L. F., a minor, 718 S. E. 2d 482, 59 Va. App. 322 (Dec. 28, 2011).
(22)　事実関係については，The Appellate Court の判決：Breit v. Mason (2011), Court of Appeals of Virginia, Chesapeake. William D. BREIT v. Beverley MASON and L.f., a minor. https://caselaw.findlaw.com/court/va-court-of-appeals/1590024.html 参照（2024 年 1 月 13 日閲覧）。

の訴え（a petition for custody and visitation）を提起した。これに Mason は，バージニア州法［Code§20-158(A)(3)］と［Code§32.1-257(D)］に基づいて，当該の訴は，以下のような理由から棄却すべきであると抗弁した。すなわち，［Code §20-158(A)(3)］(23)は，「提供者が懐胎した母の夫でなければ，提供者は生殖補助医療によって生れた子の父になれない」と規定しており，また生殖補助医療によって出生した子の出生届と関連しても［Code §32.1-257(D)］(24)には，「精子または卵子の提供者は，生殖補助医療によって出生した子に対して親としてのいかなる権利と義務も負わない」と規定していると主張した。

　それゆえ，同年10月28日，JDR地方裁判所は，最終的に「司法上の目的を実現するために（in the interest of judicial expediency）」という理由から Breit の請求を棄却した。

　(2)　2010年11月1日，Breit は，JDR地方裁判所の判決の破棄を求めるため，Trial Court に控訴した。Breit は，Mason が L.F. を出産した翌日である2009年7月14日，2人がともに作成した父と母の確認書から Breit と L.F. の間に最終的かつ拘束力のある父子関係を創設することを確約したと主張し(25)，同年11月15日，Mason と L.F. を共同被告として未成年者である L.F. の後見人の選任と父性確認請求と後見権および面接権を行使しうるよう許可を求める訴え

---

(23)　VA Code §20-158(A)(3) *A donor is not the parent of a child conceived through assisted conception, unless the donor is the husband of the gestational mother.*

(24)　VA Code §32.1-257(D) ... *Donors of sperm or ova shall not have any parental rights or duties for any such child.*

(25)　VA Code §20-49.1(A)は，'出生した子供と女性（母）の間の親子関係は推定法理によって女性（母）が出産した証拠または本章において規定する他の方法より形成される（A. The parent and child relationship between a child and a woman may be established *prima facie* by proof of her having given birth to the child, or as otherwise provided in this chapter.)' とし，その他の方法について §20-49.1(B)は，以下のように '科学的に信頼できる遺伝子検査方法' と '自発的に作成した父と母の確認誓約書' などを定めている。
　B. The parent and child relationship between a child and a man may be established by:
　1. *Scientifically reliable genetic tests, including blood tests, which affirm at least a ninety-eight percent probability of paternity.* Such genetic test results shall have the same legal effect as a judgment entered pursuant to §20-49.8.
　2. *A voluntary written statement of the father and mother made under oath acknowledging paternity and confirming that prior to signing the acknowledgment,* the parties were provided with a written and oral description of the rights and responsibilities of acknowledging paternity and the consequences arising from a signed acknowledgment, including the right to rescind. ...

を提起した。

同年12月13日、当裁判所は、［Code §20-49.2］[26]に基づいてL.F.の後見人（訴訟代理人）としてJ.Weinberg弁護士を選任した。同月15日、Masonは、Breitの父性確認請求に対して、バージニア州法上「提供者が懐胎母の夫でない場合には、提供者は生殖補助医療によって出生した子の父になることができない」という規定[27]と「精子または卵子の提供者は生殖補助医療により出生した子に対して父母としてのいかなる権利と義務を負わない」という規定[28]、そしてBreitとMasonは婚姻したことがなく、L.F.は生殖補助医療によって生まれたので、Breitが主張する「父性確認請求」は排斥されるべきであり、かつBreitのL.F.に対する後見権と面接権は中断されるべきであると主張した。

(3) 同年12月20日、当裁判所は審理を終え、Breitの反対にもかかわらず、J.WeinbergをL.F.の後見人として選任するとともに、Breitの「父性確認請求」に対するJ.Weinbergの法廷抗弁を支持し、2011年1月28日、Breitの後見と面接請求などについて、次のような理由から棄却した。つまり、MasonとL.F.の法廷抗弁が支持されるべきであるというのが私の意見である。このように解釈すれば、Breitが疑問を提起し、それに対する強い反論を提起するだろうと率直に考える。しかし、Breitのように考えると、［VA Code §20-158 (A)］と［VA Code §20-164］[29]などの規定は混乱に陥り、またその意味を大きく失うことになるであろう。したがって、法規定を解釈する適切な方法があ

---

(26) VA Code §20-49.2 ... The child may be made a party to the action, and if he is a minor and is made a party, he shall be represented *by a guardian ad litem appointed by the court* in accordance with the procedures specified in §16.1-266 or §8.01-9. *The child's mother or father may not represent the child as guardian or otherwise. The determination of the court under the provisions of this chapter shall not be binding on any person who is not a party.*

(27) VA Code §20-158(A)(3) (*op. cit.* 23).

(28) VA Code §32.1-257(D) (*op. cit.* 24).

(29) VA Code §20-164. Relation of parent and child.
A child whose status as a child is declared or negated by this chapter is the child only of his parent or parents as determined under this chapter, Title 64.2, and, when applicable, Chapter 3.1 (§20-49.1 et seq.) of this title for all purposes including, but not limited to, (i) intestate succession; (ii) probate law exemptions, allowances, or other protections for children in a parent's estate; and (iii) determining eligibility of the child or its descendants to share in a donative transfer from any person as an individual or as a member of a class determined by reference to the relationship. However, a child born more than ten months after the death of a parent shall not be recognized as such parent's child for the purposes of subdivisions (i), (ii) and (iii) of this section.

るとは思えない。それで，（各条文を個別に解釈せず——筆者注），相互調和を取りうるように解釈しなければならない。

結局，Trial Court は，バージニア州法上の規定を尊重して父性確認書（Acknowledgement of Paternity）を作成したにもかかわらず，婚姻関係にない Breit に父としての地位と後見および面接権を認められないとし，棄却した。

(4) Breit は，同年2月2日，当裁判所に再審議を請求し，同年3月9日を弁論日と決めたが，当裁判所は Breit の再審議請求を棄却すると同時に同年3月9日の弁論日も取消し，当裁判所は最終的に同年4月6日，再審議請求をも棄却した。

それで，Breit は上訴を提起し，バージニア・チェサピーク上訴審裁判所（Court of Appeals of Virginia, Chesapeake）は，結局同年12月28日，以下のような判決を下した。

3 上訴審裁判所の判決

(1) 上訴審裁判所（The Appellate Court）は，Trial Court において子を懐胎したとき，または出産したときに婚姻状態ではなかった点[30]，また，子の母と共に作成した父性確認誓約書の効力が排除された「知られた精子提供者」（a known sperm donor）も父性確認の訴えを提起することができないかという点[31]について判断する前に，その効力について先決問題（a matter of first impression）があるとし，<u>本件は各規定の解釈と適用に関する法律問題であるので</u>，「我々は Trial Court の判断を再検討しようとする」[32]とした。

(2) まず，[Code §20-49.1(B)] と [Code §20-158(A)(3)] の関係について考察した。[Code §20-49.2] は，「子・父母の一方・父または母であると主張する者・子に対して父母の役割を果たす者（事実上の監督者——筆者注）や子に対して法定後見権をもつ者または社会保障部または少年部の代表者は，誓約や確認書を立証し，子の父母を決定するための手続と関連規定により訴えを提起することができる」と定めている[33]。

---

(30) VA Code §20-158(A)(3) (op. cit. 23).
(31) VA Code §20-49.1(B) (op. cit. 25).
(32) cf. Colbert v. Commonwealth, 47 Va. App. 390, 394, 624 S.E. 2d 108, 110 (2006).
(33) VA Code §20-49.2. Commencement of action; parties; jurisdiction.
　Proceedings under this chapter may be instituted upon petition, verified *by oath or affirmation, filed by a child, a parent, a person claiming parentage, a person standing in loco parentis to the child or having legal custody of the child or a representative of the*

ところが，補助生殖により生まれた子に関する規定である［Code §§20-156 to-165］[34]は，「補助生殖より生まれた子の父母を決定するにあたり，提供者は，懐胎母の夫でない限り，補助生殖術により生まれた子の父になれない」と規定している[35]。それで母（Mason）は，［Code§20-158(A)(3)］が子の父であると主張するBreitの資格を強行的な法律上の制限事項であると主張し，［Code§20-49.1(B)(2)］に基づいて当事者に父性確認誓約の効力を排除したのは，母と精子提供者が確認誓約したり，精子提供者が子に対して生物学上の父であったという事実を確認しながら出生確認書を作成したとしても，それは補助生殖術によって出生した子に対して精子提供者にすべての父としての権利と責任を奪うという立法者の明白な意思に反したものであって，当該誓約は最初から無効であると主張する。

上述のような母（Mason）の主張に対して，Breitは以下のように抗弁している。すなわち，［Code §20-49.1(B)(2)］と［Code §20-158(A)(3)］は，各法規の立法意思（the legislative intent of each statute）を共に実現しうるように解釈しなければならない。［Code§20-158(A)(3)］がこの手続き上に現れた様々な状況下で子の父としての資格を永遠に排除する障害物として作用してはならない[36]。またBreitは，補助生殖術に関する規定，すなわち［Code§§20-156 to-165］は精子や卵子の提供者または懐胎母に対する代理母契約を有効化して生殖能力のない婚姻当事者を支援することが目的であって，一般に匿名化されたことにより出生した子に対して提供者の法律上の権利と責任を与えないためのことである。それゆえ，立法者が［Code§20-158(A)(3)］を規定し，補助生殖術によって出生した子に対して「知られた精子提供者」に父としての地位を付与することを排除しようとする意思ではなかった。したがって，本件

Department of Social Services or the Department of Juvenile Justice.
　The child may be made a party to the action, and if he is a minor and is made a party, he shall be represented *by a guardian ad litem appointed by the court in accordance with the procedures specified in §16.1-266 or §8.01-9*. The child's mother or father may not represent the child as guardian or otherwise. The determination of the court under the provisions of this chapter shall not be binding on any person who is not a party. ...

(34) ［VA Code §§20-156 to-165］は，代理母なども含んだ生殖補助医療法関連規定である。
(35) VA Code §20-158(A)(3) (*op. cit.* 23).
(36) *cf.* City of Lynchburg v. English Constr. Co., 277 Va. 574, 584, 675 S.E. 2d 197, 202 (2009) (各規定間の矛盾と衝突を避けるために，そして可能であれば各規則に効力を与えることができるように，法規を解釈することは裁判所の義務である)。

において生物学上の母と精子提供者は，互いに知り合って非婚同居者として共に生活し，子の出生確認書にも子の父は精子提供者であることを明かし，子に対する父が精子提供者であることを明らかにしたのみならず，［Code§20-49.1(B)(2)］に基づいて父性確認書を自発的に作成した。そして，精子提供者が子の父であるという事実を友人と家族に共に公表した。

(3)　上述のような当事者の主張と根拠に基づいて，The Appellate Courtは以下のように判断した。

(a)　当裁判所は，従来の法解釈原則のもとで解釈法理を提示した。すなわち，法規解釈のために定着された原則に従って，関連法規は「十分な意味，規範力および効力を共に生かしうるように総合的に」解釈しなければならない[37]，我々は「法律上他の目的が明確に現れないか，またはやむを得ないほどの明白な理由が存在しなければ，すべての個々の要素と法適用の統一性を損なわないように基準を立てて」解釈しなければならない[38]。そして我々は，立法機関が「明らかに不合理な結果」(manifest absurdity)を惹起するように定める意思をもってはいなかったと仮定するため，調和の取れない結果を生じさせないように法規を解釈すべきである[39]。さらに，ある法規が二重に解釈される可能性がある場合，法規の裏面に隠れている立法者の意思を実現しうるように解釈・適用しなければならないであろう。

(b)　なお，［Code§20-158(A)(3)］と［Code§20-49.1(B)(2)］は，明らかに同一の問題，すなわち子に対する法律上の父母を決定するための規定である。［Title 20］は，個別的に規定しているが，各規定は同一の基本目的すなわち母と父になる意思をもっている者に対する父母の権利と責任を定めている。したがって，［Code§20-158(A)(3)］は［Code§20-49.1(B)(2)］と関連して解釈しなければならない[40]。

その上当裁判所は，［Code§20-49.1(B)(2)］と［Code§20-158(A)(3)］を関連して読めば，各規定は「知られた母」と「知られた父」から子の法律上の

---

(37)　*cf.* Antisdel v. Ashby, 279 Va. 42, 48, 688 S.E. 2d 163, 166 (2010).
(38)　*cf.* Alston v. Commonwealth, 274 Va. 759, 769, 652 S.E. 2d 456, 462 (2007) *quoting* Prillaman v. Commonwealth, 199 Va. 401, 405, 100 S.E. 2d 4, 7 (1957).
(39)　*cf.* Conyers v. Martial Arts World of Richmond, Inc., 273 Va. 96, 104, 639 S.E. 2d 174, 178 (2007).
(40)　*cf.* Andrews v. Creacey, 56 Va. App. 606, 617, 696 S.E. 2d 218, 223 (2010) *quoting* Lucy v. County of Albemarie, 258 Va. 118, 129, 516 S.E. 2d 480, 485 (1999)；Commonwealth v. Fairfax County Sch. Bd., 49 Va. App. 797, 803-04, 645 S.E. 2d 337 (2007).

父母を確定するのが本来の目的であると解した。それで，我々は［Code §20-49.1(B)(2)］に基づき反論の余地のない生物学上の母と生物学上の父が合意し自発的に父母になることを約定したことであるが，単に懐胎時に母と精子提供者が婚姻状態になかった訳であるので，立法者は精子提供者が父性確認の訴を提起することを永久的に阻止する意思をもってはいなかったという結論に到達した。生殖補助医療に関する規定を狭く読めば，［Code §20-49.1(B)(2)］に基づいて父を決定するためには，母が選んだ「知られた生物学上の父」の資格（能力）——実際には，ほぼ無効になる——と調和を達成することは難しくなるであろう。

そして，［Code §20-49.2］[41]に基づき，［Code §20-158(A)(3)］は「知られた生物学上の父」として子に対して父を確認するための訴を提起する道を永久に排除していると解釈することは——母の要請に応じて体外授精方法で精子を提供した生物学上の父であるのを確認・誓約し出生確認申請書にも自発的に署名した出産母の同意を受けて子の法律上の父になった場合にも——子に対して父になる意思を持った生物学上の父は，決して子の父になることができないので，これは明らかに不合理な結果を招くことになる。それにもかかわらず，母（Mason）は［Code §20-158(A)(3)］から，「知られた精子提供者」が父になる意思を有していたが，婚姻状態にない「生物学上の父」に，生殖補助医療を通じて生まれた子に対して「法律上の父」になりたいという者には，いかなる法律上の手段も排除しており，単に「提供者」としての彼の変更できない地位のみを認めるだけであると解釈する。［Code §20-158(A)(3)］をこのように狭く解釈すると，（バージニア）州で生まれたすべての子は「知られた法律上の母」と「法律上の父」をもつと議論した立法意思を拒否する結果をもたらすであろう[42]。

このような判断の上でも，当裁判所は（生殖補助医療を通じて生まれた子との親子関係を定めている）［Code §§20-156 to-165］に対してその適用範囲を拡張しようとはしない。その理由として，上記の規定は，体外授精を行った婚姻当事者が匿名化された精子及び卵子提供者から父性または母性の確認の訴が提起される脅威を受けてはならず，選択されたが婚姻状態にない精子提供者，婚姻

---

(41) *op. cit.* 26.
(42) *e.g.* Commonwealth ex rel. Gray v. Johnson, 7 Va. App. 614, 622, 376 S.E. 2d 787, 791 (1989)（父と子の関係を形成することは，子が個人的な自由と最も基本的な憲法上の権利を享受することとその重要性を相共にすることである）. *quoting* Ruddok v. Ohls, 91 Cal. App. 3d 271, 154 Cal. Rptr. 87, 91 (1979).

状態にない母が知っている者，そして懐胎母が計画している者が生殖補助医療によって生れた子の父になろうとする場合，法律上の父母の地位を決して認めてはならない。彼らは父母としての権利と責任をもつことは永遠に排除されてしまう。その理由は，自発的に生殖補助医療によって子を懐胎した当時，精子提供者は母と婚姻状態になかったからである。

(c) 結局当裁判所は，次のような結論を下した。つまり，婚姻状態にない男性が女性の要請に応じて，自己の精子と女性の卵子を生殖補助医療を通じて懐胎するために受精する目的で自己の精子を提供し，[Code §20-49.1(B)(2)] に基づいて成立に争いのない父性確認を誓約した「知られた精子提供者」は，生殖補助医療により生まれた子の父性を確認するために [Code §20-49.2] に基づいて父を決定する訴えを提起する権利を失わない。以上の判断に基づいて当裁判所は，Breit の父を決定するための請求について，被上訴人の法廷抗弁を支持した Trial Court の判断を破棄・自判した。

Ⅳ 韓国とアメリカ・バージニア州のケースの比較と課題

1 両ケースの比較

(1) まず，韓国のケースから取り上げられる争点としては，以下の点が目を引く。第1は，非婚同居者が約6年間同居しつづけ，その間に共に婚姻の意思も交わし，また結婚準備のために結婚式場などを訪ねたこともあったが，男性の父母の反対もあり，また彼に第3の女性も現れ，結局同居してきた女性とは，同居生活を清算することを前提にして[43]，そのときまで結婚の未練を放棄しなかった女性の要請に応じて，同居男性は，精子の提供はするが，責任は負わないとの覚書を作成し，公証認証を受けた事案である。第2は，ソウル家庭裁判所は，同居生活中の事実関係を総合的に考慮して，同居者の間には主観的に婚姻の意思もあり，客観的に夫婦共同生活と認められるほどの婚姻生活の実体があったと判断した。第3は，民法上の認知請求権は，本人の一身専属権でもあって，放棄することができず，子を出産する前に作成した覚書をもって，子とその法定代理人である母の認知請求権を制限することは許されないと判断した。第四は，「知られた精子提供者」の場合，人工授精によって生れた子の父になる意思がなかったという理由のみをもって，子の認知請求を許容しないと

---

(43) 宋宰騏「事実婚関係の解消を条件として行った人工授精の法律関係——対象判例：ソウル家庭法院 2011 年 6 月 22 日宣告 2009 드합 13538 判決——」家族法研究第 26 巻第 1 号（2012）25 面以下参照。

なると，子の身分的利益を奪うことは勿論，子の人格の独立性をも侵害することになることを前提に，「知られた精子提供者」の場合には，不特定多数のために精子を精子銀行に寄贈した場合と同様に解することはできないと判断した。

　これに対して，アメリカ・バージニア州のケースにおいての The Appellate Court の判決では，着目すべき点として，以下の3つをあげておく。第1に，法規を解釈する際にはその法規のもつ「十分な意味，規範力および効力を共に生かしうるよう総合的に」解釈すべきであるという前提を立て，立法機関が明らかに「不合理な結果」を惹起する意思をもって法律を制定したとは思えないと宣言した。第2は，「提供者は，懐胎母の夫でない限り，生殖補助医療によって生れた子の父になれない」という規定と「精子または卵子の提供者は子に対して如何なる権利と責任を負わない」という規定は，AID 子に対する「生物学上の母」と「法律上の父」を確定するのが本来の目的であるので，反論の余地のない「生物学上の母」と「生物学上の父」が合意して自発的に父母になると約定した場合に，単に懐胎時点において，母と精子提供者が婚姻状態になかったから，立法者が，精子提供者に父性確認の訴えを提起する道を永久に妨げる意思を有してはいなかったという解釈論を提示した。それゆえ第3は，婚姻状態にない同居男性が，同居女性の要請に応じて，男性の精子と同居女性本人の卵子を，生殖補助医療を通じて受精する目的で男性の精子を提供し，成立の争いのない父性確認を誓約した「知られた精子提供者」は父性確認の訴えを提起する権利を失わないと判断した。

　(2)　以上両ケースの判決から，非婚同居者間の人工授精によって生れた子供と精子提供者との親子関係の認否法理を比べてみれば，韓国のケースは非婚同居関係を事実婚の成立如何に焦点を当てて分析・考察するのに対して，アメリカ・バージニア州のケースは，婚姻関係の認否については関心を向けず，精子または卵子の提供者は AID 子に対して父母としての権利を主張し得なくまた義務も負わないという法規範を「知られた精子提供者」にも適用するか否かに争点を当てて論じていることが分かる。

　したがって，日本も同様であるが，韓国も法律婚主義をとっているので非婚同居カップルを事実婚と解しうるための要件はどうであるかについてまず考えてみる必要がある。そして，日本も原則的には同様であるが，韓国も「生命倫理法」から精子または卵子の提供者の情報は匿名化すべきであると定めているものの，非婚同居者間の人工授精の場合，精子提供者の情報はすでに知られているので，「知られた精子提供者」には認知，そして子またはその法定代理人

には認知請求の訴えを提起することができるか，という問題を探ってみる必要がある。

2 非婚同居者関係の法的意義と精子提供者の法的地位

（1）　すでに言及したように，韓国において 2000 年代入ってから数多くの法案と研究成果が出され[44]，生殖補助医療の施術対象者とその配偶者の同意のもとで生まれた AID 子は婚姻中の子と推定され[45]，配偶者以外の精子または卵子の提供者はその AID 子に対して認知することはできないというのが 1 つの原則になっている。ところが，現行の韓国「生命倫理法」には，施術対象者が法律上の夫婦であるべきか，または事実婚カップルでも可能であるか，ひいては非婚同居者間の人工授精も可能であるか，さらにいえば，非婚女性も AID 子を産むことができるのか，についての基準の定めは存しない。このような状況の下で，韓国産婦人科学会の「倫理指針」からは，従来施術対象者は法律上の配偶者であるべきという制限を定めていた。しかし，改正「倫理指針」（2021 年 1 月 1 日 Version 9.0）からは，法律婚上の夫婦は勿論事実婚上の夫婦にも AID 施術を行うことができるように改められた[46]。この指針からも非婚同居者間の人工授精と非婚女性の AID 子出産までは認めていないことは，すでに述

---

(44)　前掲注(6)，(7)参照。
(45)　数多くの研究（学説）以外にも，最近の大法院 2019 年 10 月 23 日宣告 2016 ム 2510 全員合議体判決参照（妻が婚姻中第三者の精子の提供を受け人工授精によって子供を出産した場合にも親生推定の規定が適用され，親子関係不存在確認の訴えを提起することはできないと示した。本件判決については，鬼頭祐紀「血縁関係のない子に対する韓国民法第 844 条（親生推定）の適用可否——韓国大法院 2019 年 10 月 23 日全員合議体判決——」岡山商科大学法学論叢第 30 号（2022）91 頁以下参照）。この際に，AID 施術対象者である妻がその配偶者（夫）の同意を得ることを要求しているものの，ここでの「同意」には体外授精施術対象者とその配偶者のもつ責任と義務としての養育などに対しても明確にすると同時にそのような責任と義務は拒否し得ないことであるのを明らかにする必要があるという見解もある（金恩愛「非配偶者間補助生殖術において親生子関係と同意の問題：第三者の精子を利用した出生子と父の親生子関係関連大法院 2019 年 10 月 23 日宣告 2016 ム 2510 全員合議体判決を中心に」生命倫理政策研究第 13 巻第 2 号（2020 年 3 月）89 面以下，特に 105 面以下参照）。ちなみに，日本においても「同意」に内在する「遺伝的連続性」との関係については，窪田充見「小池泰［第三者の精子提供による非配偶者間人工授精子の身分帰属——夫の同意の法的評価について(1)(2・完)］」法律時報第 78 巻第 9 号（2006）99 頁以下；木村敦子「親子関係と公的介入——生殖補助医療の立法に向けて」法律時報第 90 巻第 11 号（2018）24 頁以下（AID への「同意」と関連して，親子関係ルールの構築に行為規制ルールの観点を組み入れる必要性があると主張する）も参照。
(46)　前掲注(11)参照。

第1部　第3章　親子・親権・未成年後見・里親

べたとおりである。
　しかし，韓国の学説では，事実婚カップルの場合にも人工授精を認めるかについて見解の違いがあり(47)，さらに非婚女性に対して人工授精を認めるかについては否定的な見方が強い(48)。かような状況の中で，事実婚カップルや非婚女性の場合にも AID 施術を認めようという見解が早くも登場し注目された(49)。この見解に一応共感できる点もあるものの，事実婚カップルの場合と非婚女性の場合を同一線上から認めるべきであるという主張には疑問点が残る。なぜならば，その根拠として「子を産む権利」を「女性の幸福追求権」から導き出しているが，基本的に子を産む権利は「父母の権利」であると解しているからである(50)。
　(2)　韓国家族法において一般に「事実婚」とは，「社会的事実としての夫婦共同生活をしているにもかかわらず，婚姻申告を出していなかったため，法律上の夫婦として認められない関係」をいう(51)。ところが「婚姻意思」がなけれ

---

(47)　金玟中「バイオテクノロジーの発達に伴う民事法的課題」民事法学第21号（2002）34面以下（肯定）；李勝雨「人工授精子の親子関係に関する研究」比較私法第11巻第2号（2004）258面以下（否定），李垠廷「人工授精に対する立法論的考察」家族法研究第19巻第2号（2005）83面（否定）など参照。

(48)　金玟中・前上掲35面以下，李勝雨・上掲259面，李垠廷・上掲83面など参照。

(49)　尹真秀「補助生殖技術の家族法的争点に関する近来の動向」法学（ソウル大・法学研究所）93面（韓国の多くの学説や国会に提案された法案が非婚女性や事実婚夫婦の人工授精を許さないことには問題がある。これは女性の幸福追求権に含まれる子供を産む権利を過度に軽視するものである。それのみならず，非婚女性から人工授精子が生まれたとして，無条件に子供の福利に有害ということも受け入れにくいという）。

(50)　金敏圭・前掲注(6)「生殖補助医療と私的生活上の自己決定権」542面参照，大村敦志『家族法』（有斐閣，2002年）210頁「親（人）の権利」参照（大村敦志教授は「子への権利」は「親（人）の権利」と言っているが，それが親（父母）を意味するかそれとも個人としてのヒトをも意味するか明らかでない）。非婚女性の場合には，母一方しか存在しないので，子供が「父母の配慮の下で生活しうる権利」も軽視してはならないので，結局「子供を産む父母の権利」と「幸福追求権を実現するための女性の権利」の間には厳然と乖離が存在するからである。また，本稿では研究対象から排除している代理出産および死後懐胎などの問題を含めて AID 施術をどの範囲まで認めるかという問題は「生殖に関する秩序維持」および「社会的合意の成熟」などが相共に考慮されるべき問題であろう。

(51)　李庚熙『家族法』法元社（2006）139面，金容漢『親族相続法』博英社（2003）166面，金疇洙『注釈民法［親族(2)］韓国司法行政学会（2002）462面，申栄鎬『家族法講義』世倉出版社（2010）112面，朴正基・金演『家族法』三英社（2006）196面。韓国においては事実婚を「準婚」関係と理解するのが通常であるが，日本においては，従来「内縁」と呼ばれていたものの，婚姻届けは出していないが継続的に共同生活を営む男女を「事実婚のカップル」と呼ぶことが多くなってきたようである。また，日本においての事実婚関連議論は，婚姻の成立要件に限らず，夫婦の姓問題・財産分与規定の類推

ばならないかという点について，大法院は早くも「事実婚が成立するためには，その当事者の間に主観的に婚姻意思の合致があり，客観的に夫婦共同生活と認められるほどの婚姻生活の実体が存在しなければならない」[52]と示したこともあって，「婚姻意思」を事実婚成立の要件として要求している。ところが，「婚姻意思」が明確でない場合，「婚姻の慣行と信義誠実の原則に基づいて事実婚関係を形成させた相手の行為に基づいて，その婚姻意思の存在を推定することもできるので，これと反対の事情，すなわち婚姻意思を明確に撤回するか，または当事者間に事実婚関係を解消することに合意したなどの事情が認められない場合には，その婚姻を無効とはいえない」[53]とし，婚姻意思を推定する判例もある点は注目に値する。

以上のような韓国の大法院判決の趣旨に，上述した両ケースを照らしてみれば，次のように理解することができる。まず，韓国のケースは同居中には婚姻の意思が不明確であったといえるが，同居関係を解消する直前に男性が女性の父の古希の祝いに参加したり，結婚式場に訪ねたなどの「行為」から「婚姻意思」を推定し，事実婚関係を認めたと思われる。ところが，アメリカ・バージニア州のケースは我々の事実婚とは関係なく精子提供者の「生物学上・法律上の父」になる「意思」を「生物学上の母」と相互に確認・誓約した父性確認書と子の出産の際に「知られた精子提供者」の出生確認書から父性確認の訴えを提起する権利を認めたと思われる。したがって，非婚同居中の「行為」から「婚姻意思」を推定するか，または生物学上・法律上の父になる「意思」を重

適用・非嫡出子の相続権などと関連して行われているようである──窪田充見『家族法』（有斐閣，2013年）130頁，二宮周平『家族法』（新世社，2009年）137頁以下，大村敦志「『事実婚』に関する日本法の現況──判例と立法の動向」家族法研究（韓国家族法学会）第26巻第1号（2012）209面以下参照。

(52) 大法院1987年2月10日宣告86ㅁ70判決（最近の大法院2001年1月30日宣告2000ㄷ4942判決も参照）。李熹培『注釈家族法判例研究』三知院（2007）480面などを参照。

(53) 大法院2000年4月11日宣告99ㅁ1329判決（婚姻の合意とは，法律婚主義を採択している韓国の法制の下では法律上有効な婚姻を成立させる合意をいうので，たとえ事実婚関係にいる当事者の一方が婚姻申告を出した場合でも相手方に婚姻意思が欠けていると認められる限り，その婚姻は無効とすべきであろうが（大法院1983年9月27日宣告83ㅁ22判決参照），相手方の婚姻意思が不明な場合には婚姻の慣行と信義誠実の原則に基づいて事実婚関係を形成させた相手の「行為」に基づいてその「婚姻意思」の存在を推定することもできるので，これと反対の事情すなわち婚姻意思を明確に撤回したり，当事者間に事実婚関係を解消することに合意したなどの事情が認められない場合には，その婚姻を無効とは言えない（大法院1980年4月22日宣告79ㅁ77判決；同1994年5月10日宣告93ㅁ935判決など参照）。

視するか，いずれにしても当事者の「意思」を推定・尊重し，また非婚同居者間の人工授精のように「知られた精子提供者」の場合には，生殖補助医療を通じて生れた子供に対しては認知または認知請求の訴えの主体または客体（相手）になりうるという点は両ケースの比較・分析から伺える。

(3) 従来，我々は AID 施術の場合，精子または卵子を人体由来物銀行（精子銀行・卵子銀行）に寄贈し，それを不特定の難妊夫婦の要請にしたがって体内・体外授精を通じて AID 子を出産したとき，その AID 子と法律上の父母の親子関係に焦点を当てて主に研究してきた。ところが，非婚同居者間の人工授精の場合には，精子であっても卵子であっても，双方とも「知られた提供者」の地位におかれる。それにもかかわらず，これまでの研究や法案は，精子または卵子の提供者を匿名化すべきであり，その提供者は AID 子を相手に認知することはできず，また，AID 子とその法定代理人もその提供者を相手に認知請求の訴えを提起することができないというルールを設け，それを親子法制の原則として受け止めてきた。

しかし，非婚同居者間の人工授精の場合には，精子提供者と卵子提供者の匿名化は意味がなく「知られた提供者」になるので，AID をめぐる親子法制に関する一応の原則とは別に，その親子関係を如何に判断するかという課題があらためて現実として浮かび上がる。

(4) ちなみに，学説では「事実婚」であるためには「事実上の婚姻意思」が存在しなければならないと言いながらも，「この意思には，通常，婚姻申告を提出し，法律上においても夫婦になりたいという合意が伴うであろうが，そうでなくても<u>社会的・実質的に夫婦になるという合意があれば十分である</u>」という見解[54]もある。結局，（婚姻意思の明確な撤回や事実婚関係の解消の合意などが認められない限り）当事者の主観的な婚姻意思より客観的な夫婦共同生活の実体が事実婚の成立要件として重視され，かつ客観的な夫婦共同生活関係の実体から婚姻意思を推論する傾向がみられる。さらに，学説では婚姻意思なしに事実上夫婦として共同生活を営む関係を「非婚姻同居」（cohabitation）と解釈し，これを英米法上の「事実婚」（*de facto* marriage）という見解[55]もある[56]。もち

---

(54) 金疇洙『親族・相続法』法文社（2004）236 面参照，金疇洙・金相瑢『親族・相続法』法文社（2020）271 面以下も参照。また，朴東渉・梁ギョンスン『親族相続法』博英社（2020）222 面。

(55) 李庚熙・前掲注(51)『家族法』140 面参照。李庚熙教授は，「非婚姻同居」について，「将来は事実婚の概念の中に包括して一元的に理論構成をする方が望ましい」といい，一歩先立った見解を主張している。

(56) 大村敦志教授の表現を借りると，非婚同居者は「選ばれた内縁」に該当し，フラン

ろん「婚姻意思」を事実婚の成立要件から排除しようとする考え方ではないが，ヒトの生活スタイルが非常に多様化しており，事実婚夫婦の場合にも婚姻申告を前提とする効力や第三者に影響を及ぼす場合でない限り，婚姻の効果を幅広く認めようとする見解[57]が家族法解釈の普遍的な傾向として現れる点に注目する必要がある[58]。

V　結びに

以上の考察結果によれば，非婚同居者関係を事実婚関係と積極的に解釈するか，もしくは婚姻意思が明確でない場合に，夫婦共同生活の実体から婚姻意思を推定するならば，非婚同居者間の人工授精は AID でなく AIH になってしまう。また，非婚同居者関係を法律婚でもなく事実婚でもないと解すれば，非婚同居の女性が同居の男性から精子を受け，懐胎し出産に至った場合には，非婚女性の AID 子出産になってしまう。さらに，非婚同居者間に人体由来物をお互いに提供し懐胎した場合に，「知られた精子または卵子の提供者」の認知または認知請求権は一身専属権であって事前に放棄することはできないという解釈が一般化するならば，たとえ非婚同居者間の AID 子に対して責任を負わないと約定・誓約したとしても，それは法的に意味を持たないことになる。

韓国では「生命倫理法」から委任した根拠もないにもかかわらず，大韓産婦人科学会の「倫理指針」により，事実婚上の夫婦にも AID 施術を許容してお

ス法にならって「自由結合 union libre」という類型に当たるであろう（前掲注(51)213面参照）。

(57)　金疇洙・前掲注(54)『親族・相続法』240 面，金容漢・前掲注(51)『親族相続法』166 面，朴東渉・梁ギョンスン・前掲注(54)『親族相続法』222 面以下など。非婚同居関係の解消と関連して財産関係の清算などについて当事者の保護を主張する見解もあって参考する必要がある（Kang, Seung-Mook「事実婚と非婚同居に関する研究――事実婚配偶者の死亡と非婚同居解消時の清算を中心に」漢陽法学第 26 巻第 3 輯（2015）15 面以下参照）。

(58)　李庚熙・前掲注(51)『家族法』143 面，朴東渉・梁ギョンスン・前掲注(54)『親族相続法』227 面。大法院家族関係登録例規第 102 号（2007 年 12 月 10 日制定，2008 年 1 月 1 日施行）では，'「民法」第 781 条第 3 項の父を知らない子どもとは，母が父と認められるヒトを知らない子供をいうので，婚姻外の子でも父の姓と本を分かる場合には父の姓と本にしたがって家族関係登録をすることができる。しかし，その子供が認知される前には，家族関係登録簿上の父蘭に父の姓名を記録することはできない．'と定めている。ところが，非婚同居者間の人工授精によって生れた子供は婚姻外の子になるものの，父の姓と本を知っているけれども，認知される前には家族関係登録簿上の父蘭に父の姓と本を記録することができないので，当例規も子供の福祉の保障のためには再検討する必要があると思われる。

り，日本の場合にも「生殖補助医療法」は制定されたものの，生殖補助医療行為のルールに関する法律上の定めは未だになく，韓国の場合と同様に委ねた根拠もないのに産科婦人科学会の「JISART ガイドライン」から親戚，友人などの「知られた提供者」の精子または卵子を利用して AID 子を出産することが可能である。さらに，日本の「JISART ガイドライン」は，被提供者は法律上の夫婦であることを要求しているものの，実際の医療界にはその要件が守られていないようにうかがえる。このような状況からは，人体由来物銀行から提供者の情報が匿名化され施術対象者に提供されるという公的メカニズムはその意味が半減されざるを得ない。結局，韓国と日本の非婚同居者間の人工授精による妊娠・出産は，ときには AIH ケースに，またときには AID ケースになる結果を避けられず，また AID 子に対する認知または提供者に対する子供とその法定代理人の認知請求権行使の可否基準が混乱に陥る恐れが存するといわざるを得ない。

　ちなみに，以前から指摘されてきた問題でもあるが，法律婚上の夫婦または事実婚上の夫婦，さらに非婚女性が AID 子を出産しようとするときに，精子または卵子の銀行から提供者の情報が匿名化され，如何なるヒトの精子または卵子であるか知らされない状況から，依頼者は誰のものでも良いと思うのか，それとも被提供者から選ばれた「知られた提供者」の精子または卵子が好まれるか，という問題も，非婚同居者間の人工授精の問題から，なおさら後者の方へ傾くのではないかという念慮は杞憂であろうか。

　以上，韓国と日本の生殖補助医療の行為規制状況と親子法の関連をおおまかに眺めてみたが，生殖秩序の維持の側面から，また，生まれる子の福祉・保護の側面からも，非婚同居者間の人工授精子をめぐる「医療法制」と「親子法制」について，これ以上放置してはおけない課題であると言える。

9 フランス家族法における parentalité 概念と親権

白須真理子

Ⅰ 序
Ⅱ parentalité 概念の多義性
Ⅲ parentalité 概念と親権
Ⅳ 結　び

Ⅰ　序

　令和 6 年 5 月 17 日法律第 33 号により，民法が改正され，日本でも，両親の婚姻の有無にかかわらず親権を共同で行使する余地が認められることとなった。
　ところでフランスでは，1970 年 6 月 4 日の法律第 459 号（以下，「1970 年法」）において父権（puissance paternelle）から親権（autorité parentale）と表現が改められた後，1987 年 7 月 22 日の法律第 570 号（以下，「1987 年法」）を経て，1993 年 1 月 8 日の法律第 22 号（以下，「1993 年法」）では離婚後の共同親権が原則化され，2002 年 3 月 4 日の法律第 305 号（以下，「2002 年法」）では，すべての子について両親の共同親権原則を採用して，これにより 1970 年法の改革の完成をみたと説明される[1]。また，2002 年法では，co-parentalité という概

---

[1] Par ex., H. FULCHIRON, *Droit de la famille*, 8e éd., 2023, nos 1247, 1250 et s. 邦語文献として，1970 年法改正について，稲本洋之助『フランスの家族法』（東京大学出版会，1985 年）91 頁，田中通裕『親権法の歴史と課題』（信山社，1993 年）121 頁等を，1987 年法改正について，田中・同書 219 頁，滝沢聿代「親権の共同行使──1987 年 7 月 22 日の法律第 570 号」日仏 16 号（1989 年）108 頁，山田美枝子「フランス親権法の改正──離婚後の親権共同行使の法認──」法学政治学論究 6 号（1990 年）309 頁〔山田①〕等を，1993 年法改正については，山田美枝子「1993 年 1 月 8 日の法律第 22 号によるフランス家族法の改正──離婚後の親権共同行使の原則化，自然子の両親の親権共同行使の自動化，家族事件裁判官の創設，裁判上の子の聴聞及び子の利益の保護──」法学政治学論究 20 号（1994 年）1 頁〔山田②〕，田中通裕「1993 年のフランス親権法改正──その内容と意義をめぐって──」法と政治 47 巻 1 号（1996 年）195 頁等を，2002 年法改正については，中村紘一＝色川豪一「フランス親権法の改正──親権に関する 2002 年 3 月 4 日の法律第 305 号──」比較法学 37 巻 1 号（2003 年）325 頁，中川忠晃「立法紹介」日仏 23 号（2004 年）290 頁，田中通裕「フランスの親権法」民商 136 巻 4＝5 号（2007 年）469 頁，栗林佳代「フランス」床谷文雄＝本山敦『親権法の比較研究』（日本評論社，

念が指導原理となったことはよく知られている[2]。co-parentalité については，父母の婚姻の有無や離別の有無にかかわらず，父および母により共同で（「co」）親権が行使されることを端的に示す原則として理解されてきたように思われる。もっとも，parentalité は親権とは別の用語であり，民法上にこの語を見出すことはできない。そうすると，あえてこの表現が用いられたことの意義が問われうる。

co-parentalité がどのような理念・指導原則であるのかは，2002年法改正に即して，日本でもすでに紹介がある[3]。また，homo-parentalité については，これを直接の研究対象とする論考があるほか[4]，同性カップルの法的地位をめぐる議論を紹介・分析するなかで，この概念に言及する研究がある[5]。大村敦志教授は，parenté と parentalité を比較し，「parenté が法的な親子関係を意味するのに対して，parentalité はより広く『親子同様の』関係をも含むとされている。あるいは，parenté が法的な概念であるのに対して，parentalité は事実を指す概念であるようにも思われる」と分析している[6]。ところで，parentalité が「親子同様の」関係をも意味する場合に，翻って，法的な両親による親権行使を（co)parentalité で表わすことの説明としては十分ではない。そこで，parentalité 概念には，別の意味も含まれる余地があるといえる。co-parentalité と homo-parentalité，あるいはそれらの他にも多様な文脈で用いられる parentalité（たとえば，beau〔義理の〕parentalité, grand〔尊属の〕parentalité, mono〔単独の〕parentalité, pluri〔複数の〕parentalité 等）が含意する意味を考察することは，フランスの家族法ないし家族制度を理解するうえで有益な示唆を得られると考えられる。

そこで，本稿では，parentalité 概念そのものの意味を探求しつつ，とりわ

　2014年）177頁等を参照。
(2) たとえば，中村＝色川・前掲注(1)325頁，久保野恵美子「親権に関する外国法資料(1)——フランス法，イギリス法」大村敦志ほか編『比較家族法研究——離婚・親子・親権を中心に』（商事法務，2012年）387頁，栗林・前掲注(1)178頁。
(3) co-parentalité の日本における紹介の内容については，後掲Ⅲ2で扱う。
(4) 大村敦志「パクスその後——私事と公事の間で」水野紀子編著『社会法制・家族法制における国家の介入』（有斐閣，2013年）115頁以下。
(5) 大島梨沙「フランス——『すべての者のための婚姻』と残された不平等」法時88巻5号（2016年）65頁，服部有希「フランスの同性婚法——家族制度の変容」外国の立法258号（2013年）22頁等。服部・同23頁は，homo(-)parentalité を「同性愛者による子の養育」と訳する。
(6) 大村・前掲注(4)120頁。なお，H. FULCHIRON (dir.), *Mariage-conjugalité, Parenté-parentalité*, Dalloz, 2009, p. XV も参照。

け 2002 年法改正で確立されたとされる「共同親権原則」が parentalité 概念で表わされることの意味を考察することとする。考察は，以下の手順による。第1に，フランス法における議論を通じて，parentalité 概念の多義性を確認する（Ⅱ）。そのうえで，第2に，この概念が民法上の親権概念との関係でどのような意義を有するのかが問題となる。この検討を通じて，共同親権原則と co-parentalité の原則との関係を考察することとする（Ⅲ）。

Ⅱ parentalité 概念の多義性

1 parentalité 概念の生成と多様化

parentalité という言葉は，1960 年代にハンガリー系アメリカ人であり精神分析学者のベネデク（BENEDEK, Therese）が用いた *parenthood* の訳語であり，フランスでは，ラカミエ（RACAMIER, Paul-Claud）により，「親になる大人に表れる精神的成熟のプロセス[7]」を表すものとして取り上げられたという経緯があるとされる[8]。なお，言語学的な分析によれば，parentalité は「parental（親の）」という形容詞に「té」という接尾辞が付いているところ，この接尾辞は，「資格（qualité）」や「機能（fonction）」や「所有（propriété）」を表す[9]。換言すれば，parentalité は，親としての資格・機能・所有のいずれをも含意しうる広義な概念ということができる。

その後，1970 年代に，社会学の分野において，「未婚の母（fille-mère や mère célibataire）」への差別的な表現から脱却するべく，「ひとり親家族」という言葉が発明された[10]。それに応じるように，ひとり親家族への手当が創設される等，ひとり親家族の認知とその支援政策が始まっている[11]。ドクウェル＝デフォッセ（DEKEUWER-DÉFOSSEZ, Françoise）によれば，こうして法的に

---

(7) P.-C. RACAMIER, avec collaboration de C. SENS et L. CARRETIER, « La mère et l'enfant dans les psychoses du post-partum », *L'évolution psychiatrique*, vol. 26, 4, 1961, p. 532.

(8) F. DEKEUWER-DÉFOSSEZ, « Réflexions critiques d'une juriste sur la "parentalité" », in *Mélanges en l'honneur du Pr. Jean Hauser*, Lexisnexis, Dalloz, 2012, p. 42 ; A.-M. LEROYER, *Droit de la famille*, Puf, 2022, n° 152, p. 124. なお，山田②・前掲注(1)14 頁は，parentalité を「親性」と訳している。

(9) D. FENOUILLET, « La parentalité, nouveau paradigme de la famille contemporaine ? », in *La famille en mutation*, Arch. philo. dr. t. 57, Dalloz, 2014, p. 97.

(10) F. DEKEUWER-DÉFOSSEZ, *supra note* 8, p. 42.

(11) フランスにおけるひとり親家庭の支援政策の歴史的変遷を扱う邦語文献として，舩橋惠子「フランスのひとり親家族支援政策——歴史的変遷と課題」大原社会問題研究所雑誌 746 号（2020 年）17 頁。1970 年代の政策については，特に，30 頁以下を参照。

認められた家族形態の多様性は，parentalité を中心に連結されることとなる。それは，parentalité が「家族全体の意味上の根源であると同時に，あらゆる種類の家族を特徴づける要素であるため」である[12]。また，parentalité という用語は，より包括的で差別的な形跡を取り除いた，「性別のない」用語であることが目指されているとも指摘する[13]。すなわち，親の性別を捨象する点を共通項として，parentalité は，ひとり親を取り込んで法的領域に足を踏み入れたということができる。

さらに，法学者にもよく知られた精神分析学者であるデレジ・ド・パルスヴァル（DELAISI DE PARSEVAL, Geneviève）が，同性親家族（familles homoparentales）という特定の文脈で parentalité という用語を使用したこと[14]で，parentalité 概念が変容したことを指摘する。すなわち，ここでは，parentalité は，父と母がどのようにして親になるのかが研究対象とされるのではなく，その子をもうける営みをした（engendrer[15]）のではない大人が，どのようにして子のそばで親としての居場所を維持するのかが研究されている。parentalité という概念が，親子関係や親権といった伝統的な法概念に加わるのは，こうした文脈においてであるという[16]。

以上のとおり，ドクウェル＝デフォッセの分析によれば，社会学における parentalité と心理学または精神分析学における parentalité とが同性の親をめぐる議論を通じて交錯することで，parentalité は法分野でも用いられるようになる。もっとも，その法分野での用いられ方には，出自としての二面性が反映されているとする。すなわち，社会学由来の parentalité は，家族という概念そのものを解体させるおそれがあるとしても家族構造の多様化を志向し，精神分析学由来の parentalité[17]は，社会がコントロールし，是正すべきプロセスの質の要求に目を向けさせると分析する[18]。後者の parentalité には，「良い

---

[12]　F. DEKEUWER-DÉFOSSEZ, *supra note* 8, p. 42.
[13]　*Ibid.*
[14]　G. DELAISI DE PARSEVAL, « Qu'est-ce qu'un parent suffisamment bon ? », in *M. GROSS (dir.), Homoparentalités, état des lieux*, érès, 2005, p. 291（改訂増補版。初出は 2000 年，初版の出版社は ESF）．
[15]　engendrer の訳語は，幡野弘樹「生殖補助医療と親子関係の根拠論――フランスにおける近時の学説を参照しながら」法時 96 巻 4 号（2024 年）44 頁以下を参照した。
[16]　F. DEKEUWER-DÉFOSSEZ, *supra note* 8, p. 43.
[17]　原文では parenté と表記されるが，文脈上，parentalité の誤記と思われる（*ibid*）．
[18]　*Ibid.*

親」についての根底的な問いがある[19]。こうした二面性が法学の分野にどのよう表れているのか。次にみるのは，この点である。

2 parentalité 概念の法的領域

　parentalité という語がはじめて法律の文書に登場したのは，「2001年度の社会保障財源に関する2000年12月23日の法律[20]」においてであるとされる[21]。そして，parentalité という言葉がはじめて法典に記載されることとなったのは，全国 parentalité 支援委員会の創設に関する2010年11月2日のデクレ1308号においてである（社会扶助・家族法典旧 D141-9～11条[22]）[23]。現在では，同じく社会扶助・家族法典（たとえば，L. 214-1-2条）のほか，公衆衛生法典（たとえば，D.6323-36条）等において，主に「parentalité 支援（soutien à la parentalité）」に関連して用いられている。上述したドクウェル゠デフォッセによる二面性のうち，精神分析学由来の parentalité については，後述するように，こうした社会法や公法領域における parentalité との共通性を有する。そして，parentalité に以上のような二面性があることについては，parentalité 概念を検討する学説に共通理解といえそうである。たとえば，ルロワイエ（LEROYER, Anne-Marie）は，parentalité は，① parentalité 支援と関連した社会扶助や児童保護の文脈で用いられる意味と，② beaux-parentalité や homo-parentalité 等といった，子の養育に特定の第三者が関与することを表す意味という，2つの意味で用いられることを指摘する[24]。また，フヌイエ（FENOUILLET, Dominique）は，両親の parentalité と第三者の parentalité という分類をしたうえで，前者について社会扶助・家族法典における parentalité による親権への影響という観点から，後者について特に第三者との関係を含む子の人格的関係や第三者による子の世話という観点から，検討を加えてい

---

(19) *Ibid.*
(20) Loi n° 2000-1257 du 23 décembre 2000 de financement de la sécurité sociale pour 2001, *JO* 24 déc. 2000, p. 20558. ここでは，家族政策は，親の職能と parentalité の支援に寄与しなければならないことが示されている（p. 20575）。
(21) A.-M. LEROYER, « Comité national de soutien à la parentalité - Missions – Composition », *RTD civ.* 2011, p. 183.
(22) 家族・児童・高齢者の高等評議会の構成と運営に関する2016年10月25日のデクレ 2016-1441号（Décret n° 2016-1441 du 25 octobre 2016 relatif à la composition et au fonctionnement du Haut Conseil de la famille, de l'enfance et de l'âge）により削除。なお，本稿においては，特に断らない限り，条文はすべてフランス法を指す。
(23) A.-M. LEROYER, *supra note* 21, p. 183.
(24) A.-M. LEROYER, *supra note* 8, n° 152, p. 123.

る[25]。

　したがって，本節では，社会扶助・家族法典等にみられる「parentalité支援」制度にいうparentalité（(1)）と，社会学に由来し，第三者に認められうるparentalité（(2)）について，それぞれがどのような特徴を有しているのかを確認する。

(1)　parentalité支援における「良い親」のイデオロギー

　ドクウェル＝デフォッセは，「心理学者のいうparentalitéが親の職能の習得であるとすれば，この概念はそれ自体で，父や母が親になることができない，あるいは，うまくなることができない可能性をはらんでいる」と指摘する[26]。また，親責任契約（contrat de responsabilité parentale）[27]や親責任研修（stage de responsabilité parentale）[28]といった制度の出現という例にみられるように[29]，「親権」から「parentalité支援」への移行には，「親責任」という言葉を好んで用いる[30]ことで，「権威（autorité）」が密かに消えていることを指摘する[31]。

---

(25)　D. FENOUILLET, *supra note* 9, p. 98 et s.
(26)　F. DEKEUWER-DÉFOSSEZ, *supra note* 8, p. 52.
(27)　親責任契約とは，子の不登校や，子による学校運営上のトラブルの惹起その他親権の怠慢と関連する問題があった場合に，県議会議長の提案により親権者との間で締結される契約であり，この契約の不締結ないし契約内容の不遵守は，家族手当の支給停止・中止措置と結び付けられていた。その目的は「親権者としての義務を喚起」し，社会扶助および社会福祉上の措置を講じることであった（親責任契約とこれを廃止した法律に至る経緯については，拙稿「親責任契約の廃止──不登校の解消を目的とする2010年9月28日の法律第1127号を廃止する2013年1月31日の法律第108号」日仏法学28号（2015年）178頁参照）。
(28)　親責任研修とは，犯罪の予防に関する2007年3月5日の法律第297号により刑法典に導入された制度であり，身体の完全性に対する罪を犯した者等に対し，「子の育成に伴う法的・経済的・社会的・道義的義務を喚起させるため」（フランス刑法旧R131-48条（2020年2月18日のデクレ128号第3条により，同法R131-35条4号に移動））親の責任についての研修受ける義務が課せられた（フランス刑法旧131条の16）（同法律による刑法の改正について，北川敦子「犯罪の予防に関する2007年3月5日の法律第297号」日仏法学25号（2009年）255頁参照）。この制度は，1980年代にカナダで始まった修復的司法として知られる仕組みの一部であるとされ（G. RUFFIEUX, *Les sanctions des obligations familiales*, Dalloz, 2014, n° 679），抑圧的な制裁ではなく予防的・教育的な制裁とする趣旨を有する（*ibid*）。
(29)　なお，親責任契約は2013年に廃止されたが（拙稿・前掲注(27)），親責任研修は現行法上も維持されている（フランス刑法131-5-1条，R131-35条4号，フランス刑訴法41-2条17号-3）。
(30)　しかも，ここで用いられる「親責任」という言葉は，民法1242条（2016年2月10日のオルドナンス第131号による改正前民法1384条）に定められる，未成年子の行為を原因とする損害に対する親〔親権を行使する父母〕の責任とは異なる意味を有する。
(31)　F. DEKEUWER-DÉFOSSEZ, *supra note* 8, p. 53.

そして，これらの制度は，その特徴として，（実質的な）強制性を有し，国が望む教育をする親の育成という側面がある(32)。すなわち，「良い親」への志向(33)が見て取れるのである。ルロワイエもまた，社会扶助や児童保護の分野にみられる「parentalité 支援」という文脈で用いられる parentalité は，「良い親」であることを求めるものであり，親の役割をある種「標準化」させるものと分析している(34)。フヌイエは，「parentalité 支援」という言葉が指す措置は，その原因（契約，行政的決定，司法的決定）も内容（親の義務の教育的喚起，協議（discussion），勧告，命令，新たな義務の負荷）もきわめて多様であるしつつ，主として非行や虐待の防止を目的として，親の権限の「適切な行使（bon exercice）」のために介入することをその共通の特徴として挙げる(35)。

要するに，社会扶助・家族法典をはじめとする「parentalité 支援」にいう parentalité 概念には，国・社会にとって「良い親」であることを求めるイデオロギーが存在する。

(2) 社会学由来の parentalité

ドクウェル＝デフォッセによれば，社会学的な parentalité とは，「それを行使する者の資格について態度決定をすることなく社会的な職能を示す方法(36)」である。法律家の多くは，この意味で parentalité を用いているという(37)。ルロワイエもまた，parentalité の 2 つ目の意味として，「子の養育に特定の第三者が関与することを表す用語」と整理している(38)。ここでいう parentalité は，より狭義には，法的な概念ではないとも捉えうる(39)が，「より広義には，父母以外の者が，委譲により，あるいは事実上，特に継親，親のコンキュバンまたはパートナーによって行使されうる育成上の職能を指す(40)」と

---

(32) 拙稿・前掲(27)179-180 頁。
(33) 親責任契約について，拙稿・前掲(27)179-180 頁，親責任研修について，G. RUFFIEUX, *supra note* 28, n° 681 を参照。
(34) A.-M. LEROYER, *supra note* 8, n° 152, p. 123. 親責任契約における親自身による行動の自己標準化について，R. LAFORE, « Obligations contractuelles et protection sociale », *RDSS* 2009, p. 31, *spéc.*, p. 41.
(35) D. FENOUILLET, *supra note* 9, n°s 9-10.
(36) F. DEKEUWER-DÉFOSSEZ, *supra note* 8, p. 43.
(37) *Ibid.*
(38) A.-M. LEROYER, *supra note* 8, n° 152, p. 123.
(39) Rapport par Défenseur des droits de l'enfant, *L'enfant au cœur des nouvelles parentalités*, 2006, p. 11 は「parentalité は法的な概念ではなく，親としての役割および／または育成上の役割を通じて，大人が子どもとの関係で果たす職能」と定義しており，その法的性質を否定している。
(40) A.-M. LEROYER, *supra note* 21, p. 183.

理解される。フルシロンは，parentalité について，曖昧な言葉であることを指摘しつつ，「子どもの世話，保護，育成の文化的な職能」と定義する[41]。そして，「この職能は，第一義的には，父母に属する『親の』職能である。しかし，他の者がその職能を法的に（親権の委譲，イスラム法におけるカファラの地位を有する者（titulaire）等）または事実上（継親，子の父または母の配偶者またはパートナー等が）引き受けることを求められることもある[42]」とする。ドクウェル＝デフォッセの分類に従うならば，フルシロンの定義は，社会学的な意味での parentalité と理解されよう。フヌイエは，parentalité は（親の権限の「適切な行使」という前述の意味に加え）第三者が子のそばで果たす役割をも意味するとしたうえで[43]，その法的な発露として，子と第三者との人格的関係の保護と，第三者に対し子の世話をする権利（pouvoir）を付与していることを挙げる。より具体的には，前者は，子と第三者との間での訪問・宿泊・通信権の保護を意味し，1970年法で明文化されたこうした保護の範囲は着実に拡大している[44]。また後者は，後見や育成扶助措置，親権の委譲・取上げ等を意味し，これらの制度においても第三者の権利の拡大傾向がみられる[45]。

---

(41) H. FULCHIRON, *supra note* 6, p. XV.
(42) *Ibid*.
(43) D. FENOUILLET, *supra note* 9, n° 18 et s.
(44) たとえば，2002年法では，人格的関係の維持が原則的に認められる第三者を「祖父母」から「直系尊属」へ拡大した（民371-4条1項）。また，2002年法では，子の利益になる場合には，第三者が血族か否かにかかわらず，家族事件裁判官により当該第三者との関係の態様が定められることも規定した（同条2項）。そして2013年5月17日の法律404号では，さらに進んで，「特に，子及びその両親の一方と安定的に居住する第三者が，子の育成，養育または定着（installation）の必要を満たし，かつ子と継続的な愛情的関係を結んでいるときには」（同条同項）という文言を加えている。さらに，371-4条に基づいて裁判官が決定した子と第三者との継続的な関係については，その隠蔽が詐欺（dol）に当たること（同353-2条2項）を理由として，養子縁組に対する第三者異議が認められる余地がある（同条1項）点でも，この関係は保護を受ける（D. FENOUILLET, *supra note* 9, n° 19, p. 102）。
(45) たとえば，1987年法では，第三者（「子を委ねられた者または機関」）に育成扶助措置の申立権を付与する（民375条）等により第三者の役割を強化し，他方で，親の離婚や離別後に子を第三者に預けることを可能にした（民旧287-1条（2002年法で削除），373-3条2項）。1993年法は，特に「継親」を考慮して，親子関係の確立について裁定する裁判所が，子を仮に第三者にゆだねることを認めること（民374-1条）により，第三者の parentalité を強化し，また，第三者に後見の開始を請求する権限を認めた（同373-4条2項）ほか，親権を行使する親の一方が死亡した場合に，他方親が生存しているときであっても，子を，生存親にではなく，第三者に仮にゆだねることをあらかじめ決定することができることを認めた（同373-3条3項）。2002年法も同じ方向で，「第三者の介入」に特化したパラグラフを設け，子が第三者に委ねられるすべての場合を再編成したほか，特記されるのは，親権の分担委譲を創設（同377-1条2項）したことであ

こうした社会学的な parentalité について，ルロワイエは，法律家にとって親権と親子関係の結びつきが自明であるからこそ，親権ではなく parentalité という言葉を用いることは，親子関係と育成の職能を切り離そうとするイデオロギーの反映であることを指摘する[46]。

　また，ドクウェル＝デフォッセは，これを親族関係（parenté）の再構築という「つけ鼻」と表現している[47]。すなわち，社会学的 parentalité は，親族関係の不在を補うため，あるいは親族関係の承認に備えるための繕われたその場しのぎの手段なのではないかという[48]。たとえば，親族関係と parentalité が分離する場面，特に育成扶助に関連する状況の結果として受入れ家族（里親・養護家庭）のもとで生活する子の例が挙げられる。このような子については，父母の親権の取上げ等を通じて，養子縁組への道が開かれることがあるが，このとき，子を委ねられた受入れ家族は，優先的に養親となる傾向がある[49]。育成扶助という parentalité を示す状況が，養子縁組という親族関係の承認によって，両者の分離がなかったかのように装う。同様の現象は，再構成家族における単純養子縁組にも見て取れることを指摘する[50]。

　parentalité に以上のような特徴・イデオロギーが認められるとして，では，それらは民法上の親権との関係でどのように位置づけられ，または影響を及ぼしているのか。Ⅲでは，この点を扱う。

Ⅲ　parentalité 概念と親権

1　parentalité 概念の親権に対する影響

　親権と parentalité は，どのように異なるのか。フヌイエの整理によれば，

　る（親権の分担委譲については，拙稿「フランス法における親権の第三者への委譲(1)〜(3・完)」阪大法学60巻1号185頁以下，2号147頁以下，3号183頁以下（いずれも2010年）を参照）。2007年3月5日の法律も2010年7月9日の法律も，第三者の役割をさらに強化している（同375-7条2項，373-2-9条4項等。D. FENOUILLET, *supra* note 9, n° 22, pp. 105-106）。

(46)　A.-M. LEROYER, Mariage - Personnes du même sexe - Adoption - Nom - Etat-civil - Livret de famille, *RTD civ.* 2013. p. 682.
(47)　F. DEKEUWER-DÉFOSSEZ, *supra* note 8, pp. 43 et 49.
(48)　F. DEKEUWER-DÉFOSSEZ, *supra* note 8, p. 49.
(49)　*Ibid.*
(50)　*Ibid.* parentalité で説明しうる物質的・精神的な繋がりを根拠に養子縁組を肯定する状況を批判的に考察するものとして，C. NEIRINCK, « De la parenté à la parentalité », A. BRUEL, C. NEIRINCK et al., *De la parenté à la parentalité*, Érès, 2001, p. 15.

以下の4つの違いがある[51]。第1に、根拠の違いである。親権とは、親族関係 (parenté) と自然に結び付けられた制度であり、親権は両親に「帰属する」。これに対し、社会扶助措置（にいう parentalité）は、国家から与えられた権利 (pouvoir) であり、その「適切な行使」とは、生来の能力の領域に属するというよりは、時間とともに、熟慮・実践・教育によって獲得されることを表す。第2に、目的の違いである。親権は、直接に「子の利益」を命じる制度である。これに対し、社会扶助（にいう parentalité）は、子の世話が不適切である場合に向けられた一般利益の保護を目的とする。第3に、内容の違いである。parentalité は、親権より広義であると同時に狭義である。広義には、親権と養育義務は別の制度であるのに対し、parentalité は、子の個人的な資産上の必要性に対する負担も含む。狭義には、親権は身上の保護および財産管理が関係するのに対し、parentalité は、子の身上の世話のみを意味する。第4に、性質の違いである。親権にいう権威 (autorité) とは、伝統的に「法の力 (un pouvoir de droit)」と理解されている。これに対し、parentalité は、親が事実として引き受けている子の世話を意味しており、したがって、parentalité は、親権の事実的な分離の一種であって、一種の「力の占有 (possession d'un pouvoir)」である。

　ドクウェル＝デフォッセが parentalité 支援と育成扶助制度を比較し、その違いを、改善を目指す「欠陥のとらえ方」にあるとする理解[52]も、フヌイエの整理にいう「目的の違い」に由来するといえよう。すなわち、育成扶助と parentalité 支援は、親権者が十分にその職能を果たせない場合に、親権の機能不全の治癒を試みるという意味では、共通性を有する。しかし、育成扶助における介入の基準が子にとっての「危険」または「危険のおそれ」であるのに対し、親責任契約や親責任研修等の強制的な parentalité 支援は、非行への転落を懸念させるような子の異常行動が引き金となる。つまり、これらの手続が開始される要素となるのは、子にもたらされる危険ではなく、公序良俗にもたらされる、あるいはもたらされうるトラブルである。ここでは、「親としての職能に社会的目的を割り当て、その不履行を罰せられるべき過失とみなすパラダイムを採用[53]」している。そして、このような措置の最大の欠陥は、それが、「子の最上の利益」を「第一義的に考慮」（児童の権利条約3条1項）している

---

(51)　D. FENOUILLET, *supra note* 9, n°s 11-12.
(52)　F. DEKEUWER-DÉFOSSEZ, *supra note* 8, p. 56 et s.
(53)　F. DEKEUWER-DÉFOSSEZ, *supra note* 8, p. 58.

とはいえない点にあると指摘する[54]。

もっとも、フヌイエは、同時に、こうした両者の違いは強調されすぎるべきでないとも指摘する[55]。親権の「自然の」性格は、親権の国家によるコントロールや、社会扶助措置を受け入れることを妨げるものではない。また、親権の不可処分性（民376条）に示されるように、親権も一般利益の考慮と無関係なわけではない。さらに、parentalitéの社会的支援は、両親との協力に基礎を置く。法律上の権利（pouvoir）と事実上の負担の分離を法が知らないわけではない[56]。しかし、そのうえで強調するのは、parentalité支援の親権への影響である。たとえば、2013年1月31日の法律[57]では、parentalité支援（親責任契約と、それと連動させていた家族手当の停止措置）を廃止したが、ほぼ同時期に、民法において制裁が強力に復活しつつあったと指摘する。したがって、親権とparentalitéは対極にあるわけではないが、社会扶助にいうparentalitéが民法上の親権を押しのけていることに疑いの余地はないと分析している[58]。

なお、社会学的なparentalitéとの関係では、親子関係（およびそれに基づく親権）と育成の職能の分離をもたらすイデオロギーであるというルロワイエによる既述の指摘（Ⅱ2(2)参照）は、親権への影響という観点からも妥当するであろう。

親権とparentalitéとの関係についての以上の学説の理解を踏まえて、次に、共同親権という表現ではなく、co-parentalitéという表現が用いられることの意義を考察する。

2 co-parentalitéと共同親権[59]

co-parentalitéという表現がいつから用いられるようになったのかは、定かではない。しかし、1970年法から続く親権の共同行使原則の確立の過程で、この表現が特に取り上げられたのは、2002年法改正の立法過程であるとされ

---

(54) *Ibid.*
(55) D. FENOUILLET, *supra note* 9, n° 13.
(56) *Ibid.*
(57) 同法律については、拙稿・前掲注(27)を参照。
(58) D. FENOUILLET, *supra note* 9, n° 13.
(59) 序で述べたとおり、co-parentalitéという表現は、2002年法における指導原則として位置づけられている。そのため、co-parentalitéに言及する文献は枚挙にいとまがなく、それらを網羅的に分析することは筆者の能力の限界を超える。したがって、本稿では、特にco-parentalitéと共同親権との関係を分析的に検討した文献に依拠して、その区別の意義を考察することとする。

る[60]。すなわち，2002年改正法の基礎となった社会学者イレーヌ・テリーによる報告書（1998年6月）[61]や，ドクウェル＝デフォッセを座長とする作業グループの報告書（1999年9月）[62]には，「co-parentalitéの原則をより強固なものとする」という表現がみられる[63]。

　もっとも，これらの提案に意味論的な考察が伴っていたかどうかは定かではないとの指摘もある[64]。同時に注目されるのは，ドクウェル＝デフォッセが1999年の報告書においてco-parentalitéを強調していた点である。これまでにみてきたとおり，ドクウェル＝デフォッセは，2012年に，parentalité概念を用いることについて批判的な論考を公表している[65]。2012年の論考では1999年報告書についての言及はないため，その態度の変化の趣旨は明らかではない。しかし，2002年法改正においてco-parentalitéを用いて語られた理念が，parentalitéという概念の多義性によって異なる意味を持ちうるようになったと評価する余地もある。

　そこで，本稿では，すでに多くの紹介のある2002年法改正におけるco-parentalitéの意味についてはごく大まかに整理するにとどめ（(1)），parentalité概念に対し懐疑的な見方をする立場がco-parentalitéについてどのように評価しているのかを分析することで，co-parentalitéの有しうる別の意味について考察することとする（(2)）。

(1) 2002年法改正におけるco-parentalité

　本稿の冒頭でも言及したとおり，日本でも，2002年法改正に即して，co-parentalitéの定義やそれに基づく具体的な改正内容を紹介・分析した論考は少なくない。co-parentalitéの定義については，たとえば，「形式の上でも内容においても2人の親が子の育成にかかわることが子の利益に適うという理

---

(60)　F. VAUVILLÉ, « Du principe de coparentalité », *LPA* 2002, p. 5.

(61)　I. THÉRY *Couple, filiation et parenté aujourd'hui. Le droit face aux mutations de la famille et de la vie privée*, éd. Odile Jacob, La Documentation française, 1998.

(62)　F. DEKEUWER-DÉFOSSEZ, *Rénover le droit de la famille : Propositions pour un droit adapté aux réalités et aux aspirations de notre temps*, La Documentation française, 1999.

(63)　Rapport par I. THÉRY, *supra note* 61, p. 194. Rapport par F. DEKEUWER-DÉFOSSEZ, *supra note* 62, p. 62. これら2つの報告書を含め，2002年改正の準備作業段階の動きについて，力丸祥子「フランスにおける家族法改革の展開——わが国に対する示唆を含めて——」比較法雑誌33巻3号（1999年）157頁以下も参照。

(64)　F. VAUVILLÉ, *supra note* 60, p. 5.

(65)　F. DEKEUWER-DÉFOSSEZ, *supra note* 8.

念[66]」という説明や，「父母が婚姻しているか否か，婚姻等が解消しているか否か，別居しているか否かにかかわらず，父および母による共同親権行使が原則とされる（こと）[67]」という説明がみられる。また，co-parentalité を「親であることの共同性」と訳し，1993 年法において「児童の権利条約 9 条に定められる，子が 2 人の親をもつ権利を国内法に実現するために」この言葉が創られたとする紹介がある[68]。

2002 年法改正の解説のなかには，親権の共同行使と co-parentalité を明確に区別する論考もある。たとえばフルシロンは，co-parentalité の原則は，一方で「親責任」のよりよい分担[69]に，他方で子と両親との間の関係の永続性を保障するという意思に表れていると整理する[70]。そして，前者については，（婚姻の有無や，実親子か養親子かを問わない）親権の共同行使の一般化と，（メディエーションの導入等）親の合意の探求をその特徴として挙げる。後者については，親としての職能を父母が互いに尊重することと，第三者もまたそれを尊重することを挙げる。またヴォーヴィレは，「co-parentalité は，単に（児童の権利条約において言及される：引用者注）親の共同責任（coresponsabilité parentale）を意味するのではなく，したがって，親権の共同行使と同義ではないであろう。この概念は，より一般的なものであり，子が両親と定期的な関係を維持する権利を包含するといえよう」と分析している。

フルシロンやヴォーヴィレの解説ないし分析によれば，親権の共同行使と違って，co-parentalité には，「子と両親の関係が維持されること」という要素を含む点に，この用語の特徴が見出される。また，両者ともに「親責任」に言及している点は，注目に値する。

(2) parentalité 概念への疑念と co-parentalité

1999 年の報告書で co-parentalité の語を用いていたドクウェル＝デフォッセ[71]は，2012 年の論考において，parentalité 概念に対する疑念を表明してい

---

(66) 中村＝色川・前掲注(1)325 頁。
(67) 久保野・前掲注(2)387 頁
(68) 栗林・前掲注(1)178 頁。
(69) ここでフルシロンは「親責任」の語が用いているが，同時に，2002 年法改正における主要な功績のひとつとして，「親権」という用語が維持されたことを挙げる（H. FULCHIRON, « L'autorité parentale rénovée », Defrénois 2002, pp. 962-963）。
(70) Ibid.
(71) ドクウェル＝デフォッセ報告書によると，co-parentalité の原則とは，「婚姻に基づく家族でも，婚姻によらない家族でも，親であるカップルの結合の有無にかかわらず，子は両親のもとで養育されることが最善の利益であるという考え方である」（Rapport

る。Ⅱでみてきた指摘に加えるならば，親権と（社会学的）parentalité との違いについて，次のような指摘もおこなう。すなわち，親権は「誰が」保持しているかが主要な関心事であるのに対し，parentalité は，親としての機能（fonction）を行使する者が「どのように」振る舞うかに関心を寄せる[72]。そのうえで，親権の共同行使と co-parentalité との違いについて，「親権の共同行使は，父と母それぞれに力（pouvoirs）の完全性を与えるものであるのに対し，co-parentalité の原則は，司法官が親に対し，互いの権利を尊重しなければならないことを思い出させるために用いられる。換言すれば，co-parentalité とは，共有され，コントロールされ，それゆえに縮減された権限である[73]」との見方を示している。

また，フヌイエは，co-parentalité は，家族が「平等の促進のための道具」になりつつあることを示していると指摘する[74]。「co（共同）」という接頭辞により，まず「平等」について情報を与えることとなり，それがここでの parentalité の第一の性質となるという[75]。次のようにも述べる。親権は，かつて，「子の利益」を命じる家族の技術であり，父母の平等をできるかぎり尊重しなければならないのは，そのような枠組みにおいてであった。co-parentalité になった今，それはなによりもまず「性別の平等」を保障しようとするものであるようにみえる[76]，と。そして，その具体例として，交替居所を原則化させようとする動き[77]や，2002年法改正により，父母の合意は，積極的な要件としての子の利益からは解放された拘束力のある合意として位置づけられていること[78]を挙げる[79]。そして，co-parentalité は，子の利益のために父母間の平等を保障するというよりも，「家族を使って」性別の平等を促進

---

　　　par F. DEKEUWER-DÉFOSSEZ, *supra note* 62, p. 56）。
(72)　F. DEKEUWER-DÉFOSSEZ, *supra note* 8, p. 46.
(73)　*Ibid.*
(74)　D. FENOUILLET, *supra note* 9, n° 42.
(75)　これと異なり，「親権の共同行使」は，l'autorité parentale exercée en commun（または conjointement）と表現され，「共同」を意味する en commun や conjointement は，権威を意味する autorité の後に書かれる（D. FENOUILLET, *supra note* 9, p. 116, 注 126）。
(76)　D. FENOUILLET, *supra note* 9, n° 16.
(77)　*Proposition de loi n° 1856 relative à l'autorité parentale et à l'intérêt de l'enfant*, 1 er avr. 2014, art. 7.
(78)　民373-2-7条2項は，「裁判官は，（両親間の）合意が十分に子の利益を保護しないこと……を確認しない限り，合意を認可する」と定めている。
(79)　D. FENOUILLET, *supra note* 9, n° 16.

しようとしているのではないかと指摘している[80]。

フヌイエによれば，さらに，parentalité は，象徴的機能——規範的機能と表現機能がある——にせよ，技術的機能にせよ，法が備えているべき機能を備えていない。すなわち，象徴的機能に関しては，co-parentalité にみられるように，一方では法の規範的機能（「離別は親権の帰属に影響を与えない」（民 373-2 条 1 項））を過大評価——現実の否定と，それに乗じた大人の権利の平等の主張——し，他方では，規範の意味を現実から引き出すという演繹的な社会学的手法を用いて，法の規範的機能を過小評価している[81]。また，技術的機能という観点でも，parentalité は，法としての「あり方」に関心がないと指摘する[82]。parentalité 概念がきわめて多様な法的状況を対象とすることから，法体系としての一貫性を見出すことが困難であるとの指摘である[83]。

したがって，parentalité は，「ご都合主義」的に用いることのできる概念ともいいうる。そこでは，子の利益が抜け落ちて，家族が，大人の平等促進のための，大人が作り出した事実の正当化のための，あるいは大人の自由な選択を正当化するための道具として用いられているのではないか[84]。フヌイエの批判は，parentalité 概念によって家族制度ないし家族法を規律しようとすることへの懸念ともいうことができる。

さて，(1)(2)を通じてみたところによると，co-parentalité の評価は分かれうる。もっとも，(2)における批判は，(1)に示される理念そのものへの批判ではなく，そうした理念が parentalité 概念によって説明されることに対する批判ということもできよう。その意味で，co-parentalité の原則について，従来の日本における理解が覆されるわけではない。しかし，co-parentalité によって語られる場面では，子の利益の観点が捨象されている場合がありうることを念頭に置く必要があろう。

Ⅳ　結　び

本稿では，フランス法における parentalité 概念が有する意味の解明を試みた。まず，精神分析学と社会学という 2 つの出自を有することが確認された。その全体的な特徴としては，性別のない概念であること，親の「権威」性を縮

---

(80)　D. FENOUILLET, *supra note* 9, n° 42.
(81)　D. FENOUILLET, *supra note* 9, n° 39.
(82)　D. FENOUILLET, *supra note* 9, n° 29.
(83)　D. FENOUILLET, *supra note* 9, n°s 30-34.
(84)　D. FENOUILLET, *supra note* 9, n°s 43-35 et n° 49.

第1部　第3章　親子・親権・未成年後見・里親

減または排除する機能を有することが指摘される。後者の点を敷衍すれば，一方で，社会扶助分野等において「parentalité 支援」としてなされる措置には，社会にとっての「良い親」を志向し，したがって親の役割の標準化をもたらしうる側面があった。他方で，社会学的な parentalité は，親子関係（およびそれに基づく親権）と育成の職能とを分離しようとするものといいうる。いずれの場合も，parentalité は，親としての役割を機能的に把握するものであるといえよう。そして，このような機能的な把握は，parentalité にかかわる大人が多様・多数になりうることをも意味している。結果として，子との関係における各人の役割が何かという根本的な問題を覆い隠すことになる[85]。また，それぞれの局面で用いられる parentalité の意味が矛盾することとなって，法としての一貫性を欠く。

co-parentalité については，それを 2002 年法改正で目指された理念のみを示すものとして捉えるか，parentalité 概念を通じてもたらされうる多義性を反映して捉えるのかによって，評価が異なりうる。しかし，後者のように捉える場合には，子の利益よりも大人の権利への関心が見出されうるという指摘は，注目されてよい。

序においても簡単に確認したように，フランスでは，parentalité にさまざまな接頭辞がつくことによって，parentalité 概念はさらに複雑化している。本稿で扱ったのは，基本的な形態で用いられる parentalité 概念に限定され，その全体像の把握にはほど遠い。しかし，フランスの家族法ないし家族制度の見方に多少とも新たな視点を提示できたならば，本稿の目的は達せられたことになる。ルロワイエは，parentalité によりもたらされた（親子関係と子の育成の機能との分離という）イデオロギー的断絶を認識しつつ，重要なのは，そのような展開の妥当性を評価するのではなく，その展開がこの移ろう概念の規範的機能と強く結びつけられていることに注目することであると述べる[86]。本稿で検討した parentalité 概念についての議論には，親権との関係における国家や第三者の介入のあり方を問う側面もみられた。parentalité をめぐる今後のフランス法の展開も注視しながら，これらの点についても考察することを今後の課題としたい。

謝辞：本研究は JSPS 科研費 20K01409 の助成を受けたものである。

---

(85)　A.-M. LEROYER, *supra note* 21, p. 184.
(86)　A.-M. LEROYER, *supra note* 46, p. 683.

10 性分化疾患をめぐる家族法上の課題
―― 親権者の治療同意をめぐって

手 嶋　　豊

Ⅰ　は じ め に
Ⅱ　性分化疾患について――多様な原因・多様な「治療」
Ⅲ　性分化疾患に関する日本の審判例
Ⅳ　アメリカにおける性分化疾患に対する手術治療への親権者の同意についての批判
Ⅴ　検　　討

Ⅰ　は じ め に

　本稿は，性分化疾患に関して，アメリカ法の状況を素描した前稿[1]で十分に検討しえなかった，性分化疾患であるとして未成年の子に対する治療として外科手術を実施することが計画された際の親権者の治療への同意の問題に焦点を当てて，再論するものである。

　日本では，治療に対する同意をなすことのできない未成年の子の親権者は，法定代理人の同意権に基づき，あるいは，親族法上の監護権（民法第820条）に基づき，親権行使の一環として，その子に代わって治療に対して同意する権限を有していると解されている[2]。しかしながら，そうした同意権限があると

---

(1) 手嶋豊「アメリカ法における性分化疾患についての近時の議論動向」神戸法学雑誌68巻4号（2019年）253頁以下。後に手嶋豊『医師患者関係と法規範』（信山社，2020年）255頁以下所収。本稿では前稿（○○頁）で引用する。
(2) 端的にこのことを示す論稿として，神野礼斉「医療行為と家族の同意」広島法科大学院論集第12号（2016年）223頁・229頁。これに対して，事理弁識能力を欠く常況にあると解される，例えば認知症を理由として後見人を付された成年被後見人について，その者には医学的介入としての治療が必要であるが，その処置の実施について同意する能力を備えていないと判断されるとき，成年後見人には患者の主治医から提案された医療に同意する権限があるのか，については，消極的に解するのが通説であり，その現状は医療現場に治療実施に際して実際上の不便を招いているとして，現行法制度の改正の必要性を主張する見解も増えている。この問題は，議論が続けられてきているが，なお決着をみておらず，法改正や立法にも至っていない。成年後見に関する民法の規定の改正が行われてからかなりの長時間が経過し，医療における説明と同意の問題についても，

はいえ，親権者は恣意的に自由に当該未成年者の治療に対して同意・不同意を選択できるわけではなく，その選択結果は，合理的で未成年者にとって最善の利益に適合する適切なものであることが必要である[3]。

性分化疾患は，その性質上，出生直後に判明することが多いため，アメリカでは，出生後，性分化疾患と診断された新生児に対して，親権者がその子をどちらかの性に寄せる手術を実施することを求めたり，医師の方針に同意することによって，性別を決定づけることが行われてきたという歴史がある。しかしながら近時，こうした性分化疾患を取りまく状況と対応に対して，異議を唱える動きが盛んになっていることは，前稿でその一端を紹介したとおりである。

性分化疾患は，性同一性障害とは異なることに注意が必要である。性同一性障害は，本人の性自認と，その身体的特徴とが異なっている場合であり，性自認と身体とを一致させるための配慮や医療処置が必要と解されるかどうか，その処置後をどのように扱うかが，主たる問題となっている。これに対して，ここで扱っている性分化疾患は，その人に現われている性が男女のどちらに属するかが，その原因が身体的な理由によって明確になっていない，という場合である。

このように性分化疾患と性同一性障害とは，概念上は明確に区別することができることになっている。しかしながら例えば，性分化疾患に対する治療として，性別をどちらかの性に寄せるための外科手術が実施され，治療前は不明確であった性が，男女のどちらかに割振られた後，手術により割振られた先の性別と，本人自身が確信をもつように至った性自認との間に齟齬があると本人が感じることが起きたとすれば，この場合，医療によってどちらかに寄せられた性により，いわば「医療によって作り出された」性同一性障害が性自認の問題として生じることになる点で，両者は連続したものとなってくる。

II 性分化疾患について——多様な原因・多様な「治療」

性分化疾患は，新生児の外性器の形が，どちらかの性に属するか明確ではな

日本でも医療の実践に十分に根付いていると解される今日，超高齢社会で治療が必要だがそれに同意する同意能力が減退・喪失してしまっていると解される高齢者は非常に多くなっており，医療現場も対応に苦慮していると考えられる。この問題を放置したままの状態で時間が経過していることは大きな問題である。以上につき，山野目章夫編『新注釈民法(1)』（2018年）463頁〔新井誠〕を参照。

(3) 不合理な権限行使の場合，親権が停止されることもあり，実際に親権が停止されている事例もあることにつき，後述参照。

いということで発見されることが多く，基本的には小児科疾患に分類されている[4]。日本小児内分泌学会は，性分化疾患が発見された際に，適切な対応をおこなうための手引き書を 2011 年に作成し，これは 2017 年に改訂されている[5]。しかしながら，性分化疾患の中には，第二次性徴が発現する思春期以降にならないと問題があることが現われてこないという場合もある[6]。性分化疾患の問題は，当事者が公にしてほしくないという希望を持つことが少なくないため，どの程度の頻度で生じているものか，必ずしも情報は明らかではない[7]。

　性分化疾患に対する治療としては，注に引用する学会の HP や上記「手引

(4)　日本小児内分泌学会 HP の性分化疾患に関する解説として，http://jspe.umin.jp/public/seibunka.html
(5)　日本小児内分泌学会性分化委員会「性分化疾患初期対応の手引き」（平成 23 年 1 月）http://jspe.umin.jp/pdf/seibunkamanual_2011.1.pdf 参照。同 HP は，性の決定には「染色体の核型，性腺の性状，内・外性器の形状などはいずれも単独で性を決める根拠に」はならず，原因疾患で「法律上の性が決まるということも」なく，疾患が同じでも重症度により「異なった性を選択される場合」がある。法律上の性は社会生活上の基盤となるため，「決定は慎重に」行わなければならないが，法律上の性の変更が不可能というわけではなく，海外の動向からも，日本でも「法律上の性の決定や変更についてより柔軟な対応へと変化していくもの」とする。「性分化疾患の患者さんの一部」については，「外性器や内性器の形を整える手術が必要になり」，その手術時期は，「1-2 歳までに行う考え方と思春期以降に本人と相談しながら進める考え方と二通りがあ」るという。
(6)　日本内分泌学会 HP の性分化疾患に関する解説として，https://www.j-endo.jp/modules/patient/index.php?content_id=85 参照。同 HP も性分化疾患の原因は多様で疾患としてもひとつのものではないとする。「性分化疾患には，性別違和などの心の性の違いは含まれません。ただし，性分化疾患の人の一部は性別違和を持つことがあります。」とし，治療として，「性分化疾患にはたくさんの原因があり，その原因によって患者さんにとっての最適な治療は異なり」，「性という繊細な問題を扱うため，患者さんや家族に心理的な負担がかか」ることから，その治療には，「理想的には，チーム内に内分泌学，外科，泌尿器科，心理精神医学，産婦人科，遺伝学，新生児学，ソーシャルワーク，看護学および医療倫理学を専門とする医療従事者がいる」ような「経験豊富な集学的チーム医療が望ましいとする。治療については「性分化疾患の治療は内科的治療と外科的治療に分けられ」「内科的治療としては，性ホルモン補充など」「外科的療としては，外性器や内性器の形成術を行います。性分化疾患の一部では，性腺の腫瘍発症のリスクが高いことが知られています。その場合は，予防的に性腺摘出を行うこともあります。」と説明されている。
(7)　日本小児科学会第三次指定難病要望疾病として，精巣形成不全，卵巣形成不全，卵精巣性性分化疾患，混合性性腺異形成症，5α-還元酵素欠損症，17β-ヒドロキシステロイド脱水素酵素欠損症，アンドロゲン不応症，46,XX 精巣性性分化疾患，アロマターゼ過剰症，アロマターゼ欠損症が挙げられている。https://www.jpeds.or.jp/uploads/files/20160511_1yoboshikkan.pdf 参照。
　慶應義塾大学病院性分化疾患（DSD）センター HP では，32 の疾患・病態を性分化疾患として紹介している。https://www.hosp.keio.ac.jp/annai/shinryo/center-for-differences-of-sexdevelopment/ 参照。

き」に記載されているように，原因疾患とその後の選択によっては，外科手術も選択肢に入り，出生後半年あたりより外科手術の適応が検討される可能性がある。外科手術は日本でも実施されてきている[8]が，アメリカでの活動の影響から，慎重に対応すべきとの記述が現われている[9]。

Ⅲ 性分化疾患に関する日本の審判例[10]

1 はじめに

戸籍法第49条によれば，出生届は出生から14日以内に届出をしなければならず（第1項），この届出には，男女の別と嫡出子か否かの別を記載する必要がある（第2項第1号）。しかしながら性分化疾患が疑われる出生子の場合，性の確定のためには，各種の検査を実施することが必要なことから，法で定められた届け出期限までには，子の性別を確定することができないことがある。このためそうした場合には，出生子の性別が確定できていない旨を記載した医師の診断書を添付すれば，出生後15日を過ぎても出生届を提出することが認められているとされ，また，性別欄を空白のまま提出して後に追加したり，当初記載した性別を後に訂正することも認めるのが実務であるとされる。

性分化疾患の既往により一方の性別で届出をしていたものの，その後の経緯により，戸籍訂正の申立てを通じて性別変更の許可を求めた事例で公表され内容がわかるものは，数的には多くないものの，下記のような審判例がある[11]。

---

(8) 中島龍夫編『よくわかる子どものための形成外科』（永井書店，2005年）312頁以下なども参照。

(9) 具体的な説明の例として，福澤正洋・中村哲郎・窪田昭男編『系統小児外科学・改訂第三版』（永井書店，2013年）827頁など。

(10) 東京家八王子支審平成11・8・9判時1718号67頁・東京高決平成12・2・9判時1718号62頁，判タ1057号215頁は，申立人が性同一性障害で性転換手術を受けた後に戸籍の訂正を求めた事案であるが，「現行の法制においては，男女の性別は遺伝的に規定される生物学的性によって決定されるという建前を採っており，戸籍法とその下における取扱いも，その前提の下に成り立っているものというほかないから，生物学的にみて完全な男（又は女）として出生し，その旨の届出がされて，戸籍に男（又は女）として記載された者が，性同一性障害と診断され，医師の関与の下にいわゆる性転換手術を受けて，外形的にみる限り別の性（女又は男）の内・外性器の形状を備えるに至ったとしても，性別に関する戸籍の記載が，戸籍法第113条にいう「法律上許されないものであること又はその記載に錯誤若しくは遺漏があること」に当たるということはできないといわざるを得ないのであって，抗告人の本件申立ては理由がないというほかない。」とし，この問題は立法によって解決されるべきとした。

(11) 審判例リスト作成にあたっては，東海林保「いわゆる性同一性障害と名の変更事件，戸籍訂正事件について」家月52巻7号（2000年）1頁以下，大島俊之「性同一性障害と法」判例タイムズ1049号（2001年）65-66頁，田中恒朗・判タ1036号170頁（水戸

これらを参照すると、性分化疾患[12]の既往があることが認められた申立人については、申立てが許可される場合が多いが（①②⑥⑨⑩⑪），許可されていないもの（③④⑤）もある。ただし③④は事例の判断時点が1979年であること、性染色体だけが判断の根拠として示されていることなどから考えて、今日でも同じ結論となるかどうかはわからない可能性がある。また⑤は、その後の抗告審⑥で、その結論が覆されて終了している事例である。⑦⑧は戸籍訂正が認められなかった事例であるが、申立人側は半陰陽との診断がなされていたとの主張がされてはいるものの、そのことを根拠づける医学的証拠が提出されなかった事例であり、半陰陽の診断があると認められ性別の訂正が認められている他の事例とは、異なった扱いが必要なものと思われる[13]。

2 審 判 例

① 富山家審昭和32・4・17家月9巻4号68頁

本件の審判は、許可するという結論のみが示されている。

（調査官意見）「診断手術に当つた医師の言を徴しても明らかな通り、▲▲は今後少く共、身体医学上からは男性として認めなければならない程度に、性転換を遂げてしまつて居るのである。少く共男性として認む可き最小必要限度のものを具備したと云わざるを得ない。それ以上の要件は、彼女（或は彼）自らが選んだ道であるから、如何に苦しみや困難を伴うものであつても忍従しなければならないことは致し方のないところである。国家は（裁判所は）今となつては、彼女の（或いは彼の）希望の達成に援助こそ与えても、之を措止すべき一片の理由をも有しないのではなかろうか。此の場合、医師の判断や施術こそ、

家土浦支審平成11・7・22評釈・2000年），石井美智子・判タ1065号168頁（東京高決平成12・2・9評釈・2001年），岡本和雄「戸籍記載事項の訂正方法——性別に関する戸籍訂正」判タ1100号（2002年）274頁を参照した。

(12) 性分化疾患について、かつては「半陰陽」という用語が用いられており、引用した審判例においてもすべてこの用語で統一されている。しかしながら近時は性分化疾患という用語の方が誤解を招く恐れが少ないことからこちらが用いられており、本稿も基本的にこれに従い、審判例の引用に際してのみ、「半陰陽」を用いる。

(13) 性分化疾患を理由とする戸籍訂正の申立てが戸籍訂正の許可を得る可能性が高いことに比べると、性同一性障害を理由とする戸籍訂正の申立ては、性転換手術を実施していたとしても許可を得る可能性が低いことは、既に大島教授が指摘しておられる。大島俊之「性同一性障害と法」判タ1049号（2001年）63頁，66頁では、「間性」として性分化疾患の問題を取り上げている。なお、大島俊之「性分化疾患と法」九州国際大学法学16巻2号（2009年）1頁〜15頁も参照。大島教授は、出生届の性別表記にかかる問題、性別表記の戸籍訂正の問題、出生当時の判定と異なる性別の場合の名の変更の問題、を中心に論じられる。

神の業として敬虔に肯定せねばならないものと考えるものである。」「四女▲▲の戸主との続柄欄及び父母との続柄欄に「四女」とあるを「七男」に，……各訂正することを許可する。」

②　福井家審昭和33・8・21（東海林・70頁）

「幼少より女として育てられてきたが，生来半陰陽の肉体的素養を有しており，青年期に至り次第に男性的兆候が顕著になってきたので，……6回にわたり外科的手術を行った結果，肉体手④気にも男性としての条件を具備するに至った。」

③　名古屋家審昭和54・9・27家月33巻9号63頁

「事件本人▲▲は出生時男と診断されたので上記の如く届出したものであるが，元々いわゆる半陰陽で，長ずるに従い女性の特徴が顕著となり，この際性転換手術をうけて外形的にも女性となつた。よって申立の趣旨通りの審判を求め」たのに対して，「鑑定人……の鑑定結果によれば，事件本人は染色体検査，骨盤エックス線検査，診断所見によつても本来正常な男性であつて，造腔術等の一連の性転換術や豊胸術によつて外見上女性型を示しているにすぎない。よつて事件本人▲▲は依然男と認めるほかなく，本件申立は前提を欠くことになり，爾余の判断をするまでもなく却下をまぬがれ」ないとした。

④　名古屋高決昭和54・11・8家月33巻9号61頁

上記③事件の抗告審で，「人間の性別は，性染色体の如何によって決定されるべきものであるところ，記録中の鑑定人……作成の鑑定書によれば，事件本人▲▲の性染色体は正常男性型であるというのであるから，同本人を女と認める余地は全くない。」とされた。

⑤　札幌家小樽支審平成元・3・30家月43巻8号62頁

⑥　札幌高決平成3・3・13家月43巻8号48頁

本件は，46XYであったため男として届け出たが女子として育てるとして戸籍訂正の申立てをしたところ，一審は申立人について，「その染色体，生殖腺，内性器の形態等からみて，そもそも男子として出生したものであることが明らかであり」「現在，性染色体はもとより，その他においても女性として何等かの身体的特徴を備えている訳ではないことが認められ」「戸籍上の性別を男から女に訂正すべき余地がない」として，申立てを理由がないものとした。控訴審では，申立人は医療上，女性と認められるとして戸籍訂正が認められた。

「典型的な男性にも女性にも属さない場合（医学上は「間性」と呼ばれる。），その性別を何を基準として決定するかについては，かつては医学上においても

性染色体の構成を唯一の基準として決していたが，次第に性分化の異常に関する症例報告が増え，研究が進展するに従い，性染色体のいかんは唯一，絶対の基準ではないとされるようになり，現在の医療の実践においては，外性器異常を伴う新生児が出生した場合，異常の原因，内性器，外性器の状態，性染色体の構成のほか，外性器の外科的修復の可能性，将来の性的機能の予測等（これらの要素を考慮するのは，外性器異常を生涯にわたってもつことのハンディキャップ及び劣等感が甚大なものであるからである。）を慎重に勘案し，将来においてどちらの性別を選択した方が当該新生児にとってより幸福かといった予測も加えたうえで性別を決定し，その決定に基づいて外性器の形成，ホルモンの投与その他必要な医療上の措置がなされるという扱いが定着するようになってきている」とし，「このような医療の実践が社会通念，国民感情に照らして容認し難いほど不相当であると断ずることはでき」ず，「抗告人は，性分化の過程で異常を生じ，性染色体は男性型のXYで，精巣を有するけれども，外性器は尿道海綿体が欠如する男女中間型のいわゆる男性仮性半陰陽であったものと認められ」「抗告人の性染色体はXYの男性型であるけれども，外性器異常を伴う抗告人については，ア，抗告人が尿道海綿体を欠如しているため，外性器を男性型に形成することは極めて困難であること，それにもかかわらず抗告人を男性として養育した場合，抗告人が外性器の形態の異常及び機能障害を有することによって受けるハンディキャップ，劣等感は甚大なものであること，イ，他方，抗告人の会陰部には膣前庭，膣遺残が認められ，女性型の外性器を形成する際の開口部になりうること」「抗告人は生命にもかかわりかねない重篤な排尿障害を負っており，その治療としては，カテーテルを外尿道口から膀胱に通して間欠的に導尿することが必要であるが，そのためにはカテーテルを形成された尿道に通すことは困難で，抗告人の現在の女児の長さを有する尿道を維持することが必要であることなどの事情があるため，抗告人を男性ではなく，女性と判断したもので」「抗告人の父母の同意のもとに抗告人の精巣を摘除した。従って，今後抗告人の外形が男性化することはない。）。そして，抗告人の性別判定に関する……医師の医療上の判断が不相当であるということはできない」として，「抗告人は女性でありながら，その戸籍には筆頭者との続柄が「二男」と表示されていることが認められるから，本件戸籍訂正許可の申立ては相当として認容されるべき」とした。

⑦　東京家審平成7・9・27（東海林・73頁）

「申立人は，仮性半陰陽であった旨主張するが，申立人が仮性半陰陽である

ことを認めるに足りる証拠はない。……申込人について，戸籍の性別の記載が当初から不適法又は真実に反する場合とはいえず，戸籍上の性別を男から女に訂正すべき余地はない。」とした。

⑧　東京高決平成7・11・10（東海林・73頁）

「男女の性別の判断は，専ら性染色体の構成や生来の内性器，外性器の状態などの生物学的ないし解剖学的な基準によって決せられるべきものと解すべき」で，「事後の手術によって性の転換をみたとして戸籍訂正が許容される余地はな」いとされた。

⑨　浦和家越谷支審平成9・7・22（東海林・74頁）

「申立人は，性染色体が男性型のXYであるものの，性分化の過程で異常を生じ，現在表現形式としての男性生殖器を有せず，男性仮性半陰陽にあたるものであり，ホルモン分泌としては女性としての正常値に位置し，その結果中枢神経系の機能や精神活動にも影響を及ぼし個体としては女性型へ進行しているといえる。」とされた。

⑩　新潟家審平成11・1・25（東海林・75頁）

「性別の決定については，①立位での排尿および男性的性生活の可能性を有する長さの陰茎が存在するか否か，②排尿および性生活を可能とするのに必要な整形手術の難易度，③精巣分化・テストステロン作用の障害の程度，④子宮・膣の存否のほか，さらに「脳の性差」「心理的男・女」を無視することができないとして，⑤そのいずれの心理的傾向がいずれの性に近いか，をも加えて総合的に吟味すべき」であるとして，許可した。

⑪　水戸家土浦支審平成11・7・22家月51巻12号40頁

本件は，AB夫婦の長女として出生届が出され，女性として育てられた者に関する事案である。ただし，申立人は出生当初から男子とわかっていたものの，外陰部に異常があり，精巣が外に出ていなかったため，両親と医師とが相談し，女性として育てた方がよいとして女性としての出生届を出したという。申立人は3歳時に開腹手術により左方睾丸を摘出し外陰形成術が実施されたが，その後，成長するにしたがって男性であることがはっきりしてきたため，女性として生きるのが苦痛になった。申立人は睾丸摘出を施術した病院を訪問し，医師と相談のうえ，本件申立てを行った。

裁判所は，申立人の性染色体は46XYで，診断書による病名は男性半陰陽であり，本来の性は男性であること，睾丸の働きが遅れたため出生時外陰部異常がみられ3歳時に左側の除睾術と外陰形成を施されたが，思春期に右側の除

睾術は施されておらず，申立人の性別自認は一貫して男性であり，男性か女性かについての揺らぎは今後はみられることはなく，妊孕性はないものの性器の手術等により男性としての性行動が可能であることが認められるとし，申立人が女性であることを前提とする戸籍の記載は真実に反するものというべきとし，戸籍訂正が許可された。

3 審判例の概観から，日本での性分化疾患の法的課題について指摘できること

以上の審判例を概観すると，日本ではこれまでの実績として，性分化疾患に対して，早期の治療が行われていること，裁判例に現われている者に関しては，医療処置に対する疑問が提示されている事例はないことがわかる。他方，治療の結果，医療者の見込みが外れて性自認と異なる性になったことに違和感をもつ者が一定数いることも明らかになっている。しかしながら，こうした違和感をもつ者の数は，性分化疾患に対して実施されていると推測される処置数に比較すれば，その数はごく少数と思われる。また，性分化疾患に対して，治療として実施された処置に関する説明の内容と親権者の同意の有効性を問題視する事案は，日本ではこれまでのところ，公表されたもののなかには，存在していないようである。

Ⅳ アメリカにおける性分化疾患に対する手術治療への親権者の同意についての批判

アメリカでは，性分化疾患の治療に対する対応の議論が，1990年代以降，盛んに行われている[14]。その中では多様な論点が取り上げられてきているが，ここでは治療としての手術への同意に関する問題点を取り上げる[15]。

---

(14) 前稿・261頁以下参照。なお，2017年までの文献をもとに論点全体を整理し紹介したものとして，Pat Newcombe, *BLURRED LINES--INTERSEXUALITY AND THE LAW: AN ANNOTATED BIBLIOGRAPHY*, 109 Law Libr. J. 221(2017) がある。

(15) 性分化疾患や性同一性障害に対する医療に内在する諸問題を指摘する論文として，Julie A. Greenberg, *Health Care Issues Affecting People with an Intersex Condition or DSD: Sex or Disability Discrimination?*, 45 Loy. L.A. L. Rev. 849(2012) があり，今日，提供されている医療行為は患者の最善の利益となっているとはいえないことを指摘している。なお，性別の割当てに対して強い反対の意思を表明し，活発な活動を行ってきている北米インターセックス団体ISNA (Intersex Society of North America, https://isna.org/) は，基本的に性分化疾患に対する外科手術を避け，実施すべきではないと主張している。

1　未成年者の医療への親権者の同意に関する一般論

　医療におけるインフォームド・コンセントは，治療を適法とするために必要な手続きの一部である。患者は，治療を実施する医療者から，患者の状態・予定される治療内容の危険性と予想される利益・治療を実施しない場合の予後予想等を知らされた上で，自己の価値判断に照らして，治療を受けるかどうかについて同意・不同意の選択を行う。これにより患者の人生観に最も適合的な医療が実現されることが期待できるとされている。

　成年に達しない子の医療においては，患者本人の同意ではなく，親権者の同意を得ることが必要とされるのが原則である[16]。ただし，この原則には，救急医療の場面など，多くの例外がある。

　性分化疾患が疑われる本人は，多くの場合，まだ新生児か出生後それほど時間が経過していない者であり，性分化疾患に対する治療が提案されても，それに対して同意や選択をできる状況ではない。このため，その治療については，親権者が本人に代わって選択することになる。

2　性分化疾患における特異点

　実施されようとしている医療に対して，患者が同意するかどうかを決定するインフォームド・コンセントという考え方は，アメリカで始まったものであるが，その出現以来，相当程度の時間の経過もあり，今日では，臨床現場にも定着して実施されていると解されている。しかしながら，性分化疾患についてのインフォームド・コンセントのありようについては，特に外科手術を制限・否定する立場からを中心として，疑問や批判が出されている。具体的には，親権者が手術に同意したとしても，それによってインフォームド・コンセントが得られているかについて疑問を示す見解が多く見られる。それらは例えば，以下のような点を，問題があるとしている。

　性分化疾患に対する外科手術の実施は，直ちに処置を実施しなければ，患者に重篤な後遺症や生命が危ぶまれる事態が発生するといった状況ではないため，緊急事態として捉えられるものではなく，通常のインフォームド・コンセントの手続が必要であると考えられる。この場合，治療の実施対象である患者本人が，有効な同意をなしうる年齢でない場合あるいは同意能力を欠いているという場合，患者の両親が，患者の代わりに同意をなすことになるが，その親権者

---

(16) Boumil=Noble, MEDICAL LIABILITY IN A NUTSHELL, 5TH ED., 2024, P151.

に対して，性分化疾患の外科手術に関する情報が適切に提供されているのかについて，疑問が指摘されている。他の疾患の治療に対する説明では，提案される治療の内容と，それを実施しない場合の代替案が示されるのが通常である。しかし性分化疾患の外科治療の場面では，手術以外の「代替案」の説明が含まれることはなく，手術を受けるか，あるいは受けないか，という択一状況にあることが少なくないとされる。手術を受けることにより，生じうる不利益・危険性についても，親権者に対して十分に知らされないことが多いといった事情もあるとも指摘されている。

このような事情が存在することは，インフォームド・コンセントの前提である，十分な情報を得た上での判断をなしうる状況に，親権者が置かれていないことを意味する。

決定をなすに対して必要不可欠な情報を十分に提供できていないという懸念が性分化疾患の治療選択の過程において発生する理由には，性分化疾患の治療についての評価が十分に固まっていないということがある。

3 性分化疾患に対する手術に対して親権者は単独で同意をする権限を有するか

上記2で検討したのは，親権者は子の手術に同意できるという理解からの立論であった。しかしながら，性分化疾患に対する外科治療は，通常の疾患治療と異なり，子の性別を確定するという特異な点が認められ，子の生涯を規定する大きな影響を及ぼしうる重大な決定である。そうした処置に対する同意は，同じように外科手術と分類されるものであったとしても，体内の病巣を取り除く手術とは異なった扱いを受けるべきとも考えられる。性分化疾患をもたないで生まれた子の場合，その性別は，生殖補助医療の過程で人工的な操作を加えるなどの場合は別であるとしても，いわば偶然の事情の結果によって人の手を離れて決まってくるものであり，父母の意向は希望としてもっていても，それが子の性別にそのまま反映されることはないと考えられる。

このように，子の性別の決定が，親の意向と関わりなく決まるものであるのであれば，性分化疾患における性別の決定・割当て先の選択においても，親権者に親権者だけで子の性別を選択するという権限を認めることは必要ない，とも考えられる。そのうえで，子に不妊手術を実施する場合や，臓器提供に関する決定を行う場合などのように，子の利益を守るために司法の積極的関与を認

めるべきであるという見解[17]やその種の立法すべきという主張[18]もある。以上のように，外科手術を実施するに際しての親権者の同意については，その有効性を疑問視する見解が少なくない数で公表されており，これらに同調する論者も多く存在する。

4 手術延期・モラトリアム論

以上に述べた事情から，近時は，性分化疾患の外科手術は，処置がなされなければ患者の生命予後を脅かすような事情といったものがない場合には，可能な限り先送りすることが提案されており，医療関係者を含めて，こうした先送り提案を支持する見解も増えている[19]。

外科手術の先送りを提案する見解は，外科手術が手術を受けた者に起こしかねない望ましくない悪結果を避けることが期待できること，割当てられた性別に違和感をもつ可能性が幼少期より後の方が低くなりうること，幼少期に性別が決まっていないことについての本人への悪影響は未解明の面が少なくなく，それを過大評価して手術を早めるように進めることは適当ではないこと，等を指摘する[20]。また，患者本人の成長に伴い，本人の性自認と親権者の選択とがずれていることが判明した場合には，医原性の性同一性疾患が生じることになるが，患者本人の性自認がどのようになってゆくかを，患者が新生児の段階で正確に予測することは，ほぼ不可能であることが重要である。

次に，親権者がなす子のための選択が，子自身以外の事情に左右されることも起こりかねず，それは患者本人の最善の利益につながらない可能性があることが指摘されている。親権者が未成年の子の治療に同意するかどうかを決定するに際して，患者本人の事情を第一に考えるのではなく，親権者の価値判断が入り込んだ判断が実施される余地があるのではないかということである。親権

---

(17) Alison Davidian, *Beyond the Locker Room: Changing Narratives on Early Surgery for Intersex Children*, 26 Wis. J.L. Gender & Soc'y 1,18 (2011). 親権者の権限が臓器移植や不妊手術に対して制限されるべきとの見解に同意見のものとして，Hermer, supra note 11, at 268.

(18) Samantha S. Uslan, *Note, What Parents Don't Know: Informed Consent, Marriage, and Genital-Normalizing Surgery on Intersex Children*, 85 Ind. L.J. 301, 321 (2010).

(19) e.g.Jessica Knouse, *Intersexuality and the Social Construction of Anatomical Sex*, 12 Cardozo J.L. & Gender 135,150 (2005).

(20) Sara A. Aliabadi, *Gender Assignment Surgery for Intersexed Infants: How the Substantive Due Process Right to Privacy Both Supports and Opposes a Moratorium*, 12 Virginia Journal of Social Policy & the Law 170,179 (2004).

者が，自分の子の性が決まらないという曖昧な状況から早く抜け出したいと願った場合に，自分の判断によってそれが実現するのであれば，患者第一に考えるといったことが疎かにされるのではないかという懸念である。

また，外科手術の要否について，親権者に短い時間で決断を行うことが求められているものとすれば，それはまたそれで，熟慮した上での決定というインフォームド・コンセントの観点からは望ましくないこととも評価されることである。

BehとDiamond[21]は，この問題について複数の論稿を公表しているが，外科手術による治療に対して，手術を緊急に実施する必要性はなく，患者の同意がない手術は倫理性を欠くという2004年のヘイスティングセンターの報告に言及し，また，手術をしないことに含まれる固有のリスクを懸念し，長期にわたって手術を延期することによる患者への悪影響や，手術の結果に満足している患者がいることを理由として医療界が手術をなお継続して患者に実施していることを批判する。他方，早期手術を実施すべきであり，そこに含まれている課題は，インフォームド・コンセントの手続きを強化することによって対処すべきとの見解に対しても，インフォームド・コンセントがあれば，こうした手術が有益であることを証拠によって明らかにできない現状でも手術を正当化できると考えている点で適切ではない。インフォームド・コンセント論は，医療実施によるメリット・デメリット双方を提示され，それらを比較のうえで個人の価値観に照らして最適な治療を選択する，というものであるが，性割当ての手術の場合，メリットがあるかどうか不明確であり，リスクがどうかも明確でない。このような不完全な情報が提供されただけで，同意をすれば治療の違法性が阻却されるというように考えるのは，インフォームド・コンセントの本質からはずれるものであるとする。

これに対してHermerは，早期手術に長期的な結果が判明せずばらつきがあることから，親が手術に同意することが子供の人権を侵害することになるものではないとして，BehとDiamondの見解に反論している[22]。もっとも，こうした問題について唯一の解決は存在しないことを指摘する見解もある[23]。性分

---

(21) Hazel Glenn Beh & Milton Diamond, *DAVID REIMER'S LEGACY: LIMITING PARENTAL DISCRETION*, 12 Cardozo J.L.& Gender 5,20 (2005); 前稿262頁。
(22) Laura D. Hermer, "A Moratorium on Intersex Surgeries? Law, Science, Identity, and Bioethics at the Crossroads." 13 *Cardozo Journal of Law & Gender* 255,267 (2007).
(23) Marla Joi Ferguson, *the issue is being intersex: the current standard of care is a result of ignorance, and it is amazing what a little analysis can conclude*, 7

化疾患の処置のインフォームド・コンセントに含まれる問題への対処方法としては，両親ではなく患者本人が性別の選択をすることができる年齢になるまで，外科手術のような回復不可能な処置の実施は延期するという手術延期・モラトリアム論がある。これは，格別な制度構築を必要とするものではないが，それでも，患者が自分で決定できる年齢を何歳に設定するか，といった基本的な点について意見の相違が生じることはありうる。

また，手術自体は否定しないとしても，その実施には親権者の同意だけでは足りず，裁判所の許可を求める仕組みとすることとしたり，あるいは倫理委員会の審査を求める仕組みとするといった提案もなされている。

以上のように，性分化疾患を取り巻いて，さまざまな提案がなされ続ける背景には，性の自認についてのアメリカ社会の考え方に大きな変化が現われていること，男女二分論だけではない制度を開始した州が実際に現われ始めていることにより，社会生活を送るうえでどちらかの性別に必ず自身を寄せなければいけないという要請が次第に弱まっており，逆に性別二分論に対してこれを絶対のものとしない立場も広がりつつあること，これらがアメリカだけでない世界的な広がりという側面もあることから，外科手術を必須のものと考えず，むしろ当該手術を割礼などと価値的に同様とする見方も現われていることなど，多くの事情が存在していると考えられている。

V 検　討[24]

1　インフォームド・コンセントについて

日本でも，患者が未成年の子の場合の治療については，親権者に治療の同意を与える権限があることについては，その民法上の根拠については若干の争いがあるとはいえ，結論的には承認されていると解される。ただし，未成年の子が成年に近い年齢にまで成長し，親権者から独立して自己の意思を表明できるようになっている場合に，親権者の意見と子の希望とにずれが生じると，どち

Biotechnology & Pharmaceutical L.Rev. 33, 64 (2013); 前稿（262頁）。

[24]　親権者からのインフォームド・コンセント以外にも，性分化疾患に対しては様々な論点が存在する。その例としては，①性別はどのように決せられるか・男女以外の性別はあり得るのか，認めるべきか，②婚姻に際して男女どちらかという性の割当ては婚姻にとって必須の前提条件か，男女間の婚姻以外の婚姻は認められるか，③性分化疾患治療後に割当てられた性にそぐわない名前であった場合，名前の変更は認められるか，④トイレやシャワー，公衆浴場の利用等について，性分化疾患の者はどこを使うことが認められるのか，などである。

らの意見が優先されることになるのか，困難な事態が生じることもあるが，基本的には，治療に対する同意は，親権者から取得することとなっている。最高裁も，患者が未成年者の場合，医療関係者は親権者に対して説明を行うべき義務があることを認めており[25]，この判決が出されて以後の説明義務に関する議論の発展もあって，近時も，親権者への説明が十分でなかったとして責任を肯定した事案が存在する[26]。また，親権者が適切に同意権を行使しない場合には，親権の濫用として親権停止とされることもある[27]。

　ところで，アメリカでは，親権者が子の手術に同意することに関する問題点として，外科手術によってもたらされる長期予後の評価が必ずしも固まっておらず，手術が患者に利益をもたらすものであるという評価も不確実であるとの意見があること，手術の実施によって患者に生じる危険が十分に説明されていないのではないかという懸念などを背景として，親権者が手術に含まれる危険と得られる利益を比較考量することが難しい点などに，親権者からのインフォームド・コンセント獲得は実はなされていないと評価されると指摘されている。また，患者の将来の性自認がどのようになるか，予測が不可能であることに鑑み，それが可能になるような時期まで手術を先延ばしするという延期論・モラトリアムが提案されており，このことについては医療者側もこれを尊重する動きがあることが示されている。

　そこで，これらの指摘について，今後，日本でも考えるべき問題として検討するならば，まず，親権者のインフォームド・コンセントについて，指摘された問題点に対しては，治療を受けるかどうかについて決定権限を有する者に対して，どの程度の情報が提供がなされれば，有効な同意をなしうるか，すなわ

---

(25) 最判昭和56・6・19判時1011号54頁・未成年者の頭がい骨陥没骨折に対する開頭手術について親権者への説明が必要とされた事例である。
(26) 福岡地判平成17・8・29判時2017号74頁・福岡高判平成19・12・6 LEX/DB 28142157　本件は，γグロブリン投与について，親権者への説明を認めた事例である。
(27) 津家審平成20・1・25家月62巻8号83頁。子の生命維持のために不可欠な手術に対して，合理的な理由がないにもかかわらず，治療に同意しない親権者について，親権停止を認めたものである。審判では，「未成年者の親権者として，適切に未成年者の監護養育に当たるべき権利を有し，義務を負っているところ，未成年者は緊急に手術・治療を施さなければ死亡を免れない状況にあるのに，事件本人らは再三の説得にもかかわらず同意をせず，このまま事態を放置することは未成年者の生命を危うくするものであるし，事件本人らの対応に合理的理由を認めることはできない。このような事件本人らの対応は，親権を濫用し，未成年者の福祉を著しく損なっていると解される可能性が高いものであって，事件本人らから同意を得る時間的余裕もない。……事件本人らの親権者としての職務の執行を停止させ，かつ，未成年者の監護養育を本案審判確定まで図る必要がある」として弁護士を職務執行代行者に選任した。

ち，親権者が子の治療に対する同意を有効になしうるかが検討されることになる。これについて，日本では上述のように，性分化疾患の専門医によって構成されている学会である日本小児内分泌学会性分化委員会が作成した「対応の手引き」があるが，それは性分化疾患全般を対象にしているため，多様な疾患が含まれる性分化疾患において，具体的な個別疾患での説明をどうするべきか，についてはそもそもこの「手引き」の対象外である。性分化疾患は多種多様で，個性の強い個別の疾患について，治療を受ける者の親権者に対してなすべきと解される説明はそれぞれ異なりうるところで，医療者が患者の親権者にこうした情報を説明しないことが基本的対応である，というわけではない。そして，インフォームド・コンセントの一般論として，どの程度，医療者の勧める治療の予後を含めて判明していることが必要か，については，性分化疾患だけの問題ではない。それらに加え，性別をどのように扱うかの問題は，現在，流動化が進んでいる社会の関わりの側面が大きいことから，性分化疾患の手術の結果としての長期予後の評価がほどなく決せられるということはないように思われる。以上のような見地からは，現在の医学状況によって知りうる情報を提供することで，インフォームド・コンセント取得のために必要な情報提供は果たされていると解されるべきではないか，と考えられる。

2　手術延期論を肯定した場合に必要となる制度的手当て

　もっとも，現在，アメリカで提案されている議論で有力な，外科手術の延期論が，支持者を増やしつつあることには，言及する必要があろうと思われる。これは日本でも当てはまることか。認めるとすればいつまで手術時期を伸ばす・待つことを考えるか。そしてこうした議論がアメリカであることを，日本で患者・患者の親権者に伝える必要があるか，も検討の余地がある。

　仮に手術延期を認めるという場合，その者が手術を終えるまでは，男女いずれにも属することが断定できないという事態が起こりうる。手術の延期を認めた結果としてそうした場合のために，性分化疾患の患者で手術を実施していない場合には，男女の「いずれでもない」という第三の性カテゴリーを考えるか，あるいは暫定的・便宜的に男女どちらかに振り分けておき，手術の実施によって確定的にどちらかの性に割り振るという仕組みを考えるか，何らかの対応を準備する必要性が生じる。それはどのような仕組みとするのか。

　さらに，そうした期間を設けるとしても，一定の期間を経て，最終的には，どちらかの性に割り当てる手術を受けて，男女のどちらかに収まることを当事

者に義務付けるかどうか，考えることも求められることになる。

　第三のカテゴリーで特に不便を感じることもなく，男女どちらかの性別に帰属することに必然性を感じないという人が現れた場合に，性別欄の変更を強制せず，個人の自由な選択に任せるべきであろうか。西欧では文化・宗教の関係でこうしたカテゴリーに非寛容な側面もあるところである[28]が，日本ではどうするか，態度決定することも求められよう。しかしその地位にとどまりながら，配偶者となることを望むような相手と出会ったという場合，そのカップルの婚姻は可能であるとすべきか。性分化疾患の場合，子孫を残すことが可能な疾患もあるため，そちらの性別に縛られると考えられるだろうか。

3　終わりに

　上述のように，これまで日本で性分化疾患に関連して裁判所に現われた事案は，性別の訂正が認められるかというものが存在するだけであって，現時点では，性分化疾患に対して実施された治療の適否を裁判で争うことや，親権者の同意の有効性を問題視する事例は，見つけることができていない。その意味では，アメリカでの親権者の同意に関する議論は，現在のところ，日本には直接的には大きな影響を与えてはおらず，日本の家族法でこの問題に十分な検討がなされてきているわけでもない。それでも，アメリカの医療の動向は，日本にも影響を与えていることを考慮すると，こうした議論も，課題としては注意を払う必要が生じてくるように思われる。

---

(28)　ドイツでのこの問題に対する取組みについて，石嶋舞「ドイツの性別登録における第3の選択肢と「インターセックス」」ジェンダー法研究7号（2020年）159頁以下など参照。

11 親権の共同行使の場面における未成年者の医療行為への同意についての検討序説
——大津地判令和 4・11・16 を契機として

石綿はる美

Ⅰ　はじめに——大津地裁判決と問題の所在
Ⅱ　医療行為への同意を共同で行うか，単独で行い得るか
Ⅲ　父母間に意見対立がある場合の事前の調整方法
Ⅳ　一方親権者の同意のみで医療行為を行った場合の事後の調整
Ⅴ　おわりに

Ⅰ　はじめに——大津地裁判決と問題の所在

1　医療行為への同意と親権の共同行使

(1)　医療行為への同意と説明義務

「患者の承諾のない医療行為は，たとえ医療水準を充たした適切な医療行為であったとしても，患者の自己決定権を侵害するという点では，不法行為と評価される[1]」と述べられるように，同意がない治療行為については，民事上の損害賠償責任や刑事責任が生じる可能性があり[2]，同意は医療行為が適法となるために必要なものであると一般に解されている[3]。

そして，患者の同意が有効になされるためには，何について同意するのかを患者が認識していなければならず，この点についての認識を患者が有していない場合には，医師による説明が必要となる[4]。医師は，医療行為について，合理的な説明をしなければ，「説明義務違反による患者の自己決定権侵害という不法行為の成立が認められ[5]」，自己決定の機会を奪われた精神的苦痛に対す

---

(1)　潮見佳男『不法行為法Ⅰ〔第2版〕』（信山社，2009年）439頁。
(2)　小池泰「判批」道垣内弘人＝松原正明編『家事法の理論・実務・判例1』（勁草書房，2017年）175頁注4）。
(3)　窪田充見編『新注釈民法(15)』（有斐閣，2017年）574頁〔手嶋豊〕等。
(4)　潮見・前掲注(1)439頁。
(5)　潮見・前掲注(1)439頁。なお，説明義務の具体的内容については，潮見・前掲注(1)441頁以下等。

る慰謝料を，損害として賠償することになる[6]。

では，年少である，精神的な障害がある，高齢で説明の意味を理解できない状態にある等の理由により，患者に同意能力がない場合，誰が同意をするのだろうか。これについては，「具体的な生活関係のなかで当該患者を監護すべき地位にある者に対して説明をし，承諾を得ることにより，医師としては説明義務を尽くしたものとして，この限りで説明義務については免責されるべきである[7]」などと説明されるように，患者以外の者が同意することが想定されている。

(2) 未成年者に対する医療行為への同意

患者本人に同意能力がない場合に，誰に説明し，誰が同意すればよいのかというのは，上記のように様々な場面で問題になるが，本稿では，患者が未成年者の場合について扱う。学説及び判例・裁判例においては，治療への同意の前提となる判断能力がない未成年者[8]の場合には，親権者や未成年後見人という法定代理人が子に代わって同意を行うと一般に解されていると整理できる[9][10]。その理由として，これらの者は患者本人にとって最善の利益となる意思決定をすることにより本人の保護を図ることをその職務とするものであることが挙げられることもあるが[11]，必ずしも十分に整理がされていないとの指摘もあ

---

(6)　その他の財産的損害についても含めて，潮見・前掲注(1)449 頁。

(7)　潮見・前掲注(1)445 頁。

(8)　医療同意の判断能力の基準としては，養子縁組への同意能力（民法 797 条）や遺言能力（同 961 条）を根拠に 15 歳とされることが一般的である（家永登「親権行使における意見の対立——医療行為を中心に」法と民主主義 447 号（2010 年）17 頁）。これに対して，児童福祉法等の児童の定義や，我が国の生活実態・社会状況も考慮すると，実際にも保護者の生活圏を離れて自活する比率が高まる 18 歳程度の理解能力が一応の目安になるとの指摘もある（潮見・前掲注(1)444 頁）。また，14 歳以上は刑法上責任能力があるとされること，自分自身の身体に関することであること等から，14 歳程度で認め得る場合があるとする見解もある（寺沢知子「未成年者への医療行為と承諾（三・完）」民商法雑誌 107 巻 1 号（1992 年）62 頁）。

議論の詳細は，廣瀬美佳「医療における代諾に関する諸問題（上）」早稲田大学大学院法研論集 60 号（1991 年）251 頁以下。

(9)　判例・裁判例として，「患者又はその法定代理人に対して説明する義務がある」とする最判昭和 56・6・19 判時 1011 号 54 頁，手術当時 6 歳の子の「親権者」の承諾の有無について検討する横浜地判昭和 54・2・8 判時 941 号 81 頁等。もっとも，上記の最判昭和 56・6・19 において，医師から説明を受けたのは，患者の母方の叔父であるが，判決がこの点を何ら問題としていないことから，「法定代理人」とは単に患者側の代表者といった程度の意味と取れなくもなく，厳密な法律上の概念ではないとの指摘もある（家永登「医療と子どもの自己決定」法時 75 巻 9 号（2003 年）37 頁，41 頁）。

(10)　神谷遊「判批」判タ 1249 号（2007 年）59 頁，寺沢知子「未成年者への医療行為と承諾（一）」民商法雑誌 106 巻 5 号（1992 年）656 頁，廣瀬・前掲注(8)255 頁等。

(11)　廣瀬・前掲注(8)255 頁。

る(12)。

　未成年者の医療行為についての親権者等の同意は，従来から，親権者が必要な医療行為に同意をしないことが医療ネグレクトに該当するか，医療行為に同意をしないことを理由として親権を停止し得るかという形で議論されてきた(13)。

　これに加えて，近時は，親権の共同行使との関係でも注目されている。

　裁判例としては，父母の別居中に，医師が，未成年者の医療行為について，親権者の双方に説明・同意を得ることをしなかった行為が不法行為に該当するかが問題となった大津地判令和4・11・16判例集未登載（LLIDB/L07751229，以下，「大津地裁判決」という)(14)がある。同判決では，未成年者の医療行為について，親権者である父母双方への説明・同意を得ることを必要とするのか，仮にこれらのことを行わなかった場合，医療機関はいかなる責任を負うのかなどが問題になった（後記Ⅰ2参照）。

　また，法改正の動きとの関係もある。2024年1月30日に法制審議会家族法制部会（以下，「部会」という）が公表した「家族法制の見直しに関する要綱案」は，同年3月に「民法等の一部を改正する法律案」として国会に提出され，同年5月17日に「民法等の一部を改正する法律」（以下，「改正法」という）として成立した。部会では，離婚後も，父母双方が親権を有する場合には，親権を共同して行使することが原則であることを前提に，婚姻中と比較すると父母間の意思疎通がスムーズにいかないことが考えられる場面で，子の進学や，手術などの医療行為を受けるための診療契約のあり方が問題になり得ると指摘されているが(15)，あわせて医療行為への同意も問題となろう。

　　患者本人の保護という趣旨からは，有効な代諾といい得るのは，あくまで生命維持のための装置を選択する場合だけであり，死を招来するような治療法の選択や治療拒否等は，患者本人以外はすることができないと考えられるとして，医療行為の類型ごとに，代諾権行使の限界を検討するものとして，廣瀬美佳「医療における代諾に関する諸問題（下）」早稲田大学大学院法研論集61号（1992年）178頁以下。
(12)　米村滋人「医療行為に対する『同意』と親権」法学83巻4号（2020年）149頁。
(13)　近時の審判例として，東京家審平成27・4・14判時2284号109頁，東京家審平成28・6・29判時2333号107頁等。詳細に検討するものとして，永水裕子「医療ネグレクト」桃山法学20・21号（2012年）329頁，保条成宏「子どもの医療ネグレクトと一時保護による対応」中京法学49巻3・4号（2015年）223頁等。
(14)　なお，同判決の検討は，拙稿「判批」道垣内弘人＝松原正明編『家事法の理論・実務・判例7』（勁草書房，2024年）98頁においても行っており，本稿の検討は，同評釈と重複する部分があることを予めお詫びする。
(15)　「部会資料6」15頁以下等。

このような状況を踏まえて，本稿では，親権の共同行使の場面における未成年者の医療行為に対する親権者の同意について，今後の検討課題を明らかにすることを目的とする。以下では，大津地裁判決を紹介したうえで（2），検討課題を明らかにする（3）。

2　大津地判令和4・11・16（LLIDB/L07751229）

大津地裁判決では，子がバルーン形成術を受けるに際して，医師が別居している父に対して説明せず，同意を得なかったことが不法行為に該当するかが主に問題になった。以下では，事案(1)，判旨(2)を簡単に紹介する。

(1) 事案の概要

Aは，平成29年9月，国立大学法人Yが運営するB附属病院を受診し，中等度程度の肺動脈弁狭窄と診断され，通院治療を受けていたが，平成31年3月には，なるべく早期の治療介入が望ましい状態と判断された。

Aの母CとてXは，Aの出生後間もなく別居し，令和3年9月に離婚が成立し，Aの親権者にはCが指定された。平成30年12月，XとAの担当医との面談が行われ，Xは治療に同意しないと言っているわけではなく，病状がわからず万が一の時にどうすればいいのか不安で，知りたいだけであること等を述べたのに対し，担当医は，今後の治療についてはXとCの双方から同意をとる旨等を説明した。また，令和元年6月4日，CはBに来院し，XがCに対しAとの面会交流を求める審判事件（以下，別件審判という）に関し，XのAに対する直接的な面会交流を否定する内容の審判書をYに交付した（なお，Yの主張によると，2カ月に1回程度Aの様子を写真や動画で知ることしかできないという内容であったという）。

令和元年7月16日，Aはカテーテル検査及びPTPV（経皮的バルーン肺動脈弁形成術）施行目的で入院をした。その際に，BはCに対して，カテーテル検査や合併症等の説明をした上で，CからAにバルーン形成術を行うことの同意を得たが，Xの同意は得ていなかった。同月18日，全身麻酔によりカテーテル検査等が実施され，翌19日，Aは退院した。

Xは，Yに対し，YがXの同意を経ることなくバルーン形成術に至ったことが違法行為に該当するとして，不法行為責任に基づき150万及びこれに対する遅延損害金の支払の請求をした。また，XはYに対してAの診療諸記録の開示を求め，それが拒否をされたことが不法行為に該当するとして損害賠償請求をするとともに，診療記録の全部の開示を求めた。

(2) 判旨の概要

　事案の特徴として、㋐婚姻中の父母が別居中である（監護者指定の有無は明らかではない）、㋑父については直接的な面会交流を否定する別件審判があるという点があるが、判決は、これらの点については明示的に考慮することなく、例外として一方親権者に対する説明のみで許される場合に該当しないとして、Xに対する説明・同意を得ることを行わなかったYの行為は不法行為に該当するとした。

　まず、判決は、バルーン形成術に関する説明及び同意について、親権者が共同で同意し、その前提として説明が双方に対して行われるのが原則とする（判旨1）。

　「親権は、原則として共同して行使することを要するのが原則であるから、そうであるとすれば、本件バルーン形成術に関する説明及び同意に関しても、一方親権者が不存在である、親権をはく奪されている等特段の事情がない限り、両親権者が共同で同意する（ただし、同意内容が合致する限り、各別に同意を得ることを妨げない。）のが原則というべきであるから、その前提となる説明も、双方に対して行われるのが原則であるというほかはない」

　そのうえで、例外として、一方親権者に対する説明のみで許される場合を明らかにする（判旨2）。

　「上記の親権の行使は、未成年者が自ら同意する能力を欠くため、これに代わって行うもの（代諾）であり、未成年者の福祉に適する代諾を行うべき義務の側面も併せて包含しているといえることに照らせば、一方親権者に対する説明を行わないことが正当化される特段の事情としては、①親権者の意向に対立があって、説明を行ったとしても同意されないことが明白な状況にあること、②未成年者の病状等に照らし治療施行の緊急性があり、説明・同意の手続を踏んだ場合には治療の機会を逸し、未成年者の福祉を害することが明らかな場合等がこれに該当するというべきである。」

　そして、本件について、本件バルーン形成術施行に関する親権者の意向に対立が存在することは推認しうるところではあるものの、他方で、Xが、Yに対して、同術の施行に同意しないことを明言したこともないことから、上記①に当たらないし、また、バルーン形成術に関しては、令和元年度中の施行を目標とする旨の記載もあることに照らすと、上記②に当たるということはできないとした。そして、本件バルーン形成術施行に当たり、Xに対する説明・同意を得ることを行わなかったYの行為は不法行為に該当する、と判断した。

また，損害については，「Xにおいて，代諾を行う前提となる説明を受ける機会が欠けていた（したがって，同意の適否を判断する前提を欠く）点が存在する反面，上記同意権は，前記のとおり，未成年者の福祉に適うよう行使する義務を同時に内包するものであるところ，本件バルーン形成術以外の施術につき，より医学的正当性の高い治療手段があったと認めるに足りる証拠はないこと，本件バルーン形成術施行により訴外Aに何らかの損害が生じたことを示す証拠もないことなどに照らせば，上記による精神的苦痛を慰謝するための慰謝料としては，5万円を下らないと認めるのが相当である」とした。

3　問題の所在
(1)　検討課題

大津地裁判決では，親権を共同して行使すべき場合，単独行使が認められる場合，一方のみへの説明でよい場合がどのようなものかが問題になった。そして，親権を共同して行使すべき場合であったにもかかわらず，一方親権者に説明・同意を得ることをしなかったことが不法行為に該当するとされた。

以上を踏まえて，親権の共同行使の場面における未成年者の医療行為への同意について具体的に検討すべき課題は次のようなものであると考える。

第1に，大津地裁判決の判旨1・判旨2でも扱われているが，親権者である父母は，婚姻中は原則として共同で親権を行使しなくてはならないとしても，例外として，単独で親権を行使できる場合があるのか。親権の行使全般についての議論を確認した上で，医療行為に関して特に考慮すべき点があるか等についての検討が必要になろう。

第2に，共同して親権を行使すべきときに，未成年の子の医療行為に関して，父母の間に意見対立がある場合は，事前にどのように対応をすることが可能なのか。

大津地裁判決では，説明は同意を得ることの前提として要求されており，当該事案において，原則として父母双方の同意が必要であると解していると思われる。しかし，説明をしても，一方が同意をしない場合どうなるのか。子は医療行為を受けることができないのか。また，判決は，親権者の意向に対立があって，説明を行ったとしても同意されないことが明白な状況にある場合には説明が不要であるとしているが（判旨2①），この場合は，一方親権者のみの同意で医療行為を行い得るのか。そのために，何らかの調整手段が考えられるのだろうか。

第3に，大津地裁判決の事案のように，共同して親権行使をなすべきときであるにもかかわらず，親権者の一方の同意のみで医療行為が行われた場合，事後の紛争をどのように解決するのかという点も問題になる。具体的には，当該行為の効力はどのようになるか，単独で同意した親権者・医療機関は，何らかの責任を負うのかが問題となろう。

(2) 本稿の構成

本稿は，上記の検討課題について一定の結論を示すものではなく，現在の議論を整理して，今後の検討点を示すにとどまるものであるが，以下では，上記の検討課題について順に扱う。まず，親権を共同して行使する場合，単独で行使し得る場合について検討する（Ⅱ）。そして，父母間の意見対立がある場合の事前の調整方法（Ⅲ），父母の一方が単独で親権を行使した場合の事後の調整方法（Ⅳ）について簡単に触れる。

いずれについても，親権行使全般についての議論を確認した上で，医療行為への同意について検討する。また，親権の共同行使をめぐっては，Ⅰ1(1)で紹介したように改正法において新たな規定が設けられていることから，それについても簡単に言及する。

なお，医療同意に関する問題を検討する際には，①患者の疾患の種類や実施される医療行為の性質・内容や，②子どもの年齢・発達の程度等を考慮するべきであると指摘がある[16]。本稿では，①に関しては，軽い怪我や風邪などに対する日常的な治療ではなく，予防接種や手術など非日常的な治療で，身体への侵襲が一定程度存在すると考えられるものを主に念頭におく。また，②については，未成年の子と親権者の意見が対立する場合についても検討が必要な問題ではあるが[17]，大津地裁判決の事案のように子には十分な判断能力がない場合（特に乳幼児期）を念頭におき，親権者間の意見対立についてのみ検討する。

Ⅱ 医療行為への同意を共同で行うか，単独で行い得るか

父母の婚姻中は，親権を共同して行使することが原則とされる（民法818条3項）が，例外はないのか（1(1)）。また，医療行為への同意の法的性質はどのようなものであり，同意を共同して行うか否かについて，親権行使一般の場合と同様に考えられるのか，何か考慮すべきことはあるのか（1(2)）。本項では，上記の点を検討したうえで，改正法との関係について簡単に確認する（1(3)）。

---

(16) 家永・前掲注(8)16頁。
(17) この点について，例えば，家永・前掲注(8)18頁以下。

そのうえで，親権者とは別に監護者が指定された場合に，それぞれの権限がどのようになるのかについて，医療行為への同意の法的性質との関係でも問題になることから，簡単に確認する（2）。

1 父母双方が親権者である場合の親権行使の態様
(1) 原　　則
現行民法においては，父母が婚姻中は，親権を共同して行使することが原則である（民法818条3項）。共同して行うとは，親権の内容の行使が，父母の共同意思によって決定されることを意味すると解されており，一方の（黙示も含む）同意があれば他方の単独名義で行ってもよい[18]。

もっとも，例外として単独での親権行使が認められる場合が，条文上，また解釈上存在する。

第1の例外は，父母の一方が親権を行うことができないときである（818条3項ただし書）。具体的には，①父母の行方不明，長期旅行，重病，受刑等の事実上行使できない場合と，②親権の喪失・停止等により法律上行使できない場合が該当する[19]。大津地裁判決でも問題になったような父母が別居している場合は，当然に単独行使が認められるわけではなく，緊急性や必要性，子の利益なども考慮に入れ，個々の事情に応じて判断すべきとされている[20]。

第2の例外として，監護教育における日常的な事務・軽微なことについては，父母の一方が独立して行い得ると解されている[21]。

---

[18] 於保不二雄＝中川淳編『新版注釈民法(25)〔改訂版〕』（有斐閣，2004年）31頁〔岩志和一郎〕等。
[19] 於保＝中川編・前掲注(18)33頁以下〔岩志〕。
[20] 於保＝中川編・前掲注(18)34頁〔岩志〕，清水節『判例先例親族法Ⅲ』（日本加除出版，2000年）46頁等。
　　判例・裁判例の分析について，小谷眞男「夫婦の別居と『親権共同行使の原則』」社会科学研究49巻1号（1997年）37頁以下，松倉耕作「事実上の離婚と単独代諾縁組の可否」判例タイムズ543号（1985年）140頁。
[21] 於保＝中川編・前掲注(18)33頁〔岩志和一郎〕，松坂佐一「父母の共同親権」『家族法大系Ⅴ』（有斐閣，1960年）38頁以下等。
　　もっとも，より限定して，一方の意思が客観的に判断して子の利益のために必要不可欠なものに限る見解（笠原喜四郎「親権の共同行使――特に共同行使が崩れたときについて」日本法学17巻2号（1951年）137頁），あるいはより広く，身上監護について単独で行い得るという見解（谷口知平「親権」中川善之助ほか編『親子』（酒井書店，1957年）296頁）もある。

(2) 医療行為について
(a) 未成年者への医療行為に関する法的枠組[22]

診療契約は法律行為であることから，締結には行為能力が必要であり，患者である未成年者に意思能力がない場合は親権者等の法定代理人が締結し[23]，意思能力がある未成年者の場合は未成年者本人が法定代理人の同意を得て契約を締結することになる[24]。なお，前者の場合，診療契約の締結は親権者双方の（黙示も含む）同意があれば単独名義で行ってよい（Ⅱ1(1)参照）。

また，診療契約とは別に，侵襲的な医療を行う場合には，原則として，患者の自己決定権との関係で，医療を受ける者自身の同意が必要となり，治療への同意の前提となる判断能力がない未成年者の場合は，親権者や未成年後見人が当該未成年者に代わって同意する（前記Ⅰ1(1)(2)）。

未成年者の医療行為への同意は，父母双方が親権者である場合は，原則として親権者双方の同意が必要だが，学説・実務においては，身体への侵襲等が軽微な医療行為の場合[25]や緊急の場合については，一方の同意で足りるとされている[26]。その理由は，次のように説明できるだろう。

軽微な医療行為について一方の同意で足りるのは，前記Ⅱ1(1)で言及したように，日常的な事務・軽微なことについては親権者が単独で行使ができるという考え方と共通すると整理できるが[27]，同意をしていない他方の親権者の同意（推定的同意）が前提となっていると考えられると指摘するものもある[28]。

---

(22) 小池・前掲注(2)175頁以下。
(23) 考えられる法律構成について，米村滋人『医事法講義〔第2版〕』（日本評論社，2023年）101頁以下。もっとも，米村教授は，医療契約の当事者や法律構成は，当事者意思や事実関係に照らし最も適切なものを事例ごとに検討する必要性を指摘する。
(24) 親権者の同意権・取消権が及ぶかについては議論があり，及ばないとするのが多数説であるが，及ぶとする見解も有力である（詳細は，米村・前掲注(23)103頁以下）。
(25) 具体例として，医師の行為規範の側面から見ると，開業医が通常行っている軽度の処置など慣習的な通常の治療（傷の縫合は含まれるが，骨短縮を含めた縫合は含まれない）という指摘がある（寺沢・前掲注(8)66頁）。
(26) 小池・前掲注(2)176頁，永水・前掲注(13)349-350頁。
(27) なお，この整理は，医療行為への同意の法的性質について（後記Ⅱ1(2)(b)参照），親権者の身上監護に基づくものとする場合には妥当するが，法定代理権に基づくものとした場合，そもそも法定代理について軽微な場合について単独で行い得るのかという問題が生じるように思われる。
(28) 寺沢・前掲注(8)66頁。米村教授も，両親の一方のみが付き添っている場合や，親が同伴していない場面において，多くの場面では，推定的同意による正当化が行われていると分析する（米村・前掲注(12)639頁）。なお，米村教授は，Ⅱ1(2)(b)(ii)で述べるように，同意の性質を分析した上で，軽微な医療行為以外も推定的同意を用いる可能性を示唆していると思われる。

また、緊急の場合は、緊急事務管理に該当するので、親権者の同意がなくても行い得ると解されていることから[29]、一方親権者の同意のみでも行い得るということになる。

(b) 医療行為への同意の法的性質

(ⅰ) 伝統的な議論

未成年者に対する医療行為について、親権者や未成年後見人が同意を行うことには争いがないが、医療行為への同意の法的性質については、学説では、複数の見解が示されている[30]。いずれによるかの帰結の違いは、監護者指定がされた場合に、監護者とならなかった親権者に、医療行為への同意権限があるかという点に現れる[31]（この点は、後記Ⅱ2参照）。

具体的には、㋐同意は、親権者の法定代理人としての権限に由来し、子の自己決定権を代理する（未成年者に代わって同意する）という考え方[32]と、㋑身上監護の一環として親権者自ら同意を行うという考え方がある[33]。

㋐に対しては、代諾構成を貫くと、未成年者に同意能力がない場合は、子の自己決定権を全く無視して、親権者のみが決定し、未成年者に同意能力がある場合には、未成年者本人の同意のみで足りることになるが、それでは、個々の医療行為の態様を無視して、同意能力の有無と代諾の要否を択一的に捉えることになり、未成年者の福祉に適合しないとの指摘がある[34]。また、医療行為への同意は、未成年者自身の生命・健康に極めて重大な影響を及ぼすものであり、監護・教育の権利義務（民法820条）を根拠とするのが自然であるとも指摘されるように[35]、近年は、㋑に立つとするものが多くを占める状況となっている

---

(29) 水野紀子「医療ネグレクトに関する一考察」米村滋人編『生命科学と法の近未来』（信山社、2018年）229頁。

(30) 潮見・前掲注(1)445頁、米村・前掲注(12)631頁以下等。詳細に検討するものとして、永水・前掲注(13)342頁以下、その他の見解について、河上正二『医事法』（信山社、2022年）38頁。

(31) 永水・前掲注(13)342頁。

(32) 石川稔「親権と子どもの保護」法学教室125号（1991年）30頁、廣瀬・前掲注(8)258頁。その他の文献について、寺沢・前掲注(10)659頁以下注8及び9参照。

(33) 大村敦志『民法読解　親族編』（有斐閣、2015年）257頁（もっとも、監護教育としての監護権の範囲に入らないものもあるとの指摘もある）、二宮周平『家族法〔第5版〕』（新世社、2019年）236頁等。

(34) 寺沢・前掲注(10)658頁。

(35) 神谷・前掲注(10)60頁。成年後見人が、法定代理人として診療契約の締結はできるが、医療的侵襲についての同意権まで認められないことを根拠に、法定代理権の有無と医療行為への同意権の有無は必ずしも連動させる必要のない問題であると指摘する。

とされる[36]。

(ⅱ) 医療同意の区別を提唱する見解

このような従来の議論に対して，近時，米村教授は，同意を，①それがなければ医療行為自体が違法なものとして許されないことになる，医的侵襲行為の違法性阻却の要素としての同意と，②それがない場合にも医療行為は適法だが慰謝料請求の根拠となる，説明義務によって担保される医療的決定としての同意の2つに区別し，①の同意があれば医療行為の実施には支障がないと指摘する[37]。以下，親権者による同意との関係も含めて，その見解内容を簡単に確認する。

①の同意は，侵襲を受ける法益主体が自ら行うことに意味があるとともに，広範な推定的同意が認められるという特徴がある[38]。患者自体が行うことに意味があることから，患者以外のものが表明する「同意」は原則として患者の同意として効力を有さず，未成年者に対する医療行為についての親権者の同意は，患者の同意の代行ではなく，推定的同意を支える一事情としてのみ考慮されるものと解される。この同意を親権者が拒否している場合，親権停止等の手続を行う必要はなく，医学的な治療の必要性や回復可能性等を考慮して患者本人に十分な医療的利益があると判断できるのであれば，推定的同意があるものとして医療行為をなしうることになる[39]。

②の同意は，重要な医療的決定を行う際に自己決定権の具体化として要求される「同意」である。これは患者が現実に表明することが重視され，推定的同意は認められない。この同意がない場合は，自己決定権侵害として慰謝料請求が可能となる余地があるが，医療行為自体は適法となる[40]。この同意についても，患者自身が十分な判断能力を有しない場合について，親権者が本人の決定を代行することはできない。他方で，親権者は，身上監護権の内容として，未成年者の医療行為につき一定の判断を行うことに基づき，固有の資格において，未成年者の受ける医療行為につき一定の決定を行うことができる[41]。実務上は

---

(36) 米村・前掲注(12)631頁。
(37) 米村・前掲注(12)630頁，米村・前掲注(23)134頁以下。
(38) 米村・前掲注(12)633頁。
(39) 以上，米村・前掲注(12)636頁。
(40) 米村・前掲注(12)634頁。
(41) 米村・前掲注(12)637頁以下。そのうえで，米村教授は，医療的決定権を親権者以外の者が有しうるかについては，親権者が有する身上監護権の内容の理解にも関わる問題であるとしたうえで，結論を留保する（同・638頁）。

家族が行う医療的決定も自己決定に準じた保護の対象になることが想定されている[42]。

　(c)　検討と小括

伝統的な議論に基づけば，現行法においては，未成年者に対する医療行為への親権者の同意は，その法的性質にかかわらず，ⓐ父母の一方が親権を行うことができないときに該当する場合（民法818条3項ただし書）や，ⓑ医療行為が軽微であったり，緊急であったりする場合を除いて，父母双方が共同して行わなくてはいけない。

他方，上記(b)(ⅱ)で紹介したような同意についての分析を前提にすると，上記ⓐⓑ以外の場合においても，父母の一方のみの同意で未成年者に対する医療行為を行っても，医療行為自体は適法となり，親権者の自己決定を害したことが問題になるだけである[43]。つまり，父母間で意見対立がある場合に，事前の調整（後記Ⅲ参照）を経る必要がなく，迅速に医療行為を受けることができ，子の利益に適うとも考えられる。また，仮に一方の同意なく医療行為を行っても，医療行為の適法性は問題にならないという点も注目される。他方で，一方の同意のみで行った場合に，親権者間の紛争をどう解決するのか（後記Ⅳ2参照）という問題は依然として存在するように思われる。また，第三者である医師・医療機関も親権者の自己決定権としての同意権を侵害した点で不法行為責任等を負う可能性はある。このように，米村教授が示した医療同意の区別論は，医療行為の適法性が問題にならないという点を明確にする意味では，医師らの萎縮効果を一定程度防ぐ可能性があり得るが，自己決定権の侵害により不法行為責任が問われる可能性があれば，依然として萎縮は生じるかもしれない。

　(3)　**改正法との関係**

改正法は，婚姻中のみならず，父母が離婚している場合，また，嫡出でない子である場合にも，父母が共同して親権を行使することを可能とする（改正民法819条1項-4項）。そして，父母双方が親権者となるときは，原則としては，親権は共同で行使するが，①他の一方が親権を行うことができないとき，②子

---

(42)　米村・前掲注(12)634頁。

(43)　このような米村教授の見解に対しては，理論的には成り立ち得るが，侵襲性の高い治療が必要とされるような場合に，親権者が強硬に反対する可能性や事後的な紛争の可能性等を考えると，医師・医療機関の判断のみで治療を実施することは現実には容易ではないとの指摘もある（横野恵「判批」甲斐克則・手嶋豊編『医事法判例百選〔第3版〕』別冊ジュリスト258号（2022年）73頁）。

の利益のため急迫の事情があるときは[44]，単独で行使ができる（改正民法824条の2第1項2号・3号）。また，③監護及び教育に関する日常の行為に係る親権の行使についても単独で行うことができる（改正民法824条の2第2項）。

①は現行民法818条3項ただし書を踏襲し，③は現行法において解釈論として提唱されているものを明文化したものといえ，従来の議論は，改正法が施行された後も，解釈の参考になろう。

②「子の利益のため急迫の事情があるとき」とは，具体的には，「父母の協議や家庭裁判所の手続を経ていては適時の親権行使をすることができずその結果として子の利益を害するおそれがあるようなケース」が想定され，入学試験の結果発表後の入学手続きのように一定の期限までに親権を行うことが必須である場合，DVや虐待からの避難が必要である場合，緊急に医療行為を受けるために医療機関との間で診療契約を締結する必要がある場合等が考えられると説明されている[45]。親権行使一般について，このような規定が設けられたことは注目されるが，医療行為との関係では，従来の学説の見解を踏襲したものと整理することもできよう。なお，医療行為への同意が単独でできる場合として学説において考えられていた「緊急の場合」と改正法の広狭については，今後の検討が必要であろう。

2 監護者が指定された場合の問題

(1) 監護者指定による親権者と監護者の権限の分配

監護者指定がされた場合（離婚時は民法766条1項，別居時は同766条1項類推適用），通説的な理解によると，身上監護に関する事項は監護者が行い，財産管理等に関する事項は親権者が行う。そして，財産管理「等」には，法定代理や法律行為への同意（民法5条）も含まれるとされる[46]。

これに対しては，2つの方向から異なる見解が示される。

第1は，監護者指定をした場合に，親権者にも身上監護権は残り，監護者が親権者に優先して行うが，親権者も監護者による監護を妨げない限度で身上監護権を行使できる等として，親権者にも一定の範囲で身上監護権の行使を認め

---

[44] この点については，主にDVや虐待からの避難が必要である場合に，広く親権の単独行使が認められるべきであるとして，「必要やむを得ない」といった文言が提案される等，議論があった（「部会資料34-1」1頁以下）。
[45] 「部会資料37-2」3頁。
[46] 本山敦編著『逐条ガイド親族法』（日本加除出版，2020年）115頁〔遠藤隆幸〕。

る考え方である[47]。

第2は、監護者にも一定の財産管理等に関する権限を認めるべきとする見解である。例えば、身上監護が認められるのであれば、これに伴う法律行為（医療・教育上の契約、職業許可など）の代理権も認められるべきという指摘がある[48]。

(2) 医療行為と監護者指定

監護者と親権者の権限分配については、医療行為との関係では、①監護権者ではない親権者が同意できるのか、②医療契約の締結権限を有する者と医療行為への同意権者が異なる可能性があるのかという問が生じる。これは、医療同意の法的性質のみならず、上述した監護者と親権者の権限の分配についての考え方とも関連する。

(a) 同意権限の所在

監護者と親権者の権限の分配についての通説的な理解を念頭においた場合、医療同意の法的性質を、法定代理権に基づくものとすると（Ⅱ1(2)(b)(ⅰ)⑦）、親権者が同意権限を有することになり、身上監護に基づくものとすると（Ⅱ1(2)(b)(ⅰ)④）、監護者が同意権限を有することになる[49]。そして、医療行為への同意の法的性質について、身上監護に基づくとした場合、親権者にも同意権限が残るのかという問題提起がされる[50]。

この点について、上述したように、監護者指定をした場合でも、親権者にも身上監護権が残るという見解に立てば、親権者にも同意権限があるという考え方もあり得よう。

また、医療行為の特徴を踏まえて、親権者にも同意権を認める余地があるとの見解も示されている[51]。その理由としては、診療契約を締結するのが法定代理人である場合（Ⅱ1(2)(a)参照）、法定代理人である親権者が同意権をもたない

---

(47) 常岡史子『家族法』（新世社、2020年）209頁。永水・前掲注(13)344頁は、未成年者の重要事項について決定する法的監護権が残存するとその範囲を限定する。

(48) 石川稔「子の監護制度」同『子ども法の課題と展開』（有斐閣、2000年）235頁、犬伏由子ほか『親族・相続法〔第3版〕』（弘文堂、2020年）99頁〔犬伏〕。犬伏教授は、現実に子を養育する監護者に子の日常生活に必要な財産の管理権も認められる必要があるとも指摘する。

(49) もっとも、医療同意の法的性質と同意権限の所在が当然に結び付くわけではなく、医療への同意を法定代理権と解した上で、普段から子の保護に当たっている監護者の方が、子の保護にとり適切な意思決定をなし得るとして、原則として、監護者に同意権があるとする見解もある（廣瀬・前掲注(8)258頁以下）。

(50) 永水・前掲注(13)342頁。

(51) 田中通裕「判批」民商法雑誌138巻1号（2008年）112頁。

ことは不自然であること，仮に法定代理人が診療契約を締結する法的構成を採らないとしても，財産行為の代理権及び一定の身分行為の法定代理権を有する親権者が，子の生命にかかわるような重大な決定に参与できないことは疑問であることを挙げる(52)。

また，一定の場合に限定して，親権者に同意権限を認める見解もある。日常的な医療行為については，原則として監護者に同意権があるが，親権者に医療同意権が存在しないわけではなく，医師の提案を監護者が拒絶した場合，医師は親権者の同意を得れば，適法に医療を実施できる。非日常的な医療行為（心臓手術や妊娠中絶など）については，親権者から監護権を分属させた理由が，親権者の監護能力への疑問による等特別な事情のない限り，決定の慎重を期するために双方の同意を得るべきであるとする。しかし，意見対立がある場合，医師が臨床的判断に基づき必要と判断していることから，一方のみの同意でよいという(53)。

子にとって重大な結果を与えるような医療行為について，誰に同意権限を認めるのが適切なのか，15歳未満の子の養子縁組については監護者が指定されている場合でも，親権者に承諾権限がある（民法797条1項）のに対して，医療行為については監護者のみの同意でよいのか，仮に親権者にも同意権限があるとして，監護者の意見と対立する場合，どちらの意見が優先するのかという点について，監護者と親権者の権限分配をめぐる議論も踏まえて検討が必要であろう。

(b) 医療契約の締結権限と同意権限の所在のずれ

親権・監護権の伝統的な権限分配についての考え方に従うと，医療契約の法的構成の理解にもよるが，監護者が医療行為の実施を希望していても，監護者自身は医療行為の締結ができず，親権者が医療行為を締結しない場合，子が医療行為を受けられないという事態が生じる可能性も否定できない(54)。

この問題に解釈論として対応するためには，Ⅱ2(1)で言及した親権者と監護者の権限分配について監護者に身上監護に関する法律行為の締結を認めるという見解の許容性について検討する必要があろう(55)。より根本的には，この問題

---

(52) 田中・前掲注(51)114頁。
(53) 家永・前掲注(8)20頁。
(54) 進学等においても在学契約の締結（その法的性質自体が必ずしも明確でないようにも思われる）と監護教育の内容としての進学先の決定について，権限者が異なるという問題が生じる可能性があろう。
(55) 医療契約は法律行為であるから，財産管理権限を有する親権者に帰属するというの

への立法的対応の必要性の有無も議論すべきであろう。
　(3)　改正法との関係
　改正法は，監護者指定した場合，㋐監護者は民法820条から823条に規定する事項について，親権を行う者と同一の権利義務を有し，㋑単独で，子の監護教育，居所指定及びその変更，営業の許可・許可の取り消し・その制限をすることができるとする（改正民法824条の3第1項）。その場合，親権者は，監護者が㋑の行為をすることを妨げてはならないが（改正民法824条の3第2項），監護教育に関する日常の行為（同824条2第2項）[56]，さらに財産管理等（法定代理や法律行為の同意を含む）に関する事項を行い得るとされる[57]。
　改正法の規定及び立案担当者の説明に基づくと，監護者指定がされた場合，現行法における通説的な理解と同様に，①（同意権の法的性質を身上監護に基づくものとした場合）監護者ではない親権者は，重要な医療行為への同意は原則としてできず，②医療行為への同意権限と医療契約の締結権限の分属が生じるように思われる。
　(4)　小　　括
　監護者指定がされた場合における監護者と親権者の間の権限の分配については，親権行使一般及び医療行為に関して，現行法の下では通説と異なる見解も指摘されている。改正法の下でも，同様の解釈論は残ると考えられる。
　監護者と親権者の権限分配についての理論面からの検討のみならず[58]，現実に誰が同意権限・契約の締結権限を有することが望ましいか，対立が生じた場合にどちらの意向が優先することが適切かという視点も踏まえて，解釈論的（場合によっては立法論的）な検討を行うことが必要だろう[59]。

　　　は実際的ではないとして，監護者も監護に密接な関係をもつ法律行為の代理権を有するとする見解として，石川・前掲注(48)235頁。
(56)　「部会資料30-2」13頁以下。
(57)　「部会資料28」1頁。
(58)　この点との関係では，子の祖父母等監護者指定は受けていないが，事実上子を監護する者に，医療に対する同意権，特に重大な医療行為についての同意権があるかという問題もある（永水・前掲注(13)345頁）。事実上の監護者の権限一般も含めて検討が求められる。
(59)　身上監護の内容・範囲を明確にするなど立法的手当てがなされない限り，現状では，医療行為への同意権の帰属を法定代理権の所在に一致させておいた方が簡便であるとの指摘もある（神谷・前掲注(10)60頁）。

Ⅲ 父母間に意見対立がある場合の事前の調整方法

父母間に意見対立があるが、一方が医療行為の実施を望む場合、それに対応する方法はあるのか。親権行使一般について確認した上で(1)、医療行為について利用可能な制度を検討し(2)、改正法を踏まえて今後の課題を示す(3)。

1 現行法における議論

現行法には、親権者間で、親権行使について意見が一致しない場合の調整規定は存在しない。これに対しては、立法的対応の必要性も指摘されていた[60]。

親権行使について父母の意見が一致しない場合の事前の対応方法については、次のようにいくつかの見解がある[61]。まず、①父母の意見が一致しない場合、親権行使ができないとする見解もある[62]。その理由として、このような場合には、親権を行使させない方が、子の保護になることを挙げる者もいる[63]。それに対して、②一定の場合には、単独行使を認める見解（前記Ⅱ1(1)参照）、また、①②と排他的ではないが、③夫婦の協力義務（民法752条）の問題として、家庭裁判所に調停・審判の申立は可能であるという見解もある[64]。

2 医療行為の場合

現行法には、医療行為についても親権者間の意見が対立する場合の調整規定は存在しない。しかし、親権者双方の同意が必要であるのに（この場合につい

---

[60] 我妻栄『親族法』（有斐閣、1961年）326頁。なお、立法時にもこの問題は認識されていたが、「意見が一致しなかったら父にするかというようなことがあって、そういうめんどうくさいことをというので、わざわざそこを全然書かなかった」という（我妻栄編『戦後における民法改正の経過』（日本評論社、1956年）166頁以下〔奥野健一発言〕）。許末恵『親権と監護』（日本評論社、2016年）182頁以下及び262頁以下も参照。

[61] 以下の整理は、於保＝中川編・前掲注(18)32頁以下〔岩志〕、國府剛「親権」星野英一編代『民法講座7』（有斐閣、1984年）245頁以下、松川正毅＝窪田充見編『新基本法コンメンタール・親族〔第2版〕』（日本評論社、2019年）233頁以下〔白須真理子〕等による。

[62] 青山道夫「改正民法と親子関係」法律タイムズ2巻4号（1948年）15頁、國府・前掲注(61)245頁、中川善之助編『註釈親族法（下）』（有斐閣、1952年）30頁以下〔舟橋諄一〕。

[63] 小澤文雄「民法の応急的措置に関する法律」法律時報19巻5号（1947年）56頁。

[64] 國府・前掲注(61)247頁。その他にも、子どもの人生において継続的な影響をもたらすような重要事項（宗教的教育や職業選択・営業許可等）について、民法819条5項を類推適用して、父母の一方に親権行使を認める審判ができるとの見解もある（高橋朋子ほか『民法7〔第7版〕』（有斐閣、2023年）191頁〔床谷文雄〕）。

てはⅡ1(2)(c)参照），一方親権者が医療行為への同意を拒否する場合，医療行為ができないというのは子の利益を害する可能性がある。医師という専門家の判断があり，当該医療行為を行わないことが子の健康・生命を害するおそれがあるという特徴を踏まえ，事前の調整方法として何が考えられるだろうか。

　まず，親権停止の申立て（民法834条の2）を行うことが考えられよう。医療水準にかなった医療への同意を拒否することは，親権の濫用（医療ネグレクト）と評価されることから[65]，医療行為への同意の拒否が医療ネグレクトに該当するような場合には，同意をしない親の親権を停止することが行われている[66]。これを踏まえ，同意をしない親権者の親権を停止し，単独での親権行使を可能とするのである[67]。なお，立法論としては，親権の一部制限制度の導入[68]や親権者の同意に代わる家庭裁判所の判断（裁判所による同意の代行）[69]も考えられ，平成23年の民法改正の際に議論もされたが，最終的には一部制限では子の利益の保護として不十分である等の理由から導入されていない[70]。

　また，解釈論として，医療行為への同意の特徴から，一方のみの同意で行い得るという考え方も示されている。医療行為については，医師が専門家としての判断に基づき実施ができると判断している前提があり，その点が，高校の進学先や子の居所について，父母間での見解が相違する場合とは異なる。そのため，医師が患者である未成年者に対して医療水準にかなった医療行為を提案した場合には，当該医療行為を実施することが子の利益にかなうという医師の臨床的な判断があると考えられるので，これに親権者の一方が同意すれば医師は

---

(65)　家永・前掲注(8)18頁。
(66)　親権停止事由の判断基準について，小池・前掲注(2)178頁以下。
(67)　大津地裁判決は，親権者の意向に対立があって，説明を行ったとしても同意されないことが明白な状況にある場合には，親権者への説明が不要であるとしているが（判旨2①），これは，この場合に親権者の同意が不要であると解しているのではなく，親権の停止の方法が考えられることによろう。
(68)　医療行為への同意に焦点を絞って親権を制限する制度もあり得るとの指摘するものとして，小池・前掲注(2)182頁。
(69)　窪田充見「親権に関する民法等の改正と今後の課題」ジュリスト1430号（2011年）7頁，永水・前掲注(13)352頁，保条・前掲注(13)297頁）。もっとも，父母の意見対立が生ずる場合について，「家庭裁判所に判断を求めたとしても，裁判所としては医師の臨床判断に委ねるしかないであろう」と述べ，医師による医療行為の実施を認める見解もある（家永・前掲注(8)20頁。
(70)　飛澤知行『一問一答・平成23年民法等改正』（商事法務，2011年）28頁。親権の一部制限についての立法を巡る議論は，保条・前掲注(13)244頁以下。

適法に医療行為を実施できると解されるとするのである[71][72]。もっとも、親権者の自己決定権の侵害の問題が生じる可能性はある（Ⅳ2・3参照）。

このように医療同意については、親権停止の申立てを事前調整のために用いることが考えられるとともに、解釈論上、日常的な医療行為や緊急の場合以外にも単独での親権行使を認める余地が示されている。

3　改正法の規定と今後の課題

改正法は、親権者間で親権行使について協議が調わない場合であって、子の利益のために必要があると認めるときは、家庭裁判所は、父又は母の請求により、当該事項に係る親権の行使を父母の一方が単独ですることができる旨を定めることができる（改正民法824条の2第3項）として、親権者間に意見対立がある場合の調整方法を規定する。

従来、医療ネグレクト事案において、親権者が子どもの養育全般を放棄しているとは限らないことから、医療行為への同意が得られない場合に親権制限を用いることによる効果の過剰という問題が指摘されており[73]、この問題は、親権行使に意見対立がある場合の調整に親権停止を用いる場合にも妥当する。改正法の調整規定を用いると、この問題を解決することができよう。他方、親権停止（及び保全）の申立てを用いる方が、手続にかかる時間が短い可能性もある。

事前の調整は、上記の新たな調整規定のみで行うのか、医療行為の時間的な切迫性も踏まえて、親権停止と新たな調整規定を使い分けるのか等、両制度の関係性の整理が必要となろう。

Ⅳ　一方親権者の同意のみで医療行為を行った場合の事後の調整

父母が共同して親権を行使しなくてはいけない場合であるにもかかわらず、親権者の一方のみの同意で医療行為を行ったときは、その行為の効力（1）や、

---

(71) 家永・前掲注(8)20頁。同様に、父母間で意見が分かれた場合には、最終的に医師の裁量に委ねられるものとして、廣瀬・前掲注(8)257頁。
　なお、家永教授は、子の健康や生命維持のために必ずしも必要とはいえない医療行為には親権者双方の同意が必要であるとする。
(72) その他、病院内の倫理委員会に相談するなどして膠着状態を打破する可能性を指摘するものとして、永水・前掲注(13)350頁。
(73) 小池・前掲注(2)182頁、横田光平「児童虐待への国家介入」法律時報90巻11号（2018年）41頁、米村・前掲注(12)628頁等。

親権者間・医療行為を実施した医師らの第三者関係が問題になる（2，3）。この点については，従来の議論も少ないことから，問題の所在を簡単に指摘するにとどめる。

1 当該行為の効力
(1) 親権行使一般についての議論
親権を共同して行使すべき場合に一方だけで行使する場合としては，①他方の同意がなく，一方の単独名義でする場合と，②双方の名義でしたが他方の同意のない場合が考えられる。

子の法律行為を代理するときや子の法律行為に同意するときは，②の場合には，民法825条が適用され，相手方が悪意でない限り，当該行為の効力は妨げられない。相手方が，親権が共同行使されたものと考えた信頼の保護のための規定である[74]。

①の場合に，民法825条が適用されない理由としては，「相手方は注意することができるからであろう」などと説明されている[75]。単独名義でなされた場合には，他方の親権者の同意の有無を確認する必要があるということであろう。単独名義で代理行為をした場合は，無権代理行為になり，他方親権者の同意がない限り，効力が生じない（民法113条）。もっとも，この場合，父母の一方は，他方に対して単独名義で行うことの同意を与えることもできることから，特別の事情があるときは，民法110条の適用を認めるべきであるとも主張されている[76]。

以上のような法律行為の場合に対して，親権行使が，監護教育に関することであるなど事実行為である場合は，行為の有効無効が問題となることはなく[77]，親権者の一方が独断で不当な監護行為をした場合には，親権の濫用になると指摘されている[78]。

(2) 医療同意について
医療行為への同意は，一方親権者のみの同意では原則としては有効とならず，通説的な理解に基づくのであれば，患者や親権者の自己決定権を侵害し不法行為と評価され民事上の損害賠償責任（後記3参照）や刑事責任が生じる可能性

---
(74) 於保＝中川編・前掲注(18)133頁〔中川淳〕。
(75) 我妻・前掲注(60)326頁。
(76) 我妻・前掲注(60)326頁。
(77) 「部会資料32-2」3頁。
(78) 我妻・前掲注(60)326頁。

(さらには民事法上も医療行為が違法となる可能性）がある。

これに対しては，同意が有効でないという結論に疑問を示し，また，（医療同意の法的性質を法定代理に基づくものとすることを前提としているとも考えられるが）民法825条のような規定が，診療行為に対する同意という非取引的な行為に適用されるのかも検討の余地があるとする指摘がある[79]。一方親権者のみの同意では有効ではないとした場合，Ⅲで検討した事前の調整方法をうまく用いることができない（あるいは用いない）ときに，医師・医療機関が，事後的に紛争が生じることを避けるために，医療行為を行わず，子の利益が害されるということは避けなくてはならない。そのため，民法825条の規定を参考に解釈論的対応を行うことも考えられよう。

他方で，民法825条の適用に疑問を示す見解は，その理由として，医療行為への同意は当事者の真の意思に基づいて決定しなければならない非取引行為であり，最も保護されるべきは相手方たる医師ではなく未成年者の患者であることを理由として挙げる[80]。

2 親権者間の関係

上述のように，親権者の一方が親権を単独で行使した場合，事実行為については，親権を単独行使した者の親権濫用となる可能性が指摘されている[81]。親権濫用に該当するような親権行使があった場合，子との間で損害賠償責任が生じる可能性があるが，それに加えて親権者間でも同様の問題が生じるのだろうか。さらに，一方親権者による親権行使が適切であった場合でも，他方の親権者の親権行使を妨げた等として，他方親権者に対する不法行為責任が生じる可能性があるのか，そのような親権行使を行ったことが離婚時の親権者決定の際等に考慮される可能性があるのかといった点についての検討は必要となろう。医療行為への同意は，専門家による医師が適切であると判断した医療行為に対するものである場合は，適切な親権行使とも考えられ，上記の点の検討が特に必要となろう。

---

(79) 新美育文「医師と患者の関係」加藤一郎＝森島昭夫編『医療と人権』（有斐閣，1984年）145頁等。
(80) 廣瀬・前掲注(8)265頁注16。
(81) 我妻・前掲注(60)326頁。

3　第三者との関係

　大津地裁判決は，医師が，原則として，親権者の双方に説明を行わなければいけなかった場合であるにもかかわらず，別居親に対して説明・同意を得ることを行わなかったことが不法行為に該当するとしている。もっとも，損害額の決定についての判断を見ると，同判決は，同意をする機会がなかったことをそれほど重視していないようにも思われる（Ⅰ2(2)参照）。

　大津地裁判決が示すように，一方親権者のみの同意で医療行為を行った場合，同意をしなかった親権者の自己決定権が侵害されたとして不法行為責任が生じる可能性は理論的にはあり得る（Ⅳ1(2)も参照）。もっとも，大津地裁判決の事案は，医師が事前に父に治療について説明すると言っていたこと，親権者の意向の対立の可能性を認識していたといった事情がある。このような事情がない場合，さらに，一方親権者から他方親権者の同意もあると（虚偽の）説明を受けてる等して，医師が他方親権者の同意がある信じていた場合にも，同様に不法行為責任を負うのだろうか。仮に負うということになると，医療の現場では，重要な医療行為については，親権者双方の同意を得る・確認するための手続を備える必要が生じるとも考えられる。同時に，未成年者に適時に適切な医療行為がなされることも重要である。そのために，Ⅳ1(2)で紹介したように，民法825条の規定を参考にしつつ，解釈論を深めることが考えられよう。

4　小　　括

　改正法では，親権行使が単独で行われた場合について，民法825条に加えて新たな規定をおくことを提案していない。しかし，離婚後も父母の親権の共同行使が可能となること，親権行使への関心の高まりにより，大津地裁判決の事案のように親権行使のあり方を巡る紛争が増加する可能性もある。事後の紛争をおそれて萎縮効果が生じることがないように，親権者の未成年者の医療行為への同意が必要とされている趣旨も考慮しつつ，本項で挙げた点について，解釈論的検討を深める必要があろう。

Ⅴ　おわりに

　医療行為について，親権者からの同意が得られないことで，子が治療を受けられず，死亡するなど重大な結果が生じることは避けるべきである。しかし，そのような事態を回避するために，一方の親権者の同意のみで治療を行った結果，医師と他方の親権者間・親権者間の法的紛争を招いたり，事後的に，民事

法・刑事法において当該行為が違法であると判断されたりする可能性があると，医師や一方の親権者が萎縮することが考えられ，その結果として，子の利益が害されるとも考えられる[82]。父母の親権の共同行使が原則とされている趣旨，子の利益，医療行為の特徴を考慮しながらも，本稿で扱った検討課題についての明確な基準・指針を提示することが求められていよう。

　本稿は，個別の問題について基準を提示することはできず，現状の議論を整理し，問題の所在を指摘するにとどまるものであるが，この点について，今後さらに検討を進めていきたいと思う。そして，そのことが，医療行為への同意の問題のみならず，身上監護権の内容等親権法の議論を深めることがつながるのではないかと考える。

---

(82) このような視点から，医療ネグレクトについて刑法・民事法・児童福祉法の協働による「事前的関係調整法」の構築のあり方を模索するものとして，保条・前掲注(13) 282頁以下。

12 子のための面会交流と離婚後の選択的共同親権制——共同養育への展望

二 宮 周 平

Ⅰ　はじめに
Ⅱ　現行制度における面会交流の実情
Ⅲ　現行離婚法制の問題点
Ⅳ　離婚後の面会交流を支える行為規範
Ⅴ　面会交流の合意形成と実効性の確保
Ⅵ　おわりに

Ⅰ　はじめに

　2024年5月24日，「民法等の一部を改正する法律」が公布された。この法律では，離婚の際に父母の双方又は一方を親権者に定めるという，選択的共同親権制が採用されている。共同親権を選択した場合，離婚後も父母が共同して子の養育を担う「共同養育」[1]を実践しやすくなる。すなわち，離婚した父母双方が親権者となり，離婚後の子の養育計画を立て，子の重要事項について話し合って決定することが法的に保障される。面会交流と養育費の分担は，共同養育の実践として位置づけられる。他方，面会交流と養育費はその根拠を親権に求めていないので，単独親権を選択した場合も，親権者と非親権者が面会交流と養育費の分担を協議することができ，協議が成立すると双方に協議内容を履行する義務が生じる。義務の履行は，実質的に子の共同養育の実践である。しかし，協議が成立する保障はなく，調停・審判で面会交流や養育費の分担が定められても，任意の履行ができるとは限らない。その点で，共同養育にとって共同親権制の優位性は変わらない。
　本稿では，子のための面会交流を実現していく上で，離婚後の共同親権制が

---

(1)　例えば，離婚後の子の養育のあり方を検討する民間団体は，離婚後も両親が子の養育に関わる「共同養育」が当たり前の社会になることをビジョンに，共同養育のサポート（講座，相談会，面会交流支援，コミュニティ，ADR等）をしている（一般社団法人りむすびのHP参照）。

持つ意義を確認し，選択的共同親権制が面会交流にどのような影響を与えるのか，共同親権であれ単独親権であれ，子のための面会交流を実現するために必要な法整備は何なのかを検討する。

II　現行制度における面会交流の実情

1　厚労省「全国ひとり親世帯等調査結果報告」(2021 年 11 月)[2]

(1)　離婚母子世帯の面会交流の取決め

取決めありは，全離婚で 33.7％，協議離婚で 27.9％，その他離婚（調停・審判・裁判）で 56.5％である。とりわけ協議離婚での取決め率は，2016 年 20.5％より向上したものの，3 割にも満たない。

取決めていない理由（もっとも大きな理由）の 1 位「相手と関わりたくない」26.4％，2 位「取決めをしなくても交流できる」16.4％，3 位「相手が面会交流を希望しない」12.0％，4 位「子どもが会いたがらない」7.5％，5 位「相手が養育費を支払わない／支払えない」6.3％，6 位「取決めの交渉がわずらわしい」6.0 であり，「相手から身体的・精神的暴力や児童虐待があった」は 7 位 3.8％，「子どもの連れ去りや虐待の可能性がある」は 12 位 0.7％である。取決めない理由の 1，3，5，6 位は親側の事情であり，DV や虐待関連は少数である。少数でも法的な配慮が必要だが，これらを除くと，面会交流が子にとって持つ意義を理解した上での対応とはいえないように思われる。

(2)　離婚母子世帯の面会交流の実施

現在も実施は，全離婚で 32.7％，協議離婚で 34.2％，その他の離婚で 26.7％である。取決めとのクロスをすると，その他離婚で取決めありの場合，現在も実施は 35.4％であるのに対して，協議離婚で取決めありの場合，現在も実施は 56.2％に上がる。取り決めることがその後の実施を促進するが，特に協議離婚では，自分たちで取り決めたことが任意の履行に繋がるように思われる。

現在面会交流を実施していない理由（もっとも大きな理由）の 1 位「相手が面会交流を求めてこない」28.5％，2 位「子どもが会いたがらない」16.1％，

---

[2]　ウェブサイト「令和 3 年度全国ひとり親世帯等調査結果報告」。二宮周平「子の養育に関する父母の取決めと実践～厚労省「全国ひとり親世帯等調査結果報告」（2021 年）から」集計客体は，母子世帯 2,653（73.4％），父子世帯 866（24.0％），養育者世帯 93（2.6％）であり，母子世帯では，死別 5.3％，離婚 79.5％，未婚の母 10.8％である。離婚母子世帯の 79.8％が協議離婚であり，20.2％がその他離婚（家裁の調停，審判，裁判）である。

3位「相手が養育費を支払わない」8.6であり，「面会交流によって子どもが精神的又は身体的に不安定になる」4.0％，「相手に暴力などの問題行動がある」3.3％である。理由の1，3位はやはり親側の事情であり，(1)同様，面会交流の必要性について理解が乏しいことが推測される。2位の子ども側の事情も，同居親の面会交流に対する消極的な姿勢が子に影響を与えている可能性を考えると，親側の事情が優先されているように思われる。

2　法務省委託調査「未成年の子を持つ親の協議離婚の実態と分析」
(2021年3月)[3]

(1)　取決め

面会交流の取決めありは，71.0％である。オンライン調査であること，協議離婚届書に面会交流の取決めの有無チェック欄があることなどの影響があるかもしれないが，1に比べて相当高い数値である。

取決めていない理由（複数回答）は，1位「離婚相手と関わりたくなかった」37.9％，2位「取決めをしなくても交流できる」29.7％，3位「面会交流が子のためにならないと思った」12.4％，4位「子が会いたがらなかった」7.6％，「子の連れ去りや虐待の可能性があった」は9位3.8％，「別居親に身体的・精神的暴力や子への虐待があった」11位1.0％であり，1と同様の傾向が見られる。

(2)　取り決めたことの履行

a 定期的にあった37.8％，b 不定期だがあった22.0％，c 全くなかった21.3％，d 当初あり，途絶えた13.7％，e 当初なし，離婚後あり5.4％である。取決め率は高いが，定期的に履行しているaは37.8％にとどまり，cとdの合計は35％であり，取り決めたものの履行上の問題がある事例が3分の1を超える。

途絶えた理由（複数回答）の1位「離婚相手と関わりたくなかった」43.3％，2位「面会交流の約束が守られなかった」17.5％，3位「養育費を支払わなかった」15.5％，4位「子が会いたがらなかった」12.4％，5位「別居親が面会交流を求めてこなかった」，「忙しく時間がなかった」それぞれ10.3％であり，「面会交流によって子どもが精神的・身体的に不安定になった」11位2.1％，

---

[3]　対象は，協議離婚時に未成年の子がいた30代，40代で，離婚後に監護親となった者及び監護親とならなかった者各500名（合計1000名）である（家庭の法と裁判34号(2021年) 4-41頁）。

「別居親に暴力・虐待などの問題があった」13位1.0%であり，(1)同様，相手と関わりたくないが圧倒的に多く，子の不安定，DV・虐待は極めて少ない。

以上のように，1及び2の調査からわかることは，父母間の葛藤が高いケースは相対的に少数であり，とくに協議離婚では少数であり，面会交流の取決めなし，実施なしの主たる理由は，相手と関わりたくないという親側の事情によることである[4]。そうすると，離婚後も父母は親として子の養育に関わるべきだという規範意識を高めることによって，現状を打開する可能性があるように思われる。しかし，現行制度には，こうした規範意識を減殺するような問題点がある。

Ⅲ 現行離婚法制の問題点

1 協議離婚の要件と実情

現行制度では，未成年の子がいる夫婦の離婚の場合，夫と妻が離婚に合意し，離婚後の親権者を定めて，協議離婚の届出をし，受理されれば離婚が成立する。民法766条は，「父母が協議上の離婚をするときは，……父又は母と子との面会及び交流，子の監護に要する費用の分担その他の子の監護について必要な事項は，その協議で定める。この場合においては，子の利益を最も優先して考慮しなければならない」と規定するが，面会交流や養育費分担を取り決めなくても離婚届書は受理される。Ⅰの実情から見ると，766条は活かされていない。

また，2022年で161,902人の未成年子が親の離婚を経験しているが，協議離婚に際して，親が子の希望や意見を聴いたり，子が意見表明をしたり，子の意思を尊重する規定はない。これらはすべて親の任意に委ねられている。その結果，親の離婚について突然切り出され，誰とどこで暮らすのか，学校や友達はどうなるのか，別居した親とは会えるのかなど，不安でいっぱいの子どもたちがいる。

2 単独親権制の影響

協議離婚において，面会交流を始め離婚後の子の養育について合意形成が難しい背景には，離婚後の単独親権制がある。離婚後親権者になった方が子の監護教育も財産管理・法律行為の代理も単独で行う制度だから，子の氏の変更，

---

[4] 養育費の取決めについても同様の傾向がある。1の調査では，養育費につき取り決めていない理由の1位は「相手と関わりたくない」34.5%，4位は「取決めの交渉がわずらわしい」6.3%である。

15歳未満の子の養子縁組など子に関する重要な決定について，非親権者を排除することができる。自分の思い通りに監護教育や代理等ができる。面会交流の実施及び継続も親権者の意思しだいである。こうした制度では，離婚後に子の親権者になることが重要であり，父母の間でわざわざ離婚後の子の養育について協議し，合意する必要性を認識することが難しい。父母の間で別居・離婚後の子の養育に関して合意を形成し，その合意の継続を促すことが難しい。こうして排除された非親権者は，離婚後に別れて暮らす子への関心を失いがちであり，一方または双方が再婚・事実婚をすると，その傾向はさらに強くなる。

他方，父母間の協議で親権者が定まらず，双方が親権者となることを望んでいる場合には，家事調停，調停不成立であれば家事審判と，家庭裁判所での手続が進行する。弁護士からは，調停でも審判でも，「父母がそれぞれ，子に対してその責任や役割をどう果たしていくべきか」と発想する前に，「いずれが親権者として適当か」の熾烈な争いを招く現行法の枠組みは，時代に合わないとの指摘がある[5]。調停や審判を，親権争いから，離婚後の親子関係の形成へ向けて父母が調整する場へ転換することが求められる。

以上のように協議離婚やその他の離婚においても，別居・離婚に際して，父母が親としての責任を自覚し，子の意思や利益を優先的に考えることができる法的な仕組みが必要である。

Ⅳ 離婚後の面会交流を支える行為規範

1 国連子どもの権利条約

1989年に国連総会において全会一致で採択され，日本が1994年に批准した国連子どもの権利条約は，子が有する権利を具体的に規定し，その確保を締約国の責務とする。養育費は父母の子に対する養育の経済面を担い，面会交流は養育の精神面，情緒面を担うものだから，面会交流は，父母の養育を受ける子の権利として位置づけることができる。同条約7条1項は，「児童は……できる限りその父母を知り，かつその父母によって養育される権利を有する」と定める。また，直接的に面会交流に言及する規定もある。9条3項は，「締約国は，児童の最善の利益に反する場合を除くほか，父母の一方又は双方から分離されている児童が定期的に父母のいずれとも人的な関係及び直接の接触を維持する権利を確保する」と定める。

---

(5) 棚村政行編『面会交流と養育費の実務と展望〔第2版〕』（日本加除出版，2017年）165頁〔山田摂子〕。

児童虐待等の場合を念頭に，どちらも「できる限り」，「児童の最善の利益に反する場合を除く」という留保をつけているが，それ以外の場合には，子は父母の養育を受ける権利の1つとして，また，定期的に人的な関係及び直接の接触を維持する権利として，子には別居親と面会交流する権利があるといえる。こうした子の権利は，親権の有無と関係づけられていないが，子の権利の確保にとって有益な制度がある。それが離婚後の共同親権制である。

2　離婚後の共同親権制

子どもの権利条約の基本理念は，子自身に成長・発達する権利があり，父母による子の養育は，このような子の権利を保障することだから，共同親権は，子の成長・発達する権利を父母が共同して責任をもって保障するために存在するものといえる。欧米各国は，子どもの権利条約の批准を契機に，子の成長・発達を父母の婚姻関係によって保障する仕組みから，婚姻と切り離し，法律上の親子関係に基づいて保障する仕組みに転換した。婚外子差別を廃止し，子どもの平等を実現したことから，子育てのために婚姻する必然性はない。その結果，婚外子出生率が30～60％と高率になっている[6]。父母の共同生活は婚姻，事実婚，登録パートナーシップなど多様であり，親の結びつきのあり様如何によって，子の成長・発達の保障が異なることは，家族の現実に対応しないばかりか，子どもに対する差別にもなる。子の視点からみるとき，父母の共同親権制は必然なのである。

同時に，父母の共同生活関係が解消したことにより，子が父母の一方と同居し，他方と別居する場合も，父母の共同親権制は必然となる。例えば，父母が離婚した場合，父母は，子に関する養育責任として養育費を分担し，面会交流を実施するだけでなく，子に関する重要な事項，具体的には，進学・進路，学校関係でのトラブル，医療行為や健康に関わること，住居（転居）などを父母が話し合い，子の意思を尊重しながら決めることになる。離婚後共同親権制は，離婚後も父母が共同して子の養育の責任を担うことであり，「離婚後の子の共同養育」を実現する仕組みである。父母はお互いに親権者として子の監護教育の義務があるのだから，別居親は子と面会交流する義務があり，同居親は子と

---

[6]　婚外子出生率が50％を超えるのは，フランス62.2，ノルウェー58.5，ポルトガル57.9，スウェーデン55.2，オランダ53.5，ベルギー52.4などであり，相対的に低いのはイタリア33.8，ドイツ33.1などである。ちなみにトルコ2.8，韓国2.5，日本2.4である（OECD Family database → structure of families → Share of births outside of marriage, 2020）。

別居親の面会交流を保障する義務がある。離婚後共同親権制は面会交流を支える行為規範となり，その結果，子は安心して別居親との面会交流を継続することができ，父母による子の共同養育が実現していくのではないだろうか。

3 改正法の離婚後の選択的共同親権制の意義とリスク

改正法は離婚後共同親権を原則とするものではない。共同親権を選択した場合には，子の重要事項を父母が共同で決定できる関係性があるのだから，父母双方の居所で交互に行き来したり（交替居所），頻繁に交流したり，定期的に交流して休暇中は宿泊を伴うなど，生活形態に応じて多様な交流を合意できる可能性が高い。また，子の成長や父母それぞれの家族関係の変化に合わせて面会交流の頻度や内容を修正したり，安定的に面会交流を継続する可能性も高まる。何より，離婚した父母双方が子の親権者であることは，子にとっては，離婚後も父母双方が自分の養育に共同して責任を持つことを明らかにするものであり[7]，面会交流は父母に大切にされていることの実感につながる可能性が高まる。

他方，離婚後の父母の関係性が変化し，離婚後の共同養育の確保が困難になり，共同親権から単独親権に変更する場合も生じる可能性がある。また，離婚後共同親権は選択制だから，父母の葛藤が高い場合には，子との同居を求める方から，まず単独親権の主張があり，これが通りそうにない場合は，次に共同親権を主張し，これも難しい場合には，共同親権をあきらめる条件として，面会交流の頻度や時間について自己の希望を通そうとするなど，選択制であることが交渉の手段とされるおそれがある。現に子と同居している親は，早く離婚したいという思いから，妥協的に共同親権で合意したり，相手の希望に沿った面会交流に合意にする事態も想定される。父母間の葛藤が低減されないまま，協議，調停や審判を経て，共同親権が選択されたり，面会交流の具体的な内容が定められた場合，前者（共同親権選択）であれば，別居親から共同親権を根

---

(7) 例えば，戸籍の記載も関係する。現行制度では，離婚する場合には，未成年の子の親権者に関する記載は，戸籍の子の身分事項に，協議離婚であれば，「親権 【親権者を定めた日】令和4年1月30日 【親権者】父 【届出人】父母」と記載される。この記載例を参考にすると，父母が協議離婚で離婚後の共同親権を選択すると，「親権 【親権者を定めた日】令和7年1月12日【親権者】父母 【届出人】父母」と記載されることが考えられる。未成年の子が戸籍の全部事項証明書や個人事項証明書の交付を受けたり，父母が交付を受けたものを見る機会は，パスポート取得の際など限られたものかもしれないが，戸籍の身分事項に「【親権者】父母」との記載があることは，父母の共同責任を明示するものであり，子に安心感を与える意味を持つように思われる。

拠に強硬な面会交流の要求が出てくる可能性があり，後者（面会交流の内容）では，面会交流の任意の履行はより困難になるおそれもある。

このような父母の協力関係が良好でない場合でも，子にとっては別居親との交流は親子関係を継続するための重要な機会なのだから，可能な限り父母の葛藤を低減させて，子が安心できるような面会交流の合意を形成し，その実効性を確保することが，今以上に重要な課題となるように思われる。

V 面会交流の合意形成と実効性の確保

1 改正法における親子の交流

改正法は，次の4点を定めている。①面会を「交流」に改称する（改正民法766条1項等，以下，面会交流について，改正法に言及する場合は「親子交流」とする）。②これまで民法766条の準用という解釈で実施してきた父母の別居中の面会交流について，明文で定める（同817条の13第1項）。③これまで家庭裁判所実務において行われることがあった親子交流の試行的実施について，家事事件手続法の規律を設ける（改正家事事件手続法152条の3）。④かつて最高裁が形式的な条文解釈で否定した子と父母以外の第三者との面会交流について，「父母以外の親族と子との交流の定め」として，明文で申立ての要件と申立権者を定める（改正民法766条の2）。

これらはいずれも「家族法制の見直しに関する中間試案」（令和4〔2022〕年11月15日）で検討課題として提起されていたことだが，次の3つの項目に関する考え方は，改正法に盛り込まれなかった。a家庭裁判所が父母と子との交流に関する事項を定め又はその定めを変更するに当たっての考慮要素を明確化する。b別居親と子が会えない期間が長期化することは，その後，親子交流の定めがなされたとしても，子が当該別居親を受け入れにくくなる結果として，その親子交流を円滑に行うことが困難となるといった弊害や，子が非常に不安な状態に置かれることから生じる子にとっての悪影響等に配慮して，調停成立又は審判等の前の段階で，保全処分の要件を緩和して，家庭裁判所が暫定的な親子交流の実施を定める。c協議離婚において面会交流等子の監護に関する合意形成を促進するために，父母の離婚後の子の養育に関する講座の受講や子の監護について必要な事項（子の監護をすべき者，父又は母と子との親子交流，子の監護に要する費用の分担）を定めることを協議上の離婚の要件とする。

ｂｃのようなインフラ整備がなされないまま，これまで現行民法766条と現行家事事件手続法の下で形成されてきた家庭裁判所実務で，Ⅳ3で指摘したよ

うなリスクに対応しなければならない。cが取り上げられなかったことから，家庭裁判所外の協議離婚における面会交流の合意形成は手つかずのままである。したがって，面会交流の合意形成と実効性の確保にとって必要と思われる課題を検討する必要がある。

2　面会交流の権利性

合意形成の前提は，面会交流が誰の権利であり，誰の義務であるかを認識することである。権利とされる以上，正当な理由なくして権利を制限することは許されないのだから，面会交流に消極的な父母に対して，合意形成を促す根拠の一つとなる。

(1)　子どもの権利

離婚と子どもに関する事案に詳しい弁護士は，「親は子ども自身のアイデンティティの一部であり，両親について知ることは，思春期の入口で，不可欠な作業である」[8]。面会交流支援団体のベテラン支援者は，「面会交流の究極の目的は，親に接して親を知ることである。親を知ることによって自分を知ることである。それが親を知る権利の主体である子どもの福祉の実現である」[9]と指摘する。自身が親の離婚を経験した支援者は，「子が面会交流に求めるものは，親に何かをしてほしいということではない。大切なことは，両親は離婚したけれど，父とも母とも関わりを持ち続けていたということを子自身が認識できていることであり，子どもが『自分の親はどういう人物なのか』を自分自身の目で見て，感じ，理解していることが，子どもが自分の人生と親の人生を良い意味で切り分け，前に進むための力となる。両親が離婚したことにより親子が過ごしていく形が変わったことは事実だが，親子であることを否定したり，なかったことにしたりする権利は，どちらの親にも，どの大人にもない」と指摘する[10]。面会交流支援の現場を取材した記者は，「「大切にされた実感」が親子関係を自由に考えていく力となり，選択肢も広がる。面会交流はどんな親子関係でありたいか，子ども自身が選択肢を豊かにする機会であるはずだ」と指摘

---

[8]　NPO法人 Wink編『離婚家庭の子どもの気持ち』（日本加除出版，2008年）63頁〔榊原富士子〕。
[9]　山口恵美子「面会交流・養育費の実現へ向けたサポート」家族〈社会と法〉26号（2010年）69頁。
[10]　光本歩「子どもたちのピアサポート」二宮周平編『面会交流支援の方法と課題』（法律文化社，2017年）187-188頁。

する[11]。

　これらを総合すると，面会交流は，子どもが「自分の親はどういう人物なのか」を自分自身の目で見て，感じ，理解する機会，どんな親子関係でありたいか，子ども自身が選択肢を豊かにする機会を保障することであり，子の人格的利益を実現する方法として位置づけることができる。まさに面会交流は子どもの権利なのである[12]。

　このことは，Ⅳ1で指摘した子どもの権利条約が明らかにしている。すなわち，子は「できる限りその父母を知りかつその父母によって養育される権利」を有すると定め（7条1項），父母の一方又は双方から分離されている子が「定期的に父母のいずれとも人的な関係及び直接の接触を維持する権利」の確保を定める（9条3項）。日本はこの条約を批准している。面会交流は子が親のことを知る大切な機会であり，親による養育を保障するためのものだから，民法に面会交流が子の権利であることを明記し，行為規範として，社会共通の認識とする必要がある。

(2) 親の責任と権利

　子どもの権利条約は，7条1項に対応する責任として，「父母又は場合により法定保護者は，児童の養育及び発達についての第一義的な責任を有する」と定める（18条1項）。別居親は，この責任を果たすと同時に，子の成長に関わることによって，親としてのアイデンティティを得ることができる。親の人格的利益と子との交流を通じた人間的な安心や満足を得ることができる。また，同居親の家出，養育に無関心（育児放棄），死亡，同居親やそのパートナーによる児童虐待などの場合に，別居親がそうした事実をいち早く察知し，家庭裁判所に親権者変更，監護者指定などを申し立てたり，児童相談所に相談するなど子の見守りの役割もあり，子の保護に直結する。同居親は，子育てを別居親と分担することによって，自分だけの時間を確保したり，思春期の子どもの悩みに対処できるなど，実質的な子育ての共同化を図ることが可能になる。

　こうした権利性，理念や役割を定める立法例もある。例えば，ドイツ民法では，「親双方との交流は，通常，子の福祉にかなう。子が結びつきをもつ者との交流も，その維持が子の成長にとって有益であるときは，同様である。」（1626条3項），「子は，いずれの親とも交流する権利を有する。いずれの親も，

---

(11) 記者の視点「子の選択肢　豊かに」神奈川新聞2018年4月5日〔竹内瑠梨〕。
(12) 二宮周平「面会交流の権利性～人格権的構成(1)(2)(3・完)」戸籍時報785号（2019年）2頁以下，787号6頁以下，789号2頁以下。

子と交流する義務を負い，権利を有する。」(1684条1項)，「両親は，子と他方の親との関係を損なうこと，又は子の教育を困難にすることを一切行ってはならない。子が他の者によって監護されている場合も同様とする。」(同条2項)，「交流権又はその実施を長期間にわたって又は継続して制限又は排除する決定は，その決定をしなければ子の福祉を危険にさらすおそれがある場合にのみ，下すことができる。」(同条3項2文) などと定める。日本もこうした法制を目指すべきである。

3 子の現状への理解と子の意思の尊重

　父母が自己の夫婦関係と親子関係を切り分けて，後者について子の視点に立つことによって，面会交流の合意形成が進む可能性がある。子の現状を認識し，理解することによって，子の視点に立つことができる。すでに審判や決定等で示唆されていることである。

(1) **家事事件手続における実務の対応**

　例えば，東京高決平成25〔2013〕年7月3日判夕1393号233頁は，離婚調停中の「父母間の愛憎葛藤の感情と親子間の感情とを分離することが困難な状況」にある事案で，面会交流の具体的な実施要領を定めるに当たっては，「両親である当事者が未成年者の現状を理解した上で，これに対応するための条項として，面会交流時や，普段時における禁止事項や遵守事項などを織り込むことが考えられる。このことは，双方の不信感や抗告人の相手方に対する恐怖心などを軽減するのみならず，条項の内容についての検討を通じて，共に親権者である当事者双方が，未成年者の現在の状況についての認識を共通のものとし，監護親，非監護親それぞれの立場における未成年者に対する接し方を考えることにも繋がり，未成年者の福祉の見地からも必要な過程である」と指摘する。さらに，「面会交流の事件処理においては，子の福祉の観点から，調査結果を踏まえて更に当事者に主張を促し，その上で教育的な観点から父母の調整等の働きかけを目的として調査を実施することが望ましいとされており，本件においても，未成年者の実情を把握後，これを両親に伝える段階で調整等の働きかけをし，未成年者の現状を理解してもらうと共に，未成年者に対する両親の対応を含め実施要領の策定を検討することが相当と認められる」とする。

　家庭裁判所での審理，調査は，当事者に対する調整等の働きかけが可能であることを前提としており，家裁調査官による子の心情調査，意向調査が子の声の聴き取り，審理における年齢発達の程度に応じた子の意思の考慮に繋がって

いる[13]。

(2) 協議離婚の実情

問題は，Ⅱ1・2で述べたように協議離婚の際に，子の声を聴き，子の気持ちを認識するプロセスがあるかどうかである。

法務省「未成年期に父母の離婚を経験した子の養育に関する実態調査」(2021年1月)[14]によれば，①「どちらの親と一緒に住むかについて，回答者の意見・希望を伝えたか」では，ａ本心を伝えた28.2％，ｂ意見・希望はなかった29.7％，ｃ意見・希望はあったが，伝えていない18.1％，ｄ伝えたが，本心ではなかった9.9％であり，ｃとｄの合計は28.0％になる。ｄの理由では，同居親に配慮60.0％，父母双方に配慮36.7％である。

②「別居親との交流の取決めについて，回答者の意見・希望を伝えたか」では，ａ本心を伝えた37.7％，ｂ意見・希望はなかった13.1％，ｃ意見・希望はあったが，伝えていない16.4％，ｄ伝えたが，本心ではなかった27.9％であり，ｃとｄの合計は44.3％に上る。ｄの理由では，同居親に配慮55.9％，父母双方に配慮44.3％である。

①②のａの数値を見ると，それぞれ7割から8割の子が本心を伝えていない。①②のｄによれば，親が子に配慮するのではなく，子が親，特に同居親に配慮する実情があることがわかる。もし，本心や意見・希望を親に伝えることができる環境があれば，ａを増やし，伝えられた子の本心や意見・希望に配慮した父母の合意形成がなされる可能性が高まる。そのためには，民法において子の意思の尊重に関する規定を設け，行為規範として社会の共通認識にする必要がある。

(3) 改正法における親の責務と子の意思の尊重

改正法では，「親子」の章で「実子」「養子」の後に「第三節　親の責務等」として，親権者かどうかにかかわらず，子の親としての責務（改正民法817条の12）を新設した。

親の責務は次の2つである。

---

[13] 家裁調査官のグッドプレクティスとして，高島聡子「家庭裁判所における子の意思の把握と家事調停」二宮周平編『離婚事件の合意解決と家事調停の機能～韓国，台湾，日本の比較を通じて』(日本加除出版，2018年) 220-226頁，232-237頁参照。

[14] 未成年期に父母の離婚を経験したことがある20代，30代男性，20代，30代女性各250名計1000名を対象としたウェブモニターアンケート（別冊NBL173号『家族法研究会報告書～父母の離婚後の子の養育の在り方を中心とする諸課題について』(商事法務，2021年) 189～232頁)。

①　父母は，子の心身の健全な発達を図るため，その子の人格を尊重するとともに，その子の年齢及び発達の程度に配慮してその子を養育しなければならず，かつ，その子が自己と同程度の生活を維持することができるよう扶養しなければならない。(改正民法817条の12第1項)

②　父母は，婚姻関係の有無にかかわらず，子に関する権利の行使又は義務の履行に関し，その子の利益のため，互いに人格を尊重し，協力しなければならない。」(同2項)。

①に関して，法制審議会家族法制部会(以下，「部会」)補足説明(第35回部会資料35−2)は，子の人格を尊重することは，子が一人の人格的な主体であるとの認識を前提とすることから，「子が人格の主体として形成した意見等を尊重・考慮することは，子の人格を尊重することに含まれているものと整理することになると考えられる」として，子の意思の尊重規定を包含するとの理解を示している。2022年12月の親子法改正により，懲戒権廃止に伴う人格尊重規定が設けられた。民法821条「親権を行う者は，前条の規定(820条)による監護及び教育をするに当たっては，その子の人格を尊重するとともに，その子の年齢及び発達の程度に配慮しなければならず，かつ，体罰その他の子の心身の健全な発達に有害な影響を及ぼす言動をしてはならない。」と同様の趣旨である。

他方②は，子に関する権利の行使又は義務の履行に関して，初めて父母のお互いの人格尊重を明記するものである。部会委員を務めた菅原ますみ教授(発達心理学)は，「子を持つ家族という社会的小単位のなかで，子の健全発達に資する利益を軸とした親子間・夫婦間の人格尊重という家族の対等性が我が国の法律のなかに盛り込まれたことは，子どものウェルビーイングを研究する研究者の立場からは非常に重要である」とし，「子を争いのカードとするような父母の発想や過度に対立的な言動を抑制する根拠となる」と指摘する[15]。共同養育をサポートしている「りむすび」も，共同養育に大事な3要素の1つに「親同士の尊重」を挙げている[16]。

(4)　立法例と近時の子ども関連法

これに対して，子との話合いや参加を保障する規定を設けた立法例もある。

---

(15)　菅原ますみ「離婚後の親権・監護法制の見直しとチルドレン・ファーストの視点」養育支援制度研究会・家族と法研究会合同シンポジウム「離婚後の子どもの養育に関わる民事法制の見直し」(2024年3月2日オンライン)より。

(16)　りむすび代表のしばはし聡子氏へのヒアリング(2023年7月21日)の際に提供されたスライドから。

例えば，フランス民法371条の1第3項は，「両親は，子の年齢及び成熟度に応じて，子に関する決定に子を参加させる。」，ドイツ民法1626条2項は，「両親は，子の監護及び教育において，子が独立して責任を自覚した行動をとることができる能力が発達し，それに対する意欲が高まることを考慮する。両親は，子の発育の程度にふさわしい限りで，子とともに親の配慮の問題について話し合い，相互理解に努める。」と定める。

日本でも，こども基本法（2022年6月公布，2023年4月施行）3条は，「こども施策は，次に掲げる事項を基本理念として行われなければならない」とし，第3項は，「全てのこどもについて，その年齢及び発達の程度に応じて，自己に直接関係する全ての事項に関して意見を表明する機会及び多様な社会的活動に参画する機会が確保されること」，第4項は，「全てのこどもについて，その年齢及び発達の程度に応じて，その意見が尊重され，その最善の利益が優先して考慮されること」と定める。

また改正児童福祉法（2022年6月公布，2024年4月施行）33条の3の3は，都道府県知事又は児童相談所長が，児童又は保護者の児童福祉司等による指導等の措置，その変更・解除，児童又は保護者の訓戒・誓約書提出・児童福祉司等による指導・里親等への委託・児童養護施設等への入所等の措置，その解除・停止・他の措置への変更，里親・児童養護施設等への委託の期間の更新，一時保護とその解除を行う際には，「児童の最善の利益を考慮するとともに，児童の意見又は意向を勘案して措置を行うために，あらかじめ，年齢，発達の状況その他の当該児童の事情に応じ意見聴取その他の措置（以下この条において『意見聴取等措置』）をとらなければならない。ただし，児童の生命又は心身の安全を確保するため緊急を要する場合で，あらかじめ意見聴取等措置をとるいとまがないときは，次に規定する措置を行つた後速やかに意見聴取等措置をとらなければならない。」として，意見表明，意思の尊重の前提として子の意見聴取を義務付けている。

こうした立法例や最近の子どもに関する立法の動向を踏まえるとき，少なくとも改正法の含意を活かした実務，運用が求められる。家事調停や審判は，前述の東京高決平25・7・3の示唆するところを実施することであり，協議離婚に際しては，親への情報提供，ガイダンスを実施することである。

4 親への情報提供（親ガイダンス）

現在，日本では，協議離婚を考えている当事者への情報提供は，地方自治体

の戸籍窓口でのパンフレット配布[17]，法務省や裁判所のウェブサイトでの案内[18]，こども家庭庁「離婚前後親支援事業」の1つである地方自治体の親支援講座[19]，民間のADR機関による事前の親ガイダンス及び面会交流支援団体による事前面談や親講座プログラム，離婚調停の際に実施されている家裁の親ガイダンス[20]などがある。最も早くから教材を作成して親ガイダンスを実施している大阪家裁の「子に配慮した話し合いに向けて」を紹介する[21]。

(1) 親ガイダンスの内容と効果

①導入：ガイダンスの目的として，調停で子に配慮した話合いを進めるために，必要な知識や情報を提供すること，子の問題に関する前提として，子にとって父，母であるという関係は生涯変わらないこと，両親ともに子の幸せに配慮する重要な責任があることを説明する。

②親の紛争が子に与える影響について，最高裁DVD「子どものいる夫婦が離れて暮らすとき考えなければならないこと」を視聴する。

③子のためにできる配慮として，親自身ができるだけ安定すること，両親の争いに子を巻き込まないこと，子の気持ちを汲み取ること（子には親とは違う子自身の思いがある。子は目の前の親に気を遣いがちで，親の気持ちを察して話すので，親に語ることが本心とは限らない。子が語らない気持ち，語れない気持ちに配慮することが重要），子の安定した生活と見通しを与えること（子が幼いときほど，できるだけ安定した生活環境，生活リズムを維持する。子の年齢や発達に応じたわかりやすい言葉で，別居や離婚について説明し，子に見通しを与える），子の年齢に応じた対応，親によるサポートの重要性（子の成長によって問題を克服することもあるが，子の力を過信せず，親が積極的にサポートしていくことで子の回

---

(17) 兵庫県明石市の取組みについて，能登啓元「基礎自治体による面会交流支援」二宮編・前掲注(10)190-195頁。

(18) 法務省ウェブサイト「離婚を考えている方へ～離婚をするときに考えておくべきこと」，離婚届書にQRコードを記載し，スマホでアクセスできるように工夫している。裁判所ウェブサイト「子どもにとって望ましい話し合いとなるために」。

(19) ひとり親家庭支援施策に関する情報提供等を行うものである。実施主体は，都道府県・市・特別区・福祉事務所設置町村で，民間団体への委託もできる。

(20) 知野明・藤田奈緒子「札幌家裁における親ガイダンス（子どもを考えるプログラム）について」甲斐哲彦編『家庭裁判所の家事実務と理論～家事事件手続法後の実践と潮流』（日本加除出版，2021年）79～100頁等。

(21) 土方正樹「離婚紛争下での子の心情と父母へのガイダンス」二宮周平編『離婚事件の合意解決と家事調停の機能～韓国，台湾，日本の比較を通じて』（日本加除出版，2018年）261-262頁。大阪家裁では，当時，1回20人程度，所要時間は約90分，男女別に実施している。現在の名称は，「ガイダンス──お子さんにとって望ましい話し合いにするために」である。

復が図られる）を説明する。

　休憩をはさんで，⑤子のために話し合うこととして，親権，養育費，面会交流（面会交流に対する子どもの声，面会交流の意義〔両方の親に愛されているという安心感，自分のルーツを知る，多面的なものの見方ができるようになる〕，「不安の輪」と「安心の輪」〔不安の輪は両親の対立から始まる悪循環，安心の輪は両親の信頼関係から生れる好循環，不安の輪を安心の輪に変えていく〕，面会交流に対する配慮と工夫）を説明する。

　⑥子に配慮した話合いに向けてとして，子どもの状況や心情に配慮すること，将来のために親として何ができるか，問題の解決に向けた話し合いをすることを説明する。

　子の気持ちを汲み取ること，子の安定した生活と見通しを与えること，子の年齢に応じた対応，面会交流の意義が丁寧に説明されていることがわかる。

　以上のようなガイダンスに対して，受講者の90％が肯定的評価をしている。アンケートの自由記述には，ａ子の心情を理解するために参考になった（「子どもの辛さは分かっているつもりだったが，もっと深いものなのだということに気付いた」，「親に話す子どもの気持ちが本心とは限らないということを考えたことがなかった」等），ｂ子への接し方について参考になった（「子の心情配慮という点でしてはいけないことをたくさんしていた」，いけないこととして，具体的に，子の前で相手の悪口を言う，子を伝言役に使う，子を相談相手にするが挙げられた），ｃ参加者の気持ちの安定につながった（「自分自身が感情を安定させていないと子に対して悪影響だと改めて思った」，「子への対応に悩んでいたが，少し考えられそうに思う」等），ｄ面会交流について理解が深まった（「面会交流について前向きになれた」，「面会交流について悩んでいたので，参考になった」等）などの感想が寄せられた[22]。

　これらを読むと，受講者がガイダンスの内容を正面から受け止めており，特に子の心情の理解や子への接し方について，親の気づきが深まっているように思われる。こうした気づきが夫婦間の問題と親子の問題を切り分け，親権者，養育費の分担，面会交流という個別の合意事項を超えて，離婚後の子の養育について，父母間で協力関係を築く契機となりうることがわかる。大阪家裁のように集団型のガイダンスは，同じような状況にある父又は母が複数同席することから，しんどいのは自分だけではないという共感の中で家裁調査官の話を聴

---

[22] 土方・前掲注(21)266〜267頁。

くことになるので，より効果があるものと思われる。調停離婚前により多くの当事者がこのようなガイダンスを受講できるように，各地の家庭裁判所が取り組むこと，調停申立て受理後，担当裁判官から当事者に対して受講を強く推奨すること，例えば，当事者双方に裁判官の私信を添えて受講申込書を送付することなどは，家庭裁判所の運用の範囲内だと考える。また，この内容は，協議離婚の際の親ガイダンスにも有用である。

(2) 協議離婚の際の親ガイダンス

前述のように，「家族法制の見直しに関する中間試案」では，「公的機関等から幅広い情報提供を行うことにより，離婚をする当事者が子の視点に立って，離婚後の子の養育について考える契機となり，ひいては子の最善の利益が確保されることが考えられる」ことから，「離婚を考えている父母に対して，離婚後の子育てに関して必要な情報等を確実に提供するため，未成年の父母が協議離婚をする場合には，離婚当事者が離婚後養育講座を受講しなければならないものとしてはどうかとの指摘がある」として，受講を協議離婚の要件とする案が提起されていた。

しかし，第24回部会（令和5〔2023〕年3月28日）において，「我が国の協議離婚制度の在り方を根本から変えることになるから，国民に与える影響も考慮しながら慎重に検討すべきである」，「父母の一方が受講を拒絶すると，離婚をすることが困難となる結果として，子が長期間にわたって不安定な状況に置かれかねない」，「受講には経済的又は精神的な負担が伴うため，父母が講座を受講することが困難である場合もある」，「講座を受講するまでもなく十分な知見や理解を備えている父母もいるから，一律に義務付けることは疑問である」，「私人間の権利義務関係を定める民事基本法制の中で父母に新たな義務を課す旨の規定を設けるに当たっては，新たな義務の法的意義を整理する必要がある」などの慎重ないし反対の意見があり[23]，最終的に改正法には盛り込まれなかった。

その背景には，日本のDV防止と被害者保護法制が，接近禁止や退去命令など被害者の避難を優先していることから，必然的に離婚による被害配偶者の解放を目指すことが多く，その解決手段として協議離婚を位置づけていることから，講座の受講や子の監護に必要な事項の協議書の提出など協議離婚の要件のハードルを上げることに反対するという事情がある[24]。

---

(23) 部会資料24の12-13頁。
(24) 商事法務編『別冊NBL173号 家族法研究会報告書——父母の離婚後の子の養育の在

協議離婚について根本的な制度改革がなされなかった現段階では、研究者等が法務省から委託を受けて作成した動画をより多くの当事者・関係者が視聴する方法を講じる必要がある。例えば、協議離婚届書の証人欄の下にある「面会交流と養育費の分担のチェック欄」に「QRコードから動画を視聴したことの有無のチェック欄」を加えることなど、情報へのアクセスを誘導することなどが考えられる。

また、協議離婚届書を取りに来た人に、兵庫県明石市が配布している、養育費や面会交流などについて記載された『こどもの養育に関する合意書』、『こども養育プラン』及び『合意書・養育プラン作成の手引き』、『親の離婚とこどもの気持ち』[25]のような冊子を手渡すこと、子どもへの情報提供ツールとして、家裁調査官と研究者が共同して作成した『子どもためのハンドブック　親の別居・親の離婚』[26]のような冊子を家裁調査官、弁護士、面会交流支援団体等が相談対応の際に活用すること、親の離婚に直面している子どものアドボカシーとして、養護教諭、スクールカウンセラー、スクールソーシャルワーカー等専門職が子の相談に対応し、上記のようなパンフレットを用いて情報提供し、子の了解を得た上で子の声を親に伝えることなども考えられる。

5　面会交流の実効性の確保

(1)　合意が実施されない背景と支援の必要性

面会交流に合意した場合、同居親は、合意した日時、場所に子を連れて行き、別居親に受け渡す。別居親は合意した時間の間、面会交流を行い、終了時に子を同居親に受け渡す。これを合意した頻度で繰り返す。離婚に至る過程で生じた葛藤を抱えている父母が顔を合わせる。相互不信、威圧的な言動への恐怖心、自由に会えないことへの不満などが態度に出ると、子が親の態度・姿勢を敏感に受け止め、楽しい面会交流にはならず、持続しないようになる。

その背景には、合意形成のプロセス自体の問題点がある。離婚に至る過程で夫と妻の間に対立が生じた場合、協議離婚や調停・審判離婚で離婚という結論が出ても、その対立が解消されないケースもある。面会交流の合意は、紛争の

　　り方を中心とする諸課題について』」（商事法務、2021年）80頁。二宮「離婚後養育講座（親ガイダンス）の必要性——協議離婚制度の見直し」戸籍時報846号（2023年）8頁。
(25)　明石市のHP→子ども・教育→離婚等のこども養育支援→参考書式でダウンロード可。
(26)　一般社団法人面会交流支援全国協会のHP→一般の方へ→面会交流について→子ども向け情報でダウンロード可。

初期段階から円滑な実施に至るまでの長いスパンの中で少しずつ完成されていく性質のものであり，「渋々の合意」，「一応の合意」，「仮の合意」から「真の合意」，「長続きする合意」，「心から納得した合意」へというプロセスにおいて捉えるべきだとの指摘がある(27)。協議，調停や審判で面会交流が取り決められても，後者の合意に到達していないことから，実施が困難になる。しかし，面会交流支援を行う第三者機関（面会交流支援団体）の支援者を介して子と別居親が交流し，その経過を同居親が受け止める中で，子の視点に立った面会交流が実現していくと，渋々の合意が納得できる合意に変化することがある。面会交流支援団体が，自分たちで実行することが困難な父母をサポートすることによって，子と別居親の交流を維持し，継続する可能性が生まれる。

面会交流支援団体に共通する支援の形態は，ａ当事者の連絡調整，ｂ子の受渡し，ｃ面会交流の付き添い（見守り）である。支援は次のようなプロセスをたどって実施される。①当事者双方から申込，②申込書の検討，③当事者双方との個別面談（受理面談），④遵守事項の確認，⑤援助の契約成立，⑥援助の開始（ａｂｃなどから当事者が選択），⑦援助終了後のケース会議，⑧当事者へのフィードバック，である。③と④で実質的な親ガイダンスが実施され，面会交流実施方法の具体化に向けた当事者と援助機関との合意が形成される(28)。

(2) 面会交流支援団体の現状と行政の関与

1994年度から試行実施し，2004年度から事業として本格的に実施を始めた，公益社団法人「家庭問題情報センター」（略称FPIC）を筆頭に，2024年2月末で約70団体が設立されているが(29)，民間の支援団体や行政の委託事業の存在しない地域もある。スタッフの人数や年齢・年間の支援回数・事務所の有無・交流場所の確保・運営資金，支援の形態・継続期間・頻度・対象となる子の年齢など多様である。支援団体のバックグラウンドは，①元家裁調査官，元・現の家事調停委員，元裁判官，弁護士，司法書士等の司法関係者，②臨床心理士（公認心理師），保育士，社会福祉士等の専門職，③自己または父母の離婚を経験した当事者，④DV被害者の支援者など多様である。

2012年度より，厚労省の母子家庭等対策総合支援事業「母子家庭等就業・

---

(27) 公益社団法人家庭問題情報センター『厚労省委託調査研究事業　親子の面会交流の円滑な実施に関する調査研究報告書』（2017年6月30日）120頁。
(28) 面会交流支援の方法や各支援団体の取組み等については，二宮編・前掲注(11)，古川玲子「面会交流支援の現状と課題」二宮周平編『子どもの権利保障と親の離婚』（信山社，2023年）125-150頁参照。
(29) ウエブサイト「面会交流.com」→面会交流支援団体mapから換算。

自立支援センター事業」の1つ「養育費の確保」の中で，面会交流支援事業を開始している。地方自治体が厚労省から事業を受託し，支援団体に事業を委託する形で実施されることが多い。内容は，支援団体の利用料（付添い支援で1時間4000円から5000円が多い）を補助するもので，実施する自治体は，現在もまだ少ない（山形県，東京都，埼玉県，千葉県，富山県，岐阜県，大分県，沖縄県，東京都港区，静岡市，浜松市，岐阜市，八尾市，吹田市，明石市，高松市，北九州市，熊本市など）。

2022年1月から，法務省HPに面会交流支援団体一覧表が掲載されるようになった。法務省作成の「参考指針」（基本事項）を遵守する団体として一覧表に掲載を希望する団体をリストアップするもので，当初の40団体（行政含む）から59に増加している（2024年6月）。しかし，遵守しているかどうかを法務省が確認し，保障する仕組みではない。そこで，民間団体である「一般社団法人 面会交流支援全国協会（ACCSJ）」[30]が，支援団体の適正を認証するための基準とガイドラインやマニュアルを作成し，2022年10月からACCSJの会員団体を認証する制度を始動している。民間団体による自主的な認証制度は，子どもと当事者が安心して利用できるために，また，研修プログラムの受講を通じて専門的なスキルや最新の情報を修得し，支援団体の力量向上や新規立上げ団体の援助を行うために，さらには，会員団体相互の経験や情報，意見交換を通じて，支援団体のネットワークを構築するために存在する[31]。やがて，公的な支援（財政的な援助，公的な場所の利用等）や家庭裁判所との連携，支援団体の現場で抱える問題について法務省，こども家庭庁，裁判所，自治体等へ提言するなどの広がりの可能性を秘めているように思われる。

Ⅵ おわりに

本稿では，離婚後選択的共同親権制は，子に対する親の責務を自覚させ，子のための面会交流を継続実施する可能性を高めることを指摘した。一方，親権の単独，共同如何にかかわらず，子のための面会交流を実現するための具体的な取組みとして，①面会交流の主人公である子の意思の尊重（子の声の聴き取りと配慮），②離婚前の親への情報提供，③面会交流支援団体への公的補助の必要性を指摘した。

---

(30) 一般社団法人面会交流支援全国協会のHP参照。
(31) 二宮周平「面会交流支援の意義と認証制度——子どものための面会交流支援」戸籍時報832号（2022年）2-10頁。

今次法改正に関して、衆議院法務委員会では12の、参議院法務委員会では15の附帯決議がなされたが、①〜③に関連するのは、次の決議事項である。

　①　子の意思の尊重に関して、「子の養育に関する事項の決定の場面において子自身の意見が適切に反映されるよう、専門家による聞き取り等の必要な体制の整備、弁護士による子の手続代理人を積極的に活用するための環境整備のほか、子が自ら相談したりサポートが受けられる相談支援の在り方について、関係府省庁を構成員とする検討会において検討を行うこと。」（衆議院附帯決議三、参議院五）

　②　親への情報提供に関して、「父母による子の養育が互いの人格の尊重及び協力関係のもとで適切に進められるよう、離婚前後の子の養育に関する講座の受講や共同養育計画の作成を促進するための事業に対する支援、ADRの利便性の向上など、関係府省庁及び地方公共団体等と連携して必要な施策の検討を図ること。」（衆議院六、参議院八）

　③　面会交流支援に関して、「養育費の受給や親子交流等が適切に実施されるよう、我が国における養育費・親子交流等に関する実情調査のほか……民間の支援団体や地方公共団体の取組等への支援の在り方について検討を行うこと。」（衆議院五、参議院七）

　①では、調停や審判等家事事件の審理が中心であり、日本の離婚の88％を占める協議離婚における子の意思の尊重は、親の責務の中に吸収されている。親の責務が果たされるためには、②が不可欠である。しかし、②は、事業に対する支援にとどまる。協議離婚に臨む当事者に対して講座（ガイダンス）の受講と養育計画の作成を民法において義務づけることや、民間や行政との連携も含めた講座の実施主体、内容、受講及び受講証明の方法などを具体的に検討する必要がある。③は、実情調査と支援の在り方の検討にとどまる。こども家庭庁は早急に実情調査を行い、ボランティアベースで活動している面会交流支援団体に対する公的な支援等、具体的な支援を提案すべきである。

　今次改正法で提起された離婚後の選択的共同親権制は、離婚後も子の養育を共同する父母が社会的に認知される契機となり、離婚後の親子関係のグッドプラクティスが積み重ねられることにより、やがて欧米各国のように、社会の共通認識として、定着する可能性がある。子は、離婚をしても父母が自分のために協力することに対して、自分が大切にされているという実感を持つ。子の自尊感情、自己肯定感こそ離婚後共同親権制の到達目標である。面会交流は養育費の分担と並んで、離婚後共同親権を具体化するものである。単独親権となっ

た場合でも，子と非親権者の親子の関係性を紡ぐものであり，その重要性は変わらない。子のための面会交流の実現という課題に対して，附帯決議の内容は貧弱であり，それは議員や官僚の認識の乏しさの反映であるかもしれない。自戒を込めて，一層の研鑽を重ねていきたい[32]。

---

(32) DV・虐待事案への対応も含めた提案について，二宮周平「Ⅶ 親の別居・離婚における子どもの権利保障システムの構築 14 現状の整理と5つの提案」二宮編・前掲注(29)297-336頁，DV防止法制に関して「特集2 DV防止法制の改革課題」ジェンダー法研究10号（2023年）99-172頁など。

なお条文訳は，田中通裕「注釈・フランス家族法(15)」関西学院大学法政学会「法と政治」65巻4号（2015年）311頁以下，法務省資料468号『ドイツ民法典第4編（親族法）』（法務省大臣官房司法法制部，2022年4月）を参照した。

13 カリフォルニア州における子どもの監護の決定プロセス
——州法とその運用

原 田 綾 子

 Ⅰ　はじめに
 Ⅱ　離婚と財産分与・子の監護・養育費
 Ⅲ　子どもの監護に関する州法の規定と養育計画
 Ⅳ　子どもの監護の決定プロセス
 Ⅴ　おわりに

Ⅰ　はじめに

　本稿の課題は，カリフォルニア州における子の監護法制とその運用の一端を紹介し，日本への示唆を得ることである[1]。筆者は2022年9月初旬にカリフォルニア州サンフランシスコ郡に滞在し，現地の家庭裁判所であるサンフランシスコ統一家庭裁判所[2]で，子の監護事件を担当する裁判官や，家庭裁判所において監護ミディエーション（custody mediation）を実施するミディエーター，家族法専門の弁護士やソーシャルワーカー，監督付き面会交流サービスのスタッフ等にインタビューを行い，関係する施設の見学や法廷傍聴を行った。滞在中の面会が叶わず，帰国した後にオンラインのインタビューによってお話を伺った方もいる[3]。本稿は，これらの調査を通じて収集した情報と，関連する

---

(1)　本稿は，養育支援制度研究会・家族と法研究会合同シンポジウム「海外での子どもの養育に関する法制と動向」2023年3月4日（オンライン）での研究報告を元とする論考である。参加者の皆様に多くのご指摘やご意見をいただいた。心より感謝を申し上げたい。
(2)　カリフォルニア州の家庭裁判所は各郡（カウンティ）に置かれており，第一審事件を担当する上位裁判所（Superior Court）の一部を構成している。サンフランシスコ郡に所在する家庭裁判所は，統一家庭裁判所（Unified Family Court）というシステムを採用している。統一家庭裁判所は，他の郡においても家庭裁判所の管轄事件とされる離婚，別居，子どもの監護，養育費，DV保護命令などのほか，他の郡では少年裁判所（Juvenile Court, Children's Court などと呼ばれる）の管轄事件とされる児童虐待事件や少年事件も管轄している。
(3)　調査先の選定などについて早稲田大学の棚村政行名誉教授から多くの助言をいただ

各種の文献資料にもとづく調査報告である[4]。

II 離婚と財産分与・子の監護・養育費

アメリカでは，家族法の制定権限は連邦ではなく州にある。カリフォルニア州における子どもの監護は，カリフォルニア州家族法第8部「子どもの監護」（California Family Code, Division 8, Custody of Children（Sec. 3000以下））に定められている。同法により，子どもの監護の決定が必要になる場面として，離婚，婚姻取消，別居，排他的監護申請[5]，DV保護命令，認知，養育費がある（California Family Code Sec. 3021）。日本では，離婚に伴って子どもの監護が紛争化するケースが多いが，アメリカでは婚姻をしていないカップルの間に子が生まれることも多いため，婚姻関係のない両親のあいだで生じる問題——具体的には，認知請求や養育費の問題——と合わせて子どもの監護の決定がなされるケースも多い。また，離婚や別居の時点だけではなく，離婚や別居をした後に，子どもの監護や面会交流の紛争解決のために裁判所に監護事件が申し立てられるケースも少なくない。このように，子どもの監護が紛争化する状況にはさまざまなものがあるが，以下ではさしあたり両親の離婚とそれに伴う子どもの監護の決定を想定しつつ，カリフォルニア州の法規定や手続を紹介することとしたい。

いた。またロサンゼルス家庭裁判所ファミリー・コート・サービスのスーザン・スロール氏には，サンフランシスコ統一家庭裁判所への紹介をいただき，またサンフランシスコ統一家庭裁判所のフェリシア・フレミング氏には，同裁判所の裁判官や裁判所に関わる実務家の方々へのインタビューをアレンジしていただいた。アジア系移民へのリーガル・サービスを提供するNPOであるAsian Pacific Islander Legal Outreach（APIリーガル・アウトリーチ）のソーシャルワーカーの劔持順子氏には，移民への法的支援の実情についてインタビューをさせていただいただけでなく，APIリーガル・アウトリーチの弁護士やシェルターのスタッフの方々にもご紹介をいただいた。調査にご協力をいただいた皆様に感謝を申し上げる。

(4) サンフランシスコ郡での調査実施日は2022年9月6日から9日の4日間である。現地ではDV保護命令の手続と子の監護の決定との関係性についても調査を行った。その結果をまとめた別稿として，原田綾子「DV保護命令と子の監護——カリフォルニア州法と家庭裁判所の実務」『家族と子どもをめぐる法の未来 棚村政行先生古稀記念論文集』（日本加除出版，2024年）261-291頁。

(5) 排他的監護申請とは，離婚や別居の申立てをすることなく，一方の配偶者が子どもの排他的な監護権を申立てるものである。裁判所は，子どもの養育費，ケア，監護，教育，コントロールに関する命令を，正当に，かつ両親の自然権と子どもの最善の利益に従って，行うことができるとされている（California Family Code, Sec. 3120）。

1 離　　婚

カリフォルニア州の離婚の法定要件や手続は，カリフォルニア州家族法第6部「婚姻の取消，離婚，法的別居」の第3章「離婚と法的別居（Dissolution of Marriage and Legal Separation）」（Sec. 2300以下）において定められている。

同法では，カリフォルニア州で離婚の申立てをするための居住期間として，過去6カ月間，自分又は相手方がカリフォルニア州で居住し，また過去3カ月間，現在居住する郡において居住していなければならない（Sec. 2320(a)）。裁判所への離婚申立ては有料であるが，支払能力がない者は費用免除（fee waiver）を申請することができる[6]。

離婚は，法定要件（legal grounds）を満たさなければ認められない。現行のカリフォルニア州法における離婚原因には，(a)婚姻の回復不能な崩壊をもたらした和解しがたい相違（irreconcilable differences），(b)法的に認定された，決定能力の永続的欠如（permanent legal incapacity to make decisions）の，二つがある（Sec. 2310）。カリフォルニア州は，アメリカで最も早く，1969年に破たん主義離婚制度（no fault divorce）を採用したことで知られるが，(a)の「和解しがたい相違」が破たん主義離婚原因にあたり，実務ではほとんどの離婚がこちらに基づいて申請されている。なお，離婚申立書の書式には，離婚原因を記入する欄があるが，上記(a)(b)のいずれかにチェックを入れるだけの体裁であり，離婚原因の詳細について記入をする必要はない。

カリフォルニア州では，離婚に際して，配偶者扶養（alimony）の裁判所による決定は必須ではないが，財産分与（division of property）は離婚時に必ず裁判所が決定しなければならない。また，離婚当事者間に未成年の子どもがいる場合には，離婚の際に子どもの監護（custody）についても決定しなければならず，さらに子どもの養育費（child support）の決定も必須である。離婚そのものは破たん主義の徹底により容易であるが，離婚に付帯するこれらの事項に関する決定に当事者は相応の手間暇をかけなければならない。これらが紛争化することもあり，家庭裁判所を中心とする法システムが関与してその解決が図られている。

---

[6] カリフォルニア州裁判所ウェブサイト上の情報によると離婚の申立費用は435-450ドルとされている。https://selfhelp.courts.ca.gov/divorce/start-divorce/file（last visited Nov. 28, 2023）を参照。

2 財産分与

カリフォルニア州では，離婚時の財産分与を，離婚当事者による合意で取り決めることもできるが，当事者間で合意があったとしても，裁判所がその合意内容を確認し，それを承認して法的な決定としている。離婚の申立てを行う者が提出する離婚申請書の書式には，自己の所有財産と負債について申述する欄がある。カリフォルニア州法では，婚姻中に一方の配偶者が得たすべての財産は，原則として他方配偶者との共有とされるが（California Family Code, Sec. 760(a)），婚姻後に得た財産のうち贈与により得た財産などは単独所有とされる（Sec. 770(b)）。婚姻前に一方の配偶者が得た財産は，その配偶者の単独所有とされ（Sec. 770(a)），婚姻中であっても別居日の後に得た財産であれば単独所有とされる（Sec. 771(a)）。離婚時の財産分与の方法は当事者が合意により決めることができるが，合意ができない場合には，配偶者の共有財産を配偶者のそれぞれが2分の1ずつ取得するという決定が裁判所によって下されるのが原則である（Sec. 2550）。財産分与のルールは比較的シンプルであるため，財産関係が複雑でなければ相手との交渉で合意ができるが，財産や負債が多かったり複雑な権利義務関係を含んだりする場合は弁護士への相談が必要になる。また，自己の財政情報（収入と所有財産に関する情報）を，離婚の申立人はその申立てから60日以内に，相手方は答弁書の提出から60日以内に，所定の書式に証拠書類（所得証明書など）を添付して他方当事者に送付し，他方当事者に送付したことを裁判所に通知しなければならない（Sec. 2104）。こうして共有された財政情報を元に当事者間で財産分与の協議を行ったり弁護士による交渉を行ったりする。財産分与の合意ができればその合意が裁判所に提出され，裁判所の審査を経て法的な決定となる。合意ができなければ裁判所が決定する。一定期間内に相手方が答弁書を提出しない場合は，裁判所は相手方の主張を聴くことなく，申立人の主張と提出した証拠書面に基づいて財産分与を決定する。

3 子どもの監護

離婚当事者間に未成年の子どもがいる場合には，離婚の際に子どもの監護（custody）（子どもに関する決定を行う法的監護（legal custody）と，子どもの居所や面会交流を含む身上監護（physical custody））についても決定しなければならない。離婚の申立書には，未成年の子どもの氏名・誕生日・年齢，これから生まれる予定の子ども（胎児）について記入する欄がある。カリフォルニア州は，子どもの監護に関する訴訟の専属的管轄権を一定の要件を満たす州の裁判所に

付与する「子の監護の管轄及び執行に関する統一法（Child Custody Jurisdiction and Enforcement Act）[7]」に加入しているため，カリフォルニア州の裁判所が特定の子どもの監護に関する裁判管轄権を有するかどうかを確認するために，離婚当事者は子どもの出生地と居住地を証する書面を裁判所に提出しなければならない。

離婚申立書には，一人一人の子どもの監護や面会交流の態様について，申立人の希望を記入する欄があり，それについて詳しく説明する文書を添付書類として提出することとされている。これらの書面は相手方に送達（serve）されなければならず，送達を受けた相手方は一定期間内に答弁書を提出しなければならない。子どもの監護と面会交流を両親の合意によって定めた養育計画（parenting plan）の書面を添付して離婚の申請をすることもできる。子どもの監護・面会交流について，申立人が提出した養育計画に合意していると相手方が答弁書に記載すれば，裁判所は合意があることを前提として審理し，監護の決定を行う。相手方が子どもの監護や面会交流を争うと答弁した場合には，子どもの監護と面会交流について両親に協議させるため，家庭裁判所において監護ミディエーションを実施する。子どもの監護を争っている当事者は，監護ミディエーションを経ることなく法廷での審理にいきなり進むことはできない。子どもの監護に関する州法の規定についてはⅢで，監護の決定プロセスについてはⅣで詳しく説明する。

4 養育費

養育費については，カリフォルニア州家族法の第9部「扶養（Support）」の第2章「養育費（Child Support）」において規定されている（Sec. 3900以下）。カリフォルニア州法では，子どもの両親の双方に子どもを経済的に扶養する法的な責任がある（Sec. 3900）。養育費は，原則として子どもが18歳（成人年齢）になるまで支払い義務があるが，18歳を過ぎても高校にフルタイムで通っており自活できない場合には高校卒業時か19歳になったときかのいずれかの時

---

(7) 統一州法委員会全米会議（National Conference of Commissioners on Uniform State Laws）によって1997年に採択された子の監護の管轄及び執行に関する統一法は，子の監護に関する管轄権の競合と監護命令の抵触をできるだけ避けるために制定された統一法である。同統一法は，最初の子の監護に関する手続において一定の条件を満たす「ホームステイト」の管轄権を優先している。同法の詳細について，村上正子「子の監護をめぐる国際紛争の統一的処理：子の監護に関する審判事件の国際裁判管轄の規律のあり方」慶應法学28号（2014年）358-380頁，特に363-374頁を参照。

点で，養育費の支払い義務は終了する（Sec. 3901(a)(1)）。ただし，18歳を過ぎた子どもについて，両親が養育費の合意した場合には，18歳を超えても養育費の支払い義務が継続する（Sec. 3901(b)）。一方の親による養育費の不払いに対しては，もう一方の親が，あるいは訴訟代理人（guardian ad litem）により子ども本人が，養育費の支払いの履行を求めて訴訟を起こすことができる（Sec. 4000）。

　カリフォルニア州法では，子どもの監護（custody）は法的監護と身上監護のみを指し，子どもの扶養（養育費）は監護の概念には含まれていない。裁判所の監護命令には養育費に関する命令は含まれず，養育費の決定は，子どもの監護の決定とは別個に行なわれる。身上監護の分担の割合が養育費の計算において考慮されるため，とりわけ養育費の額に争いがある場合には，子どもの監護の決定が，養育費を決定する手続に先行して行われる。なお，離婚しても両親の双方が子の扶養の責任を負い続けることが州法により明示されるとともに，両親から実際に扶養を受けられるように，子どもが養育費を得ることは一方の親の権利ではなく子どもの権利であると捉えられているので，一方の親が他方の親と関わりたくないからという理由で養育費は不要との合意をすることはできない。親が養育費の合意をせずに離婚の申立てをした場合にも，裁判所による養育費の決定が必ず行われる。カリフォルニア州では，養育費の算定基準となるガイドラインが設定されている。ガイドラインでは，両親の収入，それぞれの親が子どもと過ごす時間（身上監護），扶養する子どもの数などが算定の要素とされる。家庭裁判所はこのガイドラインに従って養育費の決定（child support order）を行う。各算定要素について情報や数値を入力すれば，どちらの親がどのような額の養育費を支払うかを自動で計算できるオンラインの計算サービスがあり，裁判所外での協議においても広く利用されている。

　家庭裁判所には，裁判官である「養育費コミッショナー」が配置され，養育費に関する事件を専門的に取り扱う。家庭裁判所には，弁護士である「家族法ファシリテイター」も配置されており，当事者に養育費の仕組みや計算方法などを説明する教育素材を提供したり，裁判所への提出書類の記入を手伝うなどのサポートを行っている。家族法ファシリテイターは弁護士ではあるが，相談に来た親を代理するわけではなく，養育費問題の解決のために親の両方をサポートする（養育費コミッショナーと家族法ファシリテイターについて，California Family Code, Sec 4250〜4253, Sec. 10000〜10015）。

　養育費の執行については，州の行政機関である養育費局（Child Support

Agency）が，養育費の申請，登録，取立，支払い等の養育費にまつわる様々なサービスを提供している。一方の親が，貧困家庭への公的扶助制度であるTANF（Temporary Assistance for Needy Families）を受け取っている場合には，養育費局の利用が義務付けられ，養育費局からもう一人の親に対して養育費の請求がなされる。もう一人の親が，子どもの法的な親であることが確立されていない場合には，養育費局が認知訴訟を申立て，さらに養育費命令を求める訴訟が提起される。TANFを受け取っていない親も，一定の利用料を支払えば，養育費局の養育費の取立や支払いのサービスを受けることができる。カリフォルニア州に限らず，アメリカの各州が採っているのは，州が養育費を立て替えるのではなく取り立てる仕組みであり，社会保障番号や納税証明などの公的な書類等も用いて，所在不明となった他方の親の探索を行い（連邦政府の親探索サービスを用いて全米レベルで親の探索を行う），養育費の取り立てを行う。養育費の取立ての方法は，給料からの天引きのほか，一定の条件を満たした場合には所有財産の差し押さえ，パスポートの発給停止や没収などの方法がとられ，取立ての態様は多様かつ厳格である[8]。

III 子どもの監護に関する州法の規定と養育計画

1 監護に関する法規定

カリフォルニア州家族法では，未成年の子どもの母と父は，婚姻関係の有無にかかわらず，平等に子どもの監護の権利を持つとされている（equally entitled to the custody of the child）（Sec 3010（a））。婚姻中だけでなく，未婚であっても離婚していても，子どもの父母の監護権は対等なものとされる。

子どもの監護の決定に関する州のパブリックポリシーとして，同法は，概要，次のような内容の基本方針を設定している（Sec. 3020）。

(a) 子どもの最善の利益を決定する際に，子どもの健康，安全，福祉（health, safety and welfare）を確保することが州のパブリックポリシーである。子どもは，安全でいられ，虐待から保護される権利を持つ。子どもへの虐待又は子どもが暮らす家庭でのDVは，子どもの健康，安全，福祉を害する。
(b) 両親の離別・離婚後も子どもが両親と頻繁で継続的な接触（frequent

---

[8] アメリカの養育費制度の歴史的背景，制度運用における連邦政府と州政府の関係や役割分担，予算の状況等について，詳しくは下夷美幸『養育費政策に見る国家と家族——母子世帯の社会学』（勁草書房，2008年）149-171頁を参照。

and continuing contact）を持つようにすることが州のパブリックポリシーであり，そのために子どもの養育の権利と責任を両親が共有する（share the rights and responsibilities of child rearing）ことを促進する。ただし親との接触が子どもの最善の利益にならない場合は除く。
(c) 上記の(a)と(b)が対立するときは，子どもの法的監護と身上監護，面会交流に関する裁判所の命令は，子どもの健康，安全，福祉と，他のすべての家族メンバーの安全を確保する態様においてなされなければならない。
(d) 子どもの最善の利益の決定において，親等（監護者となる者）の性別，性自認，性的指向を考慮してはならない。

　これらを基本方針としつつ，両親の離婚や法的別居等に伴って必要となる具体的な子どもの監護の決定は，子どもの最善の利益に従って行われることとされる。そして，子どもの最善の利益を判断する際に考慮すべき事項として，次のようなものが挙げられている（Sec 3011）。すなわち，①子どもの健康，安全，福祉，②一方の親が，子ども，子どもの親，現在の配偶者や交際相手などに虐待・DV をした前歴，③両親と子どもとの間の接触（contact）の性質や量，④違法薬物，アルコール，処方薬の常習的濫用（以上，Sec. 3011(a)），⑤親など（子の監護者となる者）の性別，性自認，ジェンダー表現，性的指向の考慮の禁止（Sec. 3011(b)）である。また，Ⅳ(3)でふれる通り，監護訴訟における子どもの希望（wish）の考慮について，個別に規定が置かれている（Sec. 3042）。
　カリフォルニア州の法制において，子どもの監護の種類には法的監護（legal custody）と身上監護（physical custody）の二つがある。法的監護とは，子どもの健康，教育，福祉に関する決定を行う権利と責任のことであり，身上監護とは子どもがどちらの親のもとで過ごすかということである。それぞれ共同監護（joint custody）又は単独監護（sole custody）としうるので，監護の決定にあたっては次の4つが選択肢となる。

① 共同法的監護（joint legal custody）：両方の親が，子どもの健康，教育，福祉に関する決定を行う権利と責任を共有する（Sec. 3003）。
② 単独法的監護（sole legal custody）：子どもの健康，教育，福祉に関する決定を行う権利と責任を親の一方が持つ（Sec. 3006）。ただし，法的監護がない親も，原則として，子どもの情報にアクセスする権利を持つ（Sec. 3025）。
③ 共同身上監護（joint physical custody）：双方の親が，かなり長い期間

(significant periods）の子どもの身上監護を持つ。子どもは両方の親と頻繁かつ継続的な接触（frequent and continuing contact）を持つ（Sec. 3004）。
④　単独身上監護（sole physical custody）：子どもは一方の親と暮らし，その監督（control）に服する。ただし裁判所が行う面会交流の命令には従わなければならない（Sec. 3007）。

カリフォルニア州法においては，共同監護が子どもの最善の利益になるという推定規定は設けられていない。しかし，両親が共同監護（共同法的監護又は共同身上監護，あるいはその両方）とすることを合意している場合には，共同監護が子どもの最善の利益になると推定される（Sec. 3080）。その場合，共同監護が子どもの最善の利益に反するという認定を裁判所が行わない限り，裁判所は共同監護を命じなければならない。

共同法的監護を命令するにあたっては，裁判所は「子どもの法的コントロールを行使するために両方の親の同意が必要とされる状況」を特定し，「同意が得られない場合の結果」を明らかにしなければならないとされている（Sec. 3083）。裁判所によって特定されていない状況においては，いずれかの親が単独で，法的な決定権を行使することができる（Sec. 3083）[9]。つまり，「共同法的監護」といっても，あらゆる決定を両親が合意して行うことを義務付けるのではなく，両親の合意が必要な決定事柄をあらかじめ特定してその範囲でのみ共同の決定を義務付けるというスキームが採られているのである。

身上監護についても，共同法的監護と同様に，両親が共同監護とすることを合意している場合には，共同監護は子どもの最善の利益にかなうと推定される（Sec. 3080）。そのため裁判所は，その推定を破る証拠がない限り，共同身上監護の命令を行う。共同身上監護のもとでは，双方の親が子どもと「かなり長い時間」を過ごし「頻繁かつ継続的な接触」を持つこととされる（Sec. 3004）。また，共同身上監護を命令するにあたって，裁判所は，子どもの身体的コントロールを奪われた親が，子どもの連れ去りや誘拐から法的に救済されることを可能とするように，それぞれの親が子どもの身体的コントロールを持つ権利について，十分に詳細に明らかにしなければならないとされている（Sec. 3084）。このような法律の文言からは，共同身上監護が，子どもの奪い合いのリスクが

---

[9] 双方の同意が必要とされる特定の状況として，たとえば「子どもが入学する学校に関する決定」と定めておけば，一方だけの判断で学校を決定することはできなくなる。両方の親の同意が必要とされる状況が全く特定されていなければ，子どもに関するあらゆることについて一方が単独で決定することができる。

第1部　第3章　親子・親権・未成年後見・里親

全くないような良好な関係にある両親だけに認められるものではなく，両親の間に一定の対立やリスクがあったとしても，監護命令を破った場合の法的救済の方法をあらかじめ定め，それによる警告や抑止の効果にも依拠しながら，共同身上監護の実施を法的に支えるというのが州の方針であるということが読み取れる。

　なお，カリフォルニア州法は，共同養育の命令にあたって，当事者の合意があることを要件としておらず，裁判所は両親の合意がなくても一方の申立てにより，子どもの最善の利益に従って，共同身上監護や共同法的監護を命令することができる（Sec. 3081）。裁判所は，共同身上監護を認めることなく共同法的監護を認めることもできる（Sec. 3085）。例えば，離れた町に住んでいることや，職業上のスケジュールの都合などの理由で「かなり長い時間」の子どもの身上監護を担うことはできないが，それより低い頻度で面会交流を行い，子どもの決定には両親が対等に関わることができるように共同法的監護とするということである。当事者の合意によってこのような監護形態にすることもできるし，当事者の合意がなくても，一方の申立てにより，裁判所がこのような監護形態とすることを命じることもできる。

　カリフォルニア州家族法では，DVや児童虐待を過去5年内に行った者への監護の付与は子どもの最善の利益に反するという推定が働くため（Sec. 3044），DVや児童虐待の加害者が子どもの監護者となることは，身上監護と法的監護のいずれについても原則としては認められない。加害者への監護付与が子どもの最善の利益に反するという推定を覆すためには，裁判所は，以下の①②すべての要素を考慮しなければならないとされている。①子どもの監護を付与することが子どもの最善の利益に適うことを，加害者の側が立証しなければならない（推定を覆すために Sec. 3020(b) の規定があることを主張することはできない）。②追加的考慮要素として，(A)加害者が加害者治療プログラムを修了したこと，(B)アルコールまたはドラッグカウンセリングのプログラムを修了したこと（裁判所が，当該プログラム受講が適当と判断した場合），(C)親教育講座の修了（裁判所が当該プログラムの受講が適当と判断した場合），(D)保護観察や仮出所中であり，その条件に服従しているかどうか。(E)保護命令による接近禁止が命じられており，その命令に従っているかどうか。(F)DVの加害者がさらにDV行為に及んだかどうか，(G)裁判所が武器保持の禁止を命じた場合に，それに従っているかどうか（Sec. 3044）。加害者の側がこれらを主張立証し，裁判所に認めてもらえない限り，加害者が子どもの監護権を得ることはできない。

2 養育計画

　養育計画（parenting plan）は，子どもがいつどちらの親と過ごすか，どうやって子どもに関する決定を行うかを記載した，監護と面会交流に関する詳細な合意書である。子の監護に関する州法上の規定は前節で論じたとおりであるが，当事者である両親と子どもにとっては，「共同身上監護」か「単独身上監護」かという法律上の概念としての文言よりも，その子どものために作成される養育計画で定めた具体的なスケジュールのほうが，より重要である。現実にそのスケジュールで，両親と子どもがこれから生活をしていくことになるのであるから，その内容は子どもと両親の状況に合わせて無理がなく，実行可能なものでなければならない。また，子どもの身上監護についての具体的な計画を作っておくことは，両親双方の履行確保の観点からも重要である。親の一方が養育計画の内容に従わない場合には，他方の親は，監護命令への違反に対して様々な法的対応手段を取りうるのであり，状況によっては子どもの取り戻しのために警察の介入もなされうる。アメリカの多くの離婚後家庭では子どもの面会交流のために両親の間での子どもの行き来が繰り返されるが，その過程で紛争が起こると予想されそうなケースであればあるほど，子どもがいつどちらの親の元で過ごすのかをあらかじめ詳細に定めておく必要があると考えられているのである。

　養育計画を双方の合意によって作成した両親は，養育計画を書面にしたものを裁判所に提出し，裁判所がそれを承認すれば，裁判所の監護命令としての法的効果が生じる。養育計画の作成ができない両親もいるが，そうした両親が養育計画を協議できるようにサポートするために，カリフォルニア州の家庭裁判所には，監護ミディエーションが設けられている。監護ミディエーションでも合意できなければ，裁判所が，養育計画の具体的な内容を，養育命令によって決定することになる。これら手続については，Ⅳで詳しく説明する。

　養育計画に州が定めた特定の様式があるわけではないが，通常この文書に盛り込まれる内容は，子どもの法的監護（子どもの監護養育に関する決定権限（共同か，単独か），共同法的監護にするのであれば，共同で決定すべき事柄は何か），ペアレンティング・スケジュール（ふだんの生活で，子どもがいつどちらの親のもとで過ごすのか。子どもが生活する居所と面会交流の具体的プラン），休日・休暇のスケジュール（クリスマスやサンクスギビングなどの特別な祝日，夏休みなどの長期休暇に子どもがどちらの親といつ一緒に過ごすのかについてのスケジュール），子どもの受渡しの方法（交代居住や面会交流のための子どもの移動方法。だれがど

第1部　第3章　親子・親権・未成年後見・里親

こに子どもを連れていきどのように子どもの受渡しをするか），といったものである。
　このようにかなり細やかに決めることが想定される養育計画であるが，子どもがいつどちらの親と過ごすかというスケジュールをあらかじめ細かく決めてしまうと，それが両親と子どもの生活を実質的に拘束することになり，両親にとっても子どもにとってもなかなか窮屈なことであろうと思われる。しかし，カリフォルニア州法においては，すでに見た通り，子どもの安全・健康・福祉にとって有害ではない限り，両親の離婚後も子どもが両親と頻繁で継続的な接触を持つようにすることが基本方針とされている。カリフォルニア州に限らず，アメリカでは全体として，離婚後家庭で子どもの両親が子どもの養育にそれぞれに関与し続けることが一般的になっている。しかしながら，離婚する両親の多くは，離婚する時点では，互いに相当に悪い感情を抱いているため，子どものために繰り返し接触して微妙なスケジュール調整をすることは難しい。そのため，離婚の時点で，子どもとの面会交流や引渡しのスケジュールをあらかじめ明確に定め，それに従って計画通りの履行を促す必要があると考えられているのである[10]。Ⅳで述べるとおり，法的な効力のある養育計画の内容に違反し

---

(10)　ロサンゼルス郡の家庭裁判所が作成し，カリフォルニア州裁判所のウェブサイトで公開されている養育計画の作成ガイド（子どもの年齢グループ別）によると，例えば6歳から9歳の子どもと両親のそれぞれが「かなり長い時間」を過ごす，共同身上監護にあたるプランのサンプルとして，①親Bが「平日の1日3～4時間」と「隔週木曜日の下校から月曜の朝まで」と「隔週木曜日の下校から金曜日の朝まで」，残りのすべての時間が親A（このプランは子どもが親の両方から長時間離れずに済むとの解説あり），②親Aのもとで月曜日登校前から水曜日登校前，親Bのもとで水曜下校から金曜下校まで，金曜下校から月曜の登校前までは親AとBが隔週で交代（このプランは学校の登下校を子どもの引渡しに利用するので両親の接触を少なくできるとの解説あり），③金曜下校から次の金曜下校まで親A，金曜日下校後に親Bの家に移動，これを繰り返す（親の接触は最小限だが子どもが隔週交代のスケジュールに適応できない場合があるとの解説あり）といったものが挙げられている。他方，親Aと主に生活して親Bとは定期的に面会をするという単独身上監護のプランのサンプルを見ると，①親Bは「隔週末の金曜6時から日曜6時まで」と「週に1～2日平日の3～4時間」，②親Bは「毎週末，金曜下校から月曜日の学校登校まで」といったプランが紹介されている。子どもの気持ちや気性（頻繁な移動がストレスになるかどうかなど）や，親の仕事のスケジュール，両親のけんかにできるだけ子どもを巻き込まない方法をとるといったことを勘案して養育計画を作ることを促す記述もある。これらのサンプルが示すとおり，単独身上監護であっても，日本の現時点での感覚では，かなり高頻度の面会が想定されている。二つの家の間での子どもの移動スケジュールも，組み方によっては複雑なものになりうるが，子どもが両方の親と過ごす時間を十分に確保しつつ，いま一緒にいない方の親と次にいつ会えるのかを子どもが予測できることや，一貫したスケジュールによって子どもが学校その他の活動に安定して取り組めるようにすることに重点を置くなら，スケジュールをあらかじめ細かく決めてそれを着実に実行していくのが子どものためにも望ましいということになる。カリフォルニア州裁判所ウェブサイトのセルフヘルプ情報

て子どもを奪い去ったり，面会交流から帰らせなかったりすれば，警察の介入や取戻しが行われる可能性もある。つまり，当事者間での協議に基づく取決めを義務付け，その履行を法的なサンクションの下で促進するというリーガリスティックな発想の下で，離婚後の子の監護制度が運用されているのである。こうした制度的・法的文脈の中で，よく考えずにペアレンティング・スケジュールを作成してしまうことは両親にとって得策ではない。養育計画の作成を両親に義務付ける制度の狙いは，離婚後の子どもとそれぞれの親との関係性や，子どもの養育のための具体的な役割分担に親たちの関心を向けさせ，その作業に取り組ませることである。そうした制度の存在を前提として，両親は，離婚後の子の監護の問題に真剣に取り組まなければならないのである。

Ⅳ　子どもの監護の決定プロセス

1　当事者間の交渉

　子どもの養育計画の決定方法としては，まず，両親が自分たちで交渉して合意するという方法がある。離婚にあたっては，子どもの監護だけでなく財産問題についても決めなければならないが，両方について早期に合意することができれば裁判所の実質的な審理は不要となり，離婚手続を迅速化・軽費化することができる。アメリカでは，離婚に伴って生じる子どもの監護の問題と財産分与の問題について，自分たちで取り組むためのセルフヘルプ資料が数多く存在する。カリフォルニア州では，「家族は変わる（Families Change）」という，同州司法省が作成したウェブサイトが公開されており，離婚時に参考になる様々な情報が入手できるようになっている。親向けの情報，若者向けの情報，子ども向けの情報と，利用する人の立場やニーズに合わせた情報が得られるように工夫されており，養育計画の作成についてのアドバイスもそこで入手できる[11]。カリフォルニア州では，家庭裁判所のウェブサイトにおいても，養育計画の作成や財産分与に関する情報が提供されている。そのほかにもアメリカでは，離婚する父母のための，いわゆるハウツー本などが多数出版されている。

　　ページ https://selfhelp.courts.ca.gov/resources-develop-parenting-plan（last visited Nov. 30, 2023）に掲載されている養育計画作成の助言を参照。
(11)　「家族は変わる」のウェブサイトに掲載されている情報の具体的内容について，原田綾子「アメリカの裁判所における離婚・離別する父母のための親教育プログラム」民商法雑誌 158 巻 6 号（2023 年）1372-1421 頁，1395-1396 頁を参照。なお，カリフォルニア州の家庭裁判所に提出する離婚申立書には，離婚する家族のための詳しい情報源として，この「家族は変わる」のウェブサイトが紹介されている。

離婚に比較的オープンなアメリカでは知人がどのように離婚後の育児に取り組んでいるかといったことも見聞きしやすく，そうした情報も参考にしながら，子の監護や財産をめぐる交渉に取り組んでいるのであろうと思われる。

離婚後の子どもの養育について当事者間で意見の対立があったり，財産関係が複雑で自分たちだけで話し合うことが困難であるような場合には，民間のミディエーターや弁護士といった交渉支援サービスを用いることもある。民間のミディエーターや弁護士は有料のサービスであるが，それを使って財産と子どもについてまとめて合意することができれば，手続にかかるコストを下げることができる。アメリカでは，離婚は専門化された弁護士の業務領域とされており（Family Lawyer, Matrimonial Lawyer, Family Law Attorney などと呼ばれる），離婚専門の弁護士が養育計画や財産分与を含めた離婚関係の合意形成のために相手方との交渉を行うケースも多い。弁護士を通じた交渉がうまくいかなければ訴訟に進むことを前提として弁護士が利用されることが一般的であるが，近年はコラボレイティブ・ロー（Collaborative Law）と呼ばれる，訴訟代理を前提とせず当事者交渉に限定した新しいタイプの弁護士サービスも提供されるようになっており[12]，一口に離婚を取り扱う弁護士といってもそのサービス内容にはヴァリエーションがある。

2　監護ミディエーション

カリフォルニア州では，離婚の当事者である両親が子の監護の合意ができていない状態で裁判所に来た場合，ただちに裁判（監護訴訟）に進むことはできない。まず，ファミリー・コート・サービスと呼ばれる部門において，監護ミディエーションを通じた合意形成の支援を受けなければならない。これは一種の調停前置制度である[13]。子の両親が婚姻していない場合でも，子の監護や面

---

[12] コラボレイティブ・ローの目的やプロセスについては，Pauline Tesler, 2016, *Collaborative Law: Achieving Effective Resolution in Divorce without Litigation, Third Edition*, American Bar Association。齋藤宙治「ADRにおける代理人の職務上の倫理について――研究者の観点から」〔石田京子・林圭介，山崎雄一郎，齋藤宙治「シンポジウム ADRにおける代理人の職務上の倫理について」仲裁とADR，Vol. 16（2021年）85-108頁，93-94頁〕において，コラボレイティブ・ローヤリングの仕組みや利用現状が論じられている。

[13] カリフォルニア州の監護ミディエーションが一種の調停前置主義といえるものであること，またその目的が，対審構造の離婚訴訟の弊害を避け紛争当事者が子どもの最善の利益のためできるだけ親と子との親密で継続的関係を維持できるように父母間のコミュニケーションと協力関係の形成を促進することにあるとの指摘として，棚村政行「家事調停における秘密保持の原則――カリフォーニア州での動向を中心に」早稲田法

会交流について紛争が生じた場合には，一方が裁判所に監護命令を求めることができるが，この場合も同様に，まず監護ミディエーションが実施される。

　カリフォルニア州の家庭裁判所の監護ミディエーションは，養育計画の合意を目指すものであり，取り扱われるのは法的監護と身上監護のみである。具体的には，子どもが両親の双方といつ一緒にいるか，保育の利用，両親のコミュニケーションの方法，子どもを両親の対立から遠ざける方法，その他，子どもの監護に関わる様々な事柄がミディエーションで取り上げられる。ミディエーションにおいて取り上げることができる事柄は州法によって定められており，当事者の希望があっても養育費や財産分与，配偶者扶養など，子の監護以外の問題を合わせて取り扱うことはできない。離婚そのものについてミディエーションで取り扱うこともできない。

　ファミリー・コート・サービスの監護ミディエーションは，当該サービスのスタッフとして常勤雇用されているミディエーターにより実施される。ミディエーターは，カウンセリングや心理学，法学の専門職資格を持ち，子どもの発達，DV，親子の関係性，両親間のコミュニケーション，カリフォルニア州の監護法等の知識を有している。ミディエーターには，家族法と子どもの監護に関するトレーニングを毎年受講することが義務づけられている。

　監護ミディエーションの目的は，裁判で争う前に，両親の怒りを緩和し，友好的に合意ができるという選択肢を提供することである。ミディエーションを受ける当事者は，ミディエーションに先駆けて，オリエンテーション・プログラムを受講することとされている。ミディエーション前のオリエンテーションには，離別する親のための教育プログラムとしての性格がある。筆者はサンフランシスコ統一裁判所で実施されたオリエンテーションを見学させていただいた。オリエンテーションを担当するファミリー・コート・サービスのスタッフは，両親の離婚・離別に直面する子どもの心理状態やニーズについて，裁判所が作成した当事者向けのガイドブックを用いながら，情報や助言を提供していた[14]。そして，ミディエーションの目標は，両親が子どもの養育者としての役割をはたすために具体的な養育計画をつくることであること，できるかぎり共同養育（Co-parenting）をめざして養育計画を作成するのが望ましいことが説

　　学69巻4号（1994年）95-130頁，96頁。
(14)　サンフランシスコ統一家庭裁判所における，監護ミディエーション前のオリエンテーションの実情について，詳しくは，原田・前掲注(11)1386-1391頁，当事者向けガイドブックについて，同1388頁（脚注20）を参照。

第1部　第3章　親子・親権・未成年後見・里親

明されていた。この共同養育（Co-parenting）とは，子どもと過ごす時間を均等に分けることを意味するのではなく，自分と他方の親とが子どものために協力できる状態で子育てに取り組むという状態を指すとの説明がされている。両親が互いに協力できれば，状況が変わった時にフレキシブルに対応できるし，成長に応じて変化する子どものニーズへの対応もしやすくなる。両親の双方が50/50の時間を持つことよりも，むしろ自分の持ち時間にはこだわらずに，両親の協力関係を大事にし，子どものニーズに合わせて子どもと質の高い時間を過ごせるようにすることが重要である。ただし，DVや児童虐待があれば加害側の親の監護は原則として認められないことも，それを定めた条文（Sec. 3044）の説明と共に，丁寧に伝えられていた。親に配布されるガイドブックでも，この条文の説明がなされている。

　さらに筆者は，サンフランシスコ統一家庭裁判所で実施された実際の監護ミディエーションを，何件か見学させていただいた。子どもや家族への暴力といった安全についての懸念がない事案では，ミディエーターは全体としてとても前向きでポジティブな雰囲気で，双方の当事者とコミュニケーションをとっていた。ミディエーターは，両方の親とラポールを築き，どちらにも肩入れをすることなく，子どもの利益に焦点を当てて，両親の話し合いをサポートするという役割を担う。どちらが悪い親だと決めたり，罰したりするという態度ではなく，両親のどちらもが子どもにとって重要な存在であるという前提で，話し合いをコントロールしようとする。これまでの両親の関係性や子どもの発達段階等の観点からみて，うまくいきそうだとミディエーターが考えるような養育アレンジを当事者に向けて提案することもあるが，そのような養育アレンジを選ぶように強く説得するというわけでもないようであり，具体的な養育計画の内容は各当事者の判断と合意にゆだねられる。ミディエーションで合意ができたら，ミディエーターは，「よく頑張りましたね」と当事者たちをねぎらい，「うまくいかなかったら，また私に相談してください」「どんな問題も解決できます。コミュニケーションがカギですよ」と声をかけていた。子どもの養育のアレンジがうまくいかなくて困ったらまた話し合えばよい，養育計画に修正が必要ならまたミディエーションを使えばよい，という考え方のようである。サンフランシスコ統一家庭裁判所では，養育計画の修正の申立てがあれば，可能な限り，以前に担当したミディエーターを再び割り当てる仕組みになっている。監護ミディエーションが同じ子どもについて再び利用されることはあらかじめ想定されていることなのである。

276

13 カリフォルニア州における子どもの監護の決定プロセス 〔原田綾子〕

　多言語多文化のアメリカでは，当事者が使う言語や文化への理解も，ミディエーションを成功させるカギになるというお話も伺った。当事者がもっとも安心して話ができる言語で話すことが，ミディエーションにおけるコミュニケーションを促進するために望ましいと考えられているため，サンフランシスコ統一家庭裁判所では，限定的ながら，ミディエーションの多言語対応がはかられている。英語の他にスペイン語と中国語を話せるミディエーターを数名配置し，それらの言語の話者がいるケースを，これらのミディエーターに優先的に振り分けている。当事者と同じ言語を話すミディエーターがいない場合には，通訳がつけられるが，通訳を介さずに直接に話ができる同一言語話者のミディエーターが得られるメリットは当事者にとって大きいという。実際に，スペイン語を話すミディエーターによるミディエーションを見学させていただいたところ，ミディエーターが最初に「私はスペイン語と英語が話せます。どちらが良いですか」と尋ねたところ，南米からの移民である当事者は「一部はスペイン語で話したいけれど，英語で話せるところもあります」と答え，そのあとのセッションは英語とスペイン語が混ざった話し方で進められていた。当事者自身がミディエーションで使う言語を選べるということは，当事者がミディエーションの場で何かをコントロールできるということであり，当事者の安心やミディエーターへの信頼につながるとのことであった。

　中国語を話すことができるミディエーターの方へのインタビューでは，当事者の文化的なバックグラウンドがミディエーションに及ぼす影響が話題に上った。中国系移民のケースの中には，母親が子どものニーズに対応してきたという理由で，父親と子どもの面会について母親がコントロールし，父もその考えに従うというケースを見かけるという。しかし，母が父子の面会交流をコントロールする行為が，子どもの最善の利益のためではなく，父を処罰するような形で為されることもある。そうした人には，家庭裁判所は子どもを中心に考える場であるということを，繰り返し伝えるという。カリフォルニア州法の理念は，子どもの安全が確保される限りは両親との関係を繋いでいくことが子どもの利益になるというものであり，もう一人の親と子どもの関係を簡単に失わせてはならない。子の監護は，両親が，自分のためではなく子どものために何をなすべきかということを考えて決めることが大切である。親も離婚で傷つくが，それはカウンセリングを受けたりして立て直し，子どもが直面している問題に対処していくのが親としての責任である。親が子どもを取り込んで自分のために使うようなことをしてはいけない。こうしたことを親に理解してもらうよう

に，当事者に話をしていくという。また中国系移民の人々には，裁判所に決めてもらいたがる傾向もあるため，両親が自分たちで子どものために考えて決める方が，子どもからすれば，見知らぬ人である裁判官が決定するよりも子どものためになるということの意義を，当事者に繰り返し伝えなければならない場合もあるとのお話であった。

　ミディエーションのプロセスにおいて，ミディエーターによる子どものインタビューが行われるケースもある。子どものインタビューを行うことについて当事者である両親の合意があり，子どもが自己の意見を表現できる程度の成熟度に達しているとミディエーターが判断すれば，ミディエーターは子どもに会って話をする。ファミリー・コート・サービスのマネージャーであるフレミング氏の説明によると，子どものインタビューをするかどうかを判断するにあたり，子どもの年齢が12歳以上であるかどうかが，おおよその基準となるとのことである。ただし子どもの具体的な状況によって8歳の子どものインタビューをする場合もあれば，16歳でもインタビューをしない場合もあり，ケースバイケースでその要否を判断しているとのことである。ミディエーターによる子どもの聴き取りは基本的に一度きりであるため，年齢があまりに低いとミディエーターとの関係づくりに必要な時間がかけられず，十分な情報を子どもから得ることは難しいという認識から，7歳程度までの子どものインタビューはあまり有用ではないと考えられているとのことである。15歳，16歳といった年長の子どもであれば一回のインタビューでも重要な情報を聴くことができるから，年長の子どもであればインタビューが比較的実施されやすいという。後で論じるように，監護訴訟手続における子どもの証言について，州法はルールが定められており（Sec. 3042），ミディエーションにおいても，特に14歳以上の子どもの聴取は，子ども本人が希望すれば，実施するというのが原則的な取り扱いになっているようである。

　ミディエーターが子どもとの面談において子どもに尋ねる質問は，家庭の中での暴力の有無など，子どもが見聞きした客観的な事実を聞き出すためのフォレンジックな質問ではなく，子どもから見た家庭の状況や子どもの気持ちを聴くことを目的とする，オープンエンドな質問であるという。ミディエーターが，子どもに対して，どちらの親と暮らしたいかを選ぶようにお願いすることは，絶対にないとのことである。両親のそれぞれの家で子どもがどんな過ごし方をしているのか，お父さんとお母さんについて心配なことがあるかどうかなど，子どもが経験していることについて本人に聴くものであり，オープンエンドな

聴き方がされる。ミディエーターが子どもに「三つの願い」を尋ねることもある。子どもの願いとしていろいろなことが語られるが，両親に喧嘩をやめてほしいという願いが語られたり，両親によりを戻してほしいという願いが語られることもある。そうした子どもの願いを聴いたミディエーターは，子どもが両親の双方を大事に思っていること，両親に健全な関係性を持ってほしいと思っていることを子どもの声として伝え，両親が子どもの前でけんかをするのはよくないこと，子どものために協力していくことが子どもにとって大切だということを伝え，その前提に立って子どもの養育のアレンジを考えるように促していくという。

　ＤＶ・児童虐待の主張のあるケースでは，監護ミディエーションの実施において特別な配慮がなされる。ミディエーションの開始前に，それぞれの当事者に個別に配布されるインテーク用紙で，ＤＶ・暴力・安全性への懸念を申告することが求められる。こうした懸念が，少なくとも当事者の一方から示された場合は，ミディエーションは別席で行われる。ＤＶの保護命令が出ている場合は必ず別席で行われる（筆者の訪問時にはコロナウィルス感染対策として電話によるミディエーションが行われていた）。ＤＶの主張のあるケースでは，ミディエーターは父母双方に対して，ＤＶが子どもに与える影響や，地域にＤＶに関する支援サービスがあること等を説明したりしながら，子どもと被害親の安全を確保した面会交流の計画を支援する（監督付きの面会交流や，安全な受け渡し方法の提案など）。ミディエーション中に子の虐待の疑いが生じた場合は，ミディエーターには州法によって児童虐待の通報義務が課されているので，州の児童保護機関にただちに通報しなければならない。その場合，子どもの監護の事件は，児童虐待を担当する裁判所に引き継がれ，そちらで必要な判断や決定が行われる。統一家庭裁判所の仕組みをとるサンフランシスコの家庭裁判所では，同じ家庭裁判所内の児童虐待の担当部門にケースが移送されることになる。

　ミディエーションで養育計画の合意が成立すると，ミディエーターが合意内容を所定の書式に記載し，当事者とミディエーターが署名する。当事者に弁護士が就いている場合は，当事者は署名をする前に，弁護士に合意内容を確認してもらわなければならない。当事者とミディエーターが署名をした書式は裁判官に送られ，裁判官が内容を確認して署名すると，正式な監護命令となる。

　両親が子どもの養育について異なる希望を持っていて，そのすり合わせができず，ミディエーションでも合意ができなければ，裁判官に監護命令を出してもらうために，監護訴訟に進むことになる。子どもの監護について当事者の希

望が合致していても，その内容が子どもの利益にならないとミディエーターが判断し，それを支持しない場合も，ミディエーションは不成立となる。ミディエーターは事実の調査を行う権限はなく事実の認定はできないので，事実関係に争いがありそれにより合意が困難な場合にも，ミディエーションは不成立となり，当事者は監護訴訟に進み，裁判官に監護命令を出してもらうということになる。

3 監護訴訟

監護訴訟は，公開の法廷における審問（hearing）により行われる。監護訴訟は，対審による法廷での審理が基本であるが，筆者がサンフランシスコ統一家庭裁判所を訪問した際は，コロナウィルス感染対策としてオンライン法廷による審理が行われていた。裁判所に来て法廷で審問を受けることもできるが，オンラインで審問に参加することもでき，当事者が選択できる形になっていた。

サンフランシスコ郡やロサンゼルス郡の家庭裁判所では，当事者が監護ミディエーションで話したことの秘密性が厳格に守られ，ミディエーターが話し合いの内容（誰が，何を，なぜ話したか）は，守秘の対象（confidential）とされ，ミディエーションの結果のみ（合意成立の場合は，成立した合意の内容。不成立の場合は，不成立の事実のみ）が裁判官に伝えられる。ただし例外として，子どもや公衆の安全についての懸念をミディエーターが抱いた場合は，それを裁判官に伝えなければならない。他方，アラメダ郡やオークランド郡の家庭裁判所では，監護ミディエーションに秘密性はなく，ミディエーションでの話し合いの内容の報告と監護に関するミディエーターによる勧告が，ミディエーターから監護訴訟を担当する裁判官に伝えられる。これらの家庭裁判所では，裁判官はミディエーターの報告書の内容や監護に関する勧告を考慮して監護命令をおこなわなければならない。このように同じカリフォルニア州でも，各郡の家庭裁判所によって監護ミディエーションの秘密性について異なる仕組みが取られている[15]。

---

(15) ミディエーションが不調になった場合に，家庭裁判所の監護命令を援助するためにミディエーターが監護に関する勧告を行うという制度設計の背後にあるのは，小規模のファミリー・コート・サービスしか持てない小規模の家庭裁判所では，スタッフや財政的問題からミディエーションの機能と評価勧告機能を分離できないことや，親自身が裁判のために別の鑑定評価を受けることの時間や費用の負担から，ミディエーターに勧告をしてもらいたいと希望する例が少なくないといった事情がある。しかし他方で，ミディエーションの機能と評価の機能を併存させると，ミディエーターの中立的な自主的

13 カリフォルニア州における子どもの監護の決定プロセス〔原田綾子〕

　監護訴訟では，それぞれの当事者が，自分が求める監護と面会交流の態様を主張し，それが正当であることを示す証拠を提出する。ケースによるが，最終的監護命令（Final Custody Order）まで半年から1年間ほどかかる場合もある。双方が提出した証拠の証拠調べや証人尋問が続き，そのために繰り返し法廷での審問が行われることもある。審理に時間がかかるケースでは，裁判所はまず暫定的監護命令（Temporary Custody Order）を出し，当事者は監護や面会交流を，この暫定的監護命令に従って行う。DVが背景にある事案で子どもの面前での暴力が再発する恐れがあったり，子どもの奪い去りなどの懸念があって，非監護親に監督付きの面会交流を試す必要があると裁判所が判断した場合には，暫定的監護命令のもとで監督付き面会交流を実施しつつ，面会交流の実施状況を確認するために再審査（review）の審問を数ヵ月おきに実施し，その結果を見て，最終的監護命令を行うという場合もある。

　監護訴訟においては，裁判所が子どもの最善の利益に関する証拠を収集するために，監護エヴァリュエーション（custody evaluation）を実施する場合もある。サンフランシスコ統一家庭裁判所では，これをTier 2サービスと呼ぶ。Tier 2とは「第二段階」を意味するが，第一段階とされるのは監護ミディエーションであり，ミディエーションが不成立となり訴訟に進んだ段階で，ファミリー・コート・サービスによって実施されるのが，第二段階の監護エヴァリュエーションだという意味である。当事者である親が，裁判所がTier 2を行うように上申する場合もあるし，裁判所が何らかの点について調査を行いたいと考えて，職権でTier 2の実施を決定する場合もある。

　Tier 2を担当するファミリー・コート・サービスのスタッフは，裁判所に命じられた特定の事柄の調査と情報収集を行う。Tier 2の調査結果はそのまま裁判官に報告され，子どもの利益についての判断資料として用いられる[16]。例えば，子どもが一方の親と一緒にいるときに食事をきちんと与えられていないことが疑われる場合に，裁判官がこの点についての調査をファミリー・コート・サービスに命じ，Tier 2の担当者が，子どもの主治医である小児科医に子どもの状態について尋ね，その結果を裁判官に伝えるというようなことであ

　　紛争解決の促進者としての期待が破られるという問題が生じる。このような問題の指摘として，棚村・前掲注(13)を参照。
(16)　サンフランシスコの統一家庭裁判所では，第一段階の監護ミディエーションの内容を裁判官に報告してはならず，その秘密性が守られるのに対して，Tier 2は情報収集のために行われるものであるため秘密性はなく，収集された情報はすべて裁判官に伝えられる。

る。子どもが通う学校に出席状況や成績を問いあわせたりすることもある。そのほかには，当事者である親の一方が，他方の親による子どもへの虐待を主張しているケースで，裁判官としては直ちにこのケースを，児童虐待を担当する裁判所に送るのではなく，まずは Tier 2 を実施して，実際に虐待があったのかどうかを調査してみるという場合がある。Tier 2 の結果として子どもへの虐待があったことがわかれば，児童保護裁判所の方にケースを回すことになる。また，Tier 2 の一環として，子どものインタビューを行うこともできる。先述の通り，ミディエーションにおける子どものインタビューは，両方の当事者の同意がなければ実施できないが，Tier 2 では当事者の両方または一方が反対していても，裁判官がその必要があると判断すれば，裁判所の命令として実施することができる。

　裁判所は，それが子どもの最善の利益になると考える場合には，監護，面会交流の訴訟手続において子どもの利益を代理する弁護士（private counsel）を選任することができる（California Family Code, Sec. 3150）。子どもの利益を代理する弁護士を選任すべきかどうかを検討するに当たっては，監護や面会交流をめぐって父母が非常に激しく対立していることや，紛争下で子どもがストレスを感じており子どものために弁護士を選任することによってそれが緩和されると考えられることなどを考慮すべきものとされる（California Rules of Court, Rule 5.240(a)）。子どもの利益を代理する弁護士の役割は，子どもの最善の利益に関わる証拠を収集し，裁判所に証拠を提出することであるが，子どもが望む場合は，子どもの希望（wishes）を裁判所に顕出させなければならない（California Rules of Court, Rule 5.242(j)）。

　カリフォルニア州には，監護訴訟における子どもの希望（wishes）の考慮と，その方法として，法廷における子どもの証言についての規定が設けられている（California Family Code, Sec. 3042）。この規定は，家族法手続において，子どもからの情報が，子どもの利益を代理する弁護士や監護ミディエーターらを通じてしか裁判所に顕出されず，裁判所によって十分に考慮されてこなかったことが問題とされ，この問題への対処として，子ども自身が法廷で証言を行う途を広げるために，2012 年の州家族法の改正で新設されたものである。この規定はまず，子どもが監護と面会交流について知的に判断された選好（an intelligent preference）を形成するための十分な年齢（sufficient age）と事理弁識能力（capacity to reason）を有する場合には，子どもの希望（wishes）を考慮しそれに相応の重み（due weight）を与えなければならないとする（Sec. 3042(a)）。

子どもが証言を行う場合には，裁判所は，子どもの最善の利益を守るために，子どもへの尋問を統制しなければならない（Sec. 3042(b)）。そして 14 歳以上の子どもが，監護と面会交流に関して裁判所で証言をしたいと望む場合には，それが子どもの最善の利益にならないと決定しない限り，裁判所はそれを許可しなければならない（Sec. 3042(c)）。14 歳未満の子が監護と面会交流について裁判所で証言することは，裁判所が，それが子どもの最善の利益になると決定した場合には，妨げられない（Sec. 3042(d)）。裁判所が，監護訴訟の法廷で子どもに証言をさせることを拒否する場合には，子どもから提供される情報と子どもの希望に関する情報を得るために，法廷での証言とは別の方法を提供しなければならない（Sec. 3042(e)）。さらに 2021 年の同条の改正で，裁判所は，両親の面前で子どもに監護と面会交流に関して証言をさせることが子どもの最善の利益になると認めない限り，それを原則として許容してはならないと定められ，それを許容しない場合，子どもからの情報を直接に得るために，両親の面前で証言をするのとは別の方法を提供しなければならないと定められた（Sec. 3042(f)(1)(2)）。家事司法手続における子どもの参加の促進は世界的に重要な課題になっており，日本でも取り組みが進展しつつあるが[17]，カリフォルニア州でも，子どもの弁護士やファミリー・コート・サービスを通じた間接的な聴取に加えて，裁判官が直接に子どもの声を聴く役割を，子どもの最善の利益を考慮しつつ，広げていく方向に進んでいるようであり，今後の実務の展開が注目される。

　監護訴訟においては，過去 5 年以内に DV や児童虐待がなされたとの主張があり，それが立証された場合には，前述のとおり，Sec. 3044 により DV・児童虐待の前歴ある者への監護の付与は子どもの最善の利益に反するという推定が働くので，推定が破られない限り加害者に監護は付与されない。しかし DV が主張されている事案でも，裁判所は，子どもと加害者の面会交流を認めることがある。その場合，DV の態様や被害状況を考慮し，被害者と子どもの安全を確保できる態様で面会交流を行うように命じられる。DV の被害者となった親や家族の安全を確保し，子どもを DV の影響から守るために，面会の実施の具体的な方法や態様は，監護命令で細かく定められる。DV 加害者が監督なしで子との面会交流を行うことを裁判所が決定する際には，その理由を，判決に明記しなければならない。これは，2021 年の法改正で改められた規定（Sec.

---

(17)　参照，原田綾子『子どもの意見表明権の保障——家事司法システムにおける子どもの権利』(信山社，2023 年)。

3011）によるものであり，DV加害者との面会交流を監督なしで行うことについて，裁判所には特に慎重な判断が求められるという趣旨である。

　DV等のケースで，裁判官が，親子の面会交流を，特に厳格に管理された環境で行うことが必要だと判断したケースでは，プロフェッショナルな監督付き面会サービスや，治療的面会交流サービスを利用するように命令がされることもある。プロフェッショナルな監督付き面会交流は，数カ月など実施期間を決めて命じられる。裁判所の命令によって監督付き面会交流を実施する場合，その実施状況は定期的に裁判所に報告され，その後の裁判所の決定のための資料とされる[18]。

　裁判所の監護命令は，子どもの最善の利益を考慮して裁判所が決定したものであるため，監護親も非監護親も，監護命令の内容をそのとおりに実行する責任を負う。監護命令に従わなければ，子どもの最善の利益に反する行為として，後続する監護訴訟で違反者に不利な結果が生じうる。また，監護命令の通りに責任を果たさない場合や，相手方の監護や面会交流の権利の実現を妨げた場合には，裁判所は金銭による賠償を命じることができる（Sec. 3028）。さらに，監護命令の違反は，その態様によっては親による誘拐（parental kidnapping）として警察の介入の対象となりうる。例えば，他方の親が子どもを約束の時間に戻さない場合に，警察に連絡をすれば，誘拐の疑いありとして子どもの捜索が行われ，場合によっては，子どもを戻さなかった親の刑事訴追に至る可能性もある。そのような事態になることを避けるためには，たとえ不満があったとしても，親たちは裁判所の監護命令に従って行動する必要がある。なお，現地の裁判官に伺ったところでは，監護命令の違反に対して法廷侮辱（contempt of court）を発動することはめったにないとのことであった[19]。法廷侮辱を用いなくても，上記のような方法により，ほとんどの場合に監護命令の実効性が担保されているということなのであろう。

　もっとも，子の監護事件について調停前置を採用しているカリフォルニア州においては，一方の監護命令の不履行を理由として他方が監護訴訟を申し立てても，直ちに訴訟手続が開始するわけではないことに，注意が必要である。例えば，監護命令への違背や不履行を理由として，相手方と子どもとの面会交流を制限するために監護命令を申し立てたとしても，両当事者はまずミディエーションで子どもの利益に焦点を当てた（再）協議に取り組むことを求められ，

---

(18)　DV事案における面会交流の実情については，原田・前掲注(4)277頁以下を参照。
(19)　これについては，原田・前掲注(4)285頁を参照。

そこで改めて養育計画を検討し、それによって新たな合意に至るという可能性もある。ただ、少なくとも、当事者双方が、監護命令の不履行は将来の訴訟において不利な結果をもたらすという可能性を意識し、それゆえにいったん決まった監護命令を簡単に反故にすることはできないと認識している状況では、そうした認識がない状態に比べて、当事者の協議への取り組みも、その履行への取り組みも、より真摯なものになるであろうと思われる。

Ⅴ　おわりに

　カリフォルニア州の子どもの監護に関する法規定やそれにもとづく監護の決定プロセスは、子どもの両親が別れた後の子どもの養育について具体的に考える手間と時間を相応にかけさせるものとなっている。両親のそれぞれが子どもの養育を行う責任は離婚後も継続するということを前提として、離婚後の子どもの監護や面会交流のアレンジを協議し、それを養育計画として書面にし、裁判所に提出するのが基本である。自分たちで決められない場合も、家庭裁判所がまず行うのは、両親が共に子どもを育てていくことを前提とした協議の支援であり、基本的には共同養育（co-parenting）をこれから行っていくことをめざして具体的な監護アレンジの話し合いをサポートする。DVや児童虐待のケースでは共同養育を目指すことは適切ではなく、面会交流の合意や決定に当たって子ども親の安全確保を考慮する必要があるが、その場合でも必要な情報や助言を司法の側が提供し、安全に配慮した監護や面会交流のアレンジが合意されたり決定されることになる。

　DVや虐待の問題がなかったとしても、現実問題として、離婚した両親のあいだを子どもが定期的に行き来するために両親が払わなければならない物理的・心理的・経済的コストは大きいであろうし、2つの家での生活やそのために繰り返される移動は子どもにとっても負担となりうる。それでも、離婚前後の激動期を乗り越えて、子どもが二人の親との関わりを続けていけば、両親も子どもも新しい環境に慣れ、新しい関係性をそれぞれに発展させていくことができるかもしれない。激しい怒りや失望も時の経過や状況の変化によって緩和され、両親のコミュニケーションが改善し、共同での決定もスムーズに行えるようになるかもしれない。監護の決定における子どもの参加が促進されれば、子どもの意見や意向が考慮されやすくなり、生活の変化への子どもの納得もより得やすくなるだろう。生活者のレベルで考えれば、そうした長期的な視点に立つ、信頼できるサポートや情報に、紛争が激化する前に当事者双方が適時に

アクセスし，それを上手に活用できるかどうかが，アメリカで離婚をうまく乗り切るためのカギになりそうである。離婚後に子どもが親の一方を失わずに育つのが当たり前になっているアメリカ社会を見て，日本とは文化や意識が違うと言われる向きもあるが，おそらくアメリカでも，離婚した親や子どもの意識や自発的な行動だけで当たり前にそうなったというわけではなく，本稿がその一端を描き出したように，家族法制度の側が，公的な養育費の取立ての制度を整えて，両親に扶養される利益を子どもに保障するとともに両親間の経済的負担の公平性を担保したり，監護に関する基本方針を州法で明確に示し，その決定プロセスにおいて子どもの養育のアレンジの仕方についての情報提供や助言を行い，当事者の選択に働きかける取り組みを長年続けてきたことの結果であり，その成果というべきものであるように思われる。

　＊この論文は，JSPS科研費（課題番号18K01211, 23K01212）による研究成果の一部である。

14 未成年後見人の代理権濫用
——最判平成 4・12・10 民集 46 巻 9 号 2727 頁の再読

吉 永 一 行

Ⅰ 序 　　　　　　　　　Ⅲ 後見人による代理権の濫用
Ⅱ 最判平成 4 年の概要 　　Ⅳ 最判平成 4 年の再検討

Ⅰ 序

　平成 12 年 4 月に成年後見制度を導入する民法改正が施行された。その直後である平成 13 年の司法統計年報（3 家事編第 3 表）によると，平成 13 年の未成年後見人の選任事件新受件数は 2809 件，成年後見人の選任事件新受件数は 344 件である。これが，21 年が経過した令和 4 年の同じ統計では，未成年後見人の選任事件新受件数は 1059 件と半減しているのに対して，成年後見人の選任事件新受件数が 4316 件へと大幅に増加している。こうした実態を反映してのことだろうか，成年後見をめぐる研究に比して，未成年後見をめぐる研究は必ずしも活発ではないように思われる。

　本稿は，親権者と未成年後見人とで法的関係がどのように異なるかという問題関心のもと，親権者の法定代理権濫用が問題となった最判平成 4・12・10 民集 46 巻 9 号 2727 頁（以下「最判平成 4 年」と呼ぶ）を取り上げ，その判示内容の射程が後見人にも及ぶかを検討するものである。

　以下では，まず，最判平成 4 年の概要を紹介したのち（→Ⅱ），後見人による代理権の濫用にその判示内容の射程が及ぶかを検討する（→Ⅲ）。最後に，残る問題について立法論・解釈論によって解決するための方向性を検討する（→Ⅳ）。

Ⅱ 最判平成 4 年の概要

1 事案の概要

　事案は，単独親権者である母 A がその子 X を代理して X が所有する甲土地

(2124m² の田）についてＹ信用保証協会のために設定した根抵当権（以下「本件根抵当権」という）について，後に成年に達したＸがＹを被告として，これが代理権濫用にあたり無効であるとして，根抵当権設定登記の抹消登記手続を請求したものである。

なお，本件根抵当権は，Ｙが株式会社Ｂ（Ｘの亡父の弟Ｃが代表者として経営している）との間の保証委託契約に基づいて取得する求償権その他の債権を担保するために設定されたものである。Ｂの負う主たる債務は，事業資金としてＤ銀行から受けた融資である。

Ｘが甲を取得するに至る経緯は次のとおりである。甲は，もともとＸの父方の祖父Ｋが所有していた。Ｋは 1976 年 6 月に死亡し，これに続いて，Ｋの長男でＸの父であるＬが同年 9 月に，Ｋの妻であるＭが翌 1977 年 1 月に相次いで死亡した。Ｋは，甲のほか複数の不動産を所有し，Ｌも不動産を所有していたところ，その承継については，相続人（ＫにはＬおよびＢ以外にも子がいたようであり，またＬの代襲相続人としてはＬの長男Ｘのほか長女Ｎがいた）の間で協議が行われ，①甲ならびにＫの住居とその敷地などをＸが，②賃貸中の集合住宅とその敷地などをＡが取得することを内容とする協議が成立した。

Ｃは，この遺産分割協議の中心となったほか，この協議に基づく各登記手続をＡの依頼を受けて代行し，また，Ａが取得した集合住宅の管理をするなど，ＡＸ親子の面倒を諸事にわたってみていた。

本件根抵当権の設定登記は，1983 年 11 月に行われた（翌年 2 月に根抵当権の極度額の増額が行われている）。これは，Ｃが代表者として経営する株式会社ＢがＤ銀行から借り入れるにあたって，ＢがＹに保証委託の申込みをしたところ，Ｙから不動産を担保として提供するよう求められたことに端を発する。Ｃが担保として甲を提供することをＹに申し入れたことから，Ｙの担当職員が甲の所有者Ｘの親権者Ａに直接面会し，Ａは，担保差入証の提出によって担保提供を承諾した。実際の根抵当権設定契約は，ＣがＡから預かっていた実印を用いて書類を作成するなど，その手続を代行して行われた。

2　原審までの判断

成年に達したＸは，本件根抵当権設定はＸの親権者＝法定代理人Ａの代理権濫用を理由に無効なものであるとして，当該根抵当権設定登記の抹消登記手続を請求して提訴した[(1)]。

---

(1) 訴訟では，そもそもＡが根抵当権設定についてＸを代理したか否かも争われたよう

原々審は，法定代理権濫用の主張について，単に「甲につき，Bの債務を担保するため，根抵当権を設定することは，Xにとって不利益となることは明らかである，がしかし，単に本人たる未成年者に不利益となるとのことのみをもって，親権者が未成年者を代理してなした法律行為が法定代理権の濫用となり無効であるとは解しえない。よってこの点についての原告の主張は失当である。」とのみ述べて排斥し，原告の請求を棄却している。

原告の控訴による原審では，法定代理人の代理権濫用についても，最判昭和42・4・20民集21巻3号697頁が任意代理人について示した民法93条但書類推適用[2]という構成が適用されるとした上で，Aのした代理行為は，専ら第三者たるBの利益を図るものであるから，未成年者たるXの利益に反するものとして，親権の濫用に該当するといわざるをえないと判示された。そして，Yは，本件融資がBの運転資金として使用されるものであり，Xの生活資金などに使用されるものではないことまでを認識していたとして，親権濫用の事実について悪意であったとして，本件代理行為は無効になると判示した。

3　最高裁の判断

これに対して，最高裁は，親権者による代理行為についても，民法93条但書類推適用という構成が適用されることは認めたものの，「親権者が子を代理してする法律行為は，親権者と子との利益相反行為に当たらない限り，それをするか否かは子のために親権を行使する親権者が子をめぐる諸般の事情を考慮してする広範な裁量にゆだねられている」ことを理由に，親権者の代理権濫用について，「それが子の利益を無視して自己又は第三者の利益を図ることのみを目的としてされるなど，親権者に子を代理する権限を授与した法の趣旨に著しく反すると認められる特段の事情が存しない限り，親権者による代理権の濫用に当たると解することはできない」（傍点はいずれも引用者）として，代理権濫用が成立する場合を限定する判示を行った。そして本件のように，子の所有する不動産を第三者の債務の担保に供する行為について，「それが子自身に経済的利益をもたらすものでないことから直ちに第三者の利益のみを図るものと

であり，事実審において証拠に基づく事実認定が行われているが，本稿では立ち入らない。
(2) 当時の民法93条但書は，平成29年法律44号による改正で同条1項ただし書となった。また同じ改正で，民法107条として代理権濫用に関する規定が設けられ，民法93条の規定に仮借した構成をとる必要は無くなった。本稿では，当時の判例の構成を，当時の用語法のままに「民法93条但書類推適用」と表現する。

して親権者による代理権の濫用に当たると解するのは相当でない」として原判決を破棄した上で，特段の事情の有無につきさらに審理させるために，事件を差し戻している。

4　その後の経緯[3]

　差戻控訴審（大阪高判平成6・9・29）は，本件代理行為がXにとって直ちに利益を生ずるものではなく，むしろ不利益を被る危険性があったことは否定できないとし，さらに，Cは，Aに無断でAを連帯保証人にしたり，A所有の不動産を担保として提供させたりしていたことを認定しながらも，CとXが叔父・甥という近い身分関係にあることや，XおよびAが遺産相続の際にCから世話を受けていること，その後も取得遺産の管理等についての尽力を得ている事情などから見て，Aが，過去の尽力に対する恩義の思いやXが将来においてCから何らかの世話を受ける可能性について配慮したとしても，一概に不当とはいえないとして，本件行為が，Xの利益を無視してCないしBの利益のみを目的としてなされたものと断定することはできないとした。

　再上告審（最判平成7・7・4）は，Xからの上告を棄却している。

Ⅲ　後見人による代理権の濫用

1　序　論

　最判平成4年は，①親権者が子を代理してした行為が濫用に当たるというためには，「親権者に子を代理する権限を授与した法の趣旨に著しく反すると認められる特段の事情が存しない限り，親権者による代理権の濫用に当たると解することはできない」（以下「特段の事情ルール」と呼ぶ）という抽象的規範を立てた上で，②そこから，「それが子自身に経済的利益をもたらすものでないことから直ちに第三者の利益のみを図るものとして親権者による代理権の濫用に当たると解するのは相当でない」という基準（以下「経済的利益非限定ルール」と呼ぶ）を示している。

　これらの規範・基準は，親権者のみならず後見人にも適用されるのかというのが本稿の問題関心である——成年後見と未成年後見とで区別をするべきかというのは1つの論点になりうるが，親権者との対比を目的とした本稿では，さ

---

[3]　差戻控訴審・再上告審とも公刊されておらず，ここでは，福永礼治「代理の類型と代理権濫用についての覚書——最高裁平成4年12月10日判決を契機として」品川孝次先生古稀記念『民法解釈学の展望』（信山社，2002年）71頁〔82頁，84頁〕によった。

しあたって未成年後見人のみをとりあげる。本件であれば，母Ａもすでに亡く，未成年者Ｘには，未成年後見人が——例えばＣとは別の父Ｌのきょうだい，母Ａのきょうだい，あるいは弁護士や社会福祉法人のような職業後見人・法人後見人が——選任されていたという場合に，同様の結論をとるべきかという問題である。

以下検討を進めるが，その前提として次のことを指摘しておきたい。

本件は，前述のとおり，差戻控訴審において代理権濫用には該当しないと判断され，その判断が確定している。この具体的な結論を適切でないと評価するならば，後見人については，親権者とは異なる基準を立てて，代理権濫用がより容易に認められるべきである（親権者のように代理権濫用に該当する場合を狭く限定するべきでない）という主張につながるだろう。しかし本稿では，こうした具体的結論からの考察はとらず，最判平成４年の示した上記のような規範・基準を，親権者との違い——義務内容その他制度的な違い——を根拠に，後見人には妥当しないものと見ることができるかという観点から論じる。

そして，結論を先取りすれば，親権者と後見人とで，抽象的な規範・基準自体は変えるべきではないとの主張に至るのであるが，そうであれば，そこから具体的にも妥当な結論を——後見人についてのみならず親権者による法定代理権行使についても——いかにして導くかということが問題となるので，これについても若干の考察を加えたい。

なお，具体的結論の妥当性というのは，そもそも評価が難しい。本件では，一方で，代理行為の内容は物上保証という子が一方的に不利益を受け入れるものであり，その有効性を認めることには高いハードルがある。しかし他方で，本件における目的物は相続で取得した農地（田）であり，本人の住居でないばかりか，子を扶養する母が収益不動産を有していることからは，生活資金の源というわけでもなさそうである。また，連帯保証と異なり物上保証であることから，その責任は有限のものである。さらに，訴外Ｂ社の経営状態は必ずしも良好とはいえないとの認定もある一方で，本件根抵当権は昭和57年の設定以来，少なくとも平成７年の再上告審当時までの10年以上にわたって実行されずにいることも事実である。このように見てくると，直ちにあるいはほぼ確実に財産を失うような危険性があったわけではないとも言いうる。経済的利益だけをみても，本件において子が受ける不利益の大きさの評価は簡単なものではない。この点からも，本稿では，本件における具体的結論の当否をひとまず横において検討する。

2　最判平成4年の射程

(1) 後見人についても射程が及ぶとする見解

後見人についても最判平成4年の射程が及ぶとする見解は，米倉明評釈[4]に見られる。もっとも米倉評釈は，判決が，「子の利益を無視して自己又は第三者の利益を図ることの・み・を目的としてされる」（傍点は引用者）としていることについて，「あくまで特段の事情の例示としてあげたにすぎず，それにこだわるつもりはないであろう」[5]と評価し，法定代理においては「濫用にあたらないというにはきわめて慎重であってほしいと思う」[6]，「(この程度では『著しく反する』とはまだいえないとされるのでは)，子はたまらない」[7]と述べており，最判平成4年の示した基準によっても，代理権濫用は認められると考えていたようである。

(2) 後見人と親権者は異なる扱いがされるべきであるとする見解

これに対して，親権者と後見人の種々の違いに鑑みて，両者で扱いを異にするべきであり，最判平成4年の射程は後見人には及ばないとする見解もある。そこで指摘される親権者と後見人の相違点としては，次のようなものがある。

(a) 「愛情の質」の相違

第1に，「親権者と後見人とでは，監護すべき未成年者に対する愛情の質を異にする」[8]という指摘がある。これを最も前面に押し出す石田喜久夫評釈は，利益相反性の判断についてではあるが，「親権者が一般的につねに子の幸いを願うのに対して，後見人はローマ以来『もうかる職務』と囁かれてきたからである——親権者についてもきびしく利益相反の基準を設定することは，『子のために』とのスローガンのもの〔原文ママ〕で，角を矯めて牛を殺す危険を招きはしないか」[9]と指摘する。

これはやや極端であるにしても，例えば親権者の注意義務が善管注意義務でなく自己のためにするのと同一の注意に軽減されていることを，親が子のために子の事務を処理する場合の情誼に求めたり[10]，後見人による身上事務につい

---

(4)　米倉明「最判平成4年判研」法学協会雑誌111巻3号（1994年）400頁〔419頁〕。
(5)　米倉・前掲注(4)418頁。
(6)　米倉・前掲注(4)418頁。
(7)　米倉・前掲注(4)419頁。
(8)　石田喜久夫「最判平成4年判研」法律時報66巻3号（1994年）113頁〔117頁〕。
(9)　石田・前掲注(8)115頁。
(10)　於保不二雄＝中川淳編集『新版注釈民法(25)親族(5)〔改訂版〕』（有斐閣，2004年）155頁〔中川淳執筆〕。

て「自然の愛情に信頼の寄せられない人為的関係に基づくもの」[11]と指摘されたりするように，親権者については，その子に対する愛情ゆえに特別の準則が適用されるという考え方は一般的なものである。

(b) 「親族共同体の家産」論

第 2 に，後見人については，親権者のように相続権や扶養義務という関係が当然に認められるわけでもないとの指摘[12]がある。これに対しては，相続権や扶養義務があることが裁量の幅に関して意味をもつ理由が明らかでないとの指摘もある[13]が，単純な親権者と未成年者の利害の一致というのを超えた「親族共同体の家産」という発想を背景としているように思われる[14]。

(c) 注意義務の相違

第 3 に，親権者は，子の財産を管理するにあたって，その注意義務が「自己のためにするのと同一の注意」(827 条) に軽減されているが，後見人は善管注意義務を負うとされている (869 条・644 条)。このことが親権者について代理権濫用の成立する範囲を限定する根拠となるのではないかとの指摘がある[15]。

(d) 後見人の公的性格

最後に，後見人は，(親権者による指定の場合を除いて) 家庭裁判所よって選任され (840 条)，またその監督を受ける (863 条・846 条)。さらに，後見監督人が選任されているときには，その監督にも服する (親権者が定めた監護・教育の方法を変更・制限するために未成年後見監督人の同意を得なければならないとする 857 条ただし書など)[16]。後見の事務がこのように公的性格を有するものであることを理由に，最高裁が，家庭裁判所から選任された未成年後見人が未成年被後見人所有の財物を横領したケースについて，刑法 244 条 1 項・255 条 (親

---

(11) 於保＝中川・前掲注(10)398 頁〔明山和夫＝國府剛執筆〕。
(12) 田中豊「最判平成 4 年判解」『最高裁判所判例解説民事篇 (平成 4 年度)』(1995 年) 508 頁〔518 頁〕。
(13) 熊谷士郎「最判平成 4 年判研」法学 61 巻 1 号 (1997 年) 163 頁〔167 頁〕。そのうえで「相続権や扶養義務を相互に有するということは，他方の不利益は自らの不利益にもなり得るということを意味し，制度的にも親権者の代理権の行使の適切性が担保されているということであろうか」と推測している。
(14) 田中・前掲注(12)519 頁以下は，本件のようなケースで代理権の濫用を認めないという結論を，未成年者 X がそもそも遺産分割の結果叔父 C が相続分をもつ部分も含めて取得していること (長男の長男として祖父 K の財産の少なくとも相当の部分を取得していること)，このため，本件土地を含む財産は，「親族共同体の家産」の性質をも帯びることになるなどの観点から正当化しようとしている。
(15) 石田剛「親権者による子の代理と利益相反・代理権濫用」水野謙ほか『〈判旨〉から読み解く民法』(有斐閣，2017 年) 33 頁〔44 頁〕。
(16) 石田・前掲注(15)44 頁。

族相盗例）による刑の免除を行うべきではないと判示していることも想起するべきだろう[17]。

さらに，実体的な義務としても，後見人に就職すると，財産調査を行ってその目録を作成し（853条1項本文），毎年の支出金額の予算を立てなければならない（861条1項）。こうしたことから，利益相反行為による規制以外に代理権行使に制約がない親権者ほど裁量の幅が広くないとの指摘もある[18]。

(3) 検　討

後見人と親権者についての前記のような相違点が，後見人について，代理権濫用にあたる範囲を親権者よりも広く解する（最判平成4年の示した2つのルールが適用されないとする）根拠となるだろうか。

(a)「愛情の質」の相違

まず，「愛情の質」についての議論であるが，社会的・一般的な問題として子を思う親の愛情に期待・信頼することができるというのはその通りとしても，法的紛争が生じたときの基準を論じようとするときに，「愛情への信頼」を根拠として前面に出すことが適切かという点で疑問がある。またそもそも家族としての愛情を一定程度期待できる親族が後見人となることも少なくないだろうし，血縁の有無に関わらず未成年者に家族同様の（あるいはそれ以上の）愛情を注ぐ後見人がいることも忘れてはならないだろう。

また，民法は，最判平成4年の後の平成23年改正（法律61号）によって，親権者の権利義務を定める民法820条に「子の利益のために」という文言が新たに追加され，親権喪失事由が拡充される（834条）とともに，親権停止制度が導入された（834条の2）。さらに令和4年改正（法律102号）では，懲戒権に関する規定（旧822条）が削除されるとともに，親権者に子の人格の尊重などを義務付ける新821条が制定された（居所指定権を定める旧821条が822条に移されている）。少なくとも今日の民法は，「親の愛情を信頼し，親に任せておけば大丈夫」（これに対して後見人は信頼ができない）と評価しているわけではないということを前提とするべきだと考える。

(b)「親族共同体の家産」論

次に，後見人については，親権者のように相続権や扶養義務という関係が当然に認められるわけでもないとの指摘については，その背景に「親族共同体の家産」という発想があることを見過ごすべきではない。今日においては，私有

---

(17)　最判平成20・2・18刑集62巻2号37頁。
(18)　石田・前掲注(15)44頁。

財産制(個人の所有権)という理念に沿って解決されるべきという批判[19]が妥当するだろう。

(c) 注意義務の相違

注意義務の相違についてはどうだろうか。

注意義務は、何らかの行為をする際に行為者が尽くすべき注意の水準を指すものであり、当該行為にあたって追求するべき利益の内容(経済的利益に限定されるか否か)と論理的な関係はない。

また、一般論としても、内部的な注意義務違反は、外部的な権限に影響しないと考えられている[20]。このことからも、注意義務の相違によって、代理権濫用の成立範囲——ひいては代理行為が有効となる範囲——が変わると考えることは適切ではない。

実際、本件において代理権濫用の成立を認めた原判決も、親権者(本件では母)が自己のためにするのと同一の注意を尽くしていないことを根拠としているわけではなく、逆に、差戻控訴審が代理権濫用の成立を否定したのも、この義務を尽くしたとの判断を根拠としているわけではない。

(d) 後見人の公的性格

最後に、後見人の事務が公的性格をもち、家庭裁判所や(選任されていれば)後見監督人の監督に服すること、財産管理について種々の実体的義務に服することはどうであろうか。例えば、後見人が親権者の場合と異なり、財産目録を調整する義務を負っているとか、未成年者本人の財産を横領したときに親族相盗例による刑の免除を受けられないとして、そのことから、後見人は親権者の場合と異なり、未成年者の経済的利益のみを追求するべきであるということにはならないであろう。

---

(19) 熊谷・前掲注(13)168-169頁。米倉・前掲注(4)417頁も、本判決の結論に対して「もはや『家』や『孝』の時代ではなく、個人としての子の財産の保全、生活保障という観点が端的に前面に出されるべき」と批判を向けている。

(20) 道垣内弘人「行為——帰属メカニズムについて(日本私法学会シンポジウム資料——信託法と民商法の交錯)」NBL 791号(2004年)59頁〔60-61頁〕は、代理人が、自己または第三者の利益を図る意図は有していないものの、例えば、善管注意義務に反した裁量権限を行使するなど、委任契約の趣旨に反した代理行為を行った場合にも、代理は有効に成立し、相手方が代理人の義務違反を知り、または知ることができた場合でも、本人は効果の不帰属を主張できないと指摘する。平山也寸志「代理権の客観的濫用に関する一考察——代理人に背任的意図がない場合」獨協法学46号(1998年)233頁〔280-282頁〕は任意代理について同旨を述べるが、法定代理の場合には、代理人の選任が本人の意思とは関わりなく行われ、また本人による代理人の監督を期待できないことから、任意代理の場合とは同一に論じることはできないとする。

このようにみてくると，親権者と後見人とのさまざまな相違が，論理的に，代理権濫用の範囲についても相違をもたらすということはできないように思われる。

(e)　親権者のもつ「裁量」の根拠

では，そもそも，親権者について代理権濫用に該当する範囲を狭めること，——それと論理的に関係するものではないという指摘もあるが[21]——裁量を広く認めることは，なぜなのか。

これについては，未成年者の身上監護と財産管理は長期間にわたるところ，その間多種多様な取引に携わることに着目し，親権者の行う取引を，個々の行為ごとに分断したうえで，杓子定規に利益・不利益を評価することは適切でないという指摘，さらに，未成年者の利益は単純に経済的な利害得失に還元しきれないとの指摘がある[22]。具体例としては，親権喪失が問題となった下級審裁判例であるが，未成年者に関する監護教育等の観点から，義理の伯父の住宅の裏手の土地に引っ越すのが妥当だと判断して，その土地に比べ著しく価格の高い未成年者の不動産とその土地とを交換することについて，「未成年者の利益を慮ってした措置と認められ」「抗告人〔未成年者〕等に不利益を及ぼすことがあるとしても，……親権濫用にあたるものということはできない」と判示するものがある[23]。

こうした判断が，親権者であれば可能だが，後見人であればできないとすること，つまり，後見人が代理する場合には，監護教育の観点からのメリットだけでは正当化できず，経済的不利益を生じさせないことが求められ，したがって交換に際して地価の差額を現金で清算しなければならない（現金の準備ができないのであれば当該交換契約は断念するべきである）とすることは，——利益相

---

(21)　福永・前掲注(3)109頁。
(22)　石田・前掲注(15)39-40頁。もっとも，石田評釈では，こうした要素からは，後見人についても親権者と同様の判断をするべきであり，本判決の射程が後見人にも及ぶように見えると指摘しつつも〔40頁〕，結論としては，前述（前掲注15, 16, 18）したような理由からこれを否定し，後見人についてはより厳格に濫用の判断を行うべきだとし，さらに，親権者について代理権の濫用が認められる範囲を後見人に近づける運用をするべきと主張する〔48頁〕。本稿も，結論としては石田評釈を支持したいが，後見人と親権者とで別異の判断をするべきとの判断を挟んだ上で親権者についての判断方法を後見人に近づけるとするものではなく，後見人と親権者は元々，同じような裁量の範囲，代理権濫用の成立の判断をするべきとの前提に立った上で，具体的妥当性をどう図っていくかを再検討するという立場である。
(23)　仙台高判昭和25・7・24家月5巻4号63頁。紹介するものとして道垣内弘人「最判平成4年判批」民商法雑誌108巻6号（1993年）911頁〔924頁〕。

反行為のように家裁による特別代理人の選任や後見監督人の同意によって制約を免れる方法がないことも考え合わせると——未成年者の福祉という観点からは過度な制約というべきであろう。

また，例えば，十分な成果が出るか確実なことがいえない——冒険ないし「放浪」に近いような——留学を認めるべきかというケースを考えてみると，「経済的利益」のみから判断されるべきものではないといえそうである。それだけでなく，「特段の事情がない限り代理権濫用には当たらない」という原則にしておかなければ，親権者・後見人に萎縮的効果を生じさせる——結局，経済的利益だけを基準とした「無難な」判断が行われる——ことにもなるだろう[24]。

このように考えると，未成年者の身上監護・財産管理をしている者が，親権者であるか後見人であるかによって，こうした法定代理人の行為が濫用として無効とされる範囲（言い換えれば未成年者にとって実現されうる行動の範囲）は変えるべきではない。

IV 最判平成4年の再検討

1 評釈における評価

後見人と親権者とで代理権濫用に該当するか否かの判断基準を変えるべきではないとして，親権者について最判平成4年で示された2つのルールをどのように評価するべきだろうか。まずは，本件をめぐる評釈の中で，最高裁の示した判断基準に対してどのような評価が向けられているかをみていくことにする。

最判平成4年の判示に対して，法定代理権の濫用の場合に，本稿でいう「特段の事情ルール」を立てることで，任意代理・機関代理の場合より代理権濫用が認められる場合を限定し，本人（子）の保護を制限しているという点で大いに疑問であるとするのが福永評釈である。疑問の根拠としては，法定代理では本人は代理人に対して関与することができず，代理人による濫用という危険をコントロールできないことや，法定代理の場合には，代理人の義務が明確であり，法律や制度の目的が明確で，相手方からも認識しやすいことが挙げられている[25]。

---

(24) 成年後見において，財産保全を重視するあまり，趣味や楽しみのために預金を取り崩すことができないといった過度にパターナリスティックな介入が問題視されたり，「愚行権」の保障といったことが論じられたりするが，未成年後見においても同様の問題は生じうると考えられる。

(25) 福永・前掲注(3)107-110頁。

法定代理においては任意代理とは異なり本人が代理人の選任に関わることはできないとの根拠から，自己または本人保護を優先し，代理権濫用にあたる場合を広くとらえるべきとする見解は少なくない[26]。もっとも，これらの見解は，子の福祉（本人保護）と第三者保護（取引保護）のどちらを優先するかという観点で問題をとらえた上で，法定代理については，任意代理・機関代理の場合より本人保護を優先するべきであるという，一般論——その一般論自体は正しいものとは思うが——を確認するにとどまると言わざるを得ない。その点では，最判平成4年の判示を前提に，「特段の事情」の解釈・運用の仕方次第では，子の福祉（本人保護）と第三者保護（取引保護）のバランスを図ることができる，むしろ重要なのはそのバランスの取り方についての詳細を詰めるべきだという指摘[27]と方向性が大きく異なるとは評価し難い。

どのような基準で本人保護を優先するのかという具体的な基準についても，例えば本人（子）の利益としては経済的利益のみに限定して考えるべき（経済的利益非限定ルールの否定）という主張にまで掘り下げられているわけではない。

最判平成4年の示した判断基準（そのうち経済的利益非限定ルール）に対して，真正面から批判をぶつけるのが辻正美評釈である[28]。そこでは，「本判決の立場とは反対に，親権者が子の不動産を第三者の債務の担保に供する行為は，その不利益を補うに足る十分な措置が講じられていない限り，それだけで代理権の濫用に当たるものというべき」などと主張される。もっとも，辻評釈においても，「代理権濫用にあたる」との結論をとることについてはやや迷いがみられる。すなわち，本件は（財産の横領のようなケースと異なり），「代理人が本人を裏切って自己の利益を図ったという印象に乏しい」「おそらくAは，本件根抵当権の設定後も，以前と変わらぬ愛情をもってXを養育し，立派に成人させたことであろう。そのAに権限濫用の汚名を被せることには，正直言って，強いためらいを禁じ得ない」と述べている[29]。そして，本件におけるAの代理行為の有効性ついては，むしろ，亡父の実弟であり，実業家であるCから何かと

---

(26) 宮下修一「代理権の濫用」秋山靖浩ほか編『債権法改正と判例の行方——新しい民法における判例の意義の検証』（日本評論社，2021年）13頁〔23頁〕，中舎寛樹『民法総則〔第2版〕』（日本評論社，2018年）319-320頁。

(27) 米倉・前掲注(4)418頁。

(28) 辻正美「最判平成4年判評」私法判例リマークス8号（1994年）14頁〔17頁〕。

(29) 辻・前掲注(28)17頁。直前では，利益相反との関係であるが，「親が窮地に陥っている場合に，子が自分の財産を担保に供して，その恩義に報いることは，むしろ人倫の命ずるところ」という指摘もあり，経済的利益だけでなく家族間の道徳に対する配慮もにじむ。

世話になっていた母Ａが，Ｃの強い要請を断ることができず，それに応じざるを得なかったという点に根拠を求める（英米法の Undue Influence の法理が参考になるとする）べきことを示唆している。

このようにみてくると，最判平成4年とその具体的結論をめぐる問題点は，親権者（を含む法定代理人）の裁量の広さを承認するかとか，経済的利益非限定ルールは適切かといった点にあるのではないように思われる。むしろ，最判平成4年が示したように，代理権濫用の成立範囲は狭められることは前提としつつも，それでも適切な場面ではなお代理権濫用の法理によって子の利益を守るべきところ，「特段の事情」の内容が曖昧であり，さらに「経済的利益に限定されない」という基準に歯止めがきかないことがあいまって，代理権濫用の成立範囲が極端に狭く解され，十分に機能しなくなってしまうのではないか（現にそうなっているのではないか）という点にあるものと分析される。

2 立法論としての提案

こうした問題に対しては，今後の判例の蓄積への期待も示しつつ，立法による対応が必要と指摘するものがある[30]。

立法論については，すでに，利益相反行為をめぐるものであるが，当時の商法265条（現行会社法356条）のような規定を設けることを提案するものがある[31]。これに倣って考えれば，取締役会設置会社において重要な財産の処分や多額の借財などの重要な業務執行の決定を取締役に委任することができず取締役会の専決事項とする会社法362条4項（同様の規定は一般社団法人及び一般財団法人に関する法律90条4項にも存在する）を参考に，さらにそこに担保設定行為を含む無償行為を加えて，複数の後見人による決定（職業後見人であることを要件とすることも考えられる），後見監督人の同意，または家庭裁判所による特別代理人の選任もしくは行為の承認を要求するような立法論が考えられる。

外国法に目を向ければ，ドイツ民法[32]において，親権者および後見人は子の財産を贈与することが――徳義上の義務または儀礼上のものを除いて――禁

---

(30) 米倉・前掲注(4)419頁。ただし，詳細は述べられていない。
(31) 沖野眞已「民法826条（親権者の利益相反行為）」広中俊雄＝星野英一編『民法典の百年Ⅳ』（有斐閣，1998年）103頁〔161頁〕。
(32) ドイツ民法（第4編親族）の条文の日本語訳については，法務資料468号（2022年）を参照。なおドイツにおいては後見 Vormundschaft の語は未成年後見についてのみ用いられ，日本でいう成年後見は Rechtliche Betreuung＝法的世話という語が用いられる。

じられ（1641条，1798条3項），後見人の場合には1799条が準用する1848条から1853条および1854条1号から7号に該当する行為をするためには，家族裁判所の許可を要するとされていることが注目される。

3 解釈論としての解決？

　もっとも，立法の実現には時間もかかるし，適切な類型を抽出できるか，さらに規定をアップデートし続けることができるかという課題もある。解釈論的に問題を解決する方向性はないだろうか。

　これについては，「特段の事情ルール」を前提にしても，そこでどのような事情が判断に影響を与えるか，そしてその事情の立証負担をどのように分配するかを検討することで，子の利益の保護に配慮した判断をすることが，なお可能であると考えられる。実際，差戻控訴審における判断理由を見ても，一方で，本件の根抵当権設定行為によって子が不利益を被る危険性があったことが指摘されたうえで，他方で，種々の事情から親権者が「過去の尽力に対する恩義の思いやXが将来において訴外Cから何らかの世話をうける可能性について配慮したとしても，一概に不当とはいえない」として，代理権の濫用に当たることを否定している。そこでは，「特段の事情」をめぐって本人と相手方の双方の事情を細かく認定していることが見てとれる。

　親権者について代理権濫用の成立を認めるためには，代理権濫用の成立を主張する側（本人＝子）において「法の趣旨に著しく反すると認められる特段の事情」の存在を主張・立証することが必要であると理解されており[33]，この立証責任の分配自体は，確かにその通りだと考えられる。しかし，例えば，本件のような担保設定行為や，より広く無償行為については，法の趣旨に著しく反することについての事実上の推定がはたらくと解したり，「特段の事情」を評価的要件と見た上で，担保設定行為や無償行為は評価根拠事実にあたり，相手方に評価障害事実を証明させたりするという構成も考えられるだろう。

　もっとも，こうした構成は，「裁判になってみないとわからない」ことにもなりかねず，相手方にリスクを生じさせるものであり，未成年者との取引に応じることについて萎縮的効果を生じさせるだろう。そのこと自体が未成年者の利益の保護のために都合が良いと受け止める向きもあるかもしれないが，未成年者にとっては（経済的利益はないかもしれないが，それでも）必要な取引を行

---

[33]　田中・前掲注(12)516-517頁。

う機会が失われることになるかもしれず，結局のところ「法定代理人に広範な裁量を与える」という趣旨に反することにもなりかねない。このように考えると，無償行為や重要な財産をめぐる取引については，未成年者の利益を保護するために，取引の前に慎重な手続をおくにとどめ（中立性が確保されることが前提だが後見監督人や特別代理人の判断を前提にするとか，家庭裁判所による許可を要件にするなど），基本的にはそこでの判断を尊重することが，適切な解決であるように思われる。

［追記］　脱稿後の令和6(2024)年5月，民法等の一部を改正する法律（法律33号）が成立し，公布された。これにより，親の責務等について定める民法817条の12が新設されるとともに，親権について定める818条も，1項の文言が「親権は……その子の利益のために行使しなければならない」と改められ，親権者の責任がさらに強調されている。

15 里親の養育権に関する比較法的考察

鈴 木 博 人

Ⅰ　問題の所在と整理
Ⅱ　ドイツ法の里親養育（養育家庭）・養育人の法的地位
Ⅲ　日本法の検討
Ⅳ　結　　語

Ⅰ　問題の所在と整理

　近代市民社会の基本法は民法であり，近代国家の基本法は憲法である。民法も国家制定法ではあるが，私的所有権尊重（あるいは絶対），契約自由（私的自治），過失責任主義（自己責任の原則）という民法の基本原則は国家法の枠を超えて，各国の民法に共通する原則である。市民社会の構成員は市民と言い，国家構成員としては国民と言われる。国民と国民から選出された代表者（代理人）が構成する政治権力との社会契約である憲法と市民相互間の関係を定める民法は前者が公法，後者が私法の基本に位置づけられる。民法（私法）の世界では，独立・平等・自由な法的人格者である人が話合い（私的自治）により物事を進めていき，そこには，原則として国家が介入してくることはない。こうした性格をもつ民法は，市民社会の構造を反映したものになっている。家族法[1]は関係法規範と関係法規範に基づき一定の私法上の身分関係をもつことにより発生する法律効果を規定する規範から成り立っている。家族法上の本質的な法律効果は，当該の身分関係にある人同士の私法上の保護（この意味では私

---

(1)　日本では，「家族法」という語で民法典の親族編と相続編の双方を包括して述べている場合と，親族編のみを指している場合とがある。比較法的にみると，どの国でも「家族法」は日本民法でいう親族編のみを意味し，相続編にあたる領域は「相続法」とする用語法になっている。家族法の原理と相続法の原理は異なっており，また民法典の体系（日本法はパンデクテンシステムを採用している）の中で，家族法と相続法はそれぞれ独自に位置づけられる。本稿では，日本民法の編名では親族編に該当する部分を家族法と称する。

第1部　第3章　親子・親権・未成年後見・里親

的保護）に関する権利と義務から構成されている。この権利と義務は相互的なものもあれば，一方当事者は権利のみをもち，他方当事者は義務のみをもつ一方的・片務的なものもある。

　未成年の子と親との関係でいえば，親が子に対して片務的に義務を負うのが親権である。親権は，生物学的・遺伝的親子関係が存在するから当該の親子間に設定されるのではなく，一定の要件を満たしている者と未成年者との間に設定されている。この一定の要件を満たしてはいないけれども，実際には当該の子を日々養育している人も数多くいる。子の実父母はいるが，祖父母や実父母の兄弟姉妹（子にとってのおじやおば）が子を養育している場合，実父母が離婚・死別した後，子を膝下に置いて養育している親が，子連れ再婚（再再婚以上の回数を重ねた婚姻もありうる）をし，再婚相手と子は養子縁組をしていない（法的な親子関係は存在しない）けれども，再婚相手が日々子の監護養育に携わっている場合等々，様々な形で法定保護者でない者により事実上の子の養育が行われている[2]。これらは私人相互間で行われているものであり，関係法の上では現れてこない事実上の親子関係である。

　上に一定の要件を満たしている者が親権者になると記したが，実親（生みの親）でない者（育ての親）が，その膝下に子どもを置いて養育する私法上の制度として養子縁組がある。日本法の養子制度は，養子縁組により養子となる子は養親の嫡出子としての身分を取得するものである（民法809条）。厳密に言うと，日本法の養子縁組は，単純に法律上の親子関係を発生させるといったものではない。もちろん，養子縁組によって法律上の親子関係が発生するということが，とりわけ特別養子縁組の場合には多いと言えるだろうが，すでに法的な親子関係が存在する場合にも，非嫡出子を養子にするときには，実親が自分の非嫡の子を養子縁組することができるし，また，連れ子養子縁組を行う場合には，非嫡の子の実親も養子縁組しなければならない（民法798条ただし書，817条の3第2項ただし書）。そして，普通養子縁組での連れ子養子縁組の件数も相当数[3]あると考えられる。いずれにせよ養子制度が私法上の身分関係を

---

(2)　婚姻により氏を改めた夫または妻は，離婚に伴い婚姻前の氏に復する（767条）。婚姻前の氏に復した方の親が子を養育している場合に，その養育親が再婚し，その親と再婚相手の戸籍に子を入籍するときには，子の氏を変更する審判を経て，入籍届を提出する。この場合，実親の再婚相手と子は同籍者であるが，法律上の親子関係が発生するわけではない。

(3)　連れ子養子縁組に関する統計は日本ではとられていない。統計がとられていないということは，連れ子養子縁組をめぐる問題が問題として認識されていないか，問題とし

発生させるということの意味は、養子の嫡出性を発生させるというのが現行法上の法的意義、法律効果である。

他方、日本法では、日常的な子の監護養育を私人に委ねることが、公法・行政法である児童福祉法（以下、児福法と記す）上の制度としても行われている。それが里親制度（里親里子関係）[4]である。私人間の関係としての事実上の養育[5]も里親養育も、親権者でない養育者が子の監護・養育を行っているという形態は同じである。異なるのは、私人間関係での子の養育をめぐる関係当事者は、親権者と養育者であり、これに対して里親制度における子の養育についての関係当事者は、都道府県知事（実務を執り行うのは児童相談所長、以下、児相長と記す）と里親（養育者）であるという点である。関係者という点では、親権者である実親も関係者であるが、法的には実親と都道府県知事との関係が存在するのみである。つまり、里親制度の下では、実親と都道府県知事・都道府県知事と里親という二段の関係が存在していることになる。

里親制度にあっては、里親と里子との間に私法上の身分関係は発生せず、要保護の子の養育に特化したものであるともいわれる。里親制度は、福祉法・行政法上の制度として、児福法6条の4と27条1項3号に規定されている。児福法6条の4は定義規定で、里親とは、養育里親名簿に登録されたもの、養子縁組里親名簿に登録されたもの、27条1項3号に基づき児童を委託する者として適当と認めるものをいうとする。そして27条1項3号は、里親への委託は、都道府県の措置であるとする。概略このような内容の里親制度において、里親と里子の間には、関係法としての家族法上の身分関係は発生しない。他方で、特定の大人である養育者＝里親は、子の日常の世話、とりわけ身上監護に

ては認識されているにもかかわらず無視されているかのいずれかであろう。1982年と2010年に行われた養子縁組に関する限定的な調査結果から推計すると、日本の連れ子養子縁組の件数は、年間3万件から5万件強になると考えられる。詳しくは、鈴木博人「養子制度における連れ子養子縁組の位置づけ」鈴木・横田光平編著『子ども虐待の克服をめざして——吉田恒雄先生古稀記念論文集』（尚学社、2022年）14頁参照。

(4) 本稿では、里親制度、里親、里子といった術語を用いている。外国法について日本に紹介される場合、養子縁組によらない個別養育を「里親」「里子」と称していることが多いが、これをもってして日本の「里親」「里子」と同じ内容であると解してしまうと議論を誤った方向に導いてしまうことには注意すべきである。

(5) 私人間の子の事実上の養育は、私的里親と言われることもある。里親制度が制度として存在しつつ、つまり要養護児童の社会的養護のための制度を里親制度と称している一方で、社会的養護の対象になっていない私人間の事実上の子の養育を私的「里親」と称するのは、術語の使用法としては奇異である。私人間の事実上の子の養育は、私法上、養育委託契約として把握されているので、用語法としても私人間の事実上の子の養育、または養育委託契約が用いられるべきであり、本稿ではいずれかの用語を使う。

属する面倒を見ている。また，子にとって施設養育より里親養育が望ましいのは，原則として特定の養育者が勤務時間により交代することなく，特定の大人との信頼関係を構築できるからである。ここでいう信頼関係とは親子同様の関係と解していいのかが問題になる。というのは，親権者である実親は別に存在するので，その親権者が子を他者と養子縁組させると言わない限り（そして，その場合には里親制度によるのではなく，養子縁組という法制度によることになる），ゆくゆくは実親の下への子の帰還が目指される。そうすると，里親と里子との間で親子同様の関係が構築されてしまうと実親の下への里子の復帰に支障が生じることになりかねない。また，実際にそうなったときには当該の子は，実親の下に戻った方がいいのか，里親の下に留まった方がいいのかという問題が生じる。あるいはそのような問題を発生させないためには，里親による里子の養育は，親密な信頼関係ではあっても親子同様の関係を構築させないように配慮して行う必要があるということになるのだろうか。また，里親家庭にいる子と実親との関係を維持するためには，そのための方策が制度的に講じられる必要があるのだろうか。

　さらに，制度としての里親は子とは私法上の関係を持っていない公法上の存在であるのに対して，親権者たる実親は私法上の子の監護養育権者である。関係法としての家族法の上では，法的親子関係は存在しない里親による子の監護養育は，私法と公法の狭間にある，あるいは公法・私法双方に関わるものである。そして上述のように，里親制度は里子を実親の下に戻すことを目指すものなのである。

　以上のような構造・関係性をもつ里親制度の下で，わが国では，近年里親が都道府県・児相の里親委託の解除措置を争う訴訟が頻発と評していいほど提起されている。後述するように，里親側が勝訴した事例は存在せず，また，現行システムの下では里親側が勝訴する可能性はきわめて低いにもかかわらずにである[6]。里親側からは，児相の措置・判断は不当措置であるという声が聞こえ

---

(6)　里親が都県・児相を相手に係争中の事例についての報道としては，2024年3月末までの時点で以下のものがある（複数の報道機関で報道されているが，ここで挙げる各報道記事は2024年3月26日最終確認）。
　①　沖縄県里親委託解除損害賠償請求ケース
　　2022年1月4日に生後2カ月から5年半養育した女児が一時保護され，1月5日に措置解除された事例。その後，女児は別の里親に委託。沖縄県の調査報告書を情報公開請求により入手した琉球新報の報道（沖縄〈里親解除　調査報告書を読み解く〉(上)(中)(下)(番外編)）が，報道としては詳しい。
　　(上) 琉球新報2023年4月11日 https://ryukyushimpo.jp/news/entry-1692712.html

てくる。他面，里子の委託措置を解除されないように，あるいは里親自身の養育が不適切であると言われないように，児相や里親支援専門相談員に里子の子育てについての悩みを相談できない，もしくは相談員や担当児童福祉司に何を話したらいいのかわからないというような話も屡聞する。

　このような社会的状況を踏まえて，本稿では，ドイツ法を比較法の対象としながら，日本の里親制度における里親の法的地位を検討する。日本の里親制度の「里親」という用語が比較法的な用語として世界的に通有性をもつかは疑問である。にもかかわらずドイツ法を比較法の対象とするのは次の理由による。①実親＝親権者（ドイツ法では1980年1月1日より親の配慮権者）ではない子の養育者（日本・里親，ドイツ・養育人）が私人（例えば，公務員ではない）であること。②この私人は私法（民法）上の親権者・親の配慮権者でないこと。③法制度上，私法（民法）と公法（日本・児福法，ドイツ・児童ならびに少年援助法）という二つの法領域にまたがる子ども保護法制になっていること。④①〜③の類似性を有しながら，法制度上の法律構成が全く異なっていること（日本・措置制度，ドイツ・契約構成）。⑤ドイツでは基本法上の問題として養育人の法的地位が論じられており，実親の親としての権利（基本法上の権利であり，民法上の親の配慮権とは異なる）との関連が自覚的に論じられていること。⑥実親の権利，子の福祉，里親の権利という三当事者の関係が，家族関係への法的介入

　（中）琉球新報 2023年4月12日 https://ryukyushimpo.jp/news/entry-1693381.html
　（下）琉球新報 2023年4月14日 https://ryukyushimpo.jp/news/entry-1694471.html
　（番外編）琉球新報 2023年4月18日 https://ryukyushimpo.jp/news/entry-1696562.html
　調査委員会が，中間報告で「児相の機能不全を指摘した一方，里親制度を改善していくため，子どもの気持ちだけでなく，里親の声も聞いてその権利を尊重する「里親アドボカシー」の導入など，六つの改善策を提言した」報道として，琉球新報 2022年6月11日　https://ryukyushimpo.jp/news/entry-1531793.html
　この報道によると，・必ず子どもの意向を聞く，・本庁と児相の幹部による専門的知見の習得，・組織が担当職員を支える環境づくり，・実親支援と実親の環境調整，・里親支援制度の導入が挙げられている。
②　栃木里親委託解除損害賠償請求事件
　約1年8ヵ月にわたり養育した小学校1年の里子の里親委託を児相が一方的に解除したのは違法だとする。
　朝日新聞栃木版 2024年3月7日　https://digital.asahi.com/articles/ASS366TP3S34UUHB005.html?iref=pc_national_tochigi_list_n
　下野新聞 2024年3月7日　https://www.shimotsuke.co.jp/articles/-/865351
　ここで挙げた係争中の事件を除く裁判例については，鈴木博人『親子福祉法の比較法的研究Ⅱ──里親の法的地位に関する日独比較研究』（中央大学出版部，2024年）第Ⅲ章で詳述している。

という観点から比例原則も考慮に入れながら整理されていること。

さらに，ドイツ法では現に子の監護養育に関わる者がどのような法的根拠をもっているのかということが立法によって裏付けられてきているという流れの存在がある。以上のような視点から日本の里親制度の検討を試みる本稿は，現にある制度をどのように法律構成し解釈するかを検討するものではなく，制度の在り方自体の再構成の必要性の有無を検討するものである。

II　ドイツ法の里親養育（養育家庭）・養育人の法的地位

ドイツ法でいう Pflegekindschaft（育ての親子関係），Pflegeeltern（育ての親・養育親），Pflegekind（育ての子），Pflegefamilie（養育家庭），Vollzeitpflege（昼夜を通しての養育・全日養育）が，日本では里親里子関係，里親制度，里親，里子と訳されていることが多い。養育親と育ての子との間には民法上の身分関係は発生しないので，養育親が親の配慮権者になるわけではない。それでは，養育親がどのような権限で育ての子を養育しているのかというと，その権限の淵源は実親がもつ親の配慮権である。この配慮権の一部の委譲を受けて，その配慮権の一部を行使するという法律構成になっている。この配慮権の一部委譲は，親が自らの意思に基づいて行うものである。親は，配慮権の委譲をいつでも取り消すことができる。子の養育に関わる第三者は，親からの配慮権の委譲があって初めて子について委譲された部分の配慮権を行使できる。別の言い方をすると，第三者として子の養育を行う養育人は，必要な子の配慮に関する行為については，親の同意を得る必要があるということである。いちいち個別の子の配慮事項について親の同意を得るということは煩わしいとか，手間がかかるといった発想は見られない。

1　基本法（憲法）上の実親・養育親（里親）・子の関係

実親が子を養育し，子は実親の下で成長することが，ドイツでは子の最善の利益に結びついているとされ，法的な出発点にされている。この背景には，ナチ政権下での家族への国家介入という経験から，家族のプライバシー保護が特に優先されたという事情も存在する[7]。実親による子の監護教育が基本に据え

---

(7) Schweibe,K., Schuler-Harms,M., Wapler,S., Fegert,J.M., Wissenschaftlicher Beirat für Familienfragen beim Bundesministerium für Familie, Senioren, Frauen und Jugend：Pflegefamilien als soziale Familien, ihre rechtliche Anerkennung und akutuelle Herausforderungen, 2016, S.12.

られているとしても，当該の親が子を養育できない，あるいは，養育意思をもたないという事例が存在する。こうした場合，養子縁組という法的手段が民法（私法）上の方法としては考えられる。しかし，子を養子として養親に委ねるという決心は，親にとって難しいことが珍しくない。また一時的な障害（例えば，今は子を育てられないというような）に直面しているという場合には，養子縁組は不適当である[8]。こうしたときに利用できるのが，養育家庭に子を預けて，子の養育を養育人・育ての親に委ねるということである。社会法・行政法である児童および少年援助法（Kinder- und Jugendhilfegesetz, 以下ではKJHGと記す）も，そのような立場にある親が権利として利用できる教育援助（Hilfe zur Erziehung）の一つとして昼夜を通した養育（Vollzeitpflege, 里親と邦訳もされる。以下では，煩を避けるために里親養育と記す。）を制度として設けている（KJHG33条）[9]。

---

(8) Schwab,D., Famlienrecht, 31.Aufl., C.H.Beck, 2023, S.378, Rn.860.
(9) 教育援助の基本規定はKJHG27条である。同条に基づく教育援助のうち，昼夜を通じた家庭養育（里親養育）を規定するのがKJHG33条である。
　KJHG27条：(1)身上配慮権者は，児童もしくは少年の教育を行うにあたり，その福祉に合致する教育が保障されず，かつ援助がその発達に適切かつ必要であるときは，援助（教育援助）を請求する権利を有する。(2)教育援助は，とくに第28条から第35条までの定めにしたがって行われる。援助の種類と範囲は，個別事例における教育上の必要にしがたう。その際，児童もしくは少年の身近な社会環境が考慮されるものとする。異なる援助方法は，それが児童もしくは少年教育上の必要に合致する場合には，相互に組み合わせることができる。(2a)父母の住居の外で児童もしくは少年の教育が必要である場合，他の扶養義務者がその任務を引き受ける用意があることをもって，教育援助請求権は消滅しない。この場合，教育援助の実施は，その者が第36条ならびに第37条にしたがい公的少年援助の主体と協力して援助の必要を充足する用意があり，かつそれに適していることを前提にする。(3)教育援助は，とくに教育学的給付およびそれと結びついた治療的給付を含む。必要な場合には，教育援助は，職業教育および就労措置を含むものとし，かつ，本編の別の給付と組み合わせることができる。教育上の必要性から学校や大学で必要とされる指導や付き添いは，個別事例で児童もしくは少年の必要にかなうものであれば，グループ提供として児童もしくは少年に提供することができる。(4)児童もしくは少年が，施設もしくは養育家庭に滞在中に自身が子の母になるときは，教育援助は，子の養育および教育についての支援も含む。
　KJHG第33条：里親養育という形での教育援助は，児童もしくは少年の年齢と発達状態，個人的な繋がり，ならびに出生家庭での教育条件の改善の可能性に応じて，期間を定めた教育援助もしくは永続的に設定された生活形態を提供するものとする。特に発達が妨げられている児童もしくは少年に対しては，適切な形での家庭養育が行われかつ強化されなければならない。
　KJHGの邦訳は，岩志和一郎・鈴木博人・髙橋由紀子共訳「ドイツ社会法典第8編「児童ならびに少年援助」全訳」『子の権利保護のためのシステムの研究――実体親権法と児童福祉法制の連動のあり方』平成17年度‐18年度科学研究費補助金（基盤研究(C)一般）研究成果報告書（研究代表者　岩志和一郎）2007年25頁に依拠し，改正，新設

第1部　第3章　親子・親権・未成年後見・里親

　里親養育での登場人物は，実親，里親（養育人・養育親），子の三者である。「何人も他人の権利を侵害せず，かつ合憲的秩序又は人倫法則に反しない限りにおいて，自己の人格を自由に発展させる権利を有する」と規定する基本法2条1項が，子どもの人格の自由な発達を国家が保障する基本規定である[10]。ただし，子どもの人格の自由な発達は，基本法6条2項（「子どもの保護及び教育は，親の自然の権利であり，まずもって親に課せられた義務である。この義務の遂行については，国家共同体がこれを監視する」）第1文により，第一次的には（両）親に義務として委ねられている[11]。親に子どもの保護・教育の権利が委ねられているのは，「原則として，親が他のいかなる人や機関よりも子の最善の利益を念頭に置いているという基本的な考え方に基づいている」からだとされる[12]。基本法2条1項，6条2項1文が規定する関係は，親－子－国家の三者間の関係である。この三者関係においては，国家は，一方では，親がその養育および教育責任をそもそも果たすことができるように保証し，かつ実際にも監視人として責任を果たすことを保証しなければならず，他方では親が子の福祉に資するやり方でその義務を果たすことを保証しなければならない。子どもは基本法2条1項と6条2項1文の両方の権利をもつのである[13]。

　基本法6条2項2文との関係では，既述のように，親が子を養育できない，または養育の意思がないときに，国家は親子関係に支援的に介入し，里親養育という形での教育援助を制度として用意しており，国家の責任として用意しなくてはならない[14]。国家が親による子の養育の仕方に，基本法6条2項2文の義務にしたがい介入し，子の最善の利益，子の福祉を子に対して保証している。

　里親養育が開始されると，実親－子－里親（養育人）の三者関係が発生する。親の配慮権が，実親と里親（養育人）との間で分配されるのかという問題が発生する。すなわち，私法上の身分関係は実親と子との間に存在し，里親（養育

　　　された部分については筆者が仮訳したものである。
(10)　基本法の邦訳は，高橋和之編『新版　世界憲法集』（岩波書店，2007年）「ドイツ」（石川健治訳）による。
(11)　Britz, G., Pflegekindverhältnisse zwischen zeitlicher Befristung und dauerhafter Lebensperspektive aus Sicht des Bundesverfassungsgerichts, in: Coester-Waltjen, D., Lipp, V., Schumann, E., Veit, B., (Hrsg.), Das Pflegekindverhältnis – zeitlich befristete oder dauerhafte Lebensperspektive für Kinder? 12. Göttinger Workshop zum Familienrecht 2013, Band 15 in der Reihe „Göttinger Juristische Schriften" im Universitätsverlag Göttingen 2014, S.13f.
(12)　BVerfGE 59,360,376f.
(13)　Britz, a.a.O.(注11), S.14.
(14)　Britz, a.a.O.(注11), S.14.

人・育ての親）と子との間には存在しない。前者は民法（私法）の規律領域であり，後者はKJHGという社会法・行政法の規律領域に属する。上述のように，里親養育が行われるということは，親の権利（基本法上の権利であり，民法の親の配慮権の上位概念となる親としての権利である）への国家の支援的介入である。この里親養育が行われていく中で，子と里親（養育人）との間に親子としての結びつき・絆が生じるに至ったとき，この結びつき関係は，子の福祉にとって（基本法上は2条の人格発達の権利として），国家による法的保護の対象にならないのか。法的保護の対象となるとしたら，実親にとっては，親としての権利への権利制限的介入になることはないのだろうか。

この問題を考える前提として，ドイツ法における里親養育の仕組みを見てみよう。

2　ドイツ法上の里親養育の仕組み[15]

(1)　里親養育の開始

ドイツ法では，養育親（＝養育人）は，公的援助（公法・行政法）と私的な生活形態（民法）の間に位置付けられている[16]。そして，公的援助と私的な生活形態という法的には異なる要素を法的に自覚的に把握して，両要素がそれぞれ服しているはずの法領域の原則にしたがった法規整を，KJHGと民法に置いている。

KJHGでは，教育援助（27条）制度により，親が子の教育について必要があるとき，親の教育を補ったり，支援したり，必要ならば親に代替する援助が提供されている。これは，社会福祉サービスの一つの特別なカテゴリーを構成し

---

(15)　本節は，鈴木・前掲注(6)第V章での制度紹介を元にして，本稿の目的に合わせて加筆，変更を加えたものである。

(16)　Wiesner,S./Wapler,F (Hrsg.), SGB Ⅷ　Kinder- und Jugendhilfe Kommentar, 6.Aufl., 2022, Beck, S.574（Wapler）.; Küfner,M./Schönecker,L., Rechtliche Grundlagen und Formen der Vollzeitpflege, in: Kindler,H., Helming, E., Meysen,T., Jurczyk,K. (Hrsg.), Handbuch Pflegekinderhilfe. München, Deutsches Jugendinstitut e.V., S.49.

　ドイツの里親制度全体の概要を解説したものとして，高橋由紀子「ドイツの里親制度(I)少年援助法制の展開と社会の変化とともに」湯沢雍彦編著『里親制度の国際比較』（ミネルヴァ書房，2004年）88頁，部分的な解説をしたものとして鈴木博人「他児養育制度としての里親制度の特色――養子制度との比較も視野に入れて」『親子福祉法の比較法的研究Ⅰ――養子法の研究』（中央大学出版部，2014年）299頁，特に315頁，「ドイツにおける里親委託の法的構造」同書349頁。床谷文雄「社会的養護（施設・里親）と親権・監護権」二宮周平編集代表『現代家族法講座　第3巻　親子』（日本評論社，2021年）303頁，特に331頁。

ている[17]。具体的な教育援助の形は、個別に KJHG28 条から 35 条に規定されている。教育相談、ソーシャルグループワーク、教育補佐人・世話援助者、社会教育学的家族援助、デイグループでの教育、里親養育、施設（ホーム）での教育・その他世話を受ける居住形態、集中的な社会教育学的な個別の世話である。これらの教育援助を請求する権利を配慮権者が有するという構造になっている。

すでに記したように里親養育に関する規定は KJHG33 条である。里親養育は、昼夜を通して親の家庭——出生家庭——以外の場所で教育援助が行われる。この教育援助が行われるのは親による子の養育に故障があり、かつ子の福祉のためには親と離れて生活することが必要な場合である。この場合教育援助は、親の教育をする資格・能力の改善もしくは回復を目ざす。そのために親は一時的に親の任務から解放され、その間に教育資格・能力の改善が目ざされる。これが、教育援助の親への援助の側面である。他方で、子に対しては、親の家庭に戻って、再びそこで教育が行われるようになるほど親の家庭の生活環境が改善するまで、養育家庭で子の福祉に合致した教育を受けられるというのが、子への援助の側面である[18]。親の家庭への復帰優先は、KJHG37 条1 項2 文および3 文に規定されている[19]。

教育援助として適切かつ必要な援助（KJHG27 条1 項）が里親養育である場合、公的少年援助の主体（少年局）は、その責任において養育人（里親）の適性を審査し、審査を通った養育人に、少年局の斡旋によって里親養育（昼夜を通じた全日養育）が委ねられるに至る。ただし、里親養育の委託は少年局から直接養育人に委託されるわけではない。以下でみるように、KJHG 36 条による援助計画策定のプロセスを経なければならない。

KJHG36 条は、公的少年援助の主体（少年局）に次のことを義務づけてい

---

(17) Wiesner/Wapler, a.a.O.（注16）, S.519, §27 Rn.1（Wapler）.
(18) Wiesner/Wapler, a.a.O.（注16）, S.568, §33 Rn.1（Wapler）.
(19) KJHG37 条1 項：32 条ないし 35a 条2 項3 号および4 号の援助が実施される場合、親は、助言及び支援ならびに児童との関係の促進を求める権利を有する。助言および支援によって、出生家庭における発達、参加または教育条件が、児童または少年の発達を顧慮して是認できる期間内に、出生家庭が児童または少年をみずから教育できる程度に改善されるものとする。前文の期間内に出生家庭での発達、参加または教育条件の持続的改善が達成できないときは、親の助言および支援ならびに児童と親の関係の促進は、児童または少年の福祉を促進しかつ永続的に構想された、別の生活設計の策定と確保に寄与する。

る[20]。
- (a) 給付請求に関する決定前に給付の名宛人（受給者）に助言すること，
- (b) 長期間の援助の場合，複数の専門家の協力を保障すること，
- (c) 援助計画を立案しかつ続行していくこと，
- (d) 兄弟姉妹関係を考慮すること，
- (e) 他の公的機関，施設，サービスおよび人物を参加させること，
- (f) 統合援助を実施する際には，経験を積んだ医師を参加させること，
- (g) 配慮権をもたない父母の参加を考慮すること，である。

これらの義務を充足することを求める権利を，受給権者（里親養育についていえば，児童・少年（後見人・補充保護人が任命されているときは後見人・補充保護人も），配慮権者たる父母，配慮権をもたない父母）は有する。親の家庭以外の場所に児童・少年が託置される場合，関係者の権利はKJHG37条以下に，援助計画に関しては37c条に具体的に規定されている。

このように関係者が援助計画策定に参加させられねばならないのは，人的な援助にあっては，受給権者が参加することにより，福祉的給付の成功にもつながるからである。したがって，援助計画策定への参加というのは，単なる手続法的な意義をもつだけではなくて，実質的な意義をもつ[21]。また，子どもの権利という視点から付言すると，KJHG36条は，児童・少年を，その発達に応じて自分の公的少年援助の決定に参加させねばならない（KJHG8条）という児童・少年にとっての権利を，援助計画の策定に即して具体的に規定したものである。

父母が援助計画策定のためのあらゆる協力を拒否していても，児童・少年のための援助実施のための基本的な同意があるかどうかを判断する必要がある。この場合，少年局は父母に対して援助方法，援助形態，援助期間について情報を提供するとともに，身上配慮権者の権利についても教示しなくてはならない。そのうえで，少年局は繰り返し身上配慮権を有する父母の協力を得られるように努めなくてはならない[22]。少年局の教示・説得にもかかわらず身上配慮権をもつ父母の援助計画策定への協力が拒絶され，教育援助のプロセスが終結すると，法的段階としてはKJHGの領域を離れて，民法の親の配慮制限という段階に移行する。

- (20) Wiesner/Wapler, a.a.O.(注16), S.747, §36 Rn.9 (Gallep).
- (21) Wiesner/Wapler, a.a.O.(注16), S.747, §36 Rn.9 (Gallep).
- (22) Wiesner/Wapler, a.a.O.(注16), S.750, §36 Rn.15a (Gallep).

KJHG の援助プロセスを断念して民法 1666 条に基づく家庭裁判所の親の配慮権制限判断に移行するかどうかは，管轄する専門的な担当者もしくは必要があればその他の専門家が加わって判断が下されることになるという[23]。

里親養育のための許可という見出しが付されている KJHG44 条は，児童・少年を自己の家庭に昼夜を通じて引き取りたいと考える者を養育人 (Pflegeperson・里親) といい，養育人は許可を得ることを要すると規定する。教育援助を請求するのではなくて，身上配慮権者 (父母もしくはその一方) が自ら養育人に子を託置して養育を依頼する場合が許可を得る必要がある里親養育ということになる[24]。ただし，以下の 6 タイプの養育人は同条の許可を得る必要はないとする (同条 1 項 1-6 号)。1 号は，教育援助 (KJHG27 条) の一つの形態としての里親養育と知的障碍をもつ子の統合援助 (KJHG35a 条 2 項 3 号) としての里親養育を挙げている。1 号が挙げる家庭的形態での養育にあたっては，少年局等が里親の適性審査等を行ったうえで斡旋するので，改めての許可は不要とされている。2 号は後見人もしくは保護人による養育で，後見人 (民法 1779 条) もしくは保護人 (民法 1909 条，1915 条) が委託された子を自分の家庭で引き受けるという場合である。これらの場合は，家庭裁判所が十分に監督でき，義務違反があったときには，適切な命令や禁止によって介入できるからだという[25]。3 号は，3 親等内の血族または姻族による養育は，許可不要としている。3 親等内の血族には，祖父母，曾祖父母，おじ，おば，兄弟姉妹，甥，姪が該当し，それぞれの配偶者が 3 親等内の姻族になる。これらの者が養育許可不要とされているのは次の理由による。すなわち，家族的な教育環境は，可能な限り国家の介入を免れるべきであり，かつ挙げられている血族または姻族の下にいる子は，監督という意味での国家による保護を必要としないからだという[26]。4 号は，8 週間以内の期間であれば，父母または身上配慮権者が子にしかるべき保護を確保するのに十分な影響力を発揮できるので，それにもかかわらず許可の対象にするというのは，親や身上配慮権者の権利に不必要に介入

---

(23) Wiesner/Wapler, a.a.O.(注 16), S.519, §36 Rn.15a (Gallep).
(24) 日本法で類似のものを探すと，児福法 30 条 1 項の同居児童の届出がある。これは許可ではない。
(25) Wiesner/Wapler, a.a.O.(注 16), S.1111, §44 Rn.14 (Wiesner).
(26) Wiesner/Wapler, a.a.O.(注 16), S.1111, §44 Rn.15f. (Wiesner). 本文中の見解には，疑義も提起されている。近い関係にある血族ならば，養育人の責任をもった義務の履行が保障されることになるのかという疑問が存在するという。

しないという比例原則に抵触してしまうからだという[27]。具体例としては夏休みのような学校休暇の時に元里親のところを8週間以内の予定で訪問する場合である。5号（生徒または少年交流の場合）は，例えば，語学学校に通う者がホストファミリーのところへホームステイするような場合である[28]。6号は，養子縁組前養育（試験養育）も里親としての養育許可は不要とされている。これは，養子縁組斡旋機関（原則として少年局）によって，養親としての適性を審査されているからである。以上挙げられている形態以外の昼夜を問わず，子を家庭に引き取って養育するものが里親養育の許可を要するものとなる。そうすると里親養育（Vollzeitpflege）には複数のタイプの家庭養育が含まれているということになる。

(2) 養育人（里親）の私法上の権限

里親養育では，養育人（里親）はどのような権限をもって子を養育しているのであろうか。とりわけ，民法上の親の配慮権との関係はどうなっているのかが重要である。

里親養育の最も中心的な部分は，親の配慮権に関わることを養育人が配慮権者に代わって行うという点にあり，親が身上配慮権を有している限り，その権限を養育人が行使するためには，実親（配慮権者）と養育人（里親）とが私法上の養育契約を締結する必要がある[29]。少年局が資格認定した養育人（里親）を実親にあっせんすることにより，養育契約締結に至る。

養育契約は，KJHG36条の援助計画策定によって援助内容が確定した教育援助の内容を反映したものになる。問題は，養育人（里親）がどのような権限をもって児童・少年を引き受けて養育するのかということである。実親は配慮権を制限されたわけでもないので，引き続き実親が配慮権者である。配慮権問題は，身分権である配慮権に関わることなので，行政法に属する社会法典第8編のKJHGが規律できない領域に属する。配慮権はもたなくても養育人（里親）が判断してよいとされる事項と親の配慮法上何らかの方策が講じられなければ養育人（里親）には対応できない事項が存在する。前者に属するのは，日常生活事項に関する決定権である。この法的根拠は民法1688条1項である[30]。日

---

(27) Wiesner/Wapler, a.a.O.(注16), S.1112, §44 Rn.16 (Wiesner).
(28) Wiesner/Wapler, a.a.O.(注16), S.1113, §44 Rn.16b (Wiesner).
(29) 養育契約のモデルについては，鈴木・前掲注(6)108頁参照。
(30) 民法1688条（養育人の決定権）(1)子が長期間家庭養育で生活しているときには，養育人は，日常生活に関する事項について決定し，ならびに右の事項について親の配慮の保持者を代理する権限を有する。養育人は，子の勤労収入を管理し，ならびに子のた

常生活事項は，児童・少年の発達に決定的・持続的な影響を与えないが，「日常」生起する事項に対応するための判断権限をしっかりと法律に規定しているのである。例えば，衣料品や学用品の購入のための契約，養育人（里親）との休暇旅行，スポーツ団体等への参加，予防接種を除く子の健康上の世話が対象になる[31]。養育人には，子の扶養料請求も認められている。養育人には親の配慮権の一部，いわば「小さな配慮権」[32]が民法により認められており，養育人の法的権限を明確にし，かつその明確化の方向性は，養育人の権限強化を向いている[33]。重要な事項の決定権は，配慮権者（父母）にあるわけだが，父母または養育人の申請によって，家庭裁判所は親の配慮事項を養育人に委譲できるようになっている（民法1630条3項）[34]。配慮権者たる父母も養育人も申請できるが，養育人が申請するときには，父母の同意が必要となる。父母の権限，養育人が権限を有する可能性，父母・養育人のどちらが申し立てたのかという要素を組み合わせ，なおかつ父母の親としての権利を優先するというバランスをとった権利調整条項となっている。

　養育人（里親）の下に子が委託されるときには，以上のように福祉法であるKJHGと身分権たる親の配慮権を規整する民法とが，公法と私法の別という近代法の基本原則にしたがって子の養育をめぐる権利と義務，何が優先されるの

めの扶養料，保険，年金およびその他の社会給付を要求しかつ管理する権限を有する。第1629条1項第4文を準用する。(2)養育人は，社会法典第8編34条，35条および35a条2項3号ならびに4号所定の援助の枠内で子の教育および世話を引き受けた者と同等の権限を有する。(3)第1項及び第2項は，親の配慮の保持者が何らか異なる意思を表明する場合には適用されない。家庭裁判所は，子の福祉のために必要なときには，第1項および第2項の権限を制限もしくは排除することができる。(4)子が第1632条4項または第1682条の裁判所の判決に基づきその膝下に滞在する者には，家庭裁判所だけが所定の権限を制限または排除できるという条件つきで第1項および第3項が適用される。

(31) Wiesner/Wapler, a.a.O.（注16), S.575, §33 Rn.29 (Wapler).
(32) Schwab, a.a.O.（注8), S.379, Rn.861. 養育人（里親）に認められる「小さな配慮権」に基づく日常生活項目に関する法律行為は，法定代理権に基づくものなのか，配慮権者の推定される同意に基づくものかという問題は存在する。配慮権の一時的な委譲ということを考えると，後者の性格が強くなるが，1688条4項が規定する状況，つまり1632条4項に基づく裁判所の養育人の下での滞在命令により子が養育家庭にいるときには，配慮権者の同意は考えられないので，養育人の日常生活事項に関する配慮権行使は法定代理権ということになる。
(33) Schwab, a.a.O.（注8), S.379, Rn.860.
(34) 民法1630条（養育人の任命または家庭養育の際の親の配慮）3項：父母が子を長期間家庭養育に委託しているときは，家庭裁判所は，父母または養育人の申請に基づいて，親の配慮の事項を養育人に委譲することができる。養育人の申請に基づく委譲には，父母の同意を要する。委譲の範囲で，養育人は保護人の権利と義務を有する。

かを定めており，この内容が，養育人（里親）が委託された子を養育するときに有する権利ということになる。

(3) 養育関係の終了

養育関係の終了の際に起こり得る問題も多様である。ここでは，その際に養育人（里親）が有する権利についてのみ示す[35]。

教育援助としての養育関係は，配慮権者・少年局（公的少年援助の主体）・児童または少年が参加して策定した援助計画にしたがい，配慮権者と養育人との養育契約によって創設される。援助計画は，配慮権者の同意と協力が前提とされているので，配慮権者は，いつでも少年局に教育援助の終了を要求することができる。このような形での教育援助の終了で問題なければ，児童・少年がうまく配慮権者の下へ戻ることができるように支援することになる。問題は，配慮権者の下，子からすると出生家庭に戻ることがその福祉を危うくするかもしれない場合である。一つには，教育援助の原因となった問題が解決していないまま，問題を抱えた出生家庭に戻ることにより子の福祉が危うくされる場合である。また，養育家庭で養育人と子，とりわけ年少の子との結びつきが強くなり，養育家庭から離れること自体が子にとって負担が大きくなる場合である。両者が重なる事例もありうる。これらの場合に，子が出生家庭に戻ることによって，親の配慮制限を規定する民法1666条でいう危険が子の福祉に迫るときには，家庭裁判所は，職権でもしくは養育人の申立てに基づいて，民法1632条4項の滞留命令を出すことができる[36]。このように民法上養育人に申立権が認められている点が日本法とは異なるところである。留意すべきは，1632条4項の申立て権は，養育関係が解消したとしても，子が養育家庭に引き続き留まることを求めるものであって，養育関係の終了自体を争う行政訴訟を提起することは養育人にはできないということである[37]。国家賠償法や児相による

---

(35) Dethloff, N., Familienrecht, 33.Aufl., C.H.Beck, 2022, S.486ff. §14, Rn.17ff.; Wiesner/Wapler, a.a.O.(注16), S.582f., §33 Rn.57f., S.583ff. Rn.61ff. (Wapler).

(36) 民法1632条4項：子が長期間家庭養育で生活しており，かつ父母が子を養育人から引き取りたいと考える場合，家庭裁判所は，職権によりもしくは養育人の申立てに基づき，子の福祉が引き取りにより危険にさらされると思われる場合に，かつその限りで，子が養育人の下に滞留することを命じることができる。家庭裁判所は，第1文の手続きにおいて職権で，または養育人の申立てに基づき，以下の場合には，養育人の下での滞留は永続的なものであると補足的に命じることができる。1. 提供される適切な相談および支援措置にもかかわらず，子の発達を考慮して是認できる期間内に父母の下での教育環境が持続的に改善せず，かつこのような改善が高度の蓋然性をもって将来においても期待できないとき，および　2. 子の福祉のために命令が必要なとき。

(37) Wiesner/Wapler, a.a.O.(注16), S.583, §33 Rn.58 (Wapler).

措置解除処分の取消訴訟によるほかない日本の里親が置かれている事情とこの点でも異なるところである。

Ⅲ　日本法の検討

　日本民法には里親里子関係，里親の権限に関する規定は存在しない。里親に関する規定は，周知のように児福法に規定されており，さらに里親制度運用の詳細については，法律ではなく，通達，通知，ガイドラインに拠っている。それでは，民法には規定されていなくても行政法である児福法に規定すれば，その規定内容は一身専属的な身分権についても私法上の法律効果を発生させるのだろうか。仮に発生させるというのであれば，それは近代市民社会において公法と私法の分化が自覚的に行われる以前の社会でのこと，つまりフランス革命以前の社会でのことといえよう。

　他方で，比較法的には，近年は，社会的家族関係，事実上の家族関係も私法上の関係として位置づけていくという傾向が見られる。

　日本の里親が昼夜を通じて子を監護養育しているのは，どのような権限が根拠になっているのだろうか。前章で概観したドイツ法が規定する内容に従って，日本法では，里親は里子をどのような権限に基づいて養育しているのかを検討してみる。

　①　里親が里子の養育を開始する基本的なパターンは，児福法27条1項3号に基づく都道府県（実際には児相）が行う委託措置によるものである。同条4項は，3号に規定されている措置は親権を行う者又は未成年後見人の意に反してとることはできないと規定する（「意に反して」とれないと規定されており，「同意」を得なくてはならないとは規定されていないが，同意入所とか同意措置といわれる）。この場合，都道府県（児相）がとるいわゆる同意は，児童の施設入所や里親委託を行うことについての親権者・後見人の承諾である。親権者は，このとき親権中の居所指定権を行使していると考えるのか，居所指定権を都道府県（児相）に委託したのかという問題があるが，親権制限を司法により言い渡されているわけではないから，居所指定権の行使と考えられる。では，親権者は子の養育委託をしたのだろうか。児福法上は，都道府県は施設入所措置，里親委託措置をとるのであって，養育委託契約が結ばれたというわけではない。ここまでの措置は，親権者・後見人と都道府県（児相）との関係である。いわゆる第一段階の措置である。都道府県は，当該の子を施設・里親に入所・委託の措置を第二段階の措置として行う。親権の所在は依然として親権者にある。

里親の膝下に里子がいるのは，児相の措置を受けたからである[38]。この法律構成の下では，ドイツ法のように里親による里子の養育は親権者の親権に淵源をもつものではないということになる。つまり，里親は私法上の監護養育権に基づいて里子を養育しているわけではないということになる。児福法27条1項3号が，里親委託措置と施設入所措置を並列して規定しているのも，いずれも行政法上の措置であることに違いはない，同質の措置だからだといえる。この視点から見ると，日本の里親養育は，児童自立支援施設での夫婦小舎制による養育と類似しているといえる[39]。異なるのは，里親は私人であるのに対して，夫婦小舎制の担当職員は公務員（もしくは公務員に準じる）である点である。このように言うと，里親には独自に里子の監護教育権が与えられているわけではないということがよりわかりやすいだろう。

② 児童が里親委託されるもう一つのパターンとして，児福法28条審判を経る場合がある。里親への委託は行政法上の措置という点では27条措置と同じであるが，28条審判を経る場合は，親権者は児相の行う措置に同意していないということである。裁判所は，都道府県（児相）が行う行政法上の措置の必要性，正当性を判断する。この判断は，結果として，親権のうち，少なくとも居所指定権を制限していることになる。居所指定権を含む身上監護権のみの親権の一部制限は行えないというのが親権制限についての支配的見解であるが，28条審判では親権制限という身分権を争う裁判という形をとらずに，実質的な身分権制限が行われるということになっている。親権者は，そもそも27条1項3号の措置をとることに反対しているわけであるから，親権者には子の養育を第三者に委ねる意思は存在しない。

ドイツ法では，日本法の児福法27条1項3号措置のようなケースは，教育

---

(38) 横浜地裁2019（平成31）年3月13日判決（平成29年（行ウ）第38号，措置委託解除処分取消等請求事件），判例地方自治462号70頁，LEX/DBインターネット［文献番号］25566657は，同じ論理に立っている。同判決は，「監護，教育及び懲戒に関し，その児童等の福祉のための措置」をとることができるとする児福法47条3項について，里親は，要保護「児童の健全な育成と福祉を図るために，個人的な立場ではなく，公的な立場においてその養育を行うことが期待されているもの」なので，「委託された児童の福祉を実現するための手段として里親に一定の権限を付与した規定にすぎず，里親固有の個人の権利利益として当該権限を付与したもの」ではないとしている。現行法の解釈としては理論的に正しい解釈である。なお，判例の分析については，鈴木前掲書（注6）第Ⅲ章を参照。

(39) 夫婦小舎制については，例えば，真崎英二「小舎夫婦制児童自立支援施設におけるチーム養育支援モデル構築に関する研究」大原社会問題研究所雑誌776号（2023年）21頁参照。

援助としてあくまでも親権者と養育人（里親）との養育契約が締結され，養育人（里親）の子の養育は，民法上の親の配慮権を委託されて行われていることになる。また日本法の児福法28条に基づく措置の場合には，まず民法1666条の親の配慮権の制限裁判により，親の配慮権の全部または一部を配慮権者から剥奪するかどうかの判断をして，剥奪の必要があると認められれば，後見人（親の配慮権の全部制限の場合）または保護人（親の配慮権の一部制限の場合，制限された部分のみの権限をもつ）が任命され，これらの者がKJHGの教育援助を利用することになる。

ドイツ法の論理からすると，児福法28条審判は，行政法上の措置の適否を判断するものでありながら，身分権としての親権を制限しているように見える不思議な制度であり，基本法に反する（つまり，違憲）制度とさえ評することができる。

Ⅳ　結　語

1982年に行われた第54回ドイツ法曹大会においてディーター・シュヴァープ（Dieter Schwab）は，里親養育の諸関係を公法領域に移すということは，17世紀の官治国家への逆戻りであると評した[40]。日本法の里親制度の構造は，【親権者－都道府県（児相）】＋【都道府県（児相）－里親】という二段構造になっている。シュヴァープが指摘する里親養育が公法領域の制度として構築されている。里親を含む子の養育者の法的地位は，民法上の親の配慮権から導き出されるものである。父母は社会的な諸機能の担い手ではあるが，公法上の諸機能の担い手ではない。その父母がもつ民法（私法）上の親の配慮権から導き出される里親の養育権もまた私法上位置づけられなくてはならないというのである。親の配慮権（日本法では親権）は，民法が規定する一身専属的な身分権である。その身分権が公法上の制度なのだと言われれば，たしかにそれは市民社会以前の，つまりは17世紀の制度だということになる。この視点から見ると，日本の児童福祉法制は，その骨格となる構造が17世紀的だと評することができる。この構造を変えるためには，親権のような私法上の身分関係に関わる規律は民法に委ね，子ども・親・家族の支援に関する事項は児福法で規律するというよ

---

(40) Schwab, Dieter, Zur zivilrechtlichen Stellung der Pflegeeltern, des Pflegekindes und seiner Eltern—Rechtliche Regelungen und rechtspolitische Forderungen in: Verhandlungen des 54. Deuschen Juristentag, Band I (Gutachten) Teil A, 1982, Beck, A75, Fn.27.

うに制度を整理する必要がある。

　里親制度も，このような構造の中に位置づけていくことが求められる。現状では里親は法的には無権利状態であると言わざるを得ない。里親の里子を養育する権限は親の配慮権（親権）に由来するものとして位置づけられるべきである。これを図式的示せば，【実親－子＝里子－里親】という三者関係を規律する法制度を構築していくことになる。子の養育権限――里親についていうと，日常生活事項に関する小さな監護権――は民法で，里親養育を利用しての子の実親家庭への復帰計画策定とその計画実行支援は，児福法で規律するということである。

第4章
成年後見・扶養

16 意思決定支援と意思尊重
―― 後見，保佐，補助，任意後見の未来に向けて

松 川 正 毅

序
Ⅰ 後見，保佐および補助の民法上の位置付けと実務の現状
Ⅱ 任意後見契約の民法上の位置付けと実務の現状
Ⅲ 後見などにおける意思尊重と意思決定支援
むすび

序

　本稿[1]では，保佐・補助に留意しつつ，後見の三分類が，事理弁識能力の差異に応じた機能を十分に発揮しているのかどうか，そしてこの分類は必要性があるのかどうかについて検討することから始める（Ⅰ）。続いて，任意後見契約が契約としての魅力を十分に発揮しているのかどうかを検討する（Ⅱ）。そして最後に，障害者権利条約に関連して謳われている「意思決定支援」の観点から，わが国の後見制度と実務に考察を加えることにする（Ⅲ）。

　後見などの実務における事務の観点から現行法を眺め，民法の規定と実務の二面から，現在の後見などの姿を示し，加えて，意思能力が衰えつつある人々への支援，保護に関しての国際的な理念に照らして，将来へのわが国の法改正の指針を探求していこうと思う。

---

(1) 本稿は，2023年2月12日に「判断能力を現有する方々への支援と意思決定支援ガイドライン――任意後見，保佐，補助の未来に向けて」と題して，近畿司法書士連合会主催で開催されたシンポジウムでの基調講演を基にして分析を加えたものである。シンポジウムにあたって成年後見分野研究会幹事（当時）吉野一正司法書士，そして活発な報告をしてくださったメンバーに記してお礼申し上げたい。なお当該シンポジウムでの報告は，THINK 122号（2024年）133頁で公刊されている。研究会での議論に啓発されたこと大であるが，本論文で述べる事柄は，研究会を代表しての分析・見解ではない。
　なお，本項でいう後見等の「実務」とは，近畿地方でのリーガルサポート所属の司法書士による実務を意味している。

I 後見，保佐および補助の民法上の位置付けと実務の現状

　保佐，補助を中心にして，その法的な相違点を検討し，実務の傾向を分析することにする。後見との条文上の相違点が実務で反映されているかどうかの検討である。

1 後見，保佐および補助の民法上の位置付け

　後見，保佐，補助について，民法では，それぞれ事理弁識能力の程度に応じて，区別されて規定されている。簡単に整理しておこうと思う。

(1) 事理弁識能力による分類

　事理弁識能力の観点からは，その程度を「欠く常況」「著しく不十分」「不十分」と区別し，後見（7条），保佐（11条），補助（15条）と3分類にし，それぞれに後見人，保佐人，補助人という法定代理人が付されている。民法上は，事理弁識能力の程度に応じた制度が準備されている。

　そして，補助に関しては，本人以外の者の請求により補助開始の審判をするには，本人の同意が必要とされている（15条2項）。

(2) 代　理　権

　後見人には代理権が付与されている（859条。居住用の不動産の処分については，家庭裁判所の許可が必要である）。保佐人および補助人には，代理権が付与されていない。

　しかしながら，保佐人および補助人に関しては，「特定の法律行為」について，本人の同意が求められているが，代理権付与の審判をすることができる（保佐人に関しては876条の4，補助人に関しては876条の9）。この結果，代理権が付与されることになる。

　代理権が付与されるということは，859条の例外を除き，条文上は法定代理人が何ら同意や許可なく代理行為をすることができることを意味することになる[2]。

(3) 同　意　権

　同意権の意味するところは，同意をもって本人自ら法律行為ができるという点にある。後見では，事理弁識能力を欠く状況にあるので，本人自ら法律行為をすることはできず，後見人が本人に代わって法律行為をすることになってい

---

　[2]　保佐・補助における代理権付与審判の雛形として，https://www.courts.go.jp/kyoto/vc-files/kyoto/kasai/kouken/B07_doui_dairikenfuyo_setumei.pdf

る。後見人の同意権はあり得ない。

　これに対して，保佐では保佐人の同意権が13条1項に規定されている重要な法律行為に関して，条文上は限定されて規定されているが，家裁の審判により，それらに加えて同意権付与の審判を得ることが可能である（13条2項）。

　補助では，さらに限定されており，13条1項に列挙されている行為の一部について家裁の同意権付与審判（17条）があって同意権が認められることになる。ただし，補助では，同意権付与審判に際しては，本人の同意が必要である（17条2項）[3]。

(4) 取消権

　後見に関して，被後見人が単独でした行為は，本人，後見人が取り消すことができる（9条）。同じく，保佐，補助に関しても，取消権が認められている（13条4項，17条4項）。なお，後見，保佐，補助において，同じく追認に関しては，122条，124条で認められる。

　このように，民法典では，事理弁識能力に応じて，法定代理人の権限に差が設けられており，それぞれに特徴を持たせていることが理解できる。

　開始に関しては，補助では本人の同意が求められており（15条2項）。代理権に関しては，付与審判に際しては，保佐，補助では本人の同意が必要である（876条の4第2項，876条の9第2項）。また，補助では，同意権付与審判において本人の同意が求められている（17条）。条文上は，能力に応じて本人の意思を尊重する姿勢が示されていると言える。

2　保佐および補助の実務の現状

　条文上は相違があるにもかかわらず，後見，保佐，補助の実務上の事務には類似性がある。各々の事務内容に関しては，現場に赴き，当事者の意思を確認して，事務を行う点においては大きな差異はない。実務の事務の現状においては，一元論と同じ様相を示しつつあるのが理解できる。

(1) 実務の傾向

　保佐，補助の際の，代理権付与審判，同意権付与審判において，権限に相違はあるものの事務内容としては後見との類似性を帯びるに至っている。保佐，補助において，代理，同意の対象とする事務が，限定された具体的な行為ではなく包括的な内容として列挙されていることから，このような傾向が生じうる

---

(3)　保佐・補助における同意権付与審判の雛形として，https://www.courts.go.jp/kyoto/vc-files/kyoto/kasai/kouken/B07_doui_dairikenfuyo_setumei.pdf

傾向がうかがわれる。

　後見，保佐，補助類型でも，実務では，行うべき事務内容はほとんど変わらず，本人のところに出向き，意向を探りつつ事務を進めている。補助であれば，後見事例と比較して，一方で本人の意思把握がしやすい場合もあるが，また他方で，本人が自らの意向にこだわる場合には苦慮するということである。その事務内容はほぼ同じである。三類型が設けられていても，程度の差はあれ事務内容が特段に異なるということはないように思われる。

　(2)　社会における意識

　特に銀行の実務においては，被保佐人，被補助人の行為能力は往々にして制限されていることが多いようである。本人自ら行為を行うことはできないのが現状であり，権利が制限されているという意識が人々にも存することは否定できないであろう。残存する能力への配慮はややもすれば薄れ，実質的に後見類似の扱いがなされてしまうことが多いようである。

　(3)　能力に応じた意思への配慮

　被保佐人，被補助人に対して，残存する事理弁識能力に応じての意思への配慮が十分に行われているのかどうかに関して，代理権付与審判や同意見付与審判によって，補助だから本人の意思は一層尊重される制度であるということには必ずしもならず，後見と保佐，補助が類似してしまう傾向がうかがわれる。

　(4)　ニーズに特化した事務の傾向

　例えば，遺産分割に際してなど，特定の事務のために法定代理が必要になることがあり，それが終了すれば，他の事務は別段，必要でないという事例も多々存在している。実務の傾向として，後見，保佐，補助は特定の行為に際して必要とする場合があるという点において共通しており，制度として，必要な時に追加修正が可能であるという柔軟性があれば，様々な余計な事項を項目として選ぶことや包括的な代理権限付与は，必ずしも必要としないと思われる。つまり余計なことはしなくても良いという事例が実務では多いというのも事実であろう。「必要性」の理念は，実務の事務において，すでに実感として現れつつあると言える。

　制度としての柔軟性を欠くがゆえに，代理権付与審判や同意権付与審判により，余分な権限まで付与する傾向が見られると言えよう。

Ⅱ 任意後見契約の民法上の位置付けと実務の現状

1 任意後見契約の民法上の位置付け

　任意後見契約に関する法律2条1号では、任意後見契約を次のように定義している。「任意後見契約　委任者が、受任者に対し、精神上の障害により事理を弁識する能力が不十分な状況における自己の生活、療養看護及び財産の管理に関する事務の全部又は一部を委託し、その委託に係る事務について代理権を付与する委任契約であって、第四条第一項の規定により任意後見監督人が選任された時からその効力を生ずる旨の定めのあるものをいう」。そして、この契約は公正証書によってすることになっている（3条）。

　その要点と問題点を以下に整理する[4]。

(1) **任意後見契約の契約的性質**

　委任者と受任者との間での意思能力（行為能力）あるときにする契約であるとの位置付けである。事理弁識能力が不十分な状況になれば、監督人を選任し、効力を発生させる仕組みである。事理弁識能力が衰え、契約内容が履行されたかどうかの確認などが十分にできなくなるので、設けられた特別の契約である。

　任意後見契約の存在の理由を考えるにあたっては、事理弁識能力が不十分な状況になった際の、本人である委任者の権利を守るためという理由が浮き上がってくる。

(2) **代理権の付与**

　任意後見人には、代理権付与はある（任意後見契約に関する法律2条1号）が、同意権付与はない。このことから、任意後見人には取消権はないことになる。

(3) **代理権の内容**

　代理権が付与される事務は、財産管理と身上保護である（任意後見契約に関する法律第6条）。この点において、信託による財産管理とは異なる[5]。

(4) **代行意思決定の可能性**

　代理権付与により、任意後見契約でも代行意思決定が行われることがある。

---

(4) 公証実務の実態などに関して、小宮山茂樹「任意後見契約に関する公証人アンケート調査結果報告——公証実務の実態と公証人の意識」公証法学50号（2022年）61頁参照。実践成年後見71号では、「任意後見制度の利用促進に向けて」（2017年）、また106号では「任意後見監督の実務」（2023年）と題して特集が組まれている。

(5) 日本弁護士連合会「任意後見制度の利用促進に向けた運用の改善及び法改正の提言」2頁（2020年11月18日）。なお、日本司法書士連合会リーガルサポートも、2020年6月11日に「任意後見制度の利用促進に向けての提言」を公にしている。

(5) 本人がした行為

法律上は，行為能力が制限されていないので，本人は自由に法律行為を行うことができる。本人がした行為は，原則有効である。

(6) 任意後見監督人

任意後見監督人による任意後見事務の監督が必要である。

(7) 任意代理契約との関係

任意代理契約で財産管理契約が締結されている場合には，事理弁識能力が不十分になっても，その契約の効力は維持されているので，任意後見契約を発効させずに，任意契約を継続させている場合がある。民法には，委任契約があり，人は財産管理に関する契約を締結することも可能である。

行為能力ある際にした行為であれば，事理弁識能力が不十分な状況になっても，有効のままである。委任契約の終了事由に事理弁識能力に関する規定がないことをその根拠としている（民法653条）。

(8) 任意後見人の選任

任意後見契約では，契約内容として後見人を自由に選ぶことができ，また財産管理の事務内容を自由に決めることができる。

2 任意後見契約の実務の現状

任意後見契約において，代理権授与により，法定後見との大差なく事務が行われる傾向がうかがわれる。任意後見契約締結の際に，標準的な代理権目録を広く利用することから，その事務内容は法定後見と必然的に類似してしまう傾向が伺われる[6]。当事者にとって，法的には行為能力の制限はないが，事実上，代理項目が広範囲に定められることもあり，自由が制限されてしまう意識を，当事者が抱いてしまうおそれがあるように思われる。このことが，任意後見事務の窮屈さと映ることがある。この窮屈さの印象は，法定後見について利用者が感じる意識と類似している。個々の具体的な事項を対象とする本来の契約性は，事務の利便性を図ろうとするがゆえに包括性を帯びた事項を設定するために，背後に置かれてしまっていると言えよう。

以下，任意後見契約の実務における事務から，その問題点を分析することに

---

[6] 任意後見契約に関する法律第三条の規定による証書の様式に関する省令の附録1，2参照。https://elaws.e-gov.go.jp/document?lawid=412M50000010009_20191216_501M60000010051
日本公証人連合会が明らかにしている代理権項目の雛形は以下のようなものが示されている。https://www.koshonin.gr.jp/notary/ow04

する。
(1) 任意後見契約の契約性
　後見などの法定代理と異なり，任意後見契約は契約である。しかしながら契約としての特質はどこにあるのかは明確には見えてこない[7]。個々の委任内容が具体的に示されることは少なく，雛形に基づく代理権授与で全ての事項が選択されるとなると，本来の契約性からは遠のいていくような印象を抱くことになる。
　後見監督人が選任されて効力が発生すれば，たとえ本人が監督する能力を失ってしまっていても，本人の意思による契約による代理と位置付けられている。代理権項目や事務内容策定に本人の具体的な意思があれば，意味のある制度ではあるが[8]，包括的に代理を任せる事務では，事務内容は後見と大差はなくなり，その魅力が薄れてしまうように思われる。
　また，任意後見契約が発効しない場合の問題が指摘され，その原因の一つに，任意代理契約が締結されていることがあげられていることがある。社会では，任意後見契約の発効よりも，財産管理の委任契約で差し支えないと考えられているようにも思われる。特に信頼できる人や家族との間で，事実上管理が行われている事例も多いと聞く。ここで生じうる不正をどのように防ぐのかの問題を解決できれば，このような任意代理契約は意思決定支援により魅力を増していくように思われる。財産管理や身上保護に関して，専門職や信頼できる人との委任契約をうまく組み入れた任意代理制度の構築が，法定代理という法制度に基づかない制度への移行の1つとして考えられよう。これは，任意後見契約の発展型ともなりうる。
　このように検討すれば，契約内容はともかくとして，現在，任意後見契約の契約の最も興味ある魅力として人々に映ることは，任意後見人の指名ができる点であると言えよう[9]。
　i　法定代理の事務との類似性
　法定後見も任意後見も事務に関してベースは同じである。任意後見の事務も法定後見のように行うことが可能である。

---

(7)　公証実務では，契約内容の包括性の問題指摘がされており，具体化に向けて検討されている。寺尾洋「公証実務から任意後見の利用促進を考える」実践成年後見71号24頁（2017年）。
(8)　日本弁護士連合会提言・前掲注(5)2頁参照。
(9)　第4回成年後見制度の在り方に関する研究会（令和4年9月7日）研究会資料4・5頁参照。

任意後見契約においても，必要な範囲に限定しての代理権の付与の必要性が叫ばれてはいるが[10]，代理権内容が包括的な傾向がうかがわれる。この点において，法定後見における事務とも類似してくる[11]。

ⅱ 任意後見契約発効前の任意代理契約（移行型）

任意代理契約が並行して締結され，発効させずにそのまま維持されていることがある。任意代理の存在が，適切な時期に監督人を選定して効力を発生させることを阻害させる要因になっているとも指摘されている[12]。既に述べたように，発効後の事務の項目や内容は，契約であると言っても，代理権項目の包括性により，法定後見での事務とは大差なく，任意後見も法定後見と事務内容には類似性がある[13]。発効後も自ら単独で法律行為ができるが，しかしながら，社会では，行為能力は制限され，後見類似の状態になっている[14]。

両者の関係が不明瞭であることが問題の1つではあるが[15]，任意後見契約の発効をためらう理由は，特に制度に魅力を感じていないか，拘束を嫌う意識が当事者にあるのではなかろうか。当事者にかかる二重の費用負担の問題もあろう。また本人が自らの事理弁識能力の低下を認めたがらないがゆえに，本人の同意を得ること（（4条3項）が困難であるということも大きな理由の一つであろうと思われる[16]。発効させることなく進んで行く点において，任意後見契約の契約としての魅力の薄さを感じさせる。任意後見契約によって，何を守ろうとしているのかが，見えてこないのである[17]。

ⅲ 制度としての硬直性

後見，保佐，補助も，任意後見契約でも，人の最期に近づく際には，その期間の短長の差はあるものの，能力が低下していくのが自然であり，真実であろ

---

(10) 日本弁護士連合会提言・前掲注(5)8頁。
(11) 山口理恵子「意思決定支援（障害者権利条約）から任意後見制度を考える――社会福祉実践からのアプローチを中心に」実践成年後見71号（2017年）14頁。契約内容の検討が行われている。
(12) 成年後見制度の在り方に関する研究会・研究会資料4・5頁。
(13) 任意後見契約雛形や代理権目録参照。
(14) 任意後見契約では，代理権が付与された事項でも，発効後に委任者が単独で行動したときには，取消権を行使できないという問題をはらんでいることは既に述べたとおりである。
(15) 新井誠「任意後見制度の展望」成年後見法研究11号（2014年）14頁では，本人の意思能力喪失で代理権消滅を導く改正を主張している。成年後見制度の在り方に関する研究会・研究会資料4・9頁。
(16) この問題の解決に向けた提案は，成年後見制度の在り方に関する研究会・研究会資料4・3頁，9頁参照。
(17) 前述のように任意契約の改善を図ることも1つの解決法かもしれない。

う。人が死に近づくときの状況は類似している　事理弁識能力は徐々に変化していく傾向がある。このことから考えれば，必要性に応じた柔軟性が必要なことは明らかであるが，任意後見契約でもそれが考慮されているとは言えない。

　権限を拡張すべき事態が生じた際の問題に対しては硬直性が指摘されている[18]。新たな後見契約作成をするには，本人の事理弁識能力が衰えている以上，それは事実上困難である。契約の難しい点である。取消権が必要になる事例が生じれば，法定後見への移行が考えられ，後見への移行が想定される。任意後見契約制度の活用の場が限定的になってしまうのかもしれない。人の能力の減退に応じた制度としては徹底されておらず，制度としての硬直性の一面を示している。

　むしろ，包括的な権利付与でなく具体的な内容を主とするのであれば，経過的なものとして位置付けて，法定後見との関連性を考えていくのも，一つの方法かもしれないと思われる[19]。必要な時に，必要な事務だけが任意後見契約で反映されれば，その他は法定後見へと向かわせることができる。いわゆる並存案が示されている[20]。任意後見契約で全ての問題を完結させるには，困難を感じる。

　もしも意思決定支援で本人が委任契約を自ら締結できる法制度となれば（法定代理制度を前提としないのであれば），状況に応じて個別具体的な委任契約で財産管理などを行うことも可能となろう。このようなことが可能な法制度であれば，任意代理契約でもって自己の財産管理を，自ら契約の当事者として委ねることが可能となる。本人の権利は制限されずに進めることができることになる一つの考え方である。

　　ⅳ　発効に至るまでの期間

　見守り契約など，任意契約を締結していれば，その間に本人との信頼関係を築いていく貴重な期間となりうる。確かに，見知らぬ人に管理を任せる不安は和らぐように思われる。発効後の意思把握が幾分容易になるのかもしれない。

　しかし見守り契約や財産管理に関する任意代理契約などがなければ，任意後見契約後に委任者との接点がなくなり，放置されてしまうおそれがある。

---

(18)　成年後見制度の在り方に関する研究会・研究会資料4・3頁，日本弁護士連合会提言・前掲注(5)7頁。
(19)　成年後見制度の在り方に関する研究会・研究会資料4・22頁。
(20)　成年後見制度の在り方に関する研究会・研究会資料4・22頁。

第1部　第4章　成年後見・扶養

　ⅴ　任意後見契約の終了の時期

　契約が履行されたかどうか，その完了したのかどうかなど，契約の終了時が不明である。その原因は包括性に原因があると思われるが，死に至るまで契約が継続する。このことは制度としての拘束性のイメージを委任者に与えてしまう一因となっているように思われる。特定事項に限りその範囲で代理権すれば，それが終了した時点が明瞭になり，終了させることに繋がる[21]。

　発効後の本人の意思による解約は，法定後見と同様，かなり制限されているのが現状であると思われるが，問題であろう。本人の意思や意向を尊重する以上，気の合わない人や気の合わなくなった人に管理などを任せることは，「心身の状態及び生活の状況に配慮」（任意後見契約に関する法律6条）されるべきものである以上，辛いものであろう。

　本人による解除（任意後見契約に関する法律9条2項）や解任（8条）手続きを柔軟に取り入れる必要性があるように思われる。現行法は，解任に関して「任意後見人に不正な行為，著しい不行跡その他その任務に適しない事由があるとき」と任意後見人の責任ある不正行為を主として問題としている（任意後見契約に関する法律8条）。また解除には「正当事由」を求めている。管理の合理性，正当性はもとより重要ではあるが，心身の状態及び生活の状況にも関連するのであり，委任者の意向に耳を傾けることも必要であるように思われる。拘束性の弊害が叫ばれることがあるように，契約の解除の手続きは今後重要になってくるように思われる。

(2)　**法定後見との入口の相違**（いずれも家庭裁判所の関与あり）

　唯一の契約性は，繰り返しになるが，入り口にあたっての，任意後見受任者を指名できる点にあると言えよう。そして，その点が任意後見契約の魅力の一つとされている。

(3)　**任意後見監督人**

　任意後見監督人が必要な理由は，発効後，事理弁識能力が衰えた者が契約が履行されているかの確認が十分にできないから，任意後見人の権限濫用を防止するために設けられたと言われている[22]。

　しかし，事務内容は法定後見と大差ない現状を考えれば，監督人は必ずしも必要とは思われず，裁判所への報告やコントロールにより事務を進めることも

---

(21)　成年後見制度の在り方に関する研究会・研究会資料4・20頁。
(22)　佐藤繁『基本法コンメンタール〔第4版〕』（島津一郎＝松川正毅編）288頁（2001年）。山本敬三『民法講義1総則〔第3版〕』73頁（2011年）。

考えられよう。特に，専門職が任意後見人になっている場合には，重ねて不要と思われる。しかしながら，委任者が求めれば監督人を設けるというのも制度としては考えうるであろう[23]。

謝金費用が任意後見監督人にも必要になり，二重の負担になるということは，やはり委任者にとって負担であり，発効を思いとどめる原因にもなりうる。

(4) 任意後見契約に見られる一元性

法定後見制度の三分類の観点と比較すれば，任意後見契約では事理弁識能力の程度に関係なく[24]，必要に応じた制度が実現可能であり，ここでは，いわゆる一元化が事務の上で実現していると言える。つまり，任意後見の事務においては，「必要性」が示されているとも言える。具体的な委任内容であれば，このことは一層明確である。

任意後見契約と法定後見の事務内容が類似するところが多々あるという認識と理解に立てば，任意後見契約では一元化に相当することが実現できており，法定後見において，能力による三分類は必要ではなく，制度上，後見事務は十分に行われうる事になる。また現にそれが実務上実現されているとも言える。

(5) 遺言との対比

任意後見契約でする契約内容は，死に至るまでの自らの生活に関する事柄や財産管理が主となるのが普通である。相続に関連させた財産処分の前触れとなることは，本来的には想定できない。事理弁識能力が衰えたときに備えて，自らの生活のレベルを維持しうるように委任内容を決定し財産を管理することが主たる目的となるように思われる。将来の相続や遺産分割に備えることとは，任意後見契約ではその目的を異にする[25]。

自らの生活に関連しない処分行為や抵当権設定行為などは，後見の本来の事

---

(23) 成年後見制度の在り方に関する研究会・研究会資料4・7頁。16頁では，「家庭裁判所の選任する任意後見監督人による監督か，自らの意思を踏まえて任に当たる第三者による監督かを選択できる」とする案が示されている。また家裁が直接に監督するという考えがあるがこれはできないとする理由は，家裁に選任権がないことを理由としていることが，創設当時の議論として紹介されている（15頁）。
(24) 発効に向けての本人の能力に関して，事理弁識能力が不十分な状態つまり補助相当以上であることが1つの基準とされている。任意後見契約に関する法律2条1号，4条1項参照。
(25) リーガルサポート提言・前掲注(5)5頁によれば，任意後見制度を利用する場合は，遺言や死後事務委任契約等に加えて，必要に応じて『福祉型の民事信託等任意後見制度を補完する制度』との併用を図ることにより，身上保護と本人の財産の管理・運用を一体的に行い，本人の意思をできる限り実現すること」とされている。おのずと，任意後見契約の本来の任務の理解が前提となる主張と思われる。

務内容とは異なり，新たな手続きを必要とするなど慎重でなければならないと思われる[26]。

Ⅲ 後見などにおける意思尊重と意思決定支援

1 意 思 尊 重

意思をめぐる用語は多種存在している。意思自律，意思尊重，意思決定支援などが見られる。

民法では 858 条で，意思の尊重の重要性が規定されているが，それが現在の後見実務で実践されているのかが問われている[27]。保佐では，876 条の 5 第 1 項で意思の尊重が規定されている[28]。両者には，事務内容の相違が規定となって現れているが，「意思を尊重し，かつ，その心身の状態及び生活の状況に配慮しなければならない」という点においては，同じである。被後見人や被保佐人の置かれた状況に配慮して，事務を行うことが前提とされており，例えば代理行為を例にとっても，「その心身の状態及び生活の状況に」配慮すべきことが前提となっており，財産法上の任意代理とは異なっている。補助に関しても，876 条の 10 第 1 項で，保佐の事務処理の基準が準用されており，補助の事務を行うに当たっては，被補助人の意思を尊重し，かつ，その心身の状態及び生活の状況に配慮しなければならないことになる。

後見，保佐そして補助に関しては，事理弁識能力に差があるが，条文の上では，その差に応じた意思の尊重の度合いは問題としていない。意思尊重に関しては，後見，保佐，補助では，事務に当たっては根本的な差がないことになる。

任意後見契約においても，意思尊重が規定されている[29]。「本人の意思を尊重し，かつ，その心身の状態及び生活の状況に配慮しなければならない」という規定において同じである。この点において，法定後見も任意後見契約も意思尊重という事務処理基準に関しては，差がなく同じであることが理解できる。

---

(26) 死に対する準備をさせる契機にもなるが，自ずとその範囲には制限がある。これは死後事務委任契約や遺言などの問題となる。

(27) 民法 858 条「成年後見人は，成年被後見人の生活，療養看護及び財産の管理に関する事務を行うに当たっては，成年被後見人の意思を尊重し，かつ，その心身の状態及び生活の状況に配慮しなければならない」。

(28) 民法 876 条の 5 第 1 項「保佐人は，保佐の事務を行うに当たっては，被保佐人の意思を尊重し，かつ，その心身の状態及び生活の状況に配慮しなければならない」。

(29) 任意後見契約に関する法律 6 条「任意後見人は，第 2 条第 1 号に規定する委託に係る事務（以下「任意後見人の事務」という。）を行うに当たっては，本人の意思を尊重し，かつ，その心身の状態及び生活の状況に配慮しなければならない」。

意思尊重として，実務では，本人に赴き，意向を確認して，できうる限り本人の意思に沿って後見事務を行っているとされている。一つのことを決めるに当たっても，本人の納得を引き出すことに努力している。この点において，単なる事務所での事務とは異なっている。実務では本人の意思を尊重し，それを探ることに関して，多くの困難に遭遇していることが多々あると報告されている[30]。例えば，以下の場合がある。

1　本人と意見が異なる時
2　本人の意見が社会通念上，想定できない時や危険な時
3　本人が第三者や周りの親族の圧力に影響されていると思われる時（特に本人が相続人になった時や，自身の財産が将来の相続で問題になる時）
4　本人が苦情を述べている時，例えば，本人からの信頼を失い，後見人などをやめてくれと言われた時（解任，辞任，取消し）
5　病などで，意思疎通が全く不可能なときや本人が意思表示できない時

2　意思決定支援

障害者権利条約12条2項，3項との関連で，「意思決定支援」という言葉が用いられている。後見などの事務において，本人の意思を引き出せるように支援していくことを意味している[31]。いわゆる本人自らの意思で判断し決定できるようにする支援である。本人の意思尊重の延長で語られることが多い。

また，意思尊重での議論とも重なることではあるが，代行意思決定が意思決定支援に対比して語られることがある。本人の意思に拘わらず，それと反すること（本人の権利を侵害する恐れのある場合など）を決定する場合を代行意思決定ということがある。

本人にとって見過ごすことができない重大な影響が懸念される局面などとし

---

(30) THINK 122号（2024年）133頁を参照。
(31) 以下のように意思決定支援の定義がされている。「意思決定支援とは，特定の行為に関し本人の判断能力に課題のある局面において，本人に必要な情報を提供し，本人の意思や考えを引き出すなど，後見人等を含めた本人に関わる支援者らによって行われる，本人が自らの価値観や選好に基づく意思決定をするための活動をいう」（意思決定支援ワーキング・グループ・意思決定支援を踏まえた後見事務のガイドライン（2020年10月30日）2頁。意思決定支援ワーキング・グループは最高裁判所，厚生労働省及び専門職団体（日本弁護士連合会，公益社団法人成年後見センター・リーガルサポート及び公益社団法人日本社会福祉士会）をメンバーとするワーキング・グループである。
　　また，日本弁護士連合会は2015年に「総合的な意思決定支援に関する制度整備を求める宣言」https://www.nichibenren.or.jp/document/civil_liberties/year/2015/2015_1.html を公にしている。

て，「意思決定支援の結果，本人が意思を示した場合や，本人の意思が推定できた場合であっても，その意思をそのまま実現させてしまうと，本人にとって見過ごすことができない重大な影響が生じるような場合等」に法的保護の観点から，本人の「最善の利益に基づいた」代行意思決定を行うことが許容されると主張されている(32)。

このように，意思決定支援を中心として，それが困難な最後の場合に限り，代行意思決定への移行が認められるとする流れで理解されていると言える。この点において，代理に基づく制度それ自体が問題であるとする障害者権利委員会の考え方とは，離齬が見られる(33)。

3　意思決定支援と代行意思決定
(1)　障害者の権利条約12条2項，3項(34)

障害者権利条約12条においては，後見制度の考え方の転換が必要になって

---

(32) ガイドライン基本的な考え方の表2頁（前掲注(31)意思決定ワーキンググループ作成資料）参照。なお，代行意思決定に関しては，以下のように説明されている。「本ガイドラインにおける意思決定支援は，後見人等による「代行決定」とは明確に区別される。すなわち，①意思決定支援が尽くされても本人による意思決定や意思確認が困難な場合，又は②本人により表明された意思等が本人にとって見過ごすことのできない重大な影響を生ずる可能性が高い場合のいずれかにおいて，最後の手段として，後見人等が法定代理権に基づき本人に代わって行う決定（代行決定）とは区別されるものである」（前掲注(31)ガイドライン3頁）。

(33) 最善の利益という考え方そのものが，代行意思決定制度であるとして，障害者権利委員会から問題指摘を受けている（川島聡「障害者権利条約12条と第1回対日審査」実践成年後見103号（2023年）31頁以下参照。

(34) 障害者の権利に関する条約　第12条　法律の前にひとしく認められる権利
　1　締約国は，障害者が全ての場所において法律の前に人として認められる権利を有することを再確認する。
　2　締約国は，障害者が生活のあらゆる側面において他の者との平等を基礎として法的能力を享有することを認める。
　3　締約国は，障害者がその法的能力の行使に当たって必要とする支援を利用する機会を提供するための適当な措置をとる。
　4　締約国は，法的能力の行使に関連する全ての措置において，濫用を防止するための適当かつ効果的な保障を国際人権法に従って定めることを確保する。当該保障は，法的能力の行使に関連する措置が，障害者の権利，意思及び選好を尊重すること，利益相反を生じさせず，及び不当な影響を及ぼさないこと，障害者の状況に応じ，かつ，適合すること，可能な限り短い期間に適用されること並びに権限のある，独立の，かつ，公平な当局又は司法機関による定期的な審査の対象となることを確保するものとする。当該保障は，当該措置が障害者の権利及び利益に及ぼす影響の程度に応じたものとする。
　5　締約国は，この条の規定に従うことを条件として，障害者が財産を所有し，又は相

くる。被後見人などの，人間の尊厳（憲法13条）に加えて，平等（憲法14条）の視点が加わっている。

また，権利能力の問題なのか，行為能力の問題なのかと検討すべき対象はつながっていく[35]。2022年9月9日には権利委員会から意思決定の代行を問題とする内容を含む総括所見が明らかにされている[36]。

(2) **条約が求める意思決定支援と民法が求める意思尊重**

障害者権利条約12条が問題としている意思決定支援では，後見制度の代理による代行意思決定それ自体を認めていない[37]。たとえ意思を探ろうとする姿勢は同じであったとしても（チーム結成などの問題はあるが），意思決定支援と後見制度を前提とする意思尊重とでは，その意味するところは異なってくる。条約の観点からは，法定代理のもとでの意思決定支援が求められているのではなく，意思決定支援では，本人自ら法主体となることを支援するのであるから，法定代理によって事務が行われていくこととは馴染めないと思われる[38]。

最終的には，法定代理制度それ自体が問題視されていくことになろう。本人自ら判断し，決定し，自ら行動するとなれば，法定代理制度からの解放を前提とする考えが，12条に潜んでいることに注意しなければならない。

制限能力者ではなく，能力者と位置付けて，「意思決定を支援された人」に向かうこと，つまり法定代理制度の廃止や緩和は，わが国の法制度上可能であ

　　　続し，自己の会計を管理し，及び銀行貸付け，抵当その他の形態の金融上の信用を利用する均等な機会を有することについての平等の権利を確保するための全ての適当かつ効果的な措置をとるものとし，障害者がその財産を恣意的に奪われないことを確保する。
(35)　法的能力が行為能力であることを意味するという委員会の見解に対して，日本政府の見解は，意思能力を意味することを前提にして考え，国連障害者権利委員会との見解とに相違がある。このことに関する議論の流れについては，川島・前掲注(33)30頁にパラレルレポートも紹介されながら，まとめられている。特に36頁参照。また，水島俊彦「障害者権利条約締結国審査の状況と総括所見を踏まえた成年後見制度の実務の方向性——権利条約12条を中心に」実践成年後見103号（2023年）42頁，特に44頁以下。
(36)　権利委員会による総括所見に関しては，水島・前掲注(35)46頁参照。
(37)　吉谷真良「成年後見制度に関する障害者権利条約に基づく審査の経過」実践成年後見103号（2023年）24・26頁。障害者権利委員会の審査の過程でも，繰り返し民法の下での法的能力（行為能力）制限および代行意思決定制度の問題点が改善事項として指摘されている。川島・前掲注(33)36頁以下。
(38)　条文の解釈からは，後見等の法定代理制度であれば，本人の意思のもと代理で行う以上，代行意思決定であると位置付けられてしまう可能性がある。代理人が代理して行為を行っているからである。障害者権利条約の観点からの問題指摘として，赤沼康弘「法定後見制度の改正に関する提言」成年後見法研究19号（2022年）29頁がある。

ろうか。またそれに向かいつつあるのだろうか[39]。

(3) 理念のターニングポイント

禁治産制度から制限能力制度を経て，意思尊重の理念に導かれて，第3ステップとして新しい理念である意思決定支援へと舵きり（人としての平等，いわゆる行為能力の平等）が模索されつつあるのが現在である。本人が，できうる限り必要な支援のもとで法律行為を自らするということを理念としている。このような流れの中では，法制度として，現行の後見などに関する法律に改正が必要となることは明らかである。完全に法定代理制度を廃止するにまで至らなくても，法定代理や代行意思決定は必要最低限にとどまらざるを得ないと思われる。

このような中にあって，本人の意思を尊重する実務の傾向は重要である。近い将来のあるべき法制度を示しつつあるように思われるからである。包括的な権利付与は必ずしも必要ではなく，必要な事務に限り支援し，それが完了すれば，終了にすることは求められることになろう。このことは，現在の後見事務でも実際に行われていることである。余分なことはしないで済ませることは可能である。

前述したように，また実務での事務は，必ずしも事理弁識能力の程度の差に

---

[39] 三分類制度の源となったフランス法でも，後見の改正は目論まれている。設けられた時から，理念も大きく変わり，障害者権利条約との乖離も少なくするような改正や運営が行われている。詳細は山城一真「フランス成年後見法に関する管見──法定後見の構想をめぐって」成年後見法研究19号（2022年）3頁，清水恵介「フランスにおける法定後見の補充性と代替的措置」成年後見法研究19号（2022年）17頁参照。なお，複雑な様相を示しているフランス法に関しては，山城教授の一連の研究があり，成年後見制度の在り方に関する研究会での参考資料6-3（2022年）で，フランス法に関する詳細な報告がされている。また，同「意思決定支援をめぐる議論にみる「意思」像」小賀野晶一先生古稀祝賀『民法の展開と構成』（2023年）39頁，ペクール他＝山城一真（訳）「障害者権利条約に照らしてみた法的能力および法的保護──フランス成年後見法は，条約12条に適合するか？」比較法学50巻3号（2017年）175頁，クリスティーヌ・モラン＝山城一真（訳）「脆弱な状況にある成年者のよりインクルーシブな保護に向けて」比較法学56巻2号（2022年）27頁も興味深い。

参考までに，フランス法の要点のみをメモをすることにする。
1．医師の診断書は重要ではあるが，必要性と補充性の観点から法的な判断へと変わりつつある。権利委員会の所見でも，「医学モデル発想」で考えるのではなく，「人権モデル」に根ざした発想の必要性が主張されている（川島・前掲注(33)31頁）。
2．夫婦間の財産の共有の制度など，現行の他の制度を用いて権利制限（法定代理制度による代行意思決定）をしないですむ方法の探求が始まっている。親子間で親族法上の権利として立法がされ始めた（法定後見と異なる新たな試み）。補充性への配慮。
3　必要性への配慮。
4　家事事件の「脱裁判化傾向」の一連の流れ。

応じた事務を積極的に行っているとは言えず，後見の類型に拘わらず，基本的には同じような内容の事務を行っている。このように考えれば，一元化はすでに実務では実現しつつあると言えよう。必要なときに，必要な事務をの土台はすでに生まれつつある。

　事理弁識能力が衰えていても，代理人が本人に代わってした行為ではなく，本人がした行為とする法制度にするのかどうかは，検討しなければならない。現行法でも，理論上は，被後見人がした行為は，意思能力が問題とならない限り有効を原則にしている。資格のある第三者などが意思確認の上，本人の意思であることを証明することによって取消せないようにする制度や，残存する意思をサポートして本人が任意代理契約を締結する可能性を構築することは不可能ではなかろう。意思決定支援は包括的な法定代理と親和的でないことを考慮すれば，1つの方法かもしれない。

　また，夫婦財産の共有が実現できれば，問題は夫婦に任せるということでも，かなり意思決定支援が前進するようにも思われる。長年ともに生活してきた夫婦は，誰よりも相手方の意向を知っており，またそれなりの信頼関係が形成されており，必要とあれば他方配偶者が任意で委任契約を締結することも可能となろう。このような制度であれば，代行意思決定をできうる限り避ける法的な手段つまり，後見制度に依存せずに，「補充性」としての機能を果たす制度となりうる[40]。

　全く意思を表明できない場合や，危険な意思である場合には，代行意思決定の方法は制度として残さなければならないように思われる。この場合は，厳格に解釈され運用されることが必然的に求められることになろう。

むすび

　後見，保佐，補助そして任意後見契約においても，実務で行われている事務は基本的に類似している。事理弁識能力の差は，事務の遂行とは密接な関連性を有していないと言える。現場に赴き，本人の意思確認を行い，できうる限り納得の上で事務を進めようとしている実務において，後見制度の一元化は，すでにその萌芽が見られる。事務内容において，一元化への土壌はできていると思われる。

　このもとで，必要性の事務への移行もそれほど困難なことではないと考える。

---

(40) わが国では，夫婦財産制の改正が必要になろう。

実務のもとでは必要な時に必要なだけの法制度の下地は形成されつつある。余計な権利の付与は不必要であるし，あえて行なっていない。今後，立法にどう生かすのかが課題となろう。しかしながら，わが国の法制度のもとでは，必要性と並ぶもう１つの指針とされる「補充性」の実現は，かなり困難を伴うように思われる。

　本人の代わりにする法定代理制度それ自体が問われているのであり，現在，多くの議論は，法定代理制度のもとでの本人の意思決定を支援するという理解で行われることが多い。権利委員会の勧告を考慮すれば，現行法のままでは許されないであろう。法定代理制度が幅広く用いられていることが大きな問題であることの理解が不十分であることに留意して，法改正に至るであろうまでの過渡期としての現在の意思尊重の実務の質を上げる必要性がある。

　後見が一旦開始すれば，自由がなくなるとか，逃げ出せなくなる，任意代理契約のままの方が良いという意識があるとすれば，やはり改善しなければならない問題が存在していることへの警鐘であろう。それは，「必要性」，「補充性」の原則が実現されていないことに起因する。後見制度は，身上保護にも配慮しなければならず，この点において人としての感情や意向の考慮も必要となる。後見人，保佐人，補助人と気が合わないと感じる人に身上保護を伴う財産管理を任せ続けなければならないという状況は，制度それ自体への信頼を損なう原因にもなる。同時に，必要とされている事務終了後も一旦後見制度が開始すれば，後見から抜け出せなくなってしまうというのも，自由を束縛している印象を与えてしまっている。

　問題は法定代理という後見制度の法律にある。実務では法改正に先行して法定代理制度のもとではあるが，次の時代を導く理念である意思決定支援を実践しようと努力している。社会に支援を必要としている人がいる以上，後見制度がどのように法改正されようとも，この理念に導かれた支援の期待は高まることになろう。

17 ドイツ世話法の新たな展開

神 谷　　遊

I　はじめに
II　ドイツ世話法の概要
III　2021年改正法
IV　改正理念の立法化
V　結びに代えて

I　はじめに

　2024年2月，法務大臣は法制審議会に対して，成年後見制度の見直しについて諮問した。主な検討事項として指摘されているのは，(1)利用動機の課題（例えば，遺産分割）が解決しても，判断能力が回復しない限り利用をやめることができない，という現状認識を前提として「法定後見制度における開始，終了等に関するルールの在り方」，(2)成年後見人には包括的な取消権，代理権があり，本人の自己決定が必要以上に制限される場合がある，との問題意識のもとと，「法定後見制度における取消権，代理権に関するルールの在り方」，(3)本人の状況の変化に応じた成年後見人等の交代が実現せず，本人がそのニーズにあった保護を受けることができない，との認識を前提として「法定後見制度における成年後見人等の交代に関するルールの在り方」，(4)本人の判断能力が低下した後も適切な時機に任意後見監督人の選任申立てがされず，任意後見契約の効力が生じない，という問題意識のもとに「任意後見制度における適切な時機の監督人選任を確保する方策」である[1]。
　こうした成年後見制度の見直しの背景にあるのは，国連の障害者権利条約である。同条約12条は，締約国に対して，障害者があらゆる場において権利主体として承認される権利を有すること（1項），障害者があらゆる生活領域において他者と同等に法的能力を享受すること（2項）を認めるように求める。

---

(1)　諮問第126号「成年後見制度の見直しに向けた検討」https://www.moj.go.jp/content/001413272.pdf

ここでいう「法的能力」とは，人が権利を享有することのできる能力（法的地位）と法律の下での行為者になる能力，すなわち，権利に基づいて行動し，それらの行動を法律で認めてもらう能力（法的主体性）の二つの要素を含む概念で，意思決定能力とは異なるものとされる。そのうえで，同条3項は，締約国に対して，障害者が法的能力を行使する場合に必要に応じて支援を得ることができるような措置をとるように求める。ここでいう「支援」は，障害者の権利，意思および選好を尊重するもので，決して代理人による意思決定を行うことではないという。さらに，同条4項は，こうした法的能力の行使に関する措置について，その濫用を防止するための，国際人権法に従った適切で効果的な保障を定めることを求める。すなわち，法的能力の行使に関する措置は，障害者の権利，意思および選好を尊重するものであること，利益相反を生じさせず，不当な影響を及ぼさないものであること，措置が相当で障害者の状況に応じ，可能な限り短期間のもので，権限のある独立した，かつ中立の官庁または裁判所による定期的な審査に服するものでなければならないとする。ここでとくに強調されているのは，これらの保護措置が，本人にとって客観的な意味での「最善の利益」の決定によるのではなく，本人の「意思と選好の最善の解釈」を基準とすべきことであり，「意思と選好」のパラダイムが「最善の利益」のパラダイムにとってかわらなければならないとされる[2]。

このように障害者権利条約が，意思決定の代行から意思決定の支援へ，本人にとっての「最善の利益」ではなく，本人の「意思と選好の尊重」という指針を打ち出したことから，条約締約国は，それぞれの成年者保護制度のあり方について障害者権利条約への適合を迫られることになったのであり，すでにこうした動きが顕在化している[3]。本稿では，ドイツ世話法の立法動向を取り上げ，今後の成年者保護制度のあり方について検討したい。

II ドイツ世話法の概要

1 世話制度の生成

世話制度は，1990年6月1日に成立した「成年者のための後見および保護法の改正に関する法律（Gesetz zur Reform des Rechts der Vormundschaft und

---

[2]　障害者権利委員会，一般的意見第1号（2014年）第12条：法律の前における平等な承認　2014年4月11日採択，2014年5月19日版（dinf.ne.jp）参照。

[3]　例えば，山口詩帆「アルゼンチン民商法典における成年後見制度の改正と障害者権利条約への適合性」家族〈社会と法〉39号（2023年）113頁参照。

Pflegschaft für Volljährige)」（1992年1月1日施行）によって民法上の法制度として誕生した。その後，世話制度は，数次の改正を経た後，2021年5月4日に成立した「後見法及び世話法を改正するための法律（Gesetz zur Reform des Vormundschafts- und Betreuungsrechts)」（2023年1月1日施行）によってさらに大規模に改正されることになった。もっとも，2021年改正法も，世話制度の基本的な骨格は維持していることから，本稿でも，まず世話制度の概要について確認しておきたい（以下で引用する条文は，断りのない限りドイツ民法の条文を指し，とくに「新」としているのは，2021年改正法による改正後の条文を意味する。）。

1990年に世話制度が創設される前のドイツ民法には，判断能力が不十分な成年者を保護する制度として，成年後見制度（Vormundschaft über Volljährige）と障害保護制度（Gebrechlichkeitspflegschaft）が存在していた。

成年後見制度は，民法総則編に規定されていた無能力者制度を前提とし，これと連動して機能すべきものとされていた。すなわち，本人の判断能力の程度に応じて，区裁判所の決定により「行為能力剝奪の宣告（Entmündigung）」がなされると（旧6条1項），その者の行為能力は全面的（旧104条3号）または部分的に（旧114条）制限されることになり，これを受けて，後見裁判所が後見人を選任することになっていた（旧1896条）。

後見は，被後見人のすべての事務を対象とし，個別の事務や一定範囲の事務に限定されることはなかった。その意味で，後見人は包括的に被後見人の身上監護および財産管理にあたり，とくに法定代理人として被後見人を代理する権利を有し義務を負うものとされていた（旧1897条・旧1793条）。

以上の成年後見とは別に，旧法には，精神障害をも含む障害者の保護制度として障害保護が置かれていた。障害保護は，後見に服していない成年者が「精神的又は身体的障害によりその個別の事務又は一定範囲の事務，とくに財産事務を処理できないとき」，後見裁判所の職権によって開始し，保護人が選任された（旧1910条2項）。障害保護は，成年後見とは異なり，行為能力剝奪の宣告を前提としておらず，また障害保護が開始しても，精神的障害を理由とする場合は，定められた個別の事務または一定範囲の事務のみを対象とし，保護人は，その範囲でのみ被保護人の代理人となったが，これによって被保護人の行為能力や婚姻能力，遺言能力が否定されたり制限されることはなかった。

2　世話制度の概要

世話制度は，以上のような旧制度があまりにも定型的で硬直したものであっ

たことに対する反省を出発点として構想された[4]。その結果，障害者に残された能力を尊重し，個別のケースに応じた柔軟な保護を可能にしようとするものであった。以下に，制定された世話制度の特徴を要約しておきたい。

(1) 成年者保護制度の一元化

改正前の旧制度，すなわち，成年後見と障害保護から構成されていた二元的な成年者保護制度は全面的に廃止され，「世話（Betreuung）」制度に一元化された。

世話が開始すると，選任された世話人には法定代理権が認められるが（代理権を伴わない世話はない），後述のように，行為能力や婚姻能力，遺言能力の制限ないし否定には結びつかない。

なお，実体法上の保護制度が一元化されることに伴って，裁判手続の一体化も進められ，世話の要否の判断，世話人の選任，その職務範囲の定めについては，非訟事件として同一の決定手続においてなされることになった。現在では，区裁判所に設置されている世話裁判所が，世話事件および被世話人の収容事件を管轄している。

(2) 世話の開始

世話制度は，一定の精神的障害のみならず，身体的障害も含めて対象としたうえで，個々のケースにおいて具体的に必要とされる範囲に限って世話人を選任し，法的保護を及ぼそうとするものである（必要性の原則）。また，本人が家族や友人，さらには本人の委任に基づく任意代理人によって十分に保護されている場合には，世話は開始しないものとされた（補充性の原則）。

なお，世話の開始（世話人の選任）は，精神的障害を理由とする場合，本人の申立てまたは裁判所の職権によって行われるものとされており，身体的障害を理由とする場合は，本人の申立てのみによるとされた（旧1896条1項→新1814条1項，4項）。

(3) 世話の効果

世話人は，裁判所が定めた職務の範囲において被世話人を代理する権限を有するが（旧1902条→新1823条），世話人が選任されても，当然に被世話人の行為能力が否定されたり，制限されることはない。婚姻能力や遺言能力について

---

[4] 1990年の世話法については，すでに多くの論稿が公表されている。拙稿「ドイツにおける無能力者制度および成年後見制度の新展開——改正法の概要とその特質」ジュリスト967号（1990年）82頁，拙稿「（ドイツ後見法研究会）ドイツ成年後見制度の改革(1)-前注」民商法雑誌105巻4号（1992年）136頁他参照。

も同様である（旧婚姻法3条1項の改正，2229条3項の削除）。

もっとも，個別のケースにおいては，裁判所が「同意の留保（Einwilligungsvorbehalt）」を命じることはあり，これによって，被世話人の取引への参加が制限される。「同意の留保」とは，被世話人が意思表示をするには世話人の同意を要するという趣旨である。裁判所は，世話人の職務の範囲に属する事項のうち，被世話人の身上または財産上の重大な危険を避けるために必要な範囲に限定して，同意の留保を命じることができ（旧1903条1項→新1825条1項），これが命じられると，以後その範囲の意思表示については，制限行為能力者に関する規定（108条ないし113条，131条2項および210条）が準用される。

(4) 被世話人の希望の尊重と個人的世話

世話制度のもとでは，可能な限り被世話人の希望を尊重すべきとされている。たとえば，世話人選任の際に被世話人の希望が重視されるほか（旧1897条4項→新1817条2項），世話が開始した後も，世話人は，被世話人の希望がその福祉に反せず，かつ世話人に期待可能なものである限り，これに応じる義務がある（旧第1901条2項→新1821条2項）。

他方，被世話人の希望を把握するためにも，世話人には，被世話人との個人的接触（persönlicher Kontakt）が求められており，これが可能か否かは，世話人としての適性の有無の判断基準とされ（旧1897条1項→新1816条1項），また，世話の開始後に世話人の側で個人的な接触が不可能となれば，世話人の解任事由となると解されている（旧1908b条1項→新1868条1項）。

(5) 身上監護事項の規律

世話制度には，被世話人の身上監護に関する事項について多くの規定が設けられた。具体的には，世話人に，被世話人に対する健康状態の診断，治療行為，医的侵襲，さらに不妊化手術に同意する権限を認めたうえで，その場合には，裁判所の許可を得なければならないとされている（旧1904条・旧1905条→新1829条・新1830条）。また，被世話人の施設への収容に関しても，従来以上に詳細な要件が設定され，裁判所の許可が必要とされたほか，医学的な装置や薬物による自由の剥奪など，いわゆる収容類似の措置についても規定が置かれた（旧1906条→新1831条）。

この他，財産管理に関しては，従来からある未成年後見における詳細な個別的規定を準用するものとしたうえで（旧1908i条1項→新1835条以下），被世話人の住居に関する権利の処分については裁判所の許可を要する旨の規定が新設されている（旧1907条1項・2項→新1833条・新1853条）。

(6) 世話人たる人材の確保

被世話人の希望の尊重あるいは個人的世話を実現するためにも，世話人たる人材の確保は大きな課題と認識された。ドイツでは，従来から民間の団体が後見制度に組み込まれ，団体自体が後見人として活動することも認められていたが，こうした団体をさらに明確に位置付けるために「世話社団（Betreuungsverein）としての認可要件」が明文で定められた（旧1908f条→新「世話組織法（Betreuungsorganisationsgesetz）」14条・15条）。そこでは，世話人たりうる人材の確保と育成が世話社団の任務として期待されている。その上で，世話社団に属する職員やボランティアが世話人となることが求められ（旧1897条2項→新1819条3項），世話社団そのものが世話人となることは例外的なケースに限られている（旧1900条1項→新1818条1項）。

(7) 世話の終了

世話制度が理念としている必要性の原則から，世話は，必要な期間，必要な範囲に限定して行われなければならないことになる。すなわち，世話の要件が消滅した場合には，裁判所は職権で世話の廃止をしなければならないし，また，世話人の職務の一部について世話の要件が消滅した場合には，世話人の職務の範囲を縮小しなければならない（旧1908d条1項→新1871条1項）。また，このことを確実にするために，手続法上も，裁判所は最長でも5年の期間を定め，その期間の終了に際して，世話の継続の必要性を審理しなければならないものとされた（旧非訟事件手続法69条1項5号，現在は家事事件・非訟事件手続法294条3項により，最長7年の期間を定めて世話継続の要否を判断すべきものとされている。）。他方，世話人の側でも，世話の廃止やその職務の範囲の縮小を可能とするような事情が明らかとなれば，それを裁判所に通知すべきものとされている（旧1901条5項→新1864条2項）。

Ⅲ 2021年改正法

1 改正法の背景と経緯

世話法は，1992年に施行されて以降，数次の改正を経ている[5]。本稿で検討の対象とする2021年5月4日の「後見法及び世話法を改正するための法律（Gesetz zur Reform des Vormundschafts- und Betreuungsrechts）」（2023年1月1

---

[5] 世話法が施行されて以降の数次の改正については，拙稿「（ドイツ家族法研究会）親としての配慮・補佐・後見(8) 第3章（新）後見，未成年者保護，法的世話，その他の保護 第3節 法的世話－前注」民商法雑誌158巻5号（2022年）167頁以下参照。

日施行）（以下「2021年改正法」という）は，世話制度に関する最も新しい改正法であるが，世話制度だけではなく，未成年後見制度をも改正の対象としていた[6]。

　2021年改正法は，本稿の冒頭でも紹介した国連の障害者権利条約12条に世話制度を適合させることを目的としている。ドイツでは，2009年3月26日に障害者権利条約が発効して以降，世話法の改正の要否について議論が重ねられてきた。当初，ドイツにおいては，世話制度は同条約には適合しているとの見解が支配的であったようである。しかし，2015年4月に公表された国連の専門委員会の見解「ドイツからの第一報告に関する最終意見」は，これとは全く異なるものであった。

　そこで，2015年から2017年にかけて，連邦司法および消費者保護省の委託に基づいて，「法的世話の質（Qualität in der rechtlichen Betreuung）」についての研究プロジェクト，および「他の援助（andere Hilfe）」に関連して「世話法の実務における必要性の原則の転換（Umsetzung des Erforderlichkeitsgrundsatzes in der betreuungsrechtlichen Praxis）」についての研究プロジェクトが活動を進めてきた。両プロジェクトは，法的世話制度の現状では，障害者権利条約12条にいう障害者の自己決定を最大限に尊重すべきとの要請が実現されていないこと，法制度の予定する基準を実務において達成しようとする場合に，質的な欠陥（Qualitätsmängel）があることを指摘した。もっとも，二つの研究プロジェクトの提言は，世話制度の根本原則を変更すべきとするものではなく，むしろ従来のシステムおよび関係者相互の職務の関係を維持したうえで，様々な改善策を提示するものであった。こうしたプロジェクトの提言，その後の立法議論を踏まえて，政府草案は，2021年3月5日に連邦議会で可決され，同月26日に連邦参議院で承認された。

2　世話法改正の骨子

　以下では，政府草案理由書（BT-Drucks.19/24445）に従って，世話法改正の要点をまとめておきたい。

---

[6] 未成年後見についての改正の要点については，拙稿・前注(5)178頁参照。なお，従来，未成年後見に関する規定として，財産管理に関する詳細な規定が置かれ，世話制度がこれを準用する形式であったが，2021年改正法では，この形式が逆転されることになり，世話の規定として，詳細な財産管理規定が置かれている。

(1) 被世話人の自己決定支援

世話制度に関する実体規定および手続規定は，法的世話におけるさまざまな局面で本人の自己決定の実現に向けた運用（すなわち，本人を支援することで本人の法的能力（rechtliche Handlungsfähigkeit）の活用を可能とするような運用）を実現できるように見直された（後述IV参照）。

(2) 被世話人の希望の優先

世話制度においては，従来から被世話人の希望の尊重が強調されていたが，これが，世話法の中心的な規準として，世話人の選任，世話人の適性判断，職務の遂行，裁判所による監督などの規定において，さらに鮮明に定められた（新1816条2項，新1821条2項，新1862条2項など）。

(3) 本人への情報提供

本人は，世話手続きのすべての段階において適切に情報の提供を受けるものとされ，とくに世話人選任の要否，その方法についての裁判所の判断，具体的な世話人の選任，さらに世話裁判所による世話人の監督に，本人に従前にもまして関与させるものとされている（家事事件・非訟事件手続法新275条，新276条，新278条など）。

(4) 世話組織法の制定

世話官庁法（Betreuungsbehördengesetz）に代えて，世話組織法（Betreuungsorganisationsgesetz）を制定し，この法律には，世話官庁，世話社団，名誉職世話人および職業世話人についての規定が置かれ，相互の関係が明らかにされた。

(5) 名誉職世話人の質の向上

名誉職世話人として世話を執行するための要件が定められた。要件とされたのは，名誉職世話人としての個人的適性（persönliche Eignung）と信頼性（Zuverlässigkeit）であり（世話組織法21条1項），世話官庁が世話裁判所に世話人候補者の提案をする場合には，その要件について審査しなければならない（世話組織法12条1項）。

また，名誉職世話人の情報・知識のレベルを向上させるために，名誉職世話人は，原則として世話社団と協定（Vereinbarung）を締結すべきものとされ，これにより，名誉職世話人は世話社団と連携し，かつ支援を受けることができる（世話組織法22条，15条）。

(6) 職業世話人の質の確保

職業世話人による世話の質を確保するために，職業世話人の登録制度が新設

され，これを基幹官庁（Stammbehörde）の所管とするとともに，登録の要件として，職業世話人としての適性，十分な専門知識を備えていることなどが求められる（世話組織法19条2項，23条，24条）。

(7) 世話の報酬

名誉職世話人の報酬（原則として無報酬）および経費の補償については，ドイツ民法に規定が残される一方，職業世話人の報酬および経費の補償については，「後見人および世話人の報酬についての法律（Gesetz über die Vergütung von Vormündern und Betreuern）」が新たに制定された。これによると，職業世話人は，その者が受けてきた専門教育のレベルに応じて三つに分類されたうえで，世話の期間，被世話人の居住場所（施設入居か在宅か），資力の有無に応じて，一律に報酬の月額が定められている（報酬法8条，9条，報酬表A～C）[7]。

(8) 社会法による支援との連携

世話が開始する前の段階で，「他の援助（andere Hilfe）」によって世話の開始を回避するために，本人に必要な情報を提供することが世話官庁の職務とされたうえで（世話組織法5条1項），社会法典に，社会福祉運営主体と世話官庁が「他の支援」を斡旋するために協働すべきことが定められた（社会法典Ⅰ新17条4項など）[8]。

以上のうち，2021年改正法の最も重要な理念といえる(1)被世話人の自己決定支援と(2)被世話人の希望の優先を中心に，改正の理念が，世話の開始，世話の範囲，世話人の選任，世話人の職務という局面で，どのように立法化されているかを章を改めて紹介することにしたい。

Ⅳ 改正理念の立法化

1 世話の開始

(1) 世話開始の要件

世話開始の要件については，条文の文言は修正されたものの，実質的な変更は加えられておらず，成年者が自己の事務の全部または一部を法的に処理する

---

(7) 例えば，世話人が，大学での専門教育またはこれと同等の教育を受けた者である場合，世話開始後の3カ月は，被世話人が施設に入居し，かつ資力がある（nicht mittellos）ときは，月額327ユーロが報酬とされる。

(8) 以上のほか，2021年改正法により，婚姻の効果（新1358条）として，夫婦の一方は，他の一方が意識不明または疾病を原因として健康配慮事務（Angelegenheiten der Gesundheitssorge）を法的に処理できないとき，その者を緊急に代理することができる旨の規定も新設された。拙稿・前注(5)158頁参照。

ことができず，かつ，それが疾病または障害に基づくこととされ，身体的障害による場合も含まれる（新1814条1項）[9]。世話開始の申立権者（世話人選任の申立権者）についても変更はなく，成年者本人に限られるが，精神的障害を理由とする場合は，世話裁判所の職権によって世話人が選任されることもある（同条4項）。

　なお，世話の開始（世話人の選任）は，本人の自由な意思に反してすることはできない（新1814条2項）。この規定は，2005年の第2次世話法変更法（das Zweite Betreuungsrechtsänderungsgesetz）により，当時の判例を踏まえて立法化された規定を引き継いだものである。ここでいう「本人の自由な意思」とは，本人の弁識能力を前提として形成された意思を指すとされるから，本人がそうした意思形成が可能な状況にあり，世話の開始に反対している場合は，世話の開始は許されない。

(2) 世話の必要性

　世話制度が制定された当初から，いわゆる必要性の原則が強調され，世話は必要な場合に限って命じられるべきものとされてきた。2021年改正法は，これをさらに強調しており，例示ではあるが，任意代理人による支援その他の援助がある場合には，世話人の選任は不要であることが明記された（新1814条3項1号および2号）。以下に詳述したい。

　(a) 本人のためにすでに任意代理人がおり，この者が本人の事務を適切に処理できる場合は，世話人の選任は必要ではない。任意代理権の授与は，原則として特別な方式によることを要しないが，本人が事前配慮代理権（Vorsorgevollmacht）（世話が必要となる場合に備えて予め授与される任意代理権）を授与していた場合は，その代理権授与証書を有する者は，世話人選任の手続開始を知った後，遅滞なくこれを世話裁判所に告知しなければならない（新1820条1項）。また，医療措置への同意，撤回または拒絶（新1829条1項1文），収容および収容類似の措置への同意（新1831条），医師の強制措置への同意および入院措置への同意（新1832条）について任意代理権を授与する場合は，書面によらなければならない（新1820条1項・2項）。

　なお，世話の開始は，本人の行為無能力[10]を要件としているわけではない。

───────────

(9)　ドイツ民法1814条については，拙稿「（ドイツ家族法研究会）親としての配慮・補佐・後見(9) ドイツ民法1814条注解」民商法雑誌159巻2号（2023年）121頁参照。

(10)　104条2号によると，「自由な意思決定ができないような精神活動の病的な障害状態にある者は，その状態が性質上一時的なものでない限りにおいて」行為無能力である旨定めている（自然的行為無能力）。また，105条1項は，行為無能力者の意思表示は無効

そうすると，本人になお行為能力があり，任意代理権の授与が可能であるのに世話人の選任を申し立てている場合，世話裁判所は，本人に任意代理権の授与を指示できるかが問題となる。そのような場合，世話裁判所が世話開始の申立てを却下することができると解釈することも可能であるが，そのように解釈すると，そもそも世話人の選任は行為無能力者のみを対象とすることにもなるし，間接的にであれ，本人に任意代理権の授与を強制することにもなる。こうしたことから，本人が第三者に任意代理権を授与することを拒否している場合，それを理由に世話人選任の申立てを却下することはできないと解されている。

(b) その他の援助　本人の事務が，法定代理人が選任されるまでもなく，その他の援助（andere Hilfe）によって処理できる場合も，世話人の選任は不要とされている。他の援助とは，家族，友人，隣人，老人介護の訪問員，家庭支援員などであり，本人の事務がこれらの者による事実行為としての生活支援や日常生活に関する行為（Alltagsgeschäfte）をもって処理できる場合は，世話人は選任されない。なお，日常生活に関する行為に本人のための買い物などが含まれるときは，これにつき黙示の授権があったと解する余地があると指摘されている。

2021年改正法は，その他の援助として，とくに社会法その他の規定に基づく支援を明記した。これにより，社会法等の規定を根拠とするあらゆる支援が世話人の選任に優先することになる。これに伴って，社会法典も改正され，社会給付提供主体（Sozialleistungsträger）は，世話を回避するために適切な援助を仲介する際には世話官庁と協働するものとされたほか（社会9編17条4項），個別の援助については，社会給付提供主体が包括的な助言と支援の義務を負う（社会9編106条）。そのうえで，こうした義務が果たされても，本人が給付請求に必要な法的行為をすることができない状態にあるときは，世話人の選任が必要となる。

なお，具体的な支援としては，社会法典9編による援助（Eingliederungshilfe），社会法典8編41条による27歳以下の者を対象とする青少年援助（Jugendhilfe），社会法典7編67条ないし69条による特別な社会的困難（besondere soziale Schwierigkeiten）を回避するための援助などが挙げられている。

であることを規定する。

2 世話の範囲

(1) 世話人の職務範囲

　世話人の職務範囲は，世話裁判所が世話人を選任する際に，その決定において明示しなければならない（家事事件・非訟事件手続法286条1項1号）。世話制度においては，世話人の職務の範囲が予め定型的に定められているわけではない。世話人の職務範囲は，被世話人が自己の事務の全部または一部を法的に処理することができない場合に，世話人による支援ないし代理が必要となる範囲に限られる。こうした「必要性の原則」は，1990年に世話制度が創設されて以来採用されてきた考え方である。2021年改正法は，こうした考え方を維持したうえで，世話裁判所に，さらに具体的な職務領域（Aufgabenbereich）まで指示することを求めており，従前は可能と解されていた被世話人の「すべての事務（alle Angelegenheiten）」を世話の範囲として定めることはできない（新1815条1項）[11]。

　2021年改正法前の世話の実態に関する調査報告書（hrsg. vom Bundesministerium der Justiz und für Verbraucherschutz, Qualität in der rechtlichen Betreuung）（以下「調査報告書」という。）によると，2015年末の段階で世話の総数は124万8,900件であり，このうち職業世話人による世話が59万100件（47.2％），名誉職世話人による世話が65万8,800件（52.8％）とされているが，職業世話人による世話の約14％が「すべての事務」を職務範囲としていたという（調査報告書74頁）。こうした世話は，経過規定（民法施行法229の54条3項）により，2024年1月1日までに見直すべきものとされている。

　他方，個別の職務領域を定めるといっても，一定程度の包括的な職務領域，例えば「財産配慮（Vermögenssorge）」を定めることは許される。ちなみに，前述の調査報告書によると，2021年改正法前は，職業世話人による世話のうち60％程度は，「財産配慮（Vermögenssorge）」，「健康配慮（Gesundheitssorge）」，「居所指定（Aufenthaltsbestimmung）」が同時に職務範囲とされていたという（調査報告書73頁）。

　ちなみに，「財産配慮」が命じられた場合は，そこには財産上の事務のすべてが含まれることになる。例えば，不動産・動産の管理・処分，年金や失業手当の申請・受領，官庁・銀行・保険会社などに対する権利の行使・義務の履行，扶養にかかわる権利の行使や義務の履行，相続証書の交付請求や遺産分割，相

---

(11) ドイツ民法1815条については，拙稿「（ドイツ家族法研究会）親としての配慮・補佐・後見(10)　ドイツ民法1815条注解」民商法雑誌159巻4号（2023年）71頁参照。

続の放棄等である。もとより，職務範囲を個別の事務に限定して定めることは可能であり，2021年改正法は，むしろそれを指向しているともいえるが，相当程度の資産を管理する必要がある場合などは，多岐にわたる活動が求められることになるから，職務範囲を狭く厳格に限定することは危険との指摘もある。

もっとも，「身上監護」に関しては，本人の人格的自由を著しく制約する事務も含まれることから，従来，包括的に職務範囲を設定するのは極力避けるべきと解されてきた。この点，2021年改正法は，①自由の剥奪を伴う施設への収容，②自由の剥奪を伴う措置，③外国における被世話人の常居所の定め，④被世話人の交流に関する定め，⑤電子的な通信を含む被世話人の通信に関する判断，⑥被世話人の郵便物の受領，開封および留置きに関する判断を世話人の職務とする場合は，世話裁判所がこれを明示して定めなければならないとした（新1815条2項1号ないし6号）。なお，不妊化手術への同意については，不妊化手術世話人が選任される（新1830条）。

(2) 監督世話人の職務範囲

前述のとおり，被世話人となる者にすでに任意代理人がおり，この者によって本人の事務が適切に処理される場合は，世話人が選任されることはない（新1814条3項2文1号）。もっとも，任意代理人は，世話人とは異なり，世話裁判所の監督には服さず，本人自身がその監督をするしかない。しかし，本人が病気等の理由で任意代理人を監督できなかったり，行為能力も喪失して任意代理権を撤回できなくなったりする場合がある。そこで，従来から，世話裁判所は，任意代理人の監督を職務とする監督世話人（Kontrollbetreuer）を選任できるものとされてきた。しかし，監督世話人の選任は，本人の自己決定に対する重大な介入と位置づけることもできる。そこで，2021年改正法は，一定の要件，すなわち，①本人が疾病または障害によって任意代理人に対する権利を行使することができず，かつ②任意代理人が本人の事務を本人との取決めまたは本人の意思に沿って処理しないと思われる具体的な根拠がある場合限って，監督世話人を選任できることを明文化した（新1820条3項）。

こうした監督世話人には，「任意代理人に対する本人の権利の行使」のほか，「第三者に対する本人の情報提供請求権および説明請求権の行使」も職務領域として定めることができる（新1815条3項）。なお，「任意代理人に対する本人の権利の行使」には，任意代理権の撤回権も含まれるとされているが，監督世話人が任意代理権を撤回できるのは，①任意代理を継続すると，被世話人の身上または財産が侵害されることが高度な蓋然性をもって深刻に危惧され，かつ，

②緩やかな措置では被世話人に損害が生じることを回避するのに適していない場合に限られ，しかも世話裁判所の許可を要する（新1820条5項）。

3　世話人の選任
(1)　世話人の適性

　一般的な世話人の適性（Eignung）についての規定（新1816条1項）[12]は，基本的に改正前の規定（旧1897条1項）を引き継ぐ内容となっている。すなわち，世話人には，世話裁判所が定める個別の職務範囲において，①被世話人の希望ないし推定的意思を確認し，これを尊重して被世話人の事務を処理すること，さらに，②こうした被世話人の希望ないし推定的意思を確認するために，被世話人と個人的な接触を保つことに適切な人材であることが求められる。もっとも，そうした人材であっても，改正前と同様，本人が生活する施設等と従属関係にある者は，利益相反のおそれがあることから，原則として世話人に選任できない（新1816条6項）。

　後述するように，2021年改正法は，世話人の選任について，従前にもまして本人の希望を尊重することを求めている。もっとも，本人がそのような希望を表明しない場合，または希望した人物が世話人としての適性を有しない場合，世話裁判所は，まずもって自然人を世話人に選任すべきものとされている。その自然人たる世話人は，名誉職世話人（ehrenamtlicher Betreuer）と職業世話人（beruflicher Betreuer）に大別される。このうち，名誉職世話人の選任が優先されるべきものとされているが，その際は，第一に，本人の家族関係その他の個人的関係を世話人の選択にあたって考慮すべきことが定められている（新1816条3項）。こうした，本人の家族関係その他の個人的関係を考慮して選任される世話人は，親族世話人（Angehörigenbetreuer）とも呼ばれるが，親族世話人の選任ができない場合は，第三者世話人（Fremdbetreuer）の選任が検討されることになる。その場合，第三者世話人には，世話社団（Betreuungsverein）との間で「指導と支援に関する協定（Vereinbarung über eine Begleitung und Unterstützung）」を締結することが求められており（世話組織法15条1項4号，22条2項），世話裁判所は，協定をした第三者世話人に限って世話人に選任できる（新1816条4項）。第三者世話人は，この協定に基づいて，世話社団による継続的な指導および研修を受けることになる。2021年改正法により新たに

---

(12)　ドイツ民法1816条については，拙稿・前注(11)80頁の同条の注解参照。

設けられた規定であり，世話の質の向上を目指したものである。

なお，名誉職世話人の選任ができない場合は，その限りで，職業世話人が選任されることになる（新1816条5項）。職業世話人とは，独立して，または認可された世話社団の職員として世話を遂行する自然人であって，世話官庁に登録している者をいう（世話組織法19条2項）。職業世話人として登録するためには，個人的な適性および信頼性を備えていること，および責任保険に加入していることが求められるほか，専門知識を備えていることも必要とされる（世話組織法23条1項）。そこでいう専門知識には，世話法，収容法，これらに関連する手続法の知識，身上監護および財産配慮に関する知識，社会福祉法上の支援制度に関する知識，疾病または障害をもった者とのコミュニケーションに関する知識，意思決定の支援をする方法に関する知識が含まれる（世話組織法23条3項）。

ちなみに，ここでいう職業世話人には，認可された世話社団の職員が世話人となる場合も含まれ，これを社団世話人（Vereinsbetreuer）という。また，これらの者に世話人となりうる者がいない場合は，世話官庁の職員が世話人となることもあり，これを官庁世話人（Behördenbetreuer）という（新1819条4項）。

最終的に自然人の世話人が選任できない場合は，世話社団自体が世話人に選任されることになり（新1818条1項），それでも十分な世話が期待できない場合は，世話官庁自体が世話人となる（同条4項）。

(2) 本人の希望の尊重

2021年改正法は，世話人の選任にあたって，本人の希望を尊重すべきことを定める。改正前の旧1897条4項も，本人が世話人たるべき者を提案する場合は，「本人の福祉に反しない限り」，その提案に応ずべきこと，また，本人が特定の人物を世話人に選任しないように提案する場合は，これを考慮すべきことを定めていた。これに対して，新1816条2項は，本人の希望に従前にもまして重要な意味を認めている。すなわち，本人が特定の人物を世話人として提案する場合も，世話人として拒絶する場合も，世話裁判所は，原則としてそうした本人の希望に応じなければならず，この希望尊重義務には，旧条文にあったように，本人の提案が本人の福祉に反するかどうかという視点からの制約は盛り込まれていない。世話裁判所が本人の希望に応じないことが許されるのは，希望する人物が前述(1)の世話人としての適性を欠く場合に限られる（同条同項1文但書）。

なお，本人が世話人の候補者を次々と拒否することで，結局のところ世話の

開始自体を拒絶していると認められるときは，世話裁判所は，そうした希望に応じる必要はない（新1816条2項2文但書）。その場合に問題となるのは，本人の意思に反しても世話を開始することができるかであり，これは前述1(1)のとおり，世話の拒絶が「本人の自由な意思」によっているかどうかによって判断される。

ちなみに，本人の希望は，世話手続の開始前に表明されていたときでも，本人がその希望に固執しないことが明らかである場合を除き，世話裁判所はこれに応じなければならないとされているほか（新1816条23文），本人が世話の開始する場合に備えて世話人の選択や世話の遂行についての希望を表明した文書を作成していたとき，その文書を所持する者は，世話人の選任手続の開始を知った場合，その文書を遅滞なく世話裁判所に提出しなければならない（同条同項4文）。

本人の希望が表明されていない場合は，前述(1)のとおり，名誉職世話人の選任が優先されるが，本人が職業世話人の選任を希望していた場合にこれに応ずべきかが問題となる。2021年改正法の政府草案理由書では，事情によっては職業世話人を選任し，本人の自己決定を尊重すべきと指摘されている[13]。

(3) 裁 判 手 続

2021年改正法により，世話裁判所は，手続の開始にあたって，世話人の職務，手続の進行，世話人の選任に伴って生じうる費用について本人に情報提供をすべきものとされた（家事事件・非訟事件手続法275条2項）。これは改正の目的でもある本人の自己決定権重視に対応するものである。

世話裁判所は，世話人の選任にあたって，原則として直接本人を聴聞し，その希望を照会しなければならず，本人について個人的な心証を得なければならない（家事事件・非訟事件手続法278条1項1文・2文）。なお，裁判所は，本人が求めるとき，または事実の解明に有用であり，かつ本人が異議を申し立てないときは，通常本人が置かれている環境において個人的心証を形成しなければならない（同法同条同項3文）。

2021年改正法により，本人を聴聞する際，世話裁判所は，さらに具体的に，手続の進行，鑑定の結果，世話人候補者，世話人の職務範囲，裁判所が世話の廃止または延長，同意の留保の命令について判断すべき時期につき，本人と討議（erörtern）しなければならないとされたほか，事案によっては，裁判所は，

---

(13) BT-Drucks. 19/24445, S.239.

事前配慮代理権の利用可能性についても伝えるものとされた（家事事件・非訟事件手続法278条2項1文・2文）。

世話人の選任を内容とする世話裁判所の判断は，決定（Beschluß）によるものとされ（家事事件・非訟事件手続法38条1項），その内容として，個別の職務領域（einzelne Aufgabenbereiche）を挙げて世話人の職務の範囲を表示することが求められる（同法286条1項）。また，決定理由には，世話裁判所が世話の廃止または延長について判断すべき時期も記載されていなければならず（同法同条3項），その時期は，決定の時から最長7年の間に設定するものとされている（同法294条3項，295条2項）。

4 世話人の職務

(1) 世話人選任の効果

世話人が選任されると，定められた世話の範囲について世話が開始する。もっとも，従来と同様，世話人が選任されても被世話人の行為能力に影響はないから，「同意の留保」が命じられている場合（新1825条）はともかくとして，被世話人は，世話人の職務範囲においても，自ら有効に意思表示をし，かつ受領することができる。また，被世話人の医的措置等への同意能力（Einwilligungsfähigkeit）にも影響はないから，被世話人に同意能力がある限り，自由の剥奪を伴う収容をはじめ，その他の医的措置等について，被世話人自らが同意することができ，世話人は，被世話人の判断を支援すべきことになる。

また，改正前と同様，世話の開始は，本人の婚姻能力や遺言能力にも影響を及ぼさない。婚姻能力については1304条によるし，遺言能力の有無は2229条によって判断される。また，同意の留保は，婚姻の締結や死因処分について命じることはできないから（新1825条2項），婚姻や死因処分の有効性が世話人の同意の有無にかからしめられることもない。

他方，世話人は，その職務範囲において，裁判上および裁判外で本人を代理する権限を有する（新1823条）。これは，旧1902条を引き継いだ規定である。

(2) 世話人の義務

世話制度は，要保護成年者のための意思決定の代行（代理）制度として機能してきた。しかし，2021年改正法は，世話人の職務として，意思決定の代行に優先して，被世話人自身がその事務を法的に処理することを支援すること，すなわち本人の意思決定の支援を求めている（新1821条1項）[14]。これは，障

---

(14) ドイツ民法1821条については，神野礼斉「（ドイツ家族法研究会）親としての配

害者権利条約12条3項への適合を意識した規定であり，世話人は，まず第一に，被世話人自身が意思決定をするための支援，さらに事情によっては意思表示をする支援をしなければならない。もっとも，政府草案理由書は，代理も支援の一形態であるとしたうえで，代理以外の支援では十分ではない場合に限って，代理を活用することが許されると説く[15]。

なお，代理よりも支援を優先するとの規定は，世話人と被世話人との内部関係に関する規律であり，第三者との対外関係には影響しないとされている。すなわち，被世話人が自ら法律行為をすることができる状態であるのに，世話人が代理をしたという場合でも，代理行為の有効性に影響が及ぶことはない。

(3) 被世話人の希望

問題となるのは，世話人が被世話人の意思決定を支援したり，代理をする場合に，どのような規準に従うべきかである。2021年改正法前の旧1901条2項は，世話人は，被世話人の福祉に適うように被世話人の事務を処理しなければならないと規定するとともに，被世話人の福祉には，被世話人がその能力の枠内で自らの希望と考えに従って生活を形成する可能性も含まれるとしていた。また，同条3項は，世話人は，被世話人の福祉に反せず，かつ世話人に期待可能な限りで，被世話人の希望に応じなければならないと規定していた。その意味で，改正前の世話法も，被世話人の希望に一定の意味を持たせていた。もっとも，条文の表現からすると，ここで世話人の行動規準とされているのは，被世話人の福祉であって，これは，被世話人にとっての客観的な意味での福祉と解釈せざるを得ない面があり，障害者権利条約12条4項には一致しない。同条約が規準として求めるのは，本人にとっての客観的な意味での「最善の利益」ではなく，本人の「意思と選好」である。そこで，2021年改正法の立法段階から，条文上は「福祉」の用語を用いるべきではないとの主張があった。

新1821条2項は，「世話人は，被世話人がその可能性の範囲内で自己の希望（Wünsche）に従って生活を形成することができるように，被世話人の事務を処理しなければならない。」とする。ここでいう「可能性の範囲内（im Rahmen seiner Möglichkeiten）」とは，人的，経済的，その他のリソースに基づいて可能な範囲という趣旨である。その範囲で，世話人は，被相続人の希望に従わなければならない。希望は，それが合理的な根拠に基づいているかどうか

慮・補佐・後見(11) ドイツ民法1821条注解」民商法雑誌159巻6号（2024年）266頁参照。
(15) BT-Drucks. 19/24445, S.251.

は問われないし，客観的にみて理性的かどうかも問われない。さらに被世話人に行為能力が備わっているかどうかも無関係とされる。要するに，被世話人が自由な意思を形成できる状態にないときでも，客観的な意味での福祉に依拠して職務を遂行することは許されず，あくまでも被世話人の希望を尊重すべきことになる。また，被世話人の希望が確認できないときも，客観的な福祉によるのではなく，世話人は，被世話人の推定的意思（mutmaßlicher Wille）を探求し，これを実現しなければならない（新1821条4項）。

(4)　希望遵守義務の例外

　上述のとおり，世話人は，あくまでも被世話人の希望に従って職務を遂行するのが原則である。もっとも，立法段階から，ドイツの判例において展開されてきた，要保護成年者に対する国家の保護義務（Schutzpflicht des Staates）[16]との関係で，世話人が負う希望遵守義務にも限界があることが意識され，この点では広く見解が一致していた。これを具体的に規定したのが新1821条3項1号である。具体的には，「被世話人の身上もしくは財産が希望に応じることによって著しく危険にさらされ，かつ，被世話人が疾病もしくは障害のためにこの危険を認識できず，または，その認識に従って行動することができないとき」は，世話人は，被世話人の希望に応じる必要はない。

　まず「被世話人の身上もしくは財産が著しく危険にさらされる」とは，被世話人の生活全般が著しく悪化する場合を指すとされ，希望に応じると，被世話人の生命，健康または財産といったより高次の法益に差し迫った悪影響を生じさせ，その悪影響が希望に応じないことを正当化するほどに重大なものであることを要するとされる。また，従来の判例によると，被世話人が自身の収入と資産で終生にわたって生計を維持することが見込まれるときは，世話人は，財産を危うくするという理由だけで，被世話人の希望に応じないことは許されないという[17]。

　被世話人の希望に応じないことが許されるためには，以上のような危険の存在に加え，さらに「被世話人が疾病もしくは障害のためにこの危険を認識できず，または，その認識に従って行動することができない」ことが求められる。従来の判例によると，被世話人が疾病を原因として自由な意思を形成すること

---

(16)　国家の保護義務については，神野礼斉「ドイツ世話法における強制治療と国家の保護義務――連邦憲法裁判所2016年7月26日決定を素材として」九州国際大学法学論集23巻1・2・3号（2017年）181頁。

(17)　BT-Drucks. 19/24445, S.252.

ができず，生活設計の基盤や方針をつくることができない状態にあるか，疾病を原因として意思形成の根拠となっている事実を誤認している状態にあることを要する[18]。

この他，新1821条3項2号は，いま一つ，希望遵守義務の例外を定めている。それは「被世話人の希望に応じることを世話人に期待することができない（unzumutbar）とき」である。例えば，世話人に過度な負担となる行き過ぎた行為が求められる場合や，第三者や公共に危険が生ずる行為が求められる場合，違法な行為の実行やその幇助が求められる場合，世話人は，被世話人の希望に応じることを拒絶できる。もっとも，被世話人の希望に応じないことが倫理観や宗教観など世話人の価値観に基づいている場合は，ここでいう例外にはあたらず，むしろ世話人の適性の問題になるとされている[19]。

ちなみに，被世話人の希望に応じることは，世話人の義務である。世話法においては，財産管理だけではなく，世話裁判所の許可を要件とはするものの，医療措置や不妊化手術，施設への収容等への同意も世話人の職務とされる場合があり（新1829条以下），世話人が被世話人の希望に応ずるべきかどうかの判断が困難な場合も想定される。世話人に義務違反があった場合，これにより損害が発生したときは世話人の責任が問われるし（新1826条1項），解任事由にもなりうる（新1868条1項）。他方，世話裁判所は，世話人の権利や義務について世話人に助言するものとされているほか（新1861条1項），世話人の活動全般を監督するものとされている（新1862条1項）。

V　結びに代えて

ドイツ世話法は，もともと必要性の原則を強調してきた。すなわち，要保護成年者の能力のレベルを問題とするのではなく，その者が自己の事務を適切に処理できない場合を想定し，他の援助によっては適切な事務処理ができないときに，その限りで世話人を選任するものとしていた。2021年改正法は，まずもって，この必要性の原則をさらに強めたと評価できる。まず「他の援助」に，社会法上の支援も含むものとし，世話に至る前段階で，社会法との連携を明記した。また，世話が開始された場合も，被世話人の「すべての事務」を世話の範囲として定めることはできないことになった。また，世話人選任の決定には，世話の廃止または延長を判断すべき時期が記載されていなければならない。

---

(18)　BT-Drucks. 19/24445, S.252.
(19)　BT-Drucks. 19/24445, S.253.

また，2021年改正法は，本人の自己決定の支援をも鮮明にしており，その前提として，世話人選任の裁判手続の段階から，世話裁判所は，手続の進行や鑑定の結果，世話人候補者，世話人の職務範囲等について本人に情報提供をすべきとしているほか，世話人が選任されても，世話人には。まずもって代理によるのではなく，本人自らがその事務を法的に処理することを支援するように求めた。また，本人の希望の尊重も，世話人の選任段階はもとより，世話人の職務遂行においても強調され，本人の希望が世話人の職務遂行の規準とされた。

　その限りで，2021年改正法は，意思決定の代行から意思決定の支援へ，本人にとっての「最善の利益」ではなく，本人の「意思と選好の尊重」という障害者権利条約が打ち出したパラダイムの転換を世話制度に取り入れようとした。もっとも，世話人が法定代理人であることには変わりはないし，同意の留保の規定も維持されている。この点，国連は，2021年改正法について批判的な見解を表明している[20]。他方，これとは逆に，2021年改正法によるパラダイムの転換がドイツにおいてどのように評価され，実務においてどのように受け止められるかも，今後の注目すべき点といえよう。本人の「希望の尊重」を軸とする以上，世話人はもとより，世話裁判所や世話官庁，世話社団といった関係機関は，いままでにないスキルを備える必要があろうし，世話人がどこまで本人の希望に応じなければならないのかという問題についても，事例の集積を待つ必要があろう[21]。

　翻ってわが国の成年後見制度については，法制審議会を中心に改正の議論が進められる段階にある。周知のように，現在の成年後見制度は，成年者の能力のレベルに応じて「後見」「保佐」「補助」の三類型が用意されている。ドイツ世話法とは異なり，医療措置等への同意権が成年後見人の権限に含まれることはないが，最もよく利用されている「後見」類型の場合，被後見人の必要性とは無関係に一律に行為能力が制限されるほか，成年後見人には被後見人の財産につき包括的な代理権が認められる。成年後見人には被後見人の身上配慮義務があり，かつ家庭裁判所の監督に服するとはいえ，広範な裁量が認められているのも事実である。例えば，被後見人が作成していた遺言書において遺贈の目

---

[20] ドイツおよびオーストリアの立法に関する国連の見解については，福田智子（日本成年後見法学会第21回学術大会）「〔基調報告1へのコメント〕法定後見の改正にむけて——障害者権利条約と諸外国の法改正を参考に」で取り上げられている。

[21] 日本成年後見法学会2023年度国際交流・Anatol Dutta教授特別講演会「ドイツおよびEUにおける成年者保護制度の展開」において，Dutta教授からも，現時点において2021年改正法の評価をすることは時期尚早との見解が表明された。

的とされた財産を成年後見人が処分し，その代金を被後見人の預貯金に組み入れるといった事態も当然に想定される[22]。

　ドイツ世話法のように成年者個々の必要性に焦点を当てるとすれば，成年者の能力レベルに応じた多元的な保護類型を維持することには意味がないように思われ，むしろ保護制度の一元化に向けて，その合理性やわが国における実現可能性を検討すべきであろう[23]。そのうえで，本人の希望の尊重・自己決定の支援をどのように取り込んでいくかが重要な検討課題になるように思われる。

---

(22)　成年後見人の責任が問題になった事案ではなく，そのため財産処分に至った経緯は不明であるが，広島高判平成30年9月27日裁判所ウェブサイト参照。
(23)　補助類型への一元化を提唱する見解として，新井誠『成年後見制度の生成と展開』（有斐閣，2021年）93頁，赤沼康弘（日本成年後見法学会第21回学術大会）「［基調報告1］法定後見制度改正の方向性と具体的改正項目に関する補足的検討」。

18 国連障害者権利条約と意思決定支援の制度化*
——ドイツ「法的世話法」の改革からの示唆を得て

朴　仁　煥

　Ⅰ　序　　言
　Ⅱ　条約第12条と韓・日の成年後見制度の評価
　Ⅲ　ドイツの法的世話法（rechtliche Betreuung）の改革
　Ⅳ　結論に代えて，意思決定支援のための保護措置の再構成

＊　本稿は筆者が韓国ですでに発表した既存の研究を土台に2023年1月1日に施行された改正ドイツ民法から示唆を得て，日本の読者のために再構成したものであることをお断りしておく。この論文の基礎となった韓国での筆者の論文は次の通りである。国連障害者権利協約と成年後見パラダイムの転換——意思決定代行から意思決定支援へ——，家族法研究第28巻第3号（2014.11），障害者権利協約と意思決定支援制度化のための国際的模索，法学研究（仁荷大）第22巻第2号（2019.6），私的自治の原則と意思決定支援制度化の模索，民事法学第95号（2021.3），国連障害者権利条約と意思決定支援制度化の模索，新春を開く民法学，弘文社，251面以下。なお，日本で公表されたものとして，韓国における意思決定支援の制度化の模索，成年後見法研究第21号（日本成年後見学会，2024.6.30）と成年後見制度の在り方に関する研究会報告書（別冊NBL No.188, 2024.5）第7部大韓民国を合わせて参照されたい。

Ⅰ　序　　言

　近代以後，ほとんどすべての私法体系は，合理的判断能力の不足のため，自己の権利と利益を守ることができないと見なされる成人を法的に保護するために，自ら法律関係を形成する資格（行為能力）を制限し，後見人など第三者に本人に代わって法律関係を形成する権限（法定代理権）を付与する後見制度を設けている。しかし，判断能力が足りない成年者を自分の法律関係を形成するための決定から排除することにより保護するという近代私法の制度構想は，

現代の障害者権利章典である国連障害者権利条約[1]と衝突し，一大変革が求められている。

国連障害者権利条約（The Convention on the Rights of Persons with Disabilities, 以下条約という）は，従来障害を福祉政策的次元で医学的・社会的観点からアプローチしたのとは異なり，障害を人権の観点から一貫した最初の国際文書である。条約は，人権の観点から，障害者の統合（integration）から包容（inclusion）に障害者政策のパラダイムを転換し，障害者を福祉とケアの対象から非障碍者と同等にあらゆる生活関係おいて自ら決定できる法的主体として認めるよう強く求めている[2]。

成年後見制度と関連して条約第12条は「障害者がすべての領域で法の前で人間として認められる権利があることを再確認」し（第1項），「障害者が生活のすべての領域で他の人々と平等の条件で法的能力（legal capacity）を享有することを認めなければならず」（第2項），これを前提に「当事国は障害者が彼らの法的能力を行使するために必要な支援を受ける機会を提供されるよう適切な立法その他の措置を取らなければならない」と規定する。さらに，障害者の法的能力の行使と関連した立法と措置が遵守すべき安全装置（safeguards）として，個人の権利（right），意思（will），選好（preferences）を尊重し，利害の対立や不当な圧力の排除，個人の置かれた環境に合わせたバランス，可能な限り最短期間の適用，独立的かつ公正な機関による定期的な審査などを提示した（第4項）。

条約第12条の趣旨は，障害者の法的能力の享有とその法的能力の行使を支援するための支援の要請にある。特に国連障害者権利委員会（Committee on the Rights of Persons with Disabilities，以下，委員会という）は，条約の国内履行に関する各国政府報告書[3]の審議後に公表する総括所見（concluding

---

(1) 障害者権利協約はこの条約によって障害者に新しい性質の権利を付与するのではなく，従来の人権条約で認められた普遍的人権が障害者には完全に実現されなかったという問題意識から，これらの人権が障害者にも差別なく実現することを保障するために成立した。障害者権利条約とその選択議定書（A/RES/61/106）は2006年12月13日にニューヨークの国連本部で採択され，2007年3月30日に署名が開始され，2008年5月3日に発効された。現在，条約の批准国は188カ国，署名国は164カ国，選択議定書批准国104カ国，署名国は94カ国である。<https://social.desa.un.org/issues/disability/crpd/convention-on-the-rights-of-persons-with-disabilities-crpd>

(2) Volker Lipp, UN-Behindertenrechtskonvention und Betreuungsrecht, BtPrax 2010, S. 263.

(3) 各当事国は，条約に基づく義務を履行するために取った措置及び過程について，条約が当事国で発効した後，2年以内に最初の報告書を作成し，国際連合事務総長を通じ

observations）において，条約第12条の履行に関して，各国の成年後見制度を「代替意思決定（substitute decision-making）」と批判し，これを法的能力の享有を前提に障害者の権利（rights），意思（will），選好（preferences）を尊重する「意思決定支援（supported decision-making）」に転換することを繰り返し要請した[4]。委員会は，2014年9月，韓国初の政府報告書に対する審議後に公表した総括所見でも，韓国の成年後見制度を代替意思決定と批判し，これを意思決定支援制度に転換することを勧告した[5]。

そして2022年8月24，25日，韓国の第2・3次併合報告書の審議後に公表した最終見解でも委員会は成年後見及び代替意思決定制度を廃止するための進展がなく，これを意思決定支援制度に完全に転換するための時間計画が提示されなかったという点に対して深い憂慮を表明するとともに，代替意思決定を，障害者の自律性，意思，選好を尊重し個別化された支援の提供を保障する意思決定支援に切り替えることを再度勧告した。一方，日本は韓国の第2・3次併合報告書審議と同じセッションで最初の政府報告書に対する審議を受けた。委員会は，日本における成年後見制度についても，法の前における平等な認定に関する一般的意見（General Comment）第1号（2014）に基づき，「(a)代替意思

て委員会に提出し，その後は少なくとも4年ごとに後続報告書を提出しなければならない（協約第34条）。障害者権利委員会は当事国会議で選出された4年任期の専門家（最大18人）で構成され（協約第35条），委員会は各国の報告書を検討し，報告書に関して適切であると判断した提案と一般勧告を行い，これを関連当事国に送付する（協約第36条）。

(4) 枚挙に暇がないが，代表的な国について，スペイン［Committee on the Rights of Persons with Disabilities, Concluding Observations on the initial report of Spain (U.N. Doc. CRPD/C/ESP/CO/1, 19 October 2011) para 33, 34］，フンガリ［Committee on the Rights of Persons with Disabilities, Concluding Observations on the initial report of Hungary (U.N. Doc. CRPD/C/HUN/CO/1, 27 September 2012) para 25, 26］，中国［Committee on the Rights of Persons with Disabilities, Concluding Observations on the initial report of China (U.N. Doc. CRPD/C/CHN/CO/1, 15 October 2012) para 21, 22］ドイツ［Committee on the Rights of Persons with Disabilities, Concluding Observations on the initial report of Germany (U.N. Doc. CRPD/C/DEU/CO/1, 17 April 2015) para 25, 26）, 英国［Committee on the Rights of Persons with Disabilities, Concluding observations on the initial report of the United Kingdom of Great Britain and Northern Ireland (CRPD/C/DEU/CO/1, 3 October 2017) para 30, 31］本文で引用した国連文書はすべて次の国連のサイト <https://tbinternet.ohchr.org/_layouts/15/TreatyBodyExternal/TBSearch.aspx?Lang=en>（2023年12月15日最終訪問）で検索できる。

(5) Committee on the Rights of Persons with Disabilities, Concluding observations on the initial report of the Republic of Korea (U.N. Doc. CRPD/C/KOR/CO/1, 3 Otober 2014), para. 21, 22.

決定制度を廃止するため，すべての差別的な法律条項及び政策を廃止し，すべての障害者が法の前で同等に認められる権利を保障するため民法を改正すること及び(b)必要な支援の水準や方式にかかわらず，すべての障害者の自律性，意思，選好を尊重する意思決定支援メカニズムを構築すること」を勧告した。

このような委員会の最終見解に対して当事国はこれを履行するための後続措置をしなければならず，このような後続措置に対する内容は次の政府報告書に記載しなければならない。これで条約上の義務の履行に関して当事国は継続的な監視を受けることになる。

そこで本稿では，条約第12条の観点から韓日両国の成年後見制度の問題点を考察し（Ⅱ），条約第12条に対応したドイツ民法の最近の改正動向を参考にして（Ⅲ），現行の成年後見制度の法的措置を意思決定支援の観点から再構成する構想（Ⅴ）を提示することにする。

Ⅱ 条約第12条と韓・日の成年後見制度の評価

1 条約第12条の意義

国連障害者権利条約の中で成年後見制度と直接関連した条項は条約第12条である。

条約第12条（法の前で平等に認められる権利）
1. 当事国は障害者がどこでも法の前に人間として認められる権利があることを再確認する。
2. 当事国は障害者がすべての領域で他の人々と平等な条件で法的能力（legal capacity）を享有することを認める。
3. 当事国は障害者が法的能力を行使するため必要な支援にアクセスできるよう適切な立法その他の措置を取る。
4. 当事国は法的能力行使と関連のあるすべての立法またはその他の措置が国際人権法に従い濫用を防ぐための適切で効果的な安全装置（safeguards）を提供することを保障しなければならない。そのような安全装置は，法的能力の行使と関連のある措置が個人の権利（rights），意思（will），選好（preferences）を尊重し，利害の衝突と不当な影響がなく当事者が置かれた環境に合わせてそれに比例しなければならず，可能な限り最短期間で適用し，独立且つ公正な機関または司法機関による定期的な審査の対象になることを保障しなければならない。安全装置は，そのような措置が個人の権利と利益に及ぼす影響の程度に比例しなければならない。
5. 当事国は，本条項の規定により，障害者が財産を所有，相続し，自分の財産を管理し，銀行融資，住宅ローンその他の金融信用に平等にアクセスできるように

保障し,彼らの財産が恣意的に奪われないように保障するためのすべての適切且つ効果的な措置を取らなければならない。

条約第12条は,すべての障害者の法の前の平等な認定(第1項)を前提に,他の人と同等の条件で法的能力を享有すること(第2項)とその行使を支援する措置を取ること(第3項),そしてその措置が備えるべき安全装置(safeguards)(第4項)を規定している。以下では,条約の履行をモニタリングする専門家委員会である国連障害者権利委員会が公表した第12条に関する一般評釈第1号に基づき,第12条の趣旨を明らかにする。

(1) 法の前の平等

第1項は,障害者が「どこでも法の前で人間として認められる権利」があることを再確認する。これは天賦的な自由権の一つで,すでに「市民的,政治的権利に関する国際条約(International Covenant on the Civil and Political Rights)」第16条で認めたものである。第2項すべての障害者が他の人と同等の条件で法的能力(legal capacity)を享有する権利が派生する。したがって,法的能力も人間性に基づいたすべての人間の普遍的な天賦的属性として,障害のある人も非障害者と同等の基礎の上で認められるべきであることを意味する[6]。さらに条約第5条(平等と差別禁止,equality and non-discrimination)第1項では「当事国はすべての人は法の前でそして法の下で平等で何の差別もなく法の平等な保護と恩恵を受ける資格があることを認める」と規定している。したがって,法の前で人間として平等に認められる権利は自由権でありながら平等権の属性をも有することになる。権利能力や行為能力が制限される場合には条約第12条の自由権の侵害が問題になるのに対し,障害のある人が権利能力や行為能力に関して他の人と差別的に扱われるならば,条約第12条の差別禁止と衝突することになる[7]。

---

[6] このような定式化はDhandaに由来する。Dhanda, A., 2007: *Legal Capacity in the Disability Rights Convention: Stranglehold of the Pastor Lodestar for the Future*, Syracuse Journal of International Law & Commerce, 34, 429-462. そうだとすれば,幼児にも行為能力を含む完全な法的能力を享有するのかという疑問が提起される。2022年6月7-9日,Edinburghで開催された第7回成年者の能力に関する世界大会(旧世界成年後見大会)の最後のセッションで会議の成果を総括報告したWayne Martinのスピーチでも提起されていた。Wayne Martin, *Towards Inclusive Regimes of Legal Capacity: From 'Normal Science' to 'Crisis Science' and Back Again*.

[7] Volker Lipp, *Erwachsenenschutz, gesetzliche Vertertung und Artikel 12 UN-BRK*, Valentine Aichele (Hrsg.), Das Menschenrecht auf gleiche Anerkennung vor dem Recht, Nomos, 2013, S. 331. ドイツにおいて,自己決定能力のない者の基本権保護と関

(2) 法的能力の享有

　条約第12条第2項「障害者の平等な基礎の上での法的能力の享有」（enjoy legal capacity on an equal basis with others）と関連して条約には法的能力に関する定義規定を設けていない[8]。そのため，法的能力の解釈をめぐって多くの当事国で論争が起きた。これに対し委員会は一般評釈第1号で法的能力について次のように説明する[9]。

　　法的能力（legal capacity）は市民的，政治的，経済的，社会的，文化的権利の行使に不可欠であり法的能力の否認は多くの重要な権利を剥奪する結果を招く（para. 8）。委員会は，ある人の障害者という地位または損傷（肉体的または認知的損傷）の存在が，法的能力や条約第12条が規定する権利を否認する根拠にはならないということを再確認する（para. 9）。法的能力には権利の保有者（主体）になる能力と法の下で行為者になる能力の両方を含む（para. 12）。法的能力と精神能力（mental capacity）は互いに別の概念である。法的能力は権利と義務を保有し（法的地位，legal standing），これらの権利と義務を行使する（法的行為者性，legal agency）能力である。精神能力とは，ある人の意思決定技術（decision-making skills）を意味し，当然人によって異なり，同じ人でも環境や社会的要素を含む多くの要因によって変わることがある。条約第12条は精神の異常や他の差別的ラベル（label）が法的能力（法的地位と法的行為者性）を否認する正当な理由にならないことを明確にした（para. 13）。法的能力は障害のある人を含め，すべての人が人類である事実だけで法的主体になり，法的行為者になることを意味する。したがって，法的能力の二つの柱は，法的能力に関する権利が実現するためには，すべて認められなければならず，分離できない。（para. 14）。

　要するに，委員会は，権利義務の主体となる能力とこれを行使して有効に権利を取得し義務を負担する能力は不可分であり，法的能力にはこの二つが含まれるという点，法的能力に関する精神能力は本質的に意思決定技術であり，こ

　　連して，当事者が最初からこのような自由を行使する能力が欠如していたとすれば，基本権の実質的侵害の有無は問題にならないという主張が提起されてきた。行使する能力のない自己決定の自由は奪えないということである。しかし，能力の否認は，他人に当事者を代理する権限を与えなければならない結果をもたらし，その結果，当事者は外部の統制を受けることになるので，自己決定能力の否認を正当化が必要な基本権侵害とみなすことに賛成する意見が多い。MüKoBGB/Spickhoff, 9. Aufl. 2021, BGB §104 Rn 1.

(8) これは女性に対するあらゆる形態の差別撤廃に関する条約（The Convention on the Elimination of All Forms of Discrimination against Women）第15条で使われた表現を模範としたものである。条約で法的能力に関する定義規定を設けなかったのは，成案段階で法的能力の意味と範囲について当事国間で完全な合意に至らなかったためである。条約第12条 成案過程における議論については，宋井亮輔・川島聡『概説障害者権利条約』（法律文化社，2010年）186頁以下。

(9) General comment No. 1 (2014), para. 8, 9, 12, 13, 14.

れは法的能力とは別の概念であり，法的能力を制約する根拠にはならないことを明確にした。そして，精神能力の制約を根拠に法的能力を行使する資格を制限することは，法の前で平等に認められる人間としての自由権を侵害するだけでなく，障害のある人を法的能力の行使において他人と差別的に待遇することで平等権を侵害することになり許容できないと断定する。一般評釈第1号の解釈によれば，精神能力の障害や損傷を理由に一律に行為能力を制限することは法的能力を制限するものであり，許されないことは明白である。いわゆる「意思無能力」の概念はどうか？　私的自治を支える自己決定・自己責任の原理に照らしてみれば，行為の意味や結果を全く認識することができない場合には，行為そのものが存在せず又は行為の結果を本人に帰属させることができないという点で，無効と言わざるを得ないと考えられる。しかし，本人以外の者が意思無能力を理由に本人が行った行為の効力を否認することは，精神能力を理由にした法的能力の制限になりうる。特に，利害得失に対する判断能力を含め，意思能力の概念を相対化する場合に，このような権利侵害の危険は拡大する。意思無能力の効果に関する伝統的少数説である相対的無効説は，この点において条約第12条と親和性がある[10]。意思能力の概念が人の性質または属性ではなく機能的に把握する場合，意思能力の有無は特定法律行為の法的意味と内容，その結果を理解したかによって個別に判断されなければならない（機能的アプローチ）。そうであるならば，意思能力が足りない人でも意思決定支援を通じて当該法律行為の法的意味と内容を理解したならば，有効な法律行為ができる

---

(10)　ドイツにおいては，いわゆる自然的取引無能力（natürliche Geschäftsunfähigkeit）は，人の法的属性ではなく，彼の法的地位を決定するものでもない，ただし，全面的に特定の意思表示を無効にしたり，具体的な行為の有責性を脱落させる意思形成の欠陥を示すだけであるため，このような無効や責任排除の原因は類似の法律効果をもたらす錯誤規定と同様に，人の法律上行為能力を認めることとは無関係である。したがって条約に合致すると考えられている。Volker Lipp, Assistenzprinzip und Erwachsenenschutz - Zur Kritik des Fachausschusses zur UN-Behindertenrechtskonvention am Betreuungsrecht -, FamRZ, 2017. S. 7f. 一方，Canarisは自然的行為無能力の法律行為無効は当事者の保護のために必須ではなく，当事者の私的自律性を過度に制限するとしながら無効の代わりにドイツ民法第107条以下を類推適用することを主張した（*Verstöße gegen das erfassungsrechtliche Übermaßverbot im Recht der Geschäftsfähigkeit und im Schadensersatzrecht*, Jz 1987, 993, 996）。かつて，ドイツの立法者は，自然的取引無能力の意思表示でも後見人等の同意を得た場合には，これを有効とするような深刻な精神疾患や精神的心理の障害のある者も有効に法的取引ができる規定の草案が提示されたことがあったが，これは採択されなかった。その代わり，そのような被後見人の意思表示に対する後見人の同意は，後見人自身の意思表示と解釈されるという見解が示された（BT-Drs.11/4528, 137f.）。

ことを示唆し，意思決定支援の概念が入れる論理的空間が設けられる。一方で，法的能力の行使は法律行為や財産管理に限定されない。医療行為についての同意や住居の決定など，その他の身上に関する決定を含む[11]。

(3) 法的能力の行使のための支援

条約第12条第3項は，当事国が法的能力の行使に対する支援に接近できるようにする義務を規定し，第4項でそのような措置が備えるべき安全装置について規定している。当初，条約草案には障害者の意思決定を支援する制度として法定代理人（personal representative）に関する規定が提案されたが，権限の行使を濫用し障害者の自己決定権が侵害される恐れがあるという指摘が提起されるなど論争の末に法定代理人制度は削除され安全装置（safeguards）だけを規定することで合意された[12]。その結果，後見制度上の法定代理，すなわち後見人が本人に代わって決定する制度が意思決定支援の最後の救済手段（last resort）として依然として許容できるかどうかについて見解が対立することになった。

委員会は，一般的意見第1号において意思決定支援について次のように説明する[13]。

　法的能力の行使における支援は，障害のある者の権利（rights），意思（will），選好（preferences）を尊重しなければならず，決して代替意思決定（substitute decision-making）に該当するものであってはならない。支援は幅広い概念であり，多様なタイプと強度の公式，非公式の支援に関する合意を含む。障害がある人の中には支援を受ける権利の行使を望まない人もある（para. 19）。当事国は，法的能力の行使のための適切かつ効果的な安全装置（safeguards）を設けなければならない。このような安全装置の主な目的は，当事者の権利，意思，選好の尊重を保障するためである。これを実現するためには，安全装置は非障害者と平等な基

---

(11) これと関連して，今日の各国の精神保健法制は，精神疾患者を自傷・他害の差し迫った危険から保護するために，家族や後見人の同意で精神疾患者を本人の自然的意思に反しても精神病院に入院させ本人に対する説明後の同意（informed consent）なしに治療を許容する制度を有している。これに対して委員会は，非自発的または同意のない治療，療養，病院または施設入院に関して当事者が決定する法的能力を否認するもので，条約第14条だけでなく条約第12条に違反したものだとし，当事国に対して非自発的入院制度の全面撤廃を要請している。2015年9月，委員会は，障害者に対する非自発的入院制度の全面撤廃を要求するガイドライン（Committee on the Rights of Persons with Disabilities, Guidelines on article 14 of the Convention on the Rights of Persons with Disabilities: The right to liberty and security of persons with disabilities, Adopted during the Committee's 14th session, held in September 2015）を公表した。

(12) 宋井・川島・前掲注(8)187頁。

(13) General comment No. 1 (2014), para. 17, 19, 20, 21, 22.

礎の上で濫用からの保護を提供しなければならない（para. 20）。誰もが「不当な威圧（undue influence）」を受ける危険があるが障害者については，この事情がさらに悪化する。安全装置は不当な影響からの保護を含めなければならない。しかし，その保護は危険を甘受し，又は誤りを犯す権利を含め，その人の権利や意思，選好を尊重しなければならない（para. 22）。相当な努力を傾注した後も，個人の意思や選好を決定することが不可能な場合，「最善の利益（best interest）」の代わりに「意思と選好に対する最善の解釈(best interpretation of will and preferences)」をしなければならない（para. 21）。

　そして，委員会は代替意思決定（substitute decision-making）を本人の自律（autonomy），意思（will），選好（preferences）を尊重する意思決定支援（Supported decision-making）に代替する法と政策を発展させるための措置を取らなければならないと強調しながら，代替意思決定の特徴として①法的能力の剥奪（特定決定に限る剥奪を含む），②本人以外の者による代替意思決定者の選任，③代替決定者による決定が，当事者の意思と選好ではなく，客観的観点から最善の利益が何かに基づいて行われることを列挙し[14]，続いて，当事国の義務は代替意思決定の廃止と意思決定支援の代案の開発，両方を含み，代替意思決定制度を維持しながら意思決定支援制度を開発することは条約第12条を遵守するのに不十分であるという[15]。さらに委員会は意思決定支援制度が備えるべき要件として次のような基準を提示する[16]。

　　(a)意思決定支援はすべての人に利用されなければならない。支援が必要な程度は，特にその程度が高い場合，意思決定に必要な支援を得るのに障壁となってはならない。(b)法的能力の行使において，すべての形態の支援は――より強い形態の支援を含めて――本人の意思と選好に基づくべきであり，客観的に本人の最善の利益とみなされたものに基づいてはならない。(c)個人のコミュニケーション形態は，意思決定の支援を得るのに障壁となってはならない。コミュニケーション方式が通常ではなく，少数の人だけが理解できる場合にも同じである。(d)本人によって公式に（formally）選任された支援者の法的承認が利用可能で接近可能でなければならない。当時国は，特に地域社会で自然発生的な支援にアクセスできず孤立している人々のための支援を作り出し，促進する義務を負う。これは第三者が，支援者が本人の意思又は選好に応じて行動しないと考える場合には，その支援者の行動に異議を申し立てることができるメカニズムを含めなければならない。(e)当事国は障害のある人が少ない費用または無償で支援を利用できるようにし，経済的困窮が法的能力の行使に必要な支援に接近するのに障壁にならないように保障し

---

(14) General comment No. 1 (2014), para. 27.
(15) General comment No. 1 (2014), para. 28.
(16) General comment No. 1 (2014), para. 29.

なければならない。(f)意思決定の支援は障害のある人の他の基本的権利，特に投票する権利，婚姻する権利，パートナーシップを結ぶ権利，家族を形成する権利，生殖に関する権利，親としての権利，親密な関係と医療的処置について同意する権利，そして自由に関する権利などに対する制限を正当化するために使用されてはならない。(g)すべての人が支援を断り，支援関係を終了，変更する権利を有しなければならない。(h)安全装置は法的能力と法的能力の行使に対する支援に関するすべての過程に対して用意されなければならない。安全装置の目的は個人の意思と選好が尊重されるように保障することである。法的能力の行使に対する支援の提供は，精神能力の評価に左右されてはならない。法的能力の行使に対する支援の提供に当たっては，支援の必要性に対する新たな非差別的な標識が必要である。

さらに委員会は，条約第12条の国内的履行に関する当事国の義務に対して自由権としての性質上直ちに適用され実現されなければならないといい，第4条第2項の「漸進的実現」に該当する権利ではないという点を明確にした。そして，条約第12条を履行する措置を設けるにあたって，障害を持つ人々またはその団体の参加を保障することを要求する[17]。法的能力の行使のための意思決定の支援と合理的便宜（reasonable accommodation）の提供は相互補完的であるが，互いに別のものであり，何よりも法的能力の行使のための支援は合理的な便宜提供で認められる「不均衡または過度な負担（disproportionate or undue hardship）」になるという抗弁が適用されないことを明確にしている[18]。最後に委員会は，当事国の条約第12条の完全な履行を保障するために取らなければならない措置を明らかにしている[19]。

2　条約第12条から韓・日成年後見制度の問題点

まず，行為能力の制限の問題ですが，条約第12条と委員会の見解（一般評釈第1号）によると，本人保護の必要性が認められる場合でも，意思決定能力の損傷や障害（精神的制約）を理由に法的能力を行使する権利や資格を制限・剝奪することは許されない。これに対し，韓国の被成年後見人（韓国民法第10条第1項）と日本の成年被後見人（日本民法第9条）と保佐人の同意を要する法律行為の類型においての被保佐人は，その後見また保佐開始の審判が下りると，対価が過度でない日用品の取引を除き，原則として被後見人また被保佐人が単独で為した法律行為は，後見人または保佐人の取消権の行使によりその効力が

---

(17) General comment No. 1 (2014), para. 30.
(18) General comment No. 1 (2014), para. 34.
(19) General comment No. 1 (2014), para. 50.

失われる。そこで，韓国の被成年後見人と日本の成年被後見人と被保佐人は一律的に行為能力が制限されることになる。もちろん被後見人または被保佐人が単独で為した法律行為の効力は，後見人または保佐人が取消権を行使するまでには，一応有効として取り扱われる[20]。しかし，後見人が追認しない限りその法律行為の効力は確定しないし（流動的有効），結局後見人が追認するか取消するか本人でない者のの判断で効力が左右されるので，行為能力の制限の本質には変わりがない。

　次に，後見人の法定代理権の問題ですが，法定代理が最後の救済手段といっても意思決定支援として認められるかどうかが問題である。それに関連して，委員会の一般評釈第1号によれば，①法的能力の剥奪（特定の決定に限定された場合も含む），②第三者による代理人の選任，③本人の意思や選好よりも客観的観点からの福利（最善の利益）に基づく決定を代替意思決定の特徴として列挙している[21]。

　①と関連して，韓国の成年後見，日本の後見及び保佐，補助は，いずれも法律行為の全部又は一部に対して行為能力を制限する。②と関連して，韓国の成年後見人と限定後見人の選任と日本の後見人または保佐人の選任は，いずれも家庭裁判所の決定による。韓国の成年後見人と限定後見人の選任にあたっては，本人の意思を考慮しなければならないが（韓国民法第9条第2項，第12条第2項），それに拘束されるわけではないため，第三者の決定による代理人の選任だという疑いは避けられない[22]。③について，韓国民法第947条は，成年後見人は，被成年後見人の福利に反しない限り，被後見人の意思を尊重しなければならないと規定する（第959条の6，第959条の12により限定後見人，特定後見人に準用）。日本民法第858条は他の制約なく「成年後見人は……被成年被後見人の意思を尊重」することを規定している。しかし，被後見人等の意思尊重が法的義務で強制されているわけではないし，特に韓国民法は，本人の意思より本人の福利を優先している。もちろんその福利をどのように解釈するかにもよるものだが，意思と福利が対立している場面を想定しており客観的観点からの

---

(20) その点でドイツの同意留保の場合，世話人の同意を得ない法律行為は世話人の同意を得るまで無効として扱われる（流動的無効）のと異なるが行為能力の本質に変わりはない。
(21) General comment No. 1 (2014), para. 27.
(22) これに対して日本民法第15条第2項は補助開始審判に本人の同意を要することにしており，韓国民法第14条の2第2項は特定後見は本人の意思に反して開始することはできないと規定している。

福利に重みがおいている。したがって，後見人の最善の利益の観点から本人の意思や選好に反する代替決定が行われる可能性を排除できない[23]。

　何よりも韓国や日本の成年後見制度においては，法定後見の代替手段による意思決定支援の優先性とそれを実行可能な制度的基盤や環境が整えていない。なお，韓日ともに法定後見の枠内でも成年後見人の被後見人に対する保護手段として代理権以外は設けられていない。最後の救済手段として法定代理が許されるといってもその前段階において意思決定支援の制度的手当がないので[24]，最後の保護手段としての法定代理の許容性を主張しても説得力がないわけである。

　結論として，条約第12条の観点からすると，行為能力の制限は，条約第12条と正面から衝突するからそれを廃止することは避けられない。行為能力制限制度は，本人保護のため善意から設けられた制度であるが，本人の保護よりその自律性を尊重する新たな支援パラダイムからはもはや許せない保護手段である。伝統的法律家からはよく不利益な法律行為からの被後見人の保護の空白を懸念する声が上がるが，条約は，権利制限ではなく意思決定支援により保護すべきであるという。しかし，意思決定支援で不利な取引からの保護で万全を期することができるか，適切な意思決定支援を受けずに不利な契約などに結ばれたらどうするかという懸念がなくはない。その対策については，後に考えてみることにする。

　なお，法定代理権であっても本人の意思に無関係で他人が後見人として選任され，意思決定支援ではなく後見人の客観的視点から把握された本人の最善の利益が何かに基づいて代理権が行使されることを制度的に防ぐことはできない。そこで，現在の韓日両国の成年後見制度は，委員会が指摘した通り代替意思決定制度だとする批判からまぬかれることはできない。

---

(23)　韓国民法第938条第3項は「家庭法院は，成年後見人が被成年後見人の身上に関して決定できる権限の範囲を定めることができる」と規定する一方，第947条の2第1項において「被成年後見人は，自らの身上に関してその状態が許す範囲では単独で決定する」と規定しており，後見人の身上に関する決定権の代行における補充性の原則を宣言している。私見では，その趣旨は，法律行為に対する代理権でも類推適用しなければならない。

(24)　それに対して韓国の特定後見は，一時一回的保護の必要性に対応した保護類型として，行為能力制限と無関係であり，主な保護措置も「一時的後援又は特定の事務に関する後援」を基本として（韓国民法第14条の2第1項），その後援のため必要がある場合には，家庭法院は特定後見人に代理権を与える審判をすることもできる（韓国民法第959条の11第1項）。そこで，韓国の特定後見は，条約第12条の要請に合致する仕組みになっていると言われる。

III　ドイツの法的世話法（rechtliche Betreuung）の改革

　委員会の意思決定支援制度への転換の要請は，行為能力の制限と法定代理人による代替意思決定制度を要素とする伝統的成年後見制度を有するほぼすべての当事国に立法的措置を含む抜本的改革を求めるものである。条約第12条および委員会の動向に影響を受け，いくつかの国は他の国より先に立法的措置を通じて意思決定支援制度への転換を試みた。例えば，2015年アイルランドの助力意思決定（能力）法｛The Assisted Decision-Making（Capacity）Act｝[25]，2018年南米ペルーの民法と民事訴訟法の改正[26]がそうである。その中でも特

---

(25)　アイルランドは，2007年3月30日障害者権利条約に関して直ちに署名したが，条約第12条と関連した立法的改革の必要性のため2018年3月20日までこれを批准しなかった。しかし，2015年12月30日，助力意思決定（能力）法｛The Assisted Decision-Making（Capacity）Act｝が施行されたにもかかわらず，アイルランドは条約第12条が代替意思決定措置を廃止する必要があると解釈される限り，適切な条件と適切かつ効果的な安全装置の下でそのような代替意思決定措置を許容する権利を保有するという留保の下で条約を批准した。それにもかかわらず，アイルランドの新しい法律で注目すべき点は，本人が本人の能力を行使するのに必要な支援を選択できるようにしたという点である。その選択肢として，アイルランドの新しい法律は，4つの重要な制度，支援意思決定，共同意思決定，継続的代理権（Enduring Powers of Attorney），医療療養指示を規定している。これらの選択肢は，能力に関する機能的アプローチ（functional approach）に基づいている。ただし，裁判所は共同意思決定者の助力がない限り，本人は意思決定能力がないとすることもでき，共同意思決定人の助力を利用することができても能力が欠如していると宣言することもできる（同法第37条）。前者の場合，裁判所は意思決定代理人（Decision-Making Representative）を選任することができる（同法第38条）。もし同法第3条の基準により無能力なものとみなされれば，法定代理人は無能力が宣言された本人のために代理決定をする。ただし，できるだけ代理人は本人の意思と選好を確認し，本人がこれを伝達できるように助けなければならない（同法第41条）。Antonio Martinez-Pujalte, Legal Capacity and Supported Decision-Making: Lessons from Some Recent Legal Reforms, Laws, 2019. 8, 4 <www.mdpi.com/journal/laws>（2023. 12. 15. 最終訪問）

(26)　ペルーの改正法は，障害に基づくいかなる法的能力の制限も認めないことで，条約第12条が要求する障害者の法的能力を非障害者と同等の基礎上で認めている。ただし，障害とは異なる理由，すなわち薬物，アルコール中毒，そして自分の財産を浪費するか管理を誤った人，犯罪に対する処罰で民事無能力宣告を受けた人，そして事前に支援者を決めていない意識不明状態の人に対する制限は残っている。ペルー民法は常に本人の意思と選好に符合するよう法的能力の行使に対する支援を提供するのに適切な手段を規定している。本人が自分の意思を伝えることができず，彼の選好を知ることができないときは，支援者の関与に反対する指示を表示する本人との意思疎通の欠如により支援者が選任されることもある。しかし，改正ペルー民法は本人の意思に反しては決して支援が提供されない。このような場合に支援者は支援を受ける人を代理して決定をすることができる。しかし，改正ペルー民法は，そのような決定をする上で妥当な基準として本人の意思と選好に関する「最善の解釈（best interpretation）」を提示している。このよ

に2023年1月1日に施行されたドイツ民法の改正は韓日両国の意思決定支援制度への転換に示唆するところが大きいと考えられる。以下では、ドイツ民法改正の経緯とその内容を見ていく。

1 ドイツの最初の政府報告書をめぐる論難

条約の批准[27]により、ドイツでは成年後見法（Betreuungsrecht, rechtlichbetreuung）が条約に合致するか、成年後見法を改正する必要があるかが議論されたが、ドイツ連邦政府はドイツ法の規定が条約に合致することを前提とした。このような態度は、条約第35条による条約の国内的履行に関するドイツの最初の政府報告書で確認される[28]。その要旨は次のとおりである。

　ドイツ民法第827条及び第104条により、成年者は例外的に行為する能力（capacity to act）がないものとみなされることができる。障害者の利益を代表する団体は、これらの条項が障害を根拠に行為する能力がないと見なされる可能性があるため、条約第12条に反すると考えている。しかし、これは、これらの条項が障害者と非障害者に同じように適用されるという点で正しくない。ドイツ民法第104条第2項は、自由な意思を妨害する病的な精神障害（pathological mental disturbance）がその性質上一時的なものでない場合、契約をする能力を排除する。ドイツ民法第827条第1項は、意識がなかったか自由な意思の行使を排除する病的障害状態で他の人に対して加害をした場合、犯罪を犯す能力を排除する。これらの規定は、自由な意思の行使を妨げる状態で遂行された望ましくない法律行為の義務による不利益な結果及び非難できない損害に対する責任から当事者を保護し、両条項とも障害とつながっていないため、すべての障害者を含むわけではなく、適用範囲が障害者に制限されることもない（para. 99）。世話人（Betreuer）が選任されても、世話を受ける者（Betreute）は法的能力や契約能力に影響がなく、世話人は自らに付与された業務において被後見人の最善の利益のために必要な措

うな解釈は、個人のライフストーリー、彼の選好、似たような文脈での過去の意思表示、本人が信頼する人が持っている情報その他その具体的事案において適合した他の考慮事項を熟考して解釈されなければならないという。Antonio Martinez-Pujalte・前掲注[25]。

(27) ドイツでも条約の効力は国際法上の条約として批准によって連邦法の地位を持つため、条約以前の法律は条約に合致するように解釈されなければならず、その後の新しい法律は条約に合致するように形成されなければならない。しかし、一般的に条約は自己執行性がないため、当事国の手続きに従って国内法に転換されなければならず、そのような転換がない限り条約は国内法上私人に関して（直接）権利と義務を発生させることはできないと考える。Volker Lipp, *Guardianship and Autonomy: Foes or Friends?*, Volker Lipp (Hrsg.), Adult guardianship law for the 21st century: proceeding of the First World Congress on Adult Guardianship Law 2010, Nomos, 2013. p.106.

(28) Initial reports of States parties of Germany submitted according to Article 35 of the CRPD, 2011. 9.

置を被世話人のために行わなければならず，被世話人の意思を考慮しなければならない（ドイツ民法第1901条第2項及び第3項）。世話人は，職務上法的世話を受ける者を代理するが（ドイツ民法1902条）。厳格な必要性原則と世話に関する法律に基づく措置に対する厳格な比例性基準は，自己決定権の保障を強化する（para. 100）。当事者が自らの意思を自由に形成できる場合，自己決定権には病気に異観自由も含まれ，したがって周辺の人々が必要だと判断しても当事者に対する検査や治療のために世話人を選任することはできず，世話法の介入は病気のため（ドイツ民法第1906条）自己決定権を行使できない状況で，相当な自己危殆化を避けるための目的にのみ使用できる（ドイツ民法第1906条）。同法は，世話裁判所の適切な承認があった場合にのみ，被世話人を収容することができると規定している（民法第1906条第2項）。（para. 102）したがって法的世話に関するドイツ法は条約に符合し立法的措置は必要ではないが，すべての関係者は改善の可能性を活用するために法適用に努力している。（para. 103）

このような立場と関連してドイツ政府の報告書を裏付ける学界の見解は次のように説明した[29]。

　当初，条約が全世界的に利用されている成年者保護制度を明示的に否定していないという点で，成年後見制度およびそれと関連した行為能力の制限は条約に違反しない。条約が明確に従来の法定後見制度を否定しているわけではないため，条約に違反するという点については，これを批判する側に立証責任があり，多国間条約という点で条約の内容は1969年国際条約に関するウィーン条約（Vienna Convention on the Law of Treaties）に従って解釈されなければならず，同条約第31条第1項（誠実解釈の原則）に従わなければならないという点のほか，各国は（自国に有利）条約を解釈する権限を持つ（S. 106-107）[30]。実質的に見ても当事者が永久的植物人間状態（PVS）にある場合，実際に自ら意思決定ができないため，この時には本人に代わって意思決定をすることこそ条約第12条に適合した支援となる（S. 108）[31]。ただし，これが特定国家の成年後見法が当然条約に合致することを意味するものではない。ある成年後見制度が条約に合致するかどうかは，特定制度が条約の要件を満たしているかによって決定される。結局，条約要件の根底に置かれ，基本的思考すなわち被後見人を自己決定権を含む平等な権利を有する人間として尊重するかにかかっている被後見人の自己決定権は，成年後見が開始される時点で中断されるのではなく，成年後見中も引き続き尊重されることにより，被後見人の福利だけでなく被後見人の自律性を中心に置くことが求められる（S. 108）[32]。このような観点から，能力の制限は，法的能力の行使に係る措置に関する条約第12条第4項の基準を満たさなければならない。条約第12条によれば後見

---

(29) Volker Lipp（注27），pp.106-110.
(30) Volker Lipp（注27），pp.106-107.
(31) Volker Lipp（注27），p.108.
(32) Volker Lipp（注27），p.108.

人の選任に基づく自動的能力制限は許されないが，第4項で定めている厳格な基準に符合する限り法的能力の制限は依然として許容される（S. 110）[33]。

　しかし，このような見解はドイツのNGOや一部の学者から次のように批判された。すなわち，条約第12条は当事者の法的能力の行使に対する支援（support）だけを許容し，成年後見人による法定代理は障害を持った人の自律的な権利行使を排除することなので許容されない。法定代理によって画一的に行為能力が制限されようが，ドイツにおけるように裁判所の特定命令（同意留保，ドイツ民法旧第1903条）によって行為能力が制限されようが条約はすべての法的能力の制限を禁止する。2004年から2006年の間の条約に対する審議とこの時期に討議された条約第12条に対する多様な提案は，権利能力と行為能力行使に対する支援（supported decision-making）は付随的，助力的措置でなければならないという点を明確にしたという[34]。

2　条約第12条に対する一般評釈とドイツ成年後見法に対する評価

　ドイツの最初の政府報告書の提出を契機にドイツ成年後見法が条約に合致するかについて意見が相反する中，2014年委員会は上記のような論難に対して条約第12条に関する一般評釈第1号を公表した。ドイツ学界は一般評釈に示された委員会の見解に対応してドイツの世話法を検討した。彼らの結論は，委員会の一般評釈によるとしても，ドイツ世話法は条約第12条に反しないということだった。その論旨は次の通りである[35]。

　　1992年の世話法改革による行為能力剥奪（Entmündigung）制度の廃止以来，ドイツでは法律行為能力に対する法的，行政的剥奪はもはや存在しない。障害を持った人が事前配慮代理権を授与したり，世話人（Betreuer）が選任されても行為能力には影響がなく，制限なく自ら決定することができる。何よりも任意代理または法定代理と代替意思決定の概念を混同してはならない。一般評釈は代替意思決定として，行為能力剥奪や伝統的後見（Vormundschaft）のような特定の法制度を指すだけであり，代替意思決定制度であるかどうかについては，行為能力が剥奪さ

---

(33)　Volker Lipp（注27），p.110.
(34)　Lachwitz, Klaus, *Das Betreuungsrecht und Recht der Geschäftsfähigkeit gehören auf den Prüfstand! Die Antwort der Bundesregierung zur Reform des Betreuungsrechts (BT-Drs. 17/5323) über zeugt nicht!*, Rechtsdienst der Lebenshilfe 2011. 2, S. 53ff; Buchner, Tobias, *Meine Wünsche sollen ernst genommen werden!<< Sachwalterschaft und Selbstbestimmung im Spiegel der Wahrnehmung von Klientinnen mit intellekueller Behinderung*, Interdisziplinäre Zeitschrift für Familienrecht 2009（2），S. 122.
(35)　Dagmar Brosey, *Der General Comment No.1 zu Art.12 der UN-BRK und die Umsetzung im deutschen Recht*, BtPrax, 5/2014, S. 211 ff.

れるかどうか及び本人の意思が考慮されないかに焦点を合わせているという点が重要である。この点においてドイツ法は，行為能力の剥奪と伝統的後見を規定し，能力評価（capacity assessments）を通じて行為無能力（Handlungsunfähigkeit）を確定してしまう世界のほとんどの国と本質的に異なる。代替意思決定の特徴は，個別決定における実際の能力やこれを可能とする資源（Resource）を考慮せず，結果的に障害を有する者の法的行為無能力（rechtliche Handlungsunfähigkeit）に対する擬制的（konstitutive）決定（法的能力の否認）をすることである。そして，もう1つの特徴は，支援する者の選択と保護措置の終了に関する本人の意思を考慮する義務がなく，代替意思決定者が決定する際における尺度は客観的福利（best interest）であり甚だしくは第三者の利益という点である（S. 212）[36]。これに対し，ドイツ世話法における世話人の選任は，障害のある者が法的事務の処理に支援の必要があることを示すだけである（S. 213）[37]。世話が即ち法定代理ではなく，法定代理は法律に基づく義務を伴う（世話人）任務遂行の手段にすぎない。法的世話は，被後見人の事務を法的に処理するために必要なすべての活動を含む。そのような活動により障害のある人の能力に応じて様々な支援の形態，説明，相談，同伴（Begleitung）が考慮され，必要に応じて障害者の意思に対して有効に帰属する行動をとるために代理という手段も利用できる。ここで代理は，一次的に決定における代理ではなく，障害を有する者の決定を発見し，伝達する可能性として使用することができる。世話人は，被世話人の希望と能力を考慮する法的義務を負う（ドイツ民法旧第1901条第2項，第3項）。このように意思を支援し代表すると理解された法的世話は，その個人と能力に合わせた決定過程で意思と選好を考慮し，必要な場合には選好を具体化して決定を可能にする義務を課す。当事者が表示能力がなければ，決定は常に客観的福利（最善の利益）ではなく，推定的意思に合わせなければならない（(S. 214f)[38]。世話人の選任が障害を有する者の行為能力には影響を与えず，これは，この限りで，障害を有する者の自然的意思（natürliche Will）に反して開始される場合においても同様である。なぜなら，本人がこの問題について自由な意思を形成することができず，法的世話の開始が本人の保護に不可欠であるからである。したがって，ドイツの世話法は代替意思決定制度ではない（S. 213f）[39]。さらに，同意留保（Einwilligungsvorbehalts，ドイツ民法第1903条）も条約第12条第4項で定めた基準に符合するため，同意留保による行為能力制限も条約に反するものではない。世話人は，同意留保の職務範囲内でも常に必要最小介入の原則を守り，当事者の希望に合致しなければならない法的義務を負い，同意留保の場合においても後見人の任務は，障害者の意思が法的に有効な決定となるように障害者が行為能力の行使に必要な支援（同意）をすることであり，障害者が説明にもかかわらず認めようとしない自己侵害の危険が顕著な場合にのみ，

---

(36) Dagmar Brosey（注35），S. 212.
(37) Dagmar Brosey（注35），S. 213.
(38) Dagmar Brosey（注35），S. 214f.
(39) Dagmar Brosey（注35），S. 213f.

最終手段として保護が許されるだけだからである（S. 214）[40]。

ドイツ学界のこのような釈明にもかかわらず、2015年国連障害者権利委員会は障害者団体等の批判に同調し、ドイツ政府報告書に対する「最終見解（conclusion observation）」でドイツの成年後見制度が条約第12条に合致しないことを確認した[41]。

委員会のこのような勧告にもかかわらず、ドイツ学界の主流は、従来の立場を放棄せず、一般評釈第1号に示された委員会の見解について、ドイツの世話制度が条約との整合性があることを証明するために、先の見解に基づき、より積極的な釈明を試みた[42]。すなわち、委員会は欧州人権裁判所とは異なり、国際人権裁判所ではないため法的に拘束力のある決定をすることができず、条約に対して拘束力のある解釈をするか継続的な法発展を遂行する権限はないという点を指摘する。ただし条約の解釈において条約に基づく専門家的権威があるので、委員会の見解は法的に重要な意義を持つという点は認める。

これを前提として、一般評釈に対するドイツの成年後見制度の整合性について、次のような説明をしている。

条約は代替意思決定を行為能力剥奪と本人の意思を考慮しないという点に焦点を合わせているところ、代理（Stellvertretung）はそれと何の関連もないので代替意思決定概念と同一視することはできない。代理はただの手段に過ぎず、その代理に含まれた目的が重要である。したがって、個別的成年者保護の手段とその形態が代替意思決定の標識を満たしているかどうかを分析検討しなければならない[43]。事前記憶代理権（Vorsorgevollmacht）では委任者が自ら任意代理人を選任し代理権を終了することもできる。これに対し、世話人は裁判所によって選任されるが、世話人の選任の有無とその選択において当事者の意思が法的に基準となる。将来の任意代理人の活動であれ、世話人の活動であれ、障害者の意思及び推定的意思を尊重しなければならない。将来代理人若しくは世話人による代理は、本人の決定を第三者に対して外部的に効力を有する

---

(40) Dagmar Brosey（注35）, S. 214.
(41) Committee on the Rights of Persons with Disabilities, Concluding observations on the initial report of Germany, 2015. 5. 13. {CRPD/C/DEU/CO/1}, para. 25-26; UN Fachausschuss 2014: CRPD - Abschließende Bemerkungen über den ersten Staatenbericht Deutschlands abrufbar unter https://www.institut-fuer-menschenrechte.de/publikationen/detail/crpd-abschliessende-bemerkungen-ueber-den-ersten-staatenbericht-deutschlands.
(42) Volker Lipp（注10）, S. 7ff.
(43) Volker Lipp（注10）, S. 7.

ものとし，必要がある場合には，その意思若しくは考え方（意思若しくは選好）に基づいて又はその推定的意思（最善の解釈）に基づいて世話人が決定をする。このような場合に代理は障害のある者が彼の法的行為能力（rechtliche Handlungsfähigkeit）を行使することを支援する手段である。将来代理権と法的世話は，具体的な場合において，障害のある者の実際の意思と異なる決定，代替決定を行うことが許されるが，これは，本人自らの権利を行使する上で障害があり（例えば，ドイツ民法旧第1906条による自由剥奪措置や強制治療に関して），本人の極めて重要な法的利益の保護と権利を実現するために必要な場合における最後の手段として求められる。このような場合においても，将来代理人及び世話人は，以前に表示され，又は推定された障害者の意思に従う義務がある（ドイツ民法第665条，旧第1901条，旧第1901条a）。したがって，将来代理権若しくは法的世話は，一般評釈にいう代替意思決定ではない（S. 7)[44]。同意留保（ドイツ民法旧第1903条）は被世話人の行為能力を制限する。同意留保は成年後見との関連の下でのみ世話裁判所（Betreuungsgericht）によって決定される。同意留保は被後見人が自己責任で行動できず，それによって彼の身上や財産に顕著な危険が発生し，同意留保がそのような危険を排除するのに適合し，必要であることを要件とする。同意留保は，それが必要な事務に対してのみ下されることができ，原則的に世話人選任のような手続き保障が適用される。同意留保は財産的行為に対する法的決定能力，すなわち取引能力（Geschäftsfähigkeit）に適用され，他の領域の決定能力は制限されない。ドイツで同意留保は全体法的世話の6％に下されるが，同意留保決定があれば被世話人の法的決定能力が制限されるのは明らかである。被世話人は世話人と意見が一致する場合にのみ仕事を処理できるからである。しかし，代替意思決定は，世話人が被世話人の希望や考え（意思や選好）ないしは彼の推定的意思（意思や選好に対する最善の解釈）に従わず，客観的福利（最善の利益）に従って行動する場合にのみ認められる。ドイツ民法旧第1903条第1項第2文は未成年者の制限行為能力に関する条項を指示しているだけで，被世話人のすべての活動に対するドイツ民法旧第1901条の原則規範が適用される。世話人は，同意留保に関しては，必要性の原則（ドイツ民法旧第1901条第1項）と被後見人の希望と意思（ドイツ民法旧第1901条第3項第1文）を尊重しなければならない。これらの義務に違反した場合には，結果的には同意留保が代替意思決定に帰結することになる[45]。

---

(44) Volker Lipp（注10），S. 5.
(45) Volker Lipp（注10），S. 8.

3 ドイツ民法上世話法の全面改正

(1) 改正の経緯

世話法と世話実務が条約と両立できるかどうかという疑問から，ドイツ連邦法務省及び消費者保護省（BMJV）は2016年，「世話の質について」と「世話実務における必要性原則の履行」に関する2つの研究プロジェクトを依頼した[46]。これを通じて条約第12条の意味で障害を持った人の自己決定権を最大限保障するという要請がドイツ世話法内とその前段階で一貫して満足に貫徹されておらず，実務で説明必要が実行されるにあたって質的欠陥があり法的枠組みにも変化が必要だということが明らかになった。これに伴い，第19回連邦議会における政党間の連立合意で何よりも上記2つの研究プロジェクトの結果を考慮して世話法を構造的に改善することが決定された。特に，法的世話よりも社会法に基づく支援の優先，世話の質，世話人の選択及びモニタリング，被世話人の自己決定権（「代理より先に支援」）及び各州と協力して後見協会（Betreuungsvereines）の必須業務に対する資金支援が強化された。改正法案で提案された変化の核心は条約第12条の観点から法的世話に至る過程とその中で支援が必要な人々の自己決定権と自律性を強化し，実際の法的世話の質を改善する，特に社会法との接点で必要性の原則をよりよく具現して当事者を保護するために必要な場合にのみ世話人が選任されるようにしたのである[47]。

(2) 改正法の主たる内容

(a) 後見代替手段として配偶者の身上に関する代理権[48]

第1に，裁判所による世話人（Betreuer）の選任を回避するための手段の一つとして，配偶者が意識不明の場合，他方の配偶者に6カ月期限付き医療療養に関する代理権を付与する制度が新たに導入された。すなわち，配偶者が意識

---

(46) Matta/Engels/Brosey/Köller u.a. Qualität in der rechtlichen Betreuung 2018 <https://www.bmj.de/SharedDocs/Publikationen/DE/Fachpublikationen/2018_Forschungsvorhaben_rechtliche_Betreuung.html>; Nolting/Zich/Tisch/Braeseke Umsetzung des Erforderlichkeitsgrundsatzes in der betreuungsrechtlichen Praxis im Hinblick auf vorgelagerte „andere Hilfen" <https://www.iges.com/sites/igesgroup/iges.de/myzms/content/e6/e1621/e10211/e22175/e22340/e22347/e22349/attr_objs30527/IGES_Abschlussbericht_Erforderlichkeits grundsatz_BandI_II_ger.pdf>

(47) Entwurf eines Gesetzes zur Reform des Vormundschafts- und Betreuungsrechts, BT-Drucksache 19/ 24445, S. 1ff.

(48) 以下の内容については，主にDagma Brosey（朴仁煥韓訳），ドイツ世話法改正の概観──被世話人に対する支援と自己決定権の強化──（Ein Überblick zur Reform des Betreuungsrechts: Mehr Selbstbestimmung und Unterstützung für Menschen mit rechtlicher Betreuung），韓国後見協会（2022.9）に依拠する。

不明や疾病により医療療養に関する事務を法的に処理できない場合，他方の配偶者は，その配偶者のために検査，治療行為，医療的侵襲に係る一定の法律行為，すなわち，そのような行為や自由剝奪的措置に対する同意，治療契約又は請求権を行使する権限がある。代理権を有する配偶者は，別居，法的代理権の拒否又は他の内容の授権のような排除事由がないことを証明しなければならない。代理権を有する配偶者は，代理権の行使において，事前医療の指示及び世話法上の希望（Wünsch）の尊重に関する規定（改正ドイツ民法第1358条第6項）を遵守しなければならない。その最大存続期間は6カ月である[49]。

　第2に，改正法では成年後見を適用する前段階で，特に社会福祉法との接点で必要性原則の効果的実現のために新たに世話組織法（Betreuungsorganisationsgesetz, BtOG）において支援手段が拡張された。世話庁（Betreuungsbehörde）は，世話人の推薦に先立ち，世話人の選任を避けることができ，本人に対する官庁の法的代理を必要としないあらゆる手段を提供しなければならない（BtoG 第8条第2項）。拡張された支援の施行は，可能な限り最低の支援で本人が自らの事務を自己責任で処理することができ，したがって法的世話を回避することができる場合について規定された。

　このような文脈で，社会法典（SGB）総則第17条第4号の新しい規定は，社会サービス提供者に法的世話の回避のための適切な支援を連携するために世話庁と協力する義務を課している。さらに，社会法典は，改正ドイツ民法第1814条第1項による世話人が選任され，又は選任されることができることを理由に拒否・制限されてはならないという点を明確にした。

(b)　成年後見人選任手続の整備

　第1に，世話庁は世話人の選定と任命のための裁判所の決定の準備段階で引き続き重要な役割が付与された。すなわち，BtOG第11条では世話庁の任務として社会調査報告書（Sozialbericht）を法的世話の必要性と実際世話の必要があるか否かを審査する上で最も核心的な資料と定義し，その内容を規定した。そして，同法第12条では世話人推薦義務が社会調査報告に導入された。

　第2に，世話人に対する支援と監督の強化という側面で，親族などの無報酬の世話人に対しても承認された世話協会または管轄官庁との間で指導と支援に関する約定が締結されることができる（BtOG 第22条）。そして，すべての職業的世話人は今後登録手続きを踏まなければならず，その過程で自分たちの

---

[49]　Jürgens/Brosey, Betreuungsrecht. 7. Aufl. 2023, BGB §1358 Rn.1 ff.

(世話人としての）人的適性と信頼性，そして専門知識を証明しなければならない。これは世話庁の所管事項であり，職業的世話人登録に関する法令（BtRegV）が2022年7月21日，連邦官報（Bundesgesetzblatt）に公布され，2023年1月1日から施行された。

世話裁判所（Betreuungsgericht）による世話人選任手続きも条約第12条の趣旨に従って改革された。まず，以前と同様，今後本人の自由意思に反する場合には，世話人を選任することができないし（改正ドイツ民法第1814条第2項），さらに必要性の原則に合致しない場合でも，世話人を選任することができない（改正ドイツ民法第1814条第3項）。そして任意代理人が存在して本人の事務を同等に処理でき，または前述した法定代理人が選任されない他の助力手段による，特に社会福祉法やその他の規定に基づく支援で，本人の事務が同等に処理できる場合にも法的世話人の選任は排除される[50]。

世話裁判所は，世話人選任手続において一貫して世話人の選任の有無及びどのように選任するか，そして世話人の選定に当たって本人の希望（Wünsch）を探索し，これを考慮しなければならない。したがって，本人の手続き上の法的地位が全般的に強化された。そして，差別を避けるために病気の場合または精神的障害の場合に身体的，精神的または心理的という追加分類はなくなる。これは実際の世話の必要性をよりよく考慮し，診断による烙印（精神病者など）を避けるためのものである[51]。

家事訴訟及び非訟事件手続法（FamFG）第275条第2項により，事件本人がその手続において自分の権利を主張することに最大限自己決定ができるようにするため，手続が開始されれば直ちに適法な通知の方法で世話人の職務及び手続がどのように進行されるのか，費用はどの程度なのかについて案内をする。さらに，法的世話が必要な範囲についても，改正ドイツ民法第1815条がある。それによると，今後世話人の職務範囲は単一または複数の職務範囲で構成される。したがって，今後「すべての事務について」世話人を選任することは許されない。ここで自由剥奪や他人との交流（Umgangbestimmung）のようにいくつかの侵害の可能性がある領域では明示的な命令がある場合にのみ可能である。そして，本人の拒否の希望にも注意を払うことで（改正ドイツ民法第1816条第2項）本人の希望を以前よりも強く考慮することになった。

(50) Jürgens/Brosey（注49），BGB §1814 Rn.3. なお，社会福祉サービス提供者は，法的世話人があることで本人が請求することに支援を拒否することはできない（Rn. 9）。
(51) Jürgens/Brosey（注49），BGB §1814 Rn.1.；BT-Drs.19/2445, 230.

(c) 被世話人の自己決定の強化と世話人の義務

　今回の改正における重要な関心事は，世話が行われる間，被世話人の自己決定を強化することである。したがって，今後は次の事項に対しても明示的に規律される。世話人は，被世話人が自ら自己の事務を法的に処理することを支援し，代理権は，改正ドイツ民法第1823条の規定により必要な場合にのみ行使できる（代理の前にまずは支援する）[52]。被世話人において法的世話は，条約第12条第3項から導き出される支援の原則に従い，本人が自らの行為能力を行使することを支援する手段として条約第12条第4項の原則を考慮したものである。被世話人は，自ら自己固有の決定をし，それを自己自身の行為により外部的にも実現するに当たって世話人の支援を受ける。世話人が被世話人のために代理行為をし，又は意思を表明する場合について，世話人が従うべき行動尺度として被世話人の福利（Wohl）ではなく，希望（Wünsch）の優先を明確に規定した。

〈改正ドイツ民法第1821条〉
　第1項　世話人（Betreuer）は，被世話人（Betreute）の事務を法的に処理するために必要なすべての活動を行う。世話人は，被世話人が自らの事務を法的に処理するよう支援し，必要がある場合に限り，第1823条に基づく代理権を行使する。
　第2項　世話人は，被世話人が，その可能な範囲において，自らの希望（Wünsch）に応じ，生活関係を形成することができるよう，被世話人の事務を処理しなければならない。このため，世話人は，被世話人の希望を確認しなければならない。世話人は，第3項の規定により被世話人の希望に応じ，これを実現するに当たっては，被世話人を法的に支援しなければならない。これは，被世話人がその希望を保持していないことが明らかな場合でない限り，世話人の選任前に被世話人が示した希望にも適用される。
　第3項　世話人は，次に掲げる場合には，被世話人の希望に従う必要がない。
　1．それにより被世話人の身上又は財産に著しい危険が生じるおそれがあり，被世話人が疾病又は障害によりこの危険を認識することができず，又はそのような認識により行動することができない場合又は，
　2．これを世話人に求めることができない場合
　　第4項　世話人が被世話人の希望を確認することができないとき，又は第3項第1号の規定により世話人が被世話人の希望に従うことができないときは，世話人は，具体的な根拠により被世話人の推定的意思を把握し，それに法的な効力を与えなければならない。この場合，特に被世話人の過去に表示した意思，

---

(52)　Jürgens/Brosey（注49），BGB §1821 Rn.1, 12.

倫理的又は宗教的信念その他の個人的価値観を考慮しなければならない。推定的意思を確認する際には，被世話人の親族その他の信頼する人物に対して意見表明の機会を与えなければならない。

　　第5項　世話人は，被世話人と必要な個人的接触を維持し，定期的に被世話人の個人的な印象を得て，その事務について被世話人と協議しなければならない。

　　第6項　世話人は，その職務の範囲において自己事務を処理するための被世話人の能力を回復し，又は改善する機会が活用されるよう努めなければならない。

　ここで世話人の従うべき行動尺度として被世話人の希望は幅広い意味を持ち，自由意思に基づく表示だけでなく（これ以上）自然的意思に基づく表示も含むことに留意しなければならない。政府の改正草案はこれについて明確にしている。「むしろ被世話人の希望が決定的な目標である。その希望（Wünsch）が理性的に裏付けられるかどうか，被世話人に行為能力があるかどうか，そのような希望が客観的な観点から合理的かどうかは重要ではない」という[53]。したがって，世話人は被世話人の意思に拘束される。その意思は，客観的利益より優先される[54]。そしてこの尺度は準用規定を通じて世話人の行為，世話人の適性，裁判所の監督遂行，特に財産管理と裁判所の許可手続きにおいても同等に適用される。そして，これは，被世話人のマグナカルタ（Magna Charta）として世話法の一般原則として確立された[55]。被世話人の意思に対する拘束と面接義務は法的義務であり，これを遵守しない場合，裁判所によって制裁を受けることができる[56]。被世話人の希望を確認することは，世話人の義務である[57]。ただし，第三者との外部関係における法的取引における代理権（第1823条）の行使は，世話人が被世話人との内部関係において代理権を行使する資格があれば，内容上その意思を遵守したか否かに関係なく有効である。なお，医療措置に関する同意表示の場合，同意する能力がある限り，患者本人だけが自ら表示することができる[58]。

　第3項は，どのような状況で国家の保護義務が被世話人の希望より優先されるのか，したがっていつ被世話人の希望が無視されるのかを明らかにしている。

---

(53) Jürgens/Brosey（注49），BGB §1821 Rn.1, 13；BT-Drucksache 19/ 24445, S. 250. 世話法上本人の自由意思に反する行為は雄るされないので，この希望の尺度は，本人の自然的意思（natüliche Will）も考慮するようにしたのが重要である。
(54) Jürgens/Brosey（注49），BGB §1821 Rn.13.
(55) Jürgens/Brosey（注49），BGB §1821 Rn.2. 6.
(56) Jürgens/Brosey（注49），BGB §1821 Rn.4.
(57) Jürgens/Brosey（注49），BGB §1821 Rn.16.
(58) Jürgens/Brosey（注49），BGB §1821 Rn.4.

一方では自傷の脅威が一定程度顕著であり，他方ではその希望が病気の発現であってこそ自己責任性がなくなる。まず，保護対象者に計画された資産処分や支出の結果について知らせるなど，被世話人が自らの希望が実行された場合リスクの脅威を認識できるよう適切な情報を提供しなければならない。それにもかかわらず，被世話人がその希望に固執するなら，それを履行する必要はない。しかし，希望から抜け出すことは例外であり特別な正当な理由が必要である。一方ではより高いレベルの法的利益が脅威されること，そして，本人が固執している意思表示が疾病の発現でなければならない[59]。

　もう１つの例外は，期待不可能性である。被世話人は，世話人の倫理的宗教的信念に反する場合や，世話人に過度な負担や報酬を超える不均衡なことの遂行を要求することはできない[60]。

　そして，このような尺度が世話人の活動過程でうまく実現されるかという観点から，世話裁判所の監督も被世話人の希望を見出すことにより重点を置き，監督の手段は特に被世話人の自己決定を侵害する世話人の義務違反がよりよく認められ制裁が加えられるよう明白になった。世話人による財産管理の遂行については，ドイツ民法第1838条第１項第１文及び第1862条第２文で説明したように，被世話人の希望に従わなければならないことと被世話のための世話人の活動は透明でなければならないことを規定している。例えば，財産目録の開示（改正ドイツ民法第1835条第６項）。改正ドイツ民法第1861条以下の世話裁判所による監督と助言に関する条項も，このような法原則に合致している。特にドイツ民法第1861条で監督のための固有の手段として相談の提供が強化された。

4　小　　結

　以上の説明に従い，条約第12条の観点からドイツの新しい世話制度を評価すると，次のようになる。まず，ドイツにおいて世話法という法的手段は，障害者が法的能力と行為能力を行使するのに必要な支援を受けられるようにする条約第12条３項の意味内で適切な措置であると理解されている[61]。

　ドイツの世話法において，制度外支援は常に世話法（法定代理）に優先し，何よりも本人の自由な意思に反して世話人を選任することはできない（ドイツ

---

[59] Jürgens/Brosey（注49），BGB §1821 Rn.18.
[60] Jürgens/Brosey（注49），BGB §1821 Rn.19.
[61] MüKoBGB/Spickhoff, 9. Aufl. 2021, BGB §1814 Rn. 3.

民法第1896条第1項a）本人が特定の者を世話人として推薦した場合，本人の福利に反しない限り，これに従わなければならない。特定の者を世話人として選任してはいけないという希望を考慮しなければならない（ドイツ民法第1897条第4項）。しかし，他の助力や支援により保護できない場合に最後の支援手段として世話裁判所の職権により世話人を選任することができる。それを以って不当な権利侵害や差別と断定することは難しい。国は脆弱な成年者の権利と利益を保護する義務があるからである。したがって，本人の意思によらない介入という代替意思決定制度の典型的な標識は脱落したといってもよさそうである。

もっとも重要な問題は，法定代理が意思決定支援手段として容認できるかどうかであろう。ドイツの主流学界では，これまで法定代理を他者による決定の典型的形態として認識してきた見解について反論を示し，世話における法定代理は，それが，必ずしも客観的福利を基準とする他者決定ではなく，本人の自律，意思，選好といった被世話人の主観的福利に基づく限り，本人の意思を有効に実現させるための最後の手段として認められるという。そして，これは単なるレトリックではなく，ドイツ民法第1901条によって課された世話人の法的義務によって保障される。これは一般的意見第1号で提示した本人の意思と選好に対する最善の解釈（best interpretation of will and preferences）原則に符合すると言える。

このような評価は，行為能力制限の疑いが持たれている同意留保（Einwilligungsvorbehalts，ドイツ民法第1903条）についても妥当するか。ドイツにおいて，同意留保は，全体法的世話の6％を下回る例外的な措置であるが，同意留保された事項に関しては，被世話人は，世話人の同意を得なければ，独立して法的決定をすることができないし，委員会の一般的意見第1号によれば，特定命令によるものも被世話人の法的能力を制限するのは許されないという。ドイツの学者たちは，この場合にも必要性の原則（ドイツ民法第1901条第1項）と被世話人の希望と意思（ドイツ民法第1901条第3項第1文）が尊重されなければならないという点で正当化できるというが，この点について委員会の了解を得ることができるかは，油断を許さない。

なお，条約第12条との整合性に関するドイツの最近の議論から次のような示唆が得られる。第1に，本人の意思に反する法的世話による介入は，本人を保護するための最後の手段としてのみ許容できるという点，第2に，法定代理に先立って意思決定に対する助力（支援）が優先されなければならないが，助

力にもかかわらず自ら決定できない場合には法定代理による支援が許容されるという点，第3に，法定代理の支援は本人の推定的意思を基準としなければならず，確認できない場合には客観的な観点から最善の利益ではなく本人の意思や希望，選好に対する最善の解釈（主観的福利）が基準となるという点である。

IV 結論に代えて，意思決定支援のための保護措置の再構成

1 取消権者の制限

　条約第12条と委員会の見解（一般的意見第1号）によると，本人保護の必要性が認められる場合でも，意思決定能力の損傷や障害を理由に法的能力を行使する権利や資格を制限・剥奪することは許されない。ドイツの場合には，身上または財産に対する重大な危険を避けるために必要である具体的な事情が認められる場合に限り，同意留保の決定を下す（ドイツ民法第1825条）。同意留保された事項について世話人の同意がない限り無効であり，世話人の同意によって初めて効力が発生する（流動的無効，ドイツ民法第1825条第1項第3文（旧1903条第1項）により準用される未成年者の同意なしの契約締結に関する第108条第1項）。これに対し，韓国の成年後見（韓国民法第10条第1項）と日本の後見（日本民法第9条）の場合には，その後見開始の審判が下りると，対価が過度でない日用品の取引を除き，原則として後見人が被後見人の法律行為を取り消すことができるので，一律に行為能力を制限することになる（取消権者に関する韓国民法第140条，日本民法第120条）。韓国と日本の場合，被後見人が独立して法律行為をした場合，一応後見人が取消権を行使するまでは有効であり後見人の取消によってはじめて効力を失うが（流動的有効），他人である後見人の意思によって被後見人の法律行為が左右されるという点で，行為能力制限の本質に変わりはない。ドイツの同意留保は本人保護の具体的必要性がある場合に限り非常に制限的に利用されるが，韓国の成年後見と日本の後見の場合には原則的に行為能力が制限されるという点で異なる。ドイツの同意留保が「身上または財産に対する重大な危険を避けるために必要」な個別具体的な保護の必要性に対応して厳格に利用される場合にも依然として行為能力制限として条約第12条に違反するのかの判断は微妙である。反面，韓国の成年後見と日本の後見は原則的に行為能力を制限するので，条約第12条に違反するという批判は避けられない。本来，行為能力制限制度は，事理弁識能力の不足による不利益な法律行為の拘束から本人を保護するために始まった制度である。しかし，その保護の名の下で，かえって，すべての権利行使の基礎である行為能力（法的

能力）を制限するため，自己決定権を重視する現代的障害者人権パラダイムには合致しない。条約第12条は精神能力上の損傷や障害にもかかわらず法的能力を否認してはならず，法的能力の享有を認めた前提で精神能力の損傷や障害にもかかわらず法的能力を適切に行使することができるよう意思決定を支援せよという趣旨である。しかし，意思決定支援といっても適切な支援が受けられず，不利益な法律行為に拘束される危険を排除することは困難である。その場合，取消権の付与そのものは依然として効果的な救済手段になりうる。問題は，第三者である後見人による取消権の行使が，行為能力制限をもたらす点である。したがって，後見人の取消権を排除し，本人のみ取消権を行使することにすべきである。そうすれば，行為能力制限という本人の自己決定権を侵害せず，本人を不利益な法律行為から保護することができる。後見人は，本人の取消権の行使を支援することでのみ，本人を保護することにすべきである。そして，このような保護は後見のような法的保護の枠組みの中のみ提供すべきものではない。判断能力の不足で誤った決定をしてしまった場合，自己決定といってもその決定には瑕疵があり，その責任から逃れるための救済手段として取消権を付与することは正当化されると思われる。なぜならば，法律行為による拘束力を根底には，自己決定に対する自己責任の原理が据えていると思われる。しかし，自己決定に対して自己責任が問われるためには，その決定が，一定の合理的判断能力に基づいた自由な意思決定であることが前提であると思われる。したがって，詐欺や強迫のような外部からの意思決定の自由の侵害はもちろん，判断力の不足による自己決定の欠陥は取消しによって救済されなければならない。特定取引形態において脆弱性を有する消費者に撤回権を付与するのと比較しても不当・不均衡なものとはいえないだろう。また，意思決定能力の障害を理由とする取消権は，障害者人権法上の非差別のための積極的優遇措置（affirmative action）として合理的便宜の提供（reasonable accommodation）としても正当化できる（条約第5条第3項，第4項）。ただし，法的保護下にない障害者の場合には，自ら判断能力の不足があったことを自ら立証しなければならない。法的保護下にある被後見人については——特に次に掲げる意思決定支援の文脈において——相手方に立証責任があるということである。このような判断能力の不足によるによる意思決定上の瑕疵は，以下で述べる意思決定支援によって治癒され得る。すなわち，適切な意思決定支援によって自己決定の欠陥が除去されたとすれば，これ以上取消権による救済は必要ないことになる。

2 同意権の再認識

　今まで伝統的後見制度における同意権（韓国民法第5条，第10条，日本民法第13条）は，主に取消権行使の前提と認識されてきた。しかし，同意権の本来の機能は本人が重要な法的決定をするにあたって，その意思決定を支援するための法的根拠ないし手段であることを明確に認識すべきである。要するに，同意権を根拠に支援者は本人の意思の形成と決定過程に介入して支援することができる。しかし，同意権者が本人の意思，希望，選好より客観的な観点で被後見人の福利（最善の利益）を判断して同意権行使の可否を決めるならば，同意権は代替意思決定の一部になる。むしろ，条約第12条によると，同意権者の意思決定支援の尺度は，本人の意思，希望，選好，欲求，価値観でなければならず，彼らが合理的に実現できるよう支援しなければならない。したがって，同意権に基づいて支援者が介入した決定は本人と同意権者の共同意思決定の形態を帯びる。ただし，同意権者の介入ないし助力はあくまで本人の意思形成と決定を促進する役割にとどまらなければならない。

　他方で同意権の行使は，対外的には本人の意思決定の無瑕疵性（有効性）を保証する機能を果たすことになる。すなわち，支援者が同意権に基づいて本人の意思形成や決定過程に介入して支援することにより，判断能力が不足しているにもかかわらず，本人が当該法的決定（法律行為）の意味と内容を理解し，自ら決定を下し，支援者が同意を示すことにより，対外的に本人の決定が支援によって欠陥なく行われたものであり，確定的に有効な決定（意思表示）であることを保証する機能を果たす。

　精神能力の制約による取消権の行使可能性は，取引相手方に相当な法的不安定性をもたらす。それによって意思決定能力の障害が疑われる人との取引を回避する態度が引き起こされ，これが障害者の社会参加を制約することになりがちである。同意権の行使は，対外的に意思決定の無瑕疵性を保障することにより，取消権の行使を排除し，取引相手方に法的安定性を提供する。これにより，意思決定能力の障害者を，自己のための重要な法的決定に主体的に参加させ自ら決定できるように助力する一方，対外的に取消という法的不安定性をすることにより，障害者の社会活動への参加を促進することになる。

　しかし，同意権を通じて本人の意思形成や決定過程に直接介入して助力したにもかかわらず，本人が自ら法的決定に関する意思を形成し，その意味と結果を理解して決定することができない場合には，（初めて）意思決定の代行，すなわち，法定代理による決定可能性を検討しなければならない。

3 意思決定支援手段としての代理権の活用可能性

　法定代理が意思決定支援の手段になりうるかについては，条約成立以後，議論が続いてきた問題である。障害者人権活動家たちは法定代理は後見人など第三者による決定なので意思決定支援手段にはなれないという立場を堅持した。反面，法律家たちは意識不明など極端な状況までも考慮すれば法定代理は最後の救済手段（last resort）として避けられないと考えた。これに対して障害者権利委員会は，すべての実行可能な支援にもかかわらず自ら決定できない場合，客観的観点からの最善の利益（best interest）に基づく決定ではなく，本人の意思（will）と選好（preferences）に対する最善の解釈（best interpretation）をしなければならないという尺度を明らかにした。これは本人の意思と選好に対する最善の解釈に基づいた法定代理が意思決定支援手段になりうることを示唆する。条約第12条に対するドイツ成年後見制度の整合性に関するドイツ民法学界の認識もこのような観点で理解できる。ドイツの学説はドイツ民法上，後見人は本人の意思を尊重しなければならない法的義務があるので，法定代理権は意思決定支援手段として機能すると主張した。特に，このような観点の貫徹を制度的に保障するために改正されたドイツ民法第1821条第1項は，「世話人は，被世話人が自らの事務を法的に処理するよう支援し，必要な場合に限り，第1823条に基づく代理権を行使する。」と規定して（第1項）意思決定支援に対する法定代理の補充性を明示する一方，世話人は，被世話人がその可能な範囲において自らの希望（Wünsch）により生活関係を形成するよう被世話人のため，被世話人を代理しなければならない。特に，ここで本人の希望は必ず自由な意思（freie Wille）に限らないという点に留意しなければならない。

　それに従えば，意思決定支援者は次のような行為義務ないし注意義務を負うこととしなければならない。すなわち，①後見人は法定代理権を行使する前に，まず意思決定能力の障害にもかかわらず，本人自ら決定できるよう支援する義務を履行しなければならない。現実的に実行可能な助力を果たさない限り，法定代理による決定権限の行使は正当化されない。②現実的に可能なすべての助力にもかかわらず，本人が自ら決定できない場合に初めて法定代理が許される。さらに，法定代理によって決定をする場合にも，本人の実際または推定された意思によって代理権を行使する法的義務がある。③本人の意思が推定できない場合には，客観的合理的観点から評価された本人の最善の利益（best interest）ではなく，本人の希望や選好に対する最善の解釈（best interpretation）に基づいて代理権等を行使する義務がある。このような指針が遵守された場合にのみ，

法定代理は意思決定支援手段として適法な権限の行使と認められるだろう。

　法定代理による意思決定支援でより難しい問題は，法定代理人が本人の意思に反する強制措置を施行することができるかである。まず，本人の自由な意思に反して代理権を行使することは容認できない。「個人は自由意思によって自分を危険にさらす自由があり，これを制止するための強制措置をする権限は誰にもない」。本人の意思に反する強制措置は，本人が意思決定能力の損傷や障害により自らを危険に陥れ，又は他人に加害をする場合，本人はその障害のため危険を認識できないことに起因した場合にのみ，代理人は，本人の自然的意思（natürliche Wille）に反して強制措置を取ることができる。ただし，このような強制措置に対しては本人の権利侵害を予防するために適法手続きにともなう裁判所の許可を受けるようにする必要があり，被後見人は権利行使に対して手続的助力を受ける権利を認めなければならない。

【後記】

　筆者は2000年から約2年間，京都大学大学院　法学研究科　外国人研究生で，契約締結上の情報提供義務というテーマで契約締結過程での自己決定の条件の1つとして情報力の問題について潮見佳男先生の指導を受けた。その指導と経験を踏まえ，今は自己決定のもう1つの土台として，人の判断力，特に認知症高齢者や発達障害など意思決定能力障害者にとって自己決定の条件をどのように確保するかという観点から，意思決定支援という新しい概念を伝統的私法体系にどのように組み込むかを主な研究課題としている。外国人研究生のために，ほぼ1年間，毎週土曜日の午前，研究室で貴重な時間を割いて些細な質問についても特有の早口で熱意を尽くして指導してくださった先生に，この場を借りて深く感謝の意を表する。

19 ドイツにおける家族の多様化・流動化と扶養制度の意義

冷水登紀代

Ⅰ　はじめに――問題の所在
Ⅱ　ドイツ法における扶養当事者の関係
Ⅲ　流動化・多様化する家族への対応――扶養権利者の順位
Ⅳ　私的扶養の意義と社会法との関係
Ⅴ　おわりに――日本法への示唆と課題

Ⅰ　はじめに―― 問題の所在

　民法上の扶養に関する規定は，親族間扶養は877条以下に規律されている。夫婦間に関しては，婚姻の効果として夫婦の協力扶助義務（752条），法定財産制の婚姻費用分担（760条），離婚の効果として子の養育費（監護費用。766条）が規律されている。さらに認知された子の養育費（788条）については，766条を準用する形で親子に関するところで規律されている。扶養に関する規定は，第2次世界大戦後に制定された憲法における個人の尊厳（13条）と両性の本質的平等（24条）の要請に従い，1947年の家族法改正に改められた経緯をもつが[1]，大正期には中川善之助により，夫婦・未成年子を中心とした扶養（生活保持義務）と親族間の扶養（生活扶助義務）を区別し，前者は後者に優先する義務であると解するべきであるという考え方（二元説）[2]が唱えられていた。戦後，扶養法分野ではこの二元説の前提となる夫婦とその共通の子を中心とした家族像[3]をもとに発展してきた。特に，生活保持義務関係にある当事者間で実務上

---

(1)　明治民法の親族間の扶養に関する規定は，「繁雑ナル規定」であるとの理由から臨時法制審議会1925（大正14）年の大正要綱第33の検討対象にもなっていた（堀内節編『続家事審判制度の研究』〔日本比較法研究所，1976年〕148，154頁）。
(2)　中川善之助「親族的扶養義務の本質」法学新報38巻6号1頁，特に9頁以下（1928年）。
(3)　我妻栄『新しい家の倫理』（クレス出版，1990年）299頁では，家制度の廃止により，親族共同生活が，夫婦と未成年の子へと変化していることに現行民法の改正の意義を指

問題となるのは，別居中の——子の監護費用を含めた——婚姻費用の分担や離婚後の子の養育費に関する問題であったため，生活保持義務に関する扶養の問題は，760条および766条に関する問題[4]として展開してきたきらいがある。そのためか，従前は特に未成年子が親に対して扶養を求める権利の法的根拠は，明確でなく，争いがある状態にあった[5]。

ところで，877条以下の親族扶養の権利義務は，当事者が協議により順位（878条），程度・方法（879条）を定め，協議が不調の場合には，最終的に家庭裁判所の審判により確定する規定となっている。婚姻費用分担も養育費も当事者の協議か，最終的には家庭裁判所が審判で定めることになっている[6]（いわゆる「白地規定」[7]）。当事者の関係性が維持されている状態であれば協議がまとまる可能性も高く，義務の履行も任意にされることが期待できる。しかし，扶養の権利者と義務者との間ですでにつながりがない状態になっていたり，協議ができない状態では，扶養を受ける権利が事実上放棄された状態にもなりうる。特に，自ら権利を主張することができない子は，本来最も扶養を必要とする状態にありながら，扶養法上もっとも弱い立場にいる。離婚後や非婚による母子世帯の貧困の問題は，子のための養育費（扶養料）[8]に関する取り決めがそ

摘する。
(4) 未成年子が扶養を求める場合，自ら877条に基づき請求することもでき，夫婦が別居中の場合は子の養育費を含め760条に基づき，離婚に際しては766条に基づき選択的に請求できるとするが（松本哲泓『〔改訂版〕婚姻費用・養育費の算定』〔新日本法規，2020年〕8-9，16-17，20-21頁．），家庭裁判所実務では，二元説に従いつつ，「標準算定方式・標準算定表」が提案され（東京・大阪養育費等研究会「簡易迅速な養育費等の算定を目指して——養育費・婚姻費用の算定方式と算定表の提案」判例タイムズ1111号285頁〔2003年〕），この枠組みを維持しながら改良された「改定標準算定方式・算定表」が公表され（村松多香子「養育費，婚姻費用の改定標準算定方式・算定表——平成30年度司法研究『養育費，婚姻費用の算定に関する実証研究の概要』」判例24号1頁〔2020年〕），いずれも「婚姻費用」「養育費」の算定という文言が用いられているため，子が親に対して「扶養」を請求する問題というよりも，両親間での（子の養育費を含めた）婚姻費用の問題，離婚後の両親間での養育費の問題として一般に浸透している（岡健太郎「婚姻費用の算定と執行」野田愛子＝梶村太一編『新家族法実務大系①』〔新日本法規，2008年〕275頁など）。
(5) 窪田充見＝松川正毅『新基本法コンメンタール親族〔第2版〕』（日本評論社，2019年）〔冷水登紀代〕351頁。
(6) 二宮周平『家族法〔第5版〕』（新世社，2019年）281頁。
(7) 水野紀子「離婚法の変遷と特徴を考える」法学教室497号81頁（2022年）における消極的破綻主義における離婚と婚姻費用分担の問題に関し，法が与える必要があるのは，白地条項ではなく，妥協点を提供する明確な基準であると指摘する。
(8) 766条および788条の子の監護に関する費用（監護費用）とされ，一般的に「養育費」と呼ばれているが，本稿では，子の親に対する扶養を求める権利と構成しているた

もそもできていないのが実状である[9]。

　法制審議会総会第189回会議における諮問第113号により「父母の離婚に伴う子の養育への深刻な影響や子の養育の在り方の多様化等の社会情勢に鑑み，子の利益の確保等の観点から，離婚及びこれに関連する制度に関する規定等を見直す必要がある」との指摘により，家族法制部会の審議において，親子に関する基本的な規律として子[10]に対する扶養義務を明確に規律すること，養育費請求権の実効性を高めるために一般の先取特権を付与し，協議離婚等やそれに準じる子の監護費用を取り決めていない場合に備えて政省令で定める「法定養育費」を保障することなどが目指されている[11]。この改正作業は，子に対する親の扶養義務に関する法的根拠を明確し，特に別居中の婚姻費用や協議離婚等で養育費の取決めがまとまらない監護親にとって，対象となる子の扶養料を確保することが期待できる。しかし，離婚後の養育費の問題を中心にこの問題を議論し，それ以外の場面では766条に準じる形で改正をすすめる方向性は，家族の流動化[12]・多様化[13]する状況のなかで，扶養法における子の法的地位を

め，以下では「扶養」または「扶養料」とも記述している。

(9)　「令和3年度全国ひとり親世帯等調査結果報告」53頁では，養育費の取り決め状況は，母子世帯で，「取り決めをしている」が46.7％，「協議離婚」は，「その他の離婚」と比べて「取り決めをしている」割合が低く，離婚を原因としない「未婚」の母子世帯では，13.6％だけが「取り決めをしている」状況であった。

(10)　令和4(2022)年11月15日　法制審議会家族法制部会・家族法制の見直しに関する中間試案は，教育中などの理由で成年で自立できていない子の扶養法上の法的地位も検討されていたが(1-2頁)，令和5年12月19日　法務省法制審議会家族法制部会・家族法制の見直しに関する要綱案（案）資料35-1の段階では，一般規定では，「子」と規定するにとどまっており（1頁)，解釈の余地が残っている。なお，本稿は，「成年子」の扶養については，検討の対象から外している。

(11)　法務省法制審議会家族法制部会・家族法制の見直しに関する要綱案（案）資料35-1「第3　養育費等の規律」（4頁以下）。
　〔付記〕この要綱案（案）は，2024(令和6)年3月8日に「民法等の一部を改正する法律案（閣法47号)」として内閣で閣議決定され，同日国会に提出され，第213回国会（常会）において5月17日に「民法等の一部を改正する法律（令和6年法律第33号)」として成立（同月24日公布）した。

(12)　犬伏由子「離婚・再婚による家族の流動化と子の利益をめぐって」家族〈社会と法〉39巻（2003年）1頁以下では，現行日本法における離婚・再婚における家族関係において生じる問題をとりあげ，子の利益を確保するために，婚姻家族を前提とすることの限界を指摘する。

(13)　大村敦志「日本民法の展開(1)民法典の改正──後二編」広中俊雄＝星野英一編『民法典の百年Ⅰ』（有斐閣，1998年）175-176頁では，1945年の家族法改正における家族観の対立は「保守的反対論」，「伝来的改正論」，「革新的改正論」と整理され，1990年代以降の家族改正をめぐる議論においても続いていると指摘されている。また，2018年の相続法改正においても家族観の対立が議論を隔てており（水野紀子「家族観と親族を考

399

曖昧にする可能性がある。婚姻当事者間の婚姻費用の分担（配偶者間の扶養義務）と子の扶養義務はともに生活保持義務とされているだけで優先関係は明確でない。扶養義務者の配偶者への扶養と婚外子の扶養がともに必要な場合において，認知した婚外子の扶養は788条に従い請求できるとしても，事実上劣後したり，貧困を甘受しなければいけないという問題も生じているように思われる。しかも，この場合婚外子の母親は，その子の監護・教育を引き受けつつ，自身と子の扶養も負担するために稼働もすることになる。さらに認知した父の婚姻家庭に嫡出子がいる場合，その嫡出子と婚外子の扶養を受ける権利は，同列であると解されるかは必ずしも明確ではない[14]。相続の場面では，第1順位の相続人として子が位置付けられ，法形式上の差はないが[15]，婚外子の養育費をあえて788条（766条の準用）に従い請求するという枠組みをとる必要はどこにあるのだろうか。今日，婚姻家庭においても共働きが多いとはいえ，一方がパートタイム勤務などで一定程度の子の監護・教育時間を確保しながら，家計を維持することが夫婦の協力扶助義務・婚姻費用分担義務から期待できる。これに対し，非婚の母の場合，子の父から扶養を受けていなければ，時間的にも子の監護・教育時間の確保が困難となり，同じ父の子であっても婚外子は嫡出子と等しい「養育環境」が実現されていない可能性もある。実務で用いている従前の二元説を前提とした算定方式の考え方は，子にかかる監護・教育に必要な事実行為の時間を考慮せず，父母の収入，子の人数・年齢等をもとに分担額を判断する。

このような観点からみたときに，婚姻しているかどうかにかかわらず親は子に対し責任を負うということを明確にするだけでは不十分で，嫡出子も婚外子も同じ子としての扶養請求権が両親にあることを民法上明確にし，子の養育環境という観点もあわせて扶養制度を設計する必要があるように思われる。言

える」法学教室489号〔2021年〕110頁），戦後の改正において前提とされた夫婦とその子を中心とした家族像をもとに，扶養のルールを検討するのは限界になりつつある。

(14) 嫡出でない子の父の認知により父子関係が生じ，父は出生時から扶養義務を負っていたことになる（常岡史子『家族法』〔新世社，2020年〕154頁）。父母は，婚姻・非婚，共同生活の有無，親権の帰属などに関係なく同順位の扶養義務者とされているが（常岡・243頁），嫡出子と嫡出でない子の扶養を受ける権利という観点からみたときに，「親の扶養は第一次的には生活関係に密接に関連する婚内子の方に課されるのが普通」とし，嫡出子を優先する説もある（大村敦志『家族法〔第3版〕』〔有斐閣，2010年〕191頁。親子の別居・同居を区別しない説として本澤巳代子「扶養義務（877条以下）との関係」法律時報86巻8号〔2014年〕58-59頁）。

(15) 最判平成25年9月4日民集67巻6号1320頁を受け，900条4号ただし書が削除。

い換えれば，婚姻当事者間の扶養，さらには子の監護親による非監護親への扶養請求という新たな枠組みも含めて検討しながら，婚姻当事者，監護親，未成年子との関係でどのような扶養法上の地位にあるのかを明瞭にする必要がある。同様に，扶養義務者である親が再婚し，その再婚配偶者と子を扶養する場合，前婚の子の養育費の減額の問題が生じるが，前婚の子，再婚後の子と再婚配偶者は同列の立場にあるといえるかということも検討しなければならない。

今日の家族像は，何か1つのモデルを前提とすることはできない。かつてと異なり，男女で収入格差があるとはいえ，共働き世帯が一般的で[16]，離婚も珍しくない状態にある。未婚で子を出産する者も一定数いる状態にある。夫婦間の扶養義務・婚姻費用分担義務の意味を改めて確認し，扶養制度全体のなかで，従前生活保持義務関係にあるとされてきた当事者関係を，婚姻当事者関係と親子関係に一度分解して，非婚当事者の関係，非婚の両親と子という関係もあわせて各当事者関係ごとに権利義務を再構築していく必要がある。

本稿では，このような問題意識のもと，扶養制度の意義を改めて検討する一助として，ドイツ法を参照する。ドイツでは，家族関係が流動化し，多様化するなかで，嫡出子と婚外子の扶養法上の地位の差を解消する努力をし，2007年の扶養法の改正[17]により，子の扶養法上の権利を強化し，婚姻当事者などの扶養権利者の順位が明確に定められた経緯をもつからである。

---

(16) 1980（昭和55）年以降，夫婦共働き世帯が年々増加し，1992（平4）年には共働世帯数が男性雇用者と無業の妻からなる世帯数を上回り，1997年以降は，その差が拡大する。性別役割分担意識についても2016（平成28）年には男女とも反対の立場が賛成の立場を上回っている（男女共同参画白書〔概要版〕〔平成30年度版〕）。

(17) 正式名称は，「Gesetz zur Änderung des Unterhaltsrechts vom 21. Dezember 2007, BGBl. S.3189」（2008年1月1日施行）であり，以下「2007年の扶養法変更法」または「2007年改正」とする。同法の政府草案に関して，三宅利昌「ドイツ法における扶養法の改正について」創価法学36巻2号（2006年）171頁以下。ドイツでは，日本と同様に多様な家族観の対立があり高齢者の扶養の負担を背景に老親扶養の廃止についても議論された（冷水登紀代「血族扶養の基本構造と根拠（2・完成）」阪大法学53巻5号123頁以下（2004年）が，Ⅱでみるように老親扶養を含む一般の血族扶養の規定は改正の対象とされず維持されている。

なお，本稿では検討することができなかったが，2023年8月24日には，ドイツにおいても別居家族の生活実態や生活モデルがより多様化していることを背景に，子の最善の利益や子の世話のための親への扶養（Ⅱ3参照）を強化するために，「ドイツ連邦司法省による扶養法の現代化に関する指針：別居家族のための衡平な扶養法（Ein faires Unterhaltsrecht für Trennungsfamilien: Eckpunkte des Bundesministeriums der Justiz zur Modernisierung des Unterhaltsrechts)」（以下，「連邦司法省指針」とする）（https://www.bmj.de/SharedDocs/Gesetzgebungsverfahren/DE/2023_Unterhaltsrecht.html）が示され，新たな改正に向けた動きがある。

以下では，以下ではⅡにおいて，ドイツにおける扶養当事者ごとの扶養の権利義務を概観し，続くⅢでは，2007年改正により明確にされた扶養権利者の順位を，ⅡⅢを踏まえ，Ⅳでは，ドイツ法における扶養制度の現代的意義を社会法の関係とともに検討し，若干ではあるが日本法への示唆を検討する。

Ⅱ　ドイツ法における扶養当事者の関係

　ドイツの扶養制度は，日本法と類似した設計がされている。日本の親族扶養に相当する制度は，1601条以下に規定され，婚姻当事者に関する扶養は，婚姻の効果に規定されている。日本法との違いは，別居中の扶養や離婚後扶養に関する制度や婚外の子を出産し，または世話する親の一方が他の一方の親に対し扶養を求める制度も整備されていること，さらに扶養の要件，方法・程度，権利者・義務者の順位が詳細に規定されていることである。以下では，まず，扶養当事者ごとに，扶養の権利義務の要件を中心に制度を概観する。

1　血族扶養と未成年子等への親の扶養

　親族間の扶養に関しては，1601条以下に規律されている。扶養当事者は，直系血族扶養（ドイツ民法[18]〔以下，特筆しない限りドイツ民法をさす。〕1601条以下）に限られている。血族間では，自ら扶養（Unterhalt）できない扶養必要状態の場合[19]に，扶養を求められた者がその者の他の義務を考慮して，自らの適切な生計（angemessener Unterhalt）[20]を危険にさらすことなく扶養することができなければ，扶養義務を負わない（給付能力〔Leistungsfähigkeit〕）（1603条1項）。

　血族扶養に対し，未成年子および親と同一の家計で教育を受けている21歳未満の未婚の成年子（以下，ドイツ法の「優遇される成年子（privilegiert volljährige Kinder）」の略称を用いる）に対する親の扶養義務は，特則が設けられている。

　ここでの子は，実子であるか養子であるかは問われない。また，嫡出子と嫡

---

(18)　本稿で用いるドイツ民法（家族法）上の訳語は，法務省大臣官房司法法制部「ドイツ民法典第4編（親族法）」法務資料468号によるところが多い。また紙幅の都合上最低限の条文の訳出のみに留めている。

(19)　扶養を求める者の稼動が期待できず，財産収入もなく，財産の活用も期待できず，その他の収入によっても，その者の生活の需要を充たせない場合である（Dieter Schwab, Familienrecht 31. Aufl. C.H.Beck 2023, S.464-466）。

(20)　野沢紀雅「ドイツにおける共同監護と子の扶養料(1)」（以下，「共同監護」とする）比較法雑誌57巻2号（2023年）45頁では，義務者自身の「扶養（Unterhalt）」について「生計」としておりここでは，この訳語に従っている。

出でない子（婚外子）かも問われない[21]。未成年子[22]は，自己の財産収入と稼動収入によりその生計が不足する場合には，その親に対し扶養を求めることができ（1602条2項），財産元本を自己の生計に充てる必要はない[23]。子に対する父母の扶養義務は，親は，親であるということから生じる自然的な地位にあり任務を負うとされ，親権の有無にかかわらず，自らの資産・財力により子を自立に導く責任であると立法当初から説明されてきた[24]。親は自己のあらゆる活用可能な資産により自身と均しく子を扶養する義務を負う（1603条2項）。この意味で，未成年子に対する親の扶養義務は，「高度化された扶養義務」とも呼ばれる。さらに，優遇される成年子に対する扶養義務は，高学歴化の影響で子を自立させるという観点から導かれる親の義務であり，未成年子と同じ扱いを受けることになる[25]。

具体的な扶養料の算定にあたっては，デュッセルドルフ上級裁判所による算定表（以下「デュッセルドルフ表」とする）が活用され，デュッセルドルフ表では，一定の生計費用を扶養義務者に留保することを認めている（自己留保分〔Selbstbehalt〕）。基本法上保障された最低限の生活を保障する必要があるからである（基本法2条1項）[26]。親が未成年子等に対して負担する自己留保分は，

---

(21) ドイツ民法の制定過程では，婚姻も血族関係も存在しない嫡出でない子の父に対する扶養請求を根拠づけるのは難しいと捉えるのに対し，母に対する扶養請求権は血族関係から生じると捉えていたところ，立法理由書において，婚外での性関係による不法行為説を否定し，父に対する嫡出でない子の扶養請求権の根拠を父性に置き，その者が自己の子を扶養する自然的かつ道徳的義務を理由づけたと説明されている（フォルカー・リップ〔野沢紀雅訳〕「ドイツ扶養法の根拠」比較法雑誌52巻2号〔2018年〕61-63頁）。最終的には，1997年の親子法改正法（Das Kindschaftsrechtsreformgesetz vom 16.12.1997, BGBl. S. 2942）（1998年7月1日施行）により嫡出子と嫡出でない子の区別の廃止がされ，嫡出でない子の法的地位は，本質的な変化をとげ，それに伴う1998年の未成年子扶養法の統一のための法律（Gesetz zur Vereinheitlichung des Unterhaltrechts minderjähriger Kinder vom 06.04.1998, BGBl. S. 666）（1998年7月1日施行）により一応の区切りがついたとされている（リップ・64頁）。
(22) 児童婚の撲滅のための法律（Gesetz zur Bekämpfung von Kinderehen vom 17.07.2017, BGBl. S. 2429）により，未成年者の婚姻が禁止され，かつては「未成年でかつ未婚の子」と規定されていたが，下線部が削除された（野沢・前掲注(20)「共同監護」45頁）。
(23) 野沢・前掲注(20)「共同監護」45頁。
(24) Motive zu dem Entwurfe eines Bürgerlichen Gesetzbuches für das Deutsche Reich, Bd. IV (1888) S.681.
(25) この優遇される成年子が扶養法上規定された経緯は，野沢紀雅「ドイツにおける成年子の就学費用と親の扶養義務」法学新報104巻8・9号（1998年）291頁。
(26) Christian Seiler, Die Düsseldorfer Tabelle, FamRZ 2023 330. 連邦司法省指針（前掲注(17)4頁，9頁）では，1603条2項に義務者の「必要な自己留保分」を明記する方

他の血族よりも低く設定されている[27]。

　扶養の方法は，定期金の形で行われるのが原則である（1612条1項）が，未成年子に対する扶養は，金銭だけでなく，子の監護・教育（Pflege und Erziehung）をすることも必要となる。両親は，子の利益を適切に考慮して，扶養の方法や期間をあらかじめ決めることができる（1612条2項）。両親が婚姻中の場合には，その共通の子の生活の需要を充たすことも，両親の婚姻の効果として生じる「家族の扶養」の範囲となり，両親はその費用とともに負担する義務を負う（1360a条1項）。なお，両親の一方が，監護・教育をするために世話をしている場合[28]，その親は，扶養義務を負担していると評価されるため（1606条3項），他の一方が金銭的な給付を行うことになる[29]。優遇される成年子への扶養は，金銭扶養となるため，両親双方の収入により，負担することになる[30]。

　針が示されている。

(27) デュッセルドルフ表（Düsseldorfer Tabelle）2024年1月1日版（https://www.olg-duesseldorf.nrw.de/infos/Duesseldorfer_Tabelle/Tabelle-2024/index.php）（以下「DT」とする）では，親が未成年子等に扶養義務を負う場合の「必要な自己留保分」が，就業者の場合月額1450€，未就業者の場合月額1200€，成年子との関係での「相当な自己留保分」は1750€である（DT4頁）。なお，自己留保分は，金銭による扶養義務者（1グループ）の純所得が1900€までの者の自己留保分の額であり，2100€から11200€の純所得を有する者については，純収入の額に応じて2から15グループに分類され，自己留保分にあたる需要審査額（Bedarfskontrollbetrag）が収入に応じて示されている。この需要審査額は，権利者や義務者との関係で調整される額となる。デュッセルドルフ表2023年版の日本語訳は，野沢・前掲注(20)「共同監護」56頁，自己留保分については46-47頁，需要審査額について54-57頁を参照。

　2020年以降，年収10万€を超えた場合の単身の子は社会法上も親に扶養義務を負うとされているが（後述Ⅳ後掲(86)），この場合の自己留保分は，月額2000€である（配偶者がいる場合は3600€）（https://www.unterhalt.net/elternunterhalt/selbstbehalt/）。

(28) 世話扶養（特に，金銭扶養に対して監護・教育などの事実行為による扶養を「世話扶養（Betreuungsunterhalt）」と呼ぶ）の制定の経緯についての詳細は，野沢・前掲注(20)「共同監護」49頁以下。なお，以下の3でみる1615l条でも「世話扶養（Betreuungsunterhalt）」が用いられている。

(29) なお，金銭による子への扶養給付は，子が親の一方のところで居住し一方の親から世話を受けていることが前提となっていて，現在の日本の状況に近い（なお，扶養義務者の収入のみを基礎とする点では日本法と異なる）。しかし，ドイツでは，離婚後の子の共同監護における両親双方の居所に子が居住する場合（交代モデル〔Wecselmodell〕）も増えており，判例により扶養料の調整がされているが，連邦司法省指針（前掲注(17) 2頁から3頁）は，現行法・DTは明確な指針を示していないと指摘する。共同監護をもとでの判例の展開について，校正段階で，野沢紀雅「ドイツにおける共同監護と子の扶養料(2)」比較法雑誌57巻4号（2024年）43頁に接した。

(30) 野沢紀雅「ドイツ民法における未成年子の『最低扶養料（Mindestunterhalt）』について」中央ロー・ジャーナル7巻4号（2011年）94頁。

2　パートナー間の扶養
(1)　婚姻当事者[31]

　婚姻当事者の扶養は，立法当初から，「婚姻による紐帯」により，自身が持っているものを互いに分かち合い，自分たちの生計のために使わなければならない[32]と説明されてきた。1957年の男女同権法により，婚姻当事者は，家族の相当な生計を充たすために，稼動および自己の財産によって，相互に扶養する義務を負うという（1360条。「家族の扶養義務」という）婚姻当事者の扶養と婚姻費用分担義務とを一体化した規定に改められた[33]。家族の扶養には，家事などを含む家政（Haushaltsführung）にかかる費用，当事者双方の個人的な需要と扶養請求権のある共通の子の需要を含め，当事者双方の状況に従い必要とされるあらゆるものが対象となる（1360a条1項）。婚姻共同体にとって適切とされる方法により家族の扶養を充たすことができるように，婚姻当事者はともに必要な資金（Mittel）を，相当な期間，あらかじめ自由に使える状態にしておく義務を負っている（同2項）。

　婚姻当事者は，各自が職業につく権利を有する（1356条2項1文）[34]と同時に，職業につく義務（稼動義務）を負う。婚姻当事者は，稼動によって家族の扶養義務（1360条）を行うことになるが，家族の扶養には，現物扶養，すなわち家事なども含む[35]ことから，婚姻当事者間の合意により一方に家事などを含めた家政を委ねることも可能である。一方に家政の遂行を委ねる場合には，通常，それによって扶養義務を履行したことになる（1360条2文）。これは，平等原則（基本法3条2項）により導かれる。この場合，家族の扶養を充たすためには，他の一方のみが金銭扶養を行わなければならない。どのような方法に基づき扶養を給付するかは，当事者により了解された婚姻のあり方にかかっている

---

(31)　2017年に同性カップルにも民法上の婚姻（1353条）をする権利を認める民法改正（Gesetzes zur Einführung des Rechts auf Eheschließung für Personen gleichen Geschlechts vom 20.07.2017, BGBl. S.2787）（同年10月1日施行）がされた。同性カップルを婚姻当事者に組み入れる経緯は，渡邉泰彦「ドイツにおける同性カップルの法的処遇」ジュリスト1577号（2022年）77頁以下。
(32)　Motive, a.a.O.(24), S.122. リップ・前掲注(21)61頁。民法施行後，夫婦間では夫の扶養義務が優先する，夫に稼働能力がない場合に妻が扶養する旨の規定（旧1360条1項，2項）がおかれていた。
(33)　野沢・前掲注(20)「共同監護」48頁。
(34)　婚姻当事者の稼動する権利の明文化は，男女同権法以前の専業主婦モデルの影響に応えるための対応である（Nina Dethloff, Familienrecht, 33.Aufl. C.H.Beck 2022, S.67）。
(35)　Dethloff, a.a.O.(34), S.67.

が[36]，婚姻当事者の一方が第三者（他の交際相手との間の子や離婚した配偶者）に対して扶養義務を負う場合，稼動するか家政を行うかを選択する余地は限定される[37]。

(2) 別居時の特則

「別居」[38]は，通常離婚の前段階にあるものと位置づけられている[39]。当事者に離婚の合意がある場合には1年間の別居で，いずれにしても3年間の別居によって婚姻の破綻がと推定される（1566条）。通常，破綻が離婚の原因となるため，別居をすることなく離婚をすることはできないからである（1565条1項）。

別居により家族の扶養義務は，従前の1360a条のような形での扶養を行うことはできなくなる。婚姻当事者に子がいる場合には，子の扶養は，先にみた血族間での扶養に関する1601条以下に従うことになる[40]。婚姻当事者の一方は，扶養法の一般原則に従い，扶養必要状態にある場合にのみ求めることができる。ここでの扶養必要状態にある場合は，自らの収入と財産により需要を充たすことができず，以前の生活水準を維持できない場合である（1361条1項）。もっとも，ここでの生活水準は，婚姻時の生活水準が考慮される。財産の元本の活用は，離婚後扶養の規定（1577条）が類推適用される[41]。扶養の原則に従えば，稼動義務（Arbeitspflicht/Erwerbsobliegenheit）があるが，この義務は，その個人的な事情，特に婚姻期間を考慮した上で，過去の稼動や婚姻の両当事者の経済状況に照らして，その者に期待される場合に限定される（1361条2項）。婚姻時の役割分担に対する信頼を保護するためである[42]。この扶養は，定期金により行われる（同4項）[43]。ただし，扶養義務者となる婚姻当

---

(36) Dethloff, a.a.O.(34), S.71.

(37) Dethloff, a.a.O.(34), S.68.

(38) 別居は，両当事者の家政共同体が存在せず，かつ当事者の一方が婚姻による生活協同体を拒絶することにより，明らかに家政共同体を回復しない場合を別居しているものとし，婚姻当事者が，ともにその婚姻住居に分かれて生活していても，家政共同体はもはや存在しないものとみなされている（1567条1項）。

(39) Dethloff, a.a.O.(34), S.93.

(40) 両親が別居している場合，親の一方は他の一方に対し，自己の名で子の扶養請求をすることができる（1629条3項1号）。

(41) BGH1985年1月16日判決（NJW1985, 907），BGH2004年6月9日判決（FamRZ2005, 97, 99）では，財産の元本の活用が免責される特別の事情を考慮する際には，離婚後扶養との関係において別居時の扶養は，婚姻関係にあることからより責任を負担することを考慮すべきとする。別居時の扶養義務者の自己留保分は離婚時の者と同額である（後掲注(54)を参照）。

(42) Dethloff, a.a.O.(34), S.94.

(43) また，ドイツでは，婚姻住居の使用を求める権利に関する規定もある（1361b条）。

事者に給付能力がなければ扶養請求は認められない。扶養義務者も，緊急時には，財産の元本の活用が求められる[44]。

別居時の扶養義務について，契約によって規律されていることもあるが，契約によって，扶養を受ける権利を放棄をすることはできない（1361条4項4文により，1360a条3項が準用され，同規定により血族扶養における将来の扶養の禁止に関する1614条が準用）。

(3) **離婚後扶養**[45]

離婚後の各当事者は，自己の生計を自ら維持する義務がある（1569条1文。自立責任の原則）。この責任原則は，社会状況の変化や離婚の増加，伝統的な夫婦の役割分担の変化に伴い，2007年の扶養法変更法[46]により明記された義務である。この原則を前提としつつ，婚姻の余後の連帯（nachwirkende eheliche Solidarität）として扶養が認められている[47]。当事者の一方が，婚姻をすることで他の一方に経済的に依存することがあり，稼動が制限されることもあるからである。共働きの場合であっても，一方が稼動し他の一方が子の世話をするなどの分担をしている場合でも，それは婚姻時に当事者の合意により定められたことであり（すでにみた(1)を参照），このようにして生じた一方の経済状態については，離婚後も共同で引き受けなければならないと考えられているからである[48]。

離婚後扶養を求める者は，離婚後，その生計を維持する能力がなく，かつ以下の要件を充たす場合に限られる（1569条2文）。まず子の世話をしている者である（1570条）。この請求は，子の出生から少なくとも3年間[49]は扶養を求

---

(44) Dethloff, a.a.O.(34), S.95.

(45) 本沢巳代子『離婚給付の研究』（一粒社，1998年）ドイツにおける離婚後扶養の制定の継緯に関しては，102頁以下を参照されたい。離婚後扶養は，1896年の制定当初に遡るが，現行法につながる本質的な改正は1976年に交付され1977年に施行された「婚姻および家族法改正のための第一法律」により行われ，離婚後における自己責任原則をとりつつ，婚姻中の役割分担に関連する共同責任原則に照らし，離婚における有責配偶者に対する損害賠償等を目的とはせず，純粋な婚姻の余後効としての責任の主旨で規定された（本沢・144頁以下，特に152頁）。

(46) BT-Drucksache 16/1830 von 15.6.2006. S.1f. 三宅・前掲注(17)174頁以下など。詳細は後述する。

(47) BT-Drucksache 16/6980 von 07.11.2007. S.8. 離婚後の財産的効果として，夫婦財産制の終了よる夫婦財産の清算がされる（法定財産制の場合には，1378条以下，合有財産制の場合には，1471条以下）。この他，婚姻住居や家財，年金に関する権利の清算も行われる。

(48) Dethloff, a.a.O.(34), S.192.

(49) 2007年改正前の1570条には，3年という期間制限はなかった。しかし，連邦憲法

める権利がある（同条1項1文）。共通の子の世話を引き受ける場合，稼動することができないからである。なお，この扶養請求権の存続期間は，子の状況や子の世話に関する可能性など衡平に適う限りで延長が認められる（同条1項2文，2項）。子の福祉や婚姻時の信頼により子の世話を行うことは保護されるべきであるという理由からである[50]。この他，自らの年齢のために稼働することが期待できない者（1571条），疾病・障害を理由として，稼動が期待できない者（1572条），離婚後適切な稼動することができない者や失業した者（1573条），婚姻への期待により，学校教育や職業教育を婚姻継続中に受けなかったか中断した場合に，適切な稼動をするために教育を受ける者（1575条），その他衡平に基づき扶養が認められるべき者（1576条）には，扶養を求める権利が生じる。離婚した当事者は，適切な稼動をする責任があるが（1574条1項），この責任は，当事者の職業教育，能力，従前の所得活動，年齢，健康状態に応じて，また婚姻中の生活状態に照らして衡平に反するものでなければ，適切な活動であると認められる（同2項）。特に婚姻の期間や子の監護・教育の期間は考慮され（同3項），適切な所得活動をするために，必要な限り教育を受ける責任も負う（同4項）。

なお，婚姻に起因しない病気や失業を理由に一方のみが稼動を分担した場合でも離婚後扶養が生じるが，これらの扶養は十分に正当化されているわけではなく，連帯（Solidarität）によってのみ支えられているとの指摘もある[51]。

扶養の程度は，婚姻中の生活状況に従い定められる（1578条）。離婚後扶養の請求をする場合にも，権利者が自己の収入や財産によって生計を維持することができる限り，上記の扶養を求めることはできない（1577条1項[52]）。また，婚姻期間の短さなど衡平を理由に制限されることもある（1579条）。

扶養義務者は自己の適切な生計を危険にすることなく給付能力がある場合に

裁判所（BVerfG2007年2月28日決定〔FamRZ,2007 965,972f.〕）は，1615l条の扶養請求権について，親自身が子の世話のために必要な扶養期間を3年とし，通常それで子の福祉にも適うと理解し，幼稚園への入園（社会法第8編24条1項）に関する規定に結びつけ，さらに以前の1570条の世話扶養について，裁判例は嫡出子の年齢に応じて常時の世話が必要な場合には一部の稼動も不要とするが，年齢が上がれば稼働が徐々に可能となり，子が16歳になれば完全に稼動義務を負うという年齢段階モデル（Altersphasenmodell）をとっていたが，このような嫡出子と婚外子との世話扶養に差を設けることを違憲とした。この決定に従い，離婚後扶養に関する1570条が改正された（BT-Drucksache 16/6980, S.8）。

(50) BT-Drucksache 16/6980, S.9.
(51) Dethloff, a.a.O.(34), S.193.
(52) 元本の活用義務について，1577条3項。

扶養義務を負う（1581条）[53]。扶養義務者の給付能力を判断する際に，最低限度の自己留保分が認められる[54]。

離婚後扶養について，当事者は，合意することもできるが，離婚の法的確定力が生じる前に行われる合意は公正証書によらなければならない（1585c条）[55]。

3　子の出産・世話を理由とする親の扶養請求[56]

婚外子自身が親に対して行う扶養請求は，すでにみたように，1602条2項に基づき行う。この権利とは別に，非婚の関係で子を出産し，世話をしている親の一方に対し，他の親の一方から子の出生後少なくとも3年間の扶養を受ける権利を認めている（1615 l 条）。この扶養請求権は，母は，妊娠，特に出産前後の重要な時期に生じうる特別な身体的・心理的ストレスに対して，補償を受けるべきであるということ，また，親による子の個人的な世話を保障することが，子の豊かな成長の促進に間接的に寄与するという目的から認められたものである。現行規定により，婚外子の親の扶養を受ける権利の存続期間は，婚外子が嫡出子と均しく扱われるべきという原則に基づき，同じ期間が認められ

---

(53)　元本の活用義務について，1581条。

(54)　前掲注(27)参照。DT4頁の離婚後扶養の義務者の自己留保分は，就業者が1600€，未就業者が1475€と未成年子に対する親の扶養義務の自己留保分よりも大きい。

(55)　夫婦財産契約により離婚後扶養に関する合意をすることも認められているが，その契約にいたった状況や内容によっては一般条項により制限される（BVerfG 2001年2月6日判決〔BVerfGE 103, 89 = NJW 2001, 957 = FamRZ2001, 343〕。松久和彦「ドイツにおける夫婦財産契約の自由とその制限」立命館法学320号113頁以下〔2008年〕）。特に第1に子の世話を理由とする離婚後扶養や第2に年齢や疾病を理由とする扶養のように放棄すると生活が困窮するような場合には判例上制限されやすいと解されて，離婚後扶養を正当化する根拠が弱い扶養や扶養必要状態に直接関係しないものは，合意の制限はされにくい（リーディングケースとしてBGH2004年2月11日判決〔BGHZ 158, 81 = FamRZ2004, 601 = NJW 2004, 930〕。同判決の詳細は，松久・122頁以下。また，Dethloff, a.a.O.(34), S.111を参照）。

(56)　かつては民法上世話を理由とする扶養のような権利は規定されておらず，母が父に対し，母自身の扶養の必要性や父の給付能力とは無関係に，出産費用や妊娠出産によって生じた費用についての損害賠償請求（Entschädigunganspruch）が認められていたが，1970年施行の「非嫡出子の地位に関する法」が，産前6週間，産後8週間の基本期間について母の父に対する扶養請求権を認め，さらに①未婚の母親が妊娠や出産に関連する病気のために働けない，または②働く義務のある母が子の世話を他から受けられない場合に出産後4カ月から1年間についても扶養請求権を認め（1615 l 条2項），1995年に，その期間が3年に延長され，受給要件が緩和された（Regina Bömelburg, in: Wendl/Dose（Begründet von Philipp Wendl und Siegfied Staudigel Herausgegeben von Hans-Joachim Dose), Das Unterhaltsrecht in der familienrichterlichen Praxis, 9. Aufl. C.H. Beck, 2016, §7 Rn.1, Meo-Micaela Hahne, Überlegungen zur Verbesserung der Rechtsstellung des nichtehelichen Kindes, FamRZ 1990, 928, 930))。

ており，嫡出子の親と婚外子の親の扶養は，完全ではないものの，多くの面で平等化されている[57]。

この権利は，1995年の改正[58]により，未婚の母が出産を決意しやすくなるようにとの趣旨から現行規定の要件に緩和され，また期間も3年に延長された。期間が3年とされたのは，3歳に達した子の幼稚園入園の社会法上の資格（社会法第8編24条1項）と関連している[59]。現行法においても，3年としているが，それは子を幼稚園に預けることで，世話をする親の就労が期待できるからである（社会法第2編Ⅰ第10条第1項第3号参照）[60]。なお，1997年には，婚外子を世話する父にもこの権利が拡張さたこと（現行民法1615 l 条5項），さらに3年を超える期間も認められるようになり（旧2項3文），現行法では延長の要件が衡平に適う限り認められ，要件が緩和されている（現行2項4文）。

ただし，子の世話のための扶養を受ける権利は，あくまで血族扶養の程度とされており，出産と世話がなければ自由に使うことができたであろう所得（Einkünft）が基準となる。判例によれば，請求をする者の扶養の必要性は，以前の収入（Einkommen）ではなく，学業や所得活動を中断しなければ，現在どの程度の収入があったかが基準となるが[61]，いずれにしても最低限の需要を充たす必要があるとされている[62]。また，扶養義務者にも，離婚後の子の世話を理由とする扶養請求の場合（1570条）と同様に，扶養義務者に認められる必要な自己留保分を留めることはできる[63]。義務者の収入状況を扶養の程度で考慮するべきかについて，判例は，扶養を求める者が子の出産前に相手方と事実上の同居をしていたとしても家族の扶養を求めることができないため，考慮すべきでないとしている[64]。いずれの場合であっても，扶養権利者の扶養の必要

---

(57) Jens Langeheine, in: Münchener Kommentar zum Bürgerlichen Gesetzbuch Bd.10. 9. Aufl. 2024, §1615l Rn.1,3.

(58) Gesetzesänderung zunächst durch das Schwangeren- und Familienhilfeänderungsgesetz vom 21.8.1995, BGBl. S. 1050.

(59) Bömelburg, a.a.O.(56), Rn2,4.

(60) Langeheine, a.a.O.(57), Rn.4.

(61) BGH2015年6月10日決定（FamRZ2015, 1369, 1373）では，子の誕生により学業を中断し，障害の子の世話するための扶養の延長が争点となっていた。

(62) BGH2009年12月16日判決（FamRZ2010, 357, 361）。

(63) 前掲注(27) DT5頁。扶養義務者の自己留保分は，別居・離婚の配偶者に対する自己留保分と同じ額となる。

(64) BGH2008年7月16日判決（FamRZ2008, 1739, 1742），前掲注(62) BGH2009年12月16日判決（FamRZ2010, 357, 359）。これに反対する説がある。Dethloff, a.a.O.(34), S371は，事実上の共同生活をしていれば，法的には影響しなくても事実上影響するため，それが子の生活にも影響を及ぼし，子の福祉に反するとする。さらに，連邦司法省指針

性に関連する扶養の程度は，扶養義務者に残る金額を上回ってはならないという「半額負担の原則」によるとされている[65]。

Ⅲ 流動化・多様化する家族への対応──扶養権利者の順位

1 改正に至る事情と目的

　扶養に関する請求は，法定の要件を充たせば扶養義務者となりうる者に請求ができる[66]。そのため，一人の扶養義務者に複数の扶養権利者が集中し[67]，その者が全員を扶養することができないことも考えられる。2007年扶養法変更法では①未成年子の福祉を強化，②離婚後の扶養当事者の自立責任の明確化（1569条），③扶養法を単純化するという目的[68]にそって，扶養権利者の順位に関する民法1609条も整理された。

　以下の1609条の順位は，「完全な順位（volle Rangpriorität）」の原則に従っている。この原則に従えば，扶養義務者は自己留保分を差し引いて，優先順位にある各扶養権利者に対する負担すべき扶養義務を完全に充たしてはじめて，

　　（前掲注(17)4，8頁）は，共通子の世話扶養を求める離婚当事者と婚姻関係にない親とでは現行法上異なる規定をおいているが，このことを正当化できる根拠はなく，規定を統一するべきであるとする。
(65)　BGH2004年12月15日判決（FamRZ 2005, 442, 443），BGH2019年5月15日決定（FamRZ2019, 1234, 1236）。BVerfG 2018年2月13日決定（BeckRS 2018, 26643）は，養育費請求の半額負担の原則は憲法適合的であるとしている。
(66)　扶養権利者の順位を1609条に定めるとともに，扶養義務者の順位を1606条に定めて，義務者が扶養権利者のすべての需要を充たすことができない場合には，次順位の義務者が扶養義務を負担することになる。両規定の優先順位は同じで，扶養請求権が存在する場合には，1606条と1609条の要件を充たす必要がある（Langeheine, a.a.O.(57), §1609, Rn.1）。
(67)　1990年代から，血族間扶養における義務が集中する世代を特にサンドイッチ世代（Sandwichgeneration）と称して（Gerd Brudermüller, Solidarität und Subsidiartät im Verwandtenunterhalt-Überlegungen aus rechtsethischer Sicht-, FamRZ 1996,129），扶養の正当化根拠をめぐる議論がされ，社会法など周辺制度も含めて，Ⅳでみるように後順位の扶養義務者の負担が見直しされはじめた。
(68)　2007年改正の背景事情として，社会状況の変化と離婚件数の増加により，最初の婚姻における子と事実婚カップルの子，あるいはパートナー関係がないか関係がなくなり子を出産したシングル親の子が増加したこと，婚姻における伝統的役割分業の変化したことがあげられているが，2007年改正前の1609条では，婚姻当事者は未成年子と同順位であり，婚姻当事者，離婚後扶養の位置づけに見直しが必要とされた。特に，離婚後の配偶者の扶養に関する規定は，1977年に導入された新しい離婚法の1582条2項により，新しい配偶者（パートナー）に対する離婚後配偶者の相対的優越性が規定されていたが，2007年改正により，1582条は1609条に準拠することになったため，婚姻当事者間での扶養法上の順位は単純化されたと説明されている（BT-Drucksache. 16/1830, S. 21,23. また，Langeheine, a.a.O.(57), §1609, Rn.2を参照）。

次順位の権利者の扶養料にその収入が振り分けられることになる。そのため，上位の扶養権利者に扶養義務を負担した結果，扶養義務者は下位の扶養権利者に対する給付能力が完全になくなっているということも起こりうる[69]。

2 順 位

(1) 第 1 順位

　未成年子と優遇される成年子（1603条2項2文）のみが第1順位となる。未成年子と優遇される成年子は，実子か養子か，嫡出子か婚外子か，扶養義務者の最初の婚姻により生まれた子か再婚から生まれた子かにかかわらず，扶養が必要な子が含まれる[70]。この権利は，他の権利者に対し「絶対的」に優先される。この理由は，子の福祉の促進である。子はその者が属する共同体において経済的に最も弱い者であり，他の扶養権利者と異なり，自らの力でその経済状況を変えることができないからである。改正前は子と配偶者が同順位とされていたため，第1順位の扶養請求に按分して扶養料を認めると，生活するには足りない事案（Mangelfall）が生じていた。このような「ばらまき主義（Gießkannenprinzip）」を回避するという意味でも，親の意識という[71]意味でも，扶養の権利の明確化は必要であったと説明されている。

(2) 第 2 順位

　第2順位にあたる者は，大きく2つに分けられ，その趣旨を異にする。まず，①子を世話するために扶養が必要となった親の一方である。この者が扶養義務者となる者と婚姻しているかどうかで区別していない。したがって，離婚後を含む婚姻当事者でも，1615 l 条の扶養権利者でも，第2順位の者となる。これは，子に対する世話を理由とした扶養請求であり，子の福祉の観点から正当化されると説明されている。改正前は，最初の婚姻の当事者による扶養請求が再婚の扶養当事者に優遇されていた。しかし，婚姻件数がかつてと比べて多くなく，子を世話するために扶養が必要となる権利者は，保護の必要性が高いことから第2順位と定められた。また，②婚姻期間が長期のため扶養が必要とな

---

(69) Langeheine, a.a.O.(57), §1609 Rn3-4.
(70) BT- Drucksache 16/1830, S.23.
(71) BT- Drucksache 16/1830, S.23. また，同政府草案は，子に対して扶養を行う意識（Bereitschaft）は，配偶者に対して扶養を支払う意思（Zahlungswilligkeit）よりも相当高く，子への扶養給付をする必要性は直接的に理解されているという経験に基づく知見にも一致するという（S.23）。野沢紀雅「ドイツ民法における未成年子の『最低扶養料（Mindestunterhalt）』について」中央ロー・ジャーナル7巻4号（2011年）95頁参照。

る婚姻当事者や婚姻期間が長期のため扶養が必要となった離婚後の婚姻当事者についても，婚姻という特別な信頼を保護する必要があり，第2順位とされている[72]。ただしここでの婚姻期間の長さは，純粋な時間的なものではなく，婚姻関係を形成するなかでの相互の人格的・経済的な依存関係や密接な関係性などから生じる信頼であると解され，婚姻期間中自己の職業を継続することを放棄して，主として共通の子の養育や家政に専念してきた婚姻当事者の信頼が特に保護に値するとされている[73]。

(3) 第3順位

第2順位ではない婚姻当事者や離婚後の当事者は第3順位となる。最初の婚姻当事者であるということからその優遇を受けることを正当化することはできないとされている。その者を優遇することは第2の家族に合理的な理由もなく負担を強いることになるからである。また，複数の婚姻姻当事者が競合する場合には，等しく扱われる。子が複数いる場合に，等しく扱われるのと同じである[74]。

(4) 第4順位

第4順位は，優遇される成年子を除く成年子である。未成年の子が成年に達すると，1603条2項の子に対する強い親の責任は，原則として消滅する。扶養義務を負う親の婚姻当事者との関係でも，未成年の兄弟姉妹や半血の兄弟姉妹との関係でも，第4順位となる。第1順位の子より保護の必要性が低いと考えられているからである。職業教育にいる場合や大学を卒業している成年子は，通常この場合にあてはまる。子を世話する親や年齢や疾病を理由に扶養が必要な婚姻当事者とは異なり，優遇されない成年子は自らの生活需要を賄うことを期待することが合理的である[75]。職業教育にいる成年子や大学にいる成年子は，連邦教育助成法[76]の給付を受けることができる。教育助成金に関しては，その者の教育機関の修了が期待され，親が扶養できないか親の扶養が不足するためその教育の修了に支障をきたす場合，配偶者がいる者はその収入も考慮し，

---

[72] BT- Drucksache 16/1830, S.24.
[73] BT- Drucksache 16/6980 S.6, Langeheine, a.a.O.(57), § 1609 Rn.23.
[74] BT- Drucksache 16/1830, S.23-24.
[75] BT- Drucksache 16/1830, S.25.
[76] 連邦教育助成法（Bundesgesetz über individuelle Förderung der Ausbildung〔Bundesausbildungsförderungsgesetz-BAföG〕）の第27次変更法（BAföG-Änderungsgesetz）により親の所得要件が大幅に緩和され，2022年度開始の学期以降の給付がより受けやすくなっている（https://www.bmbf.de/bmbf/de/bildung/finanzierung-bafoeg-andere/bafoeg/das-bafoeg-eroeffnet-bildungschancen.html）。

給付される（教育助成金の事前給付〔連邦教育助成法36条〕）が，このことも，この順位とされる理由である[77]。

(5) 第5順位から第7順位

第5順位は，孫とそれより以遠の卑属であり，第6順位に親が子に扶養を求めることができる。祖父母等のそれよりも以遠の尊属が，卑属に対して扶養を求められる順位は，第7位である。これらの権利者の順位は，2007年改正前の地位をそのまま維持している。これらの後順位の権利者との関係では，Ⅳでみるように，社会法上の制度が前面に出て機能しており，私的扶養は後退した状態にある。

3 順位の変更および合意の可能性

後順位の扶養権利者の扶養請求が認められていても，その後，優先的順位の権利者が，扶養を求めた場合，扶養義務者は変更の申立てをする必要がある（家事事件手続法238条）。離婚後の配偶者を扶養していたところ，扶養義務者に新たに子が生まれた場合などが考えられる[78]。同順位扶養権利者がいる場合に，新たに扶養権利者による扶養請求がされた場合にも，扶養権利者の間の不衡平を解消するために変更の申立てをすることになる（家事事件手続法238条）[79]。

法定された順位とは異なる合意を当事者がすることも考えられる[80]。扶養を受ける権利を有する婚姻当事者が，成年子の教育を優先させるというような場合である。このような合意が問題となるのは別居などにより本質的な変化が生じた場合であり，民法は，扶養の権利の放棄は禁止している（1360a第3項，1361条第4項4文，1614条第1項）。したがって，上記のような順位の放棄を伴う合意が認められるのは，平均的な収入があること前提となっており，給付能力が不十分な場合ではなく，限定的であると説明されている[81]。

---

(77) BT- Drucksache 16/1830, S.25.
(78) Langeheine, a.a.O.(57), §1609, Rn.35. 第3順位の婚姻当事者は，扶養義務者に新たな子が生まれた場合，その子の扶養だけでなく，それを世話する親の一方に対する扶養も急に加わる可能性はある。
(79) Langeheine, a.a.O.(57), §1609, Rn.36.
(80) Langeheine, a.a.O.(57), §1609, Rn.27.
(81) Langeheine, a.a.O.(57), §1609, Rn.31-32.

Ⅳ 私的扶養の意義と社会法との関係

　ドイツ法において，各扶養当事者間で共通することは，扶養の権利義務の要件を当事者ごとに定め，扶養義務者の生活を保障するために，「自己留保分」の概念を用いていたことである。「自己留保分」も当事者ごとにその額に差を設けていたが，これは当事者ごとに扶養義務の正当化根拠に濃淡があることとかかわっていたともいえる。すなわち，未成年子等の親の扶養義務は，民法制定当初からこれは「親である」「親は子を自立に導く責任がある」という考えから導かれ，現行法のもとでは基本法6条2項が「子の世話と養育は，両親の当然の権利であり，両親の第一の義務である」と明記し，民法上の親の子に対する扶養義務を，親の世話と養育責任から要請されるものとされている[82]。親が，子への扶養義務を履行するためには，その収入だけでなく財産の元本の活用まで求められるのも，他の血族扶養関係とは異なり，上記の親としての責任を負うからである。また，婚外子の増加という家族をとりまく状況の変化にともない，子の扶養法上の地位は，両親が婚姻をしているかどうかの影響ができる限り生じないように，1601条以下に統一し法形式上区別なく整備されていた。

　両親が，婚姻関係にありその関係が機能し協力関係にある状態においては，未成年子等の扶養法上の地位は家族の扶養に吸収されるため（Ⅱ2(1)），子は婚姻当事者である親よりも明確に扶養法上優位な順位にあるとはいえない。しかし，扶養権利者の順位として，未成年子等が第一順位と定められたことで，両親が別居・離婚している，あるいは非婚カップルで一方が世話を日常的にしていないという場面だけでなく，両親と同居している子であったとしても，第1順位であることが明確になっている。これは，未成年子等が他の扶養権利者と比べて経済的に最も弱い立場にあるとの理解からであった。

　さらに，未成年子の生活を保障は，他の扶養とは異なり，金銭だけでなく，監護・教育のための世話が必要となる。そのため，親が子の世話を理由に非世話者である親に扶養を求めることができるのも，子の監護・教育は，親の婚姻関係にかかわらず等しく扱われるべきであるとの理由からであった[83]。この権

---

(82) リップ・前掲注(21)69頁では，連邦憲法裁判所は，子の扶養を包括的な親責任（基本法6条2項1文）の一部と捉えており，子の扶養は血族扶養の一部であるが実質的には親責任に基づいており，そこから正当化が引き出されるとする。
(83) 基本法6条5項は，「立法は，婚外子の身体的及び精神的発達並びに社会における地位について，嫡出子と同一の条件を設けなければならない」とし，立法に婚外子に嫡出子の法的地位と等しい地位とすることを積極的に要請する。

利は，子の福祉の観点から正当化されていた。これと並んで，婚姻中の役割分担から生じる婚姻当事者の「婚姻への信頼」という理念に基づき，離婚した者も含む婚姻当事者[84]も第2順位とされていた。単に婚姻をしているという関係によってのみで扶養法上優先をうける地位を与えていない。それ以外の婚姻当事者は，扶養の根拠が第2順位の者と比べて弱いからといえる。学説には，病気や疾病を理由とする扶養は，「婚姻による連帯」という理念によってしか正当化できないとまで説明するものもあった。婚姻当事者の扶養を受ける権利義務は相互的に作用するものであり，子への扶養義務に劣後することが明確であること，さらに，婚姻関係が機能している状態では，自ら稼動する権利があることともに，家族の扶養を充たすために稼働する義務を負うことも前提となっていた。子の世話をするために扶養する期間を原則として一定期間（3年）と明確にしているのは，公的機関に子を預けられれば，稼働が期待できるという理由からであったことからも裏打ちされる。

　後順位となる成年子，親およびその他の直系血族への扶養義務を正当化する根拠はより弱く，自己留保分が多く認められるため扶養義務者に保障される生活の程度は高くなる。成年者が，自らの収入で教育に必要な費用を賄えない場合には教育扶助を（Ⅲ2(4)），生活に困窮する場合には社会扶助などの社会法上の給付を求めることができる。扶養権利者が社会扶助を受けた場合には，社会扶助の給付主体などから扶養義務者に償還請求し（社会法12編94条1項）[85]，扶養義務者の能力が判断され社会扶助の後順位性（社会法12編2条）（補充性原則）に従いから私的扶養との調整がされてきた。しかし，近年では給付主体からの償還請求が制限される場面が拡大している[86]。

---

(84)　本稿では検討していないが，ドイツ法では，破綻主義離婚を取り入れているため，別居中の婚姻当事者の扶養義務の終期も予測できる。

(85)　藤原正則「成年子の老親に対する扶養義務──最近のドイツ法の動向を参照して」『民法学と比較法学の諸相Ⅲ』（信山社，1998年）315頁，320頁以下。

(86)　社会扶助の1つである「高齢時および稼働能力減少の際の基礎保障」（社会法第12編第4章41条以下）は，受給者の扶養義務者である子は，その年収が10万€に満たなければ，基礎保障の給付主体からの償還請求は制限され，扶養義務を免責されていたが（社会法第12編94条1a項）（冷水登紀代「ドイツ法における血族間扶養の意義──老親扶養を中心に」甲南法務研14号〔2018年〕56頁），2019年には，高齢者施設・障害者施設の施設費用に関する扶養義務者の免責制度が整備され（Gesetz zur Entlassung unterhaltsverpflichteter Angehöriger in der Sozialhilfe und in der Eingliederungshilfe vom 10.12.2019, BGBl. S. 2135），施設費用も社会法第12編第4章41条以下の給付と位置付けられ扶養義務者への償還請求が制限されるようになった。この他，2親等の扶養関係当事者においては，社会扶助を受給した者の扶養義務者への償還請求は制限されている（社会法第12編94条1項3文）。

これに対して，未成年子への扶養義務が履行されないか不足する場合には，その子または子の監護親は，扶養料立替法[87]に従い，州の扶養料立替機関に扶養料立替給付の申立てをし，立替給付を受けることができる。ここで支給される額は，子の年齢に応じ3段階に定められた額であり[88]，この支給がされれば，子が扶養義務者に対して有している扶養請求権が法律上州に移転することになる（同法7条）。ただし，無駄な行政コストを負担しないために例外的な場面では償還請求が制限される(立替扶養法7a条)[89]。離婚当事者を含む婚姻当事者が扶養請求を求める場合には，社会扶助などの請求は社会扶助の後順位原則に従い（社会法12編2条）排除される。求職者のための基礎保障（社会法第2編〔Harz IV〕）も，離婚後扶養との関係では，優先されることはない。離婚後の扶養義務者に対し扶養請求をできる者が求職者のための基礎保障（失業給付Ⅱ）を受けた場合には，原則として，社会扶助主体にその請求権が移転するとされている（社会法2編33条参照）。

　このように，ドイツの私的扶養は，扶養義務者の生活保障を前提にし，パートナー関係の多様化や婚外の親子関係の増加，高齢者の増加など現代の家族の状況を考慮しつつ，扶養当事者ごとの正当化根拠の濃淡の検討がされていた。すなわち血縁や婚姻という身分関係を基礎に据えながら，子の福祉という理念のもと，子に対する両親の責任が最重視される。嫡出子と婚外子の地位の平等化を図るために婚姻の有無にかかわらず親が子の世話をしているかが考慮され，

---

(87) Gesetz zur Sicherung des Unterhalts von Kindern alleinstehender Mütter und Väter durch Unterhaltsvorschüsse oder -ausfallleistungen (Unterhalsvorschussgesetz) in der Fassung der Bekanntmachung vom 17.07 2007, BGBl. S.1446. 扶養料立替法については，泉眞樹子「ドイツにおける非同居親の扶養義務と養育費立替法——ひとり親家庭への養育手当支給制度」外国の立法284号（2020年）81頁。同法は，社会法第1篇68条第14号において特別な一部と位置付けられている（泉・87頁）。生駒俊英「ドイツにおける扶養料立替制度」社会保障研究4巻1号（2019年）119頁以下。

(88) https://www.bmfsfj.de/bmfsfj/themen/familie/familienleistungen/unterhaltsvorschuss/unterhaltsvorschuss-73558 では，子が0〜5歳までは月額187€，6歳から11歳までは月額252€，12歳から17歳までは338€とされている（2023年12月現在）。この額は，DTが示めす民法1612a条1項が規定する未成年子の「最低扶養料」の月額と均しいが，実際に支給される額は，その子と同居する親が子ども手当（Kindergeld）を受けている場合にはそれが減額されて支給されることになる（泉・91頁。なお，最低扶養月額も上記年齢区分で，連邦政府による命令に従い人間の尊厳にふさわしい最低生活水準にそって子の年齢区分〔立替扶養料の区分と同じ〕に従い決定される額である。詳細は，泉・前掲注(87)83-84頁，野沢・前掲注(20)「共同監護」57頁以下）。

(89) 扶養義務を負う親が社会法第2編の求職者の基礎保障給付を受けている場合でかつ収入がない場合である。泉・前掲注(87)94頁。

この考慮要素と並ぶのが婚姻当事者の婚姻に対する信頼である。婚姻当事者は，離婚後の当事者の自立責任という観点とともに再定義され，未成年子への扶養を軸にした制度の設計が図られていた。婚姻当事者は，未成年子等に続く順位にあるものの，「婚姻」しているということだけで同じレベルで扶養を受ける地位にあるわけではなかった。扶養の順位は絶対的で，上位の順位を放棄する合意をする場合には扶養義務者に一定の収入があるような場面であり，権利者にも一定程度生活が保障されることが前提とされているものと考えられる。

扶養義務者が扶養を任意に履行しないか，不足する場合には，扶養権利者のために社会法上の支援が保障される。そのうえで，民法上の扶養権利者のうち未成年子等や婚姻当事者のために扶養義務を履行しない者には，給付能力がある限り，給付主体からの償還請求がされる。それよりも後順位の扶養権利者に対し，扶養義務を負う者は，民法に従えば義務を負う可能性がある場合でも，社会法上の償還請求を制限することで，事実上扶養義務から解放されている。もっとも，社会法において償還請求がされず，また社会法上の支援がされるのであれば，私的扶養は法的に事実上強制されない状態となりうる。しかし，このような状況に対しては，当事者間でも，私的扶養は法的意味がなくなったのではなく，親族間で任意に出捐するための法律上の原因として扶養は意味を持ち，相続契約（2287条1項）や遺留分権利者の保護の場面，第三者との関係で意味があると説明されている[90]。

V　おわりに——日本法への示唆と課題

本稿は，家族の多様化・流動化がすすむドイツにおいて，私的扶養がどのように再定義されているかを検討してきた。日本法においても，冒頭にみた改正要綱案（案）では，子の最低限の扶養を確保するために，法定養育費という新たな制度を整備しようとしている。法定養育費が実用化されれば，離婚当事者間で協議をするができなかったとしても，この限度で，子は他の扶養権利者に優先して扶養を受けることができるかもしれない。この動きは，未成年子の扶養を軸に扶養制度を整備するドイツの動きにも馴染む。養育費についての先取特権が実行可能な状態となれば，ドイツにおける未成年子の親に対する扶養請求権よりも，強化された私法上の制度になる可能性もある。日本における法定養育費の制度化に関する改正が扶養法のなかでどのような意味をもつかは，今

---

(90)　リップ・前掲注(21)75頁。

後改めて検討しなければならない課題ではあるが，ドイツにおける扶養法の改正が多角的な視点から行われていたことに対し，日本法の改正は離婚後の夫婦とその子の養育費の問題にフォーカスした最低限の養育費を確保するための改正に留まっている印象が否めない。婚姻当事者間の扶養を子に対する扶養との関係でどのように位置づけるのかは規定上明らかでなく，家族関係が多様化し，流動化するなかで，あらゆる立場にある子が両親から等しく生活保障を受ける仕組みが十分に模索された改正作業とまではいえない。

　ドイツ法では，あらゆる立場にある未成年子が婚姻当事者に優先して扶養を受けうることは明瞭であり，婚姻当事者であるというだけで，未成年子と同じ順位で扶養法上優遇されるようなことはなかった。未成年子の扶養料が確保されてはじめて，第2順位以下の婚姻当事者などの扶養権利者の扶養が満たされた。また，婚姻している者がすべて扶養法上同列に扱われることはなく，嫡出子・婚外子にかかわらず子の養育環境を整えるための子の監護・教育のための世話をする親の扶養が，婚姻を信頼して扶養が必要となった婚姻当事者の扶養とともに上位に位置していた。このように，子の養育費の確保の問題は，子の世話をする親，婚姻当事者の扶養を含めた検討しなければ，現在日本で問題となっている片親家庭の子の貧困の問題に正面から取り組むことにはならない。そしてこの際には，子が両親に対してどのような扶養，監護・教育のための世話を受ける権利があるのか，親双方はどのような方法でその子の扶養義務を負担するのかという視点から扶養制度が整備されていた。

　現在，日本では，「子育て支援」「少子化対策」という名のもと社会全体の負担が増える政策決定がされているが，私的扶養制度との関係が明瞭でない。ドイツ法の立替扶養料の制度は，あくまで子に一定の生活（扶養）を保障することを目的とした親の扶養義務と社会による給付との調整をする仕組みであった。このような観点からみても，日本においても要綱案（案）にある親の責任と位置づけられる子への扶養義務のあり方とその正当化根拠を明らかにし，未成年子の扶養の権利義務の外縁を示すことは，社会保障法上の児童扶養手当や子育て支援とされる児童手当との関係を確認することにも繋がり，一部の地方自治体で行われている養育費立替制度の整備に繋げる一助になるように思われる。

　ドイツでは，未成年子を中心とした扶養制度を設計することで，後順位の扶養を受ける可能性が低くなる他の扶養権利者は，扶養義務者を介さずに社会法上の支援を受けることができる仕組みがとられていた。社会法の分野では，扶養義務者の負担を考慮しその生活を保障するために，社会扶助法上高齢時の基

礎保障として受ける金銭での給付や介護施設でかかる費用について，扶養義務者に一定の収入がない場合には扶養義務を免責していた。親に対する扶養は，任意に親族間の扶養を行うことや，相続契約など別の制度との関係での意味に留まるという指摘もある。

　日本では，介護を含めた高齢時の生活支援を子世代に期待しそれを引き受ける家族がある一方で，夫婦間での老々介護という言葉にもみられるように，介護の社会化のなかで子世代に支援を期待せず自立を志向する者も多い。いずれにしても，子等から老親への介護は，民法上は扶養の権利義務を超えた負担であると解されている。高齢の者に対して家族が介護などの支援をした場合，この支援をどのように評価することになるのだろうか。仮に，日本においてもドイツのように子を中心とした扶養制度の構築を目指した場合，家族内での成年者に対する支援は，どのように位置づけることになるのだろうか。改めて一般親族間での扶養の正当化根拠を明らかにし，未成年子，婚姻当事者間の扶養との関係を検討するとともに，扶養制度の枠組みを超えたところにある家族内での支援を法的にどのように評価するかを契約，事務管理，不当利得などの財産法上の制度や寄与分，遺贈，遺留分，特別の寄与などの相続法上の制度とともに多角的に検討する必要がある。

　潮見佳男先生は，2017年第34回家族〈社会と法〉学会学術大会・シンポジウムのテーマである「家族・社会の変容と相続制度」の企画趣旨において，「今日，現代における『家族』・『社会』のコンテクストで捉えたときの相続制度のあり方が問われているところ，こうした観点からの相続法制のグランド・デザインを扱う理論面での検討作業は，狭義の家族法の分野におけるのとは異なり，相続法の分野では，必ずしも十分に行われていない」[91]と指摘されていた。扶養法は，狭義の家族法の分野であり，家族・社会の変容の影響を最も受けている分野の一つであるにもかかわらず，今日の扶養制度の意味，扶養の権利義務のあり方（いかなる家族関係において，いかなる権利義務を保障する制度か）などの本質的な検討が十分にされてこなかった分野である。潮見先生が相続法の分野に対して指摘されたことは，扶養法の分野にも共通する課題であり，改めて扶養法の分野での理論面での検討をすることを今後の研究の課題としたい。

---

(91)　潮見佳男「家族・社会の変容と相続制度〈企画趣旨〉」家族〈社会と法〉34号（2018年）17頁。

19 ドイツにおける家族の多様化・流動化と扶養制度の意義 〔冷水登紀代〕

＊潮見佳男先生には，大阪大学大学院法学研究科博士前期課程に入学して以来，あたたかいご指導をいただきました。ご冥福をお祈りするとともに，生前のご厚情に心より感謝申し上げます。

第 2 部
相 続 法

第1章
総　論

20 日本相続法の構造をめぐる一考察

水 野 紀 子

- I はじめに──相続法理論の困難性
- II 日本相続法の構造的欠陥
- III 最高裁判例による対応
- IV おわりに

I はじめに──相続法理論の困難性

　2017(平成29)年5月に成立した債権法改正(平成29年法律第44号)は，1896(明治29)年に民法が制定された後，約120年間ほとんど改正されていなかった債権関係の規定を大幅に見直した。この債権法改正を理論的に主導したキーパーソンの一人が潮見佳男であったことは，異論のないところである。ご逝去後，2023(令和5)年1月に遺著となった潮見佳男『債権総論(第5版補訂)プラクティス民法』(信山社)が出版された。2020(令和2)年から施行された新債権法の解釈運用に当たって，この遺著をはじめ，債権法の領域における潮見佳男の多大な業績は，現在もこれからも，大きな役割を果たし続けるだろう。

　民法学は，財産法と家族法という二領域に大別されることがある。このような二分法をもたらした大きな要因は，明治民法が定立した「家」制度にある。「家」制度は，主に第四編親族法と第五編相続法に規定されていたため，中川善之助は，「家」制度への批判的な観点から，これらを「身分法」領域として財産法領域と対置させ，身分法の独自性という理論を構築した。この理論は，条文に基づく民法解釈論を構築するというより，身分法では「事実的なるものは法律的である」として中川善之助の価値観を前面に出すものであった。「家」制度の不合理な側面を解釈論的に克服したいという中川の意図は充分に理解できるが，民法解釈論としては疑問が多い[1]。そしていずれにせよ，明治民法立

---

(1) 水野紀子「中川理論──身分法学の体系と身分行為理論──に関する一考察」山畠正男・五十嵐清・藪重夫先生古稀記念『民法学と比較法学の諸相III』(信山社，1998年)

法以来，日本が資本主義化していく中で，民法学の主力が取引安全などの財産法領域に注入されてきたことは否定できない。

しかし親族法はともかく，相続法は，いわば財産法の応用問題のような難しい領域である。戦前の家督相続は，次世代の当主が先代の債権債務すべてをそのまま引き継ぐことによって，実質的には法主体は変化なく継続する構造となっており，法主体の消失が想定されていない相続手続きであった。日本社会が相続法の困難と直面するようになったのは，戦後改正によって家督相続が廃止されてから後のことである。明治民法の起草者たちは，実際に財産を持っているのは戸主のみであると考えていたから，戸主以外の相続である遺産相続部分については，西欧法を急いで導入しただけで，熟慮して立法したとはとても言えなかった。その結果，運営にも解釈にも，大きな問題を抱えている相続法であるが，民法学のこの領域の蓄積は心許ない。学説よりも戦後の裁判所の実務がその多くを構築してきたため，家庭裁判所と地方裁判所の管轄問題などの実務の関心問題はよく論じられたが，ときに「民法学界の暗黒大陸」といわれるほど，相続法学の領域の蓄積は現在でも多くはない。そのような中で，ご逝去の直前，2022(令和4)年7月に出版された潮見佳男『詳解相続法（第2版）』[2]は，現在の相続法学が到達した最高の学問水準を示す貴重な業績である。

法学の体系性は，「法学が体系的であるためには実用的であらねばならず，真に実用的たらんとするためには体系的たるように努めねばならない」（リスト）[3]といわれるように，法学の実用性といわば両輪ともいえる法学の神髄である。しかし潮見佳男『債権総論』が相当見事に体系性を構築しているのに対して，『詳解相続法』は，事例ごとの分析という執筆形態であるためもあろうが，体系性という視点からは，『債権総論』より抑制的であるように思われる。

たとえば，信託法と大陸法系の相続法との間には，「水と油」といわれる構造的な相克がある[4]。遺留分との相克については，民法90条を適用して遺留分を優先させた東京地判平成30年9月12日金法2014号78頁があるが，最高裁判例はまだ下されていない。そして『詳解相続法（第2版）』は信託と遺留分

　　279-311頁（1998年）など。
(2)　潮見佳男『詳解相続法〔第2版〕』（弘文堂，2022年）。
(3)　海老原明夫「リストの刑法学方法論」西川洋一他編『罪と罰の法文化史』（東京大学出版会，1995年）227頁。
(4)　水野紀子「信託と相続法の相克——とくに遺留分を中心として」トラスト60研究叢書『変革期における信託法』（2006年）103-147頁など。潮見・前掲注(2)649頁に，この問題についての最新の重要な文献が列挙されている。

の関係について,「筆者に定見があるわけではない」[5]と謙抑的な表現にとどめている。信託法と相続法の相克,つまり信託法が,相続法に必要な公序として組み込まれた制度的判断と衝突するのは,遺留分ばかりではない。たとえば東京地判平成30年10月23日金法2122号85頁は,法が被相続人に与えた「控えめな武器」と言われる遺言の撤回権を実質的に奪う信託契約の有効性が争われた事件であった。判旨は,委託者の現在の意思に反して,公証人が関与して締結された信託契約を優先させたが,その結論はこの事案に妥当な解決をもたらしたようには思われない。後述するように,母法であるフランス法の公証人の関与と,日本法の公証人の存在の仕方は大きく異なっている。そして,民事信託を導入する信託法を立法するときに,英米法と日本法との社会構造的相違,すなわち信託裁判所が大きな権限を持って関与する英米法の信託実務と,とてもそのような関与が望めない日本法の司法インフラとの相違を考慮したのかどうか,疑問が残る。

　契約法の領域は,とくに売買の売主と買主のように,力関係が対等な当事者間では,代金の売買交渉などを当事者の自治と合意に委ねても,問題はない。契約自由の原則によって,市場経済が柔軟に拡大発展することの社会的意義も大きい。当事者意思の尊重という大前提があるために,この領域では理論的体系化もしやすいのではないだろうか。しかし当事者自治に安易に委ねられない領域がある。雇用契約においては,賃金交渉などを行うに当たって,労働者と使用者では力関係に差があるために,労働法によって対等な力関係を保障する規制がかかる。消費者法においても,企業より知識も交渉力も劣る消費者を保護する必要性がある。これらの領域はその必要性に応じた特別法が必要になる。もっともこれらの労働法や消費者法のような特別法の領域内では,当事者の非対称性という構造が比較的単純であり特別法という領域画定もあるため,まだ体系化しやすいように思われる。

　そして家族とは,相互に生存を依存し合い,未成熟子という究極の弱者をも含む関係性である。離婚や遺産分割のような家族間紛争では,構造的に当事者間に激しい利害の対立が存在し,かつ当事者の合意に委ねてしまうと,むき出しの力関係によって妥当な結論が出ないおそれがある。日本の母法は,このような領域においては,離婚をすべて裁判離婚にし,遺産分割は公証人ないし遺産裁判所が管轄することによって,結論の正当性と妥当性を確保していた。当

---

(5) 潮見・前掲注(2)649頁。

事者の真意確保のみならず弱者保護などの要請を含め，多くの公序を内包するこの領域は，契約法領域などと比べると，理論的に体系化することが難しいように思われる。

しかし明治民法は，この離婚や遺産分割の領域を，公的監督を受けることもない当事者の合意に委ねた。そして戦後民法改正は，「家」制度を廃止しながらも，この明治民法の特徴を維持した。このように当事者にすべてを委ねる日本の家族法は，構造的に大きな問題を抱えている。本稿では，この構造的欠陥をかかえた相続法について，戦後日本法の現状を概観し，その問題構造を考えたい(6)。

Ⅱ　日本相続法の構造的欠陥

相続法においては，被相続人の死亡からただちに確実に正当な遺産分割が行われることがなによりも必要である。遺産相続における遺産分割は，被相続人という法主体の消失を清算する過程であり，債権債務を清算し，遺言を実行して，残余財産を法定相続人に分配する，一連の清算手続きであり，それは取引社会にとって必須の手続きであるからである。しかし日本民法の制定過程において，このような清算手続きは導入されなかった。明治民法立法前の日本社会においては，実質的な財産の帰属主体は家職共同体である「イエ」であった。明治民法起草者は「イエ」の「家産」を戸主の個人財産として，債権債務がそのまま次世代の戸主に引き継がれるという，清算不要な，特殊な家督相続を立法した。明治民法が個人財産制を導入するまで，日本は「イエ」が法主体である家産制の社会であったから，当主の死亡は家産の管理者である当主の交代を意味するだけであった。家督相続は，被相続人も相続人も一人であり，事実上は「家産」が継続する法主体であり，このような清算手続きを必要としなかった。個人財産制を採用した明治民法立法によって，戸主以外が被相続人となる場合も手当てする必要が生じた。その手続きとして遺産相続部分が立法されたときに，本来ならば遺産分割の清算過程が必要であったはずであるが，その手

---

(6)　同様の問題意識については，次の諸稿でも述べたので，本稿と重複するところがある。水野紀子「日本相続法の形成と課題」水野紀子編著『相続法の立法的課題』（有斐閣，2016年）3-23頁，同「相続法改正と日本相続法の課題」法律時報90巻4号（2018年）1-3頁，同「清算手続を欠く日本相続法の困難」新・アジア家族法三国会議編『高齢社会における相続法の課題』（日本加除出版，2019年）95-116頁，同「日本法における財産移転の構造的課題――相続法を中心に」個人金融18巻4号（2024年）41-49頁など参照。

当てはされなかった。草案段階では、贈与は、その性質上、生前相続性を帯びるため、遺産分割を管掌する公証人が関与する要式行為にすることが検討されたが、立法過程でこの手続きは落とされた。かくして遺産相続部分は不備の多い規定となっていたが、主たる財産は戸主がもっていたので、ほとんど問題にされなかった。

　相続という清算手続きを知らない日本人が、遺産相続という近代相続法に実質的に直面したのは戦後になってからであり、このとき遺産分割をきちんと制度構築すべきであったろう。しかし戦後改正は、「引き算の改正」と言われるように、ほぼ家督相続部分を削除しただけにとどまった。明治民法の戸主以外の相続に関する遺産相続部分は、遺産共有規定をもつフランス法を主として母法としている。フランスでは、日本の500人ほどの公証人と規模が異なる、1万人を超えて存在する公証人が遺産分割を司っており、相続を運営する要となっている。贈与も遺言も公証人が管轄するものであり、特別受益の計算も税金の計算も公証人が行うために、日本法のような困難はない。フランス相続法はこの公証人慣行を前提とした諸規定であったが、日本法では、その要を欠いたばらばらの規定群となっている。

　また遺産分割前の共同所有状態を、ドイツ法は合有、フランス法は共有と性質決定していたが、フランス法は共有とするものの、実際には相続資格の証明も公証人が行い、公証人による遺産分割が行われるまでは共同相続人による処分は不可能であって、合有と同様の扱いである。明治民法はフランス法に倣って共有と規定したが、戦前の学説は合有説が通説であった。遺産分割の遡及効を定める民法909条本文は、遺産分割手続が当事者を拘束する清算過程であるとすれば、その仕上げとして当然の規定であるが、戦後改正の起草者は、遺産分割を相続人に委ねたことから取引安全が害されることを怖れて、909条但書きを立法した。その結果、遺産分割前に、各相続人が遺産を取引して処分することが公認され、合有説は採れなくなった。

　そして日本相続法の運営は、既判力のない裁判所として創設された家庭裁判所が遺産分割を管轄したことも加わって、混迷を極めるものとなっている。本来は一連の手続きである、被相続人の債権債務の清算、特別受益の持ち戻し、遺言の実行、遺留分減殺請求、遺産分割などがばらばらに行われることになり、理論的にも実務的にも整合がとれない相続法となった。日本相続法は、このような構造的な不備をかかえている。

　2018(平成30)年の相続法改正は、この構造的な不備を解消するものではなく、

いわば複雑骨折している病巣に絆創膏を当てるような改正に留まった。この国会審議においても，相続を，法主体の消滅に伴う清算と捉えるべきであるという問題意識が示された質疑が行われている[7]。上川大臣は「相続につきましては債務の清算も含めまして大変複雑な法的処理が必要な分野であって，その意味で専門家の助力が必要であるけれども，我が国においてはそのような体制が十分に整備されていないというものであるというふうに理解をしているところでございます。」「もっとも，イギリスやフランス，先ほど外国の事例を言及されましたけれども，相続の手続をするのに際しまして常に専門家の関与を要することとする，そのことによりましては生ずるコストがございます。そして，そのコストにつきましても相続人が負担をするということでございますが，そのことについて国民の理解が得られるのかどうかということにつきましても，慎重な検討が必要ではないかというふうに考えております」と述べる。すなわち制度化コストをかけられないため，矛盾を抱えた相続法運用を続けざるを得ないということなのであろう。もっともそのことが日本社会に与えるコストは，ひとたび紛争になったときの当事者に過大な負荷がかかることの他，所有者不明土地問題等をもたらしており，日本社会全体のコストとしては，制度化コストを上回るものとなっているかもしれない。

相続開始時から短期間で安定的な遺産分割が行われる制度的な保障のない現状においては，最高裁判例は，その弊害をできるだけ少なくするべく，相続法秩序を整えようと努力してきた。次には，日本の制度的な条件下でやむを得ない解釈として最高裁が採用してきた判例の歴史と現状を見てみよう。

Ⅲ 最高裁判例による対応

1 債権債務の処理

相続税の制度は，国際的には遺産税方式と遺産取得税方式に分かれており，遺産税方式は主にアメリカ，イギリスなどで採用され，遺産取得税方式はドイツ，フランスなどヨーロッパ大陸諸国などで採用されている。日本では戦前は遺産税方式が採用されていたが，現在はこの両者のどちらにも分類できない法定相続分課税方式という，先進国に例を見ない方式が採用されている。1947（昭和22）年の民法改正により家督相続が廃止されて遺産相続のみとなり，シャウプ勧告に従って，1950（昭和25）年には相続税法が改正されて，課税方式は遺

---

[7] 衆議院・法務委員会　平成30年6月15日 https://kokkai.ndl.go.jp/#/detail?minId=119605206X02120180615&spkNum=168&current=1

産税方式から遺産取得税方式に改められた。しかし遺産取得税方式は，遺産分割が速やかに行われる前提のない日本では徴税運営が至難であり，1958（昭和33）年に現在の法定相続分課税方式に改められた。この現行法は，遺産分割が終了した後，当事者間で負担した税金についての清算が必要となり，非常に手間のかかる不合理な徴税方式である。しかも仮に遺産分割が行われていない段階で，清算についての訴訟を認容するとなると，当事者の負担はあまりに大きく，不合理は許容度を越えるように思われる。

　日本の相続税は，このように不合理な法定相続分課税方式になっているが，それは，相続開始時から間もない時期に，債権債務の処理ができない日本法の構造的問題のひとつである。戦後の最高裁判例は，債権債務の相続に関わるこの構造的問題に対して，基本的には法定相続分で対応することとしてきた。裁判所や公証人という司法インフラは不十分であるが，他国に類を見ない優れた行政インフラ，すなわち明治初期に整えられた戸籍と登記があったので，これらを利用することによって対外的な処理を行う方針をとったのである[8]。法定相続分を基準とすれば，戸籍によってその持ち分は第三者にもわかるからである。

　債権債務の相続については，必ず債権者・債務者という第三者が関わる。そのため，最高裁は，早くから債権債務を遺産分割の対象財産から外し，当然に分割されるとした。可分債権は当然分割であるとした最判昭和29年4月8日民集8巻4号819頁を嚆矢に，預貯金債権についても当然分割され，相続分以上を行使した後始末は共同相続人間の不法行為ないし不当利得として解決するとした最判平成16年4月20日家月56巻10号48頁にいたる判例である。もっとも債権が遺産分割対象財産に入らないことの不都合は大きく，調停で合意すると遺産分割対象にできるとはいえ，特別受益があると特別受益者は当然分割のほうが有利になるために合意形成は難しい。やがて判例は，徐々に遺産分割対象を増やしていくこととなり，金銭について遺産分割対象とした最判平成4年4月10日判時1421号77頁，定額郵便貯金についての最判平成22年10月8日民集64巻7号1719頁，投資信託・国債などについての最判平成26年2月25日民集68巻1号173頁，そして最大判平成28年12月19日民集70巻8号2121頁が判例を変更して普通預金債権，通常貯金債権，定期貯金債権についても遺産分割対象財産に含めた。

---

(8)　水野紀子「民法を機能させる条件（上）（下）」法曹時報75巻7号・8号（2023年）1頁以下参照。

債権者は債権譲渡もできる地位におり，債務者に対しては，相続人たちがそれぞれ債権行使をしてよいはずであるが，相続人の債権行使によって公平で確実な遺産分割が困難になる。判例は，相続人たちに相続分債権の自由な行使を制限することによって，遺産分割まで遺産を安全に維持させる方向へ展開したといえよう。ただし可分債権の当然分割という原則は維持されており，貸金債権，代金債権，損害賠償債権などは当然分割される。

なお2018(平成30)年相続法改正は，遺産分割成立まで必要な金額を下ろせない事態に対応するため，預貯金債権の仮分割制度(家事事件手続法200条3項)と遺産分割前の預貯金の払い戻しの制度(民法909条の2)を手当てした。さらに相続人の一人が遺産分割前に遺産債権を費消した場合などに，遺産分割とは別途の不当利得ないし不法行為訴訟を提起せねばならないとする大きな負担を軽減するために，遺産に含まれるとみなして遺産分割対象財産とする制度(民法906条の2)を設けた。

こうして債権については，しだいに遺産分割手続きに移行していったが，連帯債務を含む可分債務については，遺産分割の対象とならず，法定相続分で当然分割となることが，最判昭和34年6月19日民集13巻6号757頁以来の判例である。相続債権者にとっては，被相続人一人に請求できた債権が，債務負担能力もばらばらな相続人に分割して承継されることになる。およそ債権というものの基礎を危うくするこの問題に対し，判例に反対して不可分債務説，合有債務説などを唱える学説も多いが，まだ判例の容れるところとはなっていない。相続債務の履行を保証するとすれば，財産分離を原則とするような，破産手続きに近い拘束性と確実さが必要となり，制度的関与のない共同相続人の私的自治に委ねる現行法では限界があるのだろうと思われる。結局，債権者の自衛に委ねられることになり，土地本位制といわれるほど，不動産担保に依存した債権運用が為される現状のひとつの大きな要因がここにある。

2 物権の承継

遺産分割を私人に委ねることによって，本来は非常に不安定なわが国の相続不動産取引が，それにしては一定の安定性を保って行われ得てきたという評価が可能であろう。昭和期に確立された一連の「相続と登記」に関する判例が，戸籍から判明する法定相続分の範囲でだけ登記を信頼した第三者が保護されるという法理を確立したためであった。つまり戸籍制度が登記と結び付いて一種の公信力を持つ存在として機能してきたのである。

「相続と登記」に関する判例理論は，まず，共同相続と登記といわれる最判昭和38年2月22日民集17巻1号235頁が基礎となる。相続人の一人が相続不動産を偽造により自己の単独登記として担保に提供したが，担保権者に対する他の共同相続人からの更正登記請求を認容したこの事件により，相続不動産についての登記名義を信用した取引は危うくなった。このような場合に取引相手の第三者を救済する民法94条2項の類推適用などの外観法理は，遺産分割を直ちに行わなかったことを共同相続人の帰責事由とすることが難しいため，用いることができない。それでも学説が登記を信用した取引相手が守られないこの判例に賛成してきたのは，家督相続が廃止されて均分相続となったにもかかわらず，同居相続人の実力行使によって均分相続が危うくなることを怖れたからであった。すなわち被相続人の死亡時期に同居していた相続人は，手元に被相続人の権利証などの書類をもっているため，登記名義を書き換えるなどの行為をしやすい立場にいる。その結果，公正な遺産分割を経ることなく，その同居相続人が既成事実化した遺産の独占を追認する結果になることを避けるためであった。この学説の危惧する弊害，すなわち同居相続人による隠蔽と既成事実化は，現在でも広く見られる事象である。

この判例の後，相続放棄と登記に関する最判昭和42年1月20日民集21巻1号16頁，遺贈と登記に関する最判昭和39年3月6日民集18巻3号437頁，さらに遺産分割と登記に関する最判昭和46年1月26日民集25巻1号90頁の一連の判決によって，前述した昭和期の「相続と登記」判例が完成した。これらの最高裁判例は，ある場合には無権利の法理を採用し（最判昭和38年2月22日民集17巻1号235頁など），ある場合には遺産分割時における権利の移転を前提とする（最判昭和46年1月26日民集25巻1号90頁など）など，論理的には統一されていない。しかし結果的には，不動産取引を安定化させるルール構築を果たしていた。つまり相続の熟慮期間を経た後の遺産を購入するためには，法定相続人から法定相続分通りの物権を購入する場合には守られるが，法定相続分以上の持分を購入するときには，登記名義があっても，共同相続人に確認する必要がある，という不動産取引のルールである。

しかしその後，遺言の増加によってこの安定は破られた。民法1013条によって遺言に遺言執行者がついていると法定相続人は処分権を失うとされる。この規定は遺言執行者として公証人が想定されている母法では当然で妥当なものであるが，日本法では遺言の威力を格段に増す規定であった。また平成期に入ると，指定相続分は登記がなくても優先するとした，最判平成5年7月19

日判時1525号61頁，相続させる旨の遺言による相続分の変更を登記がなくても第三者に対抗できるとした最判平成14年6月10日判例時報1791号59頁等によって一層，深刻さを加えていた。2018(平成30)年相続法改正は，民法899条の2を立法し，法定相続分以外の相続については，第三者に対抗するために登記を要件とすることによって，この取引安全の問題を解決した。戸籍と登記に依存している日本法のもとでは，いたしかたない手法であったのかもしれないが，これもまた弥縫策である。取引安全の結果，遺産分割と異なる法定相続分の処分等がもたらした後始末は，相続人間で不法行為・不当利得による調整によって解決するとするのが，最判平成16年4月20日判時1859号61頁等の判例の立場であり，これを簡便にするために，前述したように改正法は，民法906条の2を立法した。

　銀行預金や不動産であれば，その処分過程の立証は，比較的難易度が少ないかもしれない。しかしいずれにせよ被相続人と同居していた相続人による遺産の私物化は容易であり，遺産分割の前提問題としての遺産の範囲をめぐる遺産確認の訴えが，当事者に大きな負担をかけている。

　家庭裁判所の審判に既判力がないという日本法特有の問題は，権利の存否は地方裁判所の管轄とし，権利の内容形成は家庭裁判所の専属管轄とする判例法理によって，事実上の既判力を与えてきた。しかし遺産の範囲についての争いは，この論理で家庭裁判所の専属管轄とすることができず，地方裁判所に提訴して既判力を得なければならない。この結果，相続紛争は，当事者に高額な訴訟費用負担をもたらすものとなる一方，家庭裁判所の調停で共同相続人の合意さえ成立すれば，諸手続をまとめた遺産分割も可能とされているから，争う力を持たない弱い当事者は「妥協による合意」を強制されて権利が画餅に帰しがちである。

　このように相続財産の取引相手にも，共同相続人にも，不当な負担をかける相続法となっているが，これらはすべて不動産の所有権移転や相続開始直後の遺産分割が，司法インフラによって制度的に保障されていないことがもたらしている難題である。公証人や裁判所という司法インフラが圧倒的に足りないために，日本は，戸籍と登記という行政インフラを利用して，近代化・資本主義化してきた。そして本人意思の確認には，印鑑証明という行政インフラを利用した。印鑑証明は，印鑑を重視する江戸時代の伝統から，戸籍制度の派生インフラである住民票と連携して，本人意思の証明として用いられてきたものである。もっとも家族間では，簡単に印鑑証明の冒用ができてしまう問題があった

し，最近は，第三者であっても3Dプリンタを用いて印鑑証明を冒用する詐欺も現れており，行政インフラによる本人意思確認は危うくなっている。

3 遺言による承継

母法であるフランス法においては，遺産に不動産があるときは，ホームローヤーである公証人の遺産分割への関与は不可欠であり，また遺言がある場合にも，必ず公証人が遺産分割に関与せねばならない。公証人は，遺言を保管するほか，遺言作成にあっても内容について動機を確認してアドバイスする権限を持つ。その根拠は，かつては恵与（贈与と遺贈）の意図の欠如をコーズの不存在として無効にすることができ，債権法改正後は，恵与の動機に関する錯誤があると無効と定めるフランス民法1135条2項が根拠となっている。このように本来的には，遺言の内容的正当性を担保する第三者の関与が必要であり，それがひいては遺言者の最終意思の保護になるものと思われる。

一方，日本法には，フランス法のように遺言の内容的正当性を争う個別の条文がないために，遺言紛争となると遺言者の能力ばかりが争点になる。また遺言者の最終意思の真意性を，遺言者を取り巻く客観的状況を理解した第三者が確認する手続きもないため，遺言を取り巻く状況は，非常に危うい。

明治民法立法起草の際，遺言について，武士階級の家督相続人指名を連想した起草者たちは，死亡危急時遺言の立法にあたって，これがないとおよそ日本の遺言はないことになると発言していた。日本人は遺言を書く習慣を持たなかったため，遺言法は不備が非常に多い。そして，高度成長期以後，遺産分割紛争が増え，被相続人が自衛的に遺言を遺すことが増加した。

日本法の遺言においては，遺言作成と遺言保護に第三者の関与がないために，果たして遺言者の真意かどうか危うい遺言が存在し，その内容の妥当性がチェックされることはない。たとえば不倫関係にある女性への包括遺贈が民法90条違反でないとした最判昭和61年11月20日民集40巻7号1167頁の事案は，荒れてガラスを割るなどの乱暴な行為をする受遺者に迫られた状況で，遺言者が普段と異なる乱暴な筆致で間違った自宅住所を書いた自筆証書遺言である。事実審での正当な認定があれば，この遺言の有効性が認められることはなかったと思われるが，最高裁では遺言者と受遺者が不倫関係にあった点のみが争点になったため，民法90条違反はないとされた。公証人が保管や実行に関与する実務が背景にあったら，このような遺言が有効な遺言として扱われることはなかったであろう。

第2部　第1章　総　　論

　これらの問題は，自筆証書遺言に限られず，公証人が作成に関与する公正証書遺言においても発生しうる。公証人の関与する公正証書遺言は，強力な証拠能力をもつものとされているが，しかし日本の公証人は，フランス法のように依頼者のホームローヤーではなく，証書作成のために初対面で会うに過ぎない。明治民法が立法した公正証書遺言の条文は，母法を受け継いだものであるが，この現行の制度が，彼我の相違を考慮したときに問題がないかどうか，検討する必要があるだろう。最判昭和55年12月4日民集34巻7号835頁は，公証人を被相続人の自宅に呼んで死の3カ月前に公正証書遺言を作成した事案で，証人が盲人でも有効だとした判例である。この事案では，被相続人の印鑑証明を別件で入手した証人が，被相続人の子どもたちがいない留守に公証人を被相続人の自宅に招いて，被相続人の遠縁で証人の甥を受遺者とする包括遺贈の公正証書遺言作成を主導している。被相続人と受遺者との関係は薄く，受遺者自身がなぜ遺されたのかわからないと証言していた。遺言作成の動機にコミットするフランスの公証人であれば，このような遺言を作成したとは思われない。

　日本の実務においては，公証人役場に車椅子で連れられてきた高齢者の遺言を作成するときに，高齢者の意思能力がかなり不安な場合があり，高齢者を代弁する相続人がいうままに作成してよいものか，悩ましい場合があるといわれる。しかし多くの場合，そのまま公正証書遺言が作成されるようである。つまり実質的には遺言の受益者である近親者が公正証書遺言を作成するという問題である。伊藤昌司は，この問題を次のように記述する。「遺言者の遺言能力不足は，公証人が関与しても補えるわけではない。ところがわが国では，このあり得ないことが，まさに起こっている」[9]。「わが国の弁護士は，受益者の依頼を受ければ，この者に有利な文案を作って公証人のところに持ち込むことをためらわないし，それが依頼人への義務とさえ考えている。弁護士たちは，遺言者の能力判定は公証人の義務に属し，近親者から依頼された段階で，自らがまず遺言者本人に面接して健常な本人との間で委任契約を交わす義務まではないと考えているようである。そして，実質的には遺言受益者の代理人にほかならない弁護士が，自ら仲介し作文にも関与した公正証書遺言の証人にもなるし，その遺言で指名された遺言執行者にもなる。遺憾ながら，これがわが国の実務の『常識』である」[10]，と。ホームローヤーとして遺贈の動機を本人に慎重に

(9)　伊藤昌司『相続法』（有斐閣，2002年）40頁。
(10)　伊藤昌司・前掲『相続法』42-43頁。伊藤昌司の記述を引用して「公正証書遺言の実務の一部を見事に言い当てている」とする，梶村太市『家族法学と家庭裁判所』（日

確認するフランスの公証人実務と，このような日本の公証人実務とには大きな差があるが，フランス法を継受した公正証書遺言の威力は，日本法でも同様の強力さとなっている。

また本来なら遺産分割手続きは，被相続人という法主体の消失の清算手続きであるから，債務の清算が行われてから積極財産が残っていたら遺贈の実行や積極財産の分割になるはずである。フランス法では，「持てるもの以上を与えることはできない」という法格言があるが，日本法では，債務の清算が手続き的に保障されないために，債権者詐害の目的で贈与〔死因贈与〕を行ってしまうケースも存在する。たとえば最判平成 10 年 2 月 13 日民集 62 巻 1 号 38 頁は，死因贈与を受けた相続人が限定承認をした事案で民法 90 条違反を用いて対応した。日本の相続紛争では，この場面でも，公序良俗違反で事後的に対応せざるを得ない。

急速に近代化した日本社会において，民法学は，契約法に精力を注ぎ，取引の安全を重視してきた。契約の解釈と異なり，遺言の解釈においては，取引の安全という問題がないために，遺言者の真意の探求がなにより重視されて正当化されてきた傾向がある。前述したように，フランス法では，不動産登記は，国家社会を支える「民事警察」すなわち公証人の役割であったが，日本法では，まず税金を取るための制度であったことが，正当性の確保よりも，人手のかからない効率性を要求したのかもしれない。しかしそのことの弊害は大きく，遺言とその実行においても顕著である。その弊害が訴訟で争われたときには，当事者の負担は大きく，事実審における正確な事実認定と，公序良俗違反や権利濫用などの一般法理を用いても妥当な結論が出されることに頼らざるを得ない。

4 遺産分割手続きの抱える問題点

フランスの公証人は，あらゆる不動産登記に関与する「民事警察」の役割を果たすとともに，夫婦財産制や遺産分割にも関与するホームローヤーである。公証人が関与することによって，不動産物権変動の正確性を担保するだけではなく，不当な契約を監視することにもなっている。対等な売主と買主の売買契約と異なり，とりわけ家族間の契約では，不当な圧力が当事者にかかりかねない。日本の協議離婚制度と対照的な離婚法の重い手続きが，弱い配偶者や子を守る役割を果たすように，相続法においてもフランス法では，中立的な法律家

本加除出版，2008 年）377 頁も参照。

の関与を安全弁として組み込んでいる。

　本来であれば，他人同士の紛争と異なり，構造的に弱者を抱える家族間紛争においては，中立の法的第三者がすべからく関与して手続きを進める必要がある。きわめて簡便な日本の協議離婚制度は，西欧法基準では非常識な制度であり，西欧法は，裁判所ないし公証人が必ず離婚に関与して離婚条件を監督する手続きを組んでいる。同様に，利益相反する共同相続人の合意に委ねる遺産分割手続きは，被相続人に近い位置におり，遺産の隠蔽や処分が容易な共同相続人と，そうではない共同相続人との公平をはかる制度的保障が必要である。司法インフラの不備によって，それが不可能な日本法では，紛争になった一部の事件において，判例は他の水面下の多くの事件に対する影響力を配慮しなくてはならない。有責配偶者の離婚請求は原則として許されないとする判例法理が，追い出し離婚を封じているように，相続法においても，遺産分割に誠実に向き合わない共同相続人の横暴を封じる必要がある。

　なおこのような制度的保障のない相続法が，周知のように所有者不明土地問題をもたらした。2021年4月に成立・公布された「民法等の一部を改正する法律（令和3年法律第24号）」及び「相続等により取得した土地所有権の国庫への帰属に関する法律（令和3年法律第25号）」がとりあえず登記に相続人情報を確保する手当てを立法した。全体的には，戸籍と登記に依存する従来の日本法の延長線上の解決であったが，特別受益を主張する期間制限を設けるなど，早期の遺産分割への誘導が行われている。

　もっとも家庭裁判所における遺産分割手続きそのものにも，問題は多い。遺産分割は，家庭裁判所の管轄とされているが，前述したように，遺産の範囲に争いがある場合には，既判力を求めて地方裁判所に遺産確認の訴えを提起せねばならず，紛争当事者の消耗は著しい。日本人が司法に対して絶望する場面として，遺産分割紛争を挙げる実務家は多い。成年後見がうまく機能していないため，被相続人の財産管理や処分は，家族内でのあいまいな代理等で運用されている。費消したのは被相続人なのか否か，家族間贈与があったのか否か，贈与ではなく売買であったのか，民事訴訟の「立証責任」は，このような場面ではときに苛酷に機能する。

　このような現状下で，訴訟となった事案においては，それ以外の遺産分割への影響力を考慮した丁寧な判断が求められている。とりわけ特段の事情や権利の濫用法理は，文言上は例外的な表現であるが，実際にはそれらを積極的に用いて，誠実な遺産分割に誘導することもときとして必要である。「民事警察」

であるフランスの公証人であれば，権能と知識を駆使して法の定める制度を正確に実現できるであろうが，利益相反を抱えた共同相続人に委ねられた日本の遺産紛争においては，合意の成否も妥当性も危ういものであるからである。

　権利の濫用法理が，相続法領域において，実際に重要な機能を果たしている例を挙げよう。たとえば，最決平成16年10月29日民集58巻7号1979頁は，死亡保険金の特別受益性を否定しつつ，不公平が903条の趣旨に照らし到底是認することができないほどに著しいものであると評価すべき特段の事情が存する場合には，本条の類推適用により特別受益に準じて持ち戻しの対象となるとした。この判例の実務的意義は，特別受益性を否定した原則の部分ではなく，特段の事情により特別受益となりうる場合があることを承認した点にある。この判例により，均分相続や遺留分を潜脱した死亡保険金の設定が困難となっている。

　また親子法に関する判例ではあるが，最判平成18年7月7日民集60巻6号2307頁は，親子関係不存在確認請求訴訟を権利の濫用法理によって封じた。親子関係不存在確認請求は，わらの上からの養子として成人した事実上の養子が，高齢の親を介護して見送った後，親子間に血縁関係のないことを知る親族が，事実上の養子の相続権を剥奪するために提訴することが多かった。この判例以前は，裁判官としての正義観念に反する判断を下さざるを得なかったが，この判例によって救われたと語る実務家は少なくない。

　いずれにせよ事実審においては，争点を機械的に判断するのではなく，共同相続人が遺産分割に誠実に取り組んだかという観点から，権利濫用や公序良俗を積極的に用いて，実質的に詳しく認定する必要がある。

　遺言の実行が受益者の自由にまかされている日本では，危うい遺言が既成事実とされる傾向がある。被相続人と生前から同居するなど被相続人の身近にいた受遺者が遺言を操作できる一方，被相続人と別居していた共同相続人が遺産や遺言について主張立証することの困難は大きい。その構造的不利益を考えると，相続紛争においては，疑わしきは，受遺者ではなく，他の共同相続人の有利に解する必要もあろう。

5　契約法理の適用と遺産分割における相続分譲渡

　相続法は，家族共同体を維持することによる社会の利益と，被相続人の自由との間に均衡をはかる一国の法秩序である。贈与や遺贈という片務契約には，対価関係のある売買と本質的に異なる要素がある。民法は，自ら最終遺言だと

宣言した遺言であっても，遺言の撤回権を放棄することは許されないとする。そこに見られるように，相続法には，一見「自由」を制限することによって，「自由」を守るという構造がみられる。

しかし前述したように，東京地判平成30年10月23日金法2122号85頁は，信託契約を締結していたことを理由に，民法1022・1023条は準用されないと判断した。相続法の公序についての蓄積が少ない日本法で，通常の契約法理が単純に優越する傾向があるように思われる。また信託裁判所のコントロールなど，英米法の信託に内在的に仕込まれている安全弁もない日本で，日本法の売買契約などに適用されてきた契約法理の拘束力が，信託にそのまま適用されることが危惧される。

最高裁は，負担付き死因贈与の事案において，同様に契約の拘束力を強く判断した判例がある。最判昭和57年4月30日民集30巻4号763頁は，撤回の全部または一部を撤回することがやむをえないと認められる特段の事情がない限り，負担の先履行をもって民法1022・1023条は準用されないとした。筆者は，いまだ実行されていない贈与について負担が先履行されるという構成そのものについても，またわずかな負担の先履行によって贈与が義務化されるという結論についても批判したことがある[11]。潮見佳男『詳解相続法（第2版）』は，この判例を正面から否定するものではないが，判例の立場と同時に，「贈与契約の法理をここにもち込むのは相当ではなく，遺贈の法理に準拠すべき」とする立場を並立させて記載している。判例と異なるこの立場では，既履行の負担部分は，不当利得で処理されるとする[12]。判旨の「特段の事情」を幅広く適用する方向を示唆するものと思われる。

家庭裁判所での手続きが必要な相続放棄と異なり，遺産分割において，名目的にごく僅かな取り分のみにとどめて事実上の相続放棄をすることは少なくない。公証人が関与して法定相続分を実現するフランスの遺産分割と異なり，日本の遺産分割では，合意さえ成立すれば，法定相続分と大きく異なる遺産分割であっても問題なく成立する。また熾烈な遺産分割紛争において，相続人がその紛争から離脱するために，相続人間で相続分の譲渡が行われることも少なくない。民法905条は，第三者に対する相続分の譲渡について相続人の取戻権を規定しており，相続分譲渡が可能であることの根拠の一つとされるが，この規定の意味について十分な研究検討が行われてきたとはいえない。相続人間での

---

(11) 水野・前掲「日本相続法の形成と課題」19頁以下。
(12) 潮見・前掲『詳解相続法〔第2版〕』539-540頁。

相続分譲渡については，家督相続の復活などを理由に反対説もあるが，実務では広く行われてきた。

　最判平成 30 年 10 月 19 日民集 72 巻 5 号 900 頁の事案は，父の遺産相続にあたって，母と養女が相続分を息子に譲って遺産分割が成立したが，母の遺産相続にあたって，母の現存資産はほとんどなかったものの，父の相続の際の相続分譲渡が生前の贈与として特別受益と性質決定されて遺留分減殺請求が承認されたものである。異なる判断を採った原審は，実質的にはこの遺留分減殺請求は，父の相続における遺産分割紛争の蒸し返しであり，父の相続の遺産分割において紛争を終結させたほうがよいという判断ではなかったろうか。合意さえ成立すれば，どれほど取り分が不均衡な遺産分割でも許容されてきた日本法の実務「常識」に近いのは，原審判断の方であったのかもしれない。戦後民法改正から 70 年以上も経過した 2018（平成 30）年になって，このような最高裁判例が現れることの背景には，相続法に内在された公序を分析せずに行われてきた相続法の運営があるのだろう。この判断の結果，相続税として処理されていた納税が，贈与税と性質決定されることになり，税法上の問題も生じるのではないだろうか。日本の相続税徴税の矛盾は，拡大する。

IV　おわりに

　2024（令和 6）年 2 月 15 日の法制審議会総会で，成年後見制度と遺言についての民法改正が諮問された。成年後見制度は，家裁の現状では十分な後見監督を行えないから，地方自治体の主体的な後見人の養成・選任・支援・監督を，家裁が後援するという在り方の模索をするのが現実的であり，地方公共団体の現場での努力で痛感された不具合を調整する改正作業だと言えるだろう。

　これに対して，遺言法改正は，署名捺印の必要な自筆証書遺言などをデジタル技術によって作成できるように検討するもので，デジタル化の一環として思いつかれた改正のように思われる。日本の相続法の構造的困難や，印鑑という存在が取引社会で果たしてきた役割にも，視野は及んでいない。かつてのように身分法小委員会という常置機関が民法の改正を考え続けていた時代と異なり，政治的な理由でアドホックに提案される機会を捉えて，民法の改正を行うしかない現状である。ただでさえ危うい自筆証書遺言について，印鑑を廃止してデジタル化を進めると，錯誤のない慎重な意思形成を支援することからさらに遠ざかり，遺言者本人の意思確認すら危うくなりかねない。遺言法の改正の機会に，相続法と遺言法の現在の惨状を直視して，いくらかでも改善されることを

期待したい。

　本稿の「1　はじめに」において，相続法が家族法領域に含められてきたことと，実務が相続法学を構築してきたことを述べたが，潮見佳男『詳解相続法』『詳解相続法〔第2版〕』はしがきも，同様の認識を次のように述べる。「わが国では，周知のように，相続法は，伝統的に家族法の分野に位置づけられ，家族法（親族法）との密接な関連のもと，解説等が加えられてきた。そこでは，家族と社会を意識した遺産の承継の在り方を探るという特徴が強くあらわれ，その依拠する家族観（ときには，倫理観）に彩られた解釈論が展開される傾向があった。……他方で，今日の相続法は，上記の2021（令和3）年改正で顕在化したように，遺産に属している個別の財産の帰属・証人を物権法・債権法固有の論理と結びつけて捉え直す傾向を強めている」。「相続法については，これまで，実務先行・理論追随という形で展開してきたところが大きい。……このことを意識して，本書では，『相続法』と同様，財産法としての相続法という特徴を前面に出し，また，可能な限り，理論重視の視点を示している」。そして「改正後の相続法も債権法も，実質的な体系変更に関わる点が多いところ，今後の解釈でどのような動きがあるかを今の時点で見通すことはできない。本書の内容も，将来，今後の学説・実務の限界を踏まえて書き換えなければならないところが少なくないであろう」と述べる。相続法の理論化に多大の貢献をした著者が，自ら「書き換え」ることを望めなくなった今，その喪失の大きさに打ちのめされる。残された私たちは，著者からのバトンを受け取って，努力するしかないのであろう。

21 統一電子エステイト・プランニング文書法と遺産承継のデジタル化

常 岡 史 子

Ⅰ　はじめに
Ⅱ　統一電子エステイト・プランニング文書法
Ⅲ　おわりに

Ⅰ　はじめに

　社会における情報通信技術等の進展に伴い，法律の分野でも様々な場面で紙をベースとしたアナログな方法からデジタル化への移行が進められている。アメリカ合衆国（以下，アメリカと記述する）では，すでに多くの法分野において従来の紙の書面による文書を前提とした制度から電子署名を伴う電子文書の利用を念頭に置いた新たな規律へと改定が行われており，それが社会においても受け入れられてきている。統一法委員会（Uniform Law Commission. 以下，ULCと記述する）[1]が1999年に採択した統一電子取引法（Uniform Electronic Transactions Act. 以下，条文を示す場合UETAと記述する）について見ると，ニュー・ヨーク州を除く53の州及びワシントンD.C.で法律として制定されており[2]，ニュー・ヨーク州も独自にElectronic Signatures and Records Actを定めて，電子署名や電子記録に紙への署名や紙の記録と同様の法的効力を認めている[3]。2000年には連邦法としてElectronic Signatures in Global and

---

(1) 正式名称は，統一州法委員全国会議（The National Conference of Commissioners on Uniform State Laws：NCCUSL）であるが（ULC The Constitution §1.01.Name），本稿ではULCという表示で統一する。
(2) ULC, Electronic Transactions Act（https://www.uniformlaws.org/committees/community-home?communitykey=2c04b76c-2b7d-4399-977e-d5876ba7e034）2024年6月10日最終閲覧。以下，各注のURLの最終閲覧につき同一日付。
(3) Office of Information Technology Service, New York（https://its.ny.gov/system/files/documents/2022/10/nys_g04_001_electronic_signatures_and_records_act_esra.pdf）。

第2部 第1章 総　論

National Commerce Act（以下，E-Sign Act と記述する）が制定され，商取引の場面における契約の電子化がさらに推し進められた[4]。また，裁判における訴答書面（pleading）や上訴趣意書（appellate brief）の電子提出（electronic filing）も，各州において広く行われている。しかし，デジタル化への移行から長らく取り残されていた分野があり，それが遺言その他の方法によるエステイト・プランニング（estate planning）の領域であった[5]。

エステイト・プランニングとは，遺言法，相続法，物権法，信託法，家族法，税法，保険法等を総合的に勘案して，財産を有する者又はその弁護士が，「被相続人の死亡にそなえてどのような財産処分の形をとることが，各々の条件のもとで意図する目的にもっとも適ったものであるかを検討し，その具体案を探ること」であり，このような観点から遺言法その他上述の諸法を総合的に把握することが1つの法分野としてとらえられる[6]。すなわち，エステイト・プランニングは財産を有する者による財産処分の様々な方法を含むものであるが，基本的に本人の死後の財産移転を目的とし，非取引的な行為であるという点に特徴がある。したがって，エステイト・プランニングの効果が発生する段階では本人は死亡しており，どのような財産処分を意図していたか，その意思を直接本人に確認することは不可能となる。また，エステイト・プランニング文書の作成時に本人が意思能力を有しておらず，あるいは他者による本人への強迫や不当威圧等があった場合，当該エステイト・プランニングは本人の自由で自発的な意思に基づくものとは言えないが，本人の死後にそのような事実の有無を本人に確かめることもまたできないことである。そのようなことから，エステイト・プランニングが本人の意思に基づくものであることを明確にしておくため，法律文書のデジタル化の動きの中においても，エステイト・プランニング文書については，長らく本人がペンで紙の書面に署名するという wet signature の要件が厳格に維持されてきた[7]。

そのようななかで，ULC はまず遺言のデジタル化を図ることを目的に，2019

---

[4] E-Sign Act は，UETA と同様の効力を電子合意や電子署名に認めるものとなっている。15 U.S.C. §7001,et seq.（https://www.congress.gov/bill/106th-congress/senate-bill/761）.

[5] Uniform Electronic Estate Planning Documents Act（with Comments），*Prefatory Note*, 1（https://www.uniformlaws.org/viewdocument/enactment-kit-15?CommunityKey=f911ff58-34ae-47a1-8928-68d5396a72b1&tab=librarydocuments）.

[6] 田中英夫編集代表『英米法辞典』（東京大学出版会，1991年）「estate planning」〔寺尾美子〕。

[7] Uniform Electronic Estate Planning Documents Act（with Comments），*supra* fn.5, 1.

年に統一電子遺言法（Uniform Electronic Wills Act. 以下，条文を示す場合 UEWA と記述する）を公表した。その後，2020 年初頭からの COVID-19 の感染拡大によって，多くの州が電子的な通信手段を用いたオンラインでの遺言作成を可能とする緊急措置をとるなど予想外の事態が加わったりもしたが，電子署名による電子遺言の作成を可能とする法制度の整備の必要性は COVID-19 以前からの課題でもあったものであり，現在ではユタ州やワシントン州等 16 の州と法域が統一電子遺言法を採択している[8]。また，ULC による統一電子遺言法の策定前から，ネバダ州やフロリダ州など独自の州法によって遺言のデジタル化を実施している州も複数存在する[9]。

一方，遺言以外のエステイト・プランニング文書については，従来から統一電子取引法によって電子的文書の作成が可能であると考えられてきたが，同法は基本的に，取引行為における双務契約に関するデジタル化を念頭に置くものであり，本人死亡後についての財産処分であるエステイト・プランニングに必ずしもすべてが合致するわけではない。この状況に対応するため，ULC は 2022 年に統一電子エステイト・プランニング文書法（Uniform Electronic Estate Planning Documents Act. 以下，条文を示す場合 UEEPDA と記述する）を採択し，信託や委任状等遺言以外のエステイト・プランニング文書の電子的作成に関する規律の整備を図っている。

そこで，本稿ではこの統一電子エステイト・プランニング文書法を対象とし，法律文書のデジタル化について，遺言以外の方法によるエステイト・プランニングの場面でどのような視点が取られたのかを見ることとしたい。これにより，遺言にとどまらない被相続人の終意処分のあり方についても，今後の示唆を得ることができるのではないかと考える。

II　統一電子エステイト・プランニング文書法

1　アメリカにおける検認譲渡（probate transfer）と非検認譲渡（nonprobate transfer）

アメリカにおいては，被相続人の遺産について検認財産（probate property）

---

[8]　2024 年 6 月時点の数字である。ULC, Electronic Wills Act（https://www.uniformlaws.org/committees/community-home?CommunityKey=a0a16f19-97a8-4f86-afc1-b1c0e051fc71）.

[9]　アメリカにおける電子遺言制度と統一電子遺言法（UEWA）については，常岡史子「アメリカ合衆国における遺言制度のデジタル化に関する調査研究報告」（法務省・遺言制度のデジタル化に関する調査研究）参照。

と非検認財産（nonprobate property）の区別がある。遺言による受遺者や無遺言相続による相続人へ検認財産の分配を行うには，原則として裁判所での検認手続（probate）が必要である（検認譲渡（probate transfer））[10]。この手続は日本民法における遺言の検認（民法1004条，1005条）とは大きく異なっており，検認裁判所（probate court）は，検認請求者による遺言の有効性の証明の確認，無遺言の場合にはその事実認定，そして人格代表者（personal representative）の指名等を行い，遺産管理の開始，遺産に属する被相続人の財産の収集，債権者に対する弁済，遺産の決算を経て，法定相続人への残余の遺産の分配に至るまで，被相続人の遺産の管理から清算に関するすべての過程を管轄し監督する[11]。

一方，非検認財産の移転は，裁判所におけるこのような検認手続を必要とせず，検認手続外で承継者に移転する（非検認譲渡（nonprobate transfer））。したがって，被相続人がその意思に基づいて自己の死亡後に関する財産処分を行う手段としては，正式の遺言や無遺言相続による検認財産の承継によるよりも非検認財産の譲渡の方が簡便であり，信託のほか，合有財産権（joint tenancy）による不動産（real property）や動産（personal property）の共同所有，生命保険の利用，死亡時支払条項付きの契約（contract with payable-on-death provisions（POD））や死亡時譲渡条項付きの契約（contract with transfer-on-death provisions（TOD））等非検認譲渡の方法による財産の移転が，エステイト・プランニングにおいて多用されている。また，遺言の場合，法定の要式を欠くと無効となり，死後の財産処分を意図した遺言者の意思が反映されない恐れがあるのに対して，非検認財産を用いる場合には生前の契約や合意によって行うものであることから，被相続人の意思が死後に実現されない結果となる恐れを回避できることも利点として指摘されている[12]。

---

(10) アメリカでは，遺言がないか，あっても無効であるときは無遺言相続となるが，この場合も検認財産が相続の対象であるときは，一定額以下の少額遺産の場合を除き検認裁判所での検認手続を要する。少額遺産については，統一検認法典（Uniform Probate Code（UPC））が略式管理手続等について規定している（UPC§§3-1203, 3-1204）。

(11) アメリカの相続制度の概要について，常岡史子「アメリカ法」大村敦志監修『相続法制の比較研究』（商事法務，2020年）194頁以下参照。

(12) Lawrence M. FRIEDMAN, DEAD HANDS: A SOCIAL HISTORY OF WILLS, TRUSTS AND INHERITANCE LAW, Stanford University Press（2009）, 100.

2　統一電子エステイト・プランニング文書法の目的と意義

(1)　策定の経緯

　統一電子取引法とE-Sign Actは，今から四半世紀前に取引分野において電子契約を法律上有効とし執行可能なものとすることをねらいとして制定され，情報通信技術の発展とともにその後の電子商取引市場の拡大に繋がった。ただし，両法とも遺言については対象から明示的に除外しており（UETA§3(b)，E-Sign Ac§7006(13)），2019年の統一電子遺言法はこのことへの対処を目的とするものであった。

　統一電子取引法やE-Sign Actの制定当時は，従来の紙の遺言と比べて電子遺言は安全性が低く，遺言の内容に不満を持つ相続人らによって改竄される恐れがあるのではないかという懸念が人々の間に強かったが，電子文書の真正性に関する技術が向上した現在では，遺言についても紙の書面でなければ真正性が確保されないと考えることにさほど信憑性はないという感覚が広がってきてもいる[13]。そのようななか，統一電子遺言法の導入や独自の電子遺言制度の制定が各州で進むに連れて，今度は遺言以外のエステイト・プランニング文書におけるデジタル化の遅れが目立つようになった。

　例えば，信託や財産に関する継続的代理権（durable power of attorney）を付与するための委任状（power of attorney），医療についての事前指示書（advance health-care directive）など[14]は，遺言とは異なり，統一電子取引法やE-Sign Actの適用範囲から明示的には除外されていなかった。しかし，これらはいわゆる約因（consideration）を構成する約束（promise）と約束（promise）の交換である双方的合意（bilateral agreement）ではなく，統一電子取引法及びE-Sign Actの対象とする取引（transaction）に該当しない。すなわち，統一電子取引法は，取引の両当事者が合意した場合，記録や署名が電子形式であるという理

---

[13]　Benjamin Orzeske, *Electronic Estate Planning, The Future Is Now*, Bifocal Vol.44, No.1 (2022), 8.

[14]　アメリカのエステイト・プランニングでは，自己の死亡後に関する財産処分とともに，加齢等による判断能力の低下や喪失の状態になった場合に備えて，継続的代理権（durable power of attorney）を代理人に付与し財産管理等を委任するという，任意後見契約に相当する委任状の作成や，医療に関する意思決定のために事前医療指示書（advance health-care directive）を作成し，医療委任状（power of attorney for health care）を交付するなど，本人の生存中に関するプランニングも含む。ULCは，継続的代理権について2006年に統一代理権法（Uniform Power of Attorney Act）を，事前医療指示書や医療委任状について1993年に「医療上の意思決定に関する統一法」（Uniform Health-Care Decisions Act）を公表している。

由のみで，その法的効果や強制力を否定することはできないと定めている（UETA§7(a)）。しかし，同法は，エステイト・プランニング文書の電子署名を明白には認めていない。UETA§3(a) は，統一電子取引法は「取引」に関する電子記録と電子署名に適用されると規定し，UETA§2(16) において取引（transaction）とは「事業（business），商事又は政府の業務の遂行に関して2人以上の者の間で生じる行為」と定義されている。したがって，信託や委任状など約束と約束以外の行為等が約因となる一方的文書（unilateral document）は，統一電子取引法の適用範囲に直接入ってはこない。UETA§2 と UETA§3 の解説もこの点に言及しており，取引の一部ではない，一方的に作出された電子記録や署名は統一電子取引法によってカバーされないと述べていた[15]。

統一電子取引法がこのような内容の統一法であったことから，信託等エステイト・プランニングに関する文書を電子的に作成した場合，法的に有効で履行を強制できるかどうかが確実でなく，エステイト・プランニングを扱う弁護士らは顧客のために電子信託や電子委任状，電子事前指示書等を作成することに謙抑的な態度を取っていた[16]。また，裁判所においても，これらの電子文書の有効性の判断について明確な法的指針を有さないという状況が生じていた[17]。

そこで，ULC は，統一電子遺言法に続いて，2022年に統一電子エステイト・プランニング文書法を制定し，遺言以外のエステイト・プランニング文書も電子署名を用いて電子形式で作成できることを規定して，この問題の解決を図った。その背景には COVID-19 の影響もあり，また弁護士，信託機関，金融機関等エステイト・プランナーらの声もこれを後押しした[18]。統一電子エステイト・プランニング文書法は統一電子取引法をモデルとしており，既存の諸法律とも調和するものとなっている。それにより，統一電子エステイト・プラ

---

(15) Uniform Electronic Transactions Act (with Comments), 11-12 (https://www.uniformlaws.org/viewdocument/enactment-kit-17?CommunityKey=2c04b76c-2b7d-4399-977e-d5876ba7e034&tab=librarydocuments).

(16) ULC, *The Uniform Electronic Estate Planning Documents Act, A Summary* (https://www.uniformlaws.org/committees/community-home/librarydocuments?communitykey=f911ff58-34ae-47a1-8928-68d5396a72b1&LibraryFolderKey=&DefaultView=).

(17) Orzeske, supra fn.13, 9.

(18) ULC, *Annual Meeting Issues Memo: Electronic Estate Planning Act (2022)*, 3 (https://www.uniformlaws.org/committees/community-home/librarydocuments?attachments=&communitykey=f911ff58-34ae-47a1-8928-68d5396a72b1&defaultview=&libraryentry=c6095f5a-60d8-4d19-a635-e1ac804aa442&libraryfolderkey=&pageindex=0&pagesize=12&search=&sort=most_recent&viewtype=row).

ンニング文書法のもとで，弁護士その他のエステイト・プランナーとその顧客はすでに法律上認められている電子バンキングや電子商取引と同様の方法で実務を行うことができることになる。

あわせて，統一電子エステイト・プランニング文書法は，エステイト・プランニング文書中，統一電子遺言法が対象としないものを補完する機能も有する。統一電子エステイト・プランニング文書法の形式的な構成は，第1章が総則と定義，第2章が電子非遺言エステイト・プランニング文書（Electronic Non-Testamentary Estate Planning Documents），第3章が統一電子遺言法，第4章が雑則である。すなわち，2019年の統一電子遺言法は統一電子エステイト・プランニング文書法の第3章に組み込まれており，各州は，第3章を除いて電子非遺言エステイト・プランニング文書に関する部分のみを導入することも，統一電子遺言法を含む統一電子エステイト・プランニング文書法全体を導入することも，自由に選択できる仕組みになっている。本稿で対象とするのは，厳密には統一電子エステイト・プランニング文書法のうち遺言以外の文書に関する「電子非遺言エステイト・プランニング文書」についての諸章となる。

2024年2月時点で イリノイ，ミズーリ，オクラホマ，ワシントン，バージニア，コロラドの6州が統一電子エステイト・プランニング文書法（「電子非遺言エステイト・プランニング文書」に関する諸章）の導入を決定しており（そのうちミズーリ，オクラホマ，ワシントン，バージニア，コロラドの各州はすでに統一電子遺言法を採択している）[19]，イリノイ州ではすでに2024年1月から，ワシントン州では同年6月から施行されている[20]。

(2) **統一電子エステイト・プランニング文書法における電子非遺言エステイト・プランニング文書**

(a) 非遺言エステイト・プランニング文書について

統一電子エステイト・プランニング文書法（以下，条文を示す場合 UEEPDA と記述する）では，非遺言エステイト・プランニング文書（non-testamentary estate planning document）の定義について，過度に包括的なものとすると各州での法律制定の妨げとなる可能性があることから，相当程度具体的に定義することが目指された[21]。そこで，まず同法は，非遺言エステイト・プランニング

---

[19] ULC, Electronic Wills Act (https://www.uniformlaws.org/committees/community-home?CommunityKey=a0a16f19-97a8-4f86-afc1-b1c0e051fc71).

[20] Illinois Compiled Statutes, 755 ILCS 6/11-5～755 ILCS 6/11-70, Washington SB 5787 - 2023-24.

[21] ULC, *Annual Meeting Issues Memo: Electronic Estate Planning Act (2022)*, supra

第 2 部　第 1 章　総　　論

文書は，「エステイト・プランニングに関する文書で，署名時にテキストとして読むことが可能であり，かつ，遺言でも遺言に含まれるものでもないもの」を言うとする（UEEPDA§102(5)）。これには，以下の①から⑭のものを生成，作成，修正，放棄又は撤回する文書が含まれる（UEEPDA§102(5)(A)）[22]。すなわち，

①信託証書
②信託条項に基づいて署名された記録を必要とする信託的指名権（trust power）
③[統一信託法（Uniform Trust Code）第1013条を引用] に基づく信託の証明書（certification of a trust）
④[統一代理権法（Uniform Power of Attorney Act))を引用] に基づく継続的委任状
⑤[統一代理権法第302条を引用] に基づく，委任状の有効性及び代理人の権限に関する代理人の証明書
⑥権利取得者指名権（power of appointment）
⑦事前指示書。これには，[医療委任状]，医師への指示書，自然死宣言書，リビング・ウィル，生命維持治療のための医療的若しくは医師の指示を含む。
⑧本人の遺体の死後の処置を指示する記録
⑨署名者のための後見人の指名
⑩未成年の子若しくは障害のある成年の子のための後見人の指名
⑪メンタル・ヘルス治療に関する宣言書（mental health treatment declaration）[23]
⑫夫婦共有財産（community property）の生存者財産権（survivorship）の合意
⑬[統一財産権放棄法（Uniform Disclaimer of Property Interests Act）[24]第 2 条

---

fn.18, 2.
(22)　[　]（ブラケット）の部分は，各州・法域の選択に委ねる趣旨である。
(23)　メンタル・ヘルスの治療に関してあらかじめ決定しておく文書を言う。州政府や個々の病院がその基本的書式を公開している場合もある。Texas, Health and Human Services (https://www.hhs.texas.gov/regulations/forms/advance-directives/declaration-mental-health-treatment-dmht), Illinois Department of Public Health (https://dph.illinois.gov/content/dam/soi/en/web/idph/files/forms/declaration-mental-health-treatment-040416.pdf) 等。
(24)　相続放棄に関する統一法であり，2002年に統一検認法典にUPC§2-1101～§2-1107

(3)項を引用〕に基づく放棄

⑭無能力となった場合若しくは死亡時の財産若しくは医療に関する本人の意思を実現することを意図したその他のあらゆる記録，である。

ただし，不動産の権利証書又は，自動車，船舶若しくは航空機の権原証書（又は〔当該州が第2章から除外することを意図しているその他の文書のリスト〕）は含まれないとされている（UEEPDA§102(5)(B)）。

上記の①から⑭は基本的な事項の例示と言え，各州はこのリストへの追加や削除を行うことができる。なお，⑭の包括的な規定は，統一電子取引法では認められないあらゆる文書を対象としてカバーすることをねらいとしたものであり，またこの規定によって，将来的に新たな非検認譲渡方法を用いたエステイト・プランニングが生じた場合にも対応可能とすることが意図されている[25]。

電子署名（electronic signature）については，記録に添付若しくは論理的に結合され，かつ，当該記録に署名する意思を持つ者によって作成若しくは採用された電子シンボル（electronic symbol）若しくは電子プロセスを言うと定義される（UEEPDA§102(3)）。また，サイン（sign）は，記録を認証若しくは採用する現在の意思をもって，有形の象徴（tangible symbol）を作成若しくは採用するか，又は電子署名を当該記録に添付し若しくは論理的に結合することを言う（UEEPDA§102(11)）。これらの定義は，口頭やビデオによる認証（authentication）を除外することを意図したものである。UEEPDA§102(5)においても，非遺言エステイト・プランニング文書はテキストとして読み取り可能であることを要件としており，音声やビデオによる記録は含まれない。

ただし，統一電子エステイト・プランニング文書法は，各州が非遺言エステイト・プランニング文書の定義をその州の実体法や行政法，規則，慣行に適合するように拡大しあるいは縮小することを認めている。したがって，州法が，オーディオ録音やビデオ録画による記録を含めると規定すれば，有効な非遺言エステイト・プランニング文書となる[26]。

として組み入れられている。

(25) ABA, *Technology-Probate, The Uniform Electronic Estate Planning Documents Act: An Interview with Suzanne Brown Walsh and Professor Gerry W. Beyer* (https://www.americanbar.org/groups/real_property_trust_estate/publications/probate-property-magazine/2023/march-april/the-uniform-electronic-estate-planning-documents-act/).

(26) Uniform Electronic Estate Planning Documents Act (with Comments), *supra* fn.5, 6-7.

(b) 統一電子エステイト・プランニング文書法の適用範囲

統一電子エステイト・プランニング文書法の第2章は、電子非遺言エステイト・プランニング文書及びそれへの電子署名について適用されるものである。ただし、非遺言エステイト・プランニング文書中で電子記録又は電子署名の使用はできないとしている場合には、第2章の規定は適用されない（UEEPDA§201(a)(b)）。

統一電子エステイト・プランニング文書法の射程は、電子文書及び電子署名を有効化することに限定されている。すなわち、UEEPDA§204(a)は、「非遺言エステイト・プランニング文書又はそれへの署名は、それが電子形式であることのみを理由として、法的効力又は強制力を否定されることはない。」と規定する。また、電子非遺言エステイト・プランニング文書又はその文書上の電子署名に関する証拠は、電子形式であることのみを理由として、訴訟手続において除外されてはならないとされている（UEEPDA§210）。

統一電子エステイト・プランニング文書法を導入する州における他の法が、非遺言エステイト・プランニング文書が書面であることを要件としている場合、文書の電子記録はこの要求を満たし、また、同じく州の他の法が非遺言エステイト・プランニング文書への署名を要求している場合、電子署名はその要件を満たすとされている（UEEPDA§204(b)(c)）。すなわち、統一電子エステイト・プランニング文書法は、電子エステイト・プランニング文書の使用を義務づけるものではないが、エステイト・プランニング文書の電子版は紙の版と同等で、法律上有効であり強制力があることが規定されている。

UEEPDA§204の規定のあり方は、電子契約に関する統一電子取引法の場合と同様である（UETA§7）[27]。記録、署名又は契約が作成され、提示され又は保存される媒体いかんによって、それらの法的意義に影響が及ぶことはないというのがUETA§7の趣旨であり、同じことが非遺言エステイト・プランニング文書にも当てはまることになる。これにより、記録や署名の法的効力や強制力をその媒体という単一の要素を理由に否定することを退け、情報が紙の記録ではなく電子記録に記載されているという事実はその有効性に関係しないことを示している[28]。

そして、既に州の他の法や統一電子取引法、統一電子遺言法で認められている電子記録や電子署名の有効性に、統一電子エステイト・プランニング文書法

---

(27) Orzeske, supra fn.13, 9.
(28) Uniform Electronic Transactions Act (with Comments), *supra* fn.15, 23

が何らかの影響を与えることも意図されてはいない。例えば，電子非遺言エステイト・プランニング文書又はそのような文書への署名が統一電子取引法によって法的に承認されている場合に，統一電子エステイト・プランニング文書法が当該文書やその署名の有効性を制限することはない。一方，電子非遺言エステイト・プランニング文書又はその署名が統一電子取引法によって認められていないときでも，統一電子エステイト・プランニング文書法に従ってこれらを有効とすることができる（UEEPDA§201(c)）[29]。

(c) 電子形式でない非遺言エステイト・プランニング文書の作成

統一電子エステイト・プランニング文書法は，非遺言エステイト・プランニング文書又はそれへの署名が，電子的手段又は電子形式によって作成，生成，送信，通信，受信，保存又はその他の方法で処理若しくは使用されることを要求するものではない（前述(b)参照）。電子的手段によって非遺言エステイト・プランニング文書を以前に作成し又は署名したことがある者であっても，将来において紙の書面に手書きで署名することによって非遺言エステイト・プランニング文書を作成することができる。この権利は放棄することができず，統一電子エステイト・プランニング文書法においては物理的形式による非遺言エステイト・プランニング文書の作成も保障されている（UEEPDA§203）。このあり方は，統一電子取引法のUETA§5に倣ったものである。

(d) 電子文書と電子署名の帰属先

電子非遺言エステイト・プランニング文書又はそれへの電子署名は，その行為を行った者に帰属する。この者の行為であることは，電子記録又は電子署名が帰属する者を確定するために用いられたセキュリティ手続の有効性を示すことを含め，あらゆる方法で証明することができる（UEEPDA§205(a)）。文書又は署名の本人への帰属という効果は，その作出，作成又は採用時の脈絡及び周囲の状況並びに他の法の定めるところによって決定される（UEEPDA§205(b)）。この規定は統一電子取引法のUETA§9に倣っており，当然のことを定めているように見えるが，人の行為には，その者の人間の代理人や使者が行った行為と，その者の電子エージェント（electronic agent），すなわちツールが行った行為が含まれる。したがって，UETA§9やUEEPDA§205は自明なことを述べるように見えるが，記録や署名が，機械を操作ないしプログラミン

---

[29] Uniform Electronic Estate Planning Documents Act (with Comments), *supra* fn.5, 8.

グしている者ではなく機械に帰属するといったことはないことを保証する意味を持つ[30]。

なお，UETA§9は，記録がその者に帰属するとするための方途としての署名の使用に影響を与えるものではないと解されている。現実には，署名は当該記録がその者に帰属するものであるとするための主要な手段であり，例えば，電子署名が本人のものであるとなると，本人が詐欺や偽造その他の無効原因を立証しない限り，電子記録も本人に帰属することになる。しかし，署名だけが記録が本人に帰属し本人のものであるとする方法ではないことに，注意が必要である[31]。

(e) 遠隔によるオンラインでの文書の作成

統一電子エステイト・プランニング文書法はエステイト・プランニング文書の作成における証人や公証人の立会い，遠隔でのオンラインによる文書作成の要件等については具体的に立ち入っていない。これらについては州によって様々な見解や対応があり，統一法で具体的なルールを示すことは州による採択をかえって困難にする恐れがあったことがその理由として挙げられる[32]。

UEEPDA§206は，統一電子エステイト・プランニング文書法を導入する州の他の法が，署名又は記録が公証，認証，誓言又は宣誓のもとで行われることを要件としている場合，公証，認証，誓言又は宣誓を行う権限を与えられた者が，他の法のもとで含めることが要求されているその他のすべての情報とともに，この者の電子署名を文書に添付するか又は論理的に結合するときは，電子非遺言エステイト・プランニング文書に関してその要件が満たされたものとすると規定する。この条文は，電子非遺言エステイト・プランニング文書の公証が，署名者の物理的な立会いの下で行われなければならないのか，それとも電子的な遠隔での立会いで十分なのかについては言及していない。これらは，改定統一公証行為法（Revised Uniform Law on Notarial Acts）[33]の制定などを通じて，州の実体法が処理すべき事項であるとされている[34]。

---

(30) Uniform Electronic Transactions Act (with Comments), *supra* fn.15, 27.
(31) Uniform Electronic Transactions Act (with Comments), *supra* fn.15, 28.
(32) ABA, *supra* fn.25.
(33) ULC, Law on Notarial Acts, Revised (2021) (https://www.uniformlaws.org/committees/community-home?CommunityKey=e5350d2e-df77-4dfd-8cf0-eecf41cc09f1#:~:text=The%20Revised%20Uniform%20Law%20on,a%20copy%20of%20a%20document.).
(34) Uniform Electronic Estate Planning Documents Act (with Comments), *supra*

電子非遺言エステイト・プランニング文書の作成への証人の立会いについて，統一電子エステイト・プランニング文書法は，統一電子エステイト・プランニング文書法を導入する州の他の法が，非遺言エステイト・プランニング文書の有効性を，他の者の署名，立会い又は認証にかからせている場合，この者の署名，立会い又は認証は電子的であってもよいと規定している（UEEPDA§207(a)）。また，「電子的存在」（electronic presence）について，これは異なる場所にいる2人以上の者が，同じ場所に物理的に存在するのと同程度に，リアルタイムで通信できることを意味すると定義づける。さらに，州の他の法が，非遺言エステイト・プランニング文書の有効性につき，当該文書に署名する者の立会いのもとで他の者によって署名，立会い又は認証されることを要件としている場合に関し，この者らが互いに電子的に存在するときは立会いの要件は満たされるとする規定を州による選択肢として設けている（UEEPDA§207(b)）。したがって，州法のもとで文書に署名する者による物理的な立会いを要件とされている証人が，仮想的又は電子的な立会いでこの立会いの要件を満たすことができると当該州が考え，遠隔的な立会いを認めるときは，UEEPDA§207(b)を採択することによりそのような扱いが可能となるように設計されている。

(f) 電子記録の保管

非遺言エステイト・プランニング文書の電子記録の保管について，統一電子エステイト・プランニング文書法は積極的にその要件を定めることはしていない。UEEPDA§208(a)は，統一電子エステイト・プランニング文書法を導入する州の他の法が，電子非遺言エステイト・プランニング文書の保管，送信，複写又は提出を要求している場合，①電子記録として最終形式で作成された最初の文書又はUEEPDA§209に基づき作成された紙コピーの文書[35]内の情報を正確に反映し，かつ他の法によって要求される範囲内でアクセス可能な電子記録を保管，送信，複写又は提出することによって，その要件は満たされるとする。ただし，UEEPDA§208(a)の記録の保管という要件は，記録の送信，通信又は受信を可能にすることのみを目的とする情報には適用されない（UEEPDA§208(b)）。UEEPDA§208(a)の要件は，他者のサービスを利用する

---

fn.5,10.
(35) UEEPDA§209は，偽証罪の適用があることを承知の上で，紙コピーが当該文書の完全かつ正確なコピーであることを確約することによって，電子非遺言エステイト・プランニング文書の認証紙コピーを作成することができると規定している。このUEEPDA§209は統一電子遺言法のUEWA§9に沿ったものである。

ことによっても満たすことができる（UEEPDA§208(c)）。また，州の他の法が，非遺言エステイト・プランニング文書を原形式で提出若しくは保管することを要求している場合，又は非遺言エステイト・プランニング文書が原形式で提出若しくは保管されない場合の効果について定めている場合，UEEPDA§208(a)に従って保管される電子記録は，この他の法の要件を満たすとされる（UEEPDA§208(d)）。ただし，政府機関（連邦政府，州政府，県，市町村，若しくは州の他の政治的小支部の行政，立法若しくは司法の機関，部局，役員会，委員会，当局，機関若しくは組織を言う）が，UEEPDA§208の要件に加えて，当該機関の管轄に服する記録の保管要件を規定することは妨げられないとしている（UEEPDA§208(e)）。記録の保管等に関する統一電子エステイト・プランニング文書法の規定は以上である。

　このUEEPDA§208の諸規定は，統一電子取引法のUETA§12に倣ったものであり，保管記録及び原本としての電子記録の利用可能性について定めることを目的としている。そこでは，電子記録が情報を正確に再現しているという信頼できる保証が存在する限り，電子記録と紙ベースの記録を機能的に同等と見る。コンピューターで文書を作成した場合には，原本（original）はどこに保管されたものをいうのかという問題が生じるが，記録の保管については「情報の完全無欠性」が重要であって，記録の「オリジナル性」が問題となるわけではないことが指摘されている[36]。

　統一電子エステイト・プランニング文書法が電子文書の電子記録の保管について具体的な要件を定めることをしていない理由として，技術の進展により規定の改正をその都度行わなければならない事態を回避しようとしたという点が挙げられる。すなわち，統一電子取引法や統一電子遺言法等と同様，統一電子エステイト・プランニング文書法は技術的に中立的な用語を使用しており，文書セキュリティや電子署名プロトコルの次世代の技術の進歩によって同法が時代遅れにならないように配慮がされている[37]。また，ULCは統一電子遺言法を起草するにあたり各州の電子遺言制度の調査を行っており，そこでは電子遺言の保管者に関して法定の要件を置くケース等がしばしば見られたが，例えばネバダ州では使用すべき科学技術について様々に法律で規定していたものの，ほ

---

(36) Uniform Electronic Transactions Act (with Comments), *supra* fn.15, 34-35.
(37) ULC, *Why Your State Should Adopt The Uniform Electronic Estate Planning Documents Act* (https://www.uniformlaws.org/committees/community-home/librarydocuments?communitykey=f911ff58-34ae-47a1-8928-68d5396a72b1&LibraryFolderKey=&DefaultView=).

とんど使用されていなかったことから，統一電子エステイト・プランニング文書法では，基本的に市場の力に任せるという立場を取ったとされている[38]。

Ⅲ　おわりに

　婚外子の相続分差別に関する民法900条4号ただし書旧前段を違憲とした最高裁平成25年9月4日大法廷決定が出されて以降，我が国では民法の親族法及び相続法分野における法改正が精力的に行われてきた。相続法に限ってみても，平成30(2018)年の配偶者居住権や特別の寄与制度の新設，遺留分制度の改定等（平成30年法律72号），令和3(2021)年の相続財産の管理・清算制度の整備や相続登記の申請の義務化等（令和3年法律24号）及び「相続等により取得した土地所有権の国庫への帰属に関する法律」（相続土地国庫帰属法）の新設（令和3年法律25号），令和5(2023)年の公正証書遺言制度の改正（令和5年法律53号）を挙げることができ，さらに，自筆証書遺言を含む民法の遺言制度のデジタル化の議論も進められている[39]。

　法定相続や遺言の制度を現在の社会に適合的なものにし，死者から生者への財産承継に関するルールを整えることは，財貨の帰属秩序を安定させ，それによって社会における取引関係に死者の財産を再度載せていくことを可能にかつ円滑にする。相続法はそのための法規範として重要な意味を持ち，社会に必要な法制度であるが，実社会において，死者の財産承継の方法は法定相続や遺言に限られるものではない。遺言は死者の終意処分であり，その最後の意思に基づく財産承継を実現する手段であるが，アメリカの制度にも見られるように死者の財産承継のための法的手段には様々なものがあり，終意の実現方法は遺言に限られるわけではない。また，社会におけるデジタル化の進展を受けて，その方法も多様化してきている。

　現在議論されている遺言のデジタル化を法制度として確立する上では，科学技術をどのように法律の規定に取り込むかが重要な点となるが，同時に，本人の意思による死後の財産承継という視点からは，遺言以外の方法による財産処分に関する電子的手段についても，法律による明確化が今後求められてくる可能性もある。死因贈与契約は，その性質に反しない限り遺贈に関する規定が準

---

(38)　ABA, *supra* fn.25.
(39)　「デジタル技術を活用した遺言制度の在り方に関する研究会」(https://www.shojihomu.or.jp/list/digital-igon)，法制審議会民法（遺言関係）部会(https://www.moj.go.jp/shingi1/housei02_003007_00009)。

用されるが（民法554条），遺言のデジタル化が成った場合，電子遺言と同じ方式によるかそれとも現在すでにある電子契約の方式でよいかという局所的な論点もあれば，すでに一部の金融機関で実施されている電子契約による「贈与契約書兼資産承継契約書」のように[40]，遺言の代替としての新たな商品が今後登場してきた場合，相続法はそれにどのように関わっていくかという課題もある。また，本稿で見たように，アメリカでは統一法によって継続的代理権による本人の財産管理の委任や医療に関する事前指示書等もエステイト・プランニング文書として電子文書による作成が可能とされており，デジタル化が及ぶのは相続分野に限られない[41]。

　我が国では，相続は従来，家族間における被相続人の財産承継としての法定相続制度が中心的な役割を果たしてきたと言える。その一方で，社会のデジタル化を契機に，被相続人の意思に基づく死後の財産承継方法について新たな動きが起こりうることも視野に入れながら，相続法さらには民法の果たすべき役割を検討していくことが求められよう。

　　潮見佳男先生には，大学院在学中から長きにわたり多くの助言や支援をいただきました。ご冥福をお祈り申し上げますとともに，心より厚くお礼を申し上げます。

---

[40]　PRESTIA SMBC 信託銀行「スマート相続口座」（https://www.smbctb.co.jp/service/sozoku/smart/）。
[41]　日本においても，任意後見契約については令和5年法律53号による公正証書作成手続のデジタル化により，電子化が及んでいる。

第2章
相続人

22 法定相続における「配偶者」の解釈

中 込 一 洋

　Ⅰ　問題の所在
　Ⅱ　明治民法における配偶者相続権
　Ⅲ　現行民法における配偶者別格の原則
　Ⅳ　内縁と外縁（事実上の離婚）
　Ⅴ　結　語

Ⅰ　問題の所在

　相続には，法律の規定に基づく方法（法定相続）と，被相続人の意思表示に基づく方法（遺言相続）がある。法定相続人となる「配偶者」は法律婚によるものに限るという解釈（以下，法律婚尊重説という）が一般的であり，「内縁配偶者，事実婚やパートナーシップの当事者には，相続権が認められない」[1]と説明されている。

　配偶者とは「夫婦の一方から見た他方」[2]，夫婦とは「夫と妻。……適法の婚姻をした男女の身分」[3]である。人は孤立を嫌うものであり，一定の団体に属することによって生活を安定させてきた。その団体を構成する方法として，婚姻して配偶者となること（合意），子として生まれること（血縁）がある。

　配偶者を法定相続人とすることについては，「社会的には，相続財産のうち先祖伝来の財産が占める割合が減ったことが重要である。個人が一代で形成した財産であれば，それをどう処分するにせよ，それは本人の自由であろう。その場合，配偶者に財産を残したいと考える人が多いとすれば，配偶者相続権はデフォルト・ルールとしての意味を持つ。これを基準に，もっとたくさんの，あるいは，もっと少ない財産を残したいのであれば，遺言をすればよい」[4]と

---

(1)　潮見佳男『詳解相続法〔第2版〕』（弘文堂，2018年）38頁。
(2)　新村出編『広辞苑〔第7版〕』（岩波書店，2018年）2309頁。
(3)　前掲注(2)広辞苑2526頁。
(4)　大村敦志『広がる民法1 入門編 法の扉を開く』（有斐閣，2017年）124頁。

いう指摘がある。実務では，内縁の配偶者に財産を取得させるために遺言を活用することも行われている。しかし，遺言を活用するだけで内縁の保護は十分なのか，「配偶者に財産を残したいと考える人が多い」という指摘は内縁にも当てはまるのではないか，という疑問がある。

本稿では，法定相続（配偶者相続権）が認められる実質的理由を意識しつつ，民法改正により「配偶者」の位置づけが変遷してきた経緯を踏まえて，法律婚尊重説の妥当性する範囲について検討する。

Ⅱ 明治民法における配偶者相続権

1 戸主を家族に含まない「家」制度

(1) 明治民法における戸主

昭和22年法律222号による改正前の民法（明治民法）の法定相続とは，「一定の親族的身分関係にある者の間において，一方が死亡又は戸主権を喪失した場合に，他の者が法律上の地位を承継すること」[5]である。

戸主とは「家」の中心人物であり，「家族に対して一定の権利義務を有する存在」[6]であった。戸主と家族は，「家」という1つの団体を構成していた。

ここにいう「家」は，有形の建物ではなく「籍」のことであり，「戸主の支配権で統率された，戸主と家族との共同体」[7]である。この特別の意味であることを示すために「現在では，鍵括弧を付した『家』と表記するのが通例」[8]である。明治民法では，「戸主権によって統轄される『家』という一団をもって親族共同生活の単位となし，夫婦の関係も，親子の関係も，すべてこの『家』の制度によって制約される……。具体的な例を挙げれば……子が戸主たる親を相続する場合には，長男1人の家督相続となり，その弟姉妹は何物をも相続しえない」[9]とされ，②「後継ぎがいなくては困りますので……他の女との間で子を作って『家』の中へ入れることが，かなり認められて」[10]いた。

明治民法が適用されていた当時，「家」は，「企業の主体であり，子を産み，子を育てる場であり，子弟を教育する場であり，そして老後に扶養を受ける場

---

[5] 大里知彦『旧法親族・相続・戸籍の基礎知識』（テイハン，1995年）435頁。
[6] 中込一洋『数次相続・代襲相続をめぐる実務——相続人・相続分の確定』（新日本法規，2022年）40頁。
[7] 前掲注(2)広辞苑131頁。
[8] 中込・前掲注(6)41頁。
[9] 我妻榮『法学概論』（有斐閣，1974年，オンデマンド版2001年）309-310頁。
[10] 星野英一『民法論集第6巻』（有斐閣，1986年，オンデマンド版2005年）348頁。

でもあった。法律的に家長（戸主）に統率される大きな家族団体として規律されたのも，こうした社会的機能を営んだから」[11]である。明治民法4編が婚姻（3章）と親子（4章）に先立って戸主及び家族（2章）について規定したのは，「家」制度を重視していたことによる。

戸主の死亡・隠居等による相続は，家督相続であった。

(2) 明治民法における家族

明治民法において，家族とは「家を構成する者で戸主でない者」[12]であり，「戸主ノ親族ニシテ其家ニ在ル者及ヒ其配偶者」（明民732条）と定義されていた。

家族の死亡による相続は，遺産相続であった。

2 家督相続における配偶者の順位

(1) 「戸主」の身分と家産の承継

家督相続には，「戸主」という身分を承継するという側面があった。このことは，①「かつては，相続とは財産の承継だけでなく，人格の承継であり，また，祭祀の承継であると理解されていた」[13]，②「戸主を中心とする『家』制度的な考え方からすれば……中心人物である家長が死亡すると，家長の身分を継承する者を定めることが要請される」[14]と説明されている。

家督相続には，「家」の財産（家産）を承継するという側面もあった。このことは，①「身分相続の効果として，家産の管理権も新しい戸主に移転することになる」[15]，②「相続は『家』の存続のためにあると考えられていた。家の財産が戸主から戸主に継承されるというわけである」[16]，③「先祖伝来の田畑は，通常は，取引によって処分されることはなく，相続によって父から子（主として長男）へと承継されたのである。それゆえ，『家』の財産（『家産』）の承継に関するルールである相続法は，極めて重要な意味を持っていた」[17]と説明されている。

親族法によって構成された「家」が家督相続の対象であったため，明治民法

---

(11) 大村・前掲注(4)336頁。
(12) 大里・前掲注(5)81頁。
(13) 大村敦志『新基本民法 8 相続編 遺産管理の法』（有斐閣，2017年）19頁。
(14) 大里・前掲注(5)435-436頁。
(15) 大里・前掲注(5)436頁。
(16) 大村敦志『家族と法 比較家族法への招待』（左右社，2014年）160頁。
(17) 大村敦志『生活民法入門 暮らしを支える法』（東京大学出版会，2003年）25頁。

の「親族編第2章『戸主及ヒ家族』と相続編第1章『家督相続』とは不即不離の関係」[18]にあった。

(2) 単 独 相 続

明治民法の家督相続は,「戸主」の地位を承継するものであり,必ず1人が相続するもの（単独相続）とされた。これは,「家族団体を統率する支配権として1人相続を必要とする……戸主権の存在することは,家族団体の生産的活動を維持するために,欠くべからざること」[19]という理由による。

(3) 第1順位は「家族タル直系卑属」

明治民法970条1項は,「被相続人ノ家族タル直系卑属ハ……家督相続人ト為ル」と規定していた。これは,「第1順位の家督相続人としての被相続人の家族たる直系卑属の相続順位を定めた原則規定」[20]である。

家督相続においては,遺産相続と異なり,直系卑属というだけでは不十分で「家族タル」ことが要件とされた。これは,戸主という「家」の中心人物の身分を承継するという側面があるためである。

明治民法970条1項は,被相続人の「家族タル直系卑属」が数人あるときに家督相続人を決める基準として,①「親等ノ異ナリタル者ノ間ニ在リテハ其近キ者ヲ先ニス」,②「親等ノ同シキ者ノ間ニ在テハ男ヲ先ニス」,③「親等ノ同シキ男又ハ女ノ間ニ在リテハ嫡出子ヲ先ニス」,④「親等ノ同シキ者ノ間ニ在リテハ女ト雖モ嫡出子及ヒ庶子ヲ先ニス」,⑤「前4号ニ掲ケタル事項ニ付相同シキ者ノ間ニ在リテハ年長者ヲ先ニス」を列挙していた。これは,「家ニ数人ノ直系卑属アルコト最モ多キカ故ニ」[21],その数人のなかから家督相続人となる1人を決めるために順位が必要とされたことによる。

基準①（親等の近い者を優先）は,子は孫より先に相続し,孫は曾孫より先に相続するという意味であり,「古来各国ノ法律大抵認ムル所……我邦ノ慣習ニ於テモ同シキ所」[22]と説明されている。ただし,代襲相続（明民974条）は認められていた。

基準②（男を優先）は,慣習によるものであり,男が庶子（非嫡出子）であ

---

[18] 大村敦志『民法読解親族編』（有斐閣, 2015年）375頁。
[19] 我妻榮『民法研究Ⅶ親族・相続』（有斐閣1969年, 復刻1985年, オンデマンド版2001年）3-4頁。
[20] 小石壽夫『法定推定家督相続人の順位』（河出書房, 1940年）3頁。
[21] 梅謙次郎『民法要義巻之五相続編』（有斐閣, 1913年, 復刻1984年, オンデマンド版2001年）27頁。
[22] 梅・前掲注(21)28頁。

る場合でも優先される。このことは，①「条約改正を睨んで，対外的な観点から一夫一婦制が採用されたのであって，事実上の妾を黙認した」[23]，②「妾をおくことがとがめられなかっただけでなく，妾腹の男子（庶男子）は本妻の女子（嫡出女子）に優先して家督を相続した」[24] と説明されている。

基準③（嫡出子を優先）は，直系卑属のうち親等の最も近い者が複数いて，それらのすべてが男だけ（又は女だけ）であったときは嫡出子が非嫡出子（庶子・私生子）に優先するという意味である。これは，「家に入る者が法的な意味での『子』であるという考え方……によれば，妻の産んだ子は当然に『子』となる。それが正しい意味での『子』＝『嫡出子』である」[25] という考え方に基づいている。

基準④（庶子を優先）は，被相続人が女戸主であった場合にのみ適用された。その理由は「母ノミ認知シタル私生子」[26] は単なる私生子である（庶子ではない）という点にある。戸主（男）にとって実子は①嫡出子と②庶子の２種のみである（父が認知すると庶子になるため，私生子がない）のと異なり，女戸主にとっては①嫡出子と②庶子（夫が認知した子）と③私生子の３種があったため，嫡出子・庶子を私生子より優先する規定が女戸主について必要とされたのである。

基準⑤（年長者を優先）は，日本でも西洋でも「長子相続ノ慣習」[27] が久しく行われているためである。順位①から順位④までの事項について同じ者の間にあって年長者を先にすることは「長子相続主義の宣言」[28] といえる。

(4) 家督相続人を指定できるとき

明治民法 979 条 1 項は，「法定ノ推定家督相続人ナキトキハ被相続人ハ家督相続人ヲ指定スルコトヲ得此指定ハ法定ノ推定家督相続人アルニ至リタルトキハ其効力ヲ失フ」と規定していた。家督相続人を指定できるのは，法定家督相続人がいない場合である。そして，相続人を指定した当時は法定の推定家督相続人がいなかったとしても，その後に法定の推定家督相続人あるに至ったとき，すなわち，被相続人が子をもうけた場合には，指定はその効力を失った。その

---

(23) 村上一博『日本近代家族法史論』（法律文化社，2020 年）68 頁。
(24) 我妻・前掲注(9)320 頁。
(25) 大村・前掲注(18)308〜309 頁。
(26) 梅・前掲注(21)29-30 頁。
(27) 梅・前掲注(21)32 頁。
(28) 小石・前掲注(20)23-24 頁。

理由は，推定家督相続人あるときは「其権利ヲ奪フコトヲ得ス」[29]と説明されている。

(5) 家督相続人の選定対象となる「配偶者」

明治民法982条は，「法定又ハ指定ノ家督相続人ナキ場合ニ於テ其家ニ被相続人ノ父アルトキハ父，父アラサルトキ又ハ父カ其意思ヲ表示スルコト能ハサルトキハ母，父母共ニアラサルトキ又ハ父カ其意思ヲ表示スルコト能ハサルトキハ親族会ハ左ノ順序ニ従ヒ家族中ヨリ家督相続人ヲ選定ス」として，①「配偶者但家女ナルトキ」，②「兄弟」，③「姉妹」，④「1号ニ該当セザル配偶者」，⑤「兄弟姉妹ノ直系卑属」を列挙していた。これは「第1種ノ選定家督相続人」[30]であり，法定又は指定の家督相続人がいない場合と，指定家督相続人が放棄をした場合に関するものであった。

第1種選定家督相続人について選定権を有するのは父・母または親族会であり，選定されるのは，①家女である配偶者，②兄弟，③姉妹，④家女でない配偶者，⑤兄弟姉妹の直系卑属であった。これらの者は，「第1種の法定家督相続人である被相続人の直系卑属に次いで，被相続人と関係の深い者」[31]であることによる。

したがって，妻が「配偶者」として家督相続する場面は，「家族タル直系卑属」がないうえ，指定された家督相続人もいないため，上記規定により選定されたときに限られていた。

(6) 家産的相続観

家督相続は，家産的相続観に基づいていた。

家産的相続観とは，①「家産は家の承継者に承継されるべきであるという考え方」[32]，②「被相続人の財産はこの者の属する家族共同体に由来するものであり（『家産』という視点），家族共同体の中で蓄積され，承継されるべきであるとの考え方」[33]である。先祖から承継した家産は，先祖→祖父→父→長男→孫→子孫というように世代から世代へと承継されていくことが期待された。子を含む直系卑属を優先することは，明治民法から一貫して認められてきた。

家産的相続観によれば，子等の直系卑属を優先することが素直であり，配偶者相続権を認める合理性は乏しい。このことは，「家族Aの財産（家産）は世

---

(29) 梅・前掲注(21)62頁。
(30) 梅・前掲注(21)67頁。
(31) 大里・前掲注(5)472頁。
(32) 大村・前掲注(17)221頁。
(33) 潮見・前掲注(1)5頁。

代から世代へと承継されていく。『先祖伝来の田畑』がその典型例である。家族Aの男子と家族Bの女子が結婚して子が生まれた場合，この子はA，B双方の家族の財産を引き継ぎ，さらに自分の子孫に伝えていく。配偶者相続権は突き詰めて考えると，このような相続秩序と両立しない（少なくとも，両立しにくい）」[34]と説明されている。

家督相続における配偶者の順位が低いことは，家産的相続観からの素直な帰結といえよう。

3 遺産相続における配偶者の順位

(1) 家族の財産の承継

遺産相続は，現行民法の相続と同様，被相続人の残した財産を承継するものであった。このことは，①「遺産相続とは，戸主以外の者の相続のことであり……，一般にはその遺産は小額にとどまり，重要性が低かった」[35]，②「被相続人が家族である場合には，もっぱらその者の財産が相続されるが，これは共同（分割）相続による遺産相続の形態がとられた」[36]と説明されている。

(2) 共同相続の容認

遺産相続については，家督相続と異なり，共同相続となることも認められていた。そのため，各自の相続分を定める必要があり，遺産相続の効力は「家督相続ノ効力ヨリモ複雑」[37]と説明されている。

共同相続が認められた理由は，①遺産相続は財産のみの相続であるから可分であって「1人ノ相続人ニ其遺産ノ全部ヲ与ヘ他ノ者ニ1銭ヲモ与ヘサルノ理」[38]がないこと，及び，②「子ヲ愛スルノ情ハ長幼，男女等ニ依リテ異ナルコトナク」[39]，すべての子を相続人とするべきであることにあった。

(3) 第1順位は「直系卑属」

明治民法994条は，「被相続人ノ直系卑属ハ左ノ規定ニ従ヒ遺産相続人ト為ル」として，①「親等ノ異ナリタル者ノ間ニ在リテハ其近キ者ヲ先ニス」，②「親等ノ同シキ者ハ同順位ニ於テ遺産相続人ト為ル」を列挙していた。これは，①遺産相続において最も優先されるのは「直系卑属」であること，②直系卑属

---

(34) 大村・前掲注(4)123頁。
(35) 大村・前掲注(13)22頁。
(36) 大里・前掲注(5)438頁。
(37) 梅・前掲注(21)109頁。
(38) 梅・前掲注(21)95頁。
(39) 梅・前掲注(21)96頁。

として子と孫がいたときは，子だけが遺産相続人となる（孫は遺産相続人とならない）こと，③複数の子はいずれも同順位において遺産相続人となる（共同相続である）ことを意味した。

直系卑属が最も優先される理由は，被相続人の「意思ヲ推測」[40]すると，直系卑属は最も愛すべき者であり「財産ヲ相続スルニ付キ自然ノ順位ニアル者」[41]であることによる。子を孫より優先することは，「父ヨリ子，子ヨリ孫ニ財産ヲ伝フルハ当然ノ順序」[42]と説明されている。

(4) 第2順位は「配偶者」

遺産相続において直系卑属（及びその代襲相続人）がないときは，①配偶者，②直系尊属（親等の遠い者よりも近い者が優先，親等が等しい者の間では均分），③戸主，という順序によった（明民996条）。兄弟姉妹が相続人とならないことは，「近親者が相続するのでない限り，家族の財産は家の財産に吸収してしまえばよいということだろう」[43]と説明されている。

直系卑属（及びその代襲相続人）がいないときに，配偶者が遺産相続人となる理由は，「夫婦ハ互ニ扶養ヲ為ス義務ヲ負フ」（明民790条）ところ「愛情ニ於テモ亦夫婦間ノ義務ヨリスルモ……当ヲ得タルモノ」[44]と説明されている。

遺産相続において「配偶者」は直系尊属に優先しており，配偶者がいるときには，直系尊属は相続しなかった。このことは，直系尊属が相続するのは「自然ニ逆行スルモノ」[45]であるため，直系卑属・配偶者という自然の愛情あるべき者が皆いないとき又はこれらの者が相続しないときにのみ相続権を認めることが適当であると説明された。

(5) 生活保障的相続観

遺産相続は，生活保障的相続観に基づいていた。

生活保障的相続観とは，①「相続は，夫の死亡によって後に残される無収入の妻と子の生活を保障するためのものであるという考え方」[46]，②「人がみずからの属する家族共同体に依存して生活を営んでいる点に着目し，被相続人の財産に依拠して生活をしてきた者の将来の生活を保障するために，財産を分配

---

(40) 梅・前掲注(21)98頁。
(41) 梅・前掲注(21)100頁。
(42) 梅・前掲注(21)98頁。
(43) 大村・前掲注(18)380頁。
(44) 梅・前掲注(21)100頁。
(45) 梅・前掲注(21)101頁。
(46) 大村・前掲注(16)160頁。

し，承継させるものとして相続制度を捉える考え方（遺族の生活保障）……生存配偶者に遺産を承継させることによって，（未成熟子をも含む）生存配偶者の生活を保障するとの考え方（生存配偶者〔および未成熟子〕の生活保障）」[47]である。

生活保障的相続観が配偶者の法定相続の理由となることは，①「家督相続以外の相続（かつての遺産相続）は，相続人の生活保障を目的とするとされていたので……経緯からすると，配偶者相続権も生活保障の観点から基礎づけうる」[48]，②「平均寿命が短く，かつ，働く妻が少ない時代には，多くの人々の納得が得られる考え方であった」[49]，③「生活保障的相続観はとりわけ高齢の配偶者によくあてはまる」[50]と説明されている。

遺産相続における配偶者の順位は，直系卑属（及びその代襲相続人）よりは低いものの，直系尊属よりは優先されている。これは，生活保障的相続観から説明することができよう。

III 現行民法における配偶者別格の原則

1 日本国憲法制定に伴う民法改正

(1) 個人の尊重・両性の本質的平等

日本国憲法は，昭和21年11月3日に公布され，昭和22年5月3日に施行された。日本国憲法24条は，1項で「婚姻は，両性の合意のみに基いて成立し，夫婦が同等の権利を有することを基本として，相互の協力により，維持されなければならない」，2項で「配偶者の選択，財産権，相続，住居の選定，離婚並びに婚姻及び家族に関するその他の事項に関しては，法律は，個人の尊厳と両性の本質的平等に立脚して，制定されなければならない」と規定している。これは，個人の尊重（憲法13条）と両性の本質的平等（憲法14条）という理念を受けたものであり，「共同生活をする親族的団体（ファミリー）の中の人びと，夫婦や親子その他の血族・姻族の相互の間の身分関係を規律する法律もまた，民主主義の根本原理である個人の尊厳と両性の本質的平等の原則に従って定められなければならないことを宣言したもの」[51]である。最大判昭和36・9・6民集15巻8号2047頁は，憲法24条について「継続的な夫婦関係を全体とし

---

(47) 潮見・前掲注(1)5頁。
(48) 大村敦志『新基本民法7 家族編 女性と子どもの法』（有斐閣，2014年）52頁。
(49) 大村・前掲注(16)160頁。
(50) 大村・前掲注(17)221頁。
(51) 我妻・前掲注(9)309頁。

て観察した上で，婚姻関係における夫と妻とが実質上同等の権利を享有することを期待した趣旨の規定」と判示した。

(2) 家督相続の廃止・配偶者保護の強化

民法改正に時間を要したため，日本国憲法の施行に伴う民法の応急的措置に関する法律（昭和22年法律第73号）によって，家督相続は廃止されて（7条1項），すべての相続に従来の遺産相続に関する規律が適用されることになり（7条2項），相続人・相続分に関する規律が変更された（8条）。

現行民法は，上記応急措置期間中に可決された昭和22年法律222号により第4編（親族）・第5編（相続）を全面改正したものであり，昭和23年1月1日に施行された。現行民法第4編第2章（婚姻）・第3章（親子）は，婚姻によって新しい家族が構成されることを含意している。そこで想定されているのは，夫婦と未成年の子からなる家族，すなわち，「『核家族』（nuclear family）」[52]である。

現行民法は，「夫婦の平等を実現しただけではない。そこではさらに，妻の地位の向上がはかられた。制度上は，生存配偶者に第1順位の相続権が認められるとともに（……現890条），離婚に際して一方配偶者から他方配偶者に対する財産分与請求権が認められたのであり（現768条），『妻』のみが権利を得たわけではないが，実質的に見れば，これらの規定は妻の保護のためのもの」[53]と説明されている。

2 配偶者別格の原則と法定相続分

(1) 遺産相続との比較

明治民法の遺産相続は，「家族」について共同相続を認めていた。これは，現行民法の法定相続の基礎とされたものである。

現行民法との関係について，①「家督相続が廃止されたので，残る遺産相続のルールがすべての相続をカバーすることとなった。……マイナーモードの相続が原則とされることになったわけである。……このルールに3つの修正を加える，すなわち，配偶者は必ず相続人となることとし，兄弟姉妹を相続人に加え，戸主の相続権を否定すれば，現行法のルールが現れることになる」[54]，②「遺産相続のルールが一般化された結果として……子どもの均分相続と配偶者

---

(52) 大村敦志『家族法〔第3版〕』（有斐閣，2010年）10頁。
(53) 大村敦志『生活民法研究Ⅱ 消費者・家族と法』（東京大学出版会，1999年）177頁。
(54) 大村・前掲注(13)22頁。

の相続権が定められた。おそらくこれは，遺産相続が生活保障のために用いられていたことによるものだろう」[55]と説明されている。

(2) 配偶者別格の原則

現行民法の法定相続は，「個人に帰属していた財産が，その死亡を原因として，配偶者・子・親など死者と一定の家族的な関係にあった個人に対して，法律の規定に従って包括的に承継されること」[56]と定義することができる。

現行民法890条は，「被相続人の配偶者は，常に相続人となる。この場合において，887条又は前条の規定により相続人となるべき者〔筆者注：血族相続人〕があるときは，その者と同順位とする」と規定している。ここで「常に」と規定されていることを，配偶者別格の原則という。

(3) 配偶者の法定相続分

法定相続分とは，「相続人が複数存在する場合，すなわち共同相続の場合に，相続財産全体に対して各共同相続人が有する権利・義務の分数的割合」[57]である。同順位の相続人があるときの配偶者の法定相続分は，①子が相続人であるときは2分の1（現民900条1号），②直系尊属が相続人であるときは3分の2（同条2号），③兄弟姉妹が相続人であるときは4分の3（同条3号）である。

昭和55年法律51号による改正前の現行民法は，配偶者の法定相続分を，①子と相続するときは3分の1（昭和55年改正前現民900条1号），②直系尊属と相続するときは2分の1（同条2号），③兄弟姉妹と相続するときは3分の2（同条3号）と規定していた。例えば，相続人が配偶者と嫡出子2人であるとき，昭和55年改正前は，配偶者も嫡出子も各3分の1であった。これは，現在の規律との重要な違いである。昭和55年改正の検討過程では，夫婦財産共有制をとることも検討されたが，「困難であることから，方針転換がなされ，配偶者相続分の割合を増やすという理論的には説明の難しい（実践的には配偶者の厚遇を意味する）対応策が採用されることで決着」[58]した。その理由として，①「別産制は簡明という長所がある。妻が共働きをし自立するようになっていけば，別産制が実質的にも妥当ということになり，共有制は過渡的なものになりそうである」，②「共有制にするといっても，夫婦の共同生活中には，特別の違いはなく，共同生活を解消する離婚と相続の場合に法的な意味をもつことに

---

(55) 大村・前掲注(13)23頁。
(56) 中込一洋・遠山聡・原尚美『相続・贈与と生命保険をめぐるトラブル予防・対応の手引』（新日本法規出版，2019年）3頁〔中込一洋〕。
(57) 潮見佳男編著『新注釈民法(19) 相続(1)』（有斐閣，2019年）226頁〔本山敦〕。
(58) 大村・前掲注(13)63頁。

なるであろう。しかし，現行の別産制の下でも，離婚の場合には財産分与，相続の場合には配偶者相続権によって，妻の保護がはかられているから，実際にはその金額が十分かどうかの問題になるであろう。そうだとすれば，配偶者相続権の引上げによって，妻の内助の功など夫婦共有財産制の主張となって現れた実質上の問題は，かなりの程度まで解決することができるはずである」等と指摘された[59]。

子の数や婚姻年数等に応じて配偶者の相続分を調節して段階的に割合を変える方法を採用しなかった理由は，「細かく規定をすればするほど，かえって実情に合わない不都合な結果を生じる場合もふえていくことになるし，相続法が簡明であるという要請にも反することになる。さらに，妻の相続分は，妻の労働ないし内助の功に報いるというだけではなく，夫婦の一体性・共同性に由来するものでもあるから，婚姻期間で区別することは理念的にも問題がある」[60]と説明された。

3 配偶者相続権の理由

現行民法の基礎となった遺産相続は，生活保障的相続観に基づいていたのであり，これも現行民法において配偶者相続権を認める理由である。これに加えて，現行民法では，清算的相続観もあると指摘されている。

清算的相続観とは，①「離婚に際しては財産分与を通じて行われる清算が，死別の場合には配偶者相続分によって行われる」[61]という考え方，②「被相続人の財産形成は家族の協力なしには成しえなかったであろうから，相続財産の中には家族の持分が潜在的に含まれているのであり，これが被相続人の死亡により顕在化するものとみる考え方（家族構成員の潜在的持分の清算）……夫婦が協力して築き上げてきた財産について，これを夫婦間で清算・分配するために，死亡配偶者の遺産を生存配偶者に承継させるとの考え方（実質的夫婦共同財産の清算。さらに，夫婦の法定財産制度を扱う規律の中に配偶者の一方が死亡した際の夫婦財産の分配についての規律が用意されていない点を補うという意味もある）」[62]である。これが配偶者相続権の理由となることは，①「法的には，配偶者相続権には夫婦の財産関係を清算する機能があることを指摘しておく必要

---

(59) 加藤一郎「相続法の改正（上）」ジュリスト721号（1980年）73頁。
(60) 加藤・前掲注(59)74頁。
(61) 大村・前掲注(17)222頁。
(62) 潮見・前掲注(1)5頁。

がある。相続権というと，無償で財産を引き継ぐように見えるが，たとえば夫が死亡した場合，夫名義の財産の中には妻の貢献によって形成されたものもあるだろう。相続によって，妻はこれを取り戻すわけである」[63]，②「日本法に関する限り，配偶者相続分にはこの清算的相続観が比較的よくあてはまる。相続によるほか清算の方法がないからである」[64]と説明されている。

配偶者の法定相続分は少なくとも 2 分の 1 以上であり，血族相続人よりも強く保護されている。このように「配偶者の相続分が大きいのはなぜか，と言えば，相続以前に財産関係を清算せずに，相続で一括して処理してしまおうという考え方がとられているから」[65]と説明されている。

配偶者の法定相続分は，婚姻期間の長短等の具体的事情と無関係に規定されているため，財産関係の清算という評価の妥当性は事案によって異なる。例えば，「被相続人が婚姻前から財産を持っており，かつ，婚姻の直後に死亡した場合には，配偶者相続権は清算の意味を全く持たない。この場合に，大きな割合の遺産が配偶者相続人に帰属する理由を説明するのはかなり難しい」[66]とする見解がある。これについて，筆者は，かつて「法定相続分は，第三者にも影響するため明確かつ画一的な判断が優先されている」[67]と指摘したことがある。これは法定相続においては，明確かつ画一的な判断をする必要性が高いという理解に基づいていた。

筆者は，配偶者居住権（現民 1028 条）の「配偶者」に関する法律婚尊重説の理由についても，「法定相続は，被相続人の権利義務を相続人が包括的に承継することを内容とするものであり，被相続人の債権者や債務者等に対する関係でも権利義務の承継を明確にする必要があるため，その対象は画一的に判断することができる必要があるからである。法律上の婚姻は届出によって効力が生じるから（民法 739 条 1 項），その関係は戸籍等によって確認できるのに対して，内縁配偶者や同姓パートナーに該当するか否かは諸要素を総合的に考慮して判断するほかない」[68]と指摘していた。

筆者は，内縁の配偶者が特別の寄与（現民 1050 条）をした場合についての検討では，「内縁関係を準婚関係と把握し，これにできるかぎり法律上の婚姻に

---

(63) 大村・前掲注(4)124 頁。
(64) 大村・前掲注(17)221-222 頁。
(65) 大村・前掲注(13)66 頁。
(66) 大村・前掲注(16)167 頁。
(67) 中込・前掲注(6)34 頁。
(68) 中込一洋『実務解説改正相続法』（弘文堂，2019 年）62 頁。

準ずる法的効果を与えようする近時の判例・学説の傾向からいえば，内縁寡婦にも，事情によっては，内縁の夫の遺産について相続権を認めてよさそうにみえる」[69]とする指摘や，立法論として内縁配偶者に相続権を認める可能性を示唆する見解[70]を参考にしつつ，「今後の議論によっては解釈が変わる可能性もあると思われる」[71]と指摘したこともあった。

本稿は，法定相続における「配偶者」をあらためて検討することによって，自らの上記各指摘を問い直すことを試みている。

Ⅳ　内縁と外縁（事実上の離婚）

1　内縁の保護

(1)　内 縁 と は

内縁とは，①「事実上夫婦としての生活をしながら，所定の届出を欠くため，法律上の婚姻に至らない男女の関係」[72]，②「婚姻の要件……のうち届出を欠くが，婚姻と同様の実態を有するカップル」[73]である。これは，法律上の婚姻ではないが，事実上の配偶者（夫婦）として当事者が同居している場合である。内縁として保護されるためには，「当事者間に社会観念上夫婦共同生活と認められるような共同生活の事実が存在しなければならない。その内容は，法律上の婚姻の場合と差はない」[74]とされる。

最判昭和33・4・11民集12巻5号789頁は，①「いわゆる内縁は，婚姻の届出を欠くがゆえに，法律上の婚姻ということはできないが，男女が相協力して夫婦としての生活を営む結合であるという点においては，婚姻関係と異るものではなく，これを婚姻に準ずる関係というを妨げない」，②「民法760条〔筆者注：婚姻費用の分担〕の規定は，内縁に準用される」と判示した。

内縁は，当事者が婚姻届（現民739条）を提出しない場合であるが，法律上の婚姻との異同については婚姻障害がないという要件との関係も問題になる。婚姻障害と内縁保護の関係において最も難しいのは，重婚的内縁，すなわち，

---

(69) 中川善之助・泉久雄編『新版注釈民法(26)』（有斐閣，1992年）277頁〔中川義延〕。
(70) 鈴木禄弥『相続法講義〔改訂版〕』（創文社，1996年）7頁。
(71) 東京弁護士会編『ケースでわかる改正相続法』（弘文堂，2019年）332頁〔中込一洋〕。
(72) 前掲注(2)広辞苑2146頁。
(73) 大村敦志『広がる民法5 学説解読編 公論の空間を発見する』（有斐閣，2020年）109頁。
(74) 我妻榮『親族法』（有斐閣，1961年，オンデマンド版2001年）198頁。

「法律上の婚姻をしている者が配偶者と事実上別居して，他の者と事実上同棲している場合」[75]である。

名古屋地判平成23・2・25判時2118号66頁は，「Yは，亡Aの内縁の妻として保護されるが，その関係が重婚的内縁関係にあることに鑑み，その権利の性質に応じ，競合する法律婚の配偶者の権利を不当に侵害し，一夫一婦制の趣旨が没却されることがない限度で保護されるにとどまる」と判示した。

筆者は，重婚的内縁の保護については，共同生活の実体があるとして法的に保護されるべき関係は各自について1組に限るという基準によることが良いと考えている。これは，①「夫婦の共同生活とは性生活のことにほかならない」[76]とすれば複数の共同生活に法的保護を与えることは不当であり，②身分的集団が「共同目的のために全人格的結合をしている」[77]とすれば複数の身分的集団に属することは背理だからである。重婚的内縁が保護されるのは，法律婚があるAとBの「関係が形骸化し，もはや婚姻が存在するとはいえない状況」であり，かつ，CとBの間に「婚姻と同視しうる生活関係が存在する場合」に限られる[78]。

各自について1組の共同生活のみを保護する見地からは，AとBの法律婚がある事案において，CとBの共同生活を（重婚的内縁として）保護するか否かは，法律婚が「外縁」（事実上の離婚）の要件を満たすか否かによって異なることになる。具体的には，①法律婚が外縁の要件を満たさないときは，法律婚配偶者Aの保護を優先するべきであるから，BとCの関係は「内縁」として保護されない，②法律婚が外縁の要件を満たすときは，法律婚配偶者Aの保護は劣後するべきであるから，BとCの関係は「内縁」として保護される，という論理的な対応関係を認めることが適切である。

外縁という用語は，①「法律上の婚姻であっても，事実上破綻して当事者が別居している場合（事実上の『離婚』とか『外縁』などと呼ばれる）」[79]，②「実質的には婚姻が破綻しているが戸籍上は離婚に至っていない状態を『外縁』と呼ぶこともある」[80]という指摘によっている。

---

(75) 星野英一『民法論集第7巻』（有斐閣，1989年，オンデマンド版2001年）214頁。
(76) 大村・前掲注(4)121頁。
(77) 我妻・前掲注(74)385頁。
(78) 大村・前掲注(52)280頁。
(79) 星野・前掲注(75)214頁。
(80) 大村・前掲注(73)110頁。

(2) 社会保険における内縁の保護

社会保険とは,「国等の社会保障政策の手段として行われる保険」[81]であり,国等の政策目的達成の手段として運営される。社会保険において「内縁配偶者は,『婚姻の届出をしていないが,事実上婚姻関係と同様の事情にある者』として,法律上の配偶者と同じ扱いを受ける。例えば,厚生年金保険の遺族年金,離婚時の年金分割などの権利（厚年3条2項），健康保険の各種給付（健保3条7項1号），労働者災害補償保険の遺族補償手当の受給権（労災16条の2第1項），育児介護休業の取得（育介2条4号）などである。これらの法の目的は,現実の共同生活を保護しようとするものであるから,婚姻届の有無で区別することは,立法趣旨に反する」[82]と説明されている。

最判昭和58・4・14民集37巻3号270頁は,「農林漁業団体職員共済組合法……24条1項の定める配偶者の概念は,必ずしも民法上の配偶者の概念と同一のものとみなければならないものではなく……実態に即し,現実的な観点から理解すべきであって,遺族に属する配偶者についても,組合員等との関係において,互いに協力して社会通念上夫婦としての共同生活を現実に営んでいた者をいうものと解するのが相当であり,戸籍上届出のある配偶者であっても,その婚姻関係が実体を失って形骸化し,かつ,その状態が固定化して近い将来解消される見込のないとき,すなわち,事実上の離婚状態にある場合には,もはや……遺族給付を受けるべき配偶者に該当しない」と判示した。

最判平成17・4・21集民216号597頁は,私立学校教職員共済法25条において準用する国家公務員共済組合法2条1項3号所定の遺族として遺族共済年金の支給を受けるべき「配偶者」について,法律上の配偶者であっても「婚姻関係は実体を失って修復の余地がないまでに形がい化していたもの」は当たらず,「婚姻の届出をしていないが事実上婚姻関係と同様の事情にある者」がこれに当たると判示した。

最判令和3・3・25民集75巻3号913頁は,「民法上の配偶者は,その婚姻関係が実体を失って形骸化し,かつ,その状態が固定化して近い将来解消される見込みのない場合,すなわち,事実上の離婚状態にある場合には,中小企業退職金共済法14条1項1号にいう配偶者に当たらないものというべきである。なお,このことは,民法上の配偶者のほかに事実上婚姻関係と同様の事情にあった者が存するか否かによって左右されるものではない」と判示した。

---

(81) 山下友信『保険法（上）』（有斐閣,2018年）4頁。
(82) 二宮周平編『新注釈民法（17）親族（1）』（有斐閣,2017年）101頁〔二宮周平〕。

上記各判例は，社会保険においては，「戸籍上届出のある配偶者であっても，その婚姻関係が実体を失って形骸化し，かつ，その状態が固定化して近い将来解消される見込のないとき，すなわち，事実上の離婚状態」（外縁）にあるときは「配偶者」と評価せず，互いに協力して社会通念上夫婦としての共同生活を現実に営んでいた者（内縁）を保護するものである。

(3)　死亡交通事故における扶養構成

　法律婚尊重説をとるときは，内縁の配偶者が交通事故で死亡したときに，他方配偶者は法定相続人として損害賠償請求することはできない。しかし，最判平成5・4・6民集47巻6号4505頁は，「内縁の配偶者が他方の配偶者の扶養を受けている場合において，その他方の配偶者が保有者の自動車の運行によって死亡したときは，内縁の配偶者は，自己が他方の配偶者から受けることができた将来の扶養利益の喪失を損害として，保有者に対してその損害賠償を請求することができるものというべきであるから，内縁の配偶者は，同項〔筆者注：自動車損害賠償保障法72条1項〕にいう『被害者』に当たると解するのが相当である」と判示した。これは扶養構成による保護を認めたものである。

　筆者は，扶養構成を肯定した裁判例（内縁配偶者事案6件，血族相続人の順位劣後者事案1件，相続放棄者事案1件）を分析し，扶養構成による損害賠償額が相続構成による金額よりも低くなることの実質的理由と具体的水準について検討したことがある。そのときの結論は，「法定相続には扶養以外のものが含まれるためと説明できると考えている。……配偶者が法定相続人となる理由は①生活保障的相続観・②清算的相続観であり，子等の血族相続人が法定相続人となる理由は上記①②に加えて③家産的相続観である。扶養構成による請求額は，相続のうち①生活保障的相続観によって正当化される限度において重複するのであり，②清算的相続観及び③家産的相続観によって相続が正当化される場面が含まれない」[83]というものであった。

　重婚的内縁関係にある妻の扶養請求について，東京地判昭和43・12・10判時544号3頁は，「戸籍上の妻につき，現実には夫に遺棄されて何ら生計上の協力扶助を受けていないとしても，その故に夫に対する扶養請求権を否定し去ることはできない……。従って，通常の内縁の場合のように，当該の内縁の世帯において妻が夫から受けた日常の扶養の額をそのまま基準とすることはできず，戸籍上の妻およびそれとの間の子女に対して何ほどの扶養が，なされるべ

---

(83)　中込一洋「死亡事案の損害賠償請求における扶養構成」『小賀野晶一先生退職記念論文集』法学新報129巻10・11号（中央大学法学会，2023年）237頁。

きであつたかを斟酌することが必要となる」と判示した。
(4) 内縁における財産分与と死亡事案

最決平成 12・3・10 民集 54 巻 3 号 1040 頁は，①「内縁の夫婦の一方の死亡により内縁関係が解消した場合に，法律上の夫婦の離婚に伴う財産分与に関する民法 768 条の規定を類推適用することはできないと解するのが相当である」，②「民法は，法律上の夫婦の婚姻解消時における財産関係の清算及び婚姻解消後の扶養については，離婚による解消と当事者の一方の死亡による解消とを区別し，前者の場合には財産分与の方法を用意し，後者の場合には相続により財産を承継させることでこれを処理するものとしている。このことにかんがみると，内縁の夫婦について，離別による内縁解消の場合に民法の財産分与の規定を類推適用することは，準婚的法律関係の保護に適するものとしてその合理性を承認し得るとしても，死亡による内縁解消のときに，相続の開始した遺産につき財産分与の法理による遺産清算の道を開くことは，相続による財産承継の構造の中に異質の契機を持ち込むもので，法の予定しないところである。また，死亡した内縁配偶者の扶養義務が遺産の負担となってその相続人に承継されると解する余地もない。したがって，生存内縁配偶者が死亡内縁配偶者の相続人に対して清算的要素及び扶養的要素を含む財産分与請求権を有するものと解することはできない」と判示した。

上記判例を支持する見解は，「法定相続において相続人を血族と法律婚配偶者に限定して法定し，当事者の意思による相続人の創造を否定したことの意味として，死亡（権利主体の消滅）による財貨帰属秩序の明確性・安定性の確保があること，そのために，権利主体消滅後の財産の帰属承継に関してあるべきと考える秩序を国家の法政策として採用し，法定相続制度として構築していることに鑑みれば，立法論としては格別，現行法の解釈という意味では，判例の考え方には一理がある」[84]と指摘する。

上記判例を支持しない見解は，「内縁の死亡解消によって，死亡内縁配偶者には死亡と同時に抽象的財産分与義務が発生し，その義務が相続人に相続されると解することができる。……実質論から見ても，内縁の生前解消であれば，財産分与の類推適用で一定の財産が保障されるのに，終生協力関係にあった死亡解消の場合には，適用が否定され保護がないということに不公平観が伴う」[85]と指摘する。

---

(84) 潮見・前掲注(1) 39-40 頁。
(85) 二宮・前掲注(82) 98 頁〔二宮周平〕。

3 私見（法律婚尊重説の限定）

(1) 家族の多様化

家族の在り方は，変化してきている。

日本の昔からの考え方（相互依存モデル）は，「言葉でそれほど言わなくても，何となく家族全体の心がつながっている」[86]と説明される。ここでは，「1970年代や 80 年代には，理想の夫婦というものは経済的な相互依存による関係を指していたが，それにも関わらず，2 人は日常生活のほとんどでばらばらだった」[87]と説明されていることが参考になる。

ヨーロッパ・アメリカの影響を受けた新しい考え方（親密性モデル）は，「個人で確立しているかぎり，互いの考えを言葉にするのが当たり前」[88]と説明される。家族としての一体感よりも，個人の自律を重視するものである。ここでは，「今世紀初頭での夫婦そして親密性に対する新しい発想では，夫婦が情緒的な結びつきによってより密接につながっていることこそベストな夫婦だとされるようになった」[89]と説明されていることが参考になる。

(2) 法律婚尊重説の妥当する範囲

筆者は，個人の自律と，家族としての一体感は，いずれも貴重なものであり，それぞれの当事者が調和を求めて工夫していくことが大切であると考えている。現在では，婚姻をしない（家族をつくらない）人も増えている。その背景には「家族を作りたいと望む人はそうしたらよく，作りたくない人はやめた方がよい……重要な他者として家族を選ぶかどうかは，個人の事情や希望にまかせていい」[90]という思想がある。これは，日本国憲法の基礎にある個人主義が社会にひろく浸透したことの素直な帰結といえよう。個人主義は，「個人の自由と人格的尊厳を立脚点とし，社会や集団も個人の集合と考え，それらの利益に優先させて個人の意義を認める態度」[91]と説明されている。このような傾向からすれば，法定相続における「配偶者」について婚姻届の有無によって形式的・画一的に判断することは疑問である。

法律婚は安定的に継続することを想定した法制度であるから，子を産み育て

---

(86) 河合隼雄『河合隼雄のカウンセリング教室』（創元社，2009 年）150 頁。
(87) アリソン・アレクシー〈訳：濱野健〉『離婚の文化人類学 現代日本における〈親密な〉別れ方』（みすず書房，2022 年）8 頁。
(88) 河合・前掲注(86)161 頁。
(89) アレクシー・前掲注(87)8-9 頁。
(90) 高橋惠子『絆の構造——依存と自立の心理学』（講談社現代新書，2013 年）60 頁。
(91) 前掲注(2)広辞苑 1061 頁。

ようとする人には大きな実益がある。しかし，国家による強制を及ぼすことが適切でない心理的側面においては，法律婚の実益は感じられにくい。憩いの場であること，ケアの授受や温かい人間関係等は，現実の生活状況によって左右されるほかなく，法的に家族であるか否かによっては決まらない。そうだとすると，法律婚尊重説の妥当する範囲について再検討する余地はあろう。

筆者は，法定相続人としての「配偶者」についても，社会保険等と同様に，法律婚があっても事実上の離婚（外縁）にあるときは「配偶者」と評価せず，法律婚がなくても互いに協力して社会通念上夫婦としての共同生活を現実に営んでいた者（内縁）を保護することが妥当であると考える。これは，共同生活尊重説と呼ぶことができよう。

(3) 法律婚尊重説と共同生活尊重説の比較

配偶者相続権を実質的に支える理由は，生活保障的相続観と清算的相続観であるところ，これらはいずれも生活実態によって左右される。例えば，PとQは法律婚があっても共同生活期間は数カ月にすぎず協力し合って形成した財産もないまま別居して事実上の離婚（外縁）になった後に，PとRが20年以上にわたり互いに協力して社会通念上夫婦としての共同生活を現実に営んで多額の財産をP名義で形成していた事案を想定しよう。Pに血族相続人がない場合，法律婚尊重説によるときは，P名義の財産すべてをQが法定相続人として承継することが原則となるが，このような結論が妥当であろうか。生活保障的相続観であっても清算的相続観であっても，実態に即して素直に考えるときは，破綻した法律婚配偶者Rではなく，扶養されており実質的共同財産の清算を要する内縁配偶者Rを保護するほうが自然であろう。これは，共同生活尊重説の妥当性を示している。もちろん，現実には様々な場合があり，上記のような事案だけを念頭におくことは妥当でないものの，法律婚尊重説によると不適切な結果となる事案があることは指摘できよう。

Pが全財産をRに遺贈していれば（上記事案であれば公序良俗違反ではないとされ遺言は有効となる可能性が高いため）Rは全財産を取得できるのが原則である。仮にQが遺留分侵害額請求権を行使したとしても，遺留分の割合は全財産の2分の1（現民1042条1項2号）であるから，Rは全財産の2分の1を取得できることになる。しかし，すべての人が適切に遺言書を作成しているわけではない。遺贈をしないままPが死亡する事案も少なくないことを想定し，デフォルト・ルールとしての法定相続の「配偶者」の解釈においても工夫することが必要であると考える。

共同生活尊重説によると，法定相続人としての「配偶者」の認定をめぐって紛争が生じる。しかし，その不都合は程度問題にすぎない。社会保険や交通死亡事故等において同様の問題について一定の対応がされている以上，法定相続の場面であっても，内縁・外縁の認定基準等を明確化することによって克服することは可能であろう。

V　結　語

　本稿では，法定相続人となる「配偶者」は法律婚によるものに限るという一般的な解釈（法律婚尊重説）をめぐる疑問について検討した。
　法定相続（配偶者相続権）が認められる実質的理由を意識しつつ，民法改正により「配偶者」の位置づけが変遷してきた経緯を踏まえて，法律婚があっても事実上の離婚（外縁）にあるときは「配偶者」と評価せず，法律婚がなくても互いに協力して社会通念上夫婦としての共同生活を現実に営んでいた者（内縁）を保護するという私見（共同生活尊重説）は，これまでの定説ともいえる法律婚尊重説に異を唱えるものである。
　筆者としては，ご批判・ご指導を待ちつつ，婚姻とは何か，法定相続が認められるのは何故か，という基本的な疑問を抱え，今後さらに検討していきたいと考えている。

23 相続欠格と少年保護処分

棚 村 政 行

I　はじめに
II　相続欠格制度の沿革と歴史
III　相続欠格制度の性格・本質
IV　生命侵害を理由とする相続欠格事由（民法891条1号）の学説・判例の検討
V　少年法の保護処分と相続欠格との関係
VI　外国法の動向
VII　おわりに

I　はじめに

　相続は，死亡した者（被相続人）の財産が一定の範囲の近親者である相続人に引き継がれるという制度であり，少なくとも，相続制度が家族的共同生活を基礎にその維持強化を図るという役割を否定することはできない。また，死亡した被相続人が自分の財産を近親者に残したいと考えていたであろうという，被相続人の意思の推測も，相続制度の根拠の1つと考えられる。そうであれば，これらの法定の順位に従って相続する近親者に，相続に関する著しい不正行為や相続人たるにふさわしくない非行があって，明らかに被相続人としても相続人に相続させたくない事情があるとか，著しい非行により家族的共同生活や家族としての人間関係を破壊ないし脅かしたときには，そのような相続人から相続権（相続資格）を剥奪する制度が考えられてよい。このようにして，洋の東西を問わず，一定の要件のもとに相続資格を剥奪する制度が歴史的にも設けられてきた[1]。現行の日本民法でも，相続人に相続させるにふさわしくないような著しい非行・不正行為があった場合に，その相続人の相続権を法律上当然に剥奪するという相続欠格制度（891条），被相続人の申立てや遺言により家庭裁判所での審判を通して相続権を奪う推定相続人廃除制度（892条，893条）を設

---

(1)　高橋朋子・床谷文雄・棚村政行『民法7 親族・相続〔第7版〕』（有斐閣，2023年）277-278頁〔棚村政行執筆〕。

けている。

　ところで，2020年5月16日に，高校2年生の少年（当時16歳）が父親（47歳）と2人で暮らしており，横浜市神奈川区内の自宅マンションの一室で，少年が同居する父親の頭や体を果物ナイフのようなもので多数回突き刺すなどして出血性ショックにより死亡させ殺害したとして，同年5月25日，神奈川県警により緊急逮捕され[2]，横浜家庭裁判所に送致された。横浜家庭裁判所は，同年11月，16歳の少年について，故意に父親を殺害した非行事実に関する少年事件を受理したが（少年法20条1項，2項本文），少年法20条2項ただし書により，調査の結果，犯行の動機及び態様，犯行後の情況そのほかの一切の事情を考慮して，刑事処分以外の措置が相当であると認め，審判手続において，少年院送致の保護処分を決定した。その後，少年は，死亡した被相続人名義の預貯金口座を有する金融機関を相手に，自己が相続人であることの確認，被相続人名義の預貯金の払い戻しや金融機関の供託金に対する還付金請求権を有することの確認を求めて民事訴訟を提起した。ここでの主要な争点となったのが，父親を故意に殺害した非行事実で少年院送致の保護処分を受けた者は，民法891条の「故意に被相続人又は相続について先順位若しくは同順位にある者を死亡するに至らせ，又は至らせようとしたために，刑に処せられた者」に該当するかどうかであった。参加人である少年は，民法891条1号の「刑に処せられた者」はあくまでも刑事処分を受け，裁判で有罪が確定した者と解されるので，相続欠格者に当たらないと争ったが，他方，少年から見て被相続人方の祖母（被相続人の母）は，故意の実親の殺害行為で保護処分を受けた者にも，民法891条1号が類推適用されると反論していた[3]。本件は少年と祖母との間で，父親が残した金融機関への預貯金の帰属をめぐって争われたものであるが，明治時代からある相続欠格での故意に被相続人を殺害した者は，刑事処分が有罪で確定しない限り，相続が許されることになるのか，それとも1号の相続欠格者として相続資格が剝奪されるのかが問われた興味深い事案であった。

　そこで，本稿は，相続欠格と少年保護処分と題して，まずは，相続欠格・廃除制度の沿革や歴史的変遷に触れる。次いで，相続欠格制度の性格・本質について検討し，さらには，少年保護処分事件と相続欠格制度との関係，フランス，イギリス，アメリカでの相続欠格制度の展開などを論じ，最後に，このテーマ

---

(2)　2020年5月26日付朝日新聞夕刊（東京本社）7頁，2020年5月27日付朝日新聞朝刊（東京本社）26頁。
(3)　東京地判令和4・11・15 LEX/DB 文献番号255933737。

についての結論と今後の課題等に触れて擱筆することにしたいと思う。

Ⅱ 相続欠格制度の沿革と歴史

　明治民法が採用した相続欠格制度（明治民法969条）は，ローマ法の欠格（indignitas）と密接な関係をもって発展してきた。ローマ法での欠格制度は，相続人又は受遺者が取得した相続財産又は遺贈を，その相続人又は受遺者の被相続人又は遺贈者に対する非道徳的行為のゆえに，国庫が剥奪没収するものとされた[4]。ローマ法での相続欠格者は，相続能力及び相続財産取得能力は持ちながら，同人が相続によって取得した財産は，特別審判手続きによって没収財産（ereptorium）として国庫に帰属した。このような没収手続で或る者が相続欠格者であるか否かは個別的に決定された[5]。他方，相続人廃除（exheredatio）も，ローマ法において，家父がその家族財産を維持するうえで必要と認めた場合に，相続人たる家子から，遺言の中で，公式例文に従い，全財産を剥奪する制度として生成した。このような家父の家子に対する廃除は，民事責任と刑事責任が未分化の時代に，一種の刑罰として作用し，542年のユスティアヌス帝の新勅法（Novellae）第115号が，今日の相続人廃除制度の源流とも言われている[6]。

　これに対して，ゲルマン法でも，「血塗られた手は遺産を取得できない（die blutige Hand nimmt kein Erbe）」という法格言に示されるように，他人を死に至らしめるほどの暴力で他人から財物を収奪した者は，たとえ，その物につき権利を有していても，相続権を喪失するし，正当防衛や善意の場合を除き，自己の父・兄弟・親族その他相続につき期待権を有する者を殺害した場合も，その相続権を失うとされていた。バイエルン法典においては，自由人は相続財産を保障されていたが，重大な犯罪を犯したときは世襲財産を含む全財産を国庫に没収され，また法律に違反して父に謀反を企てた大公の子息は法律上当然に遺産より排斥された。前者は相続開始後の相続権の否定であり刑罰を意味し，後者でも欠格の本質は非行に向けられた刑事的制裁と解された[7]。フランス古法において，相続欠格は裁判所の判決を経た一種の「暗黙の廃除」にすぎないと解されていた。死者の意思を補充するものと捉えられていたため，被相続人

---

(4)　原田慶吉『日本民法典の史的素描』（創文社，1954年）203頁参照。
(5)　船田享二『ローマ法第四巻』（岩波書店，1971年）270-271頁参照。
(6)　川上房子「相続権に関する二三の考察」法政研究27巻1号（1960年）99頁参照。
(7)　川上・前掲注(6)109-110頁参照。

による宥恕は裁判官を拘束して欠格宣言の余地を失わせていた。宥恕は，被相続人が廃除は欲しない旨の意思表示とみなされていた。1793年3月7日の法及びこれに続く諸法により，フランスの中間法は，古法時代の廃除権（暗黙の廃除）を廃止して宥恕の余地も失くし，北部地方の伝統を重視して「失権の原理」を採用し[8]，欠格制度と廃除制度が統合され，欠格が法により直接宣告される失権であり刑罰とみられた。フランス民法が長らく欠格制度のみを有していたのは，この中間法の影響によるものであった[9]。

このようにローマ法上の相続欠格制度は，相続人が相続によって取得した財産を没収するという制度であって，非行を犯したり，相続に値しない相続人に対して，相続財産を剝奪するという刑事的制裁の色彩がきわめて濃厚であった。民事・刑事責任の未分化な時代においての公法上の刑事罰的な制裁であったものが，刑事責任・民事責任の分化が進み，ローマ法継受国の相続欠格制度は，被相続人の意思と裁判所の決定による廃除制度ともに，またこれとは別に，国家が非行を犯したり，相続人としてふさわしくない者の利得を国家が許さず相続権を剝奪するという民事制裁に変っていった。近代法における相続欠格制度は，立法的には2つに分かれる。1つは，相続欠格事由に該当する非行があれば，道徳的公益的見地から，当事者の意思と関係なく，法律上当然に相続権剝奪という効果を発生させる当然発生主義を採る立場であって，フランス，スイス，オーストリア，日本などである。これに対して，もう1つの立法例は，相続開始後，相続欠格によって相続法上利益を得る者が欠格者に対して相続財産取得取消しの訴えを起こし，この判決によってはじめて相続欠格の効果を生じるという取消主義の立場であって，ドイツなどがこの立場を採る[10]。

Ⅲ 相続欠格制度の性格・本質

相続欠格制度の意義や根拠，その要件で「故意」をどうとらえるか，二重の故意や目的意思などを要するか，被相続人による「欠格の宥恕」を認めるかどうかでは，相続制度の正当化根拠や存在理由とも絡んで，学説では大きな対立がある。

① 相続的協同関係破壊説——この立場では，或る人の遺産を，その者と一定の身分関係にある人々に相続させるのは，被相続人とその人々の間に，相続

---

(8) 川上・前掲注(6)111頁参照。
(9) 川上・前掲注(6)111頁参照。
(10) 中川善之助編『註釈相続法（上）』（有斐閣，1952年）68頁〔山中康雄執筆〕参照。

的協同体というべき倫理的・経済的結合関係があるからで，この協同体的結合を破るような非行があった者には相続権を認めるべきでないと説く[11]。この説では，明治民法下での家制度の家族主義的思想とつながり，その範囲が広すぎる恐れがあるので，解釈にあたって厳格に制限することが至当だとする[12]。また，被相続人に対し，法定の相続権を有し，またその期待を有する者の行動が，両者間の相続的協同関係を破壊する場合には，非行を無視してその者の相続を認めることは，相続制度の精神に反し，著しく公平の観念に背くのであり，一定の事由を列挙して相続を禁じたものが相続欠格制度であるとする[13]。

② 財産取得秩序破壊説——この説は，家族主義的な相続観ではなく，個人主義的な相続観に立ったうえで，相続欠格の制度についても，生命侵害や遺言妨害などの行為により，「相続財産を相続により自己に帰属せしめ，またはより一層有利に帰属せしめようとした相続人」に対する民事上の制裁として捉えようとする立場である[14]。また，相続欠格制度は，個人主義的相続観を前提として，個人法的財産取得秩序を乱し，相続による財産取得上の自己を有利にする可能性のある行為・違法な利得行為に対する民事上の制裁であると説く立場もある[15]。もっとも，1号につき，執行猶予判決に関して，両説とも相続欠格にならないとするが[16]，山中説は理論的には欠格を否定するのに対して（もっとも，実質的には生存している被相続人が遺贈をするなど，実際上の宥恕は可能と見ている），幾代説は，民事制裁であり制限的に解釈する以上，宥恕の可能性を認めざるを得ないとする[17]。

③ 公益目的・民事制裁説——①説のように家族主義的な相続観や家族共同体的発想に立たずに，基本的には②説のように，相続制度の原則を法定相続と見て，遺言相続を例外と捉え，相続欠格制度は，相続により利益を受けたり有利な地位を得ようする相続による財産取得秩序を混乱させる違法行為を列挙し，

---

(11) 我妻栄・立石芳枝『法律学体系コンメンタール篇4 親族法・相続法』（日本評論新社，1952年）392頁。
(12) 我妻・立石・前掲注(11)392頁参照。
(13) 中川善之助・泉久雄『法律学全集24 相続法〔第4版〕』（有斐閣，2000年）76頁，中川善之助『新版民法大要親族法・相続法』（勁草書房，1982年）196頁，高野竹三郎『相続法要論』（成文堂，1982年）50頁，青山道夫『改訂家族法論II』（法律文化社，1979年）283頁，中川高男『親族相続法講義〔5訂版〕』（ミネルヴァ書房，1992年）328頁等参照。
(14) 中川編・前掲注(10)72頁〔山中康雄執筆〕。
(15) 幾代通「相続欠格」『家族法大系IV相続(1)』（有斐閣，1961年）68頁。
(16) 山中・前掲注(10)73頁，幾代・前掲注(15)71頁。
(17) 幾代・前掲注(15)78頁。

相続権剝奪の重大効果を認めた公益的観点からの民事制裁であると説く[18]。また，相続欠格は，相続による違法な利得行為に対する制裁を課して，相続制度の基盤維持を図るとともに，相続による財産取得秩序侵害行為を列挙し，当然の相続資格喪失と結び付けたもので，公益的な観点からの民事制裁制度と見る立場がある[19]。潮見説も，被相続人の廃除という意思による相続資格の剝奪でさえ，家庭裁判所の審判によらなければならないところ，欠格であれば意思表示のみで宥恕できるとすることは制度面での均衡を失すると宥恕を否定する[20]。窪田説も，同様に，相続的協同体という考え方に疑問を呈し，生命侵害を引き起こした者が相続人となれること，殺害という重大な効果から相続という直接的利益を排除することの合理性，制度的不均衡などから宥恕を否定的に解する[21]。

④　二元（複合的説明）説——以上の学説における一元的な説明に対して，日本における相続欠格制度（891条1～5号）については，相続人と被相続人とのつながり（相続的協同関係）と相続における財産取得秩序のいずれを重視するかではなく，1号2号の生命侵害では，相続人の被相続人に対する行為ないし態度の悪性が重視され，他方，3～5号の遺言妨害については，相続人の違法利得という結果が重んじられており，一元的な説明が困難であり，それぞれに別個の趣旨で説明すべきであると説く[22]。この立場は，欠格事由として，ニュアンスの異なる2種類の非行を同じ平面で取り扱っていること，相続欠格と廃除の相互の関係を考えると，随所に不均衡が現れてくること，ドイツ，フランス，スイスなどの外国法では，それぞれ一貫した趣旨に基づいて欠格制度を構成していることから，日本の民法の相続権剝奪制度は，ニュアンスの異なる2種類の欠格事由が併存し重複しているから問題が出ているのであって，それぞれの要件効果をすっきりと整理した立法にすべきことを説く[23]。

最近では，被相続人と相続人との相続的協同関係（相続を基礎づける相互信頼

---

(18) 高木多喜男『口述相続法』（成文堂，1988年）38頁，同『口述相続法』（有斐閣，2000年）38頁，伊藤昌司『相続法』（有斐閣，2002年）176頁参照。
(19) 潮見佳男『詳解相続法』（弘文堂，2018年）37頁。
(20) 潮見・前掲注(19)38頁。
(21) 窪田充見『家族法——民法を学ぶ〔第4版〕』（有斐閣，2019年）393頁参照。
(22) 中川善之助編『注釈民法(24) 相続(1)』（有斐閣，1974年）227頁〔加藤永一執筆〕，中川善之助・泉久雄編『新版注釈民法(26) 相続(1)』（有斐閣，1992年）288頁〔加藤永一執筆〕参照。
(23) 加藤(永)・前掲注(22)『注釈民法』248頁，加藤(永)・前掲注(22)『新版注釈民法』316頁参照。

関係）を破壊ないし侵害する著しい非行に対する民事上の制裁と，相続法の財産取得秩序を乱し，不正な相続法上の不正な利益を得ようとする公益的観点からの民事制裁として二元的に説明するものが多くなってきている[24]。

Ⅳ 生命侵害を理由とする相続欠格事由（民法891条1号）の学説・判例の検討

民法891条1号では，「故意に被相続人又は相続について先順位若しくは同順位にある者を死亡するに至らせ，又は至らせようとしたために，刑に処せられた者」と規定する。同条1号の欠格事由では，⑴故意に，⑵被相続人または先順位・同順位の相続人を，⑶死亡に至らせ，または至らせようとしたために，⑷刑に処せられた者が相続欠格という民事制裁を受けるものとされている。この1号の欠格事由の規定（とりわけ，被相続人の殺害）は，すでに述べたように，「血塗られた手は遺産を取得できない」というゲルマン古法以来の普遍的基本的な原則であり，ゲルマン法思想だけでなく，ローマ法，フランス古法においても引き継がれ[25]，英米法でも，財産没収・私権剥奪法理（Forfeiture Rule），殺人者原則（Slayer Rule）として「殺人者が殺人行為により不正な利益を取得することを許さない」という現行法の基本準則として認められているものである。沿革的には，旧民法292条で「被相続人ヲ死ニ致シ又ハ死ニ致サントシタル為刑ニ処セラレタル者ハ相続ヨリ除斥セラル但過失ニ因ルモノハ此ノ限ニ在ラス」と規定していた。旧法でも，相続を不当とする場合を列挙したものであり，その理由として，「被相続人の愛情の断絶と相続人による殺傷の予防」にあると説かれた[26]。明治民法制定当時の起草者は「德義ニ反シ人情ニ悖ルノミナラス公私ノ利益ヲ害シ併セテ犯罪ヲ誘引スル弊ナシトセス」と解していた[27]。現行民法891条は，遺産相続人の欠格に関する旧規定（旧997条）をそのまま踏襲した。第1号は，ローマ法，ゲルマン法以来の伝統であって，大陸法系だけでなく，英米法系の立法例としても普遍的に認められる相続秩序の維

---

(24) たとえば，田中通裕「相続欠格と推定相続人の廃除」『新家族法実務大系第3巻相続〔Ⅰ〕』（新日本法規出版，2008年）96頁，床谷文雄・犬伏由子編『現代相続法』（有斐閣，2010年）29頁〔床谷執筆〕，犬伏由子・石井美智子・常岡史子・松尾知子『親族・相続法〔第3版〕』（弘文堂，2020年）235-236頁〔常岡執筆〕，高橋・床谷・棚村・前掲注(1)278頁〔棚村〕，石川博康・民法判例百選Ⅲ親族・相続〔第2版〕（2018年）107頁，石川博康・民法判例百選Ⅲ〔第3版〕（2023年）111頁等。
(25) 原田・前掲注(4)204頁参照。
(26) 川上・前掲注(6)115頁参照。
(27) 原田・前掲注(4)205頁参照。

持・擁護だけでなく，一般の法感情や倫理感，正義衡平の観念に基づく民事制裁ということができる[28]。このような場合に相続を許すことは，相続制度の根幹を揺るがし，倫理的にも公平の観念からも到底容認できない[29]。

1 故　　意

殺人行為については既遂・未遂を問わない。しかし，ここでいう「故意」とは，殺人の意思をもってという意味であり，学説でも，傷害致死罪及び過失致死罪は含まないとするのが通説である[30]。

戦前の判例であるが，戸主である養父を婿養子が殴打して傷害を与え死亡させ，傷害致死罪で懲役12年の刑に処せられた事案で，養父の死亡により家督相続が開始し，その相続の届出を出したところ，旧民法969条1号（現行民法891条1号）で相続欠格者であるとして，孫から家督相続の回復が求められた。原審が，民法969条1号の「故意」は殺害の故意だけでなく，致死の原因である行為の故意がある場合も含み，傷害致死罪も相続欠格者になると判断したのに対して，大審院は，人を死に至らせる意思なく単に傷害のため死の結果を誘致したにすぎないときは，1号の相続欠格者に該当しないと判示した[31]。その理由は，家督相続は一家存続の要件で，相続権の得喪は人生の一大事であるから，その資格の剝奪については心情に留意し犯情状の重い者に課されるべきだという点にあった。

ところで，①故意は殺人について必要か，②被害者が被相続人または先順位・同順位の相続人である認識も必要か，さらに③相続上の利益を受ける目的意思まで必要かどうかで，学説は分かれている[32]。明治民法の起草者は，家督相続人の相続欠格に関する969条1号での趣旨にき，相続をするために他人を殺し，殺そうと謀った者に家督相続をさせると，殺人のために財産上の利得を

---

(28)　川上・前掲注(6)112頁参照。
(29)　中川・泉・前掲注(13)76頁，青山・前掲注(13)283頁，高橋・床谷・棚村・前掲注(1)278頁等参照。
(30)　東北大学民法研究会『註解相続法』（法文社，1951年）66頁〔山畠正男執筆〕，我妻・立石・前掲注(11)393頁，中川善之助編『註釈相続法（上）』74頁〔山中康雄執筆〕，幾代・前掲注(15)70頁，中川善之助・泉久雄『相続法〔第4版〕』（有斐閣，2000年）80頁，松川正毅・窪田充見編『新基本法コンメンタール相続』（日本評論社，2016年）32頁〔幡野弘樹執筆〕等。
(31)　大判大正11・9・25民集1巻534頁。
(32)　島津一郎・松川正毅編『基本法コンメンタール相続〔第5版〕』（日本評論社，2007年）25頁〔右近健男執筆〕，潮見編・新註釈民法(19)　相続(1)110頁〔冷水〕参照。

受けることは「公安ニ害アル」ものだと説明している[33]。故意についても、被害者の被相続人または家督相続につき先順位にある者であることを認識することが必要であるとする。しかし、「相続を希望する」目的についての証拠は証明が困難であるため不要で、あくまでも①②が必要とされると解していた[34]。

ここでの「故意」についても、相続欠格の本質についてどのように理解するかが関係している。相続的協同関係破壊説では、故意の殺人である限り、相続的協同関係は破壊されており、殺害への故意でよいとする[35]。また、二元（複合的説明）説では、1号の生命侵害の欠格事由では、相続的協同関係の破壊への民事制裁と考えるため、①で足りるとする[36]。この立場では、1号で問題となる親族殺人のケースでは、相続争いだけでなく、日常の生活での諍い、感情的な対立から犯行に及ぶとか、直接に財産と関係せず、カッとなって親族殺人が実行されたような場合が少なくなく、殺害動機に相続での利益の取得という認識が無くても、応報的な倫理観から公益的な犯罪防止という目的の規定であると解するときには、1号の欠格事由に該当すると考える[37]。

最近では、介護疲れからくる親族間での介護殺人、DVや虐待などの家庭内での暴力、子どもたちが苛酷な親の介護や家事に追われるヤングケアラーなどで精神的肉体的に追いつめられて起こる殺人事件もあって、犯罪防止という公益的目的での民事制裁という趣旨からは、殺人の故意で足りるとする立場が有力である[38]。

これに対して、財産取得秩序破壊説の立場からは、相続欠格は相続をめぐる個人法的財産取得秩序を破壊ないし危殆させ、これにより違法な利得をしようとする者への民事制裁であって、①の殺人の故意だけでなく、②の被害者が被相続人又は先順位・同順位の相続人であることの認識と、③の殺人により相続法上の利益を得るということについての目的意思（二重の故意）が必要であると説く[39]。同様に、相続欠格を家族主義的な相続観ではなく、個人主義的な相続観から理解し、列挙された行為により、相続財産を自己に帰属させ、より有

---

(33) 梅謙次郎『民法要義巻之五相続編』（大正2年復刻版）（有斐閣、1984年）18頁。
(34) 梅・前掲注(33)20-21頁参照。
(35) たとえば、中川・泉・前掲注(13)80頁は、①でよく加害の意思を厳格に解釈しても無意味とする。我妻・立石・前掲注(11)393頁は①②が必要だとする。
(36) 前掲注(22)新版注釈民法(26)296頁〔加藤〕、床谷・犬伏編・前掲注(24)32頁〔床谷〕。
(37) 前掲注(22)新版注釈民法(26)296頁〔加藤〕参照。
(38) 前掲注(32)基本法コンメンタール25頁〔右近〕。
(39) 幾代・前掲注(15)70頁。

利に帰属させようとする民事制裁であるから，問題の相続開始時に，相続欠格事由がなければ相続人となるべき者であり，①殺人の故意，②被害者が被相続人又は先順位・同順位の相続人であることの認識，③相続財産を自己に帰属させ，またはより一層有利に帰属させる故意が主要な動機となっていることが必要であるとする立場もある(40)。

2 対象者の範囲——被相続人，先順位・同順位の相続人

1号の殺人行為の対象となるのは，「被相続人又は相続について先順位若しくは同順位にある者」である。すなわち，先順位にある者とは，第1順位の血族相続人である被相続人の子を第2順位の尊属（被相続人の親）が殺害したり，無子の被相続人の親を子（被相続人の兄弟姉妹）が殺害する場合のように，民法887条及び889条により文字通り先順位の者に対する殺害もあれば，被相続人の子をその代襲相続人となる孫が殺害する場合もこれに当たる。「同順位の相続人」の殺害には，被相続人の子が他の子を殺害（兄弟姉妹間での殺人）するなど血族相続人で同一親等内の者の間での殺人もあれば，被相続人の配偶者が同順位の相続人となる子，直系尊属及び兄弟姉妹を殺害する場合，逆に，被相続人の子，直系尊属及び兄弟姉妹が被相続人の配偶者を殺害する場合もある(41)。

なお，妻が，医師による診断の結果，亡夫との間の胎児を奇形児出産防止という優生上の理由で人工妊娠中絶手術を受けたところ，人工妊娠中絶は「故意に同順位にある者を殺害した者」（韓国民法1004条1号）に当たるが，同条の規定の趣旨からして，医師により優生上の必要があると診断され，その結果，人工妊娠中絶手術を受けたもので，たとえ殺人ないし殺人未遂の定型に当たる場合であっても，違法性ないし有責性のない場合まで相続欠格事由とするものではないと判示された事例がある(42)。包括受遺者は，相続人と同一の権利義務を有することから（民法990条），相続人に準じて扱うべきであるが，特定受遺者については適用すべきでないと解されている(43)。

また，1号の故意は殺意だけでよいが，相続人が，被相続人等であること・少なくとも親族関係にあることを知らなかったような場合には，例外的に欠格

---

(40) 前掲注(10)中川編・註釈相続法(上)74頁〔山中〕。
(41) 前掲注(32)新注釈民法(19)111頁〔冷水〕参照。
(42) 広島地判昭和49・5・27判時761号101頁。
(43) 幾代・前掲注(15)70頁，前掲注(22)新版注釈民法(26)293頁〔加藤〕。

事由に当たらないとされる。たとえば、藁の上からの養子が真実の父母とは知らずに殺したときや、認知されない子を異母兄弟姉妹がそれと知らずに殺した後、被相続人が認知をしたような場合などで、これらの場合に欠格事由とすることは不当と考えられるからであると説く立場もある[44]。

3 殺人又は殺人未遂により「刑に処せられたこと」

殺人罪（刑法199条）、殺人未遂罪（刑法203条）だけでなく、殺人予備罪（刑法201条）も含み、正犯・従犯による区別はない。被相続人等を教唆し、または幇助して自殺させる場合（自殺関与）や同意（嘱託）殺人（刑法202条）も含まれる[45]。これらの犯罪により、有罪判決が確定している場合には、相続欠格に該当することに異論はない。「刑に処されていること」は、フランス民法から継受したものであり、相続人が殺害又は殺害の行為をしたことを明らかにする趣旨で必要とされたものであると解されている[46]。しかし、殺害行為または未遂行為がなかったことが認定され、または証拠不十分で無罪とされたときや、正当行為（刑法35条）、正当防衛（同36条）、緊急避難（同37条）で違法性が阻却され犯罪とされなかった場合には相続欠格とならない[47]。自分の意思で殺人行為を中止したために、あるいは殺人予備が情状により刑の免除があった場合（刑法43条但書、201条但書、刑訴334条）は、欠格事由にあたらないと解されている[48]。

執行猶予判決を受けた者については、多数説は、執行猶予期間が経過すれば、刑の言い渡しが効力を失うことになるため、相続欠格には該当しないとする[49]。多数説は、執行猶予の取り消しを受けないで猶予期間が満了した場合、刑の言い渡しが効力を失うから（刑法27条）、遡って相続欠格にもならないと解している。しかし、このように解すると、猶予期間の満了を待たない限り相続人が確定せず、遺産分割も期間満了までできないことになり、不安定な法律

---

(44) 前掲注(22)新版注釈民法(26)296頁〔加藤〕参照。
(45) 幾代・前掲注(15)70頁、前掲注(22)新版注釈民法(26)293頁〔加藤〕、前掲注(32)新注釈民法(19)112頁〔冷水〕参照。
(46) 前掲注(22)新版注釈民法(26)297頁〔加藤〕参照。
(47) 前掲注(32)基本法コンメンタール相続25頁〔右近〕、前掲注(32)新注釈民法(19)112頁〔冷水〕等参照。
(48) 幾代・前掲注(15)71頁、中川・泉・前掲注(13)81頁注(6)、前掲注(22)新版注釈民法(26)297頁〔加藤〕参照。
(49) 我妻・立石前掲注(11)393頁、幾代・前掲注(15)70頁、中川・泉・前掲注(13)80頁、島津・松川編・前掲注(32)基本法コンメンタール相続25頁〔右近〕等。

関係が継続することになるという問題点の指摘もある[50]。これに対して，少数説として，かかる実際的な不都合や問題点を回避するため，いったん犯罪事実が刑事裁判で明らかにされた以上，執行猶予が付されたか否かに関わりなく，欠格事由に該当するとする[51]。

また，執行猶予が取り消された場合にも，執行猶予が付されるケースは処罰が相続欠格を生じさせるほど悪質ではなく，相続と関係ない外部事情で生ずる執行猶予の有無で欠格事由の成否をかからせることは相当でないとして，欠格事由に該当しないとする立場もある[52]。しかしながら，刑法学者からも，刑法27条は将来に向かって刑の言い渡しの効力を失わせるもので，遡及効を有するものではなく，執行猶予の期間満了で刑の言い渡しがなかったとすることには無理があり[53]，執行猶予付き判決があっても，相続欠格に該当すると判断すべきであるとする有力説が唱えられている[54]。

さらに，公訴棄却の判決・決定（刑事訴訟法338条）や免訴判決（同337条）についても，多数説は，規定の文理解釈から，相続欠格にならないとする[55]。これに対して，公訴棄却の判決や免訴判決があっても，刑事責任は問われないとしても，有罪的事実が明らかである以上，民事制裁としての欠格事由の有無を問題することはできるし，相続に関する訴訟手続で，欠格の該当性を独自に判断できるとすべきとの少数有力説がある[56]。

V　少年法の保護処分と相続欠格との関係

ところで，未成年者が親を殺害して殺人罪に問われたが，少年事件として保護処分に付された場合には民法891条1号の「刑に処せられた」とはいえないので，相続欠格に該当しないのであろうか。

裁判例として，16歳の長男が実父を果物ナイフで多数回突き刺すなどして

---

(50)　前掲注(32)基本法コンメンタール相続25頁〔右近〕，松原正明『判例先例相続法Ⅰ〔全訂第2版〕』（日本加除出版，2022年）188頁。
(51)　昭和5年2月19法曹会議決議要録上713頁，法曹時報8巻4号123頁参照。
(52)　前掲注(10)註釈相続法上73頁〔山中〕，前掲注(22)新版注釈民法(26)298頁（加藤），中川淳『相続法逐条解説（上巻）』（日本加除出版，2007年）89頁。
(53)　佐伯仁志・道垣内弘人『刑法と民法の対話』（有斐閣，2001年）354頁。
(54)　松原・前掲注(50)189頁は，もっとも，相続開始前に，執行猶予期間が取り消されず満了した場合には，刑の言い渡しが効力を失う結果，相続開始時には，刑の言い渡しがなかったことになるから欠格に該当しないと説く。
(55)　東京地判昭和5・11・28新聞3205号13頁，幾代・前掲注(15)71頁，中川・泉・前掲注(13)81頁，中川淳・前掲注(52)89頁等。
(56)　前掲注(22)新版注釈民法(26)297-298頁〔加藤〕参照。

死亡させ殺害して，少年院送致の保護処分を受けたことが民法891条1号の欠格事由に該当するかどうかが争われた事件で，東京地裁は，民法891条1号は，故意に被相続人等の生命侵害をした者に相続を許すことが，相続制度を認めた趣旨に反し，公平の観念や応報的な倫理観念から，相続的協同関係を破壊した行為をした相続人につき，公益上，徳義上，相続権を剥奪する制裁を科す趣旨であること，当該少年が刑事手続で刑罰を科せられず，少年院送致の保護処分にとどまり，形式的に「刑に処せられた」に該当しなくても，相続的協同関係を破壊する最たる行為に及んだ相続人につき，少年である相続人に公益上徳義上の理由から私法上の制裁としての相続権剥奪という1号の欠格事由の趣旨はよくあてはまること，本件においても，刑罰を受けた場合と同様に1号の趣旨を及ぼして相続権を剥奪する要請があり，少年法による保護処分に1号を類推適用することで適用範囲が不当に拡大するものと言えないこと，民法891条1号の「故意」は，被相続人等の殺害の故意があればよく，相続上の利益を得ることの故意まで必要とされていないことから，相続欠格に該当すると判示した(57)。

また，二審の東京高裁も，民法891条1号を少年保護処分とされたケースに類推適用することが禁止されるとまで解せないこと，金融機関実務の混乱の可能性も，相続の欠格の既定の類推適用の可否を左右するに足りるものと解されないこと，旧刑法の懲治場留置と少年保護処分を同様のものとみることはできないこと，民法891条1号の趣旨は，少年法における理念と異なるものであって，同条1号の相続欠格該当性につき，少年審判において保護処分とされるか，刑事手続において刑罰に処せられるかのみによって判断が異なりうるとは解されないことなどを理由に，一審判断を支持した(58)。

学説では，詳しい理由は示していないものの，少年法による保護処分の場合は「刑に処せられた」とはいえないので，相続欠格に該当しないとする否定説がある(59)。また，本件一審判決について評釈を書いている浦野由紀子神戸大学教授は，明治民法969条2号について，公益上，民法上の責罰として，被相続人を故意に死亡させた犯罪人から相続権を剥奪する必要があるとしたこと，その趣旨として，本条での「刑に処せられた」とは，①当該行為に及んだ事実を

---

(57) 東京地判令和4・11・15LEX/DB文献番号25593737。
(58) 東京高判令和5・7・8LEX/DB文献番号25595618。
(59) 床谷・犬伏編・前掲注(24)31頁〔床谷〕，なお，前掲注(32)基本法コンメンタール相続〔右近〕25頁も，少年法に基づく保護処分が本条にいう刑に当たるか問題であるとする。

認定できること，②犯罪の成立（構成要件・違法性・有責性）が認められること，③刑事裁判所により確認されたことを意味すること[60]．そこで，本件一審判決が，少年審判手続における①②の認定・確認が，民法891条1号の類推適用を許す程度に，刑事裁判手続と類似したものといえるかどうかが問題であるとする．とくに，少年審判手続と刑事裁判手続とで，前者が要保護性の認定も行うため職権主義的構造をとり，後者は当事者主義的対審構造をとるため，審理構造が質的に異なること，犯罪成立要件で，構成要件該当性・違法性だけでなく，有責性を必要とするかで争いがあり，必要説では891条1号の類推適用の可能性が出てくるのに対して，不要説では，無罪になる行為でも保護処分は可能であって，少年審判手続と刑事裁判手続は異質で，立法者意思に反すること，刑罰と保護処分の性格の違い，保護処分を制裁とみるか，保護・教育処分とみるかで争いがあり，前者とみれば類推適用も可能だが，後者とみれば保護処分で犯罪の成立を裁判所が確認したものと評価することが困難として，本件一審判決がこれらの点について何も述べていないと批判する[61]．

このような状況のもとで，本件での常岡史子横浜国立大学教授の意見書（以下「常岡意見書」として引用する）は，民法891条1号の相続欠格が相続的協同関係の破壊に対する私的制裁とみるにしても，相続権の剥奪という重大な効果を生ずるもので，制限的解釈がされるべきで拡大適用されるべきでないこと，少年法での保護処分は「刑に処せられた者」の要件を欠き，相続欠格に該当しないこと，執行猶予判決と相続欠格に関する学説の議論から，少年法での保護処分に付された本件参加人を相続欠格とすべきでないこと，既に旧刑法の草案段階から触法少年には刑罰でなく懲治場へ拘置するという処分の発想があったが，明治民法の相続編の起草に際しても懲治場留置に相続欠格の類推適用をするという見解が見られないこと，18歳未満の少年に対する少年法上の措置は侵害原理のみならず保護原理が根拠とされていることなどから，少年院送致の保護処分を受けた本件参加人は，相続欠格に当たらないと結論付けている[62]．

---

(60) 浦野由紀子「少年法上の保護処分が課された者について民法891条1号が類推適用された事例」新・判例解説Watch民法家族法No.142（2023年）3頁．
(61) 浦野・前掲注(60)所掲判例解説3-4頁参照．
(62) 本件控訴審（東京高裁）において，控訴人の側から提出された「常岡意見書」（丁第7号証）である．被控訴人代理人である高野隆弁護士，須崎友里弁護士より頂戴した．後に家族と法研究会で本件判例についての報告の機会を得た．常岡史子横浜国立大学教授を含め，オンラインでの研究会の参加者から有益なご意見を伺うことができた．この場をお借りして御礼を申し上げたい．

以上に対する反論として，まず，民法891条1号の相続欠格制度の沿革及び立法趣旨を明確にしなければならない。1号の欠格事由の規定（とりわけ，被相続人の殺害）は，すでに述べたように，「血塗られた手は遺産を取得できない」というゲルマン古法以来の普遍的基本的な原則であり，ゲルマン法思想だけでなく，ローマ法，フランス古法においても引き継がれ，英米法でも，殺人者原則（Slayer Rule）や権利剥奪準則（Forfeiture Rule）として「殺人者が殺人行為により不正な利益を取得することを許さない」という現行法の基本準則として認められているものである。沿革的には，旧民法292条で「被相続人ヲ死ニ致シ又ハ死ニ致サントシタル為刑ニ処セラレタル者ハ相続ヨリ除斥セラル但過失ニ因ルモノハ此ノ限ニ在ラス」と規定していた。旧法でも，相続を不当とする場合を列挙したものであり，その理由として，「被相続人の愛情の断絶と相続人による殺傷の予防」にあると説かれた[63]。明治民法制定当時の起草者は「徳義ニ反シ人情ニ悖ルノミナラス公私ノ利益ヲ害シ併セテ犯罪ヲ誘引スル弊ナシトセス」と解していた。現行民法891条は，遺産相続人の欠格に関する旧規定（旧997条）をそのまま踏襲した。第1号は，ローマ法，ゲルマン法以来の伝統であって，大陸法系だけでなく，英米法系の立法例としても普遍的に認められる相続秩序の維持・擁護だけでなく，一般の法感情や倫理感，正義衡平の観念に基づく民事制裁ということができる。このような場合に相続を許すことは，相続制度の根幹を揺るがし，倫理的にも公平の観念からも到底容認できない。

そこで，次に，相続欠格制度と刑事処分（処刑）及び保護処分との関係を検討する。つまり，民法891条1号の欠格事由に該当するのは，殺人等により，構成要件に該当するとともに，刑に処せられるべきという刑事上の不法（違法性）及び有責性が認められるということが中核にあるのであり，実際に刑に処せられる，つまり刑事施設に収容されることが要件とされているのではない。言い換えると，殺害行為と処刑とは，ともに民法891条1号の要件とされているが，本質的には，前者のみが真の要件であり，後者は前者の実在と違法性・有責性を確かめる意味をもつにすぎない。したがって，殺害と処刑とが2つの要件をなすというより，処刑されるような殺害行為があったという事実が欠格を招くのである[64]。

日本の刑事司法上では，（例えば，アメリカ法とは違い）有罪判決（conviction）

---

(63) 川上・前掲注(6)115頁参照。
(64) 中川・泉・前掲注(13)80-81頁参照。

と刑の宣告（sentence）が一体となっているため（「主文。被告人を懲役〇〇年に処する」のように）刑に処せられるべき犯罪事実が認められたことを意味して「刑に処せられた」との文言とされていると解することができる。刑事処分と相続欠格との関係でも，殺人罪という故意による違法・有責な行為の認定が裁判所で明らかになり，刑罰でなく，少年院送致という保護処分が選択されたことと，民事制裁として，相続資格を剝奪する程度の行為の悪質性，違法な犯罪の抑止・違法な利得の禁止という正義・公平の観点らからの独自の判断が求められており，両者を厳格に連動させる必要はないと思われる。

また，少年審判においても，犯罪少年については，違法性の存在は当然であるとともに，現在，裁判例では基本的に有責性必要説が採られている[65]。つまり，刑に処せられるべきという司法的判断がなされることは少年審判においても共通している。少年審判の場合には，実際に刑に処さずにダイバージョンとして保護処分を課すに過ぎない。保護処分を課していたとしても，刑に処せられるべき地位にあることでは実質的には変わらないと考えられる。証拠法上も刑事裁判と変わらず合理的な疑いを差し挟む余地のない程度の確信が求められるのであり，事実認定としても全く同等である[66]。

なお，有責性必要説を唱える佐伯仁志氏（東京大学名誉教授・中央大学教授）は，刑と保護処分は有責性の程度の大小といった量的な差異に基づくものとしており，刑と保護処分を連続性のある制裁であると指摘している[67]。その上，「相続欠格に値すると言える悪性」（常岡意見書7頁）があったとしても保護処分が課され得ると考えられる。本件参加人が保護処分に付されたので，行為の悪性が弱いとか違法性が低いなどと評価することはできない。

検察官送致決定の判断に関しても，たとえ刑事処分が適しているケースであっても，少年法の健全育成の趣旨から保護処分が可能である限り保護処分を優先して課すべきものと考えられる保護不能説も有力に唱えられている[68]。刑

---

(65) 川出敏裕『少年法』（有斐閣，2015年）81頁，守屋克彦・斉藤豊治編集代表『コンメンタール少年法』（現代人文社，2012年）87頁〔加藤学執筆〕。

(66) 川出・前掲注(65)前掲書187頁，田宮裕・廣瀬健二編『注釈少年法〔第4版〕』（有斐閣，2017年）307頁。この点，廣瀬健二『少年法』（成文堂，2021年）253頁では，「保護処分にも非行事実に対する制裁としての性格があり，人権を制約するものであって，刑罰との機能的な類似性もあることから，刑事公判で刑罰を科す場合と同様に合理的な疑いを超える証明，確信の心証が必要」とされることを指摘している。

(67) 佐伯仁志「少年法の理念――保護処分と責任」猪瀬愼一郎・森田明・佐伯仁志編『少年法のあらたな展開』（有斐閣，2001年）51頁。

(68) 葛野尋之『少年司法の再構築』（日本評論社，2003年）580頁，斉藤豊治『少年法

事処分と保護処分とは対立するものではなく，こうした観点からすると保護処分を課せられたからといって処刑相当ではないという訳ではないことは明らかである。

第3に，旧刑法と懲治場入場処分との関係についても，常岡意見書では，正確な理解を欠く憶測に基づいた論理を展開している。たとえば，旧刑法では懲治場入場の処分があったものの，12歳以上の者の場合には，基本的に刑に処することとされていた。旧刑法上では，「罪ヲ犯ス時満十二歳以上十六歳ニ満サル者ハ其所為是非ヲ弁別シタルト否トヲ審案シ弁別ナクシテ犯シタル時ハ其罪ヲ論セス但情状ニ因リ満二十歳ニ過キサル時間之ヲ懲治場ニ留置スルコトヲ得」（旧刑法80条1項）とされ，また「若シ弁別アリテ犯シタル時ハ其罪ヲ宥恕シテ本刑ニ二等ヲ減ス」（同条2項）と規定されている。

また，本事件のように16歳の者が罪を犯した場合には，懲治場入場の対象外であり，刑に処せられるしかなかった（「罪ヲ犯ス時満十六歳以上二十歳ニ満サル者ハ其罪ヲ宥恕シテ本刑ニ一等ヲ減ス」（旧刑法81条））。常岡意見書が書いているような「明治民法の起草者ら」が未成年の殺人行為に関して刑罰ではなく別異の処遇を考えていたり，相続欠格制度の起草に当たり懲治場留置を当然に認識していたとの点（常岡意見書9頁）の指摘は，少年刑事司法の沿革や流れからみても適切とはいえない。上記の旧刑法の規定や当時の法の運用状況を見る限り，このように本事件のような未成年者による親の殺人行為に関しては当然，刑に処せられるものであり，欠格事由にも該当すると考えていたことが強く推察される。ましてや当時の状況からすれば尊属殺に関しては，たとえ本事件の参加人よりも低い年齢の12歳以上16歳未満の者でもよほどの事情がなければ刑に処せられ欠格事由に該当したと言わざるをえない。

さらに，常岡意見書10頁では，旧少年法下の保護処分の性質を根拠として挙げているが，旧少年法下では，検察官が不起訴処分を行った場合の選択肢の1つとして司法省下の少年審判所への送致がなされ，保護処分が課せられるものとされていたのであり，現在の少年法の保護処分とは法的性格が全く異なる。現行少年法上では，家庭裁判所が，保護処分優先主義のもとで，たとえ刑に処せられ得る者でも保護処分を課すことができるものとされている。事実，現行少年法施行前後で，刑務所の少年新受刑者数と少年院（1948年までは矯正院）

研究2 少年法改正の検討』（成文堂，2006年）173頁，武内謙治『少年法講義』（日本評論社，2015年）419-421頁。

の新収容者数で逆転現象が起こっている[69]。本来，処刑相当の場合でも，ダイバージョンとして少年院に収容されているということであり，処刑相当であることには変わりはない。

　さらにまた，常岡意見書11頁では，少年法上の「侵害原理」と「保護原理」の用語が使われているが，少年法上の「保護原理」とはパターナリズムと同義とされている。こうした「保護原理」は，虞犯少年のように他者への侵害が無い場合及び軽微な侵害で身柄拘束を伴う保護処分を課すような場合の正当化根拠であり，本事件との関わりは全くないと言うべきである[70]。

　最後に，刑事裁判手続が当事者主義的構造をとるのに対して，少年審判手続は職権主義的構造であること，両者は異質な構造と手続であり，民法891条の相続欠格の類推適用は困難であり，保護処分と刑罰とでは前者は犯罪の成立が認められたことを裁判所が確認したものと評価することは困難だとの指摘がある[71]。

　しかしながら，2000年の少年法改正でも，16歳以上の重大犯罪で検察官送致を原則にしたり，検察官関与制度，必要的国選付添人制度，裁定合議制の導入，2007年の改正でも，触法少年に対する警察による調査手続の導入など改正も進み，厳罰化や少年刑事司法でも困難な重大事件への専門的対応も強化している。他方で，保護主義や被害者への配慮なども進み，たとえば，2021年の少年法改正でも，少年法適用年齢の引き下げは見送られたものの，特定少年に対する規定が盛り込まれるなど，紆余曲折はありながらも正義モデルと福祉モデルとのバランスをとりながら制度的理論的にも進化している。今回の事案でも，少年審判手続での事実認定機能，司法的機能が，要保護性の判断や教育的機能によって損なわれており，刑事罰や刑事手続によらなければ真実の発見や事実確認が困難であるという手続構造・審理構造・犯罪の成否に対する判断をもたらしている刑罰と保護処分の二項対立的な考え方は反省されなければならない[72]。

---

(69)　小澤政治『行刑の近代化──刑事施設と受刑者処遇の変遷』（日本評論社，2014年）137-138頁。
(70)　川出・前掲注(65)14-15頁。
(71)　浦野・前掲注(60)解説3-4頁。
(72)　廣瀬健二『少年法入門』（岩波新書，2021年）178-218頁参照。なお，少年法制の沿革や現状との関係では，少年法・犯罪者処遇法の専門家である小西暁和早稲田大学法学学術院教授から多大のご教示・ご示唆をいただいた。この場をお借りして厚く御礼を申し上げる。

VI 外国法の動向

1 フランス

　フランス民法は，日本の相続欠格制度の源流ともいえる。そこで，ここではまずフランス民法の相続欠格について取り上げる。フランスにおいては，2001年12月に，「生存配偶者及び姦生子の権利並びに相続法の諸規定の現代化に関する2001年12月3日の法律第1135号」において，相続欠格制度の改正が行われた[73]。ここでの相続欠格制度の主要な改正点は，①欠格原因の拡充，②欠格宣告制度の導入，③宥恕制度の導入，④欠格の代襲原因化であった。①については，改正前の相続欠格事由は，改正前フランス民法727条1号「死亡者を死に至らせ，又は至らせようとしたために有罪の宣告を受ける者」，同条2号「死亡者に対し，死刑にかかわる告訴を提起し，それが誣告罪と宣告される者」，同条3号「死亡者の殺害を知り，そのことを裁判所に告発しなかった成年の者」の3点であった。しかし，旧法3号の殺害の不告発については，民法制定当時ですら検察制度の発達により私人による殺人の告発は期待されておらず，現にこれまで3号が問われる事件もなかった。また，2号の誣告についても，1981年の死刑廃止に伴い規定そのものが失効していた。1号の被相続人の殺害の規定も，判例では，殺人既遂及び未遂の正犯に限られ，共犯者である相続人は含まないとされ，また，故意による被相続人の殺害に限られ，傷害致死を除外していることでも，実務家や研究者の多くから批判を受けていた[74]。また，処刑を要件とするため，被相続人の殺人者である相続人の有罪宣告前の死亡（自殺）には相続欠格の効果を生じないはずであったが，判例では，夫が一人息子を殺した後に，その妻を刃物と小銃で殺害し，数時間後に自殺した事案で，妻の相続人である父母からの請求を認めて，妻の相続について自殺した夫は相続欠格者に該当するという判断が出されていた[75]。

　そこで，改正民法は以下のように7つの相続欠格事由とした。すなわち，民法典726条1号「故意に死亡者を死に至らせ，又は至らせようとしたために，

---

(73) 小野憲昭「フランスにおける相続欠格制度の改正について」北九州市立大学法政論集3・4合併号（2007年）224頁以下，中川忠晃「フランス相続法改正」戸籍時報553号（2003年）23頁以下，大村敦志・幡野弘樹「フランス相続法改正翻訳──生存配偶者及び姦生子の権利並びに相続法の諸規定の現代化に関する2001年12月3日の法律第1135号」法時75巻8号（2003年）72頁以下等参照。
(74) 小野・前掲注(73)221頁参照。
(75) 小野・前掲注(73)220-221頁参照。

正犯又は共犯として重罪刑の宣告を受けた者」，同条2号「故意に打撃を与え，若しくは暴行又は暴力行為によって，故意なしに死亡者の死を引き起こしたために正犯又は共犯として重罪刑の宣告を受けた者」，民法典727条1号「故意に死亡者を死に至らせ，又は至らせようとしたために正犯又は共犯として軽罪刑の宣告を受けた者」，同条2号「暴行によって，故意なしに死亡者を死に至らせたために正犯又は共犯として軽罪刑の宣告を受けた者」，同条3号「刑事事件手続において，死亡者に対する偽証のために，有罪（軽罪刑）の宣告を受けた者」，同条4号「死を引き起こす死亡者の身体の完全性に対する重罪又は軽罪の犯罪を，自己又は第三者にとって危険を冒すことなく，故意に阻止しなかったため有罪（軽罪刑）の宣告を受けた者」，同条5号「死亡者に対する重罪の刑事告発において，告発された事実が中傷的告発であったために有罪（軽罪刑）の宣告を受けた者」とされた。

　改正法の特色として，1つは，改正前の3つの相続欠格事由では，法文上処刑を要件としていたのは「被相続人の殺害（生命侵害）」だけであったが，改正法では，新たに追加された相続欠格事由についても処刑の要件を付加するとともに，フランス刑法の犯罪体系に従い，重罪刑に処せられた者（726条1号・2号）と，軽罪刑に処せられた者（727条1号から5号）に区分し，前者については，法文に該当する事実があれば，欠格の効果は当然に発生するものとした。しかし，後者，軽罪に処せられた者では（727条1～5号），新たに相続欠格宣告制度を設けて，大審裁判所の判断（宣告）を受けてはじめて，相続開始の時から欠格の効果を生じさせることにした（729条）[76]。2つ目は，新たな相続欠格事由（727条1号2号）に該当する者が死亡したため，公訴権が行使されないか，又は消滅した場合でも，他の相続人（いない場合は検察官）の請求があれば，裁判所は，行為者死亡後でも，相続欠格の宣告をすることができるものとした（727条2項）。フランスでは，近親者間の殺人事件では，被相続人を死亡させた相続人が有罪宣告前に自殺するケースが頻発し，相続欠格の死後宣告制度を新設した点である[77]。また，3つ目に，フランスでは，伝統的に相続欠格の効果は当然発生主義が採用されてきたところ，民法726条1号（被相続人の殺害）・2号（暴行傷害致死）の相続欠格事由は当然発生主義を維持しつつ，新たに加えられた相続欠格事由（727条1～5号――軽罪による処刑を要件とする被相続人の殺害，暴行傷害致死，偽証，犯罪の不阻止・不救助，誣告）については，

---

(76)　小野・前掲注(73)219頁参照。
(77)　小野・前掲注(73)219頁参照。

他の相続人等からの請求で，大審裁判所が判断することになるという「相続欠格宣告制度」が導入された(78)。

　ところで，フランスでは，犯罪はその重さに従って重罪・軽罪に分類される。どのような種類の刑罰が含まれるかは，重罪刑は，刑法典 131-1 条により，終身，30 年・20 年・15 年・10 年以下の懲役または拘禁とされる。また，軽罪刑は，刑法典 131-3 条により，拘禁，監視下での自宅待機，罰金，日数罰金，市民権研修，公益労働，権利剥奪または制限とされる。すでに述べたように，民法典 726 条は，故意の被相続人の殺害，暴行傷害致死で重罪刑を宣告された者につき当然に相続欠格となることを規定している。また，民法典 727 条は，被相続人の殺害，暴行傷害致死，偽証，犯罪の不阻止・不救助，誣告で軽罪刑を宣告された者につき，大審裁判所の判断（宣言）によって相続欠格となり得ることを規定している。故意の有無と正犯・共犯とに関わらず，被相続人を殺害した者は，当然に，または裁判所の判断によって相続欠格となる。また，フランスでは，少年刑事司法法典では，13 歳以上の少年に対しては刑罰が科され得る（L11-1 条）。参考までに，2014 年に未成年に対して宣告された刑罰 21,452 件のうち，少なくとも一部実刑を含む拘禁刑は 4,884 件であった。13 歳未満の少年に対しては刑事罰を科すことはできない（L11-4 条）し，いかなる権利制限・失権または無能力も，少年に対して宣告される刑事有罪判決から当然に生じるものではない（L121-1 条）(79)。フランスでも，少年に対する処分では，自由刑，罰金，公共労働命令，賠償措置，教育・職業訓練所への収容等の教育的処分があり，刑罰は，少年裁判所，少年重罪法院で科されるが，原則として減軽されることになっている。少年でも重罪ではほとんど成人並みに扱われ，16 歳 17 歳の少年には刑の減軽は排除される。実際にも，相当重い刑罰が科されることが多く，少年事件の 4 割以上で刑罰が科され，そのうち拘禁が 7 割以上，実刑も 2 割以上という(80)。

　フランスでも，未成年者が親を殺害したり，親殺しの事件で責任を問われるケースは後を絶たない。たとえば，新聞・メディアで報道された事件では，以

---

(78)　小野・前掲注(73)214-215 頁参照。
(79)　参考文献として，赤池一将「フランスの少年司法」比較法研究 76 巻（有斐閣，2014 年）170-176 頁，井上宜裕「フランス少年法制の現代的変容」『新時代の比較少年法』（成文堂，2017 年）157-176 頁，井上宜裕・大貝葵「フランス少年刑事司法法典：2019 年 9 月 11 日のオルドナンス 2019-950 号(1)(2)」法政研究 86 巻 4 号 57-75 頁，87 巻 1 号 37-56 頁（九州大学法政学会，2020 年）等。
(80)　廣瀬・前掲注(72)153-54 頁参照。

下のようなものがある。Les parricides les plus retentissants en France（Le Figaro 紙）で，未成年者による親殺し事件では，幼少期の虐待を発端とする父親の殺害事件で，無罪判決が出されたケース（Ida Beaussart），実父との面会交流中にトラブルとなり殺害した事件（The Usselmann affair），未成年者が睡眠薬とガスを用いて自殺に見せかけ，父親を殺害し逮捕され，裁判が行われた後，更生した事件（Violette Notiere）[81]がある。未成年によるものではないが，遺産目当てで両親を殺害した事案の報道もある[82]。

また，親殺しについてのフランスでの実情について，殺人事件のうち，2-6％が思春期の少年によるものであり，そのうち80％が父親の殺害で，原因として精神障害のほか身体的・性的虐待が挙げられている[83]。

以上の検討から，フランスでは，親殺しや虐待・暴力などの深刻な親密圏暴力をめぐる法的課題はあるが，硬直化していた相続欠格制度が改正され，相続欠格事由の拡大，当然発生主義から宣告制度の導入，宥恕制度の導入など柔軟化，弾力化が図られるとともに，重罪・軽罪による事情にかなった分類が行われていた。また，少年が13歳以上であれば重罪刑・軽罪刑いずれの刑事罰も科される可能性があり，少年が相続欠格に該当しない旨の除外規定もないことから，殺人を犯して刑事罰を科された13歳以上の少年は相続欠格に該当する。もっとも，小さいころからの暴力・虐待・体罰等で精神的に追い詰められて親殺しに至ったケースもあり，少年に対する刑罰は必要的減軽もあり，重罪を構成する犯罪類型でも軽罪に処せられることもあり，他の相続人や検察官からの請求により，相続欠格となることもある。

2　イギリス

私権剝奪（attainder），財産没収（forfeiture），血統汚損（corruption of blood）とは，反逆罪（treason）など重罪で有罪の宣告を受けたときは，市民としての

---

(81) https://www.lefigaro.fr/actualite-france/2013/09/06/01016-20130906ARTFIG00607-les-parricides-les-plus-retentissants-en-france.php（2024/2/22 閲覧）。
(82) Procès du double parricide de La Bastide-Clairence: 30 et 20 ans de prison demandés par l'accusation（ici 紙）（https://www.francebleu.fr/infos/faits-divers-justice/proces-du-double-parricide-de-labastide-clairence-l-accuse-kevin-rouxel-totalement-eteint-1664895912）（2024/2/22 閲覧）。
(83) Murder in the family: love to death（French Congress of Psychiatry）（https://congresfrancais psychiatrie.org/le-meurtre-en-famille-lamour-a-mort/）（2024/2/22 閲覧）。フランス法の重大少年犯罪や相続欠格制度の資料収集や翻訳に関しては，早稲田大学大学院法学研究科修士課程2年の松本真実さんに多大のご協力をいただいた。

権利や資格を喪失し，本人の財産を没収されたり，財産の相続もできないというイギリスの封建的な法理である[84]。これらの法理は，アングロサクソンにしろ，ノルマン系に由来するにせよ，異なった起源をもつものの，効果としては，殺人者には，被害者の死亡から利益を得させないとして，殺人者に財産の相続をさせないとか，その直系卑属にも財産を引き継ぐことを許さず，すでに保持する財産の維持も許さない，民事上の死亡宣告や市民権の喪失を意味した[85]。

　イギリスでは，1870年の財産没収・権利剝奪法（Forfeiture Act 1870）により，被害者の死亡により利益を得ようとする殺人者の問題に裁判所が関与することを求めるようになり，封建的な財産没収・権利剝奪の法理は廃止された。しかし，犯罪から利益や財産を得ることを許さないとするコモン・ローの基本原理は残り，殺人者に利益を与えず，犯罪を誘発しないようにする刑事罰と異なる民事上の制裁としては存続した[86]。たとえば，Cleaver v. Mutual Rescue Fund Life Association 事件[87]がイギリスでのリーディングケースとされる。この事件で，夫は妻のために死亡の際に妻を受取人に指定して2000ポンドの生命保険契約を締結していたが，その妻が後に夫を意図的に毒殺して死亡させ，故意の殺人罪で有罪決定が出された。本件での主要な争点は，夫を故意に殺害した妻が夫の生命保険金を受け取ることができかどうかであった。控訴院（the Court of Appeals）は，まさに夫を殺害した妻がその生命保険金を受け取ることは「犯罪者にその犯罪による利益を主張することを許すことが公序に反する」し，「いかなる法体系のもとでも，犯罪者が権利を得たり，利益を得ることができない」と判示して，妻による生命保険金の受け取りを否定した。

　その後も，Re Croppen's Estate 事件[88]において，夫の Hawley Crippen 医師が妻を殺害して殺人罪で有罪となり，死刑が宣告されたが，その Crippen が共犯者の愛人に自分の財産を遺贈していたところ，遺言検認裁判所（Probate Court）は，上記の財産没収・私権剝奪原則（forfeiture rule）を適用して，愛人への遺産管理を認めず，妻の無遺言相続として，亡くなった妻の最近親者の1人に遺産管理手続を命じた。なお，Callway v. Treasury Solicitor 事件[89]で

---

(84)　田中英夫編『英米法辞典』（東京大学出版会，1991年）75頁，204頁，357頁参照。
(85)　See Chris Triggs, Against Policy: Homicide and Succession to Property, 68 Sask. L.Rev. 117,119（2005）.
(86)　Id. at 120. See Mark Pawlowski, "Forfeiture Rlief", 157 NLJ318（2007）.
(87)　Cleaver v. Mutual Rescue Fund Life Association [1892] 1 QB 147.
(88)　Re Croppen's Estate [1911] P 108.
(89)　Callway v. Treasury Solicitor [1956] 1 Ch 559, [1956] 2 All ER 451.

も，殺人者及びこれに関係した者が財産を相続したり，利益を得ることを許さないとする財産没収・私権剥奪法理が適用されている。しかし，この法理は，故意の殺人行為だけでなく，故殺・過失致死（manslaughter）や心中（suicide pacts）にも拡大されていった。

そこで，1982年財産没収・私権剥奪法（Forfeiture Act 1982）では，これまでの厳格な法理の適用を一定程度緩和し，違法な殺人で有罪となった者が，被相続人の遺産から財産給付（financial provision）の申立てをしたり，社会保障委員会に対して，年金や社会保障給付の受給資格が剥奪されるかどうかの審査を受けるなどの規定を整備した[90]。たとえば，Dunbar v. Plant 事件[91]で，控訴院は当事者たちが自殺に承諾していた事案に，財産没収・私権剥奪ルールを適用した。3回の自殺未遂で，被告は1961年自殺法2条1項に違反して，相手方を幇助したり扇動した自殺企図の共犯と判断された。とくに，重大な犯罪が意図的かつ故意になされた場合には，犯罪を実行する特定手段が暴力的か非暴力的かを問わないと判示された。また，Phillips 裁判官は，すべての種類の故殺（manslaughter）が犯罪の悪意（guilty mind）と犯罪行為を含むという理由で，すべての故殺の事例に，財産没収・私権剥奪のルールを適用しないという論理的な根拠は存在しないと結論付けた。

ところで，最近の Re Challen（deceased）事件[92]では，申立人である被相続人の妻は虐待や暴力を繰り返す夫と15歳の時に知り合い，実父を6歳で亡くしていたため，唯一のロマンチックな時間を過ごし，17歳のときに妊娠し中絶したり，25歳で婚姻し，その間に2子をもうけ40年以上の夫婦関係を築いてきた。しかし，夫は彼女に対して不誠実極まりなく売春婦との不貞を繰り返し，婚姻前後でも，毎晩遅く帰り，「俺は自分の好きなようにできる場所を求めてきた」などと嘯いていた[93]。また，夫は売春婦のもとを訪れることで有名であり，売春宿を出るときに，彼女と鉢合わせをしたりしたこともあった。彼女との婚姻中の夫の態度は，傲慢で，彼女を軽視し，攻撃的で暴力的であった。彼女が離婚を示唆すると夫は子らとの面会交流を制限すると言ったりして脅した[94]。その悩みやストレスで，彼女は2006年から2009年まで病院に通院した

---

(90) See Forfeiture Act, Legislation, Gov.UK, https://www.legislation.gov.uk/ukpga/1982/34/contents.
(91) Dunbar v. Plant [1998] Ch 412, [1997] 4 All ER 289.
(92) Re Challen（deceased）; Challen v. Challen and another [2021] 2 All ER 738.
(93) *Id*. at 747.
(94) *Ibid*.

り，過度の飲酒をしたりした。2010年8月に，彼女が外で買い物後に帰宅すると，荷電された後のダイヤルを回してみると女性がでた。そのため，夫を問い詰めると「なんの問題もない」と跳ねつけ，その後彼女の作った食事を何事もないように食べていた。そこで，彼女は，食事を食べている間に，バッグに隠し持ったハンマーで，夫の頭部を何度も殴り死亡させた[95]。2011年6月，彼女は夫を殺害した有罪決定を受け，終身刑（life imprisonment）を宣告された。しかし，2019年2月に，上訴審で，有罪決定は取り消され，再審が命じられた。その後，彼女が夫の不貞行為，売春婦の利用，暴力，屈辱的行為，孤立などの「強制的支配（coercive control）」による精神病に罹患していたという証拠に鑑み，責任の軽減を理由とする故殺（manslaughter）への有罪答弁が受け入れられ，夫である被相続人が無遺言で死亡したため，彼女が1982年財産没収・私権剝奪法の下で，殺人で有罪決定を受けた者が被相続人の遺産からの財産給付を取得できるように，同法での救済を申し立てた。

高等法院（High Court）の衡平部（Chancery Division）は，本件では，例外的に彼女の申立てを認容し，財産没収・私権剝奪法理は，本件事実関係のもとでは適用されないと判示した。Paul Matthews 裁判官は，「本判決では，1982年法2条(3)の『有罪決定（conviction）』の術語は，故殺の有罪答弁の機会を指すものではなく，有罪答弁を裁判所が承認し，3カ月の期間が開始し，1982年法の2条3項の意味での「有罪決定」がある場合」であると説示した[96]。「本件での事実関係は，異常であり，悲惨であって，だれもが希望するほど，稀有なものである。二人の関係は40年以上にわたり継続し，彼女の控えめな人格が相まって，「強制的支配」が働き，男性は強制的支配をし，彼女は友人がおらず，他の援助機関も知らず，夫との依存関係を強め，重大な精神病になった。」「強制的支配が今日犯罪であるまでは言わないが，彼の多年にわたる驚愕すべき行動がなければ，申立人は彼を殺すことはなかったであろう。」と述べて，本件事実関係の下では，例外的に，財産没収・私権剝奪法理は適用されないと判断した[97]。

ところで，イングランド・ウェールズの少年法制は，少年刑事裁判型であり，基本的には刑事裁判手続に準じるもので，成人の刑事裁判と同じ構造をもつ。もっとも，少年の特性を考慮して，手続公開の原則が制限されたり，裁判官，

---

(95) Id. at 748.
(96) Id. at 754.
(97) Id. at 760.

検察官，弁護人が刑事裁判で通常着用する法服，鬘（ウィッグ）を身に着けないことや心理学，教育学などの専門家の関与がある点で，少年事件の修正・特則をおく[98]。少年の裁判手続でも，刑事裁判同様に，手続が二分され，少年が非行事実を認めれば，処分の決定手続きに移行する。これに対して，少年が非行事実を否認したり争えば，検察官が非行事実を立証し，弁護人がこれに反証を加え，裁判所が事実認定をするという当事者主義的構造がとられる。非行事実が認定された場合には，心理学，教育学等の専門家による非行少年に関する調査報告書・処遇意見が提出され，これに弁護人の意見を聴き，裁判所が最終的少年に対する処分を決定する[99]。イングランド・ウェールズでは，殺人等の重罪事件は，刑事法院（Crown Court）で，裁判官と陪審員による陪審裁判が行われて，無期拘禁も科される。これに対して，軽微な事件は，治安判事裁判所（Magistrate Court）で治安判事により，軽い刑罰が科される。それ以外のほとんどの少年事件は，3名の男女の治安判事で構成される青少年裁判所（Youth Court）で扱われる[100]。

　以上の考察から，イギリスにおいても，少年ではあっても，親を殺害するなど重罪に当たる犯罪を犯した場合には，刑事裁判手続に付されて，有罪決定が出されるし，この有罪決定に基づき，財産没収・私権剥奪法理が適用されて，無遺言相続，遺贈などの相続する権利，生命保険金の権利は「自己の犯罪，重大な非行から利益を得ることは許されない」として，犯罪や違法行為の抑止が図られていた。もっとも，長年繰り返された深刻な児童虐待，強制的支配関係にもとづくドメスティック・アビューズ（Domestic Abuse）などの暴力等により，心身ともに追い詰められて，殺害行為に及ぶような場合には，例外的に，一定の財産給付等の利益を主張することが許される場合がでてきている。

3　アメリカ

　アメリカでは，一般的に，「殺人者原則（Slayer Rule）」という殺人を犯した者に，相続財産，生命保険金その他いかなる財産的利益を取得することは許さないという原則がある。殺人者原則は，イギリスのコモン・ローの法原則である，私権剥奪（Attainder, Forfeture），血統汚損（Corruption of Blood）など，いわゆる反逆罪や重罪などの犯罪を犯した者に対する私権喪失・私権剥奪の制裁

---

[98]　廣瀬・前掲注(72) 127-129 頁参照。
[99]　廣瀬・前掲注(72) 129 頁参照。
[100]　廣瀬・前掲注(72) 129-130 頁参照。

であり，相続財産などを認めず没収する制度に由来する伝統的な考え方である。殺人者原則は，裁判所は不道徳で違法な行為の原因を作った者の救済に法的助力をしないという理念に立つ[101]。しかし，近年は，被相続人に対する相続人の遺棄・虐待のケースにも広がりつつあり，家族構成員であり推定相続人となっている者による殺人，虐待，遺棄などされた子ども，配偶者，高齢者にとって，正義や公平をもたらすため，大陸法と同様に，相続欠格・廃除制度の拡大・弾力化が問われている[102]。

アメリカで，殺人者原則が連邦最高裁判所レベルで問題とされた最初の事件は，New York Mutual Life Insurance v. Armstrong 事件[103]であり，殺人者が死者の生命保険金を受け取れるかどうかで，何人も詐欺や不正行為から利益を手にすることはできないと判示した。つまり，この事件で，連邦最高裁判所は，John M. Armstrong 氏のかけた１万ドルの生命保険金を不正に詐欺的に受け取るために，彼を襲って殺人で逮捕起訴され，絞首刑による死刑判決が言い渡された Hunter 氏について Armstrong 氏の死亡による生命保険金の取得は認められないと判示した。また，夫を殺害し終身刑を宣告された妻が亡夫の不動産に対する寡婦権（the right of dower）を有するかどうかが争われた Owens v. Owens 事件[104]で，ノースカロライナ州最高裁判所は，姦通を働いた妻が夫の死亡の際に寡婦権を認められないとする制定法の規定はあるが，該当する制定法はなく，妻から夫死亡の際の寡婦権という相続財産を強力に利用できる権利や保護を奪うには，十分な法的根拠を見出しがたいと，寡婦権を否定した原判決を取消した。アメリカでは，この判決後，夫を死に至らせた妻の寡婦権を認めないという州の立法が相次いで制定された[105]。

Riggs v. Palmer 事件[106]では，16歳の少年である孫が，祖父の遺言により祖父の農場を他の相続人とともに相続することになっていたが，少年が祖父の新しい遺言書では相続から除外されていると疑い，祖父を毒殺して殺人罪で有罪とされた。この事件では，当時，ニューヨーク州では，遺言者を殺害した者も遺言に従い相続できるとする制定法を有していたが，ニューヨーク州最高裁

---

(101) *See* Mary E.Morey, *Unworthy Heirs: The Slayer Rule and Beyond*, 109 Ky.L.J. 787,788（2020-21）.
(102) *Ibid.*
(103) New York Mutual Life Insurance v. Armstrong, 117 U.S.591（1886）.
(104) Owens v. Owens, 6 S.E.794（N.C.1888）.
(105) *See* Morey, *supra* note 101, at 790.
(106) Riggs v. Palmer, 22 N.E.188（N.Y.1889）.

判所（Court of Appeals of New York）は，被相続人・遺言者を殺害してその財産を迅速に独り占めしようとした者のために，秩序ある安定した迅速に財産の帰属をさせる一般法を制定する立法意思を想定することより不合理なことはないと述べて，コモンローの一般原則である「何人も，自らの詐欺，違法行為，不正，自らの犯罪によって利益を得たり，財産を取得することはできない」を適用し，この基本原則は公序（public policy）により命じられ，先進諸国において運用される普遍的法に基礎を持ち，制定法に優先するものであるとして，遺言者である祖父を殺害した16歳の孫に，遺産相続の一切の権利を否定した[107]。

　このような流れの中で，殺人者原則は，すべての州で，制定法となり，判例法としても定着していくことになった[108]。たとえば，フロリダ州では，統一検認法典（Uniform Probate Code）の規定と同様に，刑事上の有罪決定（criminal conviction）を一般的には要求するが，裁判所の裁量により，故意に殺害をした者には相続をさせないとの宣告をすることができるとする制定法を有するところもある[109]。多くの州法では，UPCに倣って，意図的な重罪行為に限っているが，有罪決定を要するか，心神喪失（insanity）や正当防衛（self-defense）が成立する場合の取り扱いが異なることがあり，殺人者原則を刑事制裁とみるか，民事制裁とするかでも，違いが出てきて，安楽死や自殺幇助，嘱託（同意）殺人などの位置づけでも相違が出てくる[110]。

　ところで，アメリカでは，1899（明治32）年に，大人の犯罪者と同様に処遇されていた子どもたちが返って悪い感化を受けていた反省から，イリノイ州シカゴに世界発の少年裁判所が設けられた。初期の少年裁判所では，国親思想（parens patriae）にもとづき犯罪や非行の背景や原因，環境の改善，再教育なども含めて，刑事裁判とは異なる特別の手続や処分が行われた。しかし，1960年代になると，アメリカ連邦最高裁判所の一連の判決において，少年裁判所の手続においても，少年の権利保護のための適正手続の保障（少年に対する非行事実の告知，弁護人の援助を受ける権利，黙秘権，証人対質権，反対尋問権，裁判官が非行事実を認定するためには合理的疑いを差し挟まない程度の心証の要求など）が必要であるとする指摘や少年裁判所の問題点を指摘する大統領諮問委員会の報告書などの厳しい批判を受け，1970年代からの犯罪・非行の激増，治安の

---

(107)　*Id.* at 190-191.
(108)　*See* Anne-Marie Rohdes, *Consequences of Heir's Miscoduct: Moving from Rules to Descretion*, 33 Oʜɪᴏ. N.U.L.Rᴇᴠ. 975,979 (2007); Morey, supra note 100, at 790.
(109)　*See* Fʟᴀ. Sᴛᴀᴛ. §732.802(5) (West. 2022).
(110)　Morey supra note 101, at 791.

悪化などの影響もあり，アメリカの少年法制は変化を余儀なくされた[111]。その結果，アメリカでは，とくに重大な少年犯罪については，裁判所の手続・処分については，刑事裁判所が扱うケースが増え，刑事裁判と同じように，検察官と弁護士が立ち合い，刑事訴訟化及び刑罰の選択・厳罰化の改革が進んだ。アメリカは，50州とワシントンDCからなる連邦国家であるため，少年法制も各州（法域）ごとに異なっている。しかし，最近の多くの法域では，重大な少年犯罪は，少年裁判所でなく，刑事裁判所で扱われることが多くなり[112]，厳罰化の傾向が顕著になってきている。

　アメリカでも，未成年者（18歳未満）が親を故意に殺害するなどした場合の殺人者原則の適用や生命保険金・相続資格の剥奪が問題となっている。たとえば，未成年者である息子（Robert Lofton）が父母を故意に悪意を持って殺害し，少年裁判所の手続で審理され，事実審裁判所では，少年裁判所の記録が非公開とされており，Robertの訴訟後見人は，不法かつ故意に両親を銃撃し殺害したことを認めていたものの，後で違法ではなかったと否認したケースで，ノースカロライナ州控訴裁判所（Court of Appeals）は，過失致死（involuntary manslaughter）は，ノースカロライナ州での殺人者（slayer）として，違法な行為から利益を取得できないということにならないが，故意の違法な殺人（wilful and unlawful killing）は該当し，自己の違法行為から利益を得たり，自己の犯罪から財産を取得できないことは，コモンロー及びエクイティの基本原則であること，少年審判は非公開とされつつも，一審裁判官はRobertが父母を不法かつ悪意を持って殺害したと認定する決定をしており，Robertが先例に照らしても，相続財産や利益を取得できないとの一審判決を支持すると判示して，両親を殺害した長男の遺産に対する権利を剥奪する判断を下した[113]。

　また，Metropolitan Life Ins. Co. v. Howell事件[114]では，父親であるAlvin O. Campbell, Sr. 氏は会社の団体生命保険プランに加入し，妻を受取人に指定していたが，1981年5月に妻が死亡した。Cambell氏は，個人の生命保険契約を締結し，1万ドルの死亡生命保険と1万ドルの事故死亡給付を含んでおり，一人息子のAlvin O. Campbell, Jr. が保険証券の受取人と指定されていた。1982年8月に，Cambell氏は殺害されたが，当時12歳であったAlvinが他の

---

(111)　廣瀬・前掲注(72)119-122頁参照。
(112)　廣瀬・前掲注(72)122頁参照。
(113)　Lofton v. Lofton, 26 N.C.App. 203 (1975).
(114)　Metropolitan Life Ins. Co. v. Howell, 1984 Tenn. App. LEXIS 3307.

者と共謀して父を殺害して，モーリー郡の裁判所の少年部はAlvinの犯行を認定して，非行少年として，テネシー州矯正局の運営するWilder Youth Center（少年院）に収容された。Metropolitan Life Insurance Companyと，Alvin Campbellの訴訟後見人，死者の父母，Campbell氏の遺産管理人とで争われて，一審は，少年裁判所が未成年者が父母の死亡に対して責任があると判断した場合，父母の生命保険金を当該未成年者は受け取ることができないと判示した。これに対して，Alvinの訴訟後見人が上訴し，テネシー州控訴裁判所は，生命保険金の受取人が被保険者を故意に殺害したり，殺害を共謀した場合には，不動産にしても，動産にしても，生命保険金にしても，一切の利益を取得することはできないとされており，成人であろうと未成年者であろうと区別しておらず，殺害の事実は刑事裁判所で確定したものでなくても，少年裁判所での信頼しうる決定がなされていればよいと判示して，一審判決を支持した。

　以上のように，アメリカにおいても，未成年者が親を殺して，その親の相続や生命保険金を求めても，かりに刑事裁判所での有罪決定でなくても，犯罪事実と違法性・有責性が認定判断されている限り，殺人者原則が適用されて，一般の基本的な倫理観念や正義・公平の理念から，犯罪や違法行為から利得をさせることは許されないとの法理が適用され，相続権や保険金の取得が否定されていた。

Ⅶ　おわりに

　以上での考察の結果をまとめると，第1に，相続欠格という民事制裁と犯罪少年に対する刑事処分・保護処分（刑事制裁）とを直ちに連動させるべきではないこと（保護処分は家裁独自の司法判断），犯罪少年が最終的に保護処分になっても，違法性・有責性のある行為で刑に処せられるべき地位にあることが否定されたわけでなく，あくまで教育的配慮から保護処分という処遇が選択されたにとどまる。

　第2に，旧刑法では懲治場の処分があっても12歳以上であれば基本的に刑に処するものとされており，本件のような16歳以上であれば当然刑罰が科されていたこと，明治民法の起草者も，本件事案のような親殺しのケースでは当然に欠格事由に該当することを想定したと考えられる。

　第3に，旧少年法保護処分の性質をあげて制限解釈を導いているが，旧少年法では検察官が不起訴処分を行った場合の選択肢の1つとして司法省下の少年審判所への送致・保護処分ができたのであり，現在の少年法が採る保護処分優

先主義とは全く異なること（刑に処せられるべき時にも，保護処分が適切と認められれば家庭裁判所がその裁量でできること）が明らかである。

　第4に，外国法の動向も，基本的に，未成年者（18歳未満）の者の親の故意による殺人については，犯罪から不法な利益を手にさせない，血塗られた手で遺産を取得できないという基本原理が維持されており，配偶者や親子での殺人事件で，生命保険金や相続財産などを与えるところは全くない。むしろ，このような未成年者に相続や生命保険金を与えることは，犯罪や違法行為を助長することが考えられ，一般の基本的倫理観や社会的道義，正義公平の観念にも悖るもので，法的には許されないものとされている。

　第5に，立法当時でも，フランス型の「刑に処せられた」との要件は，あくまでも民事制裁としての相続権剥奪という重大な効果につき，有罪評決と刑の宣告が一体となっている法制（日本も同じ）のもとで採用されたものであり，少年事件での少年院送致の保護処分とはいっても，犯罪の認定・確認がなされていないわけではなく，故意による違法で有責な殺害行為という刑事的な反倫理的反社会的行為の認定・判断があれば，十分に相続欠格という民事的ペナルティーを与えうると考えていたものである。

　以上の検討の結果，本件参加人の被相続人である実父の故意による凄惨な殺害行為は，刑事上も，民事上も十分に非難に値するものであって，刑に処せられた者でなく，保護処分に付された本件参加人に対しても，民法891条1号の相続欠格事由が類推適用ないし準用されるべきことは明らかである。よって，明治民法からの相続欠格制度が時代や社会の変化に対応できていない法の欠缺に十分に対処し，具体的に妥当な結果をもたらすため，相続欠格に該当するものとした一審判決・二審の判断はきわめて妥当なものである。もっとも，海外の立法例に倣って，相続欠格制度と廃除制度については，抜本的な見直しも必要であろう。

第 3 章
遺産承継・遺産共有・遺産分割

24 遺産共有の二元的構造と相続分の譲渡

吉 田 克 己

Ⅰ　は じ め に
Ⅱ　相続分譲渡の法律関係
Ⅲ　相続分譲渡の効果
Ⅳ　お わ り に

Ⅰ　は じ め に

(ア)　潮見佳男教授は，2017年に，「遺産の帰属面から見た遺産共有の二元的構造」と題する論文を公表された(1)。そこでは，遺産共有の枠組みを，共有説か合有説かという対立軸ではなく，共有の内実を直視することで，理論的に究明するという方向が選び取られる（2頁）。

この方向を追究する作業として，まず，最高裁裁判例の基礎にある遺産共有の枠組みが整理され（4頁以下），次いで，学説における遺産共有の枠組みに対する再検討の動きが整理される（15頁以下）。潮見教授の認識によれば，そこには，遺産共有の二元的構造が「見え隠れ」している（2頁）。そして，そのような認識を踏まえた遺産共有の枠組みとして，次のような内容が示される（22-24頁）。

(1)　一口に遺産共有と言っても，「包括的一体としての相続財産としての『遺産』の共有」と，この意味での相続財産を構成する「個別財産の共有（準共有を含む）」とは，分けて考えるべきである。かつての合有説が理念的な枠組みとして想定していたのは，前者のレベルでの共有であった。

---

(1)　京都大学法学論叢182巻1＝2＝3号（2017年）1頁以下。以下，この論文の参照頁は，本文に直接に記す。なお，その概要は，以下の体系書にも収められている。潮見佳男『詳解相続法〔初版〕』（弘文堂，2018年）139頁以下，『同〔第2版〕』（弘文堂，2022年）170頁以下。また，潮見教授の急逝で叶わなかったが，日本家族〈社会と法〉学会2023年シンポジウム「遺産分割の現状と課題」での報告においても，この観点に基づく検討が行われる予定であったようである。窪田充見「（シンポジウム『遺産分割の現状と課題』への）総括」『家族〈社会と法〉2023』109頁参照。

(2) 共同相続人間において，遺産分割の対象として共有とされている「遺産」が観念される場合は，包括的一体としての相続財産が想定されている。そこでは，各自の持分率としての具体的相続分（率）——権利性を有しないもの——が意味を持つ。法定相続分や指定相続分は，具体的相続分（率）を算定するための前提であるものの，実体法上の権利（持分権）として保障されたものではない。以上は，もっぱら，共同相続人間での遺産分割の対象として遺産共有が語られる文脈において妥当する。民法906条は，このレベルで機能するものである（なお，以下で民法の条名を引く場合には，「民法」の指示は省略する）。

(3) 相続財産を構成する個別財産について，共同相続人がその持分を処分したり，相続債権者や相続人債権者が債務者である共同相続人の持分を差し押さえたりした場面では，(2)として述べたのとは別の次元での法律関係が妥当している。ここでは，相続財産を構成する個別財産の共有が観念され，かつ，その個別財産に対する実体法上の権利（持分権）として，法定相続分または指定相続分による計算された地位が，各共同相続人，したがってまた，この地位の譲渡を受けた者やこの地位について差押えをした者に対して保障されている。909条但し書は，このレベルで機能するものである。

このような理解は，潮見教授自らが指摘されるように，「新規性」あるいは「独創性」あるものを提示しているわけではなく，先行業績を踏まえたものである[2]。しかし，近時の判例・学説の展開を踏まえ，さらに2018年の民法（相続法）改正（上掲論文執筆時点では「改正要綱案」）の内容を踏まえて，改めて「遺産共有の二元的構造」を打ち出したことの意義は，小さくない。私は，潮見教授のこの理解に基本的に賛同する。

(イ) 私は，近時（2023年）公刊した物権法の体系書において，包括的一体としての（共同）相続財産に対して，「財産体」という呼称を与えた[3]。財産体は，集合物とは異なり一個の物としての性格（一物性）を認められるわけではないが，個別財産が社会的関連性をもって存在していることを考慮して，その全体が（共同）帰属の客体になる。他方で，この場合には，財産体を構成する個別財産もまた，財産体の帰属主体の共同所有に属する。すなわち，ここでは，二

---

(2) 先行業績として特に重要なのは，林良平教授のものであろう。林良平「遺産共有と遺産分割」『太田武男先生還暦記念・現代家族法の課題と展望』（有斐閣，1982年）255頁以下（→『林良平著作選集Ⅰ近代法における物権と債権の交錯』〔有信堂，1989年〕337頁以下に収録）。
(3) 吉田克己『物権法Ⅰ』（信山社，2023年）10頁参照。

元的な帰属が認められるのである(4)。このような理解は，もちろん細部についての差異がありうることを否定しないが，潮見教授が提示した遺産共有における二元的構造と共通の発想に基づくものだと考えている。

(ウ)　本稿においては，以上のような共通の発想を踏まえつつ，包括的一体としての相続財産をめぐる法律関係について，もう少し立ち入った考察を行ってみたい。具体的には，相続財産に関する相続分の譲渡を取り上げて，その法律関係（→Ⅱ）およびその効果（→Ⅲ）に関する論点の整理を試みる。そこでは，この領域における判例や学説が，基本的には，遺産共有の二元的構造という理解と整合的な方向で展開していることが示されるであろう。

Ⅱ　相続分譲渡の法律関係

1　前提的確認

(1)　遺産共有の二元的構造という理解は，包括的一体としての相続財産（遺産）の共同相続人への帰属の承認を求める。905条に定める相続分の取戻権は，そのような帰属を前提とする。すなわち，同条は，遺産分割前に，遺産分割の対象となる遺産に関する「相続分」の譲渡が可能であることを当然の前提とする。それは，包括的一体としての相続財産が共同相続人に帰属することを示すものに他ならない。

(2)　共同相続人の一人から共同相続人以外の第三者に対して行われる相続分の譲渡が，905条の取戻権の対象となる。しかし，相続分の譲渡自体は，共同相続人の一人から他の共同相続人に対して行うこともできる。

実際に，相続分の譲渡は，共同相続人間で行われることが多い(5)。そこでは，多くの場合には，共同相続人の減少による遺産分割の容易化や，遺産の分割防止・集中化が目指される。これらの目的は，相続放棄や相続分不存在証明書などによっても実現することができる。しかし，前者は，要件が厳格であり使いにくい。後者には，虚偽ではないかという非難のおそれがつきまとうし，実際

---

(4)　集合物についても，日本では，一般に，二元的な帰属（「二重帰属」と呼ばれることが多い）が認められている。なお，集合物との関係における財産体の概念整理については，さらに深めるべき論点が残っていると考えている。
(5)　裁判例の事案を見ても，その多くにおいて，相続分譲渡は，共同相続人の一人から他の共同相続人に対して行われている。近時の最高裁判決の事案においてもそうである。最判平成13・7・10民集55巻5号955頁，最判平成26・2・14民集68巻2号113頁，最判平成30・10・19民集72巻5号900頁の事案を参照。また，潮見佳男編『新注釈民法(19)　相続(1)〔第2版〕』（有斐閣，2023年）359頁〔本山敦〕参照。

に虚偽であることが少なくない。相続分の譲渡は，上記の目的を追求する上で，有益な手段となる[6]。

2　譲渡客体としての相続分
(1)　相続分とは何か
(a)　3つの見解とその評価

(ｱ)　譲渡の対象となる相続分の意味については，3つの見解があると整理されている[7]。①包括的持分説，②総額的持分説，③共有的持分説である。①説は，相続分譲渡でいう相続分を，各共同相続人が遺産全体に対して有する包括的持分あるいは相続人としての地位と解する。②説は，相続分を，遺産を構成する個別財産上の持分の総体と理解する。既存の相続債務を除外する点および相続人の地位の譲渡を問題にしない点で①説と異なる。③説は，905条に言う譲渡の対象になる「相続分」を，個別財産に対する共有持分と解する。ここでは，包括的一体としての相続財産は観念されない。

(ｲ)　遺産共有の二元的構造という観点から各説に簡単なコメントを付すと，まず③説は，包括的一体としての相続財産を想定しないのであるから，二元的構造という理解とは遠いところにある[8]。②説は，個別財産の持分の総体を観念するが，それらを包括的一体としてまとめるわけではない。また，債務を当然に除外する点でも，包括的一体としての相続財産から離れている。

---

(6)　以上については，千藤洋三「共同相続人間の相続分譲渡について」関西大学法学論集41巻3号（1991年）765頁，767頁，同「相続分の譲渡・放棄」松原正明＝右近健男編『新家族法実務大系3相続〔Ⅰ〕相続・遺産分割』（新日本法規，2008年）192頁，194頁参照。
(7)　千藤・前掲注(6)「相続分の譲渡について」780頁以下の整理による。
(8)　もっとも，この構成を採用する玉田説は，遺産「共有」は，「遺産の分割」を主要目的として構成されており，相続財産は，この目的達成のために，一括した存在として取り扱われると説く。玉田弘毅「遺産『共有』の理論――『遺産の分割』の性格を中心として」法律論叢33巻5号（1960年）36頁。ここには，私見が相続財産に財産体としての性格を見出す根拠として説くところと共通の発想を見出すことができる。しかし，玉田説は，この性格をあくまで共同相続人の対内関係においてだけ肯定する。対外関係においても効力を有する包括的一体としての相続財産は観念されず，それゆえ，この相続財産に対する持分＝相続分も観念されない。また，個別財産についても，遺産分割に向けて一体的に取り扱われるという制約は，対外関係においては，最小限度に止められると説かれる。したがって，個別財産の持分処分の効力は，原則として有効である。905条の取戻権は，この原則に対する例外的制約として把握される。そこで取戻の対象になる「相続分」は，あくまで個別財産の持分である。玉田・同上論文37-38頁，40頁注(3)参照。

以上に対して，①説は，遺産共有の二元的構造と整合的な考え方である。そして，この考え方が判例の採用するところであり[9]，通説もそれを支持する[10]。最高裁判決の一つの判旨だけ引いておく。「共同相続人間で相続分の譲渡がされたときは，積極財産と消極財産とを包括した遺産全体に対する譲渡人の割合的な持分が譲受人に移転」する（前掲最判平成13・7・10民集55巻5号955頁）。このように，この論点に関する法状況は，遺産共有の二元的構造を指向しており，本稿は，それを肯定的に評価する。
　なお，②説を主張する見解は，①説に対する批判として，相続債権者の同意または承諾なくして相続債務が移転するという事態は認容しがたいと説く[11]。相続債務の移転に関する指摘はたしかにその通りなのであるが，債権者の関与なしに免責的債務引受けを行うことはできないのであるから（470条以下参照[12]），①説を採用したとしても，②説が懸念する事態が生じることはない。

　(b)　相続人の地位の移転
　判例通説である①説の内容として説かれる，相続分の譲渡が相続人の地位の移転を含んでいるという点に関して，後の論点にも関連するので，ここで補足を一点述べておく。
　(ア)　包括的一体としての相続財産の持分＝相続分には，積極財産と消極財産（債務）が含まれるが，相続人の地位が含まれているわけではないと考えるべきである。相続人の地位は，相続財産の持分（相続分）を取得する原因であって，相続分と相続人の地位とは別次元のものだからである[13]。その点は，複数人が売買に基づいて特定物の共有持分を取得する場合を想定してみれば，直ちに了解することができる。ここでの買主の地位と共有持分とは，別次元のもの

---

(9)　前掲最判平成13・7・10民集55巻5号955頁，前掲最判平成26・2・14民集68巻2号113頁，前掲最判平成30・10・19民集72巻5号900頁など。
(10)　谷口知平＝久喜忠彦編『新版注釈民法(27) 相続(2)〔補訂版〕』（有斐閣，2013年）279頁〔有地亨＝二宮周平〕，潮見・前掲注(1)『詳解〔第2版〕』277頁，前掲注(5)『新注民(19)』367頁〔本山〕，松川正毅＝窪田充見編『新基本法コンメンタール相続〔第2版〕』（日本評論社，2023年）125頁〔木村敦子〕。
(11)　風間鶴寿「相続分の譲渡——特にその主体と対象について」『契約法大系Ⅱ贈与・売買』（有斐閣，1962年）56頁。
(12)　これらの規定は，2017年民法（債権法）改正に基づいて新設されたものであるが，改正前においても，扱いは基本的に同様であった。
(13)　もっとも，裁判例には，相続分の譲渡と相続人の地位の譲渡とを同義と解するものが少なくない。たとえば，東京高決昭和28・9・4家月5巻11号35頁は，相続財産持分を譲渡する旨の合意を，「共同相続人の一人たる法律上の地位すなわち相続分」の譲渡だとしている。理論的には問題のある認識だと考える。

である。したがって，共有持分の譲渡が行われても，当然に買主の地位の移転が生じるわけではない。

　(イ)　しかし，共有持分譲渡契約の当事者が合意に基づいて買主の地位も譲渡することは可能である[14]。相続分譲渡についても，同様に考えるべきである。

　(1)　まず，相続人の地位の譲渡の可能性であるが，相続人の地位は，法律の規定に基づいて得るものである。しかし，一度取得したその地位の譲渡を禁止する理由はないであろう[15]。

　(2)　次に，相続分と相続人の地位とは別次元の存在であると言っても，両者の譲渡を同時に行うことは可能である。そして，相続分が譲渡される場合には，通常は，譲渡契約の当事者は，相続人の地位も譲渡する意思を有しているものと考えられる。先に指摘した共同相続人の減少による遺産分割の容易化や遺産の分割防止・集中化という相続分譲渡の狙いからしても，当事者の合理的意思をそのように推定することが妥当だからである。

　法律関係の簡明化という観点からも，この意思の合理性はきわめて大きい。それと異なる当事者の意思を認定するのは，相続人の地位留保の明示の合意がある場合など，例外的場合に限定するのが適切である。このような例外的場合は，現実にはまず生じないであろう。

　(3)　①説が，譲渡の客体である相続分の意味として，各共同相続人が相続財産全体に対して有する包括的持分とともに相続人としての地位を挙げる点は，以上のようなものとして理解するならば，許容しうるものと考えられる。しかし，法律関係の明晰化という観点からは，相続分譲渡の定義に，相続人の地位の移転は含めないほうが適切である。実際，先に引いた相続分譲渡に関する最高裁平成13年判決の定式化には，相続人の地位は入っていないことに注意しておきたい。

　(2)　法定相続分か具体的相続分か

　(ア)　譲渡の対象になる相続分については，それが法定相続分であるか具体的相続分であるかが議論されている。そして，学説の状況について，法定相続分説もあるが，多数説は具体的相続分説であるというまとめがなされている[16]。

---

[14]　もちろん，買主の地位に含まれる債務の移転については，前述のように，債権者である売主の関与が必要である。これは，本文記載のことがらとは，別問題である。

[15]　この理解とは反対に，相続人の地位を一身専属的なものと解し，その譲渡を否定する見解として，渡瀬勲「当事者適格・参加」判タ250号（1970年）126頁がある。

[16]　前掲注(5)『新注民(19)』367-368頁〔本山〕，前掲注(10)『基本法コンメンタール』126頁〔木村〕など参照。譲渡の対象が具体的相続分であることを説く文献として，

524

結論的には，多数説の説くように具体的相続分説を採用すべきであるが，そのことの意味については，多少補充しておくほうがよいと考える。

(イ) 共同相続人と相手とする場合であれ，それ以外の第三者を相手とする場合であれ，相続分譲渡契約が行われる場合には，一般的には，「相続分を譲渡する」旨が約される。そこにおいて，「法定相続分」や「具体的相続分」などが示されることはない。分数的割合が示されることもない。相続分譲渡に関する公表裁判例の事案を見る限り，以上の点についての例外はほとんどない[17]。

その上で，相続分譲受人の取得した相続分の分数的割合が問題になる場合には，法定相続分のそれが用いられる。たとえば，共同相続人の一人であるXから同じく共同相続人であるYに対する相続分譲渡が無効であることが主張された事案において，Xが相続財産について10分の1の法定相続分を有することの確認が求められている（東京地判平成28・2・15LEX/DB25533670）。遺産分割前に具体的相続分が算定されることは例外的であると考えられるから，上記の事案のように法定相続分が前面に出ることは，ある意味で当然である。

(ウ) 共同相続人の一人であるAが他の共同相続人または第三者であるBに相続分を譲渡する場合の客体の実体的内容は，相続財産のうちAに帰属する部分である。それは，具体的相続分以外のものではない。したがって，相続分譲渡の対象になる相続分とは何かと問われれば，それは具体的相続分だということになる。しかし，具体的相続分は，多くの場合には，遺産分割が実際になされるまで確定しない。したがって，それ以前に相続分譲渡が行われる場合の相続分は，法定相続分ということにならざるをえない。しかし，この法定相続分は，当然のことではあるが，後に，特別受益や寄与分の考慮によって修正されることを前提とした相続分である。具体的相続分説とは，このような事態をも当然に想定した見解というべきである[18]。

　伊藤昌司『相続法』（有斐閣，2002年）225頁，二宮周平『家族法〔第5版〕』（新世社，2019年）369頁，潮見・前掲注(1)『詳解〔第2版〕』278頁など。具体的相続分は他からは窺知しえないものであることを理由に法定相続分と解する説として，鈴木禄弥『相続法講義〔改訂版〕』（創文社，1996年）187頁がある。同書の旧版（1886年）163頁では具体的相続分説が採用されていたが，著者自らが述べるように，改説が行われた。

(17)　東京高判平成29・7・6判時2370号31頁の事案において「法定相続分の譲渡」が行われているのが，筆者の発見した唯一の例外である。

(18)　ある下級審裁判例は，相続分譲渡があった場合において何が譲受人に移転するかについて，次のように説く。すなわち，それは，「譲渡人が有していた具体的相続分に応じた持分的割合（未だ特別受益と寄与分とによる修正がなされていない場合には，後にそれらのなされる場合があることを前提とした法定相続分）」である（千葉地判平成9・12・12判タ968号281頁）。まことに正当な認識である。ただ，相続分譲渡の実態を見

㈎　さらに2点を補足しておく。

⑴　以上を踏まえると，相続分譲渡契約は，譲受人の取得する利益が確定していない（特別受益の内容によってはゼロになることもありうる）という意味で，射倖性を帯びている[19]。しかし，相続分譲渡契約の射倖性に起因して紛争が生じるという事態は，公表裁判例を見る限り，存在しないようである。相続分譲渡の多くは無償で行われることがその背景にあるのであろう。また，有償で行われる場合であっても，相続分譲渡契約は，リスク移転を目的とするという本来の射倖契約とは性格を異にする点にも注意を要する[20]。

⑵　Aからの相続分譲受人Bに法定相続分に基づく承継を確保する旨を相続分譲渡契約において約する場合には，どのようなことになるであろうか。この場合の具体的相続分が法定相続分を下廻るときは，そのような合意は，他の共同相続人に帰属する具体的相続分をBに帰属させる内容を含むことになる。他者に帰属する財を処分する権限は認められず，この合意は，物権的な効力を生じることはない。他方で，この合意は，債権的には有効であり（他人物売買〔561条〕，他人物贈与〔549条〕と同じである），Aは，権利移転義務を含む契約不適合責任を負うことになる（相続分譲渡契約が有償である場合には561条が適用され，権利移転義務が認められる。無償である場合には551条が適用されるが，この場合に権利移転義務が認められるかについては，相続分譲渡契約の解釈によることになろう）。

他の共同相続人の特別受益が大きいなどの事情でBの具体的相続分が結果として法定相続分を上回る場合には，上記特約は，Bの利益を放棄する性格のものなので，その効力を認めてよい。もっとも，この場合には，特約の趣旨は，具体的相続分によるとするものであると解すべき可能性もある。

れば，括弧内がむしろ通常の事態であることに注意しておきたい。なお，2021年民法（相続法）改正によって，遺産分割の早期実施を促進するという観点から，相続開始の時から10年を経過した後にする遺産の分割については，一定の事由がある場合を除いて，特別受益および寄与分に関する規定は適用しないものとされた（904条の3柱書）。したがって，本文の記述が妥当する時間的な範囲も，限定されることになる。

(19)　伊藤・前掲注(16)225頁，前掲注(5)『新注民(19)』368頁〔本山〕。
(20)　リスク移転を目的とする本来の射倖契約をテーマとする本格的な研究として，西原慎治『射倖契約の法理──リスク移転型契約に関する実証的研究』（新青社，2011年）がある。本文記載の点に関しては，8頁参照。なお，このような射倖性を踏まえて，（相続分譲渡契約に）「具体的相続分と明記すべきである」という提言もあるが（前掲注(10)『新版注民(27)』280頁〔有地＝二宮〕），現実には困難であろう。

(3) 相続分の一部譲渡の可否

(a) 学説の状況

相続分の一部譲渡が認められるかについては，学説が分かれている。①肯定説[21]，②否定説[22]，③共同相続人への譲渡と第三者への譲渡とを区別し，前者の場合に限定して肯定する説[23]の3つがある。

①の肯定説は，相続分が包括的遺産全体の分量的一部の譲渡である以上，そのまた一部の譲渡を否定する理由はないとする。ここでは，相続分は，基本的に，物権法上の共有持分と同様に扱われる。物権法上の共有持分についてその一部の譲渡が認められることに問題はないからである。②の否定説は，その根拠として，ⓐ理論的には譲渡の対象である相続分が相続人の地位を含むことを挙げる。相続人の地位の分割が考えられない以上，相続分の譲渡も不可ということになる。否定説は，もう一つ，ⓑ相続分が細分化し遺産分割の当事者を増やすことは，相続関係を複雑にし，好ましくないことを挙げる。③の区分説は，②ⓑの認識を踏まえつつ，共同相続人間の相続分譲渡であれば，②説が指摘する相続関係の複雑化という事態を招かないことを自説の根拠とする。

(b) 裁判例の状況

下級審裁判例には，共同相続人から相続人ではない第三者に「相続分の一部」が譲渡されたという事案において，その有効性を当然のものと考えているものがある（さいたま地判平成17・4・20訟務月報52巻8号2661頁）。事案においては，相続分譲渡証書には，「被相続人の相続開始による相続分の一部をあなた方に譲渡します」としか記載されておらず，譲渡の対象となる相続分の範囲・分数的割合が特定されていなかった。判旨は，それでも，事案における一部譲渡は有効であるとした。判旨によれば，「譲渡人・譲受人の当事者間においては，最終的な遺産分割までの間に具体的な割合についての合意ができれば足りると考えられるからである」。ここでは，分数的割合を指定した相続分一部譲渡の有効性は，当然の前提とされている[24]。

---

(21) 元木伸「相続分の譲渡」判タ145号（1963年）39頁，鈴木禄弥『相続法講義』（有斐閣，1968年）156頁，千葉・前掲注(6)「相続分譲渡について」783頁，潮見・前掲注(1)『詳解〔第2版〕』279頁，片岡武＝菅野眞一編著『家庭裁判所における遺産分割・遺留分の実務〔第4版〕』（日本加除出版，2021年）137頁，前掲注(10)『新版注民(27)』281頁〔有地＝二宮〕など。
(22) 鈴木・前掲注(16)186-187頁，中川善之助＝泉久雄『相続法〔第4版〕』（有斐閣，2002年）303頁，松原正明『全訂判例先例相続法』（日本加除出版，2006年）186頁など。
(23) 前掲注(5)『新注民(19)』369頁〔本山〕。
(24) なお，ここでの有効性は，相続分譲渡の相手方が共同相続人であるケースに限定さ

(イ) 最高裁判決には,「相続分の全部を譲渡した者」という表現を用いるものがある (前掲最判平成 26・2・14 民集 68 巻 2 号 113 頁)。この表現は,相続分の一部譲渡を許容する趣旨であると捉える見解がある[25]。たしかに,そのように理解することは可能であろう。

(ウ) 以上から,裁判実務は,相続分の一部譲渡を認めていると理解することができる。

(c) 評　　価

(ア) 本稿の基本的観点である遺産共有の二元的構造からすると,譲渡の対象となる相続分は,包括的一体としての相続財産に対する持分であるから,その一部の譲渡が認められるべきことは当然である。本稿の観点からすると,そのような二元的構造から導かれる解釈が,学説においても多数を占め,かつ,裁判実務においても採用されていることが重要である。

(イ) 一点補足すると,否定説は,相続人の地位は分割されないことを自説の根拠として挙げる。しかし,相続人の地位の譲渡を認める以上,それを分割してその一部の譲渡もまた,認めるのが通常の発想になるであろう。本稿は,相続人の地位の分割を否定するという発想を採らない。

(4) **譲渡後の他の共同相続人の相続放棄**

(ア) AからBに対して相続分の譲渡が行われた後に,他の共同相続人Cが相続を放棄した場合に,Cの相続分は誰に帰属するか。この論点に関しても,学説の対立が見られる。①譲渡人であるAに帰属すると考える見解[26]と,②譲受人であるBに帰属すると考える見解[27]がある[28]。①の譲渡人帰属説は,その根拠として,相続分の譲渡はその譲渡当時において譲渡人が保有していた相続分についてのみ効力を生じるものであるから,その後において相続分が増加する場合には,それは譲渡人が取得することを挙げる。これに対して,②の譲受人帰属説は,相続分譲渡は相続人の地位の譲渡であり,相続人の地位を譲渡することは,譲渡人が相続を放棄して相続関係から離脱したのと同じであること

　　　れているわけではない。先の③説は,裁判実務の採用するところではない。
(25)　前掲注(5)『新注民(19)』369 頁〔本山〕。
(26)　中川善之助監修『注解相続法』(法文社,1951 年) 129 頁〔島津一郎〕,風間・前掲注(11) 56 頁,元木・前掲注(21) 40 頁,中川＝泉・前掲注(22) 304 頁など。
(27)　鈴木・前掲注(16) 188 頁,千藤・前掲注(6)「相続分譲渡について」787 頁,前掲注(10)『新版注民(27)』284 頁〔有地＝二宮〕,前掲注(5)『新注民 (19)』370 頁〔本山〕など。
(28)　さらに,前掲注(5)『新注民(19)』369-370 頁〔本山〕は,他の共同相続人Dの存在も加えて,ありうる考え方を 7 つに整理する。

を挙げる。

　なお、この論点に関する裁判例は、見出すことができない。

　(イ)　物権法上の共有の場合には、共有者の一人がその持分を放棄したときは、その持分は、他の共有者に帰属する（255条）。ここでは、共有者であることが、放棄された持分の取得原因とされている。したがって、共有持分の譲渡があった場合には、持分譲受人が放棄された持分の全部または一部を当然に取得する。これに対して、相続放棄の場合には、放棄者を初めから相続人にならなかったものと扱うものとされている（939条）。したがって、放棄者の相続分は、他の共同相続人に相続人の地位に基づいて帰属することになる。この点を確認すると、ここでの論点の解決は、相続人の地位が誰に帰属しているかによって決まるということになる。

　相続分が譲渡されると、先に述べたように、譲渡契約当事者の合理的意思解釈によって、相続人の地位もまた、原則として譲受人に移転すると解すべきである。例外は、きわめて限定的にしか認めるべきではない。したがって、この論点に関しては、原則的に譲受人帰属説を支持すべきことになる。

3　相続分譲渡の法構造と相続分譲渡の対抗要件

(1)　相続分譲渡の法構造

　最初に、相続分譲渡の法構造に関する本稿の理解を端的に述べる（→(a)）。その後に、判例と学説の状況を整理する（→(b)）。

　(a)　本稿の理解

　(ア)　本稿は、相続分譲渡の法構造を、基本的には、有体物の物権変動に準じて捉えるべきだと考えている。共有持分の譲渡は、通常の物権変動である。そうであれば、相続分の譲渡も、それに準じてその法構造を捉えるべきである。遺産共有の二元的構造という理解は、そのような把握を要請する。しかし、相続分は、無体財である包括的一体としての相続財産を客体とするために、有体物とは異なる扱いが必要となるところも出てくる（後述の対抗要件）。

　(イ)　有体物の物権変動の法構造については、別の機会に詳細に検討した。ここでそれを再説することはできない[29]。ここでは、その検討結果を踏まえつつ、有体物譲渡に準じた相続分譲渡の法構造を、箇条書きでまとめておくことにす

---

(29)　吉田克己『物権法II』（信山社、2023年）688-729頁。本稿では、紙幅の制約もあり、以下で出てくるキー概念である二元的構成すなわち分離主義や、意思主義型分離主義についても、説明することができない。同上書を参照していただけると幸いである。

る。

(1) 相続分の譲渡は，譲渡を行うべきことを約する原因行為としての債権契約と，相続分の譲渡自体を意思表示の内容とする準物権行為との二元的法律行為に基づいて行われる。物権変動に関する二元的構成すなわち分離主義と同じである。原因行為は，有償であれば売買や交換，無償であれば贈与などの契約であると法性決定される。これらは諾成契約であって，方式は要求されない。これに基づいて行われる準物権行為についても，方式は要求されない（176条の解釈による準用）。

(2) ここでの準物権行為は，原因行為である債権契約と別個独立の行為として行う必要はない。それは，原因行為である売買等の債権契約に同時に含まれることが可能である（意思主義型分離主義の採用＝物権行為独自性の否定）。実際にも，相続分譲渡は，契約書が作成される場合には，「相続分譲渡契約書」のような一通の契約書が作成され，そこで，相続分譲渡の準物権行為も合わせて行われている。

(3) 相続分譲渡は，一般に，相続開始後に行われ，相続開始前に行うと無効だと解されている[30]。しかし，原因行為である債権契約を相続開始前に行えないとする理由はないであろう。準物権行為についても同様である。ただ，いまだ相続分が存在しないから，相続開始によって相続分を取得するまでは，準物権行為の効力が生じない[31]。

(4) 原因行為である債権契約が無効であり，あるいは取り消される場合には，準物権行為の効力も否定される。両者の関係は，有因である。

(b) 裁判例・学説の状況

(ア) 相続分の譲渡は，それを内容とする譲渡人と譲受人との合意があれば成立し，方式は要求されない。また，有償であるか無償であるかも問わない。相続分の譲渡に関する一般的な説明はこのようなものであると指摘されている[32]。この指摘は，学説だけではなく，裁判例についても当てはまる。たとえば，強迫を理由とする相続分譲渡の取消しを認めた裁判例（東京地判平成27・12・24 LEX/DB25532462）があるが，そこでは，相続分譲渡の意思表示が問題とされている。これらの見解の下では，相続分譲渡を内容とする準物権行為だ

---

(30) 潮見・前掲注(1)『詳解〔第2版〕』277頁，床谷文雄＝犬伏由子編『現代相続法』（有斐閣，2010年）59頁〔床谷〕。
(31) 前掲注(5)『新注民(19)』361頁，366頁〔本山〕参照。
(32) 水野貴浩〈判批〉リマークス60号（2020年）63頁参照。

けが想定されており，原因行為には目が向いていないように見える[33]。

これに対して，相続分譲渡は，売買や交換あるいは贈与といった契約によって行われるべきもので，「相続分の譲渡」という特別の契約が特別の要件の下に認められているわけではないという指摘もある（伊藤説[34]）。原因行為に目を向けた正当な指摘であるが，孤立した見解である。

(イ) このような中で注目されるのが，最判平成30・10・19民集72巻5号900頁である。事案においては，共同相続人間における相続分の無償譲渡が903条1項の「贈与」に該当し，遺留分算定の基礎に算入されるかが問題となった（2018年の民法〔相続法〕改正前の旧1044条参照）。判旨は，この「贈与」該当性と遺留分算定の基礎への算入を認めたが，その結論は，本稿のここでの議論に関しても参照すべき内容を含む。

判旨が相続分譲渡の贈与該当性を認めるのは，それが，原則的に，「譲渡人から譲受人に対し経済的利益を合意によって移転するもの」だからである。それでは，どうして経済的利益の移転の有無によって贈与該当性が決まるのか。この点に関しては，相続分譲渡を相続人の地位の移転と捉える一般的理解の下では相続分譲渡を「贈与」と法性決定することは難しいが，遺留分算定の基礎財産への算入の是非は，当該行為が被相続人の財産を減少させているかという実質的・具体的観点から決めるべきであるという指摘がなされている[35]。正当な指摘と考えるが，ここでは，それとともに，贈与契約という法性決定のためには，「財産」の無償移転が必要とされている（549条参照）ことを挙げておきたい。「財産」と評価されるためには，経済的利益があることが当然の前提になるのである。

このように理解すると，上記の最判平成30年は，相続分譲渡の基礎に債権契約の存在を想定し，それについて，財産を無償で相手方に与える贈与契約との法性決定が可能かどうかを問題にしていることになる。この観点は，前掲の伊藤説の理解にも通じるもので，正当なものと考える。

ただ，これとともに指摘しなければならないのは，この構成の下で，今度は，

---

(33) 東京地判平成28・2・15 LEX/DB25533670は，錯誤による相続分譲渡の無効を問題とするが，同時に，「相続分譲渡契約」の無効を問題にする。この「譲渡契約」は，原因行為を指しているように見えないでもないが，明確ではない。準物権行為を指している可能性のほうが大きそうである。
(34) 伊藤・前掲注(16)224頁。
(35) 青竹美佳〈判批〉『平成30年度重要判例解説』（ジュリスト臨増1531号，2019年）80頁。

相続分譲渡の準物権行為がどうなっているかが改めて問題になるということである。これを無視することは，物権変動の体系的整合性の観点から望ましくない。本稿は，前述のように，原因行為としての債権契約に基づいて準物権行為としての相続分譲渡行為が行われるという二元的構成を採用する。それは，相続分に独自の財産性を認める点で，遺産共有の二元的構造という観点とも整合的なものであると考える。

(2) **相続分譲渡の対抗要件**

(a) 公示方法の不存在

(ア) 相続分の譲渡については，公示方法が存在しない。譲渡を認めながら公示方法を制度化しないのは，片手落ちとも見える。しかし，譲渡の対象となる相続分には，不動産だけでなく，動産や知的財産等の無体財産，金銭債権さらには債務も含まれていることを考えれば，その全体を包摂する公示方法を制度化するのは，ほとんど不可能事である。やむを得ない事態というべきであろう。

その結果，相続分譲渡の効果は，意思表示による準物権行為によって生じ（176条の解釈による準用），公示を要することなく第三者にも主張することができる。譲渡人Aは無権利者となり，その後さらにCに相続分譲渡がなされても，それは無効となる（和歌山家審昭和56・9・30家月35巻2号167頁，新潟家佐渡支審平成4・9・28家月45巻12号66頁）[36]。もっとも，正確には，相続分譲渡の準物権行為は，Aにはもはや相続分が存在しないので効力を生じないというべきである。AC間の相続分譲渡の原因行為である債権契約は，有効である。しかし，それは，約された給付を行うことができないので，債務不履行となる。この結果は，通常の物権変動において，仮に176条のみが存在し，177条も178条も存在しないと仮定した場合の法律関係と同じである。

相続分の譲渡については，このように取引安全上の問題がつきまとう。しかし，前述のように，相続分譲渡は，現実には共同相続人間で行われることが多く，その場合には，公示方法の欠如は，さほど問題にならない。

(イ) (1) 相続分譲渡については，他の共同相続人に取戻権が認められている（905条1項）。この取戻権は，1カ月以内に行使しなければならない（同条2項）。そこで，他の共同相続人にこの権利行使の機会を確保するために，債権譲渡に関する467条1項を準用して，譲渡人は，他の共同相続人に対して相続分の譲

---

[36] この考え方については，学説上も特に異論は提示されていない。前掲注(10)『新版注民(27)』281頁〔有地＝二宮〕，潮見・前掲注(1)『詳解〔第2版〕』280頁，前掲注(5)『新注民(19)』328頁〔本山〕など。

渡を通知しなければ，これを対抗できないと解する学説が提示されている[37]。しかし，これに対しては，取引安全への配慮や取戻権という制度自体に対する否定的評価から，それに反対する学説が古くから存在したし[38]，近時は，この反対説が有力である[39]。本稿も，反対説を支持する。

(2) なお，通知要求説を採用する場合であっても，そこで要求される通知は，他の共同相続人に対する対抗要件（467条1項に即して言えば，債務者に対する対抗要件）である。これは，先に述べた，後から相続分譲渡を受けた者との関係における公示方法の問題（467条に即して言えば，2項に規定する対抗要件の問題）とは，次元の異なる問題であることに注意しておきたい[40]。

(b) 個別財産譲渡との関連

(ア) 「共同相続人間で相続分の譲渡がされたときは，……相続分の譲渡に伴って個々の相続財産についての共有持分の移転も生ずるものと解される」（最判平成30・10・19民集72巻5号900頁）。したがって，相続分譲渡が行われる場合には，当該相続財産に含まれる個別財産の移転に関する対抗要件の問題も生じることになる。より具体的には，不動産（登記），動産（引渡し），債権（債務者への通知と確定日付）が問題となる。

(イ) 不動産を例に取る。AからBに対して相続分譲渡が行われ，その後，AからCに対して同一の相続分譲渡が行われたとする。この相続分譲渡とともに相続財産に含まれる個別の甲不動産についての持分移転が生じていれば，Bは，その登記がないと持分移転をCに対抗することができないはずである。

しかし，先に確認したように，先にBへの相続分譲渡が行われていれば，譲渡人Aは相続分に関して無権利者となり，Cへの相続分譲渡の効力が生じない。したがって，個別財産である甲不動産の持分移転の効力も生じない。このようにして，結局のところ，相続分譲渡に伴う個別財産移転の場合には，個別不動産の持分移転に関する対抗要件の問題は生じないことになる。

(ウ) 以上とは異なり，AがBへの相続分譲渡の後に，Cに対して，相続分譲渡ではなく，個別財産（甲不動産）を相続分とは別に独自に譲渡したとする。その上で，Cは，甲不動産について所有権移転登記を備えた。甲不動産につい

---

(37) 於保不二雄『相続法』（三陽社，1949年）80頁，鈴木禄弥＝唄孝一『人事法Ⅱ』（有斐閣，1975年）71頁，鈴木・前掲注(16)187頁など。
(38) 元木・前掲注(21)39頁，中川＝泉・前掲注(22)303頁など。
(39) 松原・前掲注(22)187頁，千藤・前掲注(6)「譲渡・放棄」198頁，前掲注(10)『新版注民(27)』282頁〔有地＝二宮〕など。
(40) 鈴木・前掲注(16)187-188頁は，この点を明確に意識して議論を展開している。

ては，相続分の譲受人であるBは，対抗要件を備えることが可能であった。したがって，甲不動産については，BとCとが対抗問題にあることを否定すべきではない。Bが甲不動産について対抗要件を備えなかった以上，Bは，Cに負けることになる。このように，Bは，相続分譲渡については対抗要件不要とはいっても，個別財産については，対抗要件を備えないとその後の譲受人に対して劣後する可能性がある。相続分譲渡には公示方法が存在しないことに伴う取引安全上の問題性は，この点においても緩和される。

Ⅲ 相続分譲渡の効果

1 遺産分割手続の当事者

(1) 概　説

AからBへの相続分譲渡があると，Aは相続分を失い，代わってBが相続分を取得する。これは当然のことである。一般には，相続人の地位の移転が相続分譲渡と区別されずに，前者が後者に一体のものとして伴うと考えられている。本稿は，前述のように，相続分譲渡と相続人の地位の譲渡とを区別した上で，譲渡当事者の合理的意思解釈を介して，通常は，相続分譲渡に相続人の地位の譲渡も伴うと考えている。以下では，相続分譲渡の効果のみを考察の対象とする。

最重要の論点は，遺産分割手続の当事者をどう考えるかである。本稿の基本的観点は，遺産分割の当事者は，遺産に対する持分（相続分）の帰属者であるというものである。相続人の地位の有無によって遺産分割手続の当事者が決まるものとは考えない。これは，共有物分割の当事者が共有物の持分保有者であり，その取得原因となる共有物を取得する契約当事者の地位とは無関係であることと同じである。

以下では，この基本的観点に立ちつつ，相続分譲渡人の地位（→(2)）と譲受人の地位（→(3)）とを見ていく。

(2) **相続分譲渡人の地位**

(a) 遺産分割における当事者適格の喪失

(ア) 相続分譲渡人は，相続分の帰属者ではなくなるのであるから，遺産分割の当事者適格を失う。本稿の立場からは，当然に，この帰結が導かれる。裁判例もそのように解している。すなわち，相続分譲渡人は遺産分割手続の当事者適格を失うので，その者を除外して遺産分割を行っても，それは適法である（大阪高決昭和54・7・6判時945号55頁）。相続分譲渡人から遺産分割の申立が

行われても，それは却下される（神戸家裁尼崎支審昭和50・5・30家月44巻1号124頁）。学説も同様の見解である[41]。

(ｲ)　このように，遺産分割の当事者適格を失う以上，遺産分割の前提問題となる遺産確認の訴えについても，相続分譲渡人は，当事者適格を失うと解すべきである。最高裁は，その旨を明確に説いている。次のようである。「共同相続人のうち自己の相続分の全部を譲渡した者は，積極財産と消極財産とを包括した遺産全体に対する割合的な持分を全て失うことになり，遺産分割審判の手続等において遺産に属する財産につきその分割を求めることはできないのであるから，その者との間で遺産分割の前提問題である当該財産の遺産帰属性を確定すべき必要性はないというべきである。そうすると，共同相続人のうち自己の相続分の全部を譲渡した者は，遺産確認の訴えの当事者適格を有しないと解するのが相当である」（前掲最判平成26・2・14民集68巻2号113頁）。

(b)　利害関係人としての参加

相続分の譲渡人Aが利害関係人として遺産分割への参加を要請される場合もある。相続不動産について法定相続分による相続登記がなされていて，その後に相続分譲渡が行われ，Aが移転登記手続義務を負うような場合である。この場合には，実務上は，形式的に当事者として残し，事実上，利害関係人として手続に参加させるものとされている[42]。裁判例にも，Aに対して不動産の共有持分の移転登記手続を命ずる必要があることから，審判手続に移行した上で，Aを利害関係人として加え，遺産分割の審判をしたものがある（静岡家審平成2・11・26家月44巻1号124頁）。

(3)　相続分譲受人の地位

(a)　遺産分割における当事者適格の取得

相続分譲受人Bは，相続分の帰属者となるのであるから，遺産分割の当事者適格を取得する。すなわち，裁判例によれば，「（相続分）譲受人（……）は遺産の分割に関与することができるのみならず，必ず関与させられなければならない地位を得る」（前掲東京高決昭和28・9・4家月5巻11号35頁）。Bを除外して行った遺産分割の効力を明示的に論じる裁判例はないようであるが，上記の趣旨からすると，無効と判断されるはずである。学説では，そのように解する

---

(41)　松原・前掲注(22)191頁，千藤・前掲注(6)「譲渡・放棄」199頁，前掲注(10)『新版注民(27)』284頁〔有地＝二宮〕など。反対説として，渡瀬・前掲注(15)127頁がある。譲渡人と譲受人とをともに遺産分割手続に加えるべきであると主張する。
(42)　片岡＝菅野編著・前掲注(21)145頁。

見解が一般的である[43]。本稿も，遺産共有の二元的構造を踏まえつつ，この方向での処理を積極的に支持する。

(b) 譲受人が共同相続人の一人である場合

(ｱ) もっとも，以上の処理が妥当するのは，相続分譲受人Ｂが共同相続人ではない第三者である場合である。Ｂが共同相続人の一人である場合には，Ｂはもともと相続人として遺産分割における当事者適格を有していたのであるから，相続分取得によって新たに遺産分割の当事者適格を得るということではない。すなわち，「譲受人は従前から有していた相続分と新たに取得した相続分とを合計した相続分を有する者として遺産分割に加わる」ことになる。「このように，相続分の譲受人たる共同相続人の遺産分割前における地位は，持分割合の数値が異なるだけで，相続によって取得した地位と本質的に異なるものではない」（前掲最判平成13・7・10民集55巻5号955頁）。この最高裁判決は，このような把握から，共同相続人間においてされた相続分の譲渡に伴って生ずる農地の権利移転については，農地法3条1項の許可を要しないものと判断している。

(ｲ) 上記最判平成13年の原判決（東京高判平成10・11・12判タ1006号263頁）は，事案における農地の権利移転について，農地法3条1項の許可を要するものと判断していた。その根拠として挙げられたのは，相続分譲渡は，「その目的及び効果を見るかぎり，相続財産を構成する個々の財産に対する共有持分の移転を内包する財産権に関する行為」であるという理解であった。ここでは，遺産共有は，相続財産を構成する個別財産の共有に還元され，遺産共有の二元的構造が否定されている。上記最判平成13年は，このような高裁の理解を否定して，遺産共有の二元的構造を肯定する方向での判断を示したものである。

(ｳ) 農地法3条1項の許可不要という最判平成13年の射程は，事案内容とそれに即したその根拠づけからしても，共同相続人に対する相続分譲渡に限定される。相続分譲渡が共同相続人以外の者に対してなされた場合についてどのように考えるかは，同判決を参考にしつつ，別途検討すべきことになろう[44]。

---

(43) 元木・前掲注(21)41頁，中川＝泉・前掲注(22)304頁，前掲注(10)『新版注民(27)』285頁〔有地＝二宮〕など。これらに対して，星野英一「遺産分割の協議と調停」『家族法大系Ⅵ（相続⑴）』（有斐閣，1960年）は，相続分譲受人Ｂの遺産分割への参加を認めつつ（358頁），Ｂを除外して行った遺産分割も有効であり，Ｂには価額による支払いを認めれば足りると説く（371頁）。

(44) 大橋寛明〈本件判解〉『最高裁判例解説民事篇平成13年度（下）』（法曹会，2004年）590頁。また，千藤洋三〈判批〉法教262号（2002年）141頁も参照。本判例の射

2 取戻権

(1) 制度の概要と立法の経緯

(a) 制度の概要とその趣旨

　共同相続人の一人が遺産の分割前にその相続分を第三者に譲り渡したときは，他の共同相続人は，その価額および費用を償還して，その相続分を譲り受けることができる（905条1項）。相続財産が家族以外の第三者に流出することを嫌い，相続関係から第三者を排除しようとする趣旨から設けられたものである[45]。共同相続人以外の第三者への相続分譲渡の場合に限定してこの取戻権が認められ，共同相続人に対する譲渡の場合には，取戻権は認められない。取戻権の行使期間は，1カ月である（同条2項）。

(b) 立法の経緯

　(ア) 民法制定に向けた当初の草案においては，現行法と同様の相続分取戻権規定（草案1010条1項）とともに，相続分先買権規定（同条2項）が提案されていた。前者はフランス民法典の規定（原始規定841条）を，後者はドイツ民法典第2草案の規定（1908条，現行ドイツ民法典2034条）を参考にしたものである。また，フランス民法典には取戻権行使の期間制限は存在しなかったが，日本民法の草案においてはそれを1カ月に制限する規定（1010条3項）が置かれている。スペイン民法典1067条を参考にしたものである。

　しかし，法典調査会の審議の結果，先買権を定める規定は削除され，取戻権とその行使期間制限の規定のみが残った。先買権規定については，磯部四郎委員から，譲渡の意向に関する通知を要件とする必要性が指摘され，その旨の修正案を提示するとされた。これに対して，法案起草者である梅謙次郎が「大々反対」を唱えた。その理由は，先買権行使期間の起算点は通知到着からということにしなければならないが，それだと，遠隔地に居住しているような場合には，期間制限の意味がなくなってしまうということであった。要するに，取引の迅速性の要請に反するということである。この反対論を受けて，結局，通知案の不採用だけでなく，先買権を定める草案1010条2項自体の削除が決定された[46]。

　　程拡大を警戒するニュアンスの記述がある。
(45)　千藤洋三「相続分の譲渡・取戻権に関する一考察——明治民法草案中の相続分先買権規定の削除を中心として」『中川淳先生還暦祝賀論集・現代社会と家族法』（日本評論社，1987年）438頁。この論文は，民法905条の立法過程を詳細に検討しており，有益である。本稿の立法過程に関する以下の記述も，基本的に同論文を参照している。
(46)　以上の経緯については，法務大臣官房司法法制調査部監修『日本近代立法資料7・

(ｲ)　このようにして，取引の迅速性確保の観点から先買権規定が削除され，取引安全の観点からは影響がさらに大きな，フランス民法典にならった取戻権規定（905条1項）だけが残されるという皮肉な結果となった。それでも，この取戻権には行使期間1カ月という制限が設けられているので（同条2項），期間制限を設けないフランス民法典よりは取引安全に対する影響が限定されていた。しかし，フランス民法典は，1976年の改正で取戻権規定を廃止して先買権規定に置き換えた（現行815-14条）。取引安全の観点からは，現在では日本民法の問題性のほうが大きなものになってしまっている。

(ｳ)　905条の取戻権については，以上のような取引安全阻害機能に加えて，家産維持的思想に立脚しているという問題性も指摘されている。そのようにして，立法論としては，本条の廃止論が有力である[47]。本稿も，この方向を支持する。

　このような価値判断を受けて，解釈論の次元でも，取戻権の実効化を避けるような解釈が有力に説かれている。たとえば，取戻権を実効的に機能させるためには，相続分譲渡の事実を通知等によって共同相続人に知らせることが必要であるが，解釈による通知の必要性を否定するなどである。解釈論として本道ではないかもしれないが，価値判断として理解しうる解釈である。

(2)　**取戻権の法律制度**

　以下では，取戻権の法律制度をごく簡単にまとめるに止める[48]。遺産共有の二元的構造という本稿の問題関心からは，重要性に乏しいからである。

(a)　取戻権の行使

(ｱ)　取戻権を行使しうるのは，相続分を譲渡した共同相続人以外の共同相続人である。その一人が単独で行使してもよいし，複数が共同で行使してもよい。取戻権は，遺産分割手続から相続分の譲渡を受けた第三者を排除するために認められるものであるから，基本的には，遺産分割手続に参加すべき者に取戻権が認められると考えるべきである。包括受遺者については争いがあるが，この

　　法典調査会・民法議事速記録（第168回－第202回）』（商事法務研究会，1984年）579-581頁参照。
(47)　前掲注(10)『新版注民(27)』279頁〔有地＝二宮〕およびそこに引かれている文献を参照。もっとも，905条の廃止は，相続分譲渡の可能性を否定するものではない。相続分の譲渡は，遺産共有の二元的構造からしても，当然に肯定されるべきものである。
(48)　その詳細については，前掲注(10)『新版注民(27)』288-290頁〔有地＝二宮〕，潮見・前掲注(1)『詳解〔第2版〕』281-284頁，前注(10)『基本法コンメンタール』129-130頁〔木村〕，前掲注(5)『新注民(19)』377-381頁〔本山〕などを参照。

観点から取戻権を認めてよいであろう。包括受遺者は、当然に遺産分割の当事者になるからである。

　(イ)　取戻権は、形成権であり、取戻権者から譲受人に対する意思表示によってその効力を生じる。前述のように、1カ月という行使期間の制限がある（905条2項）。この期間は、除斥期間である。この起算点については争いがある。譲渡時とするのが通説であり、私見もそれでよいと考える。他の共同相続人に対する譲渡に関する情報提供は行われないので、他の共同相続人が知らないままこの期間が経過してしまう可能性は小さくない。

　(ウ)　取戻権の行使のためには、譲受人に価額および費用の償還をすることが必要である。償還すべき価額は、取戻権行使時における相続分の評価額である。相続分が無償で譲渡された場合であっても、相続分を取り戻すには、この価額償還が必要である。

　(エ)　取戻権は、あくまで相続分譲渡ケースについて認められる。共同相続人の一人が遺産を構成する特定の不動産について共有持分権を第三者に譲渡した場合において、905条の規定を適用または類推適用することはできない（最判昭和53・7・13判時908号41頁）。

　(b)　取戻しの効果

　(ア)　取戻権が行使されると、相続分譲受人は、当然に相続分を喪失して、遺産分割への参加資格を失う。相続債権者に対して負担する債務も免れる。

　(イ)　取り戻された相続分の帰属については、取戻権が共同相続人の全員で行使される場合とその一部によって行使される場合とで、分けて検討する必要がある。

　(1)　取戻権が共同相続人全員の共同で行使される場合には、それぞれの相続分に応じて償還価額の負担が行われ、その負担に応じて取り戻した相続分が帰属すると考えられる。もっとも、償還価額の負担が各自の相続分に応じた額ではない場合もありうる。その場合には、償還価額の負担割合に応じて取り戻した相続分が帰属すると考えるべきである。

　(2)　取戻権行使が全員ではない複数の共同相続人によって共同で行使される場合には、行使しなかった共同相続人にも償還の負担を求めることができるかが問題となる。取戻権行使を「保存行為」と見ることができればそのような結果を認めることができるであろうが、それは難しい。価額償還は、取戻権を行使した共同相続人の負担に帰すると考えるべきである。そうすると、取り戻した相続分も、それらの共同相続人に帰属することになる。価額償還のあり方と

帰属のあり方は，(1)で述べたのと同じである。

(3) 取戻権が共同相続人の一人Cによって単独で行使される場合にも，(2)の考え方を適用してよい。すなわち，Cが価額償還の負担を負い，取り戻した相続分は，Cに帰属する。他の共同相続人への影響はない。

Ⅳ お わ り に

以上，相続分譲渡に関する判例と学説の今日における状況を整理してきた。部分的な問題領域の整理に止まるが，この領域においては，遺産共有の二元的構造が「見え隠れ」しているという以上に，それが「顕在化してきている」と言ってもよいように思われる。

遺産共有の二元的構造のもうひとつの大きな問題領域として，相続財産を構成する個別財産またはその共有持分の譲渡の問題がある。本稿では，紙幅の制約もあり，この論点を扱うことはできなかった。他日を期したい。

【追記】 本稿については，「人財研」と略称されている科研基盤A（研究代表者吉田克己）の定例研究会において報告する機会を得て，多くの貴重なご指摘をいただき，内容を補正することができた。ご教示いただいた先生方に感謝の意を表したい。

25　遺産分割前の財産の処分に関する検討
――民法906条の2の新設を踏まえて

木　村　敦　子

　Ⅰ　はじめに
　Ⅱ　民法906条の2に基づく処分
　　　財産の相続財産性に関する検討
　Ⅲ　遺産共有の二重性
　Ⅳ　若干の考察

Ⅰ　はじめに

　遺産分割の対象は，遺産分割時に存在している相続財産である。遺産分割は，この遺産分割時に存在している遺産を，相続開始時を基準として算定された具体的相続分（903条以下，904条の2）に基づいて分配するものである[1]。

　このように，遺産分割の対象となるのが遺産分割時の相続財産であるとすると，相続開始時から遺産分割までの間に，被相続人の財産であった個別財産に物理的・価値的変動が生じた場合の扱いが問題となる。この問題は，相続財産の処分・滅失・毀損が生じた場合における分離財産及び代償財産の扱いと，相続開始から遺産分割までの間に遺産から生じた果実の扱いとして議論されてきた。前者については，共同相続人によって相続開始後に処分された財産（処分財産），及びこれに代わり共同相続人が取得した財産的利益（代償財産）が遺産分割の対象となるか否か，が問題となる。

　この点について，判例（最判昭和52年9月19日判時868号29頁（以下，「昭和52年判決」という），最判昭和54年2月22日判タ395号56頁（以下，「昭和54年判決」という））は，共同相続人の全員の合意によって遺産に属する個別財産が処分された事案において，①処分財産は遺産分割の対象となる遺産（相続財産）から逸出するとし，また②代償財産である処分の対価（売買代金（債権））については，相続人が固有の権利として取得するとして遺産分割の対象にはならないとした。そのうえで，実務では，上記判例法理を踏まえたうえで，共同

---

(1)　潮見佳男『詳解　相続法〔第2版〕』（弘文堂，2022年）319頁。

相続人全員が代償財産を遺産分割の対象に含める旨の合意をした場合には、遺産分割の対象とすることが認められている[2]。

この議論のうち、前者①処分財産については、2018年の相続法改正（民法及び家事事件手続法の一部を改正する法律（平成30年法律第72号））において新設された民法906条の2により、相続財産性（遺産分割時に遺産として存在しているものとみなされる財産として扱うこと[3]）が肯定されることとなった。同規定は、相続開始後に処分された財産（処分財産）について、一定の要件を満たせば、遺産分割時に遺産として存在しているものとみなすことにより、当該処分財産を遺産分割手続の中で処理することを可能にした。

本稿は、民法906条の2の内容を踏まえて、処分財産の相続財産性に関する若干の理論的検討を試みるものである。そこで、以下Ⅱでは、民法906条の2が規定する処分財産の相続財産性に関する内容を概観したうえで、理論的に検討すべき課題を明らかにする。次に、Ⅲでは、その理論的検討の手がかりを得るために、「遺産共有の二重性」の議論を取り上げ、Ⅳにて若干の考察を行う。

Ⅱ　民法906条の2に基づく処分財産の相続財産性に関する検討

1　制度の趣旨・意義

2018年改正において民法906条の2が新設されたのは、「相続開始後に共同相続人が遺産について財産処分を行った場合には、その処分を行った者が処分をしなかった場合と比べて利得をするという不公平が計算上生じ得るところ、公平かつ公正な遺産分割を実現するために、何らかの規律を設ける必要性が高い」と考えられたことによる[4]。特に、同規定が新設された背景には、預貯金債権に関する最高裁決定（最大決平成28年12月19日民集70巻8号2121頁等）を受け、共同相続人の一人が、遺産分割前に預貯金を処分したことにより、処分がなかった場合と比べて利得をするということを正当化することは相当に困難であるとの問題意識があった[5]。ここでの計算上の不公平とは、具体的に次のことを指す。遺産分割は分割時に実際に存在する財産を分配する手続であり、かつ、具体的相続分については、相続開始時の財産を基準に算定される（民法

---

[2]　代償財産については、昭和54年判決において、「特別の事情」のある場合として示唆されている。このほか、松原正明『判例先例相続法Ⅱ〔全訂第2版〕』（日本加除出版、2022年）321頁等参照。
[3]　「相続財産性」という表現は、潮見・前掲注(1)319頁による。
[4]　法制審議会部会民法（相続関係）部会資料（以下,「部会資料」という）22-2・10頁。
[5]　部会資料22-2・10頁。

903条1項)。そのため，処分財産が遺産分割の対象から除外されると，具体的相続分を基準とした遺産分割による分配額が少なくなってしまう[6]。他方で，共同相続人が処分財産の代わりに取得した売却代金は可分債権として分割され，各共同相続人が個別に取得してしまう[7]ため，この点においても具体的相続分による遺産の分配とはならない。同様のことは，共同相続人の一人又は数人が単独で預金債権を払い戻した場合にも生じ得る。この場合，他の共同相続人は，不法行為に基づく損害賠償請求権又は不当利得返還請求権を有する。しかし，具体的相続分には権利性がないと解されている（最判平成12年2月24日民集54巻2号523頁）ため，損害額又は損失額の算定も法定相続分を前提とすることになり，具体的相続分による分配が実現されない[8]。このような問題状況を背景に，民法906条の2は，相続人間では具体的相続分に応じて分割するのが相当であるとして，遺産分割の枠組みのもとで共同相続人間の公平を実現するための制度として設計された[9]。

2　規律の内容
(1)　概　要

民法906条の2は，一定の要件を満たした処分財産を，遺産分割時に遺産として存在しているものとみなすことにより，当該処分財産を遺産分割手続の中で処理することを可能とする。

同規定の規律する内容は，次の通りである。
① 遺産の分割前に遺産に属する財産が処分された場合であっても，共同相続人は，その全員の同意により，当該処分された財産が遺産の分割時に遺産として存在するものとみなすことができる（同条1項）。
② 前項の規定にかかわらず，共同相続人の一人又は数人により同項の財産が処分されたときは，当該共同相続人については，同項の同意を得ることを要しない（同条2項）。

このように，同条の「処分要件」及び「合意要件」を満たすことにより，処分財産は遺産分割時に遺産として存在しているものとみなされ（みなし遺産），

---
[6] 法務省民事局参事官室「中間試案後に説明された民法（相続関係）等の改正に関する試案（中間試案）の補足説明」（以下，「追加試案の補足説明」という）31頁以下。
[7] 昭和52年判決及び昭和54年判決。
[8] 堂薗幹一郎＝野口宣大編著『一問一答　新しい相続法〔第2版〕』（商事法務，2020年）95頁以下。
[9] 部会資料24－3・1頁等。

遺産分割の対象に組み込まれる。この効果は，立案担当者によると，処分財産を遺産とみなすとの実体法上の効果と解されている[10]。これにより，処分財産も含めた遺産を対象に，計算上の処理として，具体的相続分に基づいた遺産の分配が実現される。

(2) 要　件

民法906条の2の要件としては，(a)処分要件と(b)合意要件が規定されている。

(a) 処　分　要　件

民法906条の2は，要件として，遺産の分割前に遺産に属する財産が処分された場合（処分要件）を定める。

同条における同意に基づく処分財産の遺産への組入れは，処分財産が遺産から逸出しており遺産分割時に現存しない以上，当該処分財産は遺産分割の対象にはならないとの理解が前提とされている[11]。

そのうえで，民法906条の2の処分要件における「処分」は，立案担当者の理解によると，「その財産が遺産から逸出した」ことを意味する[12]。これによれば，民法906条の2第1項の処分要件を満たす場合としては，次のものが含まれる。

① 共同相続人の全員の合意によって遺産に属する個別財産が処分された場合

② 共同相続人の一人又は数人が自己の法定相続分に相当する個別財産の持分（権）を処分した場合

③ 共同相続人の一人又は数人が自己の持分を超える部分も含めて個別財産を処分した場合

④ 第三者により個別財産が滅失・毀損，不当に処分された場合

民法906条の2を新設するにあたりとくに注視された，共同相続人の一人又は数人が預貯金債権の一部または全額を払い戻した場合は，前記③に該当する[13]。これらは，取引安全・第三者保護の観点から，個別財産が第三者に帰属

---

(10) 堂薗幹一郎＝野口宣大編著・前掲注(8)99頁。処分財産が分割時に遺産として存在していることについて，他の共同相続人全員を相手に遺産確認の訴えを起こすことができる（部会資料25-2・11頁）。
(11) 部会資料24-3・2頁。
(12) 法制審議会民法（相続関係）第25回議事録・10頁［神吉康二関係官］。
(13) 共同相続人による預貯金債権の払戻しは，民法478条に基づき弁済が有効とされた場合にその預金債権が共同相続人に帰属しないことから，民法906条の2の「処分」に該当するとされている。これは，「行為」として処分に該当するか否かという問題は区別して考えられる。後者の問題については，中田裕康「共同相続された預金債権の法律

する場合や，弁済が有効とされた結果，共同相続人に個別財産が帰属していないと評価される場合である。こうして，民法906条の2の処分要件は，共同相続人が権限に基づいて処分したか否かなど，処分主体や処分行為を区別することなく，一定の行為等の帰結として，遺産に含まれる個別財産が逸出した場合を一律に「処分」として定めるものである。こうした規定内容になった背景には，誰が処分したのかという処分主体が争点となり，遺産分割の手続が長期化・複雑化することを回避するとの実際上の配慮もあった[14]。

　(b) 同意要件――同意による遺産分割対象財産への組入れ
　共同相続人全員による同意（ただし，処分財産を処分した相続人の同意は不要（906条の2第2項））が必要とされており，その同意の内容は，処分財産として遺産から逸出した財産を遺産に組み入れる（組み戻す）ことである[15]。

　同意要件の設定にあたり，立案段階では，遺産分割時には存在しない財産であっても，これを当事者が遺産分割の対象に含める旨の合意をした場合には，遺産分割の対象となるとの考え方ないし実務上の運用[16]が前提とされた[17]。

　もっとも，共同相続人全員の同意によって，処分財産が遺産分割の対象に組み込まれるとされているのは，次のような実際上の考慮によるところが大きい。1つは，遺産分割後に事後的に別の共同相続人や第三者が処分をしたことが明らかになった場合であっても，遺産分割のやり直しをしなくてすむ，ということである。民法906条の2によると，遺産から逸失した財産は遺産ではないことを前提としたうえで，遺産分割時に共同相続人全員の同意に基づいて処分財産を遺産に含めることができるにすぎず，遺産分割がすでに終了している場合にはもはや同意に基づき遺産の組入れをする余地はない[18]。このように，遺産分割時の共同相続人の同意要件においては，遺産分割の法的安定性を確保することが期待されている[19]。もう1つは，合理性のある処分についても当然に遺

　　関係――普通預金債権を中心に」金融法務研究会報告書36号（2020年）8頁等を参照。
(14)　部会資料24-3・3頁以下。
(15)　この場合，処分財産が誰によって処分されたかは，同意の対象とはならない（部会資料25-2・13頁）。
(16)　前掲最判昭和54年2月22日，高松高判平成11年1月8日家裁月報51巻7号44頁，福岡高判那覇支部平成13年4月26日判時1764号76頁。
(17)　部会資料24-3・2頁。
(18)　部会資料24-3・3頁。
(19)　遺産分割の理念として，星野英一は，次の3つを挙げる（星野英一「遺産分割の協議と調停」中川善之助教授還暦記念『家族法大系Ⅵ』（有斐閣，1960年）349頁以下）。①分割の第一の理念として，「相続分に一致する分配」による「共同相続人間の平等」が要請される。また，②遺産の分割においては，相続分に対応する価値の財産を正確に割

産に組み戻されるとなってしまうと、不要な混乱をもたらすのではないかとの懸念が示された[20]結果、共同相続人全員の同意により処分財産が遺産に組み戻されるという要件となったということである。立案段階では、合理性のある処分として、共同相続人が権限に基づかない処分をしたものの、処分財産が葬儀費用の弁済や相続債務の弁済に用いられた場合など他の共同相続人がその精算を望まない場合が想定されていた[21]。しかし、処分財産による相続債務等の弁済が合理性のある処分にあたることを理由に、当該処分財産を遺産に組み戻さないとする処理は、実質的には、相続債務等を相続財産（積極財産）にて清算するに等しいとも評価できる。換言すると、民法906条の2では、遺産分割において、積極財産と相続債務等を清算し、その残額を分配するとの処理が、共同相続人の同意を要しないという形でデフォルトルールとして構成されていると言える。このように遺産分割における相続債務等の処理の観点から問題状況を整理すると、特に共同相続人による権限に基づかない処分にかかる処分財産について、共同相続人の同意をもってはじめて遺産に組み入れられるとする処理には違和感を覚える。この点も意識しつつ、以下では、民法906条の2が抱える理論的検討課題についてもう少し探ってみよう。

3 民法906条の2における検討課題

民法906条の2は、処分財産の相続財産性にかかる要件として、(a)処分要件と(b)合意要件を定める。前者(a)処分要件においては、共同相続人によるか否か、また共同相続人による権限に基づく処分とそうでない処分等の区別を設けることなく、一元的に「処分」要件として規定されている。また、(b)同意要件では、

り充てることは実際上困難であり、贈与的性格・和解的要素を含む。そこでは、共同相続人の希望に沿い、討議をすることにより、当事者の自由な意思による分割が要請されているとする。これに加えて、③遺産分割の安定性が挙げられている。この点、民法906条の2においては、たしかにその制度趣旨は具体的相続分に基づく分配の実現（前記①）にあるものの、実際上の考慮を踏まえて、前記②及び③の理念が大きな比重を占めていると言えよう。
(20) 部会資料24-2・14頁。
(21) 部会資料24-3・3頁。もっとも、部会資料でも、「相続債務の弁済であれば、常に精算の対象としなくていいわけではない」との指摘がされていた（部会資料24-3・3頁等）。預金から一定額の払戻しがされなかった場合、通説・実務によれば、相続債務は法定相続分を基準として分割されるものと解される。これに対して、預金から一定額の払戻しを認め、かつこれによる相続債務の弁済を認める場合には、遺産分割時に残存する財産を具体的相続分で分割することになる（具体的な計算については、部会資料24-2・17頁以下（注2）を参照）。

処分財産を遺産に組み入れるためには，共同相続人全員の同意を必要とする法的構成が採用されている。
　しかし，これらの要件の内容，あるいはその要件設定の前提となった法的構成については，次のような疑問がある。
(1)　「遺産からの逸出」・「遺産分割の対象からの逸出」の意味
　民法906条の2では，処分要件を定めるにあたり，「処分」は「その財産が遺産から逸出したこと」との意味で解されている。このような理解は，昭和52年判決等において，共同相続人全員によって相続財産を構成する特定不動産が第三者に売却された場合に，当該売却により，当該不動産が「遺産分割の対象から逸出する」とした判断と軌を一にする。遺産分割の対象となるのは遺産分割時に存在していた財産であるとの理解を前提とすれば，当該財産が共同相続人に帰属していない以上，遺産分割の対象から逸出すると解するのは当然の帰結であると言えよう。
　しかし，はたして，遺産に含まれていた個別財産が共同相続人に帰属していないということ（「遺産からの逸出」）と，当該処分財産が遺産分割の対象とならないということ（「遺産分割の対象からの逸出」）は同義なのだろうか。この点に関連して，昭和52年判決の解釈において，同判決の説示に関連する判例として，最判昭和50年11月7日民集29巻10号1525頁（以下，「昭和50年判決」という）を引用する論者がいる点にも着目する必要があろう[22]。昭和50年判決では，共同相続人の一部から遺産を構成する特定不動産の共有持分権を譲り受けた第三者が当該共有関係の解消のためにとるべき手続が，遺産分割審判か共有物分割訴訟のいずれであるか，が争われた。同判決では，遺産分割手続によらない理由として，「共同相続人の一人が特定不動産について有する共有持分権を第三者に譲渡した場合，当該譲渡部分は遺産分割の対象から逸出するものと解すべきであるから，第三者がその譲り受けた持分権に基づいてする分割手続を遺産分割審判としなければならないものではない。」と判断された。しかし，前述した問題意識を踏まえると，昭和50年判決と遺産分割の対象性を否定した昭和52年判決の関係性，換言すると「遺産からの逸出」・「遺産分割の対象から逸出」したことの意味内容が問題となり得る。
(2)　共同相続人全員の同意（合意）の意義
　民法906条の2において，共同相続人による同意は，遺産分割の対象から逸

---

(22)　潮見・前掲注(1)330頁。

出した，その意味では遺産ではない処分財産について，それを遺産に組み入れるための要件として設定されている。

この点について，2018年改正前の通説・実務上の運用に対しては，遺産分割によって分配されるべきでない財産が共同相続人の合意により相続財産に転化することになるのか，その理論的根拠について疑義が示されていた。たとえば，潮見佳男は，代償財産について，「遺産でない代償財産を合意により遺産分割の対象に含めることができるとする通説の考え方は，実体法的には無理がある」と指摘する。そのうえで，通説の考え方に合理性を認めるとすれば，紛争の一回的解決を目指した当事者の期待の保護の観点から正当化されうるものであり，それは遺産分割の合目的的見地から手続的効果を生じさせたものとする解釈を唱えていた[23]。これに対して，新設された民法906条の2に関して，立案担当者は，遺産分割時に遺産として存在していたものとみなされるという法的効果を実体法上の効果と位置付けている。この点，処分財産が遺産でないことを前提とするならば，民法906条の2が定める同意には，遺産分割の対象ではない処分財産を相続財産に転化するとの実体法上の法定の効果が付与されていると捉えることになろう。

しかし，このような処分財産を遺産に組み入れるための共同相続人全員による同意の必要性・法的意義のとらえ方に対しては，根本的な疑問がある。民法906条の2の同意要件を定めるにあたっては，共同相続人全員の合意による遺産への組み入れを認めた昭和54年判決その他の裁判例が参照されていたものの，これら判決等で遺産分割の対象として組み入れられ得るのは，代償財産等の共同相続人が固有の権利として取得した財産であり，かつ現存するものである。これに対して，民法906条の2で組入れの対象とされているのは，処分財産であり，かつそれはみなし遺産としての扱われるものである。加えて，同条の処分財産には，共同相続人の権限に基づく処分とそうでない処分が含まれる。このような相違を踏まえると，共同相続人が固有の財産として取得した代償財産を遺産に組み入れるという作業，及びそのために必要とされる共同相続人全員の同意という法的構成を，そのまま処分財産の場合にも用いることができるかについては，慎重な検討を要するものと考えられる。

(3) 検討の手がかり

以上のように，民法906条の2が定める処分要件及び合意要件は，その法的

---

(23) 潮見・前掲注(1)330頁。

意義や位置づけについて理論的に検討すべき課題を抱えている。そして，これらの検討課題は，共同相続人による権限に基づく処分，つまり共同相続人による個別財産にかかる共有持分（持分権）が処分された場合について，当該処分財産の相続財産性にかかる法的構成（処分財産は「遺産分割の対象から逸出する」と解されていること，及びこれを前提に共同相続人による合意による遺産への組入れが必要とされている点）が必ずしも明らかでないことに起因するものと考えられる。そこで，以下Ⅲでは，これら課題を検討するにあたり，手がかりとなる理論的枠組みを得るために，「遺産共有の二重性」を取り上げる。この「遺産共有の二重性」は，林良平が，遺産共有と遺産分割との関係を整理した理論[24]であり，その後，潮見佳男も注目した理論でもある[25]。

Ⅲ 遺産共有の二重性

1 共有説を前提とした問題意識

遺産共有における「共有」については，合有説と共有説の対立があった。共有説によると，各共同相続人は，個別財産について，各共同相続人が単独で自由に処分できる共有持分を取得する。このような理解は，民法909条ただし書の定める内容——遺産分割の結果，共同相続人の一人が処分した共有持分（持分権）が他の共同相続人に帰属することになったとしても，同財産は第三者による有効な取得が認められる——に親和的である。そこで，現在は，共有説が通説的地位にある[26]。もっとも，共有説に基づき各共同相続人は単独で個別財産にかかる共有持分（持分権）を自由に処分できるとなったとき，当該処分財産が遺産分割の対象となるか否かについてどのように考えるべきか，が問題となる[27]。

---

(24) 林良平「遺産共有と遺産分割」同『近代法における物権と債権の交錯』（有信堂高文社，1989年）（初出・太田武男先生還暦祝賀記念論文集『家族法学の課題と展望』（有斐閣，1982年））337頁以下（以下，「林・文献①」という），同「遺産分割」林良平＝佐藤義彦編『ハンドブック民法Ⅲ〔親族・相続〕』（有信堂高文社，1989年）224頁以下（以下，「林・文献②」という），同「遺産中の金銭の遺産分割前の帰属——最二小判平4・4・10をめぐって」金法1336号（1992年）6頁（以下，「林・文献③」という）
(25) 潮見佳男「遺産の帰属面から見た遺産共有の二元的構造」法学論叢182巻1-3号（2018年）1頁以下。
(26) 潮見・前掲注(1)140頁等。
(27) 高木多喜男は，物上代位の法理論（法技術）を用いて，代償財産が遺産分割の対象となるとすることを主張した代表的論者であるが，高木自身は，処分財産（高木は「分離財産」と表現する）を遺産に持ち戻して，遺産分割の対象とする処理についても肯定的であった（同「分離財産・代償財産と遺産分割」奥田昌道編代・林良平還暦記念『現

2 林良平の理解——遺産共有の二重性理論

この遺産共有と遺産分割の関係について,「遺産共有の二重性」という観点から理論的枠組みを提示したのが,林良平である。

林は,民法909条ただし書との関係では共有持分の処分自由が認められていることを前提としたうえで,「遺産分割」との関係において共有説を修正する考え方を提示した[28]。

(1) 理論構成——遺産共有の二重性

林は,遺産共有には,「個々の財産の共有ないし共同帰属」としての側面と,「個々の財産のすべてを包含した全体についての共有」としての側面があるとする[29]。

前者の側面においては,共同相続人は,個々の財産の共有にかかる持分又は分割された支配権を,遺産分割前といえども第三者に譲渡できる。

これに対して,後者の側面は,遺産分割の観点から見た「全財産の共同帰属」を意味する。遺産分割について,民法906条以下では,遺産とされる総財産を対象として分割されることを前提とした規律が定められている[30]。そのため,総合的分割としての遺産分割においては,遺産共有状態における「相続分に応じた遺産の分属状態は一切御破算にされて,再分配の対象とされることは否定できない」とする[31]。この観点を踏まえると,「遺産分割前に共有物分割などで分割された債権・共有物についても,その分割・持分はかりそめのもの」で,遺産分割において「総財産に対する共有が総財産を対象として分割されるに等しい」[32]。このように後者の遺産共有の側面においては,「遺産分割協議の状況で,その範囲が伸縮する遺産の変形物を包括的一体[33]」として遺産を捉えることができる。この観点からすれば,遺産共有は,「その程度の共同性の課せられた,しかし,自由処分可能な,共有や分割された財産が,共同相続

　代私法学の課題と展望上』(有斐閣,1981年) 191頁以下)。
(28) 　林・文献① 341頁,355頁。
(29) 　林・文献② 224頁以下。
(30) 　遺産分割制度が総合的分割であることを基礎づける根拠として,①民法906条の文言(「物又は権利の種類及び性質」「各相続人の年齢」,「心身の状態」,「生活の状況」),②家事審判規則109条(現行家事事件手続法195条)において,債務負担を介した代償分割が認められていること,③民法912条の債権担保責任の特則が定められていることが挙げられている(林・文献① 350頁)。
(31) 　林・文献① 350頁。
(32) 　林・文献① 350頁。
(33) 　林・文献① 355頁。

人に帰属しているのが，わが国の遺産共有の実態である[34]」と説く。

(2) 具体的処理

以上の理論的説明を踏まえ，林は，遺産分割における処分財産について，次のような具体的処理を提言する。すなわち，遺産分割においては，処分の段階でその相続人は一定の価値を分離して支配したものの，この価値が当該相続人への分割財産として計算に入れられる。具体的な処理としては，処分された財産が持ち戻され，かつ，遺産分割時の価格で評価されるとする。これによると，その持分が第三者の単独所有と化した部分は，遺産分割の結果，第三者への持分を譲渡した相続人に帰属すべき財産として計算される[35]。もっとも，林の遺産共有の二重性に基づく具体的処理については，判然としない点も少なくない。一方で，代償財産を遺産分割の対象とするのではなく，処分財産を持ち戻し，遺産分割の対象として処理をするべきだとの帰結が述べられている。そこには，処分財産は当然に遺産分割の対象に組み込まれて処理されるのだ，というニュアンスが込められているようにも思える[36]。他方で，別の論稿では，遺産分割前の処分において，共同相続人間でとくにその機会に一部の遺産分割（ここでは，法定相続分に基づく分割を意味しているものと解される）とされない限りは，後の遺産分割において，それを一部の遺産分割であったとして協議する，処分財産を持ち戻して計算をすることのほか，代償財産を遺産分割の対象に組み入れることも可能であるとする[37]。これらのうちいずれを選択するかについては，遺産分割時の協議・審判に委ねられているとする[38]。

3 遺産共有の暫定性からみた処分財産の相続財産性に関する理論的検討

(1) 遺産共有の暫定性に関する理論的検討の必要性

林の提示した具体的処理によれば，処分財産が遺産分割の対象に組み入れられると，遺産分割においては具体的相続分を基準とした総財産の分配が行われる。このとき，各共同相続人の共有持分（持分権）の処分は，遺産分割により取得する部分を先んじて処分していた（第三者に譲渡していた等）ことを意味す

---

(34) 林・文献① 355 頁。
(35) 林・文献② 230 頁。
(36) 林・文献② 230 頁。
(37) 林・文献① 354 頁。
(38) 林・文献① 351 頁，354 頁以下。

る[39]。この処理により，(少なくとも) 財産的価値の点では，総財産が具体的相続分に基づき分配されることが実現される。このような法的構成によると，各共同相続人は，遺産分割によって，具体的相続分に基づく相続財産にかかる価値支配を確定的に取得する。共同相続人による相続財産にかかる価値の支配という観点から捉えると，遺産共有状態において，各共同相続人が法定相続分の割合で共有持分（持分権）に基づいて個別財産の価値を支配しているというのは，過渡的・暫定的なものにすぎない，ということになる。

もっとも，林の唱える「遺産共有の二重性」を出発点に，遺産共有状態における共同相続人による価値支配の暫定性の捉え方及びその法的構成についてあらためて考えてみると，複数の見方があり得るように思われる。

たとえば，1つの考え方として，遺産共有の時点で，各共同相続人には，一度，法定相続分にかかる持分（持分権）としての価値支配が認められるものの，それが遺産分割の時点で覆される（林の表現によれば，「御破算になる」）との見方があり得よう（以下，「考え方α」という）。これとは異なり，各共同相続人による相続財産にかかる価値の支配について，遺産共有下における共有持分（持分権）に依拠した価値支配と，遺産分割による具体的相続分に基づく価値支配は，それぞれ異なる独立したものと捉える見方も考えられる（以下，「考え方β」という。）。

これら見方の違いは，後に詳細に述べるように，①共同相続人による共有持分（持分権）の法的処分（第三者への譲渡）の意義[40]，②処分財産が遺産分割の対象から逸出したことの意義，及び③処分財産を遺産に組み入れるための合意（同意）の位置づけ・意義にかかわる。その意味では，この検討は，前記Ⅱで指摘した民法906条の2の規律内容から示された検討課題を明らかにすることにもつながる。以下では，これらの点に留意しつつ，遺産共有の暫定性の観点からみた処分財産の相続財産性について，その法的構成に関する検討を試みたい。

(2) 【考え方α】持分処分の自由にみる価値支配を出発点とする見方

まず，遺産共有の時点で，法定相続分にかかる持分（持分権）としての価値支配は肯定されるものの，それが遺産分割の時点で覆されるという見方につい

---

(39) 林・文献② 230頁。
(40) 処分権に関する一般的な議論については，森田宏樹「処分権の法的構造について」高翔龍ほか編『日本民法学の新たな時代——星野英一先生追悼』（有斐閣，2015年）463頁以下等参照。

て検討する。
　(a)　共同相続人における持分処分による価値支配
　この見方においては，まず，遺産共有下において，各共同相続人に法定相続分にかかる共有持分（持分権）についての価値支配が認められることを出発点とする。これは，共有説を前提に，各共同相続人は物権法上の共有持分を有するのであれば，所有権の性質をもつ持分権[41]についても，（共有法理に反しない限りで）自由にその処分ができることによって基礎づけられよう。そして，共同相続人が権限に基づいて共有持分（持分権）を処分した場合，処分された持分は共同相続人による「遺産共有下」の支配から逸出したことになる[42]。
　このことは，共同相続人による個別財産の共有持分にかかる価値支配の観点からは，次のように説明できる。持分権には物に対する絶対的支配に基づきその交換価値が割り当てられており，共有者は法的処分によりその交換価値を享受することができる。この発想によれば，共同相続人は，共有持分（持分権）を処分することにより，その交換価値を享受することになる。林自身の記述——「持分を単独で譲渡した相続人は，その対価を得たであろうし，また贈与などしたとしても，その贈与に相当する価値を自己の支配下におき独立させて第三者に譲渡したわけである。この意味で，その処分の段階でその相続人は一定の価値を分離して支配したこととなる。」——もこのような理解と重なる[43]。このように，遺産共有下において，処分の前提として，各共同相続人は，いったんは個別財産の共有持分（持分権）にかかる（交換）価値を支配していると言える。
　(b)　遺産分割の場面
　そのうえで，遺産分割においては，処分財産も含めて，総財産の分配がなされる。これにより，前記(a)遺産共有下における共同相続人の法定相続分を基準とした持分支配は，具体的相続分による価値支配に覆されることになる。
　このような理解によれば，遺産分割時に，持分権に基づき処分された財産を遺産に組み入れることは，共有持分（持分権）の処分自由の制限にあたるということになるだろう。遺産分割の意義・趣旨において，総財産の分配及びそれに基づく相続人の公平の実現という規範的要請に基づき，その制限が正当化さ

---

(41)　最判昭和62年4月22日民集41巻3号408頁参照。
(42)　林・文献①354頁では，昭和50年判決の理解として，第三者へ譲渡された持分が第三者の共有持分の請求によって初めて逸出財産となると解するのではなく，「持分譲渡がすでに逸出である」とする。
(43)　林・文献②230頁。

れるというわけである。そのうえで，遺産分割において，遺産から逸出した＝遺産分割の対象から逸出した処分財産を遺産に組み入れるためには，共同相続人全員の合意（同意）が必要とされる[44]。

(3) **【考え方β】遺産共有と遺産分割における価値支配を区別する見方**

(a) 遺産共有と遺産分割における価値支配の区別

もう一つの考え方は，各共同相続人による相続財産にかかる価値の支配について，遺産分割において具体的相続分に基づく価値支配を，遺産共有下における持分に依拠した価値支配とは区別して考えるものである。つまり，総財産の分配としての遺産分割の観点からすれば，遺産分割までに個別財産（の共有持分）が処分されたとしても，相続財産の財産的価値はなお共同相続人のもとに存在（帰属）しているものと考えられる。これによれば，権限に基づき処分された財産も，遺産のうちに財産的価値として現存しており，それを含めた総財産が遺産分割されることになる。その意味で，各共同相続人は，遺産分割を経てはじめて，具体的相続分にかかる相続財産の価値を取得する[45]。

(b) 遺産共有における法的処分の意味

もっとも，これだけでは，昭和50年判決及び昭和52年判決が述べた「遺産分割の対象から逸出した」の意味内容は明らかになっていない。その意味内容を明らかにするには，各共同相続人による共有持分の処分（譲渡）の意味を整理（再構成）する必要があろう。この点，前記考え方αは，共同相続人による共有持分を第三者に譲渡すること（共有持分の法的処分）は，共同相続人が共有持分にかかる価値的支配を意味するとの考え方を前提とするものだった。しかし，法的処分の意味を別の形で捉えることもできるのではないか。すなわち，共同相続人による持分譲渡という法的処分が意味するのは，個別財産の帰属先が変更するという法的地位の変更（のみ）である。この譲渡部分については，その帰属主体が，共同相続人の一人であった譲渡人から，第三者（共同相続人でない者）へと変更した，ということである。相続財産を成していた個別財産（その共有持分）と帰属主体との帰属関係に着目すると，法的処分とは，共同相続人による帰属が消滅し，新たに第三者による帰属関係を設定するものである。以上の内容を判例の解釈に敷衍すると，次のように説明できる。つまり，昭和

---

[44] 本文中の記述とは若干ニュアンスを異にするが，各共同相続人が一度取得した価値支配を覆すためには，共同相続人の同意による必要がある，とも言えそうである。

[45] 林の表現において，「遺産の分割という網を被せる」（林・文献③11頁）でイメージされているのは，このような意味だとも言える。

25 遺産分割前の財産の処分に関する検討 〔木村敦子〕

50年判決において，共有持分の譲渡部分が「遺産分割の対象から逸出する」との判示は，個別財産の共有持分だった譲渡部分からみてその帰属関係・帰属主体が変更になった結果として，当該譲渡部分にかかる共有関係の解消手続は，その帰属主体（共同相続人ではない者）との関係からすれば共有物分割となる，との意味だったということになる[46]。昭和50年判決がこのような意味であったとすると，同判決の「遺産分割の対象から逸出する」との判示部分は，昭和52年判決の論点——共同相続人間で行う遺産分割の対象に処分財産が入るか否か——について直接の回答を与えるものではない。

以上の内容を整理すると，共同相続人による共有持分の法的処分（第三者への譲渡）は，帰属関係の変更を意味するものであり，その譲渡部分である客体からすれば，遺産から逸出したことを意味する。他方で，遺産分割との関係においては，共同相続人による共有持分の処分によって，当該処分財産の財産的価値が遺産分割の対象から逸出したことまでは基礎づけられない。このような法的構成によれば，処分財産は遺産分割の対象から逸出したことを根拠に，その相続財産性を否定する判例法理は，自明の理ではないことがわかる。

(c)　交換価値（代償財産）の取得

もっとも，以上の理解において，遺産共有下における共同相続人の価値支配がまったく否定されるわけではない。遺産共有下における共同相続人が有する共有持分に依拠する価値は，その物の利用価値を他人に取得せしめたことによる交換価値として具現化される。個別財産を取引行為等において売却した場合の交換価値自体は，その取引行為に基づき他人に利益享受を取得させた反対給付として得られるものである。これは，代償財産が共同相続人の固有の財産として取得されることを意味する。そのうえで，共同相続人の合意に基づき，相続人固有の財産を遺産分割の対象とすることは可能である。処分財産を遺産分割の対象とする場合には，この代償財産の取得自体には影響はない。ここでは，遺産分割の観点から共有持分にかかる価値支配が制限されることと，共同相続人が，取引行為により，共有持分の交換価値として固有の財産を取得すること

---

[46]　昭和50年判決の調査官解説で示されている理解は，本文のような理解と整合的であるように思われる。それによると，通常の共有は「客体の価値を分有している」ところ，遺産共有の場合には，主体の連関性により，遺産分割によらなければならないとされる。しかし，物の承継人において，主体的関連性は承継されない。以上のことから，共同相続人から譲渡された第三者が有する共有持分については，その共有関係の解消にあたり，遺産分割によるのではなく，共有物分割手続によるべきとされる（川口冨男「判解」法曹会『最高裁判例解説民事篇（昭和50年度）』（法曹会，1979年）506頁）。

は区別される。

(d) 共同相続人の合意（同意）の意義

以上の法的構成によれば，遺産分割においては，処分財産の財産的価値も遺産のなかに現存するものとして，それを含めた総財産が遺産分割対象になる。そこには，共同相続人全員の合意（同意）に基づく遺産への組入れという発想は出てこない。共同相続人全員の合意（同意）が考慮されるとすれば，それは当該処分財産（の財産的価値）を遺産分割の対象から除外する場合ということになろう。

(4) 権限に基づかない処分がされた場合との関係・理論的整合性

以上のように，遺産共有の暫定性を踏まえると，共同相続人が個別財産にかかる共有持分（持分権）を法的に処分した場合における処分財産の相続財産性については，いくつかの法的構成の可能性が認められる。もっとも，これまで検討してきた考え方 α 及び考え方 β は，遺産共有と遺産分割との関係，つまり共同相続人が共有持分（持分権）を処分した場合を念頭に置いたものだった。

これに対して，共同相続人により共有持分（持分権）に基づかない処分がされた場合，当該処分財産は遺産分割の対象となり得るか——この点について，権限に基づく処分がされた場合との関係において，どのように考えられるだろうか。これについては，次のように考えられる。

(i) 一つの立場として，共同相続人による権限に基づく処分と権限に基づかない処分を区別することが考えられる。遺産共有の二重性の議論，及びそれに基づき提唱された処分財産の相続財産性は，権限に基づく処分を前提としたものである。権限に基づかない処分がされた場合における処分財産の扱いは，議論の射程外と言える。権限に基づかない処分がされた場合，他の共同相続人は，処分をした共同相続人に対して，不法行為に基づく損害賠償請求権又は不当利得返還請求権を有するのであり，この処理の問題として位置付けられる。もっとも，これらについても遺産分割の対象とするのが合理的であるとの配慮から，共同相続人全員の合意（同意）に基づき遺産分割の対象とすることはできる。もっとも，このような処理は，処分財産の相続財産性とは別の問題である。

(ii) (i)とは異なり，前記考え方 α によれば，次のような整理もできるだろう。つまり，共同相続人による権限に基づく処分の場合には，各共同相続人における共有持分にかかる価値支配という形で，処分財産が遺産から逸出することが基礎づけられる。これに対して，権限に基づかない処分の場面は，当該処分行為が権限に基づかない以上，第三者との関係で遺産から客体（実体）の逸

出が認められても，共同相続人による正当な価値支配があったことにはならない。この場合には，遺産分割の対象の前提である個別財産にかかる財産的価値の逸出が正当に基礎づけられない。とすれば，権限に基づかない処分の場合には，処分財産はなお遺産分割の対象のままである，との理解があり得る[47]。

(iii) また，前記考え方βに依拠するのであれば，権限に基づかない処分の場合についても，権限に基づく処分がされた場合と同じく，その処分財産にかかる帰属主体は変更しているものの，遺産分割の観点から当該処分財産の財産的価値が相続財産から逸出していないと捉えられる点では相違ないとも考えられよう。もっとも，いずれの場合も，処分財産の財産的価値は遺産から逸出していない以上，共同相続人全員による合意（同意）をもって遺産に組み入れる作業は不要である。むしろ，遺産分割の対象から除外される場合に，共同相続人全員の合意（同意）が必要となる。

IV 若干の考察

前記IIIにおける遺産共有の二重性・遺産共有と遺産分割の関係についての検討からは，処分財産の相続財産性に関する理論的検討にあたり，①共同相続人による共有持分（持分権）の法的処分（第三者への譲渡）の意義，②処分財産が遺産分割の対象から逸出したことの意義，及び③処分財産を遺産に組み入れるための合意（同意）について，さまざまな解釈可能性の余地があることが明らかになった。

あらためてIIIで検討した内容を整理すると，次のようになる。

考え方αによると，遺産共有下において，各共同相続人は共有持分にかかる価値支配をその処分を通じて取得するとともに，処分財産は遺産分割の対象から逸出する。しかし，遺産分割の観点からすれば，その共同相続人による価値支配は，具体的相続分に基づく総財産の分配に上書きされる。この上書きをするため遺産分割の対象に処分財産を組み入れるには，共同相続人全員の合意（同意）が必要となる。この考え方によれば，権限に基づかない処分がされた場合には，共同相続人による価値支配が正当に基礎づけられていないとして，その場合の処分財産については，当然に，相続財産性が肯定されると考える余地がある。

これに対して，考え方βでは，遺産分割の観点からすると，共同相続人が

---

[47] 代償財産の相続財産性についてではあるが，共同相続人の処分行為によるか否かで区別するべきとの主張をするものとして，たとえば潮見・前掲注(1)331頁以下。

共有持分を処分したとしても，当該処分財産の財産的価値は逸出していないとの理論構成を採っている。その際，考え方αとは異なり，各共同相続人による共有持分の法的処分（第三者への譲渡）は，その価値支配と関連づけて理解する必要はなく，帰属関係・帰属主体の変更を意味するにとどまる。この考え方βによれば，処分財産（の財産的価値）は原則として遺産に組み入れられており，その例外として，共同相続人の合意（同意）があれば，当該処分財産（の財産的価値を）遺産分割の対象から除外するという処理になるであろう。

以上の考え方，法的構成と比較すると，民法906条の2は，処分要件において権限に基づく処分と権限に基づかない処分を区別していない（考え方αとの違い）。他方で，処分財産について，代償財産等の相続人固有の財産と同様，共同相続人全員の同意による組み入れ要件が設けられている（考え方βとの違い）。その意味では，民法906条の2は，前記Ⅲで示したいずれの考え方にも合致していない。

たしかに，民法906条の2については，その制度設計にあたり当初から権限に基づかない処分（預貯金債権の払戻し）の解決策として検討されており，また紛争の長期化・複雑化を回避するとの実際上の考慮も踏まえられた結果，処分要件が一元化されるとともに，共同相続人の同意による組み入れとすることが妥当とされた。この点，理論的には，昭和52年判決等が示したとされる処分財産が遺産分割の対象から逸出したことの意義，及び処分財産を遺産に組み入れるための同意（合意）の意義を問い直す必要性があったかにもかかわらず，遺産分割の紛争処理の妥当性に配慮する形で前記判例法理がそのまま受容されてしまった。さらに，このことにより，民法906条の2を解釈するうえでは，共同相続人による共有持分（持分権）の法的処分が有する意義や遺産共有と遺産分割の関係性を検討する意義が矮小化されてしまったとも言えよう。

とは言え，これらの理論的検討を議論する意味自体が完全に失われたわけではないだろう。共同相続人による共有持分（持分権）の法的処分の意義・法的性質をめぐる議論は，その共有持分の使用・収益・処分行為との関係において，相続財産から生じた果実（賃料債権等）の扱い[48]，あるいは相続財産の管理行為のあり方[49]にも関わり得るものとして，引き続き検討していきたい。

---

(48) 最判平成17年9月8日民集59巻7号1931頁。
(49) フランス法の議論を手がかりに，遺産の管理に着目する論稿として，宮本誠子「フランス法における遺産管理と『遺産』概念」社会科学研究68巻2号（2017年）5頁以下がある。

26 民法906条の2に関する一考察
――相続預貯金の引出しを題材に

増 田 勝 久

Ⅰ はじめに
Ⅱ 設　例
Ⅲ 遺産分割による解決とその問題点
Ⅳ 不法行為又は不当利得による解決とその問題点
Ⅴ 解決方法の比較
Ⅵ 結　び

Ⅰ はじめに

相続預貯金については，最高裁平成28年12月19日大法廷決定（民集70巻8号2121頁，以下「平成28年大法廷決定」という）による判例変更により，普通預金を含むすべての預貯金債権について，被相続人の遺産に属することとなった。したがって，遺産分割時に現存する限りにおいて，遺産分割手続により分割される。

金融実務では，平成28年大法廷決定以前から，金融機関が預貯金の名義人が死亡したことを知った時点から預貯金口座は凍結され，各相続人による引出しができなくなる取扱いがなされている。

しかしながら，実際には被相続人の死亡を金融機関が知らない間に相続人がその預貯金を引き出し，他の相続人との間で紛争になることは少なくない。

このような場合，金融機関に対する預貯金債権そのものは，弁済として有効である限り消滅し，その時点で遺産分割の対象から外れる。したがって，平成31年民法改正以前の実務では，他の相続人は不法行為に基づく損害賠償請求権ないし不当利得返還請求権に基づいて，引き出した金銭の全部又は一部を請求するのが一般的であった。他方で，すべての相続人の合意により，当該預貯金を遺産分割の対象とする方法も用いられていたが，この場合には引き出した相続人の合意も必要であるため，紛争性が高い事例においては，困難であった。

平成31年民法改正で新設された906条の2は，相続開始後遺産分割前に処

分された財産について，処分者を除くすべての相続人の合意によって，遺産と擬制し，遺産分割対象財産に組み入れることを認めた。この条項は，必ずしも預貯金債権のみに適用されるものではないが，主として相続開始後の預貯金の引出しによる紛争の解決方法を想定しており，実際にもそのような事例が多いと考えられる。

本稿では，平成28年大法廷決定及びその後の民法改正を踏まえて，以下の設例をもとに，実際に預貯金が相続開始後に引き出された場合の法律関係とその解決方法を検討するとともに，これをめぐる法律関係を考察したい。

II 設　例

被相続人は，810万円の普通預金を残して死亡した。相続人は，子のＡＢＣのみである。Ａは，被相続人の死亡後に，その事実を秘して，ＢＣにも無断で，前記預金のうち540万円を引き出し，費消した。Ｂは，被相続人の自宅土地建物（相続時の時価2100万円）につき，生前贈与を受けていた。遺産としてはほかに600万円相当の株式が存する。

III 遺産分割による解決とその問題点

1 「みなし遺産」とは

(1) 民法906条の2の意義

平成31年民法改正により，一定の要件の下に，遺産分割前に処分された遺産に属する財産につき，遺産分割手続の対象とすることとされた（民法906条の2）。

その要件は，
① 相続開始時に，対象財産が被相続人の遺産（遺産分割の対象となる財産）であったこと
② 対象財産が相続開始後遺産分割終了前に処分されたこと
③ 対象財産を遺産分割手続の対象とすることにつき，処分をした者を除く相続人全員の同意があること（同意の対象は「対象財産を遺産分割手続の対象とすること」であり，処分者が誰かについての同意は，必要ではない）
である。

以上の要件を満たせば，その合意は実体法上の効力を生じ，対象財産は遺産分割の対象となる。このことにより，以後，対象財産は実体法上の遺産とみなされ，民法906条に従い，具体的相続分を基準として分割される。

立法趣旨としては，遺産分割の対象となる遺産の範囲を拡大することにより，共同相続人間の具体的公平が図られると考えられている。
　(2)　**民法909条の2との関係**
　(a)　民法909条の2の意義
　他方，平成28年大法廷決定及びその後の判例[1]により，個々の相続人による相続預貯金債権の行使が認められなくなった結果，被扶養者であった相続人の生活費や相続債務の支払いなど早期の資金需要に対応する必要が生じ，平成31年民法改正においては，一定の要件の下に，預貯金債権の準共有による処分制限を一部緩和し，相続人に払戻権を認めた（民法909条の2）。
　その要件は，
①　預貯金債権（預金口座又は貯金口座にかかる預金又は貯金に係る債権，民法466条の5）であること
②　相続開始後の債権額の1/3に法定相続分の割合を乗じた額の範囲内であること
③　1債務者当たり法務省令で定める額（現行省令では150万円）の範囲内であること
である。
　この要件を満たす払戻しにより相続人が受領した額については，遺産の一部分割により取得したものとみなされる（909条の2後段）。したがって，その取得額の精算は，共同相続人間の遺産分割手続で処理することが予定されている。この場合の対象財産は一部払戻しを受けた預貯金債権であり，遺産分割前に消滅した債権であるが，906条の2の同意は必要ではない。
　(b)　民法906条の2と909条の2との関係
　したがって，設例では，Aが払戻しを受けた額540万円のうち，民法909条の2の適用要件を満たす90万円については，906条の2と909条の2のいずれを適用すべきかが問題となる。
　A説　906条の2適用説
　　909条の2は，預貯金債権の債務者である金融機関において，同条前段の規定による権利行使可能な範囲内にあるかどうかを判断することが予定されているのであるから，金融機関においてその判断が可能な場合のみ909条の2の規定が適用され，判断し得ない場合は906条の2が適用され

---
[1]　最判平成29年4月6日判夕1437号67頁。

る。

　したがって，被相続人名義での払戻しや，キャッシュ・カードにより引き出された場合には，そもそも909条の2の適用はなく，906条の2の問題となる。

B説　909条の2適用説

　909条の2は，906条の2の特則であり，前記(a)の要件を満たす限り，払戻しの態様を問わず，909条の2が適用される。

　したがって，設例において，A説によれば，Aが引き出した540万円全額について，同意がなければ遺産とはならないが，B説によれば，うち90万円は当然に遺産となる。

　立法段階においては，最初に909条の2が具体化し，その後，適法に処分された財産が当然に遺産となるのに，違法に処分された場合に遺産とならないのは整合性を欠く，との見地から，906条の2が立法されたという経緯がある。その過程においては，金融機関に対する配慮もあって，債務者を完全に保護する規定であることが強調された。この沿革からは，一見A説が立法趣旨に沿うように見え，立法担当者もこの見解をとっている[2]。

　しかしながら，かかる見解は，同じ金額が払い戻されているにもかかわらず，明文にない払戻しの方式，態様によって，法律効果を異にする結果となるもので，実体法の解釈としてはかなり異質のものである（かりにAの引出額が90万円以下であった場合にはA説の不合理さがより顕著になる）。

　909条の2は，たしかに債務者の完全免責を認める点で，債務者の保護規定であるが，同時に，その払戻しが一部分割とみなされるという点で，共同相続人間の公平をも図っている。この点では，906条の2と立法趣旨を同じくするものであり，同意の要件が不要である点で，906条の2よりも，より公平に配慮したものとなっている。

　また，A説によれば，設例の引出しには909条の2の適用はないから，Aはさらに909条の2に基づき100万円を適法に引き出すことができ，金融機関には調査義務がないとされる結果，権利濫用の抗弁は別論として，原則として払戻しに応じる義務があり，これに応じても完全に免責される，との帰結となる[3]。しかしながら，名義人の死後に預貯金が引き出されていることは金融機

---

(2)　堂薗幹一郎＝神吉康二『概説改正相続法〔第2版〕』（金融財政事情研究会，2021年）59頁，潮見佳男『詳解相続法〔第2版〕』（弘文堂，2022年）213頁。

(3)　堂薗ほか・前掲注(2)55頁（注1），潮見佳男編『新注釈民法(19)〔第2版〕』（有斐閣，

関において容易に調査しうること，無条件の免責が得られなくても銀行取引約款ないし民法478条による免責を受けうることからしても，金融機関の保護に傾斜しすぎた解釈であると考える。

909条の2の法的性質が債権行使制限の解除であるならば，その行使の方式や態様にかかわらず，明文の客観的要件を満たす範囲で，適用があると考えるのが自然な解釈であると思われる。よって，B説を採りたい。

2　処分者に争いがある場合
(1)　問題の所在
すでに述べたとおり，906条の2の適用において，対象財産を遺産分割の対象とすることの同意は必要であるが，処分者が誰であるかについての合意は必要ではない。

しかしながら，共同相続人全員の同意がない場合，同意しない者が処分者でなければ，906条の2の適用はできないところ，同意しない者が自身が処分者であることを争う場合も少なくない。

このような場合に，他の同意している共同相続人は，どのような解決方法をとりうるか。

(2)　みなし遺産確認の訴えの可能性
(a)　問題の所在
立法者は，906条の2のみなし遺産についても，遺産確認の訴えを提起しうると考えていた[4]。

しかしながら，設例でAが引き出した預金債権のように，すでに現実に存在しない財産の帰属は過去の法律関係であって，確認の利益が当然に認められるとするのは，疑問なしとしない。

一般に，確認訴訟における確認の利益は，対象選択の適否，方法選択の適否，即時確定の利益の3点から考察される。対象選択の適否の観点からは，確認の対象は，原則として，現在の権利または法律関係でなければならず，事実の確認や過去の法律関係については対象から除外される。

(b)　遺産確認の訴えについて
遺産確認の訴えは，一見すると過去の法律関係の確認のようにも見えるが，最判昭和61年2月13日民集40巻2号389頁（以下「昭和61年最判」という）

　2023年）503頁〔藤巻梓〕。
(4)　堂薗ほか・前掲注(2)79頁。

は，被相続人の死亡の前後を通じて計 11 件の不動産の登記名義が第三者に移転され，当該不動産が被相続人の遺産として遺産分割調停・審判手続の対象となるか否か争われた事案で，「当該財産が被相続人の遺産に属すること，換言すれば，当該財産が現に共同相続人による遺産分割前の共有関係にあることの確認を求める訴え」と位置づけ，「その原告勝訴の確定判決は，当該財産が遺産分割の対象たる財産であることを既判力をもって確定し，したがって，これに続く遺産分割審判の手続において及びその審判の確定後に当該財産の遺産帰属性を争うことを許さず，もって，原告の前記意思によりかなった紛争の解決を図ることができるところである」として，紛争の抜本的な解決を図ることが可能となることを理由に，その適法性を認めている。また，これに続けて，通常の物権法上の共有とは共有関係解消のための手続が異なることをもって，共有関係確認の訴えとは異なる独自の訴訟類型であることを明らかにしている。

この昭和 61 年最判は，遺産確認の訴えを，現在の法律関係としての「遺産分割前の共有関係」を確認対象としてその適法性を基礎づけていると考えられる[5]。この考え方は，「遺産分割前の共有関係」が通常の物権法上の共有関係とは異なる法律関係であることが前提である。遺産分割前の共有関係は，民法 906 条の基準により，907 条の手続によってのみ分割が可能な共有関係であり，分割方法及びその可能時期につき遺言による拘束を受け（908 条 1 項），分割がなされた後にはその効力が相続開始時に遡及する（909 条）など，実体法上も，物権法上の共有とは異なる，特殊な共有関係であって，それ自体で，通常の共有関係確認や持分権確認の訴えとは別個に確認訴訟の対象となりうる[6]。

したがって，906 条の 2 のみなし遺産であることの確認の訴えについて，昭和 61 年最判の判例理論からその適法性を直ちに帰結するのは無理がある。906 条の 2 で遺産とみなされる財産においては，相続開始時から現在までの間に全

---

[5] なお，判例が現在の法律関係と解しているとの点については，必ずしも統一的な理解があるわけではない。判例の理解につき現在の法律関係とするものとして水野武『遺産確認の訴えの適法性』曹時 41 巻 8 号（2019 年）266 頁，大江毅『遺産確認の訴えに関する理論的検討』民訴雑誌 68 号（2022 年）241 頁，山本克己『「遺産確認の訴え」の適否』別ジュリ 264 号（2023 年）134 頁など。過去の法律関係であるが，現存する紛争の抜本的な解決を図るための必要性を理由として確認の利益を認めたとするものとして，中野貞一郎ほか編『新民事訴訟法講義〔第 3 版〕』（有斐閣，2018 年）165 頁（福永有利），松下淳一『最高裁判所民事判例研究』法協 108 巻 1 号（1991 年）167 頁など。
[6] 最判平成 9・3・14 判タ 937 号 113 頁は，所有権確認訴訟が棄却され，その確定判決の既判力によりその共有持分の取得を主張できなくなった相続人であっても，当該土地について遺産確認の訴えを提起できるとする。

部又は一部は処分されているのであるから，少なくとも現時点で遺産共有関係にはなく，設例で引き出された部分の預貯金債権に至っては，現在は消滅し，財産としての存在すらない。すなわち，現在は遺産共有関係になく，過去のある時点で存在した財産が遺産共有関係にあったことの確認を求めるものであるから，これを適法とするには，少なくとも確認対象適格を緩和する何らかの論理が，さらに必要となる[7]。

この点，株主総会決議不存在・無効確認請求の訴え（会社法830条），婚姻・離婚無効確認請求訴訟（人訴法2条1号）のように法律に明文の規定が存在する場合は別として，確認対象適格を緩和するための論理として一般的に用いられるのが，「現存する紛争の直接かつ抜本的な解決」というキーワードである。

(c) 特別受益財産確認の訴え

その後の最判平成7年3月7日民集49巻3号893頁（以下「平成7年最判」という）は，特定の不動産が特別受益財産であることの確認を求めた事案で，「（特別受益の）規定は，被相続人が相続開始の時において有した財産の価額に特別受益財産の価額を加えたものを具体的な相続分を算定する上で相続財産とみなすこととしたものであって，これにより，特別受益財産の遺贈または贈与を受けた共同相続人に特別受益財産を相続財産に持ち戻すべき義務が生ずるものでもなく，また，特別受益財産が相続財産に含まれることになるものでもない。」として，現在の権利または法律関係の確認であることを否定した上で，「ある財産が特別受益財産にあたるかどうかの確定は，具体的な相続分または遺留分を算定する過程において必要とされる事項にすぎず，しかも，ある財産が特別受益財産にあたることが確定しても，その価額，被相続人が相続開始の時に有した財産の全範囲及びその価額が定まらなければ，具体的な相続分または遺留分が定まることはない」ことを理由として，特別受益財産の確認により相続分または遺留分をめぐる紛争を直接かつ抜本的に解決することにならない。」として，現存する紛争の直接かつ抜本的な解決のための必要性を否定し，さらに「ある財産が特別受益財産にあたるかどうかは，遺産分割申立事件……（中略）……など具体的な相続分または遺留分の確定を必要とする審判事件ま

---

(7) 対象選択の適否につき権利または法律関係か否かにこだわらず，現存する紛争の直接かつ抜本的な解決にとっての有効適切性に一元化する見解もありうるが，権利または法律関係については，一般的定型的に確認対象適格性が認められるべきと考える（光本（笠井）正俊『特定の財産がいわゆる特別受益財産であることの確認を求める訴えの適否』民商113巻4・5号（1996年）774頁）。なお，明渡前の敷金返還請求権について条件付権利として現在の権利性を認めた最判平成11・1・21民集53巻1号1頁参照。

たは訴訟事件における前提問題として審理判断されるものであり，右のような事件を離れて，その点のみを別個独立に判決によって確認する必要もない。」として，手段選択の適否の点からも確認の利益を否定し，訴えを不適法とした。

上記昭和61年最判の対象となった遺産とこの平成7年最判の対象となった特別受益財産とを比較すると，最高裁は，①前者が「遺産」という特定の財産に関する現在の法律関係といいうるのに対し，後者はおよそ現在の法律関係とはいえない，②前者が遺産分割手続の対象となることを既判力によって確定する利益があるのに対し，後者はあくまで別の紛争の前提問題であって，これのみを独立に確定する利益はない，として，確認対象適格を緩和すべき場合でもない，と考えているといえる[8]。

(d) 検　討

したがって，まず，906条の2により遺産とみなすことができた場合の財産（みなし遺産）の法律上の性質を検討する必要がある。

すでに述べたように，みなし遺産は，相続開始時点では遺産共有関係にあったものであるが，全部または一部が処分された時点で，遺産共有関係は失われており，預貯金債権のように財産としての存在すら消滅している場合がある。

ただ昭和61年最判の対象財産である不動産は，現存している限り，その遺産共有関係を観念することができ，その遺産共有関係は，対抗力や既判力の主観的範囲の問題は別として，第三者にとっても効力を有する。

ところが，906条の2のみなし遺産は，共同相続人間の遺産分割の前提問題を離れては意味をもたず，いかなる意味でも遺産共有関係の存在を第三者に対して主張できる性質のものではない。設例の預貯金債権は，払戻し前はＡＢＣの遺産準共有であり，909条の2の範囲を超える部分については単独の払戻請求権がなく，債務者としても遺産準共有を主張して払戻しを拒否できるものであったが，いったん払戻しがなされた以上は，かりに全共同相続人が同意したところで，そのような遺産準共有の法律関係が復活するものではない。とすると，本来の遺産とは異なり，実体法上，いかなる意味でも現在の権利または法律関係ではない。

ここで，906条の2の「同意」が，「実体法上の同意」とされていることの

---

[8] さらにその後の最判平成12・2・24民集54巻2号523頁は，具体的相続分につき，それ自体が実体法上の権利関係でないこと，遺産分割ないし遺留分事件の前提問題にすぎず，独立に確定することが紛争の直接かつ抜本的な解決のため適切かつ必要でもないことを理由として，その確認の訴えを不適法としている。

意味が問題となる。本来は遺産でないものを遺産分割当事者全員の合意により遺産分割の対象とすることは，遺産紛争の一括解決を目的として，実務上，平成31年民法改正前から行われていた。この場合に合意によって遺産分割の対象に含まれていた財産は，遺産を構成する不動産の賃料，遺産の処分代金[9]などのほか，平成28年大法廷決定以前は現存する預貯金債権であることが多かった。そこでは対象財産がかつて相続財産として存在していたか否かは問題とされず，実体法上は明らかに相続財産ですらないものも含まれていたのであるから，ここでの合意は遺産分割調停・審判手続の対象とすることについての合意，すなわち調停・審判等の手続における手続上の合意と解すべきものであった。このような合意の活用により遺産分割手続の促進と共同相続人間の公平が図られてきたわけであるが，手続上の合意である限り，その効力が後続の手続に及ぶのかが不透明であり，調停手続における合意の審判手続における効力，遺産確認訴訟における裁判上の和解・認諾の審判における効力等につき，手続上の信義則以外に明確な説明はできなかったように思われる。このため平成31年改正の立法過程においては，「同意」の拘束力を明確にし，撤回を許さないことを主眼として「実体法上の同意」が強調された。すなわち，ここでいう「実体法上の同意」は，意思表示の効力が実体法上のものであることを企図したものにとどまり，遺産とみなされる財産に関する実体法上の権利関係の変更まで意図したものではない。

　したがって，みなし遺産はいかなる意味でも現在の権利または法律関係ではなく，次の「現存する紛争の直接かつ抜本的な解決」に資するか否かが検討されなければならない。

　すでに述べたように，遺産確認の訴えに関する昭和61年最判は，当該財産が遺産分割の対象たる財産であることを既判力をもって確定することをもって，紛争の抜本的な解決を図ることができるとし，このことをもって確認の利益を補強していると考えられる。しかしながら，本来の遺産については，遺産分割審判以外に裁判手続による解決の方法がなく，かつ，判例[10]によれば，審判は既判力を有せず，後訴により結果が覆滅される可能性が残ることから，審判により究極的に紛争を解決するためには審判に先立ってその対象を既判力をもって確定しておく必要性が非常に大きい，いいかえれば，遺産確認の訴えを認めないと，紛争解決手続全体の体系に関わるとの認識がその背景にある点は

---

(9)　最判昭和54・2・22家月32巻1号149頁参照。
(10)　最大決昭和41・3・2民集20巻3号360頁。

無視できない。

これに対し，みなし遺産は，本来は遺産でないものを遺産分割手続の対象に取り込む以上の法律上の効果は考えづらく（たとえば分割の効力の遡及効（909条）などはあり得ないであろう），分割にあたっても，後述のように遺産分割手続以外の紛争解決方法も存在することから，遺産分割の対象として確定しておく必要性は，必ずしも大きいものではない。また，みなし遺産を分割対象に取り込んだ場合でも，遺産分割手続における実際の審理において，重要なのは当該財産の価額の評価であって，財産そのものの種類や性質はおよそ問題にならない。このように見ると，906条の2のみなし遺産は，物というよりは遺産分割の対象適格性という純粋の法的評価であり，特別受益財産と同じく，みなし遺産にあたるかどうかは，遺産分割手続の前提問題として当該手続の中で必要とされる事項にすぎず，かつ，分割の対象となるのは，かりに代償分割の形式をとるにせよ，実際にはみなし遺産そのものではなくその評価額にすぎないから，遺産分割手続を離れて，みなし遺産性の点のみを別個独立に判決によって確認する必要もない，といえるであろう。

3　各相続人の取得額

設例においてＡの引き出した預金をみなし遺産とすることに少なくともＢＣが同意し，遺産分割による解決が行われた場合，みなし遺産を含む遺産総額は預金810万円と株式600万円の合計1410万円であり，各人の取得額は，

　　　Ａ　615万円（別途90万円を一部分割により取得済み）

　　　Ｂ　　　0（超過特別受益あり）

　　　Ｃ　705万円

となる。

これに対し，ＡＢＣいずれかの同意が欠けた場合には，みなし遺産を含む遺産総額は預金残額270万円と株式600万円に909条の2による引出額90万円を加えた960万円となり，各人の取得額は

　　　Ａ　390万円（別途90万円を一部分割により取得済み）

　　　Ｂ　　　0（超過特別受益あり）

　　　Ｃ　480万円

となる。Ａが引き出した預金のうち450万円については，訴訟等別の方法に委ねられる。

Ⅳ 不法行為又は不当利得による解決とその問題点

1 共同相続された相続預貯金の性質

平成 28 年大法廷決定によれば，普通預金債権は共同相続人の準共有となると解される。判例が預貯金契約上の地位については準共有であることを明言しながら，預貯金債権そのものについては明らかにしなかったため[11]，当初は様々な意見があったが，共有物分割の特則である遺産分割の対象とする以上，実体法上の位置づけとしては準共有と解するほかないであろう。

なお，古い学説は準共有の効果として不可分債権[12]が生じるとしていたが[13]，近時は，準共有という債権の帰属態様と多数当事者の債権債務関係は次元が異なると見る考え方が主流である[14]。また，連帯債権であれば各債権者がすべての債権者のために全部または一部の請求をすることができるが（民法432 条），その後の最判平成 29 年 4 月 6 日判タ 1437 号 67 頁は，共同相続された普通預金に関し，単独の相続人による払戻請求を否定した。

この点，債権の複数人への帰属の態様とその行使方法とはひとまず別の問題であり，その帰属を考えるにあたっては，債権そのものの性質はしばらく措き，債権の発生原因である法律上の地位（契約上の地位は，多くの場合準共有となる）と当該金銭債権との関係，原因となった契約等との結合力に着目すべきであろう[15]。

---

(11) 平成 26 年大法廷決定の大橋正春意見は，準共有構成に反対していた。しかしながら，その反対理由の主要部分は平成 31 年改正により立法的に解決されており，現在では少なくとも準共有構成をとることによる実際上の懸念は概ね解消された。
(12) 現行法上は連帯債権に相当すると解される（潮見佳男『新債権総論Ⅱ』（信山社，2017 年）631 頁（注 167）参照）。
(13) たとえば川島武宜ほか編『新版注釈民法(7)』（有斐閣，2007 年）595 頁（川井健）。その背景として，民法の多数当事者の債権に関する規定が共有規定の特則をなすとの考え方があり，帰属が準共有となったところで多数債権者の債権類型のいずれかに帰属するとされていた（奥田昌道『債権総論〔増補版〕』（悠々社，1992 年）330 頁，なお奥田はこの考え方には問題が残るとする（同 331 頁（注 1））。
(14) 中田裕康『共同型の債権債務について』星野英一追悼・日本民法学の新たな時代（有斐閣，2015 年）420 頁，松尾弘『債権の準共有について』（2018 年）法学研究（慶應義塾大学）91 巻 2 号 255 頁など。潮見・前掲注(12)565 頁は，多数当事者の債権債務関係は債権者ごとに分割された複数債権を取り扱うのに対して，準共有は 1 個の債権が持分に応じて準共有されている場面を扱うものとする。
(15) 判例は，平成 28 年大法廷以前から，金銭債権を遺産分割の対象とするための工夫をしてきた。このうち定額郵便貯金に関する最判平成 22・10・8 民集 64 巻 7 号 1719 頁や，個人向け国債と委託者指図型の投資信託受益権に関する最判平成 26・2・25 民集 68 巻 2 号 173 頁が債権そのものの不可分性に着目しているのに対し，最判平成 26・12・12

したがって，準共有の効果は物権法上の共有の効果と同じく[16]，各相続人が法定相続分による持分を有し（民法898条），処分は全共有者（相続人）の同意がないと認められない。

2 預金の引出しによる生じる法律関係

したがって，設例のＡには処分権限はないから，Ａが預貯金を引き出し，預貯金債権の一部を消滅させた場合，その引出しは，ＢＣの準共有持分を侵害している。また，Ａの預貯金の取得には法律上の原因はなく，その反面，ＢＣは預貯金債権の準共有持分を喪失するので，損失が発生している。

よって，ＢＣそれぞれに，Ａに対する不法行為に基づく損害賠償請求権ないし不当利得返還請求権が発生する。この債権は，原則として可分であり，相続分[17][18]の割合で分割される分割債権である[19]。その後にＢＣ間に906条の2所定の同意が成立した場合には，ＢＣは当該同意に拘束され，撤回不可とされる結果，これらの債権はその反射として消滅する。

なお，具体的相続分は遺産分割手続における分配の前提となるべき計算上の価額またはその価額の遺産の総額に対する割合を示すものであって，それ自体が実体法上の権利ではないから，これを基準として遺産を取得する法律上の権利があるわけではなく[20]，預金の引出しにより具体的相続分が減少したとしても，不法行為における法律上の利益の侵害でも不当利得における法律上の損失でもないから，具体的相続分侵害による損害賠償請求権等は発生し得ない。

　　判タ1410号66頁は，同じ委託者指図型の投資信託受益権につき，原因たる単一の契約から発生する他の権利との結合に着目したもので，平成28年大法廷決定に近いアプローチをとっているといえる。
(16)　最判昭和30・5・31民集9巻6号793頁。
(17)　潮見・前掲注(2)195頁は，遺言による相続分の指定がある場合は指定相続分の割合で分割されるとする。民法は，相続分の割合の指定を認め，これに拘束力を与えており，かつ分割債権についても遺言による承継の対象となるのであるから，一般論としては首肯できる。しかしながら，特定財産承継遺言においてその特定財産が受益相続人の法定相続分を超えるときには相続分の指定を伴っているとの解釈は，そもそも遺言者の通常の意思とは乖離しているのみならず，法律関係を確定するのに各相続財産の価額評価や複雑な計算が必要になるもので，とうてい賛成できない。
(18)　前掲注(17)の考え方からすると厳密には「法定相続分または指定相続分」であるが，以下特にことわらない限り，単に「相続分」という。
(19)　最判昭和29・4・8民集8巻4号819頁。
(20)　前掲注(8)最判。

3　損害，利得の発生時期

不法行為による損害または不当利得とその損失は，Aが預金を引き出し，当該預金債権が消滅した時点で発生する。

この種の紛争では，Aから，引き出した預金は相続債務の支払等に使用したもので，私的な費消はしていない旨の抗弁が出されることが少なくないが，この後で述べるようにその使途について相続財産からの支出が合理的である場合には，損益相殺ないし利得・損失の消滅ととらえれば十分であって，それで不都合はない。

4　引き出された預貯金の使途

(1)　相続債務の支払い

被相続人の治療費等被相続人が生前に負担した債務は，相続債務として各相続人に相続分の割合で帰属する[21]。

したがって，設例のAが相続債務を支払っていた場合，BCは自己の相続分割合に応じて債務の支払を免れているのであるから，その限度で損益相殺ないし利得・損失の消滅がなされる。

(2)　葬儀費用

葬儀費用の負担者については，裁判例も分かれており，定説を見ない。葬儀費用は被相続人の死後に発生したものであり，いかなる意味でも相続の対象ではないが，その負担者については，学説，裁判例とも①喪主負担説，②相続財産負担説，③相続人負担説，④慣習説などに分かれる[22]。実際に問題となるのは，相続人等の近親者が葬儀社，宗教施設等に支払った葬儀費用を支払っていない相続人に請求できるかどうか，の局面であり，設例のような事案では，Aから，引き出した金銭で葬儀費用を支払った旨の抗弁が出されることが少なくない。

家庭裁判所の遺産分割手続においては，原則として喪主負担説によっているといわれる。しかしながら，葬儀費用は遺産でないばかりか，相続財産ですらないから，すべての当事者の手続上の合意がない限り遺産分割の対象となしえないのであり，家庭裁判所の処理は法的な終局の解決ではなく，喪主負担説が原則といっても，それは遺産分割手続の処理上対象から除外するという意味の

---

(21)　平成31年民法改正で新設された902条の2，1047条3項は，これを当然の前提としている。

(22)　橋本昇二『葬式費用の負担者』判タ1100号（2002年）139頁。

当然のことをいっているにすぎない。他方で，交通事故で被相続人が死亡した場合の損害賠償事件においては，原告の請求原因により，前記①〜④のいずれの解釈も容認されている。

　この点，もちろん被相続人や相続人の合意による明確な意思表示があればそれによることはもちろん，地域や宗教に伴う慣習も考慮すべきで，一律に負担者が決められるべきものではない。ただ，社葬や「お別れの会」といった主宰者の特別の意向でなされるものは別として，死体が墓埋法等の規定により適法に処理されるまでの宗教的儀式を含む一連の作業の対価については，被相続人の生前の意向や宗教など被相続人側の事情に左右されることが多いと考えられ，法律構成として黙示の死後事務委任契約とするか，相続人の黙示の合意とするかはともかくとして，実体法上は原則として相続財産の負担とするのが，社会の風習にもっとも適うのではないか，と考える[23]。

　したがって，葬儀費用に使用した金銭については，被相続人の地位・宗教・収入等から見て相当な範囲内では，損害または利得・損失が否定されると解する。

(3) **遺産管理費用その他共益費**

　遺産分割前の相続財産は，各共同相続人の共有であり，その性質は物権法上の共有と変わらないから，その保存・管理に要する費用については民法253条が適用され，各人が相続分の割合で負担する。したがって，Aが引き出した金銭をこれらに使用した場合には，その限度で，損害または利得・損失が否定される[24]。

5　損害額

　Aが引き出した金銭を自らの用途に費消した場合，BCは，自己の準共有持分の範囲内で，損害賠償請求権または不当利得返還請求権を行使できるから，Aが払戻しを受けた540万円からA自身の持分に相当する180万円[25]を差し

---

(23)　比較的近時の公表された裁判例で，葬儀費用の控除を認めたものとして東京地判令和4・3・29 D1-Law 29070038，東京地判令和4・11・29 D1-Law 29076082，東京地判令和4・12・9 D1-Law 29075058（ただし，この事案の被告は相続人ではない），認めなかったものとして東京地判令和3・9・28 D1-Law 29066695，東京地判令和4・4・8 D1-Law 29070545。いずれも平成31年改正前の事案である。

(24)　本件では，Bに具体的相続分がないことは相続開始からほぼ確定している。このように具体的相続分がないか，極めて僅少である相続人が法定相続分の割合で証券口座の管理料などを負担しなければならないのか否かは，なお検討すべき課題であろう。

(25)　この中には909条の2により適法に払戻しを受けた90万円が含まれている。

引いて，各180万円の請求が可能である。

6　各人の取得額

設例においてBCがAの預金引出しに対し不法行為に基づく損害賠償請求権もしくは不当利得返還請求権を行使した場合，残る遺産総額は預金400万円と株式600万円であり，Aから損害（損失）額を全額回収できた場合の各人の取得額は，前記Ⅲ3で906条の2の合意がないものとして算出された額にBCがAから回収した各180万円が加わるから，

　　A　　480万円（別途90万円を一部分割により取得済み）
　　B　　180万円
　　C　　660万円

となる。

V　解決方法の比較

以上述べてきたとおり，相続預貯金が引き出された場合の解決方法には2種類あるが，いずれを選択するかによって，最終的な各人の取得額が異なる。したがって，設例のACは遺産分割による解決を望むであろうが，それはBにとっては合理的な選択ではなく，処分者でないBの同意がない限り，遺産分割による解決はできない。

また，手続面に目を向けた場合，両者は手続が根本的に異なるので，理論的には裁判所の事物管轄，弁論主義の適用，民事保全手続の利用の可否，実際の運用としては証拠調べの有無，手続進行の迅速性などの差異がある。これらの差異は，法律実務家にとっては，極めて重要な差異であり，事実上の回収可能性を含めた最終的な当事者の利害得失につき，十分な検討を要する事柄である。

Ⅵ　結　び

遺産紛争は，慢性的に長期化している。その原因としては，当事者多数，物件多数，感情的対立などの遺産分割に内在的な要因が挙げられることが多いが，より根本的には遺産分割という1個の手続で解決できる範囲が限られ，少なくない事件で，多数かつ多種類の手続をとることが要求されることにある。

複数の手続が要求されることの弊害は，遅滞だけではない。遺産分割においては，相続人間の公平のため具体的相続分という基準が定められているが，本稿で見てきたように，金銭債権が当然に分割承継され，遺産分割の対象とならな

ないことによって，遺産分割の対象となる相続財産とは分割基準が異なる結果，金銭債権が全相続財産に有する割合により，多かれ少なかれ，相続財産全体に対する各相続人の取得分が具体的相続分と乖離することとなる。

筆者は，立法論として，遺産分割を訴訟手続で行うべきであると考えている[26]。これにより分割の結果に既判力が生じるので，前提問題である遺産確認は不要となる。のみならず，具体的相続分を単なる基準ではなく相続人間での債権的権利と構成することも論理的に不可能ではなくなる（この場合には分割の遡及効は否定すべきであろう）。訴訟手続とするには，理論上も，実際上も，まだまだ検討すべき点があるが，遺産分割の早期かつ適正な実現に向けた社会的な課題であると考える。

これを含めた遺産分割の現状と課題について，潮見教授を含めたシンポジウムが企画されていたが[27]，その準備段階で潮見教授は急逝された。潮見教授と筆者とは大学の同期であり，おこがましい表現だが，相続についての財産法的位置づけを追求している点では，共通していた。その接合部分については，いろいろと意見の異なる点があり，今後ももっと議論できると思っていた。本当に残念だが，今はただ冥福を祈るほかない。

---

[26] 増田勝久『遺産分割の現状と課題』家族〈社会と法〉39 号（2023 年）73 頁。
[27] 日本家族〈社会と法〉学会「第 39 回学術大会・シンポジウム」家族〈社会と法〉39 号（2023 年）26 頁以下。

27 近時の民法改正及び最高裁判決にみる，相続財産の管理と遺産分割

宮 本 誠 子

Ⅰ　はじめに
Ⅱ　近時の民法改正にみる，相続財産の管理と遺産分割
Ⅲ　近時の最高裁判決にみる，相続財産の管理と遺産分割
Ⅳ　むすび

Ⅰ　はじめに

　大相続時代を迎え，わが国の相続法は，大きなうねりの中にある。平成30(2018)年，令和3(2021)年と連続して相続分野に関連する民法改正がなされ（以下，それぞれを「平成30年改正」，「令和3年改正」という。），平成30年改正では，生存配偶者の保護の必要性から配偶者居住権等の新制度が生み出され，また，令和3年改正時には，所有者不明土地問題の解決を主眼に，相続登記申請制度の改革が進められた。

　新たな制度を設けようと議論する中では，必然的に，基本的な概念の意義を見直すことになる。平成30年改正後には，相続法の基本原理・基本理念，法定相続か遺言相続か，相続の根拠といった基礎的な考え方自体に対立があり，立案が見送られたものも多く，こうした伝統的課題がなお問題として存在し続けており，共通認識を得られていないことが鮮明化したと指摘されている[1]。また，令和3年改正も，遺産共有の状態にある財産の共有持分に関する規定（民898条2項）や，具体的相続分の主張制限を認めるという遺産分割に関連する規定（民904条の3）が新設される等，相続法の基本的概念である遺産共有や遺産分割の意味に影響を与えていると言えるが，遺産共有とは何か，遺産分割は何をする場であるのかを明らかにはしないまま，所有者不明土地問題の解決という目前の目的にのみ対応するものようにも見える。

　とはいえ，わが国の相続法の欠陥として，遺産共有の状態にある財産に関す

---

(1)　窪田充見「相続という制度」法律時報1117号（2017年）12頁。

る一般的な規定を持たないことが古くから指摘されてきた中で，近時の民法改正において，遺産共有の状態にある財産の管理に関する規定や，遺産共有の状態にある財産の権利義務関係変動が遺産分割においてどのように扱われるかを示す規定ができつつあることは注目に値する。また，最近の最高裁判決の中には，遺産共有の状態にある財産の問題が，将来の遺産分割においてどのように扱われるのかを意識し，遺産／相続財産という包括的な財産体としての遺産共有を示すものを複数見つけることもできる。

　そこで，本稿は，近時の民法改正や最高裁判決の中から，遺産共有の状態にある財産の管理に着目したものや，そのような財産の管理が遺産分割にどう影響するかを意識したものを採り上げ，遺産共有の状態にある財産の管理に関する規定または理論を持たない状況から徐々にではあるが脱しつつあることを示して，今後の方向性を探ることとしたい。

II　近時の民法改正にみる，相続財産の管理と遺産分割

1　相続財産を構成する個別の財産の管理

　相続人が複数いる場合，相続財産（遺産）はいったん共同相続人間での共有になり（民898条），それを構成する財産は遺産分割によって各相続人に分配される。遺産分割では被相続人の財産全体を共同相続人間で平等に分配することとされているが（民906条），性質の異なる複数の財産を実質的に平等に分配することは極めて複雑な作業である。しかも，それゆえに，遺産分割までには時間を要し，遺産共有は長引くことも多い。その間，共同相続人らは財産を維持しなければならず，相続財産（遺産）の構成要素や権利義務関係が変動することもしばしばある。

　それにもかかわらず，わが国の民法は，遺産共有に関する一般規定を欠いており[2]，「遺産共有は「物権法上の共有と異なるところがない」という最高裁判決（最判昭和30年5月31日民集9巻6号793頁。以下，「昭和30年判決」とい

---

[2]　規定があるのは，廃除審判等の確定前の財産管理（民895条），熟慮期間中で相続人が未確定の間の財産管理（民918条），限定承認後の清算に向けた財産管理（民926条，936条），相続放棄後の放棄相続人による相続人のための財産管理（民940条），財産分離請求がなされた場合の清算に向けた財産管理（民943条，944条，950条），遺言執行者による遺言執行のための財産管理（民1012条），遺産分割の審判または調停の申立てがあった場合の管理人による財産管理（家事200条）であり，単純承認後遺産分割前の財産の管理に関する規定を欠く。令和3年改正により新設された民法897条の2も，利害関係人等からの請求により，相続財産の管理人による財産の保存を可能とするための規定にすぎない。

う)のみに頼って，遺産分割未了の間にある財産の問題を処理してきた。遺産共有の状態にある個別の財産には，物権法上の共有の規定が適用されるのであり，その管理・処分等は，物権法上の共有の規定に従ってなされるということである。

その一例は，比較的最近では，相続された株式の権利行使に関する最判平成27年2月29日民集69巻1号25頁にみることができる。遺産共有の状態にある株式の権利行使は，民法の共有の規定に従ってなされるべきこと，株式の議決権行使は，株式の管理に関する行為として，民法252条本文により，各共有者の持分の価格での過半数で決せられることが示されている。

そして，令和3年改正で新設された民法898条2項は，相続財産について共有に関する規定が適用されることを前提に，その際には，法定相続分または指定相続分が共有持分となることを明らかにした。例えば，遺産共有の状態にある財産についての管理行為が問題となるときには，民法252条が適用され，各共有者の持分の価格での過半数で決せられるところ，そこでいう「持分」は，指定相続分があれば指定相続分，なければ法定相続分の割合となる。

2 相続財産全体についての共有と遺産分割

ただ，1はいずれも，遺産共有の状態にある個別の財産についてである。遺産共有という際には，遺産共有の状態にある個別の財産について論じられることもあれば，遺産分割に向けた暫定的な状態として，複数の財産を含む財産体としての状況が論じられることもある。それを最近改めて明確に論じたのが，潮見佳男「遺産の帰属面から見た遺産共有の二元的構造」法学論叢182巻1＝2＝3号（2017）1頁以下である。潮見佳男『詳解相続法〔第2版〕』（弘文堂，2022）170頁でも，「遺産共有が問題となる局面では，①包括的一体としての相続財産全体についての共有（共同的帰属）と，②前記①の意味での相続財産を構成する個別財産の共有（共同的帰属）という，2つの異なる次元の共有がある」とされる。物権法上の共有の規定によって対処される（対処し得る）のは前者の遺産共有のみであって，後者については別途，かつ，遺産分割に向けた暫定的状態であることから，遺産分割と関連づけながら論じる必要がある[3]。

そのような中，平成30年改正は，民法906条の2を新設した。同条の契機

---

(3) 潮見佳男『詳解相続法〔第2版〕』（弘文堂，2022年）187頁は，この遺産共有が「遺産分割を前提とした相続財産の共有」で，「この局面では，遺産分割の対象として遺産全体を捉え」るべきとする。

となったのは，確かに，預貯金債権を遺産分割の対象とする最大決平成28年12月19日民集70巻8号2121頁（以下，「平成28年大法廷決定」という）を受けて，平成30年改正に向けた法制審議会（相続法制部会）において，遺産分割前の預貯金債権の払戻しについて検討する中でなされた指摘であった[4]。

　しかし，同条では，遺産分割の前に相続財産である財産が処分された場合には，処分者を除く共同相続人全員の同意によって，処分された財産を遺産として存在するものとみなすことで，同財産を遺産分割の対象とすることができるようにしている。遺産共有を「物権法上の共有と異ならない」とする昭和30年判決の立場によれば，相続人は，遺産分割未了の間の財産における自己の持分を処分することができ，かつ，処分された持分は，遺産分割時には遺産としては存在しないため，遺産分割の対象とはならない。そこで，遺産分割時に残った財産のみを，相続人間で分配することになれば，相続人間での不公平が生じてしまうが，これまで，遺産共有の状態にある財産の権利関係の変動を，遺産分割で考慮するための規定は存在しなかった。そうしたところ，新設された民法906条の2は，他の共同相続人の同意によって，遺産とみなすことで，遺産分割未了の間になされた処分を加味した遺産分割をすることができるようにしたものである。遺産分割未了の間に，相続財産に属する財産が処分された場合に，そのことを遺産分割で考慮する方法が明文化されたと評価できる。

　民法906条の2は，遺産共有の状態にある財産の処分一般に適用され得る。共同相続人全員の同意により，遺産分割未了の財産の財産全体を処分することも可能であり[5]，最高裁判決（最判昭和52年9月19日家月30巻2号110頁。以下，「昭和52年判決」という）は，全員の同意により処分した財産は遺産分割の対象から逸出すると解しているが，906条の2に基づき，共同相続人全員の同意によって，遺産分割時に遺産として存在するとみなすことで，処分された財産を（実際には計算上）遺産分割の対象にすることも考えられる。

　このように，遺産共有の状態にある個別の財産の権利関係の変動が，相続財産全体に影響を及ぼすことが意識された結果，遺産共有の状態における権利関

---

(4)　大村敦志＝窪田充見編『解説民法（相続法）改正のポイント』（有斐閣，2019年）79-81頁〔宮本誠子〕。
(5)　共同相続人全員の合意／同意によってなされ得ること自体に見解の相違は見当たらないが，理論面では，共同相続人全員の共有持分の処分にあたり，全員によってなされる，言い換えれば，各相続人が自己の共有持分を一斉に処分することに相当するという見方と，民法251条にいう変更にあたると解して，相続人の1人が他の共同相続人全員の同意を得てするという見方があり得る。

係の変動を，遺産分割と連携させた初めての規定が設けられた点に意義がある。

Ⅲ　近時の最高裁判決にみる，相続財産の管理と遺産分割

では，民法906条の2を除けば，遺産共有の状態における権利関係の変動を，遺産分割と連携させるような理論は存在しないのかというと，いくつかの最高裁判決には，相続開始時に存した財産の性質が，相続開始後に変容した事例において，遺産分割との連携を意識する理論が見られる。そこで，Ⅲでは，4つの最高裁判決・決定を採り上げる。

1　相続財産としての金銭の保管と遺産分割
(1)　平成4年判決

第1に採り上げるのは，金銭の相続に関する最判平成4年4月10日家月44巻8号16頁（以下，「平成4年判決」という）である。相続財産に現金6000万円以上があったところ，相続人の1人Yがこれを「A（被相続人）遺産管理人Y（相続人の1人）」名義で銀行に預金したという事例であり，遺産分割未了の間に，他の相続人XらがYに対し法定相続分に応じた金銭の支払いを請求した。

原審は，「現金は，被相続人の死亡により他の動産，不動産とともに相続人らの共有財産となる」こと，そして，遺産分割協議が成立していない以上，「Xらは，本件現金（たとえ，相続開始後現金が金融機関に預けられ債権化されても，相続開始時にさかのぼって金銭債権となるものではない。）に関し，法定相続分に応じた金員の支払いを求めることはできない」と判示した。そして，平成4年判決は，「相続人は，遺産の分割までの間は，相続開始時に存した金銭を<u>相続財産として保管している</u>他の相続人に対して，自己の相続分に相当する金銭の支払いを求めることはできないと解するのが相当である」とし，原審の判断を維持した。

平成4年判決の理論は，第1に，金銭が遺産分割未了の間は共同相続人間での共有となること，第2に，遺産分割の対象となることを意味する。

まず，第1について。金銭の所有権は，特段の事情のない限り，その占有者と一致すると解されているところ（最判昭和39年1月24日判時365号26頁），平成4年判決では，金銭を相続人の1人が占有しているにもかかわらず，共同相続人全員の共有になることを認めている。そのため，金銭の所有と占有が一致しない「特段の事情」のある一場面だと言える。

金銭の所有と占有が一致せず，金銭を管理する者がその所有権を有するわけ

第2部　第3章　遺産承継・遺産共有・遺産分割

ではない場面としては，親権者による子の金銭の保管等，他人のために金銭を保管する場合が考え得る。平成4年判決の事案では，相続財産として存した6000万円以上の現金を相続人の1人であるYが「遺産管理人Y」名義で預金しており，平成4年判決は，このことを「相続財産として保管している」状態だとした。相続財産としての保管とは，相続財産を有する共同相続人全員（他人）のためになされるものをいうのだとすれば，まさに，他人のための保管に相当するのと言える[6]。

　さらに，一歩踏み込むと，平成4年判決は，「相続財産として保管」という表現を用いることで，「相続財産」という財産の総体を観念していると言える。そして，平成4年判決が，第2の点，すなわち，金銭が遺産分割の対象となることを示すものである以上，同判決には，「相続財産としての保管」は，将来の遺産分割のためになされるものだという思考が内在していると評価することもできるだろう。

(2)　平成25年判決

　第2に，将来の遺産分割のための「保管」に着目して，最判平成25年11月29日民集67巻8号1736頁（以下，「平成25年判決」という）を採り上げる。事例は，X_1会社，X_1の元代表者X_2，その妻Aで共有する土地があり，Aが死亡して，Aの持分（72分の3，約10m^2。以下，「本件持分」という。）が，Aの相続人X_2，X_3（現代表者），Y_1，Y_2で遺産共有の状態となり，物権法上の共有と遺産共有が競合したというものである。Xらは，本件持分をX_1会社が取得して，X_1が相続人らに賠償金を支払う全面的価格賠償の方法による共有物分割を希望し，共有物分割の訴えを提起した。

　第1審は，本件持分は遺産分割の対象とされるべきであることを前提としながら，全面的価格賠償の方法によると，賠償金が各相続人に確定的に支払われてしまい，遺産分割の対象として確保されないことを問題視して，競売による分割を採用した。これに対し，原審は，全面的価格賠償の方法でも，「価格賠償による価格が共同相続人の共有とされた上で，その後に他のAの遺産とともに遺産分割に供されることになる」から問題ないとした。理論的には，原審のように言えるとしても，第1審が示した，賠償金が各相続人に確定的に支払わ

---

[6]　道垣内弘人『信託法の問題状況』（有斐閣，2022年）27頁は，これを信託法理そのものだとし，「信託の受託者のように他人の財産を管理する者が金銭を占有しているときには，それは実質的には利益享受主体の財産であり，そのことに応じた法的処理をしようというわけであり，信託法で認められていたことを別の箇所にも拡大したのがこの判決だということができます」とする。

れてしまうという課題は解消されない。これを克服したのが平成 25 年判決である。

　平成 25 年判決は，共有物分割の判決によって遺産共有持分権者に分与された財産は遺産分割の対象となることを明らかにした上で，「そうすると，全面的価格賠償の方法による分割の判決がされた場合には，……遺産共有持分権者に支払われる賠償金は，遺産分割によりその帰属が確定されるべきであるから，賠償金の支払を受けた遺産共有持分権者は，これをその時点で確定的に取得するものではなく，遺産分割がされるまでの間これを保管する義務を負うというべきである。」とした。

　共有物分割の判決によって，全面的価格賠償の方法による分割が命じられれば，相続財産の一部であった遺産共有持分を有する遺産共有持分権者は，共有物全体を取得することになる X に対して，賠償金債権を取得する。そして，この賠償金債権が支払われると，相続財産の一部であった遺産共有持分は賠償金に代わる。

　相続財産に属する財産が，遺産分割未了の間に，別の性質・種類に代わる事例としては，共同相続人全員の同意によって売却した事例に関する昭和 52 年判決，最判昭和 54 年 2 月 22 日家月 32 巻 1 号 149 頁（以下，「昭和 54 年判決」という）が想起される。これらの判決では，処分された財産は遺産分割の対象から逸出すること，処分により生じた代償債権も，遺産分割の対象となる遺産には属さず，各共同相続人が持分に応じて分割された債権を取得することとされた。

　仮に，平成 25 年判決の事案を，昭和 52 年判決・昭和 54 年判決と同一に考えるならば，遺産共有持分は相続財産から逸出し，相続人らは代償債権を固有の財産として取得し，債権であるため当然に分割されることになるはずである（民 427 条）。

　しかし，平成 25 年判決は，賠償金が遺産分割の対象となること，そして遺産分割の対象とするためだとして，賠償金の保管義務を課している。平成 4 年判決が示していた，金銭を「相続財産として保管」すること，その目的は遺産分割の対象とする点にあることという考えと軌を一にし，さらに，保管する義務を課していることからは，この考えをより強固にしたものとも言える。保管義務が課されている以上，相続人は賠償金を，自己の固有の財産とは分別可能な状態で「保管」する必要がある。相続財産（遺産）に属する財産が固有の財産から独立して把握できる状態であることが求められているとすれば，相続財

産を構成する個別財産の共有とは別に，包括的一体としての相続財産全体についての共有が意識され，かつ，遺産分割のためには後者の共有が優先されることさえもが示されていることになる。

2　口座における相続財産の管理と遺産分割

平成4年判決は，金銭を預金債権化して保管した事例であったが，「保管」が口座においてなされた事例として，最判平成26年12月12日判時2251号35頁（以下，「平成26年12月判決」という）及び平成28年大法廷決定も見ておこう。

平成26年12月判決は，投資信託受益権が共同相続され，相続開始後，同受益権から収益分配金と元本償還金が発生し，これが預り金として，受益権販売会社を吸収合併したYにおける，被相続人名義の口座に入金されたという事例である。相続人の1人XがYに対し，預り金のうちの法定相続分に相当する金員の支払を請求した。

共同相続された委託者指図型投資信託の受益権が，その内容及び性質上，相続開始と同時に当然に相続分に応じて分割されることがないことは，既に，最判平成26年2月25日民集68巻2号173頁において示されていたところであった[7]。その上で，平成26年12月判決は，元本償還金又は収益分配金の交付を受ける権利が上記受益権の内容を構成するものであることを理由に，相続開始後に元本償還金又は収益分配金が発生し，それが預り金として被相続人名義の口座に入金された場合にも，預り金の返還を求める債権は当然に相続分に応じて分割されることはない旨を判示した。

元本償還金又は収益分配金が，受益権の内容として，受益権とともに遺産分割の対象となることを前提とすると，受益権のいわば一部である元本償還金又は収益分配金が支払われた場合，これをいかに遺産分割の対象とするかが問題となる。平成25年判決が，賠償金を遺産分割の対象とするために保管義務を課していることを参考にすれば，元本償還金又は収益分配金についても，相続人の固有財産とは別個に保管される必要がある。そうしたところ，平成26年12月判決の事例では，元本償還金又は収益分配金が預り金として被相続人名

---

[7]　委託者指図型投資信託の受益権は口数を単位とすること，その内容として法令上，償還金請求権や収益配分請求権等の金銭支払い請求権のほか，委託者に対する監督的機能を有する権利が規定されており，可分給付を目的とする権利でないものが含まれていることを指摘する。

義の口座で管理されており，相続財産としての保管がなされた状態だと評価できる。

同様の観点からは，平成28年大法廷決定も興味深い。事案自体は，相続財産は，不動産（約250万円）及び複数の預貯金債権（約4600万円）であり，相続人の1人に特別受益（約5500万円）が認められたというもので，預貯金債権が遺産分割の対象となるかが争われた[8]。

平成28年大法廷決定は，普通預金債権及び通常貯金債権について，「1個の債権として同一性を保持しながら，常にその残高が変動し得るものである。そして，この理は，預金者が死亡した場合においても異ならないというべきである。すなわち，預金者が死亡することにより，普通預金債権及び通常貯金債権は共同相続人全員に帰属するに至るところ，その帰属の態様について検討すると，上記各債権は，口座において管理されており，預貯金契約上の地位を準共有する共同相続人が全員で預貯金契約を解約しない限り，同一性を保持しながら常にその残高が変動し得るものとして存在し，各共同相続人に確定額の債権として分割されることはないと解される。」と判示した。

普通預金債権が被相続人名義の口座において管理されていれば，出入金の額の把握も可能である。銀行口座での管理が，評価額の安定性を確保できる点から評価されている。「遺産分割を合目的的に遂行するためには，遺産全体を一体として適当な仕方で管理しておくこと」[9]が必要であるところ，銀行口座における債権の管理，金銭を預金債権化しての管理は，それらを確実に遺産分割の対象にするための適当な仕方での管理だと言える。

Ⅳ　むすび

相続法には，遺産共有の状態にある財産の管理について一般的な規定がなく，管理の結果と遺産分割とを連携させる規定もこれまで存在しなかった。しかし，民法906条の2は，遺産分割未了の間の財産の処分を，遺産分割においてどのように考慮するのかを示しており，遺産共有の状態にある財産の権利の変動と，遺産分割とを連携させた初めての規定が設けられたと言える。また，最高裁判

---

[8] 平成28年大法廷決定を機とする幅広い検討課題を，一刻も早くに整理・検討したのが潮見佳男「預金の共同相続」金融法務事情2071号（2017年）48頁であった。これを踏まえて，多くの評釈や分析があるものの，債権の準共有の理解，多数当事者の債権債務関係との関係，預貯金契約上の地位と預貯金債権の関係等，なお議論すべき課題も多い。

[9] 品川孝次「共同相続人間の遺産の管理をめぐる紛争」別冊判タ8号（1980年）335頁。

決の中には，遺産分割未了の間の財産を，遺産分割のために保管することを評価するもの，あるいは，保管させようとするものがあり，遺産分割との連携が強く意識されている。

　このように，わが国の相続法も，一歩ずつではあるが，遺産共有の状態にある財産の管理について一般的な規定を設け，管理の結果と遺産分割とを連携させるための理論を備えつつある。適切かつ迅速な遺産分割を実現するためには，相続財産・遺産を全体として的確に把握しておく必要があるため，今後は，この動きを加速させることが望ましいだろう。そのとき，遺産共有には「2つの異なる次元の共有がある」ことを改めて整理した，前掲・潮見佳男「遺産の帰属面から見た遺産共有の二元的構造」は理論的な方向性を与えてくれるものと思われる。

28 遺産分割協議と詐害行為取消し

青 竹 美 佳

I　序
II　遺産分割協議の法的性質と詐害行為取消権
III　取り消しうる遺産分割協議とは何か
IV　遺産分割前の共有持分の内容
V　結　語

I　序

　共同相続人の1人が，債務を負っているにもかかわらず，自己の相続分[1]より少ない持分に応じた遺産分割の合意を他の共同相続人との間に成立させた場合に，この合意を詐害行為取消権の対象にすることができるか。この問題は，第1に，遺産分割協議はその性質上債務者の責任財産を積極的に減少させる行為ではない，または財産権を目的としない行為である（民法424条2項）などとして，おおよそ詐害行為取消権の対象にならないのではないか，という一般的なレベルで検討される。ここでは，最高裁が，遺産分割協議を詐害行為取消権の対象にすることを認めるのに対し（最判平成11・6・11民集53巻5号898頁），同じ相続法上の行為である相続放棄については，財産権を目的としない行為であることなどを理由として取り消せないとの立場（最判昭和49・9・20民集28巻6号1202頁）を示している点が重要となる。潮見説は，この点に着目し，最高裁があえて遺産分割協議と相続放棄との性質上の違いを強調する点に批判を提起する[2]。第2に，この問題は，遺産分割協議は一般的に詐害行為取消権の対象になりうると解するとしても，どのような内容の遺産分割協議が詐害行為

---

(1) ここでの相続分は，法定相続分（または指定相続分）と具体的相続分のいずれを指すかについては後述する（後述III）。
(2) 潮見佳男『新債権総論I』（信山社，2017年）768-769頁。潮見佳男『詳解相続法〔第2版〕』（弘文堂，2022年）350頁においても，最高裁判決には「疑問がある」との立場が明確にされている。

として取り消され得るのか，という具体的なレベルで検討される。ここでは，共同相続人である債務者は，相続の開始により，どのような財産状態にあると評価され，遺産分割協議により具体的にどれだけの責任財産を減少させることになったと評価することができるかが問われる。

本稿は，第1の問題と第2の問題について，判例と学説の立場を確認した上で，遺産分割協議と詐害行為取消しの関係について，問題点の整理と検討の方向性の提示を試みたい。

II 遺産分割協議の法的性質と詐害行為取消権

1 判　　例

遺産分割協議について詐害行為であるとして取消しを認める公表された判決は多くないが，以下では3つの判決（(1), (2), (3)）および遺産分割協議の破産法160条3項に基づく否認を否定した判決（(4)）の概要を示す。

(1)　**奈良地判昭和27年11月8日下民集3巻11号1582頁**

本判決は，相続人の債権者ではなく，相続債権者（被相続人の債権者）が，債務を承継した共同相続人による遺産分割協議について詐害行為であるとして取消しを求めた事案について判断を示している。

［事案］被相続人Aは，X銀行に対して7万212円40銭の約束手形債務を負った状態で，昭和25年1月26日に死亡し，その妻Y_1およびY_1との間の7名の子（Y_2〜Y_8）がAを共同相続した。遺産中の本件不動産について，当時の法定相続分に従い，Y_1は1/3，Y_2－Y_8は各2/21の持分を有することとなった。Xは，昭和25年2月3日に，相続債務について履行を督促したが，Yらは，同年5月18日に，遺産分割協議を成立させた。同協議においては，本件不動産をY_2に単独で取得させることとする合意がなされた（Y_3－Y_8は未成年者であったため，Y_1が代理して意思表示をした）。Xは，本件不動産は，Yらが共同相続により所有権を取得したところ，Y_2を除く共同相続人は，Xの債権を害することを知りながら本件不動産に対して有する持分をY_2に贈与したが，Y_2を除く共同相続人は他に財産がないため，同贈与は詐害行為であると主張し，取消しを求めた。これに対して，Yらは，Y_2が本件不動産につき単独所有権を取得したのは，贈与によるのではなく，Y_2を除く共同相続人がAの生前にAから各自の持分に相当する財産の贈与を受けていたことを考慮した遺産分割によるものであること，遺産分割は，身分変動に付随する行為であるから詐害行為取消しの対象となりえない，と主張した。

[判旨] 一部認容，一部棄却。

「Y等間の前記合意はY₂に対しその余のY等が本件不動産に対する各自の持分（Y₁は21分の7，その余のY等は各21分の2）をそれぞれ贈与する趣旨のものと判定せられ」，「Y₁は債権者たるXを害することを知りながらY₁自身たる資格と前記Yら6名の法定代理人たる資格において前記贈与の意思表示をしたものと認定しなければならない。」「Y等がその相続により亡Aの権利義務を承継したことはまさにY等のいうとおり身分変動により生じた財産権の変動である。然しながらそのためにその承継した相続財産の分割までも右身分変動に附随する行為として前記民法法条の取消の対象たらずとするY等の主張はその独自の見解であって到底これを採用することができない」。

(2) 神戸地判昭和53年2月10日判時900号95頁

本件は，(1)とは異なり，被相続人の債権者ではなく，相続人の債権者が詐害行為による取消しを求めた事案である。

[事実] 被相続人は複数の不動産（本件不動産とする）を残して昭和46年4月に死亡し，妻Y₁，養子Y₂，Y₃（夫婦であった）が本件不動産を，当時の法定相続分の規定に従い，持分各1/3の割合で共同相続した。Y₄社はX社に対して3,320万円余の債務を負っていた。Y₂は1000万円を限度として，本件不動産の持分を担保として提供し抵当権を設定し，かつ，同債務について連帯保証をする契約をXとの間に締結したが，抵当権設定登記は未了であった。昭和48年4月にY₄社が倒産すると，同年5月および6月に，本件不動産について，Y₁への所有権移転登記または保存登記がなされた。Xは，本件不動産につき遺産分割協議がされたことを認めないと主張し，たとえ協議がされたとしてもY₂・Y₃が，他に資産を何も有していなかったにもかかわらず本件不動産につきY₁の単独所有名義とする旨の協議をすることは，実質的には，Y₂・Y₃からY₁に対する各1/3の共有持分の贈与とみられ，詐害行為であるとして遺産分割協議の取消しを求めた。

[判旨] 一部認容，一部棄却。

「Y₂は本件不動産の1/3の持分を相続により取得し」，「他に何等の資産をも有していなかったにもかかわらず，Y₁の単独名義とすることはこれを遺産の分割協議とみてもY₂の右持分を無償で譲渡したものということができる」。Y₁は，「債権者であるXを害することを知って右持分の譲渡を受けたものと推認することができ，他に右推認を覆すに足る証拠はない」。「Y₂とY₁の間で本件不動産についてこれをY₁の単独所有とする旨の遺産分割の協議は取消を

免れ」ない。

(3) 最判平成11年6月11日民集53巻5号898頁

本判決は，相続人の債権者が遺産分割協議を詐害行為であるとして取り消すことを認めた初めての最高裁判決である。

［事案］被相続人Aは，借地権を有する土地に本件建物を所有し，昭和54年2月24日に死亡した。相続人は妻B，およびBとの間の2人の娘Y_1・Y_2であった。Y_1・Y_2は婚姻を機にBと別居し，Bのみが本件建物に居住していた。Xは，平成5年10月29日に，C・Dを連帯債務者として300万円を貸し付け，Bは，Xに対し同債務を連帯保証する旨を約した。本件建物はA名義のままであったが，Xは，平成7年10月11日に，Bに対し，連帯保証債務の履行および本件建物について相続を原因とする所有権移転登記手続をするよう求めた。平成8年1月5日頃，BおよびY_1・Y_2は，本件建物について，Bは持分を取得せず，Y_1・Y_2が持分1/2ずつの割合で所有権を取得する旨の遺産分割協議を成立させ，移転登記を経由した。Xは同遺産分割協議について詐害行為であるとして取消しを請求したのに対し，Yらは，遺産分割協議は詐害行為による取消しの対象とならないとして争った。

第1審は請求を認容したので，Yらが控訴した。控訴理由において，Yらは，相続放棄は詐害行為取消権の対象とならないとするのが先例であるが，遺産分割協議は相続放棄に準ずるものであること，遺産分割には遡及効があり，持分の贈与とは異なること，遺産分割は遺言，寄与分や特別受益等を勘案して決定されるものであり，各相続人が法定相続分を取得し得るものではなく，各相続人は未確定な権利を有するにすぎず，かつ，身分関係に付随する権利であることから，遺産分割協議は詐害行為取消しの対象とならない等と主張した。

原審は，遺産分割協議は放棄とは異なり，遺産共有となっている相続財産について相続を承認した上で，相続人間で分割協議することにより，他の共同相続人が相続によって取得したことにするものであるから，実質的には相続人間での贈与であり，また，遺産分割により法定相続分とは異なる割合で財産を取得することがあることは，具体的な事情によっては遺産分割協議が詐害行為とは認められない場合があることを示すにすぎず，また，本件においては寄与分及び特別受益について具体的な主張立証がなされていないので，これによって本件遺産分割協議を詐害行為であると認めることは妨げられない等として控訴を棄却したのに対して，Yらが上告した。

［判旨］上告棄却。

「共同相続人の間で成立した遺産分割協議は，詐害行為取消権行使の対象となり得るものと解するのが相当である。けだし，遺産分割協議は，相続の開始によって共同相続人の共有となった相続財産について，その全部又は一部を，各相続人の単独所有とし，又は新たな共有関係に移行させることによって，相続財産の帰属を確定させるものであり，その性質上，財産権を目的とする法律行為であるということができるからである。そうすると，前記の事実関係の下で，Xは本件遺産分割協議を詐害行為として取り消すことができるとした原審の判断は，正当として是認することができる。」

以上の判決は，いずれも結論として遺産分割協議の取消しを認めているが，次の(4)判決は，遺産分割協議の破産法160条3項に基づく否認を否定している。同項に基づく否認は，詐害行為否認の特則とされ，民法424条に基づく詐害行為取消しの対象となる行為は，詐害行為否認の対象となり得る行為と重なることが多く，遺産分割協議の詐害行為取消しの可否と本質的に同様の問題と捉えることができる[3]。

(4) 東京高判平成27年11月9日金判1482号22頁

［事案］平成21年7月8日にAが死亡し，その子BおよびYがAを相続した。B・Yは平成22年1月9日に，遺産分割協議をし，A所有の多数の土地を含む資産のうちBが2598万円余，Yが2億1111万円余を取得することとされた。Bは，平成22年5月頃，債務整理を弁護士に依頼して支払停止となった。平成23年6月15日，東京地裁はBにつき破産手続開始決定をし，破産管財人としてXを選任した。Xは，本件遺産分割協議のうち，Yの超過取得部分にかかる合意が破産者の支払停止（平成22年5月6日頃）前の6カ月以内にした無償行為に当たると主張して，破産法160条3項及び168条4項に基づき否認権を行使し，Yに超過取得分総額の支払等を求めて訴えを提起した。

原審は，本件遺産分割協議は，具体的相続分と異なる合意がされているとしても，無償行為として否認の対象となるとはいえないとし，Xの請求を棄却した。Xの控訴に対し，Yは，遺産分割協議は，民法906条の「一切の事情」を考慮して，有形無形の負担の分配が考慮され，相続関係や家族関係を踏まえた家族としての分配という側面を有し，無償の贈与などの場合と異なること，被

---

(3) 三森仁「判批（東京高判平成27・11・9）」新・判例解説Watch 19号（2016年）236頁。もっとも，高須順一「判批（東京高判平成27・11・9）」金法2049号（2016年）55頁は，民法424条には無償行為に関する特則となる規定は存在しないため，遺産分割協議に関する詐害行為取消しの基準と破産法160条3項の否認の基準とは異なると解する余地があるとする。

相続人の財産に対する債権者の期待まで保護すべきものではなく，遺産分割協議は類型的に破産債権者を害するものではない，と主張した。
　[判旨] 控訴棄却
　「遺産分割については，いわゆる『遺産分割自由の原則』があり，法定相続分や具体的相続分とは異なる割合での分割も可能であって，遺産分割協議による分割は，それが共同相続人の自由意思に基づく合意によるものであれば，基本的にはこれを尊重すべきものである。したがって，相続人である破産者が遺産分割によって法定相続分ないし具体的相続分を下回る遺産しか取得しなかったとしても，それは，民法906条に則り，上記の一切の事情を考慮した結果であることもあり得るから，その詐害性を直ちに認めることはできないというべきである。」
　「また，遺産分割協議は，相続人である破産者の財産を形成していたものが無償で贈与された場合と異なり，元々破産者の財産でなかったものが，遺産分割の結果によって相続時にさかのぼってその効力を生じ，破産者の財産とならなかったことに帰着するものであるから（民法909条），この点からみても，破産法160条3項所定の無償行為として，類型的に対価関係なしに財産を減少させる行為と解するのは相当ではないというべきである。」
　「以上のとおり，共同相続人が行う遺産分割協議において，相続人中のある者がその法定相続分又は具体的相続分を超える遺産を取得する合意をする行為を当然に贈与と同様の無償行為と評価することはできず，遺産分割協議は，原則として破産法160条3項の無償行為には当たらないと解するのが相当である。」
　「もっとも，遺産分割協議が，その基準について定める民法906条が掲げる事情とは無関係に行われ，遺産分割の形式はあっても，当該遺産分割に仮託してされた財産処分であると認めるに足りるような特段の事情があるときには，破産法160条3項の無償行為否認の対象に当り得る場合もないとはいえないと解される。」本件遺産分割協議は，破産者が以前に経済的利益を得ていたことを踏まえてなされたものであるから，そのような特段の事情があるとは認められない。

2　学　　説
(1) 肯　定　説
　遺産分割協議を詐害行為取消しの対象にすることを認める肯定説は，学説に

おける多数説である。その理由付けについて、以下のように分類することができる。

(a) 遺産共有の共有説と遺産分割の移転主義

遺産共有の共有説によれば、相続開始により遺産中の個々の財産に各相続人が法定相続分[4]に従って共有持分を取得するところ、遺産分割協議によって財産の帰属先を定めることは、相続の承認によって各共同相続人に帰属していた遺産を互いに譲渡することを意味し（遺産分割の移転主義）、結果として財産を何も取得しなかった相続人は、他の共同相続人に自己の持分を無償で譲渡したと考えることができるから、遺産分割協議は詐害行為取消しの対象になる、との説明がされる[5]。

このように遺産共有についての共有説と遺産分割の移転主義から肯定説を支持する立場は、遺産分割協議を共同相続人間での共有持分の譲渡とみるため、遺産分割協議は財産行為であり、民法424条2項の財産権を目的としない行為には当たらない、との理解を前提としている。そして、この立場は、遺産分割と登記についての先例との整合性などからも支持されている。すなわち、遺産分割による不動産の取得は、法定相続分を超える部分については登記がなければ第三者に対抗できないとする判例の立場（最判昭和46・1・26民集25巻1号90頁[6]。民法899条の2第1項に明文化された）は、遺産分割を移転主義的に捉え、遺産分割による法定相続分を超える部分の取得を贈与による取得と捉えるものであり、したがって、遺産分割協議は贈与として詐害行為取消しの対象になり得るとの帰結は、判例に整合的な帰結であるとみられている[7]。

---

(4) ここでは多くの学説は、相続開始時に各共同相続人が取得する持分については、具体的相続分ではなく法定相続分（遺言で相続分指定がされている場合には指定相続分）であることを前提に肯定説を支持する立場を示すが、後述Ⅲでみるようにこの点については争いがある。

(5) 柳勝司「判批（最判平成11・6・11）」名城法学49巻3号（2000年）134頁、佐久間邦夫「判批（最判平成11・6・11）」ジュリ1178号（2000年）85頁。遺産分割前後で共同相続人の財産状態が変化するとの捉え方は、基本的には共有説と移転主義を前提としているとみられる。中田裕康『債権総論〔第4版〕』（岩波書店、2020年）292頁等。

(6) 現行法のもとでは、2018年相続法改正後の民法899条の2第1項から同様の結論が導かれる。

(7) 渡邉達徳「判批（最判平成11・6・11）」法セ541号（2000年）107頁、森田宏樹「判解（最判平成11・6・11）」『民法判例百選Ⅲ〔第3版〕』（有斐閣、2022年）154頁、高木多喜男『口述相続法』（成文堂、1988年）309頁。もっとも、遺産共有の共有説に基づく説明に対して、中川善之助／泉久雄『相続法〔第4版〕』（有斐閣、2000年）309-310頁は、相続分の厳格な固定化を前提とするものであるとして批判を提起している。なお、遺産共有を共有ではなく、合有とみる場合に、必ずしも遺産分割が詐害行為取消

(b) 可分債務の当然分割帰属

　遺産分割協議と詐害行為取消しの問題は，取消債権者が相続債権者の場合と，相続人の債権者である場合の2通りに分かれる。相続債権者の場合について，学説には，可分債務の当然分割帰属の原則から遺産分割協議を詐害行為取消しの対象にすることを説明するものがある。たとえば，中川良延説は，相続債権者を遺産分割から保護するために，遺産分割協議を詐害行為取消しの対象とすることについて以下のように説明する。すなわち，可分債務については，法定または指定相続分にしたがって分割帰属するとみるのが判例の立場であるところ（最判昭和34・6・19民集13巻6号757頁），遺産分割協議により遺産中の積極財産を無資力の相続人が全く取得しないこととなった場合には，債権者は，相続分にしたがって分割帰属した債務を承継した無資力の相続人からは弁済を受けることができないこととなる。したがって，可分債務の当然分割帰属の先例を前提とする限り，遺産分割協議を，相続債権者が詐害行為であるとして取り消せるとみるべきである，とされる[8]。

(c) 相続放棄と遺産分割協議の峻別と類似性
(i) 両者を峻別する立場

　相続放棄と遺産分割協議との類似性が問題になる。判例は，相続放棄については，身分行為であり，かつ責任財産を積極的に減少させる行為ではないことを理由として，詐害行為取消しの対象とはならないとの判断を示している（前掲最判昭和49・9・20）。ここで，遺産分割協議は，債務者の取り分がゼロとなる合意がされる場合には相続放棄をした場合と同様に捉えられ，したがって，遺産分割協議も詐害行為取消しの対象とならないとみるべきではないかが問題

　しの対象になるとみることの妨げにならないのではないかが問題となる。この点で遺産共有を合有とみるドイツ法において，共同相続人の一方から他方への持分の譲渡は，「倒産手続外での債務者の法的行為の取消しに関する法律 Gesetz über die Anfechtung von Rechtshandlung eines Schuldners außerhalb des Insolvenzverfahrens（Anfechtungsgesetz：AnfG）」による取消しの対象になり得ると理解されていることが参考になる。Münchener Kommentar zum Anfechtungsgesetz §1-20, 2. Aufl. 2022, §11, Rn. 61.

[8] 中川良延「判批（神戸地判昭和53・2・10）」判例評論242号（1979年）160-162頁。同様に甲斐説は，法定相続分より少ない財産を取得した相続人の負担する債務について取立不能になるおそれがあることから，遺産分割協議の詐害行為取消しを認めるべきであると主張する。甲斐道太郎「法定相続分に従わない遺産分割の効力」『家族法大系Ⅵ 相続(1)』（有斐閣，1960年）266頁。西希代子「遺産分割の意義——総論的考察」家族〈社会と法〉39号（2023年）37頁は，債務者の死亡の前後で債権者の利益状況をできるだけ変化させるべきではないとの観点から，詐害行為取消しと遺産分割協議の問題では，相続人債権者よりも相続債権者の保護を重視すべきであるとの見解を示す。

になる。

　この問題について，多くの学説は，前掲最判平成11・6・11と同様に相続放棄と遺産分割協議の違いから，遺産分割協議についてのみ詐害行為取消しの対象になるとの理解を示す。すなわち，放棄によって放棄者は最初から相続人ではなかったこととなるが，遺産分割協議において何も遺産を取得しないこととされた相続人は，相続を承認することで一度は相続人として遺産を取得し，遺産分割協議により遺産を譲渡したと捉えられること[9]，相続放棄とは異なり，遺産分割協議には期間制限がなく，第三者に知りえない場合が多いといった違いが指摘される[10]。

　潮見説は，相続放棄と遺産分割協議を峻別すること自体を否定するのではないが，身分行為か否かといった画一的な区別に基づいて一方を詐害行為取消しの対象とせず他方を詐害行為取消しの対象とする前掲最判平成11・6・11の構成には，批判を提起する。身分行為か否かではなく，債務者の意思の自由と取消債権者の期待利益の観点からの区別を重視し，相続人が放棄せずにプラスの財産を相続した場合には，債権者の期待は相続人の相続分だけ膨らみ，この期待は法的保護に値するのに対して，相続人は無資力の状態で債権者を害する自由を持たない，と分析する[11]。このような分析によってのみ，相続放棄は詐害行為取消しの対象とならないが，遺産分割協議は詐害行為取消しの対象になるという立場を正当化できるとする。

　(ii)　両者の類似性を重視する立場

　相続放棄も遺産分割協議も，相続において遺産を何も取得しないとする決定を行うという点で実質的に同じであるとの立場から，両者において，詐害行為取消しの対象になり得るとする立場が有力に主張されている[12]。

　放棄と遺産分割の制度趣旨を踏まえた検討を行うものとして鹿野説は，相続放棄は相続人の身分を消滅させる行為であるのに対して，遺産分割協議では，

---

(9)　右近健男「遺産分割と詐害行為」金法1576号（2000年）45頁，佐久間邦夫『最高裁判所判例解説民事篇平成11年度』479-480頁，東條宏／原克也「遺産分割協議と詐害行為取消権」判タ1100号（2002年）424頁など。

(10)　池田恒男「判解（最判平成11・6・11）」『家族法判例百選〔第6版〕』（有斐閣，2002年）141頁。

(11)　潮見・前掲注(2)『新債権総論I』768頁。

(12)　大島俊之「判解（最判平成11・6・11）」『平成11年度重要判例解説』81頁は，相続人の債権者に限り，相続放棄および遺産分割協議を詐害行為取消権により取り消せるとの立場を示す。太矢一彦「判批（最判平成11・6・11）」獨協法学51号（2000年）182頁も，遺産分割協議と相続放棄を同様に扱うべきことを論じる。

相続人であることを引き受けた上で権利変動を生じさせるため純粋な財産行為がなされたとの見方は不合理ではないとの見方を示す[13]。もっとも，身分行為に該当するか否かという画一的な基準で詐害行為取消しを認めるかどうかの結論を導くことには，前述の潮見説と同様に反対の立場を示す。詐害行為取消しの制度上は，相続放棄についても，相続人が相続人の債権者から追及を免れる目的で相続放棄をしたと捉えることができる場合があり得るし，遺産分割についても，相続人の生活の維持という目的による遺産分割の決定は，相続人の債権者の財産保全の期待に優先すると捉えられる場合もあり得るとする。したがって，相続放棄についても遺産分割についても，相続人の意思の尊重の要請と債権者の責任財産保全の必要性や期待を考慮しきめ細かに取消しを認めるか否かを検討するべきである，とする[14]。

(d) 財産分与と遺産分割との峻別

遺産分割と財産分与の関係についても問題とされている。判例は，財産分与は原則として詐害行為取消しの対象としない判断を示し（最判平成12・3・9民集54巻3号1013頁），財産分与を詐害行為取消しに優先させる立場を示している。そのため，遺産分割についても，同様に詐害行為取消しに優先させるべきではないかが問題となる[15]。これについては，財産分与は「既に存在する債務を単に履行」する意味を持ち，分与者の責任財産を減少させるものではないために，遺産分割協議とは異なり，詐害行為取消しの対象にならない[16]，財産分与は，財産の清算，離婚後扶養および慰謝料の要素が含まれ，離婚によって分与者に生ずる法的義務の範囲内であれば義務の履行を意味し，分与者の財産を減少させるものはない，などと違いが説明される[17]。

(2) 否定的な立場

以上の肯定説に対して，遺産分割協議を詐害行為取消しの対象とすることについては，以下に示すように様々な観点から否定的な見解が示されている。

(a) 遺産分割の安定性

星野説は，遺産分割の安定性を強調する。すなわち，遺産分割は，相続分に対応する価値の割り当てという困難な手続であり，当事者の合意による微妙な

---

(13) 鹿野菜穂子「遺産分割協議と私的自治」法時75巻12号（2003年）81頁。
(14) 鹿野・前掲注(13)81-82頁。
(15) 太矢・前掲注(12)182頁は，財産分与と詐害行為との関係についての判例は遺産分割と詐害行為との関係にも妥当するとの立場を示す。
(16) 東條／原・前掲注(9)424頁。
(17) 佐久間・前掲注(9)480-481頁。

操作により行われるものであるという[18]。遺産分割協議を詐害行為取消しの対象とすることについては，複雑で微妙な手続により成立した遺産分割協議を無にし，遺産分割の法的安定性を著しく害することから，否定すべきであるとする。そして，星野説はこのことを民法260条によって根拠づける。すなわち，相続債権者および相続人の債権者は，同条により債務者を当事者とする遺産分割協議に参加することができ，債権者の請求にもかかわらず債権者を除外して遺産分割がされた場合には，分割の効力を債権者に対抗することができない（同条2項）。債権者が同条に基づく請求を怠っている場合に詐害行為取消しを求めるのは，債権者に保護を与えすぎであり，遺産分割の安定性を害することからも認めるべきではない，とする[19]。この立場は，民法260条をフランス民法にならったものであるとし，フランス民法の解釈と同様に，同条は詐害行為取消しの規定の特則であるとの理解を前提としている[20]。この理解は学説において遺産分割の安全性という観点から支持を受けている[21]。

もっとも，これに対しては，フランス民法とは異なり，民法260条が詐害行為取消しの規定の特則になっていることが明らかではないこと[22]，債権者の参加について制度的保障がされていないこと，債権者が参加しても債権者を害する分割は必ずしも阻止されないことなどから，民法260条を根拠として詐害行為取消権を債権者から奪うことの問題が指摘されている[23]。

(b) 遺産分割の特殊性

星野説は，遺産分割の安定性に加えて，遺産分割では，当事者の特別受益や寄与分に基づく相続分の算定等の複雑な過程を経て合意が成立するため，遺産分割における当事者の自由な意思の尊重が特に必要であることから，遺産分割への債権者の介入に否定的な見方を示す[24]。遺産分割の特殊性については，財産分与と同様とする見方から，遺産分割協議を詐害行為取消しの対象とするこ

---

(18) 星野英一「遺産分割の協議と調停」『家族法大系Ⅵ相続(1)』（有斐閣，1960年）349-350頁。
(19) 星野・前掲注(18)376頁。
(20) 川島武宜『民法(3)〔改訂増補〕』（有斐閣，1955年）165-167頁，星野英一『民法論集第3巻』（有斐閣，1972年）517頁。
(21) 中川／泉・前掲注(7)346頁。
(22) 佐藤岩昭「判解（最判平成11・6・11）」『民法判例百選Ⅲ〔第2版〕』（有斐閣，2018年）141頁。
(23) 右近・前掲注(9)44頁，高木多喜男『遺産分割の法理』（有斐閣，1992年）207-208頁。
(24) 星野・前掲注(18)349頁。なお，中川良延・前掲注(8)161頁は，遺産分割協議の詐害行為取消しに対しては，前述のように原則としては肯定的な立場を示しているが，遺産分割協議の特殊性も考慮するべきであるとする。

とについて慎重にみる見解が提示されている[25]。

(c) 債権者の期待

債権者の期待については，とくに相続人の債権者の期待について要保護性が低いとする見解が示されている。たとえば，星野説は，相続人の債権者が遺産から弁済を受けることについて，「特別の幸運」であることから，特別に保護を図る必要はない，と指摘する[26]。

中川良延説は，相続債権者とは異なり，相続人の債権者の期待は，相続人が放棄せず相続財産を承継した段階で，「ふくらんだ期待」となり，このような期待も法的保護に値するとはいえ，相続債権者の保護の必要性に比して，相続人の債権者の保護は弱いとする[27]。

(d) 財産分離制度との関係

相続債権者および相続人の債権者の保護は，財産分離制度により図るべきであって，詐害行為取消しによる保護を認めるべきではないとの見方が示されている。第一種財産分離制度（民法941条）では，相続債権者は，被相続人の財産と相続人の財産の分離を求めることにより，相続人の債権者に優先して相続財産から債権の弁済を得ることができる。また第二種財産分離制度（民法950条）では，相続人の債権者は，財産の分離により，相続債権者に優先して相続人の責任財産から債権の弁済を得ることができる。これにより，相続人の債権者は，詐害行為取消しにより分割協議を取り消さなくても，相続債権者に優先して相続人から弁済を受けることができる，と指摘される[28]。もっとも，財産分離制度により相続債権者および相続人の債権者が保護される場面は限定され，前掲最判平成11年の事案を含めて，同制度によって保護されない場合には，詐害行為取消しによる保護が必要となることが指摘されている[29]。

---

(25) 宗村和広「判批（最判平成11・6・11）」信州大学法学論集創刊号（2002年）193頁は，財産分与と詐害行為取消しについての先例を意識し，遺産分割において公平な分割のための相続人間の合意は特に尊重するべきであるとして，原則として遺産分割協議は詐害行為取消権の対象とならないとし，分割協議に仮託した実質的な贈与である場合には例外として取消権の対象となる，との構成を提示する。中川良延・前掲注(8)161頁も，財産分与の合意の詐害行為性について慎重な立場をとる先例が，遺産分割協議の詐害性の判断において参考になりうるとする。
(26) 星野・前掲注(18)376頁。
(27) 中川良延・前掲注(8)161頁。
(28) 中川善之助編『註釈相続法(上)』（有斐閣，1954年）199頁〔有泉亨〕。
(29) 右近・前掲注(9)44頁。

3 まとめ

　遺産分割協議と詐害行為についての判例をまとめると，上述「1 判例」の(1)から(3)の判決にみるように，遺産分割協議は放棄とは異なり身分行為ではなく贈与類似の財産行為であること，一度取得した共有持分を遺産分割協議により他の共同相続人に譲渡することで責任財産を減少させていると評価しうることが判例の立場として確立しているといえる。つまり，判例は，遺産分割協議と，他の一般的な贈与等の無償行為とを区別せず，遺産分割協議を，他の要件が満たされれば，詐害行為取消しの対象とすることを原則としている。これに対して(4)の破産法上の否認権についての判決では，上記の判決とは異なり，遺産分割を特別扱いする立場を示し，遺産分割協議の自由や遺産分割の意義の尊重を否認権に優先させ，遺産分割協議は原則として否認権行使の対象とならず，例外的に遺産分割に仮託してされた財産処分であると認めるに足りるような特段の事情があるときにのみ無償行為否認の対象となるとの立場を示している。これは財産分与と詐害行為についての前掲最判平成 12・3・9 と方向性を同じくする。破産法上の無償行為否認の趣旨は詐害行為取消しと共通すると捉えられていることから，(4)の立場は，遺産分割と詐害行為取消しの問題にも影響を与えるとみられる。

　学説の多数は，相続放棄と異なり，（あるいは相続放棄と同様に），遺産分割協議を詐害行為取消しとの関係で特別扱いせず，他の要件を満たせば，原則として詐害行為取消しの対象となるとの立場を示している。これに対して，相続人の債権者の保護については民法 260 条，941 条，950 条で図るべきであり，遺産分割の安定性や遺産分割協議での相続人の意思を重視すべきであるから詐害行為取消しを認めるべきではないことを主張する有力説は，遺産分割の特殊性を重視し，財産分与を詐害行為取消しとの関係で特別に扱う前掲最判平成 12・3・9 と共通の立場に基づいているとみられる。

Ⅲ 取り消しうる遺産分割協議とは何か

　遺産分割協議は一般的に詐害行為取消しの対象になり得るとの立場をとる場合には，具体的にどのような遺産分割協議が詐害行為であると評価されるかが次に問題となる。この問題は，行為の詐害性の認否で検討されている。この問題について判例および学説の立場を確認する。

第2部　第3章　遺産承継・遺産共有・遺産分割

1　判　例

　前掲奈良地判昭和27・11・8（上述Ⅱ1(1)）および前掲神戸地判昭和53・2・10（Ⅱ1(2)）は，法定相続分をもとに詐害行為性を判断しているようである。(1)の判例は，遺産分割における合意について，各共同相続人の法定相続分に対応する不動産の持分を贈与する趣旨であると評価している。(2)の判例は，債務者である共同相続人の1人が，相続により取得した，不動産に対する自身の法定相続分による持分を，他の共同相続人に遺産分割協議において無償で譲渡したと認めている。もっとも，(1)および(2)の判決は，具体的相続分をもとにした判断を積極的に否定する立場を示したものではない。これらの判決については，債務者の側で，法定相続分に従わない遺産分割協議における合意について，たとえば特別受益を得ていたため当該債務者の具体的相続分がゼロであったといった主張をした場合に，裁判所が具体的相続分を基準として詐害行為性を判断していた可能性は否定されない。

　これに対して，前掲最判平成11・6・11（Ⅱ1(3)）は，原審の判断を併せて考察すれば，詐害行為性を判断するのに，具体的相続分を基準にすることを前提にしていたことが指摘されている[30]。たしかに，同判決の事案においては，債務者である相続人は，遺産分割は寄与分や特別受益等を考慮して決定するものであり法定相続分と異なる決定をしても詐害行為取消しの対象とならないと主張するのに対して，原審は，本件では寄与分及び特別受益について具体的な主張立証がされていないので，これによって本件遺産分割協議を詐害行為であると判断することを妨げない，との判断を示し，最高裁も原審の判断を支持している。したがって，(3)の最高裁判決は，詐害行為性を判断するのに具体的相続分を基準にする立場を示したものとみられる。

　なお，前掲東京高判平成27年（Ⅱ1(4)）は，無償行為性の判断をするのに，法定相続分または具体的相続分をもとにしながら，必ずしもこれらの基準に拘束されないとする立場を示しているものとみられる。すなわち，同判決では，法定相続分または具体的相続分を下回る遺産しか取得しなかったとしても，民法906条により一切の事情を考慮した結果であれば，当然には無償行為性を認めることができないとされている。

---

(30)　伊藤昌司「判批（最判平成11・6・11）」リマークス21号29頁。

2 学　説

(1) 法定相続分を基準とする説

　遺産分割協議は財産行為であり債務者である相続人の責任財産を減少させ得る行為として一般的に詐害行為取消しの対象となるとする上述の学説（Ⅱ2(1)）においては，その根拠として，債務者である相続人が相続によって取得した持分を他の共同相続人に贈与するというように遺産分割を移転主義的に捉える立場が示されていることが確認された。ここでは，相続人が相続によって取得する相続分を法定相続分と捉え，法定相続分と異なる遺産分割がなされた場合は，一種の贈与があったとの立場が示されている[31]。もっとも，法定相続分を基準とすべきとの立場においても，例外が示されている。

　たとえば，三森説は，可分債務は法定相続分（または指定相続分）により当然分割帰属するとの判例のもとでは，相続債権者を保護する必要があることから，法定相続分と異なる分割内容を定める遺産分割は，原則として詐害行為取消権又は否認権行使の対象となり得るとの立場を示すが，特別受益や寄与分を考慮すべき合理的理由がある場合は例外であるとする[32]。

　また，片山説は，現実的には法定相続分が目安になるとするが，具体的相続分に基づく主張も否定されないとする。たとえば，債務者の具体的相続分が法定相続分より少ない場合において，被告への法定相続分を超える分割については詐害性が推定されるが，被告の側が，債務者に特別受益があることや，被告に寄与分があることを主張・立証することで詐害性を否定することができる，とする[33]。

(2) 具体的相続分を基準とする説

　詐害行為性の判断基準として具体的相続分を強調するのは伊藤説である。同説は，遺産分割協議の結果が法定相続分に応じた取得額より相当少ない取得額とされた場合でも，具体的相続分として説明のつく限り，詐害行為とはならないとし[34]，前掲最判平成11・6・11について，当事者が主張立証に失敗したの

---

(31)　森田・前掲注(7)154-155頁，渡邉・前掲注(7)107頁等。
(32)　三森・前掲注(3)237頁。
(33)　片山直也「判解（最判平成11・6・11）」『民法判例百選Ⅱ〔第5版〕』（有斐閣，2001年）43頁。
(34)　伊藤・前掲注(30)29頁。佐久間・前掲注(5)86頁も同様の立場を示す。中川良延・前掲注(8)161頁が，一般的に遺産分割は，特別受益等の評価を伴い複雑な手続を経て合意に到達するものであり，その結果が「相続分」と一致していないとしても，ただちに贈与と評価することはできないとするのは具体的相続分を基準とすべきとの立場を示すものといえる。

で明らかにされていないとしながら，具体的相続分を基準に詐害性を判断する立場を前提としていると指摘する[35]。

　水野説も，詐害行為該当性の判断において民法900条から904条の2までの規定による具体的相続分を基準とするべきであり，債務者が具体的相続分より少ない割合での遺産しか取得しない場合には，他の要件を満たす限りで詐害行為と認めるべきであるとの見解を示す[36]。なお，同説は，遺産分割の自由の原則を前提として詐害行為性を判断する前掲東京高判平成27・11・9（Ⅱ1(4)）のような立場には否定的な立場を示す。すなわち，民法906条は900条から904条の2までの規定に従って遺産分割を行うことを前提としていることから，906条をもとに，具体的相続分より少ない割合での遺産の取得を遺産分割の自由の観点から正当化することに対しては批判的な見方を提示する[37]。

　野村説は，第三者にとっての便宜という点では法定相続分を基準とするべきであるとの理解を示すが，法定相続分は暫定的であり，その後明らかにされた具体的相続分をもとに遺産分割協議が行われることから，法定相続分ではなく具体的相続分を基準として詐害行為性を判断するべきであるとする[38]。

(3) 民法906の基準を重視する説

　詐害行為性の判断においては，具体的相続分を基準とするべきとしながら，具体的相続分に従わない合意が遺産分割協議においてなされたとしても，必ずしも詐害行為性を認めることができないとの見方が提示されている。前掲東京高判平成27・11・9（Ⅱ1(4)）もこの説に分類することができる。

　この説を代表するものとして，右近説は，遺産分割は具体的相続分を基礎とし，かつ民法906条の基準にしたがってなされることを，詐害行為の成否にあたって十分考慮するべきである，とする[39]。同説は，例として，相続財産中の建物を相続人中の生存配偶者の単独所有とする遺産分割を挙げ，これが詐害行為となるか否かについては，民法906条の基準にかんがみて詐害の意思があったかどうかを慎重に判断するべきであるとする[40]。

---

(35) 伊藤昌司「疎んじられる具体的相続分」判タ1016号（2000年）78-79頁。
(36) 水野貴浩「遺産分割協議後の共同相続人の破産——詐害行為となるのはどのような場合か？」戸籍時報826号（2022年）40頁。
(37) 水野・前掲注(36)40頁。
(38) 野村剛司「遺産分割と破産管財人——基準は法定相続分か具体的相続分か」戸籍時報825号（2022年）31-34頁。
(39) 右近・前掲注(9)45頁。
(40) 右近・前掲注(9)46頁。

同様に民法906条による遺産分割協議における相続人間の決定を重視する道垣内説は，例として，被相続人と同居していた相続人に，居住を確保させるために遺産中の相当の価値を占める家屋を帰属させたり，生活に困窮している相続人により多くの財産を帰属させたりする遺産分割協議における決定を挙げ，このような決定は906条に従った合理的な分割であり，詐害性を否定すべきであるとする[41]。

IV　遺産分割前の共有持分の内容

　どのような遺産分割協議が詐害行為取消しの対象になるかの検討では，債権者は，債務者の法定相続分（または指定相続分）に応じた遺産の取得を期待しうるのか，それとも具体的相続分に応じた遺産の取得を期待しうるのか，遺産分割の自由をどのように解するか，すなわち，債務者が相続開始後，遺産分割までに有する共有持分の内容は何かが問題となる。

　この問題は，条文上は，民法899条，898条2項および905条1項において検討されている。民法899条では，「各共同相続人は，その相続分に応じて被相続人の権利義務を承継する」とされているが，そこでいう「相続分」が「法定相続分」か，「具体的相続分」かについて議論がある。同条の「相続分」とは特別受益を考慮した具体的相続分であるとする有力説によると，具体的相続分は各相続人の実体的権利であるから，このように解することが制度趣旨に合致するとされる[42]。もっとも，判例は同条の「相続分」を具体的相続分ではなく法定相続分（または指定相続分）とする立場を前提とした判断を示す[43]。多くの学説が，第三者にとっての権利関係の明確性や手続の観点から，同条の「相

---

(41)　道垣内弘人「判批（最判平成11・6・11）」法協135巻11号204頁。中務嗣治郎「判批（最判平成11・6・11）」金法1581号179頁も906条による一切の事情の考慮を強調する。前掲注(7)に示すドイツ法のAnfG 11条による法的行為の取消しについて，OLG Düsseldorf, Urteil v.25.4.2013, BeckRS 2015, 10682が，遺産分割契約は原則として無償であるとして取消しを認めつつ，家族としての世話などの反対給付が合意されている場合を除くとしている点は，遺産分割契約における家族に特有の事情を考慮する立場を示している。

(42)　伊藤・前掲注(35)77-79頁。ここでの具体的相続分について，寄与分については手続上，協議・調停・審判によってはじめて定められるため，遺産分割の前には実体的権利とみることができないとして，特別受益のみが考慮されることとされている。

(43)　最判平成12・2・24民集54巻2号523頁は，具体的相続分はそれ自体を実体法上の権利関係とみることはできないとする。また最判昭和29・4・8民集8巻4号819頁は，可分債権は相続開始時に当然分割され各共同相続人がその「相続分」に応じて権利を承継するとの判断を示す。ここでの「相続分」について判例は明言していないが，潮見・前掲(2)詳解相続法194頁は具体的相続分ではないとする。

続分」とは法定相続分（または指定相続分）であるとして判例の立場を支持する[44]。

次に，2021年民法・不動産登記法改正により新設された民法898条2項の「相続財産について共有に関する規定を適用するときは」法定または指定相続分をもって各相続人の共有持分とする，との規定における「相続分」について問題となる。同条が，具体的相続分ではなく法定相続分（または指定相続分）とすることを明文化したことで，民法899条における相続分を具体的相続分と解釈することは難しくなったとの指摘がある[45]。これに対しては，民法898条2項が権利義務の承継ではなく，主に遺産分割前の財産管理を管理する場合に適用されるとみれば，権利義務の承継について規定する民法899条の「相続分」については別に，具体的相続分であると解することは妨げられないとみられる[46]。

最後に，民法905条1項では，遺産分割前に共同相続人の1人が第三者に「相続分」を譲渡した場合における相続分の取戻しについて規定されているが，ここでの「相続分」は具体的相続分であるとする立場が学説では多数説である[47]。これは，相続分の譲受人は，譲り受けた相続分について特別受益や寄与分を考慮した具体的相続分に応じた財産を遺産分割において主張できることを根拠としている。これに対して，同項の「相続分」を法定相続分（または指定相続分）とみる立場は，第三者からみた相続分の明確性や具体的相続分は遺産分割前の時点で確認できないことを根拠として挙げている[48]。

もっとも，共同相続人が遺産分割前に有する「相続分」が法定相続分（または指定相続分）か具体的相続分かについては，これを二者択一的に論じるべきではないとの指摘がなされている。たとえば遺産分割前の相続分譲渡では，相続分を法定相続分（または指定相続分）とみる立場でも，遺産分割では特別受

---

(44) 鈴木禄弥『相続法講義〔改訂版〕』（創文社，1996年）313-315頁，林良平＝大森政輔編『注解判例民法4 親族法・相続法』（青林書院，1992年）608-609頁〔山口純夫〕，松原正明『判例先例相続法Ⅱ〔全訂第2版〕』（日本加除出版，2022年）223-224頁。
(45) 松原・前掲注(44)224頁。
(46) 本山敦編『逐条ガイド相続法』（日本加除出版，2022年）70頁［宮本誠子］。
(47) 伊藤昌司『相続法』（有斐閣，2002年）225頁，常岡史子『家族法』（新世社，2020年）376-377頁，千藤洋三「相続分の譲渡・放棄」野田愛子＝梶村太市編『新家族法実務大系③』（新日本法規，2008年）197頁。なお，同条の意味での相続分の譲渡の譲受人には第三者のみならず相続人も含むと解されている（最判平成13・7・10民集55巻5号955頁）。
(48) 鈴木・前掲注(44)187頁，松原・前掲注(44)232-233頁。

益や寄与分を考慮することが前提とされ，一方で具体的相続分とする見方によっても，具体的相続分に応じた財産の取得は，遺産分割によってはじめて実現され，それまでは確定しないということが前提とされている[49]。本稿が検討する詐害行為取消しの基準としては，債権者が遺産分割前に債務者である相続人に，どのような財産状態を責任財産として期待しえたか，という観点が重要であり，これによると，債務者は具体的相続分を取得しうる地位にあることから，債権者は，具体的相続分に応じた財産状態を責任財産として期待してよいとみられる[50]。

V 結　語

以上のように，最高裁は，遺産分割協議を詐害行為取消しにおいては贈与と同様に扱い，他の要件が整えば取り消せるとし，多くの学説がこれを支持する。しかし，遺産分割協議を特別に扱うべきとの立場も有力に主張されている。遺産分割協議を特別に扱う立場を示すのが，破産法上の無償行為否認権についての前掲東京高判平成27・11・9である。そして，具体的にどのような内容の分割協議が詐害行為であると判断されるかについては，判例において，法定相続分を主張・立証されたときは具体的相続分を基準とした判断がされているが，学説においては，必ずしも具体的相続分にしばられず，共同相続人間での様々な事情を考慮した分割が尊重されるべきとの見解が有力に主張されている。

遺産分割協議は原則として詐害行為取消権の対象にならないとする見方の根底には，相続法制度と詐害行為取消制度が衝突する場合には，債務者が相続人である場合についての特別な制度である相続法制度が優先する，といった見方があるとみられる。この立場は，特に相続分とは異なる取得額の取決めは，それについて相続制度の趣旨（相続人間の実質的公平性，相続人の生活保障，生存配偶者の生活保障・居住権の保障，潜在的持分の清算など）から説明ができない場合にのみ，詐害行為取消しの対象になり得ると考えるべきこととなろう。

しかし，遺産分割と，詐害行為取消しでは，どちらが優先するといったこと

---

(49) 宮本・前掲注(46)117頁，久貴忠彦＝谷口知平編『新版註釈民法(27)〔補訂版〕』（有斐閣，2013年）280頁〔有地亨＝二宮周平〕。
(50) ここでの具体的相続分について，高木・前掲注(7)309頁，片山・前掲注(33)43頁等は，寄与分をも考慮した具体的相続分を前提としている。しかし，寄与分は遺産分割協議・審判によってのみ確定し，訴訟手続において確定することはできないため，手続の観点からは，厳密には，寄与分を除く具体的相続分を基準とみるべきではないかが問題として残される。

について，民法上は何も示されていない。したがって，現行法上は，遺産分割を詐害行為取消しにより妨げるべきではないとか，詐害行為取消しを，対象が遺産分割であることを理由に妨げてはならない，というように，一般的にどちらか一方を優先するべきとはいえないのではないか。上述のように潮見説が債務者の遺産分割における意思の自由と取消債権者の期待利益の観点からの問題の分析を提唱しているが，これはどちらを優先させるかではなく，両者のバランスを図ることの重要性を訴えるものであるといえる[51]。

　両者のバランスを図る際に，相続法制度の目的として一般的に承認されている生存配偶者の生活保障や潜在的持分の清算の意義を持つ遺産分割を，詐害行為取消制度により妨げるのは望ましくない，とする分析は考慮に値する[52]。もっとも，相続法制度が，詐害行為取消制度の目的を妨げるのも望ましくない。このような視点からは特に，具体的相続分を大幅に超えた遺産分割協議における決定を，債務者の生存配偶者としての生活保障や潜在的持分の清算に基づく判断である，として詐害行為取消しの対象から除外することができるかということが問題となる。相続法制度の目的として近年特に重視されている高齢の生存配偶者の生活保障や潜在的持分の清算などは，たしかに解釈において重視すべき考慮要素である。しかし，これらについては，配偶者居住権（民法1028条以下）や婚姻期間20年以上の配偶者間の居住用不動産の遺贈・贈与での持戻免除の意思表示の推定に関する規定（民法903条4項）等の範囲内で図ることが求められており，民法上の規定の根拠なく具体的相続分を修正するような遺産分割の自由を，債権者の期待保護との関係で尊重するべきとまではいえないのではないか[53]。

　以上のように，相続法制度における遺産分割の自由と詐害行為取消制度における債権者の期待保護とのバランスを重視すれば，遺産分割協議は，贈与と扱われ，原則として詐害行為取消しの対象となり得ると解することで一方では債権者の期待保護を図り，他方では，詐害行為性の判断基準を具体的相続分と異なる分割により財産を減少させたことと解することで具体的相続分を考慮した遺産分割の自由を保障することができるとみられる。

---

[51]　潮見・前掲注(2)『新債権総論Ⅰ』770頁。前掲最判平成11・6・11について，潮見佳男「判批」銀行法務21，572号（2000年）60頁は両者のバランスを図る視点を欠き「遺憾の極みである」と評する。
[52]　右近・前掲注(9)45頁，道垣内・前掲注(41)204頁などにこの視点が明確に示されている。
[53]　具体的相続分を基準として重視する水野・前掲注(36)40頁を参照。

第4章
相続における対抗問題

29 相続・遺言による不動産物権の承継とその対抗
――民法 177 条からみた相続法改正の意義とその正当化

山 本 敬 三

Ⅰ　はじめに
Ⅱ　不動産物権の変動とその対抗に関する制度における民法 177 条の意義とその正当化
Ⅲ　相続・遺言による不動産物権の承継とその対抗――民法 177 条からみた相続法改正の意義とその正当化
Ⅳ　おわりに

Ⅰ　は じ め に

　2018（平成 30）年法律第 72 号「民法及び家事事件手続法の一部を改正する法律」により改正された民法（以下では「改正相続法」という。）は，相続・遺言による権利の承継とその対抗について新たに規定（民法 899 条の 2 第 1 項）を定めた[1]。それによると，「相続による権利の承継は，遺産の分割によるものかどうかにかかわらず，次条及び第 901 条の規定により算定した相続分を超える部分については，登記，登録その他の対抗要件を備えなければ，第三者に対抗することができない」とされている。
　この改正は，遺言による相続分の指定及び遺産に属する特定の財産を特定の相続人に「相続させる」旨の遺言――判例によると，特段の事情がない限り，遺産分割方法の指定としてとらえられ，改正相続法のもとでは「特定財産承継遺言」と呼ばれる――による不動産物権の承継とその対抗に関する従来の判例

---

(1) 立案担当者による解説として，堂薗幹一郎＝野口宣大編著『一問一答新しい相続法――平成 30 年民法等（相続法）改正，遺言書保管法の解説〔第 2 版〕』（商事法務，2020 年），堂薗幹一郎＝神吉康二編著『概説 改正相続法――平成 30 年民法等改正，遺言書保管法制定〔第 2 版〕』（金融財政事情研究会，2021 年）のほか，沖野眞已＝堂薗幹一郎／道垣内弘人〔聞き手〕「対談：相続法の改正をめぐって」ジュリスト 1526 号（2018 年）14 頁を参照。また，法制審議会民法（相続関係）部会における部会資料及び議事録等は，法務省のウェブサイトでみることができる（https://www.moj.go.jp/shingi1/housei02_00294.html）。

法理——いずれも対抗要件を備えなくても第三者に対抗することができるとする——を変更することを主たる目的としたものであり，いわゆる「相続と登記」に関する他の諸問題——共同相続と登記，遺産分割と登記，相続放棄と登記，遺贈と登記等——については，——適用法条は別として——従来の判例法を維持し，少なくとも変更することを意図していないと説明されている[2]。

このように，民法899条の2第1項は，不動産物権の変動とその対抗に関する民法177条を前提とした上で，その確認規定・特則を定めたものと位置づけられる。問題は，民法899条の2第1項は，民法177条の何を・どのように確認し，また，何を・どのように特則として定めたか，それはどのように正当化されるかである。もっとも，これに答えるためには，そもそも民法177条は不動産物権の変動とその対抗について何を・どのように規定したものか，それはどのように正当化されるかということを明らかにする必要がある[3]。そこで，以下ではまず，民法177条の意義とその正当化に関する従来の議論を整理・検討し，それを踏まえて，相続法改正の意義とその正当化について検討することとする。

なお，民法899条の2第1項は，「相続による権利の承継」について規定し，動産や債権等の承継も対象としているが，本稿では，民法177条との関係にしぼって検討することとし，対象は不動産物権の承継に限っている。以下で単に「権利」ないし「物権」という場合も，不動産物権を指していることをお断りしておきたい。

---

[2] 堂薗＝野口・前掲注(1)160頁以下，堂薗＝神吉・前掲注(1)138頁以下・141頁を参照。相続放棄に関しては，沖野＝堂薗／道垣内・前掲注(1)17頁を参照。

[3] これは，2019年度日本私法学会におけるワークショップ「相続法改正における権利・義務の承継の規律の位置づけと課題」(私法82号(2020年)109頁)を基礎とした「小特集：相続法改正における権利・義務の承継の規律——その位置づけと課題」(法律時報92巻4号(2020年)56頁以下)における問題提起——「こうした改正が，従来の物権変動論に関する理論とどのように関わるのか等については，法制審議会民法(相続関係)部会においては必ずしも十分に時間をかけて掘り下げた議論がされたわけではないが，従来の物権変動論などとの関係で今回の改正がどのように位置づけられるのか，今回の改正がこれまでの物権変動論にどのような影響を与えるのかについては，今後に向けて明確に議論することが求められているものと思われる」(窪田充見「問題の提起」同56頁)——に対応する。この小特集において，この問いについて検討したものとして，水津太郎「相続による権利および義務の承継——899条の2と902条の2について」同62頁，横山美夏「コメント——不動産を目的とする権利の承継を中心に」同80頁を参照。

II 不動産物権の変動とその対抗に関する制度における民法177条の意義とその正当化

1 問題の所在

(1) 考察の視角

(a) 従来の議論

民法176条と177条の関係をはじめ，不動産物権の変動とその対抗に関する制度の理解については，これまで諸説が対立し，文字どおり紛糾してきた。そうした諸説の対立は，根本的には，物権変動とその対抗に関する制度を正当化する原理や政策についての考え方の違いを反映したものであり，容易に収斂するものでないことはよく理解できる。しかし，時として，それぞれの見解が述べようとしていることが正確に理解されず，批判と反論がかみ合わないまま，議論が必要以上に紛糾しているところもあるように見受けられる。その原因の1つは，規範的な含意を持つ——しばしばその含意について理解の一致をみない——概念を用いて議論が展開されているところにあると考えられる。

例えば，物権変動の効力について，「絶対的効力・相対的効力」，「優先的効力」——物権変動の効力が「優先」する・「劣後」する——，物権変動の「完全性」——物権変動の効力が「完全に」生ずる・「不完全に」生ずる——，「排他的帰属」「確定的帰属」などの概念を用いて議論が展開されることがある。物権変動の「並立」「競合」，「競合」状態の「解消」，「第三者の出現」「第三者の出現を許容する」，「対抗問題」「対抗関係」などの用語を用いた議論もしばしばみられる。

公示の効力に関しても，「公示力」，「対抗力」(ないし物権変動の「対抗可能性」)，「公信力」などの概念が重要な役割を果たしている。

さらに，より基本的な概念として，「物権・債権」(ないし「物権的効果・債権的効果」)，「物権行為・債権行為」，「承継取得・原始取得」「法定取得」「失権」，「権利」「権原」などの概念を用いて議論が展開されることもある。

このほか，一般的な用語法として，「(登記を備えた方が)勝つ・(登記を備えていないと)勝てない」「(登記の先後で)勝敗を決する」，「信頼」の「保護」といった概括的な——その法的な内容が特定されておらず，多様な意味を持ちうる——表現もしばしば用いられている。

(b) 規範分析アプローチ

法的な議論において，概念を用いることは不可欠であり，そのこと自体に問

題はない。しかし，重要なのは，そうした概念を用いて示そうとされている規範である。概念に一定の規範的な意味が含まれているのであれば，それをできるかぎり——また必要なかぎり——明示することによって，そうした概念を用いて示そうとされていた規範の内容を明らかにすべきだろう。また，同じ概念——例えば「対抗力」——を用いていても，それを肯定するために用いるのか，否定するために用いるのかで，規範の内容も違ってくる。それぞれの見解が述べようとしていることを正確に理解し，かみあった議論を展開するためには，そうした作業が不可欠であると考えられる[4]。

(4)　いわゆる二重譲渡の法的構成——民法 176 条によれば，譲渡人が譲受人に物権を移転する旨の意思表示をすることにより，譲渡人から第一譲受人に物権が移転し，譲渡人は物権を失うにもかかわらず，なぜ，民法 177 条によれば，譲渡人が第二譲受人に物権を移転する旨の意思表示をし，移転登記を備えれば，第二譲受人が物権を取得し，第一譲受人にそれを対抗することができるのかという問題に関する説明——をめぐって諸説がその理論的説明を試みてきたのに対し，そのような法的構成ないし理論的説明をする「実益」はほとんどなく，「『二重譲渡の場合に，契約締結・代金支払・引渡等の前後にかかわらず，登記を先に備えたものが優先的に物権を取得したものと見る』という趣旨の法定の制度である，と解すれば足りる」とする見解——法定制度説——が主張された（鈴木禄弥「民法 177 条の『対抗スルコトヲ得ス』の意味」同『物権法の研究』（創文社，1976 年，初出 1966 年）242 頁以下）等）。この見解に属する論者は，「根本的にはそのような説明すらいらない」とし，「むずかしい理屈を言うまでもなく，沿革を考えれば，極めて簡単に理解できる」としている（星野英一「物権変動における『対抗』問題と『公信』問題」同『民法論集 第 6 巻』（有斐閣，1986 年，初出 1983 年）148 頁）。こうした見解に対しては，「理論の放棄」であるなどと批判されているが（石田喜久夫「現代の物権変動論——民法 177 条の第三者につき善意・悪意を問題としない判例・通説の根拠を問う」同『物権変動論』（有斐閣，1979 年，初出 1978 年）210 頁等を参照）、むしろこの見解は——「理論」的な説明だけでなく——どのような内容の規範を認めるのかということを特定していない——少なくとも緩やかにしか特定していない——ところに問題があったというべきだろう。「登記を先に備えたものが優先的に物権を取得したものと見る」といっても、①登記を備えていないときは、物権を取得したとみないのか、②登記を備えたときは、物権を取得したとみるのかによって、どのような要件が備わればどのような効果が認められるか——したがって誰がその要件に該当する事実について主張・立証しなければならないか——が違ってくる。実際、鈴木自身は、「登記の存否をいずれが主張・立証すべきか」という「実際問題」について、「理論的に結論が出るものではなく、妥当性の点から判断すべきである」として、第二譲受人が第一譲受人に登記がないことについて主張・立証する必要はなく、第二譲受人が自分は民法 177 条の「第三者」に当たることを主張・立証したときに、第一譲受人が自己に登記があることについて主張・立証しなければならないとしている（鈴木・前掲 243 頁）。これは、鈴木が上記の②の内容の規範を採用していることを意味するが、なぜそれが「妥当」かが示されていないだけでなく、そもそも自らが採用する規範がどのようなものかということが説明されていない。しかし、「実際問題」が——「理論」そのものではないとしても——規範の適用によって解決されることは、この見解も否定しないはずである。規範の内容を明らかにしないまま議論を進めるという姿勢は、法律論の根幹に反するものとして、厳しく批判されるべきだろう。

その際，特に重要と考えられるのは，まず，①その規範がどのような効果を基礎づけるものであり，そうした効果が発生するために何をその要件として必要としているかという分析（規範命題分析）である。さらに，②主としてそれぞれの規範が基礎づける効果の連関という観点から，それらの規範の相互関係を明らかにすること（規範構造分析）が必要となる。

こうした規範分析は，対抗法理について，すでに「規範構造説」——「対抗問題」をめぐる議論を鳥瞰しうる「準拠枠」を「物権変動に関する民法規範の構造から抽出」し，「変動原因規範・優劣関係決定規範・排他的帰属確定規範」を要素とする「準拠枠」を設定する見解[5]——によって進められているところである。以下でも，この分析を手がかりとしながら，検討を進めることとする。

(2) 前提——物権変動を基礎づける規範

(a) 物権変動の効力の発生を基礎づける規範——変動効力発生規範

まず，いずれの見解においても，物権変動を基礎づける規範がその前提として位置づけられる。これは，厳密にいえば，何が物権変動の原因になるかということを定め（変動原因規範），どのような要件が備われば物権変動の効力が生ずるかということを定める規範（変動効力発生規範）である[6]。

---

[5] 舟橋諄一＝徳本鎮編『新版注釈民法(6)〔補訂版〕』（有斐閣，2009年）540頁以下〔原島重義＝児玉寛〕（以下では「原島＝児玉」として引用する）。規範構造説を基本的に支持するものとして，横山美夏①「競合する契約相互の優先関係(1)-(5)」大阪市立大学法学雑誌42巻4号294頁・43巻4号63頁・45巻3＝4号90頁・47巻1号41頁・49巻4号173頁（1996－2003年），特に(5)198頁以下，同②「『対抗スルコトヲ得ス』の意義」鎌田薫＝寺田逸郎＝小池信行編『新不動産登記講座 第2巻』（日本評論社，1997年）1頁，同③「物権変動の登記の効力」民法研究第2集第9号（2020年）19頁。さらに，水津太郎「物権変動の規範構造——原島重義＝児玉寛『対抗の意義』『登記がなければ対抗できない物権変動』」法律時報94巻2号（2022年）129頁を参照。

[6] 原島＝児玉・前掲注(5)540頁以下は，①「物権変動（物権の得喪・変更）は，物権の変動原因を規定する規範（＝変動原因規範）の要件を充足する権原にもとづいて生ずる」とし，②「物権変動の事実上の競合状態を解消して物権の排他的帰属を確定する方式」として，「事実上競合している物権変動の権原相互の優劣関係を決める規範（優劣関係決定規範）を設ける方式」がある——「この方式では，権原の優先性が一物一権主義を媒介として物権の排他的帰属を確定することになる」——とし，「時間的に先んじる者が権利においても優先する」——「時間順の原則」に相当する——，「何人も自己のもつ権利以上の権利を他人に移転しえない」——「無権利の法理」に相当する——という法諺がそうした優劣関係決定規範の例であるとした上で，「それぞれの変動原因規範には，明示的であれ黙示的であれ，それに固有の優劣関係決定規範が内在しており，これを抽出する作業は変動原因規範の解釈問題である」としている。

そうしたそれぞれの変動原因規範に内在する固有の優劣関係決定規範は，多くの場合，「時間的に先んじる者が権利においても優先する」という時間順の原則であると考えられるため，本文では，これを「変動原因を含む所定の要件が備われば物権変動の効力が

例えば，民法176条は，「当事者の意思表示」が物権の設定及び移転の原因になることを定め，そうした「当事者の意思表示」がされれば，それのみによって物権の設定及び移転の効力を生ずることを定めているとみることができる。

また，取消しに関しては，民法121条が「取り消された行為は，初めから無効であったものとみなす」と定めることにより，取消しが，取り消された行為による物権の設定及び移転の効力が生じない原因になることを定め，そうした「取消し」——取消しの意思表示（民法123条）——がされれば，取り消された行為による物権の設定及び移転の効力が生じないことを定めているとみることができる[7]。

このほか，相続に関しては，民法896条は，「相続」が被相続人の財産に属した一切の権利義務の承継，したがってまた物権変動の原因になることを定め，そうした「相続の開始」によって権利義務の承継，したがってまた物権変動の効力が生じることを定めているとみることができる。

この「相続」による権利義務の承継に関して，民法909条本文は，遺産分割が行われた場合は，相続開始の時に遺産分割にしたがった権利義務の承継，したがってまた物権変動の効力が生じることを定めているとみることができる。

(b) 物権変動の効力の発生を制限する規範——変動効力制限規範

これに対し，変動原因によっては，以上の変動効力発生規範による物権変動

生じる規範」（変動効力発生規範）としてとらえることとしている。
　その際，その物権変動が物権の承継である場合には，「何人も自己のもつ権利以上の権利を他人に移転しえない」という「無権利の法理」が妥当するため，物権変動の効力が生じる要件として，前主がその物権を有していることが必要になると考えられる。ただし，不文の実体法規範として「権利不変更の原則」——「権利が発生した（権利の発生を基礎づける事実があった）ときは，特別な事情がないかぎり，その権利は現在も存在する」——が認められるため，過去の一時点で前主が権利を取得する原因があった——それを基礎づける事実が主張・立証された——ときは，前主にその権利が現在も存在することが基礎づけられることになる。それに対して，例えば，その後前主がその権利を失う原因があった——それを基礎づける事実が主張・立証された——ときは，前主からの権利の取得が阻却されることになる（山本敬三『民法講義Ⅰ総則〔第3版〕』（有斐閣，2011年）xxv頁を参照）。

(7) この「取り消された行為による物権の設定及び移転の効力が生じない」という効果の意味をどのようにとらえるかについては，争いがある。さらに，2017年債権法改正により新たに規定された民法121条の2第1項——「無効な行為に基づく債務の履行として給付を受けた者は，相手方を原状に復させる義務を負う」——が物権変動の効果についても規定しているとみるかどうかということも問題となりうる。しかし，これらの問題について，本稿では立ち入らないこととする。

の効力の発生を制限する規範（変動効力制限規範）が定められている場合がある[8]。

例えば、「意思表示」（民法176条）に関しては、意思表示ないし法律行為の無効・取消しを基礎づける規範——意思無能力（民法3条の2）・制限行為能力（民法5条2項・9条・13条4項・17条4項）、公序良俗（民法90条）・強行法規、心裡留保（民法93条1項）・虚偽表示（民法94条1項）、錯誤（民法95条1項〜3項）・詐欺・強迫（民法96条1項）等に関する規範——などがそれに当たる。

また、「取消し」に関しては、錯誤及び詐欺による取消しに関して、取消しを「善意でかつ過失がない第三者に対抗することができない」とする規範（民法95条4項・96条3項）が定められている。

このほか、「相続」による権利義務の承継に関して、「遺産分割」については、上記のとおり、「遺産の分割は、相続開始の時にさかのぼってその効力を生ずる」とした上で、「ただし、第三者の権利を害することはできない」とする規範（民法909条ただし書）が定められている。

(3) 問題点——民法177条の意義とその正当化

変動効力発生規範によって物権変動の効力の発生が認められる場合でも、変動効力制限規範によって物権変動の効力が認められないときは、それ以上、物権変動の対抗に関する民法177条は問題にならない。民法177条が問題になるのは、以上の物権変動の効力に関する規範——変動効力発生規範と変動効力制限規範をあわせて「変動効力規範」と呼ぶこととする——によって物権変動の効力が認められる場合である。

問題は、民法177条はどのような規範を定めたものと理解すべきか、それはどのように正当化されるかである。この点については、従来の議論から見て取れるかぎりでは、かならずしも網羅的ではないが、主要な方向性として、次の3つの考え方に整理することができる。

第1は、民法177条により、変動効力発生規範によって発生する物権変動の効力が制限されるとする考え方（変動制限構成）である。

---

(8) 原島＝児玉・前掲注(5)583頁以下・594頁以下は、例えば、詐欺取消しに関する民法96条3項、解除に関する民法545条1項ただし書を「優劣関係決定規範」として位置づけている。横山②・前掲注(5)22頁は、「96条3項および545条〔1項〕ただし書は、前主への権原が失効したにもかかわらず、一定の第三者との関係では、前主への権原を失効させずに、あるいは失効させるとしても、第三者が権利を失わないことを認めることにより、第三者の保護を図る規定である」とし、「これらの条文も、権原に関する規範そのものへの修正をもたらす点で177条とはその性質を異にする」としている。

第2は，民法177条により，変動効力発生規範によって発生する物権変動の効力が阻却されるとする考え方（変動阻却構成）である。

第3は，民法177条により，変動効力発生規範によって変動した物権が消滅することになるとする考え方（権利消滅構成）である。

以下では，これらの考え方を順に見ていくこととする。その際，特に二重譲渡が問題となる場面として，AからBに不動産物権の譲渡を内容とする契約（第一譲渡契約）が行われた後，AからCに不動産物権の譲渡を内容とする契約（第二譲渡契約）が行われた場合を想定することとする。

2　変動制限構成

第1の変動制限構成には，物権変動の効力を制限する仕方について多様な見解があるが[9]，ここではその代表として，不完全物権変動説のみを取り上げることとする。

(1)　不完全物権変動説

この見解は，「登記のない限り，物権変動は完全な効力を生じない」とするものであり，二重譲渡に関しては，民法176条は「意思表示のみによって所有権の移転を生ずると定める」けれども，民法177条によって「制限され」，「対抗要件（登記……）を備えることによって，はじめて排他的な効力を生ずるに至る」とする[10]。これによると，AからBに所有権を移転するという意思表示があっても，登記を備えない以上，所有権は第三者Cとの関係ではなおAに帰属していることになり，Cはそれを譲り受けることができるとして，二重譲渡の可能性が説明されることになる[11]。

以上によると，この見解は，民法177条の規範内容を次のようにとらえていると考えられる。

「物権が変動する原因があるときでも，その変動原因により物権が変動したことを，（その変動原因の前主からその物権の変動を受ける原因を有する者その他の）第三者に対抗することができない。ただし，その旨の登記をしたときは，その限

---

[9]　例えば，債権的効果説，相対的無効説，関係的所有権説などがこれに属する。これらの見解については，舟橋諄一編『注釈民法(6)』（有斐閣，1967年）246頁以下〔原島重義〕（以下では「原島」として引用する），鷹巣信孝『物権変動論の法理的検討』（九州大学出版会，1994年）91頁以下等を参照。

[10]　我妻栄『物権法』（岩波書店，1952年）94頁のほか，我妻栄＝有泉亨補訂『新訂物権法』（岩波書店，1983年）149頁以下を参照。

[11]　我妻栄『民法案内Ⅲ〔新版〕』（一粒社，1968年）159頁を参照。

り でない。」

(2) その問題点

この見解に対しては，多くの問題点が指摘されているが，最も重要なものは，「意思表示のみによっては不完全な物権変動しか生じない」とする——上記の規範に即していうと，民法177条が「物権が変動する原因があるときでも，その変動原因により物権が変動したことを，（その変動原因の前主からその物権の変動を受ける原因を有する者その他の）第三者に対抗することができない」と定めていると理解する——のは，民法176条が定める意思主義に反するという点である[12]。民法176条が「物権の設定及び移転は，当事者の意思表示のみによって，その効力を生ずる」と定めているのは，例えば登記の具備を物権の設定及び移転の効力が生ずるための要件とする立場（効力要件主義）を採用しないことを明示したものと考えられる。登記を備えることによって「はじめて排他的な効力を生ずるに至る」とするのは，登記の具備を物権の設定及び移転の効力が「完全に」生ずるための要件（効力要件）とするものにほかならず[13]，民法典が採用している立場と相容れない。

こうした問題は，不完全物権変動説にかぎらず，民法177条により，物権変動の効力が制限されるとする考え方（変動制限構成）に広く当てはまるとみてよいだろう。

3 変動阻却構成

第2の変動阻却構成は，変動効力発生規範によって発生する物権変動の効力

---

(12) 原島・前掲注(9)247頁等を参照。
(13) 我妻は，実際に，当初は，「物権の変動を生じたことを主張しようとする者は，自分で，それについて登記のあることまでも主張・挙証しなければ，その主張は認められない」とする見解（請求原因説）を主張していた（我妻栄『物権法』（岩波書店，1932年）84頁以下）。しかし，その後，我妻は，「その者は物権の変動を生じたことを主張するだけで足り，相手方において登記のないことを主張・挙証しない限り，その主張は認められる」とする立場（抗弁説）に改説している。その理由として，我妻は，「登記をもって効力発生要件としなかった民法の趣旨に一層よく合致すると考えられる」としている（我妻・前掲注(10)95頁）。もっとも，不完全物権変動説から抗弁説が導かれるとする理由は定かではなく，むしろ不完全物権変動説の限界ないし問題性を——無自覚に——自認しているとみることができる。例えば，我妻は，二重譲渡の場合に，両譲受人がともに登記をしていないときは，「両者の地位に優劣なく，どちらからも対抗し得ず，早く登記をした者が優先する」という立場を支持しているが（我妻・前掲注(10)95頁のほか，我妻・前掲注(11)157頁は明確にこの立場を支持する），これは抗弁説と相容れない。その主張に一貫性ないし整合性を欠いていることは否定できないだろう。

が民法177条によって阻却される——したがって，その変動原因による物権変動の効力が発生しないことになる——とする考え方である。

(1) 規範の内容とその正当化

これによると，民法177条は，（変動効力発生規範が定める変動原因による）物権変動の効力が発生しないこととする規範（変動阻却規範）を定めていると理解されることになる。問題は，その内容，つまり要件及び効果がどのようなものであり，それがどのように正当化されるかである。

民法177条は，不動産に関する物権変動は「その登記をしなければ，第三者に対抗することができない」と定めている。これによると，「第三者」に当たる者が存在していることがその要件となることは疑いない。しかし，「その登記をしなければ」が，その登記をしないこと（登記の不存在）が変動阻却規範の要件——物権変動の効力が発生しないという効果が認められるための要件——となることを定めたものと理解すべきかどうかについては，争いがある。

(a) 登記不存在必要説（抗弁説）——変動阻却規範一元説

(i) 規範の内容

登記の不存在が変動阻却規範の要件として必要であるとすると，物権変動の効力が発生したと主張する——したがってその変動した物権に基づく請求をする——側ではなく，物権変動の効力が発生しないと主張する側が登記の不存在を主張・立証する必要があることになる。例えば，Bが，AからBに意思表示を原因とする所有権の譲渡があったとして，Cに対しその所有権に基づく請求をする場合に，Cの側が——自分が民法177条の「第三者」に当たることとともに——AからBへの物権変動について対抗要件が具備されていない，つまり移転登記が存在しないことを抗弁として主張・立証する必要があることになる。逆にいうと，登記の不存在が抗弁事由になるとする見解（抗弁説）は[14]——要件事実（主張・立証責任の所在）は実体規範によって規定されるとする法律要件分類説の立場を前提とするかぎり——登記の不存在が変動阻却規範（物権変動の効力が発生しないとする規範）の要件であるとする見解を前提としていると考えられる。

以上によると，この見解は，民法177条の規範内容を次のようにとらえていると考えられる。

---

(14) 抗弁説を主張するものとして，我妻・前掲注(10)95頁，我妻＝有泉・前掲注(11) 152頁，末川博『物権法』（日本評論社，1956年）99頁等を参照。

「物権が変動する原因がある場合において，その旨の登記をしなかったときは，その変動原因により物権が変動したことを（その変動原因の前主からその物権の変動を受ける原因を有する者その他の）第三者に対抗することができない。」

(ⅱ) その正当化

この見解を正当化する理由として考えられるのは，次の2つである。

第1は，「公示がされないかぎり，物権変動は存在しないという信頼を保護すべきである」という理由（公示の不存在に対する信頼保護）である。これによると，公示がされていないこと，つまり登記の不存在が，この信頼を保護するための要件として必要とされることが基礎づけられる。

第2は，「登記を怠った者は，物権変動が認められなくなってもやむをえない」という理由（登記懈怠の責任）である。これによると，登記を怠ったこと，つまり登記の不存在が，物権変動が認められないとするための要件として必要とされることが基礎づけられる。

(b) 登記不存在不要説（再抗弁説）――変動阻却規範・変動対抗規範二元説

(ⅰ) 規範の内容

これに対して，従来の通説的な見解によると，①物権変動の効力が発生しないと主張する側は，抗弁として，自分が民法177条の「第三者」に当たるという事実の主張・立証（第三者抗弁説）[15]，あるいは，さらにそれに加えて，民法177条を援用する旨の主張をするだけで足り（権利抗弁説）[16]，登記の不存在を

---

(15) 舟橋諄一『物権法』（有斐閣，1960年）146頁以下など，反対事実主張説――第三者の主張は「当事者間の物権変動と反対ないし両立しない事実の主張」をもって足りるとする見解――を支持する論者はこのように主張する（ただし，近江幸治『民法講義Ⅱ物権法〔第4版〕』（成文堂，2020年）70頁・72頁は，反対事実主張説を支持しつつ，第三者の側が抗弁として登記の欠缺を主張・立証しなければならないとしている）。そのほか，林良平『物権法』（有斐閣，1951年）69頁，広中俊雄『物権法〔第2版増補〕』（青林書院，1987年）70頁，鈴木禄弥『物権法講義〔5訂版〕』（創文社，2007年）135頁等も，第三者抗弁説を採用しているとみられる。

(16) 司法研修所編『民事訴訟における要件事実 第1巻〔増補版〕』（法曹会，1998年）249頁以下。第三者抗弁説によると，第三者Cの側で，Bの権利取得に関しその対抗要件の具備の有無を問題として指摘して主張する趣旨ではないのに，正当な利益を有する第三者であることを基礎づける事実が主張されるだけで対抗要件に関する抗弁が当然に提出されていることになり，「対抗要件という法律要件の性質からいって相当でない」ほか，対立当事者間における主張共通の原則――いずれの当事者が主張しても要件事実が弁論に現れている以上，本来主張すべき当事者が主張した場合と同様に解されなければならないという原則――が適用される場面でも，「不適切な結果を招来することがある」として，権利抗弁説は「対抗要件の有無を問題とする趣旨であることを要件事実として取り出すことによってこの点を明確にしようとしたもの」であることから，これを支持している。佐久間毅『民法の基礎2〔第3版〕』（有斐閣，2023年）83頁も参照。

主張・立証する必要はなく、②物権変動の効力が発生したと主張する側が再抗弁として登記を具備したことを主張・立証する必要があると考えられている。例えば、Bが、AからBに意思表示を原因とする所有権の譲渡があったとして、Cに対しその所有権に基づく請求をする場合に、①Cの側は、自分が民法177条の「第三者」に当たるという事実——例えばAからBに同じ所有権を譲渡する旨の意思表示があったこと——の主張・立証（第三者抗弁説）、あるいはさらに「Bが登記を具備するまではBによる所有権の取得を認めない」旨の主張（権利主張）をすれば足り（権利抗弁説）、それに対して、②Bの側が、AからBへの意思表示を原因とする所有権の譲渡につき移転登記を具備したことを主張・立証する必要があることになる。

この見解は、①抗弁を基礎づける実体規範として、「変動効力発生規範によって発生する物権変動の効力は、第三者に対しては認められない」（第三者抗弁説）、あるいは「変動効力発生規範によって発生する物権変動の効力を（その対抗要件が具備されるまで）第三者は認めないことができる」（権利抗弁説）という変動阻却規範を前提にしているとみることができる。

さらに、この見解は、②再抗弁を基礎づける実体規範として、「変動効力発生規範によって発生する物権変動の効力は、その対抗要件（登記）を備えれば、第三者に対抗することができる」[17]とする規範（変動対抗規範）を前提にしているとみることができる[18]。

---

(17) 原島＝児玉・前掲注(5)540頁以下、特に557頁以下及び横山①・前掲注(5)(5)198頁以下・同②・前掲注(5)7頁以下）が主張する規範構造説は、「権利」の変動・帰属が競合するという——排他性を有するはずの物権では観念しがたい——事態が生じるのではなく、「権利」と「権原」を区別し、「権原」によって「権利」の変動・帰属が決定されるのであり、「権原」が事実上競合するときは、「権原」の優劣を決定し、そこで優先するとされる「権原」にしたがって「権利」の変動・帰属が決定されると構成する。これは、それ自体として整合的な理解を可能にする優れた説明であるが、こうした「権原の対抗」という構成に対しては、「『物権の得喪及び変更』の対抗（177条参照）とする民法の立場とは異なるものである」（佐久間・前掲注(16)56頁のほか、石田剛＝武川幸嗣＝占部洋之＝田高寛貴＝秋山靖浩『民法Ⅱ物権〔第4版〕』（有斐閣、2022年）37頁以下〔石田（剛）〕）とする批判があり、これを受けて、水津・前掲注(5)134頁は、規範構造説を「権原の対抗」ではなく「物権変動の対抗」として構成し直すことを試みている。本文で述べた考え方は、こうした議論を踏まえ、民法177条が定める「物権の得喪及び変更」の対抗を、「権原」そのものの対抗としてではなく、「権原（変動原因）による物権変動の効力」の阻却と対抗として構成することを試みたものである。

(18) 鷹巣・前掲注(9)は、「取引の安全を図るためには、物権変動の公示の順に物権変動も行われたと看做す必要がある」とし、「登記の公示機能を登記後に出現する善意の第三者に対し物権変動を主張するための要件（商業登記にも共通する狭義の対抗要件）として利用するだけでは足りず、物権変動の順位確定基準として利用するほか」ないとし

このように，上述した登記不存在必要説（抗弁説）が，登記の不存在を要件とする変動阻却規範のみを認めるのに対し，登記不存在不要説（再抗弁説）は，①第三者であること（及び権利主張）を要件とする変動阻却規範と②登記の存在を要件とする変動対抗規範という2つの規範を認めるところに特徴がある[19]。

　て，「不動産登記の実体法上の作用には，通常の意味の対抗力，即ち登記以後に出現した善意の第三者に対しても物権変動を主張しうるという作用に止まらず，物権変動の順位確定力，即ち先に登記した方の物権変動が先になされたものとする作用を付加して，登記以前に出現していた第三者に対しても物権変動を主張しうるようにしなければならない」とし，民法177条にいう「対抗することができない」とは，この2つの作用を含めて解釈すべきであるとする（129頁以下）。このような理解を前提として，鷹巣は，①民法176条は，「AとBとの取引や，AとCとの取引という具合に，個々の取引を別々に切り離して，物権変動の成立を検討する場合のルール」であり，②177条は「相競合する複数の物権変動の優劣を決するためのルール」であって，「両条はその適用の場面を異にしている」としている（140頁）。
　もっとも，①のルールが，変動原因を含む所定の要件をみたせば物権変動の効力が生じるという変動効力発生規範であるとすると，②のルールが前提とするように複数の物権変動が相競合する事態が生ずることを認めるためには，①のルールを阻却するルール（変動阻却規範）が不可欠であると考えられる。鷹巣は，「BとCとの優劣関係が争われる以前の段階」では，「176条が問題となりうるのみである」のに対し，「BとCとの優劣関係が争われるに至れば，もはやBとCの両者を所有権者として取り扱うことができなくなり，そのいずれかを所有権者としなければならない」とするが（141頁），これは，「BとCとの優劣関係が争われるに至る」ことが，176条（変動効力発生規範）により発生する物権変動の効力を阻却するための要件とすることを前提としているとみることができる。

(19) 原島＝児玉・前掲注(5)542頁以下は，民法177条によると，まず，①「変動原因規範に内在し権原相互の優劣関係を決定する規範の適用を排除し，しかも，競合する権原を法的に対等なものとして併存させる（この意味において，本条の存在が二重譲渡を可能にする）」——これにより「もはや権原相互の優劣関係を決定する術はないのであるから，この決定を論理的前提とする物権の排他的帰属も主張しえない（対抗不能……）」——とした上で，②「権原におけるこの競合状態は，いずれかが先に登記を具備することによって解消され，同時に，排他的帰属も確定する」——ここでは「本条にいう登記が排他的帰属を確定するのであり（いわゆる登記の対抗力），この意味において本条は排他的帰属確定規範である」——とし，これによって「変動原因規範に内在する優劣関係決定規範」が「排他的帰属確定規範たる本条」によって「置き換え」られるとしている。
　原島＝児玉は，①と②をともに「排他的帰属確定規範」と呼んでいるように見受けられるが，厳密にいえば，①「変動原因規範に内在し権原相互の優劣関係を決定する規範の適用を排除」する規範——これは，変動効力発生規範が定める変動原因による物権変動の効力を認めないとする変動阻却規範に対応する——と，②「登記が排他的帰属を確定する」とする規範——これは，変動効力発生規範によって発生する物権変動の効力は，その旨の対抗要件（登記）を備えれば，第三者に対抗することができるとする変動対抗規範に対応する——という2つの規範を認めているとみることができる。実際また，原島＝児玉・前掲注(5)516頁以下は，再抗弁説は，177条を「176条に対する例外的・制限的規定とみたうえで，さらに本条を2つの規範に分解して，物権変動を争う者が主張

(ⅱ) その正当化
① 変動阻却規範の正当化
　この見解が認める変動阻却規範を正当化する理由として考えられるのは，「第三者」にとっての「取引の安全」の要請であるとみることができる[20]。これは，厳密にいうと，「前主から自己〔第三者〕への変動原因による物権変動が，自ら関与しない同一の前主から他の者へのその物権に係る変動原因による物権変動によって害されてはならない」というものである。
　例えば，Bが，AからBに意思表示による所有権の譲渡があったとして，Cに対しその所有権に基づく請求をする場合に，Cからみれば，自ら関与していないAからBへの意思表示による所有権の譲渡の効力が認められると，AからCへの意思表示による所有権の譲渡（取得）が害されることになる。
　同じことは，Cの側から，AがCに意思表示による所有権の譲渡があったとして，Bに対しその所有権に基づく請求をする場合に，AからBへの意思表示による所有権の譲渡が先に行われた——したがってAの所有権は失われているため，AからCに所有権は譲渡されない結果，Cに所有権はない——というBの主張が認められれば，Cは，自ら関与していないAからBへの意思表示による所有権の譲渡によって，AからCへの意思表示による所有権の譲渡（取得）が害されることになる。しかし，この場合に，CからBへのその所有権に基づく請求が認められるとすると，Bからみれば，自ら関与していないAからCへの意思表示による所有権の譲渡によって，AからBへの意思表示による所有権の譲渡（取得）が害されることになる。
　このような意味での取引の安全の要請に応えるために，民法177条は，「変動効力発生規範によって発生する物権変動の効力は，第三者に対しては認められない」（第三者抗弁説），あるいは「変動効力発生規範によって発生する物権

　責任を負担すべき要件事実と物権変動主張者が主張責任を負担すべき要件事実とを導いている」としている。
　　水津・前掲注(5)129頁以下は，①の規範を「対抗不能規範」——「登記を備えなければ，第三者に対抗することができないこととかかわる」——，②の規範を「対抗力規範」——「登記を備えたときは，第三者に対抗することができることにかかわる」——として，両者を整理している。
(20)　原島＝児玉・前掲注(5)554頁以下は，民法176条が177条によって変容を被っているとし，それは「ほんらいの意思主義に内在する優劣関係決定規範による規律では『隠れた先順位の権原』によって後発の第三者の権利取得がつねに阻止されることを不当とする評価に裏づけられている」としている。横山①・前掲注(5)(5)200頁以下，同②7頁以下は，これにしたがい，民法177条は，この意味での「取引の安全」を確保するための規定であるとしている。

変動の効力を（対抗要件が具備されるまで）第三者は認めないことができる」（権利抗弁説）という変動阻却規範を定めていると考えられる。登記の不存在が抗弁事由，つまり要件とされないのは，実体法のレベルでは[21]，このような理由に基づくということができる。

② 変動対抗規範の正当化

しかし，以上の変動阻却規範を認めるだけでは，前主から自己への変動原因による物権変動の効力も，この変動阻却規範の適用ないし援用によって阻却されることになるため，「取引の安全」の要請に応えることができない。そこで，民法177条は，前主から自己への変動原因による物権変動の効力が，自ら関与しない同一の前主から他の者へのその物権に係る変動原因による物権変動によって害されることがないという期待を実現するために，「前主から自己への変動原因による物権変動は，その旨の公示（登記）をすれば，自ら関与しない同一の前主からその物権に係る変動原因を有する他の者〔第三者〕に対抗することができる」という変動対抗規範を定めたとみることができる[22]。

(iii) 帰　結

以上によると，いずれかの側が前主から自己への変動原因による物権変動について対抗要件（登記）を備えたときは，変動対抗規範によって他方（第三者）に対してその物権変動を対抗することができる。

---

(21) 司法研修所・前掲注(16)252頁は，抗弁として対抗要件を具備していないことまで主張・立証する必要があるとする見解（「事実抗弁説」）は，「登記が対抗要件である事案では，多くの場合に妥当な結果を得ているが，他の種類の対抗要件では妥当ではないことが多い」として，「一般に，消極的事実，殊に自己の関与しない消極的事実の主張立証は容易でないので，多くの場合，立証責任の分配としては，その事実が存在することが利益になる当事者に積極的事実を主張立証させるのが公平であるところ」，「必ずしも主張立証の容易でない種類の対抗要件も少なくな」く——例えば動産物権変動（譲渡）についての「引渡し」がそれに当たるとみてよいだろう——，「このようなときにも通ずる理論の方が一貫した理論として明快である」として，「自己の関与しない消極的事実の主張立証を要求する事実抗弁説は適当ではない」としている。

(22) 鷹巣・前掲注(9)は，民法177条は，不動産登記が有する「物権の内容と帰属を公示する機能（不動産物権に関する情報開示機能）」を基礎として，「登記以後に出現した善意の第三者に対しても物権変動を主張しうる」とする通常の意味での対抗力（「公示力」）に加え，「先に登記した方の物権変動が先になされたものとする」「物権変動の順位確定力」を追加したものととらえ（129頁以下・136頁等），この意味での「対抗要件としての登記」は，「登記がなければ他の物権変動は生じていないとする信頼」という「消極的信頼を即自的に保護するのではなく，この消極的信頼の反面にある，自己の取引が先順位なのだという期待に応え，先順位を確保するための制度」であり，「実体法はこの信頼をそのまま保護しているわけではなく，優先順位への期待を実現する手段を準備しているにすぎない」としている（219頁）。

第2部　第4章　相続における対抗問題

それに対して，いずれの側も対抗要件（登記）を備えていないときは，いずれも変動阻却規範により，他方の側の変動原因による物権変動の効力を認めないことができるが，変動対抗規範によって他方（第三者）に対し自己の物権変動を対抗することはできない。したがって，この場合は，いわゆる「両すくみ」となり，いずれの側も他方に対して自己への物権変動の効力に基づく請求等が認められないことになる[23]。

(2) **変動阻却規範の射程と制限**
(a) **変動阻却規範の射程**
(i) 射程の正当化——変動効力発生規範と「取引の安全」の要請との衡量

民法177条が以上のように「取引の安全」の要請に応えるための規定であるとすると，その対象となる「物権の得喪及び変更」——「変動効力発生規範によって発生する物権変動の効力」——は，民法176条——「変動効力発生規範」の1つ——が規定する「意思表示」によるものに限定すべき必然性はない。しかし，「変動効力発生規範」の趣旨によっては，「取引の安全」を害してでもその「変動効力発生規範」による物権変動を認めることが要請される可能性もある。したがって，民法177条の適用を認め，変動効力発生規範によって発生する物権変動の効力を阻却すべきかどうか——その意味での民法177条の射程——は，その変動効力発生規範の趣旨と「取引の安全」の要請との衡量によって決せられることになる[24]。

---

(23) 原島＝児玉・前掲注(5)525頁以下を参照。ただし，規範構造説を支持する論者でも，横山①・前掲注(5)(5)200頁は，「177条が適用される限りにおいて，先行権原の優先というルールは妥当しないという意味で，177条は，176条との関係で特別法の関係に立つ」とし，「不動産の二重譲渡が双方ともに未登記のときなど，177条が適用されない場合には，第一権原が優先し，第一譲受人は登記なくして所有権移転を第二譲受人に対抗しうる」とする（横山②・前掲注(5)8頁以下も参照）。かりにこのように考えるとすれば，変動阻却規範の内容を，例えば「変動効力発生規範によって発生する物権変動の効力は，登記を具備する第三者に対しては認められない」（第三者抗弁説），あるいは「変動効力発生規範によって発生する物権変動の効力を，登記を具備する第三者は認めないことができる」（権利抗弁説）というように変更することになり，しかもこの規範のみで解決することが可能になるため，変動対抗規範に相当するものは不要になると考えられる。
(24) 原島＝児玉・前掲注(5)554頁以下は，「それぞれの変動原因ごとに，176条の場合と同様に，『隠れた先順位の権原』によって後発の第三者の権利取得が阻止されるという事態が生じうるのかどうか……，生じうるとしても第三者保護が必要なのか，必要であるとしても本条〔177条〕による修正を行うべきか，別の法的構成で対応すべきかを検討することが，変動原因各論の課題となる」としている。横山②・前掲注(5)13頁以下は，これをさらに進めて，「177条を適用すべきかどうかは，契約，相続，時効など，物権変動をもたらす権原の性質を考慮したうえで，権原の競合を，その時間的先後によ

(ii) 法 的 構 成

　この民法177条の射程に関しては，これまで，民法177条が定める「物権の得喪及び変更」の原因（変動原因）の範囲を制限するかどうか——変動原因無制限説と制限説——，あるいは，民法177条が定める「第三者」の範囲を制限するかどうか——第三者無制限説と制限説——という形で議論されてきた。その上で，判例が，明治41年12月15日の大審院連合部判決によって，変動原因については無制限説を採用し[25]，「第三者」について制限説を採用した——「当事者若クハ其包括承継人ニ非スシテ不動産ニ関スル物権ノ得喪及ヒ変更ノ登記欠缺ヲ主張スル正当ノ利益ヲ有スル者」に制限する[26]——ことを前提として，問題となる第三者が——登記の欠缺を主張する正当の利益を有する者に当たらない——「（実質的）無権利者」に当たるかどうかを問題とすることが多かったように見受けられる。

　しかし，問題となる第三者（C）が無権原占有者や不法行為者である場合はよいとしても，同一の前主（A）から他の変動原因を有する者である場合は，その第三者（C）が「（実質的）無権利者」であるというためには，同一の前主（A）から自分（B）への変動原因による物権変動によって前主（A）が無権利となっている——したがって同一の前主（A）から他の変動原因を有する者（C）は権利を取得することができない——という必要がある。これはまさに，同一の前主（A）から自分（B）への変動原因による物権変動が——その変動効力発生規範の趣旨と「取引の安全」の要請との衡量の結果として——優先する（したがって民法177条が定める変動阻却規範の適用が認められない）という判断を前提とする[27]。このことが正確に理解されていれば問題はないが，同一の前

　　　らずに登記の先後によって決定することが妥当かどうかによって判断される」とし，「未登記の物権変動を177条により対抗不能とすべきかどうかは，未登記権利者と第三者のどちらを保護すべきかという個別的な衡量によるものではな」く，「隠れた先行権原の存在可能性，第三者の要保護性を前提としたうえで，権原の時間的先後による優劣を排除することが妥当かどうかによって判断される」のであり，「その際，第三者の要保護性とともに衡量されるのは，登記をしなかったことの個別的な帰責性ではなく，契約・相続・時効など，物権変動をもたらすそれぞれの権原の性質を考慮したうえでの，先行権原の優先性を貫徹する必要性ではないか」としている。
(25)　大判明治41年12月15日民録14輯1301頁。
(26)　大判明治41年12月15日民録14輯1276頁。
(27)　原島＝児玉・前掲注(5)556頁は，「対抗要件主義の規範構造からすれば，本条〔177条〕は，それぞれの変動原因に内在する優劣関係決定規範によって劣後する者を，この決定規範の効力を排除して保護するものであ」り，「そのような排除が民法の規範構造および関係者の利益状況からして是認されるか否かを検討することは，当然の要請である」とし，「実質的な無権利者」といわれるものは，「この検討をふまえたうえで，やは

主（A）から自分（B）への変動原因によって物権が変動すると定める変動効力発生規範だけをみると，容易にその前主（A），したがってまた第三者（C）は「無権利」であるようにみえるため，この構成では混乱が生じやすいと考えられる。こうした混乱ないし即断は，とりわけ「取消し」や遺産分割を含む「相続」などのように，遡及効に相当するものがあると考えられる変動原因が問題となる場合に，しばしば見受けられる。

　問題を民法 177 条の「第三者」の範囲ではなく，「物権の得喪及び変更」の原因（変動原因）の範囲に位置づければ，こうした混乱は生じにくくなると考えられる。しかし，重要なのは，民法 177 条の「物権の得喪及び変更」の原因（変動原因）の範囲と「第三者」の範囲は別の問題なのではなく，そこで問われているのは，変動効力発生規範の趣旨と「取引の安全」の要請の衡量により，民法 177 条の適用を認め，変動効力発生規範によって発生する物権変動の効力を阻却すべきかどうかという「同じ問題」であるということである[28]。

(b) 変動阻却規範の制限

(i) 第三者の主観的要件をめぐる議論

　民法 177 条の「第三者」については，現行民法典の起草者は旧民法に定められていた「善意」という文言を削除し，第三者の善意・悪意を問わないものとする立場（善意悪意不問説）を採用したのに対し，不動産登記法は，「詐欺又は強迫によって登記の申請を妨げた第三者」（不動産登記法 5 条 1 項）と「他人のために登記を申請する義務を負う第三者」（同条 2 項）は「その登記がないことを主張することができない」としているほか，判例は，さらにこれに類するような，登記の不存在を主張することが信義に反すると認められる事由のある者（背信的悪意者）は，民法 177 条の「第三者」——登記の不存在を主張する正当の利益を有する者——から除外されるものとしている（背信的悪意者排除説）[29]。

　もっとも，裁判例を子細に分析すると，①譲渡人と第 2 譲受人とが実質上同一の地位にあるとみられる場合（準当事者類型）は，悪意がきわめて緩やかに認定されるか，実質的に不要とされ，②第 2 譲受人がそのような者に当たらな

り優劣関係決定規範を適用すべきであるという結論に達した場合，その者を，この検討に付されたうえでの無権利者」を指すものと指摘している。

(28) 「物権の得喪及び変更」の原因の範囲と「第三者」の範囲がそのかぎりで同じ問題であることを指摘するものとして，鷹巣・前掲注(9)179 頁以下も参照。

(29) 最判昭和 31・4・24 民集 10 巻 4 号 417 頁，最判昭和 40・12・21 民集 19 巻 9 号 2221 頁，最判昭和 43・8・2 民集 22 巻 8 号 1571 頁等を参照。

い一般の取引者の場合（不当競争型）は，第1譲受人がすでに権利を取得していて前主が無権利になっていることを知らない者は保護され，知っている者は保護されていないとして，実質は悪意者排除になっているという指摘もある[30]。さらに，最高裁判例の中には，通行地役権に関するケースで，善意者であっても民法177条の「第三者」から除外されるとするものもあり[31]，それをどのように受けとめるかをめぐって議論が展開されている。

(ii) 変動阻却規範の制限とその正当化

学説では，民法典の起草者が採用した善意悪意不問説と判例の背信的悪意者排除説を正当化するために，「自由競争とその限界」という説明が行われている。それによると，「自由競争の原理」が認められているかぎり，たとえ「他人が物権を取得した場合」においても，さらに原権利者に対し，「いっそう有利な条件を提供してその他人と争うことも許されている」――しかも，自由競争の世の中に対処するためには，物権取得者は「直ちに登記をして自己の地位を確保すべきであるのに，それを怠るのは，その手落ちともいうべきである」――として，第三者は，たとえ悪意であっても，「正当な自由競争と認められる範囲をこえないかぎり」，保護されるべきであるとし，この意味で，「信義則に反して悪意」である者は，「第三者」から除外されるべきであるとされる[32]。しかし，こうした説明に対しては，「他人が物権を取得した場合」はもちろん，物権の取得を目的とする契約がすでに締結されている場合に，「契約条件についての自由競争」は，「すでに契約上の拘束を受ける債務者に対し，その義務違反を奨励・助長し，あるいは少なくともこれを十分に認識しつつさらに債務者との間で取引をなそうとする競争者にも同様にあてはまる」かという正当な批判が行われている[33]。

上述したように，変動阻却規範を正当化する理由は，「第三者」にとっての「取引の安全」の要請にある。その「第三者」の善意悪意を問わないとする起草者の考え方は，「自由競争の原理」なるものとは関係がなく，善意・悪意の

---

(30) 松岡久和『物権法』（成文堂，2017年）135頁のほか，くわしくは，同「判例における背信的悪意者排除論の実相」林良平先生還暦記念『現代私法学の課題と展望 中』（有斐閣，1982年）65頁，同「民法177条の第三者・再論――第三者の主体的資格と理論構成をめぐる最近の議論」奥田昌道先生還暦記念『民事法理論の諸問題 下巻』（成文堂，1995年）185頁を参照。
(31) 最判平成10・2・13民集52巻1号65頁，最判平成25・2・26民集67巻2号297頁。
(32) 舟橋・前掲注(15)183頁以下を参照。
(33) 磯村保「二重売買と債権侵害――『自由競争』論の神話(1)」神戸法学雑誌35巻2号（1985年）391頁を参照。

立証は困難であり，これを争うことを認めると「取引の安全」が害されるおそれがあるという理由に基づく(34)。そこで念頭に置かれているのは，画一的な取扱いよる確実性の保障とみることができる。

これに対して，背信的悪意者が排除されるとするならば，それは，背信的悪意者は「取引の安全」を要請する資格を欠いているからだというべきだろう。取引社会のルールを逸脱する者が「取引の安全」を要請するのは，取引社会の信義に反し，許されないため，民法177条の「第三者」から排除されると考えるわけである。

これによると，悪意者——さらに，悪意と同視すべき重大な過失がある者——が排除されるかどうかは，同一の前主から他の者に物権が変動する原因があることを知りつつ——さらに，知っていたのと同視される重大な過失がありながら——その前主から自己にその物権が変動する原因（特に意思表示）を作出することが，以上の意味での取引社会のルールを逸脱したものとみるかどうかという問題であるととらえることができる。

(3) 変動対抗規範の制限可能性

上述したように，この見解では，民法177条は，「取引の安全」の要請に応える——前主から自己への変動原因による物権変動の効力が，自ら関与しない同一の前主から他の者へのその物権に係る変動原因による物権変動によって害されることがないという期待を実現する——ために，「前主から自己への変動原因による物権変動は，その旨の公示（登記）をすれば，自ら関与しない同一の前主からその物権に係る変動原因を有する他の者〔第三者〕に対抗することができる」という変動対抗規範を定めたと考えられる。これによれば，例えば，Bが，AからBへの変動原因による物権変動について，その旨の登記をすれば，その変動原因による物権変動を「第三者」に当たるCに対抗することができる。

先ほどの民法典の起草者のように，ここでの「取引の安全」の要請を画一的な取扱いによる確実性の保障とみるならば，Bは，登記をしないかぎり，AからBへの変動原因による物権変動を「第三者」に当たるCに対抗することはできないことになる。

これに対して，判例及び学説では，AからBへの変動原因による物権変動について，「第三者」に当たるCが現れるまでに，Bがその旨の登記をするこ

---

(34) 富井政章『民法原論 第2巻 物権上〔訂正3版〕』（有斐閣書房，1910年）62頁以下（ただし立法論としては非難を免れないとする）のほか，梅謙次郎『民法要義 巻之二 物権篇』（明法堂，1896年）7頁以下，特に10頁以下を参照。

とを期待することができない事情がある場合に，Bは，登記をしていなくても，AからBへの変動原因による物権変動をCに対抗することが認められている[35]。これは，民法177条が定める上記の変動対抗規範について，「第三者が現れるまでに，その変動原因により物権が変動した旨の登記をすることを期待することができないとき」を除くという制限——したがって，この場合は登記を備えていなくても物権変動を対抗することができるとすること——を認めるものと考えられる。

(4) 小　　括

以上をまとめると，変動阻却構成によれば，民法177条は次のような規範を定めたものと考えられる。

(a) 変動阻却規範

まず，変動阻却規範は，さしあたり実務で一般的とされる権利抗弁説にしたがって定式化すると，次のようにまとめられる。

　「物権が変動する原因があるときでも，その変動原因を定めた規定の趣旨に照らし，その変動原因による物権の変動を認めることが取引の安全を害すると認められるときは，(その変動原因の前主（その前主がその物権の承継を受けた際の前主を含む[36]。)からその物権の変動を受ける原因を有する者その他の) 第三者は，その変動原因により物権が変動したことを認めないことができる。ただし，その第三者が（物権が変動する原因があることを知っていた〔又は重大な過失により知らなかった〕場合において，）それにより物権が変動したことを認めない旨の主張をすることが信義に反し許されないときは，その限りでない。」

(b) 変動対抗規範

また，変動対抗規範は，次のようにまとめられる。

　「物権が変動する原因がある場合において，前項によりその物権が変動したこと

---

(35) 例えば，変動原因が取消しである場合について，判例は，取消後に第三者が現れた場合について，民法177条の適用を認めている（大判昭和17・9・30民集21巻911頁）。これは，取消権を行使し登記名義の回復が可能になった以上，権利主張に登記の具備を求めても酷ではなく，登記を備えなかった場合に対抗不能の不利益を受けても仕方がないという理由によるのに対し，取消前に第三者が現れた場合について，民法177条の適用が否定されるのは，取消権を行使するまでは登記を回復することは不可能であり，登記の具備が可能なのにそれを怠ったことを理由とする対抗不能という不利益を課すことはできないからであるということが指摘されている（松岡・前掲注(30)『物権法』157頁以下等を参照）。

(36) 本稿ではくわしく述べることができないが，これは転得者との関係でも民法177条を適用することを認めることと関係する。以下では，簡略化するために，「共通の前主」とまとめて言うことがある。

を認めない旨の主張をすることができる第三者がいるときは，次のいずれかの場合に，その変動原因により物権が変動したことをその第三者に対抗することができる。
　(1)　その変動原因により物権が変動した旨の登記をしたとき
　(2)　その第三者が現れるまでに，その変動原因により物権が変動した旨の登記をすることを期待することができないとき」

4　権利消滅構成

　以上に対し，第3の権利消滅構成とは，変動効力発生規範によって発生する物権が民法177条により消滅することになるとする考え方である。これは，変動効力発生規範によって発生する物権の消滅が，民法177条により第三者がその物権を取得することによって基礎づけられると考えるか——民法177条により第二譲受人が物権を原始取得することによって第一譲受人がその物権を失権するという意味で「原始取得 – 失権構成」と呼んでおく——，民法177条が変動効力発生規範によって発生する物権変動の効力を否定することによって基礎づけられると考えるか——民法177条により第一譲受人が物権を喪失することによって第二譲受人が譲渡人からその物権を承継取得するという意味で「失権 – 承継取得構成」と呼んでおく——によって，次のように見解が分かれる。

(1)　原始取得 – 失権構成

　民法177条により第二譲受人が物権を原始取得することにより，第一譲受人がその物権を喪失すると考える見解として，法定取得 – 失権説と公信力説があげられる。

　(a)　法定取得 – 失権説
　(i)　規範の内容とその正当化

　法定取得 – 失権説[37]は，まず，意思主義を定める民法176条により，意思表示のみによって物権変動が——排他性のある完全な物権の移転として——効力を生ずることを前提とする。その上で，民法177条により「登記の順位による優先主義を原理とする対抗要件主義が導入されている」ため，「物権取得の先後を争う同一譲渡人の特定承継人間においては，先に登記をした者が契約は後順位であっても最終的な物権取得者となりうる」とする。これは，「この場合に限って，（先）登記の効果として，譲渡人が第一譲渡によって既に無権利

---

(37)　滝沢聿代①『物権変動の理論』（有斐閣，1987年），同②『物権変動の理論Ⅱ』（有斐閣，2009年）。

となっているという契約の無効原因が治癒され」(38)，第二譲受人が譲渡人の権利を「承継的に取得」する結果(39)，「未登記の第一譲受人の取得は効力を失う」と説明される(40)。これによると，第三者の要件として，「『自ら登記していること』が必須の要件」とされることになる(41)。

　この見解が，第二譲受人が登記を先に備えることによって「第二譲受人の法定取得」及びそれによる「第一譲受人の失権」が生ずるとするのは，「登記を物権変動の実体的要件とすることによって登記を強制し，登記簿を編纂するため」であり，「形式的には登記による順位優先主義を導入する民法177条がこれを実現する」とみることによる(42)。このような「政策」的な考慮(43)から「自由競争による二重譲渡」(44)が認められることから，「第三者の善意・悪意を問わず登記による一律の解決」が維持されるとともに，自由競争の限度を超える背信性を有する第三者は除外されるものとされている(45)。

　以上によると，この見解は，民法177条の規範内容を次のようにとらえているものとまとめることができる。

> 「共通の前主から自己への変動原因（意思表示）があり，かつその変動原因により物権が変動した旨の登記をしたときは，それに先立ち共通の前主から他の者への変動原因（意思表示）によって物権が変動したときでも，その物権をその共通の前主から取得したことを対抗することができる。ただし，その共通の前主から他の者への変動原因（意思表示）によって物権が変動したことを知り，かつその物権をその共通の前主から取得した旨の主張をすることが信義に反し許されないときは，その限りでない。」

---

(38)　滝沢①・前掲注(37)223頁は，ここで「無効」というのは，「半ばはフランス法の無効をうけつつ，無権利となった譲渡人に本来二重譲渡の権原が認められないことを強調した表現であり，無権利者からの取得が生じることを指摘する趣旨である」と説明している。

(39)　滝沢①・前掲注(37)196頁は，登記の時点から第二譲受人が譲渡人の権利を承継的に取得するとしていたが，滝沢②・前掲注(37)111頁では，見解を改め，「第二譲渡は登記の効果としてはじめて有効に成立しうるのであるが，その場合登記は契約の順位を変更するという限りでのみ契約関係に修正をもたらす」として，「登記の時点から生じる第二取得は基本的に契約に基づくものとして，その効果は第二契約の成立時まで遡及する」としている。

(40)　滝沢①・前掲注(37)194頁以下，特に222頁以下を参照。

(41)　滝沢①・前掲注(37)222頁を参照。

(42)　滝沢②・前掲注(37)138頁以下を参照。同145頁は，「見解を改め，二重譲渡の法的根拠は登記強制の必要性にあるとしたい」としている。

(43)　滝沢②・前掲注(37)118頁を参照。

(44)　滝沢②・前掲注(37)117頁以下を参照。

(45)　滝沢①・前掲注(37)206頁以下を参照。

第2部　第4章　相続における対抗問題

(ii)　その問題点

　この見解は，第二譲受人による「法定取得」を――登記を要件とした――譲渡人から第二譲受人への「承継取得」として構成している。しかし，民法176条により，意思表示のみによって物権変動が効力を生ずることを前提とするかぎり，上述した変動阻却構成が主張するように，譲渡人から第二譲受人への「承継取得」を認めるためには，譲渡人から第一譲受人への意思表示による物権変動の効力を阻却することが必要となるはずである。

　法定取得－失権説が，こうした変動阻却規範を認めるのであれば，譲渡人から第一譲受人への物権変動の原因（意思表示）によっても，そしてまた譲渡人から第二譲受人への物権変動の原因（意思表示）によっても，それだけでは物権が変動するという効力は認められないことになる。「登記の順位による優先主義という対抗要件主義」とは，この場合に，登記を備えた側がその変動原因（意思表示）による物権変動の効力を対抗することができるというものだと考えられる。しかし，これは，先ほどの変動阻却構成と変わりはなく，変動阻却規範による「第一譲受人の失権」及びそれを前提とした変動対抗規範による「第二譲受人の承継取得」の対抗ということはできても，「第二譲受人の法定取得」及びそれによる「第一譲受人の失権」というのは適当でないことになる。

　「第二譲受人の法定取得」及びそれによる「第一譲受人の失権」という考え方を文字どおり受けとめるならば，民法177条は，共通の前主からの変動原因（意思表示）に加え，その登記を備えることによって，第二譲受人が物権を取得することを認めた――その結果第一譲受人は変動原因（意思表示）によって取得したはずの物権を失うことになる――とみることになる。これによると，第二譲受人が登記を備えないかぎり，「第二譲受人の法定取得」及びそれによる「第一譲受人の失権」は生じないことになるため，民法176条による変動原因（意思表示）を先に受けている第一譲受人への物権変動の効力がそのまま認められることになる[46]。もっとも，これは，民法177条が採用したとされる「登記の順位による優先主義という対抗要件主義」，さらにその基礎にあるとされる「登記強制」の要請に反するといわざるをえない。実際また，この見解は，後に立場を改め，第一譲受人と第二譲受人がともに未登記の場合に，少なくとも両者の間においては，「相互にその取得を対抗しえない結果所有権の帰属は決まらない」とする判例の立場を容認することとしている[47]。しかし，これは

---

(46)　滝沢①・前掲注(37)222頁を参照。
(47)　滝沢②・前掲注(37)114頁を参照。「訴訟経済という面でも，紛争解決の本来の目的

――変動阻却構成を採用したものとみれば理解することができるとしても――登記の具備を要件とする「第二譲受人の法定取得」及びそれによる「第一譲受人の失権」という考え方を根底から覆すものであり，理論として破綻しているといわざるをえないだろう。

(b) 公信力説――積極的外観法理説

このほか，民法177条により第二譲受人が物権を原始取得することにより，第一譲受人がその物権を喪失すると考える見解として，公信力説があげられる。

(i) 規範の内容とその正当化

公信力説といわれる見解は，その構成及び要件について論者により違いがあるものの，その多くは[48]，二重譲渡の場合に，譲渡人から第一譲受人への変動原因（意思表示）により物権変動の効力が生じ，第一譲受人がその物権を失うことを前提として，譲渡人に物権があることを示す外観（登記）に対する積極的な信頼――外観にしたがった物権ないし物権変動があるという信頼――を保護するという考え方を基礎とする。この見解は，外観法理を根拠とするため，第二譲受人は，その外観（登記）を信じたことに過失がないことが必要とされる。さらに，これにより第二譲受人が物権を取得するためには，第二譲渡について登記を備えることが必要であると考えられているとみることができる[49]。

からも，共に未登記の場合の解決を第一譲受人の優先というかたちで訴訟上確認することは必ずしも妥当ではない」ほか，「登記を取得しない権利者に登記請求権とは別にこうした法的保護を与えるならば，登記取得への心理的強制力を弱めることになる」ことから，「わが国の判例法の処理を政策的に肯定することがより適当である」としている。

(48) 篠塚昭次『民法セミナーⅡ物権法第2分冊』（敬文堂，1970年）100頁以下，同「物権の二重譲渡」同『論争民法学1』（成文堂，1970年，初出1965年）14頁，同「対抗力問題の原点」同『論争民法学4』（成文堂，1977年，初出1970年）351頁，篠塚昭次＝月岡利男「不動産登記における公信力説の形成と展開(1)-(3)」登記研究272号1頁・273号1頁・274号1頁（1970年），特に(3)1頁以下，石田喜久夫「対抗問題から公信力説へ」同『物権変動論』（有斐閣，1980年，初出1972年）175頁，同・前掲注(4)191頁，同「不動産登記と公信力」民事研修359号（1987年）29頁，鎌田薫「不動産二重売買における第二買主の悪意と取引の安全――フランスにおける判例の『転換』をめぐって」比較法学9巻2号（1974年）31頁，特に118頁以下，同『民法ノート物権法①〔第4版〕』（日本評論社，2022年）22頁以下・61頁以下・95頁以下，鎌田薫＝加藤雅信＝加藤新太郎「物権変動論とその法構造」加藤雅信＝加藤新太郎編著『現代民法学と実務――気鋭の学者たちの研究のフロンティアを歩く（上）』（判例タイムズ社，2008年，初出2005年）303頁等を参照。これに対し，半田正夫「不動産所有権の二重譲渡に関する諸問題」同『不動産取引法の研究』（勁草書房，1980年，初出1969年）12頁以下・20頁以下・25頁以下も，同じく公信力説に位置づけられるが，その構成及び正当化について，他の見解と大きく異なるため，ここでは検討の対象から除いている。

(49) この点を明確に述べるものとして，篠塚・前掲注(48)『民法セミナーⅡ物権法第2分冊』104頁以下等を参照。

以上によると，この見解は，少なくとも二重譲渡に関するかぎり，民法177条の規範内容を次のようにとらえているものとまとめることができる。

「共通の前主から自己への変動原因（意思表示）があり，かつその変動原因により物権が変動した旨の登記（移転登記）をしたときは，それに先立ち共通の前主から他の者への変動原因（意思表示）によって物権が変動したときでも，共通の前主が物権を有する〔物権を取得した〕旨の登記を信じたことに過失がないときは，その物権を取得する。」

(ii)　その問題点

こうした公信力説（積極的外観法理説）については，よく知られているように，フランス法から民法176条と177条を継受した沿革とそれに基づく「対抗」の理解と異なる理論であるという批判のほか[50]，「不動産に関する176条と177条の関係は，動産に関する176条と178条と全く同じであり，しかも動産については192条が別に公信の原則を規定している」——したがって民法177条を公信の原則に相当するものを規定したとみることはできない——という正当な批判がされている[51]。

(2)　**失権＝承継取得構成**

以上に対し，民法177条により第一譲受人が物権を喪失することによって第二譲受人が譲渡人からその物権を承継取得すると考える見解として，否認権＝形成権説・法定失権説と消極的公示主義構成があげられる。

(a)　否認権＝形成権説・法定失権説

(i)　規範の内容とその正当化

①　否認権＝形成権説

このうち，否認権＝形成権説とは，一般には「新否認権説」と呼ばれる見解である[52]。

この見解は，前提として，債権契約と物権契約を分節化することにより，「二重譲渡」の法律関係を次のように構成する。

まず，売主Ａと第一買主Ｂとの間の債権契約としての売買契約とその履行

---

(50)　例えば，星野英一「日本民法の不動産物権変動制度——母法フランス法と対比しつつ」同『民法論集 第6巻』（有斐閣，1986年，初出1980年）87頁，特に92頁以下・102頁以下・109頁以下，同・前掲注(4)146頁以下を参照。
(51)　我妻＝有泉・前掲注(10)150頁を参照。
(52)　加賀山茂「対抗不能の一般理論について」判例タイムズ618号（1986年）6頁，特に16頁以下，浜上則雄「不動産の二重譲渡と対抗要件」阪大法学145＝146号（1988年）15頁以下を参照。

としての物権契約によって，所有権はAからBへと移転する。その後，売主Aが第二買主Cに対して，同じ不動産について債権契約としての売買契約をすることは有効であるが，その履行としての物権契約は，Aがすでに所有権を失っているため，非権利者の処分行為となり，所有権はCに移転しない。

この場合において，Cが不動産譲渡の登記をすることにより，対抗要件を援用し，AB間の物権契約を始めに遡って否認すれば，AからBに所有権は移転しなかったことになるとされる。その結果，非権利者の処分行為であったAC間の物権契約は追完されたことになり，AからCに所有権が移転することになる。

この見解によると，こうした否認権は，第一契約の物権的効力を覆滅するという効果を生じさせる実体法上の形成権であり，登記を備えることによって発生するとされる。対抗要件の援用は，この意味での形成権の行使として位置づけられる。ただし，それは，意思表示による必要はなく，意思実現によっても行うことができるとされ，「登記することによって意思実現による対抗要件の援用がなされていることが事実上推定されると考えてよい場合もあろう」とされている(53)。

これによると，第二買主Cが登記を備えていないときは，否認権が認められないため，AB間の物権契約は有効であり，所有権はAからBに移転している。したがって，第一買主Bは，登記を備えていないときでも，所有権を取得している——つまり「両すくみ状態」は生じない——ことになるとされる(54)。

② 法定失権説

以上の否認権＝形成権説に対しては，CがAと第二契約を行い，登記を備えたとしても，AB間の第一契約を知らなかったときは，否認権の行使は考えられないという問題があることから(55)，第一契約の物権的効力を覆滅するという効果は，Cの否認権の行使ではなく，Cが登記を具備することによって生じるとする見解が主張されている。Cが登記を具備することにより，法律上当然

---

(53) 加賀山・前掲注(52)17頁を参照。
(54) ただし，加賀山・前掲注(52)17頁は，第一買主Bと第二買主Cがいずれも登記を備えていないときは，「一物一権の原則から」，第一買主B「のみが所有権者である」と説明している。
(55) ただし，この問題点の指摘は，直接的には，以前から主張されていた「否認権説」に対して向けられたものである。原島・前掲注(9)248頁のほか，我妻＝有泉・前掲注(10)148頁以下，鎌田・前掲注(48)『民法ノート物権法①』66頁等を参照。

にBが失権するという意味で，これは法定失権説と呼ばれる[56]。

③　小　　括

以上によると，否認権＝形成権説及び法定失権説は，民法177条の規範内容を次のようにとらえているものとまとめることができる[57]。

「共通の前主から自己への変動原因（意思表示）があり，かつその変動原因により物権が変動した旨の登記をしたときは，それに先立ち共通の前主から他の者への変動原因（意思表示）によって物権が変動したときでも，その物権変動を否認する〔その物権変動の効力が生じないものとする〕ことができる（否認権＝形成権説）／その物権変動の効力は生じないものとする（法定失権説）。ただし，（その共通の前主から他の者への変動原因（意思表示）によって物権が変動したことを知り，かつ）その物権をその共通の前主から取得した旨の主張をすることが信義に反し許されないときは，その限りでない[58]。」

(ii)　その問題点

民法177条の法文は，不動産に関する物権変動は，「その登記をしなければ，第三者に対抗することができない」と定め，物権変動を対抗する側（B）がその物権変動について登記を備えているかどうかを問題としている。ところが，以上の見解は，第一契約による物権変動の効力が生じないものとするために，第三者の側に当たるCが登記を備えていることを必要とする。これによると，物権変動を対抗する側（B）が第一契約による物権変動について登記を備えることは，第二契約について登記が備えられる——したがって第一契約による物権変動の効力が覆滅される——可能性を防ぐという消極的ないし間接的な意味しか持たないことになる[59]。以上の見解は，これにより「物権変動のメカニズ

---

[56]　吉田克己『物権法Ⅱ』（信山社，2023年）747頁以下を参照。

[57]　ただし，後述するように，法定失権説は，このような民法177条の規範内容と相容れない結論も主張しているため，そもそも民法177条の規範内容をどのようにとらえているかについて疑問がある。

[58]　くわしくは紹介しないが，法定失権説を主張する論者は，民法177条の第三者の主観的要件については，背信的悪意者排除説を基本的に支持している。吉田・前掲注[56]896頁以下を参照（ただし「単純悪意者排除説にきわめて近い」とする）。これに対し，否認権＝形成権説を主張する論者は，この点について明確に述べていないが，少なくとも悪意者排除説を主張しておらず，背信的悪意者排除説をしりぞけていないとみることができる。

[59]　鷹巣・前掲注(9)138頁は，否認権＝形成権説（新否認権説）に対し，対抗要件としての登記を備えることの意味が，第一契約と第二契約とで異なることになっていると指摘する。実際に，吉田・前掲注[56]751頁は，「Cの登記は，Bの所有権取得失権という効果をもたらす」のに対し，「Bが登記を行うと，それは，単なる対抗要件である」として，「これら2つの場合において，登記の意味が異なってくる」としている。もっとも，

ムが解明された」とするが[60]、法文に示された物権変動の対抗の可否をその登記の存否により決するという考え方から乖離しているといわざるをえない。

　さらに問題は、以上の見解が、第一契約による物権変動の効力が生じないものとするために、第三者の側に当たるCが登記を備えていることを必要とする理由が明らかでないところにある[61]。上述した法定取得＝失権説のように、「第二譲受人の法定取得」及びそれによる「第一譲受人の失権」という考え方によるのであれば、第二譲受人に当たるCが登記を備えることが「法定取得」を基礎づけることを正当化するものとして必要とされることが——賛成するかどうかは別として——考えられる。しかし、否認権＝形成権説及び法定失権説は、Cの「法定取得」を認めるものではなく、第一契約による物権変動の効力が生じないものとするというBの「法定失権」を認めるものである。そのためにCが登記を備えることを必要とするのは、何らかの政策的な理由によるとみるほかないが、以上の見解はこの点についてまったく述べていない[62]。

　以上のほか、法定失権説に関しては、その基本的な考え方と相容れない結論を主張している点も問題として指摘しておかなければならない。それによると、この見解は、双方未登記の場合について、否認権＝形成権説（新否認権説）と異なり、「両すくみ状態」を認めるべきであると主張している。これは、日本の民法177条が——フランス法と異なり——第三者が公示を備えていることを求めていないことから、「《公示のない者が負ける》という両すくみ状態が、実定法によって指示されている」という考慮に基づく[63]。しかし、法定失権説に

　　「単なる対抗要件」とは何か、なぜそれが必要とされるかということについて、吉田は明確な説明をしていない。
(60)　加賀山・前掲注(52)18頁を参照。
(61)　鷹巣・前掲注(9)138頁は、否認権＝形成権説（新否認権説）に対し、この点を問題視する。
(62)　鷹巣・前掲注(9)138頁以下は、「これを逆にいえば、Bは『なぜ』登記をしていなければ権利を確保しえないのか、ということである。Bが登記をしていなければ先に登記をしたCに優先されるのは、結局のところ、AB間の物権変動を公示させて、Cに不測の損害をかけないためであることは、新否認権説も認めるところであろう。だとすれば、このことはCが登記をしているか否かを問わないことであり、『なぜ』Cが登記をしていなければAB間の物権行為を否認しえないのか、というところまで新否認権説は掘り下げた検討を加えていないように思われる」とし、この見解は「『なぜ』登記を要するのかという根源的考察を反映した構成になりえていない」と指摘している。同様の指摘は、法定失権説にも当てはまるとみてよいだろう。
(63)　吉田・前掲注(56)750頁は、さらに、「177条が存在する以上、Bの所有権取得には、後に第三者の出現を許容するという制限が付いている」とし、「未登記のBの優先を認めたとしても、後日Cが登記を得る場合には、今度は、Bは、Cに敗訴する可能性が

よると，Cが登記を備えることによって，第一契約による物権変動の効力が失われることになるとされるため，Cが登記を備えていない場合は，第一契約による物権変動の効力が失われることはない——したがってこれにより取得した物権に基づくAの請求を否定する理由はない——はずである。ここで「両すくみ状態」を認めることは，民法177条の法文が示す考え方にしたがうものであるとしても，法定失権説の基本的な考え方と相容れないというべきだろう。

(b) 消極的公示主義構成——消極的外観法理説

このほか，民法177条により第一譲受人が物権を喪失することによって第二譲受人が譲渡人からその物権を承継取得すると考える見解として，消極的公示主義構成があげられる[64]。

(i) 規範の内容とその正当化

この見解も，二重譲渡の場合に，譲渡人から第一譲受人への変動原因（意思表示）により物権変動の効力が生じ，譲渡人がその物権を失うことを前提とした上で[65]，この場合にその旨の登記がされていなければ，「実質的法律関係と外観との食い違い」が生じることになり[66]，民法177条は，この「外観がない（動いていない）から実質もない（動いていない）」という消極的信頼を保護する——したがって譲渡人から第一譲受人への物権変動の効力が生じないとする

あ」り，「そのような制限付きの権利しか持っていないBの勝訴を認める必要があるのかが問われる」とするほか，「未登記のBを優先することは，Bについて登記へのインセンティブを削ぐことになる」として，「未登記のBの勝訴を認めないという解決，すなわち両すくみ状態を認めることが妥当である」としている。

(64) 多田利隆『対抗の法理と信頼保護の法理』（成文堂，2019年，初出1990〜2019年）。七戸克彦①「不動産物権変動における対抗力の本質——ボアソナードを起点として」慶應義塾大学大学院法研論集23号（1986年）71頁，同②「不動産物権変動における意思主義の本質」慶應義塾大学大学院法研論集24号（1986年）121頁，同③「不動産物権変動における対抗要件主義の構造」私法53号（1991年）239頁，同④「相続と登記をめぐる課題——民法改正（新設）899条の2をめぐって」市民と法116号（2019年）32頁，同⑤「相続と登記」九州大学法政研究85巻3=4号（2019年）159頁，特に190頁以下，同⑥「民法899条の2をめぐって(1)-(3)」九州大学法政研究87巻1号190頁・2号226頁・4号350頁（2020年）も，これとほぼ同旨と考えられる（同④40頁，同⑤195頁以下は，みずからの見解が多田が主張する「消極的公示主義」構成と「結論的にほぼ同一である」，「基本的に同一である」としている）。

(65) 多田・前掲注(64)131頁を参照。

(66) 多田・前掲注(64)139頁を参照。同180頁では，「177条においては，不動産上の物権関係が変動しているのに登記簿上それに対抗した記載をしなかったことによって生じた不実の登記（不作為型の不実登記）の存在」が「実質的権利関係とは異なる，信頼の客観的基礎たりうる外観」に当たるとしている。

―― ものであるとする[67]。

　これによると，民法177条は，この意味での消極的外観法理に基づく規定であり，外観，外観の作出・存続についての帰責性，外観に対する信頼という外観法理の基本的な枠組みが妥当することになるが，ここでの外観は登記という公簿であることから，「登記に依拠して取引をすべきであるという社会的要請」が認められ，「登記しなければそれによって生じうる取引事故の危険を負担させられてもやむをえない」，「登記の不知はこれを許さず」という「帰責事由と保護事由の一般的・定型的な取り扱いが導かれる」とする[68]。

　これによると，「登記をしなかったならば帰責事由があり，登記が動いていなければ，権利関係も動いていないと信じたものとして取り扱われる」ことになり[69]，民法典の起草者が，民法177条の第三者の善意・悪意を不問としたのは，このような意味においてであるとする[70]。もっとも，このような「善意・悪意を一切問題としないという極端な一般的・抽象的信頼保護は，それを支えるべき特別の要因を欠き現状に適さなくなっており，また，適法性の要請や取引倫理にも適合しない」ため，「信頼保護規範の原則型」――外観法理に相当すると考えられる――に「立ち戻ってこのような一般的・抽象的な取り扱いを修正する必要があり，悪意の第三者は除外される」としている[71]。

　また，以上の消極的信頼保護は，「物権変動に応じた登記をすべき社会的義務があるのにそれを果たさず，真の権利関係とは異なる登記に依拠した取引が行われる危険を作り出した」という真の権利者側の帰責可能性を要件としていることから，「類型的にみて登記をしなかったことがそのような義務違反とは判断できないような場合」――時効による所有権取得や共同相続の場合がそれに当たるとする――は適用範囲から外されるとする[72]。ただし，ここでも，登記の有無によって画一的に判断することの当否が問われる場面においては，

---

(67)　多田・前掲注(64)131頁・139頁等を参照。
(68)　多田・前掲注(64)141頁を参照。
(69)　多田・前掲注(64)131頁を参照。
(70)　多田・前掲注(64)118頁を参照。
(71)　多田・前掲注(64)181頁を参照。同146頁以下は，「公示主義の価値判断，すなわち，登記をしなかったという事実が社会的義務に反するものとされ，登記を信じたことは正当な理由があるとされるという，外観としての登記の規範的性格と結び付いた価値判断よりして，無過失は不要とすべきであろう」とするが，「わが国では現地検分が行われるのが通常であるという事情を考慮すると，少し注意をはらえば真の権利関係が認識でき取引事故を防げたのにそのような注意を怠ったという重過失が認められる場合は，177条の第三者から排除すべき」であるとしている。
(72)　多田・前掲注(64)142頁以下を参照。

「保護事由と同様，信頼保護規範の原則型に立ち戻って画一的取り扱いを修正し，帰責事由の有無を個別に判断すべきであろう」として，「義務違反がやむを得なかったか否かという登記の期待可能性が，帰責事由の有無を左右することになろう」としている[73]。

この見解によると，民法 177 条の規範内容は次のようにまとめられる[74]。

「物権が変動する原因がある場合において，その旨の登記をしなかったときは，その変動原因により物権が変動したことを（その変動原因の前主からその物権の変動を受ける原因を有する者その他の）第三者に対抗することができない[75]。ただし，次のいずれかの場合は，その限りでない。
(1) その第三者がその物権が変動する原因があることを知っていたとき
(2) その第三者が現れるまでに，その変動原因により物権が変動した旨の登記をすることを期待することができないとき」

(ii) その問題点

この見解は，登記の不存在という外観に対する消極的信頼を保護するという外観法理（消極的外観法理）を基礎とするため，登記の不存在という外観がその効果——物権変動の効力の否定——を認めるための不可欠の要件となる。この点は，上述した変動阻却構成における登記不存在必要説（抗弁説）と同じであり，それに対して指摘される問題点が同様に当てはまる。この見解は，不動産の物権変動では，登記という公簿があることが重要な意味を持っているが，「引渡し」を対抗要件とする動産の譲渡について，同じ考え方が当てはまるかどうか——当てはまらなければ，同じく「対抗」といっても，その意味が民法 177 条と 178 条とで異なる可能性が出て来る——がさらに問題となるだろう。

また，この消極的外観法理の効果は，上述した変動阻却規範の効果と実質的

---

(73) 多田・前掲注(64)181 頁以下を参照。
(74) 七戸⑤・前掲注(64)191 頁は，民法 177 条を次のように規定することを提案している。
　「1　不動産に関する物権の変動（物権の取得，喪失（効力が遡及的に消滅する場合を含む。）及び変更をいう。）は，不動産登記法（平成 16 年法律第 123 号）その他の登記に関する法律の定めるところに従いその登記をしなければ，同一の前主から内容の相容れない権原を取得した第三者に，対抗することができない〔＝第三者は物権の変動（の結果生じた前主の無権利）を否定することができる〕。
　2　前項の規定は，次の場合には適用しない。
　一　物権の変動の登記をしなかったことについて帰責性がないとき。
　二　登記をしなかった物権の変動を第三者が知りながら権原を取得したとき。」
(75) この部分は，上述した変動阻却構成のうち登記不存在必要説（抗弁説）と同じである。このことは，そのかぎりで，登記不存在必要説（抗弁説）と消極的公示主義構成（消極的外観構成）に違いはないことを示している。

に同じものとみることができるが，この見解は，変動対抗規範に相当するもの──「変動効力発生規範によって発生する物権変動の効力は，その対抗要件（登記）を備えれば，第三者に対抗することができる」とする規範──を認めていない。これは，変動阻却規範に対応する消極的外観法理の要件として登記の不存在が必要とされるため，登記が存在していれば，その要件をみたさない──したがって消極的外観法理が適用されず，登記がされている変動原因による物権変動の効力がそのまま認められる──ことから，変動対抗規範に相当するものを考える必要がないということなのかもしれない。しかし，これによると，変動原因による物権変動について登記を備えることは，登記の不存在という外観に対する消極的信頼が保護される場合が発生するのを防ぐという消極的ないし間接的意味しか持たないことになる。登記をするのは，変動原因による物権変動の効力を第三者に対しても対抗することができるようにするためであると考えるならば，登記を備えれば，変動原因による物権変動の効力を第三者に対抗することができるとする変動対抗規範に相当するものを認める方が適当というべきだろう。

III　相続・遺言による不動産物権の承継とその対抗
　──民法177条からみた相続法改正の意義とその正当化

　物権変動とその対抗に関する民法177条の意義とその正当化に関する以上の整理・検討を踏まえて，相続・遺言による不動産物権の承継とその対抗に関する相続法改正の意義とその正当化について検討することとする[76]。

---

(76)　相続・遺言による不動産物権の承継とその対抗に関する相続法改正の意義とその当否について検討した論稿として，注(1)(3)にあげたもののほか，次のものがある。松尾和子「遺言制度に迫る危機──民法（相続関係）等の改正に関する中間試案を契機として」関西大学法学論集67巻1号（2017年）182頁，良永和隆「遺言による不動産取得と第三者対抗要件──相続法改正案の検討」専修法学論集130号（2017年）299頁，田高寛貴「遺言と登記をめぐる相続法改正の課題」法律時報89巻11号（2017年）39頁，伊藤栄寿「民法の相続関係規定の見直しと不動産登記」ジュリスト1502号（2017年）53頁，石田剛①「不動産登記の多様な役割と民法理論──相続と登記の問題を素材に」法律時報89巻9号（2017年）61頁，同②「『相続登記の欠缺を主張する正当の利益』に関する覚書」加藤雅信先生古稀記念『21世紀民事法学の挑戦 上巻』（信山社，2018年）485頁，水津太郎「相続と登記──相続による不動産物権の承継の対抗要件」ジュリスト1532号（2019年）48頁，水野謙「相続させる旨の遺言と相続法の改正」ジュリスト1535号（2019年）65頁，武川幸嗣「共同相続と対抗要件（新899条の2）」金融・商事判例1561号（2019年）19頁，松尾弘①『家族法改正を読む──親族・相続法改正のポイントとトレンド』（慶應義塾大学出版会，2019年）69頁以下，松尾弘②「相続による権利・義務の承継法理について」池田真朗先生古稀記念論文集『民法と金融法の新

第 2 部　第 4 章　相続における対抗問題

1　相続法改正前の判例法理と相続法改正

　その前提として,「相続と登記」に関わる相続法改正前の判例法理を確認し，相続法改正によってそれがどのように維持ないし修正されたか——少なくともどのように意図されたか——ということをみておこう。

(1)　相続法改正前の判例法理

　「相続と登記」に関わる相続法改正前の判例法理は，遺言を伴わない場合と伴う場合に分けて整理すると，次のとおりである。

　(a)　遺言を伴わない場合

　まず，遺言を伴わない場合は，①共同相続と登記，②相続放棄と登記，③遺産分割と登記に分かれる。

　(i)　共同相続と登記

　①共同相続と登記が問題となるのは，例えば，被相続人Ａの相続人がその子Ｂ，Ｃ及びＤである場合において，Ａが死亡した後，Ｃが，相続財産に属する甲土地について単独で所有権を取得したとして，相続を原因とする所有権移転登記を備え，Ｅに甲土地を売却したというケースである。

　この場合について，最高裁判所昭和38年2月22日判決[77]（以下では「昭和38年判決」という）は，共同相続人Ｂは，甲土地について自己の法定相続分に応じた持分〔の取得〕を，登記をしないでＥに対抗することができるとした。Ｂの法定相続分（3分の1）に応じた持分については，他の共同相続人Ｃは「無権利」であり，登記に公信力が認められない結果，ＥもそのＢの持分に係る権利を取得することができないというのがその理由である。

　(ii)　相続放棄と登記

　②相続放棄と登記が問題となるのは，例えば，被相続人Ａの相続人がその子Ｂ，Ｃ及びＤである場合において，Ａが死亡した後，Ｂが相続放棄をしたが，Ｂの債権者であるＥがＢに代位して，相続財産に属する甲土地についてＢ，Ｃ及びＤがそれぞれ3分の1の持分を取得したとして，相続を原因とする所有権移転登記を備え，Ｂの持分を差し押さえたというケースである。

時代』（慶應義塾大学出版会，2020年）37頁，石田剛③「相続による権利承継の対抗要件」法学教室478号（2020年）6頁，窪田充見＝潮見佳男＝増田勝久＝石綿はる美「座談会：これからの相続法——相続法改正の意義と将来の課題」ジュリスト1542号（2020年）74頁（以下では窪田ほか「座談会」として引用する），山野目章夫「初歩からはじめる物権法——番外編／相続と登記」法学セミナー66巻10号（2021年）41頁等。

(77)　最判昭和38・2・22民集17巻1号235頁。

この場合について，最高裁判所昭和42年1月20日判決[78]（以下では「昭和42年判決」という）は，相続放棄をした共同相続人の一人B以外の共同相続人C及びDは，登記をしないで，その権利の取得を——相続放棄前の法定相続分（各3分の1）を超える分（各6分の1）についても——Eを含むすべての者に対抗することができるとした。相続放棄の「効力は絶対的で，何人に対しても，登記等なくしてその効力を生ずる」というのがその理由である。

(iii) 遺産分割と登記

　③遺産分割と登記が問題となるのは，例えば，被相続人Aの相続人がその子B，C及びDである場合において，Aが死亡した後，B，C及びDの間で，相続財産に属する甲土地をCが取得する旨の遺産分割協議がされたが，その後，Bが，甲土地について単独で所有権を取得したとして，相続を原因とする所有権移転登記を備え，Eに甲土地を売却したというケースである。

　この場合について，最高裁判所昭和46年1月26日判決[79]（以下では「昭和46年判決」という）は，遺産分割により法定相続分と異なる権利を取得した共同相続人Cは，その旨の登記をしなければ，その権利の取得を遺産分割後に現れた第三者Eに対抗することができないとした。遺産分割については遡及効を制限する民法909条ただし書があり，絶対的に遡及効が生ずる相続放棄とは異なること，相続放棄の場合と異なり，遺産分割については相続開始後遺産分割前に第三者が利害関係を有するに至ることが少なくなく，その地位を覆すことは法律関係の安定を害するため，これを保護するよう要請されること，遺産分割後においても分割前の共同相続の外観を信頼して相続人の持分につき第三者が権利を取得することは相続放棄の場合よりも多く予想され，遺産分割前に利害関係を有するに至った第三者と同様にその保護が要請されることが，その理由として示されている。

(b) 遺言を伴う場合

　次に，遺言を伴う場合は，④相続分の指定と登記，⑤相続させる旨の遺言（特定財産承継遺言）と登記，⑥遺贈と登記に分かれる。

(i) 相続分の指定と登記

　④相続分の指定と登記が問題となるのは，例えば，被相続人Aの相続人がその子B，C及びDである場合において，Aが，Bの相続分を4分の1とし，Cの相続分を4分の3，Dの相続分を0とする遺言をしていたときに，Aが死

---

(78) 最判昭和42・1・20民集21巻1号16頁。
(79) 最判昭和46・1・26民集25巻1号90頁。

亡した後，Bが，相続財産に属する甲土地についてB，C及びDがそれぞれ3分の1の持分を取得したとして，相続を原因とする所有権移転登記を備え，Eに自己の持分を売却したというケースである。

この場合について，最高裁判所平成5年7月19日判決[80]（以下では「平成5年判決」という）は，法定相続分（3分の1）を下回る相続分（4分の1）を指定された共同相続人Bは，その指定相続分を上回る部分（12分の1）については「無権利」であり，登記に公信力がない結果，Eが取得した持分は指定相続分（4分の1）にとどまるとした。これによると，法定相続分（3分の1）を上回る相続分（12分の5）の指定を受けた共同相続人Cは，登記をしないで，その指定相続分に応じた分についての権利の取得を，Dを含むすべての者に対抗することができることになる。

(ⅱ) 相続させる旨の遺言（特定財産承継遺言）と登記

⑤相続させる旨の遺言（特定財産承継遺言）と登記が問題となるのは，例えば，被相続人Aの相続人がその子B，C及びDである場合において，Aが，相続財産に属する甲土地をCに相続させる旨の遺言をしていたときに，Aが死亡した後，Bが，甲土地についてB，C及びDがそれぞれ3分の1の持分を取得したとして，相続を原因とする所有権移転登記を備え，Eに自己の持分を売却したというケースである。

最高裁判所平成3年4月19日判決[81]（以下では「平成3年判決」という）は，このように特定の遺産を特定の相続人に単独で相続により承継させようとする遺言は，特段の事情がないかぎり，遺贈ではなく，遺産分割方法の指定であり，何らの行為を要せずに，被相続人の死亡の時に直ちにその遺産がその相続人に相続により承継されるものと解釈している。その上で，最高裁判所平成14年6月10日判決[82]（以下では「平成14年判決」という）は，このような「相続させる」旨の遺言（特定財産承継遺言）がされたときは，これにより法定相続分（3分の1）を超える権利の承継を受けた共同相続人Cは，登記をしないでその権利〔の取得〕をEを含むすべての者に対抗することができるとした。「相続させる」旨の遺言による権利の移転は，①法定相続分又は④指定相続分の相続の場合と「本質において異なるところはない」というのがその理由である。

(ⅲ) 遺贈と登記

---

(80) 最判平成5・7・19家月46巻5号23頁。
(81) 最判平成3・4・19民集45巻4号477頁。
(82) 最判平成14・6・10家月55巻1号77頁。

⑥遺贈と登記が問題となるのは，例えば，被相続人Aの相続人がその子B，C及びDである場合において，Aが，相続財産に属する甲土地をCに遺贈する旨の遺言をしていたときに，Aが死亡した後，Bが，甲土地について単独で所有権を取得したとして，相続を原因とする所有権移転登記を備え，Eに甲を売却したというケースである。

この場合について，最高裁判所昭和39年3月6日判決（以下では「昭和39年判決」という）は，遺贈がされたときは，受遺者Cは，登記をしなければ，その権利の取得を第三者Eに対抗することができないとした[83]。遺贈は，遺言によって受遺者に財産権を与える遺言者の意思表示にほかならず，贈与と同じく，「意思表示によって物権変動の効果を生ずる」ものであり，「二重譲渡等における場合と同様」であるというのがその理由である。

(2) 相続法改正の経緯

相続法改正により，民法899条の2第1項が新たに規定され，「相続による権利の承継は，遺産の分割によるものかどうかにかかわらず，次条及び第901条の規定により算定した相続分を超える部分については，登記，登録その他の対抗要件を備えなければ，第三者に対抗することができない」と定められた。もっとも，最終的にこの法文に落ち着くまでには以下のように変遷があり，それがこの規定の趣旨を理解する上でも手がかりとなる[84]。

まず，中間試案までは，「相続人が遺言（相続分の指定，遺贈，遺産分割方法の指定）によって相続財産に属する権利を取得した場合には，その相続人は，その法定相続分を超える部分の取得については，登記，登録その他の第三者に対抗することができる要件を備えなければ，第三者に対抗することができない」と定めることが提案されていた[85]。これによると，改正の対象が，「遺言（相続分の指定，遺贈，遺産分割方法の指定）」による相続財産に属する権利の承継であって，「その法定相続分を超える部分」の取得であったことがわかる。

このうち，まず，「遺贈」が改正の対象から外され——これは従来どおり民法177条の適用に委ねられる[86]——，「相続人が相続分の指定又は遺産分割方

---

(83) 最判昭和39・3・6民集18巻3号437頁。
(84) 審議の経過については，七戸⑤・前掲注(64)160頁以下にくわしい。
(85) 法制審議会民法（相続関係）部会「民法（相続関係）等の改正に関する中間試案」9頁。法制審議会民法（相続関係）部会資料5・8頁，同部会資料9・9頁もほぼ同様の提案をしていた。
(86) 法制審議会民法（相続関係）部会資料17（以下では「部会資料17」として引用する）7頁を参照。「本規律は，包括承継である故に民法第177条，第178条及び第467条

法の指定により相続財産に属する財産を取得した場合」に修正された[87]。さらに，債権の承継について，遺産分割における権利変動についても，その対抗要件を具備する方法について特則を定めることが予定されていたことから，不動産及び動産に関する物権変動についても遺産分割による場合を含めた規律にしないと，法制上平仄がとれないと考えられるため[88]，遺言による権利の承継だけでなく，遺産分割による権利の承継も規定の対象とすることとされ，「遺産分割（遺産分割方法の指定を含む。）又は相続分の指定による不動産又は動産に関する物権の承継」に修正された[89]。ただし，そこでは，「遺言（遺産分割方法の指定及び相続分の指定）による権利変動に関する規律のみを修正し，遺産分割による物権変動について判例の考え方を修正するものではない」ことが確認されていた[90]。その際，「その法定相続分を超える部分の取得については」という文言が削除されたが，これは，法定相続分に相当する部分については他の共同相続人は「無権利」であると考えられるため，民法177条の「第三者」に関する判例法理──対抗要件の欠缺を主張することについて正当な利益を有しない者は「第三者」に当たらないとする──を前提とすると，特に明記する必要はないと説明されていた[91]。

その後，以上のように，遺贈を対象から外すとともに，当初から対象とすることが意図されていた相続分の指定と遺産分割方法の指定に加えて遺産分割も対象とすることを示すために，「相続による権利の承継」によって適用対象の外延を画することとされ[92]，「遺産の分割によるものかどうかにかかわらず」と定めることにより，遺産分割──従来の判例法理によると民法177条が定める「対抗要件主義」が適用される──以外の「相続による権利の承継」として，相続分の指定と遺産分割方法の指定（特定財産承継遺言）による場合が含まれ

の適用対象外となる場合についても，権利変動の過程に意思表示が介在する場合には，民法第177条等と同様の規律（対抗要件主義）を適用することに存在意義がある」。「遺贈のように特定承継であることが明らかなものについては，現行法と同様，民法第177条等の適用範囲に含めるのが相当である」とされている。
(87) 部会資料17・前掲注(86)4頁。
(88) 法制審議会民法（相続関係）部会資料21（以下では「部会資料21」として引用する）29頁を参照。
(89) 部会資料21・前掲注(88)26頁。
(90) 部会資料21・前掲注(88)29頁を参照。
(91) 部会資料21・前掲注(88)29頁以下を参照。
(92) 法制審議会民法（相続関係）部会資料24-1・17頁。「相続による権利承継」を対象とすることは，部会資料21・前掲注(88)28頁でも指摘されていた。

ることを示すこととされた[93]。また，改正の対象となるのが「法定相続分を超える部分について」であることがわかりにくいという指摘に応え，上記の趣旨を明確にするため，改めてその旨が明記されることになった[94]。最終的に，法案の作成過程で，「法定相続分」が「次条及び第901条の規定により算定した相続分」とされ，現在の法文に確定することとなった。

以上からもうかがえるとおり，相続法改正では，「相続と登記」に関わる相続法改正前の判例法理を前提として，④遺言による相続分の指定及び⑤相続させる旨の遺言（特定財産承継遺言）に関する判例法理を変更することが意図され，他の問題に関する判例法理を変更することは意図されていなかった。法文案の変遷は，こうした意図を「法制」的に[95]過不足なく表現するための定式を模索した結果にすぎない——それが十分に成功しているかどうかは別として——ものと考えられる。

2 「相続」による不動産物権の承継とその対抗——民法177条からみた民法899条の2第1項の意義とその正当化

(1) **民法177条からみた問題の整理**

以上のように，民法899条の2第1項は，民法177条を前提とした上で，「相続」による不動産物権の承継とその対抗について特別な規定を定めたものと位置づけられる。問題は，民法177条からみて，この規定はどのような意味で特別な規定を定めたものであるか，そしてそれはどのように正当化されるか——あるいは正当化されないか——である。Ⅱにおいて明らかにした民法177条の意義とその正当化によると，ここでの問題は，次のように整理することができる[96]。

---

(93) 堂薗＝神吉・前掲注(1)141頁を参照。法制審議会民法（相続関係）部会資料24-2（以下では「部会資料24-2」として引用する）36頁では，法文案の修正は，「現行の判例法理のうち，遺言（遺産分割方法の指定，相続分の指定）による権利の承継があった場合には，第三者との関係でも，それ以外の相続人は完全な無権利者（法定相続分を前提とした権利の承継はないこと）として取り扱われるという点を見直すことを意図したものである」ことから，この「趣旨がより明らかになるように」するためであると説明されていた。もっとも，その結果，見直しの対象とされる「遺言（遺産分割方法の指定，相続分の指定）による権利の承継があった場合」が，法文に明示されないことになり，少なくともわかりやすいとはいいがたい。
(94) 部会資料24-2・前掲注(93)36頁を参照。
(95) 部会資料21・前掲注(88)29頁，部会資料24-2・前掲注(93)36頁を参照。
(96) 民法899条の2第1項については，審議過程においても，民法177条に関する判例法理を前提として，その何を・どのように維持し，また変更するかが検討され，改正の

第 2 部　第 4 章　相続における対抗問題

前後においても，学説によりその意味及び当否がさかんに議論されている。もっとも，そこでは，民法177条が規定する規範の内容とその正当化に関する理解が十分に踏まえられていないため，検討すべきポイントについて検討が及んでいなかったり，異なる問題が区別されないまま総合的に考慮されたりすることがしばしば見受けられる。審議過程における議論の問題については後述することとして，ここでは代表的な学説にみられる問題のみを指摘しておこう。

第 1 は，民法177条の「趣旨」を登記懈怠の責任ないし制裁に求める立場——これは星野・前掲注(50)115頁等に由来する——から民法899条の 2 第 1 項の当否について論じるものである（例えば，田高・前掲注(76)）。それによると，「登記をしなかったことの制裁を受けるべきは，登記が可能であったのに登記をせずにいた者でなければならない」とされ（40頁・45頁），遺言は「遺言者の単独行為なのであって，物権取得者の意思表示ではない」ため，「物権変動の過程自体に物権取得者の意思が関わらない形である以上，物権取得者は物権変動の効果発生後ただちに登記ができる立場にはない」（40頁）として，「遺言による物権変動を177条の適用範囲に含めるのは，妥当とはいえない」（41頁・45頁）とされ，「遺言の物権変動を無権利の法理で把握し，第三者保護の要請には表見法理で対処する」ことが適当であるとして（42頁），「遺言者の意思を尊重すべきことの要請や，遺言の受益者における事情，そして登記を信じて取引した者の要保護性とを総合考慮して優劣を決するべきであり，そのための道具立てとしては94条 2 項類推適用が適切なものといえる」とされている（42頁・45頁）。

しかし，「登記をしなかったことの制裁を受けるべきは」，単に「登記が可能であった」だけでなく，「登記が必要であった」のに登記をせずにいた者でなければならないというべきだろう。変動効力発生規範により，所定の変動原因による物権変動の効力が認められるのであれば，「登記が必要であった」とはいえない。「登記が必要であった」といえるのは，変動阻却規範によってその物権変動の効力が認められないからである。したがって，そこでは，その変動原因を定めた規定の趣旨に照らし，その変動原因による物権の変動を認めることが取引の安全を害すると認められるかどうかを検討することが不可欠である。実際，田高も，「それに加え，無権利構成を遺言者の事情から根拠づけるものとして，取引世界の論理とは区別される『生活世界の論理』の要請があげられる」として，「被相続人の死後，経済的にもっとも打撃を受ける者に相続財産を継がせるために遺言がなされることが多く，そうした遺言者の意思は最大限尊重されるべき」であることを指摘している（42頁）。変動阻却規範の適用が認められるかどうかは，その点の評価にかかっているはずであるが，「この問題については，均分相続や法定相続の果たす役割などとの関係で，被相続人や遺言者の意思の自由をどこまで尊重すべきかを慎重に検討しなければならない」としつつ，「その次元にまで立ち入って考察を加えることができない」とされ（42頁・45頁），「少なくとも登記制度のよってたつ基礎という観点からの限られた考察からも，遺言の受益者と第三者の関係を単純に登記の先後で規律することに問題があることは明らかであるといえる」（45頁）——したがって177条（変動阻却規範）の適用を否定すべきである——とされている。しかし，この結論は「登記制度のよってたつ基礎という観点」——登記懈怠の責任ないし制裁——からは基礎づけられないというべきだろう。

第 2 は，民法177条について変動原因無制限説に立ち，「相続」にも民法177条が妥当することを前提として，民法899条の 2 第 1 項はその特則を定めたものと理解し，「第三者」の範囲論において受益相続人側と第三者側の事情を総合的に考慮することを提唱するものである（石田（剛）・前掲注(76)①②③）。

そこでは，まず，「相続登記の不具備」は明らかに「現実に生じた権利変動に即した対抗要件の具備がないという不作為に不利益を課すべき問題」であるとして，「177条の

(a) 変動阻却規範とその制限

　第1は，変動阻却規範について，民法899条の2第1項は何を定めているか，それはどのように正当化されるかである。

　上述したように，変動阻却規範の射程——変動効力発生規範によって発生する物権変動の効力を認めない旨の主張を認めるべきかどうか——は，その変動効力発生規範の趣旨と「取引の安全」との衡量によって決せられる。したがって，ここでは，変動原因である「相続」についてその効力の発生を定めた規定の趣旨に照らし，「相続」による物権の変動を認めることが「取引の安全」を害すると認められるかどうかが問題となる

　ただし，かりにそれが肯定され，「取引の安全」の要請にしたがって「相続」による物権の承継の効力が阻却される場合でも，第三者が「取引の安全」を要請する資格を欠いているとき——その第三者が（物権が変動する原因があることを知っていた〔又は重大な過失により知らなかった〕場合において，）それにより物権が変動したことを認めない旨の主張をすることが信義に反し許されないとき——は，変動阻却規範が制限され，「相続」による物権の承継の効力は阻

文理及び起草趣旨にも合致する方向で相続による物権変動を177条の適用範囲に含めたうえで，相続の特殊性を考慮して，第三者の範囲論の解釈に善意無過失要件を読み込むという可能性こそが検討に値する」とされる（石田（剛）②507頁，石田（剛）①68頁）。
　その上で，民法177条の「第三者」に関する「正当な利益」の有無という規範的評価に際して，判例は，「未登記物権変動の効力を主張する側の登記の期待可能性と第三者の側の要保護性を相関的に考慮する枠組みを採用している」として（石田（剛）②507頁），(1)相続開始時から熟慮期間経過後の間の第三者，(2)熟慮期間経過後遺産分割前に利害関係を持つに至った者，(3)遺産分割後の第三者・相続させる旨の遺言の場合を区別し，それぞれにおいて受益相続人の登記の期待可能性と第三者側の善意・過失（調査確認義務違反）の相関的な考慮により，「相続」による物権の承継に登記の具備を必要とするかどうかを判断すべきであるとしている（石田（剛）②507頁以下・石田（剛）③9頁）。
　この見解でも，変動原因無制限説から，「相続」にも民法177条（変動阻却規範）が妥当することが前提とされているため，この場合にそもそも変動阻却規範を適用すべきかどうか，つまりその変動原因を定めた規定（「相続」に関する変動効力発生規範）の趣旨に照らし，その変動原因（「相続」）による物権の変動を認めることが取引の安全を害すると認められるかどうかがまったく検討されないことになっている。この点は，「第三者」の範囲論において，第三者が「（実質的）無権利者」に当たるとみるべきかどうかという形で問題にすることも可能であるが，この見解では，それも行われていない。しかも，「第三者」の範囲論では，受益相続人側の登記の期待可能性と第三者の信頼の正当性を相関的に衡量するという外観法理と類似した枠組みが採用されているが，登記の期待可能性に相当するものは，変動対抗規範の制限——登記の具備を要せずに対抗を認めることの可否——に関する考慮要素であるのに対し，第三者の信頼の正当性に相当するものは，変動阻却規範の制限——取引安全の要請を主張する資格の有無——に関する考慮要素であり，単純に相関的に考慮すべき問題ではないというべきだろう。

却されないことになる。
　(b)　変動対抗規範とその制限
　第2は，変動対抗規範について，民法899条の2第1項は何を定めているか，それはどのように正当化されるかである。

　変動対抗規範によると，以上により「相続」による物権の承継を認めない旨の主張をすることができる第三者がいる場合は，その「相続」により物権を承継した旨の登記をしたときに，「相続」により物権を承継したことをその第三者に対抗することができる。

　しかし，この変動対抗規範については，「第三者が現れるまでに，その変動原因により物権が変動した旨の登記をすることを期待することができないとき」を除くという制限——したがって，この場合は登記を備えていなくても物権変動を対抗することができるとすること——が認められる。これによると，「相続」による物権の承継についても，その第三者が現れるまでに，「相続」により物権を承継した旨の登記をすることを期待することができないかどうかが問題となる。

　(2)　「相続」による「法定相続分を超える」不動産物権の承継とその対抗
　(a)　変動阻却規範に関する特則の法定
　(i)　規範の内容

　まず，変動阻却規範について，民法899条の2第1項は，「相続」による不動産物権の承継のうち「次条及び第901条の規定により算定した相続分〔以下では「法定相続分」という。〕を超える部分について」は，「物権が変動する原因があるときでも，その変動原因を定めた規定の趣旨に照らし，その変動原因による権利の変動を認めることが取引の安全を害すると認められるとき」に当たることを法定したものとみることができる。

　法文としては，同じ「相続」による権利の承継について，「法定相続分を超える部分」と「法定相続分を超えない部分」に二分しているかのように表現されているが，後述するように，変動対抗規範について，「法定相続分を超える権利の取得を第三者に対抗するためには，その取得した権利の全体について登記等の対抗要件を備える必要がある」[97]と考えられていることからすると，ここでも阻却の対象として想定されているのは「相続」による「法定相続分を超える」不動産物権の承継であると考えられる。

---

(97)　堂薗＝野口・前掲注(1)162頁を参照。

これによると，法定された変動阻却規範の内容は，次のように定式化することができる。

「遺産の分割によるものかどうかにかかわらず，相続により法定相続分を超えて不動産物権が承継されたことを（他の相続人からその相続人の法定相続分を超えないその不動産物権の承継を受ける原因を有する者[98]その他の）第三者は認めないことができる。」

(ii) その正当化
① 立案担当者による説明とその問題点

この規定は，相続法改正前の判例法理のうち，③遺産分割と登記に関する判例法理を維持・確認するとともに，④相続分の指定と登記及び⑤相続させる旨の遺言（特定財産承継遺言）と登記に関する判例法理を変更することを意味する。このように従来の判例法理を変更する理由として立案担当者は，次の2つを挙げている[99]。

第1は，従来の判例法理によると，「例えば，相続債権者が法定相続分による権利の承継があったことを前提として相続財産に属する債権の差押え及びその取立てを行い，被相続人の債務者がその取立てに応じたとしても，遺言に抵触する部分は無効となり得るため，遺言の有無及び内容を知る手段を有していない相続債権者や被相続人の債務者に不測の損害を生じさせるおそれがある」という理由である。「被相続人の法的地位を包括的に承継するという相続の法的性質に照らすと，相続債権者や被相続人の債務者の法的地位については，相続開始の前後でできる限り変動が生じないようにするのが相当であると考えられ，相続債権者がその権利を行使し，あるいは被相続人の債務者が弁済をするのに，遺言の有無及びその内容，さらにはその有効性を調査する必要があるというのは必ずしも相当でない」とされている。

第2は，従来の判例法理によると，「遺言によって利益を受ける相続人が登記等の対抗要件を備えようとするインセンティブが働かない結果，その分だけ

---

[98] これは，民法177条の変動阻却規範における「その変動原因の前主（その前主がその物権の承継を受けた際の前主を含む。）からその物権の変動を受ける原因を有する者」に相当する。「相続」による権利の承継では，「前主」に相当するのは被相続人であるが，被相続人自身から物権の変動を受ける原因を有する者との関係では，相続人はすべて被相続人の地位を承継するため，「当事者」の関係に立つ。したがって，「第三者」として位置づけられるのは，法定相続分の限度で被相続人の地位を承継する他の相続人（これが共通の前主に相当する）からその相続人の法定相続分を超えない権利の承継を受ける者——及びこれに準ずる者——であると考えられる。

[99] 堂薗＝神吉・前掲注(1)160頁。

実体的な権利と公示の不一致が生ずる場面が増えることになり，取引の安全が害され，ひいては不動産登記制度等の対抗要件制度に対する信頼を害するおそれがある」という理由である。

しかし，第1の理由は，相続財産に属する債権の差押え及び取立てに関する指摘であり，相続財産に属する物権の承継に直接関わるものではない[100]。少なくとも，民法177条が定める変動阻却規範について特則を定める理由を直接示したものとはいえない[101]。

また，第2の理由は，公示を備えるインセンティブを高めるために，登記をすれば第三者にも物権変動を対抗することができるという変動対抗規範を利用するというものであるとみることができる[102]。これは，公示の促進という政策的な目的によるものであり，民法177条が定める変動阻却規範を適用する理由——なぜ第三者は「相続」による「法定相続分を超える」物権の承継を認めないことができるか——を直接示したものとはいえない。

② 変動阻却規範に関する特則を法定する理由

上述したように，ここでの問題は，変動原因である「相続」についてその効力の発生を定めた規定の趣旨に照らし，「相続」による「法定相続分を超える」物権変動を認めることが「取引の安全」を害すると認められるかどうかである。

この点について，相続法改正に批判的な論者は，「相続させる旨の遺言は，高齢の配偶者や身体障害のある子など，被相続人の死後，経済的に打撃を受ける者を保護し，均分相続の不合理を修正する趣旨で作成されることが，ままある」とし，ここでは，そうした「生活世界の論理」にしたがい，遺言者の意思を最大限尊重すべきであり，「取引世界の論理」を基礎とする民法177条を適用すべきではないする[103]。

---

(100) 堂薗＝神吉・前掲注(1)160頁以下は，上記の第1の理由に続けて，「そのような考え方を前提とすれば，各共同相続人は，権利の承継の場面でも，被相続人から法定相続分に応じた権利を承継したものとして，相続債権者から権利行使を受けてもやむを得ない地位にあるということも可能であると考えられる」とする。これも，相続財産に属する物権の承継に関する特則を定めることに直接結び付くものではない。

(101) 水野(謙)・前掲注(76)69頁は，民法899条の2第1項の「第三者」には，「相続債権者とは利益状況が大きく異なる相続人の債権者や法定相続分の譲受人も含まれるのであり，なぜ彼らも保護されるのか，その説明は尽くされていない」と指摘する。水津・前掲注(76)65頁は，同様の考慮から，「この規定全体を正当化する理由としては，第1のものよりも，第2のものを重視すべきである」とする。

(102) 松尾(弘)①・前掲注(76)77頁85頁，同②・前掲注(76)30頁以下を参照。

(103) 水野(謙)・前掲注(76)66・68頁のほか，水野謙「『相続させる』遺言の効力」法学

これに対し，民法899条の2第1項が，そうした相続させる旨の遺言（特定財産承継遺言）を含め，「相続」による「法定相続分を超える」物権の承継について変動対抗規範の適用を認める旨を法定したのは，そうした遺言者の意思は「取引の安全」を害してでも優先して尊重されるべきものと認めなかったからだとみるほかない。「法定相続分を超える」「相続」をさせる遺言がされたかどうかは，第三者が知ることは容易ではなく，それにもかかわらずそうした遺言にしたがった物権の承継が認められれば，「取引の安全」を害することは否定できない。同じ遺言でも，⑥遺贈の場合は，判例法理によると民法177条の適用が認められていることからしても，遺言者の意思は「取引の安全」を害してでも優先して尊重されるべきものであるとはいえない[104]。民法899条の2第1項が「相続」による「法定相続分を超える」物権の承継について」変動対抗規範の適用を認める旨を法定した理由は，このように説明されることになるだろう。

　(iii)　変動阻却規範の制限規範

　もっとも，このように「相続」による「法定相続分を超える」物権の承継について変動対抗規範の適用が認められ，その「相続」による物権の承継の効力が阻却される場合でも，第三者が「取引の安全」を要請する資格を欠いているとき——その第三者が（物権が変動する原因があることを知っていた〔又は重大な過失により知らなかった〕場合において，）それにより物権が変動したことを認めない旨の主張をすることが信義に反し許されないとき——は，変動阻却規範が制限され，その「相続」による物権の承継の効力は阻却されない。この点について，民法899条の2第1項は，特に明示的に定めているわけではないが，民法177条について認められているこうした制限規範を排除するものではないとみるべきだろう。

　　　教室254号（2001年）22頁，同「判例批評：最判平成14年6月10日」安永正昭＝鎌田薫＝山野目章夫編『不動産取引判例百選〔第3版〕』（有斐閣，2008年）87頁も参照。田高・前掲注(76)42頁（前掲注(84)を参照）も，この水野(謙)の見解を参照している。
(104)　これは，相続させる旨の遺言に関する前掲注(82)最判平成14・6・10に対して従来の学説が指摘していた問題点のうち，変動阻却規範に関するものに相当する（例えば，窪田充見『家族法〔第3版〕』（有斐閣，2017年）500頁以下等を参照）。さらに，民法が定める相続制度を「公序」とみる立場（吉田克己『市場・人格と民法学』（北海道大学出版会，2012年）359頁以下・373頁以下，水野紀子「日本相続法の特徴について」同編著『信託の理論と現代的展開』（商事法務，2014年）195頁以下等を参照）からは，遺言の自由ないし遺言者の意思は「取引の安全」を害してでも尊重されるべきものではないとされることになる。

上述した相続法改正に批判的な論者が「取引世界の論理」によるものとして特に問題視しているのは，相続人の債権者が債権回収のために，相続開始後ただちに共同相続の代位登記を行って——「本来，責任財産ではなかった（「棚ぼた」式に転がり込んできた）」——その相続人の法定相続分を差し押さえ，強制執行を行う場合である[105]。少なくとも「相続」による承継に関しては，このような相続人の差押債権者は「取引の安全」を要請する資格を欠き，「第三者」に当たらないものとすべきではないかという見解も主張されている[106]。この点は，伝統的な背信的悪意者排除論から「信義則」違反への移行をどこまで認めることができるかという問題と重なるというべきだろう。

(b) 変動対抗規範に関する特則の法定

(i) 規範の内容

次に，変動対抗規範について，民法899条の2第1項は，以上により「相続により法定相続分を超えて不動産物権が承継されたことを認めない旨の主張をすることができる第三者」がいるときは，その相続により法定相続分を超えてその不動産物権が承継された旨の登記——上述したように，「法定相続分を超える部分」についてのみ不動産物権が承継された旨の登記ではないと考えられている[107]——を備えれば，その不動産物権が承継されたことをその第三者に対抗することができる旨を法定したものとみることができる。その規範の内容を定式化すれば，次のようになる。

「遺産の分割によるものかどうかにかかわらず，相続により法定相続分を超えて不動産物権が承継されたことを認めない旨の主張をすることができる第三者がいるときは，その旨〔その相続により法定相続分を超えて不動産物権が承継された旨〕の登記をしたときに，その相続により法定相続分を超えて不動産物権が承継されたことをその第三者に対抗することができる。」

(ii) 変動対抗規範の制限可能性

上述したように，民法177条の変動対抗規範については，「その第三者が現れるまでに，その変動原因により物権が変動した旨の登記をすることを期待することができないとき」を除くという制限——したがって，この場合は登記を備えていなくても物権変動を対抗することができるとすること——が認められている。この点について，民法899条の2第1項は，特に明示的に定めている

---

(105) 水野(謙)・前掲注(76)68頁等を参照。
(106) 良永・前掲注(76)318頁等参照。松尾(和)・前掲注(76)189頁も参照。
(107) 堂薗＝野口・前掲注(1)162頁を参照。

わけではないが，民法177条について認められているこうした制限規範を排除するものではないとみるべきだろう。

① 遺産分割にしたがった物権の承継

こうした考慮が妥当するようにみえるのは，遺産分割にしたがった物権の承継の場合における遺産分割前の段階である。遺産分割にしたがった相続による物権の承継について，その遺産分割前に登記をすることはたしかに不可能である。しかし，この場合については，民法909条ただし書が，遺産分割にしたがった相続による物権の承継についてその効力の発生（民法909条本文による遡及効）を制限する規範（変動効力制限規範）を定めている。これによると，遺産分割の前に第三者が権利を取得していた場合は，遺産分割にしたがった相続による物権の承継についてその効力の発生がそもそも認められないため，阻却すべき物権の承継が認められない以上，民法899条の2第1項が定める変動阻却規範・変動対抗規範が適用される余地はない。

その際，民法909条ただし書により第三者の権利が害されないという効果が認められるために，その第三者は登記を備える必要があるとすれば[108]，それは，変動効力制限規範である民法909条ただし書による保護が認められるための要件（権利保護資格要件）としてであり[109]，民法177条・899条の2第1項が定める変動対抗規範の適用によるものではない。

② 物権取得過程自体への関与の不存在による登記の期待困難

このほか，相続法改正に批判的な論者は，遺言は「遺言者の単独行為なのであって，物権取得者の意思表示ではない」ため，「物権変動の過程自体に物権取得者の意思が関わらない形である以上，物権取得者は物権変動の効果発生後ただちに登記ができる立場にはない」として，「遺言による物権変動」——遺言にしたがった相続による物権の承継だけでなく，遺贈による物権変動も含め——は「177条の適用範囲に含まれない」ものとすべきであると主張する[110]。

しかし，遺贈による物権変動について民法177条の適用を認める判例法理を特に変更しないのであれば，このような「物権変動の過程自体に物権取得者の意思が関わらない」ことから「ただちに登記ができる立場にない」という定型的な考慮だけでは，変動対抗規範の例外——「その第三者が現れるまでに，そ

---

(108) 我妻＝有泉・前掲注(10)108頁等を参照。
(109) ただし，原島＝児玉・前掲注(5)622頁は，この場合の第三者は「遺産分割による権利関係の変更について自己の存在を公示して警告すべき立場にはない」から，「公示力としての登記」（権利保護資格要件としての登記）を要求することはできないとする。
(110) 田高・前掲注(76)40頁・45頁を参照。

の変動原因により物権が変動した旨の登記をすることを期待することができないとき」——に当たるとすることはできない。同じことは，遺言にしたがった相続による物権の承継にも当てはまるため，この場合を一律に民法899条の2第1項が定める変動対抗規範の例外に当たるとすることはできないと考えられる。少なくとも相続法改正では，このような立場が採用されたとみることができる。

かりに「遺言による物権変動」について，変動対抗規範の例外を認めるべき場合があるとすれば，それは，例えば，受益相続人以外の相続人が遺言書を隠匿・破棄したり，遺言の内容を知りつつあえて受益相続人に秘匿したりするなど，相続人の側の具体的な行為の結果，受益相続人が物権の取得を知ることができず，登記をすることができなかった場合であると考えられる[111]。

③　権利取得の不確定性・暫定性による登記の期待困難

また，相続法改正に対しては，権利取得の不確定性・暫定性の観点から，相続分の指定と特定財産承継遺言を区別せずに規定したことを批判するものもある。それによると，相続分の指定がされた場合は，その受益相続人は相続財産全体に対する持分権を有するだけであり，その持分権は特定の不動産にも及ぶとはいえ，その不動産について確定的な権利を取得するかどうかは未定である。このような場合に，相続財産に属するすべての財について対抗要件を求めることは，受益相続人に過大な負担を負わせることになると指摘されている[112]。

しかし，民法899条の2第1項は，「相続」による「法定相続分を超える」物権の承継に当たるもののうち，そのように定型的に物権の取得が不確定ないし暫定的であるものについて，登記の具備を期待することができないとして，一律に変動対抗規範の例外とすることを定めているとは考えられていない[113]。

---

(111)　石田(剛)②・前掲注(76)510頁（ただし「背信的悪意者排除論の弾力的運用を通じた柔軟な対応」として位置づけている）を参照。

(112)　横山・前掲注(3)84頁以下を参照。ただし，横山は，民法177条が適用されるのは「特定の不動産を目的とする確定的な権利をめぐる競合的物権変動」であるのに対し，相続分の指定はそうでないこと自体を問題視し，登記を期待することができないことは「実際上」の問題とみているようである。

(113)　窪田・前掲注(3)58頁以下が，相続分の指定及び法定相続について，いずれも「最終的な権利の帰属の確定のためには遺産分割が必要であり，その点で，遺産分割までは浮動的な状況である」ことを指摘し，「こうした不安定な法律関係を前提として，ルールを導入するということ自体，もう少し掘り下げて，その意義について検討する必要があるかもしれない」とするのに対し，水津・前掲注(3)66頁は，相続法改正前の判例法理のもとにおいても，「確定的な権利取得であるか，暫定的な権利取得であるかによって，登記をしなければ，その権利の取得を第三者に対抗することができないかどうかを定型

相続分の指定がされている場合でも，受益相続人は，相続の開始後，単独でその相続分の指定にしたがった登記をすることができることに変わりはない。相続分の指定による物権の取得が，自ら関与しない他の相続人から他の者への変動原因によるその物権の変動等によって害されることがないという期待を実現するために，相続分の指定にしたがった登記を具備することが必要とされても，特に過剰な負担とまではいえないという評価が，その基礎に置かれているとみることができる。

(3) 「法定相続分を超える」不動産物権の承継に当たらない「相続」による不動産物権の承継とその対抗

(a) 変動阻却規範・変動対抗規範に関する特則の法定

(i) 規範の内容

上述したように，変動阻却規範について，民法899条の2第1項は，「相続」による「法定相続分を超える」物権の承継は，「物権が変動する原因があるときでも，その変動原因を定めた規定の趣旨に照らし，その変動原因による物権の変動を認めることが取引の安全を害すると認められるとき」に当たることを法定したものと考えられる。これによると，この規定は，同時に，「法定相続分を超える」物権の承継に当たらない「相続」による物権の承継は，「物権が変動する原因があるときでも，その変動原因を定めた規定の趣旨に照らし，その変動原因による物権の変動を認めることが取引の安全を害すると認められるとき」に当たらないことも含意しているものとみることができる。

これにより民法899条の2第1項が含意していると考えられる変動阻却規範の内容は，次のとおりである。

「法定相続分を超える不動産物権の承継に当たらない相続による不動産物権の承継がされたことを，第三者〔当事者以外の者〕は認めないことができない。」

また，民法899条の2第1項が含意していると考えられる変動対抗規範の内容は，強いて定式化すれば，次のようなものになると考えられる。

的に区別する考え方を，その基礎に据えていなかった」ことを指摘し，民法899条の2第1項によれば，「相続による権利の承継は，①法定相続分に応じた部分については，登記をしないで，すべての者に対抗することができる一方，②法定相続分を超える部分については，登記をしなければ，第三者に対抗することができない」とされ，「いずれについても，暫定的な権利の取得であるか，確定的な権利の取得であるかは，問われていない」とし，「相続による権利の承継について，暫定的な権利の取得であるか，確定的な権利の取得であるかにかかわらず，②のルールを適用するとしている」とする。

第2部　第4章　相続における対抗問題

「法定相続分を超える不動産物権の承継に当たらない相続による不動産物権の承継がされたことは，その旨の登記をするか否かにかかわりなく，第三者〔当事者以外の者〕に対抗することができる。」

(ii) 「相続」による「法定相続分を超える」不動産物権の承継とその対抗に関する規範との関係

以上によると，民法 899 条の 2 第 1 項は，(2)において検討したように，①「相続」による「法定相続分を超える」不動産物権の承継とその対抗に関する変動阻却規範——第三者はそれによる物権の承継を認めないことができる——及び変動対抗規範——登記をしたときはその物権の承継を第三者に対抗することができる——とともに，②「相続」による「法定相続分を超える」不動産物権の承継に当たらない「相続」による不動産物権の承継とその対抗に関する変動阻却規範——第三者〔当事者以外の者〕はそれによる物権の承継を認めないことができない——及び変動対抗規範——登記をするか否かにかかわらず，その物権の承継を第三者〔当事者以外の者〕に対抗することができる——を定めているとみることができる。

① 「相続」による「法定相続分を超える」不動産物権の承継の対抗が認められない場合

これによると，①「相続」による「法定相続分を超える」不動産物権の承継——例えば法定相続分を超える特定財産承継遺言——が行われたとしても，その旨の登記をしていないときは，第三者はその「相続」による「法定相続分を超える」不動産物権の承継——法定相続分を超える特定財産承継遺言等——を認めないことができ，その「相続」による「法定相続分を超える」不動産物権の承継——法定相続分を超える特定財産承継遺言等——をその第三者に対抗することができない。その結果，その第三者との関係では，その「相続」による「法定相続分を超える」不動産物権の承継——法定相続分を超える特定財産承継遺言等——は，されていないものとして扱われる。

そうすると，この場合は，②「法定相続分を超える」不動産物権の承継に当たらない「相続」による不動産物権の承継とその対抗に関する規範の適用が認められることになる。それによると，「法定相続分を超える」不動産物権の承継に当たらない「相続」による不動産物権の承継——法定相続分にしたがった「相続」による不動産物権の承継——を第三者〔当事者以外の者〕は認めないことができず，登記をするか否かにかかわらず，この「相続」による不動産物

権の承継——法定相続分の不動産物権の承継——をその第三者〔当事者以外の者〕に対抗することができることになる。

② 具体例による確認

例えば，被相続人Ａの相続人がその子Ｂ，Ｃ及びＤである場合において，Ａが，相続財産に属する甲土地をＣに相続させる旨の遺言をしていたときに，Ａが死亡した後，Ｂが，甲土地についてＢ，Ｃ及びＤがそれぞれ３分の１の持分を取得したとして，相続を原因とする所有権移転登記を備え，Ｅに自己の持分を売却したというケースに即して敷衍すると，次のとおりである。

この場合，Ａが甲土地をＣに相続させる旨の遺言，つまり特定財産承継遺言にしたがった「相続」によるＡからＣへの甲土地の所有権の承継は，Ｃの法定相続分（３分の１）を超えるものである。したがって，①の変動阻却規範により，第三者Ｅは，この特定財産承継遺言にしたがった「相続」によるＡからＣへの甲土地の所有権の承継を認めないことができる。この場合に，Ｃが，この特定財産承継遺言にしたがった「相続」による甲土地の所有権の承継について登記をしていなかったときは，①の変動対抗規範により，Ｃは，この特定財産承継遺言にしたがった「相続」による甲土地の所有権の承継をＥに対抗することができない。

そうすると，これにしたがい，Ｅが，この特定財産承継遺言にしたがった「相続」によるＡからＣへの甲土地の所有権の承継を認めないときは，Ｃが法定相続分（３分の１）にしたがった「相続」による甲土地の所有権の承継を主張すると，Ｅは，②の変動対抗規範により，この法定相続分（３分の１）にしたがった「相続による」ＡからＣへの甲土地の所有権の承継を認めないことができない。この場合は，②の変動対抗規範により，Ｃは，登記をしているか否かにかかわりなく——したがって登記をしていなくても——，この法定相続分（３分の１）にしたがった「相続」によるＡからＣへの甲土地の所有権の承継をＥに対抗することができる[114]。

---

(114) 水津・前掲注(3)69頁以下は，Ａにより特定財産承継遺言がされたことによって，甲土地について，ＡからＣへとその所有権が承継され，また，ＡからＢ，ＡからＤへと，それぞれ法定相続分に応じた部分についての権利が承継されるとし，いずれの承継も「同一の『相続』を原因とするものである」とする。これは，「相続分の指定や特定財産承継遺言による権利の承継も，相続人による相続財産の包括承継と不可分一体のものとして，『相続』を原因とする権利の承継にほかならない」という理解に基づく。しかし，その上で，水津は，Ｃは，「法定相続分を超える部分」（本文で述べた例でいえば３分の２）についての権利の承継は，登記をしなければ，「第三者」であるＢからの譲受人Ｅに対抗することができないとする。これは，結果として，一体のものととらえられる

③　民法899条の2第1項の規範内容

　民法899条の2第1項の法文からすると、特定財産承継遺言にしたがった「相続」によるAからCへの所有権の承継のうち、「法定相続分を超える部分については」——つまり3分の1を超える部分（3分の2）については——Cが第三者Eにその承継を対抗することができないが、法定相続分を超えない部分——つまり3分の1——は登記をしなくても第三者Eにその承継を対抗することができる、ということを定めているように読まれる可能性が高い。実際に、ほとんどの論者はそのように理解しているようである[115]。

　しかし、ある変動原因による物権変動を「第三者に対抗することができない」とは、第三者はその変動原因による物権変動を「認めないことができる」という意味であることを正確に理解するならば[116]、①法定相続分を超える「相

「相続」を原因とする権利の承継を、「法定相続分を超える部分」と「法定相続分を超えない部分」に二分することになっている。これに対し、本文で述べたように、①法定相続分を超える相続による権利の承継（特定財産承継遺言にしたがった相続による権利の承継）が第三者によって阻却され、第三者に対抗することができない場合でも、②法定相続分にしたがった相続による権利の承継が認められると構成すれば、同じ結論をより適切に説明することができるというべきだろう。

(115)　このような理解に対し、水野（謙）・前掲注(76)70頁は、「1つの権利移転の原因が2つに分かれる不自然さ」を指摘して批判し、改正法は「法定相続分を超える権利を取得した受益相続人が法定相続分を超える部分に対応する対抗要件を備えれば、その全体について第三者に対抗することができるという趣旨を含むものではない」とする立案担当者の説明（堂薗＝野口・前掲注(1)162頁）について、「この説明が本当に成り立つのかは1つの問題であろう」としている。

(116)　民法899条の2第1項が「相続による権利の承継」は「法定相続分を超える部分については」対抗要件を備えなければ第三者に対抗することができないと規定したことによって、例えば、相続分の指定につき、(a) 被相続人から受益相続人への指定相続分にしたがった権利の承継がされたとみるか、(b) いったん各相続人に法定相続分にしたがった権利の承継が認められ、法定相続分を下回る指定相続分にしたがった権利の承継を受けた相続人からその法定相続分と指定相続分の差に相当する権利が受益相続人に移転するとみるかという理解に影響を及ぼすかどうかが議論されている（窪田・前掲注(3)59頁以下、水津・前掲注(3)70頁・72頁等を参照）。

また、同様の問題意識から、遺産分割について、(a) 遺産分割にしたがって（はじめから）被相続人から受益相続人への権利の承継がされたとみるか（宣言主義的構成）、(b) いったん各相続人に法定相続分にしたがった権利の承継が認められ、遺産分割によると権利を取得しないこととなる相続人の法定相続分に相当する権利が遺産分割にしたがって受益相続人に移転するとみるか（移転主義的構成）という理解に影響を及ぼすかどうかが議論されている（水津・前掲注(3)72頁以下は、民法899条の2第1項は(a)の宣言主義的構成による理解と整合的であるとするのに対し、石田③・前掲注(76)10頁は「審議過程において、移転主義的構成を再考する趣旨の議論が積極的に展開された形跡がみられない以上、従来の判例法理の理解が踏襲されているとみるほうが穏当ではないか」とする）。

続」による所有権の承継を実際に認めないのであれば，②法定相続分を超えない「相続」による所有権の承継を否定するわけにはいかない[117]。民法899条の

　　　しかし，この議論は，民法899条の2第1項及びその基礎にある民法177条について，「権利」の変動の競合が生じていることを前提として，登記を具備していなければその「権利」の変動を対抗することができず，登記を具備していればその「権利」の変動を対抗することができるという理解を前提としたものと考えられる。とりわけ，(b)の構成は，いったん各相続人に法定相続分にしたがった権利の承継を認めた上で，その権利の承継を受けた相続人を同一の前主として相続分の指定・遺産分割にしたがったその権利の移転と他の第三者へのその権利の移転等が二重譲渡に類した法律関係に立つことを示すための構成であるとみることができる（吉田・前掲注(56)846頁以下・853頁以下等も参照）。
　　　これに対して，上述したように（前掲注(17)を参照），民法177条では，競合する「権利」そのものの変動の対抗ではなく，「権原（変動原因）による権利変動の効力」の阻却とその対抗を定めたものと理解するならば，端的に相続分の指定や遺産分割にしたがった相続による権利変動の効力の阻却とその対抗を問題とすれば足り——結果としては(a)の構成と重なる——，少なくともこの問題に関するかぎり，上記のような議論を行う必要はないというべきだろう。
　　　また，水津・前掲注(3)69頁以下が，特定財産承継遺言がされた場合に，受益相続人以外の相続人が相続により承継した法定相続分に応じた部分についての権利が，受益相続人が承継した「法定相続分を超える部分……についての権利によって制限を受ける」——「比喩的にいえば」，受益相続人以外の相続人が受益相続人に対し，受益相続人以外の相続人の所有物について「制限物権を設定したのと同じようなものである」——という説明をしているのも，「法定相続分を超える部分について受益相続人と第三者との間で『権利の競合』が生じること」を基礎づけるためである。しかし，ここでも，民法899条の2第1項は，競合する「権利」そのものの変動の対抗ではなく，「権原（変動原因）による物権変動の効力」——特定財産承継遺言にしたがった相続による権利の承継の効力——の阻却とその対抗を定めたものと理解するならば，そのような「権利の競合」が生じることを基礎づけるための説明を行う必要はないということができる。
(117)　例えば，田高・前掲注(76)45頁は，「遺産分割後もなお法定相続分については登記なくして対抗できる」とされていることを「再考」すべきであるとし，「遺産分割により相続財産の取得を確定させた後には，登記をしようと思えばできたという，177条の適用が認められるべき状態になるのであり，それは法定相続分を超え新たに認められた部分に限られるものではな」く，「現実に遺産分割がなされた後，それ以前において認められていた法定相続分のもつ意味を残存させる必要があるのかも疑問である」として，「遺産分割後にはその権利取得全部を登記なくして対抗できない対象とする，という解釈も検討されてよい」とする。しかし，遺産分割にしたがった相続による権利の承継について登記がされていない場合に，第三者がその遺産分割にしたがった相続による権利の承継を認めないのであれば，法定相続分にしたがった相続による権利の承継を否定することはできないはずである。そこで，法定相続分にしたがった相続による権利の承継を否定するのであれば，遺産分割にしたがった相続による権利の承継がされたことを理由とするほかない。それは，遺産分割にしたがった相続による権利の承継を認めないことと矛盾しているといわざるをえない。ここでも，「第三者に対抗することができない」ということの理解が問われているというべきだろう。
　　　従来の実体法的な思考によると，——いわば神の目からみれば——遺産分割にしたがった相続による権利の承継がされている以上，法定相続分にしたがった相続による権利の

2 第1項は，その趣旨を適切に定式化した法文になっていないが，以上の理解にしたがい，「遺産の分割によるものかどうかにかかわらず，次条及び第901条の規定により算定した相続分を超える相続による権利の承継は，登記，登録その他の対抗要件を備えなければ，第三者に対抗することができない。」と定めようとしたものとみるほかない。

④ 「法定相続分を超える相続による権利の承継」に当たらない場合の射程

「法定相続分を超える相続による権利の承継」に当たらない場合の典型例は，法定相続分にしたがった相続による権利の承継である。しかし，これに限られるわけではなく，例えば，法定相続分を下回る相続分の指定がされた場合なども，これに含まれる。

例えば，Aが，Bの相続分を4分の1，Cの相続分を4分の3，Dの相続分を0とする遺言をした場合は，この相続分の指定（4分の1）にしたがったAからBへの相続による権利の承継は，①「法定相続分を超える」相続による権利の承継に当たらないため，①の規範は適用されず，②「法定相続分を超える」権利の承継に当たらない相続による権利の承継に関する規範のみが適用される。したがって，この相続分の指定（4分の1）にしたがったAからBへの相続による権利の承継を第三者──例えば，Cが相続財産に属する甲土地について単独で相続したとして，相続を原因とする所有権移転登記を備え，Eに甲土地を売却したケースにおけるE──は認めないことができず，Bは，登記をしていなくても，この相続分の指定（4分の1）にしたがったAからBへの相続による甲土地の所有権の承継をEに対抗することができる。

(b) その正当化

以上のように，民法899条の2第2項が，「法定相続分を超える不動産物権の承継に当たらない相続による不動産物権の承継」について，第三者〔当事者以外の者〕はそれを認めないことができず，登記をするか否かにかかわりなく──つまり登記をしなくても──第三者〔当事者以外の者〕にそれを対抗する

承継を認めることはできないと考えられるかもしれない。しかし，ある変動原因，例えば遺産分割による物権変動を「第三者に対抗することができない」とは，第三者はその変動原因，つまり遺産分割による物権変動を「認めないことができる」という意味である。第三者が認めなければ，その遺産分割による物権変動はされていないものとして扱われる。法定相続による権利の承継はデフォルトルールに当たるため，被相続人の死亡という事実により，法定相続による権利の承継は基礎づけられる。第三者はこれを否定することができない以上，法定相続分にしたがった相続による権利の承継が認められる。これが，権利変動の存否に対しその「対抗」という次元に定位する規定を採用したことの帰結にほかならない。

ことができるという規範も含意した規定をしているのは，相続法改正前における①共同相続と登記に関する判例法理（昭和38年判決）を維持するためである。問題は，それがどのような理由から正当化されるかである。

　(i) 立案担当者による説明とその問題点

　この点について，立案担当者は，民法177条の「第三者」の範囲論から説明している。

　それによると，民法899条の2第1項において，相続による権利の承継を対抗することができない「第三者」については，「第177条における確立した判例の解釈と同様」，「登記等の対抗要件がない旨の主張をすることについて正当な利益を有する第三者を意味するものであり，無権利者までこれに含める趣旨ではない」。「例えば，特定財産承継遺言等によって利益を受ける相続人は，その遺言がなくても法定相続分に相当する部分は権利を取得することができるのであるから，この部分について権利の競合が生ずることはない（この点は遺産分割による権利の承継等においても同様である。）」。このように，「相続による権利の承継について権利の競合が生ずる余地があるのは，当該受益相続人の法定相続分を超える部分に限られる」ことから，「第899条の2第1項では，対抗要件主義が適用される範囲が法定相続分を超える部分に限られることを規定上も明確にすることとした」とされている[118]。

　この説明は，次のように述べようとしたものとみることができる。つまり，法定相続分については，相続により各相続人（例えば被相続人Aの子BCD）に権利が承継されるため，その承継された権利（例えばBの3分の1の持分）について他の相続人（CD）は権利を持たない――「無権利者」である――以上，その権利（Bの3分の1の持分）の承継を他の相続人（例えばC）から受ける原因（例えば売買）のある者（E）もまた「無権利者」である。したがって，この者（E）は，民法177条におけると同じく，民法899条の2第1項においても，「第三者」に当たらない結果，法定相続分について相続により権利が承継されたこと（例えばBが3分の1について相続により権利を承継したこと）を認めないことができず，また，この権利の承継を受けた者（3分の1についてAから相続により権利を承継したB）は，登記（3分の1についてのAからBへの相続による移転登記）がなくても，この権利の承継を受けたことをその者（E）に対抗することができる。

---

(118) 堂蘭＝野口・前掲注(1)162頁を参照。

第2部　第4章　相続における対抗問題

しかし，上述したように（Ⅱ3(2)(a)(ii)），問題となる者が無権原占有者や不法行為者ではなく，同一の前主（Aの包括承継人C）から他の変動原因（売買）を有する者（E）である場合に，その者（E）が「(実質的) 無権利者」であるというためには，同一の前主（A）から自分（B）への変動原因（法定相続分にしたがった相続）による権利の承継によって前主（Aの包括承継人C）が無権利になっているという必要がある。これはまさに，同一の前主（A）から自分（B）への変動原因（法定相続分にしたがった相続）による権利の承継が——その変動効力発生規範（法定相続に関する規定）の趣旨と「取引の安全」の要請との衡量の結果として——優先する（したがって民法899条の2第1項が定める変動阻却規範の適用が認められない）という判断を前提とする。したがって，問題は，そのような衡量の結果として，法定相続分にしたがった権利の承継が「取引の安全」の要請に優先するという判断がどのように正当化されるかである。立案担当者の説明は，これを自明視し，その正当化について何も述べていない点で問題があるといわざるをえない。

(ii)　特則を法定する理由

民法899条の2第1項が，このように「法定相続分を超える不動産物権の承継に当たらない相続による不動産物権の承継」について，第三者〔当事者以外の者〕はそれを認めないことができず，登記をするか否かにかかわりなく——つまり登記をしなくても——第三者〔当事者以外の者〕にそれを対抗することができるという規範も含意する規定を置いているのは，「法定相続分について強い権利性を認める」という立場を採用したことを意味するという見方が主張されている[119]。

このような見方は，遺言の自由に対して法定相続を基本としてとらえる考え方（「法定相続」優先説）であるとして，遺言の自由を重視する考え方（「遺言相続」優先説）から異論が示されている[120]。もっとも，その上で，この考え方は，

---

(119)　窪田ほか・前掲注(76)「座談会」82頁以下，特に86頁〔潮見佳男〕（ただし，同85頁以下で，石渡は，こうした見方に対して，それは「当然」なのか，「なぜなのか」という疑問を提起している）のほか，吉田・前掲注(56)847頁等を参照。横山・前掲注(3)83頁以下も，同様の理解を示しつつ，「法定相続分を基準とする実質的理由は明らかでない」とし，「本条が法定相続分を基準としたことの意義については，第三者との関係のみならず，被相続人と相続人との関係に与える事実上の影響も含めて，今後さらなる検討が必要である」としている。

(120)　石田(剛)①・前掲注(76)66頁は，法定相続優先説的な発想が「法制審のメンバーの中では違和感なく受け入れられたようである」が，「遺言制度の存在が周知されているいま，法定相続人が確実にあてにできるのはせいぜい遺留分までという意識も国民の

遺言にしたがった相続による権利の承継についても，法定相続分についてと同様に，「取引の安全」に対する優先を認め，民法177条の適用を認めない——「無権利の法理」を採用する——という立場と(121)，法定相続分についても，遺言にしたがった相続による権利の承継と同様に，「取引の安全」の優先を認め，民法177条の適用を認める——したがって民法899条の2第1項の「法定相続分を超える」という限定は削除すべきであるとする——立場に分かれる(122)。

これに対し，民法899条の2第1項により「相続人による法定相続分の取得が（第三者制限説を介して）登記を備えなくてもすべての者に対抗することができる」のは，①「人が死亡した場合，その有した財産の承継を安定的に図ることは，社会的に非常に重要である」とした上で，「死亡した者が有していた財産の承継」については，「遺言がされなければ法定相続とな」り，「遺言がされたとしても，その存在が判明するまでは，法律関係は法定相続を前提に処理される」ことから，「人の死亡による財産承継を安定的に進めるためには，法定相続による財産承継を安定させることが必要になる」という考慮，②「法定相続分には，配偶者の相続分を典型として，実質的に当該相続人に帰属すべきものと考えられる部分が含まれることがあり，被相続人の権利保障の点でも大きな問題がある」という考慮の結果であるとする指摘もある(123)。

こうした理由は，上記の——「遺言相続」優先説に対する——「法定相続」優先説に当たる考え方を支持するものとみることができる。たしかに，民法899条の2第1項は，遺言にしたがった相続による権利の承継については「取引の安全」の要請が優先することを認め，法定相続分にしたがった相続による権利の承継については「取引の安全」の要請が劣後することを認めている点で，「遺言相続」よりも「法定相続」を優遇していることは否定できない。しかし，民法899条の2第1項では，「遺言相続」と「法定相続」のどちらを優先するかということが問題とされているわけではなく，それぞれの趣旨が「取引の安全」の要請に対して優先するかどうかが問題とされているにすぎない。「遺言

　　　間にはおそらく相当普及しており」，「法制審における常識＝一般国民の常識とみてよいか」という疑問を呈している。水野（謙）・前掲注(76)66頁・69頁以下も，同様の問題を指摘している。
(121)　水野（謙）・前掲注(76)69頁は，おそらくこの方向を志向していると考えられる。
(122)　石田（剛）①・前掲注(76)68頁は，法定相続分の取得に177条を適用した上で，「悪意有過失の第三者に登記欠缺を主張する正当な利益を認めないとする解釈準則を形成することによって，第三者の範囲を厳しく制限すれば」足りるとする（石田（剛）②・前掲注(76)506頁以下は，この方向性をさらに「精緻化」している）。
(123)　佐久間・前掲注(16)107頁を参照。

相続」優先説か「法定相続」優先説かという問いの立て方自体，適当ではないというべきだろう。

「法定相続」，つまり法定相続分にしたがった相続による権利の承継については，遺産分割により個々の財産についての権利の取得が確定するまでの暫定的な権利取得にすぎないことから，「取引の安全」を害してまで優先するに値しない——したがって民法177条の適用を認めるべきである——とする考え方もある[124]。しかし，人が死亡した場合には，その財産について相続がされることは当然のことであり，遺言や遺産分割の有無は直ちにわかるわけではないとしても，特別な事情がなければ，法定相続分にしたがった相続による権利の承継がされることは，容易に予期することができる。その意味で，法定相続分にしたがった相続による権利の承継については，「取引の安全」の要請は大きくないとみることができる。法定相続分にしたがった相続による権利の承継について，民法177条の適用が否定され（昭和38年判決），民法899条の2第1項がそれを維持・確認したのは，このような考慮によるとみるべきだろう。

(4) 相続放棄

相続放棄がされた場合について，従来の判例法理（昭和42年判決）は，相続放棄によって他の共同相続人が（初めから）相続放棄前の法定相続分を超える物権を取得したことを登記なしに誰に対しても対抗することができるとしている。民法899条の2第1項は，法文をみるかぎりでは，相続放棄がされた場合について明示的な定めをしていない。相続法改正の審議過程でも，相続放棄がされた場合についてはまったく議論されていないが，従来の判例法理を見直すことは意図されていないとされている[125]。

(a) 規範の内容とその正当化

上述したように，民法177条が定める変動阻却規範が「物権が変動する原因があるときでも，その変動原因を定めた規定の趣旨に照らし，その変動原因による物権の変動を認めることが取引の安全を害すると認められるときは，（その変動原因の前主からその物権の変動を受ける原因を有する者その他の）第三者は，その変動原因により物権が変動したことを認めないことができる」というものであることを前提とすると，従来の判例法理は，相続放棄の遡及効を定めた規

---

(124) 伊藤・前掲注(76)57頁。ただし，伊藤自身は，「現行法上」は，「法定相続分による遺産共有状態を，暫定的な状態ではなく，確定的な権利取得と捉え」，「177条の適用を否定すべきである」とする観点から検討する必要があることを指摘している。
(125) 沖野＝堂薗／道垣内・前掲注(1)17頁〔堂薗〕を参照。

定（民法939条）の趣旨に照らし，相続放棄によって（初めから）他の共同相続人が相続放棄前の法定相続分を超える物権を取得するとしても，「取引の安全」を害するとは認められないとしたものと考えられる[126]。

もちろん，相続の開始後，相続放棄がされたかどうかは，少なくとも相続人以外の者にとっては容易にわかるものではない。相続放棄がされたかどうかは家庭裁判所で確かめることができるといわれることもあるが[127]，相続放棄がされたかどうかを家庭裁判所で確認することは一般的に期待できることではなく，少なくとも公示制度に相当するものとはいいがたい。したがって，相続放棄の遡及効を貫き，相続放棄によって初めから他の共同相続人が相続放棄前の法定相続分を超える物権を取得するとすれば，事実として取引の安全を害することは否定することができない。

しかし，相続放棄の遡及効を定めた規定の趣旨は，権利義務の承継を相続人の意思に委ねることによって相続人を保護するところにあり，とりわけ債務超過の相続財産の負担から相続人を解放することを可能にするものであることからすると，「取引の安全」を害することになっても，放棄者の意思を尊重し，はじめから一切相続財産を承継しなかったことにすることが要請される[128]。さらに，相続放棄の遡及効を制限すると，放棄者は，相続財産のうち，積極財産は自己の個人債務の責任財産とすることができるのに対し，消極財産（相続債務）は負担しないことになる。こうした相続人間の不公平が生じるのを避けるためにも，相続放棄については，「取引の安全」を害することになっても，遡及効を貫き，放棄者は初めから一切相続財産を承継しなかった——したがって他の相続人は初めから他の共同相続人が相続放棄前の法定相続分を超える物権

---

(126) この観点から判例法理（昭和42年判決）を分析・検討したものとして，山本敬三「判例批評：最判昭和42年1月20日」大村敦志＝沖野眞已編『民法判例百選Ⅲ〔第3版〕』（有斐閣，2023年）160頁を参照。

(127) 星野英一「判例批評：最判昭和46年1月26日」法学協会雑誌90巻2号（1973年）162頁等を参照。

(128) 品川孝次「相続と登記」加藤一郎＝米倉明編『民法の争点Ⅰ』（有斐閣，1985年）111頁等を参照。佐久間・前掲注(16)102頁は，これを「人は，自己の意思によらずに権利義務の承継を強制されるべきではない（私的自治の原則）」という「本則に立ち返らせる」ものであるとする。さらに，佐久間は，この場合の「第三者は，放棄者の法的地位を前提に，権利の取得など自らの法律関係を形成しうるにすぎ」ず，「放棄者に権利がないとされるならば，それを受け入れざるをえない立場にある」ことも指摘している。これは，「本則」の趣旨よりも「取引の安全」の優先を認める理由がないことを述べるものとみることができる。

を取得する——ものとすることが要請される[129]。
　(b)　民法899条の2第1項の解釈
　以上のように，相続放棄に関する従来の判例法理が維持されるとして，それを民法899条の2第1項からどのように導くかが問題となる。
　(i)　「第三者」の解釈
　1つの可能性は，民法899条の2第1項の「第三者」を制限することから導くことである。上述したように，民法899条の2第1項の「第三者」は，民法177条と同じく，登記がない旨の主張をすることについて正当な利益を有する第三者に限られ，「無権利者」を含むものではないとされる。相続放棄の場合は，遡及効を貫くと，放棄者は他の共同相続人が取得する（相続放棄がされた後の）法定相続分に応じた部分について「無権利者」であり，放棄者からの譲受人や差押債権者も「第三者」に当たらないことになる。したがって，他の共同相続人は，これらの者に対し，登記なしにその取得を対抗することができるとされる[130]。
　(ii)　「法定相続分を超える部分」の解釈
　しかし，放棄者及び放棄者からの譲受人や差押債権者が「無権利者」に当たるとされるのは，上述したように，相続放棄の遡及効を定めた規定の趣旨から，「取引の安全」を害してでもその遡及効を貫く——相続法改正前であれば民法177条の変動阻却規範の適用を排除する——ことが要請されるからである。これによると，他の共同相続人が取得する（相続放棄がされた後の）法定相続分は，民法899条の2第1項の「次条及び第901条の規定により算定した相続分〔法定相続分〕を超える部分」に当たらないとみる——共同相続による法定相続分の取得と同視する——方が適当というべきだろう[131]。
　もっとも，これは，規定の法文自体から直ちに読み取ることは難しい。相続法改正の際に明記することが望ましかったというべきだろう。上述したところもあわせて，規定の趣旨を過不足なく明確に示すためには，例えば次のように定めるべきだったと考えられる。

　「相続による権利の承継は，遺産の分割によるものかどうかにかかわらず，次条

---

(129)　星野英一「判例批評：最判昭和42年1月20日」法学協会雑誌85巻2号（1968年）99頁，同・前掲注(127)159頁以下等を参照。
(130)　水津・前掲注(76)52頁等を参照。
(131)　山本・前掲注(126)161頁を参照。佐久間・前掲注(16)100頁，安永正昭『講義物権・担保物権法〔第4版〕』（有斐閣，2021年）63頁（ただし放棄者は「無権利者」であり「第三者」が想定できないことも指摘する）等も同様の解釈を示している。

及び第901条の規定により算定した相続分（相続の放棄がされたときは第939条の規定を適用して算定した相続分）を超えるものについては，登記，登録その他の対抗要件を備えなければ，第三者に対抗することができない。」

3　遺贈による不動産物権の承継とその対抗

上述したように，相続法改正では，民法899条の2第1項の対象は「相続による権利の承継」とされ，遺贈はその対象から除外されている。これは，遺贈については，従来どおり民法177条の適用に委ねるという考慮による[132]。

(1)　変動阻却規範の内容とその正当化

遺贈に関する判例法理（昭和39年判決）によると，遺贈がされたときは，受遺者は，登記をしなければ，その権利の取得を第三者に対抗することができないとされる。これは，民法177条が定める変動阻却規範によると，遺贈の効力を定めた規定（民法964条・985条1項）の趣旨に照らし，遺贈によって（遺言者が死亡した時に）受遺者がその目的とされた物権を取得するという効力を認めることが「取引の安全」を害すると認めることを意味する。

判例法理（昭和39年判決）によると，遺贈は，遺言によって受遺者に財産権を与える遺言者の意思表示にほかならず，贈与と同じく，「意思表示によって物権変動の効果を生ずる」ものであり，「二重譲渡等における場合と同様」である——つまり「取引の安全」の要請が優先する——というのがその理由と考えられる[133]。

ただし，この場合は，変動阻却規範の制限として，その第三者が遺贈がされたことを知っていた（又は重大な過失により知らなかった）場合において，遺贈により物権が譲渡されたことを認めない旨の主張をすることが信義に反し許されないときは，その限りでないとされることになる。

(2)　変動対抗規範の内容

この場合は，さらに変動対抗規範の適用が認められ，遺贈がされた場合において，それにより物権が譲渡されたことを認めない旨の主張をすることができる第三者がいるときは，原則として，その遺贈により物権が譲渡された旨の登記をしたときに，その遺贈により物権が譲渡されたことをその第三者に対抗することができることになる。

---

(132)　部会資料17・前掲注(86)7頁を参照。
(133)　佐久間・前掲注(16)105頁は，受遺者の権利は，もともと「不安定なもの」であり，かつ，「無償で取得される」から，「他の保護に値する利益（第三者の信頼の保護，取引の安全の保護）に劣後することがあっても仕方がない」とする。

ただし，変動対抗規範の制限として，その第三者が現れるまでに，その遺贈により物権が譲渡された旨の登記をすることを期待することができないときは，その遺贈により物権が譲渡されたことをその第三者に対抗することができる。遺贈は，遺言者の単独行為によるものであり，物権変動の過程自体に受遺者の意思が関わらないことから，遺言者が死亡した後，直ちに登記をすることができるとはかぎらない。しかし，遺言にしたがった相続による権利の承継について述べたように（2(2)(b)(ⅱ)②を参照），判例法理は遺贈による物権変動について民法177条（変動対抗規範）の適用を認めていることからすると，このような定型的な考慮だけでは，変動対抗規範の例外に当たるとはいえないと考えられる。

かりに遺贈による物権変動について，変動対抗規範の例外を認めるべき場合があるとすれば，ここでも，それは，例えば，相続人（受遺者が相続人である場合はその他の相続人）が遺言書を隠匿・破棄したり，遺言の内容を知りつつあえて受遺者に秘匿したりするなど，相続人の側の具体的な行為の結果，受遺者が物権の取得を知ることができず，登記をすることができなかった場合であると考えられる。

(3) **遺贈の対抗不能と法定相続分にしたがった相続による権利の承継の対抗**

以上によると，遺贈により物権の譲渡が行われたとしても，その旨の登記をしていないときは，第三者はその遺贈による物権の譲渡がされたことを認めないことができ，また，その遺贈による物権の譲渡がされたことをその第三者に対抗することができない。その結果，その第三者との関係では，遺贈による物権の譲渡は，されていないものとして扱われる。

この場合は，もちろん，「相続」による「法定相続分を超える」物権の承継も行われていないため，民法899条の2第1項が定めたものと含意される「法定相続分を超える」物権の承継に当たらない「相続」による物権の承継，つまり法定相続分にしたがった「相続」による物権の承継とその対抗に関する規範の適用が認められることになると考えられる。それによると，法定相続分にしたがった「相続」による物権の承継を，第三者〔当事者以外の者〕は認めないことができず，登記をするか否かにかかわらずこの法定相続分の物権の承継をその第三者〔当事者以外の者〕に対抗することができることになる。

このことは，相続法改正前の判例法理（①共同相続と登記に関する昭和38年判決と⑥遺贈と登記に関する昭和39年判決）からも導くことが可能であったが，相続法改正により，それがよりいっそう明確になったものということができ

る(134)。

IV おわりに

　本稿では，民法899条の2第1項は，不動産物権の変動とその対抗に関する民法177条の何を・どのように確認し，また，何を・どのように特則として定めたか，それはどのように正当化されるかという問題について，規範分析の手法を手がかりとして検討した。最後に，この検討を通じて明らかにされた民法177条及び民法899条の2第1項の規範の内容を確認して，本稿を閉じることとしたい。

1　民法177条の規範の内容

　まず，民法177条は，変動効力規範――何が物権変動の原因になるかということを定め，どのような要件が備われば物権変動の効力が生ずるかということを定める規範（例えば民法176条や896条）――によって物権変動の効力の発生が認められる場合でも，「取引の安全」の要請に応えるために，その効力が阻却される――したがってその変動原因による物権変動の効力が発生しないことになる――という規範（変動阻却規範）を定めた規定であると理解される（変動阻却構成）。この変動阻却規範の内容は，次のとおりである。

>　「物権が変動する原因があるときでも，その変動原因を定めた規定の趣旨に照らし，その変動原因による物権の変動を認めることが取引の安全を害すると認められるときは，（その変動原因の前主（その前主がその物権の承継を受けた際の前主を含む。）からその物権の変動を受ける原因を有する者その他の）第三者は，その変動原因により物権が変動したことを認めないことができる。ただし，その第三者が（物権が変動する原因があることを知っていた〔又は重大な過失により知らなかった〕場合において，）それにより物権が変動したことを認めない旨の主張をすることが信義に反し許されないときは，その限りでない。」

　また，民法177条は，それとともに，「取引の安全」の要請に応えるために，登記をすることにより，その変動原因による物権変動の効力を対抗することができるという規範（変動対抗規範）も定めた規定であると理解される。この変動対抗規範の内容は，次のとおりである。

>　「物権が変動する原因がある場合において，前項によりその物権が変動したこと

---

(134)　横山・前掲注(3)85頁，佐久間・前掲注(16)105頁，吉田・前掲注(56)860頁以下等を参照。

を認めない旨の主張をすることができる第三者がいるときは，次のいずれかの場合に，その変動原因により物権が変動したことをその第三者に対抗することができる。
　⑴　その変動原因により物権が変動した旨の登記をしたとき
　⑵　その第三者が現れるまでに，その変動原因により物権が変動した旨の登記をすることを期待することができないとき」

2　民法899条の2第1項の規範の内容

　以上の民法177条に対し，民法899条の2第1項は，「相続による権利の承継」について特則を法定したものと考えられる。遺贈による物権の譲渡は，その対象とされないため，従来どおり，民法177条が適用される。

⑴　民法899条の2第1項により法定された規範の内容

　まず，民法899条の2第1項により法定された変動阻却規範の内容は，次のとおりである。

　「遺産の分割によるものかどうかにかかわらず，相続により法定相続分を超えて不動産物権が承継されたことを，（他の相続人からその相続人の法定相続分を超えないその不動産物権の承継を受ける原因を有する者その他の）第三者は認めないことができる。」

　また，法定された変動対抗規範の内容は，次のとおりである。

　「遺産の分割によるものかどうかにかかわらず，相続により法定相続分を超えて不動産物権が承継されたことを認めない旨の主張をすることができる第三者がいるときは，その旨〔その相続により法定相続分を超えて不動産物権が承継された旨〕の登記をしたときに，その相続により法定相続分を超えて不動産物権が承継されたことをその第三者に対抗することができる。」

⑵　民法899条の2第1項が含意していると考えられる規範の内容

　以上の規範とともに，民法899条の2第1項は，次のような特則も定めたものという含意を有する。

　まず，民法899条の2第1項が含意していると考えられる変動阻却規範の内容は，次のとおりである。

　「法定相続分を超える不動産物権の承継に当たらない相続による不動産物権の承継がされたことを，第三者〔当事者以外の者〕は認めないことができない。」

　また，民法899条の2第1項が含意していると考えられる変動対抗規範の内容は，次のとおりである。

「法定相続分を超える不動産物権の承継に当たらない相続による不動産物権の承継がされたことは，その旨の登記をするか否かにかかわりなく，第三者〔当事者以外の者〕に対抗することができる。」

3　民法899条の2第1項の趣旨を明確に過不足なく示す法文案

　民法899条の2第1項の本文は，「相続」による権利の承継のうち，「法定相続分を超える部分については」対抗要件を備えなければ第三者にその承継を対抗することができないが，法定相続分を超えない部分についてはその承継を対抗することができる，ということを定めているように読まれる可能性が高い。しかし，ある変動原因による物権変動を「第三者に対抗することができない」とは，第三者はその変動原因による物権変動を「認めないことができる」という意味であることを正確に理解するならば，①法定相続分を超える「相続」による権利の承継を実際に認めないのであれば，②法定相続分を超えない「相続」による権利の承継を否定するわけにはいかない。この趣旨を過不足なく示し，かつ，相続放棄について民法177条の適用を否定する判例法理が維持されることを明確に示すためには，民法899条の2第1項は，次のように定めるべきであったと考えられ，また，次のように定めているものと解釈すべきであると考えられる。

　　「相続による権利の承継は，遺産の分割によるものかどうかにかかわらず，次条及び第901条の規定により算定した相続分（相続の放棄がされたときは第939条の規定を適用して算定した相続分）を超えるものについては，登記，登録その他の対抗要件を備えなければ，第三者に対抗することができない。」

30 共同相続における法定相続分の取得と不動産登記

石田　剛

　I　はじめに　　　　　　　　　　　Ⅳ　法定相続分の取得に基づく遺
　Ⅱ　民法 177 条の対抗要件主義と　　　産共有関係
　　　不動産取引における公示・公信　Ⅴ　おわりに
　Ⅲ　民法 899 条の 2 第 1 項

I　はじめに

　日本民法は，意思表示のみによる物権変動の効力発生を認めたうえで，その 177 条（以下，民法の条文を本文・脚注で引用する際は，「民法」を省略する）において，不動産に関する「物権の得喪及び変更」につき登記を，178 条において，動産の「譲渡」につき引渡しを対抗要件とする制度を採用している[1]。

　177 条と 178 条を対比すると，①「物権の得喪及び変更」は，その文理上，「譲渡」より広い範囲をカバーし，意思表示に基づかない（相続や取得時効等）法定の原因に基づくものを包括しうる点，②有体物の支配移転行為である引渡しと異なり，不動産登記は，国が設置管理する不動産登記制度により権利変動の過程（原因行為の内容）と共に権利変動の結果である権利の現状（内容変更を含む）を公示しうる，という公示機能の点において顕著に相違する。また不動産登記に公信力が認められていないのに対して，動産においては，取引の安全を保護するために即時取得（192 条）が重要な役割を果たしている。動産の譲渡・質権設定に関して特例法登記による対抗要件具備も可能であるが，登記制度の趣旨・機能において不動産登記と異なる部分があり，その適用範囲も限定されている。

　このように，意思主義＋対抗要件主義を基礎とする点で共通するものの，個

---

(1)　対抗要件主義は，債権譲渡及び債権質の設定等，意思表示に基づく権利の法的処分にも広く妥当するが，議論の拡散を避けるため，本稿の検討対象から外す。

別問題の解決にあたっては，不動産・動産により異なる処理がされる可能性も想定されている。

　他方，899条の2第1項は，共同相続による権利承継一般に妥当するルールとして，「遺産分割によるものか否かを問わず」，法定相続分を超える部分については対抗要件を備えなければ，第三者に対抗することができない旨を定めている。すなわち法定相続分の取得とそれを超える部分の取得を区分したうえで，同条は，相続の包括承継という性質をふまえ，権利の目的いかん（不動産・動産・権利のいずれか）を問わず，共同相続人間の協議や遺言等により法定相続分と異なる遺産の配分がされる場合に一律に妥当すべき規範として定められており，物権総則及び債権総則の双方に対する特則として位置づけられる体裁をなしている。177条と別に対抗要件に関する規律が共同相続の場面においてのみ設けられたことを契機として，899条の1第1項が民法体系全体の中でどう整合的に位置づけられるか，端的にいえば，①法定相続分の取得を他の変動原因と区別して特別に扱うことがどう正当化されるべきか，②899条の2第1項を動産の権利承継にそのまま適用すべきか，といった点を考察することは重要な課題である[2]と考える。

　本稿では，紙幅の制約もあり，主に上記①の課題を取り上げ，相続における公示および公信に関する問題を人の意思ないしは「行為」に基づく権利変動という観点を軸に考察し，試論を展開してみたい。

II　民法177条の対抗要件主義と不動産取引における公示・公信

1　対抗要件主義の構造

　177条の解釈に関しては，周知のとおり，民法制定後まもなく，変動原因に関する意思表示制限説[3]から無制限説への転換が行われた。すなわち判例は，変動原因を分類して抽象的一般的に特定の物権変動を取り上げ，177条の適用範囲を制限するのではなく[4]，具体的な法律関係において当該「第三者」が登記欠缺を主張しうる正当の利益を有するか否かを判断してきた[5]。「第三者」の意義については，対抗要件の制度趣旨を何に求めるのか，不動産登記制度が担う機能は何かという点に関する見方次第で，広狭様々な解釈の可能性が考えら

---

(2)　佐久間毅『民法の基礎2〔第3版〕』（有斐閣，2023年）107頁以下，139頁以下。
(3)　大判明治38・12・11民録11輯1736頁。
(4)　大連判明治41・12・15民録14輯1301頁。
(5)　半田正夫・民研340号（1985年）19頁。

れる。

(1) 対抗要件制度の趣旨——何を対抗するのか？

177条は，登記をしなければ物権の「得喪変更」を「第三者」に対抗することができないと定めている。たとえば，Aが所有する不動産甲をBに売却した場合，AからBへの所有権移転＝物権変動を第三者に対抗するために登記を必要とするものと読むのが文理に素直である。もっとも，対抗要件主義の大元であるフランス法の沿革に立ち返ると，物権変動の原因行為（売買）を対抗するために登記が必要であることを定めたものとみることも可能であることはかねてから指摘されてきた[6]。そもそも登記により「第三者」に何を対抗するのか，原因行為か，権利変動か，という段階において複数の可能性が考えられる。

旧民法財産編348条は登記をしないと対抗できない物権変動として「不動産所有権其他ノ不動産物件ノ譲渡」「権利ノ変更又ハ放棄」「差押ヘタル不動産ノ競落」「公用徴収ヲ宣言シタル判決又ハ行政上ノ命令」を列挙し，対抗要件主義が適用される物権変動の原因を制限していた。これらはいずれも，物権変動の原因となる何らかの人の行為が存在し，人の行為に際して作成される文書を謄記または登記することをもって対抗要件とするものであり，登記による対抗の対象は人の行為であるという見方に立つ。そのため法定相続のように，そもそも人の行為を介しない物権変動について対抗要件は問題とならない。取得時効も旧民法においては実体法上の権利変動原因ではなく証拠法上の制度と位置付けられており，対抗要件を観念する余地はなかった。

本邦初の登記法である明治19年旧登記法は，実体法と手続法を峻別することなく，「地所建物船舶ノ売買譲与質入書入」を対抗するものが登記である旨を定めていた[7]。このように物権の設定移転を目的とする意思表示を典型例とする法的行為を対象として措定する点において，もともとフランス法的な対抗要件主義の考え方が反映されていた。

フランスでは，古くから，契約（合意）に対抗力を与えるための制度として，

---

[6] 鎌田薫「不動産物権変動の理論と登記手続の実務——日本的『フランス法主義』の特質」民事研修360号（1987年）10頁以下。債権譲渡の対抗を契約の対抗と捉える可能性を説くものとして，白石大「将来債権の対抗要件の構造に関する試論」早法89巻3号（2014年）171頁，同「将来債権譲渡の法的構造」私法78号（2016年）123頁。

[7] 旧登記法に関しては，福島正夫「旧登記法制定とその意義」日本司法書士連合会編『不動産登記制度の歴史と展望』（1986年）1頁，寺田逸郎「不動産登記」『新不動産登記講座総論Ⅰ』（日本評論社，1997年）1頁。

年代順に証書（acte）を綴じ込むスタイルの登記制度が発達した[8]。人的編成主義による証書登録方式は，基本的に契約による物権変動を想定し，しかも物権変動の原因行為に対抗力を付与する趣旨に即したものであり，検索・調査手段としては不便である上，登記の専門家である公証人が介在するフランス社会の土壌と不可分のものであった。また書証優越原則と所有権証明の困難から真の所有者を救済するための法定証拠としての登記という仕組みとあいまって，取得時効における権原連鎖の証明手段としての意義を有していた[9]。

これに対して，177条は，広く抽象的に物権の「得喪変更」を対抗の対象とし，登記制度も物権変動それ自体をその登記原因と共に公示するものとして編成されている。取得時効は，旧民法と異なり，実体法上の物権取得原因として構成されている。取得時効も「時効」である以上，意思表示に基づかない変動原因に分類されるとはいえ，「所有の意思をもって目的物を所定の期間継続占有する」という人の意思に基づく行為を主な要素とする変動原因であることから，対抗関係の本質を，「証書」に化体された「行為」に基づく権利変動の対抗と捉える場合，対抗要件制度の適用条件を一応充たしているとも考えられる。

また明治32年には，当時新興のプロイセン＝ドイツが採用する権利帳簿方式の登記制度が導入された。不動産登記記録は客体ごとに物権変動の履歴を記録する権利帳簿方式の情報システムとして編成されており，登記原因は明示されるにせよ，どちらかといえば原因行為ではなく，物権変動それ自体を変動原因に関する情報と合わせて公示する仕組みを念頭に置くものである。

(2) 第三者の主観的態様

旧民法・旧登記法から現行民法・不動産登記法への変遷をどう捉えるかという視点は，「第三者」の主観的態様の問題においても，重要な意味をもっている。

もし，対抗要件制度が，契約や遺言などの隠れた原因行為を公示することによって，物権変動の存在を知らない人に不測の不利益を生じさせないことを目的とする善意者保護規範の1つであると考えるならば，物権変動の事実を知る悪意者は一律に「第三者」から除外されるべきことになる。この点，旧民法財産編第350条は「名義上ノ所有者ト此物権ニ付キ約束シタル者又ハ其所有者ヨリ此物権ト相容レサル権利ヲ取得シタル者ニ対抗スルコトヲ得ス但其者ノ善意

---

[8] 鎌田薫「フランスにおける不動産取引と公証人の役割（一）（二）——フランス法主義の理解のために」早稲田法学56巻1号（1981年）31頁，2号（1981年）1頁。

[9] 七戸克彦「不動産登記の推定力（一）」法学研究62巻11号（1989年）60頁。

ニシテ且其行為ノ登記ヲ要スルモノナルトキハ之ヲ為シタル時ニ限ル」とし，明確に「第三者」を善意者に限定していた。

他方で，対抗要件主義とは，物権変動があったにも関わらずそれに相応する登記を怠ったことに対する一種の制裁的な規範であり，紛争解決・予防手段として客観的な基準にそくして画一的な処理を可能にする点にその生命があるとみる場合には，基本的に「第三者」が登記記録以外の情報を通じて先行する物権変動原因の存在を知っていたかどうかを問題にすべきではないと考えられる。現に177条は文言上善意者に限定しておらず，旧民法の善意者限定説を意図的に否定し，善意悪意を問わないという趣旨で起草されたのである。

いずれの方向性を採るかは，177条を意思主義（176条）との関係でどう位置付けるか（いわゆる「対抗問題」の法的構成）という問題とも関連し，対抗要件をもっぱら個別事案の事後的解決のための裁判規範として割り切るか，同条が裁判規範と共に有する行為規範の側面をも重視するか（登記を促進するという効果をどこまで解釈論に反映させるか），という解釈態度の違いによっても左右される。悪意者排除問題が華々しく議論されてきたが，周知のとおり，判例法理は善意悪意不問を原則としたうえで，背信的悪意者排除法理を中心とする信義則による修正を容認する方向で展開してきた。

このように旧民法・旧登記法から現行民法・不動産登記法へと変遷する過程において，善意者保護の制度から，善意悪意を不問とし，登記の具備を画一的な基準とする優劣決定規範へと衣替えがされることにより，対抗要件主義の捉え方に大きな変化が生じたものと考えられてきた。

2　対抗要件の機能と不動産登記制度

対抗要件の機能領域をどのように画定すべきかという問題は，不動産登記制度の趣旨・目的と手続の具体的な内容にも関わる。不動産登記制度の目的は，「国民の権利の保全を図り，もって取引の安全と円滑に資すること」（不登1条）ことにあるとされていることから，取引の安全と円滑を図るため，登記が担うべき機能は次の2つに大別することができる。

(a)　競合する権利変動原因間の優劣決定機能

たとえばAが所有する不動産甲をBに売却した後，さらにCにも甲を売却したとする。このとき，Bは，所有権移転登記をしなければ，Cに対して自分が所有者であると主張できない一方，Cが所有権移転登記をすれば，CはBに対して自分が甲の所有者であると主張することができる。つまり二重売買におい

て，売買契約締結の先後に代えて対抗要件の具備の先後が物権変動の優劣決定基準として機能する。同一不動産上に多重に設定された抵当権等の担保物権の優劣が登記の先後により順位が決定される（373条）のも対抗要件（登記）に権利変動原因間における優劣決定機能を基礎とするものである。177条は物権の排他的帰属を確定する規範として，176条が定める物権変動原因たる権原の優劣決定基準を登記具備で代替すると捉える見解（規範構造説）[10]は不動産登記のこうした機能を重視して，177条の適用範囲を確定すべきことを説くものと捉えられる。

(b) 権利変動及びその結果としての帰属公示機能

たとえばAが所有する不動産乙をBに贈与しても，所有権移転登記をしなければ，登記名義上乙の所有者はAのままであり，乙に法的利害関係を持とうとする者は，登記記録の記載を頼りとして，通常はAに所有権が帰属することを前提に行動すべきことになる。Aの一般債権者Cが乙をAの責任財産であると考えて強制執行に着手する場合，登記簿上の所有者Aがなお所有権を喪失しておらず，引き続きAを所有者と扱ってよいという情報が登記記録により提供されている。そこでCは，AからBへの所有権移転を無視して，安心して乙を差し押さえられるようにすることに重要な意味がある。このように，不動産登記は，両立しえない物権変動の競合関係の優劣決定に止まらず，物権変動の結果である現在の帰属状態をも公示する機能を果たしている[11]。

(a)(b)の機能は互いに排他的な関係にはなく，不動産登記は双方の機能を併有すると考えられる。同一不動産の二重譲渡や担保物権の複数設定事例では(a)の機能が前面に出る一方，たとえば譲渡後未登記の不動産につき譲渡人の債権者が差し押さえた場合の第三者異議の事例や土地を無権原で占拠する建物が譲渡された後も登記がされない場合の土地所有者による明渡請求事例[12]などでは，(a)ではなくもっぱら(b)の機能が問題となる。これに対して，(b)の機能を十分に備えない動産の引渡しにおいては，その帰属公示機能としての不備を即時

---

(10) 舟橋諄一＝徳本鎮『新版・注釈民法(6)〔補訂版〕』（有斐閣，1995年）543頁〔原島重義＝児玉寛〕，横山美夏「『対抗スルコトヲ得ス』の意義」鎌田薫『新不動産登記講座第2巻』（日本評論社，1998年）8頁，水津太郎「物権変動の規範的構造──原島重義＝児玉寛「対抗の意義」「登記がなければ対抗できない物権変動」」法時94巻2号（2022年）134頁は，児玉説は「権原」の対抗，「物権変動」の対抗のいずれの見方からも説明可能と分析する。

(11) 舟橋＝徳本・前掲注(10)27頁〔舟橋諄一＝徳本鎮〕。

(12) 最判平成6・2・8民集48巻2号373頁。

取得がカバーする構造を採用している点において[13]、不動産登記と動産の引渡しの間には顕著な差異がみられる。

なお、物権に分類されていない不動産賃借権についても、登記が「賃貸借」の対抗要件とされ（605条）、対抗力を有する賃借権が付着する賃貸不動産の所有権移転に伴う賃貸人後の移転に所有権移転登記を備えること（605条の2第3項）、対抗要件を備えることが賃借権に基づく物権的請求権の行使要件とされるなど（605条の4）、賃貸借の結果として生じた権利を賃貸人又は賃借人が行使するための要件として登記が位置づけられるなど、登記が権利の競合関係における優劣決定機能とともに、権利の帰属状態の公示機能を担う構造をもっており、物権変動の枠組みとも平仄があっている。

3　背信的悪意者排除法理と94条2項類推適用法理

昭和40年代以降、まず、(a)の機能が問われる、取引行為に基づく競合者（例えば二重譲渡の譲受人）間の優劣決定場面を中心として177条の「第三者」の主観的態様をめぐって背信的悪意排除論が確立され[14]、次に、通行地役権の設定を承役地所有権の譲受人に対抗する場面のように相互に排他的な関係にない物権変動相互の関係（(b)の機能が問われる局面）においても、「悪意」を要件とせず、「信義則上登記欠缺を主張できない」という定式により善意有過失者をも排除しうる枠組みが展開した[15]。さらに、取得時効完成後に同一不動産を譲り受けた者との関係にも背信的悪意者排除論の射程が定式上の微修正を伴って及ぶものとされるなど[16]、登記欠缺の主張が信義則に反するか否かが(a)(b)両類型を通じて紛争解決基準において占める比重が大きくなる傾向[17]がみられる。

他方で、高度成長期における不動産取引の活発化に伴い登記の重要性が国民の間に共有され、(b)の機能との関係では、無権利の法理が適用される（民法

---

(13)　舟橋＝徳本・前掲注(10)27頁〔舟橋＝徳本〕。
(14)　最判昭和43・8・2民集22巻8号1571頁、最判平成8・10・29民集50巻9号2506頁。水野謙ほか『〈判旨〉から見た民法』（有斐閣、2017年）104頁〔石田剛〕は背信的悪意者排除論を競争秩序違反という観点から分析する。
(15)　最判平成10・2・13民集52巻1号65頁。
(16)　最判平成18・1・17民集60巻1号27頁。時効取得を原始取得とみる場合は競合関係と異なるとの整理も可能であるが、取得時効は通常主位的に何らかの取得原因が主張され、実質的な二重譲渡紛争であることが少なくない。そのため競合関係の優劣決定原則を修正する背信的悪意者排除論を適用することへの抵抗感は比較的少ない。
(17)　加藤雅信『物権法〔第2版〕』（有斐閣、2005年）120頁、近江幸治『物権法〔第3版〕』（成文堂、2006年）85頁、山野目章夫『物権法〔第5版〕』（日本評論社、2012年）51頁、佐久間・前掲注(2)83頁。

第 2 部　第 4 章　相続における対抗問題

177 条の「第三者」に関する制限説の射程から外れる）場面において不実登記に対する信頼保護法理として 94 条 2 項類推適用が飛躍的に発展した。110 条の趣旨を合わせて援用して権利外観法理を措定する手法を通じて[18]，真の権利者の失権を不実の外形に対する意思的関与を中心とする重大な帰責性を帰責根拠に据える法理が形成されている。こうした流れを受け，背信的悪意者排除法理と 94 条 2 項類推適用法理を対抗要件に関する正当性の観点から結び付け，第三者制限説の不備を補う動きとして俯瞰する見方が登場し[19]，同時に両法理が「対立」から互いに「接近する」傾向も指摘され[20]，177 条の対抗要件主義も，旧民法と同様に，登記の(a)の機能が問題になる場面においても善意者を保護する規範と捉える学説が顕著に勢力を増した[21]。

　変動原因をめぐる議論に関しては，明治時代末期の時点において，動産の即時取得に対応する規律を欠き，不動産登記に公信力が認められていない前提のもとで，登記を中心とする取引秩序を確立するため，177 条の適用範囲を文理の範囲内で拡大することで登記を促進することが目指された。しかし，94 条 2 項類推適用の発展により，こんにちでは不動産取引の安全を図る法理として，177 条と 94 条 2 項類推適用の守備範囲のすみ分けが解釈論上の主要な争点となり，一方で 177 条の適用範囲を可能な限り広く捉える方向性[22]，他方で自由で対等な競争関係にある者どうしの意思に基づく権利変動原因の競合関係に 177 条の適用範囲を縮減する方向性（意思表示制限説への先祖返り）[23]が主張され，

---

(18)　最判平成 43・10・17 民集 22 巻 10 号 2188 頁，最判決昭和 45・6・2 民集 24 巻 6 号 465 頁，最判平成 18・2・23 民集 60 巻 2 号 546 頁等。

(19)　川井健『不動産物権変動の公示と公信』（日本評論社，1990 年）37 頁。

(20)　武川幸嗣『プラスアルファ基本民法』（日本評論社，2019 年）33 頁。

(21)　吉田邦彦『債権侵害論再考』（有斐閣，1991 年）579 頁，七戸克彦「不動産物権変動における対抗要件主義の構造」私法 53 号（1991 年）239 頁，内田貴『民法Ⅰ〔第 4 版〕』（東京大学出版会，2008 年）459 頁，松岡久和『物権法』（成文堂，2017 年）136 頁等。

(22)　松岡・前掲注(21)183 頁，七戸克彦「民法 899 条の 2 をめぐって(1)」法政研究 87 巻 1 号（2020 年）150 頁。

(23)　加藤雅信『新民法体系Ⅱ物権法〔第 2 版〕』（有斐閣，2005 年）145 頁。多田俊隆『対抗の法理と信頼保護の法理』（成文堂，2019 年）147 頁，民法改正研究会（代表：加藤雅信『民法改正　国民・法曹・学界有志案』（日本評論社，2009 年）は，111 条：物権の設定及び移転は，法律行為のみによって，その効力を生ずる。112 条：前条による不動産に関する物権の設定及び移転は，不動産登記法その他の登記に関する法律の定めるところに従いその登記をしなければ，法律上の利害を有する第三者に対抗することができない。ただし，新 115 条の（第三者の例外）に定める場合はこの限りでない，とする。

両者が拮抗する状態にあるとみられる。

　こうした状況下において，899条の2第1項は，あえて共同相続の特則として法定相続分の取得とそれを超える取得（意思に基づく権利変動）を区分する明文規定を設けた。このことは，人の行為に基づく権利変動があったにも関わらず権利保全措置としての公示を怠ったものに失権という不利益を課する対抗要件制度と，人の意思的関与により作出・存続させられている不実の外形に対する正当な信頼を保護するため，外形への意思的関与と同視しうる重い帰責性を根拠として真の権利者の失権を甘受させる94条2項類推適用法理の棲み分けの基準の手がかりを示唆するものともみられる。そこで，以下では899条の2第1項の意義を177条との関係性という観点から検討する。

Ⅲ　民法899条の2第1項

1　法定相続分の承継と対抗要件主義

　包括承継という特殊性があるものの，こんにちでは，遺産共有も物権法上の共有と変わりなく，相続人は遺産を構成する各財産に共有持分権を取得するものと解されている[24]。そうだとすれば，法定相続分の取得も177条の「物権の得喪変更」に該当する以上，文理に即して登記をしなければ第三者に対抗できないと解することにより，相続登記を促進しつつ，現実に生じた紛争の事後的解決の処理においては背信的悪意者排除論をはじめとする「第三者」の柔軟な解釈を通じて具体的妥当性に即した保護を与えるという対処方法もありえた[25]。

　しかし，判例は，偽造した相続放棄申述書を用いて，相続人の一人乙が被相続人の所有不動産を単独で相続した旨の虚偽の登記をしたうえで第三者丙に譲渡したケースにおいて，他の共同相続人甲は各自の法定相続分の取得については登記なしに第三者に対抗することができるという立場を採用した[26]。その理由として「乙の登記は甲の持分に関する限り無権利の登記であり，登記に公信力なき結果丙も甲の持分に関する限りその権利を取得するに由ないから」と述べられており，こんにちではこうした結論及び理由づけがほぼ異論なく承認されているとみられる。

---

(24)　最判昭和30・5・31民集9巻6号793頁。
(25)　我妻栄［有泉亨補訂］『新訂物権法』（岩波書店，1983年）111頁，320頁，潮見佳男『詳解相続法第二版』（弘文堂，2022年）175頁。
(26)　最判昭和38・2・22民集17巻1号235頁。

もっとも，すでに指摘されているとおり，この判例法理は2通りの読み方が可能である[27]。1つは，相続に伴う法定相続分の承継に対抗要件を具備する必要がない，つまり177条の適用を相続という変動原因の観点から制限したものとする見方である[28]。もう1つは，変動原因無制限説を前提として，共同相続による法定相続分の承継にも177条は適用されるが，法定相続分を超える承継について第三者は「無権利者」に当たり，登記なしに対抗できることを明らかにしたとする見方である[29]。

いずれにせよ，上記解釈準則は，899条の2第1項の前提とされており，不動産物権変動の領域に留まることなく，動産・債権の権利承継にも妥当する相続における一般規定に高められた。

2 相続資格の遡及的消滅

次に，相続開始後に相続人の相続資格が遡及的に消滅する場合として相続放棄と相続人の廃除に関する議論状況を確認しておく。

(1) 相続放棄と登記

相続放棄した相続人は相続開始時から相続人ではなかったものと扱われる（939条）。放棄した相続人の債権者が当該相続人の法定相続分を差し押さえた場合，他の共同相続人は放棄により増大した持分取得を第三者に登記なしに対抗することができると解されている[30]。相続放棄は相続人の意思（行為）に基づくものではあるが，法定相続分の取得と同様に無条件に対世的効力を主張することができる。取引の安全保護は，不実の登記の作出及び存続につき他の共同相続人に相応の帰責性があることを要件として94条2項類推適用等の信頼保護法理に委ねられることになる[31]。

相続放棄と登記に関しても，上記のような結果が899条の2第1項との関係でどのように導かれるか，について2つの見方が示されている。1つは，899条の2第1項の「第三者」は177条の「第三者」に準じて「無権利者」を含ま

---

(27) 水津太郎「相続による権利および義務の承継」法時92巻4号（2020年）67頁。
(28) 松尾弘＝古積健三郎『物権・担保物権法〔第2版〕』（弘文堂，2008年）84頁，93頁〔松尾〕，松岡・前掲注(21)142頁。
(29) 佐久間・前掲注(2)97頁，吉田克己『物権法Ⅱ』（信山社，2023年）842頁。
(30) 最判昭和42・1・20民集21巻1号16頁。
(31) 高木多喜男「相続と登記」ジュリスト増刊1376号『不動産物権変動の法理』（1983年）107頁。

ず(32)，放棄により他の共同相続人が取得すべき法定相続分を放棄者が譲渡し，放棄者の債権者が差し押さえたとしても，譲受人・差押債権者も無権利者であるから「第三者」に当たらないとする説明である(33)。

　もう1つの見方は，放棄の遡及効が貫徹され，他の共同相続人が無条件に対抗できる法定相続分が相続開始時から放棄された分だけ増幅しており，最判昭和38年法理の適用により当然に対抗できるのであり，899条の2第1項「第三者」の制限解釈によるものではないとする見方である(34)。私的自治の原則に照らし，相続人の資格という「人」の身分法の地位に関する行為は，単なる財産権を目的とする行為とは一線を画されるべきであり，取引の安全を犠牲にしてでも，遡及効を貫徹する必要があると考えられている(35)。

(2)　相続人の廃除と登記

　人の行為に基づく相続人資格の遡及的消滅としてはさらに相続人の廃除という制度が存在する。遺言による廃除（893条）の判決が確定した場合，廃除は被相続人の死亡時に遡って効力を生じる。旧法下の判例には，判決確定前に被廃除者から相続財産に属する土地につき所有権その他も物権を取得した者は無権利の法理が適用されるため民法177条の「第三者」に当たらないとするものがある(36)。学説においては，家督相続制度廃止後における同判決の先例的意義に疑問も提起され，32条1項ただし書類推適用による保護の可能性や廃除の審判確定後の事例においては94条2項類推適用による保護の可能性等が語られている(37)。さらに共同相続人間においては，法定代理権や明示又は黙示の任意代理権授与などの関係に基づき特定の相続人が遺産につき財産管理権を専有するかのような外形が生じることも少なくないという類型的特性をも勘案して110条の趣旨を活用して取引の安全を図る見通しもされてきたところである(38)。

---

(32)　堂薗幹一郎＝野口宣大『一問一答新しい相続法〔第2版〕』（商事法務，2020年）162頁。
(33)　水津太郎「相続と登記」ジュリ1532号52頁。
(34)　山本敬三・別冊ジュリ161頁。同様に相続放棄の自由は詐害行為取消し（424条）との関係でも絶対的に保障されている（最判昭和49・9・20民集28巻6号1202頁）。
(35)　舟橋＝徳本・前掲注(10)556頁〔原島＝児玉〕。
(36)　大判昭和2・4・22民集6巻260頁。
(37)　広中俊雄『物権法〔第2版増補〕』（青林書院，1987年）150頁。
(38)　水野紀子「『相続させる』旨の遺言の功罪」久貴忠彦編『遺言と遺留分(1)第2版』（日本評論社，2011年）218頁，田高寛貴「遺言と登記をめぐる相続法改正の課題」法時89巻11号（2017年）45頁。

(3) 財産法・身分法における「意思」の考慮

ところで，日本の民法は遺言による相続分の指定を認める一方，相続人の指定は一貫して認めていない。包括受遺者は相続人と同一の権利義務を有するものとみなされるが（990条），包括相続人になるわけではない[39]。相続分の指定は財産権を目的とする行為として私的自治に委ねられる一方，相続放棄は，相続人の範囲という身分法上の公序にも関わり，放棄することは可能であるが，家庭裁判所に対する申述べに基づき，家庭裁判所の審判を経なければならない点において財産権一般の放棄と区別される。

法定相続分を超える取得については，人の行為に基づく権利承継である以上，被承継者は自己の権利保全に十分配慮すべきであり，登記を怠ることのサンクションとして失権するという効果，自己責任により正当化が可能である。899条の1第1項の基礎には，特定財産承継遺言及び相続分の指定いずれについても，いったん法定相続分により帰属した各相続人の持分を被相続人の意思により変更する（最初から指定を前提とした相続分が法定相続人に帰属するというわけではない）という権利変動メカニズムが措定されているものとみられる[40]。そして，平成30年改正により，法定相続分が持つ意味が一層強められている[41]と評することができる。

3　177条と899条の2第1項の関係性

177条と899条の2第1項との関係をめぐっては，次のような見方がありうる[42]。

第1は，177条の適用範囲を意思表示による物権変動に限定し，899条の2は相続による承継に特有の「権利保護資格要件」的なものを定めている，つまり899条の2は対抗関係と異質の問題を規律しているという見方である[43]。

---

(39) 登記申請にかかる遺言執行者の職務権限に関して，最判令和5・5・19民集77巻4号1007頁）は，995条の「相続人」に包括受遺者が含まれないとする近時の有力説の立場に与した（従来の議論状況につき，中川善之助・加藤永一編『新版注釈民法(28)相続(3)〔補訂版〕』（有斐閣，2002年）200頁以下〔阿部徹〕）。

(40) 窪田充見「［小特集］相続法改正における権利・義務の承継の規律」法時92巻4号（2020年）59-60頁。

(41) 横山美夏「コメント――不動産を目的とする権利の承継を中心に」法時92巻4号（2020年）83頁。

(42) 石田剛「相続による権利承継の対抗要件」法教478号（2020年）7頁，同「遺産分割と第三者」家族〈社会と法〉39号（2023年）47頁。

(43) 松尾弘「相続による権利・義務の承継法理について」片山直也他編『民法と金融法の新時代［池田真朗先生古稀記念］』（慶應義塾大学出版会，2020年）33頁。

177条は，Ⅱで見た不動産登記の(a)の機能が問題となる場面のみを規律するものであり，(b)の機能に関係する対抗要件とは異なる意味での登記要求として共同相続の場面につき899条の2第1項が設けられたと位置付けるわけである。

第2は，899条の2・177条いずれも対抗関係を規律しており，177条が変動原因の側面からの制約を内包しないとする理解（無制限説）を基本としつつ，法定相続分の取得に無権利の法理を妥当させる相続法固有の規範を特別法として付加したと捉える見方である[44]。

第3は，899条の2は177条の趣旨から導かれる内容を確認する意味もつに過ぎないとする見方である[45]。177条は人の意思の契機を含む行為に基づく物権変動を対象とするという意味での変動原因制限規範を内在しており，法定相続分の取得と相続人又は被相続人の意思による取得で切り分ける899条の2はそうした一般原理が相続法において具体化されたものにすぎず，創設的な意味はないとも考えられる[46]。

上記の見解の対立は，遺産分割後の第三者との対抗関係の理解にも影響を及ぼしうる。

従来，遺産分割後の第三者については，分割の遡及効が及ばないという前提で移転主義的な説明がされてきた[47]。899条の2の新設により明文の根拠が存在することから，改正法下では端的に899条の2を援用すれば足りる。同条に創設的効果を認める場合，移転主義的な論理はもはや無用であり[48]，遺産分割の遡及効を前提として相続による権利変動の登記による明確化の要請から無権利者との優劣を登記の有無によって決することにしたとものであるとの説明もされている[49]。

177条における対抗要件主義が人の行為に基づく物権変動の対抗を定めたものであるとする観点から，法定相続分の取得は射程外となり，遺言や遺産分割等により法定相続分を超える部分の取得は人の行為に基づくものとして競合関係が観念されることから，(a)の機能領域に属すると考えられる。そのため，

---

(44) 水津・前掲注(10)68頁。
(45) 吉田・前掲注(29)843頁。
(46) 窪田充見・増田勝久・潮見佳男・石綿はる美「〈座談会〉これからの相続法」ジュリ1542号（2020年）85頁〔増田勝久〕及び86頁〔潮見佳男〕。
(47) 最判昭和46・1・26民集25巻1号90頁。
(48) 山野目章夫『初歩からはじめる物権法』（2022年）159頁以下，水津・前掲注(10)69頁。
(49) 作内良平・別冊ジュリ264号（2023年）159頁。

899条の2第1項が前提とする法定相続分による取得とそれを超える取得により区別されること自体は177条の趣旨から導かれることを確認したものに留まる。ただ同一の権利変動原因において，意思に基づく部分と意思に基づかない部分が競合する共同相続に特有の法律関係への配慮が必要であることを示す意味において，899条の2は177条に対する特則性が認められる。

では，法定相続分の取得において対抗要件の具備が求められるべきでないとすることの実質的な正当化根拠は何だろうか。この点については項目を改めて考察する。

Ⅳ　法定相続分の取得に基づく遺産共有関係

本項では，法定相続分の取得に基づく遺産共有の特性を，1. 包括承継，2. 被承継者の死亡（権利能力の喪失），3. 意思に基づかない近親者間の共有関係という観点から分析する。

1　包 括 承 継

第1に，相続の特性として包括承継を挙げることができる。このことは，899条の2第1項が権利の承継一般を対象とし，かつ債務の承継に関しても，債権者が指定相続分に応じた帰属を承認する場合は別として，法定相続分による当然分割承継が原則とされていること（902条の2）に顕著である。共同相続人間の平等の理念からして，積極財産と同じ割合で消極財産も承継するのが公平であり，法定相続分を超える部分につき権利の承継に対抗要件の具備を求める一方，債務の承継に相続債権者等の利害関係人の承認を要するとしている点にもパラレルな構造を見出すことができる。

包括受遺者は相続人と同等の権利義務を有するものとされていることから（990条），包括遺贈による物権変動につき包括受遺者の「第三者」該当性を否定した古い裁判例がある[50]。このことから，一見するところ，権利変動原因としての包括承継性が対抗要件主義の適用を否定する要因となりうるようにも思われる。しかし，包括承継という性質それ自体は必ずしも対抗要件主義の適用を否定する方向に作用するものではない。特定遺贈については，確かに人の死亡を契機とする権利変動原因であり，異論もありうるところではあるが，意思に基づく権利変動原因の一類型として177条が適用されてきた[51]。包括遺贈を

---
(50)　大判昭和9・9・29評論全集24巻民法150頁。
(51)　最判昭和39・3・6民集18巻3号437頁。

特定遺贈が集積したものにすぎないとみれば，包括遺贈にも対抗要件主義を適用する解釈に一貫性が認められる[52]。もっとも，包括遺贈＝特定遺贈の集合体として特定遺贈に関する解釈を包括遺贈にも当然に妥当させる解釈態度についても批判があり[53]，なお決着を見ていない。

　動産に目を転じると，Ⅰの冒頭に述べたとおり，178条は「譲渡」すなわち意思表示に基づく物権変動に適用範囲を限定している。反面，相続において，遺産を構成する動産の占有は被相続人の死亡と同時に相続人に当然に移転すると解されている[54]。人の死亡により無主の財産が生じることで，社会秩序が不安定にならないようにする必要があること，また無主の土地の管理処分を近親者に委ねるほうが効率的であり社会全体の利益に資することから，こうした判例法理にも異論は示されていない。相続開始と同時に法定相続分に基づく共有関係の成立に伴う共同占有関係が発生するため，法定相続分の取得に関して対抗要件としての引渡しを問題とする余地はない。

　これに対して，遺産分割や遺言により法定相続分を超える取得が生じた場合，人の行為に基づく物権変動であることから，対抗要件制度の射程が及びうる。とはいえ，引渡し・占有移転という方法により持分割合に関する正確な情報を公示することは技術的に不可能であり，法定相続分を超える取得の公示として想定可能な内容は，all or nothing でしかない[55]。したがって，899条の2第1項は，文理上動産にも適用されるとしたうえで，特定財産承継遺言や遺言による相続分指定がある場合，当該遺言の趣旨に照らし，対抗要件を具備させるための占有に関する指定を含むとする解釈論上の工夫が必要であると指摘されている[56]。

2　被承継者の死亡（権利能力の喪失）

　第2に，相続は，承継取得の一方当事者（被承継者）の死亡という事件を原因とする点にも特殊性がある。不動産登記手続において，権利に関する登記に

---

(52)　適用肯定例として，高松高判昭和32・12・11下民集8巻12号2336頁，東京高判昭和34・10・27判時210号22頁，大阪高判平成18・8・29判夕1228号257頁がある。
(53)　伊藤昌司「包括遺贈」久貴忠彦編集代表『遺言と遺留分(1)〔第2版〕』（日本評論社，2011年）236頁，潮見佳男「包括遺贈と相続分指定」水野紀子編『相続法の立法的課題』（有斐閣，2016年）182頁。
(54)　最判昭和44・10・30民集23巻10号1881頁。
(55)　佐久間・前掲注(2)140頁。
(56)　佐久間・前掲注(2)141-142頁。

関する共同申請原則の例外として，相続登記及び遺贈による相続人への所有権移転につき単独申請が認められているのは（不登63条2項・3項）は，承継取得の被承継者が権利主体性を喪失しているという事情を考慮したものとみられる。令和3年民法・不動産登記法改正により所有権に関して相続登記申請の義務が課されているのも，土地所有権という財産権に特有の公益への配慮に加え，虚無人名義の登記を認めない不動産登記法の建前に抵触し，実際上登記名義人と連絡を取ることもできないことから，死亡に伴う権利承継者を公示する必要性が高いという考慮が働いているとも指摘されている[57]。相続登記には，所有者不明土地の発生予防という公益的要請への対処として，私益間の調整を目的とする対抗要件制度の守備範囲を拡大する間接的な強制ではなく，公法上登記申請が直接強制されている。このように相続登記には私益保護と公益保護の要請が絡み合う点に特色がある。

　さらに保全的宣言的登記としての法定相続分の登記は遺産共有の現状保全（財産権の公示）機能と相続人を公示する機能も兼ね備えている。相続不動産に法的利害関係を持とうとする者は，戸籍の記録を確認することにより推定相続人に関する情報を得ることができるものの，相続欠格・廃除・放棄の可能性も考慮する必要があり，共同相続登記の権利公示機能及び相続人公示機能にはなお固有の存在意義が認められる。さらに令和3年改正では，相続登記の報告的登記としての機能が一層重視され，公法上の登記申請義務の履行を簡易化する手段として相続人申告登記制度も新設された。これらの動きは，不動産登記の(b)の機能充実に加えて，より柔軟な対応により相続人公示機能を補強するものと位置づけられる。

　仮に899条の2第1項の特則性の根拠を被承継者の死亡を変動原因に含む点に求めるならば，遺贈一般[58]・相続人への遺贈[59]に899条の2第1項を適用する解釈論も考えられなくはない。しかし，確かに人の死亡を契機とする点で共通するものの，899条の2第1項はあくまでも相続を対象とするものであり，遺贈に177条を適用する判例・通説[60]は，被承継者の死亡自体に焦点を合わせているのではなく，むしろ旧民法の発想にもその基礎を見出しうる人の行為に基づく権利変動か否かという区別を重視していると考えられる。

---

(57)　法制審議会民法・不動産登記法部会資料19・30頁。
(58)　七戸克彦「民法（相続関係）改正における『相続と登記』」登記情報681号（2018年）1頁。
(59)　松尾・前掲注(43)37頁。
(60)　水津・前掲注(27)63頁。

3 意思に基づかない近親者間の共有関係

第3に，遺産均分相続に一本化された現行法の下では，共同相続が原則形態とされ，人の死亡という事件の発生により，遺産分割終了までの過渡的期間に身分法上の近親者間に意思に基づかない共有関係が生じることが挙げられる[61]。

法定相続分（900条・901条）は共同相続人間における平等の理念を端的に体現するものである[62]。法定相続分は，相続人の属性・能力と無関係に，身分法上定められた資格要件さえ充たせば法律上当然に付与される。そして遺産共有関係において，遺産分割により解消されるまでの間の共同相続人間の実質的平等を保障することは相続法上の重要課題である。

たとえば組合のように自由で平等な個人が事業目的を共有して自発的に結合する関係とは異なり，放棄による離脱の可能性は許されているにせよ，遺産共有は自己の意思や好悪に関わらず身に降りかかる関係である。しばしば行為能力の制限等の事情あるいは生活共同体としての便宜上代理権の授与により一部の相続人が自己固有の財産管理権に加えて他の相続人の財産管理権をも併有することが比較的通常の形態として生じうる特殊な関係性ゆえ，自由平等な立場で自己の権利保全措置をとることが期待されるという対抗要件主義の前提条件が共同相続人間において十分に充たされているとも言い難い。また身分法上の親密な関係性ゆえ感情的な問題を抱えやすく，「扇の要」的立場の被相続人が死亡し，その財産を分け合う局面では相続人間に潜在していた利害が突如として先鋭に対立する危険性も高い。それにもかからず，法定相続分の取得についても登記を備えなければ第三者に対抗することができないとするならば，法定相続による財産承継が著しく不安定なものとなる。法定相続分の承継に対抗要件の具備を要求しないことの実質的根拠として，人の死亡による財産承継を安定的に図るために，法定相続による財産承継を安定させることの重要性が指摘されている[63]のも，遺産共有の上記特性をふまえたものと考えられる。相続の根拠を一元的に説明するのは困難であるとしても，家族財産形成への寄与に対する清算と親族間の扶養の必要性は否定しがたく[64]，法定の序列を遵守し，

---

(61) 石田剛「相続登記の欠缺を主張する正当の利益に関する覚書」『21世紀民事法学の挑戦〔加藤雅信先生古稀記念〕』上巻（信山社，2018年）492頁。
(62) 高木多喜男『遺産分割の法理』（有斐閣，1990年）3頁。
(63) 佐久間・前掲注(2)107頁。
(64) 配偶者相続分の意義につき，久留都茂子「妻の相続権」来栖三郎先生古稀記念『民法学の歴史と課題』（1982年）319頁，原田純孝「扶養と相続——フランス法と比較して

共同相続人間の実質的平等を保障することは憲法及び民法の基本原理に基づく強い要請であると考えられる。

4 小　括

　相続による動産の権利承継に関して，占有権も所有権と共に当然承継されることから，相続開始と同時に共同相続人は別途何らの行為要することなく法定相続分の取得を対抗できるとする考え方は比較的自然に導かれる。また178条が対抗要件制度の適用対象を「譲渡」とし，意思表示に基づく権利変動に限定していることから，意思に基づく変動原因と意思に基づかない変動原因による区別を基礎とする枠組とも親和性がある。ただ持分割合の公示機能に重大な制約があり，妥当な解決を図るため，遺言や遺産分割による権利変動の場合にその内容に即して占有関係をどう捉えるべきかを緻密に検討する必要がある。

　これに対して，177条の「物権の得喪変更」は，一見する限り，変動原因無制限説と親和するようにも思われるが，財産権を目的とする人の行為に基づく権利変動に対象を限定する旧民法の対抗要件主義が現行民法にも承継されているとみる余地もある。遺贈・特定財産承継遺言・相続分の指定・遺産分割・取消し・解除のほか，取得時効も，所有の意思をもってする継続占有を要件とすることから，財産権を目的とする行為を要素とする権利変動原因として，対抗要件制度を適用することも背理ではない。反面，相続放棄や相続廃除は，関係者による申立てという行為に基づく家庭裁判所の審判によるものとはいえ，財産権そのものだけを目的とするものではなく，そもそも対抗要件制度の適用対象となる行為としての適格性を有していないというべきである。

V　おわりに

　177条の「物権の得喪変更」の意義につき，財産権を目的とする人の行為に基づく物権変動に限定して捉える場合，899条の2第1項は177条から導かれる内容を確認する規定として理解される。899条の2第1項創設の積極的な意義は，法定相続分の承継を無条件に第三者に対抗できることを前提とする明文を設けることにより，私的自治の原則に定礎された相続制度のもと，人の意思に基づかない法律上の当然承継と遺産分割や遺言など人の意思に基づく承継の混在・競合を通常形態として想定する必要がある共同相続という権利変動原因

みた日本法の特質」奥山恭子ほか『扶養と相続』（早稲田大学出版部，1998年）167頁など。

の特質を示す点にあると説明されるべきである。

　人の意思に基づく変動は，Ⅱ2で述べた不動産登記の(a)の機能が重視されるべき場面である。受益相続人や遺産分割により法定相続分を超える権利を取得した者は適時にその権利保全に必要な措置をとることが期待され，取引行為一般による権利変動の場合と同様に対抗要件主義が適用されてよい。善意悪意不問原則を前提とする判例通説の背信的悪意者排除法理を前提にする限り，原則として登記を先に具備した権利変動原因が優先し，信義則違反と評価される例外的な事情がある場合に限り優先的地位を主張することができなくなる。信義則違反の判断においては，意思に基づかない共有関係に特有の事情と公法上の登記申請義務を負う相続人特有の事情を考慮した柔軟な判断をすべき場合が考えられる。

　他方，法定相続分に基づく共同相続登記は，不動産登記の(a)の機能ではなく，もっぱら(b)の機能のみに関わる。実体上の権利に反して作出された不実登記を信頼した者の保護は，94条2項・110条類推適用法理等に委ねられる。ここでも，意思に基づかない共有関係に特有の事情と公法上の登記申請義務を負う相続人特有の事情を考慮した柔軟な判断が必要となる場合があると考えられる。相続開始を知る相続人が，正当な理由なくしかるべき時期を過ぎても遺産分割が成立しないときに相続登記を経ていないことは，94条2項類推適用を基礎づける帰責性にあたりうるとする提案[65]はそのような試みの一例といえる。

　相続放棄・相続人の廃除は，いずれも人の行為を要素とするが，相続人の資格という身分法上の地位の放棄又は剝奪を直接の目的としており，遺言や遺産分割のようにもっぱら財産権を目的とする行為とは本質的に異なる。遺言で相続人を指定することができないのも，相続人の資格が相続秩序の基盤に属するものと解されているからに他ならない。相続放棄・相続廃除を前提とする法定相続分に基づく権利承継を登記なしに対抗することのできるのは，899条の2第1項の「第三者」の制限解釈の帰結というよりは，放棄がもたらす効果は絶対的に保障される必要があること，また，相続秩序を揺るがす公序違反行為を理由とする相続資格の剝奪に絶対的効力を認めるべきことに求められ，対抗要件制度の射程がそもそも及ばないというべきである。

　［付記］本研究は，2023年度科学研究費補助金（基盤研究C一般（課題番号16K03394））に基づく研究成果の一部である。

---

(65)　佐久間・前掲注(2)107頁。

31 相続による債権の承継の対抗要件
―― 民法899条の2の債権への適用

白 石 　 大

Ⅰ　はじめに
Ⅱ　相続による債権の承継の
　　諸相と対抗要件
Ⅲ　対抗要件の理論的検討
Ⅳ　おわりに

Ⅰ　はじめに

　平成30年の相続法改正で新設された民法899条の2第1項は，「相続による権利の承継は，遺産の分割によるものかどうかにかかわらず，〔法定〕相続分を超える部分については，登記，登録その他の対抗要件を備えなければ，第三者に対抗することができない」と規定する[1]。同項の「権利」には債権も含まれ，相続により法定相続分を超えて債権を承継した相続人は，民法467条所定の手続に従って対抗要件を具備しなければ，その超える部分の承継を第三者に対抗することができない。そして，民法899条の2第2項は，法定相続分を超えて債権を承継した共同相続人が当該債権に係る遺言・遺産分割の内容を明らかにして債務者に通知したときは，「共同相続人の全員が債務者に通知をしたものとみなして」対抗要件の具備を認めることとしている。
　民法899条の2は，新設されて以来，すでに多くの議論の対象となってきた。しかし，そのほとんどは不動産の所有権の承継（いわゆる「相続と登記」の問題）に関するものである。これに対し，債権の承継に関する同条の解釈につい

---

(1)　筆者は，潮見佳男編著『民法（相続関係）改正法の概要』（金融財政事情研究会，2019年）2頁以下において，同条の解説を執筆する機会に恵まれた。また，潮見佳男＝白石大＝藤原彰吾＝堂薗幹一郎＝増田勝久「《座談会》改正相続法の金融実務への影響」金法2100号（2018年）6頁以下では，法制審議会民法（相続関係）部会のメンバー諸氏とともに，同条の解釈論を含む改正相続法の諸問題を議論する機会を得た。財産法のみを研究対象としてきた筆者を相続法研究へといざなってくださった潮見先生に対し，心より御礼を申し上げ，謹んで哀悼の意を表したい。

ては，検討の必要性こそ認識されていたものの[2]，これに焦点を当てた先行業績はきわめて少ない[3]。本稿は，この間隙を埋めることを狙いとするものである。

とはいえ，民法899条の2を具体的な場面に適用するにあたっては，様々な考慮が必要となると思われる。①まず，被相続人の死亡を契機に債権が相続人に承継される場面としては，㋐法定相続分による共同相続，㋑特定財産承継遺言，㋒相続分の指定，㋓遺産分割，㋔遺贈[4]，㋕（他の共同相続人による）相続放棄，と多様なケースが考えられる。②また，債権譲渡では性質・機能を異にする2種類の対抗要件（第三者対抗要件と債務者対抗要件）が問題となるが[5]，同条を債権の承継に適用するにあたっても，これら2種類の対抗要件を区別して考えなければならない。③さらに，判例によれば，金銭債権は共同相続により当然分割され，各共同相続人がその相続分に応じて権利を取得するのが原則だとされる（最判昭和29・4・8民集8巻4号819頁）一方で，預貯金債権などについては，判例は当然分割を否定して遺産分割の対象となるとしており（最大決平成28・12・19民集70巻8号2121頁など），この両者の区別も重要である。④最後に，改正相続法は遺言執行者がある場合の特則を設けており，同条の適用にあたっても，遺言執行者の有無が意味をもつ[6]。

そこで以下では，①㋐〜㋕の場合ごとに，②第三者対抗要件・債務者対抗要件の規律について，③当然分割となる債権と遺産分割の対象となる債権の違いに留意しながら検討し（Ⅱ。④遺言執行者がある場合の規律については関係する箇所で適宜論じることとする），次いで，対抗要件の具備方法を規定する民法899条の2第1項・2項について，理論的な観点からの分析を行う（Ⅲ）。なお，本稿の検討は金銭債権に限定する。

---

(2) 窪田充見「問題の提起（小特集 相続法改正における権利・義務の承継の規律）」法時92巻4号（2020年）56頁・60頁がこの点を指摘する。
(3) 潮見ほか・前掲注(1)24頁以下のほかには，金子敬明「相続による権利・義務の承継と第三者」民商155巻2号（2019年）262頁以下が貴重な先行研究である。
(4) 遺贈には特定遺贈と包括遺贈があるが，紙幅の関係もあり，本稿では特定遺贈のみを取り扱う。
(5) 池田真朗『債権譲渡の研究〔増補2版〕』（弘文堂，2004年）110-111頁，潮見佳男『新債権総論Ⅱ』（信山社，2017年）357-358頁参照。
(6) そのほか，特定財産承継遺言・遺産分割・遺贈の結果として債権の準共有が生じる場合についても検討を要すると思われるが，議論が過度に複雑化するのを避けるため，本稿では扱わない。

II 相続による債権の承継の諸相と対抗要件

以下では，次の設例に基づいて検討を行う。

> 〔基本設例〕
> 　A（被相続人）が死亡した。Aの法定相続人は，配偶者Bおよび子C・Dである。Aの遺産には，E銀行に対する預金債権α（180万円）および知人Fに対する貸金債権β（120万円）が含まれている。

1 法定相続分による債権の承継

> 〔設例1〕
> 　Aは，遺言を残すことなく死亡した。B・C・Dによる遺産分割協議はまだ行われていない。

(1) 第三者対抗要件

民法899条の2第1項は，対抗要件を備えない限り，「〔法定〕相続分を超える部分については」相続による権利の承継を第三者に対抗することができないとしている。この規定の反対解釈により，各相続人は，法定相続分を超えない部分については，対抗要件を備えなくても相続による債権の承継を第三者に対抗することができる（この規律は，共同相続される債権が当然分割されるものか，遺産分割の対象となるものかにかかわらず適用される）。したがって，〔設例1〕において，Cの債権者GがCの法定相続分を超えてαを差し押さえた場合や，Dがβを単独相続したと偽ってHにこれを譲渡した場合も，Bは，対抗要件を備えることなく，α＝90万円・β＝60万円の承継をG・Hに対抗することができる[7]。

なぜ法定相続分の限りでは対抗要件を備える必要がないのか。これについては，不動産物権の承継に関してではあるものの，2通りの考え方が示されている[8]。第1の考え方は，法定相続分に応じた部分についての相続による権利の

---

(7) なお，預金債権であるαには民法466条の5が適用されるから，Dがαを譲渡しても無効であると解される（譲受人Hがαに付された譲渡禁止特約について善意・無重過失であることは通常は考えられない）。

(8) 水津太郎「相続と登記」ジュリ1532号（2019年）51頁，同「相続による権利および義務の承継（小特集 相続法改正における権利・義務の承継の規律）」法時92巻4号（2020年）66-67頁参照（水津教授は第2の考え方を採る）。

承継は，登記を要する物権変動に該当しないとするものである。第2の考え方は，法定相続分に応じた部分についての相続による権利の承継も，本来は登記を要する物権変動に該当するものの，各共同相続人はみずからの法定相続分を超える部分については無権利であり，その部分を差し押さえた者や譲り受けた者もやはり無権利者であって，これらの者は民法899条の2第1項の「第三者」に該当しないとするものである。

民法177条に関する判例は，登記を要する不動産物権変動の範囲について無制限説を採っており（大連判明治41・12・15民録14輯1301頁），法定相続分の承継は登記を要する物権変動ではないとする第1の考え方は，この判例と整合しないと批判されている(9)。もっとも，民法467条が適用される債権の「譲渡」とは，民法177条の「物権の得喪及び変更」とは異なり，法律行為ないし契約による債権の移転のみを指すと解されている(10)。そうすると，民法899条の2は，債権に関しては，（民法467条が適用されない）相続による承継について対抗要件のルールを新たに定める創設的な規定ということになるから，法定相続分に基づく債権の承継は民法899条の2の適用対象から除かれているとする第1の考え方も，理論的には採用可能であるかのように思われる。

しかし，共同相続人の1人が法定相続分を超えて債権を承継した場合（これについては次の2で検討する）は，その超える部分についてのみ対抗要件を備えれば足りるのではなく，承継した債権の全部について対抗要件を具備することが必要であると解される。そうすると，法定相続分に基づく債権の承継も，本来は対抗要件具備が必要な権利の承継ではあるものの，他の共同相続人の差押債権者（G）や他の共同相続人からの譲受人（H）はこの部分について無権利であるため「第三者」に該当しない，とする第2の考え方のほうがより適切であるように思われる。

(2) 債務者対抗要件

民法899条の2は，相続による債権の承継の債務者対抗要件をも規定している，というのが立案担当者の理解である(11)。これによれば，同条の「第三者」

---

(9) 水津・前掲注(8)ジュリ1532号51頁，同・前掲注(8)法時92巻4号67頁。
(10) 於保不二雄『債権総論〔新版〕』（有斐閣，1972年）293頁，奥田昌道『債権総論〔増補版〕』（悠々社，1992年）423頁。淡路剛久『債権総論』（有斐閣，2002年）432-433頁，潮見・前掲注(5)347頁，中田裕康『債権総論〔第4版〕』（岩波書店，2020年）624頁は，契約による債権の移転のみを債権譲渡とする。
(11) 堂薗幹一郎＝野口宣大編著『一問一答 新しい相続法』（商事法務，2019年）166頁は，「〔民法899条の2第1項に基づいて〕受益相続人が……対抗要件を具備するために

は，債権の承継に関しては「債務者その他の第三者」（民法467条1項参照）と読むべきことになろう。しかし，やや分かりにくい規定ぶりではある[12]。

立案担当者の理解に従えば，法定相続分に応じた債権の承継は，債務者に対しても対抗要件を備えることなく対抗することができる（民法899条の2第1項の反対解釈）。〔設例1〕では，Bはα＝90万円・β＝60万円，C・Dはα＝45万円・β＝30万円を相続によって承継したことを，債務者対抗要件を備えることなくE・Fに対抗することができる。ただし，次の2点に注意が必要である。

第1に，預貯金債権など，遺産分割の対象とされる債権については，遺産分割が終了するまでの間は各共同相続人が単独で権利行使することはできない（最判平成29・4・6判時2337号34頁）[13]。〔設例1〕においても，B・C・Dは，遺産分割を経ない限り，法定相続分に基づくαの払戻しをEに対して請求することはできない。B・C・Dとしては，債権額の3分の1に法定相続分を乗じた額（B＝30万円，C・D＝各15万円）の限度でのみ払戻請求をするにとどめるか（民法909条の2），あるいは仮分割の仮処分を家庭裁判所に申し立てる必要がある（家事事件手続法200条3項）。

第2に，相続人は包括承継人であるとはいえ，当初の債権者である被相続人とは別人であるため，何らかの形で相続による債権の承継を債務者に知らしめる必要がある。法制審議会民法（相続関係）部会（以下，単に「部会」という）では，この問題意識に基づき，「相続財産に属する債権を相続によって取得した相続人（以下「受益相続人」という。）は，債務者に対して相続人の範囲及びその資格を明らかにする書面を交付し，又は債務者が受益相続人に対して承諾をしなければ，その債権の取得を債務者に対抗することができないものとする」という案が検討されていた[14]。これは，法定相続分どおりの権利行使をする場合であっても債務者対抗要件を要求するという提案である。法制上の理由

は，『譲渡人』に相当する者の債務者に対する通知がされること又は債務者による承諾があることが必要となる（債務者以外の第三者に対抗するためには，確定日付のある証書によることを要する。）」とする。括弧書きを除く部分は，第三者対抗要件と債務者対抗要件の両方について述べていると考えられる。
(12) 潮見佳男『詳解 相続法〔第2版〕』（弘文堂，2022年）196頁注17もこの規定ぶりに疑義を呈する。
(13) この点については，白石大「相続による債権・債務の承継」法時89巻11号（2017年）19頁も参照されたい。
(14) 部会資料18・9頁。

により，この案は最終的に採用されなかった[15]。しかし，その趣旨が否定されたわけではないから，債務者は共同相続人に対し，相続の事実・法定相続人の範囲・法定相続分などを証明する書面を提示するよう求めることができると解される[16]。

2　特定財産承継遺言

〔設例2〕
　Aは，α・βをBに単独で相続させる旨の遺言をしていた。

(1)　第三者対抗要件

　遺産に属する債権について特定財産承継遺言（遺産分割方法の指定としての「相続させる旨の遺言」）がされると，当該債権は相続開始とともにただちに受益相続人に帰属する（最判平成3・4・19民集45巻4号477頁参照）[17]。しかし，民法899条の2第1項によれば，特定財産承継遺言による債権の承継のうち法定相続分を超える部分については，対抗要件を備えない限り第三者に対抗することができない。〔設例2〕でも，Bは，特定財産承継遺言に基づくα・βの承継について第三者対抗要件を備えない限り，法定相続分（α＝90万円・β＝60万円）を超える部分の承継を第三者（αについてCの法定相続分を差し押さえたGや，βについてのDの法定相続分をDから譲り受けたH）に対抗することができない。なお，1で述べたとおり，対抗要件は法定相続分を超える部分についてのみ具備されれば足りるのではなく，承継した債権の全部について具備される必要がある[18]。

　法定相続分を超える部分について対抗関係が生じることを説明するための法律構成としては，次の3つが示されている[19]。〔設例2〕で，Dがβについてのみずからの法定相続分をHに譲渡した場合を例にとると，第1の法律構成は，Dの法定相続分について，D→BとD→Hの二重譲渡類似の関係があるとみる

---

(15)　部会資料21・30-31頁。
(16)　立案担当者もこの趣旨を述べている（部会第21回会議議事録44頁〔堂薗幹一郎幹事発言〕参照）。
(17)　なお，特定財産承継遺言による債権の承継は相続を原因とするものであるから，預貯金債権の譲渡禁止特約に関する民法466条の5は適用されないと解される。
(18)　堂薗＝野口編著・前掲注(11)162頁，堂薗幹一郎＝神吉康二編著『概説 改正相続法〔第2版〕』（金融財政事情研究会，2021年）143-144頁注5参照。
(19)　水津・前掲注(8)ジュリ1532号52-54頁参照（水津教授は第3の法律構成を採る）。

ものである。第2の法律構成は，AからBに対して β 全額が承継されるとともに，AからDに対してもDの法定相続分が承継され，A→BとA＝D→Hの二重譲渡類似の関係が生じるとするものである。第3の法律構成は，AからBに対して β 全額が承継されるとともに，AからDに対してもDの法定相続分が承継されるが，Dが承継した権利はBが承継した権利によって制限を受ける（Bは，対抗要件を備えなければ，Dが承継した権利がこの制限を受けていることをHに対抗することができない）と解するものである。

第1の法律構成は，被相続人Aからではなく，他の共同相続人Dから受益相続人Bへの権利移転を観念する点に無理があり，支持することはできない。第3の法律構成は，DがBに対して制限物権を設定したのと同様の状況を観念するものだが，やや技巧的にすぎる感がある。第2の法律構成は難が少なく，さしあたり本稿ではこれを支持しておきたい[20]。

なお，遺言執行者がある場合は，遺言執行者も対抗要件具備行為を行うことができる（民法1014条2項）。改正前の判例は，「遺言執行者は登記手続をすべき権利も義務も有しない」としていたが（最判平成11・12・16民集53巻9号1989頁），相続法改正では，相続登記をしやすくして所有者不明不動産の発生を防止する必要があることなどを理由に，遺言執行者にも対抗要件具備行為を行う権限を与えたものである[21]。もっとも，この理由づけは債権の承継には妥当しないが，民法1014条2項は財産の種類を限定していないため，債権の承継についても遺言執行者は対抗要件具備行為を行う権限を有すると解される。

(2) **債務者対抗要件**

上記1(2)で述べたとおり，民法899条の2第1項は債務者対抗要件についても規定していると解されるため，特定財産承継遺言により債権を承継した受益相続人は，債務者対抗要件を備えなければ，法定相続分を超える部分の弁済を債務者に請求することができない（同項の反対解釈により，法定相続分を超えない部分については債務者対抗要件は不要であると解される）。〔設例2〕では，Bは，債務者対抗要件を備えない限り，法定相続分（α＝90万円・β＝60万円）を超える部分の弁済をE・Fに請求することはできない。なお，Bは特定財産承継遺言に基づいて単独でα・βを承継するので，Bは，債務者対抗要件を備えれば，βのみならず預金債権αについても，民法909条の2によらずに単独

---

(20) 立案担当者の考え方は第2の法律構成に近い（部会資料21・32-34頁参照）。
(21) 民法（相続関係）等の改正に関する中間試案の補足説明51頁。堂薗＝野口編著・前掲注(11)116頁，堂薗＝神吉編著・前掲注(18)96頁もほぼ同旨。

で金額の払戻しを受けることができる。

　債務者対抗要件が具備される前に，特定財産承継遺言の存在を知らない債務者が法定相続分に従って他の共同相続人に弁済した場合には，この弁済は民法478条によるまでもなく有効であり，債務者はその限りで免責される（共同相続人間の不当利得の問題として処理される）。これに対し，債務者が特定財産承継遺言の存在を知りながらこのような弁済をした場合はやや微妙である。民法467条1項についての通説は，債務者対抗要件が備えられていなければ，債務者は，債権譲渡を知っていたとしても，当初の債権者である譲渡人に弁済すれば免責されると解している[22]。しかしここでは，当初の債権者である被相続人（すでに死亡している）ではなく，受益相続人以外の共同相続人への弁済が有効であるか否かが問われており，問題状況が異なるようにも思われるからである。とはいえ，相続に関して部外者である債務者が，遺言の有効性や撤回の有無などを判断することは難しく，これらについて共同相続人間で争いがある場合も考えられることからすれば，債務者ができるだけ免責を受けやすくするように配慮する必要もあろう。よって，債務者が特定財産承継遺言の存在を知っていたとしても，債務者対抗要件が具備されていない限り，債務者が他の共同相続人に対して行った法定相続分の弁済は有効であると解しておきたい[23]。

　なお，遺言執行者がある場合は，預貯金債権の払戻請求に関して民法1014条3項が適用される。すなわち，〔設例2〕においてAが遺言執行者Jを指定していたとすると，Jは，Eに対してαの払戻しを請求することができる。Jは，Eから払戻しを受けた金銭をBに引き渡すことによって，遺言の内容を実現したことになる。預貯金債権の特定財産承継遺言をした遺言者の意思としては，預貯金債権それ自体よりもむしろ金銭を受益相続人に承継させたいと考えているのが通例であり，同項はこのような観点から正当化が可能である[24]。

---

[22]　池田真朗「民法467条・468条（指名債権の譲渡）」広中俊雄＝星野英一編『民法典の百年Ⅲ 個別的観察(2)債権編』（有斐閣，1998年）130頁，中田・前掲注(10)651頁。

[23]　なお，債務者が遺言の有効性や撤回の有無などについて知ることが難しいという事情は，債務者対抗要件が具備されている場合でも同様であると思われる。特定財産承継遺言による債権の承継について債務者対抗要件が具備されたと思われたが，実は遺言が無効であったり撤回されていたりしたという場合には，（表見）受益相続人に対して弁済した債務者の保護は民法478条によって図るよりほかなかろうか。

[24]　潮見ほか・前掲注(1)22頁〔白石発言〕参照。

3 相続分の指定

〔設例3〕
　Aは，Bの相続分を3分の2，C・Dの相続分を各6分の1とする遺言をしていた。B・C・Dによる遺産分割協議はまだ行われていない。

(1) 第三者対抗要件

　相続分の指定がされた場合も民法899条の2第1項が適用されるため，法定相続分を超える相続分の指定を受けた相続人は，対抗要件を具備しない限り，その超える部分についての債権の承継を第三者に対抗することができない。対抗要件は法定相続分を超える部分についてのみ具備されれば足りるのではなく，承継した債権の全部について具備される必要があるというのも，特定財産承継遺言の場合と同様である。〔設例3〕では，Bは第三者対抗要件を備えなければ，法定相続分2分の1を超える6分の1の部分（α＝30万円・β＝20万円）の承継について，第三者（αについてCの法定相続分を差し押さえたGや，βについてのDの法定相続分をDから譲り受けたH）に対抗することができない。これに対し，法定相続分を下回る相続分の指定を受けたC・Dについては，第三者対抗要件の具備は不要である。

　ところで，民法899条の2が相続分の指定についても対抗要件の具備を要求することに対しては，立法論として次のような疑問が呈されている。すなわち，相続分の指定がされた場合は，特定財産承継遺言がされた場合と異なって，権利の帰属先が終局的に確定するわけではなく，その後にまだ遺産分割の手続が控えている。しかるに，この浮動的な段階で登記の具備を要求するのは，受益相続人にとって過大な負担ではないか，というのである[25]。

　しかし，この批判は不動産物権の承継を念頭に置くものだが，債権の承継に関しては異なる見方がありうる。第1に，不動産登記とは異なり，債権の承継に関する対抗要件（確定日付のある証書による通知または承諾）は，比較的簡便・安価に具備することができる。第2に，相続に伴って当然分割される債権（〔設例3〕のβ）については，相続分の指定によっても最終的な権利の帰属先が確定し，浮動的な状況は生じない。これら2つの理由により，債権の承継につい

---

[25] 横山美夏「コメント（小特集 相続法改正における権利・義務の承継の規律）」法時92巻4号（2020年）84-85頁。窪田・前掲注(2)59頁も参照。

ては，上記の立法論的批判は当てはまらないというべきであろう。

(2) 債務者対抗要件

特定財産承継遺言の場合と同様に，法定相続分を超える相続分の指定を受けた相続人は，債務者対抗要件を備えない限り，法定相続分を超える部分の弁済を債務者に請求することができない（法定相続分を超えない部分については債務者対抗要件は不要である）。〔設例3〕では，Bは，債務者対抗要件を備えない限り，法定相続分を超える部分（$\alpha=30$万円・$\beta=20$万円）の弁済をE・Fに請求することはできない。

なお，預金債権であるαは，遺産分割を経ることなく，Bが単独で払戻請求をすることはできない（前述1(2)）。B・C・Dは，仮分割の仮処分を家庭裁判所に申し立てない限り，民法909条の2が定める限度でしか払戻請求をすることができない。同条では，各共同相続人が単独で権利行使することができる金額を，指定相続分ではなく法定相続分に基づいて算定することとされているから，Bが同条に基づいてαの払戻しを請求することができるのは，40万円（180万円×1/3×2/3）ではなく30万円（180万円×1/3×1/2）までである。他方，C・Dは，指定相続分（6分の1）ではなく法定相続分（4分の1）に基づいて，各15万円までのαの払戻しを単独でEに請求することができる。

〔設例3〕と異なり，C・Dについて12分の1（民法909条の2所定の1/3×C・Dの法定相続分1/4）よりも小さい割合の相続分（たとえば18分の1）が指定されていた場合はどうか（遺留分の問題はここでは措く）。C・Dはαについて10万円（180万円×1/18）の持分しか有していないが，この場合も，単独での権利行使が可能な上限額は法定相続分に基づいて算定されるから，C・Dは各15万円までのαの払戻しを単独でEに請求することができる。民法909条の2に基づいて預貯金債権の行使がされた場合には，同条後段により，遺産の一部分割がされたものとみなされるから，α・β以外にも遺産がある限り，C・Dが持分を超えて払戻しを受けた額（C・D各5万円）について不当利得の問題は生じないと解される。

4 遺産分割

〔設例4〕
　Aは，遺言を残すことなく死亡した。B・C・Dの遺産分割協議により，Bがαを，Cがβをそれぞれ単独で承継することとされた。

(1) 第三者対抗要件

民法899条の2第1項は「遺産の分割によるものかどうかにかかわらず」と規定しており，同条が遺産分割にも適用されることは明らかである[26]。〔設例4〕では，B・Cは，遺産分割によるα・βの承継について第三者対抗要件を備えない限り，法定相続分を超える部分の承継を第三者（αについてCの法定相続分を差し押さえたGや，βについてのDの法定相続分をDから譲り受けたH）に対抗することができない[27]。

相続法改正前の判例にも，遺産分割による債権の承継を第三者に対抗するためには対抗要件の具備を要するとしたものがあったが（最判昭和48・11・22金法708号31頁），同条はこれを明文化したことになる。もっとも，遺産分割について移転主義を採るならば，新たに規定を設けるまでもなく民法467条が適用されるともいえそうだが，それにもかかわらず民法899条の2が新設されたということは，宣言主義のほうにより親和的であると考えられる[28]。

ただし，判例により遺産分割の対象となるとされている預金債権αについては，問題なく民法899条の2が適用されるとしても，βへの同条の適用については若干の疑義がある。金銭債権は，（判例により遺産分割の対象とされているものを除いて）相続開始とともに当然分割となるのが原則であるが，共同相続人全員の同意があれば遺産分割の対象とすることもできるというのが実務の取扱いである[29]。しかし，理論的には，そこで行われているのは遺産分割ではなく，いったん相続分（法定相続分ないし指定相続分）に従って各共同相続人に帰属した債権を，再度，共同相続人間で移転しているとみることもできるように思われる。かりにこのようにみた場合，対抗要件の具備が必要とされる根拠は民法899条の2ではなく民法467条に求められることになろうし（取得し

---

(26) その反面，民法899条の2は特定財産承継遺言や相続分の指定については明示していないため，これらに同条が適用されることが読み取りにくい規定ぶりになっており，法制的にみてやや問題があるように思われる（七戸克彦「相続と登記」法政研究85巻3・4号（2019年）963頁がこの旨を指摘する）。
(27) 遺産分割による債権の承継も相続を原因とするものであり，民法466条の5は適用されないと解される。これにつき，白石・前掲注(13)23頁注34も参照（ただし，包括遺贈や相続分譲渡に言及する括弧書きは遺産分割とは無関係であった。この場を借りて訂正する）。
(28) 不動産物権の承継に関してではあるが，水津・前掲注(8)ジュリ1532号54頁，同・前掲注(8)法時92巻4号71-73頁も，同条を宣言主義に基づいて理解する（松尾弘「相続による権利・義務の承継法理について」池田真朗先生古稀記念論文集『民法と金融法の新時代』（慶應義塾大学出版会，2020年）34頁も同様の理解に基づくものか）。
(29) 潮見・前掲注(12)198頁参照。

た持分が法定相続分を超えない場合にも対抗要件の具備が必要となる），預貯金債権の譲渡禁止特約に関する民法466条の5も適用されることになりそうである。当然分割されず遺産分割の対象となる債権（α）と当然分割が原則とされる債権（β）とで規律が大きく異なるのは好ましくないため，筆者は必ずしも上記のような把握の仕方を支持するわけではないが，当然分割されるはずの債権が遺産分割の対象となるというのはどういうことなのかについて，理論的な観点から疑問を呈しておきたい[30]。

(2) 債務者対抗要件

遺産分割の結果，法定相続分を超えて債権を承継した相続人は，債務者対抗要件を備えない限り，法定相続分を超える部分の弁済を債務者に請求することができない。〔設例4〕でも，B・Cは，債務者対抗要件を備えない限り，法定相続分を超える部分の弁済をE・Fに請求することはできない（第三者対抗要件に関連して(1)で述べたのと同様に，βについては適用法条に議論の余地がありうる）。なお，αはBが単独で承継するので，Bは，債務者対抗要件を備えれば，民法909条の2によらずに単独でα全額の払戻しを受けることができる。

〔設例4〕において，遺産分割の前に，C・Dが民法909条の2に基づくαの払戻しを受けていた場合は，同条後段により遺産の一部分割がされたものとみなされるので，払戻請求に応じたEはその限度で免責される。また，遺産分割の前に，B・Dが法定相続分に基づくβの請求をFに対して行い，Fがこれに応じて弁済した場合には，債務者対抗要件が備えられる前にされたこの弁済は，民法478条や民法909条ただし書きによるまでもなく有効であると考えられる[31]。

5 遺 贈

〔設例5〕
　Aは，α・βをBに遺贈する旨の遺言をしていた。

(1) 第三者対抗要件

遺贈は，相続開始とともにその効力を生じ，遺贈の客体とされた権利がただちに受遺者に移転するとされる（物権的効力説）。債権が遺贈された場合の対抗

---

(30) 窪田・前掲注(2)58頁注5も，本文と同様の問題意識を示す。
(31) 民法（相続関係）等の改正に関する中間試案の補足説明26-27頁。

要件の要否について，相続法改正前の判例は，債務者対抗要件に関してではあるが，「特定債権が遺贈された場合，債務者に対する通知又は債務者の承諾がなければ，受遺者は，遺贈による債権の取得を債務者に対抗することができない」としたうえで，「債務者に対する通知は，遺贈義務者からすべきであって，受遺者が遺贈により債権を取得したことを債務者に通知したのみでは，受遺者はこれを債務者に対抗することができない」と判示していた（最判昭和49・4・26民集28巻3号540頁）。

相続法改正の立案担当者は，債権の遺贈の対抗要件については，民法899条の2ではなく民法467条が適用されるという立場を採っている[32]。それは，「遺贈のように特定承継であることが明らかなものについては，……民法第177条等の適用範囲に含めるのが相当である」との理由による[33]。これによれば，民法899条の2第2項は遺贈に適用されないので，通知によって遺贈の対抗要件を備えたい場合は，上述の相続法改正前の判例に従い，受遺者からではなく遺贈義務者（相続人全員）から通知することが必要となる[34]。もっとも，これに対しては異論もあり，遺贈にも民法899条の2第2項の類推適用を認めるべきだと主張する見解がみられる[35]。これについてはⅢで改めて検討する。

〔設例5〕についてさしあたり立案担当者に従うとすると，Bは，民法467条2項が定める第三者対抗要件（B・C・D全員からE・Fへの確定日付のある証書による通知か，または確定日付のある証書によるE・Fの承諾）を備えない限り，遺贈によるα・βの承継を第三者に対抗することができない。

なお，〔設例5〕ではAがαも遺贈しているが，これについては民法466条の5の適用の有無が問題となる。債権譲渡に関する諸規定（民法466条以下）が，法律行為による債権の移転に一般的に適用されるとすると（1(1)参照），遺贈も法律行為である以上，民法466条の5の適用を受けることになる。これに対し，債権譲渡の諸規定は契約による債権の移転にのみ適用されるとする立場（前掲注(10)参照）によれば，遺贈は同条の適用対象から除かれることになろう。もっとも，実際には，金融機関は譲渡禁止特約を主張することなく受遺者からの権利行使に応じているとのことであり[36]，そうだとするとこれは実益に乏しい議論かもしれない。

---

(32) 潮見ほか・前掲注(1)25頁〔堂薗発言〕参照。
(33) 部会資料17・7頁。
(34) 水津・前掲注(8)法時92巻4号75頁。
(35) 潮見・前掲注(12)622頁注32。
(36) 潮見ほか・前掲注(1)25頁〔藤原発言〕参照。

(2) 債務者対抗要件

　立案担当者の見解による限り，遺贈の債務者対抗要件についても，民法899条の2ではなく民法467条1項が適用される。したがって，通知を受益相続人から行ってもよいとする民法899条の2第2項は，遺贈の債務者対抗要件には適用されないことになる。〔設例5〕でも，Bは，民法467条1項が定める債務者対抗要件（B・C・D全員からE・Fへの通知か，またはE・Fの承諾）を備えない限り，α・βの弁済をするようE・Fに求めることはできない。

　なお，特定財産承継遺言について遺言執行者がある場合は，民法1014条3項が適用され，遺言執行者が預貯金債権の払戻しを請求することができる（2(2)参照）。同条は，文言上は適用対象を特定財産承継遺言に限っているように読めるが，これを遺贈に類推適用することができるかどうかが問題となる。立案担当者は，民法899条の2第2項の遺贈への（類推）適用に対しては否定的な立場をとっているのと対照的に，民法1014条3項については遺贈への類推適用の可能性を示唆している[37]。それは，民法899条の2第2項については理論的な理由により遺贈を適用対象から除外したのに対し，民法1014条3項については法制上の理由から遺贈を適用対象に含めなかったにすぎないためであるという。特定財産承継遺言と遺贈とで，遺言執行者の権限に差を設けるべき根拠は乏しいから，預貯金債権そのものよりもむしろ金銭を受遺者に与えたいという被相続人の意思が遺言解釈として認められる場合には，遺贈への同項の類推適用を支持したい[38]。

6　相続放棄

〔設例6〕
　Aの死亡後，Cが相続放棄を行った。

(1) 第三者対抗要件

　判例は，相続放棄の遡及効は絶対的で，何人に対しても登記等なくしてその効力を生じるとしている（最判昭和42・1・20民集21巻1号16頁）。これは不動産登記に関する判例だが，債権譲渡の対抗要件に関してもその趣旨は及ぶと解される。そして，相続法改正によってもこの判例法理の変更は想定されていな

---

(37)　潮見ほか・前掲注(1)20頁〔堂薗発言〕参照。
(38)　潮見ほか・前掲注(1)22頁〔白石発言〕。なお，吉永一行「遺言執行者の地位と権限に関する2018年相続法改正」民商155巻1号（2019年）107頁も参照。

いから[39]，相続放棄には民法899条の2に基づく対抗要件の具備は要求されないと考えられる（民法467条の適用もないと解される）。〔設例6〕では，Cの相続放棄により，Dの法定相続分は4分の1ではなく2分の1となるが（Bの法定相続分は2分の1のままである），Dは，対抗要件を備えなくても，これを第三者（αについてCの法定相続分を差し押さえたGなど）に対抗することができる。

相続放棄には遡及効があるから（民法939条），〔設例6〕においてCが相続放棄をすると，Cは相続開始時から相続人ではなかったものとして取り扱われる。その結果，Aの相続にかかる法定相続分は，当初からB・Dともに2分の1だったことになり，この相続放棄後の法定相続分に基づく権利の承継については，B・Dは対抗要件なくして第三者に対抗することができる（民法899条の2第1項の反対解釈）。上記の結論は，理論的にはこのように説明することができるだろう。

(2) **債務者対抗要件**

(1)で述べたことを前提とすれば，相続放棄については，債務者対抗要件も不要ということになろう。したがって，〔設例6〕のDは，α・βについて，Cの相続放棄後の法定相続分である2分の1（α＝90万円・β＝60万円）を承継したことを，債務者対抗要件を備えることなくE・Fに対抗することができよう[40]。

ただし，法定相続分による債権の承継に関して前述したこと（1(2)参照）は，ここでもやはり妥当する。すなわち，相続人は包括承継人であるとはいえ，当初の債権者である被相続人とは別人であるため，何らかの形で相続による債権の承継を債務者に知らせなければならないはずである。被相続人の家族構成がわかれば，債務者は各共同相続人の法定相続分をいちおうは知りうる。しかし，相続放棄がされると法定相続分が異なってくるにもかかわらず，相続放棄があったことを部外者が知るのは通常は容易ではない。したがって，各共同相続人が，相続放棄後の法定相続分に基づく弁済を債務者に求めるにあたっては，相続放棄の事実を証明する書面を債務者に提示することが求められよう。

---

(39) 沖野眞已＝堂薗幹一郎＝道垣内弘人（聞き手）「〔対談〕相続法の改正をめぐって」ジュリ1526号（2018年）17頁〔堂薗発言〕では，相続放棄の規律について，「法制審議会でも見直しをしたほうがいいのではないかという議論は特にありませんでした」とされている。

(40) ただし，預金債権であるαについては，D単独での払戻請求はできない。民法909条の2に基づく権利行使や仮分割の仮処分については，本文1(2)で述べたところに譲り，ここでは繰り返さない。

では、〔設例6〕において、Fが相続放棄の事実を知らないまま、相続放棄前の法定相続分に従ってβにつきCに30万円を弁済したとするとどうなるか。相続放棄は対抗要件なくして債務者に対抗することができるとされている以上、この場合のFの保護は、民法478条によって図るほかないと思われる。

このようにみてくると、相続放棄において債務者対抗要件を不要としてよいかは、一考を要するようにも思われる。これについてもⅢで改めて検討したい。

Ⅲ 対抗要件の理論的検討

1 民法899条の2第1項

(1) 民法467条との関係

Ⅱで述べたとおり、民法467条が適用対象とする「債権の譲渡」は、法律行為ないし契約による債権の移転に限られる。民法899条の2は、民法467条が適用されない、相続による債権の承継（特定財産承継遺言・相続分の指定・遺産分割）について、対抗要件のルールを新たに定める規定であると位置づけられる[41]。これと同様に、民法467条が適用されない債権の移転について対抗要件を定める規定としては、任意代位による原債権の移転の対抗要件に関する民法500条がある。

民法899条の2の債権への適用において、対抗の対象とされているのは何か[42]。私見は、民法467条については、「債権の移転を目的とする法律行為（契約）」が対抗の対象であると解している[43]。そこで、民法467条に関するこの私見とパラレルに、民法899条の2でも、相続による債権の承継を根拠づける法律行為（遺言・遺産分割協議）を対抗の対象とみることがいちおう考えられよう。しかしこの考え方は、法定相続分に基づく債権の承継も本来は対抗要件具備が必要な権利の承継であるという理解（Ⅱ1(1)参照）とは、相容れないように思われる。民法899条の2を民法467条と同じように解釈しなければならない必然性はないから、ここではさしあたり、民法899条の2の文言にも忠実に、同条の対抗の対象を「相続による債権の承継（取得）」と解しておきたい。

---

(41) 松尾・前掲注(28)33頁は、民法899条の2は一般法である民法467条2項に対する特別法に当たるとする（ただし、本稿とはややニュアンスが異なるようでもある）。
(42) 窪田・前掲注(2)60頁がこの問題を提起する。
(43) 白石大「将来債権譲渡の対抗要件の構造に関する試論」早法89巻3号（2014年）171-172頁、民法理論の対話と創造研究会編『民法理論の対話と創造』（日本評論社、2018年）210頁〔白石大〕。

(2) 対抗要件具備の方法

民法899条の2第1項は，相続による債権の承継を第三者に対抗するために求められる具体的な対抗要件の内容について，直接には規定していない。立案担当者によれば，同項の「登記，登録その他の対抗要件を備えなければ」という文言は，対抗要件の内容については，権利の「譲渡」等において必要とされる対抗要件と同じものを要求する趣旨であるという[44]。しかし(1)で述べたとおり，民法899条の2の適用対象は「相続による権利の承継」であって「譲渡」ではないから，この規定ぶりだと，債権譲渡に関する民法467条を参照すべきであることが必ずしも表現されていないように思われる。むしろ，民法500条のように，民法467条を準用する旨を規定するほうがより適切であったといえよう。

ともあれ，民法899条の2第1項で求められる債権の承継の「対抗要件」とは，債務者に対する通知または債務者の承諾であり[45]，債務者以外の第三者に対しては，これを確定日付のある証書によってすることを要する[46]。相続による債権の承継において「譲渡人」に相当する者は，被相続人の地位を包括的に承継した共同相続人全員であるから，通知は原則として共同相続人全員によって行われなければならないとされている[47]。もっとも，これについても検討を要すると思われる点があり，同条2項の特則に関する検討とあわせて後述する。

第三者対抗要件として確定日付のある証書による通知・承諾を要求したのは，民法467条2項を前提とする限り，無理からぬことであった。しかし，民法467条も含めた立法論としては，確定日付を要求することの意味を再考すべきであろう[48]。

---

[44] 堂薗＝野口編著・前掲注(11)165頁，堂薗＝神吉編著・前掲注(18)141頁。

[45] なお，部会では，承諾を対抗要件とすることの是非について議論があった。その背景には，実際上，債務者（銀行）が承諾を余儀なくされることに対する懸念がある（部会第5回会議議事録16頁〔窪田充見委員発言〕，部会第9回会議議事録8頁〔浅田隆委員発言〕参照）。しかしここでの承諾は，意思表示ではなく，承継の事実を知ったことについての観念の通知であり，承継の有無が不明なまま承諾するということは理論的には考えられない。上記の実際上の懸念は理解するものの，債務者には承諾する義務はないこともあわせて考えれば，承諾を対抗要件とすることに問題はないと思われる。

[46] 堂薗＝野口編著・前掲注(11)165頁，堂薗＝神吉編著・前掲注(18)141頁。なお，相続では譲渡人に相当する者（被相続人ないし共同相続人全員）が個人であり，債権譲渡登記を利用する余地はない（沖野ほか・前掲注(39)18頁〔道垣内発言〕参照）。

[47] 堂薗＝野口編著・前掲注(11)166頁，堂薗＝神吉編著・前掲注(18)144頁。

[48] 確定日付のある証書による通知・承諾を第三者対抗要件とすることの妥当性をめぐり，債権法改正の際に行われた議論について，白石大「債権譲渡の対抗要件制度に関する法改正の日仏比較」安永正昭＝鎌田薫＝能見善久監修『債権法改正と民法学Ⅱ 債権

(3) 債務者対抗要件の特殊性

民法899条の2は，第三者対抗要件と債務者対抗要件をパラレルに扱っており，前者が必要とされる場面と後者が必要とされる場面は同一である。すなわち，特定財産承継遺言・相続分の指定・遺産分割では，第三者対抗要件・債務者対抗要件の両者とも必要とされているのに対し，法定相続分による承継や相続放棄では，両者とも具備の必要はないとされている。

しかし，Ⅱで問題意識を示しておいたとおり，これには立法論的にみて疑義がある。法定相続分による承継や相続放棄については，各共同相続人が承継する権利が法定相続分（相続放棄では放棄後の法定相続分）を超えないため，第三者対抗要件を具備する必要はない。しかし，相続人は当初の債権者である被相続人とは別人である以上，相続による債権の承継を債務者に知らしめなければならないはずであり，債務者対抗要件を不要としてしまうのは問題ではなかろうか。また，さしあたり解釈論としても，法定相続人の範囲や法定相続分などを証明する書面が提示されない限り債務者は弁済を拒めると解したり，相続放棄の事実を知らずに弁済した債務者について民法478条の無過失を緩やかに認めたりするなどの配慮が求められよう。

2 民法899条の2第2項

(1) 遺贈への類推適用の可否

民法899条の2第2項は，相続による債権の承継について，対抗要件具備方法の特則を定めている。債権の承継についての通知は共同相続人全員から行われなければならないというのが原則であるが，同項は，受益相続人が遺言・遺産分割の内容を明らかにしたうえで通知したときは，「共同相続人の全員が債務者に通知をしたものとみなして」対抗要件の具備を認める。

同項の趣旨は，次のように説明されている。①特定財産承継遺言や相続分の指定では，どのような状況のもとで遺言がされたか相続人が把握していないことが多く，受益相続人以外の相続人に通知を期待することは困難である。②また，特定財産承継遺言等の相続を原因とする権利の承継では，受益相続人以外の共同相続人は対抗要件の具備に協力すべき義務（対抗要件具備義務）を負わない。これら①②の理由から，受益相続人が容易に対抗要件を備えられる手段を設けたというのである[49]。もっとも，これらの理由は遺産分割には当てはま

総論・契約(1)』（商事法務，2018年）211頁以下参照。
(49) 堂薗＝野口編著・前掲注(11)166頁，堂薗＝神吉編著・前掲注(18)144-145頁。

らないように思われるが[50]，同項は遺産分割にも適用されることを想定している（同項括弧書き参照）。

同項に関しては，遺贈への類推適用の可否が論じられている。立案担当者は，遺贈では特定財産承継遺言と異なり，相続人に対抗要件具備義務があることを理由に，これを否定的に解している[51]。しかし，それをいうならば，遺産分割についても同項の適用を否定すべきだということになりはしないか（前掲注(50)参照）。また，そもそも，特定財産承継遺言等では相続人は対抗要件具備義務を負わないという②の前提自体にも疑問がある。相続人に対抗要件具備義務がないというのならば，共同相続人全員を「譲渡人」に相当する者とみて，その通知を対抗要件として認めるのもおかしいということになりはしないだろうか（債権譲渡では譲渡人は通知義務を負うと解されている）。「譲渡人」に相当するのは共同相続人全員だというのであれば，むしろ，その共同相続人全員は受益相続人に対して対抗要件具備義務を負うと解するのが自然であると考える[52]。

民法899条の2第2項は，特定財産承継遺言の受益相続人が単独で不動産の登記申請をすることができる（不動産登記法63条2項）ことと平仄をとったものだともいわれる[53]。しかし，「不動産登記が共同申請か単独申請か」と「債権の承継の通知を誰がするか」とはパラレルなのかがそもそも疑問である[54]。また，特定財産承継遺言について，受益相続人単独での登記申請が認められることは前提としつつ，受益相続人以外の共同相続人をなおも登記義務者とみるという理論構成も提示されているところである[55]。

以上より，少なくとも相続人を受遺者とする遺贈については，民法899条の2第2項の類推適用を認めるべきであると考える。

---

(50) 堂薗＝神吉編著・前掲注(18)147頁注2は，遺産分割協議の結果として，各共同相続人が対抗要件具備義務を負うことがありうるとしており，②の理由も遺産分割には必ずしも妥当しない。
(51) 潮見ほか・前掲注(1)25頁〔堂薗発言〕。
(52) この点において，金子・前掲注(3)280-281頁の主張に賛同する。
(53) 堂薗＝野口編著・前掲注(11)167頁注2，堂薗＝神吉編著・前掲注(18)147頁注3。
(54) 金子・前掲注(3)281頁も，両者は「無関係である」と指摘する。なお，令和3年の不動産登記法改正により，相続人に対する不動産所有権の遺贈については，所有権移転登記を受遺者単独で申請することができるようになっており（不動産登記法63条3項），民法899条の2第2項の解釈において特定財産承継遺言と遺贈を区別することは，よりいっそう難しくなったといえる。
(55) 石田剛「不動産登記の多様な役割と民法理論」法時89巻9号（2017年）64-65頁。

(2) 債権譲渡法制に及ぼしうる影響

受益相続人による通知を対抗要件として認める民法899条の2第2項が新設されたことは，債権譲渡法制にも影響を与えうると思われる。

民法467条1項は，債務者に対する通知を行う主体を譲渡人に限定しており，これは詐称譲受人からの虚偽の譲渡通知を防ぐためであると説明されている[56]。しかし他方で，「譲渡人からしか通知できないわが民法の規定の方は，諸外国の例から見て異端であり，……譲渡人の関与の下になら譲受人からも通知できるとする方がやはり本来の形であろう」いう指摘もあり[57]，実際には，譲受人が譲渡人の代理人ないし使者として通知することもよく行われている（最判昭和46・3・25判時628号44頁参照）。また，債権譲渡登記制度においては，譲受人が債務者に登記事項証明書を交付して通知した場合にも，債務者対抗要件が備わるとされている（動産・債権譲渡特例法4条2項）。

もとより，詐称譲受人からの虚偽の通知を防ぐという民法467条の趣旨は正当なものであり，無限定に譲受人からの通知を認めるのは妥当ではない[58]。しかし，対抗要件を具備することに利害関係を有するのはまずもって譲受人であることを考えれば，譲渡人のみを通知の主体とする同条の規律は，やや硬直的にすぎるようにも映る。明文がある以上は，単純に譲受人からの通知で足りるという解釈を採ることはできないが，譲渡人の関与を確認することができる限り，厳密に譲渡人からの通知ということに拘らなくてもよいように思われる。また，立法論としては，民法899条の2第2項と同様に，譲受人が債権譲渡の内容を証明する書面を示して行う通知を，対抗要件として認めるということも検討に値しよう。

---

(56) 潮見・前掲注(5)426頁。
(57) 池田・前掲注(5)44頁注14。
(58) 金子・前掲注(3)281頁は，「債務者対抗要件としての譲渡通知は譲渡人が行わねばならないという従来の議論を再検討すべきとする論調」に対し，「この論調はきっぱりと否定されるべきである」と断じる。これは，「譲渡人からでないと信用できないという理由付けをどこまで維持する必要があるか，最近少し疑問に感じています」という筆者の座談会での発言（潮見ほか・前掲注(1)26頁）を（も）念頭に置いたものであると思われる。しかし本文に記したとおり，筆者も，譲渡人の関与を確認することができない単純な譲受人からの通知で足りるとは考えておらず，「他の相続人の関与なく『しれっと』できるもの」を対抗要件として認めることはできないという金子教授の指摘（金子・前掲注(3)286頁）にも違和感はない。

Ⅳ　おわりに

　民法899条の2の新設は，実務に大きな影響をもたらしうる改正であったが，相続による債権の承継に同条がどのように適用されるかについては，これまで十分に検討が進んでいなかった。また，とりわけ同条2項の規律は，債権譲渡法制にもインパクトを与えうるものであり，これを財産法理論の観点から受け止めることが必要とされていたように思われる。

　潮見佳男先生は，その遺作において，「相続法の分野においても，財産法（物権法・債権法）固有の理論と比較対照した上での説得力のある理論化が求められ，さらにその前提として，相続法の理論を分析するに際して，財産法（物権法・債権法）固有の理論に対する洞察が求められるようになっている」と記された[59]。本稿ではその実践を試みたつもりであるが，まだ全く不十分であることを自覚している。潮見先生のご遺志を受け止め，今度も財産法・相続法の研究を続けていきたい。

---

(59)　潮見・前掲注(12)第2版はしがきⅰ-ⅱ頁。

第 5 章
相続の承認・放棄，特別縁故者

32 民法923条および937条の解釈
——潮見『詳解相続法』(第2版)と高木『口述相続法』における記述に関する覚書

川　淳一

　　Ⅰ　本稿の目的　　　　　　　　Ⅳ　高木『口述』における記述
　　Ⅱ　本稿の構成　　　　　　　　Ⅴ　まとめ
　　Ⅲ　潮見『詳解』における記述

Ⅰ　本稿の目的

　民法923条は、「相続人が数人あるときは、限定承認は、共同相続人の全員が共同してのみこれをすることができる。」としているところ、この規定が適用される場面において、共同相続人中に民法921条2号が規定する法定単純承認事由、すなわち、「相続人が第915条第1項の期間内に限定承認又は相続の放棄をしなかったとき。」に該当する者がいた場合の解釈が問題となる。現時点における比較的有力な解釈は、「相続人が第915条第1項の期間内に限定承認又は相続の放棄をしなかったとき。」が共同相続人の全員について満たされる時点までは、既に期間を徒過した共同相続人も含めて、共同相続人全員が共同するならば、なお、限定承認を選択することが可能であるというものであるように思われる[1]。

　これに対して、潮見佳男は、『詳解相続法』(第2版)[2](以下、『詳解』と略記する)において、共同相続人のうちの誰か一人について民法921条2号所定事由が発生した場合には、もはや限定承認がなされる余地はなくなると解すべきである主張している。もちろん、潮見は、現時点での有力説とは異なる見解を自覚的に主張しているのであって、注において、有力説を採るものとして、高

---

[1]　潮見佳男編『新注釈民法(19)〔第2版〕』(有斐閣、2023年)625頁〔中川忠晃〕は、これを通説とし、同上572頁〔幡野弘樹〕も、この解釈を採る立場が「通説的地位を占めている」としている。また、この解釈を採る下級審裁判例として、東京地判昭和30・5・6下民集6巻5号927頁がある。

[2]　弘文堂、2022年。

木多喜男『口述相続法』(3)（以下，『口述』と略記する）における記述と中川善之助＝泉久雄『相続法』（第4版）(4)を挙げ，とくに高木に対しては，ごく短い形ではあるがコメントを残している。

　筆者は，この点について，現時点では，有力説を支持するものであるが，それは一応措くとして，潮見の解釈論は具体的にはどういうものだったのか，潮見自身はどのような根拠に基づいて自説を採ったのか，そして，潮見が特に言及した高木の見解はどのようなものであり，それはどのような根拠にもとづくものだったのかを検討することは，この問題への理解を深めるうえで意義のあることだと考えるものである。本稿の目的は，そのような検討を行うことである。

II　本稿の構成

　本稿では，まず，潮見『詳解』における民法923条および921条2号に関する記述を引用して，共同相続人中に未だ民法915条所定期間を徒過していない者がいる場合の限定承認申述の可否に関する潮見の解釈を，高木『口述』への言及の内容も手がかりとして，確認する。この際，民法921条1号に関する記述も合わせて引用し，確認の対象とする。これは，1つには，潮見が2号に関する解釈と1号に関する解釈を1つの項目の中で説明していることにもよるが，筆者は，そもそも民法921条2号に関する解釈は，1号に関する解釈と併せて理解することによって，その解釈が有する性格をより正確に理解できると考えるからである。この作業を通じて明らかになることは，潮見は，共同相続において限定承認申述が可能となる場合を，現行法の解釈の枠内で比較的狭く取っているということであり，そして，そのような解釈を採る実質的根拠は，相続債権者の期待の保護ということにあるということである。

　つぎに，高木『口述』における民法923条および921条2号・1号に関する記述等を引用して，民法921条2号および1号所定事由に該当する者が共同相続人の中にいる場合における限定承認申述の可否に関する高木の解釈を確認する。この作業を通じて明らかになることは，高木は，潮見の対極にある解釈，すなわち，共同相続において限定承認申述が可能となる場合を，現行法を解釈の枠内で比較的広くとっているということである。もっとも，それでは，高木は，相続債権者の期待の保護を重視していないのかというと，筆者の読解が適

---

(3)　成文堂，1988年。
(4)　有斐閣，2000年。

切であるとすれば，決してそのようなことはない，ということになる。

　そこで，それでは，潮見と高木の間で解釈が分かれる根本的な理由はなになのかということを検討すべきことになる。ここでは，主として，高木の記述をてがかりにすることになる。結論のみを先に述べれば，制度論として，相続債務に対して相続人は無限責任を負うことを基本とする現行日本民法における制度設計を所与とするか，それとも，現行日本民法における制度設計がそのようなものであることを事実として認めたうえで，それを制度論としては不当であるという評価を基礎に条文解釈をするのかが，この問題に関する潮見と高木の間の解釈論の分かれ目でなのではないか，ということである。

　なお，以下，テキストを引用する際には，執筆の便宜上，一文ごとに付番することにする。

III　潮見『詳解』における記述

1　民法923条・921条2号に関する記述

　民法923条と921条2号に関する記述は，2か所でなされている。1か所めは，「第4章　相続資格の具体的確定」→「第2節　相続の放棄と承認」→「第5項　限定承認」→「【II】限定承認が利用されにくい背景」→「(2)共同相続の場合には，共同相続人が全員で共同してのみ，限定承認をすることができる（923条）。」中の［CASE82］に関する説明とそこに付された注記とであって，それはつぎものものである。

　「［CASE 82］Aが死亡し，相続人はX・Y・Zである〔1〕。Y・Zは，Aと対立して一緒にAのもとを離れ，音信不通になっていた〔2〕。Aの葬儀はXがおこない，その際に，Xは，Y・Zにも知らせようとしたが，連絡がつかないままであった〔3〕。A死亡の後Xは，Aに2,200万円の積極財産があるものの，他方で2,000万円前後の借金もあることを知ったが，覚悟を決めて3カ月間，相続放棄も限定承認もしなかった（熟慮期間が経過した結果，921条2号による法定単純承認の効果が発生する）〔4〕。他方，Y・Zは，A死亡の10カ月後，ほぼ同時にA死亡の事実を知った〔5〕。」(5)。「［CASE 82］では，相続人はX・Y・Zの3人であるところ，937条に照らせば，Xにつき921条2号による法定単純承認の効果が発生すると，後述（【III】2）するように，YZには，個々に熟慮期間が満了していないにもかかわらず，限定承認をする余地がなくなる

---

(5)　潮見『詳解』90頁。

と解すべきである38）〔6〕。」[6]。注「38）これに対して，高木146頁は，他の相続人において限定承認をすることができる間は，相続人全員で限定承認をすることができるとする（事後的な調整は，937条によりおこなうべきであるとする。しかし，同条は921条2号を参照していない）〔7〕。また，中川＝泉388頁・396頁は，921条1号の法定単純承認の場合は，他の共同相続人は原則としてもはや限定承認をすることができなくなるが，2号の法定単純承認の場合は，熟慮期間の満了しない者が1人でもいる限り共同相続人全員で限定承認をすることができるとする〔8〕。新版注民27・525頁以下〔川井〕同473〔谷口知平＝松川正毅〕もこれと同旨である〔9〕。しかし，共同相続人の1人の言動（不作為を含む）から生じる相続債権者の期待，少なくとも，当該相続人は無限責任を負うとの期待（937条は921条2号を参照していないため，このような期待は同条のもとでは保護されない）と，このような言動にもかかわらず限定承認の煩瑣な手続に巻き込まれることになりうる債権者の負担を考えると，これらの見解に与することはできない〔10〕。この問題に関しては，さらに，新注民19・506頁〔幡野〕の指摘も参照せよ〔11〕。」[7]。

2か所めは，同じく第4章第2節第5項中の「【Ⅲ】限定承認の効果」中「2……法定単純承認事由がある場合の相続債権者」の第2段落にあり，それはつぎのものである。

「937条は，921条2号［熟慮期間経過による法定単純承認］を指示していない〔12〕。したがって，共同相続人の1人につき熟慮期間が経過した場合において，限定承認の効力を認めつつ，この者に無限責任を課すことは，937条のもとでは想定されていない〔13〕。それゆえ，共同相続人の1人につき熟慮期間が経過した場合には，相続放棄や限定承認がされることはないとの相続債権者の利益を保護するため，その後は，たとえ他の相続人につき熟慮期間が経過していなくても，もはや限定承認をすることができないと解すべきである（前述【Ⅱ】。意図的に2号の指示が排除されているうえに，相続債権者の利益保護にも説得力がある以上，2号が定める場合に937条を類推するとの考え方は，現行法の解釈として，とうてい支持することができない）〔14〕。」[8]。

この記述から筆者が理解する潮見の論旨を，言葉を付け足しながら述べると，それはつぎのようなものである。

---

[6]　同上91頁。
[7]　同上91頁。
[8]　同上92頁。

すなわち，①民法923条は，共同相続の場合には，共同相続人全員が共同してのみ限定承認をすることができる旨を規定しているところ，共同相続人の中に，民法921条2号に該当する者，すなわち，民法915条所定期間を徒過した者がいる場合には，その時点では未だ915条所定期間を徒過していない者も含めて，もはや共同相続人は，全員で限定承認を選択することはできないと解すべきである〔6〕〔14〕。②この解釈を採る実質的理由は，共同相続人のうちのすくなくとも「1人の言動（不作為を含む）」，すなわち，民法915条所定期間を徒過したことから相続債権者に生じる，すくなくとも所定期間を徒過したその相続人は相続債務に対して無限責任を負うという期待の保護にある〔10〕〔14〕。③この見解に対しては，つぎのような反論，すなわち，共同相続人中に民法915条所定期間を未だ徒過していない者がいる間は，なお，期間を徒過した共同相続人も含めて，共同相続人全員で限定承認の意思表示をすることができ，限定承認をした時点で民法915条所定期間を徒過していた共同相続人のみが民法937条の類推適用によって相続債権者に対して相続分の範囲で無限責任を負うとすれば足りるという反論がありうる。しかし，民法937条は意図的に民法921条2号を適用外と規定していることから，民法937条類推適用を含むこの反論に与することはできない〔10〕〔14〕。④なお，③の点に関連して，高木は，他の相続人において限定承認をすることができる間は，相続人全員で限定承認をすることができるとし，事後的な調整は，民法937条によりおこなうべきであるとしている。しかし，民法937条は921条2号を参照していない〔7〕。

潮見の見解に対するこの理解が適切であるとすれば，潮見の見解は，民法921条2号所定事由に該当する共同相続人には民法937条の適用がないことを前提として，すくなくとも民法921条2号所定事由に該当した相続人は相続債務に対して無限責任を負うという相続債権者の期待を保護するという見地から，共同相続人中に民法921条所定事由に該当する者が生じた後には，限定承認の可能性を消滅させる（＝他の共同相続人には単純承認を受け入れるか相続放棄をするかの選択が残るのみである）というものだということになる。たしかに，民法921条2号所定事由に該当した相続人が相続債務に対して無限責任を負うという相続債権者の期待を保護するとすれば，限定承認が共同相続人全員でのみなされうる以上，選択肢は，①共同相続人全員による限定承認をなお認めつつ，民法921条2号所定事由に該当する共同相続人に民法937条類推適用による責任を個別に負わせるか，②限定承認の可能性を否定し，民法921条2号所定事由に該当した共同相続人には単純承認が生じたものとし，他の共同相続人には

単純承認か相続放棄かの選択を認めるかのどちらかしかない。そして，民法937条の規定の仕方から判断して，民法937条を民法921条2号所定事由に該当する者に類推適用することには，条文の解釈として無理があるのもたしかである。そうすると，採るべき解釈は②となるというのは道理であり，結果として，問題の時点では未だ民法921条2号所定事由が発生していない共同相続人から限定承認をするという選択肢がなくなるというのはやむを得ないということになろう。

もっとも，相続人が相続債権者に対して無限責任を負う旨を明確に述べたことによってではなく，単に所定期間を徒過したことによって相続債権者が有するにいたった期待をそこまで保護する理由はあるのかということも，問題にすることはできるようには思われる。しかし，相続人の単純承認，すなわち無限責任を基本とし，オルタナティブとしてのみ限定承認（有限責任）と相続放棄を認めるという日本法の制度設計を所与として受け入れるかぎり，相続人が無限責任を負うことへの相続債権者の期待をそのレベルで保護することはむしろ当然であるともいえるようにも思われる。

ただし，このような潮見の記述には，一点だけ，留意が必要な点がある。というのは，こういうことである。

潮見は，上の引用に示すとおり，自説と異なる見解の1つとして高木の見解を挙げ，つぎのように言及している。すなわち，「これに対して，高木146頁は，他の相続人において限定承認をすることができる間は，相続人全員で限定承認をすることができるとする（事後的な調整は，937条によりおこなうべきであるとする。しかし，同条は921条2号を参照していない）」〔7〕というものである。この記述は，仮に筆者の感覚が穏当なものであるとすれば，高木の見解は，民法937条類推適用説であるということを言っているようにも読むことができる。すなわち，共同相続人の中に未だ民法921条2号所定事由に該当しない者がいる間は，なお，同条同号所定事由がすでに生じている共同相続人も含めて共同相続人全員による限定承認が可能であり，ただ，同条同号所定事由がすでに生じている共同相続人のみが，民法937条類推適用によって，相続債権者に対してその相続分の範囲で無限責任を負うという見解であると言っているようにも読むことができると思われるのである。

しかし，筆者に誤解がないかぎり，実は，高木はそのような見解を提示してはいない。たしかに，本稿のⅣで示すとおり，高木は，潮見とは異なって，共同相続人の中に未だ民法921条2号所定事由に該当しない者がいる間は，なお，

同条同号所定事由がすでに生じている共同相続人も含めて共同相続人全員による限定承認が可能であるという通説ないし有力説に従っている。ただ，その際に，高木は，民法937条の類推適用をすべきであるとは言っておらず，端的に，この場合には，民法921条1号所定事由が問題になる場合とは異なって，民法937条は適用されないと述べるのみなのである。これを，潮見の表現を借りて言い換えれば，高木は，事後的な調整は，これを民法937条によっておこなうべきであるが，民法921条2号所定事由が生じている共同相続人を含む形で共同相続人全員が限定承認をする際には，そもそも民法937条的な事後処理は不要であると言っているようにも，筆者には思えるのである。この点をどう理解すべきなのか。高木が相続債権者の利益を度外視する解釈を展開したとは到底思えない。ありうるのは，潮見と高木における見解の相違は，どのような保護が相続債権者の利益の保護として妥当なのかという点に由来するということであろう。ただ，ここでは，問題に留意するにとどめ，本稿のⅣで高木の記述を詳細に引用したうえで検討を重ねることにする。

2　民法923条・921条1号に関する記述

　民法923条と921条2号に関する記述がなされているのは，筆者が気がついた限り，第4章第2節第5項中の「【Ⅲ】限定承認の効果」中「2……法定単純承認事由がある場合の相続債権者」の第1段落の一か所であり，それは次のものである。

　「限定承認をした共同相続人の1人または数人について921条1号〔相続財産の全部または一部の処分〕または3号〔放棄・承認後の相続財産の全部または一部の隠匿等〕の法定単純承認事由があるときは，相続債権者は，相続財産をもって弁済を受けることができなかった債権額について，当該共同相続人に対し，その相続分に応じて権利を行使することができる（937条）〔1〕。921条1号・3号該当行為がされたにもかかわらず，限定承認の受理審判がされたときに，限定承認の効力を維持しつつ，各号該当行為をした相続人に対して無限責任を負わせたものである〔2〕。」。

　このように，民法923条と民法921条1号の解釈に関する潮見の記述は，2号に関する記述と比較すると少ない。ただ，いずれにせよ，潮見は，ここでも主張されている解釈のうち，すくなくとも基本的な考え方としては，共同相続における限定承認の可能性を狭く取る解釈を採っているということができる。それは，こういうことである。

まず，民法923条と921条1号に関する解釈は，おおきく言うと次の3説に分かれている。すなわち，①共同相続人中に民法921条1号に該当する者がいる場合であっても，なお，単純承認となっていない共同相続人が他にいる場合には，1号所定事由に該当する者も含めて，民法915条所定期間内に共同相続人全員による限定承認の申述が実体法上可能であって，そのとき，1号所定事由に該当する者は民法937条により相続債権者に対して相続分の範囲で無限責任を負うとする説。②共同相続人中に民法921条1号に該当する者がいる場合には，もはや共同相続人全員による限定承認の申述は実体法上できなくなる。民法937条は，適法に限定承認がなされた以降に，民法921条1号または3号所定事由に該当する振る舞いをした共同相続人に適用されるとする説。③共同相続人中に民法921条1号に該当する者がいる場合には，もはや共同相続人全員による限定承認の意思表示は実体法上できなくなるのが本筋であるが，共同相続人全員による限定承認の申述時には，共同相続人中に民法921条1号所定事由に該当する者がいることが裁判所にとって明らかでなく，その結果，申述が受理された場合には，限定承認の効力は維持され，ただ，民法921条1号所定事由に該当する共同相続人のみが限定承認による清算とは別に相続債権者に対して相続分の範囲で無限責任を負うとする説，である[9]。

引用の記述の中で潮見が提示しているのは，①説ではないことは明らかである。〔2〕の前半部分，すなわち，「921条1号・3号該当行為がされたにもかか

---

[9] 学説の分布については，谷口知平＝久貴忠彦編『新版注釈民法(27)』(有斐閣，1989年) 578頁〔岡垣学〕，谷口知平＝久貴忠彦編『新版注釈民法(27)〔補訂版〕』(有斐閣，2013年) 608頁〔松原正明〕，前掲注(1)623頁〔中川忠晃〕，同703頁〔杉本和士〕を参照。なお，本文中の①説に対しては，同説は，民法937条中の「限定承認をした」という文言に反する解釈であるという評価がなされることがある。民法937条の文言が「限定承認をする」ではなく「限定承認をした」であることを重視した立論である。しかし，筆者は，これは言い過ぎであろうと考える。一般的にいって日本語における時制はそれほど厳密ではないということも念頭に置いて民法937条を読めば，限定承認の申述がすでになされている時点に観察者を置き，そこから過去を振り返って事態を観察し，民法923条によって全員共同で「限定承認をした」共同相続人の中に，限定承認よりもさらに前の時点で民法921条1号所定事由に該当している者がある場合には，その者には，相続債権者に対する相続分の範囲での無限責任が課される，と同条を読むことは可能であり，そう読むことに日本語として破綻はないと思うからである。なお，実のところ，③説も，限定承認の申述の前に共同相続人中に民法921条1号所定事由に該当する者が生じていた場合を念頭に置いた見解なのであるから，①説を，民法937条の文言が「する」ではなく「した」であることを理由にして批判するならば，同じ批判は，③説にもあてはまることになり，結局，その批判は，すくなくとも③説から①説に対するものとしては成り立たないように思われる。

わらず，限定承認の受理審判がされたときに」という言い回しからは，共同相続人中に民法921条1号所定事由に該当する者がいる場合には，もはや共同相続人全員による限定承認の申述の受理は認められるべきではないという評価が読み取れるからである。そうすると，残るのは，②説か③説かということになるが，その言い回しから読みとれる時系列に従えば，③説ということになるように思われる。

　そこで，民法921条2号について潮見が採っている解釈と③説の整合性を検討してみると，そこには完全な整合があるということがわかる。相続人が単に民法915条所定期間を徒過したということから相続債権者に生じる期待，すなわち，相続人は相続債権に対して無限責任を負うという期待が保護に値するという以上，相続人のより積極的な行為，すなわち，民法915条所定期間内に相続財産を処分するという行為から相続債権者に生じる相続人の無限責任への期待を保護するのは当然と言うべきだからである。

　以上を要するに，民法923条と民法921条2号1号に関して潮見が採る解釈は，民法915条所定期間に関係する相続人の一定の行為を基礎として，相続債権者が相続人に対して持つオルタナティブ（限定承認，相続放棄）を選択しないという期待，すなわち，相続人は相続債権に対して無限責任を負うという期待を保護するという基本的態度によって貫かれており，その基本的態度の解釈論上の表れとして，共同相続において限定承認申述が可能となる場合を，民法921条2号の場合に加えて，1号の場合にも，狭く取っているということである。このことを確認したうえで，つぎに，それでは，潮見が民法923条および921条2号に関わる解釈論を提示する際に，反対説として言及した高木はどのような考え方であったのかを確認していくことにする。

Ⅳ　高木『口述』における記述

1　民法923条・921条2号に関する記述

　まず，高木『口述』の中の民法923条・921条2号に関する記述は，「第一編　法定相続」→「第四章　相続財産の承継と公示」→「第二節　当然承継の過渡的性格」の中の「熟慮期間の徒過」にあり，それはつぎのものである。

　「つぎに法定単純承認の第二の原因としまして，民法九二一条の第二項は，相続人が九一五条第一項の期間，いわゆる熟慮期間内に，限定承認または放棄をしなかったときは，単純承認をしたものとみなすと規定しています〔1〕。

　先程もいいましたように，民法は，単純承認を原則的形態としていまして，

第2部　第5章　相続の承認・放棄，特別縁故者

熟慮期間中に，限定承認または放棄をしなければ，単純承認となるとしているのであります〔2〕。なお，熟慮期間につきましては，あとで放棄をなしうる期間として説明をいたしますので，その際にお話しします〔3〕。

　共同相続の場合，この熟慮期間の開始時点が，各相続人によって異なる場合があります〔4〕。たとえば，A・B・Cの三人の相続人がいて，Aの熟慮期間がすでに経過したが，B・Cはまだであるというような場合に，はたして単純承認の効果が生ずるかという問題があります〔5〕。さきほどもいいましたように，限定承認につきましては，共同相続人は共同してしなければならないということになっています〔6〕。そこで，相続人Aについては，単純承認の効果が生ずるけれども，B・Cは，限定承認をなしうるという解釈は，なし得ないのであります〔7〕。ところで，Aについては単純承認をしたものとみなすということによって，B・Cも，もはや限定承認をなしえないというのは，B・Cにとっては酷であります〔8〕。そこで，学説は，第二号が適用されるためには，共同相続人のうち，最後に熟慮期間が満了した時点で，全相続人について単純承認の効果が生ずると解しています〔9〕。ですから，共同相続人のうちのだれか一人についてだけ熟慮期間がまだ残っておれば，その期間内は共同して限定承認をなしうるということになります〔10〕。ただ，この場合には，さきほど説明しました民法937条の規定は適用されません〔11〕。この民法937条の規定は，さきほど申しました第一号の原因とつぎに申します第三号の原因の場合にだけ適用される条文であります〔12〕。」[10]。

　高木は，共同相続人中に民法921条2号所定事由に該当する共同相続人がいる場合に，共同相続人の中に未だ単純承認となっていない者がいるとき，なお，共同相続人全員で限定承認の申述（意思表示）をなしうるかという問題について，自説を明確に述べるという形では記述しておらず，学説の紹介とその具体的帰結，すなわち，共同相続人のうちのだれかについて民法915条所定期間がまだ残っていれば，その期間内は共同相続人全員が共同して限定承認をなしうるという帰結を述べるのみである〔9〕〔10〕。しかし，文脈を追っても，とくにこの見解に異を唱えているようには見えず，高木自身もこの見解に従っていると解してよいと思われる。やはり，この点ですでに潮見とは異なることになる。

　そこでつぎの問題は，そのような限定承認の申述が受理された場合に，共同相続人の中の民法921条2号所定事由に該当する者が個別になんらかの特別の

---

(10)　高木『口述』146頁。

責任を負うかどうかであるが，この点についても，高木は，端的にこの場合には民法937条の適用はないことを述べるだけである〔11〕〔12〕。これについても，文脈から判断して，高木は，この帰結の支持不支持を表明するまでもない，むしろ当然のこととしているように筆者には思われる。

そうするとさらに問題になることは，高木が，潮見とは異なって，共同相続人のうちのだれかについて民法915条所定期間がまだ残っていれば，その期間内は共同相続人全員が共同して限定承認をなしうるとするだけでなく，その場合に民法937条の類推適用もなくてよい，すなわち，すくなくとも民法921条2号所定期間を徒過した相続人は相続債権に対して無限責任を負うという，相続債権者の期待を保護しなくてよいと考えている理由はなになのかということである。潮見との違いを検討するには，この点を把握することが不可欠である。しかし，そのことは，引用から明らかなように，ここには示されていない。そこで，つぎに，そのことの手がかりを求めて，高木が民法923条・921条1号に関してどのような記述を確認してみることにする。

2　民法923条・921条1号に関する記述

高木『口述』の中の民法923条・921条1号に関する記述は，「第一編　法定相続」→「第四章　相続財産の承継と公示」→「第二節　当然承継の過渡的性格」の中の「熟慮期間の徒過」の一つ前の項目「共同相続人の一人が処分した場合」にあり，それはつぎのものである。

「数人の共同相続人が存在する場合に，そのうちの一人が相続財産を処分した場合に，いかなる法律関係になるかが問題とされています〔1〕。処分をした者についてだけ単純承認の効果が生じ，他の共同相続人は限定承認あるいは放棄をなしうるという考え方をとりうるかといいますと，そうはいえないのであります〔2〕。相続の放棄のほうは，これは個々の共同相続人が単独でなしえますので，処分をした共同相続人以外の者は放棄をなし得ます〔3〕。ところが，限定承認は，共同相続人が全員共同でしなければできないことになっています（民法九二三条）〔4〕。ですから，処分者についてだけ単純承認の効果が生じ，他の共同相続人は限定承認をなしうるということにはならないのです〔5〕。そこで，一人が処分していても，全員が共同して限定承認をなしうるとする考え方と，逆に一人が処分をすれば，その者だけでなく他の共同相続人も限定承認をなしえず，ただ相続放棄はなしうるとする考え方があり，両者が対立しています〔6〕。民法の九三七条に次のような規定があります〔7〕。限定承認をした

相続人の一人または数人について，第九二一条第一号に掲げる事由があるときには，相続債権者は，相続財産をもって弁済をうけることができなかった債権額について，その者にたいして，その相続分に応じて権利を行なうことができるとしています〔8〕。この規定との関係で，この問題を考えますと，全共同相続人が限定承認をなしうるが，ただ限定承認がなされた場合，相続債権者は処分した共同相続人にたいしては，相続財産をもって弁済をうけることができなかった債権額について，その相続分に応じて，その者の固有財産から弁済を受けることができるということになるのであります（我妻＝唄）〔9〕。」[11]

　まず，この記述から読み取れることは，本稿Ⅲ2で紹介した民法923条と921条1号に関わる3つの見解のうち，高木は，そこでいう①説を採っているということである〔7〕〔8〕〔9〕。そして，この読み取りから明らかなことは，ここでも潮見とは異なって，高木は，民法923条が問題になる場面において共同相続人中に民法921条1号所定事由に該当する者がいる場合であっても，共同相続人全員が共同にする限定承認はなお実体法的に可能であり，潮見が重視している，相続債権者が持つ，相続人が単純承認をする（＝相続債権に対して無限責任を負う）という期待の保護は，民法937条の範囲でなされれば，それで必要十分だと考えていたということである。すなわち，その期待に対する保護は，限定承認（＝相続債権に対する有限責任）の可能性を原則として否定するという形でなされる必要はなく，ただ，民法921条1号所定事由に該当する相続人がその相続分の範囲で相続債権に対して無限責任を負うとすれば必要十分であると考えていたということである。

　以上のことから，潮見と高木は，民法923条適用の場面における民法921条2号所定事由に該当する相続人がいる場合の解釈においてだけでなく，民法921条1号所定事由に該当する相続人がいる場合の解釈においても，対照をなしていることが明らかになったというべきであろう。筆者は，潮見と高木の違いを考える際には，この点を押さえること自体は重要であると考える。

　もっとも，それでは，このような具体的な解釈論上の違いがなにに由来するかということについては，結局，この部分の高木の記述の中には手がかりは示されていなかった。そこで，この点については，さらに別の角度から検討を進めなければならないことになる。どのように考えるべきなのであろうか。

　筆者は，これまでの考察をより根本的な視点からとらえなおすと，潮見と高

---

(11) 同上。

木の個々の解釈論上の違いには，限定承認，すなわち，相続債権に対する相続人の有限責任をもたらす制度への評価の違いをみてとることができるようにも思われる。すなわち，潮見は，現行民法の解釈として，相続人の有限責任が認められる可能性を比較的狭く解する方向性を示しているのに対して，高木は，相続人の有限責任が認められる可能性を共同相続人全体というレベルでも個々の共同相続人のレベルでも比較的広く解する方向性を示しているのであり，これは，結局，相続人の無限責任・有限責任という論点に対する態度の違いに由来するのではないかということである。

　そこで，この点，すなわち，制度論としての相続人の無限責任・有限責任に関する記述を，まず，潮見『詳解』の中に探すと，『詳解』の中にはその点を詳論する記述は見当たらない。したがって，潮見は，すくなくとも概説書たる『詳解』の記述にあたっては，現行民法が採用している基本的な考え方，すなわち，相続人は相続債務に対して無限責任を負うことを原則とし，有限責任に留まる場合というのはあくまでオルタナティブであるという考え方を所与としていると評価してよいように思われる。そして，このことは，いうまでもなく，ここまでで見てきた潮見の解釈論，すなわち，民法923条の適用が問題になる場面において共同相続人の中に民法921条2号・1号所定事由に該当する者がいる場合に関する潮見の具体的な解釈論，すなわち，共同相続において限定承認が認められる範囲を比較的狭く取り，相続人が相続債権に対して無限責任を負うという相続債権者の期待を保護するという解釈と整合的であるということができる。

　それでは，高木はどうか。その点に関する記述を高木『口述』の中に探すと，高木の記述は，潮見のそれとは際立った対照を示していることがわかる。すなわち，高木は，『口述』の中で，現行民法が相続人の無限責任を基本としているという認識を踏まえつつも，それは制度論としては適切な方向性を示しているとは言いがたく，単に，現行民法が採った共同相続における遺産共有の法形式から生じている好ましからざる帰結に過ぎないのであり，制度論ないし立法論としては相続人の有限責任を基本とすべきであるという主張を展開しているのである。そこで，つぎに，この点に関する高木の記述を詳細に見ていくことにする。

3　制度論としての無限責任（単純承認）・有限責任（限定承認）

　最初にこの問題に言及があるのは，「第1編　法定相続」→「第4章　相続

財産の承継と公示」「第二節　当然承継の過渡的性格」の中の「単純承認となる場合」という項目においてであり，それはつぎのものである。
　「民法は，単純承認を原則としています〔1〕。あとでふれますが，民法九二一条の二号は，いわゆる熟慮期間中に限定承認または放棄をしなかった場合は，単純承認となるとしているのでありまして，しかも現実には限定承認あるいは放棄の手続がとられないことによって単純承認となる場合が非常に多くこれが現実には原則的であります〔2〕。しかし，このことは，甚だ問題でありまして，この点は，また相続債権者の話をするときにいいますが，立法政策的には限定承認を原則となすべきであります〔3〕。しかしながら，日本の民法は単純承認を原則としたのでありまして，この点についての当否については，のちほど詳しく申すこととします〔4〕。」[(12)]
　ここで，留意すべきは，高木は，現行民法が単純承認，すなわち，相続人の無限責任を原則として採用していることを説明する時点ですでに，制度論ないしは立法論としては，限定承認，すなわち，相続人の有限責任を原則とすべきであると述べているということである〔2〕〔3〕。もっとも，ここでは，なぜ制度論として，相続人の無限責任よりも有限責任が選択されるべきかの説明はされていない。また，高木の観点から見て，なぜ現行法が相続人の無限責任を原則とせざるを得なかったのかの説明もされていない。それらは，つぎに引用する部分，すなわち，「第一編　法定相続」→「第七章　相続人と債権者」→「第二節　無限責任と有限責任」の中の「序」とそれに連続する「無限責任の原則」という項目の中で示されている。
　「序　無限責任と有限責任の法理のいずれが正当であるかということは，さきほど問題点をお話ししただけでおわかりいただけると思います〔5〕。無限責任の原則は，相続を契機としまして，相続人あるいは固有債権者に損害を与えるということが債務超過の場合に生じます〔6〕。また，相続人が多額の固有債務を負っている場合には，相続債権者が損害を受ける可能性があります〔7〕。すなわち，相続人，相続債権者，固有債権者の意思と無関係な相続を契機といたしまして，彼らが損失を蒙むるということが生ずるのでありまして，適当ではないといえるのであります〔8〕。相続債権者は，もともと被相続人の有している積極財産を責任財産として，その上に債権を取得したのであります〔9〕。また，固有債権者も，相続人の固有財産を責任財産として，信用を与え債権を

---

(12)　高木『口述』142頁。

取得したのであります〔10〕。相続財産を当てにして信用を与えるということも，実際上ありえます〔11〕。相続人がいずれ相続するだろう，被相続人は大金持だというので，相続人にお金を貸しつけるということも現実にはあり得ますが，しかし，こういう期待を保護する必要はありません〔12〕。被相続人は大金持だけれども，大きな債務も負っており，期待はずれということもありますし，遺言によって殆んどの遺産を他の者に遺贈してしまって遺留分だけしか残らないというようなこともあり得ますし，相続権というのは不確実な利益でしかありません〔13〕。そういうものをあてにして，融資をした債権者の期待を保護する理由はないと思います〔14〕。このように考えますと，有限責任が正当な原則であります〔15〕。」[13]。

「無限責任の原則 ところが，民法は，無限責任の原則を採用いたしました〔16〕。これは，日本の相続法の母法であるフランスの相続法もそうですし，またドイツの相続法も同様です〔17〕。有限責任を原則とする場合には，相続人の有している固有財産のなかに，相続財産が埋没するということがあってはならないのであります〔18〕。いいかえますと，相続財産を一つの特別財産として，固有財産と切りはなしてしまい，独立性を認めることが必要であります〔19〕。相続財産の，独立性ということにつきましては，すでに詳しく申しましたけれども，そういう考え方は認められていないのでありまして，ただ共同相続の場合には，相続財産が，遺産分割の対象財産となるという限度で，固有財産とは独立性を有するにとどまり，相続財産は，固有財産のなかに混入してしまうのであります〔20〕。相続財産と固有財産の区別というのは，観念上のものであります〔21〕。そういうことと，一般財産が責任財産であるという債権法上の原則，すなわち，債務者の有する一般財産が債権者の責任財産であるという法理とが結びつきますと，無限責任にならざるをえないのです〔22〕。債権法の側からみますと，相続人の有する全財産が，相続債権者であれ，固有債権者であれ，債権者平等の原則によって，債権の捆取力に服するのでありまして，相続債権者も固有債権者も平等で相続人の一般財産から弁済を受けられる，すなわちそれらが責任財産となるということにならざるをえないのであります〔23〕。そういうことから，無限責任の原則が建前とならざるをえないという事情があるのであります〔24〕。

このように，無限責任の原則がとられているのでありますが，しかしさきほ

---

(13) 高木『口述』263頁。

どもいいましたように，有限責任の原則が妥当であります〔25〕。そこで，各国の民法とも，無限責任の原則を修正いたしまして，有限責任の考え方を，相続人，相続債権者，あるいは固有債権者の選択によって導入するという制度を設けているのであります〔26〕。」[14]。

　これらの記述から筆者が読み取る高木の論旨のうち，まず，なにゆえに，相続人の無限責任原則よりも有限責任原則が制度論として優れているのかという点に関するものをまとめるとつぎのようになる。すなわち，①相続債権者は，もともと被相続人の有している積極財産を責任財産として，被相続人に対して債権を取得したのであるから，相続人の固有財産を責任財産としてあてにするべきではない〔9〕。②他方，相続人の固有債権者も，相続人の固有財産を責任財産として相続人に対して債権者を取得したのであるから，相続財産を責任財産としてあてにするべきではない〔10〕。③無限責任原則は，相続という相続人，相続債権者，固有債権者の意思と無関係な事態を契機として，このような債権と責任財産の本来の関係を崩すことになり，そのことは，相続人，相続債権者，固有債権者に損害を生じさせかねないという点で不当である〔8〕。④したがって，制度論的には，相続開始があっても，まずは，相続人の有限責任原則を採ることによって，債権と責任財産の本来の関係を崩さないようにすることが適切である〔15〕。

　つぎに，それでは，なにゆえに，現行民法において，債権と責任財産の本来の関係を崩す相続人の無限責任原則が採られているのかという点に関する，高木の論旨をまとめるとつぎのようになる。すなわち，①相続の発生によって，従来の債権と責任財産の関係を当然には崩さない，すなわち，相続人の有限責任原則を実定法上実現するためには，相続人の有している固有財産のなかに，相続財産が埋没するということがあってはならない〔18〕。②したがって，本来は，相続財産を一つの特別財産として，固有財産と切りはなし，独立性を認めることが必要である〔19〕。③ところが，現行民法においては，共同相続においても，遺産分割前の相続財産が相続人の固有の財産と区別されるのは，遺産分割の対象財産となるという意味においてのみであり，遺産分割前の相続財産も，責任財産としては，原則として相続人の固有の中に混入してしまうことになっている〔20〕。④このように相続財産と相続人固有の財産の混合ということが原則として生じるという建て付けになっているということが，一般財産

---

(14)　高木『口述』264頁。

が責任財産であるという債権法上の原則，すなわち，債務者の有する一般財産が債権者の責任財産であるという法理とが結びつくことによって，否応なしに相続人の無限責任という帰結が導かれる〔22〕〔23〕〔24〕。

　要するに，制度論としては，相続人の有限責任を原則とすべきであるという高木の主張の根拠は，相続という相続人，相続債権者，相続人の固有債権者の意思とは無関係な事態の発生によって，当然に，従来の債権と責任財産の関係が崩されるのは不当であるという点にある。そして，そうであるにもかかわらず，現行民法が相続人の有限責任を原則として採用することができない理由は，高木によれば，現行民法が，相続によって，責任財産としての相続財産と相続人の固有財産が混合するという建て付けを採っているという点にある，ということになるのである。

　高木の見解に対するこのような理解が仮に適切であるとしたうえで考えると，民法923条の適用に際して民法921条1号・2号所定事由に該当する共同相続人がいた場合における高木の具体的な解釈論は，まさにこのあるべき制度論と整合的であり，そこから導かれたものであるということができるように思われる。というのは，このような制度論を基礎として考えれば，共同相続人の中に民法921条1号所定事由に該当する者がいた場合であっても，限定承認をできるだけ広く認めるという見地から，なお，共同相続人全員による限定承認の申述自体は認め，ただ，1号所定事由に該当する処分行為によって責任財産の混合を生ぜしめた相続人については相続債務に対する無限責任を負わせるというのは（民法937条），ごく自然に導かれる帰結だと思うからである。また，民法921条2号所定事由に該当する者がいた場合であっても，なお，共同相続人全員による限定承認の申述を認め，しかもその場合には2号所定事由に該当する者に特別の無限責任を個別に負わせることはしないというのも，2号所定事由該当のみによっては責任財産の混合は生じない以上，当然のことと思うからである。

V　ま　と　め

　以上，本稿で確認してきたことをまとめるとつぎのようになる。

　まず，民法923条適用の場面において共同相続人中に民法921条2号・1号に該当する共同相続人がいる場合に関して潮見が採る解釈は，共同相続人が相続債権者の有する債権に対して有限責任となる可能性を比較的狭く取るものであるが，これは，現行民法が採る相続人の無限責任原則と整合するものである。

これに対して，潮見が自説と異なる解釈として言及している高木の解釈は，民法923条適用の場面において共同相続人中に民法921条2号・1号に該当する共同相続人がいる場合に，共同相続人が相続債権者の有する債権に対して有限責任となる場合を比較的広く取るものであるが，これは，高木が採る制度論，すなわち，相続においては相続人の有限責任を原則とすべきであるという制度論と整合するものである。

　結局，潮見も，潮見が反対説として引用する高木も，それぞれ一貫し透徹した議論を展開していたということであり，解釈論上の相違は，究極的には，相続における相続債務に対する相続人の責任をどのように考えるのかの違いに由来するという，きわめて当たり前のことを，本稿は確認したにすぎないということになる。本稿の副題が覚書と称する所以である。

33 特別縁故者に対する相続財産分与のあり方
―― 近時の裁判例の傾向を踏まえて

松 尾 知 子

Ⅰ　はじめに
Ⅱ　近時の全部分与の事例
Ⅲ　全部分与以外の事例にみられ
　　る傾向
Ⅳ　特別縁故者性と相当性
Ⅴ　おわりに

Ⅰ　はじめに

　特別縁故者（民958条の2，旧・民958条の3）に関する事例の公表が目にとまる。特別縁故者性，分与額，どちらの認定についてもかなり消極的な方向性にあることが気にかかる。特別縁故者事例への関心自体は，筆者だけではないようで，取りこぼしがなければ，近時の公表例には，必ず解説ないし評釈が書かれている。

　未婚率上昇や少子高齢化，家族観の多様化により，単身高齢者は増加しており[1]，遺産が国庫に帰属するケースも増えている。2023年1月の朝日新聞によれば，2021年度に相続人不存在で国庫に帰属（民959条）した額は647億円と過去最高となり，2001年度に比べて約6倍に増えたとのことである[2]。この額は年々膨らむ一方で，2017年4月の日本経済新聞では，政府内には「隠し財源」として注目する向きもある，という[3]。既に，「空家等対策の推進に関する特別措置法」（2014年成立・2023年改正）「民間公益活動を促進するための休眠

---

[1]　令和5（2023）年版高齢社会白書・全体版によれば，65歳以上の一人暮らしの者は，増加傾向にあり，1980年には65歳以上の男女それぞれの人口に占める割合は男性4.3％，女性11.2％であったのが，2020年には男性15.0％，女性22.1％となっている（https://www8.cao.go.jp/kourei/whitepaper/w-2023/html/zenbun/s1_1_3.html――2023年10月31日参照）。

[2]　朝日新聞朝刊「相続人なき遺産，647億円　増える『おひとり様』，国庫へ10年で倍」2023年1月23日。

[3]　日経速報ニュースアーカイブ「国の「相続」10年で2.5倍　未婚率上昇，受け手減る」2017年4月15日。

預金等に係る資金の活用に関する法律」(2016年成立・2023年改正) や「所有者不明土地の利用の円滑化等に関する特別措置法」(2018年成立・2022年改正) といった，動きのない財産「活用」のための法律が成立しているが，それとは話が違う。相続人不存在の場合は，財産の終局的な「帰属」の問題である。もちろん，特別縁故者への相続財産の分与の可否が問題とならないまま，国庫への帰属が決まる場合もある。しかし，ひとたび特別縁故者からの分与の申立てがあったからには，裁判所が，特別縁故者か国庫か，一部分与により両者か，その終局的な帰属を決めるのである。「国」の機関である裁判所が「国」庫への「帰属」を決め，政府が「隠し財源」として期待を寄せるということに，違和感を抱かずにはいられない[4]。特別縁故者制度は，むしろ国庫帰属の回避を念頭においた制度ではなかったのか[5]。生存中に安心して財産を使えるよう医療・介護・年金制度の整備（むしろ，これらがより重要），遺言制度の利用促進等課題は多いが，国庫帰属の直前の判断となる特別縁故者制度のあり方にももう少し目を向けるべきではないだろうか。

相続人不存在にかかわる数値を少しみておこう。死亡数は，戦後10年経って高度成長期に入ったばかりの1955年以降，70万人前後で推移していたが，1980年代から増加傾向となり，2022年の死亡数は1,569,050人で，1955年の693,523人と比較すると，2倍強である[6]。他方，相続人のあることが明らかでない場合に必要となる相続財産管理人の選任等を求める審判（民952条，家事別表第一99——2021年改正により「管理人」が「清算人」に）の2022年の新受件数は，1955年と比較すると約87倍，高度成長期真っ只中の1965年（1962年の特別縁故者への相続財産分与制度創設後）と比較しても約31倍に増えている。死亡数の増加に比べて，相続人不存在のケースがどれだけ増えているかは明白である。これに対して，特別縁故者への相続財産の分与に関する審判（民958条の2，家事別表第一101）については，2022年の新受件数は，1965年に比して，約6倍となっており，たしかに，増えてはいるが，相続財産管理人の選任等を

---

[4] 加藤一郎「民法の一部改正の解説（三・完）」ジュリ251号（1962年）52頁は，「国としても，相続財産の国庫帰属によって利益をあげるというつもりはなく，取るべきものは相続税で取ればよい」としていた。

[5] 加藤永一「相続人の不存在」谷口知平＝加藤一郎編『新版・判例演習民法5』（有斐閣，1984年）284頁等。

[6] 令和4(2022)年人口動態統計（確定数）の概況——第2表－1 人口動態総覧の年次推移（https://www.mhlw.go.jp/toukei/saikin/hw/jinkou/kakutei22/dl/04_h2-1.pdf ——https://www.mhlw.go.jp/toukei/saikin/hw/jinkou/kakutei22/index.html から——2023年10月31日参照）。

求める審判に比べれば，それほどではないといえる。相続財産管理人の選任等を求める審判は，ほぼ右肩上がりの増加を続けているが，特別縁故者への相続財産の分与に関する審判は，かなり早くから，前年に比して減少をみせる年が現れ，特に2011年以降は，1100件前後とほぼ横ばいで推移している[7]。冒頭で国庫帰属額が6倍になっていると述べた2001年度と2021年度を比較してみれば，相続財産管理人の選任等を求める審判は，7995件から27207件と約3.4倍になっているのに，特別縁故者への相続財産の分与に関する審判は，749件から1000件と約1.3倍の増加にとどまる[8]。当然のことであるが，相続人不存在のケースが増えているのに，特別縁故者への相続財産の分与に関する審判の申立てが少数にとどまるのであれば，国庫に帰属する財産は増えることになる。

	1955	1965	1975	1985	1995	2005	2015	2022
相続財産管理人選任等（相続人不分明）	320	910	1822	2567	4696	10736	18618	27771
特別縁故者への相続財産の分与		189	358	369	515	822	1043	1157

令和4(2022)年司法統計年報3家事編
第2表　家事審判・調停事件の事件別　新受件数──全家庭裁判所
（https://www.courts.go.jp/app/files/toukei/659/012659.pdf──2023年10月31日参照）より作成。

ではなぜ特別縁故者への相続財産の分与に関する審判は増えないのか。第1に，親戚間の交流，ご近所付合い等，人間関係が希薄化する中で，民法958条の2が対象とする「特別の縁故」が生じることが少なくなったということがあるだろう。第2に，遺言を作成する習慣のあまりなかった日本人に，ある程度遺言制度の存在が浸透してきたとはいえ，いまだに，遺言なんて縁起が悪いと，死が近づいてようやく遺言を考えるも，途中で死を迎えてしまったり，判断能力が低下してできなくなってしまったりと，遺言がなされずに終わることも多いようで，そのような場合の被相続人の意思の推認はかなり難しいということがある。有効な遺言のないことはむしろ遺贈の意思のないものと推認すべきで

---

(7)　司法統計年報の各年度・家事事件編から（https://www.courts.go.jp/toukei_siryou/shihotokei_nenpo/index.html から各年度へ──2023年10月31日参照）。
(8)　前掲注(7)と同様。

あるともいえるし[9]，判断能力の低下した時期の意思の推認も困難を極める。実際の事例でも，被相続人の意思の推認は重要視されているが，結果，消極的な判断も多い。もともと控えめが好まれる我が国において，下心なく被相続人と接していた者が，特別縁故者に関する判断の消極的な傾向を踏まえれば，わざわざ裁判所に申し立てるというのは控えることも多かろう。第3に，特別縁故者制度の制度設計の問題が挙げられよう。制度のあり方自体に問題があるとも考えられる。そもそもの問題なのか，あるいは時代に沿わないものになってしまったのか。第1の箇所でも述べたように，「特別の縁故」が生じにくくなっているのであれば，「特別の縁故」という枠組みを考え直す必要があるのかもしれない。「特別の縁故」という枠組みを維持するとしても，時代の流れを反映させて，現在の例示を変える必要があるのかもしれない[10]。第4に，特別縁故者制度創設以来の運用の問題である。制度趣旨に沿った運用となっているのか。時代・現実に対応した運用となっているのか。運用に問題があれば，使いにくい制度となり，当然に利用数も減っていくことになる。第3，第4の点共に，特別縁故者制度が国庫帰属の回避を念頭においた制度であることを前提とするならば，再検討の必要がある。本稿は，主に第4の点の検討に寄与することを目的として，近時の裁判例を素材に，筆者のこの点における問題意識，考える方向性を披瀝するものである。

Ⅱ 近時の全部分与の事例

既述のように，近時の公表事例は，特別縁故者性，分与額，どちらの認定についても消極的な方向にある。近時の事例で，全部分与という積極的な判断を下したのは，①高松高決平成26・9・5金法2012号88頁[11]，②名古屋高金沢支決平成28・11・28判時2342号41頁[12]の2件である。

共に業として療養看護を行う法人への分与である。事例①では，労働災害に

---

(9) 久保野恵美子「特別縁故者に対する相続財産分与」法時89巻11号（2017年）67頁も参照。
(10) 例えば，私法学会シンポジウム（2022）討論「高齢者と私法」私法84号（2023年）36頁における，筆者の質問に対する西希代子教授回答参照。もう少し何らかの形で被相続人に貢献した人を含める方向で道を広げる，具体的には，要件を緩くするということも考えられるのではないかとする。
(11) 評釈として，羽生香織・月報司法書士522号（2015年）64頁以下，本山敦・金判1486号（2016年）116頁以下がある。
(12) 評釈として，本山敦・月報司法書士551号（2018年）49頁以下，生駒俊英・末川民事法研究2号（2018年）101頁以下がある。

よる被災者に対し必要な援助を行うこと等を目的とする一般財団法人で，被相続人は，同法人が厚生労働省の委託を受けて運営する，重度の被災労働者のための介護付き入居施設に入所していた。事例②では，社会福祉法人で，被相続人は，同法人が運営する知的障害者施設に入所していた。このような法人の特別縁故者性については，従来から議論のあるところである。

両事例とも，「対価以上」の療養看護が行われていたかどうかが基準となっている[13]。裁判理由に「献身的」という表現がみられるが，献身的であったかどうかの判断は難しい[14]。また，献身的であることを評価するのは，仕事を超えた負担をよしとすることにもなりかねないし，対価につき一律のサービスが求められるはずであるのに，資産を有するが相続人のいない者に対して手厚いサービスをする施設を生み出すことにもなりかねない等の指摘がある[15]。実際には，療養看護が「長年」にわたるものであったことが決定的な要素であったといえるのではないか。事例①では約8年間，事例②では約35年間の入所が，「長年」にわたるものとして評価されている。両事例の間に出され，地方公共団体への分与が認められなかった③札幌家滝川支審平成27・9・11判タ1425号341頁[16]では，約1年半の介護予防支援事業につき，長年にわたって特別の対応をしてきたものではないとされ，それが消極的判断の理由の1つになっている。事例①及び②における期間との差は大きい。

業として療養看護を行う法人への分与に関するこれまでの事例を踏まえて，実務及び学説においては，特別縁故者性の判断基準として，「被相続人の意思の推認」，「公益性」が重視されてきたとして，事例①についても，前例に倣い，これらを重視することが，制度趣旨にも適い，かつ，実質的にも妥当な結論を導くものと考えると述べるものがある[17]。「公益性」の重視については，分与された財産が死後に「公益」事業に使用されるという点では，たしかに妥当な結論といいうるかもしれないが（事例①及び②において「公益性」に触れる部分

---

(13) ただし①の事例では，対価関係が認められるとしても，それだけで特別縁故者に当たらないと判断するのは相当でないとの表現もみられる。
(14) 本山・前掲注(11)119頁は，そのようなことは，被相続人が死亡した後ではわからないし，調べようもないという。
(15) 松原正明「札幌家滝川支審平27・9・11評釈」リマークス55号（2017年）73頁等参照。本山・前掲注(12)54頁は，あらぬ疑いをかけられないためにも，施設は，分与の申立てを行うべきではないという。
(16) 評釈として，松原・前掲注(15)70頁以下，奥山恭子・民商153巻1号（2017年）196頁以下，本山敦・月報司法書士542号（2017年）49頁以下がある。
(17) 羽生・前掲注(11)69-70頁。

はないものの，結果に影響している可能性は十分にある）[18]，被相続人との「特別の縁故」を考えるにあたっては，「公益性」という視点は，むしろ邪魔になるといえるであろう。本来，「公益」事業において，「特別の縁故」があってはいけないともいえるからである。他方，特別縁故者制度は，一般に，遺言法や遺贈・死因贈与法を補充するものとして理解すべきだとされており[19]，そうであるとすれば，「被相続人の意思の推認」は重視せざるを得ないことになろう。したがって，その推認の過程において，施設の公益性が推認の結果についての安心材料として有利に働くことはあるかもしれない。とはいえ，被相続人の意思の推認は，常に可能であるものではない。実際，事例①及び②において，被相続人の意思の推認は行われていない。介護施設にいるような場合は，判断能力が低下した時期であることも多く，意思の推認が難しい，推認によることが適切ではない場面がしばしば考えられる。

　そうすると，このような施設が特別縁故者となりうるかどうかは，「対価以上」の療養看護が行われたかどうかで（被相続人の意思の推認を重要視するのであれば，そこに一般的な意思を見出すケースも多かろう），特に「長年」にわたるかどうかで判断され，上に挙げた①及び②の事例では，施設の公益性や被相続人の相続財産の額から，全部分与が相当であるとされたのであろう。事例①では，預金及び現金が約1890万円，腕時計2個，印鑑1個，事例②では，2256万円余の預金であった。近時公表された事例の中では，相続財産が低額であった3件のうちの2件である（残り1件は，地方公共団体が分与を申し立てた前掲③であり，総額1282万円程であったが，長年にわたっての特別の対応とはいえないと分与は否定された）。もっと高額の相続財産が残されていたならば，現在の裁判所の運用に鑑みると，全部分与ということにならなかった可能性も高い。全部分与の事例として紹介するよりも，業として療養看護を行う法人に対して，その療養看護が長年にわたる場合に，その公益性を背景として（というより時代を背景とする判断？），それなりの額の分与を認めた事例として位置づけるべきもののように思われる。

---

(18)　既に立法過程の衆議院法務委員会において，老後に養老院のような施設にお世話になった場合が含まれると確認されている。山主政幸「民法改正資料」日法28巻5号（1962年）191-192頁参照。

(19)　山主政幸「民法の一部改正について」法時34巻7号（1962年）14頁，高梨公之「相続法の改正と相続範囲の非近代化」日法28巻5号（1962年）81頁，久貴忠彦「大阪家審昭39・7・22評釈」法時38巻5号（1966年）85頁等。

III 全部分与以外の事例にみられる傾向

　これに対して，相続人ではない親族からの申立てにつき，裁判所の判断は厳しい。相続財産が高額に及ぶにもかかわらず，分与を認めなかったり，分与を低額にとどめるケースが目立つ。

　特に筆者が疑問をもったのが④東京高決平26・5・21判時2271号44頁である[20]。両親死亡後家に引きこもっていた被相続人のため，民生委員や近所，警察や消防署等と連絡をとり，幾度か必要な対応を行ってきた従兄の申立てに対し，認めた分与額が相続財産約3億7875万円中たったの300万円という事例である（原審でも同じ金額であった）[21]。本件の相続財産の大部分は，被相続人の父が築いたもので，申立人は，その父から被相続人と家を頼むと依頼され，その父の葬儀，納骨等の手配も行った者である。実際に財産を形成した者との縁故関係が考慮されてもよかったのではないか。また，引きこもり問題・独居高齢者問題等がとり上げられる中，年に何回かに関係なく，何かあったときに対応しなければならない立場におかれている者に，被相続人自身との関係においても，より濃密な縁故関係を認定する余地はなかったのか，といった疑問を過去に述べた[22]。

　その後も，家裁と高裁の判断が分かれた2事例について評釈した[23]。第1審で合計9500万円相当の財産の分与を認めたのを，十分な裏付けがされていないとして取り消し差し戻した⑤東京高決平成27・2・27判タ1431号126頁[24]と，逆に，第1審で分与が否定されたのを取り消し，各500万円の分与を認めた⑥大阪高決平成28・3・2判時2310号85頁[25]である。特別縁故者をめぐる判断の難しさを物語る。

---

[20] 評釈として，南方暁・民商152巻3号（2015年）86頁以下がある。
[21] 南方・前掲注(20)94頁は，300万円が妥当なのかの評価は難しいという。
[22] 松尾知子「家族裁判例の動向」民事判例12号（2016年）55頁。
[23] 松尾知子「特別縁故者を巡って家裁と高裁の判断が分かれた2事例」民事判例15号（2017年）110頁以下。
[24] 評釈として，松尾・前掲注(23)110頁以下，本山・前掲注(16)49頁以下，宮崎幹朗・民商153巻5号（2017年）195頁以下，加藤新太郎＝前田陽一＝本山敦編『実務精選120 離婚・親子・相続事件判例解説』（第一法規，2019年）〔副田隆重〕218頁以下がある。
[25] 評釈として，松尾・前掲注(23)110頁以下，本山・前掲注(16)49頁以下，星野茂・実践成年後見70号（2017年）85頁以下，黒田美亜紀・法律科学研究所年報（明治学院大学）35号（2019年）123頁以下がある。

第2部　第5章　相続の承認・放棄，特別縁故者

1　⑤は，生涯独身で，母死亡後は一人暮らしをし，相続人なく死亡した被相続人の相続財産の分与を，母方のいとこ4名ACDEと父方のいとこ1名Bが申し立てた事例である。戦災で焼き出された被相続人とその母は，母の兄の家に移り住み，被相続人といとこたちは，兄弟姉妹同様に生活した。翌年には近くに引越したが，墓地のお堂で水道もなかったため，母の兄の家の援助を受け生活した。さらにその5年後，母が住込みで働き始めた場所から通学するようになったが，高校時代，帰りが遅くなると，既に結婚し家を出ていたCに送ってもらったり泊めてもらったりした。母が住宅を購入し共に転居した後は，同じ市に居住のAが女所帯の二人から頼まれて手伝うことがあった。Dは，同じく公務員であり，配偶者を早くに亡くし独り身であること等，被相続人と境遇が似ていたことから，旅行や稽古事を共にし，交際を継続していた。Eも，母を亡くした被相続人と電話で連絡をとる等の交流を続けた。被相続人は，Bへも定期的な連絡を欠かさず，盆や彼岸には同人宅を訪問していた。退職後も元気に一人で生活し，車を運転し出かける等していたが，近隣住民からの連絡で訪れたAによって死亡しているのを発見された。申立人らや母の兄の家のその余の兄弟姉妹は，Bを喪主とし，協力して葬儀を行った（葬儀等の費用は相続財産から）。申立人らは，Aを中心に今後も供養をしていくと表明している。

原審は，申立人らはいずれも，生涯独身であった被相続人と，幼少の頃から兄弟姉妹同様に付き合って精神的支えとなり，継続的に交流し援助し続けた数少ない存在で，特別縁故者と認められるが，交流には濃淡があり，Aに土地建物（評価額約2000万円）と国債・預金のうち500万円，Dに預金から2500万円，B・C・Eに預金から各1500万円を分与するとした（相続財産の総額は明らかではない）。Aが，被相続人に代わってその母の通院に付き添ったり，男手が必要な力仕事を度々依頼されたり，Aなくして被相続人は働き続けることが困難であった可能性があるなどとして，Dを上回る分与を主張し抗告した。

すると，高裁は，Aの主張とはまったく違う方向で判断を下した。まず，特別縁故者と認められるためには，条文「の例示にそのまま当てはまるものではないとしても，例えば被相続人と生計を同じくしていた者と同視できるほどに被相続人と密接な生活関係があったとか，その程度はともかく，日常的に被相続人の自宅等を訪れて何くれとなく被相続人の日々の生活等を援助していたとか，被相続人の介護を担っていたなど，被相続人との間で実際に密接な生活上の一体関係や援助関係等が認められることが前提となっているものと解するのが相当である」として，提出されている資料は申立人らの陳述書等だけであっ

て，客観的に被相続人の特別縁故者に該当することを裏付けると認めるには十分ではなく，これらの資料だけで直ちに被相続人の特別縁故者に当たるとまで認めるのは困難であると判断した。結局，申立人ら全員について，改めて被相続人の特別縁故者と認められるに足りる客観的な事情の存否やその程度等についてさらに審理を尽くさせるのが相当であるとされてしまった[26]。

精神的支え，継続的交流と援助（幼少の頃共に生活したこともある）につき，原審とは逆に消極的な判断がなされた事例である。被相続人との間に，かなり密接な生活上の一体関係や援助関係等を求めており，それは，「日常的に被相続人の自宅等を訪れて何くれとなく被相続人の日々の生活等を援助していたとか，被相続人の介護を担っていたなど」の例示にもあらわれている。

2 対して，⑥は，相続人なく2013年に死亡した被相続人の相続財産（1億2572万円余の銀行預金等）の分与をX_1・X_2が申し立てた事例である。X_1は，被相続人と縁戚関係はないが，近隣に居住し，1978年から被相続人経営の薬局に8年間パート勤務していた。被相続人の夫が倒れてから臨終まで入退院の付添い・留守番を手伝い，納骨にも同行した。2000年以降，被相続人の週3，4回の通院の付添い，その後週3回程度身の回りの世話をし，財産管理能力に不安が生じてからは，法律相談，精神科受診の付添い，X_2との連絡等成年後見申立てに向けた支援に取り組んだ。2004年以降は被相続人の死亡まで（2005年老人ホーム入所）身の回りの世話に1ヵ月1万5000円〜2万円のアルバイト料（交通費含）の支払いを受けていた。X_2は，被相続人のいとこで，親戚付合いに加えて相談に親身にのる等していたが，X_1と協力しながら成年後見申立てに取り組み，2005年に弁護士と共に成年後見人に就任し，被相続人の死亡まで身上監護を担ってきた。報酬323万5000円を受領している。葬儀は，X_2を喪主とし，その夫・長女・次女並びにX_1・その夫の出席の下行われた。

原審は，X_1は身の回りの世話をしただけであって「療養看護に努めた者」と評価することはできず，X_2はそれに当たるともいえそうであるが，行った身上監護は報酬により全て賄われているとした。2005年に不動産・預貯金をX_1・X_2を含む5名に遺贈する趣旨で作成した書面も（民法966条により無効となることがわかり断念），その一事で特別縁故者と認める客観的要件を満たすこ

---

[26] 家事事件手続法206条2項により，申立人ら全員について即時抗告の申立てがあったものとみなされ，しかも家事事件については不利益変更を禁止するとの原則は適用されないからとする。

とにはならないとした。当然に，X₁・X₂は抗告した。

　高裁は，原審を取り消し，分与を認めたが，かなりの低額であることに驚く。X₁については，2000年から被相続人の死亡まで13年間身の回りの世話をしたこと，精神科受診の付添い・X₂との連絡により成年後見申立てに向けた支援に取り組んだこと，X₂については，親戚付合いに加えて相談に親身にのる等の付合いがあったこと，X₁との連絡により成年後見申立てに向けた支援に取り組み，自ら成年後見人に就任したこと，X₁・X₂に共通しては，2005年に不動産・預貯金をX₁・X₂を含む5名に遺贈する趣旨の書面がZにより作成されたこと等が認められ，X₁・X₂は，相続財産の全部又は一部の分与が被相続人の意思に合致するとみられる程度に密接な関係があったと評価することができるとされたものの(27)，分与額は各500万円が相当であるとされた。

　⑤とは異なり，長期にわたる具体的な世話が行われており，そのレベル，また報酬とのバランスが問われた事例である(28)。高裁が，成年後見人に就任したこと自体を積極的に評価していることが興味深い。被相続人の意思の推認の観点では，遺贈の趣旨で作成した書面を，後見人やその家族の利益となる遺言を無効とする民法966条との関係でどう扱うか（そもそも，いとこが成年後見人であると，遺言ができない状況をどう解決するか）を考えさせる事例となっている(29)。他方で，この事例には，親族ではない者が世話を行ってきた場合についての裁判所の厳しい立場もあらわれている。親族の場合，親族としての交際が

---

(27)　X₁に2004年以降支払われたアルバイト料は，関わり合いの実情に照らせば低額で，さらに身の回りの世話を始めたのが2000年であることを考慮すれば，特別縁故者とする認定の妨げにならず，X₂に支払われた後見人報酬についても，前記各事情，特に被相続人の遺贈の意思を考慮すれば，なおX₂が特別縁故者に当たると解するのが相当であるとしている。

(28)　親族が成年後見人となっていると，その報酬とのバランスについての考慮から額が定められ，低めの額の分与となっているようにも思われる。例えば，配偶者の兄が17年間成年後見人を務めた大阪家審令和1・10・21家判30号94頁。生駒俊英「大阪家審令和1・10・21，東京家審令和2・6・26評釈」月報司法書士603号（2022年）63頁は，分与額は若干低いように思われるとする。

(29)　成年後見人に利益となる遺言が無効になるとすれば，身近な人は，ただでさえ負担の大きい成年後見人に就任することを避けるようにならないか。むしろ，現在の被相続人の財産を掌握し，場合によっては不正を働くに至る親族後見人を増やすことにならないか。最高裁判所が公表している統計によると，後見人になった親族の不正などを背景に，専門職の選任が増え，親族が後見人に選任される割合は年々低下していたが，2019年3月に，最高裁は，基本的な考え方として，後見人にふさわしい親族等身近な支援者がいる場合は，本人の利益保護の観点からそれらを後見人に選任することが望ましいという考え方を示している。であれば，これらの者に利益となる遺言の可能性，特別縁故者性，その分与額について検討が必要である。

あって当然で，その範囲を超えるかどうかが，特別縁故者性の判断の重要な基準となっているようであるが，親族以外の者についても裁判所の厳しい立場は変わらないようである（「週3，4回の通院の付添い」だけでも大変であるのに）。

3　令和に入ってからは，いとこに対し，相続財産全体に比すると低額にとどまる分与をした⑦東京家審令和2・6・26家判31号100頁[30]がある。被相続人は，父方のいとこであるX_1・X_2と幼い頃から親しく交流していた。X_1とは，同じ会社に就職し，X_1の家に立ち寄ったり泊まったりなどし，X_2とも，就職後，年に3，4回は会い，被相続人の父死亡後数年間は，正月の度にX_2の家に滞在していた。被相続人が46歳の頃からは，X_1により「いとこ会」が設けられ（後にX_2によりメーリングリストも立ち上げられている），交流は続いた。56歳の頃に勤務先を移籍するにあたっては，緊急連絡先としてX_2の連絡先が登録されている。その際，被相続人は，自分に万一のことが会った場合等には，病気療養中の妹のことをよろしく頼む旨述べている。被相続人が死亡した際（62歳頃），Xらは身元確認を行い，X_1は喪主として276万円余を負担した。Xらは，他の親族らと共に被相続人の家の遺品整理やごみの搬出等を7回にわたって行い，X_2は95万円を負担した（死後の費用については償還済み）。相続財産は，預金債権約4億6260万円のほか，不動産，賃貸建物の賃料，株式の配当金，動産類等であった。

　この事例では，まず，「生計同一者及び療養看護者に該当する者に準ずる程度に被相続人との間で具体的かつ現実的な交渉があり，相続財産の全部又は一部をその者に分与することが被相続人の意思に合致するであろうとみられる程度に被相続人と密接な関係があった者と解するのが相当である」と，一般的に特別縁故者性につき裁判例の基準とされているところを述べ，Xらとの関係については，生前の個人的な親密さや信頼関係，死後の尽力をとり上げ，いずれも通常の親族としての交際の範囲にとどまるものとはいえず，相続財産の全部又は一部を分与することが被相続人の意思に合致するであろうとみられる程度に密接なものであるとされた。しかし，被相続人の財産増殖に何らかの寄与をしたとか，被相続人の心情面において強い支えとなるべき心理的援助を惜しまなかったなどといった明確かつ具体的な交渉経緯が存在するわけではなく，分与額については，相続財産全体の構成に比して，いずれも少額の割合の金銭に

---

(30)　評釈として，生駒・前掲注(28)58頁以下，色川豪一・民商158巻2号（2022年）138頁以下がある。

とどまるべきものと解するのが相当であるとされ，それぞれ5000万円の分与が認められている。

この事例では，それぞれに5000万円と，一般的にはそこそこ高額といえる金額が定められているが，裁判理由も表現するように，割合でみれば「少額」となっている。「割合」的な判断となったのは，「親密さ」とか「信頼関係」といった抽象的なものを評価の対象としていることによるのであろう。「少額」の一部分与にとどまるとはいえ，抽象的なものを評価の対象とし，また，「割合」的な評価によって，長期にわたる具体的な世話のあった⑥の事例よりも高額な分与を実現していることは注目されるところである。

Ⅳ 特別縁故者性と相当性

特別縁故者性や相当性（分与の程度）の判断はどのようにあるべきなのだろうか。

1 特別縁故者制度は1962年に創設されたものである。既に戦前より構想はあった[31]。1927年の臨時法制審議会の「民法相続編中改正ノ要綱」には，「相続人確定の手続及ヒ相続人曠缺ノ場合ニ於ケル相続財産の処理」「三　相続人曠缺ノ場合ニ於ケル相続財産の管理人ハ家事審判所ノ許可ヲ得前戸主ノ扶助ニ依リ生計ヲ維持シタル者其他前戸主ト特別ノ縁故アリタル者又ハ社寺等ニ対シ国庫ニ帰属スヘキ相続財産中ヨリ相当ノ贈与ヲ為スコトヲ得ルモノトスルコト」という項目が掲げられている。その後条文化作業が進められていたが[32]，戦争の激化によって改正作業は中止を余儀なくされた。このような制度の導入の必要性については，穂積重遠博士によって，「相続人はなくとも，其財産から扶助を受けて生計を維持していた者，前戸主と特別の縁故のあった者，又は個人の産土神，菩提寺等もあり得ること故，僅少の遺産を国庫に没入するよりもそれらの所縁に贈与した方が，故人の遺志にもかなひ其財産の効用も発揮さ

---

(31) この経緯については，久貴忠彦『判例特別縁故者法』（有斐閣，1977年）1頁以下等参照。

(32) 「人事法案（仮称）相続編（昭和15年11月整理）」（第4草案）（1940年）の第5章第354条に具体化された規定においては，「相続人アルコト分明ナラサルトキハ特別管理人ハ被相続人ノ扶助ニ依リ生計ヲ維持シタル者其ノ他被相続人若ハ其ノ家ト特別ノ縁故アリタル者又ハ社寺其ノ他公益ヲ目的トスル施設ニ対シ家事審判所ノ許可ヲ得テ残余財産中ヨリ相当ノ額ヲ贈与スルコトヲ得」とされている。「公益性」のある施設に対する比較的緩やかな判断は，この辺りに端を発するものかもしれない。

れるであらう。それ故改正要綱は，相続財産管理人が家事審判所の許可を得て左様の贈与を為し得べきものとした」と説明されている[33]。

周知のとおり，戦後の民法は，家制度を廃止し，相続人の範囲を狭く限定したため，相続人不存在の事例が多くなり，制度の必要性は決定的となった。他方で，家督相続制度の下にあったわが国では，従来，遺言の利用が活発とはいえず，それもこの制度を送り出す要因となった[34]。

1960年から，民法全般の改正に関する検討とは別に，緊急の一部改正に関する検討が始まり，1962年に法制審議会からの答申を受け作成された法律案が原案どおりに可決され，同年7月に公布・施行されている。

特別縁故者制度の創設については，立法関係者である加藤一郎教授による，「わが国の現状からすると，遺言がそれほど容易に普及するとも思われない。また，遺言をするつもりでも，遺言書を作る前に急死することもありうる。そのような場合に，遺言しないのだからやむをえないとせずに，内縁の妻，事実上の養子，最後まで世話をした人など特別に縁故の深い者に，家庭裁判所を通じて適当に相続財産を取得させる道があれば，都合がよいと考えられる。また，国としても，相続財産の国庫帰属によって利益をあげるというつもりはなく，取るべきものは相続税で取ればよいのであり，国庫帰属は他に相続財産の帰属者がいないために，最後に国庫に帰属させるというにすぎないから，それ以前に妥当な帰属者があれば，それに相続財産を取得させることは，さしつかえないわけである。」との説明があり，注目される[35]。

2 特別縁故者の要件は，当初から議論の対象であった。「特別の縁故の存在」と「分与の相当性」である。特別縁故者性については，(a)「生計を同じくしていた者」と(b)「療養看護に努めた者」の2つの例示を挙げた上で，(c)「その他特別の縁故があった者」としており，結局は抽象的な表現にし，家裁の良識による判断に委ねるというのが本条の趣旨のようである[36]。とはいえ，その例示の趣旨に鑑み，抽象的な親族関係の有無・遠近ではなく具体的実質的な縁故の濃淡がその判断の基準であるべきことは，立法当初から指摘されるところ

---

(33) 穂積重遠『相続法第3分冊』（岩波書店，1947年）557頁。
(34) 谷口知平＝久貴忠彦編『新版注釈民法(27)補訂版』（有斐閣，2013年）〔久貴忠彦＝犬伏由子〕724頁以下等参照。
(35) 加藤(一)・前掲注(4)52頁。
(36) 山主・前掲注(18)191頁参照。

である[37]。類型化も既に試みられ，条文に従った類型とは別に，(ア)「相続権者に近い類型」（内縁の妻，事実上の養子，死亡した養子の連れ子等），(イ)「衡平の観点から認められる類型」（献身的世話をした者），(ウ)「被相続人の意思を推測して認められる類型」（被相続人が遺言をしたならば遺贈等の配慮をしたであろうと期待できる者）の3類型を説くものがある[38]。事例⑥は，まさに(ウ)の類型で認めてしかるべきものである。

　前述のように，そもそも学説は，特別縁故者制度を，遺言法や遺贈・死因贈与法を補充するものと理解すべきだとしてきた[39]。本来なら財産処分として遺言を活用すべきであるが，遺言の利用が多くないわが国の実情をみれば，それを補い被相続人の意思を推認して実現する制度と捉えるべきだとする。そのような立場からは，遺言が要件を欠き無効であるもののその意思の明確な場合，被相続人が生前に遺産を与える旨頻繁に表明していた場合には，その意思を尊重すべきことは当然となる。さらに，被相続人と長く関係のあった者につき，被相続人の黙示の意思表示を認めてよいこともあり，そうでなくても「現代における死者の有すべき意思の擬制的存在を推定する制度として運用されるべき」だということになろう[40]。被相続人との関係が主として精神的・事務支援的なものであっても，(c)と認めた事例もこれまでにある[41]。事例⑤では，被相続人が死亡の直前まで元気で生活し，介護や生活上の援助を受けていた事実がないことを消極的判断につなげているが，独居高齢者が増える中，精神的な支えは極めて重要であり，何かあったときに対応してくれる存在は老後の孤独を和らげる。認知症や引きこもりの場合，「精神的」なつながりを認定することに困難はあるが，何かあったとき（時を選ばない）に対応してくれる存在は，本人そして社会にとっても貴重といえ，被相続人の意思の推認を根拠とする(ウ)の類型で拾うのが難しいとしても，(イ)の類型で認めることを積極的に考えるべきではないか。高齢化はとどまるところを知らず，様々な要介護の類型，さらには要支援の状況への対応も問題となる中，(イ)の類型の変容・拡大という新しい方向性を模索する必要がある（今後，遺言がより普及すれば，被相続人の意思

---

(37) 我妻栄＝唄孝一『相続法』（日本評論社，1966年）233頁等。
(38) 沼辺愛一＝藤島武雄「特別縁故者に対する相続財産の処分をめぐる諸問題」判タ155号（1964年）67頁。
(39) 前掲注(19)参照。
(40) 山主・前掲注(19)14頁。
(41) 名古屋家審昭和48・2・24家月25巻12号44頁，大阪高決平成5・3・15家月46巻7号53頁，鳥取家審平成20・10・20家月61巻6号112頁等。

の推認，つまり(ウ)の類型で拾うことがより難しくなる可能性もあり，(イ)の類型の変容・拡大の検討の重要性は高まろう）。過去の一時期の縁故も積極的に認めてよいし[42]，いわゆる死後縁故も過小評価できない時代になっていると思われる。後者については選定相続・祭祀相続の復活を恐れる向きもあるが[43]，家制度の影響残る制度発足時から既に50年，今さらそのような心配をするよりも，死後の事務遂行の一環としてむしろ評価してよいのではなかろうか[44]。

　Ⅲでみたように，相続人ではない親族からの申立てにつき，裁判所の判断は厳しい。新しい相続人類型を作り出すことへの警戒であろうか。たしかに，そのような警戒心は立法当初から示されていた[45]。しかし，少子化が進む中で，一人っ子も多くなり，何かのときの頼りとして，いとこ等との交流が求められ，深まるケースが増えている。本稿で紹介した事例④〜⑦でも，すべていとこが申立人になっている。夫婦でさえ同居しないことがあり，成人した親子の同居が望まれず，介護も同居ではなく有料サービスを利用しながら取り組むことが多い時代となって，「同居」や「継続的」な療養看護に重きをおきすぎることなく，時代に合った支援・交流を評価することが必要であり，従来型の親族としての交際の範囲にとどまるか否かという基準も，設定・使い方を再検討しなければならないだろう[46]。

3　他方，相当性の判断基準は明確ではない。事例⑤のように複数の申立てがあった場合にどう判断すべきか。申立人ごとに要件の具備を検討することになるが，相続財産の総体に変わりがない以上，各申立人を比較検討し総合的な判断を下す必要があり，家事事件手続法204条2項による併合審理となる。申立人が複数の場合，決定的な縁故者が存在しないとして却下される事例が多い

---

(42)　加藤(一)・前掲注(4)54頁は，死亡時まで特別の縁故が続いている必要はなく，過去の一時期であってもさしつかえないとする。
(43)　我妻＝唄・前掲注(37)234頁，久貴忠彦「特別縁故者に対する相続財産の分与」民商56巻2号（1967年）57頁，中川善之助＝泉久雄『相続法〔第4版〕』（有斐閣，2000年）475頁等。
(44)　この辺りまでは，松尾・前掲注(23)112頁でも既に述べていたところである。
(45)　加藤(一)・前掲注(4)52頁，高梨・前掲注(19)84-86頁等。
(46)　従来から，「親族としての交際の範囲」については，審判例によって差異があり，特別縁故の有無が裁判所で認定されるまではわからないということから，申立てを躊躇したり，強引に申し立てた者が得をするような不均衡を生み出し，同時に制度の意義そのものを不明確にするといった指摘があった（人見康子「相続財産の処分——特別縁故者の範囲について」判タ250号（1970年）169頁）。

と指摘されるが[47]，1人が抱え込むことなく複数で支援する体制はむしろ望ましく（その間に意識的な協力体制がなくとも），複数であることが消極的判断に結びつくことのないよう留意すべきである[48]。

　他方，近時目につく，一部分与の事例をどう評すべきか。元々一部分与は，極めて少ないといわれ，それも親族関係がないとか非常に遠いという傾向があるとされていたが[49]，近時は，一部分与どころか，かなり低額の分与にとどまる事例が目立ち，親族関係が近くても低額の分与しか認めない場合も見受けられる。そのような中留意すべきは，事例⑥のような成年後見人就任との関係である[50]。成年後見人になった親族の不正等を背景に，専門職の選任が増え，親族が選任される割合は年々低下していたが，2019年3月に，最高裁により，その基本的な考え方として，後見人にふさわしい親族等身近な支援者がいる場合には，本人の利益保護の観点からそれらを後見人に選任することが望ましいという方向性が示されている[51]。人のいいタイプが成年後見人を引き受け，親身になって報酬以上に務めても，遺言の受益者になれないどころか（民966条――2項に例外があるが，基本的に相続人の範囲にとどまる），特別縁故者とも判断されない，特別縁故者とされても低額の分与にとどまるというのは，あるべき姿なのだろうか。特別縁故者性の判断に際し，得た報酬以上のことをしたかどうかは重要な基準であろうが，ひとたび特別縁故者と認められれば，分与額の決定に際してあるべき報酬を基準とする必要はないはずである（報酬を補う制度ではない）。⑥の事例でみたように，成年後見人に就任したこと自体を積極的に評価する視点も必要ではないだろうか（もちろん，被相続人の財産を掌握して，不正を働こうとする輩もいることは否定できないが，財産管理の結果は分与の判断時には既に明らかになっているはずである）。最高裁が，親族後見人を推奨するならば，一般人にとってのその負担の大きさに目を向けるべきである[52]。

---

(47)　谷口＝久貴編・前掲注(34)〔久貴＝犬伏〕740頁等。
(48)　松尾・前掲注(23)112頁。
(49)　久貴・前掲注(31)195頁以下，谷口＝久貴編・前掲注(34)〔久貴＝犬伏〕749頁等。
(50)　この点の重要性については，松尾・前掲注(23)112-113頁でも既に述べている。
(51)　厚生労働省第2回成年後見制度利用促進専門家会議（2019年3月18日）「資料3 適切な後見人の選任のための検討状況等について」（https://www.mhlw.go.jp/content/12000000/000489322.pdf――2023年10月31日参照）。
(52)　2022年に後見開始，保佐開始及び補助開始の認容で終局した各審判事件のうち，親族が成年後見人等の候補者として各開始申立書に記載されていた事件は，終局事件全体のわずか約23.1％にすぎない（https://www.courts.go.jp/vc-files/courts/2023/20230317koukengaikyou-r4.pdf――2023年10月31日参照）。

4 特別縁故者・分与額の拡大については，近時モラルハザードへの懸念も表明されているが[53]，そのような懸念があっても，高齢者をめぐる諸事務が積極的かつ円滑に遂行されるのであれば，それに越したことはない。公表裁判例を網羅した労作において，梶村太市元裁判官は，被相続人と無関係な人々で構成される国家より，少しでも被相続人の生前・死後の諸事務に貢献した関係者に相続財産を帰属させ，高齢者をめぐる事務の円滑な遂行を支援するような社会とすることこそ，必ずしも個人主義的発想ばかりでない憲法24条の趣旨に合致すると述べている[54]。その上で，親族間や家族間の交渉は疎遠化しており，生計同一や療養看護といえなくても，それに近い交際をしてくれた人には，少しでもそれに報いることが必要であり，相続人不存在の場合の相続財産の分与は，弾力的に運用していきたいものであるとしている[55]。現在の特別縁故者制度の運用の方向性にも十分に留意して，判断基準の再考を求めたいところである。

もちろん，特別縁故者の規定については，立法当初から，いわば一種の白地規定と呼ばれたり[56]，いわば一般条項によって表現されていると言われたり[57]，解釈・運用が広く家庭裁判所に委ねられたことで，不当に拡大され，濫用される危険をはらむことが指摘されていた[58]。近時も，基準の明確さが重視される傾向にある昨今，本制度のような明確な基準で図れないものを評価する制度は居心地の悪いものでもあると述べるものがある[59]。しかし，このような規定ぶ

---

(53) 本山・前掲注(16)55頁等。
(54) 梶村太市『裁判例からみた相続人不存在の場合における特別縁故者への相続財産分与審判の実務』(日本加除出版社，2017年) ii 頁。「特別の縁故」とは，親族関係にありながら被相続人に何らの援助の手も差し伸べようとしなかった者を排除するための文言にすぎない，という。生駒・前掲注(28)64頁も，今後遺言の普及が進めば，被相続人の意思を補充するとしている特別縁故者制度自体の必要性について議論する必要があるとしながらも，「無縁社会」という言葉が注目を浴びる現代においてこそ，本制度はその必要性をとどめているようにも思われるとする。
(55) 梶村・前掲注(54)485頁。被相続人の生前の言動からその者を承継者から排除したいという意思が読み取れない限り，広く縁故関係を認めるのが妥当とする。本山敦「戸籍事務担当者のための家事事件概説・アラカルト　第16回　特別縁故者に対する相続財産の分与について——新裁判例の紹介」戸籍1015号（2022年）16頁は，私有財産を国庫に収納するよりも，特別縁故者に厚く分与するということが積極的に行われてもよいように思われるとするが，他方で，「笑う特別縁故者」を生み出すのも好ましくないように思われると述べる。
(56) 高梨公之「民法の一部改正について」日法28巻2号（1962年）23頁。
(57) 山主・前掲注(19)14頁。
(58) 久貴・前掲注(43)83頁。
(59) 生駒・前掲注(28)64頁。

りは，特に，特別縁故者制度に限ったものでもない。たしかに，今後，「特別の縁故」という枠組みを考え直す必要，あるいは，「特別の縁故」という枠組みを維持するとしても，時代の流れを反映させて，現在の例示を変える必要があるように思うが，裁判所の運用としては，積極的な分与を前提として，「笑う特別縁故者」が生じないように[60]チェックをすることが重要となろう。

特別縁故者制度については，立法時に根本的な議論ができなかったともいわれ，この辺りで制度自体の見直しが必要であるとされている。2018年の相続法改正においては，新たに，特別寄与料制度も導入されている。相続人以外の者に相続財産からの支払いを認めるものであり，評価に値するものであるが，請求できる者を親族に限っている点で，この制度の位置づけは微妙である。一律に，相続財産への貢献を評価できる制度となっていれば，貢献は，特別寄与料の制度において評価し[61]，そこで評価できない支援・交流といったものは，相続人不存在のときに初めて，特別の「縁故」として評価すればよいという説明も可能であったように思われる（生計同一者への配慮は，もっと根本的な解決が求められるところである）。結局，今も特別縁故者制度が担うべき役割は幅広いままである。裁判所の扱うべき事例も幅広く，判断も難しい。

V おわりに

冒頭でも述べたように，2021年度に相続人不存在で国庫に帰属した額は647億円と過去最高となり（これ以外に土地・建物として不動産のまま国庫に帰属する分もある[62]），2001年度と比べて約6倍に増え，新聞等でも話題となった。相続人不存在により国庫に帰属した金銭等は，裁判所の歳入として計上されている。その額の近年の推移については，本稿末尾の表を参照してもらいたい。裁判所主管の歳入の予算額は，この10年でおよそ2倍となっている。そこに占める「相続人不存在により国庫に帰属した金銭等」の割合は，2013年度こそ，約70％であるが，2014年以降は，常に90％以上となっており，裁判所主管の

---

(60) 本山・前掲注(55)16頁参照。
(61) 本来は，財産法の法理による強い主張を可能とすべきだと説かれるところである。
(62) 前掲注(3)の資料によると，国庫帰属財産額が約420億円であった2015年度において，台帳価格で数千万円あるとのことである。相続財産管理人は，引継書を作成して所轄財務局に引き継ぐが，その場合，相続財産管理人はあらかじめ財務局長等と引継ぎの所要事項について打ち合わせを行うこととなっている。詳細は，「国庫に帰属する不動産等の取扱いについて」（https://www.mof.go.jp/about_mof/act/kokuji_tsuutatsu/tsuutatsu/TU-20201214-3992-14.pdf——2023年10月31日参照）。

歳入の大部分を占めている。裁判所は，過去3年分の収納実績をもとに国庫に帰属する額を推定しているが，「相続人不存在により国庫に帰属した金銭等」の決算額は，毎年のように予算額から上振れしており，既に明らかになっている2022年度の決算額は，約770億円で，予算額約611億円から，およそ159億円も上振れしたことになる。「相続人不存在により国庫に帰属した金銭等」には，ほかにも所有権放棄による国庫帰属，法人の解散による国庫帰属，国庫帰属した国債の買入消却，預託金の利子などを含むが，表からわかるように，そのほぼ99.8〜9％が「相続人不存在による国庫帰属」である（★印としている2019年度以降の数字は，同じ資料からはわからなかった）。そのまま裁判所の予算として使われるわけではないが，2022年度の裁判所全体の予算額が約3228億1400万円であるから，相続人不存在による国庫帰属の額がどれだけ大きいものであるかがわかる。政府内に「隠し財源」として注目する向きがあるというのも十分理解できる。

　個々の裁判官が，このようなことを念頭に特別縁故者に関する判断をしているとは到底思えないが，公正たるべき裁判所の判断によって，これだけの額が国庫に帰属するというのは望ましい状況とはいえないだろう。たしかに，相続人不存在という状況が生じていなければ，そもそも特別縁故者として財産分与の申立てをすることはできないわけであるから，この申立てを行う者は，裁判所で消極的な判断がされることで直接に「不利益」になるというものでもない。ただ，被相続人に具体的支援をした申立人にとって，その見返り・評価を得られないことはある意味マイナスであり，なんらかの形で生計を被相続人に頼っていた者にとっては，被相続人が生きていれば得られたであろう利益を失ったともいえ，裁判所の判断はこれらの者の利益に大きな影響を及ぼすのである。であるのに，特別縁故者に財産が帰属する判断に裁判所が消極的な立場をとれば，その財産は，自らが所属する国家機関の歳入となってしまう。その額がここまで膨れ上がっている以上，現状を放置しておくわけにはいかないであろう。喫緊の制度の改正が必要であるといえるが，当面は裁判所による弾力的な運用を求めるほかない。特別縁故者への財産分与における裁判所による「裁量の必要性」に異議を唱えるつもりは毛頭なく，むしろ必要であると考えるからこその期待である。既述のように，もともと立法過程，立法当初から，「国としても，相続財産の国庫帰属によって利益をあげるというつもりはなく，取るべきものは相続税で取ればよい」とされ，「国庫に没入するよりもそれらの所縁に贈与した方が，故人の遺志にもかなひ其財産の効用も発揮されるであろう」と

第2部 第5章 相続の承認・放棄，特別縁故者

されていたのであるから。

	裁判所主管合計・予算額	相続人不存在により国庫に帰属した金銭等・予算額※	相続人不存在により国庫に帰属した金銭等・決算額※	左の決算額中，相続人不存在による国庫帰属
2013 年度	36,964,482#	25,846,802	33,677,844	33,649,678
2014 年度	35,539,567	32,311,839	43,411,582	43,379,610
2015 年度	38,050,788	34,813,305	42,063,983	42,035,540
2016 年度	41,597,675	38,200,645	43,990,304	43,947,567☆
2017 年度	42,994,952	39,717,804	52,638,657	52,557,140
2018 年度	46,730,313	43,155,290	62,831,727	62,709,120
2019 年度	49,964,058	46,230,782	60,464,486	★
2020 年度	61,187,548	56,887,818	60,120,324	★
2021 年度	63,423,142	58,644,957	64,772,986	★
2022 年度	66,307,204	61,138,846	76,982,611	★
2023 年度	67,171,311	61,785,932		
2024 年度	72,882,958＊	67,291,974＊		

（単位：千円）

※ 所有権放棄による国庫帰属，法人の解散による国庫帰属，国庫帰属した国債の買入消却，預託金の利子，その他を含む。
＃ 決算額
＊ 見積額
☆ 令和2(2020)年度版の記載。平成30(2018)年度版では，43,967,784千円。
★ 記載なし

裁判所主管・歳入予算概算見積額明細表より作成。
「裁判所の予算」のページから。
https://www.courts.go.jp/about/yosan_kessan/yosan/index.html——2023年10月31日参照。

第 6 章
遺言・遺贈・遺留分

34 死因贈与の方式・能力・撤回
――遺贈に関する規定の死因贈与への準用・各論

沖 野 眞 已

I 問題意識――制度の役割・機能への着目
II 方　　式
III 能　　力
IV 撤　　回
V 補足と総括

I 問題意識――制度の役割・機能への着目

　民法554条（以下，民法については法律名は省略する）は，「死因贈与」という見出しの下，「贈与者の死亡によって効力を生ずる贈与については，その性質に反しない限り，遺贈に関する規定を準用する。」と定める。同条については，規定の文言上も，学説の理解上も，変遷があったが，2004年（平成16年）の民法の現代語化のための改正により，現行法の表現に改められ，その意味は，次のように理解される[1]。すなわち，同条は，死因贈与が，贈与「契約」という法的性質を有するものの，贈与者の死亡によってその無償の財産移転が効力を生じる点で遺贈と類似する実質を持つため，死因贈与という「性質に反しない限り，」遺贈の規定を準用するものである[2]。そして，この理解の下，同条の最大の解釈問題は，遺贈に関する規定のうちどの規定が――そして，どのように――死因贈与に準用されるのかである[3]。

　この問題について，現在の判例および学説の基本的な考え方は，遺贈が単独行為であり，死因贈与が契約であるという両者の性質の違いに着目し，遺贈に関する規定のうち，単独行為という性質に由来する規定は死因贈与には妥当せず，それ以外の規定についても個別に検討を必要とするという考え方である[4]。

---

(1) 554条の変遷については，沖野眞已「遺贈に関する規定の死因贈与への準用について・総論」（2024年刊行予定）を参照。
(2) 潮見佳男『新契約各論 I』（信山社，2021年）73頁。
(3) 中田裕康『契約法〔新版〕』（有斐閣，2021年）284頁。
(4) 旧民法以来の学説の展開について詳細は，武尾和彦「死因贈与契約の系譜と構造」

例えば，遺贈の放棄・承認に関する規定（986条〜989条）は，遺贈が単独行為であることに由来するものであって，それに対して契約であるという死因贈与の性質から準用の余地がないとされている[5]。これに対し，方式に関する規定については準用対象とならないという見解が判例・通説であるが，準用対象たりうるとする有力説がある[6]。そして，贈与者による撤回の可否，すなわち1022条（〜1026条）の準用の可否については，特に議論があり，判例は必ずしも明確ではなく，学説では判例の理解を含め見解が分かれている[7]。

　しかし，従来の議論には疑問がなくはない[8]。契約と単独行為という法的性質から，遺贈に関する規定のうち単独行為という性質に由来する規定は死因贈与には妥当しない，という命題は，現行554条の〈性質に反しない限り，準用〉という規定の基本的な枠組みのもとで，契約であるという「性質」に照らし，単独行為に特有の規律は準用されないとするものであって，その一般論自体は正当であると考えられる。

　しかし，第1に，この一般論の下で，遺贈に関する各規定について，遺贈の単独行為性に由来するもの，あるいはそれのみに由来するものとする，その仕分けについては，疑問がある。例えば，方式に関する規定の準用について，契約である死因贈与には準用されないという主張がある。確かに，契約の場合は方式の自由が原則であり，贈与契約についても，その成立自体には書面等の方式は要求されない。しかし，それは，単独行為についても一般的にそうである。単独行為は要式行為であるという一般論はなく，方式が要求されるのは，遺贈だからである。そして，方式を要することで捉えられている遺贈の特質は，無償の財産移転であり，その効力が発生するのが遺贈者の死亡であって，効力が発生する段階では肝心の遺贈者がもはや存在しないという事情であろう。そうだとすれば，方式に関する規定の準用を否定するには，契約であるからという理由づけだけでは，十分ではない。

　また，第2に，単独行為か契約かという性質の違いによる仕分け自体が妥当

　　明治大学法律論叢60巻4=5号499頁以下，また単独行為と契約という性質の違いを考
　　慮すべきことにつき536-537頁（1988年）を参照。
(5)　潮見・前掲注(2)74頁，中田・前掲注(3)284頁，柚木馨＝高木多喜男編『新版注釈
　　民法(14)』（有斐閣，1993年）72頁〔柚木馨＝松川正毅〕，我妻栄『民法講義Ｖ2債権
　　各論中巻一』（岩波書店，1957年）237頁等。
(6)　潮見・前掲注(2)74頁注146参照。
(7)　沖野・前掲注(1)，および所掲の文献を参照。
(8)　詳細は，沖野・前掲注(1)を参照。

するとしても，それだけで，準用対象規定を区分することが本当に正当なのかについては，もう一段の考慮を要するように思われる。例えば，遺言の検認の規定（1004 条，1005 条）は，契約である死因贈与には適用の余地がなく，準用が否定される規定であるというのが一般的な見解である[9]。そうだとしてもしかし，検認の制度は，遺贈者という無償の財産出捐者が存在しなくなった段階で意味を持つことになる，信頼性のある第三者（公証人や遺言書保管手続における行政機関〔法務局〕）の関与が保障されない形で[10]作成された文書について，偽造・変造や滅失等を防止するために，その内容をいわば結晶化する原状保全のための手続である[11]。確かに，契約の場合は，本人以外の第三者が契約当事者として，その法律行為に関わっているから，遺贈と事情が異なるということができる。遺言者が自ら秘匿的に保管し，その死後，不利益を受ける相続人等が隠匿・破毀するおそれを想定するなら，死因贈与においては利益を受ける受贈者が保管をすることが想定され，そのようなおそれに対処する必要に乏しい。しかし，第三者の関与という点では，そのように関わっている第三者は，その無償の財産移転という法律行為の受益者自身である。贈与者が存在しない段階になって効力を発生する法律行為，それを表す文書について，受益者が第三者として関わっているので，（滅失等については受益者のインセンティブに委ねうるとしても）偽造・変造の防止のための手続を要しないとは，当然には言えないと思われる。

　また，現在では不準用に異論がない，遺贈の放棄・承認に関する規定は，確かに，遺贈（遺言）という単独行為により，当事者として関与しない受遺者に，財産を押し付けるという結果を避け，その自由な選択に委ねるための機会を提供するという意義を有し，そのような，自身の意思によらない〈財産の押し付け〉という性質は，受贈者が契約当事者となり，自らの意思によって受贈者という地位をすでに得ている死因贈与においては当てはまらず，遺贈の場合のような選択の機会を与える必要はない。けれども，ここに遺贈の撤回の規定の準用の可否の問題を入れて考えると，その準用を肯定し，贈与者は自身の死亡ま

---

(9)　末弘厳太郎「死因贈与ニ就テ」法学新報 26 巻 4 号（1916 年）38-39 頁，柚木＝高木編・前掲注(5)73 頁〔柚木・松川〕。

(10)　1004 条 2 項，「法務局における遺言書の保管等に関する法律」11 条参照。

(11)　潮見佳男『詳解相続法〔第 2 版〕』（弘文堂，2022 年）540 頁，中川善之助＝加藤永一編『新版注釈民法(28)（補訂版）』（有斐閣，2002 年）303 頁〔泉久雄〕（ただし，遺言者の存在を利害関係人に確知させる意義もあり，その点から対象をすべての遺言にしていないことを立法論として問題とする）。

での間いつでも贈与契約を撤回できる（あるいは解除できる）という規律が妥当するときには，受贈者側にも自由な離脱を保障するのが当事者の公平の観点から要請されうる。そして，遺贈の放棄・承認の規定には，そのような贈与者の撤回自由とセットになった規律としての意義を見出す余地があるようにも思われる[12]。

　第3に，契約にあっては，受益者が契約当事者として必須的に関わるため，その利益の保護が遺贈の受遺者に比し，より考慮される，あるいは正当視されることが，単独行為と契約の対比において実質的な考慮として指摘されることがある。例えば，撤回の規定の準用に関して，死因贈与は契約であり，当該契約により受贈者は条件付権利を取得するからこれを保護する必要がある，あるいは受贈者に将来の贈与に対する正当な期待が生じるとするなどである。しかし，例えば，撤回について，死因贈与も遺贈と同じく贈与者が自由に撤回ができるという規律が明確になっているのであれば，受贈者の期待や利益の保護は，逆の規律つまり撤回不可の規律を支える理由にはならない。すなわち，契約であるから受益者の利益の保護をより図るべきことになるというよりも，受益者の利益をより図る制度を設け，そのようなものとして死因贈与を構築するのが適切であるという考慮から，遺贈以上に受益者の保護に傾斜した法律関係として死因贈与を構築するということではないのか，と思われる[13]。

　これらの疑問は，それぞれの規定が果たしうる機能に着目したところから生じている。そして，死因贈与は，（一般の）贈与（契約）と遺贈という2つの制度の間に位置する制度であって，かつ，そのようなものとしてその存在意義が法律上肯定されているというのが，現行の554条が示すところである。すなわ

---

[12] 書面によらない贈与については，贈与者の意思の十全性の確保に配慮するべく任意の解除権が認められるが，それは，「各」当事者に与えられており，受贈者についても解除権が認められている。その趣旨は，受贈者側でも選択を保障するものと説明されている。また，この解除権については，贈与者の解除権によって法律関係が不安定になるため，そのような不安定な関係を離脱の形で確定させるための方法として認められる（無権代理における相手方の取消権と機能的に類似するものと理解される）とも説明されている（潮見・前掲注(2)47頁）。このような考慮を入れるならば，遺贈の撤回の準用において，贈与者のみならず受贈者も（したがって，「各当事者」と読み替える）撤回権を有するとするのが素直である（特に不安定な法律関係からの離脱であれば，贈与者の死亡によりもはや贈与者からは撤回不能となった段階では相手方である受贈者に選択を認める必要はないと言える）が，贈与者の死亡は事実であって当然に受贈者が把握することを期待できるわけではないことをも考慮した，受贈者側の選択の保障という意義を，その放棄・承認の規定（の準用）に見出す余地もあるように思われる（沖野・前掲注(1)）。

[13] 広中俊雄「死因贈与の取消」法学セミナー217号（1973年）65頁。

ち，立法例からは，死因贈与には，その効力を認めないとか，あるいは効力は否定しないにしても独自の意義を認めない法制もある——遺贈に関する規定に「従フ」と定める2004年（平成16年）の民法現代語化による改正前の明治民法の規定の場合は，全面的に遺贈の規定によるという余地も，また実際そのような解釈もあった——ところ，554条は，遺贈の規定が準用される（必要な修正を施して適用される）部分と贈与の規定が適用される部分から成るものとして，死因贈与の法律関係を想定しているからである。そのように，遺贈にも（一般の）贈与にも還元されない独自の意義を死因贈与が与えられている以上，遺贈と贈与という2つの制度がある中で，死因贈与にどのような独自の意義を与えるものとして，制度設計がされているのか，されるべきなのかを問うことが重要であり，そのためには，特にその果たすべき役割や機能に焦点を当てることが重要であると思われる。

このような機能に着目した議論は，すでになされており，中でも少子高齢化の進展の中で，高齢者の身上監護，財産管理，死後の財産承継について事前に自ら決定する手法が着目されているが[14]，死因贈与についての蓄積は限定的である。特に，制度としての役割や機能に注目するならば，個々の規定だけではなく，それらを総合して死因贈与がどのような制度を提供するものなのかを考察する必要があろう。しかし，死因贈与の法律関係の総体を捉えるには，遺贈に関する規定の準用の可否だけではなく，贈与に関する規定の適用の有無も含めて考察する必要がある上，そもそも，遺贈に関する規定だけでもその全てについて検討することは，筆者には直ちにはすることができない。そこで，本稿は，個別の規定のうち，特に遺贈の代表的特徴である，方式，能力，撤回の規定を取り上げて，遺贈および（一般の）贈与（「生前贈与」あるいは「非死因の贈与」。以下，これらの語を，死因贈与と対置してそうではない贈与について用いる。）の規律と対比して，死因贈与の制度上の役割や機能に着目してその準用の有無につき検討を試みることにしたい。なお，554条に関して最も議論があるのは遺贈の撤回の規定の準用についてである——554条の鍵と位置付けられている

---

(14) 松尾知子「遺言以外の死後の意思実現——死因贈与と執行者，死後事務委任，負担付（死因）贈与」野田愛子＝梶村太市総編集，岡部喜代子＝伊藤昌司編『新家族法実務大系第4巻　相続Ⅱ遺言・遺留分』（新日本法規，2008年）336頁，本橋総合法律事務所編『死因贈与の法律と実務』（新日本法規，2018年）。また，撤回に関し，同「死因贈与契約における受贈者の財産取得への期待とその保護◇贈与者の死亡後に現れる問題を素材として◇」判タ1198号（2006年）79頁，辻朗「死因贈与の取消・撤回について」『日本法政学会50周年記念・現代法律学の課題』（成文堂，2006年）287頁等。

問題である[15]——が，これらの3つの項目は，それには尽きないものの，撤回に関わるものでもある。方式は撤回との結びつきがあり，また，能力は撤回ではない形での一方的解消にも関わるからである。

II　方　　式

1　問題の状況

(1)　贈与の方式

　贈与は，契約一般と同様，諾成契約であり，その成立には「方式」は要求されない（522条2項，549条）。ただし，「書面によらない贈与」は，履行の終わった部分を除き，各当事者がいつでも無理由で解除をすることができる（550条）。この「書面」は，無償の財産移転を約する贈与について，贈与者の熟慮とその意思の確証をもたらし，また，権利関係の明確化を促すものとして，要請されるというのが一般的な理解である[16]。「書面」によらない贈与は，贈与者の熟慮やその意思の確証が十全ではないと見て，贈与者のみならず受贈者からも，契約の解除が認められる[17]。なお，解除の意思表示について方式は要求されない。

　550条のこの「書面」は，贈与者の贈与意思の確実さと明確さを示す観点から，贈与者の権利移転の意思を表すものである必要がある。贈与者の了解や関与のもとに作成された書面において，贈与の意思を確実に看取することのできる表現がされていることを要するが，それが満たされれば足りる。したがって，それは「贈与契約書」である必要はない。また，受贈者の意思表示が表示されている必要はない。特に，判例上，「書面」の要件は緩やかに解されている。贈与の意思表示自体が書面によっていることを要せず，書面が贈与当事者間で作成されたことや書面に無償の趣旨が記載されていることも要しない。当事者間で作成された書面であることを要せず，「限界事例」とも言われるが，不動産の買主が売主に対して，直接第三者に対して所有権移転登記をするよう求める内容証明郵便が，その買主からその第三者への贈与の「書面」たると認められた例がある[18]。

　判例においてはまた，「書面によらない贈与」であるかどうかの認定判断は，

---

(15)　松尾・前掲注(14)(新家族法実務大系) 339頁参照。
(16)　異論を含め，潮見・前掲注(2)46-48頁，中田・前掲注(3)275頁。
(17)　受贈者による解除の趣旨につき，潮見・前掲注(2)47頁，中田・前掲注(3)276頁-277頁。また，前掲注(12)も参照。
(18)　潮見・前掲注(2)48-50頁，中田・前掲注(3)275-276頁参照。

「契約当事者の言動，契約に至った背景，当事者関係その他の事情（契約を成立させた原因ならびに契約関係を構成する諸事情）を考慮に入れて書面性を判断する傾向がみられる」と指摘されている[19]。

550条は，契約の拘束力の事後的な一方的解消を可能にすることによって，その主眼である贈与者の保護を，受益者の契約利益の喪失の犠牲において，図るものであり[20]，また，両者の均衡を「書面」と履行終了とをもって図るものである。したがって，「書面」の緩やかな認定は，この均衡を，受益者の契約利益の確保のほうにシフトするものと言える[21]。

(2) 遺贈の方式

遺贈は，遺言による財産処分である。遺言は民法所定の「方式」に従わなければすることができない（960条）。具体的には，遺言は，自筆証書，公正証書または秘密証書によってしなければならず（967条本文），それぞれの方式要件がさらに定められている（968条～972条）。これら3種の「普通の方式」による遺言（982条参照）のほか，「特別の方式」によることを認められる場合がある（967条ただし書，976条～981条）。

また，遺贈はいつでもその全部または一部の撤回が可能であるが，撤回もまた，遺言の方式に従う必要がある（1022条）。

(3) 遺贈の規定の準用の問題

遺贈の「方式」の規定の準用に関する「問題」には，方式に関する遺贈の規定が死因贈与に準用されるかという問題と，準用される場合にどのような規律となるのかという問題の2つが存在する。

A．準用により要求される方式

先に後者をとりあげると，これは前者について準用を肯定する立場を取る場合に問題となるが，具体的な規律においてどこまでが遺贈の規定と同様となるのかは不分明である。たとえば，死因贈与は契約という形式であるため，贈与者の意思表示のみならず受贈者の意思表示があるところ，受贈者の意思表示が

---

(19) 潮見・前掲注(2)48頁。
(20) 一方的解除権は，贈与者のみならず，受贈者にも与えられているが（前掲注(12)），それは，無権代理における相手方の取消権に類似し，贈与者の保護のために，再考し契約の拘束力から解放される途が用意されることに対する，相手方（受贈者）の保護のための措置として設けられているとみることができ，贈与者の解除権と受贈者の解除権とでは，その意義ないし役割が異なることにつき，潮見・前掲注(2)47頁注44参照。
(21) 潮見・前掲注(2)49頁，中田・前掲注(3)275頁参照。

遺言の方式においてどのように取り込まれるのかがはっきりしない[22]。より具体的には，自筆証書遺言に即すると，贈与者の自書を要するものとなろうが，受贈者はこれを受諾・同意する旨の自書や，日付，氏名の自書や押印を要するのか，変更についても贈与者の付記と受贈者の承諾・同意の旨の付記や署名・押印を要するのか。公正証書遺言に即すると，証人の立会いを要するのか，それとも受贈者（といういわば受益者1人）の存在で足りるのか[23]。秘密証書遺言に即すると，受贈者の証書への署名，押印や，封印を要するのか，公証人および証人2人以上の面前への提出等の手続を必要とするのか。特別の方式についても，それぞれに即した方式の履践が想定されるのか，その場合，たとえば，立会いの要件はどのようになるのか，等である。このような「準用」を通じてどのようなルールとなるのかについての不分明さは，方式の規定を適用することへの疑問につながり，準用の否定へと後押しをしている面もあるように思われる。

　方式に関する遺贈の規定の「準用」については，必要な修正を加えて適用するという「準用」において必須となる必要な修正が何であるのか（あるいはどう読み替えられるのか）が，不分明と言わざるを得ない。2017年（平成29年）の民法改正に先立って公表された民法（債権法）改正検討委員会の提言は，この不分明さを受けて，立法提案として，明確化を図るものでもあった。同提言（債権法改正の基本方針【3.2.3.16】）においては，「死因贈与の成立要件」として，「贈与者の死亡によって効力を生じる贈与は公正証書または自筆証書によってしなければならない」と定め，かつ，「自筆証書によって死因贈与をするには，贈与者が，契約内容の全文，日付および氏名を自書して押印し，受贈者が署名して押印しなければならない」としている。これは，「遺贈と同程度の方式」（傍点は筆者による。「同じ」方式というわけではない）を死因贈与の成立において求めるものである。公正証書については，贈与契約が公正証書によることで足りる。証人の立会い等の「遺言の方式に則って公正証書を作成する」ことは要しない[24]。「自筆証書」については，全文の自書は贈与者が「契約内容」の

---

(22) 末弘・前掲注(9)37頁。準用を肯定する見解も，遺言の厳格な方式によることまで求めているとは思われないという指摘もある（森泉章「死因贈与」川井健ほか編『講座・現代家族法第6巻』（日本評論社，1992年）113頁）。
(23) 受遺者は遺言の証人や立会人になることはできない（974条2号）から，受贈者1人の存在で足りるとするのは，結局，証人2人以上の立会いの要件は不要とすることになる。
(24) 「遺言の方式に則って公正証書を作成する必要はない」とされており，「この点は，

全文を自書するものであり（贈与者の意思表示を自書するわけではない），受贈者は当該証書に署名・押印をする。そして，自筆証書の加除変更については，遺贈に関する規定が準用される[25]。贈与者による変更の旨の付記と署名・押印の規定であるが，受贈者の署名・押印が必要とされることになるのかどうかは不明である。また，秘密証書および特別方式は，「契約である死因贈与になじまない」とされている[26]。

概して言えば，準用を肯定する見解において明瞭にはされていないものの，準用といっても，必要な修正を施しての適用であり，その「修正」の範囲内として，民法（債権法）改正検討委員会の提言の内容は，準用肯定説が実は念頭に置いている内容に近いのではないかとも思われるが，はっきりしない[27]。

また，死因贈与に遺贈の撤回に関する規定が準用される場合には，その方式も問題となる。特に，死因贈与は契約であるから受贈者が意思表示の主体となるのに対し，撤回については一方的な意思表示であるから，贈与者からの撤回——受贈者からの撤回の問題もある——において意思表示の主体は贈与者であって受贈者はその相手方であるにとどまり，法律行為の性質が異なるため，両者で方式が同じなのかも問題となりうる[28]。

B．準用の有無

次に前者（準用の有無）については，判例においては，方式の規定の不準用が確立しており，学説においても準用を否定するのが多数説であると見られる

　死因贈与が契約であり，遺言とは異なることになる」と説明されていることから（民法（債権法）改正検討委員会編『詳解・債権法改正の基本方針Ⅳ——各種の契約(1)』（商事法務，2010年）221頁，223頁），逆に言えば，方式に関する遺贈の規定を「準用」し，遺言の方式に即するなら，契約が公正証書によってされるだけでは足りないという解釈にもつながりそうである。

(25)　贈与者による変更箇所の指示と変更の旨の付記と署名・押印が求められることになる。受贈者の署名・押印については明瞭ではないが，贈与者による一方的な撤回や変更は認めない旨が提言されていることから，変更には受贈者の同意を要するものと解され，そうであれば，受贈者の署名・押印も必要とするような帰結となるように思われる。

(26)　民法（債権法）改正検討委員会編・前掲注(24)222頁。

(27)　遺贈の方式に関する規定の準用に関して，判例はそれを否定するが，端的な準用ではなく，550条の「書面」について準用することは，判例上否定されていないとして，同条の「書面」に死者の真意の確保という観点から制限をする見解（広中俊雄『債権各論講義〔第6版〕』（有斐閣，1994年）41頁）は，受贈者の意思表示までは要求されず，たとえば，贈与者の自筆，署名，捺印で足りるとするように思われる。

(28)　そもそも，死因贈与には遺贈の方式の規定の準用を一定範囲で（具体的には，550条の「書面」として）認めつつ，贈与者による撤回については方式は不要とする見解もある（広中・前掲注(27)41頁，後掲注(35)参照）。

が，有力な異論がある。

判例の論拠は，方式の要請は遺言の単独行為性によるものであって契約である死因贈与には妥当しないという点，また，554条は「効力」に関して遺贈の規定によることを定めたもので（契約の）方式について定めたものではないとする同条の限定解釈である[29]。

このようないわば形式的な論拠に対し，学説では，その内実――契約一般と異なり特に方式を要求すべき事情・理由の有無――に関して，①遺贈にあって被相続人が一定の内容の遺言をしたかどうかにつき疑義が生じうることや遺言により不利益を受ける者が遺言書を改ざんするのを防止するため厳格な方式を規定しているのに対し，当事者双方の合意による死因贈与の場合にはその必要

---

[29] 大判大正15年12月9日民集5巻829頁，大判昭和8年2月25日新聞3531号7頁，最判昭和32年5月21日民集11巻5号732頁。いずれも形式的な理由付けを示すのみであるが，事案についての具体的帰結が実質的にその判断を支えている可能性もあるので，それぞれの事案について，確認しておく。

上記大判大正15年12月9日の事案は，目的土地は，X（贈与者）の亡夫A（Yの先代）の所有であったのを，AがこれをXに贈与し，所有権移転登記をしたものであったが，Aの同意のもとで，Xが死亡したときにはYに贈与する旨の契約をし，Aがその保証をし，目的土地についてYのための仮登記がなされところ，Aの死亡後に，Xが贈与契約について贈与意思がないこと，自筆証書等の方式を欠くことを理由にXY間の贈与契約の無効を主張し，その確認と仮登記の抹消登記手続を求めたというものである。なお，Yは取得時効も主張していることからすると，目的土地の占有はYが（一定期間継続して）している可能性がある。

上記大判昭和8年2月25日の事案は詳らかではない。

上記最判昭和32年5月21日は，目的不動産である土地建物はもとはX（受贈者）の所有であり，Xが親戚であるA（贈与者）に対する借金の担保に供していたが弁済期に返済がなかったため競売に付され，競落によりAの所有に帰し，Aが自身の死亡後の妻を案じて身近なXに後事を託する気持ちで，Xに死因贈与をしたという事案であり，Aの死後に，Xが所有権移転登記手続を請求した。その贈与については，Aの依頼によりXが下書きのつもりであり合わせの紙に記載したものをAが清書をすることなく，そのままこれに署名し，実印を捺印してXに交付していた。当該書面は「遺言証書」という表題であるが，下書きとして作成したXの知識不足によるもので，その趣旨は死因贈与であると認定され（なお，広中・前掲注(13)65頁も参照），贈与者Aの死亡によってその効力が生じたとされた。また，この間，目的の建物にはXが引き続き居住して現在に至っているが，Aの死後にその養子から明渡しを請求されたことなどから，Xは，Aの家督相続人に対し調停を申し立て，死因贈与を主張した。その一方，相手方は，死因贈与が方式を欠き無効であると主張したというものであった。学説では，この事案について，目的物を受贈者が占有していることから，550条の履行の終わった贈与として，生前贈与であれば権利取得を受贈者が確保しうる地位にあったという事案特有の事情を重視するものがある。そして，仮に履行終了と評価できるような事情が全くないときに，受贈者が作成した文書に贈与者が署名捺印して宛名を書いたにとどまるような書面であったなら，死者の真意の確保という要請に合致しないと指摘する（広中・前掲注(27)41頁）。

がなく[30]，②またそもそも遺贈の規定が準用される根拠は被相続人が自己に属する財産ではなく（死後の）相続人に属すべき財産を処分し相続人に属さないこととするという点での共通性にあるところ[31]，遺贈の方式はこの点に由来するものではないと説かれている。また，死者の意思を活かす点から，方式に瑕疵のある遺言を救済する可能性を開くものとして，遺贈とは別に贈与（契約）の方式が用意されることの意義を説くものもある[32]。さらに，死因贈与が必ずしも贈与者の終意処分として行われるとは限らないという指摘もされている[33]。

これに対し，死因処分であり財産の死後処分としての実質を有する死因贈与においては，遺贈と同様に当事者の意思を明確化して紛争を予防する必要があり，また贈与者の出捐は死後であって生前ではないために生前贈与に比し安易に贈与契約を締結する可能性があるため，慎重な契約の締結をうながす必要があり，受贈者は無償の受益者であるため，当事者として受贈者が関わることで，贈与者の意思の明確化や，贈与者の安易な贈与契約締結の予防を図ることは期待できない，と指摘されている[34]。

なお，遺贈の規定の（端的な）準用を否定する場合も，贈与の規定の適用において，死因贈与の特色を踏まえた解釈の余地がないかが問題になる。死因贈与においても処分者が死亡してはじめて効力が生ずるのであり，死者の真意の確保という要請は遺贈の場合と全く同程度に存在するとして，撤回（取消し，解除）の可否に関わる贈与の「書面」の意義について，遺贈の方式を組み込むこと（550条の「書面」について「準用する」こと）が説かれている[35]。

2 考　察

生前贈与と遺贈とを両極とする直線を引いた場合，死因贈与をどこに位置づ

---

(30)　末弘・前掲注(9)36頁。
(31)　我妻・前掲注(5)237頁。
(32)　谷口知平「死因贈与の方式と遺贈に関する規定準用の有無」民商36巻5号707頁。
(33)　森泉・前掲注(22)113-114頁。
(34)　民法（債権法）改正検討委員会編・前掲注(24)220頁-222頁，来栖三郎『契約法』（1974年，有斐閣）228頁，平野裕之『債権各論Ⅰ契約法』（2018年，日本評論社）151-152頁，水野紀子「日本相続法の形成と課題」同編著『相続法の立法的課題』（有斐閣，2016年）20頁。また，谷口・前掲注(32)706-707頁も参照。
(35)　広中・前掲注(27)41頁（なお，これは，贈与者の相続人による550条に基づく解除を阻止する「書面」の意義について，死者の意思の真意の確保の観点から，死因贈与の場合に限定をかけるというものであって，贈与者自身については遺言の撤回に関する1022条が方式に関する部分を除いて準用され，書面の有無にかかわらない「撤回」が自由である，とする）。

けるのかについては、それぞれの極に近似する（あるいは、重ね合わせる）位置がありうるし、また、その間においても、各項目や法律関係の組み合わせによりさまざまである。遺贈に関する規定が全面的に準用され、法的な扱いは遺贈と全く同じ規律が及ぶとすることも可能性としてはある。

　方式だけを取り上げても、ヴァリエーションがありうる。遺贈の方式に関する規定の準用の可否・有無と言えば、「可」（「有」）か「非」（「無」）かに二分される。ただし、「可」、「非」それぞれのなかみにグラデーションがある。「可」とする場合に、遺贈の方式のどの部分がどのように準用されるのかは、かなりの解釈の余地がある。また、「非」として、生前贈与の規律のみがそのまま適用される場合に、無方式で死因贈与は成立するが、550条の適用における「書面」について、死因贈与であることを類型的に取り込み、他の贈与よりも厳格に「書面」の該当性を判断することや、遺言の方式を参考にして「書面」をとらえることも考えられるためである。

　また、準用について「可」か「非」かの二分による場合も、さらに、それぞれの場合に死因贈与がどのような役割・機能を持つことになるのかは、他の要件や特に効果面で、遺贈と同一とするのかどうかによって異なる。類型的には、(1)方式を含め、遺贈と同一の要件・効果とする場合、(2)遺贈と同一の効果であるが、方式については準用されないとする場合、(3)遺贈と同一の効果ではなく、また、方式も準用されないとする場合、(4)方式は準用されるが、遺贈と効果・効力は異なる場合の4つを区別することができる。以下、この4つの場合について、どのような死因贈与の役割・機能がありうるかを考察する。

(1) **全面準用，遺贈と同一の要件・効果とする場合の機能**

　方式について、その準用の結果どのような規律となるのかについて不分明さを免れないとはいえ、考え方としては、遺贈に関する方式の要件が（必要な読替えや修正を経つつ）すべて履践されなければならないと考えることもできなくはない。

　そのときの、死因贈与の機能・制度役割分担を考えると、例えば、撤回（解除）は制限されるなど、効果・効力面において異なる場合（(4)）には、遺贈とは異なる効力・効果を有する別途の死因無償処分の制度を用意するものということになる。これに対し、効果・効力面においても遺贈と全く同じである場合（(1)）には、死因贈与が、遺贈と並んで認められることの意義は、契約という方法により、両当事者のいわば「取決め」としての死因処分を可能とすることを挙げることができる。このように受贈者を当事者とすることで、受贈者の認

識を確保したり，受贈者との協議によって内容を詳細化・精緻化したりすることができる。ただし，それは事実上，遺贈でも可能ではあり，その点では，制度としての並存にさほど独自の役割や機能は期待されないことになる。

　もう1つの意義として考えらえられるのがその内容であり，特に「負担」の内容である。負担付死因贈与，負担付遺贈のように，遺贈でも死因贈与でも，いずれも「負担」を付すことは可能である。このときに，死因贈与の独自の意義という点から注目されるのは，生前に履行される負担の扱いである。遺贈，ひいては遺言は遺贈者・遺言者の死亡によって効力を生じるため（985条1項），生前に履行される負担については，負担付遺贈は想定できない。これに対し契約である死因贈与の場合には，無償の財産移転は贈与者の死亡によって効力を生ずるが，受贈者の負担は生前に効力を生じるとすることができる。すなわち，契約自体は贈与契約として効力を生じるが，そのうちの契約の中核である財産移転については贈与者の死亡まで効力を生じない，という契約を考えることができ，これもまた554条の「死因贈与」たりうると考える場合[36]，生前に履行される負担を「負担」として付すことは死因贈与ならでき，また，（遺贈ではなく）死因贈与によるほかはない。したがって，遺贈に関する諸規定が全面準用されるとした場合も，そのような原因行為（＝契約締結）時以降，財産移転者の死亡の前に，義務としての負担を設けることを認め，それをめぐる法律関係（たとえば，負担の強制履行など）を可能にするという点において，遺贈にはない死因贈与の独自の意義や機能がありうるとは言える。ただし，3点の留意が必要である。第1に，遺贈において生前の履行に係る「負担」を実質的に定めることはできなくはない。生前に履行の有無が決まるからそれは遺言の時点では未確定であるが，遺言の効力の発生時においては確定している（ため，その意味では既成の）条件付の遺贈という法律構成となろう。第2に，生前の履行に係る「負担」を強制力をもって可能にするという点に死因贈与の独自性を見出せるとする場合，死因贈与契約は生前にすでに成立し効力を生じており，中核の給付である無償での財産移転のみが贈与者の死亡によって効力が発生することになる。554条にいう「死因贈与」すなわち「贈与者の死亡によって効力を生ずる贈与」が，贈与契約自体の効力を指すのか，贈与契約に基づく財産移転の効力を指すのかという問題があり，前者を意味すると解するのであれば，そもそも，これは554条にいう「死因贈与」ではないことになる。第3に，全

---

(36)　特に撤回の規定の準用をめぐって，また負担付贈与をめぐって，「死因贈与」の概念の捉え方自体についても見解が分かれる（後述Ⅳ1(3)）。

面的に遺贈に関する規定が準用されるなら，死因贈与は少なくとも贈与者において自由に撤回ができることになるため，生前の履行に係る「負担」，特にその強制履行も可能であるとすることに死因贈与の独自性がなお存するとしても，それを利用する現実的な意味があるのか，そのような制度がどれほど実際に必要とされるのかという疑問もありえよう。

ただ，さらに，財産処分の受益者を契約当事者たる受贈者とすることにより，その実現（執行）の段階において，迅速な対応や必要な対応を期待できるという機能はありうる[37]。さらに，他にも機能がありうるかもしれず，結局，遺贈と死因贈与という2つの手法を提示して，後者をも利用可能とすることで，その使い分けを，利用者に委ねるというのが，このような，方式も効果・効力も遺贈と同一・同様の法律関係となる死因贈与の制度趣旨である，と言うことができるだろう。

(2) 方式の不準用，遺贈と同一の効果とする場合――「救済」としての死因贈与

(1)と異なり，遺贈に関する方式の要件が履践されなければならないわけではないと考えるときは，効果・効力面においては遺贈と同一とするというもの（(2)）と，効果・効力面でも遺贈と異なるとするというもの（(3)）の二通りがありうる。このうち，前者の，方式の規定は準用しないが，効果・効力面において遺贈と同じであるとする場合には，死因贈与の制度は，異なる方式での遺贈型の死因処分のルートを用意するものということになる。効果・効力も異なる後者の場合は，遺贈型とは別個の死因処分手法を用意するものということになる。

方式のみ，遺贈に関する規定が準用されない(2)においては，まさに，遺贈の方式の要求されない遺贈型死因処分の方法を認めることになる。無償の財産処分である贈与が安易にされがちであるという認識のもと，贈与者の意思の確実さと明確さを，受贈者の契約利益の保護との調整で図るという限りでは，550条がその実現を担っている。死因贈与は，さらに，肝心の無償の財産移転が効力を生じる段階では，贈与者が生存していないという，遺贈と共通する事情があるが，それを方式の面で追加的な手当を要する事情とは見ない，というわけである。(2)の死因贈与を認める意義や機能は，(1)と共通する点のほか，遺贈に比し，受益者の契約利益の保障へと天秤を傾け，遺贈のような「厳格な」方式でない形で，遺贈型死因処分の生前の「取り決め」を可能とする。これにより，

---

(37) 本橋総合法律事務所編・前掲注(14)5頁，11頁。

生前贈与型の方式での死因処分が可能となる。

　A．遺贈の瑕疵に対する「救済」機能

　また，それは，遺贈について，方式の瑕疵があるときに，それを「救済」する機能を持ちうる[38]。

　遺贈の方式の瑕疵の「救済」について言えば，遺言者の意思は十分に遺言書の記載において明らかになっているというときでも方式の瑕疵によってそれが実現されないという事態――撤回がされないまま遺言者が死亡しており，それゆえに撤回しない遺言者の意思は明らかであり，しかも，遺言をやり直すことができないため，遺言者の意に反して遺言によってその意思が実現できない場合――に対し，遺言者の意思の実現という観点から，なお実現を図る方途を用意するという機能を有する[39]。例えば，自筆証書遺言における押印要件（968条1項）に関して，文書を完成させる慣行や法意識が存在しないとして，花押を書くことでは印章による押印と同視できず，この要件を満たさないとされ，遺言の効力が否定される場合[40]，死因贈与の成否は別途問題としうるのであり，具体的にも，花押のみで押印のなかった遺言書を遺言者（遺贈者・贈与者）が受益者（受遺者・受贈者）に交付し，受益者が目を通し，花押であることを相互に確認し，受益者が「大事にとっておく」旨を述べて，保管していたという事情のもと，贈与契約の申込み（上記の結果的に無効となった遺言書の手交がその意思表示を体現している）と承諾があったとして，死因贈与契約の成立が認められている[41]。

　「救済」の実現には，このように，無効とされた遺言書の作成・交付（送付）が，死因贈与の意思表示としての意味を認められる（そして，相手方である受益

---

(38)　さらに，方式要件自体の是正の意味も持ちうる。例えば，2018年（平成30年）のいわゆる相続法改正によって自筆証書遺言における自書の範囲について見直しがされ，一体的な相続財産目録につき自書を要しないという形でその範囲の縮減が図られた（968条2項）。現行の遺言の方式は，基本的に明治時代に策定されたものであり，例えば，現在，デジタル技術の進展を背景に遺言についてもデジタル技術を用いた方式の可能性が論じられている。そのような将来的な遺言の方式についての見直しの先取りも可能となる。現行の遺贈つまり遺言の方式の限界を乗り越える機能であるとも言えるだろう。
(39)　従来の裁判例を含め，詳細は，野澤正充「遺言の無効と包括死因贈与への転換」立教法務研究7号（2014年）65頁参照。また，松尾・前掲注(14)（判タ）85頁および同注56も参照。
(40)　最判平成28年6月3日民集70巻5号1268頁。
(41)　前記最判平成28年6月3日の差戻後の控訴審である，福岡高判平成28年11月22日（LEX/DB 25560563。最判平成30年1月30日〔LEX/DB 25560545〕により上告不受理）。

者（遺言で意図された受遺者。受贈者）の意思表示も認められる）という点で，遺言という単独行為が，契約の意思表示（申込みまたは承諾）として，意味を与えられることになり，その意味で，「無効な行為の転換」となる場合がある。また，遺言書の作成やそれをめぐるやりとりを通じて，遺言者の贈与意思およびその旨の意思表示と相手方（意図された受遺者。受贈者）の受贈の意思表示や両者の贈与合意が認定され，そして，遺言書が，遺言としては無効であるが，550条の「書面」として意義を認められる，という場合がある。これらにとどまらず，遺言書の作成やそれをめぐるやりとりとは別に死因贈与の合意が認定されうる場面もありうる。方式の瑕疵ゆえに遺言が無効となったが，それとは別に死因贈与をしておいたことで，無効な遺言によって実現しようとした処分が実現できているわけであり，広い意味でこれも遺言書の瑕疵の「救済」と言えるだろう。いわば，「保険」的な死因贈与と言えよう。

　もっとも，遺贈の方式の瑕疵にもかかわらず，死因贈与を通じて，遺言書に記載された死因処分が効力を認められるという形でその「救済」が図られるならば，むしろ，遺贈の方式の瑕疵自体の「治癒」の問題として救済を図るべきであるとも考えられる。たとえば，花押であっても，一定の事情のもとで，押印要件を満たすものと判断する，あるいは遺言の効力を否定されないとするなどである。実際，押印要件についても例外は認められている[42]。そのような，遺言の方式自体について，有効な遺言と認めることで「救済」をする手法と比べると，遺言自体の「治癒」の場合には，遺言の方式自体の緩和となるのに対し，死因贈与を通じての「救済」は遺言の方式自体は維持しつつ——したがって，将来の遺言書作成においても，方式の遵守が期待される——，死因贈与という合意ないし意思表示を認定できる場合に限って——したがって，より限定的に——，その「救済」を図るものと言える。

　B．遺贈の生成中の遺言者の死亡に対する「救済」

　東京高判平成3年6月27日判タ773号241頁は，公正証書遺言による遺贈の準備中に遺贈者が死亡した事案において死因贈与を認定した。事案は，贈与者Aは，受贈者Bとともに弁護士事務所を訪れ，Bの面前で弁護士に対し，財産をすべてBに遺贈すること，Bは姪のCに300万円を与えることなどを伝え，これを遺言書に作成しておきたいと申し出た。同弁護士が内容のメモを取り，

---

[42] 最判昭和49年12月24日民集28巻10号2152頁（英文の自筆証書遺言で，署名はあるが押印がない場合にも有効な遺言とされた事例。遺言者は遺言書作成の1年9カ月前に帰化しており，押印をする慣行がなかった場合である）。

公正証書遺言を勧め，その日は必要な書類が不足していたため，後日に公正証書遺言を作成することになった。その3日後に，Aが交通事故で死亡し，公正証書遺言は作成されないままとなった。判決は，AがBの面前で贈与意思を伝えており，Bもこれに異を唱えず受諾したとして，死因贈与契約の成立を認めている。稀な場面であろうが，遺言を準備しつつ，不慮の事故によってそれが間に合わなかった場合の「救済」として死因贈与が用いられている[43]。

(3) 方式の不準用，効果の非同一

(2)に対し，方式だけではなく，その効力・効果においても遺贈の規定が全面的に準用されるわけではなくそれとは異なるとすれば，死因贈与は，遺贈とは異なる別の制度を用意するものと言える。死因贈与には，遺贈と贈与とも異なる独立した制度としての意義があることになる。ただし，効力・効果において遺贈とおよそ異なることになれば，554条は無意味ないし空振りとなり，死因贈与は，一般の贈与に解消されることになる。

方式の規定が準用されず，遺贈のような方式の必要はなく，死因の無償財産移転自体が実現されることから，この(3)においても，遺贈の方式に瑕疵がある場合に，それを「救済」する機能がありうる。もっとも，例えば，自由な撤回は認められないなど，その効力や効果が異なる以上，その「救済」は異なる効果・効力をもたらす実を持つものとなるから，「無効行為の転換」の範疇とは言いがたい。例えば，遺贈をするつもりであった，したがって撤回可能と考えていた遺言者が，同じ文書をもって撤回のできない死因贈与契約をする意思を有していたとすることは難しいように思われるからである[44]。もっとも，遺言書の瑕疵が判明するのは遺言者の死亡後であり——それより前であれば，通常は作成し直せばよい——，遺言者は撤回をしないまま死亡しており，したがって，当該財産を意図した受遺者に移転したいという意思を持ち続けていたのであり，そのことが判明している段階において，その意思を実現するというのが，ここでの「救済」ということになる。裁判例について，〈譲渡者の意思や受益者側の承諾の意思表示のそれぞれにおいていささか強引にそれを見つけ出して，契約性を与えている〉事案があることが指摘されている[45]。このように指摘される裁判例は，無効行為の転換という形では必ずしもとらえきれない，「救

---

(43) ただし，書面によらない死因贈与であるとして，550条に基づく相続人の「取消」が認められている（その行使が信義則違反，権利濫用と断定することもできないとされた）。
(44) 松尾・前掲注(14)（判タ）85頁。
(45) 松尾・前掲注(14)（判タ）85頁。

済」としての死因贈与を実現するもの，あるいは，死因贈与にそのような機能や役割を認めるものと言えるだろう。

(4) 方式の準用，効果の非同一

逆に，効果において遺贈とは異なるが，方式の規定は準用されると考えることもできる。例えば，民法（債権法）改正検討委員会は，——立法提案としてであるが——方式の点では，自筆証書遺言または公正証書遺言に類して，それらと同程度の方式を要求するものとし，贈与者が契約内容全文と日付，氏名を自書して押印し，受贈者が署名・押印する自筆証書型の方式と，贈与契約を公正証書をもってする公正証書型の方式を提案しつつ（前記債権法改正の基本方針【3.2.3.16】）[46]，その効力・効果面では，例えば撤回や取消しの規定は準用されないとする（債権法改正の基本方針【3.2.3.18】）[47]。

この場合，死因贈与の制度は，効力・効果面で遺贈と異なる贈与型の制度を用意するものとなるが，しかし，方式においては遺贈並びの制度という形で，両者のミックス型ないし中間的な制度を用意するものということになる。

Ⅲ 能　力

1 問題の状況

(1) 贈与の能力

贈与には，特有の能力の規定はなく，契約一般についての規律が当てはまるが，契約一般についても特有の能力の規定はなく，法律行為一般についての規定が適用される。

すなわち，意思能力（3条の2）と行為能力（4条以下。特に，5条，9条，13条，17条）である。贈与契約締結時に意思能力を欠いたときは，贈与契約は無効である。

また，当該贈与契約が，未成年者がしたものであって，法定代理人の同意を要する行為であるところ，その同意を得ずしたときは，取り消すことができる（5条）。未成年者（18歳未満）である限り，同じ規律であり，15歳の前後で変わりはない。

贈与契約の締結者が成年被後見人であるときは，日常生活に関する行為でな

---

(46) 紛争予防の観点から，加除変更の方式についても，自筆証書遺言の加除変更の規定が準用されるとする（債権法改正の基本方針【3.2.3.16】<3>。民法（債権法）改正検討委員会・前掲注(24)221頁，223頁）。

(47) 民法（債権法）改正検討委員会・前掲注(24)225-227頁。

い贈与は，取り消すことができる（9条）。贈与契約の締結者が被保佐人であるとき，保佐人の同意を得ず，またそれに代わる裁判所の許可もなく，した贈与は，取り消すことができる（13条1項5号，3項，4項）。被補助人であって，当該贈与契約について補助人の同意を要する場合に，補助人の同意も，それに代わる裁判所の許可もなく，した贈与は，取り消すことができる（17条）。

行為能力の制限によって取り消すことのできる贈与契約となる場合には，取消しの意思表示は，方式を要せず，また，その主体は，本人以外にその代理人，承継人，同意権者も取消権者として取消権を行使することができる（120条1項）。本人の死後も，本人の死亡によって取消権が消滅するわけではないから，少なくともその相続人は取消権を行使することができるものと思われる[48]。

(2) 遺贈の能力

遺贈の能力に関しては，遺言の能力の規定が適用される。

遺言の能力を定めるのは，961条から963条までである。なお，成年被後見人による遺言については，方式の加重がある（医師2名以上の立会いとそれらの医師による遺言書への付記〔秘密証書遺言にあっては封紙への記載〕・署名・押印。973条）。

このうち，963条は，遺言能力が必要であることを宣明する規定としての意義を見出す見解もあるが[49]，伝統的にも，一般に，遺言の効力発生時ではなく，「遺言をする時」において遺言者がその能力を有していなければならないことを定め，時期を特定する規定であると考えられており，したがって，この内容自体は，法律行為の一般則の確認である[50]。

次に，962条は，5条，9条，13条，17条の規定の適用排除を定める。法定代理人等の第三者の同意という形での介入を排除し，また，本人以外の代理人等の第三者の取消しによる介入を排除するものである。したがって，遺言については，行為能力の制限によっても，取り消すことができるものとはならない。すなわち，行為能力に関する規定がこの範囲で排除されるのであり，意思能力がある限りは，未成年者，成年被後見人など行為能力の制限を受けている者で

---

[48] 代理人は，本人の死亡により代理権が消滅すること（111条1項1号），また，同意権者もその地位が終了し，本人の保護の職責を解かれることから，これらの者は，その地位にない以上，取消権の行使はできないと解される。

[49] 大島俊之「遺言能力」中川淳先生還暦祝賀論集刊行会編『現代社会と家族法』（日本評論社，1987年）479頁，481頁。

[50] 中川善之助＝泉久雄『相続法〔第4版〕』（有斐閣，2000年）489頁，鹿野菜穂子「遺言能力」野田＝梶村総編集，岡部＝伊藤編・前掲注(14)54頁および注5参照。

あってもその遺言は，行為能力の制限を理由として取り消すことのできない有効な遺言となる。

なお，行為能力の制限は及ばないが，遺言については，遺言者はいつでも，遺言の方式に従って，その遺言の全部又は一部を撤回することができる（1022条）から，遺言者である制限行為能力者本人は，その死亡までの間は，この規定による撤回ができる。

一方で，意思能力は必要であり，例えば，成年被後見人は，精神上の障害により事理弁識能力を欠く常況にあるが，一時，事理弁識能力を回復した時に有効に――行為能力の制限により取り消しうるものにならず――遺言をなしうるのであって，逆に事理弁識能力を欠くままされた遺言は意思能力を欠き，無効となる（3条の2）。

議論があるのは，961条である。961条は，「15歳に達した者は，遺言をすることができる」と定める。これは，①18歳という成年年齢を待つことなく15歳になれば遺言を（成人と同様に，単独で有効に）なしうること，また，その反対解釈により，②15歳未満では遺言をすることができないことを意味する，「遺言年齢」を定めるものである。

同条の意味については見解が分かれており，これを㈦「意思能力」を定めるもの[51]，㈡「行為能力」を定めるもの[52]，㈣（年齢を基準とする）「効果帰属要件」を定めるもの[53]，㈥「権利享受能力」を定めるもの[54]という理解が示されている[55]。

㈦は，遺言については行為能力は問題とならず（962条参照），意思能力のみが問題となるとして，遺言についての意思能力の備わる時期を15歳と定めた

---

(51) 中川＝泉・前掲注(50)488頁，中川善之助＝加藤永一編『新版注釈民法(28)（補訂版）』（有斐閣，2002年）3頁〔加藤〕，瀬戸正二「遺言能力」野田愛子＝泉久雄編『遺産分割・遺言215題』判タ688号（1989年）338頁。また，学説の展開につき，右近健男「遺言能力に関する諸問題」久貴忠彦編『遺言と遺留分 第1巻〔第3版〕』（日本評論社，2020年）66-68頁参照（なお，同論文自体は，立法論として，遺言年齢の廃止を説く（同84頁））。

(52) 中川＝加藤編・前掲注(51)54頁-55頁〔中川・加藤〕。遺言については意思能力のみが問題となるという理解のもと，しかし，一律の年齢設定である点をとらえて，「行為能力」と捉えているのではないかと思われる（「意思能力＝行為能力」という説明もある（瀬戸・前掲注(51)338頁））。

(53) 潮見・前掲注(11)474頁。

(54) 伊藤昌司『相続法』（有斐閣，2002年）38頁。

(55) ㈣㈥は，当該事項についてのいわば「権利能力」に対応するものではないかと思われる。

という理解であり，(イ)は，むしろ一律の年齢設定をもって遺言の行為能力を定めたものとする理解である。さらには，(ア)と(イ)とは，この分野では差異がないものとして，明確な区別なく用いられることもある[56]。行為能力を画する成年年齢（4条。18歳）よりも低い年齢を設定するものであるから，伝統的には，売買等の取引行為と比して，より「低い」（意思）能力で足りるとするものであり，単独で有効な法律行為をなしうる年齢を低く設定するのは本人の意思をより尊重するものであると説明され，その基礎として，「財産行為」に対する「身分行為」の特殊性が援用された[57]。

　これに対し，「財産行為」と「身分行為」との対比や「身分行為」という概念への疑念があるうえ，961条を「意思能力」ととらえると，意思能力は個別具体的状況によるが，一般に，15歳よりも低い年齢（7歳から10歳程度）で最低限度の判断力たる意思能力の具備の目安と考えられていることからすると，むしろ，15歳という設定は「財産行為」よりも高い年齢とするものであって，説明が矛盾する。また，例えば，不動産等多様で莫大な財産を処分する遺贈と，日用品である動産の売買では，要求される意思能力は，通常は，むしろ前者のほうが高いだろう。何より，「意思能力」の具備の基準は，法律行為の内容や性質によって異なり，年齢による一律の設定にはなじまない，と批判されている[58]。遺言のみをとりあげても，要求される能力（判断力）の程度は，遺言の内容との関係で相対的なものとなる[59]。(ウ)や(エ)は，このような批判を基礎とするものである。

　遺言年齢の規定の意義についてはこのように見解が分かれるが，遺言能力の規律の内容としては，行為能力の制限が排除され，遺言年齢が設定される，その趣旨は，「意思の尊重」であり，遺言が特に本人の「真意」が尊重されるべき法律行為であって代理や同意に適しないこと，また，15歳以上の者に未成

---

[56]　961条は意思能力を問題とするとしつつ，遺言行為能力を定めたものとするなどである。それはまた，財産法と身分法を対置して，財産法では行為能力が問題となることが多く意思能力が問題となることは比較的稀であるのに対し，身分法ではそうではなく，意思能力が直ちに行為能力と見られる場合が多いため，明文のないときは，両者の間に格差を見ない，とされる（中川＝加藤編・前掲注[51]53-55頁〔中川・加藤〕）。
[57]　以上につき，中川＝泉・前掲注[50]488-489頁，中川＝加藤編・前掲注[51]53-55頁〔中川・加藤〕，3頁〔加藤〕参照。
[58]　なお，961条を「意思能力」の規定とし，年齢の上でそれを明示するという理解にあっても，15歳以上でも，意思能力がない状態でされれば，それは有効な遺言とはならないことは，前提となっている（中川＝泉・前掲注[50]488頁）。
[59]　潮見・前掲注[11]474-475頁，鹿野・前掲注[50]54-61頁，右近・前掲注[51]90頁補遺2〔犬伏由子〕参照。

年であるというだけで遺言をなす機会を否定するのは妥当ではないという（政策的な）判断が，言われる[60]。遺贈の場合には，未成年者（制限行為能力者）の最終意思を尊重しても，未成年者（制限行為能力者）自身が不利益を受けるわけではない（影響を受けるのはその相続人である）ことも与っている[61]。

(3) 遺贈の規定の準用

遺贈の能力つまり遺言能力に関する規定は，準用対象とはならないという点は，基本的には，異論をみない[62]。その理由として，死因贈与が契約であることをあげるものが多いが，遺言年齢につき，より立ち入って，受益者が契約当事者として関与することになる以上，15歳以上の未成年者に法定代理人の「共力」なく相手方の意思表示を受領できるとか，「独立ノ能力者」とするのは「頗ル危険」であると述べるものもある[63]。

ただし，第1に，「遺言能力」に関する規定として学説が念頭におく範囲には若干の揺れがある。一般に，15歳を遺言をすることのできる年齢とする961条と，行為能力の制限を理由とする取消しの規定は適用されないとする962条が挙げられることが多い[64]。これに加えて，「遺言能力」という共通見出しを有する，遺言者が遺言時にその能力を有しなければならないとする963条をもあげるものがある[65]。また，逆に961条のみをあげるものもある[66]。立法提案の形ではあるが，民法（債権法）改正検討委員会の提案（債権法改正の基本方針【3.2.3.17】）は，死因贈与の贈与者の「能力」につき「遺言能力に関する現民法961条は，死因贈与に準用しない」として，961条にフォーカスしている。

第2に，準用の有無に関して，準用されないとしつつも，死因贈与が実質的にみて遺贈と同様の被相続人による終意処分であり，死因贈与と遺贈との効果面での類似性に照らすと，法律行為の能力面で違う扱いをすることは「バラン

---

(60) 潮見・前掲注(11)475-476頁，鹿野・前掲注(50)60頁参照。その他の理由・説明につき，鹿野・同54頁参照。
(61) 右近・前掲注(51)65-66頁，68頁参照。
(62) 森泉・前掲注(22)112頁，柚木＝高木編・前掲注(5)71頁〔柚木・松川〕，中田・前掲注(3)284頁。方式については準用を説くが能力については準用を否定する見解として，平野・前掲注(34)150頁注49も参照。
(63) 末弘・前掲注(9)35頁。
(64) 柚木＝高木編・前掲注(5)71頁〔柚木＝松川〕，我妻・前掲注(5)237頁，中田・前掲注(3)284頁。
(65) 潮見・前掲注(2)74頁，鹿野・前掲注(50)53頁。また，山本敬三『民法講義Ⅳ-1 契約』（有斐閣，2005年）359頁は961条から966条までを挙げる。
(66) 前田陽一＝本山敦＝浦野由紀子『Legal Quest民法Ⅳ親族・相続（第7版）』（有斐閣，2024年）410頁，来栖・前掲注(34)229頁注1。

スが悪い」と評するものがある(67)。

　第3に，全般的に，「死因贈与をすべて遺贈に準じて取り扱うのが最も簡単に思われる」とする見解があり(68)，その見解によれば，遺贈の能力に関する規定も準用を肯定することになると見られる。

2　考　察

(1)　準用対象規定と準用の有無がもたらす具体的内容

　遺贈の能力に関する規定は，遺言の能力に関する961条から963条までであるが，963条は一般則の確認であるから，準用を語る意味があるのは961条と962条である。これらが死因贈与に準用されるとすれば，それは贈与者側を問題とするものであろう。

　962条は行為能力の制限の規定を排除するものであるから，仮に，同条が準用されるならば，死因贈与契約を贈与者として締結しても，意思能力がある限りは，行為能力の制限を理由に取り消すことができるものとはならず，有効である，ということになる。また，同意権者の同意による介入を否定する趣旨は，代理にも及ぶ。代理自体は，能力に限定されず一般に書かれざる原則として遺言代理は否定されている。962条が準用されるなら，制限行為能力者の保護者が代理して死因贈与をすることも否定されることになろう。逆に，準用が否定され，贈与契約ひいては契約一般，法律行為一般の規定によるならば，死因贈与契約を贈与者として締結しても，成年被後見人であるときや，同意権者の同意等を得るべきときにそれがなく締結されたときは，取り消すことができるものとなり，かつ，その取消権は，代理人，承継人，同意権者も行使できる。しかも，本人の死亡は取消権の消滅事由ではないと解されるので，本人の死後も，少なくとも本人の相続人は，取消権の行使ができるものと解される(69)。また，法定代理人等が本人を代理して死因贈与契約を締結することも封じられない。

　これに対し，961条については，仮に，同条が死因贈与に準用されるとすれば，贈与者として死因贈与契約を締結するには，15歳以上でなければならない，逆に言えば，15歳未満の者は，法定代理人の同意を得ても死因贈与契約を締結することはできない（締結しても無効である）ことになる。遺言年齢の規定は，成年年齢を18歳とする規定との対比で，これを15歳に引き下げ，その点で，

---

(67)　潮見・前掲注(2)74頁。
(68)　来栖・前掲注(34)229頁注1。
(69)　代理人や同意権者については，前掲注(48)参照。

より「低い」能力でよいとするというのが伝統的な説明であるが、行為能力の制限は962条によって排除されるので、961条の技術的な特有の意義は、15歳未満を否定するほうにある[70]。そして、逆に、同条の準用が否定されるならば、例えば、14歳でも、法定代理人の同意を得て死因贈与契約を締結できるし、また、法定代理人の同意なく契約を締結した場合であっても取消権が行使されなければ、当該死因贈与は有効なままである。

(2) 準用の有無による死因贈与の機能・制度役割

遺贈と別に死因贈与を併存する意義は、基本的に前記Ⅱ2が妥当すると思われる。

ここに、遺贈に関する能力（遺言能力）の規定の準用の有無が加わる場合、抽象的・論理的には、①961条と962条の両方が準用される場合、②両方が準用されない場合、③961条のみが準用される場合、④962条のみが準用される場合の4つの場合を考えることができる。

①は、15歳以上の者にのみ、行為能力の制限を受けず、Ⅱ2にあげた意義を持つ制度が用意される、ということになる。ただし、このとき、行為能力の制限の規定を排除する962条との関係では、留意が必要であろう。同条は、行為能力の制限による本人保護を排除しているわけであるが、これは、(ア)死後に効力を生じ遺言者自身ではなく相続人が影響を受けるものであること、(イ)当該内容に応じて意思能力は必要とされること、(ウ)その後も所定の方式で自由に撤回ができること、といった事情に支えられている。すなわち、行為能力の制限による本人保護としてこれで十分である、あるいは、十分でないとしてもそれ以上に本人の意思のみで決定し法律行為をすることの意義がより重視される、と考えうるところ、死因贈与については、特に、撤回不可とする場合には、(ウ)が妥当しないことになるためである。この点を重視するなら、①にあっては、撤回不可とする死因贈与は認められないという形で類型化を図ることを考えるべきことになろう。

②は、15歳未満の者でも、死因贈与契約は締結できるが、未成年者を含めて、行為能力の制限はかかる。死因贈与は、行為能力の制限のもとで、例えば未成年者が法定代理人の、あるいは被保佐人が保佐人の、同意を得て行うことがで

---

(70) 規定の技術的・機能的な意味という点では、4条の成年年齢設定は、親権者等の保護者との関係や行為能力の制限をもたらすための年齢設定であるのに対し、961条の遺言年齢設定は、当該行為の可否（およそなしうるかどうか、あるいは「効果帰属」、「享受能力」）の分水嶺の年齢設定であり、両者は規定内容の意義が異なる。

き，同意等なくしてした行為は法定代理人や保佐人も，取り消すことができ，本人の死後でも少なくともその相続人は取り消すことができるものとなる。方式や効果・効力において遺贈と同一の規律になるならば，能力の点での扱いの違いは，受益者が受贈者として契約当事者になる点であり，それがより危険であるという評価となろうが，果たしてこの評価が妥当するのか，疑問だとすれば，遺言の能力についての不準用は，「バランスを欠く」きらいがあることを否めない。これに対し，死因贈与が方式や効果・効力の点で遺贈と異なり，例えば，死因贈与は撤回不可とするという場合には，それに対応して，行為能力の制限がかかるという設計が合理性を持ちうる。行為能力の制限を受けている主体は，遺贈であれば単独で有効になしうるが，死因贈与についてはそうではないという制度設計においては，とりわけ，遺贈とは異なる方式および効果・効力を有する死因贈与という想定になじみやすいと思われる。

③は，961条のみが適用されるのだが，962条なくして961条のみが妥当することになるから，15歳未満の者に遺言を否定するとともに，15歳以上であれば未成年者であっても単独で有効な遺言ができる，という961条の2つの意味の両方が力を発揮することになる。それにより，未成年者についてはなお行為能力の制限が及ばないのに対して，他の制限行為能力者については行為能力の制限が及ぶことになる。未成年者，特に，成年に近い未成年者は，判断力よりも社会的経験の不足や親権者・未成年後見人の保護のもとでの育成という観点から，行為能力の制限がされており，精神上の障害による事理弁識能力の程度を基準とする他の類型とは異なることから，そのような違いを考慮した制度化という説明が考えられる。この場合，15歳以上の未成年者については，行為能力の制限による保護が及ばないことから，上記①に関する考慮が同様に妥当しよう。

④は，15歳未満の者でも，行為能力の制限なく，意思能力さえあれば，死因贈与はできるという帰結になるが，しかし，遺言について15歳未満の者はおよそできないとしながら，死因贈与は行為能力の制限なくできるとして，死因贈与のルートを用意するというのは，961条を前提とする限りは，制度設計として考えにくいと思われる。特に，死因贈与について，遺贈と異なる効果・効力を認め，例えば，撤回不能とする場合にはいっそうであるが，そうではなく，方式や効果・効力面では遺贈の規定が全面に準用され遺贈と変わらないという場合には，遺贈ではできないルートを死因贈与で用意することになるが，それは，端的に，961条に対する否定的評価をこの形で実現するものであろう。

Ⅳ 撤　　回

1　問題の状況

　贈与については，書面によらない贈与は各当事者がいつでも履行未終了部分につき解除することができ，また，遺贈については，それに係る遺言を，遺言者が，遺言の方式に従い，いつでも撤回ができる。これらの規律の意義を考えるには，一方当事者による解消の他の規律についても確認しておくのが有用であると考えられることから，以下では，贈与および遺贈についての整理（(1)，(2)）において，幅広に一方当事者による解消の規律を確認しておく。

　(1)　贈与の撤回・解除

　　A．書面によらない贈与の解除（任意解除）

　「書面によらない贈与」は，履行の終わった部分を除き，各当事者がいつでも無理由で解除をすることができる（550条）[71]。同条に基づく解除の意思表示には，解除の意思表示一般（540条1項参照）と同様，「書面」（やその他の方式）を要しない。

　この「書面」は，無償の財産移転を約する贈与について，贈与者の熟慮とその意思の確証をもたらし，また，権利関係の明確化を促すものとして，要請される。「書面」によらない贈与は，贈与者の熟慮やその意思の確証が十全ではないと見て，贈与者のみならず受贈者からも，契約の解除が認められる。贈与者の死亡により贈与者の熟慮や意思の確証が十分になるという事情はなく，贈与者の死亡によっても解除権は失われず，その相続人が同条により解除をすることは妨げられない[72]。議論はないが，受贈者の解除権についてもその死亡により失われるものではなく，相続人による行使が可能である。

　「書面」は，「贈与契約書」である必要はない。贈与者の贈与意思の確実さと明確さを示す観点から，贈与者の権利移転の意思を表すものである必要がある。贈与者の了解や関与のもとに作成された書面において，贈与の意思を確実に看

---

[71]　以下につき，前記Ⅱ1(1)参照。
[72]　来栖・前掲注(34)233頁。篠田昌志「贈与——死因贈与の取消」『現代判例民法学の理論と展望——森泉章先生古稀祝賀論集』（法学書院，1998年）480頁も参照。前記東京高判平成3年6月27日（550条の目的を軽率な意思表示による後日の後悔および紛争の防止とし，550条の書面の要請の趣旨は，贈与者死亡後にこそはっきりと表れるとする），横浜地判昭和37年7月28日下民集13巻7号1581頁（相続財産管理人による同条の「取消権」の行使を肯定）ほか。なお，その行使が権利濫用となることはありうる（福岡高判昭和30年9月29日下民集6巻9号2058頁参照）。

取することのできる表現がされていることを要するが，それが満たされれば足りる。特に，判例上,「書面」の要件は緩やかに解されている。

　B．行為能力の制限を理由とする取消し

　贈与契約が，意思能力がない状態でされたときは無効である（3条の2）。また，行為能力の制限による取消しもありうる[73]。いずれも，贈与者，受贈者を問わない。

　C．その他の解除原因——贈与者の解除

　負担付贈与については，負担の不履行がある場合には，解除の一般則に従い，契約を解除することができる（553条，541条〜543条）[74]。一般に，負担を負うのは受贈者であるから，贈与者が，受贈者による負担の不履行を理由に解除することになる。贈与者の死亡後も，その相続人が解除権を有する。

　また，贈与にあっては，「事情の変化」による贈与の「解消」が論じられている。受贈者による贈与者に対する虐待や重大な侮辱などの「著しい非行」,「忘恩行為」,「背信行為」があったときの解除権や，贈与者が贈与契約時に予見できなかった事情の変化によりその生活が著しく困窮したときの解除権である。いずれも明文はないため，複数の法技術の可能性が論じられている。(i)契約の解釈によって，受贈者が贈与者に対して扶養等の負担を負うことを条件とする負担付贈与であるとして，その不履行を理由とする解除（あるいは解除条件の成就）を認めるもの[75]，(ii)受遺者の欠格事由に該当しうる場合にその類推適用により解除を認めるもの，(iii)事情変更の原則や，そもそもの信義則による

---

(73)　前記Ⅲ1(1)参照。

(74)　なお，生前贈与については，債務不履行を理由とする受贈者からの解除もありうる（中田・前掲注(3)278頁参照）。死因贈与においては，贈与者の死亡により効力を生ずるから，贈与者の死亡後に相続人による債務不履行の問題となる。

(75)　最判昭和53年2月17日判タ360号143頁（贈与者の財産のほぼ全部に当たり，その生活の場所および経済的基盤をなす財産が養親から養子に贈与された事案で，受贈者は贈与者の夫の弟であり，小さい頃から贈与者が将来の跡継ぎとして養育し大学への進学や医師としての生業を得ることができるよう教育し実親にも優る世話をしてきたという事情，当初は，受贈者も贈与者に感謝しており受贈者主導で養子縁組がされ，養親子関係の形成を契機として，夫の死後，養親が上記の贈与をしたこと，その後，不仲となって，養子が養親・贈与者の扶養を放擲し養親・贈与者を敵対視して，困窮に陥れるに至り，養親子関係は協議離縁により解消されたという事情のもとで，当該贈与が，贈与者・養親と受贈者・養子との間の特別の情宜関係および養親子の身分関係に基づき，贈与者の以後の生活に困難を生ぜしめないことを条件とするもので，「老令に達した〔贈与者〕を扶養し，円満な養親子関係を維持し，同人から受けた恩愛に背かないことを〔受贈者〕の義務とする」負担付贈与契約であるとして，その負担の不履行による解除を認めた原審を正当とした）。

解除を認めるもの，である(76)。(iv)解除構成以外に，行為基礎の喪失や目的不到達による効力の消滅，また，履行前であれば，受贈者の履行請求が信義則に反し許されないとするなどが論じられる。

2017年（平成29年）のいわゆる債権法改正の検討過程において，これらについて明文を置くことが検討された(77)。具体的には，受贈者の「著しい非行」の場合の贈与者の解除権，予見できない事情による贈与者の著しい困窮の場合の，履行が終わっていない部分についての解除権である。いずれも，明文化は見送られている(78)。

(2) 遺贈の撤回

A．遺言の撤回

遺贈は，遺言者がいつでもその全部または一部の撤回が可能であるが，撤回もまた，遺言の方式に従う必要がある（1022条）。後に抵触する遺言がされたときは撤回とみなされる（1023条1項）。これ以外に遺言以外によって，したがって遺言の方式は要求されず，撤回とみなされる場合がある。すなわち，遺言後にそれと矛盾する生前処分その他の法律行為をしたときは，それと抵触する部分については，当該法律行為によって遺言が撤回されたものとみなされる（1023条2項）。また，故意の遺言書の破棄や，故意の遺贈目的物の破棄も，遺

---

(76) 「忘恩行為」につき，潮見・前掲注(2)55-57頁，中田・前掲注(3)280-281頁。裁判例を含め，来栖・前掲注(34)241-243頁。

立法提案として，民法改正研究会が，「民法改正 国民・法曹・学界有志案」において，「516条 履行済贈与の撤回」として，贈与後の事情の変化による困窮型（贈与者が，自己の相当な生計を賄い，又は法律により自己に課された扶養義務を果たすことができなくなったとき）と非行型（受贈者が，贈与者又はその親族に対する著しい非行によって忘恩行為をおこなったとき）の「撤回」を提案している（法律時報増刊・民法改正研究会編『民法改正 国民・法曹・学界有志案──仮案の提示』（日本評論社，2009年）204頁）。また，民法（債権法）改正検討委員会が「債権法改正の基本方針」において，「【3.2.3.05】背信行為を理由とする解除」として，非行（受贈者の贈与者に対する虐待，重大な侮辱その他の著しい非行があったとき），解除妨害（書面によらない贈与の解除を受贈者が詐欺または強迫により妨げたとき），困窮状況での扶養義務の拒絶（法律上の扶養義務を負う受贈者が経済的に困窮する贈与者から扶養請求を受けたが，その義務の履行を拒絶したとき）の3つの解除原因を示している（その趣旨を含め，民法（債権法）改正検討委員会編・前掲注(24)177-186頁。また，死因贈与につき，【3.2.3.19】後段〔同書225-227頁〕参照）。

(77) 「民法（債権関係）の改正に関する中間試案」において，「第36 贈与」の項目の中に，「4 贈与者の困窮による贈与契約の解除」および「5 受贈者に著しい非行があった場合の贈与契約の解除」が示されていた。その趣旨につき，商事法務編『民法（債権関係）の改正に関する中間試案の補足説明』（商事法務，2013年）437-441頁参照。

(78) その検討の経緯および理由につき，潮見・前掲注(2)54頁，57-59頁，中田・前掲注(3)281頁。

言の撤回とみなされる（1024条）。

遺言と同様，遺言の撤回も，遺言者のみがなしうるため，遺言者が撤回しないまま死亡したときは，遺言はそのまま効力を生じ，もはや撤回はできなくなる。

遺言の撤回権は放棄することができない（1026条）。

B．行為能力の制限を理由とする取消し（適用除外）

遺贈が，遺言者の意思能力がない状態でなされた遺言による場合は無効である（963条，3条の2）。遺言については，行為能力の制限の規律は適用が除外されるので（962条），行為能力の制限に基づき，遺贈が取り消すことのできるものになることはない[79]。

C．その他の取消原因

負担付遺贈の場合には，負担を負う受遺者がその負担を履行しないときは，遺言者の相続人が催告のうえ，家庭裁判所に当該遺言の取消しを請求することができる（1027条）。

受遺者の非行や遺言者の困窮などの事情の変化が遺言後に生じた場合，これらは遺言者の生前において問題となる事情であり，遺言者としては遺言の撤回によればよく，遺言の取消しの制度は設けられていない。これらを理由に，遺言者の相続人が遺言の取消しを家庭裁判所に請求するなどはできない。なお，個別具体的な事情によっては，受遺者による履行請求が権利濫用や信義則違反として許容されないということは，通常の一般則の話として，ありうる。また，一定の者を殺害し刑に処せられたなどの非行型の限定された一定の事情があるときは，受遺者の欠格事由となることがある（965条，891条）。

(3) 遺贈の規定の準用

A．準用の内容

遺贈の撤回に関する規定の準用を語るとき，準用される対象規定の範囲と準用によりもたらされる法律関係の内容という2つの問題がある。

対象規定の範囲については，中核である1022条についても，そのうち方式に関する部分が除かれるのかどうか，また，後の抵触する法律行為による撤回擬制を定める1023条や[80]，故意の遺言書の破棄や目的物の破棄による撤回擬制を定める1024条が準用されるのか，1026条による撤回権の放棄の禁止が準

---

(79) 前記Ⅲ1(2)参照。
(80) 準用に関して1022条と1023条の区別の要否に関し，篠田・前掲注(72)480-481頁参照。

用されるのか，という問題がある。1022条について，方式の部分を除いて準用されるという考え方は実際にもあり，判例がそうだとされる。また，1022条が準用されるが，1026条は準用されず，したがって撤回権を否定する約定は認められるという考え方——撤回権否定約定付のものを死因贈与の範疇とするかどうかという問題はさらにある——もありうる[81]。

準用によりもたらされる法律関係については，死因贈与の場合は受贈者が契約当事者として存在するため，1022条の準用により贈与者に任意撤回権が認められるとき，受贈者もまた任意撤回権を有するのか，その行使の時的限界はいつかといった問題が生じうる。また，死因贈与の場合には，生前に負担の履行がされている場合——そのような場合を死因贈与の範疇とするかどうかという問題がここにもある——がありうるため，撤回がされたときの清算，原状回復・返還の範囲といった問題がある。

B．判　例

遺贈つまり遺言の撤回に関する1022条（および1023条。以下，専ら1022条に言及する。）の規定の準用に関し，判例として注目されるのが，3つの最高裁判決である。すなわち，①最判昭和47年5月25日民集26巻4号805頁，②最判昭和57年4月30日民集36巻4号763頁，③最判昭和58年1月24日民集37巻1号21頁である。①は1022条の準用を肯定したもの，②，③は，一定の場合にその準用が否定されるとしたものである。

その判示の形式上は，①は一般論として「死因贈与については，遺言の取消に関する民法1022条がその方式に関する部分を除いて準用されると解すべきである」と述べる。その理由も，「死因贈与は贈与者の死亡によって贈与の効力が生ずるものであるが，かかる贈与者の死後の財産に関する処分については，遺贈と同様，贈与者の最終意思を尊重し，これによつて決するのを相当とするからである」というものである[82]。

これに対し，②は，①に言及することなく，「負担の履行期が贈与者の生前と定められた負担付死因贈与契約に基づいて受贈者が約旨に従い負担の全部又はそれに類する程度の履行をした場合においては，贈与者の最終意思を尊重するの余り受贈者の利益を犠牲にすることは相当でないから，右贈与契約締結の

---

(81)　岡林・後掲注(89)179頁。1026条の準用をめぐる議論状況につき，本橋総合法律事務所編・前掲注(14)93-95頁参照。

(82)　同様に，方式に関する部分を除いて遺言の「取消」に関する規定が死因贈与に準用されるとする大判昭和16年11月5日法学11巻616頁を踏襲するものである。

動機，負担の価値と贈与財産の価値との相関関係，右契約上の利害関係者間の身分関係その他の生活関係等に照らし右負担の履行状況にもかかわらず負担付死因贈与契約の全部又は一部の取消をすることがやむをえないと認められる特段の事情がない限り，遺言の取消に関する民法1022条，1023条の各規定を準用するのは相当でないと解すべきである」と述べ，①に言及しつつ負担付死因贈与にも1022条が準用されるとした原判決を破棄し差し戻した（負担の履行状況や特段の事情の有無を審理することになる）。

③は，「Aは，本件土地について登記名義どおりの所有権を主張して提起した訴訟の第一審で敗訴し，その第二審で成立した裁判上の和解において，第一審で真実の所有者であると認められたBから登記名義どおりの所有権の承認を受ける代わりに，B及びその子孫に対して本件土地を無償で耕作する権利を与えて占有耕作の現状を承認し，しかも，右権利を失わせるような一切の処分をしないことを約定するとともに，Aが死亡したときは本件土地をB及びその相続人に贈与することを約定した」という事情のもと，こ「のような贈与に至る経過，それが裁判上の和解でされたという特殊な態様及び和解条項の内容等を総合すれば，本件の死因贈与は，贈与者であるAにおいて自由には取り消すことができないものと解するのが相当である」とし，①を援用する上告理由に対し，①はこ「のような事情の存しない場合に関するものであつて，本件とはその事案を異にする」としている。

以上から少なくとも，死因贈与について，1022条が準用される場合とそうではない場合があるというのが判例であると言えるが，そこからさらに，これらの判例をどう捉えるべきか，その理解自体が，学説では，必ずしも一致していない。一般には，①をもって，判例は，方式以外の点において1022条の準用を肯定する立場を明らかにし，それが確立されたが，②や③により，準用を肯定して撤回を認めるのが適切ではない例外的な事情のある場面の存在を認め，それらの場合には例外的に準用を否定するという理解が示されている[83]。

これに対し，特に，①について，その判断に事案が影響していることが指摘されている。すなわち，①は，Yと婚姻（再婚）をしたAが，婚姻から2年後の病気療養中に，Aは当時67歳でYは22歳年下であったことから，自身の死亡後のYの生活や相続争いを慮って，Aの死亡時に目的不動産（宅地建物）を

---

(83) 道垣内弘人「判批」（③の評釈）法学協会雑誌101巻8号（1984年）1297-1298頁，潮見・前掲注(2)75-77頁，山野目章夫『民法概論Ⅳ債権各論』（有斐閣，2020年）92頁，94頁．また，中田・前掲注(3)284頁．参照。

Yに無償譲渡する旨の死因贈与契約をし，その口述内容を書面に作成したが，その後，AとYが不仲となって，YはAの看護もおろそかになり，別居，破綻に至り，Aが夫婦間の契約を理由に死因贈与契約を取り消し，また，Aが離婚の調停を申し立てたが不成立となり，一方でYがAを相手として生活費の支払を求める等の調停を申し立て，その係属中にAが死亡してX（Aの子ら）がAを相続し，贈与契約の無効確認と，次の状況下でされていた所有権移転仮登記の抹消登記手続を請求したというものである。Aは，上記生活費支払調停係属中に，目的不動産を他に売却することとし，買主との間で代金を合意し所有権移転登記手続を進めていたところ，これを知ってYはAを相手方として仮登記仮処分を申請し，所有権移転の仮登記を経ていた。原審では，夫婦間の契約の取消権は夫婦間の破綻状態ゆえに認められないが，その意思表示には死因贈与の「取消し」（撤回）の意思表示が含まれているとされて，死因贈与の「取消」（撤回）が認められた。①は，上記のとおり，遺贈の撤回に関する規定が（その方式に関する部分を除いて）死因贈与に準用されるという一般的な判示をしているが，この判示については，実質的にみて撤回を認めるのが妥当と思われる事案であったから，撤回を認めたにすぎないとの指摘[84]や，「忘恩行為」（背信行為・非行）を理由とする贈与の撤回・取消し（上記(1)の著しい非行を理由とする贈与の解除）が一般法理として認められるならそのもとでの撤回（取消し・解除）を認めることもできた事案であるが，条文がなく理論として確立しているかにも不安定さのある贈与一般についてのこの法理につきその採否を問題とする前に，死因贈与について1022条の準用を肯定してこの法理を取るのと同じ結論に到達するのが解釈技術上妥当であったとの指摘（調査官解説）[85]がある[86]。加えて，②は①に言及しておらず，また，1022条の準用を原則としつつ例外的に準用が否定されるという論理構成をとっていないことを考慮する

---

(84) 道垣内・前掲注(83)1299頁，森泉・前掲注(22)118頁，辻・前掲注(14)287頁。また，③の調査官解説では，①に言及しつつ，死因贈与の「取消」の可否は，遺贈とは別個の，具体的事案に即した考察の必要があるのではないかとし，そのことが，①の事案と③の事案とを比較対照してみればいっそう明らかで，①は例外を認めないかのような「強い表現」をしているもの，それはその事案の特殊性が影響していると推認できる旨を述べる（太田豊「判批」（③の調査官解説）最判解民事篇昭和58年度（1988年）18頁）。

(85) 柴田保幸「判批」最判解民事篇昭和47年度（1974年）99頁。

(86) この指摘自体が，①の一般論の「行き過ぎに対する危惧の念を間接的に表現」するものであり，また，②はそのような行き過ぎを是正したものであるという評価もされている（加藤永一「判批」（①判決の解説）昭和57年度重要判例解説（1983年）78頁）。

と[87]，むしろ，①も一般論として死因贈与の自由な撤回を認めたわけではなく，実質的にそれが妥当と思われる事案であったから「取消し」を認めたにすぎず，①から③までは，「いずれも事例判決であって，最高裁は死因贈与については事案ごとに取消しの可否を判断している，ともいいうる」と指摘されている[88]。

C．学　説

学説は，準用肯定説と準用否定説が対立する。準用肯定説は，遺贈との共通性を重視し，遺贈と同様に贈与者の最終意思を尊重すべきであるとする。これに対し，準用否定説は，契約であり，受贈者の利益（条件付権利）の保護に配慮すべきであるとする。また，準用肯定説にあっても方式の規定の部分についての準用の有無について見解が分かれる[89]。

また，事案類型との関係で，「死因贈与」の概念・範囲に関して，②の事案のように生前に履行すべき負担の付された場合には，そもそも無償行為に付された負担については負担の性質上先履行はあり得ず，贈与でもなくなるという見解[90]，そのような「負担」の存在の疑義のほか生前に贈与契約が効力を生じており死因贈与には当たらず履行期ないし権利移転時期を贈与者の死亡時とする贈与であるとする見解[91]，③の事案についても裁判上の和解によって確定的に贈与が約されている場合は死因贈与ではなく権利移転時期を死亡時と定める期限付贈与契約であるとする見解[92]や裁判上の和解の効力の問題としてとら

---

(87)　ただし，②の調査官解説は，②を①の示した原則に対して，遺言に関する規定が準用されない場合のあることを明らかにしたものとする（篠田省二「判批」（②の調査官解説）最判解民事篇昭和57年度（1987年）432頁）。

(88)　道垣内・前掲注(83)1299頁。

(89)　学説の状況について，以上のほか「折衷説」を含め，篠田・前掲注(87)433頁～434頁，森泉・前掲注(19)120-123頁，山脇貞司「判批」（③の原審判決評釈）法律時報54巻7号（1982年）132頁，武尾・前掲注(4)特に538頁以下，岡林伸幸「死因贈与の撤回」千葉大学法学論集30巻1・2号（2015年）159頁，宮本誠子「財産の死因処分と，処分者による撤回・変更可能性——遺言・死因贈与・遺言代用信託を比較して」トラスト未来フォーラム研究叢書『資産の管理・運用・承継と信託に関する研究』（2019年）151-156頁参照。
　　立法提案として，民法（債権法）改正検討委員会は「債権法改正の基本方針」【3.2.3.19】において，遺言の撤回および取消しに関する規定の準用否定の明文化を提案するが，遺言と同様に撤回を認めるべきであるとの考え方もあることを付記する（その趣旨を含め，民法（債権法）改正検討委員会編・前掲注(24)225-227頁）。

(90)　松川正毅「贈与の撤回」九貴編・前掲注(51)403頁，415頁注117，水野・前掲注(34)20-21頁，松尾・前掲注(14)（判タ）78頁。

(91)　松尾・前掲注(14)（判タ）78頁。

(92)　山脇・前掲注(89)133頁，武尾・前掲注(4)539頁。③に関してではないが，岡林・

える見解[93]が示されている[94]。

　ただ，現在では，いずれの立場にあっても，贈与者による撤回が認められない場合があることは肯定されている。その法律構成は分かれ，準用を肯定するかどうかに関わらず，上記のとおり，554条による準用が問題となりうる「死因贈与」該当性を限定する考え方がある。準用否定説にあっては，準用否定により死因贈与「契約」の作りこみが可能となり，合意の内容・特約の内容として処理することが可能である。この場合，準用否定により撤回不能がデフォルトであるとするのが生前贈与の規律にそろうが，死因贈与の特質から撤回権の留保をデフォルトとする余地もある。また，準用否定をベースとしつつ，限定的・例外的に，死因贈与契約締結後の事情の変化をとらえ，撤回を正当とする事情の変化があるときに準用を肯定する考え方がある[95]——その場合は，事情の変化・行為の基礎の喪失を理由とする解除によるという考え方もある[96]。準用肯定説にあっては，遺贈の規定が（方式を除いて）準用されるとすれば，撤回権の放棄を許さない1026条も準用されるため，死因贈与契約において撤回可能とする合意も無効となるものの，撤回が権利の濫用や信義則違反となり許されないとされることはあり，それをいわば活用する余地がある。

　結局，贈与一般もそうであるが，特に死因贈与については，それがなされる背景は多様であり，契約の締結に至る動機や経緯，目的，契約の内容も様々であるため，贈与者による一方的な撤回を認めるかどうかは，死因贈与がなされる「実態」や事案の具体的な内容を総合的に検討し，それが正当かどうかを判断することを容れざるを得ないというのが，現在の共通の理解であると思われ

　　　前掲注(89)179頁（契約当事者は不確定期限付き贈与を締結することができ，そのときは撤回は認められず，また，贈与者の死亡時に受贈者の生存を停止条件とする贈与たる死因贈与か，期限付き贈与かは契約解釈の問題とする）。
(93)　岡林・前掲注(89)85頁。
(94)　逆に，贈与者の生前において受贈者に何ら権利が認められず贈与者が自由に撤回できるのが「本来の意味における死因贈与」であり，これには遺贈に関する規定のすべてが準用され，遺贈に包摂されることになるが，554条の死因贈与は，そのような「本来の意味における死因贈与」とは異なり，贈与者の死亡を始期とする期限付贈与と，贈与者の死亡時に受贈者が生存することを条件とする条件付贈与があり，厳格には付款付生前贈与である（具体的に，贈与者の任意撤回権の否定，受贈者の期待権の肯定，方式の不準用）とする見解がある（柚木＝高木・前掲注(5)69-70頁〔柚木・松川〕）。
(95)　森泉・前掲注(19)121-122頁，武尾・前掲注(4)550頁-551頁。
(96)　森達「死因贈与と遺贈の規定の準用——民法1022条，1023条の準用の可否について」東洋法学26巻1号（1983年）42頁。また，松尾・前掲注(14)（判タ）79頁も参照。立法提案ではあるが，民法（債権法）改正検討委員会編・前掲注(24)225-227頁。黙示の解除条件（特約の存在）という構成につき，辻・前掲注(14)290頁注27。

る[97]。もちろん，それでも，死因贈与の本拠地がどこかという問題はあるし，そのような共通の理解と思われる考え方に立脚するとしてもそれをどの範囲で，どのような法技術によって実現するかは，なお見解が分かれるという状況と言えよう。

2　考　察
(1)　準用の有無による死因贈与の機能・制度役割
　遺贈の撤回に関する規定の全部が準用されるとする場合，死因贈与は，他の点でも全面的に準用されるとすれば，その機能や役割は前記Ⅱ2(1)と同様となる。これに対し，他の点で準用されない点があるとすれば，その点に遺贈にない機能・役割を有する制度となる（例えば，能力の規定は準用されないとすれば，行為能力の制限に服しつつ，14歳でも死因処分を可能とするなど）。

　遺贈の撤回に関する規定が準用されるが，方式の部分を除くという，一部の準用の場合，方式の点で遺贈にない機能・役割を有し，前記Ⅱ2(2)が妥当する。遺贈のような「厳格」ではない形で，相手方（受贈者）の同意のもと遺贈と同様の死因処分を可能にするものということになる。

　遺贈の撤回に関する規定のうち，1022条は準用されるが，1026条は準用されないという，一部準用の場合，デフォルトは遺贈と同様であるが，贈与者と受贈者の合意により撤回のできない死因処分のアレンジの方法を用意することに，死因贈与の機能や役割が認められる。

　さらに，1022条も含めて，遺贈の撤回に関する規定は，死因贈与には準用されないとする場合は，当事者の一方による任意の撤回（あるいは解除による解消）のできない方法を用意することに死因贈与の機能・役割があることになる。この場合に，当事者の合意によって撤回権（あるいは解除権）を留保することは妨げられないと解される。遺贈との差別化といってもそこまでの契約の自由を制限する要請があるとは考えられないし，またそのような要請は，当事者に思わぬ不利益を与えかねないからである。したがって，この場合，撤回に

---

(97)　森泉・前掲注(19)123頁，太田・前掲注(84)17-18頁（死因贈与の撤回の可否が争われた場合には，このような事情を総合的に検討し，当該死因贈与が撤回されてもやむを得ないかどうかを具体的に判断する必要があり，これらの事例の集積によって，次第に取消の要件が明確化されていくとする）参照。死因贈与について遺贈の規定の全面的な準用を支持する来栖・前掲注(34)229頁注(1)が，「ただ一つの疑問」として，（仮登記を念頭に置きつつであるが）遺贈と異なり自由な撤回のできない死因贈与を認める必要があるかもしれないとしているのは，象徴的に思われる。

関しては，任意の撤回ができないことをデフォルトとする契約類型を用意するのが死因贈与ということになる（ただし，遺贈との類似性等からデフォルトを逆とすることもありうる）。

(2) 判例・学説における任意撤回の制限

遺贈の撤回に関する規定の準用を否定する場合には，遺贈ではできない機能を死因贈与に認めることになる。自由な撤回ができないことにより，受贈者の期待がその範囲で正当化されるとともに，それを当事者が主体的に選択可能であるときは，（生前は贈与者が目的財産を保持・利用しつつ）死後の財産移転を生前に確実化する方法が提供されることになる。

判例および学説においては，中心的には1022条の準用の可否，同条に基づく贈与者による撤回の可否が扱われている。これについて，現在では，遺贈と全く同様に，遺言の方式に従うことを前提に，贈与者による撤回を制約なく認めるという考え方は，判例においても，学説においても取られていないと見られる。確かに，「死因贈与」のとらえ方により，撤回が認められるべきではないものは「期限付き贈与」であって「死因贈与」ではないとすることで，〈死因贈与には，遺贈の撤回に関する規定が全面的に準用される〉という命題を純化して維持することはできる。しかし，「死因贈与」とするか「期限付き贈与」とするかは当事者の選択に委ねられており，後者を選択することで，死亡により無償の財産移転が生じる旨の契約に，遺贈とは異なる効果を付与し，財産移転を確実化できるとすれば，そのような方法を法が提供するという実質を見出すことができる。

また，方式の点を除外して，贈与者による任意の撤回のみを取り上げても，現在は，そのような任意の撤回が認められない場合があることが，判例および学説において共通して認められていると言える（前記1(3)）。その性格には，大別して2種がある。当事者の意思を問題としそれを探るという性格付けのものと，贈与契約の拘束力からの離脱の客観的な正当性・不当性を問題とするという性格付けのものである。前者は，どのようなものとして当事者が死因贈与を選択したのかに焦点を置くのに対し，後者は，両当事者の関係として両者の利益を考慮しつつ客観的な調整を図るものである。後者は，最終的には〈妥当な〉法律関係を導くものとはなっても，当事者に，〈死後の財産移転を生前に確実化する方法，そのようなアレンジメントの手法〉を提供するという点での

役割は期待できないと思われる[98]。

V　補足と総括

　一方に一般の贈与の法律関係があり，他方に遺贈の法律関係がある。それらと並んで，「贈与契約」の範疇でありながら遺贈に関する規定が「その性質に反しない限り」準用される「死因贈与」が置かれているのは，何のためなのか。どのような制度として，その意義や役割，あるいは機能がそこに盛り込まれるべきなのか，これが本稿の問いである。

　554条は，準用される規定かどうかについて選定が行われることを一応の想定としているが，全面的な準用や全面的な準用否定も，必ずしも排除されているわけではなく，さまざまな選定の可能性を内包している。しかも，その選定の基準については沈黙した，幅広い白地規定となっている。

　判例および学説は，死因贈与が契約であるのに対し，遺贈が単独行為であるという両者の法的性質の違いを1つの，かつ，重要な軸としているが，それは選定の基準としては少なくとも決定的ではなく，あえていえば成功していないように思われる。そこには，「準用」という必要な修正や読み替えを経て適用するという法技術が持つ柔軟性や操作性が与っている面もある。およそ，契約であるという一事をもって準用の余地がないと断定できるのは，胎児に関する規定（965条，886条）くらいではないかとさえ思われるのだが，それさえ，第三者のためにする契約の形での死因贈与を考えると，準用の余地がある。

　本稿では，方式と能力と撤回という3つの項目を取り上げただけであるが，それでも死因贈与の構築のありようは多様であって，かつ，それぞれに説明は可能である。

　その内容に立ち入る前に，以下では，補足的に，2つの事項，すなわち，他の制度および当事者の意識について，確認しておきたい。

1　他の制度

　遺贈と比較し，死因贈与に求められる機能や役割を論じる場合，その機能や役割は死因贈与によって果たされるべきなのかが問われる必要がある。例えば，

---

(98)　後者の性格付けの規律は，準用を否定し撤回不能を原則とする立場にあっては，解消が認められるという逆ベクトルの場合となるが，その後の事情の変化をとらえた非行型・困窮型の契約の解除（あるいは黙示の特約を通じた解除条件）という別の法理によることになる（前掲注(96)および本文参照）。

死因贈与については，撤回不能とすることにその意味があるという指摘がある。それは，①遺贈と全く同一の法律関係となるときは，死因贈与の制度を設けることは「無意味」であるという評価と，②遺贈では実現できない，撤回のできない死因処分を可能とする制度が用意されることが望まれるという評価とを基礎にしている。このうち，①については別の評価もありうるが，特に，②について，それが死因贈与によってもたらされるべきかどうかは，他にどのような制度があるかに影響される。

すでに，554条の「死因贈与」のとらえ方自体が，学説では分かれており，例えば，贈与者の任意の撤回権が認められない贈与は，「期限付贈与」として554条の死因贈与とは別とするべきであるとの見解も出されていることは前述のとおりである。これは，554条の死因贈与をこのように限定したうえで，撤回のできない，したがって，より確実なコミットメントを可能にする制度を，554条の死因贈与以外の制度に求めるものということになる。

もっとも，死因贈与の概念のとらえ方自体が，分かれており，撤回不能のものこそが554条の死因贈与である，あるいはそうあるべきであるとする見解もあるのも上記のとおりである。

死因贈与の範疇かどうかを超えて，撤回のできない，したがって，より確実なコミットメントを生前に行うことを可能にする別制度として，日本法のもとで考えられるのが，信託契約である。信託法90条は，委託者以外の第三者である受益者が，委託者の死亡の時に受益権を取得したり，あるいは，受益権の内容である財産の受益者への給付時期が委託者の死亡時以後である信託について定めている。講学上，遺言代用信託と言われ，委託者の死亡によって，受益権およびそれに基づく財産給付という形での財産承継を可能にする。その原則は，委託者が，生前，その死亡によって信託財産を取得する受益者を自由に変更することができるが，それと異なる定めを信託行為で置くことも有効であり（信託法90条1項ただし書），また，信託契約全体について解消の権利（終了権）を委託者が有しないとすることもできる（信託164条3項参照）[99]。

遺言代用信託の場合，委託者から受託者への財産移転は委託者の生前に実施され，委託者が生前に利益を享受し続けるのは受益権の形でとなることや，信託契約の内容は相当に作りこむ必要があること，また，信託契約自体が必ずしもなじみのあるものとして普及しているわけではないことから，利用可能な身

---

[99] 撤回に関して，遺贈，死因贈与と比較した特徴につき，宮本・前掲注(89)157頁以下，161頁，169頁参照。

近な制度とは言いがたい。換言すれば，着実なコミットメントを実現したければ信託契約を選択すべきであり，他の選択肢は必要がないとは，なお言いがたい状況であると思われる。

2　当事者の意識

死因贈与を，遺贈や生前贈与と異なる法律関係とすべきかどうかに影響しうるのが，当事者となる主体の意識である。この点についても，相対立する見解が示されている。

一方には，遺贈においても遺言者と受遺者との間に合意とみられるものが存在する場合があり，そもそも，一般に死後の財産処分をする者は，端的に「死後の財産の処分」をするのであって，遺贈と死因贈与との間の選択をしているのでないのが普通である，という指摘がある[100]。他方には，書面による贈与について，通常，当事者が贈与という契約をし，それを書面とした場合には，それによって拘束力を生じさせることが期待されているのであって，単独行為である遺言の場合に最終意思の確保のためになされる書面とは大きく意味合いが異なるのであって，死因贈与の場合だけ書面によっても依然として撤回可能であるとすることは，当事者の求めるところと実際に与えられる法的効果が180度違った結果となることを認めることになるという指摘がある[101]。

当事者となる者の意識について，確たる資料はないが，死因贈与が利用される場面は様々であり，指摘される当事者の意識も，そのような場面の違いに対応している可能性がある[102]。また，その意識は変化しうるものであり，特に，高齢化社会を背景に，エステイトプランニングの一環としての死因贈与の普及がそれを後押しすることはあろう。

なお，信託法90条は，死亡するまでは自己が使用収益をし，死亡によって財産が移転するというアレンジメントが，遺贈と類似しており，遺贈の撤回自

---

(100)　広中・前掲注(13)65頁，小川栄治「死因贈与の撤回について」金沢法学28巻2号（1986年）112頁。
(101)　松尾・前掲注(14)（判タ）79頁（ただし，同・前掲注(14)（新家族法実務大系）346頁は，遺贈と死因贈与の区別の曖昧さは現実問題として否定できず，当事者の目的意識は明確であるとしても，死亡後に遺贈か死因贈与かをめぐって争いを生ずることはあるとする）。また，小川・前掲注(100)115頁も参照。また，東京家審昭和47年7月28日家月25巻6号141頁は，死因贈与を「遺言の撤回の自由からの防衛」を目的，動機とすると述べる（裁判上の和解による死因贈与について遺言執行者の選任の規定の準用が問題となった事案）。
(102)　小川・前掲注(100)115頁参照。

由を基礎として，信託の撤回権・終了権ではなく，受益権の形での財産の承継を自由にコントロールできるものとして 90 条を置いている。信託行為において異なる定めもできるが，これがデフォルト類型となっている基礎には，当事者が，遺言の代用として，自己の死亡後の受益者をいつでも自由に変更できるという意思を有することが通常であるという認識がある[103]。死因処分にあっては，財産移転者は，死亡まではいつでも取りやめや変更が可能であると考えるのが通常の意識であろうという理解が基礎にあり，当事者に不意打ちとなる規律は適切ではないという考慮が基礎となっていると言える。

3　複数の機能・類型化のスケッチ

死因贈与の撤回について，遺贈（遺言）と同様の扱いとなるかどうかは，多分に，当該死因贈与契約の内容・趣旨・文脈によるところが大きい。これは，撤回の規定の準用に関するものであるが，このことは，死因贈与が多様であること，遺贈に関する規定の準用については，方式に関する規定等のように死因贈与に一律に準用の有無が決まる規定もある一方で，およそ一律に死因贈与であるという一事で準用の有無が決まるわけではない規定が存在し得ることを示唆することにもなる。

死因贈与の機能・役割についても，このような多様性をふまえた類型化が有用と思われる。そこで，以上をふまえ，最後に項目ごとの素描を示してまとめとしたい。

(1)　方　　式

方式については，特に，遺贈の方式の瑕疵の場合の「救済」機能を肯定するならば，方式の準用は否定されることになる。これに対して，「遺贈としての要式性を欠くものが，受贈者の同意があるとされたとたんに契約として有効となるという解釈は，いかにも均衡を欠く」と指摘される[104]。しかし，それは，遺言の方式の「厳格さ」のために遺言者の意思が明らかに遺言書に表明されていながら，その実現が妨げられることへの「調整」をこの形で，つまり，正面から要式を緩和するのではなく，死因処分の合意を見出せる範囲で救済することを，是とするかどうかであろう。救済としての死因贈与を肯定するかどうかは，遺言の方式の瑕疵の場面だけではなく，遺言の準備段階での突然の死亡に

---

(103)　寺本昌広『逐条解説　新しい信託法〔補訂版〕』（商事法務, 2008 年）256 頁（なお，死因贈与が撤回自由である旨が言及されている）。
(104)　水野・前掲注(34) 20 頁。

も妥当する。そしてこのような死因贈与は，まさに遺言の代替であり，方式以外の点では遺贈の規定が準用されるべきものであろう。したがって，例えば，能力の規定もまた準用されることになる（制限行為能力ゆえに取り消されることにはならない）。

現実問題として，「贈与者の死亡によって効力を生ずる贈与」は，さまざまな場面で用いられている。裁判上の和解は判例に現れたところであるが，他に，死因贈与の活用例として，残された内縁のパートナーの居住保護を図る例や，高齢夫婦の離婚において財産分与としての不動産の給付〔調停での利用例〕などが紹介されている[105]。証明の考慮から死因贈与は通常書面でされると言われるが[106]，遺贈の方式に依拠しているわけではない。遺贈の方式の準用がないものとしての死因贈与は社会に定着していると言ってよく，また，当事者の意識も醸成されている中で，それを覆すことの影響が懸念される。方式の規定の準用の内容も不明瞭であることを勘案すると，死因贈与に成立・効力要件としての方式を要求するならば，立法措置によるべきであろう。

(2) 能　　力

能力に関して，遺贈ではできない機能や役割を死因贈与によって実現できるようにするかどうかに関わるのが，15歳未満にも死因贈与の形での死因処分を可能とすべきか，代理による死因贈与を可能とすべきかである。現実の必要性次第に思われるが，調停等でも死因贈与のアレンジをすることがみられることを考えると，その余地は認められてよいように思われる。そうであれば，能力の規定の準用は否定されることになる。また，死因贈与の撤回に関して，撤回不可とされるときは，特に962条の準用は否定されるべきであろうし，また，撤回不可がデフォルトであるときは制限行為能力者による場合はデフォルトが逆転することも考えられてよい。

これに対し，(1)の方式の瑕疵の治癒や救済の類型においては，962条の準用を否定して，制限行為能力を理由とする取消しの可能なものとするべきではなかろう。

(3) 撤　　回

撤回については，見解が対立し，構成も分かれる。中心である準用の肯定・

---

(105) 辻・前掲注(14)278頁注1。
(106) 中田・前掲注(3)284頁。紛争の防止の考慮から公正証書が望ましいとされる（本橋総合法律事務所編・前掲注(14)13頁。それによりまた，仮登記において要求される書類を減じられる）のも自然なことであろう。

否定，贈与者による任意撤回の可否に関しては，当事者に〈撤回のできない，死因処分〉の選択肢が用意されないことは，法制度として問題であると思われる。信義則に照らして具体的な事情のもとで，最終的に，妥当な結論として，撤回不可という帰結が導かれうるというだけではなく，そもそも，撤回のできない死因処分として，自らの法律関係を構築する選択肢が，当事者に用意されることが重要である。遺言代用信託で十全とは言い難く，他に適切な制度がない中で，死因贈与にその役割が求められる。

判例は不透明であるが，学説では，死因贈与に関する1022条の準用の有無において準用を否定し，死因贈与は撤回不能であるとする見解のほか，554条の「死因贈与」「贈与者の死亡によって効力を生ずる贈与」を限定し，先履行の負担が合意されている場合はそもそも贈与性を欠く非無償契約であるとか，撤回不能の場合は期限付贈与であり，一般贈与であるとして，554条の「死因贈与」の枠外にそれらを位置させる見解がある。結局，554条の「死因贈与」とは何かという問題に帰着する。留意すべきは，他の遺贈の規定との関係である。たとえば，遺留分に関する規律などにおいても，非無償契約であるという理解によればそもそも贈与の規律も及ばないことになる。これに対し，554条には該当しない一般贈与であるとすれば，遺贈の規定は及ばないことになり，贈与として扱われる。554条の埒外として，〈撤回不能の死因処分〉を用意する場合には，それでよいかについて検討する必要がある。言い換えれば，全面的に遺贈規定を排除する類型とするというのでなければ，554条の埒外とすることには疑問が残る。

554条の死因贈与の範疇であるとしたうえで，撤回不能の死因処分を当事者が選択できる仕組みとして用意する場合に，①「書面」（550条）による限り，およそ554条の死因贈与は，撤回不能であって，撤回を相当とする事情があるときは事情の変化への対応の規律として考慮する考え方，②554条の死因贈与には撤回不能のものと撤回可能なものとがあり，当事者が選択できるとする考え方がある。②については，いずれかを原則類型とするか，原則類型とするときいずれを原則類型とするかが問題となる。

このうち①については，少なくとも，方式に関して遺言の方式の瑕疵を治癒・救済する，まさに遺言代用の死因贈与を認めるときは，採用が難しい。また，撤回自由の帰結を望むなら遺贈を選択すべきである[107]とまで当事者に要

---

(107) 辻・前掲注(14)287頁参照。

求できるかも躊躇される。そうだとすると，①の考え方については，基本的には撤回不能であるとするもの（撤回自由な死因贈与の余地をおよそ否定するわけではない）と考えるべきことになるのではないか。

　このように考えると，それは，当事者が何を選択したのか，当事者の意思探求であり，契約解釈の問題ということになる。デフォルト類型を設定するとすれば，特に撤回不能については何をすれば撤回不能とできるのか，撤回不能となるのかが明瞭になっていないと，当事者に不意打ちとなる可能性があり，不意打ちによる不利益は一般に贈与者のほうが受贈者よりも大きいと思われること，現在の規律の不透明さに鑑みると，なおデフォルト類型は撤回自由としつつ，当事者が撤回不能の死因贈与を合意することができるという構成が，現状下では，適切ではないかと思われる。そして，一例であるが，次のような場合には，撤回不能の合意と推認されよう。先履行の負担が付されているとき（それが生前にほぼ履行を完了しているかどうかを問わない），死亡による権利移転について生前の仮登記が義務付けられていたときや任意に仮登記がされているとき，専門家の関与のもとに契約書が作成されそこに撤回可能文言がないとき（公正証書に限られない。なお，専門家が関与するときは撤回権について明示することが望ましい）。

35 遺留分侵害額請求権と債権者代位権の再検討

前 田 陽 一

Ⅰ　はじめに
Ⅱ　明治民法起草まで
Ⅲ　今日までの学説・裁判例等の概観
Ⅳ　最判平成13・11・22とその検討
Ⅴ　遺留分制度の改正と最判平成13・11・22

Ⅰ　はじめに

　平成30(2018)年改正前の遺留分減殺請求権（改正前民法1031条）の債権者による代位行使（民法423条）の可否については，後述のように，学説上，肯定説と否定説が対立するなど多くの議論がなされてきた（民法典起草過程に遡ることができる）。最判平成13・11・22民集55巻6号1033頁が，「遺留分減殺請求権は，遺留分権利者が，これを第三者に譲渡するなど，権利行使の確定的意思を有することを外部に表明したと認められる特段の事情がある場合を除き，債権者代位の目的とすることができない」と判示し原則として否定する立場をとったことで，実務上は一応の決着がついた。

　しかし，学説では，後述のように，最高裁判決に対する賛否が分かれ，その後も遺留分権利者たる相続人の債権者（相続人債権者）による代位行使を肯定する主張が続いた。また，上記改正により，遺留分減殺請求権の「物権的効果」と「現物返還の原則」に代わり，遺留分侵害額に相当する「金銭債権」のみが発生する遺留分侵害額請求権（民法1046条）に改められた後も，潮見佳男博士[1]に代表されるように代位行使を肯定する学説が有力である。

　本稿は，明治民法起草前から上記最高裁判決を経て今日に至る議論の展開を概観した上で（相続人の債権者〔相続人債権者〕のほか，被相続人の債権者〔相続

---

(1)　潮見佳男『債権総論〔第5版補訂〕』（信山社，2020年）195頁，同『詳解相続法〔第2版〕』（弘文堂，2022年）676頁。なお，他の論者については，本文中敬称を省略させて頂く。

債権者〕に関しても適宜言及する），改めて同判決を批判的に検討しながら，代位肯定説を論ずるものである。同判決が上記判旨を導いた論理の「柱」は（それ自体に対する疑問は措くとして），後述のように，平成 30（2018）年改正後の遺留分侵害額請求権（民法 1046 条）にも妥当しうるものである（判例法理は改正後も維持されるようにみえる）が，遺留分制度の上記改正が同判決の論理の柱の「土台」に対して影響を与えていないか，それが従前からの疑問点と相俟って同判決を見直す契機とならないかについても言及することにする[2]。

以下，明治民法起草までの経緯（Ⅱ），明治民法成立から今日までの学説・裁判例等の概観（Ⅲ），最判平成 13・11・22 の（平成 30 年改正との関係も併せた）批判的検討（Ⅳ・Ⅴ）の順に述べることにする。

Ⅱ 明治民法起草まで[3]

1 ボアソナード草案註釈から旧民法まで

遺留分減殺請求権を債権者代位権の目的（客体）にすることができるかの議論は，フランス民法を範とした，ボアソナード草案や（日本人委員による）旧民法第一草案に遡ることができる。

(1) ボアソナード草案註釈

ボアソナードは後述する旧民法第一草案理由書の 5 年前に（財産法部分をカバーする）いわゆるボアソナード草案の註釈書〔第 2 版〕を公刊している。その債権者代位権（ボアソナード草案 359 条）の註釈で，現在の議論にも極めて参考になる理由付けとともに，減殺訴権を相続人債権者による代位行使の目的（客体）とすることを肯定している[4]。

---

[2] 筆者は，本稿にかかる問題について，最判平成 13・11・22 の登場前，前田陽一「相続法と取引法——相続人債権者の債権保全を中心に」椿寿夫教授古稀記念『現代取引法の基礎的課題』（有斐閣，1999 年）647 頁以下，特に 650 頁以下において（以下の引用では『基礎的課題』とする），また，同判決の登場時，同「判批」金法 1684 号（2003 年）18 頁以下において論じたことがある。本稿は，前稿の検討を踏まえつつその後の議論も追いながら改正法の下で再検討を試みるものである。

[3] 遺留分減殺請求と債権者代位にかかる明治民法起草までの経緯の詳細および関連するフランス法については前田・前掲注(2)『基礎的課題』650 頁以下で検討したが，本稿では，解釈論の観点から重要な点を再構成しつつ不十分な点を補った。なお，遺留分制度の趣旨に着目した明治民法起草までの経緯については，西希代子「遺留分制度の再検討(7)〜(10)」法協 124 巻 8 号（2007 年）1842 頁以下，9 号（2007 年）2056 頁以下，10 号（2007 年）2309 頁以下，125 巻 6 号（2008 年）1302 頁以下参照。

[4] Boissonade (G.), Projet de Code civil pour l'Empire du japon accompagné d'un commentaire, t. Ⅱ, 2ᵉ éd., 1883, nº 154, p.162. 慰謝料請求権を一身専属権の一例とする。

すなわち，自己の債務者をして相続の全部または一部を取り戻させる目的の訴権は，たとえ人格的利益にかかり債務者をして躊躇させる場合であっても，債権者の権利の中に包含されると看做さざるをえない，として，①相続回復訴権，②自由分(5)を超過した生前贈与・遺贈に対する減殺の訴権，③相続欠格の申し立ての訴権などの代位行使を認めている。そして，これらの場合においては，代位行使をすることによる金銭上の利益が，行使しないことによる人格的利益を凌駕するので，かかる債権者の権利は（詐害なくして債務者が明白になした放棄によらない限り）妨げられない，としている点が特に注目される。

なお，ボアソナードは，草案358条（合意の包括承継人に対する効力）の箇所で，一般債権者も一種の包括承継人とするフランスの一部学説の解釈に立っている(6)（その影響が後の議論にみられる）。

(2) 旧民法第一草案

(a) 旧民法第一草案1730条は，処分しうる財産（自由分）を超過する部分に対する減殺を規定する同1729条(7)を受け，減殺の請求権者について以下のように規定する。

すなわち，①同1730条1項は，相続人のほか，相続人の承継人やその固有債権者（相続人の債権者）について，自由分を超える贈与に対する減殺を請求する権利を規定する(8)とともに，②同条2項は，被相続人の債権者についても，相続人が単純承認した場合には債権者代位権の規定の適用により減殺請求を認める(9)。

(b) 理由書(10)は，①について，減殺に「利害ノ関係」を有する者に限って減殺を認めたもので，「民法普通ノ原則」を適用したものに過ぎない，とする。

他方，②については，死者（被相続人）の財産と相続人の財産とが独立しているときには贈与に対する減殺を被相続人の債権者に認めないことに理由があ

---

(5) 被相続人が遺留分の制限なく自由に処分しうる部分。
(6) Boissonade, op.cit., nº 148, p.154 et note. 前田・前掲注(2)『基礎的課題』659頁注(13)も参照。
(7) 「処置シ得可キ部分ヲ超過スル贈与又ハ遺嘱ハ相続開始ノ時ニ基キ之ヲ其部分ニ減殺ス」（石井良助編『明治文化資料叢書4 第参巻法律篇下』〔風間書房，1960年〕115頁）。
(8) 「贈与ノ超過部分ノ減殺ハ受貽相続人又ハ其相続人又ハ其承継人又ハ其債権者ニ非サレハ之ヲ請求スルコトヲ得ス」（石井編・前掲注(7)115頁）。
(9) 「被相続人ノ債権者ハ受貽相続人単純ニ相続ヲ受諾シタル場合ニ限リ第八百五十九条ノ規則ニ拠リ其減殺ヲ請求スルコトヲ得」（石井編・前掲注(7)115頁）。この「第八百五十九条ノ規則」が前述したボアソナード草案359条の債権者代位の規定に対応することにつき，前田・前掲注(2)『基礎的課題』658頁注(8)参照。
(10) 石井編・前掲注(7)115頁以下。

るとしても,「単純ニ相続ヲ受諾」(単純承認)して両方の財産が混同し,従って,死者(被相続人)と相続人の「双方ノ債権者モ亦混同」したときは理由がないので,フランス民法の規定の不備を補充した旨を述べる。

(c) つまり,旧民法第一草案1730条1項は,相続人債権者について,債権者代位の法理に基づいて減殺の請求を認める規定をする一方,同条2項は,被相続人の債権者については,相続人が単純承認した場合に債権者代位の適用を認める規定をした(フランスの学説の解釈[11]を明文化した)ものである。

これらの規定には,前述したボアソナードや当時のフランスの解釈論の影響がみてとれる。

(3) 旧民法まで

(a) 旧民法第一草案(獲得編第二部)は,再調査案,法律取調委員会の最終案(財産取得編〔続〕)を経て,元老院提出案となり,さらに元老院審査会案などを経て旧民法となった[12]。

(i) 元老院提出案の財産取得編(続)432条[13]では,相続人の債権者は贈与の減殺の請求権者の規定から削除されている(被相続人の債権者については第一草案と同様である)。

(ii) さらに,元老院審査会案では,379条で贈与が減殺の対象から削除されて遺贈(および新たに遺贈と効力を同じくするとされた死因贈与[14])のみが対象とされるとともに,前述の元老院提出案の規定にあった減殺の請求権者に関する規定自体が削除されている[15]。

(iii) 上記(ii)を受け,元老院議定案,内閣修正案を経て成立した旧民法では,財産取得編386条が「遺贈ヲ為スコトヲ得ル部分ヲ超過スル遺贈ハ之ヲ其部分マテニ減殺ス」とし,同389条が「総テ贈与ニシテ贈与者ノ死亡ノ後執行ス可キモノハ遺贈ト其効力ヲ同フス」と規定するにとどまり,遺留分減殺の請求権者に関する規定はなくなった。

---

(11) 前田・前掲注(2)『基礎的課題』651頁,659頁注(14)。
(12) 旧民法に至る編纂および関係規定の経緯の詳細につき,前田・前掲注(2)『基礎的課題』649頁以下注(5),652頁以下参照。
(13) 1項は,「贈与ノ超過部分ノ減殺ハ受貽相続人又ハ其相続人其他一般ノ承継人ニ非サレハ之ヲ請求スルコトヲ得ス」,2項は,「被相続人ノ債権者ハ受貽相続人ノ単純ニ相続ヲ受諾シタル場合ニ限リ財産編第三百三十九条ノ規定ニ従ヒテ其減殺ヲ請求スルコトヲ得」(石井編・前掲注(7)356頁)。
(14) 元老院審査会案382条:「総テ贈与ニシテ贈与者ノ死亡ノ後執行ス可キモノハ遺贈ト其効力ヲ同フス」(石井編・前掲注(7)357頁〔242頁の凡例も参照〕)。
(15) 石井編・前掲注(7)356頁(242頁の凡例も参照)。

(b) しかし，以上の経緯は，相続人の債権者による遺留分減殺を否定するものではないと考えられることに留意すべきである。

すなわち，上記(i)に関しては，①既に公布されていた旧民法の財産編[16]の元となった前述のボアソナード草案註釈〔第2版〕に照らせば，一般規定である債権者代位権の規定の適用，または，②財産取得編（続）432条1項の「一般ノ承継人」の解釈によることになる。旧民法に関する日本の学説にも，ボアソナードの影響か，債権者は債務者の一般承継人であるから債務者の権利を代位行使できる旨の解釈[17]がみられる。

上記(ii)(iii)に関しては，全国の裁判所・地方官等からの意見で，慣習上ないし些少の生前贈与まで減殺の対象となることへの異論があったことから，贈与の減殺が削除され，それに連動して，特に異論のなかった減殺の請求権者に関する規定まで，「贈与」の減殺から始まる規定の体裁上削除されたと考えられる[18]。

また，旧民法の解釈としても，前述のように，旧民法の財産編の元となったボアソナード草案註釈〔第2版〕に照らし，一般規定である財産編339条の適用により，相続人（遺留分権利者）の債権者は遺留分減殺請求権を行使しうることになる。

2　明治民法まで

(a) 改正前民法1031条（改正後の民法1046条に対応）は，遺留分算定の基礎に算入される生前贈与に関する同1030条（改正後の民法1044条に対応）を受けて，「遺留分権利者及びその承継人」は，遺留分を保全する限度で，遺贈と前条に掲げる贈与の減殺を請求できる旨規定する。

改正前民法1031条（および1030条）は，明治民法1134条（および1133条）を実質的な改正なく受け継いだものである。また，明治民法1134条は，起草過程において，「参照条文」として前述した旧民法財産取得編386条・389条を受け継いでいる（法典調査会原案1145条・民法中修正案1134条ともこれらを参照条文とし[19]，後述のように実質的変更なく明治民法1134条になった）。

---

(16) 財産編は1889年7月の元老院の議決を経て，1890年3月27日に公布され，翌4月21日に財産取得編〔続〕の最終案が議了し，政府に提出された。
(17) 坪谷善四郎（城数馬校閲）『日本民法註釈巻之三〔第3版〕』（博文館，1893年。初版は1891年）126頁以下。
(18) 前田・前掲注(2)『基礎的課題』653頁参照。
(19) 法務大臣官房司法法制調査部監修『日本近代立法資料叢書7　法典調査会民法議事

(b) 主査委員会・委員総会・法典調査委員会の起草過程では，①元老院で削除された生前贈与の減殺を復活させるべきか否かの議論が委員総会[20]・法典調査委員会[21]でみられた[22]が，②減殺の請求権者に関する発言は，もっぱら法典調査委員会でなされた。

（ⅰ）法典調査委員会に出された明治民法1134条に対応する原案1145条[23]は，「遺留分権利者及ヒ其承継人」に減殺請求権を認める。

これについて，起草委員の富井政章は，①遺留分権利者は勿論その包括または特定承継人にも減殺請求権を与えた，②そこから漏れる被相続人の特定承継人および債権者は減殺請求権を持たない，③フランス民法はこれを明言するが，遺留分の目的に照らせば減殺請求権を持つことには少しもならない，④もっとも，被相続人の債権者について言わねばならないのは，遺留分権利者たる相続人が単純承認した場合，相続人の債権者になる，⑤（速記録の表現上は必ずしも明確ではないが，旧民法第一草案からの議論や後述する理由書や梅謙次郎の注釈に照らせば）本条にいう「承継人」ではないが，債権総則の間接訴権すなわち債権者代位権の規定をもって，本条の「承継人」という文言に相続人の債権者（として単純承認後の被相続人の債権者）を含ませることができよう[24]，とする。

富井の議論が分かりにくいのは，ボアソナードや旧民法の学説にみられる

速記録(7)』（商事法務研究会，1984年）870頁，『民法修正案理由書』（博文館，1898年）376頁。いずれも，フランス民法920条・921条も挙げている。

(20) 磯部四郎の復活論に対し，起草委員の穂積陳重は否定的ながらも再検討の余地を認めた。法務大臣官房司法法制調査部監修『日本近代立法資料叢書12 民法総会議事速記録』（商事法務研究会，1988年）72頁以下。

(21) 尾崎三良の旧民法支持論が否決された。法務大臣官房司法法制調査部監修・前掲注(19)864頁以下。

(22) 以上につき，前田・前掲注(2)『基礎的課題』654頁以下も参照。

(23) 「遺留分権利者及ヒ其承継人ハ遺留分ヲ保全スルニ必要ナル限度ニ於テ遺贈及ヒ第千百四十二条（筆者注：明治民法1133条・改正前民法1030条と同内容）ニ掲ケタル贈与ノ減殺ヲ請求スルコトヲ得」（法務大臣官房司法法制調査部監修・前掲注(19)870頁）。

(24) 法務大臣官房司法法制調査部監修・前掲注(19)871頁。①「減殺ノ請求権ハ遺留分権利者ト其承継人ガ持ツト云フコトデアリマス」，「遺留分権利者ニ付テハ別ニ言フテ要セヌガ其包括又ハ特定ノ承継人ニモ其権利ヲ持タスノガ必要デアル」，②「ソレ故ニ之ニ漏ルル者則チ被相続人ノ特別承継人並ニ債権者ハ減殺権ヲ持タナイト云フコトニナル」，③「佛蘭西民法ハ一二此事ヲ明言シテ居ル様デアリマスケレドモ遺留分ヲ置イタ目的ト云フモノハ是等ノ人々ハ減殺請求権ヲ持ツト云フコトハ少シモナイ」，④「尤モ被相続人ノ債権者ニ付テ申上ゲネバナラヌコトハ遺留分権利者ガ単純承認ヲ為シタ場合其債権者ナル者ハ相続人ノ債権者トナラヌ」，⑤「ソレデ其本條ニ謂フ所ノ承継人デアリマセヌケレドモ彼ノ債権編ノ総則ニ定メテアル所ノ所謂間接訴権則チ総テ債権者ハ其債務者ニ代ハツテ債務者ノ有スル権利ヲ行フコトヲ得ルト云フ規定ヲ以テ承継人ト云フ文字ハ相続人ノ債権者トナラヌト云フコトガ出来様ト思フ」。

（一般）債権者を一種の包括承継人とする解釈の影響もあろう。

(ⅱ) 原案 1145 条は，整理会[25]でも特に議論されず，実質的な修正を受けることなく民法中修正案 1134 条となった。

『民法修正案理由書』は，法典調査会における富井の説明を要約した形で，①被相続人の債権者は減殺請求権を有しないが，②ただ，遺留分権利者が単純承認をすれば「遺留分権利者ノ債権者トシテ之ニ代リテ減殺ノ請求ヲ為スコトヲ得ル」[26]として，単純承認がされた場合の被相続人の債権者について，相続人の債権者として減殺請求権の代位行使を認めている。

民法中修正案 1134 条は，そのまま明治民法 1134 条となった。

(c) 明治民法成立後ではあるが，起草委員であった梅謙次郎は，富井や『民法修正案理由書』の説明を明快に整理・敷衍した形で，相続人の債権者や単純承認がされた場合の被相続人の債権者による減殺請求権の代位行使を認める（とくに後記③④。減殺請求権が一身専属権ではないとする後記⑤も重要である）。

すなわち，①「減殺権ハ遺留分権利者ノミ之ヲ有スルモノニシテ他ノ利害関係人ハ之ヲ有セサルヲ本則トス」，②「唯相続人其他ノ承継人ハ他ノ財産権ニ同シク之ヲ承継スヘキコト固ヨリナリ」，③「而シテ遺留分権利者ノ債権者モ亦第四百二十三条ノ規定ニ依リ其権利ヲ代ハリ行フコトヲ得ヘシ」，④「而シテ相続債権者モ若シ遺留分権利者カ単純承認ヲ為シタルトキハ他ノ債権者ニ同シキカ故ニ亦同一ノ権利ヲ有スヘシ」，⑤「蓋シ一身ニ専属スル権利ト認ムヘカラサレハナリ」[27]。

Ⅲ　今日までの学説・裁判例等の概観

1　明治民法下

(1)　学　　説

(a) 明治民法施行直後の相続法に関する学説は，法典調査会委員・民法整理会委員の肩書で注釈書を出している奥田義人を含め，前述した梅と同じく，遺留分権利者たる相続人の債権者について減殺請求権の債権者代位行使を認めるとともに，被相続人の債権者についても相続人が単純承認した後は遺留分権利者たる相続人の債権者として代位行使を認めている[28]。奥田は，「遺留分権利

---

(25) 法務大臣官房司法法制調査部監修『日本近代立法資料叢書 14　民法整理会議事速記録』（商事法務研究会，1988 年）。
(26) 前掲注(19)『民法修正案理由書』377 頁。
(27) 梅謙次郎『民法要義巻之五〔初版〕』（和仏法律学校，1900 年）435 頁以下。
(28) 奥田義人『民法相続法論〔初版〕』（有斐閣書房，1898 年）417 頁以下，牧野菊之助

者ノ債権者トシテ之ニ代リテ」という代位行使の趣旨を述べる一方で,「遺留分権利者ノ債権者」も「其承継人」(遺留分権利者の承継人)に含まれるような(前述した富井と同様の)説明もしている[29]。

大正から昭和にかけての主な相続法学説も,遺留分権利者たる相続人の債権者による減殺請求権の代位行使を認めている[30]。被相続人の債権者についても,相続人が単純承認した場合に相続人の債権者として代位行使を認める立場[31]が続いたが,昭和期になると,相続人が限定承認した場合にも代位行使を認める谷口知平・近藤英吉の所説[32]が登場した。

(b) 債権者代位権に関する学説はこの問題に常に言及する訳ではないが,言及するものは遺留分権利者たる相続人の債権者による代位行使を認めるものが多い[33]。

これに関連して,遺産相続回復請求権は(家督相続回復請求権とは違い)主として財産的利益を目的とするものだとして,真正相続人の債権者による代位行使を認める説が多くみられる[34]。これに対し,遺産相続・遺贈の承認放棄については,主要な学説には代位行使を否定するものが多い[35]が,当時一部で主

『日本相続法論〔初版〕』(厳松堂書店,1909年)385頁。梅謙次郎ほか『法典質疑問答第四編〔初版〕』(中外出版,1906年)187頁〔宮田四八〕も参照。

(29) 奥田・前掲注(28)418頁。

(30) 仁井田益太郎『親族法相続法論〔初版〕』(有斐閣書房,1915年)696頁,柳川勝二『日本相続法註釈下巻〔初版〕』(厳松堂書店,1920年)622頁,古山茂夫『相続法註解〔初版〕』(酒井書店,1923年)240頁,穂積重遠『相続法第二分冊』(岩波書店,1927年)440頁(相続人の債権者のみ言及),谷口知平「遺留分」『家族制度全集法律篇Ⅴ相続』(河出書房,1938年)191頁,近藤英吉『相続法論(下)』(弘文堂,1938年)1150頁。なお,中川善之助『相続法〔第3版〕』(有斐閣,1925年。初版は1922年)258頁以下の減殺請求権の項目では,この問題に言及していない。

(31) 柳川・前掲注(30)622頁以下,古山・前掲注(30)240頁。

(32) 谷口・前掲注(30)191頁,近藤・前掲注(30)1151頁。近藤は,限定承認の場合にも相続人が遺留分減殺請求をして取得した財産は相続債権者(被相続人の債権者)の債権の引き当てになるにも拘らず,相続人が減殺請求権を行使しないときは相続財産が債務超過であってもこれに甘んじなければならないのは「甚だしく公平を失するからである」とする。

(33) 岡松参太郎「間接訴権」法学新報14巻2号(1904年)10頁,中島玉吉『民法釈義巻之三〔第6版〕』(金刺芳流堂,1927年。初版は1921年)652頁,勝本正晃『債権総論中巻之三〔初版〕』(厳松堂書店,1936年)235頁,近藤英吉=柚木馨『註釈日本民法債権編総則上巻』(厳松堂書店,1934年)250頁。

(34) 岡松・前掲注(33)10頁,石坂音四郎『債権総論上巻〔合本版〕』670頁以下(有斐閣書房,1916年。初版は1912年),中島・前掲注(33)652頁,勝本・前掲注(33)235頁,近藤=柚木・前掲注(33)250頁。

(35) 岡松・前掲注(33)9頁,石坂・前掲注(34)670頁,中島・前掲注(33)651頁以下,近藤=柚木・前掲注(33)250頁,勝本・前掲注(33)242頁。いずれも遺留分減殺請求権と

張された（その後は廃れた）フランスの学説の影響が窺われる[36]。

(2) 裁　判　例

明治民法下の裁判例は少ないが，遺留分減殺請求権の債権者による代位行使について，一般論として肯定したものと肯定を前提としたものがみられる。

この問題について直接判示した最初の裁判例として，水戸地下妻支判大正11・3・28法律評論全集11巻民法259頁は，遺留分減殺請求権について「民法1134条ノ規定ニ徴スレハ該権利ハ相続人ノ一身ニ専属スル権利ニアラサルコトヲ推知シ得ヘキニ依リ……債権者ハ自己ノ債権ヲ保全スル必要上債務者ニ属スル右権利ヲ代位行使シ得ヘキモノ」とする一般論を述べたが，遺留分の放棄を理由に本件では代位行使を否定した。

一方，代位行使の肯定を前提にしているとみられるものが二例ある。大判昭和15・10・26法律新聞4639号5頁は，遺留分権利者の債権者が代位行使した事例で，この点は問題とされず遺留分の算定が争点になった。また，最判昭和25・4・28民集4巻4号152頁の原審（明治民法下の事件）は，遺留分権利者の債権者が代位行使した事例で消滅時効を理由に請求を棄却した。

2　戦　　後

(1) 最判平成13・11・22までの学説

(a) 戦後の家族法改正で，前述のように明治民法1134条は改正前民法1031条になったが，実質的な変更はない。

戦後になってから最判平成13・11・22までの間も，相続法[37]・債権法[38]の

遺産相続回復請求権の代位行使については認めている。
(36) 前田・前掲注(2)『基礎的課題』667頁，671頁以下（注(69)）。
(37) 中川善之助監修『註解相続法』（法文社，1951年）454頁〔島津一郎〕，我妻栄＝立石芳枝『親族法相続法』（日本評論新社，1952年）638頁，柚木馨『判例相続法論』（有斐閣，1953年）423頁，高木多喜男『総合判例研究叢書民法(23)遺留分』（有斐閣，1964年）133頁，我妻栄＝唄孝一『判例コンメンタールⅧ相続法』（コンメンタール刊行会，1966年）318頁以下，加藤永一『叢書総合判例研究・遺留分』（一粒社，1980年）36頁，中川善之助＝加藤永一編『新版注釈民法(28)』（有斐閣，1988年）450頁〔中川淳〕，鈴木禄弥『相続法講義〔改訂版〕』（創文社，1996年）178頁，中川善之助＝泉久雄『相続法〔第4版〕』662頁（有斐閣，2000年）。評釈類として，高木多喜男「判批」リマークス3号（1991年）93頁以下，伊藤昌司「判批」判評400号（判時1415号）（1992年）36頁以下，大島俊之「判批」法時71巻7号（1999年）125頁以下，久保宏之「判批」判評485号（判時1673号）（1999年）40頁以下。
(38) 松坂佐一『債権者代位権の研究』（有斐閣，1950年）82頁（遺産分割請求権の代位行使も肯定するが同117頁は相続回復請求権について否定），金山正信『債権総論』（ミネルヴァ書房，1964年）94頁，甲斐道太郎編『債権総論』（法律文化社，1985年）95

学説を問わず，多くが遺留分権利者たる相続人の債権者による減殺請求権の代位行使を認めている。

なお，戦後の学説では，①被相続人の債権者（相続債権者）について，相続人が限定承認した場合にも，減殺請求権の代位行使を認める説が増える[39]一方，②相続人が限定承認した場合の相続人の債権者について，代位を否定する説[40]と肯定する説[41]の対立がみられる。

（b）これに対し，昭和から平成にかけて，債権者代位権に関する学説を中心に，相続人の債権者による代位行使を否定する立場が徐々に有力化していった。減殺請求権について，確定していない権利であることなどから，遺留分権利者たる相続人の自由意思を尊重して一身専属性（民法 423 条 1 項ただし書）を認めるものである（嚆矢となった於保不二雄に続き主要な論者である石田喜久夫・奥田昌道も相続の承認放棄と並べて減殺請求権の代位行使を否定する）[42]。

否定説の背景として，前述したように遺産相続・遺贈の承認放棄について代

頁以下〔船越隆司〕（相続回復請求権も肯定するが遺産分割請求権・相続放棄は否定），前田達明『口述債権総論〔第3版〕』（成文堂，1993 年。初版は 1987 年）253 頁（相続の承認放棄・相続回復請求権・遺産分割請求権も肯定）。論文として，辻上佳輝「民法第 423 条の一身専属権について（2・完）論叢 150 巻 6 号（2002 年）54 頁以下。潮見佳男『債権総論Ⅱ〔第2版〕』（信山社，2001 年）24 頁も肯定説を展開する。

(39) 中川善之助編『註釈相続法（下）』（有斐閣，1955 年）235 頁〔島津一郎〕，我妻＝唄・前掲注(37)318 頁以下，高木・前掲注(37)『遺留分』134 頁，加藤・前掲注(37)37 頁，鈴木・前掲注(37)179 頁。なお，単純承認の場合に限定する説として，中川＝加藤編・前掲注(37)450 頁〔中川淳〕。

(40) 我妻＝唄・前掲注(37)318 頁以下，高木・前掲注(37)『遺留分』134 頁（高木説につき，同『口述相続法』〔成文堂，1988 年〕550 頁も参照），中川＝加藤編・前掲注(37)450 頁〔中川淳〕，鈴木・前掲注(37)178 頁以下。減殺請求して取り戻した財産は，被相続人の債権者（相続債権者）の責任財産を構成し，残余額が出ない限り相続人の債権者を潤すことにならないことを理由とする。

(41) 中川＝泉・前掲注(37)666 頁（注 9）。減殺により相続債権者の責任財産に余剰が出ることもありうることを理由とする。

(42) 於保不二雄『債権総論〔新版〕』（有斐閣，1972 年。初版は 1959 年）168 頁以下（遺産分割請求権の代位行使は肯定するが相続回復請求権・相続の承認放棄は問題だとする），林良平（安永正昭補訂）＝石田喜久夫＝高木多喜男『債権総論〔第3版〕』（青林書院，1996 年。初版は 1978 年）171 頁〔石田〕（遺産分割請求権の代位行使は肯定するのに対し，相続回復請求権や相続の承認放棄は減殺請求権とともに代位の余地ありとしつつも相続人の意思を尊重して結論的には否定），奥田昌道『債権総論〔増補版〕』（悠々社，1992 年）260 頁（遺産分割請求権は肯定するが相続回復請求権や相続の承認放棄は否定），中川高男『親族相続法講義〔新版〕』（ミネルヴァ書房，1995 年）458 頁。なお，否定説をとる旨を明言しないが，否定説を紹介するものとして，奥田昌道編『注釈民法(10)』（有斐閣，1987 年）758 頁〔下森定〕，平井宜雄『債権総論〔第2版〕』（弘文堂，1994 年）267 頁。

位行使を否定する説が戦前にほぼ確立しており，それとの整合性が一定の影響を与えたことが考えられるが，それ以上に次の点が大きいといえよう。

　すなわち，起草者を中心とする初期の学説（富井・梅・岡松参太郎）は，債権者代位権の目的（客体）とならない一身専属権について債権者の（共同）担保となる権利かどうかの観点から判断していた（近時，平井宜雄によって再評価された）[43]。これに対し，鳩山秀夫[44]が債権者代位における一身専属権を「行使上の一身専属権」という置き換えをしつつ（債権者代位権の母法のフランス法ではかかる置き換えや行使上・帰属上の二分論はしていない[45]），「特定ノ権利者其人ガ其意思ニヨリテ之ヲ行使スルヤ否ヤヲ決定スルコトヲ権利ノ性質上必要トスルモノ」とし，我妻栄[46]がこれに与してから，債務者の権利行使の自律性（債務者の自由意思）の判断に重きが置かれるようになっており，この説が徹底された結果とも考えることができる。

　(c)　代位肯定説からの反論は，最判平成 13・11・22 を検討する中で述べるが，遺留分権利者の意思の尊重という議論に対しては，例えば，①遺留分減殺請求権は家族関係を背後にもつ財産関係であるけれども，遺留分権利者が無資力の場合までその自由意思が尊重されねばならないほど，財産法原理の侵入を排除しうるような「聖域」か，②遺留分減殺請求権が改正前民法 1031 条で相続性のみならず特定承継をも肯定されている以上，身分から切り離された純粋の財産権と解すべきだ，といった主張がなされた[47]。

---

(43)　富井政章『契約法講義』（時習社，1888 年）252 頁（同『債権総論〔復刻版〕』〔信山社，1994 年。元版は 1914 年〕91 頁も参照），梅謙次郎『民法要義巻之三〔初版〕』（和仏法律学校，1897 年）76 頁（「債務者……ノ為メニ……義務ヲ負フト雖モ他ノ者ノ為メニ……義務ヲ負フコト」がないので「是等ノ債権ハ債権者之ヲ行フモ為メニ自己ノ債権ヲ保全スルノ目的ヲ達スルコト能ハサルヲ常トス」。これに着目する平井・前掲注(42) 266 頁の説明も参照），岡松参太郎『註釈民法理由債権編〔第 5 版〕』（有斐閣書房，1898 年。初版は 1897 年）110 頁。

(44)　鳩山秀夫『日本債権法総論〔増訂改版〕』（岩波書店，1925 年。初版は 1916 年）191 頁。同「一身に専属する権利の意義」『民法研究第三巻』（岩波書店，1926 年。初出は 1915 年）568 頁も参照。鳩山による，非債権者代位性についての「行使上の一身専属性」，非譲渡性・非相続性についての「帰属上の一身専属性」への置き換え・二分論の問題点や，相続性・譲渡性・債権者代位性についてそれぞれの制度趣旨に照らして判断すべきことにつき，前田陽一「不法行為に基づく損害賠償請求権の『帰属上』『行使上』の一身専属性の再検討」立教法学 44 号（1996 年）60 頁以下参照。

(45)　前田・前掲注(44)64 頁以下参照。

(46)　我妻栄『新訂債権総論』（岩波書店，1964 年。初版は 1940 年）167 頁。

(47)　高木・前掲注(37)「判批」93 頁以下，伊藤・前掲注(37)36 頁以下。

(2) 最判平成 13・11・22 までの裁判例

戦前の裁判例に対し，平成になって出された二例とも代位行使を否定した。

(a) 東京地判平成 2・6・26 判タ 738 号 158 頁は，①〔改正前〕民法 1031 条で遺留分減殺請求権の「処分の自由」や「承継人の権利行使」が認められていることは，遺留分減殺請求権の行使が「遺留分権利者自らの自由な意思決定に委ねられる事項」であることとなんら矛盾しない，②遺留分減殺請求権は「身分的人格的関係を有する遺留分権利者とその相続人の自由な意思決定に委ねるのが適当であ」り，「債権者といえども遺留分権利者の意思決定に介入することは許され〔ない〕」，③「将来の遺産相続は，例えば相続放棄（身分行為として詐害行為取消の対象とならない）があれば実現しないなど，極めて不確実な事柄であって，債務者の資力判断の基礎とはならないのが通常であ」る，として代位行使を否定している。

(b) 東京高判平成 10・2・5 判時 1653 号 114 頁（最判平成 13・11・22 の原審）は，より丁寧に，①「遺留分の制度は，被相続人が自己の財産を処分する自由と，相続人の生活基盤の確保など身分的人格的関係を背景とする相続人の諸利益との調整を図る制度である」，②「遺留分権利者は当然に具体的財産を取得するものではなく」，「民法が遺留分の現実化を減殺請求権の行使によるものとしたのは，被相続人がした遺言や贈与をそのまま受け入れるかどうかの選択は，親子，兄弟，姉妹などの身分的人格的関係にある遺留分権利者の自由な意思に委ねるのが適当であるとの考慮に基づくものと考えられ」，「債権者といえども遺留分権利者の意思決定に介入することは許されず」，債権者が代位して減殺請求権を行使することは相当でない，③減殺請求権の「特定承継人」にも行使が認められている（〔改正前〕民法 1031 条）が，それは遺留分権利者が減殺請求権の行使を「決定した上で，自ら……他に譲渡した結果」であり，「減殺請求権の行使が，遺留分権利者の自由な意思決定に委ねられるべき」ことと矛盾しない，とした。

(3) 最判平成 13・11・22 登場後および改正後の学説

(a) 戦後の学説における代位否定説の有力化や上記(2)の裁判例の流れを受けて，前述のように最判平成 13・11・22 は原則として代位を否定する立場をとった。

判決登場後も，学説では，判例への賛成・代位原則否定の立場[48]と判例へ

---

(48) 評釈類として，工藤祐巌「判批」ジュリ 1224 号（平成 13 年度重判）（2002 年）75 頁，大山和寿「判批」NBL 747 号（2002 年）40 頁，村重慶一「判批」戸籍時報 549 号

の反対・代位肯定[49]の立場が大きく分かれてきた。

(b) また，平成30(2018)年改正により金銭債権化された遺留分侵害額請求権（民法1046条）についても同様に，債権者代位否定説[50]と肯定説[51]が対立している。

代位否定説には，①改正後の遺留分侵害額請求権が改正前と同じく，形成権であることを重視する説[52]や，②改正法の金銭債権化によって以前よりも債権者による代位行使の「支障が少ない」としつつも結論として代位を否定する説[53]がみられる。

他方，代位肯定説には，③一身専属性が認められるのは遺留分権利者が要扶養状態の場合のみだとしてこの場合以外について代位行使を肯定する説[54]がみられる。

改正法を踏まえた議論については後記Vで検討することにする。

(2002年) 36頁，中田裕康「判批」法協119巻11号 (2002年) 2314頁以下。体系書等として，淡路剛久『債権総論』(有斐閣，2002年) 248頁，内田貴『民法Ⅳ〔補訂版〕』(東京大学出版会，2004年) 510頁，川井健『民法概論3 債権総論〔第2版補訂版〕』(有斐閣，2009年) 133頁・158頁。

(49) 評釈類として，田高寛貴「判批」法セ571号 (2002年) 108頁，伊藤昌司「判批」民商126巻6号 (2002年) 865頁以下，右近健男「判批」判評524号 (判時1791号) (2002年) 36頁以下，久保宏之「判批」リマークス26号 (2003年) 32頁以下，渡辺博己「判批」金法1670号 (2003年) 14頁以下。論文として，床谷文雄「遺留分と債権者代位」久貴忠彦編『遺言と遺留分(2)遺留分〔初版〕』(日本評論社，2003年) 260頁。潮見佳男『相続法〔初版〕』(弘文堂，2003年) 267頁，同『債権総論Ⅱ〔第3版〕』(信山社，2005年) 30頁・34頁以下，同『新債権総論Ⅰ』(信山社，2017年) 672頁以下は，判決後も引き続き代位肯定説を維持している。なお，奥田昌道編『新版注釈民法(10)Ⅱ』(有斐閣，2011年) 733頁以下〔下森定〕は，旧版とは対照的に代位肯定説を多く紹介し今後も議論が続く問題とする。

(50) 中田裕康『債権総論〔第4版〕』(岩波書店，2020年) 252頁，青竹美佳『遺留分制度の機能と基礎原理』(法律文化社，2021年) 190頁・196頁，奥田昌道＝佐々木茂美『新版 債権総論 中巻』(判例タイムズ社，2021年) 386頁。

(51) 潮見・前掲注(1)『債権総論〔第5版補訂〕』195頁，同・前掲注(1)『詳解相続法〔第2版〕』676頁，二宮周平『家族法〔第5版〕』(新世社，2019年) 487頁，床谷文雄「遺留分と債権者代位」久貴忠彦編『遺言と遺留分(2)遺留分〔第3版〕』(日本評論社，2022年) 338頁以下。

(52) 中田・前掲注(50)252頁，青竹・前掲注(50)190頁。

(53) 青竹・前掲注(50)192頁以下・196頁。

(54) 床谷・前掲注(51)333頁。二宮・前掲注(51)487頁も同旨。

Ⅳ 最判平成 13・11・22 とその検討[55]

1 最判平成 13・11・22 の判旨

(a) 最判平成 13・11・22 は，前述のように，遺留分減殺請求権（改正前民法 1031 条。改正後は民法 1046 条の遺留分侵害額請求権に対応）の債権者による代位行使を原則として否定する判例準則としてこう判示した。

「遺留分減殺請求権は，遺留分権利者が，これを第三者に譲渡するなど，権利行使の確定的意思を有することを外部に表明したと認められる特段の事情がある場合を除き，債権者代位の目的とすることができないと解するのが相当である。」

(b) 次いで，その理由として大きく分けて 3 点を論じた。

(i) 「㋐遺留分制度は，被相続人の財産処分の自由と身分関係を背景とした相続人の諸利益との調整を図るものである。㋑民法は，被相続人の財産処分の自由を尊重して，遺留分を侵害する遺言について，いったんその意思どおりの効果を生じさせるものとした上，これを覆して侵害された遺留分を回復するかどうかを，専ら遺留分権利者の自律的決定にゆだねたものということができる（〔改正前民法〕1031 条，1043 条参照）。㋒そうすると，遺留分減殺請求権は，前記特段の事情がある場合を除き，行使上の一身専属性を有すると解するのが相当であり，〔口語化改正前〕民法 423 条Ⅰ項ただし書にいう『債務者ノ一身ニ専属スル権利』に当たるというべきであって，遺留分権利者以外の者が，遺留分権利者の減殺請求権行使の意思決定に介入することは許されない」（㋐～㋒は筆者）。

(ii) 「〔改正前〕民法 1031 条が，遺留分権利者の承継人にも遺留分減殺請求権を認めていることは，この権利がいわゆる帰属上の一身専属性を有しないことを示すものにすぎず，上記〔(a)〕のように解する妨げとはならない。」

(iii) 「なお，債務者たる相続人が将来遺産を相続するか否かは，相続開始時の遺産の有無や相続の放棄によって左右される極めて不確実な事柄であり，相続人の債権者は，これを共同担保として期待すべきではないから，このように解しても債権者を不当に害するものとはいえない。」

---

(55) 前田・前掲注(2)「判批」20 頁以下の検討を大幅に加筆修正した。

2　判旨の検討

(1)　理由全体について

本判決の(i)遺留分制度の趣旨と条文の構造に照らせば，遺留分減殺請求権は原則として「行使上の一身専属性」を有する，(ii)（改正前）民法1031条が遺留分権利者の承継人にも減殺請求権を認めることは「行使上の一身専属性」を肯定することの妨げにならない，(iii)相続人が将来相続するか極めて不確実な遺産を債権者は共同担保として期待すべきではない，という理由付けは，いずれも前掲東京地判平成2・6・26や原審の前掲東京高判平成10・2・5の2判決を基本的に承継したものである。

(2)　理由(i)について

(a)　上記2判決は，「身分的人格的関係」に関連させて遺留分権利者による行使の自律性を導く部分に論理展開が透徹しないきらいがあった。これに対し，本判決は，①「被相続人の財産処分の自由の尊重」に関連させつつ，条文の構造から端的に行使の自律性を導くことでより貫徹した論理の運びをしている点や，②新たに遺留分の放棄に関する改正前「民法1043条」（改正後1049条に対応）を参照条文として引用している点で，新たな展開がみられる。

特に，②については，最高裁の調査官解説[56]において，戦後の家族法改正で改正前民法1043条が「新設されて相続開始前においてすら遺留分放棄が明文で認められるに至り，……被相続人の財産処分の自由の比重が一層高められたということができる」として，「遺留分権利者の自律的決定」を導く重要な根拠として同条を（改正前）民法1031条と並んで参照条文とした旨が述べられている（単に㋑末尾の括弧書で条数引用しているだけで目立たないが重要な要素として注目される）。

(b)　しかし，理由(i)の㋐㋑から㋒への帰結には以下に述べるような疑問がある。

(i)　前述したように日本の遺留分減殺請求権・債権者代位権の制度を形作ったボアソナードから明治民法成立時までの経緯（さらに戦前の殆どの学説）において，そのような解釈がとられず代位行使が認められていた点で，判決の帰結が論理必然とはいえないことは判決を結論として支持する論者[57]も指摘するところである。

---

(56)　瀬戸口壯夫『最高裁判所判例解説民事篇平成13年度（下）』（法曹会，2004年）657頁。
(57)　中田・前掲注(48)2314頁以下。

判旨をより具体的にみても，被相続人の処分を覆すために遺留分減殺請求権の行使を要するとしている条文構造は，明治民法から何ら変わらないし，遺留分侵害の遺贈等を当然無効とせずに一応有効とした上で減殺請求権の行使を要することから直ちに「遺留分権利者の意思のみ」に委ねたという解釈に結び付くわけではない[58]。

(ⅱ) では，(明治民法から減殺請求権の条文構造は変わらないものの）戦後の家族法改正で新設された改正前「民法1043条」(改正後1049条に対応）の趣旨は，「遺留分権利者の意思のみ」を導く決め手になるだろうか。前述した調査官解説だけでなく，論理必然の帰結ではないとする前述の論者[59]も（結論として判決を支持する上で）この条文を重視している。

この点についても，遺留分の事前放棄には，家庭裁判所の許可を要する（同条1項〔改正後1049条1項〕）とともに，そこでは遺留分権利者の真意だけでなく客観的な合理性も要求されている[60]以上，「遺留分権利者の意思のみ」を導くことに援用すべきものではない[61]。

(ⅲ) 他方で，遺留分権利者が無資力状態にある場合まで，代位債権者の利益を無視して遺留分権利者の意思を尊重する必要はない[62]。そもそも債権者代位権の目的（客体）の解釈論において，起草当時の共同担保性の判断に代えて，鳩山以降，(「帰属上の一身専属性」と対比した）「行使上の一身専属性」という債務者の意思自律性を重視した判断によっていることにも疑問がある[63]。

(3) 理由(ⅱ)について

理由(ⅱ)は，Ⅲ2(1)(c)②の代位肯定説に対する反論であり，積極的な理由にならないだけでなく，疑問も残る。

確かに，(改正前）民法1031条（改正後1046条）が遺留分権利者の承継人（特定承継人・包括承継人）に減殺請求権を認め，その譲渡性・相続性を肯定していることは，債権者代位可能性を当然に肯定することを意味しない。しかし，代位肯定説の論ずるように譲渡性が認められる権利は人格性よりも財産性を有

---

(58) 久保・前掲注(49)32頁。
(59) 中田・前掲注(48)2315頁以下。
(60) 犬伏由子「遺留分の事前放棄」久貴編・前掲注(51)367頁。
(61) 床谷・前掲注(51)337頁以下。
(62) 潮見・前掲注(49)『新債権総論Ⅰ』672頁。
(63) 前田・前掲注(44)79頁以下，辻上・前掲注(38)53頁以下。平井・前掲注(42)267頁以降，淡路・前掲注(48)247頁，潮見・前掲注(49)『新債権総論Ⅰ』664頁以下など，共同担保性を（少なくとも主要な要素として）問題とする学説が有力化している（中田・前掲注(50)251頁も参照）。

するものとして債権者代位可能性が肯定されるのが《自然な論理》であり，「譲渡」はとりもなおさず「遺留分権利者による権利行使の確定意思の外部表明」がある場合だとして，この場合のみ債権者代位可能性を例外的に肯定するのは，《自然な論理》との矛盾を技巧的に回避したきらいがある。

(4) 理由(iii)について

上記(2)(iii)の疑問点から，共同担保性の角度からも検討したことは評価しうるが，その判断には問題がある。

債権者代位権については被保全債権成立と被代位権利成立の前後関係は問題とされず，被保全債権成立後に債務者が取得した（一身専属権でない）権利は代位行使の目的（客体）となると解される[64]。被保全債権成立時に将来債務者が取得することを全く予期しなかった権利であっても，その権利を債務者が取得したからには代位行使の目的（客体）となり，被保全債権成立時には不確実であっても，遺留分減殺請求権を取得したからには，これを代位行使することを否定する理由にはならない。

むしろ，遺留分減殺請求権については，ボアソナードが債権者代位権の註釈で述べた（Ⅱ1(1)）ように（慰謝料請求権とは逆に）人格性よりも財産性が優越するとして，共同担保性を認めるべきだろう[65]。

理由(iii)が「不確実性」を問題とした点は疑問であり，他の解釈論への波及も懸念される。あくまで付加的な理由として重視すべきではない。

Ⅴ 遺留分制度の改正と最判平成13・11・22

1 遺留分制度の改正[66]

(a) 戦前の家督相続制度の下の遺留分制度は，戸主による家の財産の処分を

---

[64] 松坂・前掲注(38)57頁以下・70頁，久保・前掲注(49)33頁。潮見・前掲注(49)『新債権総論Ⅰ』654頁（および652頁の要件）も参照。詐害行為の場合は，被保全債権発生時の責任財産を保全するために，被保全債権発生後に責任財産を減らした行為を詐害行為として前後関係を問題とするのに対し，債権者代位権の場合は，被保全債権発生時までに責任財産にあった権利だけでなく被保全債権発生後に（債権者が予期せずに）債務者が取得した権利であっても保全の対象として代位行使の目的（客体）となる。

[65] 辻上・前掲注(38)51頁のフランスの学説も参照。

[66] 遺留分制度改正の意義について，潮見佳男「相続法改正による相続制度の変容」民商155巻1号（2019年）9頁以下・20頁以下，床谷文雄「遺留分制度の転換」民商156巻1号（2020年）181頁以下，西希代子「日本遺留分法の誕生──継受法からの脱却」曹時72巻1号（2020年）1頁以下，青竹・前掲注(50)77頁以下。立法担当者による簡潔な解説として，堂薗幹一郎＝野口宣大『一問一答 新しい相続法』（商事法務，2019年）122頁以下。以下の説明は，これらに負うが，特に最後に挙げたものに負うところ

制限して散逸を防ぐことで，家督相続人に家業の財産的基盤を確保することに主眼があった。これに対し，戦後の相続法は，均分相続の原則の下，各遺留分権利者に遺留分を確保したため，遺留分制度は，(戦前とは逆に) 遺贈や生前贈与などで特定の者に財産を集中させようとする被相続人の意思を制限する (戦前とは対照的な) 機能を有することになった。

そこで，戦後の家族法改正では，「均分相続」(の下での遺留分) による「農業資産」などの「遺産の細分化防止」のために[67]，相続開始前においてすら遺留分の放棄を明文で認める規定が新設された (なお，近時は，中小企業の経営者が後継者に事業用資産を集中させようとする際の遺留分制度による制約を緩和して，円滑に経営を承継する一助として，「中小企業における経営の承継の円滑化に関する法律」が平成20〔2008〕年に成立した)。

(b) 改正前の遺留分減殺請求権は，遺留分侵害者に対する形成権としての「減殺」の意思表示 (遺贈等を失効させる) による「物権的効果」(および「現物返還の原則」) をとっていたのに対し，平成30(2018)年改正後の遺留分侵害額請求権は，遺留分侵害者に対する形成権行使の効果として「金銭債権」のみが発生するもの (民法1046条1項) に変更された。

「物権的効果」(および「現物返還の原則」) は，上述した戦前の制度下においては，家督相続人に家業を承継するための財産的基盤を確保する意味があった。

しかし，戦後の均分相続の制度下においては，「物権的効果」は，逆に，特定の者に遺贈や贈与で財産を集中させても，減殺請求権を行使した遺留分権利者との間で (物権的効果に基づく)「共有関係」をめぐる複雑な法律関係や新たな紛争を生じさせるという問題をもたらし，円滑な事業承継の妨げにもなっていた。一方で，遺留分制度の主な目的である生活保障や潜在的持分の清算を達成する上で「物権的効果」までは必要ないこともあり，上記の問題回避を主眼として，遺留分侵害額請求権の効果の「金銭債権化」がなされた (「物権的効果」の前提として遺贈等を失効させる必要がなくなったので「減殺」という用語も廃止された)。

が大きい。
(67) 我妻栄編『戦後における民法改正の経過』(日本評論社，1956年) 190頁以下〔我妻栄発言・村上朝一発言〕。遺留分の放棄につき，犬伏・前掲注(60)349頁以下参照。

2　最判平成 13・11・22 との関係

(1)　改正の影響を受けない点

(a)　平成 30(2018) 年改正で遺留分侵害額請求権によって金銭債権が発生するものと改められたが，改正内容と最判平成 13・11・22 の判旨の論理構造に照らし，判例法理は改正後も妥当する[68]と一応考えられる。

すなわち，①遺留分減殺請求権から改正された遺留分侵害額請求権も形成権であり[69]，また，②最判平成 13・11・22 の理由(i)が重要な論拠とする㋑の条文構造[70]や，③参照条文として前述した重要な意味を持つ改正前民法 1043 条（改正後 1049 条）の内容，④理由(ii)のいう（改正前）民法 1031 条（改正後 1046 条）で遺留分権利者の「承継人」が請求権者に含まれる点のいずれも変更はなく，⑤判旨の他の理由についても改正の影響を受けるものは見当たらない。

(b)　上記①を指摘しつつ，遺留分減殺請求権と同じく遺留分侵害額請求権も「形成権」とされたことで，遺留分権利者の意思が尊重される「独自性の強さ」を認めて代位否定説に立つ論者もいる[71]。

しかし，その論者も認めるように，形成権も債権者代位の目的（客体）となる[72]一方，殊に改正後は，形成権といっても，改正前のような遺贈等を失効させる効力はなく，金銭債権を発生させるだけのことからも，形成権ということにこの問題で特別な意味を見出すことは疑問である。

(2)　改正の影響を受ける点

(a)　前述のように遺留分侵害額請求権の「金銭債権化」によって改正前の「物権的効果」の前提としての形成権による遺贈・生前贈与などの失効はなくなり，被相続人による遺贈等の処分の効力は維持されることになった。

この点について，青竹美佳は，一方で金銭債権化によって改正前に比べると代位行使による「支障が少ない」とも評価できるとしてさらなる検討の必要を指摘しつつも，処分の効力を維持する改正によって「被相続人の処分の自由が

---

(68)　幡野弘樹「判批」民法判例百選Ⅲ〔第 3 版〕（別冊ジュリ 264 号）（2023 年。2 版は 2018 年）195 頁，前田陽一ほか『民法Ⅵ親族・相続〔第 6 版〕』（有斐閣，2022 年。5 版は 2019 年）429 頁〔前田〕，常岡史子『家族法』（新世社，2020 年）517 頁，中田・前掲注(50)252 頁，青竹・前掲注(50)190 頁・196 頁。床谷・前掲注(51)337 頁も参照。
(69)　中田・前掲注(50)252 頁，青竹・前掲注(50)193 頁注(285)（190 頁・196 頁も参照）。
(70)　幡野・前掲注(68)195 頁。
(71)　青竹・前掲注(50)190 頁・193 頁注(285)。
(72)　青竹・前掲注(50)188 頁注(276)。潮見・前掲注(1)『債権総論〔第 5 版補訂〕』188 頁，中田・前掲注(50)250 頁。

より一層尊重され」たとして，代位行使の場面で代位否定論を導いている[73]。

しかし，金銭債権化（遺贈等の効力維持）は，床谷文雄が正に指摘するとおり，「債権者代位による被相続人の処分の自由への介入の度合いを下げるもの」であり，「債権者代位をより肯定する方向にある」[74]というべきである。

(b) この点は，判例が遺留分権利者の意思尊重を導く重要な要素とした遺留分の放棄（改正前民法 1043 条・改正後 1049 条）の持つ意味にも影響してくる。

すなわち，「均分相続」の下での遺留分減殺による①事業資産等の遺産の細分化や，②共有関係による法律関係の複雑化と新たな紛争発生を未然に回避する上で，遺留分の放棄には一定の意味があり，そこから理由(i)の遺留分権利者の意思尊重が導かれていた。しかし，金銭債権化（遺贈等の失効・物権的効果の否定）によって，遺留分放棄の上記の意味は大きく失われることになった。上記(a)の点と併せて，理由(i)という判旨の大きな柱の「土台」を揺るがすものであり，改正前からの疑問点と相俟って，判例を見直すべきであろう。

3　本稿に残された課題

日本の遺留分制度は，フランス法を継受したものであったが，改正後の位置づけ・意義については，議論のあるところである[75]。

遺留分侵害額請求権の代位行使に関係する条文構造・請求権者や債権者代位権の目的（客体）に関する規定は，フランス法を継受してから特に変更はなく，前述のように金銭債権化はかえって代位肯定に作用するという立場から，本稿は上記の点にあまり立ち入らなかったが，遺留分制度のより大きな視点からも検討を続けたい[76][77]。

---

(73) 青竹・前掲注(50)192 頁以下・196 頁（187 頁も参照）。
(74) 床谷・前掲注(51)338 頁以下。
(75) 西・前掲注(66)78 頁以下，青竹・前掲注(50)81 頁以下・86 頁など。
(76) 今日の遺留分制度の主な目的である，遺留分権利者の①生活保障，②潜在的持ち分の清算のうち，②は債権者による介入を特に否定する要素とはいえない。①についても，年長者となって経済的基盤が形成されている子が親を相続する場合など，保護の必要性に乏しい場合が多くなっているが，例外的に，遺留分権利者が要扶養状態にある場合のみ，債権者代位による債権者の介入を否定するⅢ2(3)(b)③の説は傾聴に値する。この説についても検討を続けたい。
(77) そのほか，金銭債権化（遺贈等の失効・物権的効果の否定）によって，限定承認時の代位行使の可否にどのような影響があるかについても別の機会に検討したい。

第3部
その他

36 ハーグ子奪取条約における常居所の認定をめぐって
―― 乳児の常居所を中心に

早川 眞一郎

Ⅰ　はじめに　　　　Ⅲ　若干の検討
Ⅱ　これまでの議論　Ⅳ　おわりに

Ⅰ　はじめに

　ハーグ子奪取条約（国際的な子の奪取の民事上の側面に関する条約。以下「条約」ということがある）の解釈適用をめぐって，日本も含めて各国の裁判所で争われるポイントは数多くあるが，そのなかでも，子の常居所の認定をめぐる問題は，とくに重要な争点の1つである。

　条約の基本的な仕組みは，締約国（甲国）に常居所を持つ16歳未満の子Aについて，その常居所地国の法令によって監護権を認められているLBP（Left Behind Parent：残された親）の監護権を侵害する形で，Aが他の締約国（乙国）へとTP（Taking Parent：連れ去りをした親）によって連れ去られた場合（または，他の締約国に留置された場合――以下では，叙述の便宜のために，「連れ去り」に「留置」も含めることとし，留置への言及を省略する）には，乙国は，LBPの申立に応じて，条約の定めに従い，子Aを迅速に，（原則として）甲国に返還する義務を負う，というものである。したがって，Aが甲国に常居所を有していたか否か（より正確に言えば，Aが，連れ去りの時又は留置の直前に，甲国に常居所を有していたか否か）が，返還の可否を左右することになる。LBPからの返還要請を拒もうとするTPは，Aは甲国に常居所を有していなかったと主張する。常居所の認定をめぐって，このような形で裁判において争われることが多いのである。

　ところが，常居所については，条約には，その定義はなく，またその認定の基準も定められていない。そこで，個々の事件において，連れ去り元の国に子の常居所があったか否かについて，どのように認定判断すべきかという難しい

問題が生じる。この問題については，日本の学説において近時詳細な検討がなされてきており，それによると，多くの条約締結国の裁判所において一定の方向に判断方法が収斂してきたのではないかと考えられている。また日本の裁判例においても，最近ではそれと同様の方向の判断方法を採ろうとするものが主流になってきている。筆者も，それらの最近の学説・判例の動向を基本的には支持したいが，そこにはなお検討すべき点も多く残されているように思われる。検討すべき点は多岐にわたるため，本来であれば，畏友・潮見佳男さんに倣って，関連するあらゆる問題をあらゆる角度からとりあげ徹底的に調査・検討すべきところであるが，そのような高性能ブルドーザー的作業の遂行は，非力な筆者には困難であるので，本稿においては，そのうちのごく一部の問題をとりあげて，その問題を中心に若干の考察を加えるにとどめることをご容赦いただきたい。とりあげるのは，奪取されたのが乳児である場合の常居所の認定判断をめぐる問題である。「乳児」について厳密な定義は難しいが，本稿では，さしあたり，出生から1年未満までの子を念頭におくこととする[1]。

II これまでの議論

1 条約における子（全般）の常居所をめぐって

ここでは，ハーグ子奪取条約の適用における子の常居所をめぐる日本における最近の議論の概要を，まずは，乳児に限定せずに，条約が対象とする子（16歳まで）全般を念頭に置いて，整理しておきたい。

(1) 学説の状況

条約の常居所の判断をめぐって，日本の学説はこれまで，日本及び諸外国の裁判例，並びに諸外国の学説を参照しつつ，議論を展開してきている。以下では，その議論のおおまかな動向を見ておく。

(a) 「常居所」概念の相対性

第1に，「常居所」については，それがこの条約において使われる場合と，その他の法令（国際私法ルールなど）において使われる場合とで，同一の内容を持ち同一の基準によって判断されると考える必要はなく，むしろ異なるものとして理解すべきであるとするのが，現在の学説の動向である。

「常居所」（résidence habituelle; habitual residence）は，ハーグ国際私法会議の作成した諸条約において作り出され用いられてきた概念である。日本におい

---

[1] 児童福祉法（4条1項）及び母子保健法（6条）に「乳児」の定義規定があり，これらによれば，「乳児」は1歳未満の者とされる。

ては，まず，日本が加盟したハーグ諸条約実施のための国内立法(「遺言の方式の準拠法に関する法律」(1964年)及び「扶養義務の準拠法に関する法律」(1986年))においてこの概念が導入されたが，その後，国際私法ルールを定める法律である「法例」の平成元年改正によって，この「法例」においても準拠法指定のための連結点としてこの概念が用いられることとなり，法例に代わる現行の国際私法ルールとなった「法の適用に関する通則法」(2007年施行)においては，常居所概念がさらに広く活用されることになった。これらの国際私法ルールにおける常居所については，通常，「人が常時居住する場所であり，単なる居所と異なり，相当長期間にわたって居住する場所である」と説明され[2]，その認定基準としては，居住期間，居住目的や居住状況などを総合的に勘案すべきであると解されてきた[3]。

条約加盟当初は，これらの国際私法ルールの解釈適用に際して採られてきた常居所の認定・判断の手法が，条約の適用においても基本的に妥当すると考える傾向が見られた。実施法の立法担当者による解説書にもそのような説明が見られ[4]，また初期の裁判例も同様の判示を行っていた[5]。

しかし，学説においては，常居所概念は，それが用いられる法令や条約ごとにその解釈が異なり得るという考え方が，従来から一般的であった[6]。そのような考え方からすれば，ハーグ子奪取条約における常居所は，それまでの国際私法ルールにおける解釈からはいったん離れて，この条約に即して解釈し認定すべきであるということになる。そして実際にも，学説によって，諸外国の裁判例における動向も参考にしつつ，このような観点から，それまでの日本の裁判例について批判的な検討が行われてきている[7]。

---

(2) 村岡二郎「遺言の方式の準拠法に関する法律の解説」曹時16巻7号(1964年)80頁，南敏文『改正法例の解説』(1992年)47頁。

(3) 山田鐐一『国際私法〔第3版〕』(2004年)117頁，櫻田嘉章『国際私法〔第7版〕』(2020年)91頁以下，最高裁判所事務総局編『渉外家事事件執務提要(上)』(1991年)20頁等。

(4) 金子修編集代表『一問一答国際的な子の連れ去りへの制度的対応』(2015年)26頁。

(5) たとえば，大阪家決平成28年3月31日判時2399号25頁，大阪高決平成28年7月7日判時2399号18頁，大阪高決平成29年2月24日判時2415号45頁，大阪家決平成29年4月26日判時2388号25頁，大阪高決平成29年7月12日判時2388号22頁等。

(6) 折茂豊『属人法論』(1982年)157-159頁，烁場準一「法例の改正規定と常居所基準説の論拠について」国際90巻2号(1991年)1頁，15-16頁，櫻田嘉章＝道垣内正人編『注釈国際私法Ⅱ』(2011年)285頁[国友明彦]。

(7) たとえば，判例評釈として，渡辺惺之「判批」民商156巻4号(2020年)832頁，黒田愛「判批」戸時800号(2020年)28頁，村上正子「判批」民商157巻2号(2021年)379頁等。またそれ以外の論稿として，西谷祐子「子奪取条約の運用に関する比較法的

(b) 子の「統合」という判断基準——親の意思（合意）の位置づけ

　第2に，子の常居所の認定には，子がその地の社会的環境に「統合（integrate）」されているかを，関連する諸事情を総合考慮して判断するのが適切であり，親の意思（とくに両親の合意）は，その諸事情の一要素ではあるが過度に重視すべきではないとするのが，現在の日本の学説の一般的な動向であるといえよう。

　このような学説の状況には，欧米諸国における議論の動きが大きく影響している。この点を検討する日本の論者の多くが，欧米諸国での議論を紹介しつつ，そこでの最近の動向にしたがって，上記のような見解を採るべきであると論じているからである[8]。各論者の議論そのものには，それが公表された時期がいつであるかに応じてその参照した欧米での議論の進展の段階・状況が異なること等から，微妙な差違はあるものの，現時点においては，日本の学説の見解は，おおむね次のようにまとめることができる。

　他の条約加盟国においても，子の常居所の認定は条約をめぐる裁判において大きな争点のひとつになってきた。そのため，諸外国（とくに欧米諸国）の裁判例（及び学説）においてかなりの議論が蓄積されてきている。諸外国の裁判例は，子の常居所の決定基準は，親の意思をどのように考慮するかという点を軸にして，大別して3類型に分けられる。すなわち，(a)親の意思を中心に決定する考え方，(b)親の意思を基本的には考慮せず，子と居住地との客観的な結び付きを中心に決定する考え方，及び，(c)子と居住地との結び付きと親の意思を総合的に考慮して決定する考え方，である[9]。そして，諸外国においては，近時は，(c)のようないわば折衷説が支配的な傾向であり，とくに，米国の連邦最高裁が，Monasky判決（2020年）[10]において，(a)のような親の意思を重視する

　　検討」ケース研究329号（2017年）4頁，渡辺惺之「ハーグ子奪取条約及び同実施法における常居所とその判断」阪大法学68巻3号（2018年）705頁，武田昌則「ハーグ子奪取条約における『常居所』の解釈」琉大法学102号（2020年）59頁，西谷祐子「日本における子奪取条約の運用と近時の動向について」家判26号（2020年）48頁，西谷祐子「第1章 総論」大谷＝西谷編『ハーグ条約の理論と実務』（2021年）所収，長田真里「ハーグ子奪取条約の日本における実施状況と課題」国際私法年報23号（2021年）32頁，渡辺惺之「ハーグ子奪取条約における常居所とその判断　第2部 Monasky判例及び新生児の常居所について」阪大法学72巻6号（2023年）1339頁等。

(8)　前掲注(7)掲載の諸文献参照。
(9)　但し，親の意思を必要要件と見るかどうかこそが重要であるとして，(b)と(c)を同質的なものとして1つにまとめ，(a)と対置する見解もある（渡辺・前掲注(7)（阪大法学72巻6号）1325-1326頁）。
(10)　Monasky判決については，武田・前掲注(7)及び渡辺・前掲注(7)（阪大法学72巻6号）に詳細な紹介・分析がある。

考え方を否定し，上記の3分類で言えば(c)と評価できる判断を示したことによって，それまでのEU及び英国における裁判例の動向も踏まえれば，(c)の考え方が，現在のいわば国際標準になったと考えられるようになった。

このような理解のもと，現在の日本の学説はおおむね，国際標準に従って，日本においてもこの(c)の考え方をとるのが妥当であると考えているものといえよう[11]。たとえば，長田真里は，EU諸国，英国及び米国における判例の動向を指摘した上で，これらの国際的な潮流に配慮すべきであるとし，「以上のような一部締約国における判例の流れを考慮すると，日本でも，子の常居所地判断において，一部の公表判例が示すような親の意思の偏重は避けるべきであり，総合的な事情を勘案し，子がある場所にどの程度統合されているかとの基準により，親の意思はその判断のあくまでも一要素として判断すべきであろう」[12]とする。

(2) 判例の状況

日本の最近の裁判例は，大きな流れとしては，以上のような学説の動向に沿う方向で展開してきているものと見られる。

条約加盟後の初期の裁判例においては，国際私法ルールの解釈適用に際して採られてきた常居所をめぐる上記のような認定・判断の手法が，条約の適用においても基本的に妥当すると考える傾向が見られた。たとえば，大阪家決平成28年3月31日判タ1457号112頁は，「常居所とは，人が常時居住する場所で，単なる居所とは異なり，相当長期間にわたって居住する場所をいうものと解され，その認定は，居住年数，居住目的，居住状況等を総合的に勘案してすべきである」[13]と述べる。また，大阪家決平成29年4月26日判タ1454号77頁も，「常居所とは，人が常時居住する場所で，単なる居所とは異なり，相当長期間にわたって居住する場所をいうものと解され，その認定は，居住年数，居住目的，居住状況等を総合的に勘案してすべきである」[14]と述べる。

なお，初期の裁判例においては，その総合的な勘案・考慮の際に，親の意思を，重要な――場合によっては決定的な――要素であると考える傾向が見られたようである。たとえば，大阪高決平成27年8月17日判タ1450号102頁は，「『常居所』とは，人が常時居住する場所で，相当長期間にわたって居住する場

---

(11) 前掲注(7)掲載の諸文献参照。
(12) 長田・前掲注(7)36-37頁。
(13) 判タ1457号126頁。
(14) 判タ1454号83頁。

所をいうものと解されるところ，本件のように，子が幼児の場合には，子の常居所の獲得については，以前の常居所を放棄し新たな居所に定住するとの両親の共通の意図が必要となると解するのが相当である」[15]と述べる。また，大阪高決平成29年2月24日判タ1461号132頁も，「『常居所』とは，人が常時居住する場所で，単なる居所とは異なり，相当期間にわたって居住する場所をいうものと解されるところ，その認定に当たっては，居住目的，居住期間，居住状況等を総合考慮して判断するべきであるが，本件のように，子が幼児の場合においては，子の常居所の獲得については，当該居所の定住に向けた両親の意図を踏まえて判断するのが相当である」[16]と述べる。

しかし，最近の裁判例においては，常居所の認定判断に際して，学説の影響もあってか，上記のような国際的な動向に沿った基準を採用しようとする傾向が強い。

たとえば，東京高決令和2年5月15日判タ1502号99頁は，「『常居所地国』の認定においては，『子のその地への統合状況』を検討し，居住の『安定性』の有無を考慮すべきであり，その国における滞在期間，滞在の規則性，その状態や理由，家族全体のその国への移住状況，子の国籍，学校の場所や通学状況，言語の習得状況，子のその地の家族や社会との関連性（乳幼児の場合は，子の養育を主に行っている者の社会的家庭的統合の状態）などを判断要素とすべきである。『両親の意図』はあくまで検討の一要素にすぎない。」[17]と述べる。また，東京高決令和2年9月3日判タ1503号25頁は，締約国間で統一的な解釈が採用されることが望ましいことを明確に述べた上で，「実施法における子の常居所地国の認定に際しては，居住年数，居住目的，居住状況等の事情を総合的に考慮した上で，ハーグ条約の趣旨・目的にも鑑み，当該子が当該国と密接な結びつきを持ち，社会環境及び家庭環境に統合しているといえるか否かといった観点で判断すべきであり，親の意思は，子の統合の程度を測るための補充的な考慮要素にとどまるものと解するのが相当である。」[18]と判示している。さらに，大阪高決令和3年5月26日判タ1502号82頁は，「本件条約や実施法の適用に際して子の常居所地国を認定するに当たっては，上記の趣旨に基づいて，主として子の視点から，子の使用言語や通学，通園のほか地域活動への参

---

(15) 判タ1450号105頁。
(16) 判タ1461号134頁。
(17) 判タ1502号106頁。
(18) 判タ1503号29頁。

加等による地域社会との繋がり，滞在期間，親の意思等の諸事情を総合的に判断して，子が滞在地の社会的環境に適応順化していたと認めることができるかを検討するのが相当である。」[19]としたうえで，「なお，子の常居所地国に関するこうした判断手法は，ヨーロッパ諸国をはじめとする本件条約の締結国の多くで採用されているものであり，米国連邦最高裁も近時の判例において上記の判断手法によるべきである旨を明らかにしている（MONASKY v. TAGLIERI 事件についての米国連邦最高裁 2020 年 2 月 25 日判決）。」[20]として，諸外国における判例の動向にも言及している。

このように，子の常居所の認定においては，上記の国際標準にならって，《親の意思もひとつの考慮要素ではあるが重視すべきではなく，むしろ，その地の社会的環境への子の「統合」こそが判断の決め手である》とするのが，最近の日本の裁判例の一般的な傾向であるといえよう。

2 乳児の常居所をめぐって

ところで，乳児の常居所を考えるときには，条約の対象となる 16 歳未満の子全般を念頭においた子の常居所の認定判断方法を前提としつつも，特別な考慮が必要になると思われる。乳児は，たとえば 15 歳の子などとは異なり，自らの意思によってなんらかの意味のある判断・決定をすることは全くできないのであり，また出生後の期間がそもそも短いのであるから，常居所の認定判断に際してもそのような特殊性を考慮に入れる必要があるはずだからである。では，より具体的に，どのような考慮を加えるべきなのか。

（1） 学説の状況

条約の適用上問題となる常居所の認定に関し，乳児の場合を特にとりあげて論じる学説は，最近にいたるまでは必ずしも多くはなかった。

横山潤は，2000 年に公表された条約に関する全般的な注釈のなかで，新生児の常居所の認定方法に言及し，「常居所を肯定するためにはかならず一定の期間が要求されるとすると新生児には常居所がないことになる。しかし，このような処理は採用すべきではない。通常の場合には，親の常居所地国に新生児の常居所もあると考えるべきであろう」[21]と，簡潔に述べていた。

---

(19) 判タ 1502 号 88 頁。
(20) 判タ 1502 号 88 頁。
(21) 横山潤「国際的な子の奪取に関するハーグ条約」一橋大学研究年報法学研究 34 号（2000 年）3 頁，11-12 頁。

その後，数年前から，この点について比較的詳細に論ずる学説が現れるようになった。西谷祐子は，2017年に公表された論文のなかで，欧州司法裁判所の2010年の判決（Mercredi事件――生後2カ月の乳児の奪取が問題となった事件）について紹介し，同裁判所の見解について，「子の社会環境及び家庭環境への統合の判断基準は子の年齢によって異なり，幼い子であれば，一般に子の主たる養育者が選択する家庭環境が決め手となる。特に乳児の場合には，乳児が依存している養育者本人が，どの程度社会環境及び家庭環境に統合されているかが基準となり，その親が他の構成国に転居した理由や話す言語，その出身地や親族関係を総合的に考慮して判断するという。」[22]とまとめている。

渡辺惺之は，2018年に公表された論文のなかで，上記の横山の見解を批判し，「たとえ乳幼児であっても，無前提に親の常居所が子の常居所のような判断は適当ではない。子の常居所はあくまでも子の立場から判断すべきとされる」[23]と述べていたが，その後，その続編にあたる論文（2023年公表）において，米国のMonasky判例をはじめとする諸外国の判例を主たる素材として，乳幼児・新生児の常居所に関して詳しい検討を加えた。そして，その検討の結果を，「乳幼児・新生児の常居所判断事例は，OL対PQ判例，Delvoye判例，A.L.C事件判例に見られるように，外観上は奪取や留置事例であっても特定地で出生したことでそこに常居所が認められるかという，いわば常居所の原始取得の問題を含む事例が多い。子は出生により常居所を原則的には取得しない。しかし，両親が家庭（home）を特定の場所に設けそこで子を養育する意図を共有していた場合，子はその地で出生したことで常居所を取得する例外が認められる。」[24]とまとめている。

(2) 判例の状況

これまでの日本の裁判例のうち，乳児の常居所の認定が主要な争点となったものとして，大阪高裁令和3年5月26日決定判タ1502号82頁[25]（及びその原審である大阪家裁令和3年1月6日決定判タ1502号89頁）がある[26]。この事案は，

(22) 西谷・前掲注(7)（ケース研究329号）28-29頁。
(23) 渡辺・前掲注(7)（阪大法学68巻3号）728頁。
(24) 渡辺・前掲注(7)（阪大法学72巻6号）1325頁。
(25) この大阪高裁決定についての判例評釈として，バトホヤグ・ホンゴルゾル・ジュリ1590号（2023年）154頁，林貴美・有斐閣Online・L2310008（2023年），早川眞一郎・ジュリ1597号（2024年）289頁，早川眞一郎・私法判例リマークス69号（2024年）138頁がある。
(26) 今回調べた限りでは，乳児の常居所認定が問題となった事案は，この事件しか見当たらなかった。調査に必ずしも十分な時間がかけられなかったため見落としがある可能

原審と抗告審とで常居所の認定についての判断が大きく異なるなど，本稿の扱う問題について，興味深い素材を提供するように思われるので，以下では，この大阪高裁決定について簡単に紹介しておきたい。

　(a)　この裁判の事案は，乳児である子Ａが母Ｙ（日本国籍）によって日本に留置されたとして，父Ｘ（オーストラリア国籍）が，大阪家裁に，Ａのオーストラリアへの返還を申し立てたものである。Ｙは，オーストラリアに渡ってそこでＸ所有の住居で生活を共にし，同地の病院でＡを出産した。Ｙは，出産前からＸとの生活に不満を持つようになっており，オーストラリアでＸとともに子育てをする意思は失っていたが，出産後40日余りの間は，ＸとともにＡをオーストラリアのＸの住居で育てていた。その後，Ｙは，Ｘの同意を得て（Ｙの祖母にＡを見せるため等の理由でＡの日本への一時的渡航についてＹはＸの同意を求め，Ｘは同意した），生後40日余りのＡを連れて日本に渡航した。日本への渡航後しばらくして（Ａが1歳未満であるうちに），Ｙは，Ａをオーストラリアには返さず，日本で育てる旨を，Ｘに通告した。そこで，Ｘが条約（実施法）に基づきＡのオーストラリアへの返還を申し立てたのが本件である。

　この裁判においては，Ａの留置時（留置直前）の常居所がオーストラリアにあったか否かが重要な争点となった。大阪家裁は，Ａの常居所がオーストラリアにあったと認定して，Ａの返還を命じたが，抗告審の大阪高裁は，Ａの常居所はオーストラリアにあったとは言えないという判断を示して，原決定を取消し，返還の申立を却下した。大阪高裁は，次のように言う。

　「本件条約は，子の不法な連れ去り又は留置があった場合には子をその常居所地国に返還することを目的としたものであり（本件条約前文），また，実施法も子につき日本への連れ去り又は日本における留置があった場合に子をその常居所地国に返還すべきことを規定するところ（実施法26条，27条），これらは，いずれも，子の利益という本件条約の目的（本件条約前文参照）に適う返還先が家族及び子の成育した社会環境が存在する常居所地国であることとともに，子の監護に関する紛争については子の成育した社会環境のある常居所地国における裁判が便宜かつ適正であるとして，子の奪取による有利な法廷地の不当獲得を許さないという要請に基づくものと解することができる。本件条約及び実施法は，いずれも，子の常居所の認定については規定していないが，①本件条約や実施法の適用に際して子の常居所地国を認定するに当たっては，上記の趣

性もあるので，今後あらためて調査をし，必要に応じて別稿等での補充を試みることとしたい（なお，ハーグ条約事案の裁判例は，公表にあたってプライバシー保護等のために，子の生年月日その他の関連する時期を一部または全部伏せ字にしていることが多いので，奪取時の子の正確な年齢（月齢）が不明であることも少なくない）。

旨に基づいて，主として子の視点から，子の使用言語や通学，通園のほか地域活動への参加等による地域社会との繋がり，滞在期間，親の意思等の諸事情を総合的に判断して，子が滞在地の社会的環境に適応順化していたと認めることができるかを検討するのが相当である。なお，②子の常居所地国に関するこうした判断手法は，ヨーロッパ諸国をはじめとする本件条約の締結国の多くで採用されているものであり，米国連邦最高裁も近時の判例において上記の判断手法によるべきである旨を明らかにしている（MONASKY v. TAGLIERI 事件についての米国連邦最高裁 2020 年 2 月 25 日判決）」。

「本件においては，Aは，……出生から……出国まで豪州に滞在したのは，わずか 43 日にすぎず，その間は，YやXが親子教室に連れ出したことがあったことはうかがわれるものの，ほぼ本件居宅にいたものと認められ，Aが豪州における地域社会と何らかの有意な繋がりを形成していたとは認め難い。Aは，上記認定のとおり，豪州国籍を取得したと認められ，豪州のメディケアにも加入していることがうかがわれるが，豪州国籍の取得は，同国で出生し父であるXが豪州国籍を有していたことから自動的に与えられたものであるし，③メディケアへの加入についてもAの積極的関与によるものであったとは認められない。また，親の意思についてみても，Xは，Aが豪州で生活することをずっと望んでいることが認められ，また，Yも，豪州に渡航した時点では，豪州で定住し出生してくる子も同国で養育する意思を有していたものと認められるものの，④Aが出生した時点では，Yは，既にXと一緒に豪州で生活するという意思は失っていたと認められ，Aを豪州で養育する意思も失っていたものと認められる。そうすると，遅くともAが出生した以降においては，YとXとがAを豪州で養育することにつき認識を共有していたとは認められない。これらによれば，Aが出生以来，豪州に常居所を有していたことがあったとは認められない。」

「本件条約や実施法における常居所地国の意義からすると，⑤子の常居所地国の認定に当たっては，主として子の視点から，子が滞在地の社会的環境に適応順化していたと認められるかを検討するのが相当であり，乳幼児の場合であっても，親の意思のみを重視することは相当ではない。Xの指摘するAのパスポート取得やメディケア加入の手続は，Aが豪州の社会的環境に適応していたことを示すものとして十分なものとはいえない。また，⑥本件においては，上記イのとおり，遅くともAの出生の時点では，YはAを豪州で養育する意思を失っていたものと認められるから，YとXとが本件住居をAの家として確立させることにつき認識を共有していたとは認められない。」（①～⑥の数字及び下線は引用者による。）

（b）　この大阪高裁決定は，常居所の認定判断方法について，日本の学説によっても紹介されてきた上記の国際標準を是とすることを一般論として明示した点（判旨①）で，まず注目される。とくに，外国の裁判例に言及してその内容を肯定的に評価し，自らも同様の方針を採ることを明らかにしている点（判

旨②）は，日本の裁判例としては珍しいことではないかと思われる。この事案では，条約の解釈適用が問題となっているところ，この大阪高裁決定が，他の締約国における解釈適用を参照し，各国での解釈適用が統一的な方向へ収斂するように努めようとしていることは，条約の解釈適用をめぐる国内裁判所の姿勢として高く評価されるべきであろう[27]。

　しかしながら，大阪高裁が示した常居所に関する具体的な判断，すなわち，Aの常居所がオーストラリアにはなかったとする判断が上記の国際標準の基準に沿ったものであったといえるかには疑問の余地が大きい。

　まず疑問なのは，国際標準によれば，親の意思を過度に重視することは避けるべきであるとされているのに対して，この決定は，YがAをオーストラリアで育てる意思を一方的に失っていたという事情を重視し，オーストラリアで育てるという点についての両親の合意がなかったことを重要な根拠として，Aの常居所がオーストラリアにはなかったと結論付けていることである（判旨④及び⑥参照）。この決定も，「親の意思のみを重視することは相当ではない。」（判旨⑤）という一般的な方針は述べてはいるものの，具体的な適用に際しては，その方針とは乖離する方向で，親の意思（合意）を過度に重視していると評価されよう。

　また，子の統合（適応順化）という視点が重要であるという国際標準の考え方の具体的な適用にあたって，この高裁決定は，Aが乳児であることを十分に考慮に入れていないのではないかという疑問がある。国際標準においては，たしかに，子がその場所の社会的環境に統合されているかが重視されているが，その点の判断に際しては，子が何歳であり，どのような成長発達の段階にあるのかが，大きな意味を持つはずである。年齢や成長発達の段階に応じて，子と社会との関係のあり方はきわめて大きく変わりうるのであるから，そのことを十分に考慮に入れなければ統合の有無・程度は判断できないのではないか。その点で，この決定の考え方は，（判旨③の判示に典型的に現れているように）硬直的にすぎるように思われる。乳児については，社会との関係は，親（監護者）を介して形成されるのであって，子が自らの意思や行動で形成することはありえないのであるから，親が（自らも統合されている）その地において子を養育することにしたという事実，及び実際にその地で養育をしていたという事実を重視して，子のその地への統合を認定するほかないであろう。実際，本件の原

---

[27]　西谷・前掲注(7)（ケース研究 329 号）21 頁参照。

審決定（大阪家裁決定）は，「子が乳児の場合においては，子の常居所については，当該居所の定住に向けた両親の意図を踏まえて判断するのが相当である。」[28]としたうえで，「Yは，Xと協議の上，本件住居でXと同居して，生まれてくる子をXと養育するためにオーストラリアに渡航し，実際に，本件住居でXとの同居を開始し，本件病院でAを出産している」（そして生後もオーストラリアでAを養育をしていた）という客観的事実に基づき，Aの常居所がオーストラリアにあったことを認めていたのであり[29]，この原審決定の判断の方が，上記の国際標準により適合的なものであったといえよう。

Ⅲ 若干の検討

ハーグ子奪取条約の適用に際して乳児の常居所をどのように認定するかという本稿の扱う問題の解決のためには，本来は多角的な検討――とくに比較法的な調査・分析――が必要であるが，本稿では諸般の事情によりそのための十分な準備をすることができなかったので，それらの作業の実施は別の機会を期することとし，ここでは，以上で整理した学説・裁判例等をもとに，この問題を考えるための若干の手がかりを探ることにしたい。

1 国際標準とされる常居所認定手法のポイント――現実の生活という事実の重視

まずは，現在の国際標準とされる上記のような常居所認定手法，すなわち，《諸般の事情を総合考慮して，子がその地（の社会的環境）に「統合」されていれば，そこを常居所と認定するが，その際，親の意思（合意）は一要素として考慮はするものの重視はしない》という手法そのものについて，少し掘り下げて考察するところから始めてみよう。すなわち，この手法がなぜ適切であるといえるのかを考えたうえで，そこから，乳児の常居所の認定について，何らかのヒントが得られないかを探ってみる。

渡辺惺之は，統合こそが常居所の重要な判断基準である理由について，次のように説明する。

　　「条約の前文は子の幸福を至上の目的として掲げ，『家族及び子供の成育した社会環境に戻す』ことが子の幸福に適うという基本認識に立つ。そこから回復すべき原状（status quo）の指標は『家族及び子供の成育した社会環境』である

---

(28)　判タ1502号93頁。
(29)　判タ1502号94頁。

ことが導かれる。さらに，子の奪取現象の抑止という視点からは，親が国外への奪取行為に走る動機として，子の監護権裁判において有利な法廷地を得ようとする意図が挙げられている。条約は奪取による有利な法廷地の獲得を許さない，つまり子の常居所地国を監護権紛争の裁判のため便宜適正な法廷地（forum conveniens）としている。ハーグ条約による子の返還制度における常居所は，このように返還制度の二つの制度目的，<u>子の幸福という条約目的に適う返還先が『家族及び子供の成育した社会環境』の地である要請</u>，及び，子の奪取による有利の法廷地の不当獲得を許さない，監護権裁判の便宜適正な法廷地である要請から，個別事例における事情に即して判断すべきことになる。」(30)

「<u>条約は，子の返還は子が馴染んだ生活環境に速く戻すことが子の利益に適うという視点から迅速を求めているのであり</u>，返還が本案裁判のための法廷地国への保全的処分という意味はない。」(31)（下線は引用者による）

すなわち，渡辺によれば，子が馴染んだ生活環境・社会環境から引き離されることが子の利益を侵害する——逆に，その環境に速やかに戻すことが子の利益にかなう——のであって，《「常居所」からの奪取》が返還の要件となっているのはそのことを前提とした制度であるということになる。同様の考え方は，たとえば，林貴美の判例評釈中の次の一節にもみてとることができる

「学説においては，諸締約国の裁判例の動向や本件条約の趣旨から，親の意思は一考慮要素ではあるが，子の視点から子が社会環境・家庭環境に順応しているかを判断すべきであるとの見解が主張されてきた（［引用省略］）。<u>子が馴染んだ環境から引き離されることを防止するという本件条約の趣旨に鑑みれば，この判断手法が妥当であり</u>，法的安定性・予見可能性の確保にも資するといえる」(32)（下線は引用者による）

条約が，これらの引用中の下線部分が強調するように，子が馴染んだ環境から引き離されることを防止するという機能を果たすことはたしかであるが，条約が防止しようとしているのは，正確に言えば，子が馴染んだ環境から「不法に」引き離されることであって，その点に注意が必要である。たとえば，両親が平和裡に合意して子の住所をA国からB国へ移動したとすると，子が馴染んだ環境から引き離されることになるのは同様であるが，当然のことながら，それは条約が子の利益が害されるとして防止しようとしている事態ではない。また，条約による子の返還先は，実際には多くの場合，常居所地国であるが，条

---

(30) 渡辺・前掲注(7)（阪大法学68巻3号）708頁。
(31) 渡辺・前掲注(7)（阪大法学68巻3号）736頁。
(32) 林・前掲注(25) para.013。

第3部　その他

約上，常居所地国に返還すべきであるというルールが定められているわけではなく[33]，例えばLBPがその後他の国に転居しているような場合には，その国を返還先にすることもありうる。つまり，馴染んだ環境への返還が至上命令というわけではない。

以上のことからわかるように，馴染んだ環境を子のために保持することが，条約の趣旨・コンセプトとして絶対的に重要だというわけではない。

その点に留意しつつあらためて考えてみると，《「常居所」からの奪取》は，条約の仕組みのうえで，返還を命ずるための一つの要件ではあるものの，それは，要するに，子がそこで現実に生活していた・暮らしていた（旅行等による一時的所在ではない）という事実が必要であるというにすぎないと見るべきなのではないか。常居所認定のための国際標準におけるキーワードである「統合」とは，それを少々難しい言葉で表現したものにすぎないと考えられる。つまり，子がそこで現実に生活していた・暮らしていたといえるのであれば（旅行などでの一時的所在であることが明らかな場合を除いて），そこが常居所であったと認定できるのであって，「統合」はその現実の生活・暮らしを表象するための文言にすぎない。

上記の国際標準が，親の意思（合意）は重視すべきでないとするのも，常居所の認定が，このように事実・実態としての生活・暮らしに着目するものであって，その背後にある親の思惑のようなものにはあまり大きな意味を持たせるべきではないと考えるからであろう。

要するに，常居所認定の手法の国際標準——《諸般の事情を総合考慮して，子がその地（の社会的環境）に統合されていれば，そこを常居所と認定するが，その際，親の意思（合意）は一要素として考慮はするものの重視はしない》という考え方——は，子がそこで現実に生活している（いた）か否かを判定するために適切な手法であるがゆえに各国で採用されてきたのではないかと考えられる。そして，このような手法は，ハーグ子奪取条約の目的が，子の現実の生活の場所を，TPが一方的に（LBPの同意を得ずに）他国に移すことを抑止することにあると考えれば，条約の趣旨にもよく合致する。

2　乳児の常居所の認定をめぐって

このように見てくると，乳児は，実際にその身上監護をしている者がそこで

---

[33]　早川眞一郎（翻訳監修）「エリザ・ペレス-ヴェラ氏による解説報告書」〔外務省ウェブサイト（https://www.mofa.go.jp/mofaj/files/000450185.pdf）〕para.110等参照。

生活していた・暮らしていたのであれば，その者とともに，そこで現実に生活していた・暮らしていたといえるはずである。したがって，西谷が紹介する上記の欧州司法裁判所の見解のように，「乳児が依存している養育者本人が，どの程度社会環境及び家庭環境に統合されているかが基準とな」ると考えるのが妥当であろう。この点で，上記の大阪高裁令和3年5月26日決定が，乳児についても，一般的な子の統合の基準としての「子の使用言語や通学，通園のほか地域活動への参加等による地域社会との繋がり，滞在期間，親の意思等の諸事情を総合的に判断して」をそのまま杓子定規に用いようとしている（たとえば同決定上記引用部分の下線部③など）のは，やはり適切ではないと思われる。むしろ，子の年齢・発達段階も十分に考慮に入れて柔軟に考えることこそが，「諸事情を総合的に判断」することになるのではないか。

　また，新生児（通常は生後4週間までの子をいうようである）についても，上記のような乳児一般の常居所認定と同様に扱えば足りるように思われる。生まれてからごく僅かな日数であっても，その子は実際に所在する地において，監護者とともに現実に生活し暮らしているのであるから，そこに常居所があると考えるのが原則であろう。渡辺惺之は，新生児の常居所について次のように言う。

　　　「出生後間もない新生児は，両親の確定した家庭（home）で養育する意図の下に出生したという場合を除き，出生により当然には常居所を取得しない。常居所のない新生児はその身上監護者を介した社会的環境や家庭的環境等の周辺環境への統合・順応の程度により常居所判断がされる。」[34]

　たしかに出生の事実自体によって常居所を取得するわけではないが，新生児も出生直後から実際に生活・暮らしを始めるのであるから，まさに渡辺の言うとおりに，身上監護者を介してその生活・暮らしの場所との結び付きを持ち始めるのであり，したがって，直ちにそこに常居所を持つことになると考えるべきであろう。その意味で，横山の上記の見解，すなわち「通常の場合には，親の常居所地国に新生児の常居所もあると考えるべきであろう」という見解が，原則として妥当なのではないかと思われる。

　このこととの関係で，滞在期間の長さを，常居所認定のためのひとつの考慮要素とするに際しては，十分な注意が必要である。たしかに，12歳の子が語学研修のために3週間だけ甲国に滞在したというような例では，そのような短

---

(34)　渡辺・前掲注(7)（阪大法学72巻6号）1326頁。

期の滞在では甲国が常居所であるという認定は難しいことになろう。しかし，新生児の場合には，甲国で出生してその後たとえ1日でもそこで現実に生活し・暮らしたのであれば，原則としてそこを常居所とするのが条約の趣旨に合致する。つまり，そこから他国への不法な連れ去りは抑止すべきであるとするのが，条約の趣旨であろう。同様に，乳児一般においても，そこで生活した期間が短かったことが，常居所認定を妨げると解すべきではない。上記大阪高裁令和3年5月26日決定は，子がオーストラリアで暮らしたのが出生後の43日間にすぎないことを，そこに常居所を認めることができないひとつの理由にしているが，不法な連れ去りを抑止するという条約の趣旨に照らせば，そのような解釈は妥当とは考えられない。もしそのような解釈をとれば，生後間もない乳児にはどこにも常居所が認められなくなり，結果として，現実に暮らしている国からの不法な連れ去りが抑止できないことになってしまうからである。

Ⅳ おわりに

本稿では，ハーグ子奪取条約における，子（とくに乳児）の常居所の認定をめぐる問題をとりあげた。

条約に基づく子の返還裁判において，TPから，子の常居所が連れ去り元の国にはなかったという反論が出されて，それが裁判の主要な争点の1つになるというパターンが，日本のみならず締約国各国において頻繁に見られ，その結果，子の常居所が連れ去り元の国にあったと認定できるかという点についての裁判例がこれまで，日本を含めた多くの締約国において蓄積されてきた。これまでに，内外の学説によって，これらの裁判例についての分析・検討が行われて，その結果，この点については，上記のような国際標準——《諸般の事情を総合考慮して，子がその地（の社会的環境）に統合されていれば，そこを常居所と認定するが，その際，親の意思（合意）は一要素として考慮はするものの重視はしない》——が形成されてきていることが示され，日本の判例・学説も，おおむねこの国際標準にそった方向に収斂してきているといえる。

しかし，この国際標準を実際の事件に具体的に適用して適正な判断をするのは，実は容易なことではない。このことは，例えば，上記の大阪高裁令和3年5月26日決定が，この国際標準を採るべきであると宣言しながら，具体的な認定においてはそれと齟齬するような判断を行っていることにも如実に現れている。

したがって，今後は，条約における常居所の認定について，①さらに比較法

的な調査・分析を進めるとともに，②上記の国際標準について詳細な検討を加えて，具体的で使いやすい，条約の趣旨をよりよく体現する認定基準を形成していくことが求められているといえよう。これらの課題に対して，本稿でなし得たことはごく僅かである。①には全く触れることができず，②について一部の問題をとりあげて，若干の考察をしたにすぎない。残された課題は膨大であるが，潮見佳男さんの遺された偉大な足跡を仰ぎ見ながら，細々とではあっても研究を続けていくことにしたい。

37 調停に代わる審判と合意に相当する審判の誕生

松 原 正 明

Ⅰ は じ め に
Ⅱ 調停に代わる審判の趣旨
Ⅲ 合意に相当する審判の趣旨
Ⅳ 両制度の沿革
Ⅴ 調停に代わる審判の意義と問題点
Ⅵ 合意に相当する審判の意義と問題点

Ⅰ は じ め に

　我が国の調停制度には，一般調停の他に調停に代わる審判と合意に相当する審判という制度（以下「両制度」という）が存在する。この両制度は調停とは異質な制度と思われるが，本稿では，その誕生に関わる事情を検討する。これによって，両制度の意義等がより明確になると考えている。併せて，両制度の問題点も指摘してみたい。

　両制度は，「審判」という名称にもかかわらず，合意に相当する審判は，家事事件手続法第3編家事調停に関する手続第2章に，調停に代わる審判は，同編第3章にそれぞれ規定されており，その名称ともども調停制度との異質性が窺われる。両制度は，そもそも，家事事件手続法の前身である家事審判法（昭和22年12月6日法律152号，昭和23年1月1日施行）により創設された制度であり，多少の改正が加えられたが，本質的な変更を受けずに家事事件手続法に引き継がれた。そこで，家事審判法制定の前後に遡って，両制度の創設の経緯を検討する。本稿の論題は，調停に代わる審判を先に，合意に相当する審判を後にしているが，条文の規定順序からすれば，論述順は逆にすべきところである[1]。この点は両制度の本質的問題にかかわるものであり，後に詳述するが，

---

(1) 家事審判法において，合意に相当する審判は同法23条に，調停に代わる審判は同法24条に規定され，同法下では，前者は23条審判，後者は24条審判と呼ばれていた。家事事件手続法においても，合意に相当する審判には同法277条以下に，調停に代わる審判は同法284条以下に規定され，条文の順序は変わらない。

ここで簡単に述べておく。調停に代わる審判は，それまでの民事関係調停制度に類似の制度があり，これを家事調停制度が継受したものであるが，これに対し，合意に相当する審判は，調停に代わる審判の創設に触発され，我が国にも外国法制にもまったく類似の制度がない新しい制度として創設されたものである。

まず，両制度の趣旨について，調停に代わる審判，続いて合意に相当する審判について述べる。

II 調停に代わる審判の趣旨

調停に代わる審判は，調停において合意が成立しない場合に問題となる。すなわち，家庭裁判所は，調停が成立しない場合においても，相当と認めるときは，職権で，事件の解決のために必要な審判（以下「調停に代わる審判」という）をすることができ（家事事件手続法（以下「家事法」という）284条），当事者は2週間以内に審判に異議の申立てをすることができるが（家事法286条），これをしないときは，家事事件手続法別表第2に掲げる事項についての調停に代わる審判は確定した同法39条の規定による審判と同一の効力を，その余の調停に代わる審判は確定判決と同一の効力を有する（家事法287条）。

調停は当事者間の自主的紛争解決方法であり，当事者間の意見の食い違いが埋まらず，合意が成立しない場合には調停事件は終了することなり（家事法272条1項），当事者は，紛争を解決するべく，訴訟を提起しなければならない。しかし，それでは，自主的紛争解決を図るべく真摯に調停活動をしてきた当事者の努力が徒労に帰し，期待に反することにもなる。そこで，家庭裁判所は，調停に代わる審判により，調停中に収集された資料に基づいて合理的な解決案を当事者に提示し，当事者双方がこの案を受け入れることによって紛争の解決を図る。この調停に代わる審判は，家事審判法下では，同24条に家事事件手続法と同趣旨の規定が置かれ，24条審判と呼ばれていたが，家事事件手続法によって改正がなされた。主要な改正点は，①裁判官のみによる調停いわゆる単独調停の場合にも調停に代わる審判をすることができること，②家事事件手続法別表2に掲げる事項についても調停に代わる審判の対象となること，③離婚および離縁の調停事件を除き，当事者が調停に代わる審判に服する旨の共同の申出をしたときは調停に代わる審判に対して異議を申し立てることはできな

いことである[2]。

III　合意に相当する審判の趣旨

　家事事件手続法277条1項は，「人事に関する訴え（離婚及び離縁の訴えを除く。）を提起することができる事項についての家事調停の手続において，当事者間に申立ての趣旨のとおりの審判を受けることについて合意が成立し，当事者の双方が申立てに係る無効若しくは取消しの原因又は身分関係の形成若しくは存否の原因について争わない場合には，家庭裁判所は，必要な事実を調査した上，前記合意を正当と認めるときは，当該合意に相当する審判（以下「合意に相当する審判」という。）をすることができる」と規定する。この合意に相当する審判に対して，当事者が審判の告知を受けた日から2週間以内に利害関係人から異議の申立てをすることでき，異議の申立てがあれば，審判はその効力を失うが，その期間内に異議の申立てがないときは，確定判決と同一の効力を生じる（家事法279条，280条，281条）。その結果，審判により形成，確認された身分関係は人事訴訟手続によることなく，最終的に確定することになる。合意に相当する審判の対象となる事項については当事者の任意処分は認められず，本来訴訟手続によって審理判断され，対世効がある判決によって確定されるべきものである。したがって，合意に相当する審判は，人事訴訟手続の簡易な代用手続と解されている[3]。

IV　両制度の沿革

1　家事審判法施行前まで

　現行家事調停制度は，大正8年7月9日に設置された臨時法制審議会に対する内閣の「民法ノ規定中我邦古来ノ淳風美俗ニ副ハサルモノアリト認ム之カ改正ノ要綱如何」との諮問を淵源とする。そこでは，実体法である民法のほか手続法についても，改正の必要の有無が審議され，同審議会が設けた民法改正主査委員会は，大正10年7月7日及び14日の委員会において，「家事審判ニ関スル綱領」として「一　温情ヲ本トシ道義ノ観念ニ基キ家庭ニ関する事件ノ調停及ビ審判ヲ為サシムルヲ為家事審判所ヲ設クルコト……七　家事審判所ハ適

---

[2]　金子修編著『一問一答家事事件手続法』（商事法務，2012年）244頁以下。
[3]　高田裕成編著『家事事件手続法』（有斐閣，2014年）243頁の山本克己は，合意に相当する審判の場合の「調停というのは，本来の調停ではなく，審判を目指した裁判手続なのです。」とする。

第3部　その他

当ト認ムル者ヲ選定シ，調停ニ参与セシムルコトヲ得ベキモノトスルコト……
八　調停事項不履行ノ場合ニ於テハ審判ヲ求ムルコトヲ得ベキモノトスルコト[4]」などの11項目を議決するとともに，主査委員長から臨時法制審議会総裁にあて「家庭裁判所ニ関スル事件ニ付家事審判所ヲ設ケ訴訟ノ形式ニ依ラズ温情ヲ本トシ道義ノ観念ニ基キテ争議ノ調停及ビ審判ヲ為サシムルヲ以ツテ我邦ノ淳風美俗ニ合スルモノト認メ審判所ノ組織，権限並ビニ調停，審判ノ手続及ビ効力ニ付別冊ノ如ク其ノ綱領ヲ定ムベキコトト議決セリ」との報告がなされた。その別冊中では「調停ニ関スル事件ハ先ヅ家事審判所ノ調停審判ヲ受クベキモノトスルコト」とされており，調停一般について調停前置主義的発想はみられるが，調停の性質について論議はなされていない。一方，主査委員長の報告に基づいて大正11年6月7日臨時法制審議会総裁から内閣総理大臣に答申がなされ，これに基づき，司法省内の家事審判所に関する法律調査委員会において，昭和2年10月21日「家事審判法案[5]」の仮決定がなされた。

(1) 合意に相当する審判

家事審判法案95条は調停前置主義の対象となるべき調停事件を列挙しているが，その中には婚姻の無効・取消，縁組の無効・取消など現在では合意に相当する審判の対象とされる事項も含まれているが，これらの事件について特別の配慮は窺えず，通常の調停事件として処理することが想定されていたものと思われる。当時は，当事者の任意処分に委ねることができないため調停によって処理することができない類型の事件があるとの認識はなかったものであろう。この点については，実体法である民法が整備された後に手続法を考えればよいと趣旨から，家事審判制度の立法が進展しなかったことが原因ではないかの指摘がある[6]。

しかし，この家事審判法案は実現をみることなく，昭和14年7月1日施行の人事調停法によって，その一部分が実施されるにとどまった。同法は昭和22年12月6日家事審判法の成立とととも廃止されたものであって，家事審

---

(4) 調停には確定判決と同一の効力を認めない趣旨がうかがえる。堀内節編著『家事審判制度の研究』（中央大学出版部，1970年）73頁。この点については，その後の法律調査委員会においては「調停ニ強制力ヲフスベシ。若考慮スベキ余地アラバ考慮スルコト」と議決され，それが，この後に制定された人事調停法7条「調停ハ裁判上ノ和解ト同一ノ効力ヲ有ス但シ本人ノ処分ヲ許サザル事項ニ関スルモノニ付テハ此限ニ在ラズ」にまで発展したことになるとされる。同101頁。

(5) 「家事審判所ニ関スル法律調査委員会」における小委員会決議とされる。堀内・前掲注(4)124頁，795頁。

(6) 堀内・前掲注(4)214-215頁。

844

判法の前身というべきものである。人事調停法 7 条は「調停ハ裁判上ノ和解ト同一ノ効力ヲ有ス」とするが，同条ただし書では「但シ本人ノ処分ヲ許サザル事項ニ関スルモノニ付テハ此限ニ在ラズ」と規定する。この「本人ノ処分ヲ許サザル事項ニ関スル」調停には，婚姻の無効・取消，認知，嫡出子否認等の事件が含まれ，これらの事件は公益的性質を有し，当事者の任意処分を許さない事項に当たるから，訴訟手続で処理すべきものと考えられていた。家事審判法案ではこれらの事項は調停事項とされていたにもかかわらず，人事調停法がこれを否定したのは，昭和 2 年 10 月 21 日家事審判法案後から人事調停法までの間に，親族法等家事関係諸法についての研究が進展し，本人の処分を許さない事項の存在及びこれに調停事項として効力を与えることが許されないことが指摘されたことによるものと思われる[7]。さらに，「本人ノ処分ヲ許サザル事項」には，婚姻・養子縁組・離婚・離縁などのような官庁への届出などによって始めて効力を生ずる事項も含まれるとされ，したがって，離婚・離縁調停で合意ができたとしても，協議離婚又は協議離縁の届出なしにはその効力を生じないとされていた[8]。これに対し，家事審判法及び家事事件手続法では，認知を除く婚姻・養子縁組・離婚・離縁については，調停合意の効力が認められている。結論を先取りすれば，この点が，婚姻の無効・取消，認知，嫡出子否認等調停について，家事審判法において合意に相当する審判が創設された契機となったものと思われる。

(2) 調停に代わる審判

調停に代わる審判制度については，合意に相当する審判制度と異なり，当時人事調停以外の調停制度に類似の制度が存在したにもかかわらず，人事調停法は，これを採用しなかった。すなわち，借地借家調停法 24 条 1 項は「期日ニ於テ調停成ラサルトキハ調停委員会ハ争議ノ目的タル事項及手続ノ費用ニ付適当ト認ムル調停事項ヲ定メ其ノ調書ノ正本ヲ当事者ニ送付スルコトヲ要ス」，同条 2 項は「当事者ガ前項ノ正本ノ送付ヲ受ケタル後 1 月内ニ調停委員会ニ異議ヲ述ヘサルトキハ調停ニ服シタルモノト看做ス」と規定し，現行の調停に代わる審判と同様の制度が存在していた。借地借家調停法以外にも，同条を準用

---

(7) 片山哲『人事調停法概説』（岩松堂書店，1939 年）72 頁，根本松男『人事調停法』（清水書店，1939 年）52 頁等。この点を指摘するのは岡部喜代子「いわゆる推定の及ばない嫡出子の手続的側面」『家事事件の理論と実務』第 1 巻（勁草書房，2016 年）237 頁。
(8) 唄孝一「家事審判法第 23 条研究序説」『戦後改革と家族法』（家族法著作選集第 1 巻）（日本評論社，1993 年）385 頁。同論文は合意に相当する審判についての極めて貴重な文献である。

する金銭債務臨時調停法4条や小作調停法36条などにおいても，この制度が採用されていた[9]。この「強制調停」制度は，調停の成立率を高めると思われるが，人事調停においては採用されなかった。人事調停に限って強制調停が採用されなかった理由について，衆議院の第5回（1939年2月6日）人事調停法案委員会において，強制調停があるとないのとでは調停の成績に非常に影響するのではないとの委員からの質問に対し，政府委員で司法省民事局長大森洪太は「強制調停ノ規定ヲ設ケテ置キマスルナラバ，仮令之ヲ実際ニ運用シナイデモ，申立ノ事件ガ調停シ易クナルト云フコトハ，全ク御見解ノ通リト存ズルノデアリマス，併シ私共トシテハ左様ナ背景ナシニ，当事者ノ本当ノ肚ノ心底カラ出テ来マスル合意デ，調停ヲヤリタイ積リデアリマシテ，先ズ人事調停ニ付テハ強制調停ヲ省イタ方ガ宜カラウト考ヘタノデアリマス」，「人事ノ調停ヲ始メテ開キマスル際ニ，ヤハリ何処マデモナダラカニ，穏カニ，即チ素直ニ事ヲ運ビタイト存ジマシテ，殊更ニ強制調停ヲ除イタヤウナ次第デアリマス」と説明する。「強制調停」は，当事者に異議申立権があることからすれば，調停と比較して，当事者の紛争解決に向けての自由度は低いものの，当事者の自主的紛争解決手段の一つといいうるが，この答弁からは，名称の語感に影響されてか，その認識は薄いように思われる。

2　家事審判法の制定
(1)　制定の経緯

　戦後民法改正の必要が生じ，その改正とともに再び家事審判所設置が急遽要請された。そのため，民法改正要綱の審議の途中である昭和21年8月14日の司法法制審議会第2回総会において家事審判所の設置が問題となり，民法改正要綱案の追加として「親族相続に関する事件を適切に処理せしむる為速に家事審判制度を設くること」が決議された[10]。これを受けて，戦前よりの「家事審判制度調査委員会」が再開され[11]，昭和21年12月19日付の家事審判法案要綱が起草された。

　この家事審判法案要綱は，民法要綱案に追加して，家事審判制度調査委員会の幹事村上朝一，堀内新之助および長野潔の3名によって，熱海温泉において

---
(9)　これらの制度は，当時は「強制調停」と呼称されていた。
(10)　民法改正を審議する司法法制審議会において，家制度の廃止に対する反対論を緩和するためには専門的に家庭関係の問題を処理する家事審判所の設置が適切であるとされたことから，その設置が急がれたものである。堀内・前掲注(4)297頁以下。
(11)　堀内・前掲注(4)300頁。

昭和21年9月12日から17日までの間に家事審判法要綱案，山中温泉において9月23日から30日までの間に家事審判法起草原案が起草されたものである[12]。立法の参考とすべき家事審判法案や人事調停法などがあったとはいえ，全文152条の家事審判法起草原案が極めて短期間で起草されたことが注目される。

同要綱22において，人事調停法では採用が見送られた，「強制調停」と呼ばれた調停に代わる審判制度が採用された。家事調停制度における紛争解決機能の充実を目的としたものである。

(2) 合意に相当する審判制度の創設

合意に相当する審判制度が創設された。

この制度は，当時東京控訴院判事の幹事長野潔の構想によるものであり[13]，山中会議において初めて創設が議に上り，成案となったものとされる[14]。その経過については，以下の長野幹事の回想がある。調停に代わる審判の創設に関わる重要な資料であるので，長文になるが掲載する。「もとはといえば今の24条からはじまっている。熱海で案を練ったときあの強制調停をどうするかが先ず問題になり，あれは人事調停法になかったが金銭債務臨時調停法なんかにはあったしね。あれをまあ憲法と関係なく一応いれてみようということになった。それをもって山中に行った。山中ではじめて，人事調停に強制調停をいれるなら，あの自由に処分できん事件にも何かいれようということになった」「それだけいれたんじゃうまく解決つかんじゃないかということで……あすこで考えた」，「まあ裁判所が実体にあうかあわんかの判断を加えて裁判と同じみようということになった。今までほとんど合意ができているのに調停ができないというので，それから改めて訴訟にまわす，簡単な証拠調べにまわす，というようなことが必要だった。それじゃ意味ないから，人訴ですることもそこで一しょにやろう，というようなことであんな制度ができたんだ」と[15]。すなわち，家事審判法案要綱22により，離婚（離縁）調停については，調停に代わる審判（強制調停）制度が採用されることとなって，調停の紛争解決機能が充実した。しかし，それ以外の人事訴訟事項に関する調停については，この規定は適用されないため，この種事件を，訴訟手続によらずに調停手続による処理を可能に

---

(12) 我妻栄編『戦後における民法改正の経過』（日本評論新社，1956年）69頁，205頁，堀内・前掲注(4)313頁注4。
(13) 堀内・前掲注(4)323頁注7。
(14) 唄・前掲注(8)377頁。
(15) 唄・前掲注(8)377頁。

第3部　その他

する必要がある。そこで，調停に代わる審判に対比するものとして，合意に相当する審判が創設されたという経緯が明らかとなったとものであろう。

家事審判法の提案理由では，合意に相当する審判について「現行人事調停法に比し，調停を強化致しまして，婚姻又は縁組の無効事件，嫡出子の否認事件等の調停におきましても，当事者間に合意が成立した場合には，必要な事項を職権で調査した上，その合意に相当する審判をなし得ることと致します」と説明されている[16]。

(3)　合意に相当する審判の条文の変遷

家事審判法案要綱（昭和21年12月19日）第21では「調停において，当事者間に婚姻又は縁組の無効又は取消に関する合意が成立した場合に，審判官が必要な事実を調査した上相当と認めたときは，調停委員の意見を聴き職権を以て，無効又は取消しに関する審判をすることができるものとすること。……」とされていた。さらに，合意に相当する審判に関する家事審判法起草原案142条2項では「事実の調査をするについては，人事訴訟手続法の趣旨に従わなければならない」と定めており，他方，一般調停に関する同案19条1項では「家庭審判所は，職権を以て，事実の調査及び必要と認める証拠調をしなければならない」とされている規程ぶりと比較して，合意に相当する審判においては，事実認定をより厳格にすべく，事実の調査について訴訟手続的要請が加えられていると思われる[17]。この規定ぶりからすると，合意に相当する審判については，事実の調査を加えつつ合意の相当性を審判によって担保する構造として調停手続に近似した制度として設計したことがうかがえる。もっとも，合意に相当する審判は新制度[18]であって参考とすべき立法資料がなく，短期間の起草であったことからか，家事審判法の制定までに条文の規定ぶりに相当の変遷がある。昭和21年12月8日付け仮決定案(7)では重要な修正がなされた。同案154条[19]は「婚姻又は養子縁組の無効又は取消しに関する事件の調停において，当事者間に合意が成立し無効又は取消しの原因の有無について争いがない場合には，審判官は，必要な事実を調査した上，調停委員の意見を聴き，正当と認めたときは，婚姻又は縁組の無効又は取消しその他合意に相当する審判をすることができる。」と定めた。この修正は，まず第1に，「無効又は取消し

---

(16)　堀内・前掲注(4)1205頁。
(17)　家事事件手続法277条1項は，合意に相当する審判において，特段の留保をせずに事実の調査による事実認定を許容している。
(18)　唄・前掲注(8)378頁は「新奇なる制度」とする。
(19)　堀内・前掲注(4)1120頁。

848

の原因の有無について争いがない場合」を審判の要件として加えており，これは，訴訟手続における請求の趣旨と請求原因との区別に対比させて，事実の調査により合意の相当性を判断するという構造を合意とそれを基礎づける事実とに区別し，事実の調査の対象が後者であることを明確にしたものといえよう。さらに当事者間の合意を前提とする調停であることから，原因事実について争いがないことまでを要求したものであろう。第2に「相当と認めたときは」が「正当と認めたときは」に改められたが，これは，一般に調停の合意が容認されるためには当該合意が法秩序に違反しないことすなわち相当であれば足りるとされる[20]のに対し，合意に相当する審判においては，合意の判断基準を正当性とすることによって，合意が一定の事実に基づかなければならないことを明確にしたものとされる[21]。

3　家事事件手続法

家事事件手続法277条により手続の明確化に主眼をおいて旧家事審判法23条の規定が改められた[22]。主な改正点は，①合意に相当する審判の対象事件について，旧家事審判法では解釈に疑義があったが，人事訴訟法と合意に相当する審判との対象事項が，離婚，離縁事件を除いて一致させられたこと，②当事者について，合意に相当する審判では身分関係の当事者の一方が死亡した後は合意に相当する審判をすることができないとされたこと，③合意に相当する審判の前提となる家事調停の手続について，裁判官単独でもなし得るとしたこと，④取下げが制限されたこと，⑤当事者にも一定の場合に異議申立権を認められたこと，⑥異議申立権の放棄が認められたこと，⑦婚姻の取消しについて合意に相当する審判をする場合，当事者間に未成年者の子がいるときには，当事者間の合意に基づき，子の親権者を指定しなければならないとされたことである[23]。

---

(20)　家事事件手続法272条，家事審判規則138条の2参照。
(21)　村崎満「家事審判法第23条審判の当面の問題」ジュリスト296号（1964年）62頁も「第23条の「正当」と認めるときは，「相当」とか「妥当」とは違い，自白認諾が真実と符合すると認める場合をいう趣旨である。それは，決して，自白，認諾が真実とは相違するけれども，それが妥当，相当であるからという意味ではない，またそのように解すべきでない（家審規一三八条の二は「相当」と規定する）」として，同旨を述べる。
(22)　金子修編著『逐条解説家事事件手続法』（商事法務，2013年）834頁。
(23)　金子・前掲注(2)240頁。

第3部　その他

V　調停に代わる審判の意義と問題点

(1)　ADRのあり方

我が国の調停制度も裁判所が関与するADRの一つであって，それ以外にも種々のADRが存在する。調停に代わる審判の法的性質を理解するためには，これらのADRを検討する必要がある。

① 　当事者による交渉（negotiation）
　　a　当事者間の直接交渉
　　b　代理人を介在させての間接交渉
② 　第三者を介在させてする交渉－調停（mediation）
③ 　第三者による裁定－仲裁（arbitration）
　　a　裁定結果に当事者が拘束されない仲裁（nonbinding arbitration）
　　b　裁定結果に当事者が拘束される仲裁（binding arbitration）
④ 　強制力を有する裁定－訴訟（adjudication）
　　　地方裁判所の判決であるが，家庭裁判所の審判も含まれる。

これらADR相互間の関係についていえば，紛争の深刻度において，①から④へと順次増大し，これに従って，紛争解決手段における強制の程度が強まる。②がいわゆる調停（mediation）であって，①とは第三者が介在するか否かにより，③の仲裁（arbitration）とは判断作用を伴うか否かによって区別される。③は，判断作用を伴うことから，事実の確定手続を有する。

(2)　調停に代わる審判の法的性格

家事事件手続法284条は，「家庭裁判所は，調停が成立しない場合において相当と認めるときは，当事者双方のために衡平に考慮し，一切の事情を考慮して，職権で，事件の解決のため必要な審判をすることができる。」（以下「調停に代わる審判」という）とし，同法287条によれば，同審判は，異議の申立てがなければ，確定判決等と同一の効力を有するとされている[24]。

---

[24]　家事事件手続法284条に定める調停に代わる審判は，家事審判法24条に定めるそれ（同法上では24条審判と呼ばれていた。）とは，次の点で異なる。すなわち，①家事審判法24条2項は，いわゆる乙類調停事件については調停に代わる審判をなし得ないものとしていたが，家事事件手続法284条はこの制限をなくし，②家事事件手続法286条2項において準用する279条4項により，異議申立権の放棄が認められ，③家事審判法24条1項は，調停に代わる審判の前提となる家事調停の手続は，調停委員会が行うことを想定していた規定であったが，家事事件手続法284条1項は，家事事件手続法においては，家事審判官のみのいわゆる単独調停においても，これを認める規定ぶりとされた。①の改正は，調停に代わる審判の法的性質が，別表第二の審判（乙類審判）と異

この調停に代わる審判は，調停が不成立となる場合に，裁判官が一定の判断である審判をすることによって，紛争解決をはかるものである。すなわち，調停において，当事者間の意見の食い違いが埋まらず，合意が成立しない場合には調停事件は終了することなり，離婚事件の場合，離婚を望む当事者は離婚訴訟を提起しなければならない。しかし，それでは，自主的紛争解決を図るべく真摯に調停活動をしてきた当事者の努力が徒労に帰し，期待に反することにもなるので，家庭裁判所は，調停中に収集された資料に基づいて合理的な解決案を当事者に提示し，当事者双方がこの案を受け入れることによって紛争の解決を図るものである。

　したがって，調停に代わる審判とは，一連の ADR 手続においては，調停が成立しない場合になされる仲裁案の提示と考えるべきであろう。調停に代わる審判は，異議によって効力を失うのであり，すなわち，当事者双方が，審判の内容を受け入れることにより効力が生ずるのであるから，当事者を拘束しない仲裁であり，当事者が審判前に異議申立権を放棄している場合には，当事者を拘束する仲裁と考えるべきであろう。いずれの場合でも，調停に代わる審判は当事者が異議を述べないことを条件に効力が発生するのであるから，当事者の自主的解決手段と言い得る。確かに，当事者が合意の内容を自由に決めることができる調停と比べると，紛争解決における当事者の自由度は低いが，審判を受け入れるか否かは自分の意思で決めることができ，④の強制力を有する裁定（審判ないし訴訟）とは異なる。

(3) 調停に代わる審判の意義

　調停に代わる審判の存在によって，我が国の調停制度は，仲裁手続の機能を有することになった。調停に代わる審判は，「調停が成立しない場合において相当と認めるとき」になされるのであって，調停の不成立を前提にしている。そうすると，当然調停が不成立に至るまでの間の調停活動の存在が前提とされている。この調停活動は，調停裁判説の説くように，調停機関（調停委員会の一員である裁判官）による調停判断の提示を目的とするものではない。なぜならば，調停判断をすることが調停活動の目的であるならば，調停が不成立となった後に，重ねて，審判をする必要はないからである。調停委員会がいったん調停判断を示したにもかかわらず，調停が成立しないのであれば，裁判官とはいえ調停委員会の一員である者が，再度，審判という形式での仲裁案を示す

なり，一種の仲裁判断であることを明確にしたものといえよう。

意味はないであろう。したがって，この調停活動は，②の調停（mediation）の趣旨，すなわち，当事者間における合意形成を促進することを目的とするものと解すべきであろう。この理解は，手続進行における当事者の主体的役割を認める，家事事件手続法2条後段の「当事者は，信義に従い誠実に家事事件の手続を追行しなければならない。」との規定の趣旨にも合致する。

したがって，我が国の調停制度は調停手続と仲裁手続とが連続した一連の手続をなしているというべきである(25)。両手続が存在するのは紛争解決効果を高めるためであることは言うまでもない。

調停手続は，当事者による自主的解決を図る制度であり，当事者間に任意の合意を斡旋する手続であるが，このことは，我が国の調停制度の前半部である狭義の調停手続についていえることであって，仲裁手続がその後に続いていることを忘れてはならない。調停における当事者の紛争解決能力に信頼を置くべきではあるが，それのみによる紛争解決が難しいときには，他の紛争解決手段すなわち，調停委員会による調停案の提示を考慮すべきであろう。調停案の提示は，調停に代わる審判と同一の機能を有するものとして肯定されよう。すなわち，調停案の提示は，調停に代わる審判と同様に，調停手続による合意成立が見込めないとき，調停手続が尽きた後における紛争解決手段と位置づけることができる。のみならず，調停に代わる審判は裁判官が行うものであるのに対し，調停案の提示は裁判官が構成員に含まれる調停委員会が行うものであること，調停案の提示は調停に代わる審判と比較して事案に即したより柔軟な内容を含みうること(26)など，調停案の提示には調停に代わる審判とは異なる意義が認められ，独自の存在意義を有するものといえよう。

---

(25) この調停手続と仲裁手続とが連続した一連の手続は，それぞれのADRが併存しているのではなく，それぞれのADRとは別種のADRと理解すべきであろう。これは，アメリカにおける，Med/Arb（ミーダブ）と呼ばれるADRと同様なものと思われる。Med/Arb（ミーダブ）とは，mediationとarbitrationが連続的に一体となっているADRであって，mediationによって合意が成立しない場合，引き続いて，arbitrationが行われるという特徴を有する。両手続の良さを兼ね備えている上，mediatorとarbitratorと同一人であることから，両手続を別個に行うより，時間的経済的に効率的であるとされている。Med/Arbに対する批判としては，当事者が調停において述べた事柄が，後の仲裁において考慮されるのであるから，本来自由であるべき調停における当事者の発言が制約を受けることになるとするものである。

(26) 調停に代わる審判は，複数の争点について一括して仲裁案を示さなければならないが，調停案の提示は，段階的に行うことが可能である。例えば，離婚について意見が対立している場合には，離婚についてだけ（未成年者がいれば親権者についても），調停案を提示し，それが受け入れられれば，財産分与など次の争点について，引き続いて調停を進めることが可能である。また，口頭による調停案の提示の可能であろう。

合意ができない場合であっても，調停案の提示等を行うべきであろう。このことは調停の当初から不成立の場合における調停案の提示を想定しつつ調停運営をなうべきことを意味する。調停に代わる審判について，家事事件手続法284条1項は「家庭裁判所は，調停が成立しない場合において相当と認めるときは，……することができる」とするが，調停委員会による調停案の提示は，当事者が調停進行に非協力的で調停案が形成できないなどの特別な事情がない限り行うべきであろう。失敗した調停とは，合意が成立しなかった調停をいうのではなく，不成立となったにも関わらず，調停案を提示することができないような調停進行をした調停をいうのではなかろうか。

(4) 調停に代わる審判の実際

実務においては，家事事件手続法284条1項の「相当と認めるとき」という文言の解釈として，以下のような場合がこれに該当すると紹介されることが多い。

　ア　実質的に合意が成立しているが，当事者の一方が遠隔地に居住しているため，あるいは病気等の理由で調停期日に出頭しないため，調停を成立させることができない場合

離婚等の身分事項を対象とする調停の場合には，代理が許されないため，なされた合意を無駄にしない必要がある場合である。後述する渉外離婚もその一つの場合である。この類型の審判例は，調停に代わる審判の大多数を占めているが，これらは当事者間に合意が成立しているのであるから，本来の調停に代わる審判の趣旨とはやや異質な面がある。

　イ　主要な争点については合意が成立しているが，付随的な点で合意が成立していない場合

離婚は合意しているが，親権者として他方当事者が適当であることは認めるものの，当事者への感情から，親権者についての合意は拒否している場合などである。

　ウ　当事者の一方の反対で，主要な点についても合意が成立しない場合

婚姻関係は客観的に破綻し，当事者双方もそれを認めているが，面子にこだわったり，意地になったり，親の意向を慮るなどから，離婚合意を拒否している場合などがその例である。

　エ　離婚の準拠法が外国法であり，当該国が，我が国の協議離婚及び調停離婚を承認しない場合

離婚の当事者が外国人である場合（双方が外国人，一人が外国人の場合を含

第3部　その他

む），離婚について争いがあれば，訴訟手続によって処理され，下された判決は通常外国によってもその効力が認められる。しかし，当事者間に争いがない場合には，日時と費用がかかる判決離婚ではなく，協議離婚ないし調停離婚が選択されるが，当事者の合意による離婚を認めない国も少なくないので，それらの国ではこれらの手続による離婚の効力が承認されない場合がある（なお，調停離婚については，国によっては，調停調書に「この調停は確定判決と同一の効力を有する。」（法288条1項）などと記載することによって，効力が承認されることもある）。当事者の合意による離婚が認められない場合には，我が国では離婚は認められるが，外国では認められないという，破行婚という状態になるおそがある。それでは当事者の意思に反するので，裁判所による判断という形式である調停に代わる審判による離婚審判がなされるのである。これらの場合に，調停に代わる審判がなされることは実務上では有用であろうが，制度の本質的趣旨に合致しているとは言い難いことに注意しなければならない[27]。

我が国の調停制度をこのように理解することにより，調停制度の紛争解決機能の一層の充実を図ることができるのではなかろうか。

Ⅵ　合意に相当する審判の意義と問題点

(1)　合意に相当する審判の意義

合意に相当する審判は，親子関係の存否，婚姻，離婚等の身分行為の有効無効など本来人事訴訟手続によって処理すべき事件を対象とする。合意に相当する審判は，法制度としては人事訴訟手続の代替手続として位置づけられるのが一般であるが，実務においては，嫡出否認事件や親子関係存否事件の大多数はこの手続で処理されており，人事訴訟手続の代替手続にとどまらず，独自の制度としての意義を有している。合意に相当する審判は手続の簡便性からこの種の事件処理に大きな役割を果たしている。すなわち，人事訴訟手続は当事者対立構造であって，訴状や準備書面等の書類の作成や証拠資料の提出，公開法廷への出頭や尋問を経なければならず，法律の専門家でない訴訟当事者にとって負担は重い。これに対し，家庭裁判所における合意に相当する審判は，審判と称されるものの，家庭裁判所の調停手続として行われることから，申立人は申立書の作成提出後は，原則的に非公開で実施される調停期日において調停委員

---

[27]　もっとも，家事事件手続法別表第2の事件については，このような場合に限定されずに調停に代わる審判がなされていると思われる。

に事案の内容を説明し，申立人相手方双方からの事情聴取やDNA鑑定の実施等の事実の調査を経ることによって審判を受けることができる。

　もっとも，合意に相当する審判の対象とされる身分に関する権利義務関係は，基本的権利義務関係を前提にして非訟手続により婚姻費用の分担額や夫婦間の同居義務の時期，場所，態様の具体的内容を形成する審判は異なり，これを終局的に確定することは純然たる訴訟事件であって公開法廷における対審及び判決によって裁判されるべきであり，憲法上の疑義があるとの批判がある[28]。また，通常の調停が互譲によって当事者間の紛争を解決するものであるのに対し，合意に相当する審判は身分関係の基礎となる事実の存否が問題であり，当事者が処分できない事項を対象とするであるから，当該事項そのものについて当事者間に互譲の余地はなくまたすべきでもなく[29]，また，合意をするか否かについて混乱している当事者を合理的に説得するという調停活動は是認されるが，これを非訟事件手続ないし訴訟手続で効果的に行い得ないとまでいいうるか疑問なしとしない[30]。

　合意に相当する審判制度の沿革をみるとき，合意に相当する審判の制度は当初は調停に極めて近似した制度として創設したが，次第に訴訟手続に近づく法整備がなされてきたといえよう。現在の家事事件手続法の下での合意に相当する審判と，人事訴訟手続において，被告が請求の趣旨を認め，請求原因事実を争わないという訴訟態度[31]を示した場合とを比較すると，①公開の法廷で行なわれないこと，②事実認定が無定形な証拠資料収集手続である事実の調査でよいこと，③事実の調査の結果原因事実が認定できない場合であっても，合意に反する処理（請求棄却判決）がなされないことである。

　これら3点の人事訴訟手続との相違点をみると，合意に相当する審判では，当事者の便宜を図るという観点から，人事訴訟手続より実体的真実発見の要請を後退させているといわざるを得ない。実務における運用の適正さが求められよう[32]。

---

(28)　高田・前掲注(3)383頁の山本克己は，合意に相当する審判では公開制を合意で排除できることになるが，合意によって公開を排除できないとした人事訴訟法と矛盾抵触があるのではないかとする。
(29)　鈴木忠一「非訟事件における検察官の地位」『非訟・家事事件の研究』（有斐閣，1971年）131頁は，「一種の恣意，ごまかし，不自然な強制」と批判的する。
(30)　高田・前掲注(3)382頁の山本克己は，合意に相当する審判に調停が「噛まされた」ことに疑問を呈する。
(31)　人事訴訟手続であるから請求の認諾および自白は訴訟法上の効果を発生させない。
(32)　当事者から事情を聴取する場合，口裏を合わせる可能性を排除するため，個別に行

第3部　その他

(2)　親子関係事件における合意に相当する審判の問題点

　親子関係事件についての学説は，血縁説，外観説，家庭破綻説（家庭平和説）及び新家庭形成説（新家庭平和説），合意説がある。最高裁判例は，最判昭和44年5月29日家月21巻9号82頁[33]において外観説を採用し，最判平成10年8月31日民集51巻4号75頁もこれに続き，最判平成12年3月14日家月51巻4号33頁は家庭破綻説を否定した上で外観説を維持し，最判平成26年7月17日民集68巻6号547頁も新家庭形成説を否定して外観説を維持しており，最高裁の立場は外観説として確立したものと思われる。親子関係の存否が問題となる事案のうち，人事訴訟手続によって処理されるのは当事者間に争いある場合である。親子関係の存否について当事者間に争いのない事案は家庭裁判所の合意に相当する審判によって処理されており，そこでは，人事訴訟手続とは異なり，当事者間の合意に従った処理がなされているとの指摘が家裁の実務家からなされている[34]。また，学説からも，合意説的な運用をする家裁実務を踏まえて，外観説プラス合意説的的な学説の展開がなされているとの指摘

うなどの配慮が求められよう。

(33)　戸籍上の父と生物学上の父との間で親子関係が問題となった場合，一般的には戸籍上の父と子の間で親子関係不存在確認の合意に相当する審判ないし判決を得たうえで，生物学上の父が子を任意認知する方法がとられるが，本判決は，親子関係が不存在であることを認定した上で子が生物学上の父に対し強制認知を求めることを認めた判例である。

(34)　梶村太市「家裁実務におけるDNA鑑定」家族〈社会と法〉学会13号（1997年）128頁及び川崎和夫「嫡出否認と23条審判」『参調会50年史』（東京家庭裁判所参調会，2002年）65頁は，東京家裁において，合意説が停定着しつつあるとし，大沼洋一「嫡出否認の訴えと親子関係不存在確認請求訴訟」『新家族法実務大系』2巻（2008年）165頁は，「合意説は，23条審判の実務において，既に定着しつつあるといえるのではあるまいか」と指摘する。また，澤井真一「実父子関係の成立を巡る実務上の諸問題」『家事事件の理論と実務』（勁草書房，2016年）190頁注15は，家庭裁判所に申し立てられた親子関係不存在確認調停事件の認容率の高さを指摘したうえ，親子関係不存在確認調停の「類型の事件では，合意に相当する審判による解決が主となっていることが分かる。外観説を厳格に運用すると，嫡出推定の排除がなされる事案がこれほど多いとは思われないし，逆に，この事態は，合意説によって運用がなされていると説明することが可能となる。」とする。もっとも，裁判実務に携わった筆者の経験からすると，合意説による処理が実務に定着しているとまでは言い難いように思われる。家庭裁判所実務を紹介する矢尾和子＝船所寛生「調停に代わる審判の活用と合意に相当する審判の運用の実情」法曹時報66巻12号（2014年）285頁も「別居の事実が認められない事案において，母，子及び母の夫との間で，子の父が夫ではないとの事実関係に争いがなく，合意に相当する審判を受けることに合意している場合に，合意に沿った審判をするいわゆる合意説ないしこれに近い扱いがされた例も報告されている」としており，合意説による運用が一部にとどまっていると思われる。

もみられる[35]。

　合意説は，家事事件手続法277条（家事審判法23条）の合意を相当とする審判において，子と母とその夫との三者間で，嫡出と推定されている父子関係の存在を争うことを認める合意があれば，親子関係不存在確認が許されるとする説である。嫡出制度の根拠である家庭の平和の維持や夫婦の秘事の非公開は夫婦と子の合意があれば保護しないとしても問題はなく，父子関係の早期の安定も当事者の処分を否定しなければならないほどものではないとして，合意に相当する審判において，子と母とその夫との三者間で，嫡出と推定されている父子関係の存在を争うことを認める合意があれば，親子関係不存在確認が許されるとする[36]。合意説は，合意に相当する審判の本質を調停的に理解することから，調停の当事者が一致して望む結論を拒否し難いものとして捉え，最高裁判例の採用する外観説による厳格な基準に対する強い違和感があって，家裁実務において有力な説となっているように思われる。しかし，かかる合意説では，合意に相当する審判手続と人事訴訟手続とにおいて異なった結論を容認することになり，支持し難いと思われる。

---

(35)　前田泰「日本における議論の整理」家族〈社会と法〉28号（2012年）「父子関係成立のあり方の検討――嫡出推定・認知制度の見直し」24頁は，「学説の方は，判例が外観説で固まったことを前提として，さらに現実的な対応として，23条審判における家裁の実務を認めるという意味で「外観説プラス合意説」が比較的多くなってきているように思われる。」とする。もっとも，同論文も「23条審判の実務において外観説がどれだけ尊重されているかが問題になる。」として，実務においてはすべての事件がこのよう合意説によって処理されているという理解を前提としてはいない。

(36)　福永有利「嫡出推定と父子関係不存在確認」別冊判タ8号（1980年）254頁。

38 差押前の原因に基づき生じた債権を自働債権とする相殺
—— 自働債権と受働債権の牽連性の問題を中心として

山 本 和 彦

　Ⅰ　はじめに　　　　　　　　　Ⅳ　倒産法における議論の状況
　Ⅱ　立案担当者の説明　　　　　Ⅴ　若干の検討
　Ⅲ　民法学説の状況　　　　　　Ⅵ　おわりに

Ⅰ　はじめに

　本稿は，民法（債権法）改正において新設された，差押前の原因に基づき生じた債権を自働債権とする相殺に係る規律（民511条2項）における「前の原因」の意義につき，倒産法研究者の観点から，自働債権と受働債権の牽連性（関連性）を考慮する考え方の当否を中心に検討するものである。そして，そのような検討の前提として，この規律の1つの立法理由とされた倒産法との関係が重要であり，また倒産法の議論と本論点を繋ぐものとして合理的相殺期待という概念が問題となるので，このような点を含めて若干の論述を行い，議論の展開の一助になることを期するものである。

　筆者は，今回の改正について法制審議会部会幹事として関与したが，周知のように，この「前の原因」の議論は部会審議の後半段階になって初めて登場した[1]。そして，部会の議論においては，筆者の発言が一定の影響を与えた旨の指摘がされることがある。すなわち，2012年5月22日の部会において筆者は次のような発言をしている[2]。「倒産手続とのパラレル性という観点からすると，倒産手続においては，倒産手続開始時に停止条件付債権があれば，開始後に停止条件が成就した場合には相殺できるというのが一般的な理解であって……停止条件付債権の場合の取扱いが，平時と倒産時とでかなり大きく違って

（1）　検討委員会基本指針には記載がなく，部会審議に入っても「検討事項」には記載がない。審議の途中までは基本的に無制限説の当否・立法化にのみ焦点があたっていた。
（2）　法制審議会民法（債権関係）部会第47回会議議事録54頁〔山本和彦幹事発言〕参照。

『家族法学の現在と未来』〔信山社，2024年9月〕

いるのではないかと思われます。そういう意味では，包括差押えの場合にそのような規律がされているとすれば，個別差押えの場合にそれと余りに違った規律がされるというのは……違和感がある……。……考え方としては停止条件付債権が差押前にあれば，差押え後に条件が成就した場合には相殺はできてもいいと基本的には考えるべきではないか」としており[3]，このような規律の定立については筆者にも一半の責任があると思われる[4]。

　この点を論じる視点としては，牽連性が相殺の可否に影響するといっても，2つの異なる作用の区別を本稿は重視する。すなわち，①牽連性の制限的作用，すなわち「牽連性がない場合は，単純な前の原因があっても相殺は認めないという考え方」と，②牽連性の拡張的作用，すなわち「牽連性がある場合には，単純な前の原因がなくても相殺は認めるという考え方」の区別である。①を強調するか②を強調するかで，牽連性論の意味合いは大きく異なってくる。しかし，従来の議論ではこの両者の区別がやや曖昧であったのではないかとの印象を筆者は有しており，本稿ではその区別を特に意識して論述していきたい。

　なお，本稿は，潮見佳男教授を追悼するために捧げられる。後述の議論においては潮見説を批判している部分もあるが，これは偉大なる潮見説に対する一倒産法学者による「蟷螂の斧」に過ぎない。法制審議会部会の席上において，潮見教授のエネルギッシュかつ理路整然とした議論に終始圧倒され続けた他分野の研究者として，最大限の敬意を込めた若干の反論をもって潮見教授のご冥福をお祈りしたい。

II　立案担当者の説明

　まず以下の議論の前提として，立案担当者の説明を確認しておきたい。前述のとおり，この点は中間試案において初めて記載されたものである（第23の4⑴参照）。そこでは，「債権の差押えがあった場合であっても，第三債務者は，差押えの前に生じた原因に基づいて取得した債権による相殺をもって差押債権者に対抗することができるものとする」との規律が提案され，破産法に係る最

---

[3] なお，これは三上徹委員の直前の意見に触発されたものである。すなわち，同委員から「停止条件付きであっても事後的な相殺を認めるということ」につき，「倒産法の分野では，平場の民法で認められていないことを倒産手続で認めるのはおかしいという議論もあるようですから，むしろ逆にここは実体法のほうが倒産法にあわせて認めていただけると有り難い」との発言がある（前注⑵議事録53頁〔三上委員発言〕参照）。

[4] この問題の議論経過については，森田修「相殺――担保的機能を中心に（その2）」法教461号（2019年）105頁以下が詳しい。

判平成24・5・28判時2156号46頁が参考として挙げられている。そして，これがそのまま要綱案においても維持されたが[5]，文言としては，「差押えの前に生じた原因に基づいて取得した債権」から，「差押え前の原因に基づいて生じた債権」に変化している。換言すれば，破産法72条2項2号に類比する表現から，同法2条5項に類比した表現に変容したものである[6]。

そして，それはそのまま改正民法511条2項に結実した。立案担当者の説明によれば，以下の2つの理由が挙げられている[7]。第1に，相殺期待の合理性である。すなわち，「契約等の債権の発生原因となる行為が差押前に生じていれば，債権発生後に相殺をすることにより自己の債務を消滅させることができるという期待は合理的なものとして保護するのが相当である」とされる。第2に，破産手続との均衡である。すなわち，「包括的な執行手続である破産手続においても自働債権の発生原因の生じた時点を基準として相殺の可否を決しており，類似の機能を果たす手続相互間では同様の基準とするのが合理的である」とされる。以上のような説明は「前の原因」に関するその後の議論においても出発点とされるべきものであり，相殺期待の合理性と倒産手続との均衡の2点がこの規律の根拠とされている点を確認しておきたい[8]。

III 民法学説の状況

1 牽連性論積極説——潮見説・中井説等

「前の原因」の解釈において自働債権と受働債権の牽連性を考慮に入れる見解は，立法後有力化しているが[9]，その代表的論者として，潮見教授と中井弁護士がある。そこで，以下では，まずこの2人の見解を概観する。

(1) 潮見説の概要

まず，潮見教授の議論である[10]。潮見説は，この規律の根拠につき，倒産手

---

[5] 中間試案のパブコメ後，要綱案同様の考えを明示した法制審議会民法（債権関係）部会資料69A第2の2(1)の補足説明は，「破産法特有の正当化根拠が認められる部分を除き，破産法で相殺を対抗することができる範囲と民法で相殺を差押債権者に対抗することができる範囲とを整合させることが妥当である」と理由づけていた。

[6] この点については，後述の沖野教授による詳細な検討が参考になる。

[7] 筒井健夫＝村松秀樹『一問一答民法（債権関係）改正』（商事法務，2018年）204頁以下参照。

[8] なお，本稿で主として取り上げる自働債権と受働債権の牽連性の問題については，立案担当者の言及はない。

[9] なお，立案段階でもこのような議論は中井弁護士等によって既に展開されていた。

[10] 潮見佳男『新債権総論II』（信山社，2017年）309頁以下参照。

続との「平準化の構想」(「包括執行であり，かつ，債権者平等が要請される破産手続においてすら相殺権者の相殺への期待が保護されているのであれば，まして，平時の個別執行の場面では相殺権者の相殺への期待が保護されるべきであるとの観点」）及び相殺への合理的期待の保護（「自働債権の発生原因が差押えの前に存在しているのであれば，この原因に基づいて生じた債権を相殺によって回収することへの期待は，既に差押えの前に形成されている。したがって，この場合には，差押えがあったにもかかわらず，第三債務者の相殺への期待は保護に値する」）を指摘し，立案担当者と基本的に同じ説明がされる。

そして，「前の原因」の解釈としては，破産法72条2項をめぐる解釈を参照することが有意義とし，「<u>自働債権の発生原因が形式的・客観的に差押えの時点よりも前に存在していたというだけでは足りず</u>，自働債権と受働債権の内容および相互の関連性を考慮したときに相殺の合理的期待があるか否かによって判断すべきである」（下線部筆者）とされる[11]。これは，「前の原因」を相殺の合理的期待に事実上読み替え，相殺の合理的期待の検討については，自働債権と受働債権の内容に加えて，その関連性をも考慮するというものである[12]。そして，具体的事例の検討においては，牽連性がある場合には上記のような観点から相殺期待の合理性を検討し，逆に牽連性がない場合は「自働債権を生じさせた「原因」が第三債務者の相殺への期待を直接かつ具体的に基礎づける程度のものであるか否かを個別に判断するほかない」とされる[13]。

(2) 中井説の概要

次に，中井弁護士の見解である[14]。中井説は，まず包括執行との平仄という観点につき倒産弁護士の立場から詳細に批判される点が特徴的である[15]。すなわち，①利益状況の差異として，差押えの場合の第三債務者は受働債権以外の財産からも回収可能であり（破産手続では財団からは回収できない），（その点は差押債権者も同じであるとしても）「執行手続を経た汗を流した差押債権者」の利益を重視すべきとする。また，②破産法70条の寄託制度は，「差押えの場面

---

(11) 潮見・前掲注(10)313頁参照。
(12) その点で，後述の中井説は客観的な牽連関係を要求する点で，「本書の立場に比して，相殺への合理的期待が認められる範囲が狭くなるように思われる」と評されている（潮見・前掲注(10)314頁注170参照）。
(13) 潮見・前掲注(10)314頁以下参照。
(14) 中井康之「相殺をめぐる民法改正」今中利昭先生傘寿記念『会社法・倒産法の現代的展開』（民事法研究会，2015年）717頁以下参照。
(15) 中井・前掲注(14)721頁以下参照。

より破産の場面は、なお相殺保護が図られている」とする。さらに、③破産の場合、手続開始後の債権は通常財団債権になるので、原因の有無は争点とはならないのに対し、個別執行の場合はまさに原因の有無が争点になるところ、「前の原因」の解釈は破産法上も不安定であるとされる。特に、牽連性を不要とすると、差押債権者が取立訴訟等を起こしても、第三債務者は条件成就等を待つ戦略に出て、債権執行の実効性を弱めるおそれがあると批判する。

そして、結論として、まず牽連関係のない場合は、差押前の契約の存在だけで前の原因を認めると、相殺できる範囲が広くなりすぎるとして、自働債権の具体的な発生原因に基づき判断すべきとする[16]。他方、牽連関係のある場合には、「客観的な牽連関係基準で相殺の可否を判断するのが相当」とし、被差押債権と自働債権が同一の契約に基づく債権とすれば相殺を認める一方、「主観的な牽連関係基準は、当事者間の合意で差押不能財産の創出を認めることになり」相当ではないと評価する[17]。なお、解釈論上、民法469条2項2号は「譲渡債権と反対債権は、当事者を異にして債権債務の対立関係がないから、確認のために規定を置いたにすぎない」として、債権譲渡の場合と異なり、差押えの場面で同号のような規定がないことは、上記解釈にとって障害にはならないとされる[18]。

(3) 潮見説・中井説の整理

以上のような潮見説と中井説については、以下のような点が指摘できる。まず、両者は（潮見説の自己評価にかかわらず）基本的には同方向の見解といってよく、全体として、相殺の合理的期待の有無によって前の原因の有無を判断するものと言えよう。

そして、①牽連性の制限的作用につき、牽連性がない場合は自働債権の発生原因に基づく判断になるとし、単に契約等があればよいというものではないとして肯定する。この点は「自働債権の発生原因が形式的・客観的に差押えの時点よりも前に存在していたというだけでは足り」ないとする潮見説において明

---

[16] 中井・前掲注(14)730頁以下参照。個々の具体的事例に関する帰結については、同724頁以下参照。
[17] ただ、客観的牽連関係基準説の問題点として、「牽連関係がない場面で、同じ原因に基づく自働債権の範囲について、それと異なる基準を採用できるのか、仮に、異なる基準を採用するとすれば、それを正当できるのか」「条文解釈としても許容できるのか」といった問題意識を示されている点には注意を要する。
[18] 道垣内弘人＝中井康之編著『債権法改正と実務上の課題』（有斐閣、2019年）222頁〔中井発言〕参照。

確であり,「差押え前の契約の存在だけで前の原因を認めると, 相殺できる範囲が広くなりすぎる」とする中井説も同旨とみられる。

他方, ②牽連性の拡張的作用についても, やはり単純な前の原因の存在を求めないことが示唆される。前の原因を合理的相殺期待に読み替える点は潮見説に顕著であり, 中井説は必ずしも明確でないが, 債権譲渡に関する民法469条2項2号をここでも援用するとすれば, 拡張的作用も肯定する趣旨と考えてよいであろう。

ただ, 両説の評価においては, ①を強調するか②を強調するかで意味合いが相当に異なり, この点は後述の他の積極説でも不明確な場合が多く,「呉越同舟」的支持とも言えなくはない。

(4) その他の積極説

両説のほか牽連性の考慮に肯定的な見解も多くあるが, 様々なニュアンスがある。以下では, 網羅的ではないが, 若干の検討を試みる。

まず, ②の拡張的作用の側面を重視して支持する見解が多くみられる。中西説は,「互いに担保視し合う債権・債務」については, 前の原因(合理的な相殺期待)を早い段階に認めて相殺を可能にするというもので, ②の側面を重視した見解である[19]。道垣内説も,「債権内在的な減額と考えられるような相殺は, 差押えの後でも当然に認められるべきである」とし,「(469条2項2号の)類推適用というよりは, 一部不発生・減額に類する場合には, 相殺の制限の規律が及ばないといったほうがよい」として, やはり②の側面を支持される[20]。同様に, 岡説は,「前の原因」につき自働債権成熟度説ともいうべき興味深い考えを示されるが, 牽連性との関係では, 民法469条2項2号につき「差押えの場合にも準用等を認めることが相当」として, やはり②の側面の積極説といえる[21]。

他方, むしろ①の制限的作用の側面を論じる見解として, 山田説は, 中井説・潮見説を引用しながら,「自働債権と受働債権との関係に着目して, 条文の文言よりも適用の範囲を限定する点で共通点がある」と評価し,「合理的期待の具体化として牽連性概念が重要な役割を果たす可能性を示す」ものとする。ただ, 結論としては, 牽連性は合理的期待の1つの徴表ではあるが,「牽連性

---

(19) 中西正「民事手続法における相殺期待の保護(下)」NBL1048号(2015年)54頁以下参照。
(20) 中田裕康ほか『講義債権法改正』(商事法務, 2017年)262頁〔道垣内弘人〕参照。
(21) 岡正晶「差押え・債権譲渡と相殺」金法2054号(2016年)34頁参照。

がなければ合理的期待が存在しないという強い主張が可能であるかは、別の問題」とされ、解釈論として①の側面の支持とまでは言い難い[22]。

その他、どちらの側面を論じるか、あるいは解釈論としてどのような見解を支持するか、明確でない見解も多い。例えば、深谷説は、前の原因の解釈に当たっても「破産法における原因概念以外の……要素も考慮に入れるべき」とし、その際には改正フランス民法1348-1条の牽連性概念の解釈も参考になるとされるが[23]、①②のいずれの作用について論じているか、解釈論の帰結がどうなるか、明確とは言い難い。

2 牽連性論消極説——中田説・沖野説等

以上のように、民法511条2項の解釈論として自働債権と受働債権の牽連性を考慮に入れる見解に対しては、その趣旨に理解ないし共感を示しながらも、結論的には消極に解する見解も多く示されている。代表的な論者として、中田教授及び沖野教授の見解がある。

(1) 中田説の概要

まず、中田教授の議論である[24]。中田説は、まず破産法との関係につき、立案担当者の破産手続との均衡論に対し「そもそも破産法2条5項と511条2項の目的は異なっている。破産手続開始の場合よりも差押えの場合の方が相殺の範囲が広くてよいという理解については、破産法上の否認権と詐害行為取消権の関係では問題となった政策的考慮……のような事情もなく、根拠が明確でない」とし、同条項については二債権者間の公平の観点から考えるべきものとされる。

その上で、牽連性[25]に関して、積極説に対する批判として「相殺の対抗可能性を合理的な範囲に限定しようという趣旨は理解できるが、そのための規律を提示した改正民法の解釈において、それとは異なる制限を課すことは、かえって混乱をもたらすおそれがある」とし、その理由として、①牽連性を要するとすると、511条2項但書の適用対象がほとんどなくなる点、②469条2項2号を同項1号や511条2項と区別して設けた意義も損なわれる点を挙げ、「少なくとも当面の間、改正民法のとった構成のなかで、その実質化を目指すこと

---

(22) 山田八千子「相殺——債権の牽連性」ジュリ1511号（2017年）32頁以下参照。
(23) 深谷格「『差押えと相殺』に関する民法改正について」安永正昭ほか監修『債権法改正と民法学Ⅱ』（商事法務、2018年）339頁参照。
(24) 中田裕康『債権総論〔第4版〕』（岩波書店、2020年）488頁以下参照。
(25) 中田教授は「関連性」と呼ばれる（中田・前掲注(24)486頁参照）。

が適当である」と評される。積極説の①の制限的作用の側面を対象とした批判といえよう。

(2) 沖野説の概要

次に，沖野教授の議論である[26]。沖野説も，破産法との関係[27]につき，「そこから直ちに，民法511条2項の「前の原因」が，破産法2条5項と同じ内容であるという帰結が導かれるわけではない。両者は趣旨・目的が異なるからである。すなわち，破産法2条5項は，……破産手続における権利行使のできる債権の範囲を切り分けるための基準として，設定されている。これに対し，民法511条は，差押債権者（個別執行）との関係で，相殺により第三債務者が保護されることを正当化する相殺の合理的期待を画するための基準として，設定されている」とし，「『相殺に対する合理的期待の有無を評価するための規範的要件』として，破産法2条5項とは必ずしも連動せずに，解釈されるべきものと言えよう。そしてまた，破産法72条に現れる倒産法における相殺の合理的期待の内容は，このような規範的要件の解釈として参照されることになる」とされる。

そして，牽連性については[28]，債権譲渡の場合との類比として，「差押えと相殺においては債権譲渡とは状況が異なる上，あえて新たに取引をするのであれば相殺の保護はないものとして第三債務者は覚悟すべきであるという政策判断とみることもできなくはない」とする一方，積極説の法律構成として「債権譲渡の当該規定は確認規定であるという解釈，差押えと相殺の場合の「前の原因」の判断に含みうるという解釈（債権譲渡とは異なりうる），債権譲渡に関する当該規定の類推適用によるといった構成」があるものの，「いずれも難があることを否めない。解釈論として，ハードルが高い」との結論に達する[29]。全体として，積極説の②の拡張的作用の側面を対象とした批判といえよう。

(3) 中田説・沖野説の整理

中田説・沖野説に共通している点として，まず破産法との対比を極度に重視

---

(26) 沖野眞已「相殺に関する民法改正法下の解釈問題」金融法務研究会『民法（債権関係）改正に伴う金融実務における法的課題』（2018年）52頁以下参照。
(27) 「前に生じた原因」か「前の原因」かの問題につき，破産法68条・70条の趣旨から説明し，同法2条5項の定義に関する議論が参考になるとされる。正確な理解といえよう。
(28) 沖野教授もやはり「関連性」の用語を使われる（沖野・前掲注(26)60頁参照）。
(29) そして，中井説の挙げられる牽連性のある場合の具体例については，代金減額請求や相殺合意（基本契約における相殺の特約など）等法定相殺の解釈とは別個の方策によって対応すべきものとされる。

すべきでないという見方がある。また，牽連性論について，その趣旨には共感できるものの，解釈論としては困難であるという結論においても共通する。他方，両説が主に取り上げる側面にはやや相違が見られる。すなわち，中田説が①牽連性の制限的側面を批判するのに対し，沖野説が②牽連性の拡張的側面を主に批判の対象とするように見える。ただ，いずれにしても解釈論としては困難という結論に落ち着いている点は興味深い。

(4) その他の消極説

以上のような両説の傾向は，牽連性要件を批判する他の見解にも共通する。①の側面を主に否定する見解として，例えば，平野説は，「牽連性は必須の要件ではなく，法定の担保を認めるにふさわしい相殺の合理的期待が成立していると認められるだけの根拠・理由があればよい」とするし[30]，②の側面を主に否定する見解として，（中井弁護士との対話の中で）野村教授は，「469条2項2号のような規定を511条のほうに置かなかったということで，両者を意識して区別して扱っていると言わざるをえない」とする[31]。また，両側面を区別せずに否定的見解を示す論者も多く，例えば，三枝説は，牽連性を民法511条2項の解釈に取り込むことは「解釈としては否定されるべきである」とする[32]。

3 小　括

民法上の議論では，牽連性概念を意識する論述が一定程度存在し[33]，その考慮について全体的には好意的な見解が多い。消極説も破産法の規律との平準化には忌避感を示しているが，これは民法学説としては自然なところであろう。積極説と消極説を分ける分水嶺は，解釈論としてどこまで行けるかという認識の相違のようにも見える。

そして，本稿が特に着目する上記①（制限的作用）と②（拡張的作用）の区別については，明示的に意識されていないことが多いものの，全体としては，①の面については慎重な見解が多いが，②の面については積極的見解も多いよう

---

[30] 平野裕之『新債権法の論点と解釈〔第2版〕』（慶應義塾大学出版会，2021年）316頁参照。
[31] 道垣内＝中井編・前掲注(18)223頁〔野村豊弘〕参照。ただ，「解釈論が今後どう展開していくかということも，他方で注目に値する」ともされる。
[32] 三枝健治「相殺——「前の原因」による相殺の拡張」法教465号（2019年）90頁参照。
[33] ただ，実際には簡単な叙述に止まるものも多く，そのような見解が牽連性論につきどのように考えているのかは定かでない。

に見える。つまり，牽連性がなくても単純な原因があれば前の原因を否定すべきではない（相殺を肯定すべきである）が，牽連性があれば単純な原因がなくても前の原因を肯定すべき（やはり相殺を肯定すべき）という方向性である。その帰結は，民法469条2項2号を類推した場合に近いが，解釈論としての可能性については両論ある。ただ，その場合，単に牽連性のみではなく，より広い範囲の要素を考慮すべきとする見解が多いと言えようか[34]。

Ⅳ 倒産法における議論の状況

1 対比されるべき問題

以上のように，民法上の議論として，牽連性につき一定程度考慮する見解が示されているが，それでは，今回の規律の背後にある倒産法ではどのような議論がされているのであろうか。次に，この点を確認してみたい。

倒産手続との平準論は，個別執行における差押えと，包括執行である破産における「差押え」に相当する手続開始決定とをパラレルに捉える理解が前提となる。換言すれば，倒産手続開始前に現実化していなかった自働債権（停止条件付債権，将来の請求権等）が手続開始後に現実化した場合の相殺の可否の問題である。そうだとすれば，この問題で直接対比されるべきは，破産法70条の規律ということになる。そこで，以下ではまず同条の理解から議論を始める。

2 破産法70条における牽連性

破産法70条前段においては，自働債権は破産手続開始時における「停止条件付債権又は将来の請求権」であり，それは破産債権であることが前提とされている。そして，破産債権とは「破産者に対し破産手続開始前の原因に基づいて生じた財産上の請求権」である（破2条5項）。なお，同条の相殺の法律構成は，破産手続開始後受働債権に係る債務の弁済を解除条件付で行い，停止条件付債権等の条件成就等による現実化によって，解除条件が成就して弁済の効力が消滅し，債権債務の対立関係が復活して相殺がされる（寄託金については財団の不当利得となり，財団債権として返還される）ものと解されている[35]。その意味で，寄託がされているかどうかにかかわらず，手続開始後に停止条件が成就

---

[34] 潮見説にいう「自働債権と受働債権の内容等も考慮した相殺の合理的期待」という総合判断である。

[35] このような法律構成につき，同条後段との関係であるが，筆者の理解を示すものとして，山本和彦『倒産法制の現代的課題』（有斐閣，2014年）194頁以下参照。

等すれば，相殺が可能であることが，この規律の当然の前提となっていると言える。

　そうすると，民法511条2項とパラレルな問題は，破産法70条の自働債権，すなわち同法2条5項の「前の原因」について，合理的相殺期待ないし牽連性がいかに作用するかという点である。そして，同条の理解として注目されるべき点は，危機時期における相殺の問題（後述3参照）とは異なり，合理的相殺期待や牽連性を求めるような見解は従来存在しなかったという点である。換言すれば，停止条件付又は将来の請求権として手続開始時に成立してさえいれば，アプリオリに合理的な相殺期待があることを前提に従来議論が展開されてきたものと解される。例えば，条解破産法は，「破産手続開始の後に，最後配当に関する除斥期間の満了までに停止条件が成就すれば，相殺適状が発生して相殺をすることができるようになるのであり，そのような相殺に対する期待は保護に値する」（下線部筆者）と論じる[36]。また，山本克己教授も合理的相対期待の有無は問題にしない[37]。

　ただ，この論点については，従来，判例等でほとんど問題になっておらず，この関係での「前の原因」の議論が深まっていないとの印象は確かに否めない。前述のように（Ⅲ1(2)参照），中井説なども「前の原因」の倒産法上の解釈が不安定であるにもかかわらず，民法でそれが援用されることに懸念を示していたところである。後述のように，倒産法学説の側でもこの概念についてはなお深める余地があろう。

3　破産法72条2項2号における牽連性

　以上とは区別されるべき問題として，危機時期前に原因があった自働債権が危機時期後に現実化した場合の破産法72条2項2号に定める「前に生じた原因」との関係での合理的相殺期待や牽連性の意義がある。この点は，直接民法511条2項とは関係しないが，前述のとおり，立案過程でも立法後もこの点に関する判例等の議論を「前の原因」の解釈との関係で援用する見解が跡を絶

---

(36)　伊藤眞ほか『条解破産法〔第3版〕』（弘文堂，2020年）563頁参照。
(37)　竹下守夫編集代表『大コンメンタール破産法』（青林書院，2007年）303頁以下〔山本克己〕参照。自働債権額が破産手続開始時に未確定の場合に問題はあり得るとしながらも，結論としては現実化後の相殺を許容される。

第3部　その他

ない[38]。そこで，以下ではこの点の議論を見てみたい[39]。

(1) 判例法理

この点に関する判例法理として，「前に生じた原因」につき相殺の合理的期待と同視する方向性があり（解釈による「読み替え」），近時それを明確にしたものとして，民事再生の事案で，かつ，受働債権側の問題（民再93条2項2号）に関するが，最判平成26・6・5民集68巻5号462頁（平成26年判決）がある。この判決は，同号において「債務の負担が『支払の停止があったことを再生債権者が知った時より前に生じた原因』に基づく場合には，相殺の担保的機能に対する再生債権者の期待は合理的なものであって，これを保護することとしても，上記再生手続の趣旨に反するものではないことから，相殺を禁止しないこととしている」との一般論を前提に，再生債権者が「本件債務をもってする相殺の担保的機能に対して合理的な期待を有していたとはいえず，この相殺を許すことは再生債権についての債権者間の公平・平等な扱いを基本原則とする再生手続の趣旨に反するものというべきである。したがって，本件債務の負担は，民事再生法93条2項2号にいう『支払の停止があったことを再生債権者が知った時より前に生じた原因』に基づく場合に当たるとはいえず，本件相殺は許されない」と帰結する。合理的相殺期待を「前に生じた原因」に直結させる解釈として注目されるが，牽連性の問題は判旨には表れていない。

次に，牽連性が直接問題となったものとして，破産手続で自働債権が問題になった（破72条2項2号関係の）判例として，最判令和2・9・8民集74巻6号1643頁（令和2年判決）がある。すなわち，「上告人は，本件各未完成契約の締結時点において，自働債権と受働債権とが同一の請負契約に基づいて発生したものであるか否かにかかわらず，本件各違約金債権をもってする相殺の担保的機能に対して合理的な期待を有していたといえ，この相殺を許すことは，上記破産手続の趣旨に反するものとはいえない。したがって，本件各違約金債権の取得は，破産法72条2項2号に掲げる『支払の停止があったことを破産

---

(38) 前述のとおり，潮見説はこの点に関する破産法学説を参照しているが，その意味で厳密には相当でないと思われる。但し，伊藤眞『破産法・民事再生法〔第5版〕』（有斐閣，2022年）551頁注160も「改正民法511条2項本文も，破産法72条2項2号と同趣旨の規定であり，……前に生じた原因の意義については，破産法上の議論が参考となろう」とする。

(39) なお，下記判例以前に「前の原因」との関係で牽連性を論じる見解として，例えば，藤田友敬・判批・法協107巻7号104頁，藤本利一「相殺期待の合理性について」民訴64号（2018年）111頁などがあった。

者に対して債務を負担する者が知った時より前に生じた原因』に基づく場合に当たり，本件各違約金債権を自働債権，本件各報酬債権を受働債権とする相殺は，自働債権と受働債権とが同一の請負契約に基づくものであるか否かにかかわらず，許される」とした。そこでは，「前に生じた原因」を合理的相殺期待で読み替える考え方を維持するとともに，牽連性を要求するかは明らかにしないものの，少なくとも契約の同一性は不要とする。

(2) 調査官解説

以上のような判例法理を理解する上で，調査官解説が重要である。まず，平成26年判決の解説[40]は，相殺の担保的機能の合理性の判断につき，「当該特定の法律関係の具体的な内容や，当該特定の法律関係と受働債権発生の結び付きの程度，<u>自働債権と受働債権との牽連性の程度</u>等，個々の事案における事情を考慮して判断する必要がある」（下線部筆者）として，牽連性を考慮事由の1つとして挙げる。ただ，本件では，「特に自働債権と受働債権との牽連性の観点から，Y銀行の相殺の担保的機能に対する期待が強いとはいえない」とする[41]。その意味で，牽連性の点は本件判旨と直接の関係はなく，一種の傍論的叙述と解される。

これに対し，令和2年判決の解説[42]はより直截にこの点を論じる。すなわち，「相殺の担保的機能に対する期待を保護するために，危機時期等の「前に生じた」原因に基づき債権の対立が生じた場合には相殺禁止の例外としているのであって，自働債権と受働債権の牽連性に着目した規定は置かれていない。加えて，牽連性の有無で区別するとすれば，同じ自働債権であっても，受働債権によって「前に生じた原因」の有無が異なることになりかねず，文言解釈として不自然と思われる」ことから，「上記の考慮事情③（牽連性）は，……上記の考慮事情①，②によっては相殺の担保的機能に対する期待が合理的とはいい難い場合において，自働債権と受働債権との牽連性の存在によりこれを肯定する余地を残したものと解し得るところであり，自働債権と受働債権との牽連性がないことをもって相殺の担保的機能に対する合理的な期待を否定することは，慎重に検討する必要がある」と論じる。平成26年判決解説の立場につき，一種の軌道修正を試みたように見える。令和2年判決解説の立場は，前述①（牽連性の制限的作用）については否定的ニュアンス（「慎重に検討する必要がある」）

---

(40) 大森直哉・解説・最判解民事平成26年度264頁以下参照。
(41) 大森・前掲注(40)268頁参照。
(42) 野中伸子・解説・法曹時報74巻9号（2022年）140頁以下参照。

である一方，②（牽連性の拡張的作用）については解釈の可能性を残す（「これを肯定する余地を残した」）ものであり，前記民法学説の動向とも符合するものであり，興味深い。

(3) 私　見

このような判例に関する筆者の理解は以下のとおりである。まず，平成26年判決の合理的相殺期待「読み替え論」については，判旨が上記一般論を述べた意図を推測し，「本件では停止条件付債務が危機時期前に既に成立しているところ，そのような場合であっても，「前に生じた原因」はないという理解に至っている。……つまり，条件付債務が契約に基づき危機時期前に成立しているとすれば，条件が成就して最終的に発生した当該債務にとって，その契約は「原因」ではないということになるのであろうか。それは，ある債務にとって，その発生原因である契約が発生原因ではないというに等しく，一種の論理矛盾に近いもののように思われる。この点をクリアして相殺制限を適用するためには，「前に生じた原因」を合理的相殺期待に法律要件として置換するという論理的操作が不可欠であったのではなかろうか。そうすることによって，既に条件付債務が発生しており，表見的には「原因」が存在するようにみえても，その点には触れずに，合理的な相殺期待がないとすれば，それを根拠として直ちに相殺を否定できるからである。しかるに，……それは一種の解釈による立法に等しい行為であったようにも思われる」と評価している[43]。その結論の当否はともかく，このような解釈態度は「解釈による立法」に等しいとしたものである。

次に，令和2年判決の牽連性に関する判断については，「平成26年最判は，債権債務間に牽連関係のない事案であったが，本判決はまさにその牽連性が正面から問題とされた。ただ，牽連性を正面から問題にすることは，債権につき「前に生じた原因」の有無を要件とする条文と大きな乖離を生じる。けだし，牽連性の有無で区別するとすれば，同じ自働債権であっても，受働債権甲との関係では前に生じた原因があるが，乙との関係では原因がないという事態が生じ得るが，文言解釈としては極めて奇異であり，立法論の色彩を帯びかねないからである。牽連性につき平成26年最判調査官解説は考慮要素として認めるが……，本判決は限定的な捉え方をした……。もともと牽連性を問題にすることは立法論に踏み込んだ部分が大きいとの理解からは，本判決の慎重な姿勢を

---

(43) 山本和彦「相殺の合理的期待と倒産手続における相殺制限」金法2007号（2014年）6頁以下参照。

支持できる」とし，文言解釈としての不自然さを強調し(44)，批判のトーンを強めている(45)。総じて，判例のような理解は，実質論として理解できないではないものの，解釈論としては（制限的作用のみならず拡張的作用との関係でも）行き過ぎではないかとの見方を示したものである。

V 若干の検討

1 倒産法との整合性

まず，今回の規律の1つの根拠とされた倒産法の規律との整合性の観点である。この点でまず注意すべきは，前述の①と②の区別である。すなわち，破産との均衡説によって否定されるべきは，①の制限的作用の側面のみである。それによれば，平時の方が相殺の範囲が狭くなる（倒産時の方が広くなる）からである。これに対し，②の拡張的作用の側面はこの議論の影響を受けない。平時の方が相殺の範囲が広くなることは（この観点からは）何ら問題がないからである。そこで以下では，①との観点で，この議論を整理したい

前述の立法の経緯からも明らかなように，民法511条2項の出発点として，破産法70条の規律があることは間違いない。同条は，前述のように，停止条件付債権及び将来の請求権(46)につき，破産手続開始後に相殺ができることを前提としたものである。そうすると，破産法70条の対象（停止条件付債権＋将来の請求権）＝破産債権－（既に現実化している債権＋期限付債権＋解除条件付債権）となるのであり，換言すれば，破産債権は全て手続開始後に相殺適状になれば相殺が可能と解されることになる。

そこで，破産法70条の対象の実質としては破産債権概念が重要であり，その定義（破2条5項）は，民法511条2項の対象と完全に重なる。その意味で，包括執行である破産手続の開始と個別執行の差押えをパラレルに位置づけるものであり，筆者の認識としては正当なものと評価できる。この点につき，前述のように，（積極説はもちろん）消極説である中田説や沖野説においても，破産

---

(44) この点は，前述の令和2年判決解説と同旨である。
(45) 山本和彦「請負契約に基づく違約金債権を自働債権とする相殺と破産法上の相殺制限」金判31号（2021年）44頁以下参照。
(46) なお，「将来の請求権」の意義について，私見はいわゆる控除説をとっており（山本和彦「破産債権の概念について──『将来の請求権』の再定義の試み」徳田和幸先生古稀祝賀『民事手続法の現代的課題と理論的解明』（弘文堂，2017年）731頁以下参照），破産債権に係る一部具備説を前提に，既に実現した債権及び期限付・条件付債権を除く全ての破産債権がここに含まれるものと解している。

法の規律との整合性を過度に意識すべきでない旨の評価がある。確かに金科玉条のごとく破産法との一致のみを強調すべきではなく，実質論としてその整合性を正当化できるかが重要である。ただ，両説が民法511条2項につき破産法2条5項の趣旨と比較する（その結果，趣旨が異なるとする）点には疑問があり，本来比較の対象とすべきはむしろ破産法70条であり，同条が，手続開始後の現実化を踏まえた相殺につき，手続開始前に破産債権となる程度の「原因」があれば足りると政策決定している点との比較が重要である。確かに民法511条2項は破産法2条5項とは規律目的を異にしているが，破産法70条とは規律目的（受働債権が個別・包括で差し押さえられた場合に，どの範囲で相殺が許容されるかを規制する目的）は基本的に共通といえよう。この点で従来破産法上，停止条件成就等の後の相殺に対する期待は単に「保護に値する」とされ，その理由は詳細には述べられていないが，破産手続において破産債権として配当が得られる地位が確立されているのであれば，相殺の担保的機能を合理的に期待できる地位にあると解されてきたものといえよう[47]。

そして，その実質的根拠としては，差押えの場合の方が倒産の場面よりも相殺ができる範囲は同等ないし広くなるべきであるとの理解がある。いわゆる「逆転現象論」である[48]。換言すれば，個別執行の局面の方が，債権者平等を重視すべき倒産の場合に比して，相殺を強く制限することの合理性への疑問ということになる。この点については，中井説からの批判がある（Ⅲ1(2)参照）。ただ，まず差押えの場合の第三債務者は受働債権以外の財産からも回収可能である点であるが，責任財産の不足があるとすれば，相殺権者よりもむしろ一般債権者を強く保護する必要があるのではなかろうか。破産手続において債権者平等がより強く貫徹すべきであるとすれば[49]，合理的相殺期待や牽連性を差押えとの関係で求めるとすれば，破産との関係でもそれらを求めるのがスジではないか。逆に，破産で求められていなければ，差押えでも求めるべきではなかろう[50]。

また，「汗を流した差押債権者」の利益を重視すべきという点，すなわち差

---

(47) 但し，アプリオリにそれが言えるかは，後述2参照。
(48) 森田・前掲注(4)106頁は，「そこには，詐害行為取消権について強力に主張された『逆転現象の克服』と同質の判断がある」と評されるが，相当な評価であろう。
(49) 公告・通知による配当機会の確保，偏頗行為否認と詐害行為取消権の要件の差異，相殺権の制限等にその趣旨が表れている。
(50) 仮に相殺権を一種の担保とみるとしても，平時より倒産時に担保権者の保護を強めていることはない（むしろ倒産時の担保権者の権利行使は一般に制約を受けている）。

押債権者の「努力賞論」は政策論として分からないではない。しかし，債権譲渡の場合に牽連性による制約を受けないとすれば，差押債権者が転付命令を取得した場合に相殺で対抗され，取立訴訟の場合には対抗されないという帰結になりうるが，それは妥当であろうか。また，例えば取立訴訟の途中で破産手続に移行して破産管財人が執行手続を続行したような場合に，(そのまま取立訴訟が続いていれば相殺は主張できなかったはずであるのに) 破産管財人との関係で相殺が対抗できるようになることは，やはりおかしくはないか[51]。極端な場合，被告は相殺を狙って破産手続開始を申し立てるおそれもある。実体法上その相殺が保護に値するのだとすれば，債権執行に影響が及ぶことはやむを得ないのではなかろうか[52]。

他方，中井説のもう1つの批判，すなわち，破産法70条が寄託請求を認めており，それを認めない個別執行の場合よりも相殺の範囲を広げており，その意味で(今回の改正を前提にしても) 破産の方が相殺できる範囲は実際上広く，「逆転現象」はなお残存しているとの批判は確かに正当である。1つの説明としては，この規律はあくまでも手続的・技術的な制度構成の問題であり，寄託といった取扱いは，①破産管財人という財産管理主体の存在，②破産手続という一定の時間を要する手続の性質等から例外的に実現したものであり，個別差押えの場合には同様の制度構成が技術的に困難であった結果に過ぎない，その意味で，技術的制度構成の差異は直ちには実体的な相殺の範囲には影響しないという反論はあり得よう。ただ，より抜本的には，水元説[53]や中西説[54]の指摘するように，将来的には寄託請求制度の見直しや廃止の可能性もあり得よう。

以上，①との関係では，依然として破産との均衡論は維持できるのではない

---

(51) 停止条件付の受働債権が債務者にある場合に，①債務者がそのまま自働債権を保持している場合，②債権が差し押さえられて取立てがされる場合，③債権が差し押さえられて転付命令がされる場合，④債務者が破産した場合のうち，①③④は停止条件が成就すれば相殺が対抗されるのに，②のみ対抗されないという帰結の相当性は疑わしい。

(52) なお，中井説は他にも，破産手続の場合，自働債権は通常財団債権になるという理解から，破産では「前の原因」の有無は実質的に問題にならないとも指摘される。これは，双方未履行契約の場面を前提にした叙述と思われる。確かに現実に問題となるのはそのような場面が多いとも思われるが，破産法の規律内容自体はより一般的なものであり，牽連性のない場合についても破産法は相殺の合理的期待を認め，純粋の破産債権として前の原因の有無が勝敗を決するのであり，規律の正当性を考えるに当たっては，この点を主にして論じるべきではないかと思われる。

(53) 水元宏典「倒産法における相殺規定の構造と立法論的課題」事業再生と債権管理136号 (2012年) 15頁参照。

(54) 中西・前掲注(19)53頁参照。

かと考える（前述のように，民法でも破産法判例でもこの面では牽連性論について慎重な意見が多い）。ただ，②の側面はこの問題とは関係がなく，民法学の潮流として（また破産法72条の判例の流れとしても）牽連性がある場合に相殺を積極的に認めていく方向が優勢であるとすれば，そのこと自体には特に異論はない[55]。

2 合理的相殺期待論の評価

　前述のとおり，判例は，破産法72条2項2号の解釈において，危機時期より「前に生じた原因」につき相殺期待の合理性への実質的な概念の置き換えを図っている。筆者の認識では「解釈による立法」に近いものであるが，やはり前述のように，この点の議論は本件問題と直接の関係はないものである。ただ，危機時期における債権対立に基づく相殺につき合理的相殺期待に読み替えながら，破産手続開始後の債権対立に基づく相殺では合理的相殺期待を一切問題にしないとすれば，そのような区別に実質的な妥当性があるのかは疑問もあろう。本来は，手続開始後の債権債務の対立に基づく相殺については，より強く規制されるべきとの考え方もあり得る。少なくとも，手続開始前につき合理的相殺期待が必要とされるのであれば，手続開始後においても同様と解する余地はあり，手続開始後の債権債務の対立の場合に無制限に相殺できるとするのは，やや不均衡とも思われる。

　その意味で，破産法70条との関係でも合理的相殺期待論が妥当するとの理解は十分に成立可能である。従来は，停止条件等破産手続開始前に自働債権の発生原因があれば，無条件に合理的相殺期待があると考えていたとみられるが，危機時期に関する判例に鑑みれば，停止条件付債権等が成立している場合であっても，なお合理的相殺期待がないとされる場合もありうる。したがって，停止条件付債権等につき破産手続開始後に停止条件等が成就したとしても，合理的相殺期待がない場合には相殺は許されないとする解釈論は成立可能であろう。

　そして，以上のように，差押え後に発生した自働債権に基づく相殺につき合理的期待を必要とする解釈論をとるのであれば，破産法70条についても同様の解釈論を提示する可能性はある。それであれば，（解釈による立法に近いとの評価はなお免れないものの）破産法との均衡論からも受容可能であろう。

　上記のような議論は，やはり①の制限的作用に主として関するものであり，

---

[55] 但し，牽連性の解釈論にはなお困難が残る点については，3参照。

そこでは，倒産法の場面（破産法70条の解釈）にもパラレルにそれを導入することを条件に，差押えの場面での「前の原因」につき相殺の合理的期待論を導入することはあり得よう。他方，②の拡張的作用の面では，倒産法との平準化は意識する必要はなく，純粋に民法の解釈として，合理的相殺期待を「前の原因」の内容として考慮することが可能であろう。

3　牽連関係論の評価

　以上のように，合理的相殺期待に基づく相殺制限・相殺拡張の解釈論を（前者については破産法70条とセットで）民法511条2項との関係で導入する可能性があるとしても，更に合理的相殺期待の中で自働債権と受働債権の牽連性を考慮することには，なおもう一段のハードルがあるように思われる。前述のように，破産法72条2項2号に関する令和2年判決解説は，①相殺の制限的作用としての牽連性には慎重であり，逆に②相殺の拡張的作用としての牽連性の余地を残す理解をとる。また民法学説においても，同様の傾向が見受けられたところである。

　しかし，筆者は，このような牽連性の解釈論としての導入にはやはり賛同できない。合理的相殺期待論を仮にとるとしても，受働債権の性質やそれとの関連性にまでその趣旨を及ぼすことは解釈論の「矩を超える」と考えられるからである。自働債権につき「前の原因に基づいて生じた」かどうかが条文上要件とされている以上，その解釈の余地はあくまでも自働債権の性質の範囲に止まるべきである。受働債権がいかなるものであれ，同じ自働債権については同じ基準で相殺の可否が決まるのでなければ文言上おかしいからである。換言すれば，受働債権Ａとの関係では自働債権の「前の原因」があり，受働債権Ｂとの関係ではそれがないとする理解は，解釈論としては説明が付かない[56]。以上の理解は，①及び②の場面いずれでも同様であり，解釈論の域を超えるものと解される。

　ただ，②の拡張的作用の関係では，「前の原因」の解釈としてその拡大が困難だとしても，別の相殺可能事由を加える方向で，牽連性を考慮する立場はなおあり得ないではない[57]。具体的には，債権譲渡に係る民法469条2項2号の類推適用などの解釈である[58]。しかし，これは，債権譲渡の場合には牽連性を

---

(56)　前述のとおり，調査官解説も同様の理解を示唆する。
(57)　他方，①の制限的作用の側面では，このような解釈論はあり得ない。
(58)　なお，同号を確認規定と解する考え方は，もともと牽連性が「前の原因」に含まれ

明文化しながら，あえて差押えとの関係では規定しなかったという立法経緯があるにもかかわらず，（立法から数年も経たない内に）その類推適用を説くことになり，やはり無理が否めない。中田説や沖野説が示すとおり，解釈論としての困難性は明白である。

ただ，このような牽連性導入論の実質的正当性（立法論）についてはなお議論があり得よう。少なくとも拡張的作用については，学説や判例の動向に鑑みても，それを正当化することに一定のコンセンサスが形成されつつあるようにも見え，筆者自身もそれを否定するものではない[59]。仮に実質論としてこれが正当であるとすれば，それは立法論として正面から議論すべきものであろう[60]。その際には，拡張的作用に関する限りでは，倒産法との整合性は考慮する必要はなく，民法独自の立法として（民法469条2項2号と同様の規定を設けることも含めて）考える余地があろう[61]。なお，制限的作用についてももし立法論を考えるとすれば（慎重な検討が必要と思われるが），本稿の立場によれば常に倒産法の規律とセットにして考えていく必要があることになろう。

Ⅵ おわりに

最後に，前述の①と②の区別に応じて，本稿の結論を簡単にまとめておく。

まず，①の制限的作用（「牽連性がない場合は「前の原因」があっても相殺はできない」との命題）については，倒産法との均衡（逆転現象論）がやはり重要な視点と筆者は考える。その意味で，合理的相殺期待を解釈論として導入することは可能と思われるが，その場合は倒産法（破産法70条の解釈等）においても同様に導入の必要がある。他方，牽連性概念については，倒産法・民法ともに解釈論としては難しく，立法論としても慎重な検討が必要であろう。

他方，②の拡張的作用（「牽連性がある場合は「前の原因」がなくても相殺はできる」との命題）については，倒産法との均衡は考える必要はない（逆転現象に

ているとの理解によるものと思われるが，それは前述のような理由から無理であろう。またそれを「前の原因」で読めるとすれば，469条1項も1号だけで十分のはずである。その意味で，この点は根拠とならないであろう。

(59) これに対し，制限的作用の側面は，実質論としてもコンセンサスが形成されているとは言い難い。

(60) その際には，深谷説等が紹介する，フランス法における牽連性（connexité）の要件等も参考となろう。直近のものとして，瀬戸口祐基「フランス法上の牽連する債務間の相殺における担保的機能」NBL 1267号（2024年）4頁以下参照。

(61) もちろん，倒産法の立場から，併せて倒産法の規律（破産法70条や72条2項2号等）のあり方について同時に検討することも考えられてよい。

はそもそもならない)。そして，合理的相殺期待を民法の解釈論として（倒産法とは関係なく）導入することも可能であるが，牽連性については「前の原因」の解釈としては文言上困難である点に変わりはない。また，債権譲渡の規定の類推適用など他の解釈手法も難しい。他方，立法論としては，民法学説に積極論が多いとすれば，民法独自の立法はあり得よう（また，倒産法判例の進展に鑑みれば，破産法70条や72条2項との関係でも立法論の検討は考えられる）。

　以上，本稿の主張としては，①と②の場面を明確に区別して論じるべきであり，①については倒産法の議論も常に考慮に入れながら論じる必要があるが，②については民法独自の解釈論・立法論の展開は可能と解するものである。民法の専門家ではないことから基本的な点に誤解があるかもしれないが，今後の民法学等の議論に一石を投じることができれば幸いである。

あ と が き

　私たちが敬愛する潮見佳男先生は，2022年8月19日に急逝されました。多くの，いやすべての方々にとって，潮見先生の訃報は，あまりにも突然のことすぎて，信じられない思いで一杯だったことと思います。とりわけ潮見先生の近くにいた者は，お元気な姿をずっと拝見していましたので，本当のこととは思えませんでした。

　潮見先生は，民法の研究，教育，そして立法に大きな足跡を残されました。特に研究については，法学論叢193巻6号（2023年）4頁以下に掲載されている潮見先生の「主要著作文献目録」を拝見しますと，そのすごさに圧倒されます。単著が改訂版を含めて49冊，共著・編著が60冊，分担執筆が46本，論文が140本，判例研究が109本，その他の論稿が142本。合計しますと546の御業績があります。1983年から2022年までの40年間ですので，1年平均約13以上，つまり月1あまりという計算になります。尊敬の念を通り越して，畏怖の念を覚えます。実は，この月1あまりという業績のペースは，潮見先生の師であった北川善太郎先生と同じです。北川先生は生涯で643のご業績がありました。潮見先生もご存命であれば，少なくともこの数字に匹敵する業績をこれからも挙げられたことでしょう。それを実際に目にすることができないのは，民法学界はもちろん，実務・立法に携わる方々にとっても痛恨の極みといわざるをえないでしょう。

　もちろん，いうまでもなく，潮見先生のご業績の本当にすごいところは，量ではなく，その質にあります。とりわけ，潮見先生の契約責任に関する研究，不法行為法に関する研究，法律行為・消費者契約法に関する研究，そして，相続法を中心とした家族法に関する研究は，従来の議論に対して新たな地平を切り開き，現在及び将来の議論を文字どおりリードするものでした。その影響は，学界をはるかに超え，法実務，さらに債権法改正や相続法改正等を通じて，民法の立法にも広く深く及んできたということができます。

　そうした潮見先生と交流してきた同僚と同世代の諸先生及び先生の教えを受けてきた研究者により，先生の三回忌に献呈するために，追悼論文集を出版することを目指して，追悼論文集刊行委員会を組織いたしました。もっとも，潮見先生がご活躍されてきた領域は非常に幅広く，潮見先生と交流のあるアカデ

あとがき

ミアに属する方々に限りましても，数多くの先生方が潮見先生と深い繋がりを有しておられます。そこで，財産法学と家族法学に分けることとし，しかもそれぞれの出版を有斐閣と信山社といういずれも長年にわたり潮見先生の多くの著書を刊行してこられた二社で分担していただくことといたしました。異例のことではありますが，天上の潮見先生も，苦笑いをされながら，ご理解くださるのではないかと推察しています。

そのような次第で，本書は，家族法の分野でも指導的な役割を果たしてこられた潮見先生に捧げるものとして，家族法学の過去を踏まえて現在の到達点を確認し，さらにその将来を展望する論稿を収録することといたしました。先生の三回忌に献呈するため，執筆期間を短くせざるをえなかったにもかかわらず，多数の先生方にご寄稿いただき，追悼論文集刊行委員会を代表して心より御礼を申し上げます。

潮見先生が逝去されてから3カ月ほど後の2022年11月3日に，京都大学大学院法学研究科・法学部の主催で，「潮見佳男教授追悼の集い」を開催いたしました。その際に，この追悼の集いを開催するために醵金をつのることとし，もし追悼の集いの費用にあてて剰余が生じたときは，追悼論文集の出版助成にあてさせていただく旨をお伝えしていました。実際に，多くの方々から多額の醵金をお寄せいただきました結果，大幅な剰余が生じることとなりましたので，その一部を本書の出版費用にあてさせていただきました。醵金をお寄せいただきました方々に，この場を借りて御礼申し上げます。

最後に，出版事情が大変厳しい中，しかも上記のとおり，二社分担刊行という異例のお願いにもかかわらず，本書の出版をお引き受けいただきました信山社代表取締役袖山貴氏，企画・編集の全般をサポートしていただいた稲葉文子氏に深甚の感謝を申し上げます。

2024年8月6日

潮見佳男先生追悼論文集（家族法）刊行委員会を代表して

山本　敬三

家族法学の現在と未来

2024（令和6）年9月20日　第1版第1刷発行
3462:P900　¥13800E　012-065-005

編　　集	潮見佳男先生追悼論文集 （家族法）刊行委員会
発行者	今井　貴　稲葉文子
発行所	株式会社　信山社

〒113-0033　東京都文京区本郷 6-2-9-102
Tel 03-3818-1019　Fax 03-3818-0344
info@shinzansha.co.jp
笠間才木支店　〒309-1611　茨城県笠間市笠間 515-3
Tel 0296-71-9081　Fax 0296-71-9082
笠間来栖支店　〒309-1625　茨城県笠間市来栖 2345-1
Tel 0296-71-0215　Fax 0296-72-5410
出版契約 2024-3462-6-01011　Printed in Japan

©編・著者, 2024　印刷・製本／ワイズ書籍（M）・牧製本
ISBN978-4-7972-3462-6 C3332　分類324.600

JCOPY《(社)出版者著作権管理機構　委託出版物》

本書の無断複写は著作権法上での例外を除き禁じられています。複写される場合は、そのつど事前に、(社)出版者著作権管理機構（電話03-5244-5088, FAX03-5244-5089, e-mail: info@jcopy.or.jp）の許諾を得てください。また、本書を代行業者等の第三者に依頼してスキャニング等の行為によりデジタル化することは、個人の家庭内利用であっても、一切認められておりません。

プラクティスシリーズ

債権総論（第5版補訂）　潮見佳男

行政法（第3版）　木村琢麿

労働法（第3版）　山川隆一 編

国際法講義（第4版）
　柳原正治・森川幸一・兼原敦子 編

演習プラクティス 国際法
　柳原正治・森川幸一・兼原敦子 編

知的財産法Ⅰ　特許法（第2版）
　田村善之・時井真・酒迎明洋

知的財産法Ⅱ　著作権法
　田村善之・髙瀬亜富・平澤卓人

信山社

判例プラクティスシリーズ

判例プラクティス民法Ⅰ　総則・物権（第2版）
松本恒雄・潮見佳男・下村信江　編

判例プラクティス民法Ⅱ　債権（第2版）
松本恒雄・潮見佳男・松井和彦　編

判例プラクティス民法Ⅲ　親族・相続（第2版）
松本恒雄・潮見佳男・羽生香織　編

判例プラクティス憲法（第3版）
宍戸常寿・曽我部真裕　編／淺野博宣・尾形健・小島慎司・宍戸常寿・曽我部真裕・中林暁生・山本龍彦

判例プラクティス刑法Ⅰ　総論（第2版）
成瀬幸典・安田拓人　編

判例プラクティス刑法Ⅱ　各論
成瀬幸典・安田拓人・島田聡一郎　編

信山社

法律学の森シリーズ

新契約各論Ⅰ・Ⅱ　潮見佳男
新債権総論Ⅰ・Ⅱ　潮見佳男
不法行為法Ⅰ・Ⅱ(第2版)　潮見佳男
フランス民法　大村敦志
物権法Ⅰ～Ⅲ　吉田克己
債権総論　小野秀誠
新会社法(第6版)　青竹正一
新海商法(増補版)　小林 登
イギリス憲法(第2版)　戒能通厚
憲法訴訟論(第2版)　新 正幸
刑法総論　町野 朔
国際人権法　芹田健太郎
韓国法(第3版)　高 翔龍

信山社